Wolls Lehr- und Handbücher der Wirtschafts- und Sozialwissenschaften

Herausgegeben von

Universitätsprofessor Professor h.c. Dr. Dr. h.c. Artur Woll

Bisher erschienene Werke:

Aberle, Transportwirtschaft, 2. A.
Barro, Makroökonomie, 3. A.
Barro · Grilli, Makroökonomie – Europäische Perspektive
Blum, Volkswirtschaftslehre, 2. A.
Branson, Makroökonomie, 4. A.
Bretschger, Wachstumstheorie
Brösse, Industriepolitik
Büschges · Abraham · Funk, Grundzüge der Soziologie, 2. A.
Cezanne, Allgemeine Volkswirtschaftslehre, 3. A.
Rosen · Windisch, Finanzwissenschaft I
Rush, Übungsbuch zu Barro, Makroökonomie, 3. A.
Sachs · Larrain, Makroökonomik – in globaler Sicht
Schneider, Grundlagen der Volkswirtschaftslehre, 2. A.
Tirole, Industrieökonomik
Varian, Mikroökonomie, 3. A.
Wachtel, Makroökonomik
Wohltmann, Grundzüge der makroökonomischen Theorie, 2. A.

Makroökonomie

Theorie und Politik

Von

William H. Branson

Princeton University

Aus dem Amerikanischen
von
Christian Spieler

Vierte Auflage
(zugleich zweite, unwesentlich veränderte
deutschsprachige Auflage)

R. Oldenbourg Verlag München Wien

Titel der amerikanischen Originalausgabe: "Macroeconomic Theory and Policy, 3rd. Edition"

Die dritte Auflage der Originalausgabe liegt auch der vierten Auflage, die zugleich die zweite, deutschsprachige Auflage ist, zugrunde.

Die Deutsche Bibliothek - CIP-Einheitsaufnahme

Branson, William H.:
Makroökonomik : Theorie und Politik / von William H.
Branson. Aus dem Amerikan. von Christian Spieler. - 4., Aufl. -
München ; Wien : Oldenbourg, 1997
(Wolls Lehr- und Handbücher der Wirtschafts- und
Sozialwissenschaften)
Einheitssacht.: Macroeconomic theory and policy <dt.>
ISBN 3-486-24263-6

Rosenheimer Straße 145, D-81671 München
Telefon: (089) 45051-0, Internet: http://www.oldenbourg.de

Gedruckt auf säure- und chlorfreiem Papier
Satz: Falkner GmbH, Inning/A.
Druck und Bindung: R. Oldenbourg Graphische Betriebe GmbH, München

ISBN 3-486-24263-6

Inhaltsverzeichnis

Teil III: Sektorale Nachfragefunktionen und Erweiterungen des statischen Modells 231

Vorwort

Die erste Ausgabe von „Makroökonomische Theorie und Politik“ entstand aus meinen Vorlesungen auf dem fortgeschrittenen undergraduate und graduate Niveau an der Universität Princeton in den späten sechziger Jahren. Ebenso war das neue und überarbeitete Material in der zweiten Ausgabe das Resultat von Kursen in Makroökonomik, die ich in Princeton, an der Universität von Stockholm und als Gast am Institute for Advanced Studies in the Social Sciences in Wien während der turbulenten siebziger Jahre gegeben habe. Das neue Material und die ausführliche Überarbeitung in der dritten Ausgabe reflektieren die zunehmende Wichtigkeit von rationalen Erwartungen und intertemporaler Maximierung während der achtziger Jahre. Während die wesentlichen Ziele und die Methodologie der ersten beiden Ausgaben beibehalten wurden, habe ich die dritte Ausgabe gründlich überarbeitet und zwei neue Kapitel eingefügt, um die makroökonomischen Ereignisse und theoretischen Entwicklungen der achtziger Jahre mit einzubeziehen.

In dieser dritten Ausgabe versuche ich drei Ziele in bezug auf den Inhalt zu erfüllen, während ich gleichzeitig drei methodologische Prinzipien berücksichtigen werde. Was den Inhalt anbelangt, möchte ich dem Leser zunächst eine einigermaßen gründliche Diskussion der Struktur des makroökonomischen Systems und der theoretischen Fragen und Kontroversen in bezug auf die Grundstruktur geben, bevor ich zu den Details empirischer Schätzungen der Struktur der Volkswirtschaft komme. Das erste wesentliche Ziel ist also, dem Leser das skeletthafte Modell der Makroökonomie zu präsentieren und zu zeigen wie die einzelnen Teile dieses Modells interagieren. Danach werden wir uns mit Kontroversen bezüglich der präzisen Meßbarkeit einzelner Größen beschäftigen. Dieser grundlegende Überblick wird in Teil II gegeben, nachdem in drei kurzen einführenden Kapiteln die VGR sowie die wesentlichen Multiplikatormodelle aus den Einführungskursen wiederholt worden sind.

Das zweite inhaltliche Ziel ist, einen einigermaßen gründlichen Überblick über die empirischen Arbeiten zu geben, die entstanden, um die verschiedenen Sektoren der Ökonomie, die wir in Skelettform in Kapitel zwei diskutieren, mit Daten zu versehen. Dieser Überblick beinhaltet die Entwicklung von alternativen Theorien zum Beispiel des Konsumentenverhaltens oder der Investitionsnachfrage. Er enthält weiter empirische Schätzungen, die auf diesen Theorien basierend durchgeführt wurden und die Modifikationen der Grundstruktur, die die Ergebnisse dieser Schätzungen erforderlich machen. Dieser empirische Grundüberblick, der dazu dienen soll, den Studenten mit den typischen quantitativen Beziehungen in der amerikanischen Ökonomie vertraut zu machen, wird in Teil III gegeben.

Schließlich verbinde ich die statische Theorie der Einkommensbestimmung mit der modernen Wachstumstheorie und in der letzten Zeit entstandenen Arbeiten über mittelfristig dynamische Prozesse. In Teil IV werden einige der dynamischen Mechanismen diskutiert, die die Ökonomie vom kurzfristigen Gleichgewicht aus Teil II auf die langfristigen Wachstumspfade von Teil V bringen. In Teil V schließlich stelle ich dem Leser einige wichtige Resultate der Wachstumstheorie vor, wie zum Beispiel das „Turnpike-Theorem“ des optimalen Wachstums, und werde ebenso einige Probleme der Wachstumstheorie diskutieren, wie zum Beispiel das unerklärte „Residuum“ bei wirtschaftlichem Wachstum. In den Teilen IV und V wird also die Integration von statischer allgemeiner Gleichgewichtstheorie und Wachstumsmodellen vorgenommen.

Was die Methodologie anbelangt, ist mein erstes Prinzip, die Makroökonomie als ein allgemeines Gleichgewicht darzustellen, in dem wir Angebot und Nachfrage in einigen aggregierten Märkten untersuchen, dann die Gleichgewichtsbedingung unterstellen, daß Angebot und Nachfrage sich beim Gleichgewichtspreis ausgleichen und schließlich die Beziehungen zwischen den Sektoren untersuchen, wenn sich die politischen Variablen ändern. Dieser Ansatz ist klar in Teil II zu erkennen, in dem die Makroökonomie aus dem Ein-Markt-Modell des Keynesianischen Multiplikators (in dem nur der Gütermarkt betrachtet wird) zu einem Multisektoren-Modell entwickelt wird, das Güter-, Geld- und Arbeitsmarkt enthält. Am Ende von Teil II, in dem neu hinzugefügten Kapitel 11, wird das Modell mit rationalen Erwartungen explizit in Kontrast zum Modell mit adaptiven Erwartungen gesetzt. Am Ende von Teil III entwickeln wir den Sektor Ausland. Das Modell erweitert sich um einen ausländischen Devisenmarkt und den Wechselkurs.

Das zweite methodologische Prinzip, das ich verfolge, ist, die aggregierten makroökonomischen Funktionen auf Basis der zugrunde liegenden mikroökonomischen Prinzipien zu entwickeln. Zum Beispiel wird in Kapitel 12 die aggregierte Konsumfunktion aus der mikroökonomischen Theorie des Konsumentenverhaltens hergeleitet. Dieses Prinzip wird verfolgt, um dem Leser ein intuitives Gefühl für die Beziehung makroökonomischer Funktionen zum beobachteten individuellen Verhalten zu geben und um die imaginäre Grenze zwischen Mikro- und Makroökonomie aufzuheben, die durch die oft allzu deutliche Trennung von mikro- und makroökonomischer Theorie in vielen Lehrplänen erzeugt wird.

Das letzte methodologische Prinzip ist, die verbale Diskussion des Materials neben die graphische und algebraische zu stellen. Diese Technik entwickelte sich ganz von selbst während meiner Vorlesungen in Princeton aufgrund der Zusammensetzung der Studenten. Der eine Teil bestand aus Studenten mit gutem volkswirtschaftlichem Hintergrundwissen aber nur geringen mathematischen Kenntnissen, der andere Teil vorwiegend aus Ingenieuren, die gute mathematische Kenntnisse, dafür aber nur geringes Wissen in Volkswirtschaftslehre besaßen. Diese parallele Vorgehensweise macht das Material für Studenten mit aber auch ohne mathematisches Training leicht zugänglich. Gleichzeitig kann diese Technik dazu beitragen, „Nichtmathematiker“ für mathematische Methoden zu interessieren, während sie Studenten, die bereits mathematisches Wissen haben, Einsichten in die „reale Welt“ der Volkswirtschaftslehre gewähren wird.

Das Buch konzentriert sich auf Fragen der Politik und den gegenwärtigen Stand der Makroökonomik und bringt doktrinäre Kontroversen nur dort ins Spiel, wo sie relevant für allgemeine Probleme sind. Ich habe, was dies anbelangt, keine Fußnoten im Text gesetzt; wann immer Theorien oder Resultate einzelner Autoren diskutiert werden, sind die entsprechenden Titel in der Literaturliste des jeweiligen Kapitels enthalten.

Die Überarbeitung der zweiten Auflage reflektiert sowohl die Fortschritte in der makroökonomischen Theorie, als auch die makroökonomischen Ereignisse der siebziger Jahre. Zu letzteren zählen die tiefe weltweite Rezession von 1974-1975 und die darauffolgende Stagflation (anhaltende Inflation bei hoher Unterbeschäftigung). Dies führte in der makroökonomischen Forschung dazu, die Betonung auf die Angebotsseite zu verschieben, was ich in der zweiten Auflage berücksichtigt habe. Eine wichtige Entwicklung der makroökonomischen Theorie während der siebziger Jahre war die Neuinterpretation des statischen Gleichgewichtsmodells aus Teil II als ein kurzfristiges allgemeines Gleichgewichtsmodell mit Preisrigiditäten, nichträumenden Märkten und Mengenbeschränkungen. Die komplette Darstellung des Modells nichträumender Märkte erfolgt in Kapitel 18. John Muellbauer und Richard Portes haben dieses Kapitel gemäß ihres im „Economic Journal" veröffentlichten Artikels für dieses Buch geschrieben. Ich möchte Ihnen für die Sorgfalt danken, mit der sie diesen neuen Ansatz in den Text integriert haben.

Die Änderungen in der dritten Auflage reflektieren hauptsächlich die zunehmende Wichtigkeit von Erwartungen und intertemporalen Entscheidungen in der makroökonomischen Theorie in den achtziger Jahren. Der Faktor Zeit und Erwartungen werden explizit im überarbeiteten Kapitel 6 eingeführt, das sich mit dem Arbeitsmarkt beschäftigt, adaptive Erwartungen in Kapitel 7, wo das aggregierte Angebot behandelt wird. Kapitel 6 der zweiten Auflage teilt sich nun auf in zwei Kapitel. Ein völlig neu eingefügtes Kapitel 11 über rationale Erwartungen erscheint in der dritten Auflage. Hier werden rationale und adaptive Erwartungen verglichen und die Rolle von mehrperiodigen Arbeitsverträgen untersucht. Kapitel 20 über Lohndynamik und Unterbeschäftigung diskutiert die um Erwartungen erweiterte Phillips Kurve und wendet diese auf einc Analyse des Inflationszyklus in den Vereinigten Staaten von 1960 bis 1988 an.

Intertemporale Entscheidungsprobleme werden explizit in den Kapiteln 12 und 13 über Konsum und Investition behandelt. Die Diskussion des Transaktionsmodells der Geldnachfrage ist in Kapitel 14 auf den neuesten Stand gebracht, und die Wahlmöglichkeit zwischen der Geldmenge und dem Zinssatz als Instrumente der Geldpolitik wird in Kapitel 15 der vorliegenden Auflage analysiert. Schließlich ist die gesamte Diskussion des Trendwachstums in den Kapiteln 1, 22 und 27 aktualisiert worden, um die Verlangsamung des Produktivitätswachstums in den USA seit der Mitte der siebziger Jahre zu reflektieren.

Bei der Erstellung der dritten Auflage habe ich Vorschläge von zahlreichcn Korrespondenten aufgenommen. Es sind zu viele, um sie hier alle zu nennen. Ich danke ihnen allen. Natürlich habe ich viel von meinen Kollegen und Studenten in Princeton gelernt, die das Buch benutzt haben. Unter meinen Kollegen gilt mein besonderer Dank Stephen Goldfeld, Dwight Jaffee und Alan Blinder. Besonderer Dank gilt auch Heidi Schmitt und Lenore Denchak, die das Manuskript bearbeitet haben und den Graduate-Studenten Yoonjae Choe, Daniel Hardy und Ellie Canetti von der Universität Princeton, die wertvollen Beistand in den verschiedenen Stadien der Überarbeitung geleistet haben. Die Verleger bei Harper & Row waren hilfsbereit und sachverständig wie immer. Die dritte Auflage bleibt meinen Kindern Kris, Bill und Emily gewidmet. Mögen sie das College absolvieren und im Leben erfolgreich sein!

Teil I
Einführung in die Makroökonomik

Kapitel 1
Tatsächliches und potentielles BSP: Schwankungen und Wachstum

In der mikroökonomischen Theorie wird in der Regel Vollbeschäftigung der Ressourcen unterstellt, so daß im Mittelpunkt der Analyse die Bestimmung relativer Preise und die Allokation knapper Ressourcen auf alternative Verwendungen steht. Demgegenüber konzentriert sich die Makroökonomik auf das Niveau der Ausnutzung der Ressourcen, zum Beispiel die Höhe der Beschäftigung, und das allgemeine Preisniveau. Zusätzlich stellen wir in der Makroökonomik die Frage, wodurch die Wachstumsrate der Ressourcen bestimmt wird (das Wachstum des potentiellen Outputs) und welche Faktoren das Nutzungsniveau der Ressourcen im Zeitverlauf festlegen.

Die Ausrichtung der klassischen Mikroökonomik auf die Allokation knapper Ressourcen zu ihrem besten Verwendungszweck nimmt bei gegebener Knappheit der Ressourcen implizit Vollbeschäftigung als den normalen Zustand der Wirtschaft an. Wenn die Volkswirtschaft aber vorwiegend unterhalb des Vollbeschäftigungsniveaus operiert, sind die Ressourcen wenigstens zeitweise nicht als knapp zu betrachten. Dann sind die Opportunitätskosten zusätzlichen Outputs so gut wie null, denn es kann mehr Output produziert werden, indem man die Unterbeschäftigung reduziert. Weil zum Beispiel die Wirtschaft der Vereinigten Staaten in den Jahren 1907-1908, 1920-1921 und 1930-1939 große Rezessionen und Depressionen mit hoher Unterbeschäftigung erlitten hatte, wurde die Relevanz der klassischen Mikroökonomik plötzlich von mehr als nur dem harten Kern der Skeptiker in Frage gestellt.

Die Entwicklung der Makroökonomik

Teilweise als Reaktion auf die große Depression der dreißiger Jahre, teilweise als Folge der Veröffentlichung von Keynes „General Theory of Employment, Intrest and Money“ im Jahre 1936 hat sich die moderne Makroökonomik als ein analytisches Gerüst entwickelt, das dazu beitragen soll, die Gründe der großen und manchmal lang andauernden Schwankungen des Beschäftigungsniveaus zu verstehen.

Von 1950 bis zum Anfang der siebziger Jahre hat sich die postkeynisianische Analyse fast ausschließlich auf die Schwankungen der Beschäftigung konzentriert, die ihren Ursprung in Schwankungen der aggregierten Nachfrage hatten. Zunächst implizit in dieser nachfrageorientierten Analyse und auch schon bald klar herausgearbeitet war die Erklärung , wie solche Fluktuationen zu verhindern seien, das heißt, wie die Volkswirtschaft bei Vollbeschäftigung zu halten sei. Als man dies verstanden hatte, wurde die Wirtschaft in der Periode vom zweiten Weltkrieg bis 1972 einigermaßen nahe an ihrem Vollbeschäftigungsniveau gehalten, mit Ausnahme der Jahre 1949, 1954, 1958, 1961 und 1970. Diese Rezessionen waren allerdings mild verglichen mit den Arbeitslosenquoten von 15 und 25% in den dreißiger Jahren.

1974 entwickelte sich eine tiefe Rezession, die ihre Ursprünge in einer Verschiebung des aggregierten Angebots hatte. Diese Möglichkeit war von der bis dahin durchgeführten makroökonomischen Analyse weitgehend übersehen worden. Im Jahre 1975 erreichte die Arbeitslosenquote 9% und die Inflationsrate war auf 10% gestiegen. Diese Verschiebung der Schwankungsursachen veranlaßte die Makroökonomen dazu, sich mit der Angebotsseite zu beschäftigen, um die auf der Nachfrageseite begonnene Arbeit zu beenden. Die Ergebnisse dieser Arbeit sind an einigen Stellen in diesem Buch enthalten, um sowohl Nachfrage- als auch Angebotsstörungen in die Analyse der Beschäftigungsschwankungen einzubeziehen. 1980 bewirkte eine Ausweitung der Nachfrage zusammen mit dem zweiten Ölpreisschock, daß die Inflationsrate wiederum die 10 Prozentmarke erreichte. Die tiefe Rezession von 1982 ließ die Arbeitslosigkeit wieder auf über 10% anwachsen, reduzierte aber die Inflationsrate überraschend schnell. Dies betont die wichtige Rolle von Inflationserwartungen in der Wirtschaft. Seit den siebziger Jahren haben Makroökonomen mehr und mehr solche Erwartungen in ihre Analysen mit einbezogen. Auch wir wollen diese Entwicklung hier weiter verfolgen.

Eine wichtige Konsequenz aus der Entwicklung der modernen Makroökonomik, die uns einigermaßen gut gelehrt hat, wie man Vollbeschäftigung erhält, ist, daß sie die Wichtigkeit der klassischen Mikroökonomik wieder mehr betont, wie es auch Samuelsons Begriff „Neoklassische Synthese" tut. Wenn sich die Volkswirtschaft nahe der Vollbeschäftigung befindet, dann ist die Theorie der Allokation knapper Ressourcen wieder anwendbar und von zentraler Bedeutung. Unter diesen Bedingungen hat ein Zuwachs des Outputs Opportunitätskosten: Zum Beispiel mußte sich ein Zuwachs der Verteidigungsausgaben von 25 Milliarden Dollar in der Zeit von Mitte 1965 bis Mitte 1967 in einer Verringerung des Outputs an anderer Stelle ausdrücken, da sich die Wirtschaft seit 1965 fast auf Vollbeschäftigungsniveau befand. In diesem Fall trat der Outputrückgang vorwiegend im Wohnungsbau und bei den dauerhaften Konsumgütern auf, zu einer Zeit, in der auch die Zahl der Familiengründungen abnahm.

Eine weitere Folge der annähernden Beherrschung der Theorie der Einkommensbestimmung war, daß sich die Makroökonomen in den sechziger Jahren den dynamischen Fragen des Wachstums zuwendeten und sich in den siebziger Jahren verstärkt mit mittelfristig dynamischen Prozessen beschäftigten, die die Ökonomie vom anfänglichen Gleichgewicht zum langfristigen Wachstumspfad bewegen. Die Wachstumstheorie untersucht die Bestimmungsfaktoren des Niveaus und der Wachstumsrate des potentiellen Vollbeschäftigungsoutputs. Die mittelfristige Dynamik beschäftigt sich mit den dynamischen Mechanismen, die dazu führen, daß sich die Volkswirtschaft auf ihren potentiellen Wachstumspfad zu bewegt.

Die Beschleunigung der Inflation in den siebziger Jahren und die Entwicklung von Modellen, in denen Inflationserwartungen vom Modell selbst erzeugt werden (modellendogene Erwartungen), verschoben den Arbeitsschwerpunkt der

Makroökonomen auf das Einbeziehen von rationalen Erwartungen in ihre Analyse der Outputschwankungen und der Inflation. Rationale Erwartungen sind modellkonsistent in dem Sinne, daß der Ökonom sein Modell dazu benutzt, um zukünftige Werte der interessierenden Variablen zu erzeugen. Mit den rationalen Erwartungen kam es zu einer Wiederbetonung von starren Löhnen und starren Preisen als grundlegende Ursache von Schwankungen des Outputs. Dies war in gewisser Weise eine Rückkehr zu Keynes ursprünglicher Analyse.

Tatsächlicher und potentieller Output

Der größte Teil makroökonomischer Theorie beschäftigt sich mit zwei zentralen Fragen:

1. Wodurch werden die Wachstumsrate und das Niveau des Vollbeschäftigungspfades oder des Pfads des potentiellen Outputs bestimmt? (die Frage der Wachstumstheorie)
2. Wodurch ist das Niveau des tatsächlichen Outputs relativ zum potentiellen Output im Zeitverlauf determiniert ? (die Frage der Theorie der Einkommensbestimmung oder der Stabilitätstheorie)

Eine dritte Frage, die hier ebenfalls einigen Platz einnehmen wird, kann zur zweiten dieser beiden zentralen Fragen hinzugefügt werden: Welche Faktoren bestimmen das Verhalten des Preisniveaus (der Inflationsrate)?

Theorie und Politik

In diesen beiden Fragen enthalten und unlösbar mit ihnen verbunden sind Fragen der Politik. Wenn wir zum Beispiel wissen, daß das Niveau des tatsächlichen Outputs (wenigstens teilweise) von der Höhe des Geldangebots abhängt, dann wissen wir auch (zumindest ungefähr), wie wir die Höhe des Outputs verändern können, wenn er uns zu niedrig erscheint. Es ist also unmöglich über die Theorie zu reden, ohne Handlungsmöglichkeiten für eine Politik zu erörtern. Einer der besten Wege, sich den Fragen nach politischen Handlungsmöglichkeiten zu nähern, ist, die Theorie und ihre empirischen Anwendungen zu studieren.

In dem vorliegenden Buch werden wir uns mit den beiden zentralen Fragen in umgekehrter Reihenfolge beschäftigen. Dies geschieht vorwiegend deshalb, weil man, wie bereits oben erwähnt, wesentlich mehr über Stabilitätstheorie und besonders Stabilitätspolitik weiß als über Wachstumstheorie und ihre Anwendungen. Aus diesem Grund konzentriert sich der traditionelle Kurs der Makroökonomik auf die Probleme der Einkommensbestimmung und ihre Implikationen für die Stabilitätspolitik. Bevor wir uns einer kurzen Vorschau auf die Methoden, die wir in den Teilen II-IV benutzen werden, widmen, ist es sinnvoll, noch einen Blick auf die Schwankungen des tatsächlichen und potentiellen Bruttosozialprodukts, der Arbeitslosigkeit und der Preise zu werfen, die in der Volkswirtschaft der USA seit den sechziger Jahren zu beobachten waren. Dies soll dem Leser ein Gefühl für die Beziehung zwischen diesen Variablen und für den Zusammenhang geben, in dem dieses Buch steht.

Das Protokoll: 1960-1987

Veränderungen des tatsächlichen und des potentiellen Outputs (des realen BSP) werden in Abbildung 1-1(a) für die Periode von 1960-1987 gezeigt. Die Schwankungen der Arbeitslosenquote, des Verhältnisses von der Zahl der Arbeitslosen zur Erwerbsbevölkerung, ist in Abbildung 1-1(b) dargestellt. Schließlich zeigen wir in Abbildung 1-1(c) die Zuwachsrate des BSP-Deflators, des umfassenden Preisindex für das BSP. Die Kurve des potentiellen realen Outputs in Abbildung 1-1(a) zeigt das reale BSP, das bei einer Arbeitslosenquote von 5% in den sechziger Jahren, ansteigend auf 6% in den achtziger Jahren, hätte produziert werden können. Diese Schätzung der Arbeitslosenquote ist mit einem nichtinflationären Arbeitsmarktgleichgewicht im Einklang, wobei die Tatsache zu berücksichtigen ist, daß wirkliche Vollbeschäftigung unmöglich ist. Die Steigung der Kurve des potentiellen BSP gibt die Wachstumsrate des potentiellen Outputs an. Die gegenwärtige Wachstumsrate von 2,5% kann abgeleitet werden, indem man von der durchschnittlichen Wachstumsrate des Arbeitsangebots (1,7% während des letzten Jahrzehnts) die 0,2-%ige Abnahme der Wochenarbeitszeit abzieht. Addiert man hierzu die Wachstumsrate der Arbeitsproduktivität (1%), so erhält man für den potentiellen Output eine Wachstumsrate von 2,5%. Die Kurve des tatsächlichen BSP in Abbildung 1-1(a) entspricht genau dem in der jeweiligen Periode produzierten realen BSP. Die Differenz zwischen tatsächlichem und potentiellen Output bezeichnet man als BSP-Lücke, entsprechend der Menge des Outputs, die verloren geht, wenn der tatsächliche hinter dem potentiellen Output zurück bleibt und die Arbeitslosigkeit über die gegenwärtig Vollbeschäftigungsquote von 6% ansteigt.

In Abbildung 1-1(b) ist die Arbeitslosenquote entsprechend der Lücke in Abbildung 1-1(a) abgetragen. Generell kann man sagen, daß die Arbeitslosenquote um so höher sein wird, je größer die BSP-Lücke ist. Eine Faustregel, die diese Beziehung beschreibt, wurde von Arthur Okun entwickelt. Grob gesprochen sagt Okuns Gesetz folgendes aus: Ein dreiprozentiger Anstieg des realen BSP wird eine Abnahme der Arbeitslosenquote um einen Prozentpunkt bewirken. Abbildung 1-1(c) zeigt die prozentuale (jährliche) Veränderungsrate des BSP-Deflators (der Inflationsrate), entsprechend den Zeitreihen für die BSP-Lücke und die Arbeitslosenquote. Der Vergleich von Abbildung 1-1(b) und Abbildung 1-1(c) zeigt, daß im allgemeinen die Arbeitslosenquote abnimmt, wenn die Inflationsrate zunimmt. Dies ist die Beziehung der Phillips-Kurve zwischen Arbeitslosigkeit und Inflationsrate, die wir in Kapitel 20 behandeln. Es ist ebenfalls interessant, daß von 1961 bis Anfang 1965, in einer Zeit, in der die Arbeitslosenquote kontinuierlich sank, kaum eine Zunahme der Inflationsrate zu beobachten war. Die weitere Abnahme der Arbeitslosigkeit von Anfang 1965 bis 1966 brachte einen steilen Anstieg der Inflationsrate mit sich.

Der weiterhin hohe Nachfragedruck hielt die Arbeitslosenquote von 1966 bis 1969 auf unter 4% und erzeugte eine kontinuierliche Inflation, die erst Mitte der siebziger Jahre spärliche Zeichen der Abschwächung zeigte.

Die sechziger Jahre begannen mit 7% Arbeitslosigkeit auf einem zyklischen Höhepunkt im zweiten Quartal von 1961 (1961 II). Dementsprechend erlebte das tatsächliche reale BSP ein zyklisches Tief mit einer BSP-Lücke von 70 Milliarden Dollar in Zahlen von 1982. Das Preisniveau war stabil als Folge der nach wie vor flauen Nachfragebedingungen seit 1958. Die allmähliche Verringerung der BSP-

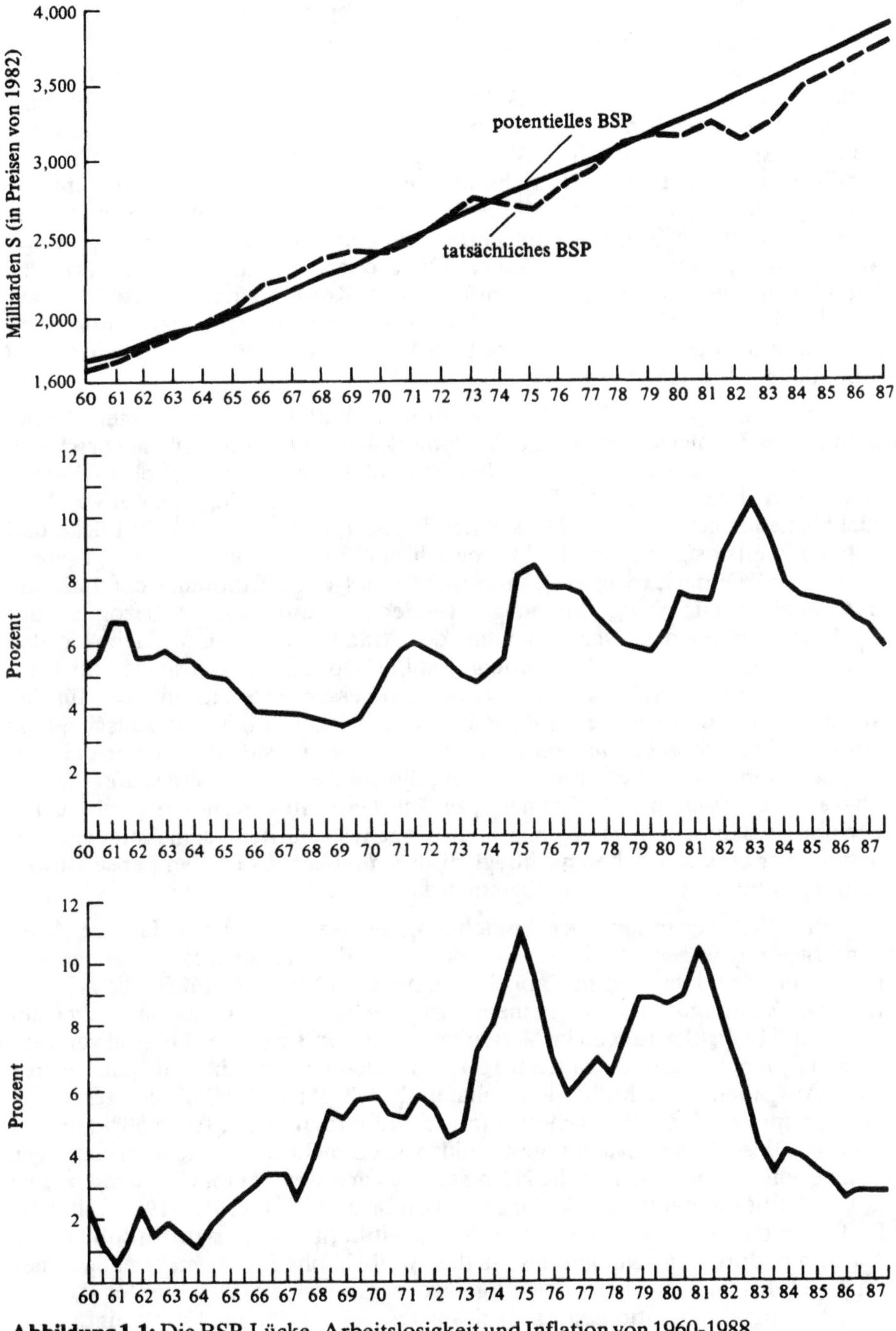

Abbildung 1-1: Die BSP-Lücke, Arbeitslosigkeit und Inflation von 1960-1988.

Quelle: Economic Report of the President, Februar 1988; und Robert J. Gordon, Makroeconomics, 4th ed. (Boston: Little, Brown and Company, 1987).

Lücke und die Abnahme der Arbeitslosigkeit von 1962 bis Mitte 1965 war zurückzuführen auf eine erhöhte Nachfrage, die von einer Serie expansionärer fiskalpolitischer Maßnahmen kombiniert mit einem leichten Zuwachs des Geldangebots stimuliert wurde. 1961 erhöhte die Regierung die Staatsausgaben, um die Wirtschaft anzukurbeln. Im darauffolgenden Jahr führte die Revision der Investitionssteuergesetze zu besseren Abschreibungsmöglichkeiten und einem Steuerkredit für den Kauf neuer Betriebsanlagen, wodurch die Investitionsnachfrage angeregt wurde. Als Anfang 1962 die Wachstumsrate und die Arbeitslosenquote sanken, schlug die Regierung im Januar 1963 eine Steuersenkung vor, um der Wirtschaft weiteren Antrieb zu geben. Die Steuersenkung wurde im März 1964 beschlossen und verstärkte die Nachfrage nach Konsumgütern. Diese Maßnahmen brachten die Volkswirtschaft Ende 1964 verbunden mit einer kontinuierlichen Erhöhung des Geldangebots fast auf Vollbeschäftigungsniveau, wie man in Abbildung 1-1(a) erkennen kann.

Zu diesem Zeitpunkt (Ende 1964) war die Stabilitätspolitik auf einem Höhepunkt ihres Erfolges. Fiskal- und Geldpolitik hatten die BSP-Lücke verschwinden lassen, die Arbeitslosigkeit lag bei 5% und die Inflationsrate, obwohl schon ansteigend, noch unter 2%. Freilich erscheint das Stabilitätsproblem von 1961 rückblickend recht einfach. Mit stabilen Preisen, einer großen BSP-Lücke und hoher Arbeitslosigkeit war die Marschrichtung für die Politik klar vorgegeben: Expansion! Diese Expansion wurde sachte und ohne Erhöhung der Inflation durchgeführt. Die einzige Meinungsverschiedenheit, die auftrat, bezog sich auf die Frage, ob der fiskalische Stimulus, der Anfang 1963 vorgeschlagen worden war, durch eine Steuersenkung erfolgen sollte, wodurch die Ausgaben für Konsumgüter erhöht worden wären, oder ob man besser die Staatsausgaben für den Wohnungsbau und das Gesundheitswesen verstärken sollte. Die Entscheidung fiel zum Teil sicherlich aus politischen Gründen zugunsten der Steuersenkung. Betrachtet man aber die Schwierigkeiten, die die Regierung dann später in einer Phase der Überschußnachfrage hatte, zunächst eine Steuererhöhung zu beschließen und sie dann durch den Kongress zu bringen, so erscheint dem Autor eine Erhöhung der Staatsausgaben nachträglich als sinnvoller. Es ist aber per se schwierig über stabilitätspolitische Maßnahmen das Stäbchen zu brechen.

Im Jahre 1965 begann mit der Ausdehnung der Nachfrage zu Anfang des Vietnamkriegs ein langer Inflationszyklus, der erst in den achtziger Jahren enden sollte. Dieser wird detailliert in Kapitel 2 analysiert. Mitte 1965 führte die Ausweitung des Vietnamkonflikts zu einem abrupten Anstieg der Staatsausgaben für Güter und Dienstleistungen im Verteidigungssektor. Im dritten Quartal von 1965 (1965 III) lagen diese Ausgaben bei 50 Milliarden Dollar. Ein Jahr später waren diese Ausgaben auf 63 Milliarden Dollar und 1967 III auf 73 Milliarden gestiegen. Dies entspricht einem Zuwachs von fast 25 Milliarden Dollar (oder 50%) in zwei Jahren. Dieser starke Nachfragestimulus wurde nicht durch Steuererhöhungen ausgeglichen, wodurch man die Nachfrage des privaten Sektors hätte reduzieren können. Ebenso nahm das Geldangebot von Mitte 1965 bis Mitte 1966 weiter zu. So führte die starke und von Wirtschaftspolitikern unerwartete Erhöhung der Nachfrage durch das Budget des Staates, weil sie ohne Ausgleichsmaßnahmen durchgeführt wurde, zu einem Rückgang der Arbeitslosigkeit auf unter 4%, wobei allerdings die Inflationsrate auf 4% anstieg, wie Abbildung 1-1(c) zeigt.

Um die steigende Inflation zu verringern, beschloß der Federal Reserve Mitte 1966 die geldpolitische Zügel anzuziehen, indem er das Geldmengenwachstum von Juni 1966 bis Januar 1967 auf null reduzierte. Kreditknappheit verringerte die Nachfrage im Bausektor. Es wurden weniger Hypothekenkredite vergeben und die privaten Investitionen nahmen gegen Ende des Jahres 1967 ab. Diese Schritte reduzierten das Wachstum der Nachfrage und des tatsächlichen Outputs. Die Verringerung des Nachfragedrucks führte Ende 1967 zu einer leichten Erhöhung der Arbeitslosenquote. Auch die Inflationsrate nahm als Resultat der etwas entspannteren Situation ab.

Als der Druck auf die Wirtschaft Ende 1967 abnahm, lockerte der Federal Reserve seine Geldpolitik ein wenig. Um diese expansionäre Maßnahme auszugleichen, forderte die Regierung im Januar 1967 eine zeitweilige Erhöhung der Einkommensteuer, die nach Vorstellung der Regierung noch im Juli des gleichen Jahres in Kraft treten sollte. Diese Maßnahme zielte natürlich auf eine Abschwächung der Konsumnachfrage. Die Steuererhöhung trat jedoch nicht vor Juli 1968 in Kraft. Zu diesem Zeitpunkt hatten das kontinuierliche Wachstum der Geldmenge parallel zur weiteren Erhöhung der Staatsausgaben die Arbeitslosigkeit auf 3,6% heruntergedrückt und gleichzeitig die Inflationsrate wieder auf 5,1% anwachsen lassen. Das Inkrafttreten der ausdrücklich zeitlich beschränkten Einkommensteuererhöhung von ungefähr 2% im Juli 1968 trug wenig zur Verminderung der Nachfrage bei, während die Geldmenge bis Anfang 1969 weiter zunahm.

Schließlich verringerte sich gegen Ende das Jahres 1968 die Zunahme der Staatsausgaben; von 1968 III bis 1970 war gar kein Zuwachs mehr zu verzeichnen. Im gleichen Zeitraum wurde das Wachstum der Geldmenge von Anfang 1969 an zurückgenommen. Selbst mit dem Auslaufen der zeitlich begrenzten Einkommensteuererhöhung zur einen Hälfte im Januar, zur anderen im Juli 1970, führte der Übergang zu restriktiver Geld- und Fiskalpolitik Ende 1969 zu einer Senkung der Nachfrage und erzeugte 1970 eine Rezession. Ende 1970 erschien dann eine BSP-Lücke von 35 Milliarden Dollar. Zur selben Zeit war die Arbeitslosenquote auf 6% gestiegen und erste Zeichen einer Verlangsamung der Inflation wurden sichtbar.

Folglich schien es Anfang 1971 so, als ob die Volkswirtschaft wieder zu einer zur Ausgangssituation von 1960 vergleichbaren Situation zurückkehrte, lediglich mit einer kleineren BSP-Lücke relativ zum potentiellen Output und einer Inflationsrate um die 6% anstatt 7% im Jahre 1961. Der Nachfragerückgang schien die Inflation zu verringern, so daß die Wirtschaft 1971 wieder mit einer allmählichen Expansion bei stabilen Preisen und langsam sinkender Arbeitslosigkeit rechnen konnte. Dieses schöne Szenario, das für die erste Ausgabe dieses Buches im Jahre 1971 geschrieben worden war, beschrieb jedoch nicht die Ereignisse, die folgen sollten. Mitte 1971 erreichte die Arbeitslosenquote mit 6% ihren Höhepunkt. Auch die Inflationsrate hatte ihren höchsten Stand bei 6% erreicht und begann Mitte des Jahres zu fallen. Das Sinken der Inflationsrate war zu dieser Zeit nicht abzusehen und im August 1971 begann die Regierung eine erste Phase von Lohn- und Preiskontrollen, die bis 1974 andauerte.

Mit diesen Kontrollen erreichte die Regierung 1972 (ein Wahljahr) einen wesentlichen Nachfragestimulus. Sowohl Staatskäufe als auch Geldmengenwachstum nahmen zu. Mit einer leichten Verspätung resultierte eine Verringerung der Arbeitslosenquote von 6% Mitte 1971 auf unter 5% Mitte 1973. Diese rapide Expansion erzeugte wiederum einen Druck auf die Inflationsrate. Die Angebotsschocks in Form eines Ernteausfalls in der Landwirtschaft 1972 und der Ölpreiserhöhungen 1973 und 1974 führten zu einem sprunghaften Anstieg der Inflationsrate. Geld- und fiskalpolitische Maßnahmen wurden gedrosselt und schließlich 1974 als Reaktion auf den Anstieg der Inflationsrate drastisch gestrafft.

Die durch diese gestraffte Geld- und Fiskalpolitik hervorgerufenen Einschränkungen spiegelten sich in der Arbeitslosenquote, die auf 9% anstieg, und in der Inflationsrate wider, die Ende 1975 um die 7% lag. In dieser Situation erreichte die Rezession jedoch ihren Tiefpunkt und es begann wieder eine Zeit der allmählichen Expansion. Obwohl die Erholung der Wirtschaft in der zweiten Hälfte des Jahres 1975 begann, wurde das Niveau des BSP vor der Rezession von 1973 erst 1976 wieder erreicht. Mit der Ankurbelung der Wirtschaft durch Steuerkürzungen und die Erhöhung der Geldmenge ging die allgemeine Unterbeschäftigung zurück. Im Jahre 1976 schwankte sie zwischen 7 und 8% und fiel schließlich Mitte 1977 auf 7%. Als sich die Ölpreise wieder stabilisierten, fiel die Inflationsrate gegen Ende 1976 auf unter 6%. Weiteres Wirtschaftswachstum schien für den Rest des Jahrzehnts möglich, wenn man eine kontinuierliche aber allmähliche Erholung der Wirtschaft während 1977-79 annahm, wobei allerdings das Erreichen der Vollbeschäftigung bis 1980 oder 1981 nicht sicher war.

So weit waren wir bei der zweiten Ausgabe des Buches gekommen. Die Nachfragepolitik in den späten siebziger Jahren war jedoch wieder übermäßig expansiv und trieb die Arbeitslosenquote gegen Ende 1978 unter 6%. Zu dem bestehenden Inflationsdruck kam dann noch die zweite Ölpreiserhöhung von 1979 hinzu und führte im Wahljahr 1980 zu einer Inflationsrate von 10%. Die Geldpolitik wurde 1979 angesichts der zunehmenden Inflation dramatisch gestrafft. Der Übergang zu dieser Politik des knappen Geldes, unterstützt durch einige fiskalische Einschränkungen ließ die Wirtschaft Anfang 1981 zunächst in eine verhältnismäßig kleine Rezession fallen und endete dann 1982 in einer großen. Dieses Mal schien der Federal Reserve entschieden durchzuhalten, bis die Inflationsrate definitiv gesenkt wäre. In der Rezession von 1982 erreichte die Inflationsrate ihren Nachkriegshöchststand von 11%. Wie wir in Abbildung 1-1(a) und Abbildung 1-1(c) sehen können, reduzierten die lange Rezession und die hohe Arbeitslosigkeit die Inflation und zwar schnell. Von 10% Anfang 1981 fiel die Inflationsrate auf unter 4% 1983. Diese große Deflation der achtziger Jahre ist ein hervorragendes Beispiel der Effekte einer nachfrageorientierten Politik auf Unterbeschäftigung und Inflation. Im Jahre 1983 induzierten die Steuersenkungen und die erhöhten Verteidigungsausgaben des „Reagan Budgets“ die Erholung der Wirtschaft, die bis 1988 andauerte. Der Federal Reserve unterstützte diesen Weg durch eine kontrollierte Erhöhung des Geldangebots. Die Inflationsrate fiel weiter auf 2-3% 1987 und auch die Arbeitslosenquote hatte sich gegen Ende 1987 auf 6% verringert. Was die Inflation und die Arbeitslosigkeit anbelangt, so schien die Erholung der Wirtschaft Mitte 1988 vollendet. In der Tat war die Arbeitslosenquote unter dem geschätzten gegenwärtigen Vollbeschäftigungsniveau und die Inflation schien wieder zuzunehmen. Es bestand die Gefahr, daß die Nachfragepolitik wieder zuviel Expansion erzeugen würde, nachdem endlich der Inflationszyklus beendet war, der 1964-65 begonnen hatte.

Einige Implikationen der makroökonomischen Theorie

Unsere kurze Beschreibung der makroökonomischen Hauptereignisse der Jahre 1960-1988 und die Untersuchung der Daten in Abbildung 1-1 sollten dazu dienen, bestimmte Beziehungen zwischen aggregierten ökonomischen Variablen herauszustellen. Da ist zunächst einmal die Beziehung zwischen dem tatsächlichen Output und der Arbeitslosenquote, die die Vermutung nahelegt, der Output sei eine Funktion der Beschäftigung. Diese Beziehung einer Produktionsfunktion wird in Kapitel 6 entwickelt und bis zum Ende des Buches benutzt.

Weiterhin scheint es eine inverse Beziehung zwischen der Arbeitslosenquote und der Inflationsrate zu geben, wenn die Wirtschaft Schwankungen aufgrund von Störungen der Nachfrageseite unterworfen ist. Diese Beziehung der Phillipskurve wird in Kapitel 20 als ein wichtiger Teil mittelfristig dynamischer Prozesse in der Volkswirtschaft vorgestellt.

Schließlich erkennen wir die Abhängigkeit des tatsächlichen Outputs von der Höhe der Nachfrage, die wiederum stark von den Veränderungen der Geld- oder Fiskalpolitik abhängt, also von Veränderungen des Geldangebots, der Staatsausgaben und der Steuersätze. Teil II und Teil III diese Buches konzentrieren sich hauptsächlich auf die Auswirkungen, die Veränderungen dieser Variablen (einzeln und auch gleichzeitig) auf die Höhe des Outputs, die Beschäftigung und das Preisniveau haben. Wir beginnen diese Untersuchung der Auswirkungen stabilitätspolitischer Veränderungen in Kapitel 3 mit einem Überblick über die einfache Multiplikatoranalyse und vervollständigen die Analyse dann weiter in den Kapiteln 5, 9 und 16.

Eine analytische Betrachtungsweise der Makroökonomie

In Teil II und Teil III verwenden wir die Betrachtungsweise des aggregierten allgemeinen Gleichgewichts, um eine Theorie zu entwickeln, die Veränderungen des Outputs, der Beschäftigung und des Preisniveaus erklären kann. Wir beziehen der Reihe nach einen Gütermarkt für Waren und Dienstleistungen, einen Geld- und schließlich einen Arbeitsmarkt in unsere Analyse mit ein. Zusammen mit der Produktionsfunktion, dem Bindeglied zwischen Output und Beschäftigung, bestimmen Angebots- und Nachfragegleichgewichtsbedingungen auf diesen drei Märkten gemeinsam das Niveau der vier Schlüsselvariablen Output, Beschäftigung, Preisnivau und Zinssatz.

Was auf einem einzelnen Markt passiert, betrifft in einem allgemeinen Gleichgewichtssystem alle Märkte. Deshalb liegt die Betonung in Teil II, wo wir uns mit dem analytischen Rahmenskelett des Systems beschäftigen, auf Simultanität und Interaktion zwischen den Märkten.

Ein Beispiel für Simultanität von Märkten

Betrachten wir als Ausgangspunkt die Erhöhung der Effizienz eines Transaktionsmechanismus, zum Beispiel die Einführung eines auf breiter Basis akzeptierten Kreditkartensystems. Ein solcher Effizienzzuwachs ist vergleichbar mit einer Erhöhung des Geldangebots, wobei ein gegebener Geldbestand eine Zunahme der Transaktionen pro Jahr finanziert. Dies wird zu einer Verringerung der Zinssätze führen, da die Bevölkerung nun weniger Bargeld benötigt und den Überschuß dazu verwendet, zinstragende Wertpapiere zu kaufen. Die Zunahme der Nachfrage nach Wertpapieren wird zu einer Erhöhung der Wertpapierpreise und zu einer Verringerung der Zinssätze führen. Die niedrigeren Zinssätze werden im wesentlichen die Investitionsnachfrage erhöhen, indem Kredite billiger werden. Die höhere Investitionsnachfrage ihrerseits erhöht die Umsätze und Einkommen und erzeugt Druck auf die Preise. Outputzuwachs und höheres Preisniveau führen dann zur Zunahme der Beschäftigung.

Inzwischen werden höhere Einkommen und Preise zu einer Erhöhung der Geldnachfrage führen, so daß der Effekt des ursprünglichen Stimulus, erzeugt durch die Einführung des Kreditkartensystems, zum Teil kompensiert wird. Schließlich wird sich das System bei einem neuen Gleichgewicht mit einem höheren Niveau von Output, Preisen und Beschäftigung und niedrigeren Zinssätzen stabilisieren. Die ursprüngliche Gleichgewichtsstörung auf dem Geldmarkt hat sich in die anderen Märkte des „Modells" ausgebreitet, wie sie sich auch in der wirklichen Welt in alle Bereiche der Wirtschaft fortpflanzen würde. In Teil II soll ein intuitives Verständnis für diese Art der Simultanität entwickelt werden.

Verbindung mit der „wirklichen Welt" durch empirische Ergebnisse

Die Diskussion der empirischen Resultate in Teil III soll einer zusätzlichen Strukturbereicherung des Analysesystems aus Teil II dienen. Wir werden sehen, was uns die Theorie und die praktische Erfahrung mit ökonomischen Daten zum Beispiel über die Reaktionszeit einer Variablen (der Investitionsnachfrage), auf die Veränderung einer anderen Variablen (des Zinssatzes) sagen können. Wir werden ebenfalls diskutieren, ob lediglich zeitweilige Veränderungen der Steuersätze andere Auswirkungen auf das Verhalten der Konsumenten haben, als etwa dauerhafte.

Während Teil II also dazu dienen soll, die reine Analyse des makroökonomischen Systems zu erklären, soll Teil III eine Art quantitative Intuition für die Beziehungen der wesentlichen makroökonomischen Variablen schaffen: Wie lange dauert es bis etwas reagiert und wie stark wird diese Reaktion sein?

Um all das angehen zu können, müssen wir uns zu Beginn in Kapitel 2 noch einen kurzen Überblick über die nationalen Einkommenskonten verschaffen, die sowohl viele unserer makroökonomischen Schlüsselvariablen definieren, wie zum Beispiel Konsum, Investition etc., als auch eine Art gesellschaftliches Kontensystem für unsere spätere Analyse darstellen. Teil I schließt dann in Kapitel 3 mit einem kurzen Überblick über die Grundzüge der Analyse der Einkommensbestimmung, die bereits aus einem Grundlagenkurs bekannt sein müßten.

Ausgewählte Literatur

P. K. Clark, „A New Estimate of Potential GNP" (Council of Economic Advisers, 1977; processed).

Council of Economic Advisers, *Annual Reports* (Washington, D. C.: Government Printing Office), January 1962, pp. 39-56; January 1980, pp. 88-90.

R. J. Gordon, *Macroeconomics,* 4th Ed. (Boston: Little, Brown and Company, 1987).

R. J. Gordon, „Unemployment and Potential Output in the 1980s," Brookings Papers on Economic Activity, vol. 15, no. 1, 1984, pp. 132-145.

A. M. Okun, „Potential GNP: Its Measurement and Significance," in A. M. Okun, *The Political Economy of Prosperity* (Washington, D. C.: The Brookings Institution, 1970), pp. 132-145.

A. M. Okun, „The Gap Between Actual and Potential Output," in A. M. Okun, ed., *The Battle Against Unemployment* (New York: W. W. Norton, 1965).

Kapitel 2
Volkswirtschaftliche Gesamtrechnung

In der volkswirtschaftlichen Gesamtrechnung (VGR) werden die Ströme von Gütern und Einkommen in der Volkswirtschaft gemessen. Die Konten der VGR werden vom „Office of Business Economics" (OBE) des amerikanischen Wirtschaftsministeriums geführt und monatlich im „Survey of Current Business" veröffentlicht. Viele der ökonomischen Aggregate, die dieses Buch verwendet, wie zum Beispiel Konsumausgaben oder die private Investition, werden in diesen Konten definiert. Sie stellen außerdem ein System zur Analyse des wirtschaftlichen Aktivitätsniveaus dar. Wir beginnen also unsere Untersuchung der Einkommensbestimmung mit einem kurzen Überblick über die Konten der VGR.

Die Entstehungsseite dieser Konten mißt den Strom der in einer Periode in der Volkswirtschaft produzierten Güter und Dienstleistungen. Die Verteilungsseite mißt die Faktoreinkommen, die von Amerikanern bei der Produktion in dieser Periode erzielt werden. Auf der Entstehungsseite wird der Strom der in einer Periode erzeugten Güter und Dienstleistungen durch die Ausgaben von Konsumenten, Unternehmen, dem Staat und von Ausländern für diese Güter und Dienstleistungen gemessen. Diesem Ausgabenstrom für Endprodukte, zu denen auch die Dienstleistungen gezählt werden, steht das Einkommen der Produktionsfaktoren gegenüber, das sie für die Erstellung des Outputs erhalten, wie zum Beispiel Arbeitslöhne und die Gewinne der Unternehmer.

Entstehungs- und Verteilungsseite stellen also zwei verschiedene Meßansätze für die Werte der Summe nach gleicher Stromgrößen dar. Die Entstehungsseite listet die Ausgaben für den Output auf. Diese Ausgaben werden dann zu Einkommen der für die Produktion dieses Outputs eingesetzten Produktionsfaktoren. Diese Faktoreinkommen wiederum lassen sich aufteilen in Ausgaben für Konsum, Steuerzahlungen, Ersparnis und Transferzahlungen an Ausländer. Wir können das Bruttosozialprodukt (BSP) also von drei verschiedenen Seiten betrachten, die alle eine dem Wert nach gleiche Summe von Stromgrößen bezeichnen. Von der einen Seite gesehen, setzt es sich aus verschiedenartigen Ausgaben für Endprodukte zusammen (Entstehungsseite). Eine zweite Sichtweise stellt das BSP als die Summe verschiedener Einkommensarten dar, die aus der Produktion herrühren und an verschiedene Arten von Einkommensempfängern verteilt werden (Verteilungsseite). Und schließlich können wir es noch dem Verwendungszweck nach klassifizieren (Verwendungsseite). Aus der ersten und letzten dieser drei Meßarten erhalten wir die einfache BSP Identität, die die Grundlage für unser Studium der Ökonomie auf einem aggregierten oder auch Makro-Niveau ist:

$$C + I + G + (X - M) \equiv BSP \equiv C + S + T + R_f. \tag{1}$$

Die linke Seite dieser Identität mißt das Bruttosozialprodukt anhand von Ausgaben für Endprodukte. Hier steht „C" für Konsumausgaben. „I" steht für private (im Gegensatz zu staatlichen) Investitionsausgaben für Anlage- und Bauinvestitionen, Lagerbestände und Wohnungsbau, die zusammen zu den privaten Bruttoinlandsinvestitionen aggregiert werden. „G" entspricht den gesamten Staatsausgaben (des Bundes, der Länder und der Kommunen) für den Kauf von Gütern und Dienstleistungen. Und schließlich steht (X-M) für die Nettoexporte.

Die rechte Seite von Gleichung (1) stellt das BSP in seinen Komponenten nach der Verwendung des durch die Produktion erzielten Einkommens dar. Hier steht „C“ wieder für Ausgaben der Konsumenten. „S“ entspricht der gesamten Ersparnis des privaten Sektors (der Konsumenten und Unternehmen), die sich aus Abschreibungen und Einkommen oder Erträgen zusammensetzt, die nicht ausgegeben wurden. „T“ steht für die Nettosteuerzahlungen (gesamte Steuerzahlungen abzüglich Transfers, Zinsen und der Subventionszahlungen egal welcher staatlichen Stelle). „R_f“ schließlich entspricht den Transferzahlungen privater Inländer an Ausländer, wie zum Beispiel private Pensionszahlungen oder Spenden für internationale Hilfsaktionen.

Ein Großteil dieses Kapitels wird darauf verwendet zu zeigen, wie sich die Ausgaben für Endprodukte (linke Seite von 1), durch die Einkommenskonten in die Verwendung des erhaltenen Einkommens aus der Produktion (rechte Seite von 1) umsetzen lassen. Diese Übung dient mehreren Zwecken. Zunächst wird Identität (1) explizit begründet, indem gezeigt wird, wie die Konten der VGR zusammenhängen. Dies ist eine Grundvorraussetzung für das Verständnis der folgenden makroökonomischen Theorie. Außerdem soll der Leser ein Gefühl für die Größenordnung bekommen, in der sich die Aggregate bewegen. Wie jede Theorie, so verlangt auch die makroökonomische Theorie einen hohen Grad an Abstraktion, und es wird für den Leser hilfreich sein, die Theorie mehr oder weniger kontinuierlich in die relevanten Größen der VGR übersetzen zu können. Schließlich dient ein solcher Überblick dazu, den Leser mit den Kategorien ökonomischer Variablen bekannt zu machen, die üblicherweise in der makroökonomischen Theorie verwendet werden. Die Theorie behandelt aggregierte Variablen. Ein kleiner Ausflug in die Konten der VGR zeigt uns, was sich hinter diesen aggregierten Variablen verbirgt.

Der nächste Abschnitt stellt einige einfache Prinzipien vor, die den Konten zugrunde liegen. Wir werden dann die Idee eines Kreislaufs von Gütern und Einkommen vorstellen, hinter dem sich die BSP Identität (1) verbirgt. Danach beschreiben wir die wesentlichen Ausgabenaggregate auf der Entstehungsseite und verfolgen die Einkommensströme zurück bis zur Verwendungsseite. Wir beenden diese Beschreibung der Konten mit einer Betrachtung der Identität von Ersparnis und Investition und verdeutlichen dann noch den Unterschied zwischen nominalem BSP (gemessen in jeweils aktuellen Preisen) und realem BSP (gemessen in den Preisen eines Basisjahres). Weil sich ein Großteil unserer späteren Diskussion über die Politik auf den Haushalt des Staates konzentriert, werden wir einen genaueren Blick auf die Konten des staatlichen Sektors werfen und diese mit dem Haushaltsplan vergleichen, den der Präsident jährlich dem Kongress vorlegt. Schließlich beenden wir dieses Kapitel mit der Frage, inwiefern das Bruttosozialprodukt als Maß nationaler Wohlfahrt geeignet ist.

Einige Grundprinzipien der VGR

Wenn wir die Konten der VGR behandeln, sollten wir einige einfache Ideen, die diesen Konten zugrunde liegen, im Hinterkopf behalten. Wir werden uns hier nur mit vier für unsere Zwecke besonders relevanten Grundprinzipien beschäftigen, die uns, wenn wir sie im Auge behalten, helfen werden, in der späteren Diskussion Verwirrung zu vermeiden.

Zuerst ist es einmal wichtig, daß die Variablen in den Konten in einer Weise aggregiert werden, die für die ökonomische Analyse sinnvoll ist. Dies bedeutet im allgemeinen, daß all das, was zum Beispiel Ausgabencharakter hat, aggregiert werden sollte, und all das, was man nicht zu den Ausgaben rechnen kann, deutlich davon getrennt wird. Auf der Entstehungsseite bedeutet dies, daß man die verschiedenen Ausgabensektoren nach dem Kriterium „wer gibt das Geld aus" aggregiert, das heißt also nach Konsumenten, Unternehmen, staatlichen Stellen und Ausländern. Diese Art der Aggregation erscheint sinnvoll, da annahmegemäß jede dieser vier Ausgabenarten mit unterschiedlichen Motivationen verbunden ist und folglich auch mit anderen ökonomischen Variablen korrespondiert. So sind die Ausgaben der Konsumenten höchst wahrscheinlich mit ihrem Einkommen korreliert und vielleicht mit dem Vermögen, wie wir in Kapitel 12 sehen werden. Die Investitionen der Unternehmen könnten zum Beispiel mit den erwarteten Umsätzen, Gewinnen und den Kapitalkosten korreliert sein, wie Kapitel 13 zeigt. Die Staatsausgaben werden von einem politischen Prozeß bestimmt und sind nur entfernt mit den Ausgabenentscheidungen der Konsumenten und der Unternehmen in Verbindung zu bringen. Die Nettoexporte schließlich hängen hauptsächlich von Einkommen und Preisen in anderen Ländern ab.

Das zweite Prinzip, das wir hier erwähnen wollen, besagt, daß die VGR Ausgaben- und Einkommensströme aus der Produktion von Gütern und Dienstleistungen in einer Periode aufzeichnet. Transaktionen, die lediglich Eigentum an bereits existierendem Vermögen übertragen, werden in der VGR im allgemeinen nicht berücksichtigt, weil sie sich nicht auf die laufende Produktion beziehen. Zum Beispiel wird der Kauf eines gebrauchten Autos bei einem Gebrauchtwagenhändler nur in so weit in den Konten der VGR auftauchen, als der bezahlte Preis über dem Preis liegt, zu dem der Vorbesitzer an den Gebrauchtwagenhändler verkauft hat. Die in den Konten der VGR ausgewiesene Differenz reflektiert die Wertschöpfung, die dem Auto durch die Dienstleistung und Einrichtungen des Gebrauchtwagenhändlers hinzugefügt worden ist, weil diese der Förderung des Handels dienen und somit zum Output beitragen. Im Fall eines Direktverkaufs ohne Zwischenschaltung eines Händlers beinhaltet die Transaktion lediglich den Verkauf eines bereits bestehenden Vermögensgegenstandes (des Autos) gegen Bargeld oder Überweisung, involviert also keine Wertschöpfung durch die Leistungen eines Gebrauchtwagenhändlers. Eine Transaktion, die lediglich den Austausch von bereits existierenden Aktiva beinhaltet, hat keinen direkten Einfluß auf die Produktion einer Periode und wird somit nicht in den Konten der VGR registriert. Natürlich kann diese Transaktion einen indirekten Effekt auf das Ausgabeverhalten der Konsumenten haben, da sich die Zusammensetzung des Vermögens auf beiden Seiten geändert hat. Der Verkäufer besitzt nun Liquidität, weshalb er möglicherweise mehr ausgeben wird, während der Käufer eventuell seine Ausgaben reduzieren wird, da er nun weniger Liquidität besitzt. Dies aber sind indirekte Effekte, die nur in dem Maße beobachtbar sind, wie sie sich im Käuferverhalten oder den Präferenzen der Käufer äußern.

Die letzten zwei Punkte, die wir hier erwähnen möchten, beziehen sich auf die Ausrichtung der Konten der VGR an der Messung des Gesamtoutputs als einem (offensichtlich unzureichenden) Indikator für die Wohlfahrt eines Landes. In Übereinstimmung mit einer individualistischen Sicht der Wohlfahrt werden die Ausgaben der Konsumenten hier zur Endnachfrage gerechnet, anstatt sie als ei-

nen Inputfaktor für die Arbeitskraft zu betrachten. Diese Behandlung der Konsumausgaben scheint auf der Hand zu liegen. Trotzdem wäre zum Beispiel in jeder Volkswirtschaft, in der Zwangsarbeit üblich ist, wie zum Beispiel in einem Sklavenstaat, der Konsum der arbeitenden Bevölkerung als Erhaltungsaufwand für den „Kapitalstock" zu betrachten, vergleichbar etwa mit den Kosten, die aufgewendet werden müssen, um den Bestand der Fabrikationsanlagen in den USA auf konstantem Niveau zu halten.
Stellt das gewählte Beispiel auch ein Extrem dar, so ist doch argumentiert worden, daß zum Beispiel die Fahrtkosten zur Arbeitsstelle eher als Kosten der Unternehmen zu betrachten seien, denn als Ausgaben der Konsumenten. Das andere mit der Wohlfahrtsmessung verbundene Problem besteht darin, daß der Output überall, wo es möglich ist, zu Marktpreisen bewertet wird. Dieses Vorgehen reflektiert die mikroökonomische Sichtweise, daß in einer Marktwirtschaft der Marktpreis eines Gutes dem Grenznutzen entspricht, der den Konsumenten aus dem Konsum dieses Gutes erwächst, und daß der Marktpreis für Arbeit dem Grenznutzen entspricht, der den Arbeitskräften durch Verzicht auf den Konsum von Freizeit entgeht.

Den Output zu Marktpreisen zu bewerten, kann in einer Marktwirtschaft nur für den Output des Unternehmenssektors die adequate Bewertung sein. Die meisten Leistungen des Staates werden nicht „verkauft" und es ist ebenfalls schwierig, den Output des Sektors Haushalte zu bewerten. Folglich wird in diesen beiden Sektoren der Output zu Faktorpreisen bewertet, während der Output der Unternehmen (ca. 85% des BSP) zu Marktpreisen bewertet wird.

Der Kreislauf der Einkommen und der Ausgaben

Der Einkommens- und Ausgabenkreislauf in einer einfachen Volkswirtschaft mit nur zwei Sektoren ist in Abbildung 2-1 dargestellt. Das obere Pfeilpaar repräsentiert den Gütermarkt, auf dem die Haushalte Geld gegen die von Firmen erstellten Güter und Dienstleistungen eintauschen. Die gestrichelte Linie, die mit „Ausgabenmessung" bezeichnet ist und diese beiden Pfeile schneidet, kennzeichnet die Messung des Outputs auf der Entstehungsseite. Hier wird der Outputstrom anhand der Gesamtausgaben der Haushalte für diesen Outputstrom gemessen.

Das untere Pfeilpaar stellt die Faktormärkte dar, auf denen die Unternehmen Geld gegen Dienstleistungen der Haushalte eintauschen (Löhne für Arbeit, Gewinnausschüttung für die Bereitstellung von Kapital). Auch hier kennzeichnet die gestrichelte Linie, jetzt mit der Bezeichnung „Einkommensmessung", die Messung des BSP, diesmal auf der Verteilungsseite. Gemessen wird der von den Haushalten im Laufe einer Periode bereitgestellte Strom von Dienstleistungen anhand der Einkommen, die sie erhalten. Diese zwei Messungen von Strömen sollten folgende Gleichung immer erfüllen: Output = BSP = Einkommen.

An dieser Stelle möchten wir herausstellen, daß es bei der Berechnung des BSP wichtig ist, keine Doppelzählungen vorzunehmen, das heißt, daß die gemessenen Werte des Einkommens und der Ausgaben nicht einfach jeweils aufaddiert werden dürfen. Der BSP Kreislauf in Abbildung 2-1 zeigt, daß wir das BSP entweder durch die Endnachfrage oder durch die gesamten Faktorinputs messen können. Nachfrage nach Zwischenprodukten, die wieder in die Produktion eingehen, darf nicht in die Messung der Endnachfrage mit einbezogen werden.

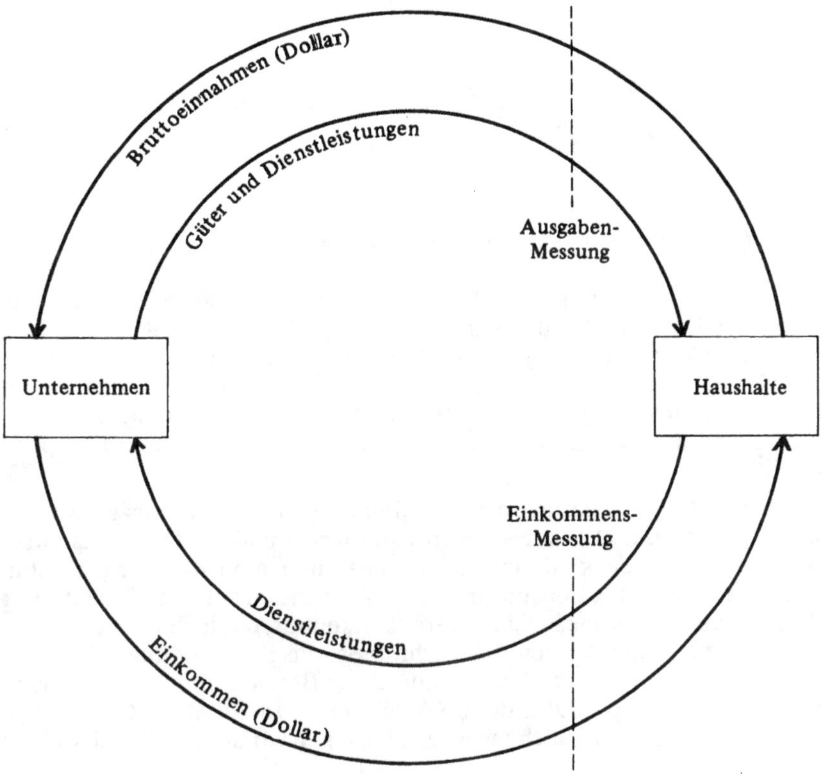

Abbilundg 2-1: Der Kreislauf der Einkommen und der Ausgaben.

Ein anderer Ausdruck für Gesamtinput, gemessen in Faktoreinkommen, ist Wertschöpfung. Das durch die Endnachfrage gemessene BSP sollte mit dem durch die Wertschöpfung gemessenen BSP übereinstimmen, wie in dem folgenden Beispiel, daß in Abbildung 2-2 dargestellt ist, gezeigt werden soll. Es werden die Schritte vom Produktionsbeginn in den Kohle- und Eisenerzminen bis zum abschließenden Verkauf eines (vollständig aus Stahl bestehenden?!) Autos an den Konsumenten verfolgt. Nehmen wir an, die Herstellung eines Autos zum Einzelhandelspreis von 10000 Dollar erfordere Stahl im Gegenwert von 7000 Dollar, wofür man wiederum für 2000 Dollar Kohle und für 4000 Dollar Eisenerz benötigt. Wir betrachten nun die in Abbildung 2-2 dargestellte Reihe von Produktionsstufen, in der die Minen, die nur Kapital und Arbeit als Inputs verwenden, Output im Gegenwert von 6000 Dollar an die Stahlfirma verkaufen, die ihrerseits 1000 Dollar an Kapital- und Arbeitsinput hinzufügt, um für 7000 $ Stahl zu produzieren. Der Autohersteller fügt seinerseits weitere 2500 $ hinzu, um aus dem Stahl ein Auto im Wert von 9500 $ zu produzieren und schließlich fügt der Einzelhändler noch 500 Dollar an Dienstleistung hinzu, um das Auto für einen Gesamtpreis von 10000 $ an den Konsumenten zu verkaufen.

Nun kann man das BSP in diesem Fall durch den Wert beim Verkauf messen (10000 $), was dem oberen Teil unseres Kreislaufbildes 2-1 entspricht, oder durch die Wertschöpfung der Produktion, die im unteren Teil des Kreislaufs gemessen werden kann. In unserem Beispiel setzt sich die Gesamtwertschöpfung

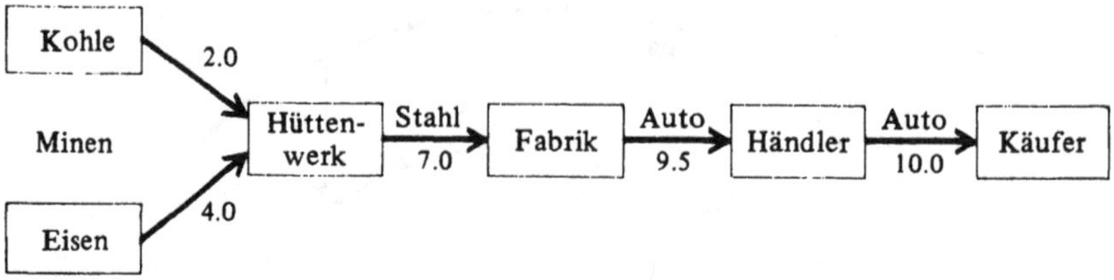

Abbildung 2-2: Wertschöpfung und Endnachfrage.

folgendermaßen zusammen: 6000 \$ von den Minen, 1000 \$ vom Hüttenwerk, 2500 \$ trägt die Fabrik bei und schließlich noch 500 \$ der Händler. Zusammen ergibt sich eine Wertschöpfung von 10000 \$. Diese Wertschöpfung entspricht exakt der BSP-Messung der Endnachfrage. Wir sollten uns also daran erinnern, daß wir, wenn wir uns auf der Entstehungsseite befinden, die Endnachfrage betrachten, während die Verteilungsseite die Wertschöpfung nach ihren Komponenten darstellt.

Abbildung 2-1 könnte natürlich ohne weiteres um den Sektor Staat erweitert werden, der Güter und Dienstleistungen von Firmen und die Dienstleistungen der Haushalte gegen Geld kauft und Steuereinnahmen implizit als Gegenleistung für die von ihm erbrachten Leistungen erhält. Wir werden auf diese Erweiterung hier nicht eingehen, da es uns lediglich darauf ankommt, das in der VGR verwendete geschlossene Buchungssystem zu beschreiben, das in Abbildung 2-1 ohne weiteres erkennbar ist. Wir wenden uns nun einer Beschreibung des Volkseinkommens und des Sozialprodukts der USA zu, um die Identität der Gleichung (1) zu überprüfen. Der Anschaulichkeit wegen beziehen wir uns auf derzeit in der VGR registrierte Größen.

Das BSP auf der Entstehungsseite

Auf der Entstehungsseite kann das BSP durch die Gesamtausgaben für in den USA produzierte Endprodukte gemessen werden. Dies entspricht dem oberen Teil des Kreislaufs in Abbildung 2-1. In den Konten der VGR werden diese Ausgaben nach den vier Hauptsektoren aufgegliedert: Konsumausgaben, Investitionen der Unternehmen, Staatsausgaben und Exporte. In den USA produzierter Output teilt sich also auf in Konsumgüterkäufe inländischer Konsumenten (C_d), Ausgaben der Unternehmen für Anlagen- und Bauten sowie Ausgaben für Wohnungsbau (I_d), Ausgaben des Bundes, der Länder und der Kommunen (G_d) und schließlich Exporte (X). Wir erhalten also für die Allokation des Gesamtoutputs folgende Gleichung:

$$\text{BSP} = C_d + I_d + G_d + X \qquad (2)$$

Nun sind aber die Konsumausgaben für im Inland produzierten Output gleich den gesamten Konsumausgaben (C) abzüglich der Importe von Konsumgütern (M_c). Ebenso sind die Investitionsausgaben der Unternehmen für im Inland produzierte Güter gleich den gesamten Investitionsausgaben abzüglich der Importe von Investitionsgütern (M_i). Die gesamten Staatsausgaben setzen sich dementsprechend ebenfalls aus den Ausgaben für im Inland produzierten Output und den Käufen des Staates im Ausland (M_g) zusammen. Bei letzteren sind vor allem

Ausgaben für Dienstleistungen zu nennen, wie zum Beispiel für die Unterhaltung amerikanischer Botschaften im Ausland oder dort stationierte Truppen. Wir können die Allokation des Gesamtoutputs also auch wie folgt darstellen:

$$\begin{aligned} BSP &= (C - M_c) + (I - M_i) + (G - M_g) + X \\ &= C + I + G + (X - M). \end{aligned} \tag{3}$$

Hier steht M für die Gesamtsumme der Importe. Gleichung (3) ist die grundlegende Identität der Entstehungsseite, in der die gesamten Konsum-, Investitions- und Staatsausgaben zusammen mit den Nettoexporten zum Bruttosozialprodukt aufaddiert werden. Tabelle 2-1 zeigt die beiden Identitäten (2) und (3) zusammen, wobei $M_c + M_i + M_g$ die Gesamtsumme der Importe M ergibt. Von links nach rechts gelesen zeigt diese Tabelle die intrasektoralen Beziehungen zwischen den Gesamtausgaben, den Ausgaben für im Inland produzierten Output und den Importen. Von oben nach unten gelesen zeigt die Tabelle das BSP.

Die wesentlichen Komponenten der Entstehungsseite des amerikanischen Bruttosozialprodukts des Jahres 1987 sind in Tabelle 2-2 dargestellt. Der Leser sollte zunächst einmal die Zahlen überfliegen, um einen Eindruck von der relativen Größe der Sektoren zu bekommen. Weiter sollten folgende Punkte beachtet werden. Ungefähr 15% der Konsumausgaben entfallen auf dauerhafte Konsumgüter, also auf Konsumgüter mit einer Lebensdauer von mehr als einem Jahr. Man könnte diesbezüglich fragen, ob es nicht sinnvoller wäre diese Ausgaben in einer separaten Kategorie als Investition darzustellen. Dauerhafte Konsumgüter würden dann als Investitionsgüter betrachtet. Ihr Gebrauch, gemessen durch die Wertminderung oder einen impliziten Mietpreis, würde bei den Ausgaben der Konsumenten für Dienstleistungen berücksichtigt. Wenn zum Beispiel alle dauerhaften Konsumgüter im Besitz von Leasingunternehmen wären, dann würden die Käufe dieser Güter zu den Investitionsausgaben der Unternehmen gerechnet und die Mietkosten zu den Konsumausgaben gezählt.

In diesem Zusammenhang ist ein weiterer Punkt zu erwähnen. Ungefähr 30% der gesamten Investitionen gehen in den Wohnungsbau. Nun zählen natürlich Häuser zu den wichtigsten dauerhaften Konsumgütern und sie werden in der VGR auch exakt in der Art berücksichtigt, wie sie bereits oben für alle dauerhaften Konsumgüter vorgeschlagen wurde. Die Ausgaben für den Wohnungsbau werden beim Bau des Hauses als Investition in den Konten der VGR verbucht. Hierzu stellt das US-Census Bureau (Das statistische Bundesamt der USA) vierteljährlich den Wert der Wohnungsbauinvestitionen fest. Im Fall von Mietshäusern und Mietwohnungen wird die gezahlte Miete dann unter Konsumausgaben für Dienstleistungen und Nutzungen verbucht. Für Wohnraum, der sich im Eigentum seiner Bewohner befindet, berechnet das OBE einen Bruttomietwert und addiert diesen zu den Konsumausgaben für Dienstleistungen und Nutzungen hinzu. Auf der Verwendungsseite wird dann ein Posten Nettomietausgaben hinzuaddiert.

Tabelle 2-1: Das BSP auf der Entstehungsseite.

$C_d = C - M_c$
$I_d = I - M_i$
$G_d = G - M_g$
$X = X$
$BSP = C + I + G + (X - M)$

Die letzte Bemerkung bezüglich der Investitionen gilt den Lagerinvestitionen, die die Veränderung des Lagerbestands zwischen Anfang und Ende der Rechnungsperiode wiedergeben. Sie sind ebenfalls in der Investitionskomponente enthalten. Die Lagerbestandsänderungen sind wahrscheinlich die unbeständigste Komponente der Konten, zumindest was die Entstehungsseite anbelangt. Sie spielen eine wichtige Rolle bei unserer Diskussion der Beziehung zweier unterschiedlicher Interpretationen von Gleichung (1) in Kapitel 3. Man kann nämlich Gleichung (1) als eine Identität auffassen, die immer erfüllt ist, oder als eine Gleichgewichtsbedingung, die nur dann erfüllt ist, wenn sich Entstehungs- und Verwendungsseite im Gleichgewicht befinden.

Tabelle 2-2: Das BSP und seine wesentlichen Komponenten, 1987 (in Milliarden US-Dollar).

Bruttosozialprodukt (BSP)	$ 4 527
persönliche Konsumausgaben	3 012
Dauerhafte Konsumgüter	422
Nichtdauerhafte Konsumgüter	998
Dienstleistungen und Nutzungen	1 592
Private Bruttoinvestitionen im Inland	713
Investitionen der Unternehmen in	447
Gebäude	140
dauerhaft der Unternehmung dienende Anlagen	307
Wohnungsbau	227
Lagerbestandsänderungen	39
Nettoexporte von Gütern und Dienstleistungen	– 123
Exporte	428
Importe	551
Staatskäufe von Gütern und Dienstleistungen	925
Ausgaben des Bundes	382
Verteidigung	295
Andere Ausgaben	87
Länder und Komunen	543

Quelle: Survey of Current Business, Juli 1988.
Wegen Rundungen ergänzen sich die Zahlen nicht.

Schließlich soll auf die Aufgliederung der Staatskäufe hingewiesen werden. Sie werden aufgeteilt in Verteidigungsausgaben des Bundes und andere Bundesausgaben, die Ausgaben der Länder und die der Kommunen. Die Ausgaben der Länder und Kommunen sind zusammen höher als die des Bundes. Etwa 80% der Käufe des Bundes sind Verteidigungsausgaben, da fast die gesamten Verteidigungsausgaben des Bundes für Käufe von Gütern und Dienstleistungen verwendet werden, zum Beispiel Panzer und Soldzahlungen, während nur etwa 10% der anderen Ausgaben wirklich Käufe sind. Der Rest dieser Ausgaben entfällt auf Transferzahlungen, Zinszahlungen oder Zuschüsse an die Länder und Kommunen. Es handelt sich hierbei nicht um Zahlungen für den Kauf in dieser Periode produzierter Güter und Dienstleistungen. Diese Beträge gehen also nicht direkt in das BSP ein. Vielmehr werden sie auf der Verwendungsseite als negative Steuerzahlungen mit den Steuereinnahmen verrechnet, wie wir noch bei der Diskussion der Einkommensverwendung sehen werden.

Das BSP auf der Verteilungsseite und das Volkseinkommen

Die Umsetzung des BSP zu Marktpreisen, dem Ergebnis der Messung des BSP auf der Entstehungsseite, in das Volkseinkommen (VE), die Summe der Faktoreinkommen, die bei der Produktion des BSP verdient werden, ist in Tabelle 2-3 dargestellt. Ausgehend vom Bruttosozialprodukt werden Abschreibungen, das heißt Wertminderungen von Fabrikationsanlagen, Gebäuden oder anderen Bestandteilen des Aktivvermögens abgezogen, um das Nettosozialprodukt zu erhalten. Die Abschreibungen sind Bestandteil des Kapitalflusses aus dem Umsatz bei den Unternehmen und machen einen wesentlichen Anteil der Bruttoersparnis der Unternehmen aus, wie wir in Kürze sehen werden. Um die grundlegende Identität (1), die für das BSP aufgestellt wurde, für das Nettosozialprodukt zu erhalten, können wir die Abschreibungen von den Investitionen (I) abziehen, wodurch sich die Nettoinvestitionen ergeben. Auf der anderen Seite der Identität müssen wir die Abschreibungen von der Größe S (Bruttoersparnis) abziehen und erhalten so die Nettoersparnis der Unternehmen.

Zwischen Nettosozialprodukt und Volkseinkommen sind ein großer und drei kleinere Posten zu erkennen. Der Hauptposten zeigt die indirekten Steuern. Die Summe der indirekten Steuern ist die Differenz zwischen dem, was die Käufer für Endprodukte zahlen, und dem, was die Unternehmen dafür erhalten, also ungefähr das Umsatzsteuer- und Verbrauchssteueraufkommen. Will man das Volkseinkommen berechnen, das im Prinzip nichts anderes ist als das Nettosozialprodukt zu Faktorpreise bewertet anstatt zu Marktpreisen, dann müssen die indirekten Steuern vom Nettosozialprodukt abgezogen werden, weil nur der Betrag, den die Verkäufer erhalten, in Faktoreinkommen umgesetzt werden kann. Die indirekten Steuern sind auf der Verwendungsseite der BSP Identität in der Komponente T enthalten.

Der erste der kleineren Posten zwischen Nettosozialprodukt und Volkseinkommen enthält die Transferzahlungen der Unternehmen, also hauptsächlich Spenden für gemeinnützige Stiftungen und Abschreibungen zweifelhafter Forderungen.

Tabelle 2-3: Das BSP auf der Verteilungsseite, 1987 (in Milliarden US-Dollar).

Bruttosozialprodukt (BSP)	$ 4 527
abzüglich Abschreibungen	480
Nettosozialprodukt	4 047
abzüglich indirekte Steuern	366
Transferzahlungen der Unternehmen	28
Statistische Diskrepanz	−8
plus Netto Ausgleichszahlungen an staatliche Unternehmen	18
Volkseinkommen	3 679
Löhne und Gehälter	2 683
Einkommen aus Unternehmertätigkeit	313
Mieteinkommen	18
Gewinne der Kapitalgesellschaften	310
Nettozinsen	354

Quelle: Survey of Current Business, Juli 1988.
Die Zahlen müssen sich wegen Rundungen nicht ergänzen.

Diese müssen abgezogen werden, da sie einen Teil der Einkünfte der Unternehmen darstellen, die nicht in Form von Faktoreinkommen weitergegeben werden. In Tabelle 2-4 werden wir später sehen, daß die Transfers der Unternehmen wieder hinzugenommen werden, wenn wir vom Volkseinkommen zum persönlichen Einkommen übergehen.

Die statistische Diskrepanz ist durch die Differenz zwischen dem auf der Entstehungsseite und dem auf der Verwendungsseite gemessenen BSP gegeben. Diese Diskrepanz tritt auf, weil die statistischen Bezugsbasen der beiden Rechenwerke unabhängig oder wenigstens unterschiedlich voneinander sind. Auf der Verwendungsseite erfolgt die Messung zum Beispiel an den Einkommens- und Körperschaftsteuereinnahmen und Zahlungen für die Sozialversicherung, zum Beispiel Rentenversicherung und Arbeitslosenversicherung. Auf der Entstehungsseite erfolgt die Messung anhand von Verkaufszahlen, Lagerbeständen und Frachtdaten der Unternehmen. Diese beiden Messungen werden nie genau übereinstimmen. Eine negative Diskrepanz besagt, daß die Messung auf der Verwendungsseite einen größeren Wert als auf der Entstehungsseite ergeben hat. Die statistische Diskrepanz ist in der BSP Identität in der Ersparnis enthalten. Man tut also so, als ob Einkommen, das nicht in den Zahlungen auf der Entstehungsseite gemessen werden kann, gespart wird.

Der letzte kleinere Posten zwischen Nettosozialprodukt und Volkseinkommen beinhaltet die Nettotransferzahlungen des Staates an staatliche Unternehmen (Subventionen), wie zum Beispiel an staatliche Läden für Alkoholika oder, um ein Beispiel aus der BRD zu wählen, die Deutsche Bundesbahn. Solche staatlichen Unternehmen gehören zum Unternehmenssektor und ihr Output wird an ihrer Wertschöpfung gemessen. Wenn sie nun am Ende des Jahres einen Verlust ausweisen, dann sind ihre Zahlungsverpflichtungen für Faktoreinkommen dieser Periode um den entsprechenden Fehlbetrag größer als der Wert ihres Outputs. Dieser Fehlbetrag muß dann vom Staat durch Subventionen gedeckt werden. Die Nettotransferzahlungen müssen also zum Nettosozialprodukt hinzuaddiert werden, um das Volkseinkommen zu erhalten. Sie werden in der BSP Identität (1) auf der Verwendungsseite als negative Steuerzahlungen berücksichtigt.

Die letzten fünf Zeilen von Tabelle 2-3 zeigen die Aufgliederung des Volkseinkommens nach Faktoranteilen vor der Zahlung direkter Steuern. Es handelt sich hier also um Bruttoeinkommen. Die Bezeichnungen der unterschiedlichen Faktoreinkommensarten erklären sich von selbst. Durch die Berücksichtigung von Abschreibungen bei den Einkünften aus Unternehmertätigkeit, den Mieteinkommen und den Gewinnen der Kapitalgesellschaften, wird versucht, nur wirkliche Beiträge zum Bruttosozialprodukt mitzuzählen. Einkünfte aus Unternehmertätigkeit und die Gewinne von Kapitalgesellschaften werden ebenfalls nach Wertberichtigung von Lagerbeständen gezeigt, deren Wert sich aufgrund von Preisänderungen geändert hat.

Vernachlässigen wir zunächst einmal die Einkünfte aus Unternehmertätigkeit, dann betrug der Anteil der Löhne und Gehälter am Volkseinkommen 1987 ungefähr 80% (2683 von 3366). Der Anteil der Kapitaleinkünfte machte dann ungefähr 20 Prozent aus (310 + 354 + 18 = 682 von 3366). Wendete man nun wiederum dieses Verhältnis auf die Einkünfte aus Unternehmertätigkeit an, so könnte man die resultierenden Größen als den durch Arbeit des Unternehmers erwirtschafteten Anteil (80%) und den auf das Kapitalvermögen zurückzuführenden Anteil deuten (20%). Natürlich ist nur schwer zu sagen, wie groß diese Anteile in

Wirklichkeit sind. Könnte man die 313 voll auf den Einsatz von Kapital zurückführen, dann wäre der Anteil der Arbeit 1987 nur 73 gewesen (2683 von 3679). Würde man den Betrag voll als Arbeitseinkommen rechnen, so wäre der Anteil der Arbeitseinkommen am Volkseinkommen 81% gewesen (2683 + 313 = 2996 von 3679).

Das Volkseinkommen nach der Verwendung

Abschließend wollen wir in unserem Überblick über die VGR noch die Verteilung des BSP und des Volkseinkommens auf die einzelnen Komponenten der Verwendungsseite in der BSP Identität untesuchen. Die vier Komponenten sind die Konsumausgaben C, die Ersparnis S, die Steuerzahlungen T und die privaten Transfers an Ausländer R_f. Wir werden auf der Verwendungsseite Schritt für Schritt vom BSP über das Volkseinkommen, das persönliche Einkommen, das verfügbare persönliche Einkommen bis zu den Konsumausgaben gehen und werden dabei jeden Posten, der auf diesem Weg vom BSP abgezogen wird, einer der Komponenten S, T oder R_F zuordnen, so daß wir am Ende, wenn nur noch C übrig ist, eine Summe aus den vier Komponenten $C + S + T + R_F$ erhalten.

Die Schritte vom BSP zu den Konsumausgaben auf der Verwendungsseite sind in Tabelle 2-4 dargestellt, wobei die Zuordnung zu S, T und R_F erfolgt. Der Leser sollte bemerken, daß Posten, die auf dem Weg vom BSP am oberen Ende der Tabelle zu den Konsumausgaben am unteren Ende hinzuaddiert werden, entweder bei der Zuordnung zu S, T oder R_F wieder abgezogen werden oder auf dem Weg zu den Konsumausgaben weiter unten wieder herausgekürzt werden.

Die drei Posten, die bei der Zuordnung zu einer der drei Kategorien der Verwendungsseite wieder abgezogen werden, sind die Nettoausgleichszahlungen an staatliche Unternehmen (Nettosubventionen in Tabelle 2-4), die staatlichen Transferzahlungen und Zinszahlungen des Staates, die alle von den Steuereinnahmen abgezogen werden müssen. T auf der Verwendungsseite steht also für die Nettosteuereinnahmen. Sie entsprechen dem Nettoentzug vom Einkommensstrom, der durch die gesamten Steuereinnahmen abzüglich der Transferzahlungen des Staates, der Länder und der Kommunen begründet ist. Anders gesehen sind staatliche Transferzahlungen für die Sozialversicherung oder andere staatliche Unterstützungszahlungen keine Ausgaben für Output dieser Periode und deshalb nicht in G enthalten, sondern eher negative Steuerzahlungen, die mit einem Minuszeichen in T einbezogen werden.

Die anderen Posten, die auf dem Weg vom BSP zu den Konsumausgaben hinzuaddiert werden, private Zinszahlungen oder Transferzahlungen der Unternehmen, werden an anderer Stelle in der Kette wieder herausgekürzt. Die Summe $C + S + T + R_f$ ergibt also in der Tat das Bruttosozialprodukt.

Im letzten Abschnitt haben wir die Posten zwischen BSP und Volkseinkommen diskutiert. Jetzt können wir in Tabelle 2-4 einen kurzen Blick auf die Posten zwischen dem Volkseinkommen und den Konsumausgaben werfen. Geht man vom Volkseinkommen zum persönlichen Einkommen, so muß man Faktoreinkommen, die nicht als Bruttoeinkommen (vor Steuern) an Personen gezahlt werden, abziehen und andere Einkommen, die im persönlichen Einkommen enthalten sind, nicht aber im Volkseinkommen, hinzuaddieren. Die Nettoersparnis der Unternehmen, der vierte Posten unter dem Volkseinkommen in Tabelle 2-4, ist mit den Unternehmensgewinnen (erster Posten) durch folgende Definition verbunden.

$$\text{Nettoersparnis der Unternehmen} \equiv \text{Unternehmensgewinne} - \text{Körperschaftsteuer} - \text{Dividenden} \quad (4)$$

Die Nettoersparnis der Unternehmen entspricht also den thesaurierten (einbehaltenen) Gewinnen, dem Teil der Gewinne, der nicht in Form von Steuern oder Dividenden wieder ausgezahlt wurde. Nettoersparnis plus Abschreibungen ergibt die Bruttoersparnis der Unternehmen.

Tabelle 2-4: Allokation des BSP auf der Verwendungsseite, 1987 (in Milliarden Dollar).

BSP	$ 4 527 ———	Y	4 527
abzüglich Abschreibungen	480		
Nettosozialprodukt	4 047		
abzüglich indirekter Steuern	366		
Transferzahlungen der Unternehmen	28		
Statistische Diskrepanz	− 8		
zuzüglich Nettosubventionen	18$^{(-)}$	S	657
Volkseinkommen	3 679		
abzüglich Unternehmensgewinne	310		
Körperschaftsteuer	134		
Dividenden	96		
Nettoersparnis der Unternehmen	81		
Nettozinszahlungen	354		
Sozialversicherungsbeiträge	399		
an den Staat gezahlte Dividenden	7		
zuzüglich Transferzahlungen des Staates	521$^{(-)}$		
persönliches Zinseinkommen	527	T	856
Nettozinszahlungen	354		
Zinszahlungen des Staates an Personen und Unternehmen	192$^{(-)}$		
abzüglich Zinseinnahmen des Staates	110		
Zinszahlungen der Konsumenten an Unternehmen	92		
Dividenden	89		
Transferzahlungen der Unternehmen	28		
persönliches Einkommen	3 780		
abzüglich direkter (persönlicher) Steuern	570		
verfügbares persönliches Einkommen	3 210		
abzüglich persönlicher Ersparnis	104		
Transferzahlungen an Ausländer	1 ———	R_f	1
Zinszahlungen der Konsumenten an die Unternehmen	92		
Konsumausgaben	3 012 ———	C	3 012

Quelle: Survey of Current Business, Juli 1988.
Die Zahlen müssen sich wegen Rundungen nicht ergänzen.

Sozialversicherungsbeiträge beinhalten sowohl Zahlungen der Unternehmen wie auch der Angestellten. Sie beinhalten Zahlungen zum Beispiel für gesetzliche Kranken-, Renten- und Arbeitslosenversicherungen. Diese werden vom Volkseinkommen zum persönlichen Einkommen abgezogen und sind Teil der Staatseinnahmen.

Wie oben gezeigt, werden staatliche Transfer- und Zinszahlungen zum Volkseinkommen hinzuaddiert und werden als negative Einträge unter T geführt. Diese Zahlungen bewirken eine Einkommensumverteilung von den (sich überlappenden) Gruppen, die Steuern zahlen, zu denen, die Transfer- und Zinszahlungen erhalten.

Die übrigen Einträge erklären sich von selbst. Persönliche Zinszahlungen, Transfers der Unternehmen und Dividenden werden an unterschiedlichen Stellen herausgekürzt. Direkte persönliche Steuern (z.B. Einkommensteuer) werden T zugeordnet und bringen uns vom persönlichen Einkommen zum verfügbaren persönlichen Einkommen, das dem persönlichen Einkommen nach Steuern entspricht. Die persönlichen Steuern beinhalten Zahlungen für Gebühren und Lizenzen. Das verfügbare persönliche Einkommen teilt sich auf in private Ersparnis, die in S eingeht, Transferzahlungen an Ausländer, zum Beispiel an im Ausland lebende Verwandte, Zinszahlungen der Konsumenten an Unternehmen, die sich mit dem identischen Posten zwischen Volkseinkommen und persönlichem Einkommen aufheben, und Konsumausgaben.

Zusammenfassung der BSP Identität

Die abschließende Allokation des verfügbaren persönlichen Einkommens beendet die Verteilung des BSP auf die Komponenten der Verwendungsseite $C + S + T + R_f$ in Tabelle 2-4. Tabelle 2-2 zeigt die Zusammensetzung des BSP auf der Entstehungsseite. Tabelle 2-3 erklärt den Zusammenhang zischen BSP und Volkseinkommen und die Zusammensetzung des Volkseinkommens aus den Faktoreinkommen. Schließlich wird in Tabelle 2-4 gezeigt, wie BSP und Volkseinkommen den Komponenten der Verwendungsseite zugeordnet werden können. Damit ist die grundlegende BSP Identität überprüft.

$$C + I + G + (X - M) \equiv BSP \equiv C + S + T + R_f, \tag{5}$$

Gleichung (5) spielt im weiteren Verlauf des Buches eine wichtige Rolle. Zwei weitere Versionen dieser Identität, die Beziehung zwischen Ersparnis und Investition und die „reale BSP Identität" sind ebenfalls von Bedeutung, weshalb wir sie im folgenden kurz vorstellen.

Die Beziehung zwischen Ersparnis und Investition

Die BSP Identität von Gleichung 5 impliziert eine andere Identität, die besagt, daß Investition und der Ersparnis in der Volkswirtschaft gleich große Posten sind. Diese Identität von Ersparnis und Investition wird ein wichtiges analytisches Konzept in Kapitel 3 sein, weshalb es sinnvoll erscheint, sie hier als eine natürliche Ableitung der BSP Identität vorzustellen.

Wenn wir von beiden Seiten in Gleichung (5) die Konsumausgaben abziehen, erhalten wir in Gleichung (6) die Identität von Ersparnis und Investition.

$$I + G + (X - M) \equiv S + T + R_f. \tag{6}$$

Die Summe auf der linken Seite von (6) stellt den gesamten nicht den Konsumausgaben zugeordneten Output dar, während die rechte Seite das gesamte nichtausgegebene Einkommen der Konsumenten darstellt. Wir können nun den nichtkonsumierten Output grob als Investition definieren und das nichtkonsumierte Einkommen als Ersparnis, womit wir Gleichung (6) als folgende Identität interpretieren können: Investitionen = Erparnis.
In einer geschlossenen Volkswirtschaft oder in einer Volkswirtschaft, in der Nettoexporte und private Transfers ihrer geringen Größenordnung wegen vernachlässigt werden können, ist es für analytische Zwecke möglich, die Terme (X-M) und R_f aus Identität (6) zu entfernen. Subtrahieren wir nun noch die Staatsausgaben G von beiden Seiten, so erhalten wir

$$I \equiv S + (T - G), \tag{7}$$

als eine weitere Version dieser Identität, die besagt, daß private Investitionen gleich privater Ersparnis S plus staatlicher Ersparnis (T-G) sein müssen. Der Klammerterm entspricht dem gesamten Überschuß des Staates, der Länder und der Kommunen. Output, der durch Investitionen der Unternehmen oder durch Wohnungsbau absorbiert wird, muß gleich der Summe der privaten Ersparnis (nichtausgegebenes Einkommen nach Steuern) und des Nettostaatsüberschusses sein.

Nominales und reales BSP

Das BSP kann entweder zu laufenden Preisen gemessen werden, wie wir es bis jetzt getan haben, oder real in bezug auf die Preise eines Basisjahres. Das nominale BSP, gemessen zu laufenden Preisen, entspricht einfach dem gesamten Output der Volkswirtschaft in Dollar. Das reale BSP kann konstruiert werden, indem man jeden Teilsektor des nominalen BSP durch seinen relevanten Preisindex teilt (z.B. Ausgaben für dauerhafte Konsumgüter, Investitionen der Unternehmen in elektrische Anlagen etc.).

Wenn jede Komponente des BSP mit dem entsprechenden Preisindex deflationiert wird, erhalten wir die reale BSP Identität,

$$bsp = c + i + g + (x - m). \tag{8}$$

Wir werden im folgenden Großbuchstaben für nominale Größen und kleine Buchstaben für reale Größen verwenden. Wenn zum Beispiel P_I der Preisindex für Investitionen ist, dann ist $I = P_I \cdot i$ und man erhält die realen Investitionen indem man durch P_I teilt.

Teilen wir nun das nominale BSP durch das gewonnene reale bsp, so erhalten wir den impliziten BSP-Deflator, den Preisindex P:

$$P \equiv \frac{BSP}{bsp}. \tag{9}$$

Diese Beziehung ist von großer Wichtigkeit für unsere Analyse der Einkommensbestimmung in Teil II, wo wir Veränderungen des realen Outputs (bsp) und des

Preisniveaus (P) untersuchen. Veränderungen des nominalen BSP werden analytisch durch die Identität BSP = P · bsp determiniert.

An dieser Stelle ist unser Überblick über die Konten der VGR und die ihnen zugrunde liegenden Identitäten beendet. Alle drei Identitäten, Einkommen = Output, Ersparnis = Investition und nominales BSP = reales bsp · Preisindex, sind wichtig für unsere Analyse der Bestimmung des Beschäftigungsniveaus und des Preisniveaus. Wir können uns nun einem weiteren wichtigen Aggregat der VGR widmen, dem Staatshaushalt.

Der Sektor Staat in der VGR

Ein Großteil unserer Diskussion makroökonomischer Politik in den folgenden Kapiteln konzentriert sich auf die Resultate unter unterschiedlichen Bedingungen (variierende Staatsausgaben, Steuern). Ich werde deshalb auf den nächsten Seiten dieses Kapitels einen Überblick über den gesamten Sektor Staat geben und die Beziehung zwischen den Konten der VGR und dem Staatshaushalt erklären, der jedes Jahr im Januar vom Präsidenten dem Kongress als Haushaltsplan des Staates präsentiert wird. Zunächst schauen wir uns einmal den Sektor Staat etwas genauer an und identifizieren die Variablen G und T in der grundlegenden BSP Identität.

$$\begin{array}{ccccccccccc} C & + & I & + & G & + (X-M) \equiv & BSP \equiv & C & + S & + T & + R_f \\ \$3012 & & 713 & & 925 & -123 & 4527 & 3012 & 657 & 856 & 1 \end{array} \quad (10)$$

Identität 10 zeigt die Werte der wesentlichen BSP Komponenten von 1987.

Tabelle 2-5 stellt den zusammengefaßten (Bund, Länder, Kommunen) Sektor Staat in den Konten der VGR für 1987 dar. Die Einträge in Tabelle 2-5 müssen mit den Einträgen der Tabellen 2-2 und 2-4 für die Entstehungs- und Verwendungsseite übereinstimmen. Wir konzentrieren uns hier auf die Definition von G und T in der grundlegenden BSP Identität (10).

Auf der Entstehungsseite, wo Ausgaben für Güter und Dienstleistungen der laufenden Periode gemessen werden, enthält G nur Käufe des Staates von Gütern

Tabelle 2-5: Der Sektor Staat in der VGR, 1987 (in Milliarden $).

Ausgaben		Einnahmen	
Käufe von Gütern und Dienstleistungen	$ 925	direkte persönliche Steuern	$ 570
Transferzahlungen	533	Körperschaftsteuern	134
an Personen	521	Indirekte Steuern	366
an Ausländer	12	Beiträge für die Sozialversicherungen	399
Zinszahlungen	216		
an Personen und Unternehmen	192		
an Ausländer	24		
abzüglich Zinseinnahmen	110		
abzüglich erhaltener Dividenden	7		
Nettosubventionen	18		
Gesamtausgaben	1 574	Gesamteinnahmen	1 469

Quelle: Survey of Current Business, Juli 1988.
Die Zahlen müssen sich wegen Rundungen nicht ergänzen.

und Dienstleistungen der laufenden Periode (925 Milliarden $ im Jahre 1987) und nicht die gesamten Staatsausgaben. Der Leser sollte dies in Tabelle 2-2 überprüfen.

Auf der Verwendungsseite steht der Eintrag T für die Nettosteuereinnahmen (856 Milliarden $ 1987). Diese Zahl erhält man, indem man von den Bruttosteuereinnahmen (1469 Milliarden $) die Summe der Transferzahlungen „an Personen" abzieht (613 Milliarden $), die sich aus den Nettozinszahlungen an Inländer und den Nettosubventionen abzüglich der an den Staat gezahlten Dividenden zusammensetzt. Der Leser sollte diese Einträge in Tabelle 2-5 lokalisieren können. Diese Posten werden vom Staat dem Einkommensstrom hinzugefügt, ohne jedoch Zahlungen für Leistungen der laufenden Periode zu sein. Der Posten T auf der Verwendungsseite stellt also die Nettoentnahme des Staates aus dem Einkommensstrom dar. Von den 1469 Milliarden Bruttosteuereinnahmen im Jahre 1987 wurden also 613 Milliarden in einer reinen Einkommensumverteilung wieder ausgezahlt.

Wir sollten an dieser Stelle bemerken, daß die 36 Milliarden Dollar für Zins- und Transferzahlungen an Ausländer bei der Berechnung von T nicht von den Bruttosteuereinnahmen abgezogen werden. Dies geschieht deshalb, weil Transfers an Ausländer keine Rückzahlungen in den Einkommensstrom der USA darstellen, sondern ins Ausland abgeflossene Gelder. Zwar ist es möglich, daß diese Gelder indirekt die Exporte der USA erhöhen, der Transfer selbst wird jedoch nicht registriert.

Der Sektor des Bundes ist in Tabelle 2-6 dargestellt. Mit einer Ausnahme können die Posten in Tabelle 2-6 von denen in Tabelle 2-5 abgezogen werden, um die Zahlen für die Länder und Kommunen zu erhalten. Die Ausnahme ist durch den Posten „Unterstützungszahlungen des Bundes", der Zuschüsse des Bundes für Programme der Länder und der Kommunen enthält, gegeben. Im allgemeinen stellt der Bund unter diesem Posten Gelder zur Verfügung, die dazu dienen, in bestimmten Programmen den unterschiedlich hohen Pozentanteil des Bundes zu decken. Zum Beispiel stellt der Bund pro 10 $ der Länder 30 $ für ein Wohlfahrtsprogramm für Kinder zur Verfügung.

Diese Gelder, die als Ausgaben in den Konten des Bundes geführt werden, stellen für die Länder und Kommunen natürlich Einnahmen dar. Wenn diese Konten

Tabelle 2-6: Der Sektor des Bundes in der VGR, 1987 (in Milliarden Dollar).

Ausgaben		Einnahmen	
Käufe von Gütern und Dienstleistungen	$ 382	direkte persönliche Steuern	$ 406
Transferzahlungen	414	Körperschaftsteuer	106
an Personen	402	Indirekte Steuern	54
an Ausländer	12	Beiträge für die Sozialversicherung	351
Unterstützungszahlungen des Bundes	103		
Zinszahlungen	163		
an Personen und Unternehmen	138		
an Ausländer	24		
abzüglich Zinseinnahmen	19		
Nettosubventionen	32		
Gesamtausgaben	1074	Gesamteinnahmen	917

Quelle: Survey of Current Business, Juli 1988.
Die Zahlen müssen sich wegen Rundungen nicht ergänzen.

dann im Gesamtkonto des Staates konsolidiert werden, wie es in Tabelle 2-5 der Fall ist, dann kürzen sich diese intrasektoralen Transferzahlungen heraus und der Posten „Unterstützungszahlungen des Bundes" verschwindet.

Der Sektor des Bundes in den nationalen Einkommenskonten ist kein Budget im rechtlichen, buchhalterischen Sinn. Es handelt sich mehr um eine Aufzeichnung der staatlichen Aktivitäten in den Konten der VGR. Dennoch ähnelt der Sektor des Bundes in der VGR sowohl der Größe als auch dem Aussagegehalt nach dem Ausgabenkonto des Staatshaushaltes, der jedes Jahr im Januar für das im folgenden Oktober beginnende fiskalische Jahr vorgelegt wird. Diese Regelung gilt seit dem fiskalischen Jahr 1977. Vorher ging das fiskalische Jahr vom ersten Juli bis zum 30. Juni. Die Zahlen des Bundessektors der VGR und das Haushaltsplanes für das fiskalische Jahr 1987, das vom ersten Oktober 1986 bis zum 30. September 1987 ging, werden in Tabelle 2-7 dargestellt.

Tabelle 2-7: Der Sektor Staat in der VGR und der Staatshaushalt des fiskalischen Jahres 1987 (in Milliarden Dollar).

VGR		Staatshaushalts	
		Ausgabenkonto	
Einnahmen	$ 906	Einnahmen	$ 854
Ausgaben	1055	Ausgaben	1005
		Überschuß	– 151
		Kreditkonto	
		Nettokreditaufnahme	– 6
		Gesamthaushalt	
		Einnahmen	854
		Auslagen	999
Überschuß	– 149	Überschuß	– 145

Quelle: Economic Report of the President, Tabelle B-78, Washington, D.C.: Government Printing Office, Februar 1988.

Der Staatshaushalt trennt Ausgaben und Steuereinnahmen im Ausgabenkonto von Kreditaktivitäten im Sparkonto. Dies entspricht in der VGR dem Ausschluß von Aktivatransfers. Der Haushaltsplan weist dann einen Gesamtüberschuß aus, der die Differenz zwischen dem Ausgabenkontoüberschuß und der Nettokreditaufnahme des Staates entspricht. Letzterer Posten wird zu den Ausgaben hinzuaddiert (oder abgezogen), um die „Gesamtauslagen" zu erhalten.

Die Unterschiede in bezug auf Ausgaben und Einnahmen des Bundes zwischen Staatshaushalt und dem Sektor des Bundes in der VGR sind durch das Timing begründet, gemäß dem unterschiedliche Transaktionen aufgezeichnet werden. Beide sollten idealerweise die Ausgaben aufzeichnen, wenn sie anfallen, und die Einnahmen, wenn sie als Forderungen registriert werden. Praktisch bleibt jedoch eine Differenz.

Ausgaben, die nicht für Güter und Dienstleistungen getätigt werden (Transfers, Zinsen, Zuschüsse, Subventionen), werden in beiden Rechenwerken zum Zeitpunkt der Überweisung registriert. Käufe von Gütern und Dienstleistungen allerdings werden im Staatshaushalt berücksichtigt, wenn sie anfallen, während sie in der VGR erst bei Lieferung berücksichtigt werden, mit der Ausnahme von Bauten, die bei Fertigstellung registriert werden. Die Verzögerung durch den Unterschied zwischen Anfalls- und Lieferzeitpunkt kann zum Beispiel bei Schiffen und ähnlichen Großaufträgen einen erheblichen Unterschied verursachen. In diesen Fällen registriert der Haushalt die Ausgaben zum Anfallszeitpunkt als eine Vorauszahlung. Die VGR dagegen zieht während der Bauzeit einen gewissen Anteil, der den Vorauszahlungen entspricht, von den Gesamtkäufen ab und registriert dann den Gesamtbetrag als Ausgabe bei Lieferung. Während also ein solcher Auftrag in Arbeit ist, erhöht er die Lagerbestände in der VGR. Bei Lieferung wird der Posten dann aus dem Konto für Lager ausgebucht und die Käufe des Staates erhöhen sich um den entsprechenden Betrag zuzüglich der Zahlung der letzten Rechnungsperiode. Die Behandlung in der VGR verändert also nicht die Höhe des BSP, hat aber wohl einen Einfluß auf die Verteilung auf Lagerinvestitionen und das Konto des Staates, in dem derartige Großprojekte registriert werden.

Auf der Einnahmenseite registrieren beide Rechenwerke die Körperschaftsteuern zum Entstehungszeitpunkt der Forderung. Direkte Steuern der Personen und Sozialversicherungsbeiträge allerdings werden im Haushalt bei Zahlung erfaßt, während die VGR die Höhe der Forderungen lediglich schätzt. Hierdurch kann ein Unterschied entstehen, wenn sich die Steuergesetze ändern, wie es zum Beispiel 1968 mit der Erhöhung der Einkommensteuer der Fall war. Da das persönliche Steuerjahr im allgemeinen das Kalenderjahr ist, hat der Bundessektor in der VGR die Forderungen, die durch die Steuererhöhung von 1968 begründet wurden, auf das ganze Jahr 1968 verteilt, während der Haushaltsplan die Einnahmen während der zweiten Hälfte des Jahres 1968 voll in das Jahr 1969 gerechnet hat. Dies war natürlich noch zu der Zeit, als das fiskalische Jahr von Juli bis Juni des darauffolgenden Jahres ging. Abgesehen von diesen eher kleinen Unterschieden können wir den Staatshaushalt, das durch Gesetz erlassene finanzielle Kontrolldokument, als ein ziemlich genaues Maß für den Einfluß des Bundes auf die Volkswirtschaft in den Konten der VGR ansehen.

Das BSP als Wohlfahrtsmaß

Verwenden wir das BSP als Maß für die Wohlfahrt eines Landes, so lassen sich wenigstens zwei Kritikpunkte ausmachen. Das Ziel dieses Buches ist, die Theorie der Determinanten des Beschäftigungsniveaus und der Wachstumsrate des BSP zu beschreiben und nicht irgendeinen Wohlfahrtsindikator zu diskutieren. Da es klare statistische und analytische Beziehungen zwischen dem realen BSP, dem Preisniveau und der Arbeitslosenquote gibt, ist das BSP in der Form, in der es gegenwärtig gemessen wird, ein zufriedenstellendes Konzept für unsere Zwecke. Aber der Gegenstand dieses Buches ist nicht das einzige wichtige Thema in der Volkswirtschaftslehre und wir wollen den Leser nicht in dem Glauben lassen, das BSP sei ein zufriedenstellendes allgemeines Maß für die ökonomische Wohlfahrt, obwohl es für unsere analytischen Zwecke adequat erscheint.

Markt- und Nichtmarkttransaktionen

Der offensichtlichste Fehler der VGR ist, daß sie Transaktionen, die nicht auf Märkten stattfinden, nicht berücksichtigt. Wenn zwei Menschen gegenseitig Dienstleistungen vereinbaren, dann wird der dabei entstehende Output nicht im BSP erfaßt. Wenn sie sich die Dienstleistung offiziell im Rahmen eines registrierten Geschäfts verkaufen, dann wird dieser Output gemessen. Die Konton sind also darauf ausgerichtet, Transaktionen, die auf etablierten Märkten im monetären Sektor stattfinden, zu erfassen, nicht aber individuelle Tauschaktionen.

Das wichtigste Beispiel für den Ausschluß von Nichtmarkttransaktionen in der VGR ist die Tatsache, daß Hausfrauenarbeit nicht erfaßt wird, da hier keine Markttransaktion bei der Erstellung der Leistung stattfindet. Nehmen wir einmal an, die Arbeit von Hausfrauen wäre den in der Volkswirtschaft gezahlten Durchschnittslohn pro Stunde wert (in einem Land ohne Diskriminierung der Frauen). Wenn also ihre Leistung korrekt bewertet würde, dann müßte der gemessene Output des Sektors Haushalte um etwa 440 Milliarden Dollar ansteigen, das Produkt der Arbeit von ungefähr 25 Millionen Frauen im Alter zwischen 16 und 64 Jahren, die nicht zu den Erwerbspersonen zählen und circa 8 Stunden pro Tag für einen Durchschnittslohn von 8,98 $ in der Stunde arbeiten.

Solange das Verhältnis zwischen Markt- und Nichtmarkttransaktionen einigermaßen stabil ist, wird eine Veränderung des gemessenen realen BSP einer Veränderung des aktuellen Markt- und Nichtmarktoutputs entsprechen. Wenn sich ein Land aber weiterentwickelt begleitet von einem höherem Spezialisationsgrad des Faktors Arbeit, dann wird sich das Verhältnis von Markt- zu Nichtmarkttransaktionen erhöhen. Dies wird einen Zuwachs des gemessenen BSP zur Folge haben, der lediglich auf ein Anwachsen des monetären (oder auch Markt-) Sektors der Volkswirtschaft zurückzuführen ist. Der real Output wird steigen, aber das Ausmaß der Outputzunahme wird durch den Übergang von einer Nichtmarktwirtschaft zu einer im wesentlichen durch Märkte bestimmten Volkswirtschaft überbetont.

Externalitäten und der soziale Wert des Outputs

Ein anderes Problem, das auftaucht, wenn man das reale BSP als Wohlfahrtsmaß verwendet, hat mit der Annahmen zu tun, daß Marktpreise ungefähr den sozialen Wert des Outputs widerspiegelten.

Betrachten wir zum Beispiel eine Stahlfabrik, die sowohl Stahl poduziert, der im BSP zu Marktpreisen registriert wird, als auch Abgase, die „umsonst" abgegeben werden. Die Stahlfirma muß den Konsumenten nichts für diesen unangenehmen Nebeneffekt der Produktion zahlen, weshalb der Schaden der durch die Abgase angerichtet wird, auch nicht in das BSP mit eingeht. In diesem Fall ist der soziale Wert des Outputs der Stahlfirma weniger wert als der „private" Wert für die Stahlfirma, der aber ins BSP eingeht.

Im Fall dieser Externalitäten, wo unerwünschter Output produziert wird, aber keine privaten Kosten dafür veranschlagt werden (diese werden beim Produzenten nicht internalisiert), stellt das gemessene real BSP eine Überschätzung des sozialen Werts das Outputs dar. Müßten Unternehmen die Kosten für die Senkung der Verschmutzung auf bestimmte akzeptable Werte tragen, dann wäre es möglich, daß das nominale BSP nicht sofort fällt, die Kosten und der Preis des privaten Outputs dagegen anstiegen, so daß das gemessene reale BSP fallen würde. Der Rückgang des realen BSP entspräche der Verringerung des Werts des privaten Outputs, der von der Anerkennung des negativen Werts der Verschmutzung herrührte.

Die Messung des BSP kann entsprechend den Externalitäten und Nichtmarkttransaktionen korrigiert werden, um den wahren sozialen Wert wiederzugeben. Die Kosten von Umweltverschmutzung können geschätzt werden und der Wert von Nichtmarkttransaktionen kann ungefähr berechnet werden, so daß eine grobe Anpassung des BSP in bezug auf diese Faktoren erfolgen könnte und es damit zu einer besseren Näherung für die soziale Wohlfahrt eines Landes würde.

An dieser Stelle wollen wir unsere Diskussion der VGR und des Staatshaushalts beenden. Wir werden die BSP Identität (1) von nun an verwenden, um das Niveau des Outputs und des Einkommens zu bestimmen.

Ausgewählte Literatur

O. Morgenstern, *National Income Statistics: A Critique of Macroeconomic Aggregation* (San Francisco: The Cato Institute, 1979).

W. D. Nordhaus and J. Tobin, *Is Growth Obsolete?* (New York: National Bureau of Economic Research, 1972).

R. Ruggles, „The United States National Income Accounts, 1947-1977: Their Conceptual Basis and Evolution," in M. F. Foss, ed., *The U.S. National Income and Product Accounts: Selected Topics* (Chicago: The University of Chicago Press, 1983).

P. A. Samuelson and W. D. Nordhaus, *Economics*, 12th Ed. (New York: McGraw-Hill, 1985), chapter 6.

P. A. Samuelson, „The Evaluation of Social Income," in F. Lutz and D. C. Hague, eds., *The Theory of Capital* (London: Macmillan, 1961).

U.S. Department of Commerce, *Survey of Current Business* (December 1985), National Income Accounts Revision Article, pp. 1-19.

Kapitel 3 Einführung in die Einkommensbestimmung: Der Multiplikator

In der VGR kann das BSP als ein Strom von Produkten oder als ein Strom von Einkommen dargestellt werden. In beiden Fällen ist der Gesamtwert von Gütern und Dienstleistungen (zu Marktpreisen), die in der Volkswirtschaft produziert werden, der gleiche, so daß wir die grundlegende BSP-Identität wie folgt schreiben können:

$$C + I + G + (X - M) = BSP = C + S + T + R_f, \qquad (1)$$

C ≡ Gesamtwert der Ausgaben für Konsumgüter
I ≡ Gesamtwert der Ausgaben für Investitionsgüter
G ≡ Staatsausgaben für Käufe von Gütern und Dienstleistungen
(X-M) ≡ Nettoexporte von Gütern und Dienstleistungen
S ≡ private Bruttoersparnis (Ersparnis der Unternehmen + persönliche Ersparnis + Abschreibungen)
T ≡ Nettosteuereinnahmen (Steuereinnahmen abzüglich Transferzahlungen an Inländer, Zinszahlungen und Nettosubventionen)
R_f ≡ Gesamtsumme der privaten Transfers an Ausländer.

Da der Auslandssektor der USA von unbedeutender Größenordnung ist (wie wir schon in Kapitel 2 gesehen haben), können wir die USA hier für analytische Zwecke als eine geschlossene Volkswirtschaft ansehen. In Kapitel 17 werden wir den Sektor Ausland wieder hinzufügen, sowohl in bezug auf Ströme von Gütern und Dienstleistungen als auch in bezug auf monetäre Ströme. Fällt der Sektor Ausland weg, so vereinfacht sich Gleichung (1) wie folgt:

$$C + I + G = Y = C + S + T, \qquad (2)$$

wo Y das Standardsymbol für das Volkseinkommen (BSP) ist.

Gleichung (2) kann als BSP-Identität, als Nettosozialprodukts – (NSP-) Identität oder als Volkseinkommensidentität betrachtet werden. Wenn Y als BSP definiert ist, dann sind C, I, G, zu Marktpreisen bewertet, einschließlich indirekter Steuern, die auf der anderen Seite der Identität in T enthalten sind. In diesem Fall steht I für die private Bruttoinvestition und S für die private Bruttoersparnis. Wenn wir von S und I die Abschreibungen abziehen, dann wird Gleichung (2) zur Identität für das Nettosozialprodukt (NSP) Y = NSP. Wenn wir außerdem C, I und G zu Faktorpreisen bewerten, indem wir die indirekten Steuern abziehen, dann wird Gleichung (2) zur Identität für das Volkseinkommen. Dieses Kapitel, Teil II und einige Kapitel in Teil III des Buches beschäftigen sich mit den Problemen der Bestimmung des Gleichgewichtseinkommens (oder -outputs). Für analytische Zwecke spielt es keine Rolle, ob wir die Abschreibungen und die indirekten Steuern in die Definition von Y (Volkseinkommen oder auch Output) einbeziehen oder nicht. Y steht also in diesen Kapiteln sowohl für Output als auch für Einkommen.

Das Volkseinkommen Y wird zum gegenwärtigen Preisniveau gemessen und wird üblicherweise in eine Preiskomponente P und eine reale Outputkomponente y aufgegliedert, so daß $Y = P \cdot y$. In den Konten der VGR wird der reale Output auf disaggregierter Basis gemessen, indem die verschiedenen Outputkomponenten durch ihre entsprechenden Preisindizes dividiert (oder auch „deflationiert") werden. Diese disaggregierten realen Komponenten c, i und g werden dann zum realen Gesamtoutput y aufaddiert.

Dividiert man nun Y durch y, so erhält man den impliziten Preisdeflator für das BSP. Es ergibt sich also folgende Identität des realen Outputs:

$$c + i + g = y = c + s + t, \tag{3}$$

die der nominalen BSP-Identität in Gleichung (2) entspricht. Wir werden diese Schreibweise von Teil II bis Teil IV beibehalten: Großbuchstaben stehen für nominale Größen und kleine Buchstaben stehen für reale Größen, so daß zum Beispiel $Y = P \cdot y$.

Diese Aufteilung des nominalen Outputs in Preis und reale Outputkomponente ist von entscheidender Wichtigkeit für unsere Analyse der Einkommensbestimmug in den Teilen II und III. Veränderungen der Beschäftigung oder der Arbeitslosigkeit stehen in Beziehung zu Veränderungen des realen Outputs y, während Schwankungen des Preisniveaus P das beschreiben, was wir als Inflation oder Deflation bezeichnen. In diesem Kapitel und den Kapiteln 4 und 5 in Teil II betrachten wir die Auswirkungen von Veränderungen der Nachfragekomponenten auf den realen Output, wobei wir das Preisniveau als konstant annehmen. In den verbleibenden Kapiteln von Teil II (6-11) betrachten wir die Einflußgrößen, die das Preisniveau in der Volkswirtschaft bestimmen, so daß wir am Ende von Teil II ein ziehmlich vollständiges ökonomisches System erhalten werden, das sowohl P als auch y bestimmt. In diesem Kapitel wiederholen wir die einfachsten Modelle der Einkommensbestimmung und der Multiplikatoren. Wir gehen dabei von der grundlegenden Identität (3) aus.

Die Gleichung von Ersparnis und Investition

Ziehen wir die realen Konsumausgaben c von beiden Seiten der Gleichung (3) ab, so erhalten wir

$$y - c = i + g \text{ und } y - c = s + t,$$

so daß

$$i + g = s + t \tag{4}$$

lediglich eine andere Form von Identität (3) ist. Gleichung (4) drückt die in der BSP-Identität implizierte Gleichheit von Ersparnis und Investition aus. Auf der Entstehungsseite steht i + g für den Betrag, der nicht unter Konsumausgaben fällt, während auf der Einkommensseite s+t für den Betrag der Einkommen der Konsumenten steht, der nicht ausgegeben wird. Diese beiden Summen sind definitionsgemäß gleich groß. Der Ressourcenverbrauch des privaten Sektors bei der Produktion von Output, der nicht an Konsumenten verkauft wird, (i + g) muß gleich dem Betrag ihres Einkommens sein, den Konsumten nicht ausgeben (s + t).

Wenn wir nun g auf die rechte Seite von Gleichung (4) bringen, erhalten wir eine andere Version der Identität von Ersparnis und Investition,

$$i = s + (t - g). \tag{5}$$

Hier steht i für die gesamte private Investition (brutto oder netto, abhängig von der Definition von y), s für die private Ersparnis und (t – g) für die Nettoersparnis des Staates. Private Ersparnis plus Überschuß des Staates muß in den Konten der VGR definitionsgemäß gleich der privaten Investition sein.

Geplante und tatsächliche Investition

In der Investitionskomponente i in den Gleichungen (3) und (4) sind sowohl beabsichtigte Investitionen $\bar{i}$ (Investitionen, die von den Produzenten geplant sind) als auch unbeabsichtigte Investitionen Δ inv (unvorhergesehene Lagerbestandsänderungen) enthalten. Letztere entstehen durch unerwartete Schwankungen der Konsumnachfrage oder der Endnachfrage. Die beabsichtigten Investitionen $\bar{i}$ können natürlich auch geplante Lagerbestandserhöhungen enthalten. In einer wachsenden Volkswirtschaft würden geplante Lagerbestände wahrscheinlich mit der Endnachfrage steigen. Zusätzlich zu den geplanten Lagerbestandserhöhungen werden die gesamten Investitionen einen nicht geplanten (unerwünschten) Teil Δ inv von Lagerbestandsänderungen enthalten, der positiv, negativ oder auch 0 sein kann, abhängig davon, ob die Verkäufe einer Periode niedriger, höher oder genau so hoch wie erwartet waren. Wir erhalten deshalb für die Investitionskomponente in Gleichung (4)

$$i = \bar{i} + \Delta\,\mathrm{inv}. \tag{6}$$

Ersetzen wir die Investitionskomponente i in Gleichung (4) durch (6), so erhalten wir

$$\bar{i} + \Delta\,\mathrm{inv} + g = s + t. \tag{7}$$

Addieren wir die realen Konsumausgaben c wieder hinzu, so erhalten wir aus Gleichung (7) die Identität des Volkseinkommens

$$c + \bar{i} + \Delta\,\mathrm{inv} + g = y = c + s + t. \tag{8}$$

Dies ist der erste Schritt, um die Identitäten der VGR in Gleichgewichtsbedingungen zu verwandeln, die das Einkommensniveau y bestimmen.

Die Δ inv Komponente ist nun der ausgleichende Faktor in BSP-Identität (8). Wenn zum Beispiel die Nachfrager plötzlich entscheiden, die Konsumausgaben zu erhöhen und ihre Ersparnis zu reduzieren, dann werden die höheren Ausgaben eine Abnahme der Lagerbestände zur Folge haben, wenn die Händler versuchen, die unerwartet höhere Nachfrage zu decken, indem sie aus ihren Lagerbeständen verkaufen, so daß Δ inv negativ ist. Dies stellt einen unerwarteten oder auch unerwünschten Lagerabbau dar. Der negative Term Δ inv in (8) wird anfänglich den Zuwachs von c auf der Outputseite ausgleichen, während Veränderungen von c und s die Einkommensseite im Gleichgewicht halten, wodurch die BSP-Identität auf dem ursprünglichen Einkommensniveau gehalten wird.

Dieser unfreiwillige Lagerabbau wird die Händler veranlassen, ihre Bestellungen zu erhöhen. Dies führt zu einem Produktionszuwachs und einer Veränderung von y. Das ursprüngliche Niveau von y ist nicht mehr im Gleichgewicht. Nur wenn Produzenten und Händler wie geplant verkaufen, so daß Δ inv = 0 ist, und wenn die tatsächliche Investition i gleich der geplanten Investition $\bar{i}$ ist, befindet sich das Einkommen auf seinem Gleichgewichtsniveau. In diesem Fall wird sich das Verhalten der Produzenten und Konsumenten nicht ändern und folglich auch keine Veränderung des Einkommensniveaus zu beobachten sein.

Die Steuer-, die Konsum- und die Sparfunktion

Der nächste Schritt bei der Entwicklung von Bedingungen für das Einkommensgleichgewicht erfordert, daß wir die Abhängigkeit von Steuern, Konsumausgaben und Ersparnis vom Einkommensniveau erkennen und entsprechend berücksichtigen. Jede dieser drei Funktionen wird eine steigende Funktion des Einkommensniveaus sein. Die Steuereinnahmen sind eine Funktion des Bruttoeinkommens y,

$$t = t(y); t > 0 \tag{9}$$

und die Konsumausgaben und die Ersparnis sind Funktionen des verfügbaren Einkommens (Einkommen nach Steuern) y − t (y),

$$c = c(y - t(y)); \qquad c' > 0; \tag{10}$$

$$s = s(y - t(y)); \qquad s' > 0; \tag{11}$$

Aus Gleichung (9) erhalten wir für jedes Niveau von y die Höhe der Steuereinnahmen. Diese Funktion wird durch die Steuergesetze eines Landes bestimmt. Die Steigung der Steuerfunktion $t' = dt/dy$, die uns die Veränderung des Steueraufkommens bei einer Veränderung des Einkommens zeigt, ist positiv. Gleichungen (10) und (11) zeigen die Aufteilung des verfügbaren Einkommens auf Konsum und Ersparnis. Diese beiden Funktionen haben ebenfalls positive Steigung (c' und s' positiv). Wenn das verfügbare Einkommen ganz und gar auf Konsum und Ersparnis verteilt wird, dann gilt $c' + s' = 1$, da jede Veränderung des verfügbaren Einkommens zwischen c und s aufgeteilt werden muß.

Abbildung 3-1 zeigt die Steuer-, die Spar-, und die Konsumfunktion in einem Koordinatensystem, das auf der Abszisse das Gesamteinkommen und auf der Ordinate die Verwendung des Einkommens auf t, c oder s zeigt. Da die Summe der verschiedenen Einkommensverwendungen für jedes Einkommensniveau (z.B. y_0 in Abbildung 3-1) gleich dem Einkommen sein muß, können wir die Einkommensverwendungsarten zur 45°-Linie aufaddieren, bei der definitionsgemäß Verwendung gleich Einkommen ist. Bei einem Einkommen von y_0 in Abbildung 3-1 erhält der Staat ein Steueraufkommen von t (y_0) und die Konsumenten teilen ihr verfügbares Einkommen $y_0 - t(y_0)$ auf Konsumausgaben c und Ersparnis s auf. Wenn das Einkommen entlang der Abszisse steigt, wird jeder der drei Abschnitte t, c und s größer, so daß im allgemeinen ein höheres Einkommensniveau höhere

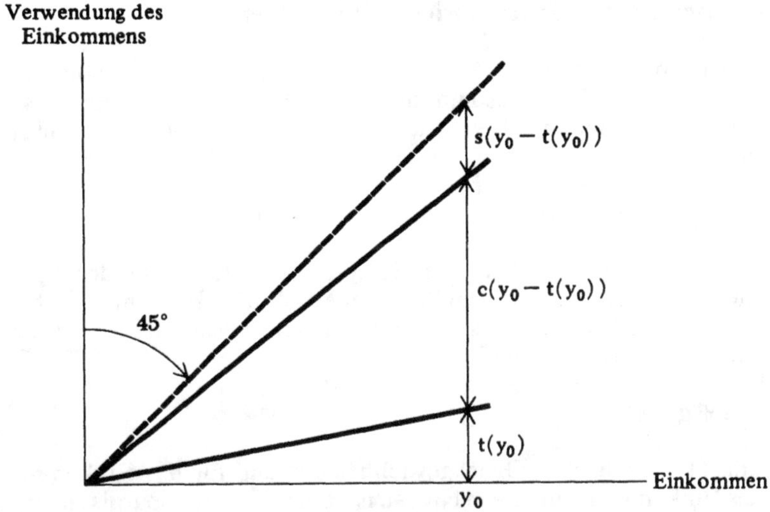

Abbildung 3-1: Steuer-, Konsum- und Sparfunktion.

Steuereinnahmen, mehr Ersparnis und mehr Konsum bedeutet. So steigt zum Beispiel die Ersparnis mit der Höhe des Einkommens vor Steuern y, so daß bei einem Zuwachs von y auch die Summe (s + t) wächst. Wir können den Ausdruck für die Veränderung von (s + t) auf Veränderung von y hin d (s + t)/dy, wie folgt herleiten. Ausgehend von

$$s + t = s(y - t(y)) + t(y)$$

können wir das totale Differential dieser Gleichung aufstellen,

$$\begin{aligned} d(s+t) &= s' \cdot (dy - t'\,dy) + t'\,dy \\ &= s' \cdot (1 - t')\,dy + t'\,dy, \end{aligned}$$

so daß

$$\frac{d(s+t)}{dy} = s' \cdot (1 - t') + t'$$

Wenn die gesamte private Ersparnis ungefähr 20% des Volkseinkommens abzüglich der Steuereinnahmen ausmacht und die Steuereinnahmen ebenfalls ungefähr 20% des Volkseinkommens ausmachen, dann entspricht die Steigung der Gesamtsparfunktion

$$\frac{d(s+t)}{dy} = 0{,}2\,(1 - 0{,}2) + 0{,}2 = 0{,}36$$

Dies bedeutet, daß ungefähr 36% einer Erhöhung des Einkommens auf Steuern und Ersparnis entfallen. Der entscheidende Punkt ist jedoch, daß (s + t) steigt, wenn das Einkommen zunimmt. Dies ist für die Stabilität des Gleichgewichtseinkommens von entscheidender Wichtigkeit.

Die Bestimmung des Gleichgewichtseinkommens

Wir können nun das in den letzten beiden Abschnitten entwickelte Material in einem einfachen Modell zur Bestimmung des Geichgewichtseinkommens zusammentragen. Aus Gleichung (7) erhalten wir die Gleichung von Ersparnis und Investition,

$$\bar{i} = \Delta \text{inv} + g = s + t,$$

in der Δ inv für unerwartete (unbeabsichtigte) Lagerbestandsänderungen steht. Diese Gleichung ist definitionsgemäß immer erfüllt. Das Einkommen ist aber nur dann auf seinem Gleichgewichtsniveau, wenn der Umsatz wie erwartet ist, also nur dann, wenn Δ inv = 0 ist und

$$\bar{i} + g = s(y - t(y)) + t(y). \tag{12}$$

Gleichung (12) stellt eine Gleichgewichtsbedingung für das Einkommen dar. Wenn das Einkommen auf einem Niveau ist, bei dem die Ersparnis zuzüglich der Steuereinnahmen (als Funktionen des Einkommens) gleich den geplanten Investitionen zuzüglich der Staatsausgaben sind, dann sind die unerwarteten Δ inv gleich null und die Verkaufserwartungen werden voll realisiert. In dieser Situation besteht keine Änderungstendenz bei Einkommen oder Output. Wenn das Einkommen höher ist als das Niveau, bei dem Gleichung (12) erfüllt ist, dann wird $(s + t)$ größer als $(\bar{i} + g)$ sein, der Umsatz wird zu niedrig und Δ inv wird positiv sein. Mit $\Delta \text{inv} = (s + t) - (\bar{i} + g)$ wird Identität (7) zwar erfüllt sein, das Einkommen wird aber nicht auf seinem Gleichgewichtsniveau sein, da die Händler ihre Aufträge reduzieren werden, um unerwünschte Lagerbestände abzubauen, worauf Produktion und Einkommen fallen werden. Dieser Prozeß wird so lange weitergehen, bis $(s + t)$ auf das Niveau von $(\bar{i} + g)$ reduziert und Δ inv gleich null ist, wodurch Verkaufserwartungen und realisierter Umsatz wieder in Übereinstimmung gebracht werden.

Wenn also bei einem anfänglichen Niveau von y_0 $(s + t)$ größer als $(\bar{i} + g)$ ist, dann wissen wir aus Gleichung (7), daß Δ inv positiv ist. In diesem Fall ist die Volkswirtschaft nicht im Gleichgewicht, da die Endnachfrage geringer als von den Produzenten und Händlern eingeschätzt ist. Die Produzenten werden deshalb ihre Outputerwartungen senken und ihre Produktion verringern. Während sie dies tun, wird das Einkommensniveau sinken und die Veränderungsrate des Einkommens wird negativ, das heißt dy/dt ist negativ. (Hier steht dy/dt für die Veränderungsrate des Einkommensniveaus, wobei t die Zeit repräsentiert. Auch wenn hier Gefahr der Verwechslung besteht, da wir t für die Zeit und t(y) für die Steuerfunktion verwenden, erschien es uns sinnvoll, diese Standardschreibweise zu übernehmen. Wir werden im Text explizit auf die entsprechende Verwendung hinweisen, um Verwirrung zu vermeiden.) Wenn dagegen $(s + t)$ kleiner als $(i + g)$ ist, dann muß Δ inv negativ sein. Die Produzenten werden ihren Output erhöhen, um die unerwartet hohe Nachfrage zu decken und das Einkommensniveau wird mit positivem dy/dt steigen.

Die Stabilität des Gleichgewichtseinkommens

Abbildung 3-2 zeigt die Bestimmung des Gleichgewichtsniveaus des Einkommens graphisch. In Abbildung 3-2 (a) hat die (s + t)-Kurve positive Steigung gemäß der Annahme, daß sowohl s als auch t steigende Funktionen von y sind, wie im vorhergehenden Abschnitt beschrieben worden ist. Wir nehmen ebenfalls an, daß $\bar{i}$ und g unabhängig vom Niveau von y festgelegt werden, so daß i + g eine horizontale Gerade ergibt. Der Punkt bei dem $s + t = \bar{i} + g$ ist, in dem sich die beiden Geraden schneiden, bestimmt das Gleichgewichtseinkommen y_E, das die Gleichgewichtsbedingung (12) erfüllt.

Wir können außerdem erkennen, daß dieses Gleichgewicht stabil ist. Wenn also von außen einwirkende Kräfte das System aus dem Gleichgewicht bringen, dann wird es immer wieder zu seinem Gleichgewicht y^E streben. Bei einem Einkommensniveau von y_0 in Abbildung 3-2(a), rechts von y_E, ist die Ersparnis plus Steuereinnahmen größer als $\bar{i} + g$. Dies bedeutet, daß weniger gekauft wird als Händler und Produzenten bei diesem Einkommensniveau erwartet haben. Dies hat eine unerwartete Lagerbestandserhöhung der Größe Δ inv zur Folge. Die Lagerbestandserhöhung ist gerade groß genug, um die Gleichung von Ersparnis und Investition der VGR zu erfüllen, da bei y_0

$$\bar{i} + g + \Delta\, inv_0 = s\,(y_0 - t\,(y_0)) + t\,(y_0)$$

gilt. Weil aber Δ inv positiv ist, werden die Produzenten ihre Produktion vermindern, wodurch das Einkommensniveau auf y_E sinkt. Umgekehrt sind links von y_E, bei y_1, die Ersparnis plus Steuereinnahmen geringer als $\bar{i} + g$. Dies bedeutet, daß mehr gekauft wird als von Produzenten und Händlern antizipiert wird. Dies hat eine unerwartete Verringerung der Lagerbestände zur Folge. Die Produzenten werden ihre Produktion ausweiten, um die größere Nachfrage zu decken. Dies hat einen Anstieg des Einkommensniveaus auf y_E zur Folge. Das Gleichgewicht bei y_E ist also stabil.

Diese Situation wird im Phasendiagramm in Abbildung 3-2(b) dargestellt, in dem die Veränderungsrate des Einkommens in bezug auf die Zeit dy/dt auf der Ordinate gegen das Niveau des Einkommens auf der Abszisse abgetragen ist. Wie in den letzten Absätzen beschrieben wurde, zeigt das Phasendiagramm links von y_E, wo y kleiner als y_E ist, daß dy/dt positiv ist und y somit steigt. Rechts von y_E ist dy/dt negativ und y fällt. Jede Störung, die y von y_E wegbewegt, ist gefolgt von einer Bewegung zurück zu y_E durch den oben beschriebenen Lagermechanismus; y_E ist also stabil.

Im allgemeinen wird in einem Phasendiagramm, wie dem in Abbildung 3-2(b), das Gleichgewicht bei dem Einkommensniveau erreicht (wobei hier auch jede andere Variabel auf der Abszisse abgetragen werden könnte), bei dem die Phasenkurve die Abszisse schneidet und die Veränderungsrate gleich null ist. Wenn das Einkommensniveau y_E erreicht, hat es keine Tendenz, sich von diesem Gleichgewicht wegzubewegen, da dy/dt gleich null ist. Genauso können wir sagen, daß das Gleichgewicht stabil ist, wenn wir nur einfach erkennen, daß die Phasenkurve die Abszisse von oben nach unten schneidet und somit y wenn es kleiner als y_E ist, steigen wird, da dy/dt positiv ist. Ist y größer als y_E, so können wir den Anpassungsmechanismus in umgekehrter Richtung beobachten. Hätte die Phasenkurve bei y_E eine positive Steigung, dann wäre das Gleichgewicht instabil. Würde das Gleichgewicht nur einmal verlassen, dann würde sich y nur im-

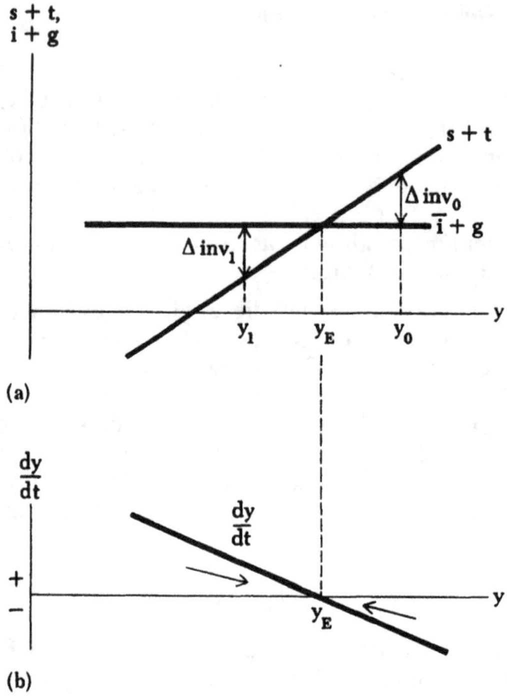

Abbildung 3-2: Das Volkseinkommen im Gleichgewicht.

mer weiter von y_E entfernen. Zusammenfassend können wir also sagen, daß in Abbildung 3-2(b) bei y_E, wo Δ inv = 0 ist, die Veränderungsrate des Einkommens dy/dt gleich null ist und sich das System im Gleichgewicht befindet. Links von dem Wert y_E, bei dem Δ inv negativ ist, hat das Einkommen steigende Tendenz, da dy/dt hier positiv ist. Rechts von y_E, wo Δ inv negativ ist, nimmt das Einkommen ab und dy/dt ist negativ. Bei y_E liegt also ein stabiles Gleichgewicht vor.

Diese Erklärung des Gleichgewichtseinkommens enthält eine entscheidende Vereinfachung. Bei y_0 wurden unerwartete Lager aufgebaut. Dies veranlaßte die Produzenten dazu, ihre Produktion zu verringern, bis bei y_E keine unerwünschten Lager mehr aufgebaut wurden, da hier Δ inv = 0 ist. Obwohl an diesem Punkt zwar keine weitere Lagerbestandserhöhung stattfindet, halten die Produzenten und Händler hier immer noch die höheren Lagerbestände, die sie vor dem Anpassungsprozess aufgebaut haben. Um diesen Überbestand abzubauen, werden sie die geplante Lagerbestandsveränderung verringern und dadurch die ($\bar{i}$ + g)-Gerade in Abbildung 3-2(a) nach unten verschieben, während die Lagerbestände abgebaut werden. Im weiteren Verlauf allerdings werden die geplanten Lagerakkumulationen, die ein Bestandteil von i sind, wieder auf ihr altes Niveau steigen, und das Gleichgewichtseinkommen wird sich wieder bei y_E einfinden.

Verschiebung der Sparfunktion

Wir haben gesehen, daß das Gleichgewichtsniveau des Einkommens stabil ist. Es erscheint nun sinnvoll, die Auswirkungen von Verschiebungen der Sparfunktion zu betrachten, um besser zu verstehen, wie dieses einfache Modell der Einkommensbestimmug funktioniert. Im folgenden untersuchen wir den Effekt einer höheren Sparneigung. Wir können dies graphisch betrachten, indem wir in Abbildung 3-3 s + t nach s_1 + t verschieben. Bei jedem Einkommensniveau wird nun mehr gespart. In Abbildung 3-1 würde sich diese Verschiebung in einer Vergrößerung des Sparabschnitts zu lasten des Konsumabschnitts äußern. Bei unserem ursprünglichen Gleichgewichtseinkommen y_0 ist mit unserer neuen Sparfunktion s + t größer als $\bar{i}$ + g, wodurch es zu unbeabsichtigten Lagerbestandserhöhungen (Δ inv) kommt. Wie wir gesehen haben, wird dies die Produzenten dazu veranlassen, die Produktion zu verringern, bis Δ inv = 0 ist. Hier erreicht dann y ein neues Gleichgewicht bei y_1. An diesem Punkt ist die Ersparnis wieder genauso hoch wie vorher, wobei das Einkommen jetzt allerdings niedriger ist. Wenn also $\bar{i}$ + g konstant gehalten wird, dann wird eine exogene Erhöhung der Sparneigung zum gleichen Sparniveau bei niedrigerem Einkommen führen.

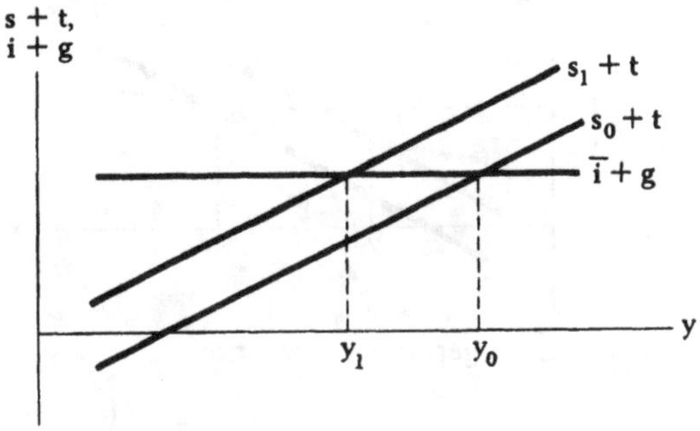

Abbildung 3-3: Änderung des Sparverhaltens.

Wenn wir unsere Annahme ändern, daß $\bar{i}$ und g unabhängig von y festgelegt werden, dann können wir möglicherweise ein Phänomen beobachten, das gemeinhin als Sparparadoxon bezeichnet wird. Nehmen wir einmal an, daß, wie in Abbildung 3-4, $\bar{i}$ + g eine positiv steigende Funktion des Einkommens ist. Das bedeutet, daß geplante Investitionen und Staatsausgaben steigen, wenn das Einkommen zunimmt. Nun können wir bei einer Verschiebung der (s + t)-Gerade nach s_1 + t nicht nur ein niedrigeres Einkommen y_1 beobachten, sondern auch eine niedrigere realisierte Ersparnis. Eine höhere Sparneigung führt also in dieser Situation zu niedrigerer realisierter Ersparnis (s + t), da der Einkommensrückgang die geplanten Investitionen verringert. Dies bezeichnet man als das Sparparadoxon.

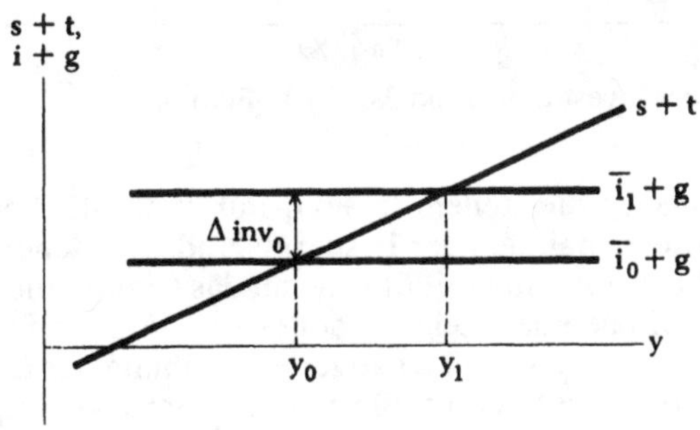

Abbildung 3-4: Das Sparparadoxon.

Nehmen wir nun abschließend an, daß es nicht die Sparfunktion ist, die alleine verschoben wird, sondern, daß sich die Höhe der geplanten Investitionen $\bar{i}$ verändert. In Abbildung 3-5 wird dies durch eine Verschiebung der ($\bar{i}$ + g)-Gerade nach oben zu $\bar{i}_1$ + g vollzogen. Durch diese Verschiebung fällt s + t bei dem ursprünlichen Einkommensniveau geringer aus als $\bar{i}_1$ + g. Die Differenz ($- \Delta$ inv$_0$) repräsentiert den unerwarteten Lagerabbau. Daraufhin werden Auftragesvolumen und Produktion wachsen, was das Einkommensniveau auf y_1 erhöht.(Der gleiche Effekt wäre natürlich bei einer Verschiebung der Spar- oder der Steuerfunktion nach unten zu beobachten). Die Stärke des durch den Anstieg von $\bar{i}$ oder g verursachten Einkommenseffekts hängt von der Steigung der (s + t)-Funktion ab. In Abbildung 3-6 steigt das Einkommen von y_0 auf y_1 an, wenn wir die flache $(s + t)_0$ Funktion betrachten, mit einer Zunahme bei den Investitionen von $\bar{i}_0$ auf $\bar{i}_1$.

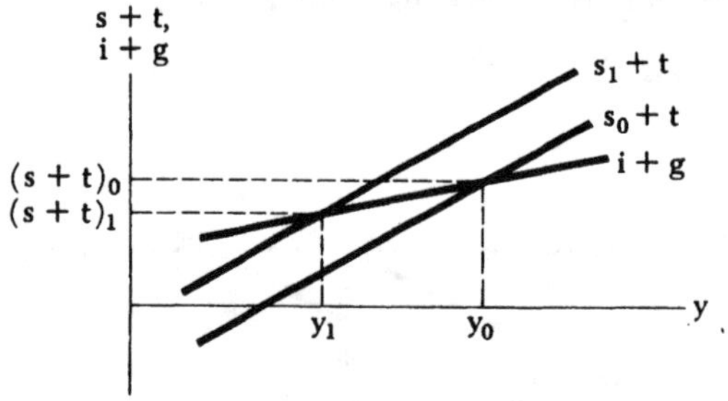

Abbildung 3-5: Eine Erhöhung der geplanten Investition.

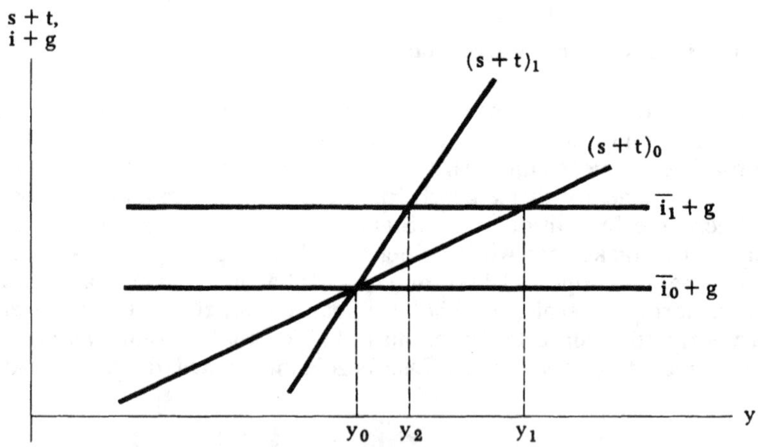

Abbildung 3-6: Höhere Investitionen und die (s + t)-Funktion.

Betrachten wir dagegen die steilere $(s + t)_1$-Funktion, die bei steigendem Einkommen eine starke Zunahmen der Ersparnis und der Steuereinnahmen impliziert, dann erhöht das neue Investitionsniveau das Einkommen nur von y auf y_2. Diese Beziehung zwischen der Steigung der (s + t)-Funktion und der Größe des Einkommenseffekts, der durch eine exogene Erhöhung der Investition oder der Staatsnachfrage hervorgerufen wird, führt uns zur Berücksichtigung des Multiplikators.

Herleitung des Ausgabenmultiplikators

Im letzten Kapitel haben wir gesehen, wie eine Veränderung der geplanten Investition von $\bar{i}_0$ zu $\bar{i}_1$ den Gleichgewichtsoutput von y_0 nach y_1 verändert hat und daß die Stärke dieses Effekts $d_y = y_1\text{-}y_0$ im Verhältnis zur ursprünglichen Veränderung $d\bar{i} = \bar{i}_1 - \bar{i}_0$ von der Steigung der $(s + t)$-Funktion abhängt. Das Verhältnis $dy/d\bar{i}$, das die Veränderung des Gleichgewichtswerts von y pro Einheit Veränderung von $\bar{i}$ angibt, bezeichnen wir als den Multiplikator für Investitionsausgaben. Im folgenden werden wir die Multiplikatoren für Veränderungen der Investitions- und der Staatsausgaben sowie der Steuern entwickeln, wobei wir zunächst eine einfache Volkswirtschaft betrachten, in der Steuern pauschal erhoben werden und somit nicht vom Einkommensniveau abhängen.

Pauschalsteuern und der Multiplikator

Um die Analyse des Multiplikatorprozesses so klar wie möglich zu gestalten werden wir zunächst einen Fall betrachten, in dem die Steuereinnahmen $\bar{t}$ eine Pauschalgröße sind (also nicht prozentual vom Einkommen abhängen). Die Größe $\bar{t}$ entspricht den realen Steuereinnahmen und ist unabhängig vom Einkommensniveau. In diesem Fall gilt die grundlegende Gleichgewichtsbedingung

$$c(y - \bar{t}) + \bar{i} + g = y = c(y - \bar{t}) + s(y - \bar{t}) + \bar{t}. \tag{13}$$

Ziehen wir von den drei Teilen der Gleichung c ab, so erhalten wir eine alternative Version der Gleichgewichtsbedingung

$$\bar{i} + g = y - c(y - \bar{t}) = s(y - \bar{t}) + \bar{t}. \tag{14}$$

Um die Veränderung des Gleichgewichtseinkommens zu erhalten, die auf eine Veränderung der Investitionsausgaben folgt, differenzieren wir die linke Gleichung der Gleichgewichtsbedingung (13), wobei wir g und $\bar{t}$ konstant halten, und erhalten

$$c'\,dy + d\bar{i} = dy \text{ und } dy\,(1 - c') = d\bar{i},$$

so daß der Multiplikator für Investitionsausgaben, der die Veränderung des Gleichgewichtseinkommens dy relativ zur Veränderung der Investitionen $d\bar{i}$ angibt, durch folgenden Ausdruck gegeben ist:

$$\frac{dy}{d\bar{i}} = \frac{1}{1 - c'}. \tag{15}$$

Wenn die Steigung der Konsumfunktion c' gleich 0,7 ist, so daß, wenn die Steuern konstant sind, 70% zusätzlichen Einkommens auf Konsum verwendet werden, dann entspricht der Multiplikator $1/(1 - c') = 1/0{,}3 = 3{,}3$. Eine Zunahme der Investitionsnachfrage um 1 Milliarde \$ wird dann eine Erhöhung des Einkommens um 3,3 Milliarden zur Folge haben. Wir können den Multiplikator in Beziehung zu unserem $(s + t = \bar{i} + g)$-Diagramm des vorhergehenden Abschnitts setzen. Wir betrachten hierzu die rechte Seite von Gleichung (14):

$$dy - c'\,dy = s'\,dy \quad \text{und} \quad 1 - c' = s'.$$

Der Wert des Multiplikators wird also durch $1/s'$ gegeben, da $s' + c' = 1$. Auch können wir feststellen, daß in diesem Modell mit $\bar{t}$ konstant, die Steigung der $(s + t)$-Funktion, $d(s + t)/dy$, lediglich s' ist. In Abbildung 3-7 führt die Zunahme der geplanten Investition um diquer von $\bar{i}_0$ auf $\bar{i}_1$ zu einer Erhöhung des Gleichgewichtseinkommens von y_0 auf y_1.

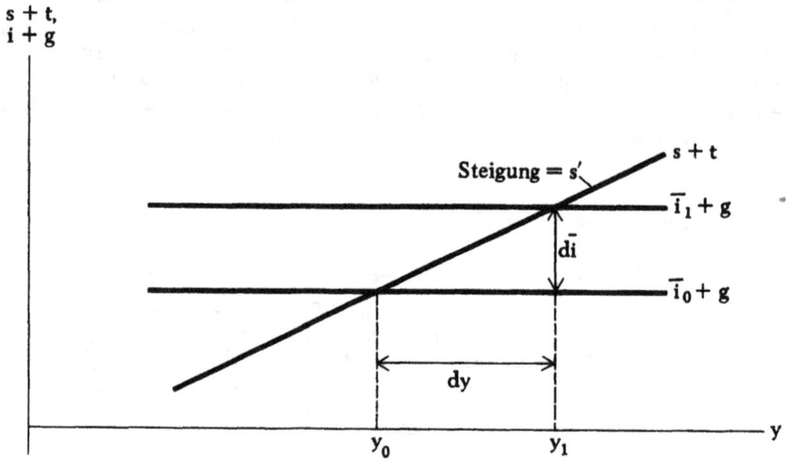

Abbildung 3-7: Graphische Herleitung des Multiplikators.

Das Verhältnis der Investitionszunahme zur Outputzunahme entspricht der Steigung der $(s + t)$-Funktion (s'). Das heißt, $d\bar{i}/dy = s'$, so daß $dy/d\bar{i} = 1/s'$ ist, wie wir oben bereits algebraisch gezeigt haben.

Wir können den Multiplikator auch als einen dynamischen Vorgang betrachten, als die Summe verschiedener Ströme von Einkommenserhöhungen, die aus der Zunahme der Investition um $d\bar{i}$ resultiert. Wenn die Ausgaben um $d\bar{i}$ erhöht werden, dann steigen Einkommen und Output zunächst direkt um $d\bar{i}$. Es werden mehr Investitionsgüter produziert und die Faktoreinkommen steigen. Mit konstanten Steuern steigt das Nettoeinkommen der Faktoren um $d\bar{i}$. Die Einkommensempfänger ihrerseits geben aber wieder $c' \cdot d\bar{i}$ (im vorangegangenen Beispiel $0{,}7 \cdot d\bar{i}$) für Lebensmittel, Schuhe und Ähnliches aus, so daß Output und Einkommen der Hersteller dieser Produkte um $c' \cdot d\bar{i}$ ansteigen und damit ein weiterer Einkommensstrom zu dem ursprünglich durch diquer erzeugten hinzuaddiert wird.

Wieder werden die Empfänger von $c' \cdot d\bar{i}$ einen Bruchteil c' dieses Einkommens ausgeben, wodurch $c'^2 \cdot d_i$ zum Gesamteinkommensstrom hinzufügt wird. Dies wird immer so weiter gehen mit immer geringeren Zunahmen, da c'^n gegen 0 strebt, wenn n große Werte annimmt. Die Zunahme des Einkommens dy, die in diesem Prozeß erlangt wird, entspricht

$$dy = d\bar{i} + c'\,d\bar{i} + c'\,(c'\,d\bar{i}) + \cdots$$

oder

$$dy = d\bar{i}\,(1 + c' + c'^2 + c'^3 + \cdots). \tag{16}$$

Wir wissen, daß wir, wenn wir 1 durch (1 − c) teilen, den Ausdruck in Klammern in Gleichung (16) erhalten, das heißt,

$$\frac{1}{1-c'} = 1 + c' + c'^2 + c'^3 + \cdots.$$

Wir können den unhandlichen Klammerterm in (16) durch 1/(1-c) ersetzen, wodurch wir den Multiplikator aus Gleichung (15) erhalten.

Das ist im wesentlichen alles, was man über den Multiplikator wissen muß. Der Multiplikator ist das Resultat einer konvergenten Expansion (oder Kontraktion) des Einkommens, wenn sich die Volkswirtschaft an eine exogene Erhöhung (oder Verminderung) der Ausgaben anpaßt. Die Herleitung des Multiplikators erfolgt durch Differentiation der Gleichung, die die Gleichgewichtsbedingung für das Einkommen angibt. Danach wird nach der Einkommensveränderung aufgelöst. Man kann den Multiplikator ebenfalls durch sorgfältige Untersuchung der Steigung der Kurve herleiten, entlang der die Volkswirtschaft ihrem neuen Gleichgewicht zustrebt. Im verbleibenden Teil dieses Abschnitts sehen wir zunächst, wie sich der Multiplikator verändert, wenn wir Veränderungen von g und $\bar{t}$ erlauben. Danach betrachten wir den Multiplikator für eine Veränderung des Steuersatzes. Diese Manipulationen unseres einfachen Gleichgewichtsmodells sollen einige interessante Beziehungen herausstellen und den Leser mit der Art der Analyse vertraut machen, die wir in Teil II des Buches verwenden werden.

Der ausgeglichene Budgetmultiplikator

Gehen wir zur grundlegenden Gleichgewichtsbedingung (13) mit exogenen Steuern $\bar{t}$ zurück,

$$y = c(y - \bar{t}) + \bar{i} + g,$$

so können wir durch Differentiation von (13) einen allgemeinen Ausdruck für Veränderungen von y als eine Funktion von Veränderungen von $\bar{t}$, $\bar{i}$, und g herleiten. Wir erhalten

$$dy = c' \cdot (dy - d\bar{t}) + d\bar{i} + dg$$

und

$$dy \cdot (1 - c') = -c'\,d\bar{t} + d\bar{i} + dg,$$

so daß sich schließlich als allgemeiner Multiplikatorausdruck

$$dy = \frac{-c'\,d\bar{t} + d\bar{i} + dg}{1 - c'} \tag{17}$$

ergibt. Um den Multiplikator für $d\bar{i}$ zu berechnen, setzen wir $d\bar{t}$ und dg gleich null und dividieren durch $d\bar{i}$. Auf diese Weise erhalten wir den Multiplikator 1/(1 − c') aus Gleichung (15).

Den gleichen Multiplikator würden wir für dg erhalten, hielten wir $\bar{i}$ und $\bar{t}$ konstant.

Wenn wir nun wissen möchten, was passiert, wenn wir Staatsausgaben und Steuereinnahmen um den gleichen Betrag erhöhen und dabei $\bar{\imath}$ konstant halten, ersetzen wir einfach $d\bar{t}$ durch dg in Gleichung (17), setzen $d\bar{\imath} = 0$ und erhalten

$$dy = \frac{-c'\,dg + dg}{1-c'} = dg\frac{1-c'}{1-c'},$$

woraus wir den ausgeglichenen Budgetmultiplikator ableiten können:

$$\frac{dy}{dg} = \frac{1-c'}{1-c'}, = 1. \tag{18}$$

Eine Veränderung von $\bar{t}$ und g um den gleichen Betrag, wobei wir $\bar{\imath}$ konstant halten, wird das Gleichgewichtseinkommen y um dg verändern, das heißt $dy = dg$. Der Überschuß (das Defizit) des Staates bleibt dabei unverändert. In diesem einfachen Fall ist der ausgeglichene Budgetmultiplikator gleich 1.

Eine Erklärung hierfür ist in dem bereits betrachten Klammerausdruck für die sukzessive Einkommenserhöhung zu finden. Im Fall von Staatsausgaben erhöht dg das Netto- (oder in diesem Fall das Brutto-) sozialprodukt direkt um den Betrag dg und indirekt durch die Multiplikatorkette. Es ergibt sich ein Gesamteffekt von

$$dy = dg\,(1 + c' + c'^2 + \cdots).$$

Die Steuererhöhung hat nur dann einen Einfluß auf das Nettosozialprodukt, wenn die Verminderung des verfügbaren Einkommens um $d\bar{t}$ die Konsumausgaben um $c \cdot d\bar{t}$ vermindert. Der dy-Effekt der Steuererhöhung ist also durch

$$dy = -\,d\bar{t}\,(c' + c'^2 + \cdots)$$

gegeben. Die Differenz zwischen diesen beiden Ausdrücken, die den Nettoeffekt auf y angibt, ist dg ($= d\bar{t}$), da die urspüngliche direkte Erhöhung des Nettosozialprodukts nicht im Steuermultiplikator enthalten ist. Eine Zunahme von g um 10 Milliarden $ hat also eine sofortige Erhöhung des Nettosozialprodukts zur Folge, während eine Erhöhung von $\bar{t}$ das Nettosozialprodukt nur dann beinflußt, wenn die Konsumenten ihre Ausgaben als Reaktion auf diese Veränderung verringern.

Steuern als eine Funktion des Einkommens

Wir kommen nun auf unsere ursprüngliche Form der Steuerfunktion $t = t(y)$ zurück, in der die Steuereinnahmen eine steigende Funktion des Einkommens sind. In diesem realistischeren Fall ist die grundlegende Gleichgewichtsbedingung für die Einkommensbestimmung durch

$$c\,(y - t\,(y)) + \bar{\imath} + g = y = c\,(y - t\,(y)) + s\,(y - t\,(y)) + t\,(y) \tag{19}$$

gegeben. Ziehen wir von jedem Teil der Gleichung $c[y - t(y)]$ ab, so ergibt sich die alternative Darstellung

$$\bar{\imath} + g = y - c\,(y - t\,(y)) = s\,(y - t\,(y)) + t\,(y). \tag{20}$$

Um die allgemeine Form des Multiplikators bei gegebenem Steuersystem zu erhalten, differenzieren wir die linke Gleichung in Gleichgewichtsbedingung (19), um

$$dy = c' \cdot (dy + t'\,dy) + d\bar{i} + dg$$

und

$$dy = c' \cdot (1 - t')\,dy + d\bar{i} + dg$$

zu erhalten, so daß der Multiplikator durch folgenden Ausdruck gegeben ist:

$$dy = \frac{di + dg}{1 - c'(1 - t')}. \tag{21}$$

Die Einführung der Steuerfunktion hat den Multiplikator reduziert. Da die Steuereinnahmen mit dem Einkommen steigen (bei konstanten Steuersätzen), ist die Zunahme des verfügbaren Einkommens, das eine Person entweder sparen oder konsumieren kann, geringer als die Zunahme des Gesamteinkommens. Bei jeder Einkommenserhöhung, die im Zuge des Multiplikatorprozesses auf den direkten Einkommenseffekt folgt, wird also ein Teil des Einkommens durch die Steuerfunktion abgeführt, was den Multiplikator reduziert.

Wir können dies in Beziehung zu unserem ($s + t = \bar{i} + g$)-Diagramm in Abbildung 3-8 setzen, indem wir die rechte Gleichung in (20) differenzieren:

$$dy - c' \cdot (1 - t')\,dy = s' \cdot (1 - t')\,dy + t'\,dy$$

und

$$1 - c' \cdot (1 - t') = s' \cdot (1 - t') + t'.$$

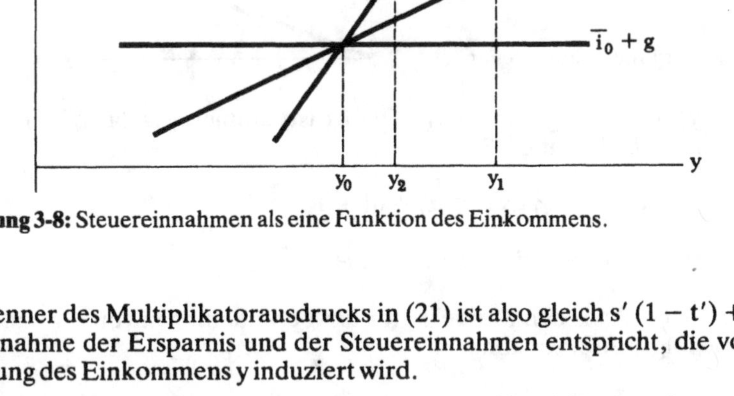

Abbildung 3-8: Steuereinnahmen als eine Funktion des Einkommens.

Der Nenner des Multiplikatorausdrucks in (21) ist also gleich $s'(1 - t') + t'$, was der Zunahme der Ersparnis und der Steuereinnahmen entspricht, die von einer Erhöhung des Einkommens y induziert wird.

Wir haben bereits gezeigt, daß dies der Steigung $d(s + t)/dy$ der $s[y - t(y)] + t(y)$-Kurve in Abbildung 3-8 entspricht. Mit konstanten Steuereinnahmen t in Abbildung 3-8 wird eine Zunahme der Investitionsnachfrage von i_0 auf i_1 das Gleichgewichtseinkommen von y_0 auf y_1 erhöhen. Wenn aber die Steuereinnahmen eine steigende Funktion des Einkommens sind, dann wird die gleiche Erhöhung $\bar{i}$ ausgehend von y_0 nur zu einem Einkommen von y_2 führen. Durch die Steuerfunktion werden die Zunahmen des verfügbaren Einkommens relativ zu denen des Gesamteinkommens in jedem Stadium der Einkommensexpansion des Multiplikatorprozesses verringert, weshalb das Einkommen in Abbilung 3-8 anstatt auf y_1 dann nur auf y_2 ansteigt. Das Steuersystem funktioniert also als ein interner Stabilisator, der die Effekte exogener Einflüsse auf das Gleichgewichtseinkommen verringert. Wenn die Investitionsnachfrage abgenommen hätte, dann wäre die Verringerung des Einkommens durch die steilere $s[y - t(y)] + t(y)$-Funktion gedämpft worden, da das verfügbare Einkommen um weniger gefallen wäre als das Gesamteinkommen bei Pauschalsteuern.

Der Multiplikator für Steuersätze

Am Ende unserer Diskussion des Multiplikators wollen wir noch den Multiplikator für eine Veränderung des Steuersatzes entwickeln. Dieses Modell ist relevant für stabilitätspolitische Entscheidungen über Steuersatzänderungen. Der Staat kontrolliert die Steuersätze. Ihre Beziehung zur jeweiligen Situation der Volkswirtschaft bestimmt die Höhe der Steuereinnahmen.

Wir nehmen hier eine vereinfachte Steuerfunktion der Form $t(y) = \tau \cdot y$ an, wobei τ der Steuersatz in Prozent ist (zum Beispiel 20%). Diese Proportionalsteuerfunktion ist in Abbildung 3-9 gezeigt. Mit einer solchen Steuerfunktion können wir die grundlegende Gleichung für das Gleichgewichtseinkommen wie folgt schreiben:

$$y = c(y - \tau y) + \bar{i} + g. \tag{22}$$

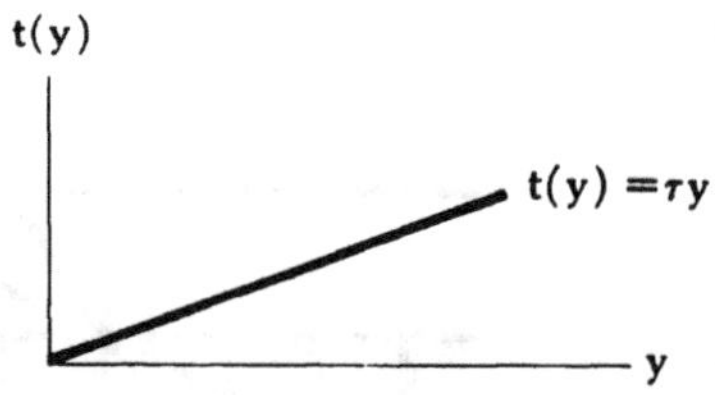

Abbildung 3-9: Proportionalsteuer.

Da $d(\tau \cdot y)$ ungefähr gleich $\tau \cdot dy + y \cdot d\tau$ ist, können wir das Differential der Gleichgewichtsbedingung (22) als

$$dy = c' \cdot (dy - \tau\, dy - y\, d\tau) + d\bar{i} + dg$$

und

$$dy = c' \cdot (1 - \tau)\, dy - c' y\, d\tau + d\bar{i} + dg,$$

schreiben, so daß wir den Multiplikator für Veränderungen von $\bar{i}$, g und Steuersätzen wie folgt schreiben können:

$$dy = \frac{d\bar{i} + dg - c' y\, d\tau}{1 - c' \cdot (1 - \tau)}. \tag{23}$$

Mit Ausnahme des etwas merkwürdig aussehenden Terms $c' \cdot y \cdot d\tau$ entspricht dieser Multiplikator dem allgemeinen Multiplikatorausdruck in Gleichung (21), da $t(y) = \tau \cdot y$ und $t' = \tau$ ist. Analog zur Veränderung von dg und $d\bar{i}$ gibt der Ausdruck $c' - y \cdot d\tau$ hier die exogene Veränderung der Konsumausgaben an, die durch eine Variation der Steuersätze hervorgerufen wird. Wenn die Steuersätze um $d\tau$ verringert werden, dann entspricht $- y \cdot d\tau$ der Abnahme des verfügbaren Einkommens, die direkt durch die Veränderung der Steuersätze induziert wird. Multiplizieren wir c' mit $- y \cdot d\tau$ so ergibt sich der direkte Effekt auf die Konsumausgaben. Es handelt sich hier um eine direkte, politisch induzierte Veränderung der Konsumausgaben c, im Gegensatz zu endogenen Veränderungen, die das Resultat von Einkommensschwankungen sind. Von nun an bezeichnen wir diese Art der Ausgabenveränderung, die dem direkten Effekt einer politischen Maßnahme entspricht, bevor Anpassungen des sich verändernden Einkommensniveaus berücksichtigt werden, als „politisch induzierte Ausgabenveränderung". Der Steuersatzmultiplikator übersetzt also eine Veränderung der Steuersätze in einen direkten Effekt auf die Konsumausgaben und multipliziert diesen dann mit dem üblichen Multiplikator $1/[1 - c' \cdot (1 - r)]$. Die Multiplikatoren unterscheiden sich nach der Quelle der exogenen Ausgabenveränderung.

Abschließende Bemerkungen zu Teil I

In den drei einführenden Kapiteln haben wir die Grundlagen der Einkommensbestimmung wiederholt, so wie sie im allgemeinen unter dem Namen „Keynesianisches Modell" in einführenden Büchern beschrieben werden. Die in diesem Kapitel entwickelten Multiplikatoren zeigen Veränderungen des Gleichgewichtseinkommens und des Outputs, die auf Veränderungen der Investitionsnachfrage, des Sparverhaltens, der Staatsausgaben und der Steuersätze folgen, all das in einer Welt, in der Investitionen exogen sind, das Geldangebot keine Rolle spielt und der reale Output y ohne Auswirkungen auf das Preisniveau P variieren kann. In Teil II führen wir zuerst das Geldangebot und den Zinssatz in unser Modell ein, dann den Arbeitsmarkt und das Preisniveau P. Die Multiplikatoren dieses Kapitels werden in den Kapiteln 5 und 9 überarbeitet, um der höheren Komplexität der Modelle Rechnung zu tragen. Diese Vorgehensweise, bei der wir die Funktionsweise des Systems sowohl durch Veränderungen der Multiplikatoren als auch durch graphische und verbale Erklärung untersuchen, wird, so hoffen wir, dem Leser Einsicht in die Verflechtung der verschiedenen Teile der Volkswirtschaft gewähren.

Ausgewählte Literatur

R. G. D. Allen, *Macroeconomic Theory* (New York: St. Martin's Press, 1967), chapter 2.

W. A. Salant, „Taxes, Income Determination, and the Balanced Budget Theorem," in R. A. Gordon and L. R. Klein, eds., *Readings in Business Cycles* (Homewood, Ill.: R. D. Irwin, 1965).

P. A. Samuelson, „The Simple Mathematics of Income Determination," in *Income, Employment, and Public Policy: Essays in Honor of Alvin Hansen;* reproduced in M. G. Mueller, ed., *Readings in Macroeconomics* (New York: Holt, Rinehart and Winston, 1966).

Teil II
Bestimmung des Volkseinkommens: Das statische Gleichgewichtsmodell

Kapitel 4
Gleichgewicht auf der Nachfrageseite: Einkommen und Zinssatz

In Teil II entwickeln wir Schritt für Schritt das grundlegende Modell der Einkommensbestimmung. In diesem Modell werden Preisniveau, Zinssatz, Output und Beschäftigung in einer Volkswirtschaft bestimmt, die sich üblicherweise mehr oder weniger bei Vollbeschäftigung befindet. Die meisten Industrienationen Nordamerikas, Europas und Japan fallen in diese Kategorie. Die einzelnen Teile dieses Modells (die Konsumfunktion, die Investitionsfunktion usw.) sind so einfach wie möglich gehalten, so daß wir uns darauf konzentrieren können, wie die einzelnen Sektoren der Volkswirtschaft interagieren. Die Details dieser einzelnen Sektoren werden dann in Teil III entwickelt.

Makroökonomik ist lediglich aggregierte Mikroökonomik, wobei die unzähligen Mikroaktivitäten und -märkte in einer Weise aggregiert werden, die unser Verständnis für die Arbeitsweise der Wirtschaft verbessert. Deshalb ist es auch nur natürlich, daß wir die Bestimmung der Gleichgewichtswerte des Zinssatzes, des Preisniveaus, des Outputs und der Beschäftigung durch Angebots- und Nachfragefunktionen der einzelnen Märkte vornehmen, die Gleichgewichtspreis und -output determinieren. Wir werden feststellen, daß eine Veränderung der Bedingungen auf einem Markt, zum Beispiel eine Verschiebung der Geldnachfrage, Auswirkungen auf das Gleichgewicht anderer Märkte hat, zum Beispiel auf den Output und die Beschäftigung. In Teil II wollen wir sehen, wie dieses System zusammenhängt. In diesem Kapitel entwickeln wir die Nachfrageseite der Volkswirtschaft. Dies bedeutet, daß wir bei gegebenem Preisniveau Gleichgewichtswerte für den Zinssatz und den von Konsumenten, Unternehmen und Staat nachgefragten Output finden müssen. Am Ende des Kapitels werden wir eine Nachfragekurve entwickeln können, die zeigt, wie sich die Gleichgewichtswerte der Nachfrageseite ändern, wenn sich das Preisniveau ändert.

Nachdem wir Geld- und Fiskalpolitik und ihre Effekte auf die Nachfragebedingungen der Wirtschaft vorgestellt haben, werden wir dann in den Kapiteln 6 und 7 ein einfaches Modell des Arbeitsmarktes und der Angebotsseite der Volkswirtschaft entwickeln. Dieses Modell zeigt, wie die Gleichgewichtswerte des produzierten Outputs und der Beschäftigung bestimmt werden, wiederum bei gegebenem Preisniveau. Durch Variation des Preisniveaus erhalten wir dann eine gesamtwirtschaftliche Angebotskurve. Durch Kombination der Angebots- und der Nachfragekurve erhalten wir das Preisniveau, bei dem der Output der Angebotsseite gleich dem der Nachfrageseite ist.

All dies können wir leicht in mathematische Ausdrücke fassen. Auf der Nachfrageseite stellen zwei Gleichungen die Gleichgewichtsbedingungen für den Güter- und den Geldmarkt dar. Diese Gleichungen beinhalten folgende drei Variablen: das Einkommensniveau (oder auch das reale Sozialprodukt) y, den Zinssatz r, und das Preisniveau P. Auf der Angebotsseite haben wir zwei Gleichungen mit drei Variablen: eine Produktionsfunktion und eine Gleichgewichtsbedingung für den Arbeitsmarkt. Die Variablen sind durch y, P und das Beschäftigungsniveau N gegeben. Kombinieren wir Angebots- und Nachfrageseite, so erhalten wir vier Gleichungen mit vier Variablen: y, N, P und r. Die Aufgabe von Teil II ist es, die Beziehungen zwischen diesen Variablen (Gleichungen) so einfach wie möglich darzustellen und zu erklären, wie die Gleichgewichtswerte bestimmt werden.

Gleichgewichtseinkommen und Zinssatz auf dem Gütermarkt

In Kapitel 3 haben wir das einfachste Modell der Einkommensbestimmung wiederholt, in dem Preisniveau und Investitionsniveau als gegeben betrachtet werden. Dieses Modell besteht im wesentlichen aus einer einzigen Gleichgewichtsbedingung mit einer Variable: Die Gesamtausgaben als eine Funktion des Einkommens sind gleich dem Einkommen. Diese in Kapitel 3 entwickelte Gleichung lautet:

$$y = c(y - t(y)) + i + g, \tag{1}$$

oder

$$y - c = s(y - t(y)) + t(y) = i + g.$$

Hier steht y für das reale BSP, c sind die realen Konsumausgaben als eine Funktion des verfügbaren Einkommens und s steht für die reale Ersparnis. Die realen Steuereinnahmen t sind eine Funktion des realen BSP, i ist die reale Investitionsnachfrage und g sind die realen Staatsausgaben für Güter und Dienstleistungen.

Die Investitionsnachfrage und der Zinssatz

In Gleichung (1) ist jedes Element auf einem geplanten oder auch ex ante Niveau. Folglich steht i hier für die Höhe der geplanten Anlageinvestitionen (Investitionen in fixes Kapital) und Lagerinvestitionen. In Kapitel 3 haben wir i als exogene Größe betrachtet. Jetzt stellen wir die Frage, wie i bestimmt wird. Wir können zunächst mutmaßen, daß das geplante Niveau der Anlageinvestitionen einer Unternehmung vom Marktzinssatz r abhängt. Dies erscheint intuitiv als eine vernünftige Annahme, da eine Unternehmung entweder Geld aufnehmen oder ihre eigenen finanziellen Mittel verwenden muß, um zu investieren. In beiden Fällen sind die Kosten durch den Zinssatz meßbar: muß die Unternehmung Geld aufnehmen, zahlt sie Zinsen, verwendet sie dagegen eigene Mittel, verzichtet sie darauf, diese gegen Zinseinkommen am Kapitalmarkt zur Verfügung zu stellen.

Um zu entscheiden, ob ein Investitionsprojekt durchgeführt wird oder nicht, können sich Firmen auf ein Konzept stützen, das allgemein als das Kapitalwertkriterium bekannt ist. Um den Kapitalwert eines Investitionsprojekts (im folgenden mit PDV abgekürzt) zu berechnen, stellt eine Unternehmung dem Strom der zukünftigen Nettoerlöse R_t (dem Nettoeinkommensstrom) eines Projekts, die mit dem Zinssatz diskontiert werden ($[R_{t+1}/(1 + r)]$ etc.), die Kosten C des Projekts gegenüber, wobei folgende Formel verwendet wird:

$$PDV_t = -C + R_t + \frac{R_{t+1}}{1+r} + \frac{R_{t+2}}{(1+r)^2} + \cdots + \frac{R_{t+n}}{(1+r)^n}. \qquad (2)$$

Bei dieser Berechnung des Kapitalwerts wird der Zinssatz r benutzt, um den gegenwärtigen Wert der zukünftigen Auszahlungen aus dem Investitionsprojekt zu berechnen. Würde zum Beispiel A der B 104 $, zahlbar in einem Jahr, für eine gewisse Summe baren Geldes heute anbieten, dann müßte sich B zunächst überlegen, wieviel ihr diese 104 $, die sie nächstes Jahr erhält, heute wert sind. Wenn B weiß, daß sie Geld auf dem Kapitalmarkt zu 4% anlegen kann, dann sind ihr 104 $ in einem Jahr 100 $ heute wert. Sie würde deshalb der A 100 $ heute gegen eine Rückzahlung von 104 $ in einem Jahr anbieten. Auf diese Weise bewertet sie zukünftige Zahlungen zum gegenwärtigen Zeitpunkt. Mathematisch kann dies wie in Gleichung (2) ausgedrückt werden:

$$\text{PDV von \$ 104 heute: } PDV_t = \frac{\$\,104}{1{,}04} = \frac{R_{t+1}}{1+r}.$$

Wenn das Geld erst in zwei Jahren zurückgezahlt würde, dann wäre der Gegenwartswert dieser Zahlung durch

$$PDV_t = \frac{R_{t+2}}{(1+r)^2}$$

gegeben und so weiter. Wir können weiter sehen, daß ein Geldbetrag der B heute um so weniger wert ist, je weiter in der Zukunft B die Zahlung dieses Betrages erwartet.

Diese Beschreibung vereinfacht die Realität in gewisser Weise. Zunächst handelt es sich bei den Zahlungen um erwartete zukünftige Zahlungen. Während wir diese als gegeben annehmen, werden in der Realität zukünftige Zahlungen mit Veränderungen der Umweltbedingungen in der Geschäftswelt variieren. Diese zusätzliche Komplikation wird in Kapitel 13 hinzugefügt, wo wir die Investition detaillierter behandeln. Außerdem sieht sich eine Unternehmung in der Realität verschiedenen Zinssätzen auf unterschiedlichen Wertpapiermärkten gegenüber. Diese unterschiedlichen Zinssätze werden allerdings höchstwahrscheinlich in der gleichen Richtung variieren, wenn wenn es zu Veränderungen der Bedingungen auf den Geld- und Wertpapiermärkten kommt, so daß wir einen stellvertretenden Zinssatz r annehmen können.

Unternehmen können nun Investitionsprojekte, wie in Abbildung 4-1 dargestellt, nach ihrem Kapitalwert ordnen. Mit einem elastischen Angebot an Mitteln für Investitionen werden Unternehmen in alle Projekte mit einem Kapitalwert > als 0 investieren (also alle Projekte, die einen positiven Nettoerlös aufweisen). Das Investitionsniveau entspräche dann i_0 in Abbildung 4-1. Hat eine Unternehmung nur beschränkte Mittel, dann wird sie diese in die produktivsten Projekte investieren (die mit dem höchsten Kapitalwert) bis ihre Mittel bei einem Punkt zur Linken von i_0 erschöpft sind.

Durch Anwendung der Kapitalwertformel auf die potentiellen Investitionsprojekte erhält die Unternehmung bei gegebenem r_0 ein optimales Investitionsniveau von i_0. Wäre der Zinssatz höher, dann hätten alle Einträge in der Kapitalwertformel einen größeren Nenner, so daß der Kapitalwert eines jeden Projekts geringer wäre. Deshalb fallen die Kapitalwerte aller Projekte, wenn der Zinssatz steigt und die Kapitalwertkurve in Abbildung 4-1 verschiebt sich nach unten, wodurch das Niveau der geplanten Investitionen reduziert wird.

Wir erhalten somit das einfachste Investitionsmodell,

$$i = i(r). \tag{3}$$

Hier ist $i' < 0$, wie in Abbildung 4-2 dargestellt. Durch Erhöhen des Zinssatzes r von r_0 auf r_1 wird das Niveau der geplanten Investitionen i von i_0 auf i_1 reduziert. Durch Einsetzen der Investitionsfunktion (3) in die ursprüngliche Gleichgewichtsbedingung erhalten wir die Gleichgewichtsbedingung für den Gütermarkt:

$$y = c(y - t(y)) + g + i(r). \tag{4}$$

Herleitung der IS-Kurve

Gleichung (4) beschreibt Wertepaare y, r, die das Gleichgewicht auf dem „Gütermarkt" aufrechterhalten.

Wir können das Wesen dieser Gleichgewichtswertepaare von y und r auf verschiedene Arten analysieren. Wir beginnen mit der graphischen Analyse und betrachten zunächst die uns inzwischen vertraute Abbildung 4-3. Hier ist $i + g$ konstant und $s + t$ steigt mit dem Einkommen. Aus Abbildung 4-2 erkennen wir, daß eine Erhöhung des Zinssatzes r von r_0 auf r_1 eine Abnahme von i bedeutet. Dieser Rückgang der Investition wird in Abbildung 4-3 als eine Verschiebung der $[i(r) + g]$-Linie um den Betrag $\Delta i = i_1 - i_0$ nach unten angedeutet. Auf dem ursprüngli-

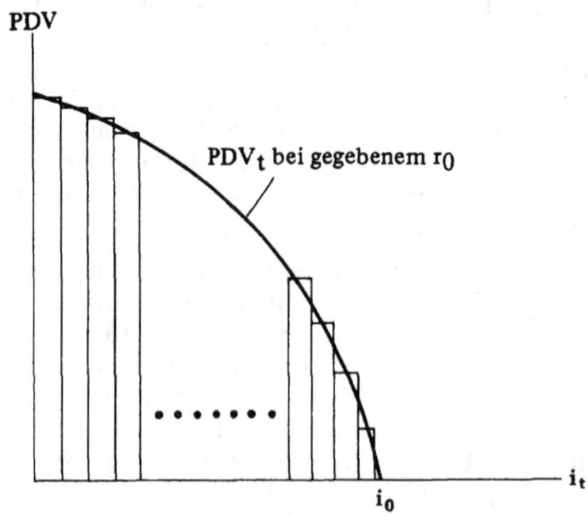

Abbildung 4-1: Rangordnung von Investitionsprojekten.

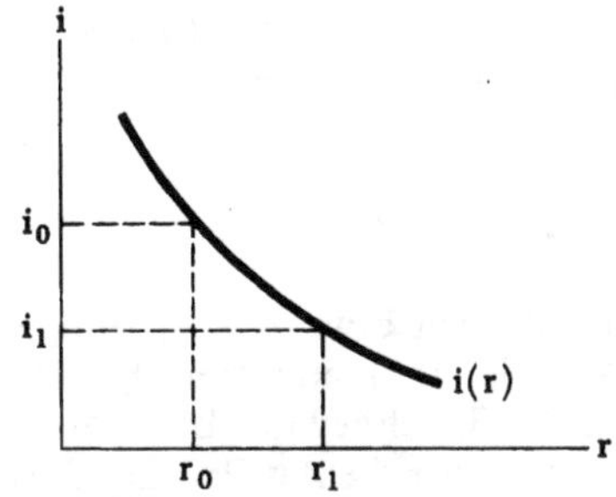

Abbildung 4-2: Die Funktion der Investitionsnachfrage.

chen Niveau von $i(r) + g$ mit $r = r_0$ lag das Gleichgewichtseinkommen bei y_0. Mit der Erhöhung von r auf r_1 verschiebt sich das Gleichgewichtseinkommen nach y_1, zu einem niedrigeren Einkommensniveau. Dies ist durch die Abnahme der geplanten Investition bedingt. Diese Beziehung zwischen den Gleichgewichtswerten von r und y stellen wir in Abbildung 4-4 dar. Wenn der Zinssatz steigt, fällt das Investitionsniveau in Abbildung 4-3, worauf das Gleichgewichtseinkommen durch den Multiplikatormechanismus reduziert wird. Die Steigung der Kurve, die die Gleichgewichtswertepaare von r und y beschreibt, muß also, wie in Abbildung 4-4 gezeigt, negativ sein. Diese Kurve zeigt die Gleichgewichtspunkte von r und y auf dem Gütermarkt und wir bezeichnen sie im folgenden als IS-Kurve. Die Punkte dieser Kurve beschreiben Kombinationen von r und y, bei denen der geplante Wert von $i + g$ gleich dem geplanten Wert von $s + t$ ist.

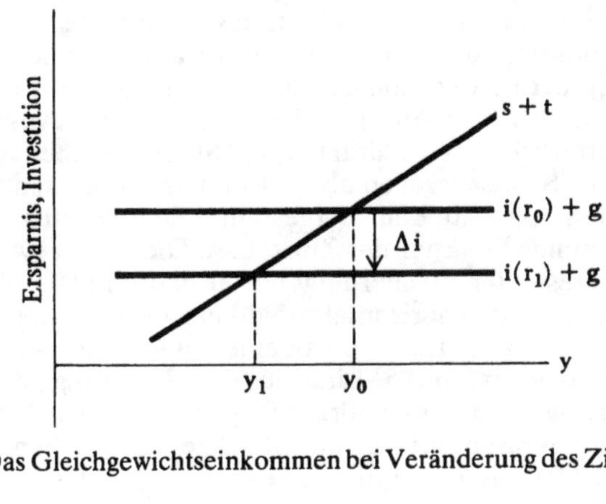

Abbildung 4-3: Das Gleichgewichtseinkommen bei Veränderung des Zinssatzes.

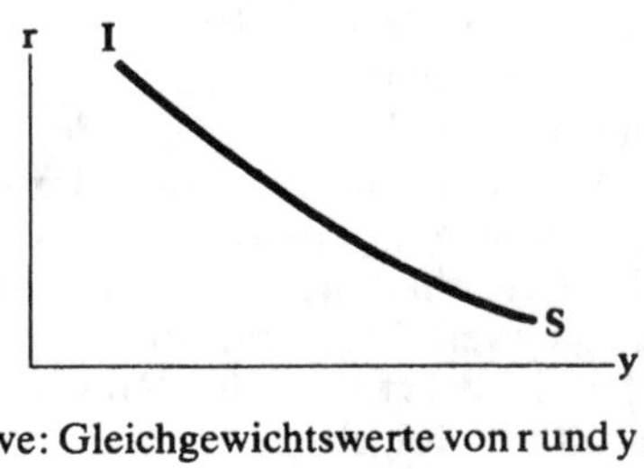

Abbildung 4-4: Die IS-Kurve: Gleichgewichtswerte von r und y auf dem Gütermarkt.

Die Steigung der IS-Kurve kann ebenfalls mit Hilfe einfacher Mathematik abgeleitet werden. Wenn wir g konstant halten und Gleichung (4) vollständig differenzieren, so erhalten wir

$$dy = c' \cdot (dy - t'\,dy) + i'\,dr.$$

Diese Gleichung beschreibt nicht etwa Abweichungen vom Gleichgewicht auf dem Gütermarkt. Sie stellt vielmehr simultane Veränderungen von y und r dar, bei denen der Gütermarkt im Gleichgewicht bleibt und stellt somit eine Gleichgewichtsbedingung dar. Isolieren wir die Ausdrücke, die dy und dr enthalten, so ergibt sich, daß entlang der IS-Kurve

$$dy\,(1 - c'\,(1 - t')) = i'\,dr \quad \text{und} \quad \frac{dr}{dy} = \frac{1 - c'\,(1 - t')}{i'}$$

gilt. Wir wissen, daß $1 - c'(1 - t') > 0$ ist und $i' < 0$ gilt. Der Ausdruck (dr/dy) muß also < als 0 sein. Dies zeigt uns, daß die Steigung der IS-Kurve in Abbildung 4-4 negativ ist. Wir haben nun also auf dem Gütermarkt eine ganze Reihe von gleichgewichtigen Einkommensniveaus, die jeweils zu einem bestimmten Zinssatz gehören. Wir können keinen Gleichgewichtswert für r oder y finden, ohne damit gleichzeitig den anderen Gleichgewichtswert festzulegen.

Alle Beziehungen, die zur Bestimmung der Gleichgewichtswerte von y und r auf dem Gütermarkt beitragen und die wir bis zu diesem Punkt diskutiert haben, sind in dem Vierquadrantendiagramm in Abbildung 4-5 zusammengefaßt. Quadrant IV in Abbildung 4-5 ist eine auf den Kopf gestellte Version von Abbildung 4-3, in der Ersparnis + Steuern als eine Funktion des Einkommens darstellt sind. Um die Zeichnung einfacher zu gestalten, haben wir angenommen, daß sowohl Ersparnis als auch Steuern proportional zum Einkommen sind, so daß (s + t) durch den Ursprung verläuft. Der Allgemeinheitsgrad unserer Aussagen wird hierdurch nicht beeinträchtigt. In Quadrant II sind Staatsausgaben und Investitionen abgetragen. Da die Staatsausgaben als konstant angenommen wurden, werden sie hier durch eine senkrechte Linie dargestellt. Die Investition ist, wie oben gezeigt, eine abnehmende Funktion des Zinssatzes. Die i(r)-Kurve entspricht der in Abbildung 4-2 dargestellten, ist allerdings um 90° gedreht. Die Werte von i(r) und g sind in diesem Quadranten horizontal aufaddiert, um die (i + g)-Kurve zu erhalten, die die Gesamtausgaben für i und g als eine Funktion des Zinssatzes darstellt. In Quadrant III haben wir eine 45°-Linie aus dem Ursprung gezeichnet. Wir benutzen diese Linie um s + t aus Quadrant IV gleich i + g aus Quadrant II zu setzen. Die 45°-Linie repräsentiert also die Gleichgewichtsbedingung auf dem Gütermarkt, die durch Gleichung (1) gegeben ist.

In Quadrant I erkennen wir die IS-Kurve, die die Gleichgewichtswertepaare von r und y angibt und die wir aus den drei bereits genannten Beziehungen herleiten können. Wählen wir ein Einkommensniveau auf der y-Achse, so können wir, folgen wir der gestrichelten Linie durch die drei Quadranten, den Gleichgewichtszinssatz für dieses Einkommensniveau feststellen. Im Gleichgewicht hätten wir zum Beispiel bei dem Einkommen y_0 genau s + t bei $(s + t)_0$ geplant. Um $(i + g)_0$ in der entsprechenden Höhe zu erhalten, muß der Zinssatz gleich r_0 sein. So können wir für jedes Niveau von y verfahren, um den entsprechenden Zinssatz zu erhalten. Wir können auch umgekehrt für jeden Zinssatz das entsprechende Einkommen bestimmen. Es gilt also folgender Satz: Die IS-Kurve ist der geometri-

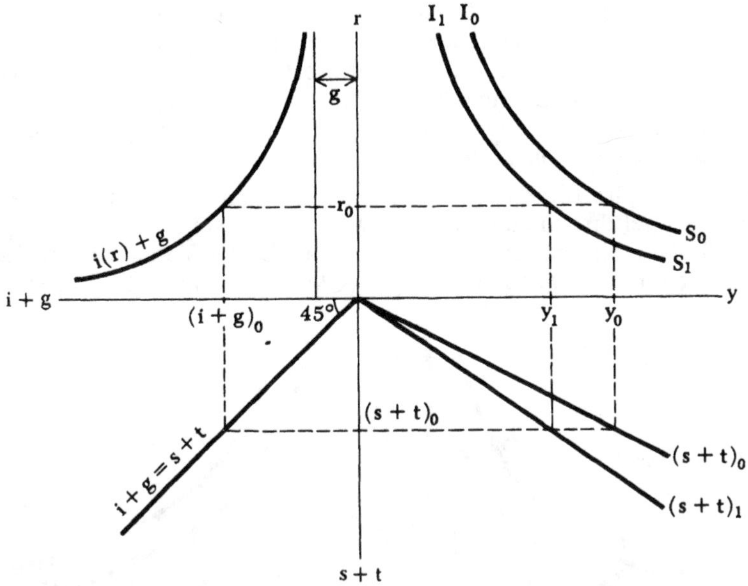

Abbildung 4-5: Die IS-Kurve: Verschiebung der Sparfunktion.

sche Ort aller Kombinationen von r und y, die den Gütermarkt im Gleichgewicht halten, so daß geplante Investition plus Staatsausgaben gleich geplanter Ersparnis plus Steuereinnahmen sind.

Verschiebung der IS-Kurve

Das Vierquadrantendiagramm erweist sich als hilfreich, wenn wir die Effekte der Veränderung exogener Variablen (zum Beispiel einer Veränderung von g) oder die Effekte von Verschiebungen der Spar-, Steuer- oder Investitionsfunktion auf die Gleichgewichtswerte auf dem Gütermarkt y und r studieren wollen.

So kann zum Beispiel eine Zunahme der Sparneigung (eine Abnahme der Konsumnachfrage bei gegebenem Einkommensniveau) in Abbildung 4-5 als eine Drehung der (s + t)-Funktion nach $s + t_1$ dargestellt werden. Wir erhalten ein höheres Niveau von s + t bei jedem gegebenen Einkommensniveau. Beim ursprünglichen Niveau von r_0 und geplanten $(i + g)_0$ wird diese Abnahme der Konsumnachfrage das Gleichgewichtseinkommen durch den Multiplikatorprozeß reduzieren. Graphisch gesehen gehen wir in Abbildung 4-5 vom alten Gleichgewichtszinssatz r_0 aus und lokalisieren über das unveränderte Niveau von i + g, Quadrant III und die neue (s + t)-Funktion einen neuen, niedrigeren Gleichgewichtswert von y_1. Die Zunahme der Sparneigung, die die Gesamtnachfrage bei jedem gegebenen Zinssatz vermindert, hat die IS-Kurve nach links verschoben, wodurch wir im Gleichgewicht für jedes r ein niedrigeres y oder für jedes y ein niedrigeres r erhalten.

Als ein weiteres Beispiel für den Gebrauch des IS-Vierquadrantendiagramms betrachten wir die Effekte einer Erhöhung der Staatsausgaben g auf die in Abbildung 4-6 gezeigten Gleichgewichtswertepaare von r und y. Eine Erhöhung der

Staatsausgaben g kann als eine Verschiebung der (i + g)-Funktion in Quadrant II nach links außen dargestellt werden. Die Erhöhung von g wird, wie wir in Kapitel 3 gesehen haben, y durch den Multiplikator erhöhen, wobei wir die Investition konstant halten. In Abbildung 4-6 wird die Erhöhung von g_0 auf g_1 (= dg) beim ursprünglichen Zinssatz r_0 zu einer Erhöhung von y_0 auf y_1 (= dy) führen. Da i = i(r) ist, wird wegen des konstanten Zinssatzes auch i konstant gehalten.

Bei gegebenem r, hat die Zunahme von g zu einer Erhöhung des Gleichgewichtseinkommens y geführt und die IS-Kurve wird, wie in Abbildung 4-6 gezeigt, nach links verschoben. Hierbei ist (i unverändert) dy/dg, das Verhältnis der Zunahme von y zur Zunahme von g, durch den Multiplikator aus Kapitel 3 gegeben.

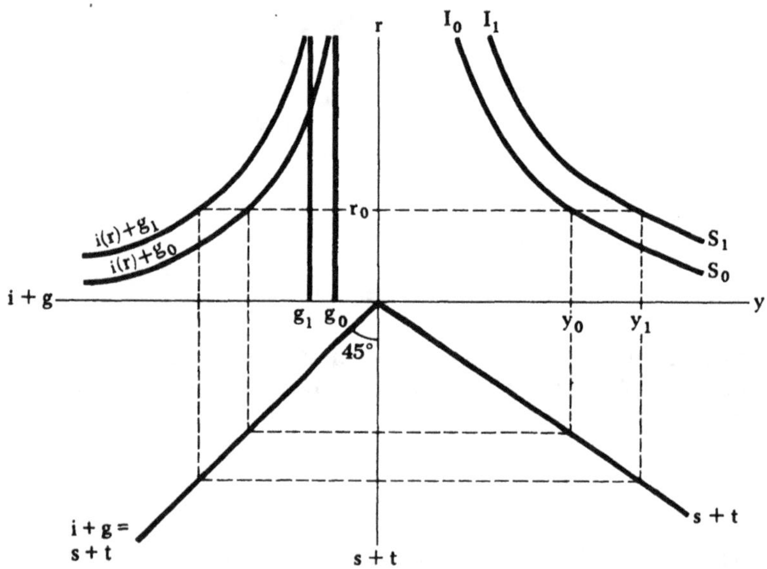

Abbildung 4-6: Die IS-Kurve: Eine Erhöhung von y.

Das Gleichgewichtseinkommen und der Zinssatz auf dem Geldmarkt

Bis jetzt haben wir eine Gleichung mit zwei Variablen entwickelt (y und r), aus der wir unendlich viele potentielle Gleichgewichtspunkte ableiten können (die IS-Kurve). Um ein einzelnes Gleichgewichtsniveau für die beiden Variablen y und r festzulegen, benötigen wir eine andere Gleichung mit den selben Variablen, die gleichzeitig mit unserer Gütermarktsgleichung gelöst werden kann. Um diese Gleichung zu erhalten, beziehen wir nun den Geldmarkt in unsere Analyse mit ein.

Wir beginnen mit der Definition des Geldes M als im Umlauf befindliches Bargeld plus Sichteinlagen (scheckfähige Guthaben). Eine tiefergehende Analyse des Geldangebots nehmen wir in Kapitel 15 vor. Beide Geldarten teilen die Eigenschaften, allgemein akzeptierte Tausch- oder Zahlungsmittel zu sein und nur niedrige Zinsen zu bringen. Bargeld bringt überhaupt keine Zinseinnahmen und Sichteinlagen so gut wie keine (nach Inflationsbereinigung und Bankgebühren).

Auf der anderen Seite zahlen die meisten anderen liquiden Mittel, die wir alle zusammen in einen Topf werfen und Wertpapiere nennen, dem Halter eine Rendite, können aber nicht direkt im Zahlungsverkehr verwendet werden. Mit liquiden Mitteln derart definiert, bestehend aus aus den zwei Kategorien Geld und Wertpapiere, kann eine Person, die liquide Mittel besitzt, diese entweder in Geld oder in Wertpapiere anlegen.

Nachfrage nach Geld und Realkasse

Wie alle anderen Märkte, so hat auch der Geldmarkt eine Nachfrage- und eine Angebotsseite. Wir betrachten zunächst die Nachfrageseite. Da jeder seine liquiden Mittel entweder in Geld oder in Wertpapiere anlegen kann, können wir vermuten, daß eine Erhöhung des Zinssatzes (der Wertpapierrendite) die Halter liquider Mittel dazu verleiten wird, einen größeren Teil dieser Mittel in Wertpapiere zu investieren und weniger in Geld. Eine Verringerung des Zinssatzes wird die entgegengesetzte Wirkung haben.

Die Neigung, abhängig vom Zinssatz für Wertpapiere mehr oder weniger Geld zu halten, nennen wir die Spekulationsnachfrage nach Geld:

$$\text{Spekulationsnachfrage} = l(r).$$

Wie in Kapitel 14 erklärt, steht l für Liquiditätspräferenz. Da die Spekulationsnachfrage fällt, wenn der Zinssatz steigt, gilt $l' < 0$.

Es gibt einen weiteren Grund, Geld zu halten, der eine andere Art der Geldnachfrage begründet. Menschen halten Geld, um die Zeitspanne zwischen dem monatlichen Erhalt ihres Einkommens und alltäglichen Zahlungen zu überbrücken. Sie wollen also die Differenz zwischen monatlichem Einkommenserhalt und täglichen Zahlungen für zum Beispiel Nahrungsmittel gleichmäßig verteilen. Wenn das Einkommen steigt, dann nimmt der Strom des Einkommens und der der Ausgaben zu und der zum Ausgleich gehaltene Geldbetrag steigt ebenfalls. Aus diesem Grund ist die zweite Art der Geldnachfrage, die wir als Transaktionsnachfrage definieren, positiv mit dem Einkommensniveau korreliert:

$$\text{Transaktionskasse} = k(y) \text{ und } k' > 0.$$

Beide Komponenten der Geldnachfrage, die Transaktions- und die Spekulationsnachfrage sollten als Nachfrage nach realen Kassensalden (oder einfach Realkasse) $M/P = m$ verstanden werden. Dies ist im Falle der Transaktionsnachfrage leicht erkennbar. Wenn sich das Preisniveaus P verdoppelt, dann verdoppeln sich bei gegebenem realen Einkommen y ebenso das nominale Einkommen y und die nominalen Ausgaben. In diesem Fall sollten wir erwarten, daß sich die Nachfrage nach nominalen Kassensalden M ebenfalls verdoppelt, da sich die nominalen Transaktionen, die durch diese Kassensalden finanziert werden, ebenfalls verdoppelt haben. Die Transaktionsnachfrage ist eine Nachfrage nach Realkasse. Die Nachfrage nach nominalen Kassensalden ist durch $P \cdot k(y)$ gegeben.

Die Spekulationsnachfrage sollte ebenfalls eine Nachfrage nach Realkasse sein. Dies ist nicht so offensichtlich wie im Falle der Transaktionskasse, wir hoffen aber, daß das folgende Gedankenexperiment die Dinge etwas klarer macht. Der

Leser stelle sich vor, er ginge eines Abends zu Bett, wobei sich ein bestimmter Geldbetrag in seinem Besitz befindet, dessen Höhe auf dem gegenwärtigen Zinssatz und seinen Erwartungen bezüglich des Wertpapiermarktes beruht. Über Nacht ändert der Staat die Währungseinheit von alten in neue Francs, wobei 10 alte Francs = 1 neuer Franc. Wenn Sie nun am Morgen aufwachen, dann stellen Sie plötzlich fest, das Ihr Lohn jetzt 1000 neue Francs beträgt, während er vorher 10000 alte Francs betrug. Alle Preise in neuen Francs entsprechen einem Zehntel der Preise in alten Francs und Ihre nominalen Kassensalden sind ebenfalls nur ein Zehntel so hoch wie vor der Währungsumstellung. Besteht irgend ein Grund für Sie, Ihre Geldnachfrage zu ändern? Sicher nicht. Alle Preise, Einkommen und Vermögenswerte haben sich proportional verändert, sind auf ein Zehntel ihres vorherigen Wertes reduziert. Nichts hat sich wirklich geändert.

Statt einer Änderung der Währungseinheit können wir uns ebenso vorstellen, das Preisniveau ändere sich über Nacht. Wenn sich in diesem Fall alle Preise um den gleichen Betrag ändern, dann ist Ihr neues nominales Einkommen geringer, Ihre Ausgaben sind geringer und Ihr Vermögen hat abgenommen. Real hat sich nichts geändert. Die Spekulationsnachfrage $l(r)$ ist also auch eine Nachfrage nach Realkasse. Die Nachfrage nach nominalen Kassensalden ist durch $P \cdot l(r)$ gegeben.

Addieren wir die beiden Komponenten der Geldnachfrage, so erhalten wir die Nachfrage nach Realkasse (realen Kassensalden), für die $l' < 0$ und $k' > 0$ gilt.

$$\frac{M}{P} = l(r) + k(y) \tag{5}$$

Wir sollten erkennen, daß Spekulations- und Transaktionsnachfrage im allgemeinen nicht wirklich voneinander getrennt werden können. Wenn zum Beispiel der Zinssatz für Wertpapiere steigt würden wir erwarten, daß die Transaktionskasse reduziert wird, wenn die Menschen die gestiegenen Opportunitätskosten der Bargeldhaltung realisieren und diese reduzieren. Wir können die Geldnachfragefunktion also im allgemeinen wie folgt schreiben:

$$\frac{M}{P} = m(r, y), \tag{6}$$

wobei $(dm/dr) < 0$ und $(dm/dy) > 0$ ist. Die Trennung in Transaktions- und Spekulationsnachfrage ist aufgehoben. Zunächst werden wir uns allerdings an die durch Gleichung (5) gegebene Näherung für $m(r,y)$ halten, weil diese die graphische Analyse der nächsten Kapitel um einiges vereinfacht.

Abbildung 4-7 zeigt die in den Gleichungen (5) und (6) beschriebene Geldnachfragefunktion. Wenn wir die Nachfrage nach Realkasse gegen den Zinssatz r abtragen, erhalten wir für jedes Einkommensniveau y eine andere Kurve. Bei jedem Einkommensniveau (zum Beispiel y_0) das die Transaktionsnachfrage mehr oder weniger festlegt, fällt die Spekulationsnachfrage, wenn der Zinssatz steigt, wodurch die Gesamtnachfrage reduziert wird. Ebenso können wir den Zinssatz r bei r_0 festlegen, wodurch die Spekulationsnachfrage bestimmt ist. Wenn dann y steigt, steigt die Transaktionsnachfrage, wodurch ebenfalls die Gesamtnachfrage erhöht wird.

Es erscheint uns sinnvoll, an dieser Stelle kurz auf die mögliche Form und Krümmung der Geldnachfragefunktion einzugehen, die bei der Diskussion der relativen Effektivität von Geld- und Fiskalpolitik im nächsten Kapitel eine wichtige Rolle spielen werden. Form und Krümmung spielen ebenfalls in Kapitel 8 bei der Diskussion der berüchtigten Liquiditätsfalle eine Rolle. Bei sehr hohen Zinssätzen wird die Spekulationsnachfrage auf ein nicht mehr weiter reduzierbares Minimum gesenkt, wodurch bei steigenden Zinsen die minimale Geldnachfrage bestimmt wird. Auf der anderen Seite ist es möglich, daß, wenn der Zinsatz tiefer und tiefer sinkt, das Publikum indifferent bezüglich der Haltung einer geringen Anzahl Wertpapiere und hoher Realkassensalden ist. Die Geldnachfragefunktion kann also bei niedrigen Zinssätzen sehr flach sein. Wir stellen diese Funktion wie in Abbildung 4-7 dar. Geht r gegen unendlich, so geht die Geldnachfrage gegen null. Geht r gegen 0, dann geht die Geldnachfrage gegen unendlich.

Wir nehmen an, daß auf der Angebotsseite des Geldmarkts der Bestand an Bargeld- und Sichteinlagen durch institutionelle Vereinbarungen zwischen dem Geschäftsbankensystem und der Zentralbank festgelegt ist. Das Geldangebot wird in Kapitel (15) detailliert behandelt. Zunächst betrachten wir das Geldangebot als exogen: $M = \overline{M}$.
Abbildung 4-8: stellt die beschriebene Angebots- und Nachfragesituation graphisch dar. Bei gegebenem Preisniveau ist das Geldangebot durch $\overline{M}/P$ festgesetzt.

Wie in Abbildung 4-7 wird die Geldnachfrage durch die Funktionen $m(y_0)$, $m(y_1)$ und $m(y_2)$ festgelegt. Bei gegebenem Zinssatz (zum Beispiel r_2) hängt die Gesamtnachfrage nach Geld vom Einkommen ab.

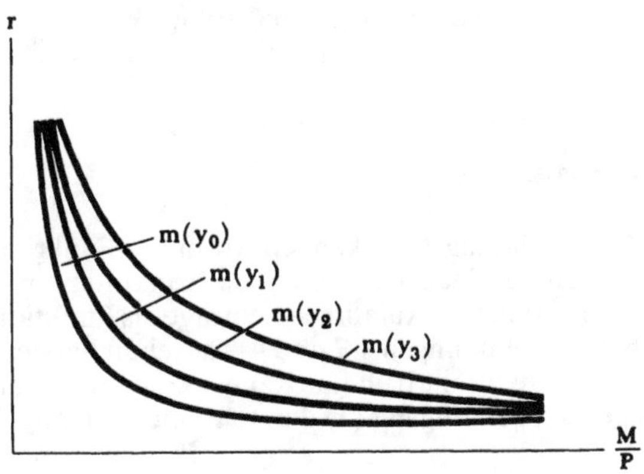

Abbildung 4-7: Die Geldnachfrage.

Aus Abbildung 4-8 erkennen wir, daß der Gleichgewichtszinssatz bei gegebenem realen Geldangebot steigt, wenn das Einkommen von y_0 über y_1 auf y_2 zunimmt. Höheres Einkommen bringt eine höhere Nachfrage nach Transaktionskasse mit sich. Einige Halter von Wertpapieren werden diese teilweise abstoßen und mehr Geld halten, um dem gestiegenen Transaktionsbedarf gerecht zu werden. Diese Verminderung der Nachfrage auf den Wertpapiermärkten wird die Preise nach unten und die Zinssätze nach oben treiben. Die durch das neue Einkommensniveau y_2 beim alten Zinssatz r_0 erzeugte Überschußnachfrage nach Geld treibt den Zinssatz nach oben bis die Nachfrage und das Angebot, bei y_2 und dem neuen Gleichgewichtszinssatz r_2 wieder ausgeglichen sind.

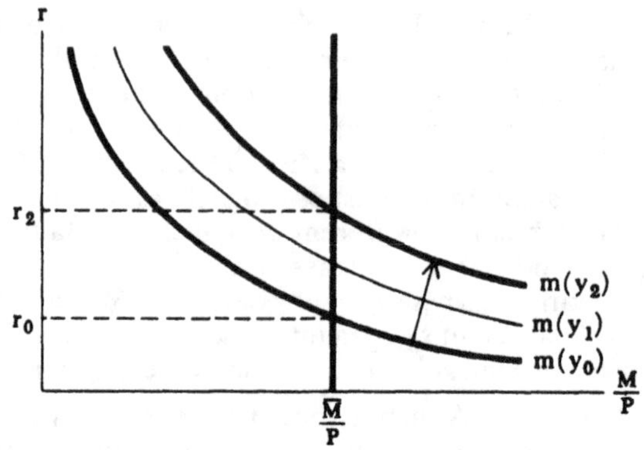

Abbildung 4-8: Angebot und Nachfrage auf dem Geldmarkt.

Setzen wir die Geldnachfragefunktion gleich dem exogen festgesetzten Geldangebot, so erhalten wir die Gleichgewichtsbedingung für den Geldmarkt:

$$\frac{\overline{M}}{P} = m(r, y) \approx l(r) + k(y). \tag{7}$$

Teilen wir die Geldnachfrage in Spekulations- und Transaktionsnachfrage auf, so können wir auch das Geldmarktgleichgewicht in einem Vierquadrantendiagramm darstellen, das die zuvor diskutierten Geldmarktbeziehungen zusammenfaßt.

Die Herleitung der LM-Kurve

In Quadrant IV der Abbildung 4-9 erkennen wir in der Funktion k(y) die Transaktionsnachfrage als eine steigende Funktion des Einkommens. Die Funktion in Quadrant II repräsentiert die Spekulationsnachfrage als Funktion des Zinssatzes. Wie wir bereits in den Abbildungen 4-7 und 4-8 gesehen haben, hat diese Kurve die Steigung $l' < 0$. In Quadrant III benutzen wir einen weiteren geometrischen Trick, der Gleichgewichtsbedingung (7) darstellt und Geldangebot gleich Geldnachfrage setzt.

Dieses Mal haben wir ein Linie zwischen den Achsen der Transaktions- und der Spekulationsnachfrage gezeichnet, die zu beiden Achsen im 45°-Winkel steht. Die Linie beginnt auf den Achsen bei einer bestimmten Distanz vom Ursprung, wo die Nachfrage jeweils gleich dem gesamten exogenen realen Geldangebot $\overline{M}/P_0$ ist. Wegen der geometrischen Eigenschaften des 45°-Dreiecks ergänzen sich Transaktions- und Spekulationsnachfrage immer zum gesamten Geldangebot auf jeder Achse, so daß die 45°-Linie direkt die Geldmarktgleichgewichtsbedingung (7) darstellt. Jeder Punkt auf dieser Linie determiniert ein bestimmtes Niveau der Transaktions- und ein bestimmtes Niveau der Spekulationsnachfrage, die sich gerade zum gesamten Geldangebot ergänzen.

Wir können nun in Quadrant I Wertepaare für r und y finden, die den Geldmarkt im Gleichgewicht halten. Bei gegebenem Einkommensniveau (y_0) können wir die Transaktionsnachfrage ausgehend von der Funktion k(y) finden. Folgen wir der

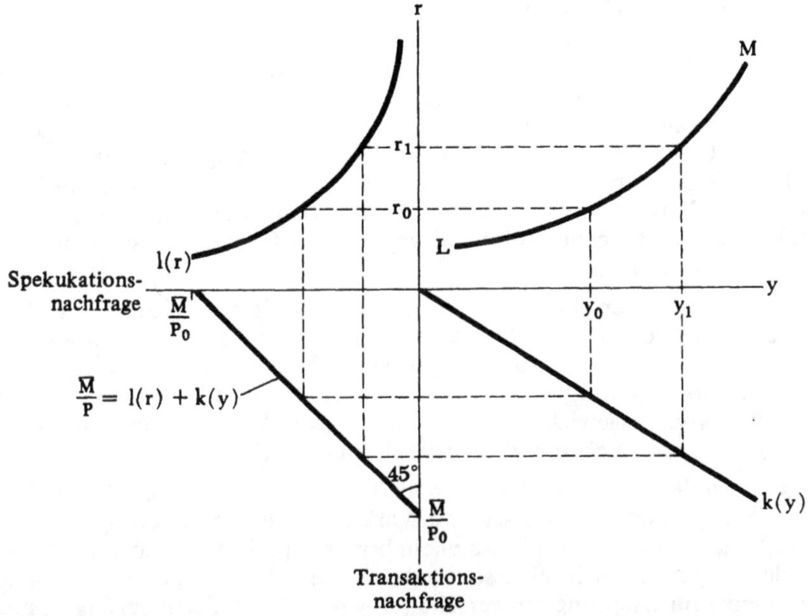

Abbildung 4-9: Die LM-Kurve: Gleichgewichtswerte von r und y auf dem Geldmarkt.

gestrichelten Linie, so ziehen wir die Transaktionsnachfrage vom Geldangebot $\overline{M}/P_0$ ab und erhalten die Spekulationsnachfrage, bei der der Geldmarkt im Gleichgewicht ist. Die Funktion der Spekulationsnachfrage erlaubt es uns dann, den Zinssatz r_0 abzulesen, der den Geldmarkt beim Einkommen y_0 im Gleichgewicht hält. Haben wir auf diese Weise ein Wertepaar konstruiert, bei dem der Geldmarkt im Gleichgewicht ist, so können wir nun das gleiche bei einem weiteren Einkommensniveau y_1 tun. Wiederholen wir den oben beschriebenen Prozeß, so erhalten wir ein weiteres Gleichgewichtswertepaar r, y. Wir stellen fest, daß die LM-Kurve alle Wertepaare r, y darstellt, bei denen der Geldmarkt im Gleichgewicht ist, wobei das Geldangebot M und das Preisniveau P als gegeben betrachtet werden.

Nach Differentiation der Gleichgewichtsbedingung in Gleichung (7) und Inspektion der Ergebnisse erhalten wir, daß die Steigung der LM-Kurve positiv ist.

$$\frac{\overline{M}}{P_0} = l(r) + k(y); \quad 0 = l'\,dr + k'\,dy.$$

Folglich gilt folgende Beziehung entlang der Gleichgewichtskurve für den Geldmarkt LM:

$$\frac{dr}{dy} = -\frac{k'}{l'}.$$

Da $k' > 0$ und $l' < 0$ ist, folgt, daß $(dr/dy) > 0$ ist. Dies bedeutet, daß die LM-Kurve positive Steigung hat.

Verschiebung der LM-Kurve

Das Vierquadrantendiagramm erweist sich als hilfreich, wenn wir die Auswirkungen von Veränderungen der exogenen Variablen oder einer Verschiebung der Spekulations- oder Transaktionsnachfragefunktion auf die Gleichgewichtswerte von r und y analysieren wollen. Schauen wir zum Beispiel einmal zurück zu Abbildung 4-8, so erkennen wir, daß eine Erhöhung des Geldangebots beim ursprünglichen Niveau von r und y ein Überschußangebot an Geld zur Folge hat. Dieses Überschußangebot führt bei gegebenem Einkommensniveau zu einer Senkung des Zinssatzes.

In Abbildung 4-9 verschiebt eine Erhöhung des Geldangebots die $\overline{M}/P_0$-Linie nach rechts. Bei einer Erhöhung des realen Geldangebots wird bei jedem Einkommensniveau und der dazugehörigen Transaktionsnachfrage zusätzlich Raum für Spekulationsnachfrage geschaffen. Dies führt bei jedem Einkommensniveau im Geldmarktgleichgewicht zu einem niedrigeren Zinssatz. Eine Erhöhung des Geldangebots verschiebt die LM-Kurve also nach rechts.

An dieser Stelle sollten wir bemerken, daß eine Veränderung des Preisniveaus P die entgegengesetzt symmetrische Auswirkung einer Veränderung des Geldangebots $\overline{M}$ hat. So führt zum Beispiel ein höheres Preisniveau zu einer Verringerung des Angebots an Realkasse, wodurch die ($\overline{M}/P_0$)-Linie in Abbildung 4-9 nach innen zum Ursprung hin verschoben wird. Diese Verringerung des realen Geldangebots führt bei den ursprünglichen Werten von r und y zu Überschußnachfrage auf dem Geldmarkt, wodurch der Zinssatz auf sein markträumendes Niveau erhöht wird. Bei gegebenem Einkommensniveau führt eine Erhöhung des Preisniveaus zu einem höheren Gleichgewichtswert des Zinssatzes r auf dem Geldmarkt, wodurch die LM-Kurve nach links verschoben wird. Diese Verschiebung kann im Vierquadrantendiagramm in Abbildung 4-9 nachvollzogen werden und wir werden bei der Ableitung der volkswirtschaftlichen Nachfragefunktion weiter unten wieder darauf zurückkommen.

Simultanes Gleichgewicht auf Güter- und Geldmarkt

In den vorangegangenen beiden Abschnitten haben wir zwei Teile eines geometrischen Apparates hergeleitet. Der eine bestimmt Wertepaare für r und y, bei denen der Gütermarkt im Gleichgewicht ist (die IS-Kurve), der andere bestimmt Wertepaare für r und y bei denen der Geldmarkt im Gleichgewicht ist (die LM-Kurve). Legen wir diese beiden Kurven nun in den gleichen Quadranten, so können wir durch gleichzeitiges Lösen der Gleichungen (4) und (7) ein einzelnes Wertepaar r, y bestimmen, bei dem auf beiden Märkten Gleichgewicht herrscht. Dieses Wertepaar wird durch den Schnittpunkt der IS-Kurve mit der LM-Kurve gegeben. Beim Zinssatz r_0 und Einkommen y_0 sind in Abbildung 4-10 beide Märkte im Gleichgewicht. Weder r noch y weisen eine Tendenz auf, einen anderen Wert anzunehmen. Dies entspricht unserem Verständnis eines Gleichgewichts.

Wie sich die Volkswirtschaft zum Gleichgewicht bewegt, wenn sie sich ursprünglich im Ungleichgewicht befindet, hängt im allgemeinen davon ab, wie schnell die Kapitalmärkte (der Geldmarkt eingeschlossen) und die Gütermärkte auf ein Ungleichgewicht reagieren. Die Preise auf den Kapitalmärkten passen sich sehr

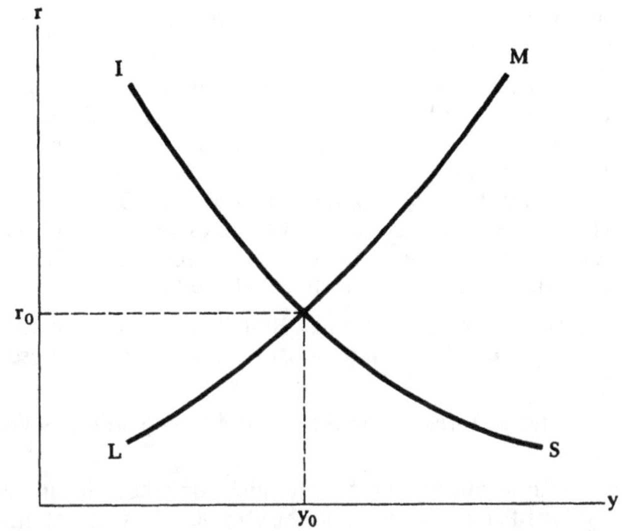

Abbildung 4-10: Simultanes Gleichgewicht auf Güter- und Geldmärkten.

schnell an. Zinssätze verändern sich in jeder Minute, um Angebot und Nachfrage auf dem Wertpapiermarkt auszugleichen. Die Gütermärkte reagieren wesentlich langsamer. Händler passen ihre Preise nur ab und zu an, wenn sie eine unerwartet Veränderung der Nachfrage feststellen. Wir können also annehmen, daß sich die Volkswirtschaft mehr oder weniger permanent auf der LM-Kurve befindet und sich dabei ständig auf die IS-Kurve zu bewegt.

Dieses Anpassungsmuster ist in Abbildung 4-11 dargestellt. Ausgehend von einem Gleichgewicht r_0, y_0 erhöhen wir das Geldangebot, wodurch die LM-Kurve von L_0M_0 auf L_1M_1 verschoben wird (vergleiche Abbidung 4-9). Beim ursprüngli-

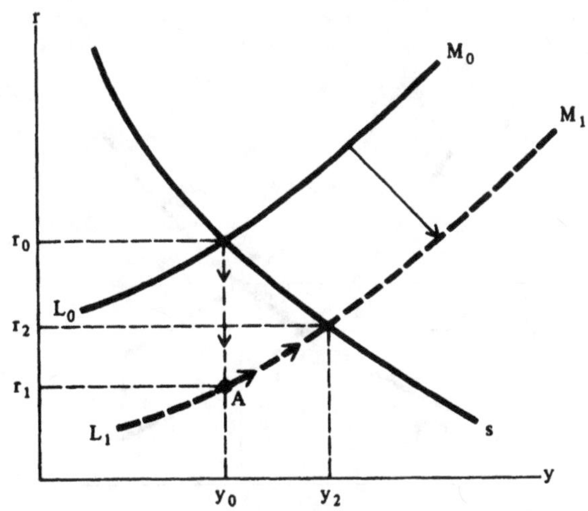

Abbildung 4-11: Anpassung zum Gleichgewicht.

chen Gleichgewichtsniveau y_0 fällt der markträumende Zinssatz des Geldmarktes auf r_1 (vergleiche Abbildung 4-8).

Beim Einkommensniveau y_0 und Zinssatz r_1 befindet sich die Volkswirtschaft links von der IS-Kurve in Abbildung 4-11. Das niedrigere Niveau des Zinssatzes r_1 bedeutet, daß das Investitionsniveau i (r) höher ist als beim ursprünglichen Gleichgewicht r_0, y_0; ex ante gilt $(i + g) > (s + t)$, so daß die Lager abgebaut werden und y steigt. Bei Punkt A in Abbildung 4-11 werden Output und Einkommen also steigen. Hierdurch wird die Geldnachfrage erhöht, so daß, wenn y steigt, auch r entlang der LM-Kurve steigt. Dieser Prozeß geht weiter, bis sich die Volkswirtschaft bei r_2, y_2 in ihrem neuen Gleichgewicht stabilisiert.

Güter- und Geldmärkte interagieren also, um die Volkswirtschaft in ihr neues Gleichgewicht zu bringen. Ihr Zusammenspiel kann wie folgt beschrieben werden (siehe auch Abbildung 4-11).

Erhöhung des Geldangebotes → r sinkt → i steigt → y steigt → Geldnachfrage steigt.

Die Zunahme des Einkommens führt schließlich zur Stabilisierung des Gleichgewichts bei r_2, y_2. Das Einkommen ist höher und der Zinssatz ist niedriger als im ursprünglichen Gleichgewicht r_0, y_0.

Auswirkungen einer Erhöhung der Staatsausgaben g

Um die Auswirkungen einer Erhöhung der Staatsausgaben zu untersuchen, betrachten wir einen Fall, in dem der Staat seine Ausgaben steigert, um das Einkommensniveau zu erhöhen. Ein Blick zurück in Abbildung 4-6 zeigt uns, daß die IS-Kurve hierdurch nach rechts verschoben wird, wodurch wir bei jedem Zinsniveau ein höheres Gleichgewichtseinkommen auf dem Gütermarkt erhalten. Diese Verschiebung ist in Abbildung 4-12 dargestellt, wo die ursprüngliche I_0S_0-Kurve auf I_1S_1 verschoben wird. Beim ursprünglichen Zinsniveau r_0 beginnt das Ein-

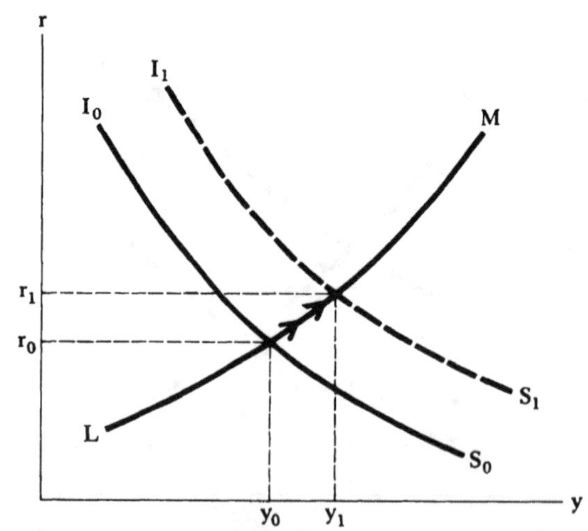

Abbildung 4-12: Verschiebung der IS-Kurve als Folge einer Erhöhung der Staatsausgaben.

kommen durch den Multiplikatorprozeß zu steigen. Die Einkommenszunahme begründet eine Erhöhung der Nachfrage nach Transaktionskasse, wodurch Überschußnachfrage auf dem Geldmarkt erzeugt wird, was wiederum den Zinssatz nach oben treibt. Schließlich wird bei r_1, y_1 ein neues Gleichgewicht erreicht.

Da die Investition eine Funktion des Zinssatzes r mit $i' < 0$ ist, führt der höhere Gleichgewichtszinssatz zu einer Verringerung des Gleichgewichtsniveaus der Investition i. Mit anderen Worten: Die Erhöhung der Staatsausgaben hat eine teilweise Verdrängung der privaten Investitionen zur Folge. Diese Verdrängung ist geringer als die ursprüngliche Erhöhung von g, da sowohl r als auch y von ihrem Ausgangsniveau ansteigen.

Aus einem anderen Blickwinkel gesehen können wir eine Erhöhung der Staatsausgaben wie folgt beschreiben. Die Entscheidung des Staates, mehr Geld auszugeben, bedeutet, daß er dieses Geld leihen muß. Er tut dies, indem er an den Wertpapiermärkten Staatsanleihen ausgibt. Um das Publikum dazu zu bewegen, diese zusätzlichen Wertpapiere zu kaufen muß der Staat höhere Zinsen bieten. Zinssätze und Einkommen steigen und die Anpassung in Abbildung 4-12 folgt. Wir sehen, daß das Gleichgewichtseinkommen wegen der Zunahme der Staatsausgaben steigt. Dies bedeutet, daß der Staat höhere Steuereinnahmen als beim ursprünglichen Einkommensniveau hat. Diese höheren Steuereinnahmen werden einen Teil der Staatsausgaben abdecken, so daß der Betrag, den der Staat durch Wertpapiere aufnehmen muß, geringer ist, als die Zunahme der Ausgaben.

Auswirkungen einer Erhöhung des Geldangebots

Anstatt die Staatsausgaben zu erhöhen, um ein höheres gesamtwirtschaftliches Einkommensniveau zu erreichen, könnte der Staat eine Erhöhung des Geldangebots beschließen. Betrachten wir noch einmal Abbildung 4-9, so erkennen wir, daß dies die LM-Kurve nach außen verschiebt, wodurch sich das Gleichgewicht der Volkswirtschaft auf ein höheres Einkommensniveau bei niedrigeren Zinsen verschiebt. Dies konnten wir bereits in Abbildung 4-9 beobachten. Die Erhöhung des Geldangebots führt zu einem Überschußangebot auf dem Geldmarkt, worauf der Zinssatz sinkt. Dies wiederum erhöht die Investitionsnachfrage, wodurch y erhöht wird. Die Einkommenszunahme wird eine höhere Geldnachfrage mit sich bringen. Diese reicht allerdings nicht aus, um das höhere Angebot auszugleichen, so daß der Zinssatz schließlich doch fällt. Der Hauptunterschied zwischen einer Erhöhung von g und einer Erhöhung von M (zwecks Anhebung des Einkommensniveaus) ist das Endniveau des Zinssatzes. Eine Erhöhung der Staatsausgaben erhöht den Zinssatz, während eine Zunahmen des Geldangebots den Zinssatz senkt. Aus diesem Grund werden die beiden Werkzeuge der Nachfragesteuerung (Veränderung von g oder τ oder Variation der Geldpolitik) gewöhnlich kombiniert verwendet, um die gewünschte Mischung aus Einkommensexpansion und kontrollierter Zinsentwicklung zu erhalten. In Kapitel 5 werden wir die Auswirkungen von Fiskal- und Geldpolitik auf die Nachfrageseite der Volkswirtschaft genauer untersuchen. Zunächst werden wir jedoch die volkswirtschaftliche Nachfragekurve aus dem IS-LM-Apparat herleiten.

Einkommen und Preisniveau auf der Nachfrageseite

Im vorangegangenen Abschnitt haben wir gesehen, wie der Schnittpunkt der IS- mit der LM-Kurve das Gleichgewichtsniveau des Einkommens und des Zinssatzes determiniert. Bei dieser Analyse haben wir das Preisniveau P_0 konstant gehalten. Wir können nun die Nachfragekurve der Volkswirtschaft herleiten, indem wir das Preisniveau variieren und dabei beobachten, wie sich das reale Gleichgewichtseinkommen y verändert. Die beiden Gleichgewichtsbedingungen, die wir für den Güter- und den Geldmarkt entwickelt haben, lauten:

$$s(y - t(y))\, t(y) = i(r) + g \tag{8}$$

und

$$\frac{\overline{M}}{P} = l(r) + k(y). \tag{9}$$

Dies sind zwei Gleichungen mit den drei Variablen, y, r und P. In der IS-LM-Analyse haben wir P als exogen angenommen, wodurch wir eine Variable eliminiert hatten und die Gleichungen somit nach den Gleichgewichtswerten des Zinssatzes r und des Einkommens y auflösen konnten. Dies Werte bezeichnen den Schnittpunkt der IS-Kurve (Gleichung 8) mit der LM-Kurve (Gleichung 9).

Um Auswirkungen von Veränderungen des Preisniveaus auf das Gleichgewichtseinkommen y der Nachfrageseite zu untersuchen, benutzen wir Abbildung 4-13. Wir erkennen das Vierquadrantenmodell des Geldmarkts, wobei die IS-Kurve aus Gleichung (8) in den ersten Quadranten gelegt wurde, um das Gleichgewicht r_0, y_0 bei gegebenem Anfangspreisniveau P_0 zu bestimmen. Wir verwenden hier das komplette LM-Diagramm bei gegebener IS-Kurve, weil das Preisniveau P in Gleichung (8) keine Rolle spielt (das Preisniveau hat also keinen Einfluß auf die Bestimmung des Gleichgewichts auf dem Gütermarkt), allerdings die Position des Gleichgewichts auf dem Geldmarkt von ihm (der LM-Kurve) determiniert wird. Eine Veränderung von P wird also die IS-Kurve unverändert lassen, dafür aber die LM-Kurve verschieben.

Nehmen wir nun an, daß das Preisniveau vom ursprünglichen P_0, wo $r = r_0$ und $y = y_0$, auf P_1 ansteigt, wobei das reale Geldangebot auf $\overline{M}/P_1$ reduziert wird. Wie wir in Abbildung 4-13 erkennen können, wird die LM-Kurve nach links auf L_1M_1 verschoben, wodurch sich das Gleichgewicht nach r_1, y_1 bewegt.

Das höhere Preisniveau vermindert das reale Geldangebot. Dies bedeutet, daß bei jedem gegebenen Einkommensniveau die Nachfrage nach Transaktionskasse steigt, wodurch Geld gebunden wird, das sonst für Spekulationsnachfrage zur Verfügung gestanden hätte.

Zwecks Markträumung müssen dann die Zinsen auf ein höheres Niveau steigen als beim ursprünglichen Preisniveau P_0 (y gegeben). Wenn also das Preisniveau aus welchem Grund auch immer steigt, dann verringert sich das reale Geldangebot und es entsteht Überschußnachfrage auf dem Geldmarkt. Wir können dies beobachten, wenn wir P in Abbildung 4-8 erhöhen. Diese Überschußnachfrage treibt die Zinsen nach oben und reduziert die Investitionsnachfrage und Gleichgewichtseinkommen. Allmählich pendelt sich die Volkswirtschaft wieder bei einem neuen Gleichgewicht r_1, y_1 ein, wobei das Preisniveau jetzt bei P_1 liegt. Wie Abbildung 4-13 zeigt, ist das neue Gleichgewichtseinkommen y_1 niedriger als das ursprüngliche y_0. Dies ist auf Anstieg des Preisniveaus von P_0 auf P_1 zurückzuführen.

Wenn wir das Preisniveau von P_0 aus reduziert und dadurch das reale Geldangebot erhöht hätten, dann wäre der Gleichgewichtspunkt r, y entlang der stationären IS-Kurve nach unten gewandert, wobei das Gleichgewichtseinkommen y gestiegen wäre. Variieren wir also das im Moment noch exogene Preisniveau, so erhalten wir Veränderungen des volkswirtschaftlichen Gleichgewichtsoutputs in entgegengesetzter Richtung: Wenn P steigt, dann fällt y und umgekehrt. Diese Beziehung ist in Abbildung 4-14 als die Nachfragefunktion der Volkswirtschaft dargestellt. Die Nachfragekurve erhält man, indem man das Preisniveau in Abbildung 4-13 von P_0 auf P_1 erhöht und dann gegen die Preisveränderung die durch die Verschiebung der LM-Kurve bewirkte Veränderung des Gleichgewichtseinkommens von y_0 auf y_1 abträgt.

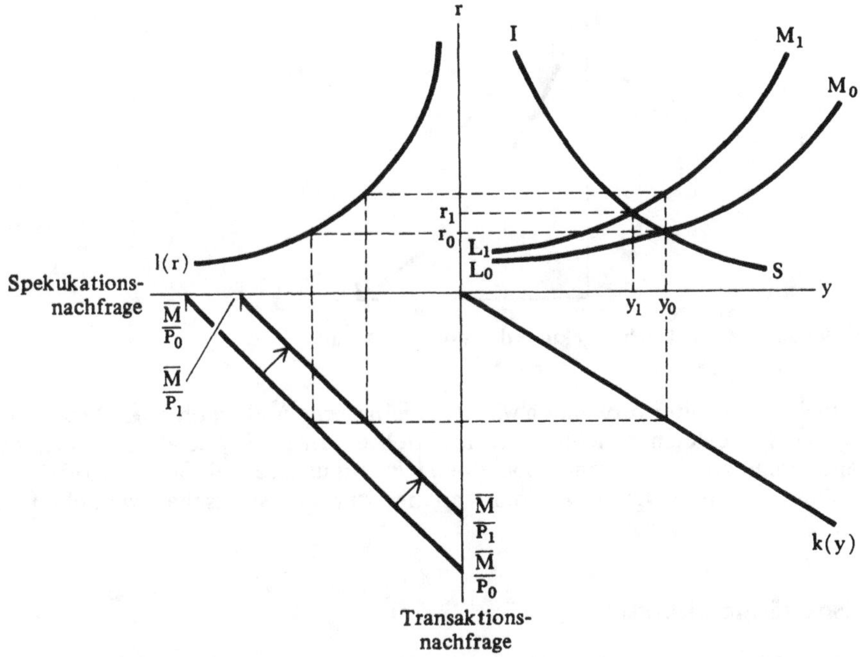

Abbildung 4-13: Gleichgewicht auf der Nachfrageseite bei einer Veränderung von P.

Die Nachfragekurve in Abbildung 4-14 zeigt, daß sich der in der Volkswirtschaft nachgefragte Gleichgewichtsoutput verringert, wenn das Preisniveau steigt.

Wir erhalten die Nachfragekurve, indem wir fragen, was mit dem im Gleichgewicht nachgefragten Output passiert, wenn sich das Preisniveau ändert, wobei wir erlauben, daß sich auch die anderen Variablen (zum Beispiel der Zinssatz) an ihre neuen Gleichgewichtswerte anpassen. Hierdurch wird ein wichtiger Punkt betont. Veränderungen der Gleichgewichtsvariablen auf der Nachfrageseite der Volkswirtschaft als Resultat von Variationen des Preisniveaus entsprechen Bewegungen entlang der Nachfragekurve. Veränderungen exogener Variablen der Nachfrageseite, wie zum Beispiel g, M oder der Steuersätze, oder Verschiebungen der Sparfunktion oder der Funktion für die Nachfrage nach Transaktionskasse, verschieben die aggregierte Nachfragefunktion. Diese Unterscheidung wird von Bedeutung sein, wenn wir die Angebotsseite der Volkswirtschaft entwickelt haben. Wir werden dann untersuchen können, wie Veränderungen exogener Variablen die Angebotskurve oder die Nachfragekurve verschieben, wodurch entweder Überschußnachfrage oder Überschußangebot erzeugt wird und sich das Preisniveau ändert, wobei Anpassungen entlang der Angebots- und der Nachfragekurve erfolgen.

Eine weitere wichtige Feststellung in bezug auf die Nachfragekurve in Abbildung 4-14 ist, daß sie nicht einfach den Substitutionseffekt bei steigenden Preisen und damit fallender Nachfrage bezeichnet. Vielmehr reduziert das steigende aggregierte Preisniveau P den Gleichgewichtsoutput der Nachfrageseite y, durch Verschlechterung der Geldmarktkonditionen, höhere Zinssätze und damit ein niedrigeres Investitionsniveau.

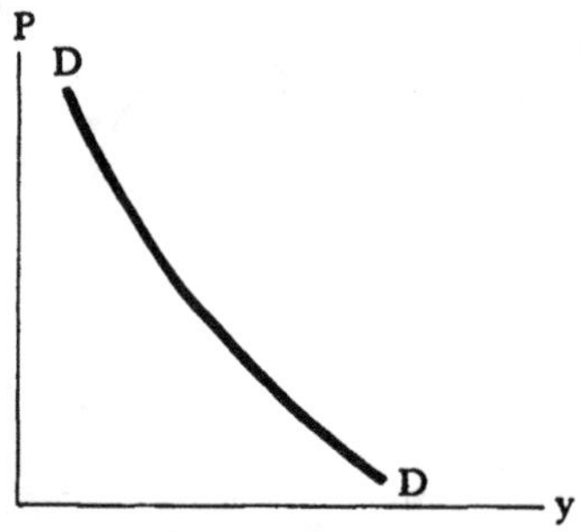

Abbildung 4-14: Die Nachfragekurve der Volkswirtschaft.

Im nächsten Kapitel verwenden wir die algebraische und graphische Darstellung des Nachfragegleichgewichts, um die Effekte von geld- oder fiskalpolitischen Maßnahmen zu diskutieren. Dabei üben wir, mit unserem einfachen Modell umzugehen, wodurch wir die Zusammenhänge der Volkswirtschaft verstehen lernen.

Ausgewählte Literatur

R. G. D. Allen, *Macroeconomic Theory* (New York: St. Martin 's Press, 1967), chapters 6-7.

A. Hansen, *Monetary Theory and Fiscal Policy* (New York: McGraw-Hill, 1949), chapter 12.

J. R. Hicks, „Mr Keynes and the Classics," *Econometrica* (April 1937).

Kapitel 5
Eine Einführung in Geld- und Fiskalpolitik

Geld- und Fiskalpolitik werden im allgemeinen als Politik der Nachfragesteuerung bezeichnet. Aus diesem Grund können wir ihre Auswirkungen bereits an dieser Stelle diskutieren, bevor wir in den Kapiteln 6 und 7 mit der Diskussion der Angebotsseite fortfahren. Das gemeinsame Ziel von Geld- und Fiskalpolitik ist, den Output nahe bei Vollbeschäftigung zu halten und das herrschende Preisniveau zu stabilisieren. Auftretende Überschußnachfrage wird wahrscheinlich Inflation erzeugen, während ungenügende Nachfrage wenigstens zeitweise Arbeitslosigkeit und Deflation mit sich bringt.

In Kapitel 4 haben wir die Nachfragekurve der Volkswirtschaft hergeleitet, indem wir im IS-LM-Diagramm das Gleichgewichtsniveau des Outputs bei unterschiedlichen Preisniveaus lokalisiert haben. In Abbildung 5-1 ist diese Nachfragekurve als D_0D_0 dargestellt. Wenn das Preisniveau zu Beginn gleich P_0 ist, dann

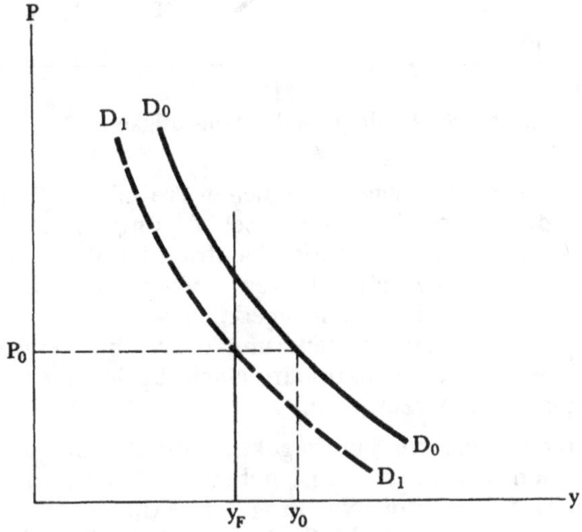

Abbildung 5-1: Überschußnachfrage und Inflation.

wird im Gleichgewicht der Output y_0 nachgefragt. Wir wollen nun annehmen, die Volkswirtschaft befände sich beim Vollbeschäftigungsoutput y_F, der durch die Erwerbsbevölkerung und den Kapitalstock bestimmt wird (die genaue Bestimmung von y_F wird ausführlich in Teil II und Teil IV diskutiert). Wenn, wie in Abbildung 5-1 dargestellt, der Gleichgewichtsoutput y_0 höher als der Vollbeschäftigungsoutput y_F ist, so wird in dieser Volkswirtschaft Überschußnachfrage in Höhe von $y_0 - y_F$ auftreten. Diese Überschußnachfrage führt zur Erhöhung des Preisniveaus und damit zu Inflation. In diesem Fall wäre es die Aufgabe der Nachfragesteuerung (Geld- und Fiskalpolitik), die Nachfragekurve nach unten auf D_1D_1 zu verschieben, um die Überschußnachfrage zu reduzieren und Inflation zu verhindern.

Der Fall unzureichender Nachfrage ist in Abbildung 5-2 dargestellt. Nehmen wir an, die Nachfragekurve D_0D_0 befände sich zu Beginn unterhalb des in 5-1 dargestellten Niveaus. Dies könnte zum Beispiel auf Grund niedrigerer Investitionsnachfrage der Fall sein.

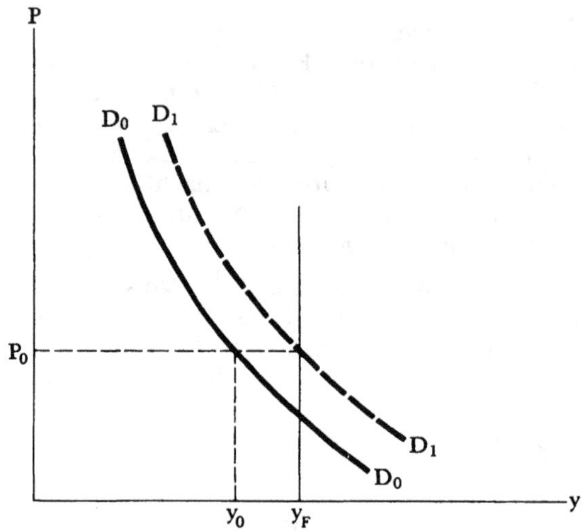

Abbildung 5-2: Unzureichende Nachfrage und Arbeitslosigkeit.

Es ist dann möglich, daß der beim anfänglichen Preisniveau P_0 im Gleichgewicht nachgefragte Output unterhalb des Vollbeschäftigungsoutputs y_F liegt, wodurch ein Überschußangebot (unzureichende Nachfrage) in der Volkswirtschaft entsteht. Dies führt zur Senkung des Preisniveaus, wodurch zumindest zeitweise Arbeitslosigkeit entsprechend dem Nachfragedefizit $y_F - y_0$ entsteht. In diesem Fall wäre es die Aufgabe der Nachfragesteuerung, die Nachfragekurve nach oben auf D_1D_1 zu verschieben, um die deflationäre Nachfragelücke zu schließen und die Vollbeschäftigung wieder herzustellen.

Der Staat kann die aggregierte Nachfragekurve durch Manipulation seiner geld- und fiskalpolitischen Instrumente verschieben. Im Falle unzureichender Nachfrage in Abbildung 5-2 kann die Nachfragekurve durch (a) eine Erhöhung der Staatsausgaben g (fiskalpolitische Maßnahme), (b) eine Verminderung der Steuersätze (ebenfalls eine fiskalpolitische Maßnahme), (c) eine Erhöhung des Geldangebotes $\overline{M}$ (geldpolitische Maßnahme) oder (d) eine Kombination von (a), (b) und (c) nach oben verschoben werden. Bei dieser Analyse ist das Geldangebot das Instrument der Geldpolitik, die Steuersätze und die Staatsausgaben sind die Instrumente der Fiskalpolitik.

In Kapitel 4 haben wir kurz beschrieben, wie Veränderungen des Geldangebots die LM-Kurve verschieben, während Manipulationen der fiskalpolitischen Instrumente die Lage der IS-Kurve verändern. Werden IS- und LM-Kurve verschoben, so hat das Auswirkungen auf die Nachfragekurve. Wir wollen diese Auswirkungen geldpolitischer und fiskalpolitischer Maßnahmen auf das Niveau der aggregierten Nachfrage im folgenden genauer untersuchen und unsere Analyse sowohl graphisch als auch algebraisch vervollständigen. Wir werden sehen, wie die einfachen Multiplikatoren aus Kapitel 3 durch die Einführung des Geldmarkts modifiziert werden und inwiefern der Wert dieser Multiplikatoren davon abhängt, ob sich die Volkswirtschaft anfänglich bei Vollbeschäftigung oder in einer Rezession befindet. Wir werden ebenfalls die Auswirkungen von Veränderungen der Geld- und Fiskalpolitik auf die Zusammensetzung des Vollbeschäftigungsoutputs (die Aufteilung von y auf c, i und g) untersuchen und einen ersten Blick auf aktuelle Themen makroökonomischer Stabilitätspolitik werfen.

Fiskalpolitische Effekte auf die Nachfrage

Zur Analyse der Effekte fiskalpolitisch motivierter Veränderungen der Variablen g und der Steuersätze auf den Gleichgewichtsoutput der Nachfrageseite benutzen wir das Vierquadrantendiagramm der IS-Kurve (siehe Abbildung 5-3). Da fiskalpolitische Veränderungen keine der Kurven beeinflussen, die der LM-Kurve zugrunde liegen, können wir in Quadrant I (r, y-Quadrant) einfach eine fixe LM-Kurve hinzufügen, wodurch wir einen anfänglichen Gleichgewichtspunkt r_0, y_0 erhalten, der einem bestimmten Preisniveau entspricht. Fiskalpolitische Maßnahmen werden dann die IS-Kurve entlang der LM-Kurve verschieben, wodurch sich sowohl Gleichgewichtsoutput als auch Zinssatz verändern. Da das Ausgangspreisniveau bei diesen Veränderungen konstant gehalten wird, verschiebt sich die Nachfragekurve horizontal entsprechend der Veränderung des Gleichgewichtsoutputs. Wir werden uns also bei der Analyse von Veränderungen der Fiskalpolitik auch auf Abbildung 5-4 beziehen. Abbildung 5-4 zeigt die zur ursprünglichen IS-Kurve I_0S_0 in Abbildung 5-3 gehörende Nachfragekurve D_0D_0, wobei P_0 und y_0 dem Ausgangsniveau y_0 in Abbildung 5-3 entsprechen.

Wenn nun beim Ausgangsniveau der Staatsausgaben g_0 und der Steuereinnahmen t_0 in Abbildung 5-3, das resultierende Outputniveau y_0 unterhalb des Vollbeschäftigungsniveaus liegt, dann kann der Gleichgewichtsoutput durch fiskalpolitische Maßnahmen angehoben werden. Eine Erhöhung der Staatsausgaben oder Verminderung der Steuereinnahmen kann dazu dienen, die Nachfragekurve nach rechts zu verschieben.

Veränderungen der Staatsausgaben g

Betrachten wir zunächst eine Zunahme der Staatskäufe um Δ g von g_0 auf g_1, wobei die Steuerfunktion t_0 (y), wie in Abbildung 5-3, unverändert bleibt. Die Erhöhung von g hat einen direkten Effekt auf das BSP und einen indirekten durch den Multiplikator.

Wenn der Zinssatz in Abbildung 5-3 auf seinem ursprünglichen Niveau bei r_0 bliebe, so daß die Investition nicht beeinflußt würde [$i = i(r)$], dann würde das Gleichgewichtseinkommen y von y_0 auf y_1 steigen. Hierdurch wird die IS-Kurve nach außen verschoben. Da y_1 das neue Gleichgewicht von y wäre, würde der alte Zinssatz beibehalten werden. Wie wir im nächsten Abschnitt sehen werden, entspricht das Verhältnis ($y_1 - y_0/\Delta$ g) dem Multiplikator aus Kapitel 3, für den die Investition als exogen angenommen wurde. Diese Annahme entspricht einem konstanten Zinssatz.

Der Zinssatz muß jedoch auf die Erhöhung der Staatsausgaben hin steigen. Bei konstantem Geldangebot ($\overline{M}/P_0$) muß die Zunahme von y die Geldnachfrage er-

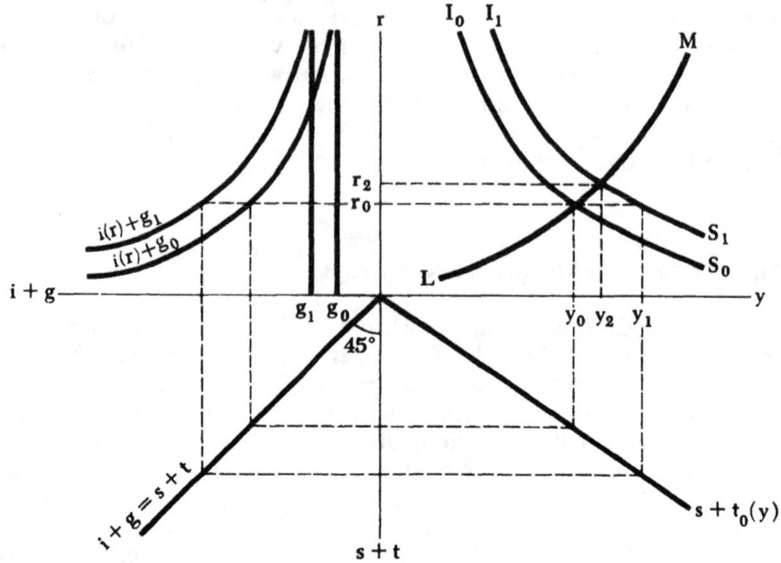

Abbildung 5-3: Fiskalpolitik: Veränderung der Staatsausgaben und die IS-Kurve.

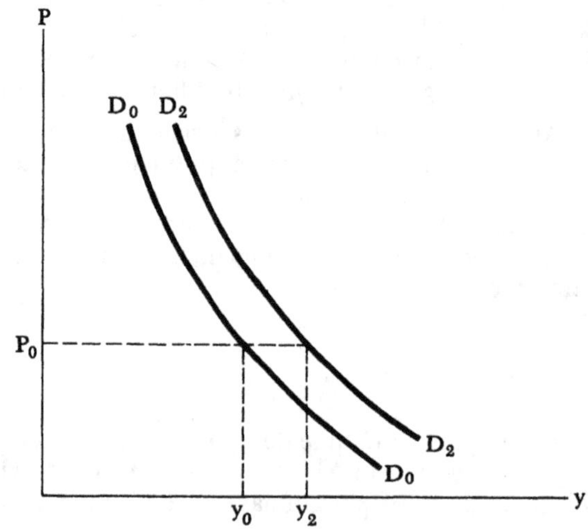

Abbildung 5-4: Veränderung der Staatsausgaben g: die Nachfragekurve.

höhen, wodurch der Zinssatz entlang der LM-Kurve steigt. Im Hintergrund erhöht die Zunahme der Staatsausgaben das Defizit des Staates, weshalb der Staat mehr Wertpapiere verkauft. Um mehr Wertpapiere verkaufen zu können, das heißt, um mehr Geld zur Finanzierung der höheren Staatsausgaben aufnehmen zu können, muß der Staat die auf seine Wertpapiere gezahlten Zinsen erhöhen. Im allgemeinen wird also eine Zunahme des Wertpapierangebots zu höheren Zinsen auf dem Wertpapiermarkt führen. Dies stellt die andere Seite der Medaille einer Erhöhung der Zinsen auf dem Geldmarkt dar (siehe Abbildung 5-3).

Die Erhöhung der Zinssätze entlang der LM-Kurve reduziert die Investitionsnachfrage. Hierdurch wird die Erhöhung der Staatsausgaben teilweise aufgewogen. Wiederum führt eine Erhöhung der staatlichen Schuldenaufnahme auf dem Wertpapiermarkt zu einer Verdrängung der Kreditaufnahme der Unternehmen, die ihre Investitionen reduzieren. Das niedrigere Investitionsniveau verringert den im Gleichgewicht nachgefragten Output von y_1 auf y_2, wobei der Zinssatz von r_0 auf r_2 steigt. Diese Erhöhung des Gleichgewichtsoutputs auf der Nachfrageseite kann durch die Verschiebung der Nachfragekurve in Abbildung 5-4 von D_0D_0 auf D_1D_1 nachvollzogen werden, wobei y bei konstantem Preisniveau P_0 von y_0 auf y_2 steigt.

An dieser Stelle wollen wir die Auswirkungen einer fiskalpolitisch motivierten Erhöhung der Staatsausgaben g auf die Nachfrageseite noch einmal kurz zusammenfassen. Bei höherem Einkommen und unveränderten Steuersätzen steigen das verfügbare Einkommen und die Konsumausgaben. Die Staatsausgaben haben zugenommen und die Investition, bedingt durch die höheren Zinssätze, abgenommen, wodurch zum Teil die höheren Staatsausgaben aufgewogen werden. Wir wissen, daß der Investitionsrückgang die Zunahme der Staatsausgaben nur teilweise aufwiegt, weil i + g insgesamt doch zugenommen haben muß, damit y schließlich steigen konnte. Eine Erhöhung der Staatsausgaben zwecks einer Erhöhung des Gleichgewichtseinkommens y verschiebt die Gewichtung bei der Zusammensetzung des Outputs von i nach g und erhöht ebenfalls die Konsumausgaben.

Veränderungen der Steuerfunktion t (y)

Wir werden im wesentlichen die gleichen Effekte auf y und r [und somit auch auf i(r)] beobachten, wenn wir anstelle einer Erhöhung der Staatsausgaben die Steuersätze auf Dauer senken oder die Transferzahlungen erhöhen. Der wesentliche Unterschied zwischen diesen beiden fiskalpolitischen Maßnahmen ist die resultierende Zusammensetzung des Outputs: bei gleichem Effekt auf auf y, r und die Investition erhöht die Steuersenkung den Anteil der Konsumausgaben am Output, während durch eine Erhöhung der Staatsausgaben *g* offensichtlich der Anteil von g am Output zunimmt.

Die Auswirkungen einer Steuersenkung sind im Vierquadrantendiagramm in Abbildung 5-5 dargestellt, wobei wir annehmen, daß die Höhe der Steuern proportional zum Einkommen ist. Die Steuerfunktion lautet also

$$t_0(y) = \tau_0 y, \tag{1}$$

so daß die Steuereinnahmen t_0 (y) ein konstanter Bruchteil τ_0 des Einkommens sind. In diesem Fall reduziert eine Steuersenkung den Proportionalsteuersatz von τ_0 (zum Beispiel 25%) auf τ_1 (20%). Diese vereinfachende Annahme einer Proportionalsteuer wird sich als nützlich erweisen, wenn wir später den Multiplikator berechnen wollen.

Die Verringerung der Steuersätze erhöht das Gleichgewichtseinkommen bei jedem Zinssatz. Der aufmerksame Beobachter wird bemerken, daß niedrigere Steuersätze zu einer etwas flacheren IS-Kurve führen werden, da die Veränderung von t (y) bei höherem Einkommen > ist als bei niedrigerem, während Δ g

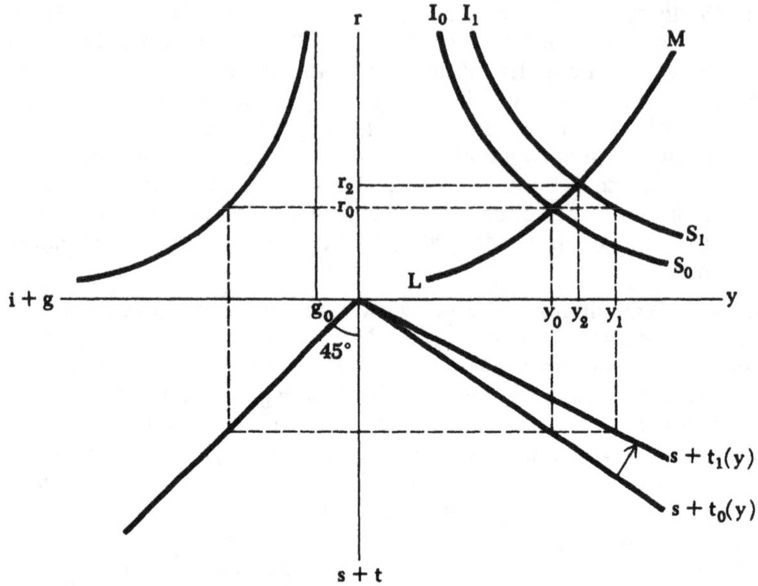

Abbildung 5-5: Fiskalpolitik: Veränderung von t(y) und die IS-Kurve.

unabhängig vom Einkommensniveau gleich ist. Aus der grundlegenden Gleichgewichtsbedingung

$$i(r) + g = y - c(y - t(y)) = s(y - t(y)) + t(y) \tag{2}$$

können wir erkennen, daß, wenn $i(r_0)$ und g unverändert sind und die Steuersatzsenkung das verfügbare Einkommen $y - t(y)$ und damit die Konsumausgaben erhöht, y steigen muß, um im Gleichgewicht $y - c$ gleich $i(r) + g$ zu halten. Bei konstantem Zinssatz r_0 und damit konstantem Investitionsniveau i wird die Zunahme des verfügbaren Einkommens bei y_0, das heißt also $t_0(y_0) - t_1(y_0)$, zu einer fiskalpolitisch induzierten Erhöhung der Konsumausgaben führen. Dies hat die gleichen Effekte wie die bereits betrachtete Veränderung der Staatsausgaben. Bliebe r_0 konstant, so würde der Gleichgewichtsoutput durch den Multiplikatoreffekt auf y_1 steigen.

Die Einkommenserhöhung erzeugt aber wiederum Überschußnachfrage auf dem Geldmarkt, weshalb r entlang der LM-Kurve steigt. Auf dem Wertpapiermarkt wird die durch die Steuersenkung bedingte Zunahme des Defizits das Wertpapierangebot erhöhen, da der Staat verstärkt Geld aufnehmen muß. Hierdurch werden Investitionen der Unternehmen und vornehmlich private Wohnungsbauinvestitionen verdrängt, was teilweise die exogene Zunahme der Konsumausgaben aufwiegt. Schließlich steigt der Gleichgewichtsoutput auf der Nachfrageseite auf y_2 und der Zinssatz auf r_2. Die Nachfragekurve wird, wie in Abbildung 5-3, nach rechts verschoben, wobei das Gleichgewichtseinkommen y beim Ausgangspreisniveau p_0 von y_0 auf y_2 steigt.

Der wesentliche Unterschied zwischen der Erhöhung der Staatsausgaben g und einer Senkung der Steuern, die beide ungefähr die gleichen Effekte auf das Niveau von y und r haben, ist die Zusammensetzung der Endnachfrage y. Da r in beiden Fällen ungefähr um den gleichen Betrag steigt, ist das Investitionsniveau in beiden Fällen gleich hoch. Während aber im Falle einer Erhöhung der Staatsausgaben Δ g positiv war, bleibt g im Falle der Steuersenkung konstant. Hier stammt der Stimulus von der anfänglichen Zunahme der Konsumausgaben, die auf die Steuerkürzung folgte, wodurch sich der Anteil der Konsumnachfrage an der Endnachfrage erhöht hat. Da der sekundäre Multiplikatoreffekt der politisch induzierten Veränderung von g und c in diesem einfachen Modell gleich ist, können wir den Unterschied zwischen diesen beiden Fällen vollständig auf die unterschiedliche Zusammensetzung der Endnachfrage reduzieren. Die Zunahme von g im ersten Fall kann im zweiten Fall einfach durch die Zunahme von c ersetzt werden, wodurch wir das gleiche Niveau der Endnachfrage und des Zinssatzes im engültigen Gleichgewicht erhalten.

Der Multiplikator für Veränderungen der Staatskäufe g

Der letzte Abschnitt hat die Effekte von Veränderungen der Staatsausgaben und der Steuersätze mit Hilfe des IS-LM-Diagramms dargestellt. Die IS-Kurve beschreibt die Gleichgewichtsbedingung für den Gütermarkt

$$y = c(y - t(y)) + i(r) + g \tag{3}$$

und die LM-Kurve repräsentiert die Gleichgewichtsbedingung für den Geldmarkt

$$\frac{\overline{M}}{P_0} = l(r) + k(y). \tag{4}$$

Die verschiedenen Funktionen in den Gleichungen (3) und (4) sind in Abbildung 5-6 (a)-(e) dargestellt. Sowohl die Steigung der Steuer- als auch die der Konsumfunktion ist positiv und < als 1, das bedeutet: $0 < c', t' < 1$. Die Steigung der Investitionsfunktion und die der Spekulationsnachfrage ist negativ: i' und $l' < 0$. Die Funktion der Transaktionsnachfrage hat positive Steigung, $k' > 0$.

Wie wir bereits in der graphischen Analyse des vorangeganen Abschnitts gesehen haben, wird die Zunahme des Einkommens y, die auf eine Erhöhung der Staatskäufe g folgt, in diesem Modell mit zwei Gleichungen geringer ausfallen, als es in den einfachen Multiplikatormodellen in Kapitel 3 der Eall war. Wir können die relevanten Zusammenhänge genauer darstellen, wenn wir einen Ausdruck für den Multiplikator für Staatsausgaben entwickeln, der die Geldmarkteffekte auf i und r berücksichtigt. Durch Differentiation der IS-Gleichung (3) erhalten wir

$$dy = c' \cdot (dy - t'\,dy) + i'\,dr + dg = c'(1-t')\,dy + i'\,dr + dg.$$

Differentiation der LM-Gleichung (4), wobei wir $\overline{M}/P_0$ konstant halten, ergibt

$$0 = l'\,dr + k'\,dy,$$

so daß

$$dr = -\frac{k'}{l'}\,dy.$$

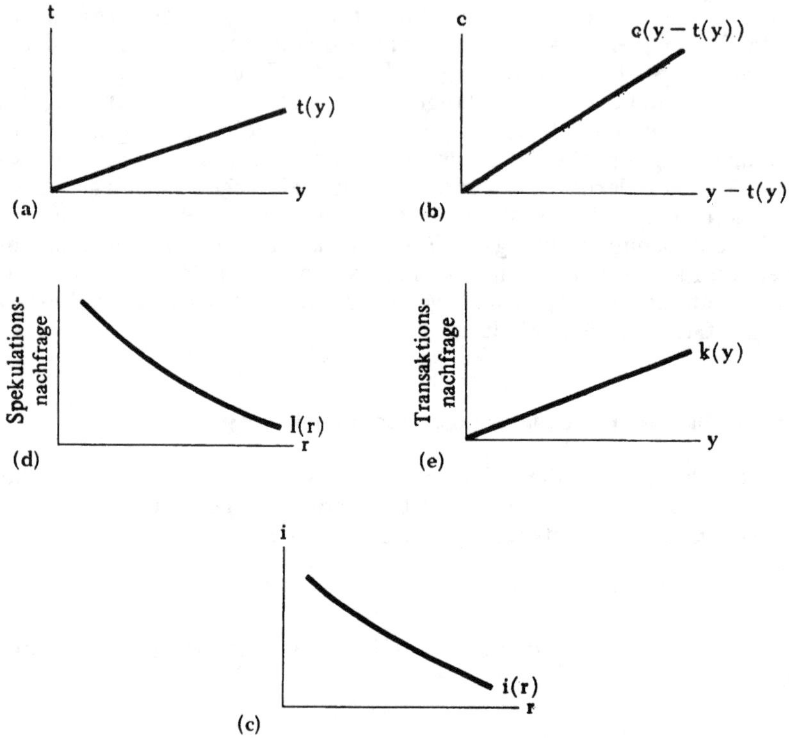

Abbildung 5-6: Überblick über die grundlegenden Funktionen.

Der Ausdruck $-(k'/l')$ steht für die Steigung der LM-Kurve. Die letzte Gleichung zeigt uns, um wieviel r entlang der LM-Kurve steigen muß, um bei einer gegebenen Einkommenserhöhung das Marktgleichgewicht aufrechtzuerhalten. Substituieren wir dr in unserem IS-Differential durch diesen Ausdruck, so erhalten wir

$$dy = c'(1 - t')\,dy - \frac{i'k'}{l'}\,dy + dg,$$

so daß der endgültige Multiplikatorausdruck wie folgt lautet:

$$dy = \frac{1}{1 - c'(1 - t') + \dfrac{i'k'}{l'}}\,dg. \tag{5}$$

Da $c'(1 - t') <$ als 1 ist und $(i'k')/l'$ positiv ist (da sowohl i' als auch k' negativ sind), ist der Wert des Multiplikators insgesamt positiv.

Der Ausdruck für den g-Multiplikator, den wir in Kapitel 3 entwickelt haben, lautet $1/[1 - c' \cdot d(1 - t')]$. Der Wert des Multiplikators in (5) ist wegen des zusätzlichen positiven Ausdrucks im Nenner geringer als der des Multiplikators in Kapitel 3. Wie können wir diesen Ausdruck interpretieren?

Zunächst können wir feststellen, daß $-k'/l'$ (die Steigung der LM-Kurve) die Erhöhung des Zinssatzes r angibt, die bei einer Zunahme von y den Geldmarkt im Gleichgewicht hält. Wir sehen außerdem, daß der Ausdruck $(i' k')/l'$ die Abnahme der Investition beschreibt, die wir beobachten, wenn der Zinssatz bei einer Erhöhung von y entlang der LM-Kurve steigt, da i' die Veränderung des Investitionsniveaus i beschreibt, wenn r sich ändert.

Wäre die LM-Kurve flach, ihre Steigung gleich null, so daß also $-(k'/l') = 0$, dann wäre der Multiplikator in (5) gleich dem ursprünglichen Multiplikator aus Kapitel 3. In Abbildung 5-7 wird der Abstand zwischen y_0 und y_1 durch den Multiplikator $1/[1 - c' \cdot (1 - t')]$ ohne Berücksichtigung der Geldmarkteffekte beschrieben. Der Zinssatz wird in diesem Fall konstant gehalten. Der Abstand zwischen y_0 und y_2 wird durch den vollständigen Multiplikator in Gleichung (5) gegeben, der den Geldmarkteffekt auf i im Nenner berücksichtigt.

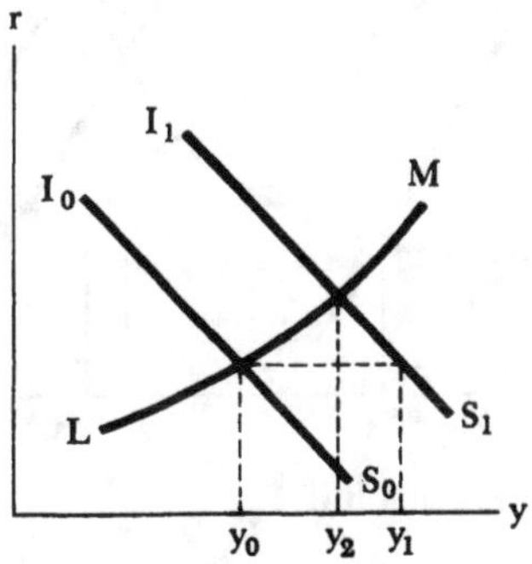

Abbildung 5-7: Geldmarkteffekte auf den fiskalpolitischen Multiplikator.

Um einen groben Eindruck der Größenordnung des Multiplikators zu erhalten, wollen wir folgende Werte annehmen: $c' = 0{,}8$, $t' = 0{,}25$ und $i' = -0{,}02$, da der Zinseffekt auf die Investition zumindest kurzfristig gesehen nicht sehr stark sein wird. Wir folgen den Untersuchungen Stephen Goldfelds (detaillierter in Kapitel 14 beschrieben), wenn wir für die Einkommensempfindlichkeit der Geldnachfrage den Wert 0,1 annehmen, während l' ungefähr gleich $-0{,}05$ sein dürfte. Setzen wir diese Werte in Gleichung (5) ein, so erhalten wir:

$$dy = \frac{1}{1 - (0{,}8)[1 - (0{,}25)] + \frac{(-0{,}02)(0{,}1)}{(-0{,}05)}} dg$$

$$= \frac{1}{1 - 0{,}6 + 0{,}04} dg$$

$$= \frac{1}{0{,}44} dg = 2{,}275\, dg.$$

Der kurzfristige Multiplikator für Staatsausgaben (wobei kurzfristig hier ungefähr zwei Jahre meint) ist also etwas > als 2.

Effektivität der Fiskalpolitik

Die Formel für den Multiplikator in Gleichung (5) zeigt, daß der Wert des fiskalpolitischen Multiplikators (die Effektivität der Fiskalpolitik) davon abhängt, ob die fiskalpolitische Aktion bei einem hohen oder niedrigen Outputniveau relativ zum Vollbeschäftigungsoutput eingeleitet wird. Wir erkennen dies in Abbildung 5-8, wo die unterschiedlichen Effekte einer gegebenen Verschiebung der IS-Kurve auf y abhängig von der ursprünglichen Posititon der IS-Kurve relativ zur LM-Kurve dargestellt werden.

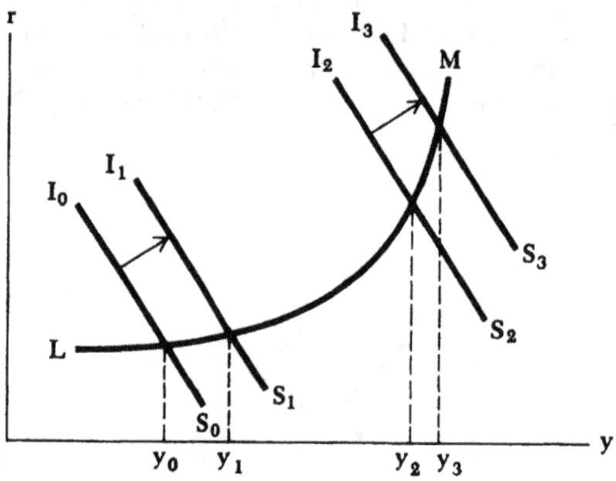

Abbildung 5-8: Effektivität der Fiskalpolitik.

Beim ursprünglichen Gleichgewicht y_0 ist die LM-Kurve relativ flach, so daß ihre Steigung $-(k'/l')$ beinahe gleich null ist. In dieser Situation ist der Wert des fiskalpolitischen Multiplikators beinahe gleich $1/[1 - c' \cdot (1 - t')]$, dem Wert des einfachen Multiplikators ohne Geldmarkteffekte, und damit relativ hoch. Nehmen wir y_2 als Ausgangspunkt, so ist die LM-Kurve beinahe senkrecht, wobei der Wert der Steigung $-(k'/l')$ sehr hoch ist. In diesem Fall ist der Wert des fiskalpolitischen Multiplikators extrem gering und geht im Falle der senkrechten LM-Kurve gegen null.

Der Wert des fiskalpolitischen Multiplikators hängt also von der Steigung der LM-Kurve im anfänglichen Gleichgewicht ab. Eine Verschiebung der IS-Kurve aufgrund einer Veränderung von g wird dann eine starke Erhöhung des Outputs zur Folge haben, wenn sich die Volkswirtschaft bei einem Punkt hoher Arbeitslosigkeit und niedriger Zinssätze befindet. Wenn aber die Erhöhung der Staatsausgaben in einer Situation stattfindet, in der sich die Volkswirtschaft beinahe bei Vollbeschäftigung befindet, dann wird der Effekt auf y gering sein. Dafür werden die Zinssätze stärker steigen und dadurch die Investition fast um den gleichen Betrag reduzieren, um den die Staatsausgaben gestiegen sind.

Die ökonomische Erklärung für diese unterschiedlichen Effekte, die auf eine Erhöhung der Staatsausgaben g folgen können, lautet wie folgt: Bei gegebenem Angebot an Realkasse $\overline{M}/P_0$, das die Position der LM-Kurve festlegt, wird bei niedrigem Zins- und Outputniveau relativ viel Spekulationskasse gehalten. In dieser Situation stehen in kürzester Zeit hohe Geldbeträge zur Finanzierung eines höheren Transaktionsniveaus zur Verfügung, wenn das Zinsniveau auch nur geringfügig steigt. Befinden wir uns aber in einer Situation hoher Zinssätze bei hohem Outputniveau (bei y_2 in Abbildung 5-8), dann wird nur wenig Spekulationskasse gehalten und die durch den Anstieg von y induzierte höhere Geldnachfrage wird in erster Linie das Zinsniveau erhöhen. Dies führt zu einer Reduktion der Investition und nicht zur Freisetzung von durch die Spekulationskasse gebundenen Geldern.

Die entscheidende Lehre dieses Abschnitts ist, daß die Höhe des Multiplikators für die Veränderung der Staatsausgaben Δ g von der zyklischen Position der Volkswirtschaft zu Beginn der Aktion abhängt. Es ist also kaum verwunderlich, daß empirische Untersuchungen des Multiplikators für den Zeitraum seit dem Zweiten Weltkrieg von instabilen Multiplikatorwerten berichten. Die Multiplikatorwerte für diesen Zeitraum mußten zwangsläufig variieren, da sowohl die Ausgangswerte der Rezession von 1958 mit 7 Prozent Arbeitslosigkeit und Zinssätzen für Papiere mit kurzer Laufzeit um 1,8 Prozent als auch Daten der Boomphase von 1968 mit 3,5 Prozent Arbeitslosigkeit und kurzfristigen Zinssätzen um 5,3 Prozent in diesen Untersuchungen betrachtet wurden. Die Schlußfolgerung aus dieser Beobachtung sollte allerdings nicht sein, daß Fiskalpolitik ineffektiv ist, nur weil der Wert des Multiplikators nicht konstant ist. Stattdessen sollten wir festhalten, daß die Effektivität des Multiplikators mit dem Zyklus variiert. Der umsichtige Wirtschaftsforscher sollte, wenn er die Auswirkungen einer Erhöhung der Staatsausgaben schätzt, die Ausgangssituation, in der sich die Volkswirtschaft zu Beginn der fiskalpolitischen Maßnahme befindet, berücksichtigen und nicht einfach einen einfachen Multiplikator wie den in Kapitel 3 entwickelten verwenden.

Der Multiplikator für Veränderungen der Steuersätze

Nachdem wir nun die Herleitung des Multiplikators für Staatsausgaben hinter uns haben, können wir die Herleitung des Multiplikators für Steuersatzänderungen zügig durchgehen. Zu Anfang machen wir die vereinfachende Annahme, daß unsere Steuerfunktion linear ist, das heißt, daß die Steuereinnahmen proportional zum Einkommen sind und daß wir gleichzeitig alle Steuersätze proportional ändern. Ohne die qualitativen Resultate zu verändern, erleichtern wir uns das Leben damit erheblich, was die algebraische Herleitung des Multiplikators anbelangt. Diese Annahmen über die Steuerfunktion und ihre Veränderung sind in Abbildung 5-9 dargestellt. Wir nehmen an, die Steuerfunktion t(y) sei durch $\tau \cdot y$ gegeben, das heißt also durch den Steuersatz multipliziert mit dem Einkommen. Mit dieser Steuerfunktion können wir ohne Schwierigkeiten die Auswirkungen einer Veränderung des Steuersatzes (in diesem Fall einer Senkung) von τ_0 auf τ_1 untersuchen. In Abbildung 5-9 ist eine Senkung des Steuersatzes dargestellt.

Wir beginnen wieder mit den IS- und LM-Gleichgewichtsbedingungen,

$$y = c(y - \tau y) + i(r) + g \tag{6}$$

und

$$\frac{\overline{M}}{P_0} = l(r) + k(y). \tag{7}$$

Differentation der IS-Gleichung (6) ergibt:

$$\begin{aligned} dy &= c' \cdot (dy - \tau_0 dy - y\, d\tau) + i'\, dr + 0 \\ &= c'(1-\tau_0)\, dy - c' y\, d\tau + i'\, dr. \end{aligned}$$

Die letzten beiden Terme im Differential des verfügbaren Einkommens $(y - \tau \cdot y)$ stammen von der Näherung $d(\tau \cdot y) = \tau \cdot dy + y \cdot d\tau$. Aus der LM-Gleichung erhalten wir wiederum

$$dr = -\frac{k'}{l'}\, dy,$$

so daß wir nach Einsetzen in die dy-Gleichung folgenden Ausdruck erhalten

$$dy = c'(1-\tau_0)\, dy - c' y\, d\tau - \frac{i' k'}{l'}\, dy$$

und damit

$$dy = \frac{-c' y}{1 - c'(1-\tau_0) + \dfrac{i' k'}{l'}}\, d\tau. \tag{8}$$

Der Zähler des Steuersatzmultiplikators in (8) stellt die Steuersenkung als fiskalpolitisch induzierte Veränderung der Konsumausgaben dar. Der Ausdruck $y \cdot d\tau$ entspricht der Veränderung des verfügbaren Einkommens, die direkt von der Steuersatzänderung $d\tau$ herrührt. Der Ausdruck $c' \cdot y \cdot d\tau$ stellt die Veränderung der Konsumausgaben dar, die durch das neue verfügbare Einkommen induziert wird. Das Minuszeichen hier bedeutet, daß eine Steuersatzerhöhung zu niedrigerem Konsum führen wird. Die vereinfachende Annahme, daß die Steigung t' der Steuerfunktion gleich τ ist, bedeutet in diesem Spezialfall, daß $[dt(y)/d\tau = \tau]$.

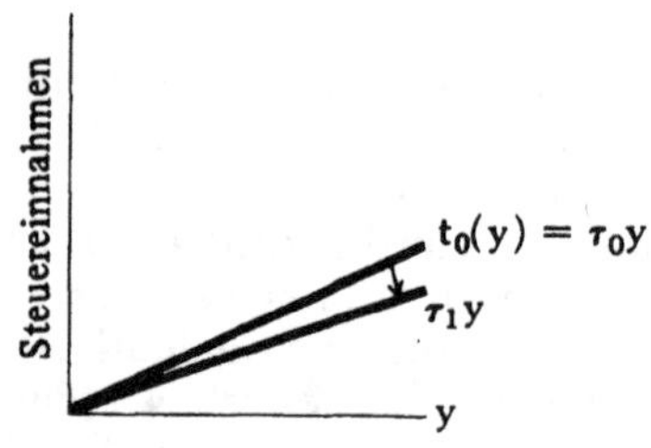

Abbildung 5-9: Eine proportionale Steuerfunktion.

Aufgrund dieser Annahmen ist der Nenner des Steuermultiplikators (8) identisch mit dem Nenner des Staatsausgabenmultiplikators (5). Aus diesem Grund sind die beiden Multiplikatoren im wesentlichen gleich, wenn man den Zähler des Steuermultiplikators $-c' \cdot y \cdot d\tau$ als direkt durch die Steuersatzänderung induzierte Änderung des Konsums interpretiert. Um den Effekt einer Veränderung der Staatsausgaben g (dg) oder des Konsums induziert durch $d\tau$ $(-c' \cdot y \cdot d\tau)$ auf den Gleichgewichtsoutput und das Gleichgewichtseinkommen auf der Nachfrageseite zu erhalten, multiplizieren wir einfach mit

$$\frac{1}{1 - c'(1-\tau) + \dfrac{i' k'}{l'}}.$$

Die Ähnlichkeit der Ausdrücke für die beiden Multiplikatoren läßt darauf schließen, daß die fiskalpolitisch motivierten Veränderungen von g und t fast den gleichen Effekt auf den Gesamtoutput haben. Dennoch sind zwei wesentliche Unterschiede zu beachten. Ein Zunahme des Outputs aufgrund einer Erhöhung der Staatsausgaben wird den staatlichen Anteil am Gesamtoutput erhöhen. Eine Steuersenkung dagegen führt zu einer fiskalpolitisch induzierten Zunahme der Konsumausgaben, wodurch der Anteil des privaten Konsums am Gesamtoutput erhöht wird. Die Entscheidung, ob eine Erhöhung des Outputs und eine Verringerung der Arbeitslosigkeit durch niedrigere Steuersätze oder höhere Staatsausgaben bewerkstelligt werden soll, wird also teilweise von der Einschätzung des relativen sozialen Nutzens höherer Konsumausgaben gegenüber höheren Ausgaben für öffentliche Güter abhängen. Dies war einer der Punkte, der in der Debatte innerhalb der Regierung Kennedys im Vorfeld der Steuersenkungen im Jahre 1964 eine Rolle gespielt hat. Die Arbeitslosenquote betrug damals fast 6% und die Volkswirtschaft befand sich in einer Phase zu schwachen Wachstums. Es stellte sich also die Frage, ob man die Staatsausgaben erhöhen sollte, wodurch mehr öffentliche Güter zur Verfügung gestellt worden wären, oder ob man die Steuern senken sollte, was zu höheren Konsumausgaben geführt hätte.

Der zweite wesentliche Unterschied zwischen einer Erhöhung der Staatsausgaben und einer Steuersenkung liegt in der Frage, ob die Konsumenten ihre Konsumausgaben auf eine Steuersenkung hin tatsächlich erhöhen werden, so daß der fiskalpolitisch induzierte Konsumstimulus überhaupt zustande kommt. Es besteht immer die Möglichkeit, daß die Konsumenten das zusätzlich verfügbare Einkommen sparen, wodurch die Summe $s + t(y)$ unverändert bleibt und deshalb kein Effekt auf y zu beobachten ist. Bis zu einem gewissen Grad geschah dies, allerdings in umgekehrter Richtung, nach der Steuererhöhung im Jahre 1968. Nachdem diese in Kraft getreten war, zahlten die Konsumenten die eine Hälfte der zusätzlichen Steuern aus ihren Sparguthaben, die andere Hälfte, indem sie ihre Konsumausgaben reduzierten, weshalb der Effekt auf y geringer war.

Dieses Problem kann bei einer Veränderung der Staatsausgaben nicht auftreten, da der Staat dafür sorgen wird, daß dg auch den Betrag hat, der geplant war. Wir können also bei einer Veränderung der Staatsausgaben sicherer sein, den gewünschten Effekt auf y zu erzielen als bei einer Veränderung der Steuern oder der Transferzahlungen. Es erscheint ebenfalls wahrscheinlich, daß eine dauerhafte Veränderung der Steuersätze einen stärkeren Effekt auf y haben wird, als eine vorübergehende Steuersatzänderung, die ohne weiteres durch vorübergehend höheres oder niedrigeres Sparen kompensiert werden kann.

Der ausgeglichene Budgetmultiplikator

Der ausgeglichene Budgetmultiplikator für gleichwertige Veränderungen der Staatsausgaben und der Steuereinnahmen [= 1 in Kapitel 3] wird durch die Berücksichtigung der Geldmarkteffekte ebenfalls reduziert. Um dies zu untersuchen, werden wir eine andere vereinfachende Annahme bezüglich der Steuern treffen, nämlich daß die Steuereinnahmen exogen konstant sind: $t(y) = \bar{t}$. Hierdurch wird die Analyse gleichwertiger Veränderungen von g und $\bar{t}$ um einiges vereinfacht. Am Ausgangspunkt stehen wiederum die IS-Gleichung

$$y = c(y - \bar{t}) + i(r) + g \tag{9}$$

und die LM-Gleichung

$$\frac{\overline{M}}{P_0} = l(r) + k(y). \tag{10}$$

Durch Differentiation von (9) erhalten wir

$$\begin{aligned} dy &= c' \cdot (dy - d\bar{t}) + i' \, dr + dg \\ &= c' \, dy - c' \, d\bar{t} + i' \, dr + dg. \end{aligned}$$

Aus der LM-Gleichung (10) erhalten wir, wie auch zuvor, $dr = -(k'/l') \, dy$. Ersetzen wir dr in der dy-Gleichung durch diesen Ausdruck, so erhalten wir:

$$dy = c' \, dy - c' \, d\bar{t} - \frac{i' k'}{l'} \, dy + dg$$

und

$$dy = \frac{dg - c' \, d\bar{t}}{1 - c' + \frac{i' k'}{l'}}.$$

Sind Staatsausgaben und Steuereinnahmen gleich hoch, so daß $dg = d\bar{t}$ ist, dann ergibt sich aus dem vorhergehenden Ausdruck der ausgeglichene Budgetmultiplikator:

$$dy = \frac{1 - c'}{1 - c' + \frac{i' k'}{l'}} \, dg. \tag{11}$$

Die Einführung der Geldmarkteffekte auf die Investition durch den letzten Term im Nenner in (11) hat den Wert des ausgeglichenen Budgetmultiplikators verringert. Ist die LM-Kurve beim Ausgangswert von y flach, das heißt, daß r und damit i (r) konstant sind, dann ist ihre Steigung $-k'/l'$ gleich null und der ausgeglichene Budgetmultiplikator entspricht $(1 - c')/(1 - c') = 1$. Durch die Einführung des Geldmarkts erkennen wir, daß die Nachfrage nach Transaktionskasse steigt, wenn y bei ausgeglichener Veränderung der Staatsausgaben und der Steuereinnahmen steigt. Dies führt zu einer Erhöhung der Zinssätze und damit zu einer Verringerung der Investition. Hierdurch wird der ursprüngliche Anstieg von y teilweise ausgeglichen, weshalb die endgültige Erhöhung von y geringer als $dg = d\bar{t}$ ist.

Geldpolitische Effekte auf die Nachfrage

Um die Effekte einer Veränderung des Geldangebots $\overline{M}$ zu untersuchen, betrachten wir das Vierquadrantendiagramm der LM-Kurve in Abbildung 5-10. Da wir in diesem Abschnitt fiskalpolitische Variablen und die der IS-Kurve zugrunde liegenden Funktionen des Sparens und der Investition konstant halten werden, können wir in Abbildung 5-10 eine fixe IS-Kurve hinzufügen. Hierdurch werden die Ausgangsgleichgewichtswerte y_0 und r_0 bei gegebenem Preisniveau P_0 und Ausgangsniveau des Geldangebots $\overline{M}_0$ bestimmt.

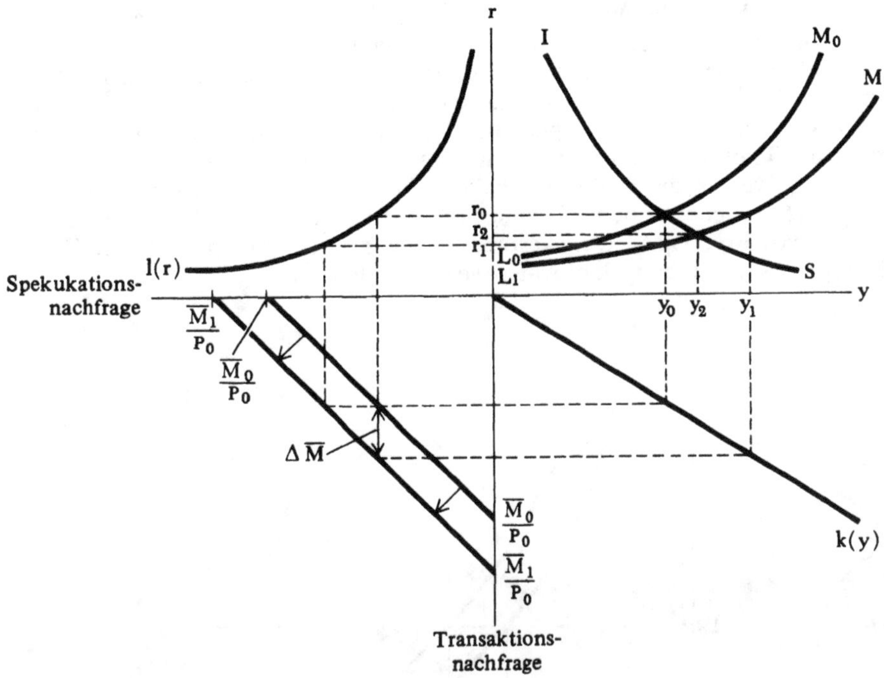

Abbildung 5-10: Geldpolitisch motivierte Veränderung der Variablen $\overline{M}$: die LM-Kurve.

In diesem Szenario werden geldpolitisch motivierte Veränderungen der Variablen $\overline{M}$ die LM-Kurve entlang der IS-Kurve verschieben, wodurch sich der Zinssatz und der Gleichgewichtsoutput der Nachfrageseite verändern. Diese Veränderungen des Gleichgewichtsoutputs führen bei gegebenem Preisniveau zu horizontalen Verschiebungen der aggregierten Nachfragekurve nach rechts. Wir haben dies bereits in Abbildung 5-4 gezeigt, die wir hier in Abbildung 5-11 reproduzieren. Die Nachfragekurve D_0D_0 entspricht der fixen IS-Kurve in Abbildung 5-10 beim ursprünglichen Niveau des Geldangebots $\overline{M}_0$. Die Werte für y_0 und P_o in Abbildung 5-11 entsprechen den Werten in Abbildung 5-10.

Veränderungen des Geldangebots $\overline{M}$

Liegt der anfängliche Gleichgewichtswert des realen Outputs y_0 unterhalb des Vollbeschäftigungsoutputs, so kann die Nachfragekurve durch fiskalpolitische Maßnahmen oder durch Erhöhung des Geldangebots (wie oben gezeigt) nach rechts verschoben werden. Dies ist in Abbildung 5-10 dargestellt, in der das Geldangebot um $\Delta \overline{M}$ von $\overline{M}_0$ auf $\overline{M}_1$ erhöht wird. Beim anfänglichen Gleichgewichtswert des Outputs und des Einkommens führt die Erhöhung des Geldangebots zu einer Verringerung des Zinssatzes auf r_1, um das Gleichgewicht auf dem Geldmarkt aufrechtzuerhalten. Die LM-Kurve wird also beim Ausgangsniveau y_0 durch die Erhöhung $\Delta \overline{M}$ nach unten (oder nach rechts) verschoben und zwar um den Betrag $r_0 - r_1$.

Eine andere Methode, um die Verschiebung der LM-Kurve zu messen, besteht darin, anzunehmen, der Zinssatz bliebe konstant bei r_0, wodurch das Niveau der Spekulationsnachfrage festgelegt wird. In diesem Fall geht die gesamte Erhöhung um $\Delta \overline{M}$ in die Transaktionskasse ein und führt zu einem höheren Niveau von y. Die Zunahme des Outputs, bei der sich die Erhöhung des Geldangebots voll in der Transaktionskasse niederschlägt ist in Abbildung 5-10 beim urspünglichen Zinsniveau r_0 durch $y_1 - y_0$ gegeben. Folglich wird der Punkt r_0, y_1 ebenfalls das Gleichgewicht auf dem Geldmarkt wahren und befindet sich damit auf der neuen LM-Kurve L_1M_1. Der Abstand $y_1 - y_0$ gibt beim ursprünglichen Zinsniveau r_0 die Verschiebung der LM-Kurve nach außen an.

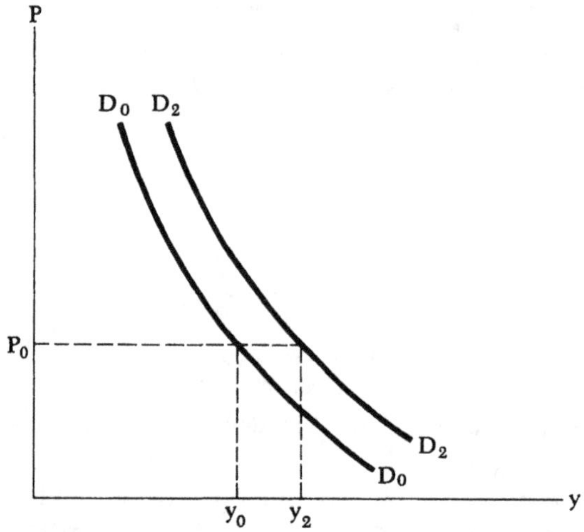

Abbildung 5-11: Variation von M und die Nachfragekurve.

Wird das Geldangebot erhöht, so wird der Zinssatz beim Ausgangsniveau y_0 in Abbildung 5-10 zunächst auf r_1 fallen. Bei niedrigeren Zinssätzen wird nun aber die Investitionsnachfrage steigen, wodurch Output und Einkommen erhöht werden und sich die Volkswirtschaft auf der IS-Kurve bewegt. Die Einkommenserhöhung führt zu einer Zunahme der Transaktionsnachfrage nach Geld, was wiederum zu höheren Zinssätzen führt. Die Volkswirtschaft wird sich schließlich bei ihrem neuen Gleichgewicht r_2, y_2 einpendeln, bei dem Güter- und Geldmarkt im Gleichgewicht sind.

Im Hintergrund dieses Mechanismus erhöht die Zentralbank das Geldangebot auf dem Geldmarkt, indem sie Wertpapiere kauft. Diese Steigerung der Nachfrage nach Wertpapieren führt zu einer Preiserhöhung und einer Verringerung der Zinssätze. In dieser Situation können Unternehmen billigeres Geld aufnehmen, um damit Investitionsprojekte zu finanzieren. Die Investitionsnachfrage wird also steigen, wodurch sich die Volkswirtschaft zu ihrem neuen Gleichgewicht r_2, y_2 bewegt.

Die Bewegung vom alten Gleichgewicht y_0 zum neuen y_2, wobei das Preisniveau bei P_0 konstant gehalten wird, spiegelt sich ebenfalls in der Verschiebung der aggregierten Nachfragekurve auf D_2D_2 in Abbildung 5-11 wider. Bei jedem Preisniveau ist das Gleichgewichtsniveau des Ouputs auf der Nachfrageseite höher. Hier hat die Geldpolitik die Nachfragekurve verschoben. In Abbildung 5-4 hat die Fiskalpolitik diese Verschiebung induziert. Eine bestimmte Veränderung des Einkommensniveaus kann durch entsprechende Variation jeder der drei wesentlichen Variablen g, t oder $\overline{M}$, die für politische Zwecke zur Verfügung stehen, bewerkstelligt werden.

Die Erhöhung der geldpolitischen Variable $\overline{M}$ hat zu niedrigeren Zinssätzen, höherer Investition und höherem Gleichgewichtsoutput und -einkommen geführt. Die Einkommenserhöhung hat bei unveränderten Steuersätzen die Konsumausgaben erhöht, während die Staatsausgaben konstant blieben. Geldpolitische Aktionen haben andere Auswirkungen auf die Zusammensetzung der Endnachfrage als fiskalpolitische. Der politisch induzierte Ausgabeneffekt kommt hierbei durch eine Veränderung der Investitionsnachfrage zustande. Die Staatsausgaben bleiben unverändert, während die Konsumausgaben lediglich endogen erhöht werden. Wir können diese Effekte auf die Zusammensetzung der Endnachfrage durch einen Blick auf die grundlegende Volkseinkommensidentität zusammenfassen:

$$y = c + i + g. \tag{12}$$

Bei gegebener Erhöhung des Outputs und Einkommens y führt jede der politischen Maßnahmen durch den Multiplikator zu ungefähr der gleichen endogenen Konsumerhöhung. Der Unterschied liegt in der Quelle der politisch induzierten Ausgabenerhöhung. Eine Steigerung der Staatsausgaben erhöht g und reduziert i zum Teil, wodurch der Anteil von g an der Endnachfrage relativ zu c und i im endgültigen Gleichgewicht wächst. Eine Steuersenkung führt zu einer direkten Zunahme der Konsumausgaben c und reduziert gleichzeitig i, wodurch der Anteil von c an der Endnachfrage erhöht wird. Eine Steigerung des Geldangebots schließlich führt zu einer politisch induzierten Erhöhung der Investition, was im endgültigen Gleichgewicht den Anteil der Investition an der Endnachfrage erhöht. Die Entscheidung, welches politische Instrument zur Erhöhung oder Verminderung des Outputs benutzt werden soll, wird also zum Teil davon abhängen, wie man sich die gewünschte Zusammensetzung der Endnachfage vorstellt.

Der Multiplikator für Veränderungen des Geldangebots $\overline{M}$

Wie üblich können wir den Multiplikator ausgehend von den Gleichgewichtsbedingungen der IS- und der LM-Kurve herleiten. Die Gütermarktgleichung ist durch

$$y = c(y - t(y)) + i(r) + g \tag{13}$$

gegeben, die Geldmarkgleichung durch

$$\frac{\overline{M}}{P_0} \equiv m = l(r) + k(y). \tag{14}$$

Da wir uns in diesem Kapitel für die Gleichgewichtsbestimmung des Outputs und Einkommens auf der Nachfrageseite interessieren, halten wir das Preisniveau P_0 bei dieser Analyse konstant. Deshalb können wir eine neue Variable in Gleichung (14) einführen: $m = \overline{M}/P_0$. Da $dm = d\overline{M}/P_0$ ist, können wir die Analyse in bezug auf die Veränderung der Realkassensalden dm durchführen, was bei konstantem Preisniveau der Veränderung des nominalen Geldangebots $d\overline{M}$ entspricht. Durch Differentiation der LM-Gleichung (14) erhalten wir

$$\frac{d\overline{M}}{P_0} = dm = l'\,dr + k'\,dy$$

und

$$dr = \frac{dm}{l'} - \frac{k'}{l'}\,dy.$$

Wie üblich ergibt die Differentiation der IS-Kurve

$$dy = c'(1-t')\,dy + i'\,dr,$$

wobei g konstant und somit dg gleich null ist. Ersetzen wir dr durch diesen Ausdruck, so erhalten wir

$$dy = c'(1-t')\,dy + \frac{i'}{l'}\,dm - \frac{i'k'}{l'}\,dy$$

und

$$dy = \frac{\frac{i'}{l'}}{1 - c'(1-t') + \frac{i'k'}{l'}}\,dm \qquad (15)$$

als Multiplikatorausdruck für eine Veränderung des Geldangebots um dm.

Der Nenner des Multiplikators in (15) ist der gleiche wie in den Multiplikatoren für Staatsausgaben und Steuern. Wie aber ist der Zähler zu interpretieren? Aus der Diskussion des vorangegangenen Abschnitts könnten wir annehmen, daß dieser Ausdruck der Veränderung der Investition entspricht, die direkt durch dm induziert wird. Schauen wir einmal zurück zur Gleichgewichtsbedingung für den Geldmarkt (14), die die Gleichung für die Nachfrage nach Realkasse darstellt, wobei m gleich einer konstanten Größe $\overline{m}$ ist. Wir erkennen, daß die partielle Ableitung von m nach r gleich l' ist, so daß in (15) der Ausdruck dm/dl' der durch dm induzierten Verminderung des Zinssatzes r entspricht. Da i' die Zunahme der Investition bei einer Verringerung des Zinssatzes bezeichnet, entspricht $i' \cdot dm/l'$ der Erhöhung der Investition, die auf eine durch dm induzierte Senkung der Zinssätze zurückzuführen ist. Dieser Ausdruck entspricht der politisch induzierten Veränderung der Investition. Wir erhalten für den Geldmultiplikator in (15) unseren üblichen Multiplikator

$$\frac{1}{1 - c'(1-t') + \frac{i'k'}{l'}}$$

multipliziert mit der durch dm anfänglich induzierten Veränderung der Investition i.

Wir können einen groben Schätzwert für den geldpolitischen Multiplikator kalkulieren, wobei wir auf den bereits berechneten Multiplikator aus dem Abschnitt über Fiskalpolitik zurückgreifen können. Als erste Näherung wissen wir bereits, daß

$$dy = \frac{1}{1 - c'(1 - t') + \frac{i'k'}{l'}} dg = \frac{1}{0{,}44} dg = 2{,}275 \, dg.$$

Die Schätzungen für i' und l' in Gleichung (15) waren dort mit $i' = -0{,}02$ und $l' = -0{,}05$ gegeben. Setzen wir diese in Gleichung (15) für den Geldmultiplikator ein, so erhalten wir

$$dy = \frac{(-0{,}02)/(-0{,}05)}{0{,}44} dm$$

$$= \frac{0{,}04}{0{,}44} dm = 0{,}91 \, dm.$$

Dieser Wert für dy/dm, der ungefähr gleich eins ist, stimmt mit der einigermaßen konstanten Umlaufgeschwindigkeit des Geldes (y/m) überein.

Der Multiplikator für m in (15) kann mit Hilfe von Abbildung 5-12 noch besser interpretiert werden. Beim ursprünglichen Einkommensniveau y_0 würde die durch dM induzierte Verschiebung der LM-Kurve den Zinssatz von r auf r_1 reduzieren. Wäre die LM-Kurve flach, so daß $(k'/l') = 0$ ist, dann wäre der Anstieg von y auf y_1 gleich

$$\frac{i'/l'}{1 - c'(1 - t')} dm.$$

Mit positiver Steigung der neuen LM-Kurve $L_1 M_1$ wird die Erhöhung von y durch Einführung des Terms $i' \cdot k'/l'$ in (15) auf $y_2 - y_0$ reduziert.

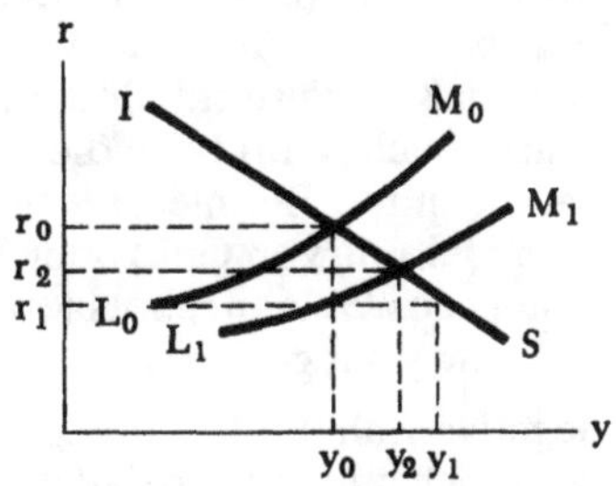

Abbildung 5-12: Der Multiplikator für Veränderungen des Geldangebots.

Effektivität der Geldpolitik

Wie schon im Fall der Fiskalpolitik wird auch die Geldpolitik in Abhängigkeit von der zyklischen Position der Volkswirtschaft unterschiedlich effektiv sein . Wie Abbildung 5-13 zeigt, wird eine Verschiebung der LM-Kurve aufgrund einer Erhöhung des Geldangebots unterschiedlich starke Effekte auf y haben. Der Effekt wird um so stärker sein, je höher das Ausgangsniveau von y und r im Gleichgewicht ist.

Wir können dies auch bei unserem Mutiplikator für dm in (15) erkennen. Multiplizieren wir sowohl den Zähler als auch den Nenner in (15) mit l', so erhalten wir

$$dy = \frac{i'}{l'[1 - c'(1-t')] + i'k'} \, dm. \tag{16}$$

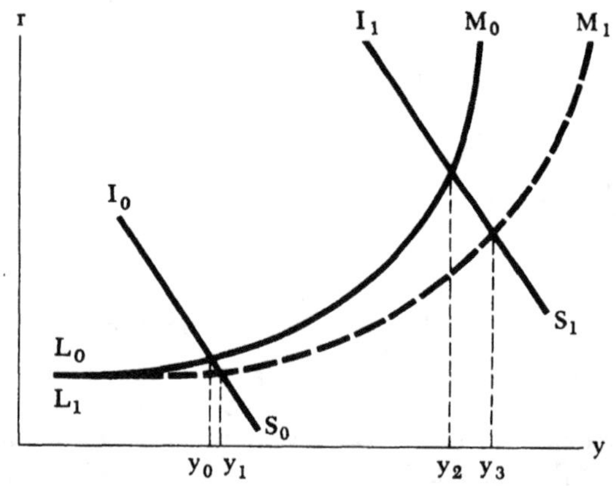

Abbildung 5-13: Effektivität der Geldpolitik.

Der Leser bemerke an dieser Stelle, daß i' und l' beide negative Größen sind und daß der Multiplikator in (16) deshalb insgesamt positiv ist da Zähler und Nenner negativ sind.

Wenn nun l' eine sehr große negative Zahl ist, die gegen minus unendlich geht, dann wird der Nenner in (16) sehr groß werden, so daß eine Erhöhung von m nur einen geringen Effekt auf y haben wird. Aus dem Vierquadrantendiagramm in Abbildung 5-14 erkennen wir, daß in diesem Fall die l (r)-Kurve sehr flach ist, weshalb ebenfalls die LM-Kurve flach ist und sich die Volkswirtschaft bei niedrigem Zins- und Outputniveau befindet. Bei niedrigem Zinsniveau ist das Publikum indifferent gegenüber der Haltung von Geld oder Wertpapieren, so daß die Spekulationskasse die Erhöhung des Geldangebots $\overline{M}$ absorbiert und der Effekt auf die Zinsen r und damit auf i und y nur gering ist.

Ist l' dagegen eine kleine negative Zahl und geht gegen null, dann wir der erste Term im Nenner von (16) fast gleich null sein, so daß der Multiplikator gegen den Wert $i'/(i' \cdot l') = 1/k'$ strebt. Aus Abbildung 5-14 können wir ersehen, daß bei hohen Zinssätzen, bei denen die l (r)-Kurve steil ist, die LM-Kurve beinahe senkrecht ist. In diesem Bereich der LM-Kurve wird der Effekt einer Erhöhung des Geldangebots $\overline{M}$ auf y am stärksten sein, da, wie bereits erwähnt, der erste Term im Nenner von (16) gegen null geht. Bei diesen hohen Werten von r und y ist die Haltung von Spekulationskasse aufgrund der hohen Zinssätze auf ein Minimum reduziert, so daß $\overline{M}$ fast voll zur Finanzierung von Transaktionen verwendet wird. In dieser Situation wird y durch $\overline{M}$ begrenzt. Da k' die Erhöhung der Transaktionsnachfrage pro Zunahme des Einkommens um ein Einheit angibt, gibt der

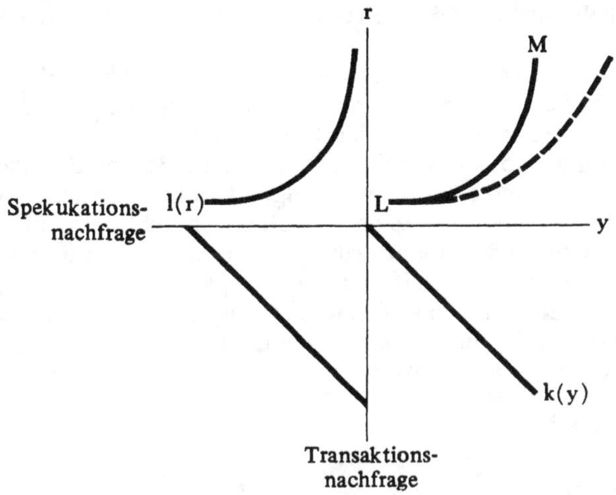

Abbildung 5-14: Steigung der l(r)- und der LM-Kurve.

Wert des Multiplikators (1/k') bei senkrechter LM-Kurve die mögliche Zunahme von y an, die auf eine Erhöhung des Geldangebots um $d\overline{M}$ folgen kann, wenn die gesamte zusätzlich verfügbare Geldmenge zur Finanzierung von Transaktionen verwendet wird. Geldpolitik hat ihre maximale Wirksamkeit, wenn sich die Volkswirtschaft in einer Situation mit hohen Zinssätzen und hohem Einkommensniveau befindet, in der fast das gesamte Geldangebot zur Finanzierung von Transaktionen verwendet wird. Eine Erhöhung des Geldangebots hat hier einen maximalen Effekt auf den Gleichgewichtsoutput.

Interaktion von Geld- und Fiskalpolitik

Im vorangegangenen Abschnitt dieses Kapitels haben wir die relative Effektivität von Geld- und Fiskalpolitik in bezug auf die zyklische Position der Volkswirtschaft betrachtet. Die Möglichkeit, daß sich die politischen Instrumente g, t (y) und $\overline{M}$ in bezug auf die Wahrscheinlichkeit bestimmter Ergebnisse unterscheiden, wurde ebenfalls bereits erwähnt.

Außerdem sollte an dieser Stelle nun klar sein, daß die verschiedenen politischen Instrumente in unterschiedlicher Art und Weise miteinander kombiniert werden können, um eine bestimmte Position der aggregierten Nachfragekurve zu erhalten. Wir wollen dieses einführende Kapitel über Geld- und Fiskalpolitik als Instrumente der Nachfragesteuerung beenden, indem wir zunächst noch einmal zusammenfassen, was bereits zur Effektivität der Instrumente und zur Wahrscheinlichkeit bestimmter Resultate gesagt wurde. Wir wollen dann die Interaktion von Geld- und Fiskalpolitik in zwei besonderen Fällen untersuchen: Zuerst den, bei dem die Veränderung des Zinssatzes und die Zusammensetzung der Endnachfrage in entgegengesetzte Richtung wirken, danach den bei dem sie in die gleiche Richtung wirken, um eine gewünschte Position der Nachfragekurve und damit die gewünschten Veränderungen des Outputs y und des Preisniveaus P_0 zu erhalten.

Geld- und Fiskalpolitik: Effektivität und Sicherheit verschiedener Strategien

Wir können die relative Effektivität von Geld- und Fiskalpolitik in Abhängigkeit vom Verlauf der LM-Kurve zusammenfassen, indem wir einen Blick auf Abbildung 5-15 werfen. Befindet sich die Volkswirtschaft in ihrer Ausgangsposition bei r_1, y_1 in Abbildung 5-15, so wird eine expansionäre Geldpolitik, die die LM-Kurve nach rechts verschiebt, nur einen geringen Effekt auf y haben, da das höhere Geldangebot bei so niedrigem Zinssatz voll durch die Spekulationskasse absorbiert wird und nicht für die Finanzierung eines höheren Outputniveaus zur Verfügung steht. Auf der anderen Seite wird bei r_1, y_1 eine Verschiebung der IS-Kurve zu einem höheren Niveau von y führen, da geringfügige Erhöhungen des Zinssatzes zur Freisetzung erheblicher Beträge aus der Spekultionskasse führen, die eine Zunahme des Outputs unterstützen.

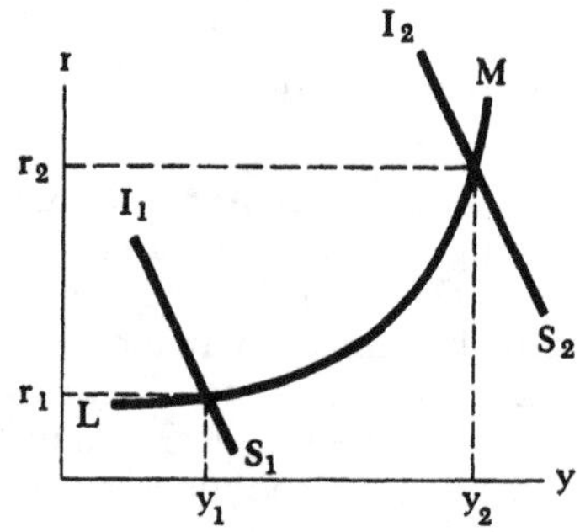

Abbildung 5-15: Effektivität von Geld- und Fiskalpolitik.

Das andere Extrem wird durch eine Situation dargestellt, in der sich die Volkswirtschaft bei hohen Zinssätzen r_2 und hohem Outputniveau in einer angespannten Situation befindet. Hier wird eine fiskalpolitisch induzierte Verschiebung der IS-Kurve keinen nennenswerten Effekt auf das Gleichgewichtseinkommen der Nachfrageseite haben. Bei hohen Zinssätzen wird die Spekulationskasse auf ein Minimum reduziert sein. In dieser Situation wird der Großteil des realen Geldangebots zur Finanzierung von Transaktionen verwendet. Eine Steigerung der Nachfrage, zum Beispiel durch höhere Staatsausgaben g, wird den Zinssatz nach oben treiben und deshalb beinahe vollständig durch eine Verringerung der Investitionsnachfrage aufgewogen, weshalb nur eine geringfügige Veränderung des Outputniveaus zu beobachten ist. Dagegen wird eine Erhöhung des Geldangebots in dieser Situation einen starken Effekt auf die Position der aggregierten Nachfragekurve haben.

Da das Niveau des Outputs und Einkommens y in dieser Situation in erster Linie durch die für Transaktionszwecke zur Verfügung stehende Geldmenge beschränkt ist, wird eine Erhöhung von $\overline{M}/P_0$ zu einer erheblichen Zunahme des Outputs führen. Wenn sich die Volkswirtschaft also mit angespannten Kreditkonditionen nahe beim Vollbeschäftigungsniveau befindet, wird die Geldpolitik den größten Erfolg bei der Verschiebung der aggregierten Nachfragekurve haben.

Bei der Entwicklung des Multiplikators für die politischen Instrumente g, t und $\overline{M}$ konnten wir den Multiplikator in zwei Teile aufspalten. Der eine bezeichnet die Veränderung des Outputs auf eine exogene Variation der Ausgaben hin:

$$\frac{1}{1 - c'(1 - t') + \dfrac{i'k'}{l'}} . \tag{17}$$

Dieser Multiplikator war in allen Fällen identisch.

Der zweite Teil, der von Fall zu Fall verschieden war, entspricht jeweils der direkt induzierten Veränderung der Ausgaben, die von der Veränderung einer der politischen Instrumentvariablen herrührt. Im Falle der Veränderung der Staatsausgaben war dieser Effekt lediglich durch dg gegeben, da die Variation von dg selbst eine Variation der exogenen Ausgaben darstellt. Im Falle der Veränderung der Steuersätze ergab sich die politisch induzierte Veränderung der Konsumausgaben zu $c' \cdot y \cdot dt$. Eine Variation von $\overline{M}$ schließlich (oder in Realkassensalden m), führte durch $(i'/l') \cdot dm$ zu einer politisch induzierten Veränderung der Investitionsnachfrage. Diese drei Ausdrücke betrachten wir, um eine Aussage über die Wahrscheinlichkeit zu machen, mit der die Anwendung des entsprechenden politischen Instruments zum Erfolg führt.

Die größte Erfolgswahrscheinlichkeit hat eine Erhöhung der Staatsausgaben, da der Staat hier direkt (exogen) das Ausgabenniveau verändert. In den beiden anderen Fällen hängt der direkte Ausgabeneffekt von der Reaktion des privaten Ausgabeverhaltens auf eine Veränderung einer seiner Determinanten ab. Steuersenkungen werden nur dann Erfolg haben, wenn die Konsumausgaben auch reagieren. Da die Möglichkeit besteht, daß die Konsumenten Steuerveränderungen (insbesondere temporäre) durch anderes Sparverhalten ausgleichen, ist das Resultat einer Variation der Steuerpolitik nicht so gewiß wie das einer Erhöhung der Staatsausgaben.

Veränderungen des Geldangebots werden nur dann Erfolg haben, wenn sie (a) die Zinssätze und die Kreditkonditionen der Investoren beeinflussen und wenn sie (b) die Investitionsausgaben auch wirklich verändern. Da diese Schritte beide unsicher sind, ist es wahrscheinlich (obwohl dies nur schwer zu beweisen wäre), daß der Effekt einer Veränderung von $\overline{M}$ weniger gewiß ist, als der einer Veränderung der Steuersätze. Dies ist mit großer Wahrscheinlichkeit bei dauerhaften Veränderungen der Steuersätze der Fall, weniger bei nur vorübergehenden.

Diese Betrachtungen der Unsicherheitsfaktoren können wir in folgender Formel für die Stabilitätspolitik zusammenfassen: Zuerst ist ein gleichmäßiges Wachstum des Geldangebots $\overline{M}$ anzustreben, da die Resultate von Veränderungen von $\overline{M}$ kurzfristig nicht mit Sicherheit vorhersagbar sind. Zweitens sollten dauerhafte Veränderungen der Steuersätze dazu verwendet werden, die IS-Kurve auf die gewünschte langfristige Position zu bringen, abhängig vom langfristig angestrebten Niveau der Staatsausgaben. Drittens sollten geringfügige Veränderungen der Staatsausgaben zur Feinsteuerung der Stabilitätspolitik verwendet werden, da ihre Resultate mit größter Wahrscheinlichkeit auch wirklich eintreten.

Der Policy-Mix der Geld- und Fiskalpolitik

Nach unserer Diskussion geld- und fiskalpolitischer Effekte sollte nun klar sein, daß Veränderungen der politischen Variablen verwendet werden können, um das Niveau des Zinssatzes und gleichzeitig die Zusammensetzung des Ouputs zu verändern, ohne dabei die Nachfragekurve zu verschieben, das heißt ohne bei gegebenem Preisniveau den Wert des Gleichgewichtsoutputs zu verändern.

Betrachten wir Abbildung 5-16, so ist es zum Beispiel möglich, daß beim aktuellen Preisniveau der Output ungefähr auf seinem Vollbeschäftigungsniveau ist. Eventuell ist aber der Zinsatz r_0 zu hoch, weshalb das Investitionsniveau zu niedrig ist. In diesem Fall können wir den Zinssatz senken, indem wir eine dauerhafte Steuererhöhung vornehmen, wodurch die IS-Kurve auf $I_1 S_1$ verschoben wird und gleichzeitig die Konsumnachfrage verringert wird. Wir können diesem Effekt entgegenwirken, indem wir das Geldangebot erhöhen, wodurch der Zinssatz weiter gesenkt wird und gleichzeitig die Investitionsausgaben stimuliert werden. Die höheren Investitionsausgaben bringen die Volkswirtschaft nun wieder zu ihrem Vollbeschäftigungsoutput nach y_0 zurück (bei niedrigerem Zinssatz r_1). Diese Veränderung des Policy-Mix, bei der das Budget verringert und das Geldangebot erhöht wird, hat die Zusammensetzung des Outputs verändert. Bei konstanten Staatsausgaben g wurden die Konsumausgaben reduziert und die Investition erhöht. Durch Variation unserer politischen Instrumentvariablen in entgegengesetzter Richtung können wir die Zusammensetzung des Outputs verändern, ohne dabei die Nachfragekurve zu verschieben.

Die entgegengesetzte Veränderung der Variablen in dieser Weise erzeugt jedoch erhebliche Unsicherheit über die Endposition des Systems, insbesondere weil die Höhe der Veränderung einer Variablen von der anfänglichen Position der Volkswirtschaft abhängt. Zu Beginn der achtziger Jahre zum Beispiel wendete die Reagan-Administration eine gemischte Strategie an, die sich aus Steuersenkungen und gleichzeitiger Verringerung des Geldangebots zusammensetzte. Da sich die Volkswirtschaft in einer Situation niedriger Arbeitslosigkeit und außergewöhnlich hoher Zinssätze befand, können wir auf unser Modell übertragen sagen, daß sie sich wahrscheinlich im senkrechten Teil der LM-Kurve befand, als die neue Politik wirksam wurde. Die Geldverknappung verschob die LM-Kurve nach links, während die Steuersenkungen die IS-Kurve nach oben verschoben. Hierdurch bewegte sich die aggregierte Nachfragekurve nach links, was eine Rezession und die Senkung der Inflationsrate zur Folge hatte, während sich die Zinssätze weiter auf einem Rekordniveau bewegten. Werden die politischen In-

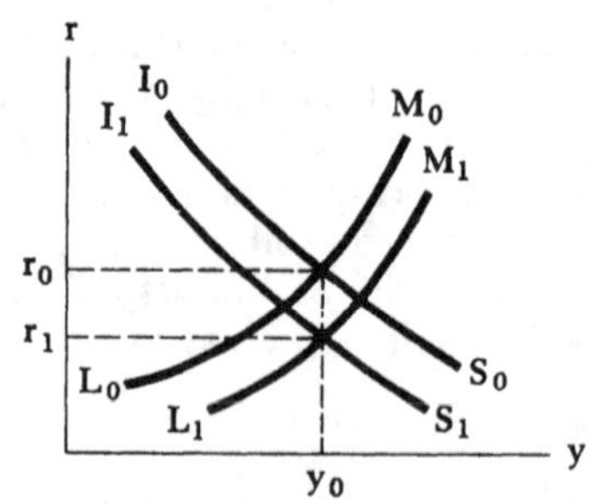

Abbildung 5-16: Veränderung des Policy-Mix der Geld- und der Fiskalpolitik.

strumente zwecks Veränderung der Zusammensetzung des Outputs so eingesetzt, daß sie gegeneinander wirken, so hängt die Höhe der jeweiligen Veränderung von der anfänglichen Position der Volkswirtschaft ab. Dies muß berücksichtigt werden, bevor gemischte Strategien angewendet werden.

Die Tatsache, daß mit den Instrumentvariablen ein unterschiedliches Maß an Unsicherheit verbunden ist, führt zu dem Argument, daß man am besten alle Variablen in die selbe Richtung verändert, wodurch die Erfolgswahrscheinlichkeit für die gewünschte Veränderung des Outputs erhöht wird. Natürlich führt eine solche Strategie zu einer Erhöhung der Unsicherheit, was das endgültige Niveau des Zinssatzes anbelangt. Wenn zum Beispiel eine restriktive fiskalpolitische Maßnahme greift, die geldpolitische Maßnahme dagegen nicht, dann wird r fallen. Greift dagegen die geldpolitische Maßnahme, nicht aber die fiskalpolitische, dann wird r steigen.

Unser Ziel in diesem Abschnitt ist, den Eindruck von Bestimmtheit und Sicherheit der Stabilitätspolitik zu reduzieren, den die Berechnung und Verwendung von Multiplikatoren erweckt. Die Aussagen der Theorie sind klar, wie die Multiplikatoren zeigen. Die tatsächliche Reaktion der Volkswirtschaft auf Veränderungen der Variablen g, t (y) und $\overline{M}$ ist dagegen unsicher, so daß es nur schwer möglich ist, exakte Vorhersagen über die Resultate einer Maßnahme zu machen. Die Kapitel in Teil III diskutieren die Sektoren der Volkswirtschaft detaillierter und versuchen, das Maß an Unsicherheit zu reduzieren.

Multiplikatoren und die aggregierte Nachfragekurve

Bei der Herleitung des fiskalpolitischen Multiplikators von der IS- und der LM-Kurve wurden sowohl Geldmenge als auch Preisniveau konstant gehalten. Bei der Herleitung des geldpolitischen Multiplikators hielten wir g und P_0 konstant.

In den Abbildungen 5-4 und 5-11 haben wir gesehen, daß sowohl Fiskal- als auch Geldpolitik die aggregierte Nachfragekurve verschieben. In Kapitel 4 wurde gezeigt, daß die Effekte einer Veränderung des Preisniveaus auf die Nachfrage als Bewegungen entlang der Nachfragekurve dargestellt werden können. In diesem Abschnitt wollen wir die Multiplikatoren für Verschiebungen der Nachfrage und den Ausdruck für die Steigung der aggregierten Nachfragekurve kombinieren, um dann nach dem totalen Differential dy bei Veränderung von g, M oder P aufzulösen. Wir beginnen mit der Gleichgewichtsbedingung für den Gütermarkt (3), die wir hier wiederholen

$$y = c(y - t(y)) + i(r) + g. \tag{18}$$

Durch vollständige Differentiation nach y, r oder dg erhalten wir das bekannte IS-Differential:

$$dy = c'(1 - t')\,dy + i'\,dr + dg. \tag{19}$$

Die Gleichgewichtsbedingung für den Geldmarkt ist durch die LM-Kurve gegeben:

$$\frac{\overline{M}}{P_0} = l(r) + k(y). \tag{20}$$

Vollständige Differentiation von Gleichung (20) nach M, P, r und y ergibt das LM-Differential

$$\frac{1}{P_0}\,d\overline{M} - \frac{\overline{M}}{P_0^2}\,dP = l'\,dr + k'\,dy.$$

Nach Umstellung können wir dieses nach r entlang der LM-Kurve auflösen:

$$dr = \frac{1}{l'\cdot P_0}\,d\overline{M} - \frac{\overline{M}}{l' + P_0^2}\,dP - \frac{k'}{l'}\,dy.$$

Setzen wir diesen Ausdruck in unser IS-Differential in Gleichung (19) ein, so erhalten wir

$$dy = c'(1-t')\,dy + i'\left[\frac{1}{l'P_0}\,d\overline{M} - \frac{\overline{M}}{l'P_0^2}\,dP - \frac{k'}{l'}\,dy\right] + dg.$$

Diesen Ausdruck können wir auch folgendermaßen schreiben:

$$\left[1 - c'(1-t') + \frac{i'k'}{l'}\right]dy = \frac{i'}{l'P_0}\,d\overline{M} - \frac{i'\overline{M}}{l'P_0^2}\,dP + dg. \tag{21}$$

Wir erinnern uns daran, daß das reale Geldangebot m gleich $\overline{M}/P_0$ ist. Ebenfalls normieren wir das ursprüngliche Preisniveau auf eins, das heißt, wir multiplizieren den Preisindex mit einem Faktor, so daß $P_0 = 1$ ist. Nach diesen Vereinfachungen in Gleichung (21) ergibt sich das totale Differential der aggregierten Nachfragekurve zu

$$dy = \frac{1}{1 - c'(1-t') + \dfrac{i'k'}{l'}}\cdot\left[\frac{i'}{l'}\,dm + dg - \frac{i'}{l'}\,m\,dP\right], \tag{22}$$

wobei wiederum $P_0 = 1$ ist.

Die Komponenten von Gleichung (22) können wie folgt interpretiert werden. Der erste Ausdruck entspricht dem Multiplikator, den wir bereits aus Gleichung (5) kennen und der unverändert bleibt, egal welche aggregierte Nachfragestörung vorliegt. Als nächstes erkennen wir die Zählerausdrücke des geld- und des fiskalpolitischen Multiplikators und schließlich den Preisterm, der die Steigung der aggregierten Nachfragekurve (zum Beispiel der aus Abbildung 5-11) beschreibt. Algebraisch ist die Steigung also durch

$$\frac{dy}{dP} = \frac{-\dfrac{i'}{l'}\cdot m}{1 - c'(1-t') + \dfrac{i'k'}{l'}} \tag{23}$$

gegeben. Der Wert dieses Ausdrucks ist, wie erwartet, negativ. Die vollständige Ableitung dy entspricht der Summe der partiellen Ableitungen von y nach M, g und P. Jede Veränderung des Outputs kann also auf eine Linearkombination von Veränderungen des Geldangebots, der Staatsausgaben und des Preisniveaus zurückgeführt werden, wobei wir stabile Konsum- und Investitionsfunktionen annehmen. Gleichung (21) (die aggregierte Nachfragekurve) bestimmt also das Gleichgewichtsniveau des nachgefragten Outputs bei gegebenem P_0 und gegebenen Werten von $\overline{M}$ und g. Variationen dieser Größen verschieben die aggregierte Nachfragekurve. Um das Skelett unseres Makromodells zu vervollständigen, wenden wir uns nun der Angebotsseite der Volkswirtschaft zu und werden dabei die Annahme eines konstanten Preisniveaus fallen lassen.

Ausgewählte Literatur

E. C. Brown, „Fiscal Policy in the '30's," American Economic Review, December 1956.

R.A. Musgrave and P.B. Musgrave, Public Finance in Theory and Practice, 4th Ed. (New York: McGraw-Hill, 1984), Chapters 27-29.

Anhang: Matrixalgebra

Dieses Buch verwendet zur Lösung komparativ statischer Probleme lediglich algebraische Manipulationen. Zum Beispiel haben wir den fiskalpolitischen Multiplikator durch Differentiation der LM- Gleichung (4) und Einsetzen dieses Ausdrucks für dr in unser IS-Differential hergeleitet, wobei $\overline{M}/P_0$ konstant gehalten wurde. Das gleiche Resultat hätten wir auch durch Anwendung von Matrizenrechnung erhalten können. Diese Methode kann sehr elegant sein und führt besonders bei komplexeren Problemen, bei denen wir mit bloßer Substitution nicht mehr weiterkommen, zum Ergebnis. Um Matrizen anzuwenden, gehen wir folgendermaßen vor: zunächst gruppieren wir endogene und exogene Variable in unseren Gleichungen. Durch Anwendung der Regeln der Matrizenrechnung können wir diese Blöcke dann bearbeiten.

Ein wesentlicher Bestandteil ist die Inversionsregel für Matrizen. Für eine 2 x 2 Matrix

$$\underline{A} = \begin{pmatrix} a_{11} & a_{12} \\ a_{21} & a_{22} \end{pmatrix},$$

bei der a_{ij} für eine Zahl oder eine Ableitung steht, ist die Inverse als die Matrix definiert, die $\underline{A}$ in die Einheitsmatrix transformiert.

$$\underline{A}^{-1} \cdot \underline{A} = I = \begin{pmatrix} 1 & 0 \\ 0 & 0 \end{pmatrix}.$$

Die Inverse zu $\underline{A}$ ist durch

$$\underline{A}^{-1} = \frac{1}{a_{11}\,a_{22} - a_{12}\,a_{21}} \begin{pmatrix} a_{22} & -a_{12} \\ -a_{21} & a_{11} \end{pmatrix} \tag{1}$$

gegeben. Der Term $(a_{11} \cdot a_{22} - a_{12} \cdot a_{21})$ gibt die Determinante zu A an und wird auch als $|\underline{A}|$ geschrieben. Wir wollen nun zeigen, wie wir die Inversionsregel anwenden können. Als Beispiel verwenden wir das einfache Modell mit konstanten Preisen, das wir in diesem Kapitel entwickelt haben.

$$y = c\,(y - t\,(y)) + g. \tag{2}$$

$$\overline{M}/P = l\,(r) + k\,(y). \tag{3}$$

Wir wollen nun eine Veränderung der Staatsausgaben annehmen. Vollständige Differentiation der Gleichungen (2) und (13) ergibt

$$dy = c'\,(dy - t'\,dy) + i'\,dr + dg.$$

$$0 = l'\,dr + k'\,dy.$$

Wir gruppieren nach endogenen und exogenen Variablen und schreiben unsere zwei linearen vollständigen Differentiale als

$$(1 - c'\,(1 - t'))\,dy - i'\,dr = dg; \tag{4}$$

$$k'\,dy + l'\,dr \qquad\qquad = 0. \tag{5}$$

Wir können dieses System in Matrixform darstellen:

$$\begin{pmatrix} (1 - c'\,(1 - t')) & -i' \\ k' & l' \end{pmatrix} \begin{pmatrix} dy \\ dr \end{pmatrix} = \begin{pmatrix} 1 \\ 0 \end{pmatrix} dg. \tag{6}$$

Nun bezeichnen wir die Matrix auf der linken Seite mit $\underline{A}$ Gleichung (6) kann dann wie folgt geschrieben werden:

$$\underline{A} \begin{pmatrix} dy \\ dr \end{pmatrix} = \begin{pmatrix} 1 \\ 0 \end{pmatrix} dg. \tag{7}$$

Anwendung der Inversionsregel aus Gleichung (1) ergibt folgende Inverse zu unserer Matrix $\underline{A}$:

$$\underline{A}^{-1} = \frac{1}{|\underline{A}|} \begin{bmatrix} l' & i' \\ -\,k' & (1 - c'\,(1 - t')) \end{bmatrix}. \tag{8}$$

Die Determinante $|\underline{A}|$ ist durch

$$|\underline{A}| = l'\,(1 - c'\,(1 - t')) + i'\,k' \tag{9}$$

gegeben. Um nach dy/dg und dr/dg aufzulösen, können wir $\underline{A}$ wie folgt invertieren:

$$\underline{A}^{-1} \cdot \underline{A} \cdot \begin{pmatrix} dy \\ dr \end{pmatrix} = \underline{A}^{-1} \begin{pmatrix} 1 \\ 0 \end{pmatrix} dg.$$

$\underline{A}^{-1} \cdot \underline{A}$ ist aber gleich der Einheitsmatrix, so daß

$$\begin{pmatrix} dy \\ dr \end{pmatrix} = \underline{A}^{-1} \cdot \begin{pmatrix} 1 \\ 0 \end{pmatrix} dg, \quad \text{oder} \quad \begin{pmatrix} dy \\ dr \end{pmatrix} = \frac{1}{|\underline{A}|} \begin{pmatrix} l' & i' \\ k' & 1 - c'(1-t') \end{pmatrix} \begin{pmatrix} 1 \\ 0 \end{pmatrix} dg.$$

Verwenden wir den Koeffizientenvektor von dg, so erhalten wir

$$\begin{pmatrix} dy \\ dr \end{pmatrix} = \frac{1}{|\underline{A}|} \begin{pmatrix} l' \\ -k' \end{pmatrix} dg. \tag{10}$$

Die Determinante der Matrix der Ableitungen $\underline{A}$ ist durch Gleichung (9) gegeben. Die explizite Lösung für dy, hergeleitet aus Matrixgleichung (10), lautet

$$dy = \frac{l'}{|\underline{A}|} dg. \tag{11}$$

Ersetzen wir die Determinante gemäß Gleichung (9), so erhalten wir

$$dy = \frac{1}{l'(i - c'(1-t')) + i'k'} dg$$

oder

$$dy = \frac{1}{1 - c'(1-t') + \frac{i'k'}{l'}} dg. \tag{12}$$

Dieser Ausdruck ist identisch mit dem im Text in Kapitel 5 abgeleiteten Ausdruck (5), den wir durch Substitution erhalten haben. Wir können die gleiche Methode anwenden um den Multiplikator für r , dr/dg zu erhalten.

Für komplexere Probleme wird der Prozeß der Invertierung der Matrix der Ableitungen $\underline{A}$ extrem langwierig, schwierig ja geradezu lästig. Wir nehmen deshalb zu einem mathematischen Trick Zuflucht, der als die Cramersche Regel bekannt ist. Nehmen wir an, wir wollten dy/dg finden. Wir schauen zurück zu Gleichung (6) und stellen fest, daß die Terme in der ersten Spalte von $\underline{A}$ die Koeffizienten von dy in Gleichungen (4) und (5) sind. Wir substituieren den Vektor der Koeffizienten von dg an die Stelle des Vektors der Koeffizienten von dy und erhalten dadurch folgende Matrix:

$$\begin{pmatrix} 1 & -i' \\ 0 & l' \end{pmatrix}. \tag{13}$$

Die Cramersche Regel besagt nun, daß dy/dg gleich dem Verhältnis der Determinante der Matrix in (13) und der Determinante der Matrix $\underline{A}$ ist. Algebraisch sieht das wie folgt aus:

$$\frac{dy}{dg} = \frac{\begin{vmatrix} 1 & -i' \\ 0 & l' \end{vmatrix}}{|\underline{A}|}, \text{und } \frac{dy}{dg} = \frac{l'}{|\underline{A}|}.$$

Dies entspricht Gleichung (11).

Um dr/dy zu finden, setzen wir den Vektor der Koeffizienten dg in die zweite Spalte von $\underline{A}$ ein. Wir ersetzen also lediglich die Koeffizienten von dr durch die Koeffizienten von dg. Das Verhältnis der Determinanten ergibt dann

$$\frac{dr}{dg} = \frac{\begin{vmatrix} 1-c'(1-t') & 1 \\ k' & 0 \end{vmatrix}}{|A|}$$

$$= \frac{-k'}{|A|}.$$

Dies ist die richtige Antwort.

Ausgewählte Literatur

A. C. Chiang, *Fundamental Methods of Mathematical Economics,* 3rd Ed. (New York: McGraw-Hill, 1984), Chapters 4-5.

Kapitel 6
Angebot und Nachfrage auf dem Arbeitsmarkt

In den letzten beiden Kapiteln haben wir die Nachfrageseite der Volkswirtschaft entwickelt, wobei wir das Preisniveau als exogen angenommen haben. Die Gleichgewichtsbedingung für den Gütermarkt

$$\text{IS: } y = c(y - t(y)) + i(r) + g \tag{1}$$

und die für den Geldmarkt

$$\text{LM: } \frac{\overline{M}}{P} = l(r) + k(y) \tag{2}$$

bestimmen zusammen die Gleichgewichtswerte für das Niveau des Outputs y und des Zinssatzes r bei gegebenem Preisniveau. Die Variation des Preisniveaus wirkt über das reale Geldangebot $m = (\overline{M}/P)$ und ergibt andere Gleichgewichtswertepaare y und r. Graphisch können wir dies durch eine Verschiebung der LM-Kurve darstellen. Durch Variation des exogenen Preisniveaus P erhalten wir die in Abbildung 6-1 gezeigte aggregierte Nachfragekurve DD.

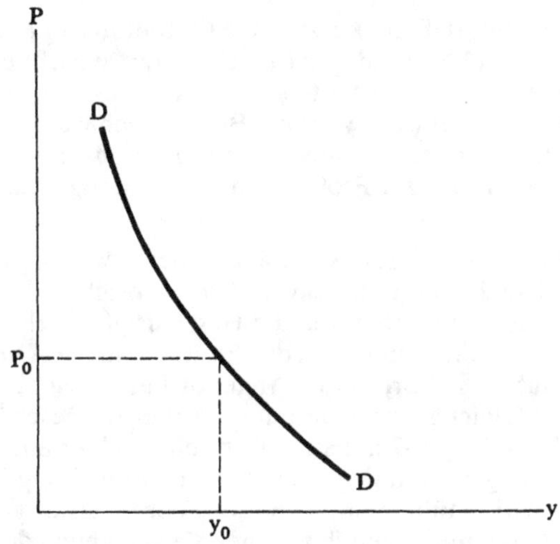

Abbildung 6-1: Die aggregierte Nachfragekurve.

Zu Beginn der Diskussion der Angebotsseite in unserem groben Gerüst der Makroökonomie wollen wir in diesem Kapitel Angebot und Nachfrage auf dem Arbeitsmarkt darstellen. Kapitel 7 wird auf dieser Analyse aufbauen, um eine aggregierte Angebotskurve der Volkswirtschaft zu entwickeln. In den darauffolgenden Kapiteln werden wir deshalb aggregiertes Angebot und aggregierte Nachfrage gleichsetzen können, um die Gleichgewichtswerte für Output und Preisniveau endogen bestimmen zu können.

Wir beginnen hier mit einer kurzen Diskussion des einfachen Depressionsmodells einer Volkswirtschaft mit starrem Preisniveau. Wir werden dieses Thema später in Kapitel 10 noch detaillierter erörtern. An dieser Stelle werden wir es lediglich benutzen, um die Rolle des Arbeitsmarkts zu diskutieren. Der Hauptabschnitt dieses Kapitels entwickelt Nachfrage, Angebot und Gleichgewicht auf dem Arbeitsmarkt. Am Ende folgt eine kurze Diskussion der Gleichgewichtsarbeitslosigkeit.

Das einfache Depressionsmodell

Zu Beginn wollen wir eine Volkswirtschaft betrachten, die der der großen Depression in den dreißiger Jahren entspricht. Das Arbeitsangebot ist mehr oder weniger unbeschränkt, so daß eine Zunahme der Nachfrage den Output y und die Beschäftigung N erhöhen kann, ohne dabei das Preisniveau anzuheben. Unsere Angebotskurve in Abbildung 6-1 ist deshalb waagerecht bei P_0 mit dem Gleichgewichtsoutput bei y_0. Wir führen nun die kurzfristige Produktionsfunktion für realen Output in unser Modell ein

$$y = y(N; \bar{K}); \quad \frac{\partial y}{\partial N} > 0. \tag{3}$$

Diese Gleichung besagt, daß das kurzfristige Outputniveau lediglich vom Inputfaktor Arbeit N abhängt. Alle anderen Inputfaktoren, einschließlich des Kapitals $\bar{K}$, sind kurzfristig entweder konstant (wie der Kapitalstock) oder variieren proportional mit dem Arbeitseinsatz, wie zum Beispiel der Materialinput. Bei jedem gegebenen Niveau y können wir aus der Produktionsfunktion das Beschäftigungsniveau N ablesen, das zur Produktion dieser Menge realen Outputs nötig ist.

Wir haben nun ein vollständiges, wenn auch noch etwas unbefriedigendes Depressionsmodell. Die Existenz massiver Arbeitslosigkeit bedeutet, daß eine Nachfrageausweitung den Output und die Beschäftigung erhöht aber keinen signifikanten Einfluß auf die Löhne und das Preisniveau hat. Diese Situation wird in Abbildung 6-1 durch die horizontale Angebotskurve beim Preis P_0 dargestellt. Die Produktion des Gleichgewichtsoutputs y_0 bringt ein Beschäftigungsniveau in Höhe von N_0 in Abbildung 6-2 mit sich. Wir nehmen hier an, daß N_0 weit unter dem Vollbeschäftigungsniveau liegt (die Arbeitslosigkeit lag im Jahre 1933 bei 25%). In dieser Situation führte eine Erhöhung der Staatsausgaben zu einer Verschiebung der IS-Kurve und dadurch zu einer Verschiebung der Nachfragekurve in Abbildung 6-1 nach rechts auf D_1D_1. Der Gleichgewichtsoutput würde auf y_1 steigen und die Beschäftigung würde auf N_1 in Abbildung 6-2 erhöht.

Formal beinhaltet dieses Depressionsmodell die Annahme eines exogenen Preisniveaus

$$P = P_0. \tag{4}$$

Gleichung (4) ergibt zusammen mit den Gleichungen (1)-(3) ein System von vier Gleichungen mit den vier Variablen y, r, P und N.

Das Hauptproblem bei dieser Analyse ist, daß die Annahme eines konstanten Preisniveaus nur dann akzeptabel ist, wenn das Arbeitsangebot vollständig elastisch ist. Dies wissen wir aus empirischen Beobachtungen. Als in den dreißiger Jahren allgemein hohe Arbeitslosigkeit herrschte, hätte eine Erhöhung der Nachfrage zu einer Ausweitung der Produktion führen können, ohne dabei das Preisniveau anzuheben. In der Zeit nach 1961, als die Arbeitslosenquote ungefähr 7% betrug, führte eine Ausweitung der Nachfrage zu einer Erhöhung des Outputs, ohne dabei das Preisniveau wesentlich anzuheben. Als dann aber nach 1965 die Arbeitslosenquote lediglich bei 4% lag, führte die nach wie vor steigende Nachfrage ebenfalls zu steigenden Preisen. Dieser Prozeß dauerte bis in die frühen siebziger Jahre an und stellt ein Beispiel für nachfrageinduzierte Inflation dar. Aus den achtziger Jahren ist uns ein Beispiel bekannt, bei dem ein Rückgang der Nachfrage eine Phase der Inflation beendete. Geldpolitische Maßnahmen, deren Ziel es war, die Nachfrage zu verringern, reduzierten den Output von 1980 bis 1982, wobei die Arbeitslosenquote von 6 auf 10,5% anstieg. Die Inflationsrate, die sich 1980 als Folge einer Reihe von Angebotsschocks bei 11,5% befand, fiel auf 4% gegen Ende des Jahres 1982. Empirische Beobachtungen lassen also darauf schließen, daß steigende Nachfrage zu steigenden Preisen führt und daß eine Verringerung der Nachfrage zu niedrigerer Inflation oder einem Rückgang des Preisniveaus führt.

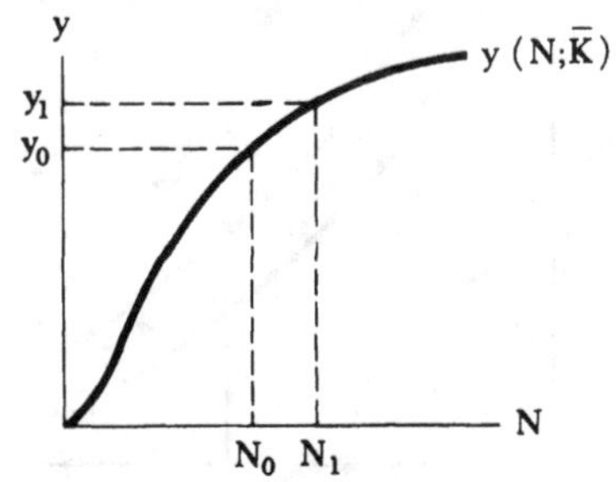

Abbildung 6-2: Die kurzfristige Produktionsfunktion.

Wir sollten in der Lage sein, uns intuitiv die qualitative Beziehung zwischen Preisen, Löhnen und dem Beschäftigungsniveau vorzustellen, die zu beobachten ist, wenn sich eine Volkswirtschaft nahe der Vollbeschäftigung befindet. Wenn die Nachfrage nach Gütern plötzlich höher als das verfügbare Angebot ist, werden die Preise steigen. Höhere Preise bedeuten höhere Gewinne der Produzenten, die deshalb ihre Produktion ausweiten, um noch höhere Gewinne erzielen zu können. Zu diesem Zweck werden sie versuchen, mehr Arbeitskräfte einzustellen. Höhere Preise führen also zu einer Erhöhung der Nachfrage nach Arbeitskräften. Diese Nachfrageerhöhung äußert sich dadurch, daß die Unternehmer bereit sind, höhere Nominallöhne zu zahlen, um Arbeitskräfte anzuziehen.

Die Arbeitnehmer allerdings sind, anzunehmender Weise, an der Kaufkraft ihrer Löhne interessiert. Was sie mit ihren Löhnen kaufen können, hängt nicht nur von der Höhe der Löhne ab, sondern auch von den Preisen für Waren und Dienstleistungen. Folglich wird eine Preiserhöhung die Reallöhne senken und deshalb möglicherweise bei konstanten Geldlöhnen zu niedrigerem Arbeitsangebot führen. Man könnte sich auch vorstellen, daß eine höhere Nachfrage nach Arbeitskräften, stimuliert durch einen Anstieg der Preise, durch die Verringerung des Arbeitsangebots auf Grund der fallenden Reallöhne konterkarriert wird. Unser gesunder Menschenverstand sollte uns also spätestens jetzt sagen, daß zwischen Preisen, Löhnen und dem Beschäftigungsniveau eine enge Beziehung besteht und daß diese Beziehung komplizierter ist, als in dem oben vorgestellten einfachen Depressionsmodell.

Wir haben die Gleichgewichtsbedingungen für Güter- und Geldmarkt bereits hergeleitet:

$$y = c(y - t(y)) + i(r) + g$$

und

$$\frac{\overline{M}}{P} = l(r) + k(y).$$

Außerdem haben wir die Produktionsfunktion in Gleichung (3) eingeführt:

$$y = y(N; \overline{K}).$$

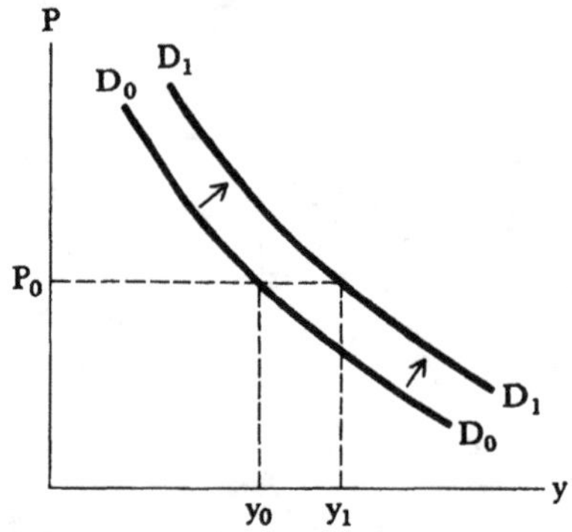

Abbildung 6-3: Verschiebung der Nachfrage im Depressions Modell.

Diese drei Gleichungen beinhalten vier endogene Variablen: y, r, P und N. Das System ist also unterdeterminiert. Es hat weniger Gleichungen als Unbekannte. Um Gleichgewichtswerte für y, r, P und N zu bestimmen, müssen wir eine weitere Gleichung finden, die wenigstens einige dieser Variablen beinhaltet und gleichzeitig eine vernünftigere Annahme als die des exogenen Preisniveaus in Gleichung (4) darstellt. Diese Gleichung werden wir durch die Betrachtung des Arbeitsmarkts finden, wobei wir die aggregierte Angebotskurve herleiten werden, die P und y auf der Angebotsseite verbindet.

Die Arbeitsnachfrage

Wir haben in Gleichung (3) bereits eine einfache Produktionsfunktion vorgestellt, die den realen Output y als eine Funktion des Arbeitsinputs N darstellt, wobei das Niveau des Kapitalstocks und das anderer Inputfaktoren entweder als konstant oder als proportional zum Niveau des Arbeitsinputs angenommen wird.

Diese Funktion ist graphisch in Abbildung 6-4(a) dargestellt. Der Verlauf der Produktionsfunktion y (N; $\overline{K}$) zeigt, daß y mit jeder Erhöhung des Arbeitsinputs steigt. Folglich ist $\partial y/\partial N > 0$. Allerdings steigt y bei gegebenem Kapitalstock überproportional im Bereich niedrigen Arbeitsinputs. Wird ein bestimmtes Niveau, das in Abbildung 6-4 als N_1 bezeichnet ist, überschritten, so nimmt y nur noch unterproportional zu, was Ausdruck abnehmender Grenzproduktivität der Arbeit ist. Dieser Effekt kommt zustande, weil der konstante Kapitalstock auf mehr und mehr Arbeitskräfte verteilt wird. Schließlich wird ein Punkt erreicht, bei dem durch Hinzufügen einer weiteren Einheit Arbeit kein höherer Output mehr produziert werden kann [y(N; $\overline{K}$) ist waagrecht in dieser Situation] oder das Outputniveau sogar verringert würde [y(N; $\overline{K}$) fallend].

Wir können einige interessante Funktionen aus dieser Produktionsfunktion herleiten, die in Abbildung 6-4(b) dargestellt ist. Da ist zunächst die Durchschnittsproduktivität der Arbeit y/N die wir im folgenden mit APL bezeichnen.

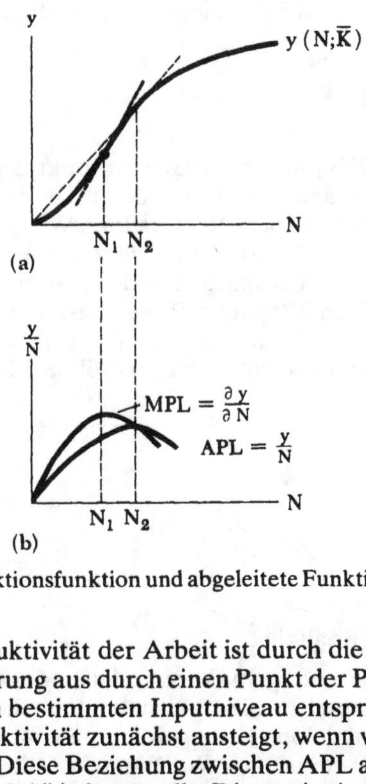

Abbildung 6-4: Die Produktionsfunktion und abgeleitete Funktionen.

Die Durchschnittsproduktivität der Arbeit ist durch die Steigung einer Geraden gegeben, die vom Ursprung aus durch einen Punkt der Produktionsfunktion verläuft, der jeweils einem bestimmten Inputniveau entspricht. Wir erkennen, daß die Durchschnittsproduktivität zunächst ansteigt, wenn wir die Beschäftigung erhöhen, dann aber fällt. Diese Beziehung zwischen APL and dem Beschäftigungsniveau ist in Abbildung 6-4(b) dargestellt. Die zweite in Abbildung 6-4(b) dargestellte Funktion beschreibt die Grenzproduktivität der Arbeit (MPL). Die Funktion ist durch die Steigung der Produktionsfunktion dy/dN gegeben und kann in Abbildung 6-4(a) als die Steigung der Produktionsfunktion für alle N dargestellt werden.

Drei Punkte der APl- und MPL-Kurven wollen wir hier herausstellen. Mit einer zunächst konvexen Produktionsfunktion (zunehmende Grenzproduktivität), die ab einem bestimmten Punkt konkav wird (abnehmende Grenzproduktivität) wird die MPL-Funktion ihr Maximum bei dem Beschäftigungsniveau N erreichen, bei dem die Produktionsfunktion ihren Wendepunkt hat. Der Wendepunkt liegt an der Stelle, an der die Produktionsfunktion von ihrem konvexen Teil in den konkaven Teil übergeht. Dieser Punkt ist in Abbildung 6-4 durch das Beschäftigungsniveau N_1 gegeben. Die APL-Funktion erreicht ihr Maximum bei dem Beschäftigungsniveau, wo die aus dem Ursprung verlaufende Gerade die Produktionsfunktion in Abbildung 6-4(a) gerade tangiert. Dieser Punkt ist in Abbildung 6-4 für das Beschäftigungsniveau N_2 gegeben. Da die MPL-Funktion durch die Steigung der Produktionsfunktion gegeben ist, gilt im Maximum der APL-Funktion APL = MPL. Links des Maximums der APL-Funktion ist MPL > APL, rechts APL > MPL.

Wenn die Unternehmung nun die Beschäftigung erhöht, dann ist die daraus resultierende Erhöhung des Outputs näherungsweise durch die Grenzproduktivität der Arbeit $\partial y/\partial N$ multipliziert mit der Beschäftigungszunahme gegeben. Unter vollständiger Konkurrenz nimmt eine Firma das Preisniveau als gegeben hin. Die Ertragszunahme, die aus einer Erhöhung der Beschäftigung resultiert, ist durch

$$\Delta R = P \cdot \frac{\partial y}{\partial N} \cdot \Delta N$$

gegeben, wobei $P \cdot (\partial y/\partial N)$ dem Wertgrenzprodukt der Arbeit entspricht. Die Kostenzunahme ΔC der Unternehmung, die durch die zusätzlichen Einstellungen verursacht wird, entspricht dem Nominallohn W multipliziert mit der Zunahme der Beschäftigung ΔN. Hieraus können wir die Gleichgewichtsbedingung für die Beschäftigung und die Arbeitsnachfrage der Unternehmung herleiten. Wenn für eine Erhöhung der Beschäftigung $\Delta R > \Delta C$ ist, dann wird eine gewinnmaximierende Firma den Arbeitsinput erhöhen. Wenn $\Delta R < \Delta C$ ist, wird sie dies nicht tun. Sie wird den Arbeitsinput so lange erhöhen oder vermindern, bis $\Delta R = \Delta C$ ist und

$$W = P \cdot \frac{\partial y}{\partial N}, \tag{5a}$$

oder

$$w \equiv \frac{W}{P} = \frac{\partial y}{\partial N}, \tag{5b}$$

gilt. Hier steht w für den Reallohn.

Wir können die Arbeitsnachfragefunktion in folgender Weise aus Gleichung (5) ableiten. Nehmen wir einmal an, die Unternehmung sehe sich unter vollständiger Konkurrenz einem Nominallohn W_0 gegenüber. Sie wird dann so lange den Arbeitsinput erhöhen, bis $P \cdot (\partial y/\partial N) = W_0$. Wenn W fällt, wird die Unternehmung das Beschäftigungsniveau erhöhen, um Bedingung (5) aufrechtzuerhalten. Wir können nun Gleichungen (5) interpretieren. In 5(a) wird der Reallohn w gleich $\partial y/\partial N$ gesetzt. In 5(b) wird der beim Beschäftigungsniveau N gebotene Geldlohn W gleich $P \cdot (\partial y/\partial N)$ gesetzt. Diese Beziehungen sind in Abbildung 6-5 dargestellt.

Wenn $W_0/P < (\partial y/\partial N)$ oder $W_0 < P \cdot (\partial y/\partial N)$ ist, dann wird die Unternehmung den Arbeitsinput erhöhen. Vertauschen wir die Seiten der Ungleichung, so wird die Firma das Beschäftigungsniveau verringern.

Der Fall des Monopols

Die Nachfrage der monopolistischen Unternehmung nach dem Faktor Arbeit, wird qualitativ der der Unternehmung unter vollständiger Konkurrenz ähneln. Deshalb wollen wir an dieser Stelle einen kurzen Blick auf ihre Herleitung werfen. Der Unterschied zwischen diesen beiden Fällen liegt darin, daß die Unternehmung unter vollständiger Konkurrenz einen bestimmten Preis als vom Markt gegeben hinnimmt. Ihr Wertgrenzprodukt ist durch P · MPL gegeben. Der Monopolist dagegen kann seine gewinnmaximierende Preis-Mengenkombination entlang seiner Nachfragekurve wählen. Die Nachfragekurve kann wie folgt beschrieben werden:

$$P = P(y(N; \overline{K})); \quad P' < 0. \tag{6}$$

Der Preis ist eine abnehmende Funktion der Menge.

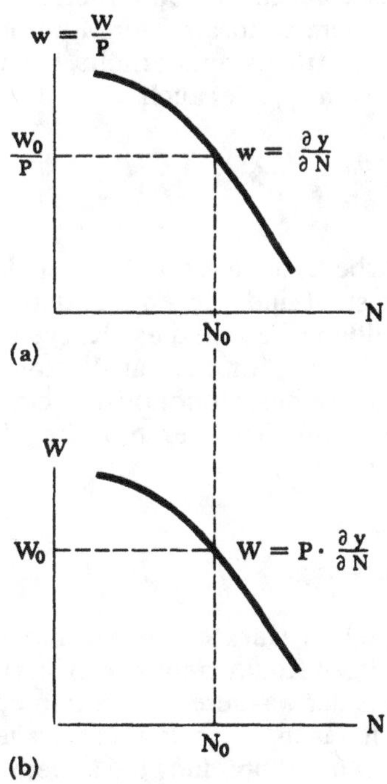

Abbildung 6-5: Arbeitsnachfrage der Unternehmung unter vollständiger Konkurrenz.

Der Ertrag des Monopolisten (Preis · Menge) ist durch

$$R = y(N; \overline{K}) \cdot P(y(N; \overline{K})) \tag{7}$$

gegeben.

Um einen Ausdruck für die Ertragsveränderung dR zu erhalten, die aus einer infinitesimalen Veränderung der Beschäftigung dN resultiert, differenzieren wir Gleichung (7):

$$\frac{dR}{dN} = y\,\frac{dP}{dy}\,\frac{\partial y}{\partial N} + P\,\frac{\partial y}{\partial N}$$

$$= P\,\frac{\partial y}{\partial N}\left(1 + \frac{y}{P}\,\frac{dP}{dy}\right).$$

Der letzte Term in der Klammer ist die Elastizität der Nachfrage. Das Wertgrenzprodukt des Monopolisten ist also durch

$$\frac{dR}{dN} = P\left(1 + \frac{1}{e}\right)\frac{\partial y}{\partial N} \tag{8}$$

gegeben, wobei e die (negative) Elastizität der Nachfrage entlang der durch Gleichung (6) gegebenen Nachfragefunktion ist.

Die Grenzkosten einer zusätzlichen Einheit Arbeit sind in diesem einfachen Modell nach wie vor gleich W, dem Lohnsatz. Der Monopolist maximiert seinen Gewinn, indem er so lange den Arbeitsinput erhöht, bis das Wertgrenzprodukt der Arbeit gleich den Grenzkosten ist, oder auch

$$W = P\left(1 + \frac{1}{e}\right)\frac{\partial y}{\partial N}. \tag{9}$$

Hieraus können wir die Arbeitsnachfragefunktionen des Monopolisten ableiten, die in Abbildung 6-6 dargestellt sind. Gegenüber den Funktionen unter vollständiger Konkurrenz in Abbildung 6-5 sind diese Kurven lediglich um den Faktor 1 + (1/e) verschoben. Nehmen wir für e einen Wert von − 1,5 an, so wird jeder Punkt auf der Nachfragekurve des Monopolisten ein Drittel der waagerechten Distanz zur Ordinate nach links von der Nachfragekurve unter vollständiger Konkurrenz entfernt liegen.

Die aggregierte Arbeitsnachfrage

In einer Volkswirtschaft, deren Märkte teilweise monopolistisch, teilweise nach dem Vorbild der vollständigen Konkurrenz organisiert sind, wird die aggregierte Arbeitsnachfragekurve aus der waagerechten Summe vieler individueller Nachfragekurven bestehen, von denen einige den Nachfragekurven in Abbildung 6-5 andere den Nachfragekurven in Abbildung 6-6 ähneln. Bei gegebener Technologie, die eine stabile dy/dN-Kurve impliziert, wird auch die aggregierte Arbeitsnachfragefunktion recht stabil sein, wenn nicht Veränderungen der Gütermarktkonditionen die Aufteilung des Outputs auf die monopolistischen Sektoren und die Sektoren vollständiger Konkurrenz verändern oder die durchschnittliche Elastizität der Nachfrage in den monopolistischen Märkten variiert.

Unter diesen Bedingungen ist die aggregierte Arbeitsnachfrage durch

$$w \equiv \frac{W}{P} = f(N) \tag{10a}$$

oder

$$W = P \cdot f(N) \tag{10b}$$

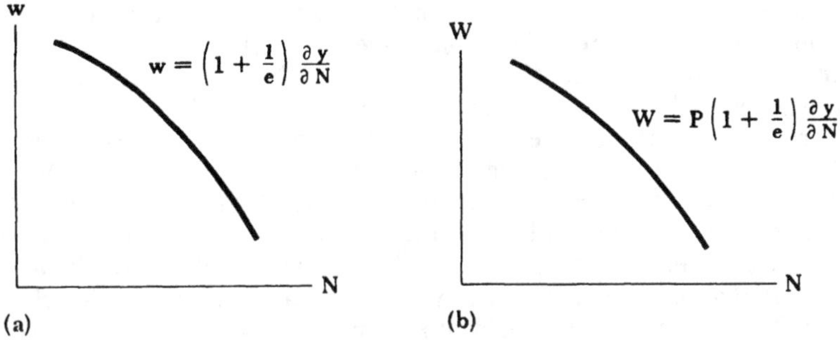

Abbildung 6-6: Die Arbeitsnachfrage monopolistischer Firmen.

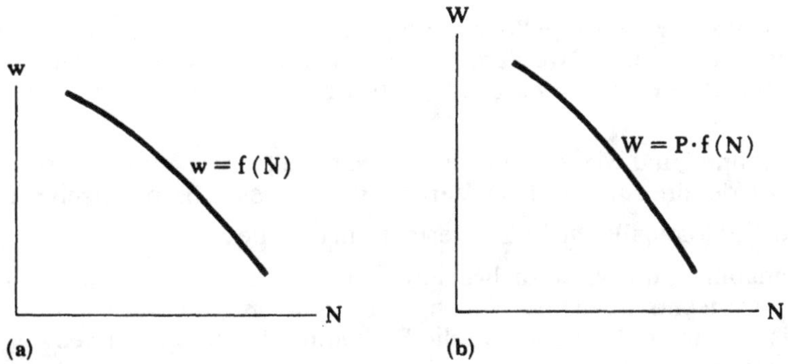

Abbildung 6-7: Aggregierte Arbeitsnachfragekurve.

gegeben, wobei $f'(N) < 0$ ist. Die aggregierte Nachfragekurve (10) ist in Abbildung 6-7 dargestellt.

Wir wollen auf zwei wichtige Aspekte der aggregierten Arbeitsnachfragefunktion hinweisen. Ihre negative Steigung ist auf die abnehmende Grenzproduktivität der Arbeit zurückzuführen, die wir beobachten, wenn wir bei gegebenem Kapitalstock das Beschäftigungsniveau erhöhen. In einer Volkswirtschaft mit vollständige Märkten wäre die Nachfragekurve f (N) gleich der aggregierten MPL-Kurve dy/dN. Der zweite Aspekt betrifft das gewinnmaximierende Verhalten der Unternehmen. Da sich gewinnmaximierende Unternehmen am Reallohn orientieren, den sie bezahlen (Preis des Inputfaktors Arbeit relativ zum Outputpreis), tritt das Preisniveau in der Geldlohn-Version der Nachfragefunktion (10b) multiplikativ verknüpft auf.

Wir schreiben also $W = P \cdot f(N)$, anstatt $W = f(P, N)$. Diese Unterscheidung ist wesentlich für unsere Analyse der Effekte von Preisänderungen auf die Position der Funktionen des Arbeitsangebots und der Arbeitsnachfrage.

Das Arbeitsangebot

Bei der Herleitung der Arbeitsnachfragefunktion (Abbildung 6-7) haben wir keine expliziten Annahmen bezüglich der Preis- oder Lohnerwartungen der Arbeitgeber auf der Nachfrageseite des Arbeitsmarkts gemacht, da wir guten Gewissens annehmen konnten, ein Arbeitgeber habe ausreichende Informationen oder sogar Kontrolle über die Preise und Lohnsätze. Der Arbeitgeber kennt also den Reallohn, der für ihn gleich dem Nominallohn deflationiert mit seinem Produktpreis ist. Ein Arbeitnehmer dagegen muß sein nominales Arbeitseinkommen mit einem Preisindex deflationieren. Er verwendet hierzu zum Beispiel den Konsumentenpreisindex (CPI), der eine breite Produktpalette abdeckt. Durch diesen Vorgang erhält er einen Schätzwert für seinen Reallohn w. Folglich ist die Information des Arbeitnehmers über das Preisniveau und damit auch seine Einschätzung des Reallohns nicht so genau, wie die des Arbeitgebers. Wir benötigen eine explizite Annahme, die die Erwartungen des Arbeitnehmers bezüglich des Preisniveaus P^e in Beziehung zum wahren Preisniveau P setzt. Die Wichtigkeit dieser Asymmetrie zwischen Unternehmen auf der Nachfrageseite und Arbeitnehmern auf der Angebotsseite des Arbeitsmarktes wird deutlich werden, wenn wir mit der Analyse des aggregierten Angebots fortfahren.

Zur Entwicklung der Angebotsseite des Arbeitsmarktes müssen zunächst zwei wichtige Fragen geklärt werden. Die erste hat mit Erwartungen zu tun und die zweite mit dem Nominallohnsatz W, den wir bis jetzt als konstant angenommen haben.

1. Wie schnell und wie vollständig passen Arbeitnehmer ihre Erwartungen bezüglich des Preisniveaus P^e an Veränderungen des wahren Preisniveaus P an?
2. Sind die Nominallöhne im Zeitverlauf zäh oder flexibel?

Die Annahmen, die wir bezüglich der Antworten auf diese Fragen machen werden, sind von entscheidender Wichtigkeit für die Funktionweise unseres Makromodells. In Kapitel 10 werden wir die Bedeutung und Implikationen starrer Löhne diskutieren. Im verbleibenden Teil von Kapitel 6 werden wir das Gleichgewicht auf dem Arbeitsmarkt und das aggregierte Angebot in bezug auf verschiedene Annahmen zwischen zwei extremen Fällen untersuchen. In Fall (a) nehmen wir vollständige und sofortige Anpassung von P^e an P an. In Fall (b) findet überhaupt keine Anpassung statt. Annahme (a) wird uns zum „klassischen“ Fall führen, wo das Arbeitsangebot lediglich vom Reallohn w abhängt. Dieser Extremfall heißt „klassisch“, da er aus der traditionellen Theorie des Konsumentenverhaltens stammt und an der Wurzel der präkeynesianischen Schule makroökonomischen Denkens steht, die Keynes im Jahre 1936 als „klassisch“ bezeichnete. Wir werden sehen, daß die Annahme, das Arbeitsangebot sei eine Funktion des Reallohns w, langfristig gesehen möglicherweise richtig ist (aber schwer empirisch nachzuweisen), während sich Annahme (b), die das Arbeitsangebot als eine Funktion des Geldlohnes W darstellt, als die bessere Hypothese zur Erklärung der kurzfristigen Schwankungen des Beschäftigungniveaus erweist. Wir nennen Fall (b) den Keynesianische Fall.

Zeit und Erwartungen

An unseren einführenden Bemerkungen bezüglich des Arbeitsangebots sollte hervorgehen, daß Erwartungen bezüglich des Preisniveaus von entscheidender Wichtigkeit sind. Das relevante Maß des Preisniveaus ist der Preis des Konsumgüterkorbes des Arbeitnehmers. Diese Maß ist durch den Konsumtenpreisindex CPI gegeben. Der Arbeitnehmer, der sich einem Nominallohn W gegenüber sieht, muß eine Schätzung seines erwarteten Reallohnes W/P^e vornehmen, wobei

P^e der Erwartungswert des Konsumentenpreisindex ist. Der Arbeitnehmer muß also Preiserwartungen bilden, die wir von nun an als P^e bezeichnen.

Um mit Erwartungen vernünftig umgehen zu können, müssen wir eine zusätzliche Schreibweise einführen, die die Zeitfolge explizit berücksichtigt. Wir müssen spezifizieren, was erwartet wird und wann es erwartet wird. Diese Notation wird sich als hilfreich erweisen, wann immer wir uns mit Erwartungen beschäftigen. An Stellen, an denen diese Schreibweise keinen besonderen Zweck erfüllt, werden wir sie nicht gebrauchen. An dieser Stelle wollen wir sie für erwartete Preise einführen und zeigen, wie diese Preiserwartungen in das Arbeitsangebot eingehen. Später werden wir dann diskutieren, wie solche Erwartungen zustande kommen.

In Periode t ist das Preisniveau dieser Periode durch P_t gegeben. Eine Person kann nun Erwartungen bezüglich dieses Wertes P_t haben. Andere Personen haben jedoch möglicherweise andere, eventuell unsicherere Erwartungen bezüglich dieses Preisniveaus, und im Voraus wissen sie nur, daß P_t in einer bestimmten Weise über eine ganze Reihe möglicher Werte verteilt ist. Ist nun diese Verteilung am Ende von Periode t − 1 bekannt, so können sie den Mittel- oder Erwartungswert des Preisniveaus für Periode t berechnen, den wir hier mit ${}_{t-1}P_t$ bezeichnen wollen. Die Akteure wissen wohl, daß sich das Preisniveau in t von P_{t-1} zu einer unendlichen Zahl verschiedener Preisniveaus verändern kann. Jedes mögliche Preisniveau ist mit einer Eintrittswahrscheinlichkeit verbunden. Der gewichtete Durchschnitt all dieser Möglichkeiten ist eine bestimmte Zahl ${}_{t-1}P_t$. Dies Zahl nennen wir den Erwartungswert des Preisniveaus für Periode t, der auf den Erwartungen am Ende von Periode t − 1 basiert. Diesen Preisindex würde der Arbeitnehmer verwenden, um seinen erwarteten Reallohn der Periode t zu kalkulieren. Im allgemeinen werden wir, wenn wir Preiserwartungen in diesem und im folgenden Kapitel diskutieren, ${}_{t-1}P_t$ als das erwartete Preisniveau P^e bezeichnen. Außer wenn wir uns explizit auf Erwartungen beziehen, die in früheren Perioden gebildet wurden, zum Beispiel ${}_{t-2}P_t$, oder solche, die sich auf spätere Perioden beziehen, zum Beispiel ${}_{t-1}P_{t+1}$, werden wir P^e als üblichen (einperiodigen) Erwartungswert des Preisniveaus der Periode t ${}_{t-1}P_t$ verwenden. Um Komplexität und potentielle Verwirrung zu vermeiden, werden wir uns im allgemeinen auf das tatsächliche Preisniveau einer Basisperiode t als P_0 beziehen und das Preisniveau ${}_{t-1}P_t$, das für diese Periode erwartet wurde, als P^e bezeichnen. In Abbildung 6-10 wird diese Schreibweise verwendet.

Die individuelle Entscheidung über Arbeit und Freizeit

Um eine Arbeitsangebotsfunktion aufzustellen, müssen wir wiederum auf einige grundlegende Ideen der Mikroökonomik zurückgreifen. Wir nehmen an, ein Arbeitnehmer strebe die optimale Kombination aus realem Einkommen und Freizeit an, die er für sich als höchst befriedigend einstuft. Wenn wir annehmen, ein Arbeitnehmer könne seine Zeit entweder fürs Arbeiten verwenden und so y^e erwartetes Realeinkommen erzielen oder für Freizeitaktivitäten S, dann sind die Grenzen oder Schranken seiner Fähigkeit, maximalen Nutzen U zu erzielen, durch die Anzahl pro Tag verfügbarer Stunden und den Reallohn gegeben. Die Nutzenfunktion des Arbeitnehmers sieht also wie folgt aus:

$$U = U(y^e, S); \quad \frac{\partial U}{\partial y^e}, \frac{\partial U}{\partial S} > 0. \tag{11}$$

Diese Nutzenfunktion wird unter Berücksichtigung folgender Nebenbedingung maximiert:

$$y^e = \frac{W}{P^e} \cdot (T - S) = w^e \cdot (T - S), \tag{12}$$

wobei T die gesamte dem Arbeitnehmer zur Verfügung stehende Zeit darstellt, so daß $T - S = n$ die Zahl der Arbeitsstunden angibt. Da wir annehmen, der Arbeitnehmer sei unsicher bezüglich des Preisniveaus der nächsten Periode, das er zur Deflationierung des Nominaleinkommens benötigt, machen wir weiter die Annahme, er verwende den Erwartungswert P^e für seine Berechnung des erwarteten Reallohns w^e und des erwarteten Realeinkommens y^e.

Die Bestimmung der optimalen Arbeitszeit- und Freizeitanteile ist in Abbildung 6-8 dargestellt. Jede U-(Indifferenz-) Kurve stellt Kombinationen von y^e und S dar, die ein bestimmtes Nutzenniveau beschreiben. Punkte auf U_1 stellen ein höheres Nutzenniveau als Punkte auf U_0 dar. Der gesamte Quadrant ist mit solchen Indifferenzkurven gefüllt, die sich an keiner Stelle überschneiden. Der Arbeitnehmer will das höchstmögliche Nutzenniveau erreichen. Die Grenze seiner Fähigkeit, Kombinationen zu wählen, die ihn auf ein höheres Nutzenniveau bringen, ist durch die gerade Linie gegeben. Die Lage dieser „Bilanzgerade" ist durch die Anzahl Stunden bestimmt, über die der Arbeitnehmer verfügt und durch den Reallohn. Wenn er also über T Stunden verfügen kann und sich dafür entscheidet, kein Einkommen zu haben, so hat er T Stunden Zeit, seinen Freizeitbeschäftigungen nachzugehen. Wenn er sich dafür entscheidet, T Stunden zu arbeiten, so wird er bei einem erwarteten Reallohn w^e_0 genau $w^e_0 \cdot T$ als Einkommen erhalten. Entlang der Bilanzgerade, die diese beiden Extrempositionen verbindet kann Freizeit gegen Einkommen getauscht werden. Alle Punkte unterhalb der Bilanzgerade sind erreichbar, nicht aber die darüber. Aus unserer Nebenbedingung wissen wir, daß $y^e = w^e \cdot (T - S)$. Wir differenzieren und erhalten $dy^e = - w^e \cdot dS$, so daß die Steigung der Bilanzgerade dy^e/dS gleich $- w^e$ ist.

Bei gegebenem erwarteten Reallohnsatz wird der Arbeitnehmer sein Nutzenmaximum in dem Punkt erreichen, in dem die Bilanzgerade die Indifferenzkurve gerade tangiert. Ein solcher Punkt ist durch y^e, S_0 in Abbildung 6-8 gegeben. Dies wird die höchste erreichbare Indifferenzkurve sein und damit auch das höchste erreichbare Nutzenniveau. Wenn sich der Reallohn ändert, so ändert sich auch die Steigung der Bilanzgerade. Wenn der erwartete Reallohnsatz auf w^e_1 steigt, so wird der Schnittpunkt der Bilanzgerade mit der Ordinate nach oben auf $w^e_1 \cdot T$ verschoben. Der Gleichgewichtspunkt für die Nutzenmaximierung ist dann durch y^e_1, S_1 gegeben.

So wie wir die Indifferenzkurven gezeichnet haben, führt eine Erhöhung des erwarteten Lohnsatzes, das bedeutet also eine Zunahme der Steigung der Bilanzgerade, zu einer Verringerung des Freizeitkonsums des Individuums oder umgekehrt zu einer Erhöhung der Arbeitszeit T – S. Verbinden wir nun alle Tangentialpunkte der Bilanzgeraden und der Indifferenzkurven für unterschiedliche Reallohnsätze, wobei T konstant gehalten wird, so erhalten wir die gestrichelte Arbeitsangebotskurve TT in Abbildung 6-8.

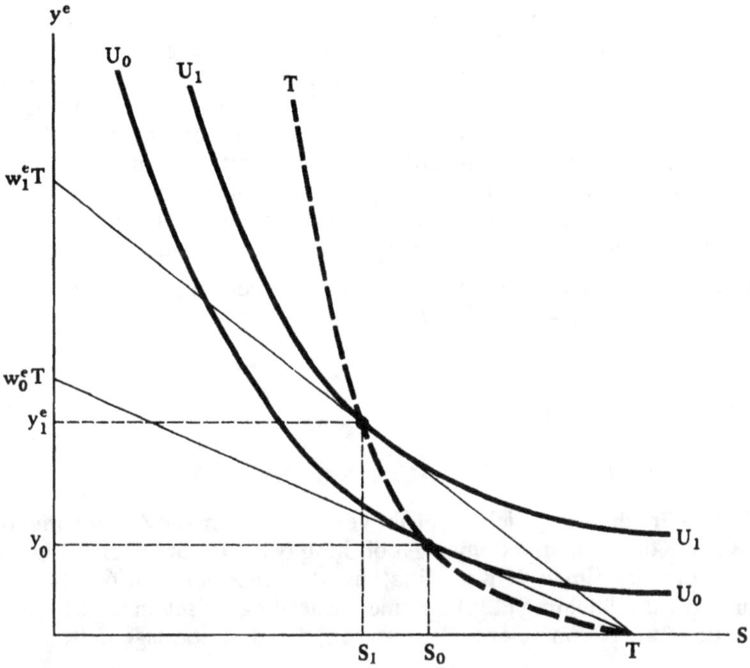

Abbildung 6-8: Bestimmung der optimalen Kombination von Arbeitszeit und Freizeit.

Die aggregierte Arbeitsangebotskurve

Da Freizeit S lediglich gleich T abzüglich der Anzahl der angebotenen Arbeitsstunden n ist, können wir die Beziehung zwischen erwartetem Reallohnsatz w^e und der Anzahl der angebotenen Arbeitsstunden n_i, wie in Abbildung 6-9(a) gezeigt, gegeneinander abtragen. Abbildung 6-9(a) zeigt eine rückwärtsgekrümmte Arbeitsangebotskurve. Dieser Effekt tritt auf, wenn ab einem bestimmten hohen Lohnniveau weitere Lohnerhöhungen dazu führen, daß einige Arbeitnehmer sich dafür entscheiden, mehr Freizeit zu haben, um ihr höheres Einkommen zu genießen. Dies ist dann der Fall, wenn der Einkommenseffekt höherer Löhne den Substitutionseffekt mehr als aufwiegt. Nehmen wir an, die Gruppe der Er-

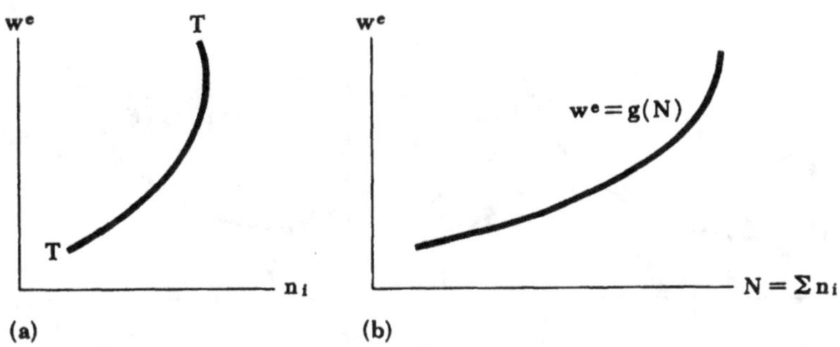

Abbildung 6-9: Arbeitsangebotskurven.

werbspersonen sei homogen, so können wir für jedes Lohnniveau die individuellen Arbeitsangebotsfunktionen aufaddieren, um die aggregierte Arbeitsangebotskurve der gesamten Volkswirtschaft zu erhalten. Diese ist in Abbildung 6-9(b) dargestellt. In Kapitel 10 werden wir die Annahme eines homogenen Arbeitsangebots fallen lassen und eine Situation betrachten, in der die Gruppe der Erwerbspersonen geographisch und nach Fähigkeiten disaggregiert ist. Hierdurch werden unsere qualitativen Schlußfolgerungen in bezug auf das aggregierte Beschäftigungsniveau nicht beeinflußt. Dafür können wir aber die Verteilung der Arbeitslosigkeit auf verschiedene Gruppen besser erklären.

Bei gegebenem P^e können wir die aggregierte Arbeitsangebotskurve aus Abbildung 6-9(b) mathematisch als $N = N(w^e)$,

$$w^e \equiv \frac{W}{P^e} = g(N); \quad g' > 0 \tag{13a}$$

oder

$$W = P^e \cdot g(N) \tag{13b}$$

darstellen. Wir können Gleichung (13b) verwenden, um die Arbeitsangebotskurve im W, N-Koordinatensystem in Abbildung 6-10(b) darzustellen. Um die Arbeitsangebotskurve im w, N-Koordinatensystem in Abbildung 6-10(a) darzustellen, müssen wir Gleichung (13a) als eine Beziehung zwischen dem Reallohn dieser Periode w und N konzipieren. Wir wissen, daß definitionsgemäß

$$w = \frac{W}{P^e} \cdot \frac{P^e}{P}.$$

Wir können nun Gleichung 13(a) verwenden, um in obiger Gleichung W/P^e durch g(n) zu ersetzen und

$$w = \frac{P^e}{P} \cdot g(N) \tag{14}$$

zu erhalten, die wir im w, N-Koordinatensystem abtragen können (siehe Abbildung 6-10(a)). Die Angebotskurven in Abbildung 6-10 befinden sich im gleichen Koordinatensystem wie die bereits hergeleiteten Arbeitsnachfragefunktionen.

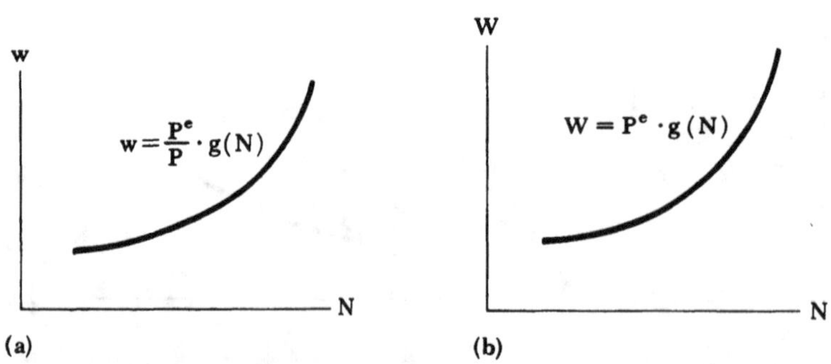

Abbildung 6-10: Das aggregierte Arbeitsangebot.

Gleichgewicht auf dem Arbeitsmarkt

Wir haben die Gleichungen für Arbeitsangebot und -nachfrage hergeleitet.

$$\text{Nachfrage:} \quad w = f(N); \tag{15}$$

$$\text{Angebot:} \quad w = \frac{P^e}{P} \cdot g(N). \tag{16}$$

Setzen wir Angebot und Nachfrage gleich, so erhalten wir die Gleichgewichtsbedingung für den Arbeitsmarkt

$$f(N) = \frac{P^e}{P} \cdot g(N) \tag{17a}$$

oder

$$P \cdot f(N) = P^e \cdot g(N). \tag{17b}$$

Die graphische Lösung des Arbeitsmarktgleichgewichts ist in Abbildung 6-11 durch den Schnittpunkt der beiden Kurven gegeben. Der Gleichgewichtswert des

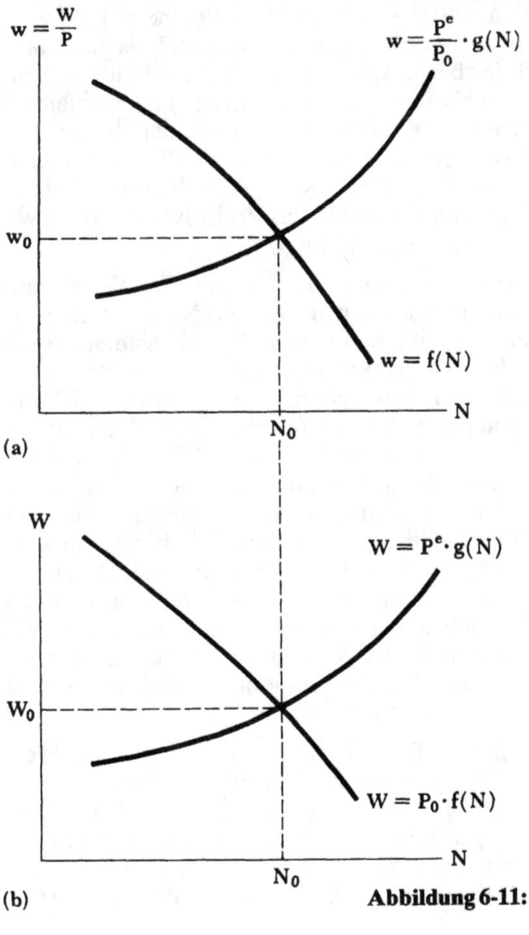

Abbildung 6-11: Gleichgewicht auf dem Arbeitsmarkt.

Preisniveaus ist P_0; In unserer allgemeineren Schreibweise stünde hier P_t. Das für diese Periode erwartete Preisniveau ist durch P^e gegeben; in unserer allgemeinen Schreibweise stünde an dieser Stelle $_{t-1}P_t$. Die Arbeitnehmer haben ihre Erwartungen bezüglich des Preisniveaus dieser Periode am Ende der letzten Periode gebildet (P^e). Das aktuelle Preisniveau P_0 kam dann durch einen Gleichgewichtsprozeß zustande, den wir noch ausführlich an späterer Stelle untersuchen. Das Ergebnis ist das Gleichgewichtsniveau der Beschäftigung N_0 und der nominale und der reale Lohnsatz, gegeben durch W_0 und w_0. Wir wollen nun untersuchen, wie sich das Arbeitsmarktgleichgewicht verändert, wenn sich das Preisniveau ändert. Wir betrachten hierbei unsere zwei Extremfälle, den klassischen und den Keynesianischen Fall. Wir wiederholen noch einmal die unterschiedlichen Annahmen dieser beiden Extremfälle bezüglich der Reaktion von P^e auf Veränderungen von P:

(a) vollständige und korrekte Anpassung von P^e an P (klassischer Fall)

(b) keine Anpassung von P^e an P (extremer Keynesianischer Fall)

Im Fall vollständiger Anpassung (a), wenn P von P_0 aus ansteigt, steigt P^e im gleichen Verhältnis, so daß P^e/P unverändert bleibt. Aus Abbildung 6-11(a) ist ersichtlich, daß die anfänglichen Gleichgewichtswerte auf dem Arbeitsmarkt w_0, N_0 unverändert bleiben, wenn das erwartete Preisniveau P^e im gleichen Maße steigt wie das tatsächliche Preisniveau P. Wir können das gleiche Ergebnis aus Abbildung 6-11(b) erhalten. Hier wird der betragsgleiche Anstieg der beiden Variablen P und P^e sowohl Arbeitsangebot als auch Arbeitsnachfrage um den gleichen Betrag nach oben verschieben, wodurch ebenfalls N_0 unverändert bleibt. Der Nominallohn steigt im gleichen Verhältnis wie P (und P^e), weshalb auch der Reallohn w_0 unverändert bleibt. Im klassischen Fall bewegen sich Arbeitsangebot und Arbeitsnachfrage in die gleiche Richtung wenn sich das Preisniveau ändert, wodurch Beschäftigung und Reallohn unverändert bleiben.

Im Fall ohne jegliche Anpassung (b), einem extremen Beispiel des Keynesianischen Modells, findet keine Anpassung des erwarteten Preisniveaus P^e statt, wenn das Preisniveau P von seinem anfänglichen Niveau P_0 aus ansteigt. In Abbildung 6-11(b) wird sich deshalb die Arbeitsnachfragekurve entlang der unveränderten Arbeitsangbotskurve nach oben verschieben. Dies führt zu einem höheren Beschäftigungsgleichgewicht und einem höhere Nominallohn W. Da die Arbeitsangebotskurve wegen der unveränderten Erwartungen P^e ihre Position beibehält, steigt der Nominallohn weniger als das Preisniveau P, weshalb der Reallohn fällt. Dies erkennen wir in Abbildung 6-11(a). Wenn P^e konstant ist und das Preisniveau P steigt, dann wird P^e/P reduziert, wodurch die Arbeitsangebotskurve im realen (w, N)-Koordinatensystem nach unten verschoben wird. Dies ist ein extremes Beispiel des Keynesianischen Modells, in dem eine Erhöhung des Preisniveaus zu einer Erhöhung des Beschäftigungsniveaus führt. Die Rigidität der Preiserwartungen P^e auf der Angebotsseite des Arbeitsmarktes führt, wenn das allgemeine Preisniveau P steigt, zu einer Verringerung des tatsächlichen Reallohns w und damit zu einer Zunahme der Beschäftigung.

Diese beiden Extremfälle zeigen, daß die Beziehung zwischen erwarteten Preisänderungen P^e und tatsächlichen Schwankungen des Preisniveaus P von entscheidender Bedeutung für unsere Analyse ist. Wir sollten uns diese Beziehung zwischen P^e und P also etwas gründlicher anschauen und ihre Implikationen für das aggregierte Angebot und den Output genauer analysieren, um einen Eindruck zu bekommen, welche Reaktionen wir im allgemeinen auf eine Erhöhung des Preisniveaus erwarten können. Die Fragen, die es zu beantworten gilt, lauten also: Welches Ausmaß haben die Effekte einer Preiserhöhung und in welchem zeitlichen Rahmen werden sie zu beobachten sein? Diese beiden Fragen werden im Zentrum unserer Diskussion des aggregierten Angebots in Kapitel 7 stehen.

Gleichgewichtsarbeitslosigkeit

Die Arbeitsangebotsfunktion in Abbildung 6-11 stellt die Beschäftigung N als eine Funktion des Nominallohns W und des erwarteten Preisniveaus P^e dar, wobei wir hier N implizit als Summe der Arbeitsstunden aller Beschäftigten gemessen haben oder auch als Produkt der Anzahl aller Beschäftigten E und der durchschnittlich gearbeiteten Stundenzahl $\bar{n}$:

$$N = E \cdot \bar{n}. \tag{18}$$

Veränderungen der Beschäftigung N sind im allgemeinen sowohl auf Veränderung der Beschäftigtenzahl E als auch der durchschnittlich gearbeiteten Stundenzahl $\bar{n}$ zurückzuführen. Die Steigung der Arbeitsangebotskurve verbindet diese beiden Effekte. Wenn der Lohnsatz steigt, werden die zu diesem Zeitpunkt Beschäftigten anbieten, mehr Stunden zu arbeiten. Der wichtigere Effekt ist allerdings, daß eine Erhöhung des Lohnsatzes die Anzahl der Beschäftigten E erhöhen wird und damit die Zahl der Arbeitslosen $U = L - E$ bei konstanter Zahl der Arbeitskräfte L in der Volkswirtschaft reduzierten wird.

Angebot an Arbeitskräften und Arbeitsstunden

Wir können die Veränderungen der Variablen $\bar{n}$ und E, wenn N entlang der Arbeitsangebotskurve steigt, durch die Existenz eines allgemein üblichen Minimums an Arbeitsstunden n^* beschreiben, das die Arbeitgeber von den Arbeitnehmern verlangen. So ist es zum Beispiel möglich, daß Firmen eine Mindestwochenarbeitszeit von 35 Stunden von ihren Beschäftigten verlangen und nicht bereit sind, jemanden einzustellen, der weniger als 35 Wochenarbeitsstunden anbietet. Die Folge solcher institutionellen Rigiditäten auf das Arbeitsangebot ist in den Abbildungen 6-12 und 6-13 dargestellt.

In Abbildung 6-12 ist die Entscheidung zwischen Arbeit und Freizeit eines Individuums dargestellt, das ein nicht von Arbeit herrührendes Einkommen $\bar{y}$ hat und das mindestens $n^* = T - S^*$ Arbeitsstunden anbieten müßte, um eine Anstellung zu erhalten. Das nicht von Arbeit herrührende Einkommen $\bar{y}$ könnte zum Beispiel aus Vermögen, Transferzahlung oder von anderen arbeitenden Familienmitgliedern stammen. Der Arbeitnehmer maximiert die übliche Nutzenfunktion aus Gleichung (11) $U = U(y_e, S)$ unter Berücksichtigung der Nebenbedinung $y^e = \bar{y} + w^e \cdot (T - S)$. T steht für die Zahl der insgesamt verfügbaren Stunden, die zwischen Arbeit n und Freizeit S aufgeteilt werden können. Nehmen wir nun die von den Arbeitgebern gestellte Bedingung eines Minimums an Wochenarbeitsstunden hinzu, so sind nur Punkte links der senkrechten Linie S^* für unser Maximierungsproblem interessant. Der Arbeitnehmer muß also mindestens S^* Arbeitsstunden anbieten, um eine Anstellung zu erhalten.

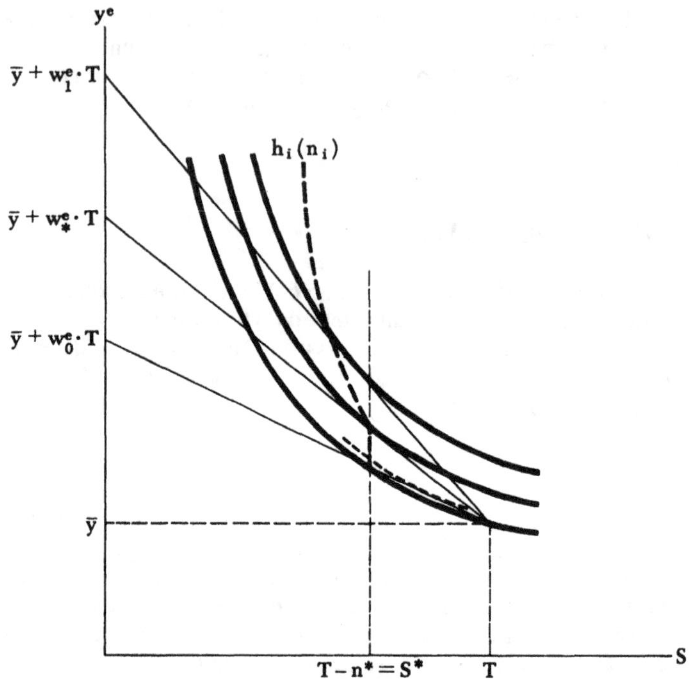

Abbildung 6-12: Die Entscheidung zwischen Arbeit und Freizeit bei gefordertem Wochenarbeitsstundenminimum n*.

In Abbildung 6-12 sehen wir, daß Arbeitnehmer es vorziehen, arbeitslos zu bleiben, wenn der Lohnsatz unterhalb $w_0{}^e$ sinkt. Sie ziehen bei diesem Lohnsatz die Arbeitslosigkeit einer Beschäftigung von mindestens n* Stunden pro Woche vor. Wenn der Lohn auf $w_0{}^e$ steigt, dann nimmt der Arbeitnehmer eine n*-Stunden Anstellung an. Sein Arbeitsangebot verbleibt auf dem Niveau der „Ecklösung" n* bis der Lohn auf $w_*{}^e$ ansteigt. Bei Lohnsätzen oberhalb von $w_*{}^e$ bewegt sich der Arbeitsangebotspunkt entlang der Tangentialpunkte der Bilanzgeraden und der Indifferenzkurven. Verbinden wir die Tangentialpunkte, so erhalten wir den Expansionspfad h_i (n_i). Entlang h_i (n_i) bietet der Arbeitnehmer mit abnehmender Zuwachsrate zusätzlich Arbeit an. Abbildung 6-13 zeigt diese individuelle Arbeitsangebotsfunktion im w^e, N−Koordinatensystem. Unterhalb $w_0{}^e$ bietet der Arbeitnehmer keine Arbeit an.

Erreicht der Lohnsatz $w_0{}^e$, so springt das Arbeitsangebot auf n* und verbleibt dort, bis der Lohnsatz $w_*{}^e$ erreicht. Danach ist die Beziehung zwischen w^e und n_i durch die Funktion h_i (n_i) gegeben, die ihrerseits durch den üblichen Expansionspfad gegeben ist.

Aggregieren wir diese individuellen Arbeitsangebotskurven, die wir in Abbildung 6-13 dargestellt haben, über die gesamten Arbeitskräfte der Volkswirtschaft, dann hat die Steigung dieser aggregierten Arbeitsangebotskurve die beiden Komponenten, die wir zu Beginn dieses Abschnitts beschrieben haben. Steigt w, so wird zunächst die Angebotsschwelle w_* vieler Arbeitnehmer überschritten und E steigt. Des weiteren wird die Zahl der Arbeitsstunden der bereits

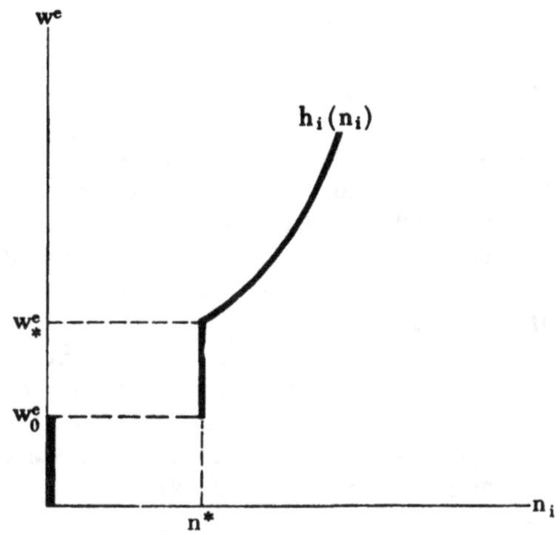

Abbildung 6-13: Individuelle Arbeitsangebotskurve.

Beschäftigten steigen, wodurch sich $\bar{n}$ erhöht. Der erste dieser Effekte führt zu einer Angebotskurve für Arbeitskräfte, wie sie in Abbildung 6-14 dargestellt ist.

Die Form dieser aggregierten Angebotskurve für Arbeitskräfte können wir wie folgt erklären. Steigt der Lohnsatz von einem zunächst sehr niedrigen Niveau an, so werden mehr und mehr Arbeitnehmer eine Beschäftigung annehmen, wenn ihre individuellen Angebotsschwellen w_* überschritten werden, so daß die Kurve in niedrigen Lohnbereichen konkav ist. Nachdem aber die meisten Primäranbieter (arbeitende Haushaltsvorstände und Alleinstehende) angestellt sind, führen weitere Erhöhungen des Lohnsatzes zwar noch zu Zunahmen des Angebots an Arbeitskräften, jetzt allerdings nur noch mit abnehmender Zuwachsrate, so daß die Kurve in diesem Bereich konvex ist und bei hohen Lohnniveaus, bei denen fast alle Arbeitskräfte der Volkswirtschaft angestellt sind, beinahe senkrecht wird.

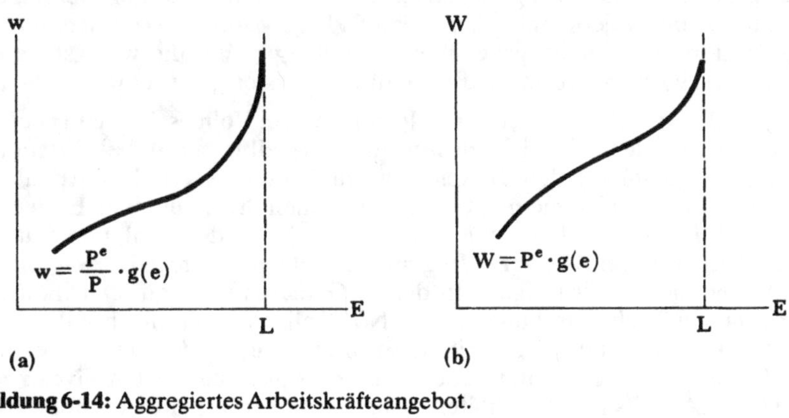

Abbildung 6-14: Aggregiertes Arbeitskräfteangebot.

Erwerbsbevölkerung und Arbeitslosigkeit

Die aggregierte Arbeitsangebotskurve in Abbildung 6-14 beschert uns in dem für uns relevanten Bereich zunehmender positiver Steigung eine natürliche Definition der Vollbeschäftigung. Bei steigenden Löhnen wird die Arbeitsangebotskurve ab einem bestimmten Lohnniveau senkrecht. Dies bedeutet, daß das maximale Beschäftigungsniveau erreicht ist. Wir wollen dieses Beschäftigungsniveau als die Zahl der Erwerbspersonen (verfügbare Arbeitskräfte) der Volkswirtschaft bezeichnen. Wir können also in Abbildung 6-14 die Zahl der Erwerbspersonen L als das Beschäftigungsniveau bezeichnen, bei dem die Arbeitsangebotskurve senkrecht wird. Die Differenz zwischen der Zahl der Erwerbspersonen L und dem Gleichgewichtsniveau der Beschäftigung E_0 in Abbildung 6-14 entspricht der Anzahl der Arbeitslosen in der Volkswirtschaft. Arbeitslosigkeit ist hier also definiert als Zahl der erwerbslosen Personen, die bereit wären, Arbeit anzubieten, wenn eine entsprechende Stelle erhältlich wäre.

$$U_0 = L - E_0. \tag{19}$$

Freiwillige und unfreiwillige Arbeitslosigkeit

Wir haben nun eine sinnvolle Erklärung für die Beschäftigungsschwankungen in einer Volkswirtschaft, die sich im allgemeinen nahe der Vollbeschäftigung befindet. Ein Beispiel hierfür stellt die Volkswirtschaft der USA für den Zeitraum seit dem Zweiten Weltkrieg dar. In dieser Phase konnten wir Arbeitslosenquoten zwischen 3 und 10 Prozent beobachten im Vergleich zu den dreißiger Jahren, als die Arbeitslosenquote zwischen 15 und 25 Prozent schwankte. Diese Erklärung der Arbeitslosigkeit birgt allerdings einen problematischen Aspekt. Sie impliziert, daß Arbeitslose mehr oder weniger auf freiwilliger Basis arbeitslos sind. Wenden wir uns noch einmal Abbildung 6-13 zu, so erkennen wir, daß der Grund für ihre Arbeitslosigkeit die Tatsache ist, daß der Lohnsatz unterhalb ihrer Arbeitsangebotsschwelle w_0 liegt (bezogen jeweils auf eine bestimmt Berufsgruppe in einem bestimmte geographischen Gebiet). In gewisser Hinsicht ist es ihre eigene Definition einer ihnen genehmen Anstellung (eine, die wenigstens einen Lohnsatz von w_0 mit sich bringt), die für ihre Arbeitslosigkeit verantwortlich ist.

In einer Volkswirtschaft, die sich im allgemeinen bei Vollbeschäftigung befindet, kann dies sicher der Fall sein, selbst wenn zum Teil lokale Arbeitslosenquoten von 15% beobachtet werden. Beispiele hierfür in den USA sind die Appalachen, Großstädte und im allgemeinen Gebiete, in denen die industrielle Entwicklung zurückgeht. In einer Zeit als der industrielle Output in der Stahl- und Autoindustrie zurückging (zum Beispiel zu Beginn der achtziger Jahre in Detroit und Pittsburgh) stieg die Arbeitslosigkeit in diesen Gebieten stark an. Der industrielle Boom im High-Tech Forschungsdreieck Nordkaliforniens (Silicon Valley) konnte nichts zur Erleichterung der Situation in Pittsburgh oder Detroit beitragen. Diese Form der lokalen, strukturellen Arbeitslosigkeit auf hohem Niveau beruht auf lokalen Arbeitsmarktrigiditäten, mangelnden Informationen über Anstellungsmöglichkeiten und Umzugskosten und kann durch staatliche Aktionen zum Teil behoben werden. Diese Situation stimmt nach wie vor mit unserer in Abbilung 6-15 dargestellten Erklärung der Arbeitslosigkeit in einer Volkswirtschaft, die sich auf aggregiertem Niveau bei Vollbeschäftigung befindet, überein.

Diese Darstellung der Arbeitslosigkeit wird allerdings nicht auf eine Situation zutreffen, in der wir eindeutig unfreiwillige Arbeitslosigkeit auf breiter Basis vorfinden, wie es in den USA in den dreißiger Jahren der Fall war. In dieser Zeit wären die Menschen bereit gewesen, für beinahe jeden noch so niedrigen Lohn zu arbeiten. Es war aber keine Arbeit zu bekommen. Die Darstellung des Arbeitsmarktes in Abbildung 6-15 beschreibt Arbeitslosigkeit, die entsteht, weil einige Arbeitnehmer keine „ihnen genehme Anstellung" finden, gilt jedoch nicht für eine Situation, in der überhaupt keine Arbeit erhältlich ist. Das Modell in Abbildung 6-15 kann also alleine nicht die massive unfreiwillige Arbeitslosigkeit der dreißiger Jahre erklären, obwohl es die Volkswirtschaft seit dem Krieg einigermaßen gut beschreibt.

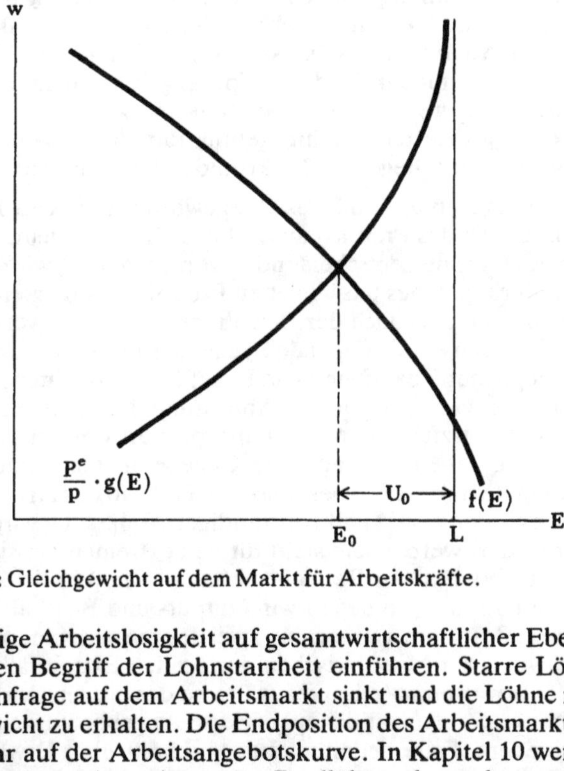

Abbildung 6-15: Gleichgewicht auf dem Markt für Arbeitskräfte.

Um unfreiwillige Arbeitslosigkeit auf gesamtwirtschaftlicher Ebene zu erklären, werden wir den Begriff der Lohnstarrheit einführen. Starre Löhne liegen vor, wenn die Nachfrage auf dem Arbeitsmarkt sinkt und die Löhne nicht fallen, um das Gleichgewicht zu erhalten. Die Endposition des Arbeitsmarktes befindet sich also nicht mehr auf der Arbeitsangebotskurve. In Kapitel 10 werden wir die aggregierten Arbeitsmärkte mit starren Reallöhnen betrachten und uns auch die Effekte näher ansehen, die auftreten, wenn Rigiditäten in einem Sektor der Volkswirtschaft an anderer Stelle zu Störungen führen.

Ausgewählte Literatur

R. J. Barro, *Macroeconomics,* 2nd Ed. (New York: John Wiley & Sons, 1987), Chapters 2 and 6.

J. H. Power, „Price Expectations, Money Illusion and the Real Balance Effect," *Journal of Political Economy,* April 1959.

W. L. Smith, „A Graphical Exposition of the Complete Keynesian System," in W. L. Smith and R. L. Teigen, eds., *Readings in Money, National Income, and Stabilization Policy* (Homewood, Ill.: R.D. Irwin, 1970).

Kapitel 7
Gleichgewicht auf der Angebotsseite: Output und Preisniveau

In Kapitel 6 haben wir die Entwicklung der Angebotsseite unseres Makromodells begonnen, indem wir Angebot und Nachfrage auf dem Arbeitsmarkt in unsere Betrachtungen miteinbezogen haben. Wir haben gesehen, daß das Gleichgewichtsniveau der Beschäftigung vom tatsächlichen Preisniveau P_0 und vom erwarteten Preisniveau P^e abhängt (siehe zum Beispiel Abbildung 6-11). In diesem Kapitel fahren wir mit der Herleitung der aggregierten Angebotskurve fort. Wir bauen dabei auf der Analyse des Arbeitsmarktes in Kapitel 6 auf und beziehen die Produktionsfunktion mit ein, die das Outputangebot und das Beschäftigungsniveau verbindet. Die aggregierte Angebotsfunktion wird dann in Kapitel 8 zusammen mit der aggregierten Nachfragefunktion das gesamtwirtschaftliche Gleichgewicht unseres grundlegenden Makromodells bestimmen.

Bei unserer Analyse in Kapitel 6 sollte es klar geworden sein, daß die Auswirkungen von Veränderungen des Preisniveaus auf das Gleichgewichtsniveau der Beschäftigung und des Outputs, entscheidend davon abhängen, wie die Preiserwartungen auf Veränderungen des tatsächlichen Preisniveaus reagieren. Wir beginnen mit einer Annahme bezüglich der Beziehung der Preiserwartungen P^e zum tatsächlichen Preisniveau P. Die folgende Spezifizierung wird es uns erlauben, eine ganze Reihe möglicher Reaktionen von P^e auf P zu betrachten, vom Fall ohne jegliche Anpassung bis zum Fall völliger Anpassung. Der Fall ohne jegliche Anpassung wird als sehr kurzfristiges Modell interpretiert werden, bei dem Erwartungen keine Chance haben, sich an neue Gegebenheiten anzupassen. Dieses Modell steht für den extremen Keynesianischen Fall, wo das Arbeitsangebot nur vom Nominallohn abhängt. Der Fall vollständiger Anpassung wird als langfristiges Modell interpretiert werden und steht für den extremen klassischen Fall, bei dem das Arbeitsangebot nur vom Reallohn abhängt. Die Wirklichkeit in den meisten relevanten Situationen, in denen wir Output- und Beschäftigungsschwankungen über einen Zeitraum von ein bis zwei Jahren untersuchen, liegt wahrscheinlich irgendwo in der Mitte zwischen den beiden Extremfällen. Haben wir die Beziehung des erwarteten Preisniveaus P^e und des tatsächlichen Preisniveaus P erst spezifiziert, so können wir die aggregierte Angebotskurve der Volkswirtschaft für verschiedene Fälle herleiten. Im Abschnitt über Erwartungsbildung werden wir dann die mikroökonomischen Grundlagen der Bestimmung von P^e vorstellen und diese in bezug zur kurzfristigen und langfristigen Interpretation der aggregierten Angebotskurve setzen.

Erwartungen und aggregiertes Angebot

Bei unserer Diskussion der Erwartungen auf der Angebotsseite des Arbeitsmarktes haben wir angenommen, daß eine funktionale Beziehung zwischen dem erwarteten Preisniveau P^e und dem tatsächlichen Preisniveau P besteht. An dieser Stelle wollen wir diese Beziehung etwas genauer festlegen, um eine aggregierte Angebotsfunktion herzuleiten und um genau erkennen zu können, wie diese Angebotsfunktion von den Annahmen bezüglich der Erwartungsbildung abhängt. Später in diesem Kapitel werden wir ein bestimmtes Erwartungsmodell untersuchen, dem die Beziehung zwischen P^e und P in Gleichung (1) zugrundeliegt. Diese Beziehung beruht im Moment allerdings lediglich auf einer Annahme.

Die Beziehung zwischen P^e und P

Die Erwartungsfunktion, die P^e als abhängig von P darstellt, kann wie folgt geschrieben werden:

$$P^e = p(P); \quad 0 \leq p' \leq 1. \tag{1}$$

P^e hängt hier von P ab und die Steigung der Funktion p (P) liegt zwischen null und eins. Der Extremwert $p' = 0$ beschreibt den Fall, in dem keine Anpassung des erwarteten Preisniveaus stattfindet, wenn sich das tatsächliche Peisniveau ändert. Wir bezeichnen diesen Fall als „vollständige Geldillusion" und folgen dabei dem Gebrauch des Terms in der Fachliteratur. Bleibt P^e konstant, wenn P sich verändert, dann hängt das Arbeitsangebot nur vom Nominallohn W ab. Diese Situation wird in der Literatur auch als der extreme Keynesianische Fall beschrieben, üblicherweise mit der zusätzlichen (allerdings unnötigen) Annahme, der Nominallohn sei starr. Die Annahme vollständiger Geldillusion erscheint für sehr kurzfristige Variationen der aggregierten Nachfrage sinnvoll, weil die Erwerbsbevölkerung in dieser Situation nicht genung Zeit hat, neue Preisinformationen zu sammeln und dann P^e entsprechend anzupassen.

Der andere Extremwert $p' = 1$ definiert den Fall vollständiger Anpassung der Erwartungen in der betrachteten Periode. Dieser Fall wird in der Fachliteratur als „vollständige Voraussicht" bezeichnet. Da sich P^e jeder Veränderung des Preisniveaus P sofort anpasst, hängt das Arbeitsangebot in dieser Situation alleine vom Reallohnsatz w ab und wir befinden uns im extremen klassischen Fall, bei dem Veränderungen des Preisniveaus keinen Einfluß auf die Beschäftigung haben. Diese Annahme erscheint in bezug auf langfristige Veränderungen sinnvoll, bei denen die Erwerbsbevölkerung genug Zeit hat, alle Informationen über P aufzunehmen und zu verarbeiten.

Für Werte von p' zwischen null und eins liegt ein allgemeines kurzfristiges Modell mit teilweiser Geldillusion vor, in dem das Arbeitsangebot sowohl vom Nominallohnsatz W als auch vom Reallohnsatz w abhängt. Wie wir weiter unten sehen werden, haben Veränderungen des Preisniveaus in diesem allgemeinen Modell Auswirkungen auf das Gleichgewichtsniveau der Beschäftigung. Der Betrag der Veränderung der Beschäftigung N hängt sowohl vom Grad der Geldillusion als auch von der Länge der Anpassungsperiode ab.

Die aggregierte Angebotskurve: der extreme Keynesianische Fall

Bei der Herleitung der Angebotskurve für den extremen Keynesianischen Fall vollständiger Geldillusion gehen wir von der Gleichgewichtsbedingung für den Arbeitsmarkt

$$P \cdot f(N) = P^e \cdot g(N) \tag{2}$$

aus. Diese Gleichung entspricht Gleichung (17b) in Kapitel 6 und ist unten in Abbildung 7-1(a) dargestellt. Bei konstantem P^e und ohne Reaktion auf Veränderungen des tatsächlichen Preisniveaus P ($p' = 0$) erhalten wir aus dieser Gleichgewichtsbedingung für den Arbeitsmarkt das Beschäftigungsniveau N bei verschiedenen Werten des Preisniveaus P. Durch Variation des bis jetzt noch exogenen Preisniveaus können wir untersuchen, wie sich das Beschäftigungsniveau im Gleichgewicht verändert. Verwenden wir nun die Produktionsfunktion in Abbildung 7-1(b), so können wir die Veränderungen des angebotenen Gleichgewichtsoutputs bestimmen, die durch die Variationen des Preisniveaus hervorgerufen werden. Auf diese Weise erhalten wird die Angebotsfunktion der Volkswirtschaft.

Abbildung 7-1(a) stellt die Effekte auf das Gleichgewichtsniveau der Beschäftigung auf dem Arbeitsmarkt dar, wenn das Preisniveau von P_0 über P_1 auf P_2 steigt. Da hierdurch nur die Arbeitsnachfragefunktion, nicht aber die Arbeitsangebotsfunktion verschoben wird (P^e konstant), steigt die Beschäftigung von N_0 über N_1 auf N_2 an. Abbildung 7-1(b) zeigt die Veränderungen des Gleichgewichtsoutputs auf der Angebotsseite, wenn sich das Beschäftigungsniveau ändert. Wenn N in Abbildung 7-1(b) steigt, dann steigt der Gleichgewichtsoutput von y_1 über y_2 auf y_3. Hierdurch erhalten wir die aggregierte Angebotsfunktion in Abbildung 7-2. Wir können diese Angebotskurve mit der volkswirtschaftlichen

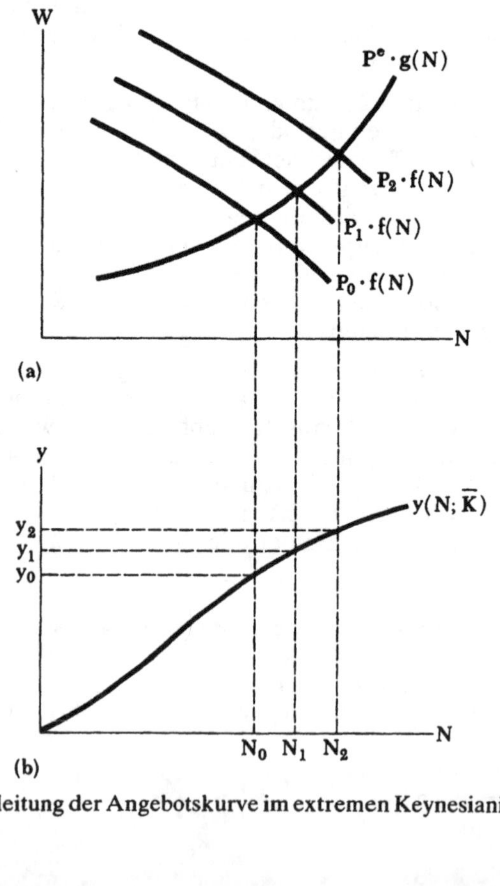

Abbildung 7-1: Herleitung der Angebotskurve im extremen Keynesianischen Fall.

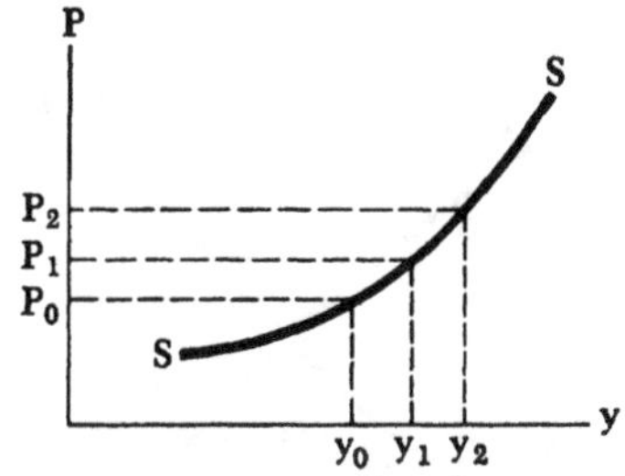

Abbildung 7-2: Die aggregierte Angebotskurve im extremen Keynesianischen Fall.

Nachfragefunktion aus Kapitel 4 kombinieren, um Gleichgewichtsoutput und Gleichgewichtspreisniveau der Volkswirtschaft zu bestimmen.

Ein wichtiger Punkt, den es in den Abbildungen 7-1 und 7-2 herauszustellen gilt, ist, daß die positive Steigung der aggregierten Angebotskurve in Abbildung 7-2 daher stammt, daß sich das Gleichgewichtsniveau der Beschäftigung N entlang der unveränderten Arbeitsangebotsfunktion nach oben bewegt, wenn wir das Preisniveau erhöhen und dadurch die Arbeitsnachfrage nach oben verschieben. Die Annahme vollständiger Geldillusion, daß $p' = 0$ die Arbeitsangebotskurve bei Veränderungen des Preisniveaus P in unveränderter Position läßt, führt in Abbildung 7-2 zu höherer Beschäftigung und höherem Output.

Die aggregierte Angebotskurve: der klassische Fall

Um die aggregierte Angebotskurve im klassischen Fall vollständiger Vorraussicht mit $p' = 1$ herzuleiten, konzentrieren wir uns auf folgende Gleichgewichtsbedingung für den Arbeitsmarkt:

$$f(N) = \frac{P^e}{P} \cdot g(N). \tag{3}$$

Gleichung (3) entspricht Gleichung 17(a) aus Kapitel 6 und ist in Abbildung 7-3(a) dargestellt. In Abbildung 7-3(b) haben wir das Gleichgewicht im W, N-Koordinatensystem für den klassischen Fall dargestellt und dabei Gleichung (2) verwendet. Wiederum können wir die aggregierte Angebotskurve herleiten, indem wir fragen, wie sich das Gleichgewichtsniveau der Beschäftigung verändert, wenn wir das Preisniveau variieren.

Da sich P^e genau im gleichen Maße verändert wie P, können wir in Abbildung 7-3(a) keine Veränderung erkennen, wenn das Preisniveau P steigt. Der Mechanismus der das Gleichgewichtsniveau der Beschäftigung konstant hält, ist besser in Abbildung 7-3(b) zu erkennen. Der exogene Anstieg des tatsächlichen Preisniveaus von P_0 über P_1 auf P_2 verschiebt die Arbeitsnachfragekurve nach oben. Da im klassischen Fall $p' = 1$ ist, steigt P^e um den gleichen Betrag wie P von P_0^e über P_1^e auf P_2^e. Die Arbeitsangebotskurve verschiebt sich also proportional zur Arbeitsnachfragekurve nach oben, wobei das Gleichgewichtsniveau der Beschäftigung bei N_0 konstant gehalten wird.

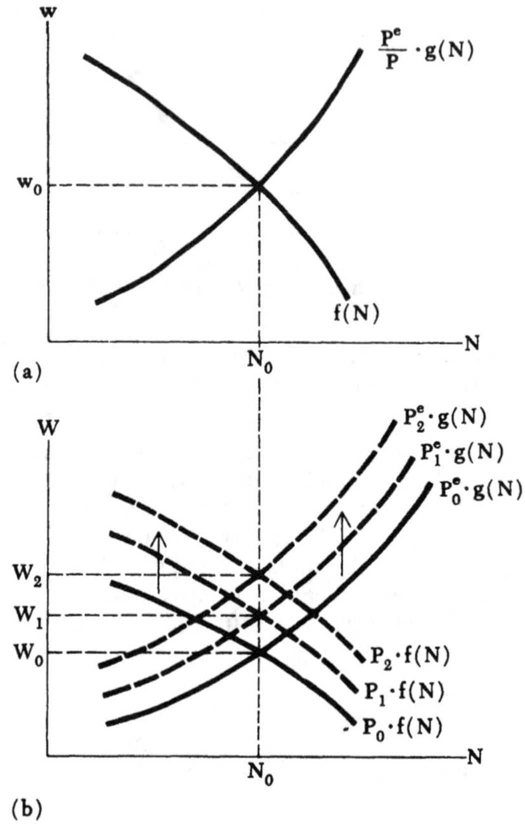

Abbildung 7-3: Herleitung der Angebotskurve im klassischen Fall.

Der Nominallohn steigt proportional zum auslösenden Anstieg des Preisniveaus P, wobei der Reallohn w_0 in Abbildung 7-3(a) konstant gehalten wird. Das Resultat ist, daß im klassischen Fall mit $P' = 1$ Output und Beschäftigung unverändert bleiben, wenn das Preisniveau P varriert.

Die resultierende aggregierte Angebotskurve des klassischen Falls ist in Abbildung 7-4 dargestellt. Mit konstantem Beschäftigungsniveau N_0 in Abbildung 7-3 bleibt auch der Output $y_0 = y\,(N_0; \overline{K})$ konstant, wenn das Preisniveau von P_0 über P_1 auf P_2 steigt. Folglich ist die Angebotskurve im klassischen Fall, wie in Abbildung 7-4 dargestellt, senkrecht. Unter der Annahme vollständiger Voraussicht reagieren Gleichgewichtsoutput und Gleichgewichtsbeschäftigung auf der Angebotsseite nicht auf Veränderungen des Preisniveaus.

Das allgemeine kurzfristige Modell: Unvollständige Voraussicht

Sowohl der extreme Keynesianische als auch der klassische Fall resultieren aus extremen Annahmen bezüglich der Preiserwartungen, wie sie in Gleichung (1) mit $p' = 0$ für den Keynesianischen Fall und in Gleichung (2) mit $p' = 1$ für den klassischen Fall gegeben sind.

Aufgrund dieser beiden Annahmen erhalten wir sehr unterschiedliche Resultate für die Angebotskurven in diesen beiden Fällen, wie sie in den Abbildungen 7-2 und 7-4 dargestellt sind. Wir können nun die aggregierte Angebotskurve im allgemeinen kurzfristigen statischen Modell herleiten, in dem $0 < p' < 1$ ist. In diesem Modell passen sich die Erwartungen teilweise an das tatsächliche Preisniveau an, weshalb wir es auch als Modell mit unvollständiger Voraussicht bezeichnen können.

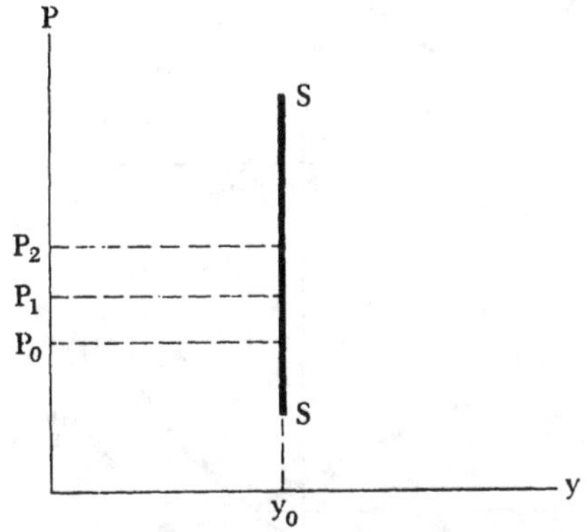

Abbildung 7-4: Die aggregierte Angebotskurve im klassischen Fall.

In Abbildung 7-5 ist die Anpassung des Gleichgewichts auf dem Arbeitsmarkt an eine exogene Preiserhöhung von P_0 auf P_1 dargestellt, wobei $0 < p' < 1$ ist, so daß sich P^e nur zum Teil an die Veränderung des Preisniveaus P anpaßt. In Abbildung 7-5(a) führt die Erhöhung des Preisniveaus P zu einer Verminderung des Preisverhältnisses von erwartetem Preisniveau P^e zu tatsächlichem Preisniveau P, da $p' < 1$ ist. Aus diesem Grund verschiebt sich die Arbeitsangebotskurve im w, N-Koordinatensystem nach unten, wobei der Reallohn fällt und die Beschäftigung von N_0 auf N_1 steigt.

Wir können die gleichen Veränderungen im W, N-Koordinatensystem in Abbildung 7-5(b) beobachten. Eine Zunahme des Preisniveaus verschiebt die Nachfragekurve nach oben. Gleichzeitig führt die Zunahme des erwarteten Preisniveaus P^e zu einer Verschiebung der Angebotskurve nach oben, allerdings um einen geringeren Betrag als die Verschiebung der Nachfragekurve, da $p' < 1$ ist. Die Überschußnachfrage nach Arbeit bei W_0 führt zu einer Erhöhung des Nominallohns auf W_1. Diese Zunahme des Nominallohns ist unterproportional zur Zunahme des tatsächlichen Preisniveaus, da $dP^e < dP$ ist. Die Beschäftigung steigt folglich auf N_1. Die Veränderung des Beschäftigungsniveaus wird in Abbildung 7-5(c) durch die Produktionsfunktion in die Veränderung des Outputniveaus überstetzt.

Im Modell unvollständiger Voraussicht mit $p' < 1$ führt eine Zunahme des exogenen Preisniveaus von P_0 auf P_1 zu einer Erhöhung des angebotenen Gleichgewichtsoutputs von y_0 auf y_1 in Abbildung 7-5 (c). Diese Veränderungen sind in der aggregierten Angebotskure in Abbildung 7-6 dargestellt, bei der die Wertepaare P_0, y_0 und P_1, y_1 auf der Angebotskurve SS liegen, deren Steigung positiv ist. Die Annahme unvollständiger Voraussicht eliminiert die senkrechte Angebotskurve

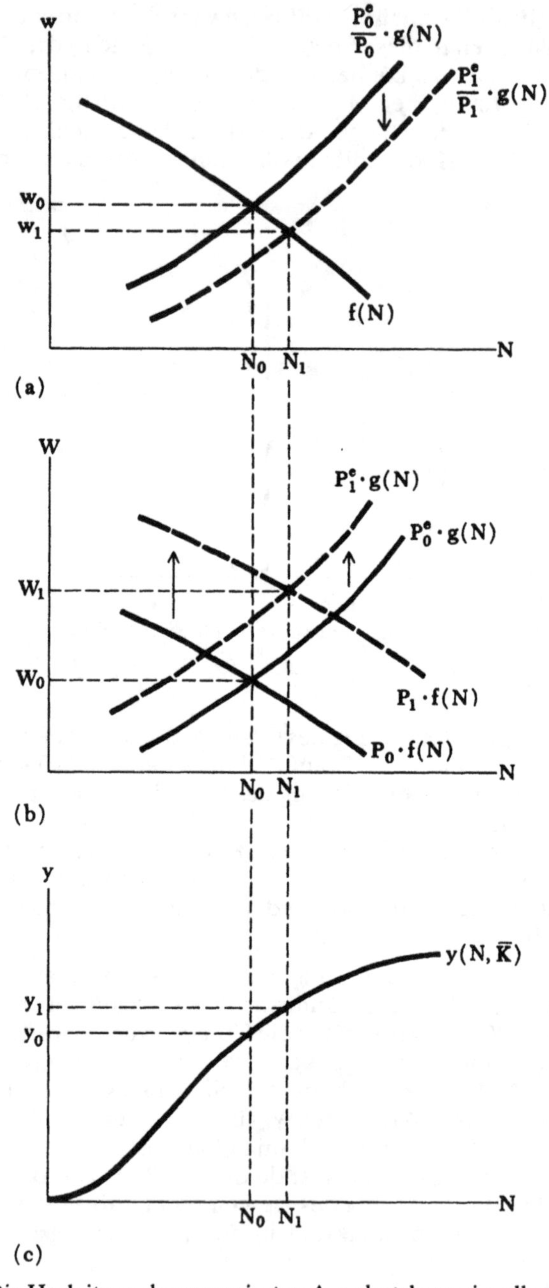

Abbildung 7-5: Die Herleitung der aggregierten Angebotskurve im allgemeinen kurzfristigen Modell.

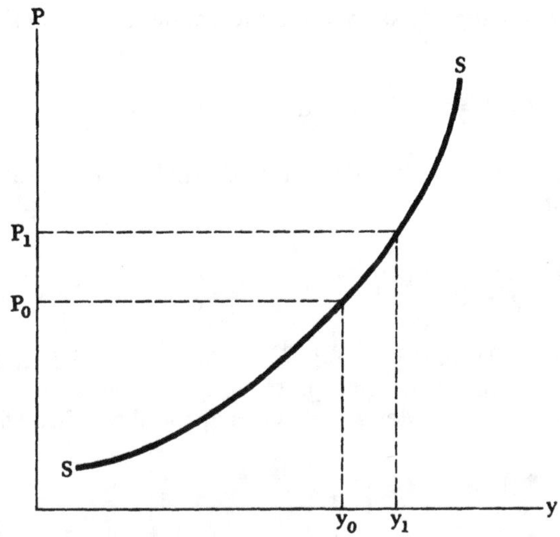

Abbildung 7-6: Die aggregierte Angebotskurve im allgemeinen Fall.

aus unserem Modell und führt zu einer aggregierten Angebotskurve mit positiver Steigung.

Wir können die Steigung der aggregierten Angebotskurve algebraisch herleiten, indem wir von der Gleichgewichtsbedingung für den Arbeitsmarkt in Gleichung (2) ausgehen, die wir hier wie folgt wiedergeben:

$$P \cdot f(N) = P^e \cdot g(N) = p(P) \cdot g(N). \tag{4}$$

Das totale Differential der Gleichgewichtsbedingung ist durch folgenden Ausdruck gegeben:

$$P \cdot f' \, dN + f(N) \, dP = P^e \cdot g' \, dN + g(N) \cdot p' \, dP.$$

Um diesen Ausdruck zu vereinfachen, nehmen wir an, daß zu Beginn $P^e = P = 1$ ist. Wir nehmen also an, daß die Erwartungen zu Beginn korrekt sind und daß der Preisindex $P = 1$ ist, so daß in der Ausgangssituation $f(N) = g(N) = w$ ist. Der Leser erinnere sich daran, daß die Gleichgewichtsbedingung für den Arbeitsmarkt entsprechend den Gleichungen (14)-(17) in Kapitel 6 wie folgt geschrieben werden kann:

$$w = \frac{P^e}{P} \cdot g(N) = f(N). \tag{5}$$

Dies bedeutet, daß

$$f(N) = g(N) \quad \text{wenn} \quad P^e = P.$$

Das totale Differential, das uns Veränderungen der Beschäftigung N ausgelöst durch Variation des Preisniveaus P bei gleichzeitiger Erhaltung des Arbeitsmarktgleichgewichts angibt, kann nun zu folgendem Ausdruck vereinfacht werden:

$$f' \, dN + w \, dP = g' \, dN + wp' \, dP.$$

Wir können diesen Ausdruck umstellen und erhalten für dN/dP entlang der Arbeitsangebotskurve

$$\frac{dN}{dP} = \frac{w \cdot (1 - p')}{g' - f'} \geq 0. \qquad (6)$$

Für $0 < p' < 1$, $g' > 0$ und $f' < 0$ ist dN/dP wenigstens gleich null. Um Gleichung (6) als einen Ausdruck für die aggregierte Angebotskurve im y, P-Koordinatensystem zu schreiben, verwenden wir die Grenzproduktivitätsbeziehung

$$dy = \left(\frac{\partial y}{\partial N}\right) \cdot dN.$$

Aus Gleichung (6) erhalten wir die Steigung der aggregierten Angebotskurve bei Veränderungen des Preisniveaus P.

$$\frac{dy}{dP} = \frac{\partial y}{\partial N} \cdot \frac{w \cdot (1 - p')}{g' - f'} \geq 0. \qquad (7)$$

Dieser Ausdruck besagt, daß die aggregierte Angebostskurve in Abbildung 7-6 entweder senkrecht ist oder positive Steigung hat. Die Inverse der Gleichung (7)

$$\left(\frac{dy}{dP}\right)^{-1} = \left.\frac{dP}{dy}\right|_S = \frac{1}{\partial y/\partial N} \cdot \frac{g' - f'}{w \cdot (1 - p')}$$

definiert die Reaktion des Preisniveaus auf Veränderungen des Outputs y. Wir werden diesen Ausdruck verwenden, wenn wir die Multiplikatoranalyse aus Kapitel 5 um die Angebotsseite erweitern.

Die Steigung der Angebotskurve im extremen klassischen Fall und im extremen Keynesianischen Fall erhalten wir, wenn wir $p' = 1$ respektive $p' = 0$ in Gleichung (7) einsetzen. Im klassischen Fall mit $p' = 1$ erhalten wir aus Gleichung (7), wie in Abbildung 7-4 dargestellt, daß $dy/dP = 0$ ist. Im extremen Keynesianischen Fall mit $p' = 0$ folgt aus Gleichung (7) $dy/dP = w/(g' - f')$ und wir erhalten die Steigung der Kurve in Abbildung 7-2. Im allgemeinen Fall, wenn sich das erwartete Preisniveau P^e teilweise an Veränderungen des tatsächlichen Preisniveaus P anpaßt (unvollständige Voraussicht), ist die Steigung der Angebotskurve in Abbildung 7-6 durch Gleichung (7) gegeben, in der p' ein entscheidener Parameter ist. Da die Steigung der aggregierten Angebotskurve im allgemeinen positiv ist, außer im extremen klassischen Fall, erscheint es sinnvoll, den klassischen Fall als das Extrem zu bezeichnen, während die Steigung der Angebotskurve dy/dP im allgemeinen > als null ist. Die flachste Version der Angebotskurve ist durch den extremen Keynesianischen Fall gegeben. In allen Fällen außer dem klassischen ist die Steigung der aggregierten Angebotskurve positiv.

Kurzfristiges und langfristiges aggregiertes Angebot

Es erscheint sinnvoll, sich die aggregierte Angebotskurve dann eher senkrecht vorzustellen, wenn die Anpassungsperiode nach einer Störung des Gleichgewichts von längerer Dauer ist. Mit anderen Worten können wir für p' kurzfristig niedrigere Werte als langfristig erwarten. Betrachten wir einmal eine Störung der aggregierten Nachfrage, durch die das Preisniveau erhöht wird, wie es zum Beispiel bei einer Erhöhung des Geldangebots M oder der Staatsnachfrage g in Kapitel 5 der Fall war. Kurzfristig gesehen wird sich die Volkswirtschaft entlang der relativ flachen Angebotskurve mit p' gegen null bewegen. Wenn etwas Zeit vergangen ist und die Preiserwartungen der Arbeitskräfte passen sich langsam an das tatsächliche Preisniveau P an, dann wird p' steigen und die Angebotskurve dadurch steiler werden. Langfristig gesehen wird p' möglicherweise gegen 1 gehen und damit die ursprünglichen Werte des Outputs y und der Beschäftigung N wieder herstellen.

Diese Veränderung der Angebotskurve von der kurzfristigen Betrachtung zur langfristigen Betrachtung ist in Abbildung 7-7 dargestellt. Eine ursprüngliche Verschiebung der aggregierten Nachfragekurve von D_0D_0 auf D_1D_1 würde das Einkommens- und das Preisniveau kurzfristig von P_0/y_0 auf P_1/y_1 entlang der kurzfristigen Angebotskurve S_sS_s verschieben, deren Steigung durch Gleichung (7) mit p' gegen null gegeben ist. Wenn dann die Arbeitskräfte auf die Preiserhöhung zu reagieren beginnen, wird p' zunehmen und die Angebotskurve wird steiler werden. Längerfristig, wenn p' mehr und mehr gegen 1 geht, wird die Angebotskurve dann eher wie die gestrichelte Linie S_LS_L in Abbildung 7-7 aussehen.

Wenn das Preisniveau steigt, wird die kurzfristige Zunahme des Outputs reduziert und die Volkswirtschaft bewegt sich zu Punkt P_2/y_2. Im extremen klassischen

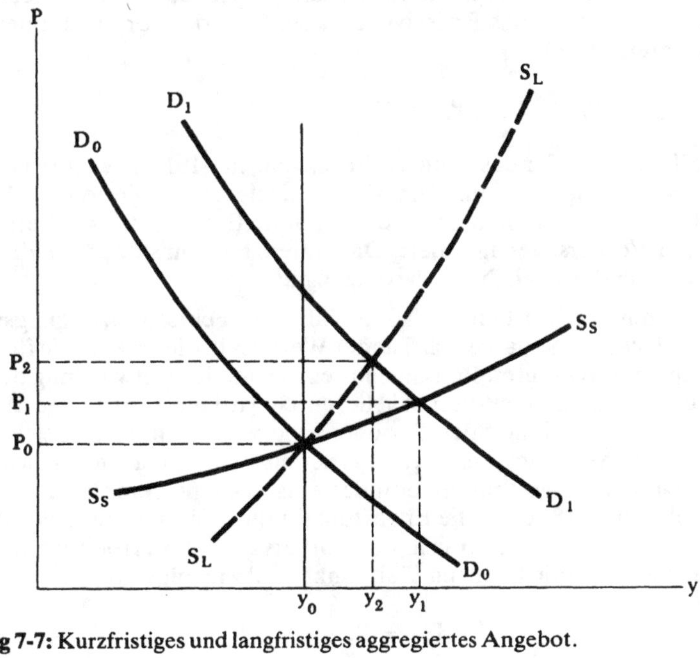

Abbildung 7-7: Kurzfristiges und langfristiges aggregiertes Angebot.

Fall würde sich das Outputniveau wieder bei y_0 einpendeln und P würde bei einem noch höheren Preisniveau P_3 auf einer senkrechten Angebotskurve enden. In der für politische Entscheidungen relevanten kurzfristigen Phase ist das Resultat einer Verschiebung der DD-Kurve eine Erhöhung von P und y entlang der kurzfristigen Angebotskurve.

Einführung in die Erwartungsbildung

Wie können wir die Preis-Erwartungsfunktion p (P_t) und ihre erste Ableitung p′ spezifizieren? Diese Frage wird in den kommenden Kapiteln von zunehmender Wichtigkeit sein. Im Moment wollen wir allerdings nur eine einfache Beziehung annehmen, die dafür aber das intuitive Verständnis erleichtert. Die Herleitung der Funktion p (P_t) wird sowohl einen Mechanismus erfordern, der die Erwartungsbildung beschreibt, als auch Wissen über die Veränderung des Preisniveaus P_t über einen gewissen Zeitraum.

Der Leser stelle sich nun vor, er sei ein Arbeitnehmer, der am Ende einer Periode t − 1 angekommen, seinen Blick zurück wendet und die vergangene Periode und die davor liegenden Perioden betrachtet. Er stellt fest, daß sich das Preisniveau in der Vergangenheit sprungartig auf und ab bewegt hat, ohne daß dabei ein bestimmter Trend zu beobachten gewesen wäre (diese Annahme werden wir später ändern). Er könnte dann eine Fehlerberichtigungsmethode anwenden, um adaptive Erwartungen zu bilden. Der Schätzwert für das zukünftige Preisniveau wäre dann aus zwei Teilen zusammengesetzt. Einen Teil bildet das aktuelle Preisniveau zur Zeit der Vorhersage. Der andere Teil ist ein Ausdruck, der eine Anpassung durchführt. Der Wert dieser Anpassung basiert auf dem Vorhersagefehler der letzten Periode für das Preisniveau dieser Periode. Formal können wir dies wie folgt schreiben:

$$_{t-1}P_t = P_{t-1} + \lambda\,(_{t-2}P_{t-1} - P_{t-1}). \tag{8}$$

Der erste Term steht für das aktuelle Preisniveau in t-1. Der zweite ist ein Anpassungsfaktor λ multipliziert mit dem Vorhersagefehler für Periode t−1 üblicherweise nehmen wir λ zwischen null und eins an. Im Extremfall λ = 0 werden Fehler vergangener Vorhersagen ignoriert. Das andere Extrem stellt der Fall λ = 1 dar. In diesem Fall ändern sich die Erwartungen nie.

Wir wollen nun herausarbeiten, daß im Fall einer Fehlerberichtigungsmethode, wie sie in Gleichung (8) dargestellt ist, der Wert des in dieser Periode für die nächste Periode vorhergesagten Preisniveaus einzig auf der Entwicklung des Preisniveaus in der Vergangenheit beruht. Hierdurch wird die Vorhersage unabhängig vom Preisniveau der laufenden Periode. Es erweist sich als hilfreich an dieser Stelle einen kleinen Trick anzuwenden, der als Koyck-Transformation bekannt ist. Wenn wir den tiefgestellten Zeitindex entsprechend verändern, so erkennen wir, daß Gleichung (8) auch die Erwartungsbildung für die Preise der Perioden t − 1, t − 2 etc. beschreibt. So sieht die Vorhersage eines Arbeitnehmers für das Preisniveau der Periode t − 1 zum Zeitpunkt t − 2 wie folgt aus:

$$_{t-2}P_{t-1} = P_{t-2} + \lambda\,(_{t-3}P_{t-2} - P_{t-2}).$$

Wenn wir diese Gleichung mit λ multiplizieren und zu Gleichung (8) hinzuaddieren, so erhalten wir

$$_{t-1}P_t = (1-\lambda)P_{t-1} + \lambda(1-\lambda)P_{t-2} + \lambda^2_{t-3}P_{t-2}.$$

Wir können diesen Vorgang wiederholen und $_{t-3}P_{t-2}$ aus dem vorhergehenden Ausdruck eliminieren. Nach einigen Schritten erkennen wir folgendes Muster:

$$_{t-1}P_t = (1-\lambda)P_{t-1} + \lambda(1-\lambda)P_{t-2} + \lambda^2(1-\lambda)P_{t-3} + \lambda^3(1-\lambda)P_{t-4} + \cdots \quad (9)$$

Wir sind nun in der Lage, die Konsequenzen adaptiver Erwartungen für die Beziehung zwischen P_t und $_{t-1}P_t$ zu untersuchen. Nehmen wir zu Beginn einmal an, das Preisniveau sei bereits über viele Perioden konstant bei P_0. Wir nehmen weiter an, daß das Preisniveau zu einem bestimmten Zeitpunkt T sprunghaft auf P_1 ansteigt und dort verbleibt (t ist variabel und bezeichnet verschiedene Perioden, während T eine bestimmte Periode bezeichnet). Zu Beginn der Periode T sind sämtliche Terme auf der rechten Seite der Gleichung (9) gleich P_0, so daß das erwartete Preisniveau für Periode T durch P_0 gegeben ist. Das heißt also $_{T-1}P_T = P_0$:

$$_{T-1}P_T = (1-\lambda)P_0 + \lambda(1-\lambda)P_0 + \lambda^2(1-\lambda)P_0 + \cdots = P_0.$$

Hier erkennen wir den extremen Keynesianischen Fall für die erste Periode nach einer Preisveränderung.

Ist Periode T vorbei, so werden die Erwartungen durch Gleichung (9) jetzt aber mit t = T + 1 gegeben. Der erste Term auf der rechten Seite der Gleichung (9) für Periode T + 1 ist nun P_1 und nicht P_0:

$$_{T}P_{T+1} = (1-\lambda)P_1 + \lambda(1-\lambda)P_0 + \lambda^2(1-\lambda)P_0 + \cdots$$

Da annahmegemäß $P_1 > P_0$ ist, können wir leicht überprüfen, daß

$$P_1 > {_{T}P_{T+1}} > {_{T-1}P_T} = P_0.$$

In T + 1 wird also eine Berichtigung des in T gemachten Fehlers vorgenommen. Diese Berichtigung entspricht allerdings nicht dem gesamten gemachten Fehler. Zu Beginn der folgenden Periode t = T + 2 enthalten zwei der Terme auf der rechten Seite der Gleichung (9) P_1. Der verbleibende Fehler ist wiederum zum Teil korrigiert worden. Da der Fehler allerdings geringer als in der ersten Periode war, ist der absolute Wert der Fehlerkorrektur hier niedriger. Die Höhe der Korrektur jedes weiteren Schritts hängt von dem Parameter λ und von der seit einem Preissprung verstrichenen Zeit ab. Dieser Prozeß wiederholt sich unendlich oft, wobei der verbleibende Fehler geringer und geringer wird. In Gleichung (8) nimmt der zweite Term auf der rechten Seite mehr und mehr ab und der Wert der Differenz ($P_t - {_{t-1}P_t}$) wird unendlich klein.

Die Entwicklung des Preisniveaus und der Preiserwartungen ist für einen einmaligen Sprung des Preisniveaus graphisch in Abbildung 7-8 dargestellt. Tabelle 8-1 stellt die Veränderungen der Erwartungen dar, die eine Zunahme des Preisniveaus um eine Einheit ($P_1 - P_0 = 1$) zum Zeitpunkt T als eine Funktion der Zeit (i) nach diesem Preissprung widergeben. Außerdem sind die Abweichungen der

Erwartungswerte vom jeweiligen tatsächlichen Preisniveau dargestellt. Im diskreten Fall entspricht die Differenz $_{T+i-1}P_{T+1} - {}_{T-2}P_{T-1}$ der Ableitung p' der Funktion $P^e = p\ (P)$. Dieser Ausdruck nimmt eindeutig zu im Zeitverlauf. Das bedeutet, daß wir im Keynesianischen Fall beginnen und uns im Laufe der Zeit dem klassischen Fall nähern.

Die adaptive Anpassung der Preiserwartungen im Zeiverlauf ist die Basis für unsere Analyse der kurzfristigen und der langfristigen Anpassung der aggregierten Angebotskurve. Der extreme Keynesianische Fall mit $_{T-1}P_T = P_0$ impliziert die flache kurzfristige Angebotskurve in Abbildung 7-2. Der klassische Fall, bei dem P^e gegen P_1 geht, ergibt die senkrechte langfristige Angebotskurve.

Wir wollen diesen Abschnitt mit einer kurzen Diskussion der Stärken und Schwächen des Modells adaptiver Erwartungen beenden. Adaptive Erwartungen haben den Vorteil, eine relativ einfache Schätzregel zu sein. Es stellt sich allerdings die Frage, ob es nicht korrekter wäre, seine Erwartungen in T + 1 voll anzupassen. Außerdem erscheint es töricht, den gleichen Vorhersagefehler wieder und wieder zu machen, nämlich das wahre Preisniveau wieder und wieder zu unterschätzen. Ja es könnte sogar schlimmer kommen, wenn das Preisnivau nicht nur einen Sprung machte, sondern zum Beispiel jede Periode ein bißchen stiege, womöglich entlang eines Trends. Wenn die Inflationsrate hoch genug ist, dann könnte die Größe der entstehenden Lücke leicht ins Unendliche steigen.

Das einfache Modell adaptiver Erwartungen findet am besten in einer stabilen Welt seine Anwendung, in der das Preisniveau nicht extremer Inflation oder Deflation unterliegt. Außerdem erscheint der Mechanismus einer Teilanpassung am ehesten in Situationen angebracht, in denen eine ganze Reihe zufälliger Preisänderungen auftritt und nicht nur ein einmaliger Sprung.

Nehmen wir einmal an, das Preisniveau falle in T + 1 wieder auf sein ursprüngliches Niveau zurück. In diesem Fall würden adaptive Erwartungen zu einem erwarteten Preisniveau unterhalb des tatsächlichen Preisniveaus in T führen. Dafür wäre das erwartete Preisniveau der folgenden Perioden höher als das tatsächliche. Mit dem Risiko, Fehler in beide Richtungen zu begehen, wollen wir uns also

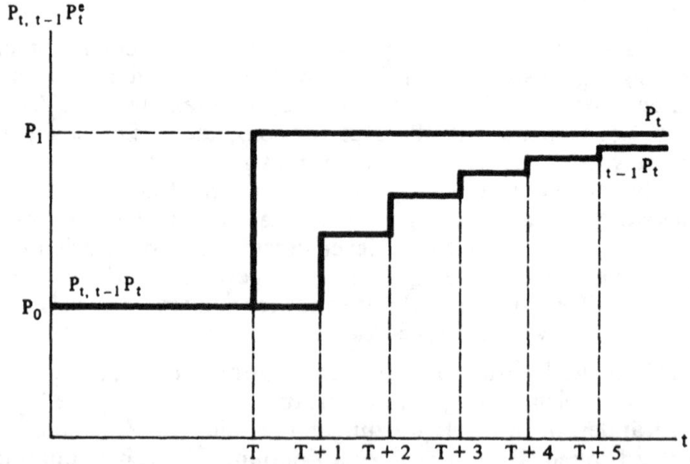

Abbildung 7-8: Erwartungsanpassung nach einer permanenten Änderung des Preisniveaus.

nicht auf dauerhafte Veränderungen einstellen. Je kleiner wir den Anpassungsparameter λ wählen, desto geringer schätzen wir die Wahrscheinlichkeit dauerhafter Veränderungen ein.

Adaptive Erwartungen scheinen also in einer Welt angebracht, in der das Preisniveau scheinbar vom Zufall getrieben wird, wobei allerdings die Möglichkeit dauerhafter Veränderungen besteht. Dies sind die Annahmen, die jedem statischen Gleichgewichtsmodell der Volkswirtschaft zugrunde liegen. Wir untersuchen die Folgen für das Preisniveau und das Niveau des Outputs, die auf im allgemeinen unvorhergesehenen exogenen Störungen beruhen. Wir können annehmen, diese exogenen Störungen seien zufallsverteilt. In einer solchen Situation erscheint es sinnvoll, adaptive Erwartungen anzunehmen.

Tabelle 7-1: Adaptive Anpassung der Erwartungen.

i	P_{T+i}	$\Delta P^e\ {}_{T+i-1}P_{T+i} - {}_{T-2}P_{T-1}$	Vorhersagefehler $P_{T+i} - {}_{T+i-1}P_{T+1}$
−1	P_0	0	0
0	$P_0 + 1$	0	1
1	$P_0 + 1$	$(1 - \lambda)$	λ
2	$P_0 + 1$	$(1 - \lambda) + \lambda(1 - \lambda)$	λ^2
3	$P_0 + 1$	$(1 - \lambda) + \lambda(1 - \lambda) + \lambda^2(1 - \lambda)$	λ^3

Hier nehmen wir an, daß $\Delta P = (P_1 - P_0) = 1$ ist und daß $0 < \lambda < 1$ ist.

Störungen der Angebotsseite

Die aggregierte Angebotsfunktion in Gleichung (7) gibt die Reaktion des Gleichgewichtsoutputs der Angebotsseite auf Veränderungen des Preisniveaus an, wobei die Produktionsfunktion y (N; $\overline{K}$), die Funktion der Grenzproduktivität der Arbeit f (N) und die Arbeitsangebotsfunktion g (N) als gegeben betrachtet werden. Eine Veränderung dieser Beziehungen wird die aggregierte Angebotsfunktion im P,y-Koordinatensystem verschieben. Es erscheint uns sinnvoll, die drei „reinen Fälle" zu betrachten, indem wir jeweils eine Funktion variieren und die anderen dabei konstant halten. Diese Übung soll den Weg für kompliziertere Fälle weisen, in denen sich mehr als eine Funktion ändert, wie es zum Beispiel der Fall ist, wenn eine Veränderung der Technologie sowohl y (N; $\overline{K}$) als auch f (N) beeinflußt.

Veränderung der Arbeitsangebotsfunktion

Der Effekt einer Verschiebung der Arbeitsangebotsfunktion nach oben ist in den Abbildungen 7-9 und 7-10 dargestellt. In Abbildung 7-9(a) verschiebt sich die Arbeitsangebotskurve von g^0 (N) nach g^1 (N). Dies könnte zum Beispiel aufgrund einer Präferenzänderung der Arbeitskräfte bezüglich der Allokation von Freizeit und Arbeitszeit, aufgrund höherer gewerkschaftlicher Reallohnforderungen oder einer Zunahme der Arbeitslosenunterstützung der Fall sein. Die Verschiebung der Arbeitsangebotskurve nach oben reduziert das Niveau der Gleichgewichtsbeschäftigung auf N_1 in Abbildung 7-9(a) bei gegebenen Werten des tatsächlichen und erwarteten Preisniveaus P_0 und P^e, In Abbildung 7-9(b) führt die

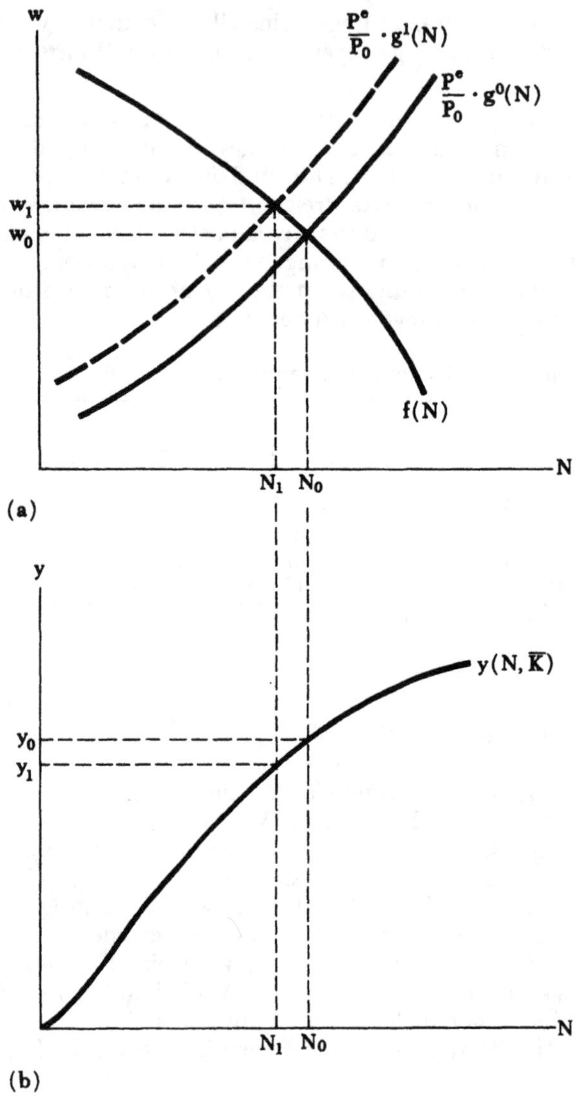

Abbildung 7-9: Veränderung des Arbeitsangebots.

Verringerung der Beschäftigung zu einer Abnahme des angebotenen Outputs von y_0 auf y_1 entlang der Produktionsfunktion y (N; $\overline{K}$) bei gegebenen Werten von P_0 und P^e, Die Verschiebung der aggregierten Angebotsfunktion ist in Abbildung 7-10 dargestellt. Beim anfänglichen Preisniveau P_0 fällt der Gleichgewichtsoutput der Angebotsseite von y_0 auf y_1. Diese Veränderung der funktionalen Beziehung zwischen P und y auf der Angebotsseite ist durch eine Verschiebung der Angebotskurve von S_0S_0 auf S_1S_1 dargestellt. Bei jedem Preisniveau ist der Gleichgewichtsoutput aufgrund der Verschiebung der Angebotsfunktion reduziert. Ein Beispiel der Auswirkungen ist in Abbildung 7-10 bei dem Wert P_0 dargestellt.

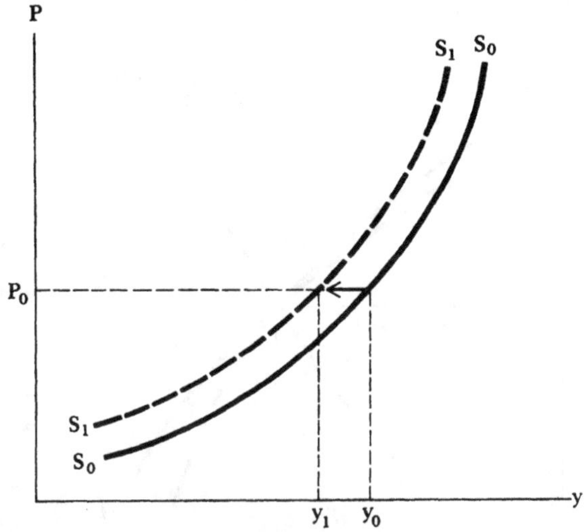

Abbildung 7-10: Auswirkungen auf die Angebotskurve.

Veränderung der Produktionsfunktion

Der Effekt einer Verschiebung der Produktionsfunktion nach oben ist in den Abbildungen 7-11 und 7-12 dargestellt. Diese Verschiebung könnte zum Beispiel durch eine effizienzerhöhende technische Verbesserung des Produktionsprozesses begründet sein.

Eine Erhöhung des Kapitalstocks könnte ebenfalls einen solchen Effekt haben. Die Darstellung in Abbildung 7-11(b) zeigt die Steigung der Produktionsfunktion (die Grenzproduktivität der Arbeit) als unverändert beim urspünglichen Beschäftigungsniveau N_0. Wir konzentrieren uns auf diesen Sonderfall, um die Effekte einer Verschiebung der Produktionsfunktion von den Effekten einer Veränderung der Arbeitsnachfrage (=Grenzproduktivität der Arbeit) zu trennen.

Durch die Verschiebung der Produktionsfunktion wird das Gleichgewicht auf dem Arbeitsmarkt in Abbildung 7-11(a) nicht gestört, da die Grenzproduktivität annahmegemäß unverändert ist. Beim Gleichgewichtsniveau N_0 steigt in Abbildung 7-11(b) aber die Menge des produzierten Outputs von y_0 auf y_1. Dies wiederum verschiebt beim anfänglichen Preisniveau P_0 die aggregierte Angebotsfunktion von S_0S_0 auf S_1S_1 in Abbildung 7-12. Technische Verbesserungen erhöhen bei gegebenem Preisniveau den im Gleichgewicht angebotenen Output.

In den Abbildungen 7-9 bis 7-12 ist ein grundlegendes Prinzips komparativ statischer Analyse erkennbar. Wollen wir die Auswirkungen eines exogenen Ereignisses analysieren, dann betrachten wir zunächst die Veränderung der zugrunde liegenden Angebots- und Nachfragefunktionen (wie in Abbildung 7-9) oder der technischen Beziehung (wie in Abbildung 7-11) und untersuchen dann die Auswirkungen auf das gesamte System. Durch dieses Vorgehen sichern wir uns gegen Fehler ab, die auftreten könnten, wenn wir irgendwo in der „Mitte der Geschichte“ mit unserer Analyse beginnen würden.

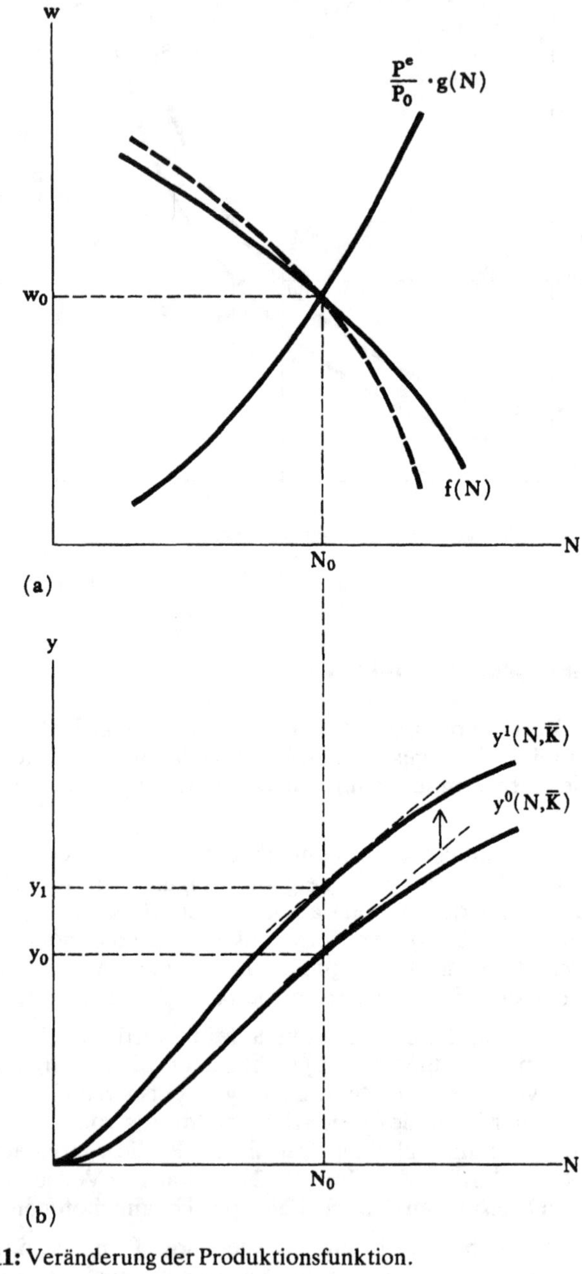

Abbildung 7-11: Veränderung der Produktionsfunktion.

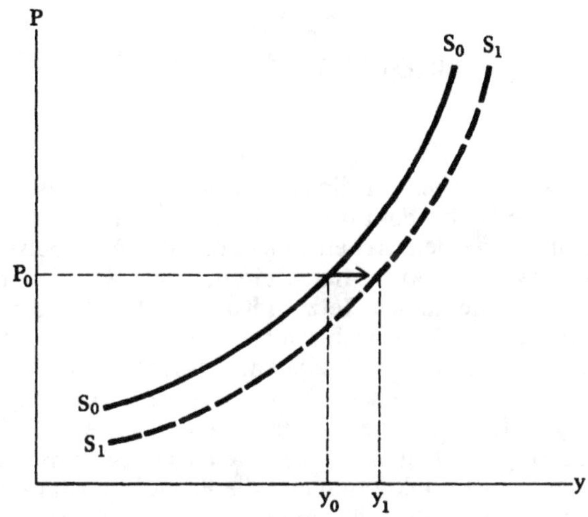

Abbildung 7-12: Auswirkungen auf die Angebotskurve.

Veränderung der Arbeitsnachfrage

Eine technische Veränderung, die bei einem gegebenen anfänglichen Gleichgewichtswert N_0 die Steigung der Produktionsfunktion beeinflußt, nicht aber y/N, läßt sich als eine reine Verschiebung der Arbeitsnachfragefunktion f (N) darstellen. Das Ergebnis kann durch eine Reihe von Abbildungen wie in 7-9 und 7-10 abgeleitet werden. Eine Zunahme der Steigung der Produktionsfunktion zum Beispiel verschiebt die Arbeitsnachfragefunktion f (N) nach oben und führt dadurch beim anfänglichen Preisniveau P zu einer Erhöhung der Variablen N und Y. Hierdurch wird die aggregierte Angebotsfunktion nach rechts verschoben, wodurch bei gegebenem Preisniveau der angebotene Gleichgewichtsoutput erhöht wird (siehe Abbildung 7-12).

Mit diesen Beispielen beschließen wir unsere Analyse der Angebotsseite des grundlegenden Makromodells. Wir haben Veränderungen des Outputs bei gegebenem Preisniveau dargestellt, während sich vorhergehende Abschnitte mit den Auswirkungen von Preisänderungen auf die zugrunde liegenden funktionalen Beziehungen konzentriert haben. Wir sind nun in der Lage, die Analyse der Nachfrageseite der Kapitel 4 und 5 mit der Analyse der Angebotsseite der Kapitel 6 und 7 zu kombinieren und dadurch die Bestimmung der Werte für y, P, r und N im allgemeinen Gleichgewicht des grundlegenden kurzfristigen statischen Modells vorzunehmen.

Ausgewählte Literatur

P. Cagan, „The Monetary Dynamics of Hyper Inflations,“ W. M. Friedman, Ed., *Studies in the Quantity Theory of Money* (Chicago: University of Chicago Press, 1956).
Z. Griliches, „Distributed Lags: A Survey,“ *Econometrica*, January 1967.

Kapitel 8
Gleichgewicht im statischen Modell

In den Kapiteln 4 und 5 haben wir die Nachfrageseite unseres einfachen Makromodells entwickelt und dabei das Preisniveau als exogen betrachtet. In den Kapiteln 6 und 7 haben wir uns dem Arbeitsmarkt und der Angebotsseite zugewandt, um die aggregierte Angebotskurve herzuleiten, wobei wir wiederum das Preisniveau als exogen betrachtet haben. Jetzt in Kapitel 8 kombinieren wir Nachfrage und Angebot, um die Gleichgewichtswerte für Preis- und Outputniveau, Beschäftigungs- und Zinsniveau festzulegen. In Abbildung 8-1 bestimmt der Schnittpunkt der Angebots- mit der Nachfragekurve die Gleichgewichtswerte P_0 und y_0. Nehmen wir diese Gleichgewichtswerte und setzen sie in unsere IS- und LM-Gleichungen ein, so erhalten wir den Gleichgewichtszinssatz r_0. Durch Einsetzen in die Arbeitsmarktfunktionen und die Produktionsfunktion erhalten wir den Gleichgewichtswert der Beschäftigung N_0.

Dieses Kapitel analysiert die Bestimmung des allgemeinen Gleichgewichts der Schlüsselvariablen y, N, r und P und die Reaktion dieser Gleichgewichtswerte auf exogene Schocks, sowohl der Nachfrage- als auch der Angebotsseite. Das aufmerksame Durcharbeiten der Analyse der Folgen, die exogene Störungen auf die Gleichgewichtswerte haben, wird dem Leser ein erstes intuitives Verständnis dafür geben, wie die einzelnen Teile der Makroökonomie zusammenhängen. In Kapitel 9 werden wir dann die Auswirkungen untersuchen, die Geld-, Fiskal- und Einkommenspolitik in diesem einfachen Modell der Makroökonomie haben.

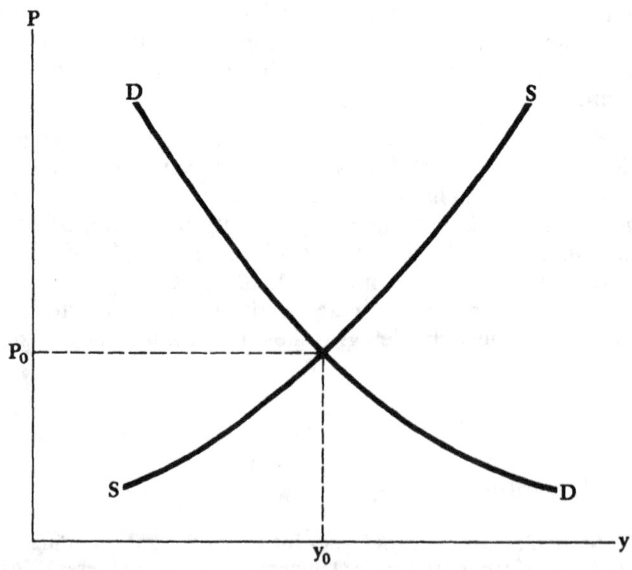

Abbildung 8-1: Aggregierte Nachfrage und aggregiertes Angebot: das allgemeine Modell.

Bestimmung der Gleichgewichtswerte von y, N, r und P

Die Nachfrageseite aus den Kapiteln 4 und 5 ist in den Gleichgewichtsbedingungen für den Gütermarkt und den Geldmarkt zusammengefaßt, die hier noch einmal aufgeführt werden:

$$\text{Gütermarkt:} \quad y = c(y - t(y)) + i(r) + g; \quad \text{(die IS-Kurve).} \tag{1}$$

$$\text{Geldmarkt:} \quad \frac{\overline{M}}{P} l(r) + k(y); \quad \text{(die LM-Kurve).} \tag{2}$$

Diese beiden Gleichgewichtsbedingungen haben wir in Kapitel 4 kombiniert, um die aggregierte Nachfragefunktion im P, y-Koordinatensystem zu erhalten, die hier in Abbildung 8-1 noch einmal dargestellt ist. In Kapitel 6 haben wir mit der Angebotsseite eine Produktionsfunktion und eine Gleichgewichtsbedingung für den Arbeitsmarkt zu unserem Modell hinzugefügt:

$$\text{Produktionsfunktion:} \quad y = y(N; \overline{K}); \tag{3}$$

$$\text{Arbeitsmarkt:} \quad P \cdot f(N) = P^e \cdot g(N) = p(P) \cdot g(N). \tag{4}$$

In Kapitel 7 haben wir dann den Fehlerberichtigungs- oder auch Teilanpassungsprozeß für Preiserwartungen vorgestellt. Erwartungen brauchen Zeit, um sich anzupassen. In unserer kurzfristigen Betrachtung mit p' fast gleich null ergab sich eine flache aggregierte Angebotsfunktion, wie sie in Abbildung 7-2 dargestellt wurde. Langfristig gesehen passen sich Erwartungen mehr und mehr an, so daß p' beinahe gleich eins ist und wir eine steilere aggregiert Angebotskurve erhalten. Der langfristige Extremfall mit $p' = 1$ ergab die senkrechte klassische Angebotskurve, die in Abbildung 7-4 dargestellt ist. Bei der Diskussion des Gleichgewichts in unserem statischen Modell konzentrieren wir uns auf zwei Fälle: das kurzfristige Modell, in dem $0 < p' < 1$ ist und die aggregierte Angebotskurve somit positive Steigung hat und das klassische Modell, in dem $p' = 1$ ist und die aggregierte Angebotskurve senkrecht ist. Wir setzen den klassischen Fall hier also mit der langfristigen Betrachtung gleich. In Kapitel 11 werden wir sehen, wie durch die Einführung rationaler Erwartungen, der klassische Fall auch in bezug auf die kurzfristige Betrachtung relevant wird.

Mit den drei Gleichgewichtsbedingungen (11), (12) und (4) und der Produktionsfunktion (3) haben wir vier Gleichungen zur Verfügung, um die Gleichgewichtswerte unserer vier unbekannten Variablen y, N, r und P zu bestimmen. Im allgemeinen ist es nicht möglich, das Modell aufzuspalten. Es ist simultan und man benötigt alle drei Gleichgewichtsbedingungen, um die Lösungswerte der Variablen zu bestimmen. Ersetzen wir y gemäß der Produktionsfunktion (4) durch N, so erkennen wir, daß die Gleichgewichtsbedingung für den Gütermarkt die Variablen N und r enthält und die Gleichgewichtsbedingung für den Geldmarkt die Variablen N, P und r. Auf der Angebotsseite beinhaltet die Gleichgewichtsbedingung für den Arbeitsmarkt die Variablen N und r. Wir erkennen also, daß das System vollständig simultan ist, wie aus Abbildung 8-1 zu ersehen ist.

Im klassischen Fall dagegen erhalten wir, mit der Annahme, daß $p' = 1$ ist, ein trennbares oder auch dichotomes Modell. Wir gehen von einem Gleichgewicht aus, in dem wir $P^e = P = 1$ gesetzt haben. Die Hinzunahme der klassischen Annahme p' = 1 bedeutet dann, daß P^e in jeder Situation gleich P ist. Ersetzen wir nun in der linken Version der Gleichgewichtsbedingung für den Arbeitsmarkt (4) P^e durch P, so erhalten wir die klassische Bedingung:

$$\text{Klassischer Arbeitsmarkt:} \quad f(N) = g(N). \tag{4a}$$

Die klassische Annahme, daß p' = 1 ist, dichotomisiert das Modell. Die klassische Gleichgewichtsbedingung für den Arbeitsmarkt (4a) ist eine Gleichung in einer Unbekannten N. Wie in Abbildung 7-3 gezeigt, wird hierdurch das Gleichgewichtsniveau der Beschäftigung N_0 ohne Einfluß der Nachfrageseite bestimmt. Wenn aber N_0 durch die Bedingung (4a) bestimmt ist, dann können wir durch Einsetzen in Gleichung (3) $y_0 = y(N_0/\bar{K})$ das Gleichgewichtsniveau des Outputs berechnen. Wir erhalten also eine senkrechte aggregierte Angebotskurve bei dem Wert $y = y_0$, die in Abbildung 7-4 dargestellt ist.

Die Dichotomie des klassischen Modells ist in Abbildung 8-2 zu erkennen. Die Nachfragekurve hat ihre übliche, durch die IS- und LM-Kurve [Gleichung (1) und (2)] implizierte negative Steigung, die wir in Kapitel 4 hergeleitet haben. Die Angebotskurve in Abbildung 8-2 ist allerdings senkrecht. Die Arbeitsmarktbe-

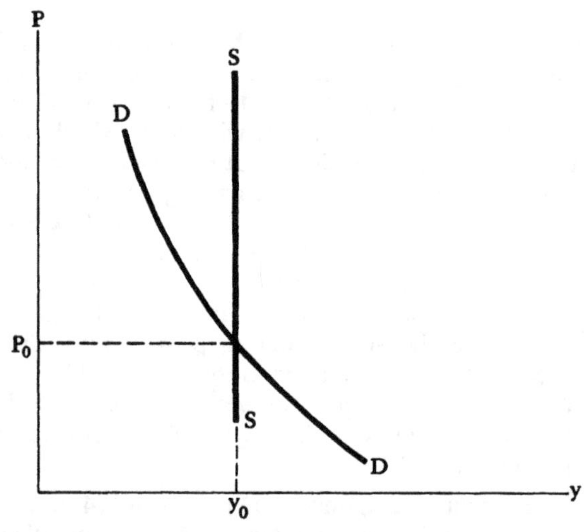

Abbildung 8-2: Aggregierte Nachfrage und aggregiertes Angebot: der klassische Fall.

dingung (4a) und die Produktionsfunktion (3) setzen das Niveau des Outputs unabhängig von der Nachfrage bei y_0 fest. Die Nachfragekurve in Abbildung 8-2 trägt lediglich zur Bestimmung des Preisniveaus P_0 bei. Sind y_0 und N_0 erst bestimmt, erhalten wir durch Einsetzen entweder in die IS-Gleichung oder die LM-Gleichung den Gleichgewichtswert r_0. Der Leser erinnere sich daran, daß uns beide Gleichungen den selben Wert liefern müssen, da die aggregierte Nachfragekurve durch Verschiebung des IS-LM-Schnittpunkts hergeleitet wurde und jedes Gleichgewichtswertepaar y, r auf beiden Kurven liegen muß.

Reaktionen auf Nachfragestörungen

Wir wollen nun die graphische Lösung des kurzfristigen statischen Systems betrachten und dabei die Gleichgewichtsbedingung (4) für den Arbeitsmarkt mit $p' < 0$ verwenden. Abbildung 8-3(a) zeigt das Güter- und Geldmarktgleichgewicht, während Abbildung 8-3(b) den Arbeitsmarkt darstellt.

Das anfängliche Gleichgewichtsniveau des Outputs y_0 in Abbildung 8-3(a) entspricht aufgrund der Produktionsfunktion dem Beschäftigungsniveau N_0 in Abbildung 8-3(b). Das anfängliche Gleichgewicht y_0, P_0 ist im Angebots- und Nachfragediagramm in Abbildung 8-4 dargestellt. Der Wert y_0 in Abbildung 8-4 ent-

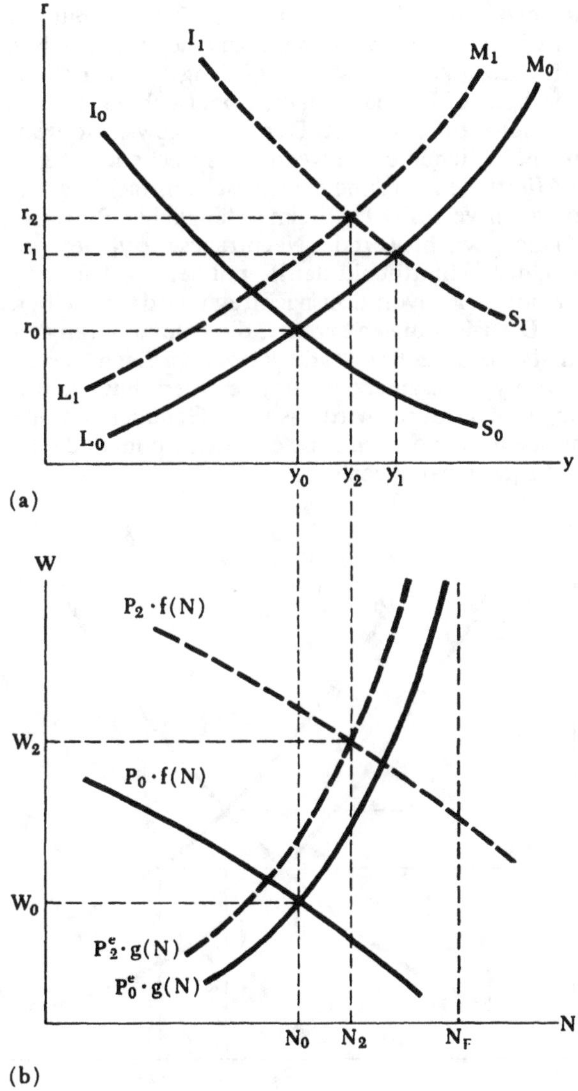

Abbildung 8-3: Gleichgewicht im kurzfristigen Modell.

spricht dem in Abbildung 8-3(a). P_0 ist das anfängliche Preisniveau, das die Position der LM-Kurve in Abbildung 8-3(a) durch $\overline{M}/P$ festlegt, die Position der Arbeitsnachfragekurve in Abbildung 8-3(b) determiniert und schließlich die Position der Angebotskurve in 8-4 durch $P^e = p(P)$ festlegt.

Anpassung im kurzfristigen Modell

Um zu sehen, wie das Gleichgewicht erreicht wird, werden wir nun eine plötzliche exogene Erhöhung der Investitionsnachfrage annehmen. Dies kann zum Beispiel aufgrund besserer Ertragserwartungen bezüglich der Investitionen der Fall sein. Spätestens jetzt sollte klar sein, daß diese Verschiebung der Investitionsfunktion i (r) im Vierquadrantendiagramm zu einer Verschiebung der IS-Kurve nach rechts führt. Dieser Vorgang ist in Abbildung 8-3(a) durch die Verschiebung der IS-Kurve von I_0S_0 auf I_1S_1 dargestellt, wobei sich der Gleichgewichtsoutput auf der Nachfrageseite auf y_1 erhöht. Der Gleichgewichtsoutput der Angebotsseite liegt (beim anfänglichen Preisniveau) entsprechend N_0 nach wie vor bei y_0. In Abbildung 8-4 führt die Zunahme der Investitionsnachfrage zu einer Verschiebung der Nachfragekurve auf D_1D_1. Beim anfänglichen Preisniveau P_0 erkennen wir den neuen Gleichgewichtswert der Nachfrageseite y_1, den wir schon in Abbildung 8-3(a) durch den Schnittpunkt der IS- mit der LM-Kurve festgelegt hatten. Durch die Zunahme der Investitionsnachfrage wird eine Überschußnachfrage nach Gütern und Diensleistungen erzeugt, die beim ursprünglichen Preisniveau durch den Multiplikatorprozeß verstärkt würde, um einen Gesamtwert der Überschußnachfrage von $y_1 - y_0$ zu erzeugen. Die Überschußnachfrage führt jedoch zu Preiserhöhungen. Hierdurch wird das reale Geldangebot $m = \overline{M}/P$ reduziert (oder die Nachfrage nach Nominalkasse erhöht), wodurch die LM-Kurve in Abbildung 8-3(a) auf L_1M_1 verschoben wird.

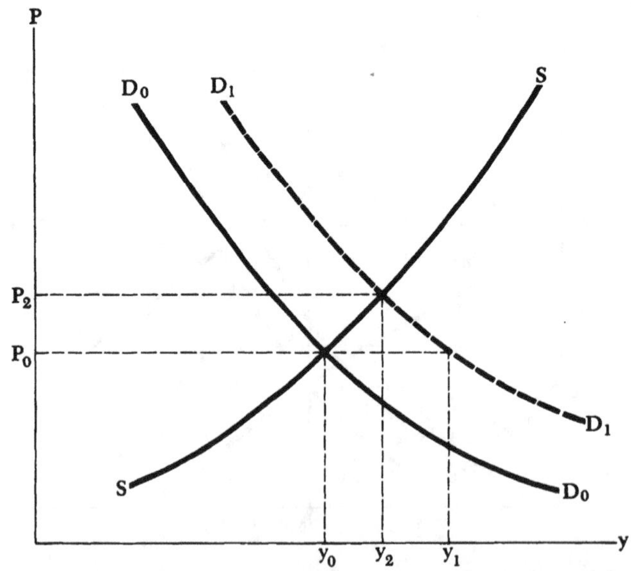

Abbildung 8-4: Verschiebung der Nachfragekurve im kurzfristigen Modell.

Die Verringerung des nachgefragten Gleichgewichtsoutputs, die aufgrund der Preiserhöhungen auftritt, ist in Abbildung 8-4 durch eine Bewegung entlang der neuen Nachfragekurve D_1D_1 von y_1 nach y_2 dargestellt.

Auf dem Arbeitsmarkt bewegen die Preiserhöhungen die Arbeitgeber dazu, die Produktion auszuweiten, höhere Löhne anzubieten und die Beschäftigung zu erhöhen. Diese Zunahme der Arbeitsnachfrage ist in der Abbildung des Arbeitsmarkts 8-3(b) durch die Verschiebung der Nachfragekurve von $P_0 \cdot f(N)$ auf $P_1 \cdot f(N)$ dargestellt. Gleichzeitig nehmen die Arbeitskräfte die Erhöhung des Preisniveaus wahr, wodurch das erwartete Preisniveau steigt und sich die Arbeitsangebotskurve $P^e \cdot g(N)$in Abbildung 8-3(b) nach oben verschiebt. Ist p' kurzfristig fast gleich null, dann wird die Verschiebung der Arbeitsangebotskurve im Verhältnis zur Verschiebung der Arbeitsnachfragekurve nur gering sein. Kurzfristig gesehen, wird die Gleichgewichtsbeschäftigung also auf N_2 in Abbildung 8-3(b) steigen.

In Abbildung 8-4 ist die Erhöhung des angebotenen Gleichgewichtsoutputs durch die Bewegung entlang der ursprünglichen Angebotskurve von y_1 nach y_2 zu erkennen. Die Preiserhöhung führt also auf der Angebotsseite zu einer Erhöhung des Gleichgewichtsoutputs entlang der Angebotskurve von y_0 nach y_2 und reduziert das Outputniveau der Nachfrageseite von y_2 auf y_1. Die Preiserhöhung wird so lange fortschreiten, bis die Überschußnachfrage, gemessen durch die Differenz des Gleichgewichtsoutputs auf der Nachfrageseite und des Gleichgewichtsoutputs auf der Angebotsseite in Abbildung 8-4, auf null reduziert ist. Beim endgültigen Gleichgewichtsoutput y_2, der höher als das Ausgangsniveau y_0 liegt, ist die Überschußnachfrage nach Gütern und Dienstleistungen vollständig eliminiert, wodurch die Zunahme des Preisniveaus gestoppt ist. Gleichzeitig ist die Überschußnachfrage nach Arbeit eliminiert, was den Anstieg der Löhne beendet. Die Überschußnachfrage nach Geld, die im Hintergrund vorhanden war, ist ebenfalls eliminiert, weshalb die Zunahme des Zinsniveaus bei r_2 beendet ist.

Da sich y erhöht hat, wissen wir aus der Produktionsfunktion $y(N; \overline{K})$, daß auch die Beschäftigung zugenommen hat, wie es in Abbildung 8-3(b) zu erkennen ist. Die Zunahme des Preisniveaus hatte also eine Erhöhung der Zinsen zur Folge.

Der Anstieg der Nachfrage hat in unserem kurzfristigen Modell mit $p' < 0$ die Gleichgewichtsbeschäftigung von N_0 auf N_2 erhöht.

Die Preiserhöhungen haben den Gleichgewichtsoutput der Nachfrageseite vom y_1 auf y_2 reduziert aber auch gleichzeitig den Gleichgewichtsoutput der Angebotsseite von y_0 auf y_2. Dabei hat sich die Beschäftigung von N_0 auf N_2 erhöht. Diese Situation stellt das Gegenteil des klassischen Falls mit $p' = 1$ dar, bei dem N unabhängig von den Bedingungen auf der Nachfrageseite ist.

Die höheren Preise haben Überschußnachfrage auf dem Arbeitsmarkt erzeugt und dadurch eine Erhöhung des Lohnniveaus W von W_0 auf W_2 bewirkt [siehe Abbildung 8-3(b)]. Betrachten wir die Arbeitsnachfragefunktion

$$W = P \cdot f(N) \quad \text{oder} \quad \frac{W}{P} = f(N); f' < 0, \tag{5}$$

so erkennen wir, daß der Reallohn $w = W/P$ auf Grund der Zunahme der Arbeitsstunden gesenkt wurde. Dies war notwendig, um die Arbeitgeber zur Erhöhung des Arbeitsinputs zu veranlassen. Da der Reallohn gesunken ist, muß der Nominallohn weniger als das Preisniveau gestiegen sein.

Es erscheint sinnvoll, an dieser Stelle die Effekte einer exogenen Erhöhung der Investitionsnachfrage im kurzfristigen Modell zusammenzufassen. Die Zunahme der Nachfrage führt zu einer Anspannung der Geld- und Kreditmarktkonditionen. Die Erhöhung von y war beim ursprünglichen Preisniveau der Grund für eine Erhöhung des Zinsniveaus von r auf r_1 (Abbildung 8-3(a)) und führte im zweiten Schritt aufgrund der Zunahme des Preisniveaus zu einer weiteren Erhöhung des Zinssatzes auf r_2. Diese Erhöhungen waren allerdings nicht stark genug, um die urspüngliche Zunahme der Investitionsnachfrage zu ersticken. Betrachten wir die Gleichgewichtsbedingung für den Gütermarkt

$$y - c(y - t(y)) = i(r) + g, \tag{6}$$

so erkennen wir, daß die endogene Zunahme von c bei einer Erhöhung von y geringer als die von i sein wird, so daß die linke Seite von Gleichung (6) im neuen Gleichgewicht größer als im alten ist. Mit konstantem g müssen also die Investitionen i auf der linken Seite der Gleichung zugenommen haben. Dies besagt lediglich, daß eine Zunahme von y begleitet sein muß von der exogenen oder politisch induzierten Erhöhung mindestens einer Ausgabenkomponente.

Führt die Preiserhöhung auf der Nachfrageseite der Volkswirtschaft eher zu einer Verringerung des Outputs durch Geldmarkteffekte, bewirkt sie auf der Angebotsseite eher eine Erhöhung des Gleichgewichtsoutputs. Mit sich kurzfristig nicht vollständig an das tatsächliche Preisniveau anpassenden Preiserwartungen ($p' < 1$) führen die höheren Preise auf Grund einer Erhöhung der Arbeitsnachfrage zu einer Zunahme der Beschäftigung, einem Anstieg des Nominallohns, der geringer als der Anstieg des Preisniveaus ist, und somit zu einem niedrigeren Reallohnniveau.

Anpassung im klassischen Fall

Im klassischen Fall mit $p' = 1$ führt die Erhöhung des Preisniveaus und der Zinsen zur völligen Elimination der ursprünglichen Nachfrageerhöhung. Die anfängliche Verschiebung der Nachfrage ist die gleiche wie im kurzfristigen Modell mit $p' < 1$. In Abbildung 5-8(a) verschiebt sich die IS-Kurve durch die anfängliche Erhöhung der Investitionsnachfrage auf I_1S_1. Beim ursprünglichen Preisniveau P_0 steigt der im Gleichgewicht nachgefragte Output auf y_1. Dies wird durch die Verschiebung der aggregierten Nachfragekurve in Abbildung 8-6 dargestellt, bei der die Zunahme von y_0 auf y_1 auf der Nachfrageseite der Zunahme in Abbildung 8-5(a) entspricht.

Die Verschiebung der Nachfrage erzeugt Überschußnachfrage in Höhe von $y_1 - y_0$, weshalb das Preisniveau steigt. Dies wiederum verschiebt die LM-Kurve in Abbildung 8-5(a) nach oben, wodurch es zu einer weiteren Zunahme des Zinsniveaus kommt und die Investitionsnachfrage reduziert wird. In Abbildung 8-5(c) bedingen die Preiserhöhungen eine Verschiebung der Arbeitsnachfragefunktion nach oben, da die Firmen angesichts steigender Preise versuchen, mehr Arbeitskräfte einzustellen. Mit $p' = 1$ aber verschiebt sich die Arbeitsangebotskurve im gleichen Maße nach oben, wie die Arbeitsnachfragekurve, so daß die Überschußnachfrage auf dem Arbeitsmarkt lediglich zu einer Erhöhung des Nominallohns führt und Beschäftigungs- und damit Outputniveau unverändert bei N_0, y_0 bleiben. Wir können dies deutlich in Abbildung 8-5(b) erkennen, in der das Preisver-

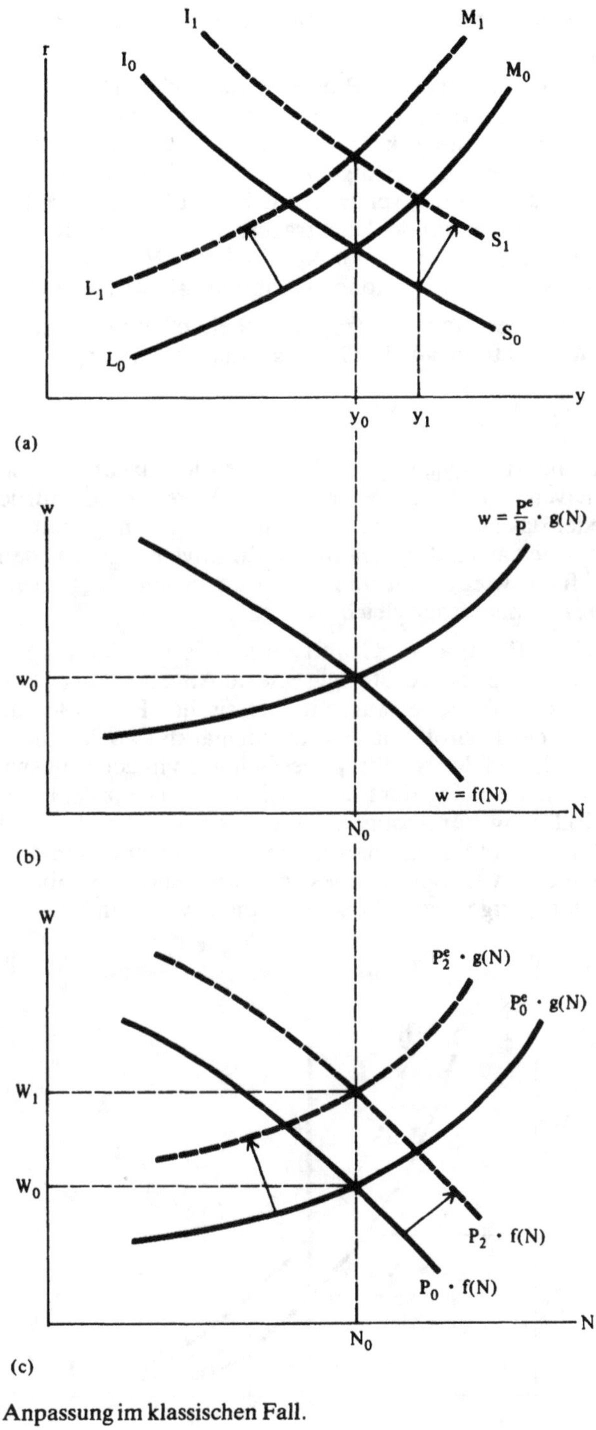

Abbildung 8-5: Anpassung im klassischen Fall.

hältnis P^e/P unverändert ist und damit das Beschäftigungsniveau bei $N = N_0$ bleibt.

Wie lange wird die Zunahme der Preise im klassischen Fall anhalten? Das Preisniveau wird steigen, bis die Nachfrage auf ihr ursprüngliches Niveau y_0 reduziert ist, wie wir in Abbildung 8-6 erkennen können. In diesem Punkt ist die Nachfrage wieder gleich dem konstanten Angebot, so daß die Überschußnachfrage eliminiert ist. In Abbildung 8-5(a) verschiebt sich die LM-Kurve so lange nach oben, bis der Gleichgewichtspunkt der Nachfrageseite wieder auf dem Ausgangsniveau y_0 ist. In Abbildung 8-5(c) steigt der Nominallohn W im gleichen Verhältnis wie das Preisniveau, so daß der Reallohn in Abbildung 8-5(b) unverändert bleibt.

Was ist mit der Investitionsnachfrage geschehen? Wiederum erhalten wir die Antwort durch einen Blick auf die Gleichgewichtsbedingung für den Gütermarkt

$$y - c(y - t(y)) = i(r) + g.$$

Bleibt y unverändert bei y_0, so muß die Investitionsnachfrage wieder auf ihr ursprüngliches Niveau vor der exogen bedingten Verschiebung zurückfallen, wobei natürlich wieder das Niveau der Staatskäufe g konstant gehalten wird. Die Zunahme des Preisniveaus auf P_2 erhöht das Zinsniveau r gerade genug, um die Investitionsnachfrage wieder auf ihren ursprünglichen Wert zu reduzieren. Nur dann ist die Gesamtnachfrage gleich y_0.

Wir erhalten diese Resultat auf Grund der klassischen Annahme, daß $p' = 1$ ist. Dies beschert uns eine senkrechte aggregierte Angebotskurve bei y_0 (Abbildung 8-6). Die senkrechte Angebotskurve im klassischen Fall ist lediglich die graphische Darstellung der Dichotomie des Arbeitsmarkts (wo der Gleichgewichtswert N_0 bestimmt wird) und der Nachfragebedingungen in der Volkswirtschaft. Diese Dichotomie ist es, die uns zu der Frage nach der Relevanz der klassischen Annahme für die Erklärung kurzfristiger makroökonomischer Entwicklungen führt. Ein Blick auf die Realität zeigt, daß exogene Verschiebungen der Nachfrage wie die oben diskutierte Veränderung des Investitionsniveaus, über den Geldmarkt auch wieder entgegengesetzte Effekte auf die Investitionsnachfrage haben. Wir

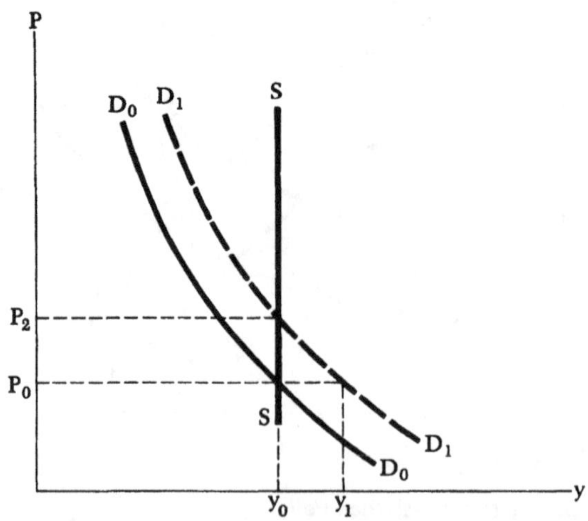

Abbildung 8-6: Aggregiertes Angebot und aggregierte Nachfrage im klassischen Fall.

können aber dennoch nicht die starken Schwankungen des Beschäftigungsniveaus ignorieren, die wir 1933 mit 25% Arbeitslosigkeit und nach dem Zweiten Weltkrieg mit Werten zwischen 3% und 10% beobachten konnten. Unterstützt das klassische Modell auch die Behauptung, das Beschäftigungsniveau sei unabhängig von den Nachfragebedingungen in der Volkswirtschaft, so sind die in der Realität beobachteten Schwankungen das Beschäftigungsniveaus doch mit diesen Nachfragebedingungen in Verbindung zu bringen.

Die Liquiditätsfalle

Die von Keynes vorgeschlagene Liquiditätsfalle beschreibt eine Situation, in der besondere Umstände dazu führen, daß der klassische Fall keine Gleichgewichtslösung hat. Mit der Liquiditätsfalle gelang Keynes eine Attacke auf den klassischen Fall. Wir begnügen uns hier damit, anhand der Liquiditätsfalle einen konzeptuellen Unterschied zwischen dem klassischen Fall und dem kurzfristigen Modell mit positiv geneigter Angebotskurve herauszustellen.

Wie wir in Kapitel 5 gesehen haben, kann die Kurve der Spekulationsnachfrage nach Geld $l(r)$ bei niedrigen Zinssätzen sehr flach werden. Wenn $l(r)$ nun ab einem niedrigen Zinsniveau r_{min} waagerecht verläuft, dann wird auch die LM-Kurve ab diesem Zinsniveau waagerecht sein. Die theoretische Bedeutung dieser Situation im klassischen Fall ist in den Abbildungen 8-7 und 8-8 dargestellt. Wenn beim urspünglichen Gleichgewicht y_0 in Abbildung 8-7(a) die Investitionsnachfrage sinkt und sich dadurch die IS-Kurve nach $I_1 S_1$ verschiebt, dann wird das Preisniveau fallen. Auf dem klassischen Arbeitsmarkt in Abbildung 8-7(b) werden die niedrigeren Preise keine Auswirkungen auf das Gleichgewichtsniveau der Beschäftigung N_0 haben. Die Veränderung des Preisniveaus beeinflußt Arbeitsangebot und Arbeitsnachfrage in gleicher Weise, weshalb beide nur vom Reallohn abhängig sind.

Auf der Nachfrageseite in Abbildung 8-7(a) verschiebt sich die LM-Kurve auf Grund der niedrigeren Preise nach rechts. Da sich aber bereits vorher die IS-Kurve zu einem Schnittpunkt mit der LM-Kurve in deren horizontalen Bereich verschoben hat, führt die Veränderung des Preisniveaus nicht zu einer Erhöhung des Gleichgewichtsoutputs auf der Nachfrageseite y_1, womit ein Überschußangebot in Höhe von $y_0 - y_1$ bestehen bleibt. Wie Keynes herausstellte, ist es also möglich, daß das klassische Modell bei niedrigen Zinssätzen inkonsistent ist. Diese Inkonsistenz wird in Abbildung 8-8 herausgearbeitet. Die Nachfragekurve verschiebt sich auf $D_1 D_1$ entsprechend der Verschiebung der IS-Kurve auf $I_1 S_1$. Ohne Schnittpunkt der Angebots- mit der Nachfragekurve hat das klassische Modell keine Gleichgewichtslösung.

Das Modell bietet anscheinend nur die Erklärung, daß Löhne und Preise kontinuierlich fallen würden, wenn die Volkswirtschaft jemals in dieser Liquiditätsfalle gefangen wäre. Das Publikum ist in dieser Situation indifferent bezüglich dem Halten von Wertpapieren, die nur den Zins r_{min} bringen, und dem Halten von Geld, das überhaupt keinen Zinsertrag bringt.

Zahlreiche Autoren seit Keynes haben Wege aufgezeigt, diese Inkonsistenz aus dem klassischen Modell zu eliminieren. A. C. Pigou hat vorgeschlagen, daß fallende Preise das reale Vermögen der Konsumenten erhöhen, weshalb sie ihre Ausgaben erhöhen werden und ihr Sparen reduzieren, wodurch sich $s(y - t(y))$

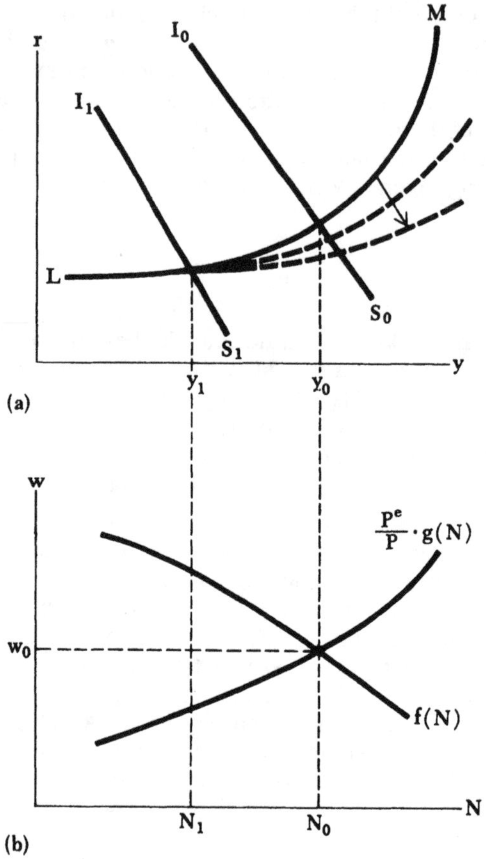

Abbildung 8-7: Die Liquiditätsfalle: der klassische Fall.

nach unten verschiebt. Dies wiederum würde die IS-Kurve nach oben verschieben bis zu einem eventuellen Gleichgewicht auf der Nachfrageseite. Dieser Vermögenseffekt wurde durch empirische Untersuchungen bestätigt, wie wir noch in Kapitel 12 bei der näheren Betrachtung der Konsumfunktion sehen werden. Außerdem haben diese empirischen Untersuchungen der Geldnachfrage keinen Anhaltspunkt dafür gegeben, daß die Geldnachfrage bei sehr niedrigen Zinssätzen wirklich völlig flach verläuft. Wir werden dies noch in Kapitel 14 diskutieren, das der Geldnachfrage gewidmet ist.

Diese Lösungen für die Inkonsistenz im klassischen Modell implizieren im allgemeinen, daß sich das Gleichgewicht nach einer langen Phase fallender Löhne und Preise wieder bei seinen urspünglichen Werten N_0, y_0 einfindet. In den dreißiger Jahren dagegen schien die Volkswirtschaft diese Annahme nicht zu erfüllen. Damals beobachtete man ein stabiles niedriges Beschäftigungsniveau mit Löhnen und Preisen, die ebenfalls auf ein relativ stabiles Niveau fielen.

Dieses Ergebnis stimmt mit dem kurzfristigen Modell überein, das nicht zu Inkonsistenz durch die Liquiditätsfalle führt. Das Problem im klassischen Modell ist, daß weder der Gleichgewichtsoutput auf der Angebotsseite, noch der auf der

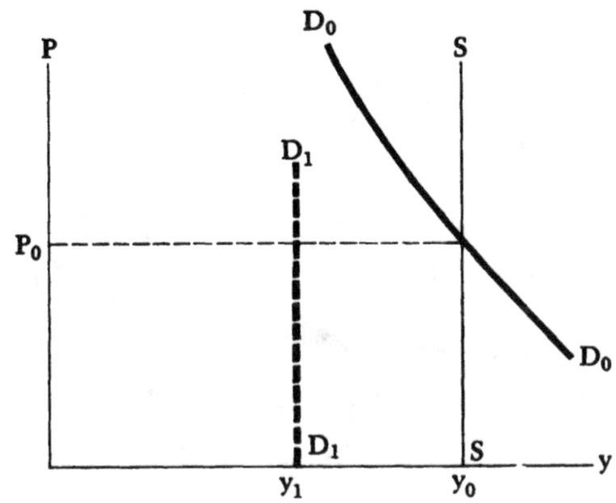

Abbildung 8-8: Angebot und Nachfrage in der Liquiditätsfalle: der klassische Fall.

Nachfrageseite in der Situation der Liquiditätsfalle auf das Sinken der Preise reagierte. Im kurzfristigen Modell in den Abbildungen 8-9 und 8-10 führt das niedrigere Preisniveau zur Verringerung der Arbeitsnachfrage, weshalb der Output auf der Angebotsseite entlang der positiv geneigten Angebotskurve von y_0 auf y_1 verringert wird.

Im Fall der Depression erhalten wir im kurzfristigen Modell also ein neues Gleichgewicht bei y_1, N_1, P_1 und W_1 bei niedrigem Beschäftigungsniveau, wie wir es in den dreißiger Jahren beobachten konnten. Die neuen Gleichgewichtsniveaus des Preises und des Lohnsatzes sind ebenfalls niedriger. Das kurzfristige Modell scheint die Ereignisse der dreißiger Jahre also besser zu erklären, als der klassische Fall mit der Liquiditätsfalle.

Reaktionen auf Angebotsstörungen

Die Diskussion über Störungen der Nachfrageseite wird durch die Tatsache erleichtert, daß die Resultate unabhängig von der Quelle der Gleichgewichtsstörung analysiert werden können, sofern die Störung erst einmal in einen Ausgabeneffekt übersetzt ist. Wie wir bei der Multiplikatoranalyse in Kapitel 5 gesehen haben, wirkt jede Störung der Nachfrageseite wie jede andere Störung durch den gleichen Multiplikator (Gleichung (17) in Kapitel 5), wenn erst einmal der Anstoßeffekt auf die Ausgaben berücksichtigt ist.

Die Analyse der Störungen der Angebotsseite ist nicht ganz so einfach, da ein Ereignis, das sowohl das Niveau als auch die Steigung der Produktionsfunktion ändert, andere Folgen haben wird als ein Ereignis, das nur das Niveau oder nur die Steigung ändert.

Dies ist deshalb so, weil eine Veränderung der Steigung der Produktionsfunktion (MPL) sowohl die Arbeitsnachfragefunktion als auch die Produktionsfunktion selbst verschieben wird.

Ein exogener Schock, der die Produktionsfunktion verschiebt, ohne beim ursprünglichen Beschäftigungsniveau die Grenzproduktivität der Arbeit zu verändern, ist nur schwer vorstellbar. Wir werden uns also hier mit Schocks beschäfti-

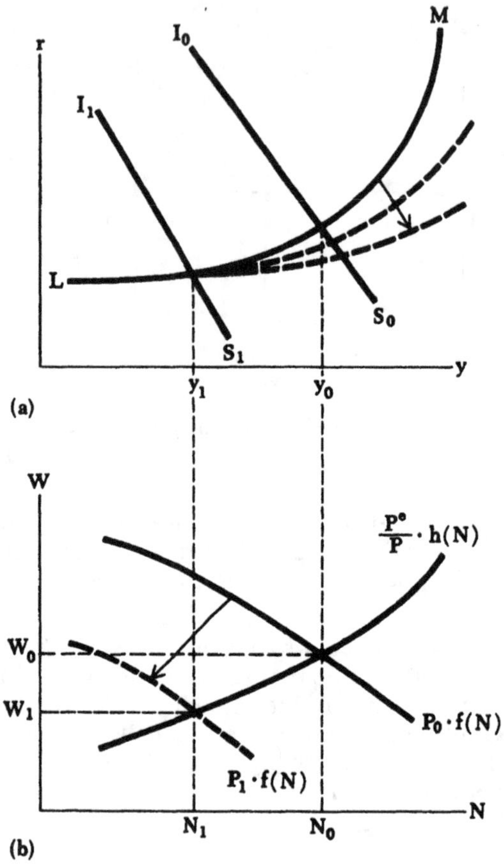

Abbildung 8-9: Die Liquiditätsfalle: das kurzfristige Modell.

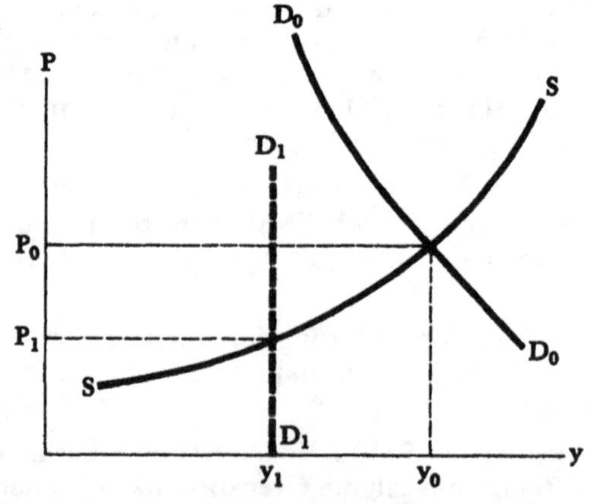

Abbildung 8-10: Angebot und Nachfrage in der Liquiditätsfalle: das kurzfristige Modell.

gen, die beides tun (z.B. ein Ölembargo oder ein Schlechtwetterjahr in der Landwirtschaft) und dabei einen kurzen Blick auf die Situation werfen, in der sich die MPL nicht verändert. In Kapitel 9 werden wir unter dem Oberbegriff „Einkommenspolitik" die Effekte exogener Verschiebungen des Arbeitsangebots betrachten.

Anstoßeffekte

Um die Analyse so verständlich wie möglich zu gestalten, sollten wir zunächst die Ursache der Verschiebung der Angebotskurve isolieren und uns dann mit der Reaktion der Volkswirtschaft auf diese Verschiebung beschäftigen. Betrachten wir zum Beispiel einen Angebotsschock durch einen Inputfaktor, aus dem zusammen mit Kapital- und Arbeitsinput Output produziert wird. Wir können hier zum Beispiel an eine Phase schlechten Wetters und ihre Auswirkungen auf den Output des landwirtschaftlichen Sektors denken (wie es 1972 der Fall war) oder die Verschiebung der Angebotskurve eines Inputfaktors. Für letzteren Fall können das Ölembargo 1974 und die Ölpreiserhöhungen 1979 als Beispiele dienen.

Die Auswirkungen der Angebotsverringerung eines Einsatzfaktors (Rohstoffe oder Energie) auf die aggregierte Angebotskurve sind in den Abbildungen 8-11 und 8-12 dargestellt. In Abbildung 8-11(b) führt die Angebotsverringerung von zum Beispiel Energie zu einer Verschiebung der Angebotskurve nach unten. Bei konstantem Einsatz der Faktoren Arbeit und Kapital wird weniger Output produziert. In Abbildung 8-11(a) verschiebt sich ebenfalls die Arbeitsnachfragefunktion nach unten, da wir annehmen, daß sich die Grenzproduktivität des Faktors Arbeit f (N) verringert. Dies wäre bei jeder multiplikativen Produktionsfunktion wie zum Beispiel $AK^{\alpha} L^{\beta} E^{(1-\alpha-\beta)}$ der Fall, wobei E für Energieeinsatz steht. Wir bräuchten eine teilweise additive Produktionsfunktion wie zum Beispiel $A \cdot K^{\alpha} \cdot L^{(1-\alpha)} + bE$ um einen Fall zu konstruieren, in dem eine Verringerung des Energieangebots E die Grenzproduktivität der anderen Faktoren unberührt ließe.

Bei den Ausgangswerten P_0 und P^e führt eine Verringerung des Energieangebots von E_0 auf E_1 zu einer Verminderung des Gleichgewichtsoutputs auf der Angebotsseite von y_0 auf y_2. Eine Verringerung des Outputs von y_0 auf y_1 würde alleine durch die Verschiebung der Produktionsfunktion beim ursprünglichen Beschäftigungsniveau N_0 begründet. Bei niedrigerem Energieeinsatz würde das ursprüngliche Einsatzniveau des Faktors Arbeit also zu geringerer Produktion führen. Die zusätzliche Verringerung des Outputs auf y_2 resultiert von der Verminderung der MPL, weshalb das Gleichgewichtsniveau der Beschäftigung in Abbildung 8-11(a) bei P_0 von N_0 auf N_2 fällt. Die Verschiebung der Angebotskurve in Abbildung 8-12 von P_0, y_0 nach P_0, y_2 wird also durch zwei Effekte begründet: die Verschiebung der Produktionsfunktion bei N_0 ($y_0 \rightarrow y_1$) und die Veränderung des Beschäftigungsniveaus auf N_2 ($y_1 \rightarrow y_2$). Wie wir im folgenden sehen werden, ist die Verschiebung der Arbeitsnachfrage (MPL) entscheidend für das Endniveau der Beschäftigung.

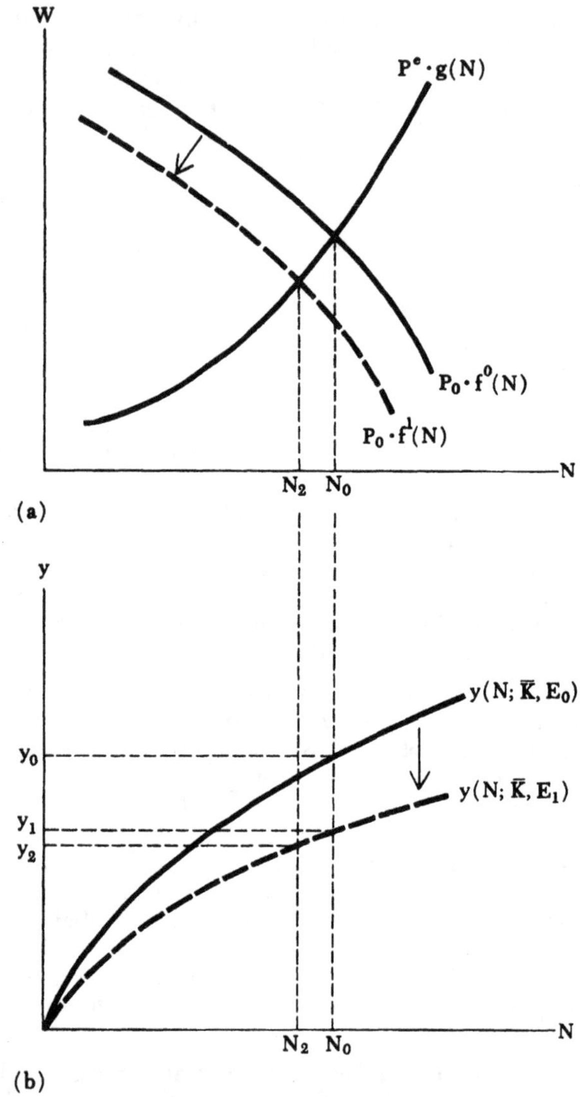

Abbildung 8-11: Verschiebung der Produktionsfunktion.

Reaktionen des Gleichgewichts im kurzfristigen Modell

Die Abnahme der zur Verfügung stehenden Menge des Einsatzfaktors Energie verschiebt die Angebotskurve in den Abbildungen 8-12 und 8-13 nach links. Hierdurch wird in diesen beiden Abbildungen Überschußnachfrage in Höhe von $y_0 - y_2$ erzeugt. Der Leser bemerke, daß die Überschußnachfrage in diesem Fall von einer Verringerung des Angebots erzeugt wurde, während wir im Abschnitt über Nachfragestörungen Überschußnachfrage beobachteten, die von einer Zunahme der Nachfrage resultierte. An dieser Stelle gilt es, einen wichtigen Punkt zu ver-

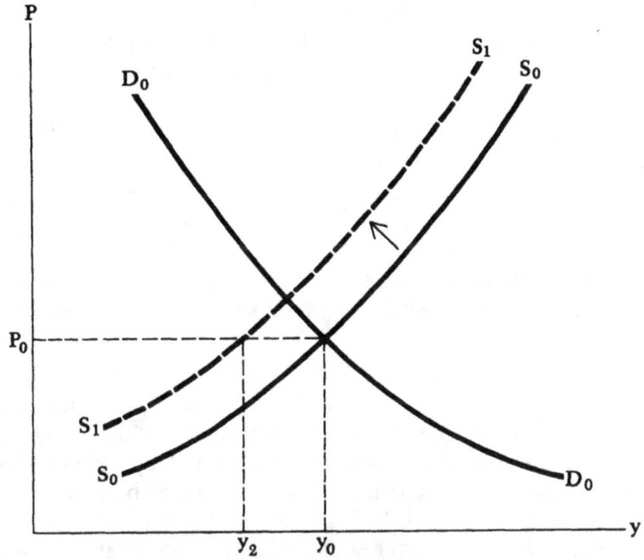

Abbildung 8-12: Verschiebung des aggregierten Angebots.

stehen. Haben wir einmal festgelegt, ob ein gegebener exogener Schock Überschußnachfrage (Druck auf das Preisniveau zu steigen) oder Überschußangebot (Druck auf das Preisniveau zu sinken) erzeugt, dann sind die Reaktionsanalysen der Angebots- und der Nachfrageseite unabhängig davon, wo der Schock ursprünglich herkam.

Der Ursprung des Schocks sagt uns etwas darüber, wie die DD-Kurve und die SS-Kurve in Abbildung 8-13 verschoben werden. Haben wir dies aber erst einmal

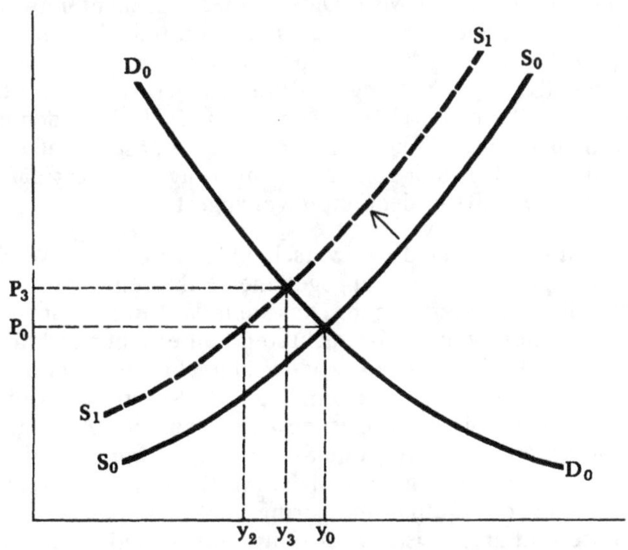

Abbildung 8-13: Reaktion auf eine Verschiebung des aggregierten Angebots.

festgelegt, dann wissen wir, ob Überschußnachfrage oder Überschußangebot erzeugt wird. An dieser Stelle werden wir deshalb wissen, ob das Preisniveau steigen oder fallen wird, und die weitere Analyse erfolgt unabhängig von der Quelle der Gleichgewichtsstörung.

Im kurzfristigen Modell mit $p' < 1$ wird die Erhöhung des Preisniveaus von P_0 auf P_3 in Abbildung 8-13 das Gleichgewichtsniveau der Beschäftigung auf N_3 in Abbildung 8-14(a) erhöhen. Mit $p' < 1$ wird die Verschiebung der Arbeitsangebotskurve von $P^e_0 \cdot g(N)$ auf $P^e_3 \cdot g(N)$ geringer sein als die Verschiebung der Arbeitsnachfragefunktion von $P_0 \cdot f^1(N)$ auf $P_3 \cdot f^1(N)$. Der Ouput der Angebotsseite erhöht sich entlang der neuen Produktionsfunktion $y(N; \overline{K}; E)$ und entlang der neuen Angebotskurve S_1S_1 in Abbildung 8-13 von y_2 auf y_3, wenn das Preisniveau steigt.

Auf der Nachfrageseite reduziert die Erhöhung des Preisniveaus von P_0 auf P_3 den Gleichgewichtsoutput von y_0 auf y_3. Wenn P steigt, verschiebt sich die LM-Kurve nach oben, wodurch der Zinssatz erhöht und die Nachfrage nach Output verringert wird. Dieser Prozeß wird fortschreiten, solange P weiter ansteigt, das heißt also, bis wir das neue Gleichgewicht bei y_3 erreichen, bei dem die Überschußnachfrage eliminiert ist. Die höheren Zinssätze haben zu einem niedrigeren Investitionsniveau geführt und das gefallene Einkommen hat geringeren Konsum zur Folge.

Es ist sinnvoll, die Endposition des Beschäftigungsniveaus etwas näher zu betrachten, um die Bedeutung der Veränderung der MPL besser zu verstehen. Bei gegebener Verschiebung der Angebotskurve in Abbildung 8-13 ist es unvermeidlich, daß der Gleichgewichtsoutput reduziert wird. Wir brauchen hierzu lediglich eine Nachfragekurve mit negativer Steigung. Das Ergebnis in bezug auf das Beschäftigungsniveau ist nicht so eingängig. Wenn sich das Preisniveau erhöht, um die Überschußnachfrage zu reduzieren, steigt die Beschäftigung im Gleichgewicht auf der Angebotsseite von N_2 aus an. Abbildung 8-14 und der Text nehmen das intuitiv eingängige Ergebnis an, daß das Beschäftigungsniveau N seine Endposition oberhalb von N_0 finden wird. Dies ist allerdings nicht notwendigerweise der Fall. Wenn die aggregierte Nachfragekurve zum Beispiel sehr steil ist, wird die notwendige Preiserhöhung die Gleichgewichtsbeschäftigung N möglicherweise auf ein höheres Niveau als N_0 bringen. Zum Beispiel erhalten wir bei y_4 in Abbildung 8-14(b) ein höheres Beschäftigungsniveau als N_0, befinden uns aber immer noch unterhalb von y_0. Wir können also nicht sicher sein, daß die Beschäftigung wirklich fallen wird als Folge einer Verringerung des Energieangebots. Wir können nur sicher sein, daß sich der Output verringert.

Was also geschieht hier? Es sind zwei verschiedene Effekte am Werk. Die Verminderung des Outputs reduziert bei gegebenen Faktoreinsatzverhältnissen die Nachfrage nach allen Einsatzfaktoren. Dies stellt das Equivalent eines Einkommenseffekts dar. In dem von uns betrachteten Fall erhöhen sich allerdings die Energiepreise relativ zu den Löhnen, wodurch die Unternehmer dazu veranlaßt werden, Energie durch Arbeit zu ersetzen. Wenn die Substitution ohne Probleme erfolgen kann, dann ist die Verringerung der Grenzproduktivität der Arbeit (MPL) in den Abbildungen 8-11(a) und 8-14(a) nur gering. Und wenn dann die Nachfragekurve noch steil genug ist, wird der Anstieg des Preisniveaus sehr stark sein und die Abnahme des Outputs nur gering. In diesem Fall ist es möglich, daß der Substitutionseffekt größer ist als der Outputeffekt und damit die Beschäftigung steigt.

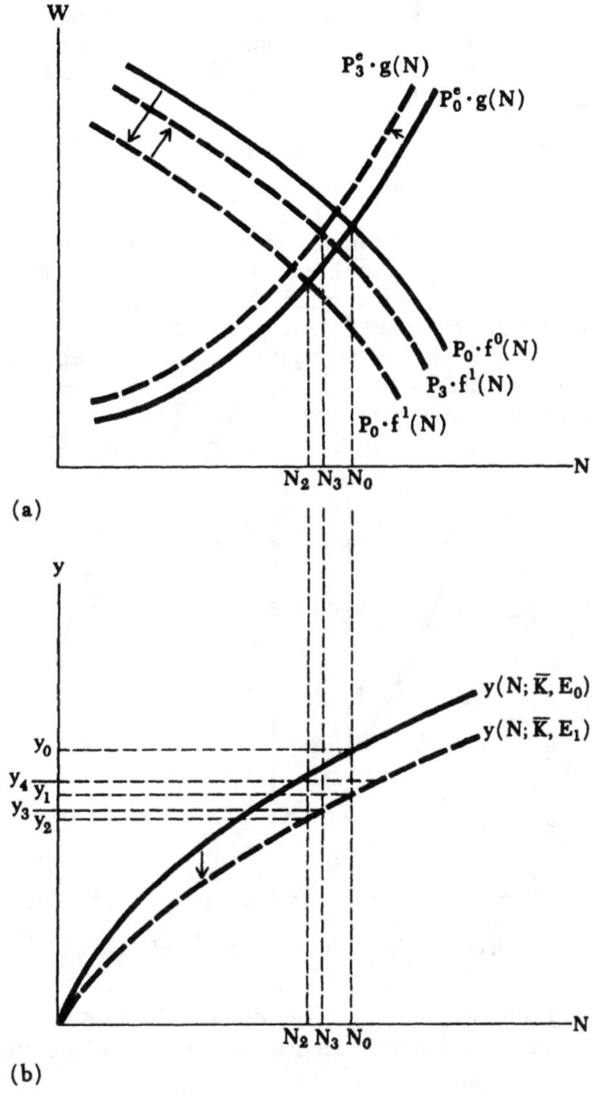

Abbildung 8-14: Reaktionen der Angebotsseite.

Wir betrachten ein extremes Beispiel zur Erklärung dieser Situation. Nehmen wir einmal an, die Produktionsfunktion habe sich verschoben, ohne daß sich die MPL verändert hätte. Dann wäre das Ausgangsniveau der Beschäftigung in Abbildung 8-14(a) unbeeinflußt von den Anstoßeffekten gewesen. Wenn aber das Preisniveau steigt, um die Überschußnachfrage abzubauen, dann wird eindeutig auch das Beschäftigungsniveau steigen.

Wir haben die Komplexität der Analyse von Angebotsschocks nun hinreichend dargestellt. Das Ergebnis in bezug auf den Output ist eindeutig. Bevor wir allerdings etwas Definitives über die Beschäftigung sagen können, müssen wir etwas mehr über die Spezifikation der Produktionsfunktion und die Steigung der Nachfragekurve wissen. Zu diesem Zweck müssen wir uns ökonometrischen Modellen zuwenden, die bezüglich der Angebotsseite leider noch nicht weit genug entwikkelt sind, um uns eindeutige Ergebnisse zu liefern.

Zusammenfassung des klassischen Falls

Im klassischen Fall führt der Anstoßeffekt einer Verminderung des Energieangebots zu einer Verschiebung der senkrechten Angebotskurve in Abbildung 8-15 nach links. Blicken wir noch einmal auf die Abbildungen 8-11 und 8-12, so erkennen wir, daß der Anstoßeffekt einer Verringerung des Energieangebots zu einem geringeren Beschäftigungsniveau bei N_2 führt und den angebotenen Output auf y_2 vermindert (auch in Abbildung 8-15 als y_2 dargestellt). Dies erzeugt wie üblich Überschußnachfrage in Höhe von $y_0 - y_2$ in Abbildung 8-15.

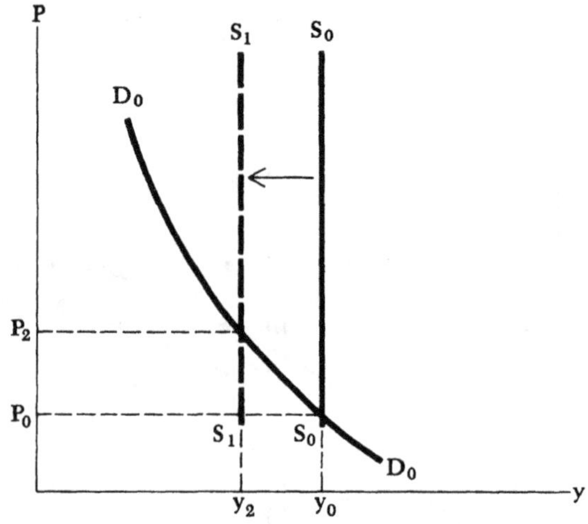

Abbildung 8-15: Angebot und Nachfrage im klassischen Fall.

Wenn nun aber das Preisniveau als Reaktion auf die Überschußnachfrage steigt ($p' = 1$), dann bleibt das Gleichgewichtsniveau der Beschäftigung und das des Outputs auf der Angebotsseite bei N_2, y_2.

Die senkrechte Angebotskurve hat sich von S_0S_0 auf S_1S_1 in Abbildung 8-15 verschoben. Die gesamte Anpassung des Gleichgewichts nach den Anstoßeffekten eines Angebotsschocks erfolgt im klassischen Fall auf der Nachfrageseite, wobei der Output in Abbildung 8-15 auf y_2 reduziert wird.

Die Reaktionsanalyse der Angebotsstörungen im klassischen Fall führt also nicht zu den Zweideutigkeiten des allgemeinen Modells, da hier keine Anpassung der Gleichgewichtswerte für N und y auf der Angebotsseite stattfindet, die über die der Anstoßeffekte hinausgeht. Dennoch sind kurzfristig die Lösungen der Abbildunqen 8-13 und 8-14 denkbar. Kurzfristig werden die Anstoßeffekte eines Angebotsschocks nur teilweise durch die darauffolgenden ausgleichenden Preisveränderungen aufgewogen. Nur im klassischen Fall entsprechen die Anstoßeffekte auch gleichzeitig den endgültigen Auswirkungen auf das Gleichgewicht.

Ausgewählte Literatur

R. W. Clower, „The Keynesian Counter-Revolution: A Theoretical Appraisal" in R. W. Clower, ed., *Monetary Theory: Selected Readings* (Harmondsworth, Middlesex, England: Penguin Books Ltd., 1969).

M. Friedman, „A Theoretical Framework for Monetary Analysis," *Journal of Political Economy*, March/April 1970.

J. M. Keynes, *The General Theory of Employment, Interest and Money* (New York: Harcourt, Brace and Company, 1936), Chapter 15.

D. Patinkin, *Money, Interest and Prices*, 2nd ed. (New York: Harper & Row, 1965), Chapters 9-10.

D. Patinkin, „Price Flexibility and Full Employment," in M. G. Mueller, ed., *Readings in Macroeconomics* (New York: Holt, Rinehart and Winston, 1966).

A. C. Pigou, „The Classical Stationary State," *Economic Journal*, December 1943.

Kapitel 9
Geld-, Fiskal- und Einkommenspolitik

In Kapitel 8 haben wir die in den Kapiteln 4 und 5 entwickelte Nachfrageseite der Volkswirtschaft mit der in den Kapiteln 6 und 7 entwickelten Angebotsseite kombiniert, um die Bestimmung der Variablen y, P, r, und N im allgemeinen Gleichgewicht vorzunehmen. Wir wenden uns nun der Politik der aggregierten Nachfrage und des aggregierten Angebots im statischen Modell zu.

Wir greifen in diesem Kapitel wieder die Themen des Kapitels 5 auf. Nehmen wir an, der Staat beschlösse, die bestehenden Gleichgewichtswerte von y, P, r, und N seien nicht zufriedenstellend. Als Beispiel dafür könnte die Situation des Jahres 1983 dienen, als bei bestehendem Niveau des Outputs und der Beschäftigung die Arbeitslosenquote bei 10,5% lag. Das Problem könnte auch Überschußnachfrage als Folge einer Verschiebung der Angebotskurve nach oben sein, wie wir es in Kapitel 8 gesehen haben. Dies würde zu einer Erhöhung des Preisniveaus (Inflation) führen. Die Instrumente, die dem Staat zur Verfügung stehen, sind Geld-, Fiskal- und unter Umständen Einkommenspolitik.

Geldpolitisch motivierte Veränderungen des Geldangebots $\overline{M}$ und fiskalpolitisch motivierte Erhöhungen der Staatskäufe g oder der Steuersätze t führen zur Verschiebung der aggregierten Nachfragekurve, wie wir in Kapitel 5 gesehen haben. Einkommenspolitik zielt ab auf die Verschiebung der aggregierten Angebotskurve, indem sie die Arbeitsangebotskurve nach oben oder unten verschiebt. Sie wirkt auf den von den Arbeitskräften geforderten Nominallohnsatz, um bei gegebenem Preisniveau P_0 ein bestimmtes Arbeitsangebot N zu erreichen. Einkommenspolitik wird im allgemeinen angewendet, um die Inflationsrate niedrig zu halten, wenn sich in einer Situation, in der die Arbeitskräfte steigende Reallöhne erwarten, die Arbeitsangebotskurve nach oben verschiebt. Dynamische Aspekte der Einkommenspolitik werden wir in Kapitel 20 in Teil IV diskutieren. An dieser Stelle beziehen wir die Einkommenspolitik nur zur Verschiebung der Angebotskurve mit ein.

In Teil II nehmen wir die Werte der Instrumentvariablen der Politik ($\overline{M}$ oder g) meistens als gegeben an, positionieren ihnen entsprechend unsere Angebots- und Nachfragekurven und lösen dann das Gleichungssystem nach den Gleichgewichtswerten der Zielvariablen. In den Kapiteln 5 und 9 untersuchen wir die Auswirkungen von Veränderungen der Instrumentvariablen auf die Gleichgewichtswerte der Zielvariablen. Diese Vorgehensweise wird in der Theorie der Wirtschaftspolitik umgedreht. Dort werden die gewünschten Werte der endogenen Schlüsselvariablen y, N, r und P als politische Ziele vorgegeben. Das grundlegende statische Modell wird dann invertiert, um nach den Werten der politischen Instrumentvariablen aufzulösen. Diese sind $\overline{M}$, g, t und α, wobei α die Instrumentvariable der Einkommenspolitik ist, die die Preiserwartungsfunktion der Arbeitnehmer $F = p(P, \alpha)$ verschiebt. Wo wir also bisher im allgemeinen $\overline{M}$, g, t und α als gegeben angenommen haben (wobei α im allgemeinen gleich null war) und das Gleichungssytem nach y, P, r, und N gelöst haben, würde die Theorie der Wirtschaftspolitik das Modell umgekehrt lösen, um so Werte für die politischen Instrumentvariablen zu erhalten, die die gewünschten politischen Ziele erfüllen. Es würde zu lange dauern, die Theorie der Wirtschaftspolitik hier vollständig zu entwickeln. Der Student, der die Analyse bis hier aufmerksam verfolgt hat, sollte aber dennoch in der Lage sein, das System mit vier Gleichungen aus Kapitel 8 zu invertieren, um bei gegebenen Werten der politischen Zielvariablen nach den Instrumentvariablen zu lösen.

Geld- und Fiskalpolitik im statischen Modell

Auf der Nachfrageseite der Volkswirtschaft sind die Gleichgewichtsbedingungen für den Gütermarkt

$$\text{IS: } y = c(y - t(y)) + i(r) + g \tag{1}$$

und für den Geldmarkt

$$\text{LM: } \frac{\overline{M}}{P} = l(r) + k(y) \tag{2}$$

in Abbildung 9-1(a) als I_0S_0 und L_0M_0 im r, y-Koordinatensystem dargestellt. Die Investitionsfunktion, die Sparfunktion und das Niveau der Staatskäufe legen die Position der IS-Kurve fest. Die Geldnachfragefunktionen und das Niveau der Realkasse $m = \overline{M}/P$ legen die Position der LM-Kurve fest. Durch Veränderung des Preisniveaus verschiebt sich die LM-Kurve in Abbildung 9-1(a), wodurch Lage und Gestalt der Nachfragekurve D_0D_0 in Abbildung 9-2 festlegt werden. Auf der Angebotsseite haben wir zunächst die bereits in Kapitel 6 hergeleitete Gleichgewichtsbedingung für den Arbeitsmarkt

$$P \cdot f(N) = P^e \cdot g(N) = p(P) \cdot g(N); \quad 0 < p' < 1, \tag{3}$$

die hier in Abbildung 9-1(b) dargestellt ist. Wir erhalten das Gleichgewichtsniveau der Beschäftigung als eine Funktion des Preisniveaus. Die Produktionsfunktion

$$y = y(N; \overline{K}) \tag{4}$$

stellt dann die Verbindung zwischen dem Beschäftigungsniveau und dem Outputniveau her.

Das in den Gleichungen (1)-(4) beschriebene Modell entspricht genau dem der Gleichungen (1)-(4) in Kapitel 8. Dort haben wir uns auf das Gleichgewicht konzentriert, während wir nun die Auswirkungen verschiedener politischer Maßnahmen untersuchen.

In diesem Modell führen Preisänderungen zur Verschiebung der Angebots- und der Nachfragekurve in Abbildung 9-1(b) und verändern damit das Beschäftigungsniveau N. Ein neues Beschäftigungsniveau führt auf der Angebotsseite über die Produktionsfunktion zu einem neuen Outputniveau. Durch diesen Prozeß wird die Angebotsfunktion S_0S_0 in Abbildung 9-2 positioniert. Die IS- und die LM-Gleichung definieren also gemeinsam die Nachfragebeziehung zwischen P und y, während die Arbeitsmarktgleichung und die Produktionsfunktion die Angebotsbeziehung dieser beiden Variablen definieren.

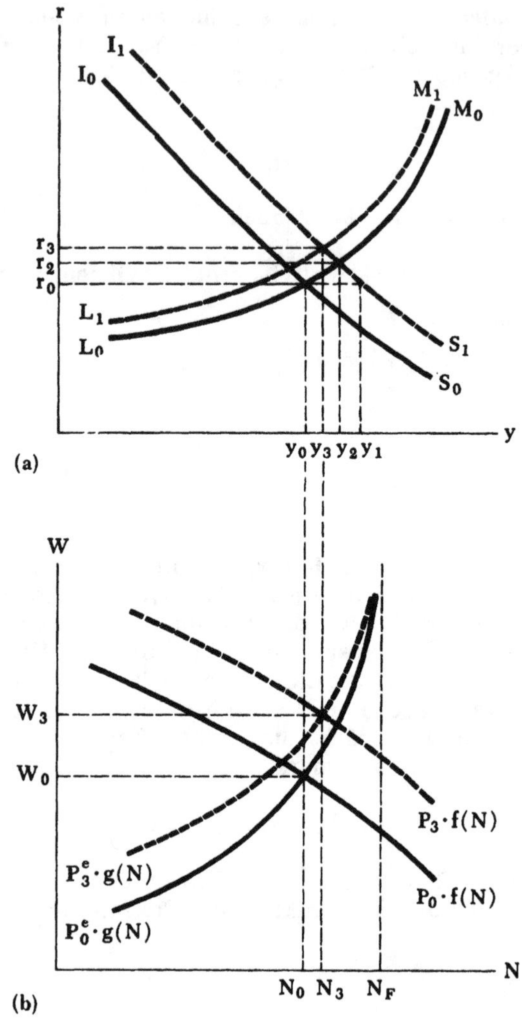

Abbildung 9-1: Gleichgewicht im statischen Modell: eine Erhöhung der Staatskäufe g.

Auf dem am höchsten aggregierten Niveau haben wir zwei Gleichungen mit den zwei Unbekannten P und y, die in Abbildung 9-2 dargestellt sind. Die Lösung dieses Gleichungssystems (der Schnittpunkt zwischen der Angebots- und der Nachfragefunktion in Abbildung 9-2) ergibt die Gleichgewichtswerte P_0, y_0, von denen wir die Werte W_0, N_0 in Abbildung 9-1(b) und die Werte r_0, y_0 in Abbildung 9-1(a) herleiten können.

Auswirkungen einer fiskalpolitischen Maßnahme

Im ursprünglichen Gleichgewicht liegt das Beschäftigungsniveau bei N_0 in Abbildung 9-1(b). Nehmen wir an, in dieser Situation werde entschieden, das Niveau der Arbeitslosigkeit sei mit $N_F - N_0$ zu hoch. Die Staatskäufe werden um dg er-

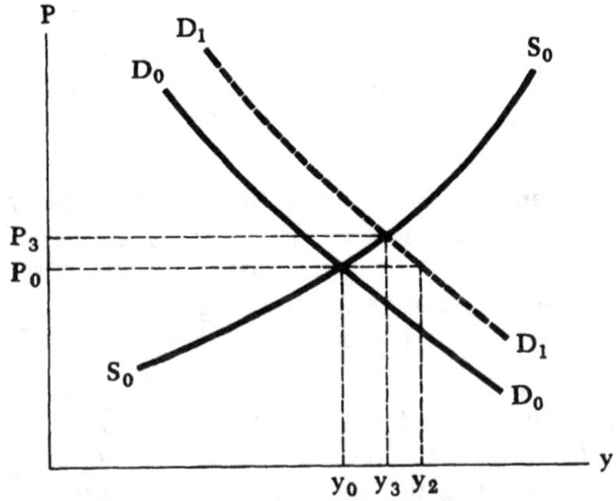

Abbildung 9-2: Angebot und Nachfrage bei einer Erhöhung von g.

höht, um das Niveau der Beschäftigung anzuheben. Hierdurch wird die IS-Kurve auf I_1S_1 in Abbildung 9-1(a) verschoben, genau so, wie es bei der Veränderung der Investitionsnachfrage in den Abbildungen 8-3 und 8-4 der Fall war. Die Zunahme der Staatskäufe erhöht das BSP direkt und indirekt durch den Multiplikatorprozeß über die Erhöhung der Konsumausgaben. Beim anfänglichen Preisniveau P_0 und Zinsniveau r_0 würde der Gleichgewichtsoutput auf der Nachfrageseite auf y_1 in Abbildung 9-1(a) steigen. Das Verhältnis von $y_1 - y_0$ zu dg ist durch den einfachen Multiplikator für Staatskäufe aus Kapitel 3 mit $1/1 - c'(1 - t')$ gegeben, dem implizit die Annahme zugrunde liegt, daß die Investition und der Zinssatz konstant sind.

Die Erhöhung des Outputs wird aber, selbst wenn das Preisniveau unverändert bliebe, zu einer Zunahme der Geldnachfrage führen, wodurch es zu einem Anstieg des Zinsatzes entlang L_0M_0 und zu einer Verringerung der Investition kommt. Dies wird die Erhöhung der Staatskäufe teilweise konterkarrieren, so daß der Gleichgewichtsoutput auf der Nachfrageseite in den Abbildungen 9-1(a) und 9-2 beim ursprünglichen Preisniveau auf y_2 und das Zinsniveau auf r_2 steigen würde. Die Erhöhung von g hat die Nachfragekurve auf D_1D_1 in Abbildung 9-2 verschoben und dadurch Überschußnachfrage in Höhe von $y_2 - y_0$ erzeugt. Beim ursprünglichen Preisniveau würden Konsumenten, Unternehmen und Staat also Output in Höhe von y_2 nachfragen, die Unternehmen bieten jedoch nur y_0 an, weshalb die Preise steigen.

Auf der Nachfrageseite der Volkswirtschaft führt die Zunahme des Preisniveaus zur Anspannung der Situation auf dem Geldmarkt, indem die Geldnachfrage $\overline{M}$ steigt oder, was das gleiche ist, das Angebot an Realkasse m sinkt. Hierdurch wird die LM-Kurve nach oben auf L_1M_1 in Abbildung 9-1(a) verschoben. Dies läßt den im Gleichgewicht nachgefragten Output von y_2 aus entlang der neuen Nachfragekurve D_1D_1 in Abbildung 9-2 sinken läßt. Wiederum sollte der Leser bemerken, daß die Preiserhöhungen den Gleichgewichtsoutput der Nachfrageseite nur indirekt reduzieren. Sie führen zur Anspannung der Situation auf dem Geldmarkt, wobei der Zinssatz steigt und die Investition sinkt.

Auf der Angebotsseite führen die Preiserhöhungen zu höherer Arbeitsnachfrage, wodurch sich die Nachfragekurve in Abbildung 9-1(b) nach oben auf $P_3 \cdot f(N)$

verschiebt. Die Arbeitsangebotskurve verschiebt sich ebenfalls auf $P_3^e \cdot g(N)$. Mit $p' < 1$ ist die Angebotsverschiebung allerdings geringer als die Nachfrageverschiebung, so daß das Gleichgewichtsniveau der Beschäftigung von N_0 auf N_3 steigt. Dies ist in Abbildung 9-2 als eine Bewegung entlang der Angebotskurve S_0S_0 von y_0 nach y_3 dargestellt.

Die Preise werden so lange weiter steigen, bis die Überschußnachfrage bei P_3, y_3 in Abbildung 9-2 auf null reduziert ist. Das Beschäftigungsniveau steigt auf N_3 und der Nominallohnsatz auf W_3. Der Reallohnsatz ist niedriger als zuvor. Wenn die Elastizität der Arbeitsnachfrage allerdings größer als eins ist, dann wird sich das reale Arbeitseinkommen erhöhen. Die Erhöhung der Staatskäufe hat also das gesetzte Ziel erreicht.

Das Zinsniveau steigt aufgrund der höheren Staatskäufe von r_0 auf r_3. Die Erhöhung der Staatskäufe wird zum Teil durch höhere Steuereinnahmen gedeckt, da sowohl P als auch y steigen. Der Staat muß sich aber dennoch zwecks Finanzierung seines höheren Defizits Geld über den Rentenmarkt beschaffen. Aufgrund des höheren Angebots an Staatspapieren wird es zu niedrigeren Preisen und höheren Zinsen auf dem Rentenmarkt kommen. Dies spiegelt die parallele Zinsentwicklung auf dem Geldmarkt wider. Das höhere Zinsniveau führt zur Verringerung der Investitionsnachfrage $i = i(r)$, die dem Betrage nach allerdings geringer als die ursprüngliche Erhöhung der Staatskäufe ist, so daß diese insgesamt eine Zunahme der Ausgaben bewirkt und der Output damit von y_0 auf y_3 steigt.

Eine dauerhafte Senkung der Steuern hat unter der Annahme, die Konsumten gäben einen großen Teil ihres zusätzlich verfügbaren Einkommens auch tatsächlich aus, beinahe den gleichen Effekt wie eine Erhöhung der Staatskäufe. Die Steuersenkung würde die IS-Kurve und die Nachfragekurve nach rechts verschieben, wodurch die Zinssätze und das Preisniveau anstiegen. Beschäftigung und Output würden ebenfalls zunehmen und zwar um genau den gleichen Betrag wie im Falle der alternativen Erhöhung der Staatsausgaben. Dies ist allerdings nur dann der Fall, wenn die Steuersätze um einen Betrag reduziert werden, der zu einer politisch induzierten Erhöhung der Konsumausgaben um $c'\, ydt = dg$ führt.

Der Unterschied zwischen Steuersenkung und Erhöhung der Staatskäufe g liegt wie immer in der Zusammensetzung der Endnachfrage. Die Steuersenkung führt zu einem höheren Anteil der Konsumausgaben, während die höheren Staatskäufe eine Zunahme des Outputs öffentlicher Güter mit sich bringen.

Die Auswirkungen einer Erhöhung des Geldangebots

Anstelle eines fiskalpolitischen Stimulus durch höhere Staatskäufe oder Steuersenkungen könnte das Beschäftigungsniveau auch durch einen geldpolitischen Stimulus in Form einer Erhöhung von $\overline{M}$ angehoben werden. Lassen wir das bereits in Kapitel 5 diskutierte Problem der Eintrittswahrscheinlichkeit bestimmter Ergebnisse einmal beiseite, so kann die gewünschte Erhöhung des Outputs und der Beschäftigung ebenso durch eine entsprechende Erhöhung des Geldangebots $\overline{M}$ bewirkt werden wie durch eine Erhöhung der Staatsausgaben g. Der Unterschied liegt wiederum in der Zusammensetzung der Endnachfrage. Eine Erhöhung des Geldangebots führt zu einer Senkung der Zinssätze und erhöht so die Investitionsnachfrage, während fiskalpolitische Maßnahmen entweder den Anteil der Staatskäufe oder den des Konsums an der Endnachfrage erhöhen und die Zinssätze ansteigen lassen.

Die Auswirkungen einer Erhöhung des Geldangebotes sind in den Abbildungen 9-3 und 9-4 dargestellt. Die Abbildungen 9-3(b) und 9-4 entsprechen den Abbildungen 9-1(b) und 9-2; der einzige Unterschied zwischen der Analyse einer Erhöhung der Staatskäufe und der einer Erhöhung des Geldangebots liegt in dem Grund der Nachfrageverschiebung in Abbildung 9-3(a).

Der Erhöhung des Geldangebots verschiebt die LM-Kurve in Abbildung 9-3(a) von L_0M_0 auf L_1M_1. Beim ursprünglichen Einkommensniveau y_0 würde der Zinssatz beim Auftreten eines Überschußangebots an Geld auf r_1 gesenkt. Der niedrigere Zinssatz würde die Investitionsnachfrage stimulieren und führte zu einer Erhöhung des Gleichgewichtsoutputs auf der Nachfrageseite. Dies wiederum wür-

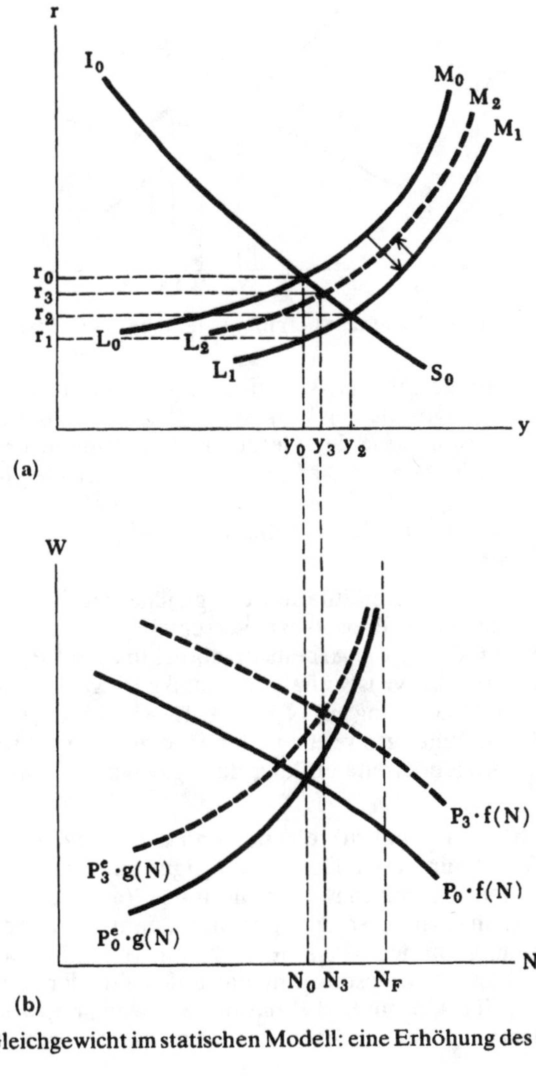

Abbildung 9-3: Gleichgewicht im statischen Modell: eine Erhöhung des Geldangebots $\overline{M}$.

de die Geldnachfrage und ebenfalls das Zinsniveau erhöhen. Beim ursprünglichen Preisniveau P_0 wäre der Gleichgewichtsoutput auf der Nachfrageseite nach einer Erhöhung des Geldangebots $\overline{M}$ also gleich y_2 mit dem Zinsniveau r_2. Diese Situation ist in Abbildung 9-4 dargestellt. Die Erhöhung des Geldangebots hat die Nachfragekurve nach rechts verschoben und hat so Überschußnachfrage in Höhe von $y_2 - y_0$ erzeugt. In einem Gleichgewicht, in dem $P = P_0$ ist, würden Konsumenten, Unternehmen und Staat zusammen Output in Höhe von y_2 nachfragen, während die Produzenten nur Output in Höhe von y_0 beim Beschäftigungsniveau N_0 anbieten würden.

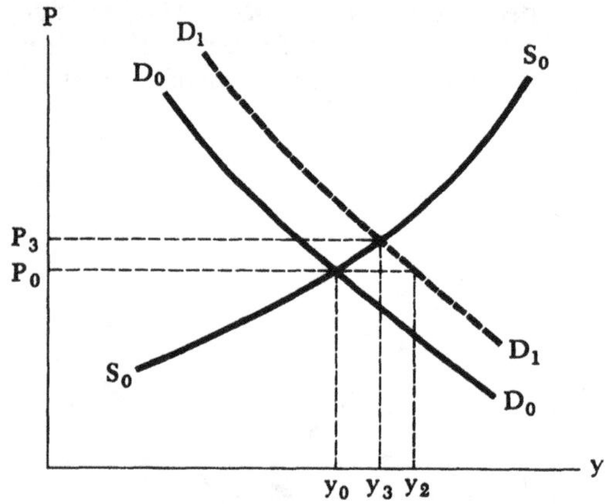

Abbildung 9-4: Angebot und Nachfrage bei einer Erhöhung des Geldangebots $\overline{M}$.

Die Überschußnachfrage führt in Abbildung 9-4 zum Anstieg des Preisniveaus auf P_3. Auf der Nachfrageseite der Volkswirtschaft begründet die Zunahme des Preisniveaus eine Anspannung der Geldmarktkonditionen und verschiebt die LM-Kurve wieder nach oben auf L_2M_2. Dies hat einen Anstieg der Zinssätze und damit eine Verringerung des Gleichgewichtsoutputs der Nachfrageseite auf y_3 zur Folge. In Abbildung 9-4 sinkt der Gleichgewichtsoutput der Nachfrageseite entlang der D_1D_1-Kurve auf y_3.

Auf der Angebotsseite ist die Situation die gleiche wie im Falle der erhöhten Staatskäufe. Das steigende Preisniveau verschiebt die Arbeitsnachfragekurve nach oben auf $P_3 \cdot f(N)$ und die Arbeitsangebotskurve auf $P_3^e \cdot g(N)$. Die Verschiebung der Angebotskurve ist annahmegemäß geringer als die der Nachfragekurve, so daß die Beschäftigung auf N_3 steigt. In Abbildung 9-4 spiegelt sich die Zunahme des Beschäftigungsniveaus wider in einer Bewegung des Gleichgewichtsoutputs der Angebotsseite entlang der aggregierten Angebotskurve S_0S_0 von y_0 auf y_3.

Das Preisniveau hört dann auf zu steigen, wenn die Überschußnachfrage bei P_3, y_3 in Abbildung 9-4 eliminiert ist. Das Beschäftigungsniveau in Abbildung 9-3(b) liegt dann bei N_3. Das Zinsniveau in Abbildung 9-3(a) ist auf die Erhöhung des Geldangebots hin zunächst von r_0 auf r_1 gefallen, dann aber wieder auf r_3 gestiegen, wobei r_3 allerdings immer noch unterhalb von r_0 liegt. Mit konstanten Staatskäufen und einem höheren Investitionsniveau auf Grund der Senkung des Zinsniveaus von r_0 auf r_3 sind Output und Einkommen gestiegen, wobei die Konsumausgaben bei konstanten Steuersätzen endogen erhöht wurden. Wie bereits gesagt, liegt der Unterschied zwischen einer geldpolitischen und einer fiskalpolitischen Maßnahme, die, was die Höhe der Endnachfrage anbelangt, equivalent sind, in der Zusammensetzung der Endnachfrage.

Geld- und Fiskalpolitik im klassischen Fall

Die Auswirkungen fiskalpolitischer Maßnahmen im klassischen Modell sind in den Abbildungen 9-5 und 9-6 dargestellt, die den Abbildungen 8-5 und 8-6 in Kapitel 8 entsprechen. Eine fiskalpolitische Maßnahme führt zu den gleichen Reaktionen wie jeder andere exogene Impuls auf die Nachfrageseite. Durch die Überschußnachfrage $y_1 - y_0$ steigt das Preisniveau und die LM-Kurve verschiebt sich nach oben. Auf dem Arbeitsmarkt steigt die Arbeitsnachfrage beim ursprünglichen Nominallohn W_0 auf Grund der höheren Güternachfrage während sich die Arbeitsangebotskurve senkrecht nach oben verschiebt, wenn die Arbeitnehmer ihre Preiserwartungen parallel zum tatsächlichen Anstieg des Preisniveaus anpassen. All das hat keine Auswirkungen auf den realen Output, so daß sich der fiskalische Stimulus voll in den höheren Preisen und dem gestiegenen Zinsniveau widerspiegelt. Auf der Entstehungsseite wird die Investition auf Grund der höheren Zinssätze gerade um so viel reduziert, daß die Erhöhung der Staatskäufe genau ausgeglichen wird. Auf dem Geldmarkt wird bei konstantem Geldangebot $\overline{M}$ und steigenden Preisen das Angebot an Realkasse sinken. In der LM-Gleichung $\overline{M} = P[\,l(r) + k(y)]$ muß also die Erhöhung des Preisniveaus einer gleichgroßen Abnahme des Terms in eckigen Klammern entsprechen. Da y auf Grund der senkrechten Angebotskurve in Abbildung 9-6 konstant ist, muß das Zinsniveau r genug steigen, um den Geldmarkt im Gleichgewicht zu halten. Der Leser bemerke, daß die reale Geldnachfrage fällt, weshalb es zu einer Verringerung der Umlaufgeschwindigkeit kommt (siehe auch Kapitel 14 und 15).

Die Auswirkungen einer Erhöhung des Geldangebots sind leicht vorherzusagen. Der reale Output y ist durch die senkrechte Angebotskurve in Abbildung 9-6 festgelegt. Auf dem Gütermarkt sind dic Ersparnis und die Staatskäufe konstant, weshalb im Gleichgewicht auch das Niveau der Investition gleich bleiben muß. Folglich bleibt auf dem Geldmarkt auch die Nachfrage nach Realkasse $[l(r) + k(y)]$ konstant. Das höhere Geldangebot kann sich somit nur in einer entsprechenden Erhöhung des Preisniveaus niederschlagen.

Diese Veränderungen sind in Abbildung 9-7 dargestellt. Dic Erhöhung des Geldangebots verschiebt die Nachfragekurve in Abbildung 9-7(c) nach oben. Das Preisniveau erhöht sich entsprechend, wobei in Abbildung 9-7(d) P^e um den gleichen Betrag wie P steigt. Das Ergebnis sind die unveränderten Niveaus von y und N in den Abbildungen 9-7(a) und 9-7(b). Der Anstieg des Preisniveaus konterkarriert also die Erhöhung der nominalen Geldmenge $\overline{M}$, womit der reale Geldbestand unverändert bleibt. Im klassischen Fall ist Geld völlig „neutral". Realer Output und reales Einkommen, realer Zinssatz, Reallohn und Beschäftigungsniveau, bleiben auf eine Erhöhung des Geldangebots hin alle unverändert. Selbst die Nachfrage nach Realkasse bleibt unverändert. Dies impliziert eine konstante Umlaufgeschwindigkeit.

Man könnte sich fragen, wie dieser plötzliche Preissprung von statten geht oder wer dafür sorgt, daß die Volkswirtschaft im klassischen Fall in ihrem anfänglichen realen Gleichgewicht bleibt. Für eine intuitive Erklärung ist es sinnvoll, sich die

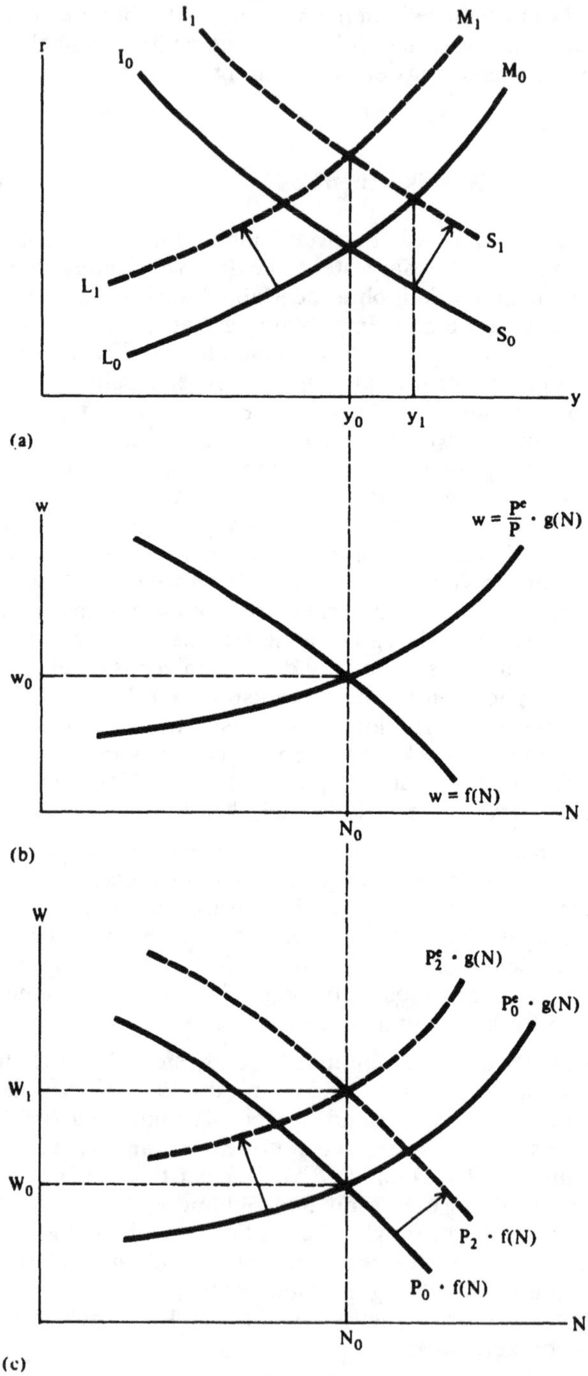

Abbildung 9-5: Fiskalpolitisch induzierte Expansion im klassischen Modell.

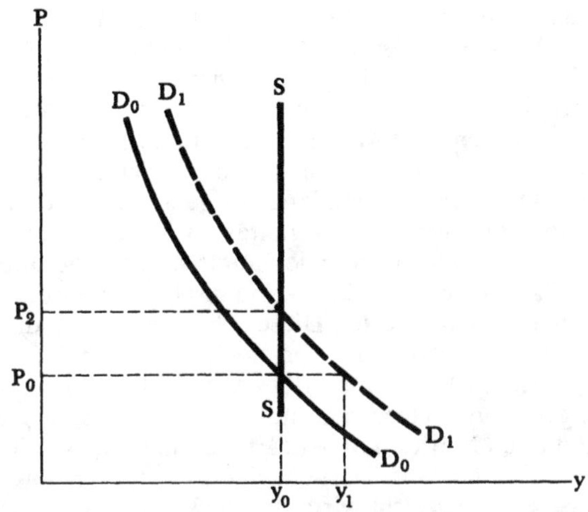

Abbildung 9-6: Aggregiertes Angebot und aggregierte Nachfrage im klassischen Fall.

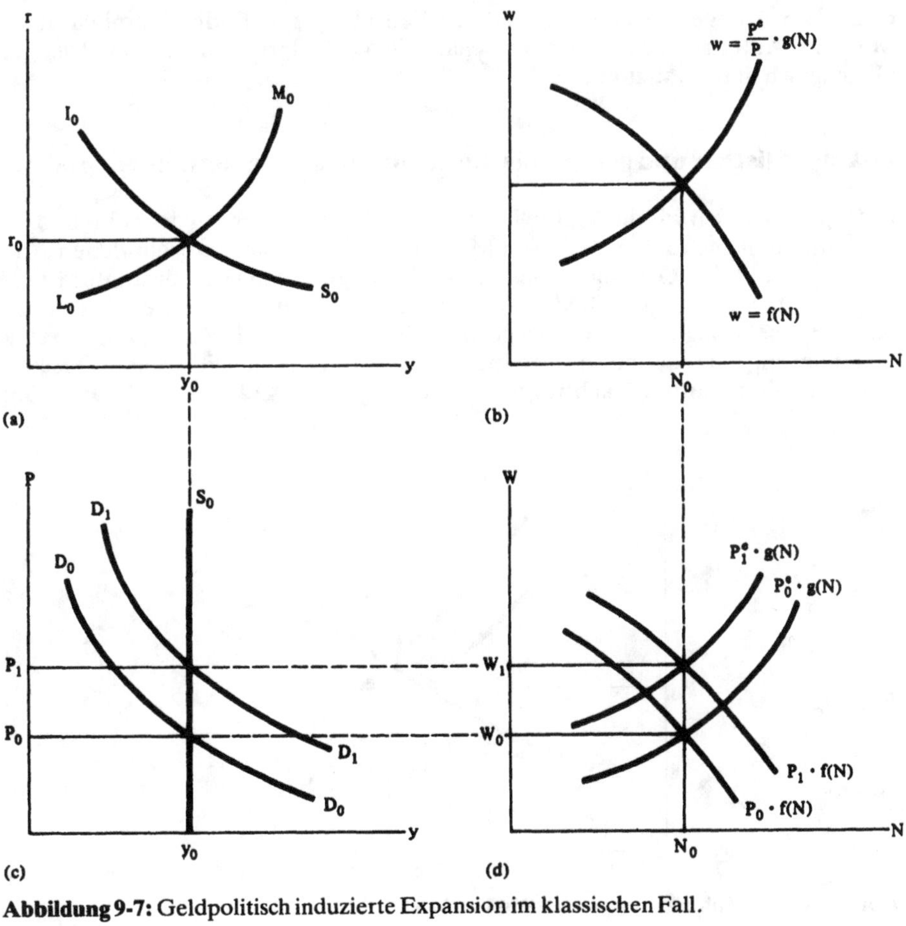

Abbildung 9-7: Geldpolitisch induzierte Expansion im klassischen Fall.

Funktionsweise der Volkswirtschaft für eine bestimmte Phase entsprechend dem kurzfristigen Modell vorzustellen, wobei sie sich mehr und mehr dem klassischen Fall angleicht, ähnlich wie wir in Kapitel 7 zwischen dem kurzfristigen und dem langfristigen aggregierten Angebot unterschieden haben. Auf einen exogenen Anstoß hin verschiebt sich die LM-Kurve nach unten, worauf die Zinssätze und die Reallöhne zu fallen beginnen und sich Überschußnachfrage entwickelt. Zeitweilig sind die Märkte nicht in ihrem langfristigen Gleichgewicht und es kommt zu einem „Tatonnement" (wörtlich „Herantasten") auf den verschiedenen Märkten, das zu den Gleichgewichtswerten des langfristigen Falles führt. Dieses „Tatonnement" ist Bestandteil eines mikroökonomischen Erklärungsansatzes für die Findung der Gleichgewichtspreise. Diese Theorie nimmt die Existenz eines „Walrasianischen Auktionators" an, der, noch bevor der Tausch irgendwelcher Güter stattfindet, so lange Preise ausruft, bis ein Vektor von Preisen gefunden ist, zu dem sich Angebot und Nachfrage auf jedem Markt ausgleichen, wir also Gleichgewicht auf allen Märkten haben. Erst dann findet der Tausch der Güter statt. Der extreme klassische Fall sticht dadurch hervor, daß das langfristige Gleichgewicht fast sofort erreicht wird, das heißt, der Tausch von Gütern ist so lange untersagt, bis der „Tatonnement"-Prozeß abgeschlossen ist. In Kapitel 11 werden wir sehen, daß der langfristige klassische Fall durch die Theorie der rationalen Erwartungen in den kurzfristigen Fall übertragbar wird, nämlich dann, wenn die Akteure in der Volkswirtschaft die Veränderungen zum langfristigen Gleichgewicht hin antizipieren.

Fiskalpolitischer und geldpolitischer Multiplikator im statischen Modell

In Kapitel 5 haben wir die Multiplikatoren für die Veränderung der geld- und fiskalpolitischen Instrumentvariablen $\overline{M}$, g und t und die damit verbundenen Auswirkungen auf den Gleichgewichtsoutput unter der Annahme konstanter Preise hergeleitet. Dies ist gleichbedeutend mit der Annahme, die aggregierte Angebotskurve sei waagerecht, wie die gestrichelte Linie bei P_0 in Abbildung 9-8. Die Veränderung einer der politischen Instrumentvariablen induzierte eine Verschiebung der aggregierten Nachfragekurve von D_0D_0 auf D_1D_1. Die Veränderung

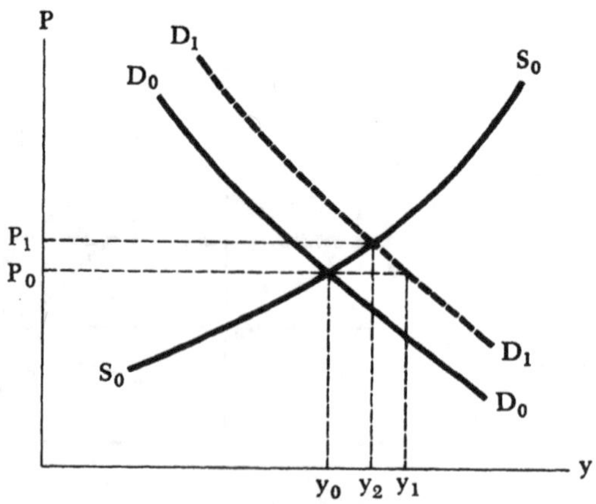

Abbildung 9-8: Multiplikatoren im statischen Modell.

von y war dann durch die Veränderung der politischen Instrumentvariablen multipliziert mit dem relevanten Multiplikator aus Kapitel 5 gegeben.

Ist die Steigung der Angebotskurve aber positiv, wie in Abbildung 9-8, dann würde die gleiche Veränderung der Instrumentvariablen den Gleichgewichtsoutput nur auf y_2 erhöhen. Der Outputeffekt beträgt dann nur $y_2 - y_0$. Die Einbeziehung der Angebotsseite und damit der Preisreaktion auf die Veränderung der Nachfragebedingungen verringert den Wert des Multiplikators.

Wir wollen nun die Multiplikatoren aus Kapitel 5 so abändern, daß sie die Reaktionen der Angebotsseite mit berücksichtigen. Bevor wir dies tun, seien noch zwei allgemeine Bermerkungen vorangestellt. Erstens beziehen sich die fiskal- und geldpolitischen Multiplikatoren auf Situationen, in denen Veränderungen der Instrumentvariablen die Nachfragekurve verschieben und sich Preise und Einkommen entlang der Angebotskurve anpassen, wie zum Beispiel in Abbildung 9-8 von P_0, y_0 nach P_1, y_2. Die notwendige Veränderung des Multiplikators aus Kapitel 5 zwecks Einbeziehung der Veränderung des Preisniveaus entlang der Angebotskurve muß also die Steigung der Angebotskurve berücksichtigen. Diese hat die Form dP/dy und entspricht der Veränderung des Preisniveaus, die erfolgen muß, um die Angebotsseite im Gleichgewicht zu halten. Den Ausdruck

$$\left.\frac{dP}{dy}\right|_S$$

die Steigung der Angebotskurve, haben wir bereits in Kapitel 7 hergeleitet. Aus Gründen der Übersichtlichkeit verwenden wir den Ausdruck

$$\left.\frac{dP}{dy}\right|_S = \frac{1}{\partial y/\partial N} \cdot \frac{g' - f'}{w \cdot (1 - p')}. \tag{5}$$

anstelle des ausgeschriebenen Ausdrucks für die Steigung. Der Leser erinnere sich daran, daß im kurzfristigen Modell mit $p' < 1$ dP/dy in Gleichung (5) positiv ist. Geht p', wie im klassischen Fall, gegen eins, so geht dP/dy gegen unendlich. In diesem Fall ist die Angebotskurve senkrecht.

Die Veränderung des Preisniveaus entlang der Angebotskurve verändert über den Geldmarkt den Zinssatz und damit die Investition und findet so Eingang in den Multiplikator. Dies ist graphisch durch die zweite Verschiebung der LM-Kurve in den Abbildungen 9-1(a) und 9-3(b) dargestellt. Die Veränderung des Preisniveaus bewirkt also eine endogene Veränderung der Investition:

$$\left.\frac{dP}{dy}\right|_S \rightarrow \Delta r \rightarrow \Delta i$$

Die zweite Bemerkung gilt der bereits erwähnten Tatsache, daß der Unterschied zwischen der Wirkungsweise der drei Multiplikatoren lediglich darin besteht, an welcher Stelle der politisch induzierte Ausgabestimulus ansetzt. Ist erst einmal Überschußnachfrage erzeugt, wie zum Beispiel in Abbildung 9-2 und 9-3 durch $y_2 - y_0$ gegeben, dann ist der Anpassungsprozeß des Modells durch den Preismechanismus in allen drei Fällen der gleiche. Dies bedeutet, daß, wie in Kapitel 5, alle Multiplikatoren den gleichen Term für die Preisanpassung beinhalten sollten. Dieser entspricht der in obiger Kette dargestellten Wirkungsweise und wird im Nenner des Multiplikators stehen. Der Unterschied zwischen den Multiplikatoren liegt in den unterschiedlichen Ausdrücken für die politisch induzierte Ausgabenerhöhung im Zähler der Multiplikatoren.

In den folgenden Abschnitten werden wir zunächst den Multiplikator für Veränderungen der Staatskäufe entwickeln. Diese Herleitung ist am einfachsten, da die politisch induzierte Ausgabenveränderung lediglich durch dg gegeben ist. Die Multiplikatoren für Veränderungen der Steuern und des Geldangebots sind komplizierter, da sie nur von der durch den privaten Sektor induzierten Ausgabenveränderung abhängen. Sie haben allerdings den gleichen Nenner wie der Multiplikator für Staatskäufe, so daß wir uns das Leben leichter machen können und uns einfach auf letzteren konzentrieren werden.

Der Multiplikator für Veränderungen der Staatskäufe

Wie auch bisher bei den Herleitungen des Multiplikators für Veränderungen der Staatskäufe g und deren Effekte auf das Gleichgewichtsniveau von y beginnen wir mit der vollständigen Differentiation der Gleichungen, die gemeinsam die Gleichgewichtswerte von y, P, r, und N bestimmen, wobei wir $d\overline{M}$ gleich null setzen und nach dy/dg auflösen. Wir könnten diese Herleitung lediglich als eine mechanische Übung betrachten, hier wird sie jedoch hoffentlich dazu beitragen, unser Verständnis für den Zusammenhang der einzelnen Teile des Modells zu verbessern.

Zu Beginn wiederholen wir die drei Gleichgewichtsbedingungen und die Produktionsfunktion [Gleichungen (1)-(4)], um dem Leser das lästige Vor- und Zurückblättern abzunehmen:

$$\text{IS:} \qquad y = c(y - t(y)) + i(r) + g;$$

$$\text{LM:} \qquad \frac{\overline{M}}{P} = m = l(r) + k(y)$$

$$\text{Produktionsfunktion:} \qquad y = y(N; \overline{K});$$

$$\text{Arbeitsmarkt:} \qquad P \cdot f(N) = p(P) \cdot g(N).$$

Durch Differentiation der Gleichgewichtsbedingung für den Gütermarkt (IS-Gleichung) erhalten wir

$$dy = c' \cdot (1 - t')\, dy + i'\, dr + dg. \tag{6}$$

Der nächste Schritt besteht darin einen Ausdruck für die Veränderung von r (dr) zwischen zwei Gleichgewichten zu finden. Halten wir $\overline{M}$ konstant und variieren das Preisniveau P in der Geldmarktgleichung (LM), so erhalten wir

$$d\left(\frac{\overline{M}}{P}\right) = -\frac{\overline{M}}{P^2}\, dP = l'\, dr + k'\, dy.$$

Lösen wir diese Gleichung nach dr, so erhalten wir

$$dr = -\frac{k'}{l'}dy - \frac{\overline{M}}{P^2 \cdot l'}dP \tag{7}$$

als Ausdruck für Veränderungen des Zinssatzes r, die den Geldmarkt im Gleichgewicht halten, wenn sowohl P als auch y variieren. Der erste Term in Gleichung (7) gibt die Auswirkung der Veränderung von y auf r entlang der LM-Kurve an: $-k'/l'$ entspricht der Steigung der LM-Kurve, wenn M/P konstant bleibt. Der zweite Term in (7) gibt die Wirkung einer Veränderung des Preisniveaus P auf r an (einer Verschiebung der LM-Kurve). Eine Erhöhung des Preisniveaus verschiebt die LM-Kurve nach oben. Bei gegebenem Niveau von y ($dy = 0$) ist die Zunahme des Zinsniveaus durch dr $[-\overline{M}/(P^2 \cdot l')] \cdot dP$ gegeben. Dieser Ausdruck ist positiv, da $l' < 0$ ist.

Der nächste Schritt besteht darin, dP in (7) durch unsere Gleichung für die Steigung der aggregierten Angebotskurve zu ersetzen, die uns die nötige Preisänderung angibt, die für eine gegebene Veränderung von y das Gleichgewicht auf der Angebotsseite wieder herstellt. Mit steigendem P und y entlang der Angebotskurve in Abbildung 9-8 ist die Veränderung des Preisniveaus durch

$$dP = \left.\frac{dP}{dy}\right|_S \cdot dy \tag{8}$$

gegeben. Setzen wir nun (8) für dP in (7) ein, so erhalten wir

$$dr = -\left[\frac{k'}{l'} + \frac{\overline{M}}{P^2 \cdot l'} \cdot \left.\frac{dP}{dy}\right|_S\right] dy \tag{9}$$

für die Veränderung des Zinsniveaus r bei gegebener Variation von y. Auch hier wieder gibt der erste Term in der Klammer die Veränderung des Zinssatzes entlang der LM-Kurve an. Der zweite Term wiederum gibt die durch die Preisänderung begründete Veränderung des Zinssatzes an, die notwendig ist, um die Angebotsseite im Gleichgewicht zu halten.

In Gleichung (9) haben wir dP durch einen Ausdruck von dy ersetzt. Wir können dr in Gleichung (6) durch (9) ersetzen, um

$$dy = c' \cdot (1 - t')\, dy - i' \left[\frac{k'}{l'} + \frac{\overline{M}}{P^2 \cdot l'} \cdot \left.\frac{dP}{dy}\right|_S\right] dy + dg$$

zu erhalten. Damit ergibt sich für den Multiplikator der Staatskäufe

$$dy = \frac{1}{1 - c' \cdot (1 - t') + i' \left[\frac{k'}{l'} + \frac{\overline{M}}{P^2 \cdot l'} \cdot \left.\frac{dP}{dy}\right|_S\right]}\, dg. \tag{10}$$

Da die anderen Multiplikatoren den gleichen Nenner haben werden wie (10), bezeichnen wir diesen einfach als D, so daß $dy = (1/D)\, dg$ ist.

Der Multiplikator in Gleichung (10) unterscheidet sich vom Multiplikator in Kapitel 5 lediglich durch den letzten Term im Nenner, der die Größe des Multiplikators verringert (wir erreichen nur y_2 anstatt y_1 ausgehend von y_0 in Abbildung 9-8). Der Ausdruck dP/dy gibt die Zunahme des Preisniveaus (wodurch sich die LM-Kurve verschiebt) bei dem auf eine Erhöhung der Staatsausgaben folgenden Übergang vom einen zum anderen Gleichgewicht an. Multiplizieren wir diesen Ausdruck mit $M/(P^2 \cdot l')$, so erhalten wir die Auswirkung dieser LM-Verschiebung auf den Zinssatz r, zum Beispiel $r_3 - r_2$ in Abbildung 9-1(a). Multiplizieren wir den so entstandenen Ausdruck nochmals mit i', so erhalten wir den endogenen Effekt auf die Investition, der durch die Einbeziehung der Angebotsseite und der Preisveränderung in unser Modell zustande kam.

Beziehen wir uns noch einmal auf Gleichung (5), die den Ausdruck dP/dy für die Steigung der Angebotskurve angibt, so erinnern wir uns, daß für $p' = 1$ im klassischen Fall, die Angebotskurve mit $dP/dy = \infty$ senkrecht ist. In diesem Fall ist D in (21) ebenfalls gleich ∞ und damit $dy/dg = 0$. Wieder erkennen wir, daß Fiskalpolitik im klassischen Fall keine Auswirkungen auf das Outputniveau hat. Im extremen Keynesianischen Fall dagegen, erhalten wir mit $p' = 0$ in Gleichung (5) für dP/dy den niedrigsten Wert der Steigung der Angebotskurve, womit der Multiplikator seinen maximalen Wert erreicht. Befindet sich die Volkswirtschaft schließlich nahe dem Vollbeschäftigungsniveau, bei dem die Steigung der Arbeitsangebotskurve g' gegen unendlich geht, dann wird die Steigung der aggregierten Angebotskurve wiederum beinahe senkrecht sein. In dieser Situation wird eine Erhöhung der Staatsausgaben g den Gleichgewichtsoutput y nicht beeinflussen sondern lediglich zu einer Erhöhung des Preis- und des Zinsniveaus führen, weshalb die Investition um den Betrag reduziert wird, um den die Staatskäufe gestiegen sind. Ich überlasse es dem Leser, andere Extremwerte für die verschiedenen Steigungsparameter in Gleichung (10) einzusetzen oder zum Beispiel die Auswirkungen starrer Reallöhne in das Modell zu integrieren.

Der Multiplikator für Veränderungen der Steuersätze

Wie in Kapitel 5 werden wir auch hier wieder eine proportionale Steuerfunktion annehmen, $t(y) = \tau \cdot y$ wobei τ der Teil des Volkseinkommens ist, der in Form von Steuern an den Staat abgeführt wird (zum Beispiel 20%). Die Herleitung des Multiplikators wird durch diese Annahme erleichtert, ohne daß unsere qualitativen Schlußfolgerungen beeinträchtigt werden.

Mit einem System proportionaler Steuern können wir die IS-Gleichung wie folgt schreiben:

$$y = c(y - \tau y) + i(r) + g. \tag{11}$$

Um den Multiplikator für Veränderungen der Steuersätze herzuleiten, müssen wir nun (11) differenzieren, um

$$dy = c' \cdot (dy - \tau\, dy - y\, d\tau) + i'\, dr$$

und daraus

$$dy = c' \cdot (1 - \tau)\, dy - c'\, y\, d\tau + i'\, dr$$

zu erhalten. Der Term $-\,c'\, y d\tau$ gibt wiederum den direkten Effekt der Steuersatzänderung auf die Konsumausgaben an. Beim anfänglichen Einkommensniveau y entspricht $-yd\tau$ der Veränderung des verfügbaren Einkommens, die aus einer Variation der Steuersätze folgt. Steigt τ so sinkt das verfügbare Einkommen. Dann gibt $c' \cdot (-yd\tau)$ den Betrag der Veränderung der Konsumausgaben an.

Abgesehen von der Substitution von dg durch $-c'yd\tau$ als exogenen Ausgabeneffekt, sind die Multiplikatoren für g und t völlig identisch. Wir setzen einfach den Ausdruck für dr aus Gleichung (9) in die Gleichung für dy ein, bringen die Ausdrücke mit dy auf eine Seite und erhalten

$$dy = \frac{-c'y}{D} d\tau, \tag{12}$$

wobei D dem Nenner des Multiplikators für Staatsausgaben in (10) entspricht und t' durch τ ersetzt wurde.

Der Multiplikator für Veränderungen des Geldangebots

Eine Veränderung des Geldangebots $\overline{M}$ beeinflußt in unserem einfachen statischen Modell das Niveau des Gleichgewichtsoutputs durch Veränderung der Investitionsnachfrage, die ihrerseits durch Geldmarkteffekte auf das Zinsniveau zustande kommt. Um den politisch induzierten Investitionseffekt zu erhalten, der einer Verschiebung der LM-Kurve entspricht, differenzieren wir die LM-Gleichung

$$\frac{\overline{M}}{P} = l(r) + k(y),$$

um

$$-\frac{\overline{M}}{P^2} dP + \frac{d\overline{M}}{P} = l' \, dr + k' \, dy$$

und

$$dr = -\frac{k'}{l'} dy - \frac{\overline{M}}{P^2 \cdot l'} dP + \frac{d\overline{M}}{P \cdot l'} \tag{13}$$

zu erhalten. Die ersten beiden Ausdrücke in (13) stellen die üblichen Effekte einer Veränderung des Einkommens und der Preise auf das Zinsniveau dar, die wir oben bereits entwickelt haben. Der dritte Term gibt den Zinseffekt einer Erhöhung von $\overline{M}$ bei den ursprünglichen Niveaus des Einkommens und der Preise an. Dies entspricht in Abbildung 9-3(a) der Senkung des Zinsniveaus von r_0 auf r_1. Beim ursprünglichen Preisniveau gibt $d\overline{M}/P$ die Zunahme des realen Geldangebots an und $1/l'$ multipliziert mit diesem Ausdruck ergibt die zur Erhaltung des kurzfristigen Gleichgewichts auf dem Geldmarkt notwendige Senkung des Zinsniveaus bei gegebenen Werte von P und y.

Ausdruck (13) für dr bei einer Veränderung des Geldangebots können wir in unser IS-Differential einsetzen, um

$$dy = c' \cdot (1 - t') \, dy - i' \left[\frac{k'}{l'} + \frac{\overline{M}}{P^2 \cdot l'} \cdot \frac{dP}{dy}\bigg|_S \right] dy + \frac{i'}{P \cdot l'} d\overline{M}$$

zu erhalten. Die ersten beiden Terme auf der rechten Seite des Ausdrucks für dy sind die gleichen wie in unserem Multiplikator für dg. Der letzte Term entspricht dem politisch induzierten Investitionseffekt der Veränderung $d\overline{M}$. Wenn $d\overline{M}/(P \cdot l')$ den Zinseffekt beim ursprünglichen Einkommens- und Preisniveau angibt, dann ergibt i' multipliziert mit diesem Ausdruck den Investitionseffekt beim anfänglichen Einkommens- und Preisniveau. Bringen wir dy auf eine Seite, so erhalten wir den Multiplikator für eine Veränderung von $\overline{M}$:

$$dy = \frac{i'/P \cdot l'}{D} d\overline{M}. \tag{14}$$

Hier steht $i'/(P \cdot l')$ für die Übersetzung der Geldangebotsveränderung in einen exogenen Investitionseffekt. Wie wir bereits in Abbildung 9-3 und 9-4 gesehen haben, ist der Multiplikator (1/D) der gleiche wie für eine Veränderung der Staatkäufe g oder der Steuern t. Der Unterschied liegt im Ursprung des expansionären Effekts.

Die in diesem Kapitel entwickelten Multiplikatoren zeigen, wie die Einführung der Angebotsseite der Volkswirtschaft die Veränderung von y beeinflußt, die auf eine Variation der politischen Instrumentvariablen folgt. Der Leser sollte wiederum in der Lage sein, unsere früheren Schlußfolgerungen bezüglich der relativen Effektivität von Geld- und Fiskalpolitik in unterschiedlichen Situationen zu bestätigen, indem er die Multiplikatoren mit D aus Gleichung (10) vollständig ausschreibt. Einige wenige Manipulationen sollten dann zeigen, daß zum Beispiel in der Situation der Liquiditätsfalle, bei der $l' \rightarrow \infty$ und $dy/d\overline{M} = 0$ ist, dy/dg wieder gleich $1/[1 - c' (1 - t')]$ ist. Dies ist der Fall, weil die Veränderung des Preisniveaus keine Auswirkungen auf das Zinsniveau hat und somit kein endogener Investitionseffekt entsteht. Das entscheidende hierbei ist jedenfalls, daß die Multiplikatoren zeigen, wie die einzelnen Teile der Volkswirtschaft zusammenhängen. Sie zeigen sowohl Parallelen als auch Unterschiede der Wirkungsweise verschiedener makroökonomischer Instrumentvariablen. Außerdem können wir erkennen, wie besondere Annahmen (klassischer Fall oder Liquiditätsfalle) das wahrscheinliche Verhalten der Volkswirtschaft beeinflussen.

An dieser Stelle wollen wir noch eine interessante langfristige (anstelle einer kurzfristigen) Interpretation der Arbeitsangebotsfunktion $p (P) \cdot g (N)$ betrachten. Wenn die Nachfrage kurzfristig steigt, erhöht sich die Beschäftigung entlang der kurzfristigen Arbeitsangebotskurve (p' beinahe gleich null). Im Laufe der Zeit allerdings wird sich die auf die Zunahme der Nachfrage folgende Preiserhöhung wenigstens teilweise in den Lohnerwartungen widerspiegeln, was die Arbeitsangebotskurve und damit die aggregierte Angebotskurve nach oben verschiebt. Langfristig wird p' gegen eins gehen. Dies wird zu einem Inflationszyklus führen, in dem eine Erhöhung des Preisniveaus, die auf eine Nachfrageerhöhung (demand pull) folgt, die Angebotskurve nach oben verschiebt, was wiederum einen Anstieg des Preisniveaus mit sich bringt (cost-push). Diese Interpretation schlägt eine Brücke zu unserer Diskussion der Inflation in Kapitel 20 (Teil IV) über mittelfristig dynamische Prozesse.

Einkommenspolitik im statischen Modell

Eine eindeutige Implikation unserer Analyse der Fiskal- und der Geldpolitik ist, daß das Preisniveau als ein Nebeneffekt expansionärer Nachfragepolitik erhöht wird. Dieses Ergebnis führte zur Suche nach zusätzlichen politischen Instrumenten, mit denen man die aggregierte Angebotskurve verschieben könnte, um inflationäre Effekte der Verschiebung der Nachfragekurve auszugleichen. Die Leitlinien für Löhne und Preise des „Council of Economic Advisors" für das Jahr 1962 sind ein frühes Beispiel einer solchen Einkommenspolitik (Siehe Kapitel 19 für eine explizite Analyse dieser Leitlinien).

Während der Rezession der Jahre 1974-1975, in der die Angebotsstörungen die unglückliche Kombination steigender Preise und zunehmender Arbeitslosigkeit bewirkten, wurde die Suche nach einer effektiven Einkommenspolitik zwecks Verschiebung der aggregierten Angebotskurve in den meisten Ländern intensiviert. Die Vereingten Staaten probierten es von 1971-1973 mit Lohn- und Preiskontrollen. Auch die meisten europäischen Länder versuchten bereits einige Jahrzehnte lang verschiedene Rezepte der Einkommenspolitik aus. Erst die teilweise angebotsinduzierte Inflation der Jahre 1974 und 1975 brachte die Einkommenspolitik an der fordersten Front makroökonomischer Politik zum Einsatz.

Einkommenspolitik ist eigentlich nur ein beschönigender Ausdruck für Lohnkontrollen. Der Staat bittet die Arbeitskräfte, ihre Lohnforderungen heute niedriger anzusetzen und verspricht dafür einen geringeren Anstieg des Preisniveaus morgen. In den Begriffen unseres einfachen staatischen Modells gesprochen bittet der Staat die Arbeitnehmer, ihre Arbeitsangebotskurve durch eine Verringerung ihrer Preiserwartungen P^e bei gegebenem P nach unten zu verschieben. Die meisten einkommenspolitischen Versuche waren nicht erfolgreich, da die Arbeitnehmer nicht an die versprochene zukünftige Senkung der Inflation glauben wollten. Das Versagen der Einkommenspolitik aufgrund rapider Erhöhungen des Preisniveaus wird in Kapitel 19 diskutiert.

An dieser Stelle wollen wir die Einkommenspolitik in unserem statischen Modell lediglich dazu verwenden, die Arbeitsangebotskurve nach unten zu verschieben. Dies führt dann zu einer Verschiebung der aggregierten Angebotskurve nach unten und damit zur Senkung des Preisniveaus. In einer Ungleichgewichtssituation mit Überschußnachfrage wäre es das Ziel einer Einkommenspolitik die beginnende Inflation im Keim zu ersticken.

Verschiebung der aggregierten Angebotskurve

Um die Einkommenspolitik in unsere Arbeitsangebotskurve zu integrieren fügen wir einen Verschiebungsparameter α in unserer Erwartungsfunktion hinzu, so daß letztere nun wie folgt aussieht: $P^e = p(P, \alpha)$. Eine Zunahme von α bewirkt eine Erhöhung des erwarteten Preisniveaus bei jedem gegebenen Preisniveau P. Die Auswirkungen einer Veränderung der Einkommenspolitik führen zu einer Verschiebung der aggregierten Angebotskurve, wie sie in den Abbildungen 9-9 und 9-10 dargestellt ist. Dort wird P^e durch die Einkommenspolitik direkt von P^e_0 auf P^e_1 reduziert. Dies verschiebt die Arbeitsangebotskurve beim anfänglichen Preisniveau P_0 in Abbildung 9-9(a) nach unten und erhöht dadurch das Gleichgewichtsniveau der Beschäftigung bei P_0 von N_0 auf N_1. Dies wiederum erhöht den

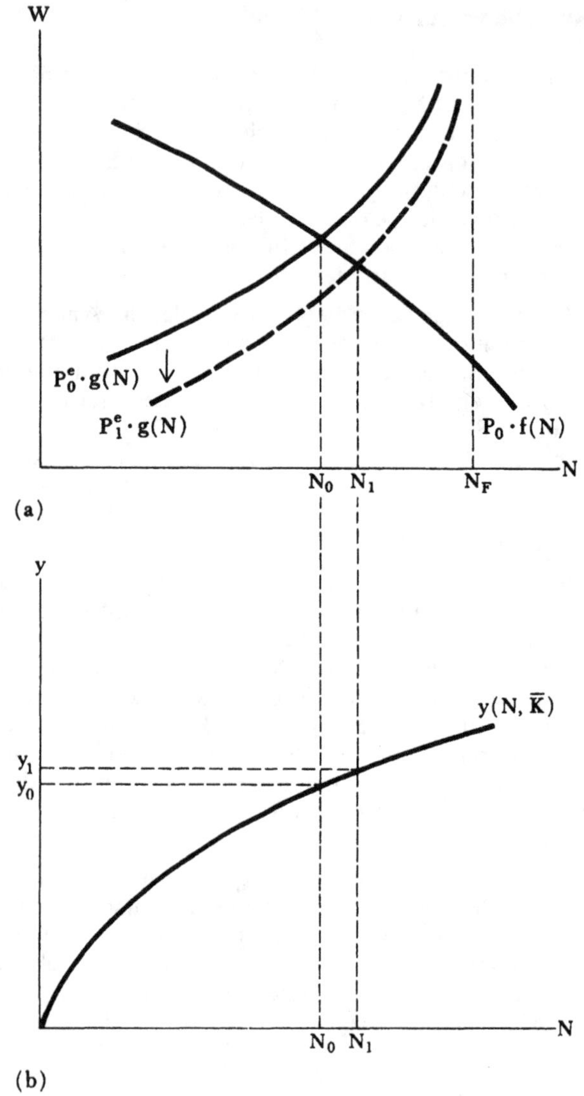

Abbildung 9-9: Verschiebung des Arbeitsangebots durch Einkommenspolitik.

Gleichgewichtsoutput in Abbildung 9-10 von y_0 auf y_1. Das Ziel der Einkommenspolitik wird im allgemeinen mit der Verschiebung der Angebotskurve nach unten beschrieben. Bei einer positiv geneigten Angebotskurve SS können wir diese Verschiebung als eine Veränderung von P nach unten bei gegebenem y_0 oder eine Verschiebung von y nach rechts bei gegebenem P_0 interpretieren.

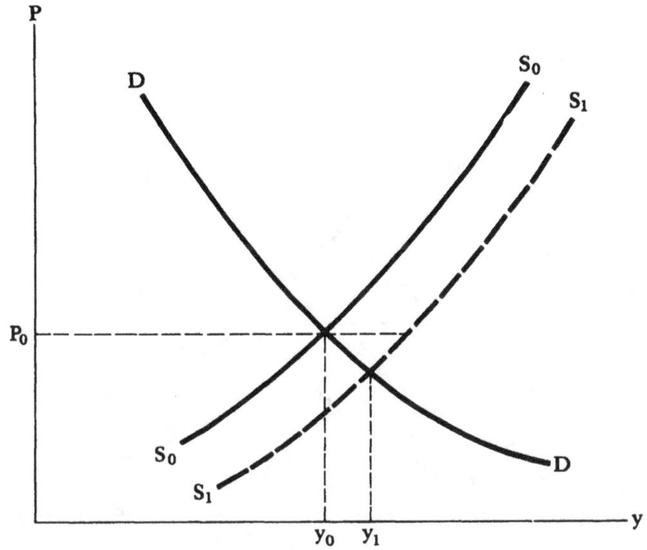

Abbildung 9-10: Verschiebung der Angebotskurve.

Einkommenspolitik und Überschußnachfrage

Einkommenspolitik wird im allgemeinen in Perioden der Überschußnachfrage angewendet mit dem Ziel, beginnende Preiserhöhungen im Keim zu ersticken. Üblicherweise wird Einkommenspolitik zusammen mit Maßnahmen expansionärer Nachfragepolitik kombiniert um deren inflationäre Tendenzen zu konterkarrieren. So war die Volkswirtschaft zum Beispiel sowohl 1962 als auch 1971 auf dem Weg aus der Rezession wobei Geld- und Fiskalpolitik benutzt wurden, um die Nachfrage anzukurbeln.

Der „Council of Economic Advisors" veröffentlichte 1962 Leitlinien für Löhne und Preise und hoffte so, die Angebotskurve zu verschieben und damit die expansionären Effekte auf N und y auch ohne Preiserhöhungen zu erhalten. Während er im Jahre 1971 die Nachfrage aktiv stimulierte, versuchte der Staat, die Inflation mit strikten Lohn- und Preiskontrollen im Zaum zu halten.

Die Kombination von Einkommenspolitik mit expansionärer Nachfragepolitik ist in Abbildung 9-11 dargestellt. Eine expansionäre geld- oder fiskalpolitische Maßnahme würde die Nachfragekurve zum Beispiel auf D_1D_1 verschieben. Hierdurch würde der Gleichgewichtsoutput im allgemeinen Keynesianischen Modell auf y_1 ausgedehnt, wodurch gleichzeitig das Preisniveau auf P_1 erhöht würde. Um die Zunahme der Preise zu verhindern, könnte man mit Hilfe der Einkommenspolitik die Angebotskurve nach rechts auf S_1S_1 verschieben. Dies würde die Volkswirtschaft zum neuen Gleichgewicht P_0, y_2 bringen.

Die Einkommenspolitik würde in diesem Fall die Zunahme des Gleichgewichtsoutputs verstärken und gleichzeitig ein konstantes Preisniveau garantieren. Soll allerdings lediglich y_1 erreicht werden, so sollten Nachfrage- und Einkommenspolitik weniger aktiv betrieben werden, um die Volkswirtschaft zu dem Punkt P_0, y_1 zu bringen.

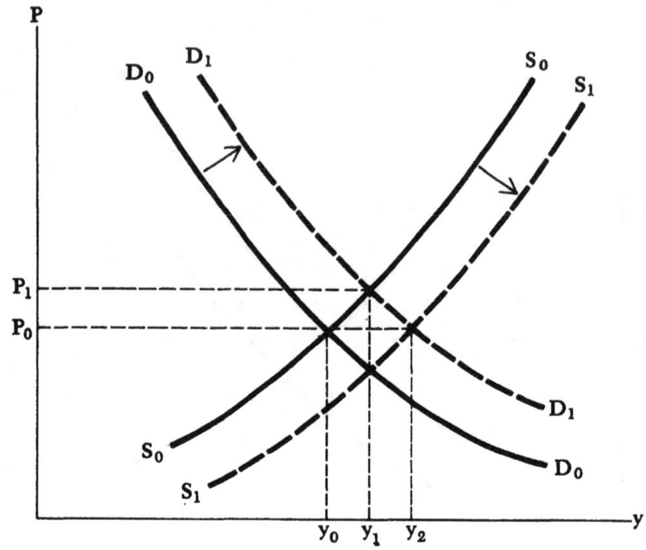

Abbildung 9-11: Einkommenspolitik und Überschußnachfrage.

Im klassischen Fall hat Einkommenspolitik nicht die gleichen Effekte wie im kurzfristigen Modell. In Abbildung 9-12 zeigen wir die Elimination der Überschußnachfrage durch eine Verschiebung der senkrechten Angebotskurve. Beim anfänglichen Preisniveau P_0 verschiebt sich die aggregierte Nachfragekurve auf D_1D_1. Wie wir bereits vorher im klassischen Fall beobachtet haben würde dies lediglich zu einer Erhöhung des Preisniveaus auf P_1 bei konstantem Output führen. Um eine Veränderung des Outputs zu erreichen, müssen wir die senkrechte Angebotskurve verschieben. Dies können wir zum Beispiel durch Einkommenspoli-

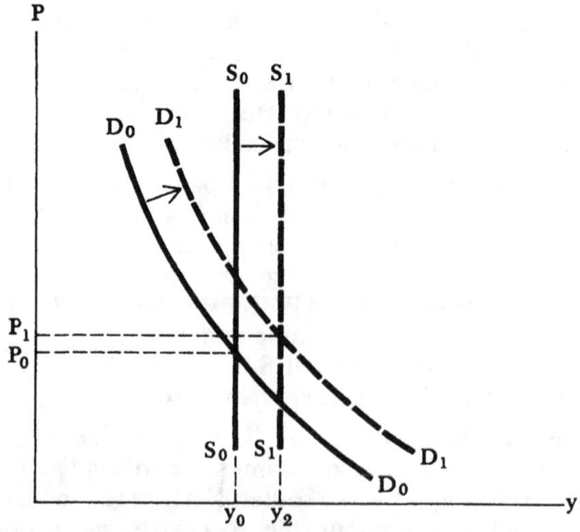

Abbildung 9-12: Einkommenspolitik im klassischen Fall.

tik tun. In Abbildung 9-12 verändert die Einkommenspolitik den Gleichgewichtsoutput, während die Nachfragepolitik das Preisniveau bestimmt. Im klassischen Fall führen also Veränderungen der aggregierten Nachfrage zu Variationen des Preisniveaus und die Einkommenspolitik stellt eine Möglichkeit dar, das Gleichgewichtsniveau des Outputs zu verändern.

Ausgewählte Literatur

A. S. Blinder, „Can Income Tax Increases Be Inflationary? An Expository Note," *National Tax Journal,* June 1973.

A. S. Blinder, *Economic Policy and the Great Stagflation* (New York: Academic Press, 1979), Chapter 6.

F. Modigliani, „The Monetary Mechanism and Its Interaction with Real Phenomenon," *Review of Economics and Statistics,* Supplement, February 1963.

Kapitel 10
Job-Suche, starre Löhne und Arbeitslosigkeit

In Kapitel 8 haben wir die Angebots- und die Nachfrageseite in einem einfachen Modell des allgemeinen Gleichgewichts der Makroökonomie kombiniert. In diesem allgemeinen statischen Modell beeinflussen Veränderungen der aggregierten Nachfrage das Beschäftigungsniveau in der Volkswirtschaft. Es stellt sich nun die Frage, wie die Arbeitslosenquote mit dem Gleichgewichtsniveau der Beschäftigung verbunden ist und wie sie sich verändert, wenn sich die Nachfragebedingungen in der Volkswirtschaft ändern. In diesem Kapitel werden wir sehen, daß es auf diese Fragen verschiedene Antworten gibt.

Zuerst interpretieren wir die Veränderungen der Beschäftigung im allgemeinen statischen Modell als Veränderung des Anteils der Job-Sucher, die eine Beschäftigung annehmen. Nehmen wir eine Arbeitslosenquote von 6% als das Vollbeschäftigungsniveau der Arbeitslosenquote an, dann suchen zu jeder Zeit ungefähr 7,2 Millionen Personen in den Vereinigten Staaten nach einer Beschäftigung. Ungefähr die Hälfte davon wird binnen eines Monats eine neue Arbeitsstelle gefunden haben. Veränderungen der aggregierten Nachfrage haben Einfluß darauf, wie schnell diese Job-Sucher eine neue Beschäftigung finden.

Seit der Veröffentlichung des im Anhang zu diesem Kapitel angegebenen Artikels von Phelps im Jahre 1970 haben sich Arbeitsmarkt- und Makroökonomen zur Erklärung der Gleichgewichtsarbeitslosigkeit auf Suchmodelle des Arbeitsmarktes konzentriert. Im ersten nun folgenden Abschnitt wollen wir uns einen Überblick über diese Modelle verschaffen. Sie bilden das theoretische Fundament für das Modell der Gleichgewichtsarbeitslosigkeit des Kapitels 6.

Als nächstes wollen wir dann starre Löhne einführen, sowohl für das gesamtwirtschaftliche Durchschnittslohnniveau als auch im Sinne lokaler Arbeitsmarktrigiditäten. Nach unten starre Nominallöhne W sind Ergebnissen jüngster Forschung zu Folge eine der möglichen Hauptursachen unfreiwilliger Arbeitslosigkeit. Ist auch die Relevanz eines gesamtwirtschatlich starren Lohnniveaus fraglich, so ist die Annahme starrer Löhne auf lokaler Ebene doch sinnvoll. Wir wollen ebenfalls kurz auf die Möglichkeit eines nach unten starren Preisniveaus eingehen. Abschließend betrachten wir eine Sichtweise der Arbeitslosigkeit, die all diese Elemente berücksichtigt.

Suchprozesse und Beschäftigung auf dem Arbeitsmarkt

Der Arbeitsmarkt befindet sich in einem permanenten Fließzustand. Dies ist selbst dann der Fall, wenn sich die Volkswirtschaft wie in Kapitel 8 im Gleichgewicht befindet. Mit 120 Millionen Erwerbspersonen und einer Arbeitslosenquote bei Vollbeschäftigung von ungefähr 6% sind in den USA durchschnittlich 7 Millionen Menschen pro Monat auf Arbeitssuche. Überdies handelt es sich hierbei nicht um die gleichen Personen jeden Monat, so daß der monatliche Durchschnitt nicht annähernd die Anzahl der Job-Sucher oder Arbeitsplatzwechsel pro Jahr beschreibt. In einem Vollbeschäftigungsjahr wie 1987 fand nur ungefähr die Hälfte der Arbeitslosen in einem Monat eine Arbeitsstelle und war dabei weniger als 5

Wochen arbeitslos; ungefähr 25% blieben mehr als 15 Wochen arbeitslos. Mit einem monatlichen Durchschnitt von 7 Millionen arbeitslosen Job-Suchern bei Vollbeschäftigung finden also ungefähr 3 Millionen innerhalb eines Monats eine Anstellung und werden durch andere Job-Sucher ersetzt. Der Arbeitsmarkt befindet sich also permanent in einem Fluktuationsprozeß, in dem Arbeitnehmer nach einem besseren oder einfach anderen Job suchen und Arbeitgeber kontinuierlich Bewerber für kürzlich freigewordene Positionen auswählen. In diesem Zusammenhang müssen wir die Veränderungen des Beschäftigungsniveaus und implizit der Arbeitslosigkeit in dem einfachen statischen Modell aus Kapitel 8 sehen.

Aggregierte Nachfrage und Beschäftigung

In Kapitel 8 haben wir gesehen, daß Schwankungen der aggregierten Nachfrage in unserem allgemeinen kurzfristigen Modell, in dem $P^e = p(P)$ und $p' < 1$ gilt, Schwankungen der Beschäftigung verursachen. Diese Tatsache ist ohne Schwierigkeiten mit einem Arbeitsmarkt in Einklang zu bringen, auf dem es einen bestimmten Bestand an Job-Suchern gibt, der sich regelmäßig erneuert. In Abbildung 10-1 sind die Auswirkungen einer Erhöhung der aggregierten Nachfrage auf den Arbeitsmarkt des kurzfristigen Modells dargestellt. Wie wir in Kapitel 8 gesehen haben, erzeugt eine Zunahme der aggregierten Nachfrage Überschußnachfrage auf dem Gütermarkt, wodurch es zu einem höheren Preisniveau kommt.

In Abbildung 10-1 äußert sich diese Zunahme des Preisniveaus auf dem Arbeitsmarkt als eine Verschiebung der Nachfrage auf $P_1 \cdot f(N)$ und des Angebots auf $P^e_1 \cdot g(N)$. Die daraus resultierende Überschußnachfrage nach Arbeitskräften führt zur Erhöhung des Nominallohns auf W_1. Die Zunahme des Lohnsatzes ist größer als die von P^e (da $p' < 1$ ist). Die Arbeitskräfte, die zu diesem Zeitpunkt nach einer Beschäftigung suchen, nehmen dies als eine Verbesserung der ihnen gemachten Angebote wahr, die sich in einer Erhöhung des Reallohnsatzes W/P^e äußert. Es wird also nun ein größerer Teil der Job-Sucher eine Beschäftigung annehmen,

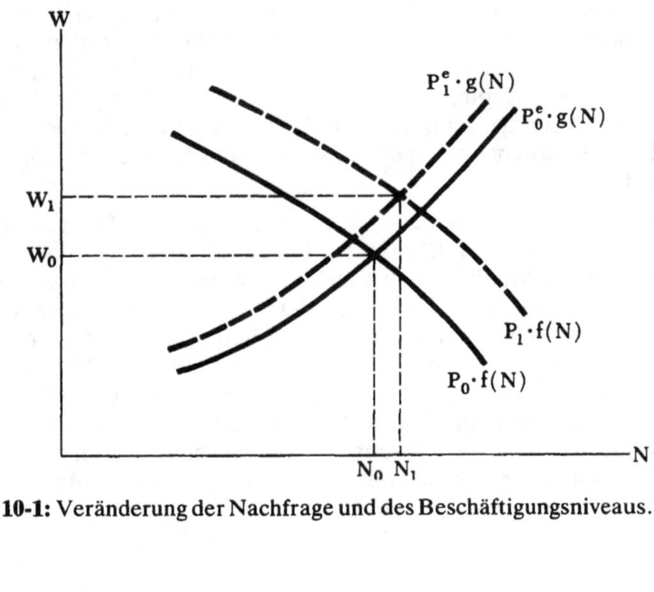

Abbildung 10-1: Veränderung der Nachfrage und des Beschäftigungsniveaus.

weshalb das Beschäftigungsniveau auf N_1 steigt. Die Auswirkung einer Zunahme von W/P^e auf die Entscheidung der Suchenden, eine Beschäftigung anzunehmen, entspricht einer Bewegung entlang der neuen Arbeitsangebotskurve von N_0 nach N_1.

Der Effekt einer Verringerung der aggregierten Nachfrage ergäbe in diesem Modell der Job-Suche genau das Gegenteil der in Abbildung 10-1 dargestellten Situation. Bei fallendem Preisniveau fiele das Nominallohnniveau um mehr als P^e; W/P^e würde also sinken. Diese Verschlechterung der Stellenangebote würde dazu führen, daß eine geringere Anzahl Job-Sucher eine Beschäftigung annimmt. Es ergäbe sich folglich ein niedrigeres Gleichgewichtsniveau der Beschäftigung.

Dieses Suchmodell, das die Auswirkungen der aggregierten Nachfrage auf die Beschäftigung berücksichtigt, hat zwei Schlüsselmerkmale. Das erste ist die Existenz eines Bestands an Job-Suchern, die sich kontinuierlich auf Beschäftigungssuche befinden. Das zweite Merkmal ist Unsicherheit bezüglich des Preisniveaus. Könnten die Arbeitskräfte das Preisniveau exakt wahrnehmen und ihre Erwartungen vollständig anpassen, dann befänden wir uns im extremen klassischen Fall mit $p' = 1$ und würden keine Veränderung des Beschäftigungsniveaus in Abbildung 10-1 beobachten. Unser Suchmodell hängt also von der Unsicherheit der Arbeitskräfte bezüglich des zukünftigen Preisniveaus ab.

Alternative Suchmodelle

Es gibt zahlreiche Suchtheorien des Arbeitsmarktes, bei denen das Beschäftigungsniveau auf Veränderungen der aggregierten Nachfrage reagiert. Man kann sich bei der Analyse auf die Arbeitskräfte konzentrieren und verschiedene Fälle konstruieren, in denen Unsicherheit zum Beispiel bezüglich alternativer Lohnangebote oder auch bezüglich des allgemeinen Nominallohnniveaus besteht. Oder aber man konzentriert sich auf die Arbeitgeber, die ihrerseits ihren Vorstellungen entsprechende Arbeitskräfte suchen und sich dabei unsicher bezüglich der von der Konkurrenz gemachten Lohnangebote sind. Auch könnte aus ihrer Sicht zum Beispiel Unsicherheit über die Höhe ihres Produktpreises bestehen (relativ zum Preis anderer Produzenten). Viele solcher Modelle werden in den Veröffentlichungen von Phelps und von Brunner und Meltzer diskutiert, die in der Literaturliste zu diesem Kapitel angegeben sind. Ihnen allen gemeinsam ist, daß sich entweder die Arbeitgeber oder die Arbeitskräfte in einem Suchprozeß befinden und sich dabei unsicher bezüglich des Nominallohnniveaus W oder des Preisniveaus P sind.

Ein Arbeitnehmer oder unter Umständen auch eine ganze Gruppe von Arbeitskräften mit einer bestimmten Berufsausbildung haben möglicherweise gar keine Wahl, sich eine neue Arbeitsstelle zu suchen oder nicht. Da sich einzelne Unternehmen oder Sektoren der Volkswirtschaft in permanenter Veränderung befinden, manchmal wachsend, manchmal schrumpfend, kann es passieren, daß manche Arbeitskräfte auf Dauer keine neue Anstellung finden. Diese Arbeitskräfte „müssen sich dann eben auf ihre Fahrräder schwingen", wie der britische Arbeitsminister Norman Tebbit einmal bemerkte. Er meinte damit, daß sie entweder an einen Ort umziehen sollten, wo Nachfrage nach Arbeitskräften mit ihrer Berufsausbildung besteht, oder daß sie zum Beispiel eine Umschulung anstreben sollten. Es ist ebenfalls denkbar, daß ein Individuum, das sich für die Suche nach einer anderen Arbeitsstelle entschieden hat, seine alte Anstellung vorerst noch behält oder diese aber kündigt, um sich intensiver der Suche widmen zu können. Freiwilliges Suchen ist nur dann relevant für das Niveau der Arbeitslosigkeit, wenn es sich für den Suchenden in der Tat als optimal erweist, seine alte Anstellung zu kündigen, bevor er eine neue gefunden hat. In beiden Fällen können Kosten und Nutzen der Job-Suche wie folgt eingeteilt werden. Da sind zunächst einmal die direkten Kosten des Arbeitsplatzwechsels, die nicht nur Umzugskosten sondern zum Beispiel auch finanzielle Strafen wie den Verlust von Ansprüchen auf Pensionszahlungen mit sich bringen. Des weiteren gibt es die direkten Suchkosten. Hierunter fallen Reiseaufwendungen und für diejenigen, die kündigen, bevor sie eine neue Anstellung gefunden haben, das entgangene Einkommen während der Zeit ihrer Arbeitslosigkeit. Zu den positiven Aspekten eines Arbeitsplatzwechsels zählt das erwartete höhere Einkommen einer neuen Beschäftigung, das natürlich diskontiert werden muß und zwar entsprechend dem Zeitraum, der sich vom Entscheidungszeitpunkt bis hin zu dem Zeitpunkt erstreckt, zu dem der neue Arbeitsplatz gefunden und eingenommen ist. Die Lösung dieses Entscheidungsproblems (ob sich der Versuch eines Arbeitsplatzwechsels lohnt oder nicht) kann sehr kompliziert werden, wenn wir den Fall einigermaßen realistisch betrachten wollen. Aber gerade diese Komplexität läßt unsere Annahme, daß die Arbeitskräfte eher schlecht über die ihnen zur Disposition stehenden Alternativen informiert sind, um so plausibler erscheinen.

Als ein Beispiel betrachten wir im Rahmen unseres Modells einen Arbeitnehmer, der überlegt, ein Stellenangebot anzunehmen, sich aber gleichzeitig unsicher über die Löhne alternativer Anstellungen ist. Steigt nun die Nachfrage nach dem Output der betrachteten Firma, dann wird auch der von dieser Firma gezahlte Lohn steigen. Wenn der Job-Sucher erwartet, daß die Löhne bei anderen Firmen und das allgemeine Preisniveau konstant bleiben, dann wird er relativ zu anderen Anstellungsmöglichkeiten und P den von der betrachteten Firma gebotenen Lohn höher einstufen. Die Wahrscheinlichkeit, daß er das Stellenangebot annimmt, steigt also. Trifft diese Beschreibung auf einen wesentlichen Teil der Arbeitslosen zu, dann wird das aggregierte Beschäftigungsniveau bei einer Erhöhung der Nachfrage steigen.

Suchkosten und starre Löhne

Das Suchen der Arbeitskräfte und Unternehmen ist in einer Welt unterschiedlicher Märkte unvermeidbar und grundsätzlich auch wünschenswert. Es gibt allerdings Wege, die involvierten Suchkosten und zum Beispiel Einarbeitungskosten neuer Arbeitskräfte zu reduzieren. In diesem Abschnitt wollen wir Gründe diskutieren, warum diese Kosten und andere Charakteristika des Arbeitsmarktes zu starren oder zähen Löhnen führen können.

Der erste Grund, den wir hier nennen wollen, ist die Existenz von Kontrakten. Es ist denkbar, daß Zeit und Aufwand beim häufigen Wechsel des Arbeitsplatzes und dem ständigen Aushandelen neuer Vereinbarungen so groß sind, daß Arbeitskräfte und Unternehmen es vorziehen, sich auf bestimmte Lohnsätze und Konditionen in einem Vertrag auf längere Zeit festzulegen. Die gleichen komplexen Gründe, die zu diesen Kontrakten führen, garantieren auch, daß diese eher einfach gestaltet sind, ja vielleicht sogar zu Übereinkünften über nominale Größen führen. Die Schwierigkeiten bei der Durchsetzung dieser Kontrakte, besonders dann, wenn nicht alle Umstände von jeder Vertragsseite oder einem unparteiischen Schiedsrichter beobachtet werden können, führen ebenfalls dazu, daß die Kontrakte eher einfach und durchsichtig aufgebaut sind.

Die andere Eigenschaft von Kontrakten ist, daß sie für Arbeitskräfte eine Art „hausgemachte Versicherung" darstellen. Wenn Unternehmen weniger risikoaversiv sind oder besseren Zugang zu den Kapitalmärkten haben, dann sollten die Arbeitskräfte bereit sein, ein niedrigeres erwartetes Einkommen bei dafür höherer Stabilität zu akzeptieren. Das Versicherungsmotiv läßt vermuten, daß die reale Arbeitslosenunterstützung nicht sehr stark auf zyklische Schwankungen reagieren sollte. In der Tat sind Gewinne um einiges variabler als Löhne. Was die Versicherung anbelangt, sind die Arbeitskräfte an ihrem mit dem CPI (Konsumentenpreisindex) deflationierten realen Arbeitseinkommen interessiert, während die einzelne Firma aber höchstens ihren eigenen Produktpreis kontrollieren kann. Diese Asymmetrie könnte zum Beispiel zu zähen Nominallöhnen in einer allgemein nicht inflationären Umwelt führen.

Der zweite Grund für die Existenz starrer oder zäher Löhne steht in direkter Verbindung zu den Suchkosten auf schlecht koordinierten Märkten. Auf dem Arbeitsmarkt werden Informationen nur langsam übermittelt und Anpassung findet deshalb eher schleppend statt. Es ist zum Beispiel denkbar, daß die Akteure auf dem Arbeitsmarkt nur eine sehr wage Vorstellung der Grenzproduktivität der Arbeit haben und sich beim Aushandeln eines neuen Kontraktes deshalb in erster Linie an den Kontrakt der Vorperiode als Bezugspunkt halten. In Ländern, in denen jährlich zeitlich nicht koordinierte Lohnverhandlungen in unterschiedlichen Sektoren stattfinden, wie zum Beispiel in Großbritannien, geben die zu Anfang des Jahres vereinbarten Kontrakte einen Trend für die erst gegen Mitte oder Ende ausgehandelten Kontrakte vor. Um der Diskussion des nächsten Kapitels an dieser Stelle einmal etwas vorzugreifen: jeder kann sich völlig rational verhalten und dennoch sich nur langsam anpassende Erwartungen haben. Dies ist dann der Fall, wenn die Hauptquelle der Informationen der Nominallohnsatz des vorangegangenen Kontraktes ist.

Wir konstruieren nun ein neues, etwas subtileres Beispiel und nehmen zu diesem Zwecke an, das Preisniveau fiele gleichmäßig in allen Sektoren der Volkswirtschaft. Wenn alle Preise gleichzeitig fallen, gefolgt von der Senkung des Nominallohnniveaus, dann bleiben Beschäftigung und Output unverändert. Wenn aber die Preise in unterschiedlichen Märkten unterschiedlich stark fallen, dann könnte dic Angst vor hohen Kosten für die Wiedereinarbeitung anderer Arbeitskräfte den Unternehmen die Hände binden. Nehmen wir zum Beispiel an, als erstes fiele der Preis für den Output der Firma A. Reduziert nun A sofort den Nominallohn, so werden alle Arbeitskräfte von A zu den Firmen abwandern, die einen höheren Lohnsatz anbieten. Ist nach einiger Zeit dann ein neues langfristiges Gleichgewicht erreicht, wird Firma A wieder die ursprüngliche Zahl Arbeitskräfte eingestellt haben. In der Übergangsphase aber werden allen Beteiligten erhebliche Kosten entstehen. Aus diesem Grunde wird Firma A den Nominallohnsatz unverändert lassen oder ihn nur geringfügig senken. Wenn dann der Outputpreis der Firma B fällt, wird sich B in der gleichen Situation wie vorher A befinden, weshalb auch der Nominallohn der Firma B nach unten zäh sein wird. Das Argument läßt sich auf alle Fimen ausweiten. Keiner will den Nominallohn zuerst senken. Es ist zwar möglich, ein neues langfristiges Gleichgewicht mit niedrigeren Nominallöhnen zu erreichen, der Übergangsprozeß kann aber unter Umständen sehr lange dauern.

Suchmodelle verbinden die Analyse der Kapitel 6 und 7 und der Abbildung 10-1 mit der realen Welt der Arbeitsmärkte, in der permanent Wechsel stattfinden und wo sowohl Angebots- als auch Nachfrageseite ständig auf Suche nach neuen Arbeitsplätzen beziehungsweise neuen Arbeitskräften sind. Es gibt zahlreiche Modelle, die verschiedene Situationen sowohl der Arbeitgeber als auch der Arbeitnehmer belichten. Im Zusammenhang mit unserem grundlegenden Makromodell ist das Modell der Angebotsseite in Kapitel 7 für diese auf Suchprozessen und Unsicherheit basierenden Modelle repräsentativ.

Starre Löhne auf dem aggregierten Arbeitsmarkt

Die Möglichkeit nach unten „starrer" oder „zäher" Nominallohnsätze wurde in den dreißiger Jahren als eine Erklärung für die Existenz von Arbeitslosigkeit im Rahmen des klassischen Reallohnmodells eingeführt, das so auch hohe gesamtwirtschaftliche Arbeitslosigkeit erklären konnte. Nehmen wir einmal an, der Nominallohnsatz könne, wenn er auf zum Beispiel W_0 gestiegen ist, auf Grund institutioneller Unvollkommenheiten des Arbeitsmarktes von diesem Niveau aus nicht mehr fallen. Zum Beispiel ist es denkbar, daß die Arbeitgeber keine Lohnsenkungen vornehmen möchten (siehe vorangegangener Abschnitt), daß Kontrakte es unmöglich machen, den Lohn wieder zu senken, oder daß Mangel an Informationen zu zähen Löhnen führt. Diese Zähigkeit oder Starrheit der Löhne stellt einen Erklärungsansatz für das Phänomen unfreiwilliger Arbeitslosigkeit in der Volkswirtschaft dar.

Starre Löhne im allgemeinen kurzfristigen Modell

Nach unten starre Löhne im allgemeinen statischen Modell sind in Abbildung 10-2 dargestellt. Das Arbeitsangebot ist hier durch $W = P^e \cdot g(N)$ $(p' < 1)$ gegeben und dic Arbeitsnachfrage, wie in Kapitel 6 entwickelt, durch $W = P \cdot f(N)$.

Im anfänglichen Gleichgewicht liegt das Beschäftigungsniveau bei N_0 mit Arbeitslosigkeit in Höhe von $N_F - N_0$. Der Nominallohnsatz liegt bei W_0 und kann annahmegemäß nicht fallen.

Wenn vom anfänglichen Gleichgewicht W_0, N_0 ausgehend die aggregierte Nachfrage sinkt, wodurch Überschußangebot auf dem Gütermarkt entsteht, werden die Preise fallen. Dies wird die Arbeitsnachfragefunktion in Abbildung 10-2 nach unten auf $P_1 \cdot f(N)$ verschieben und die Arbeitsangebotskurve auf $P^e_1 \cdot g(N)$. Nehmen wir nun P_1 als den neuen Gleichgewichtswert des Preisniveaus an, wobei Gleichgewicht hier meint, daß sich bei diesem Preisniveau Güter- und Geldmarkt im Gleichgewicht befinden, dann wird die Beschäftigung bei konstantem Lohnsatz W_0 auf N_1 fallen. Könnte der Lohnsatz fallen, so würde die Senkung des Preisniveaus das Gleichgewichtsniveau der Beschäftigung entlang der Angebotskurve nur auf N_2 verringern, obwohl, wie wir in Kürze sehen werden, eine weitere Senkung des Preisniveaus nötig wäre, um das neue Gleichgewicht zu etablieren.

Lohnstarrheit führt dazu, daß der Teil der Arbeitsangebotskurve unterhalb W_0, N_0 durch die waagerechte Linie bei W_0 ersetzt würde. Wenn nun das Preisniveau fällt, dann sinkt das Gleichgewichtsniveau der Beschäftigung in Abbildung 10-2 entlang der waagerechten Linie bei W_0 anstatt entlang der sich verschiebenden

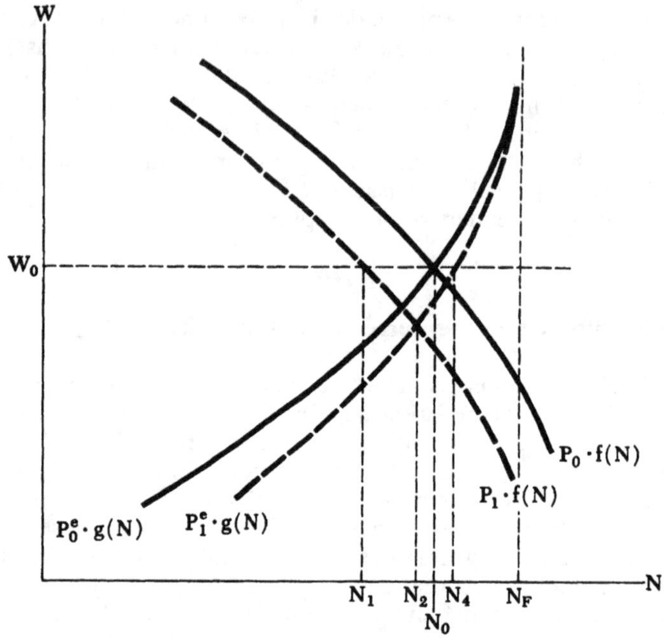

Abbildung 10-2: Lohnstarrheit im allgemeinen Modell.

Angebotskurve. Deshalb wird bei gegebener Senkung des Preisniveaus die Verringerung der Beschäftigung bei Lohnstarrheit größer sein (bis auf N_1) als ohne Lohnstarrheit (nur bis auf N_2).

Diese Situation ist in Abbildung 10-3 im P, y-Koordinatensystem dargestellt. Der Teil der Angebotskurve SS unterhalb von P_0, y_0 wird durch die flachere Ange-

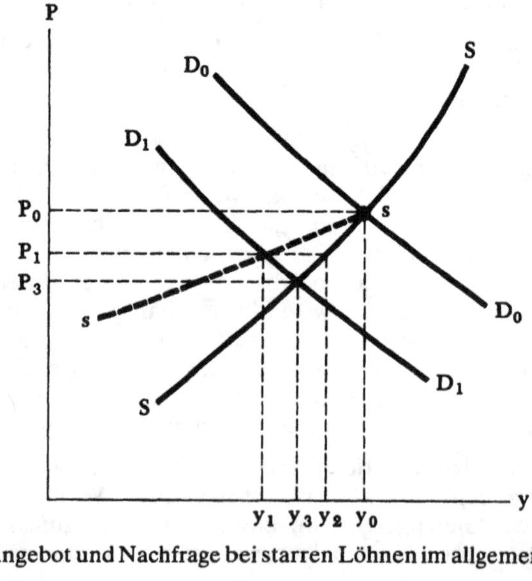

Abbildung 10-3: Angebot und Nachfrage bei starren Löhnen im allgemeinen Modell.

botskurve ss ersetzt, die der waagerechten Linie bei W_0 in Abbildung 10-2 entspricht. Wenn die aggregierte Nachfrage nun von D_0D_0 auf D_1D_1 fällt, dann sinkt das Preisniveau von P_0 auf P_1 und der Output von $y_0 = y(N_0; \bar{K})$ auf y_1. Ohne Lohnstarrheit wäre der Gleichgewichtsoutput der Angebotsseite nur auf y_2 gefallen. Dieser Wert des Outputs entspricht in Abbildung 10-4 dem Beschäftigungsniveau N_2.

In diesem Fall bestünde aber immer noch Überschußangebot auf dem Gütermarkt (in Höhe von $y_2 - y_1$), weshalb es zu einer weiteren Senkung des Preisniveaus auf P_3 und damit zu dem neuen Wert des Gleichgewichtsoutputs y_3 kommt.

Mit Lohnstarrheit erhalten wir als Folge einer Verringerung der aggregierten Nachfrage in den Abbildungen 10-2 und 10-3 ein neues Gleichgewicht bei P_1, y_1, und W_0, N_1, wobei y entlang der Angebotskurve ss sinkt. Ohne Lohnstarrheit läge das neue Gleichgewicht in Abbildung 10-3 bei P_3, y_3. In Abbildung 10-4 befände sich N dann bei N_3, in Abbildung 10-2 zwischen N_1 und N_2, und das Preisniveau in den Abbildungen 10-3 und 10-4 läge bei P_3 unterhalb von P_1. Die Einführung starrer Löhne in unser Modell hat im Falle einer Verminderung der aggregierten Nachfrage den Betrag der Abnahme von y erhöht und den Betrag der zur Wiederherstellung des Gleichgewichts notwendigen Senkung des Preisniveaus verringert. Mit anderen Worten, die Steigung der Angebotskurve dy/dP ist in dem Bereich, in dem SS durch ss ersetzt wurde, flacher als vorher.

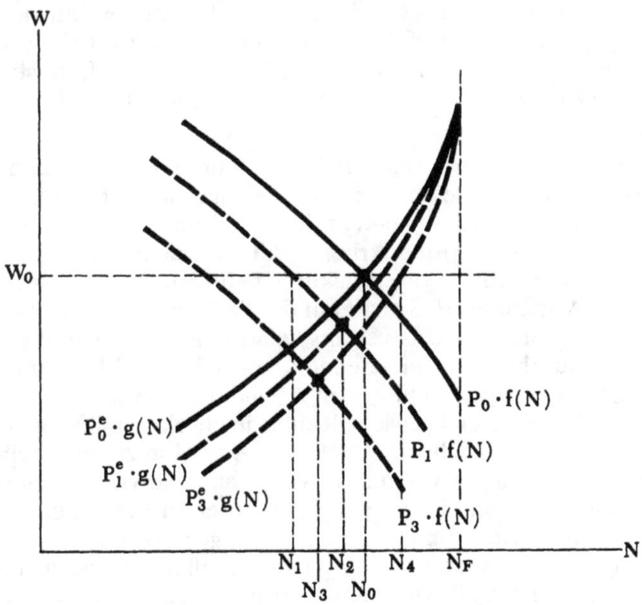

Abbildung 10-4: Gleichgewicht auf dem Arbeitsmarkt bei starren Löhnen.

Mathematisch können wir dies auch in unserem Ausdruck für die Steigung der Angebotskurve erkennen [vgl. Gleichung (7) in Kapitel 7]:

$$\frac{dy}{dP} = \frac{\partial y}{\partial N} \cdot \frac{w(1-p')}{g' - f'}. \tag{1}$$

Gleichung (1) gibt die Steigung entlang der Angebotskurve im allgemeinen statischen Modell an. In dieser Gleichung bedeutet die Einführung starrer Löhne, daß g' unterhalb von W_0 in den Abbildungen 10-2 und 10-4 gleich null ist. Die Steigung von SS ist durch (1) gegeben, die von ss durch

$$\frac{dy}{dP} = \frac{\partial y}{\partial N} \cdot \frac{w(1-p')}{-f'}.$$

Wenden wir unsere Definition der Gleichgewichtsarbeitslosigkeit aus Kapitel 6 auf die Abbildungen 10-2 und 10-4 an, so geben diese die Arbeitslosigkeit im anfänglichen Gleichgewicht an. Dieser Sichtweise zufolge gibt es keine unfreiwillige aggregierte Arbeitslosigkeit in dieser Situation, da hier Arbeitskräfte ohne Beschäftigung freiwillig arbeitslos sind. Sie haben sich beim bestehenden Lohnniveau entschieden, nach einer neuen Arbeitsstelle zu suchen. Dementsprechend würde im Fall flexibler Löhne die Beschäftigung auf N_3 in Abbildung 10-4 sinken und $N_F - N_3$ würde die Zahl der freiwillig Arbeitslosen beschreiben.

Bei einem Reallohnsatz, der auf Grund starrer Löhne bei W_0 konstant ist, wird im Gleichgewicht der Abbildungen 10-2 und 10-4 unfreiwillige Arbeitslosigkeit in Höhe der Nachfragelücke $N_4 - N_1$ auftreten. Beim gegebenen Lohnsatz entspricht die Lücke der Anzahl Arbeitskräfte, die bereit wäre zu arbeiten, aber keine Anstellung findet. Von der Gesamtzahl der Arbeitslosen $N_F - N_1$ sind also $N_4 - N_1$ Arbeitskräfte unfreiwillig arbeitslos. Trotzdem ist die Zahl der unfreiwillig Arbeitslosen $N_4 - N_1$ kein Maß für die Folgen der Lohnstarrheit. Bei flexiblen Löhnen wäre das Beschäftigungsniveau auf N_3 gefallen; die Lohnstarrheit hat also lediglich eine zusätzliche Verringerung der Beschäftigung in Höhe von $N_3 - N_1$ bewirkt.

Ob die neue Gleichgewichtsposition auf der ss-Kurve bei w_0, P_1, und N_1, y_1 in den Abbildungen 10-2 und 10-3 eine wirkliche Gleichgewichtsposition ist, wird in der ökonomischen Fachliteratur seit den dreißiger Jahren diskutiert. Aus Abbildung 10-2 ist ersichtlich, daß sich die Arbeitskräfte bei dem neuen „Quasigleichgewichtspunkt" nicht auf ihrer Angebotskurve befinden. Mit anderen Worten, wir befinden uns in Abbildung 10-3 nicht auf der SS- sondern auf der ss-Kurve. Die Definition eines Gleichgewichts verlangt allerdings, daß sich alle Akteure der Volkswirtschaft auf ihren entsprechenden Angebots- und Nachfragekurven befinden. Das Quasigleichgewicht P_1, y_1 in Abbildung 10-3 stellt zwar ein Ergebnis dar, ist jedoch keine Gleichgewichtslösung im herkömmlichen Sinne. Es erscheint sinnvoller, ein Gleichgewicht als eine Situation zu beschreiben, die sich aus sich selbst heraus nicht verändern wird, wenn sie von außen nicht gestört wird. Wir müssen uns nun also fragen, ob in unserem System eine Tendenz des Punktes P, y besteht, sich von P_1, y_1 wegzubewegen. Wenn wir davon ausgehen können, daß das Lohnniveau wirklich starr ist, muß die Antwort auf diese Frage nein sein. Erreicht die Volkswirtschaft den Punkt P_0, y_0 in Abbildung 10-3, so wird, wenn W_0 wirklich nicht fallen kann, bei dieser Definition des Gleichgewichts die ss-Kurve zur neuen Angebotskurve des Systems. Ob also P_1, y_1 die neue Gleichgewichtsposition ist oder nicht, hängt von der allgemeinen Definition eines Gleichgewichts ab. Wir wollen hier die Definition anwenden, die dann von einem Gleichgewicht spricht, wenn die betrachtete Situation keine Tendenz hat, sich aus sich selbst heraus zu ändern. Wir betrachten die Position P_1, y_1 hier also als das Gleichgewicht.

Lohnstarrheit im klassischen Fall

Nach unten starre Löhne im klassischen Fall sind in Abbildung 10-5 dargestellt, wo die Arbeitsangebotskurve g (N) bei N_F senkrecht gezeichnet ist. Dies entspricht der Vollbeschäftigung im Sinne von Anstellung aller vorhandenen Arbeitskräfte bei durchschnittlicher Arbeitszeit $\bar{n}$.

Abbildung 10-5 zeigt das anfängliche Gleichgewicht beim Reallohnsatz w_0 (Nominallohnsatz W_0), Preisniveau P_0 und Gleichgewichtsniveau der Beschäftigung N_0. $N_F - N_0$ gibt das Niveau der Arbeitslosigkeit beim ursprünglichen Gleichgewicht an.

Streng genommen gibt es hier keine unfreiwillige aggregierte Arbeitslosigkeit, da sich Arbeitskräfte ohne Anstellung freiwillig in dieser Situation befinden.

Nehmen wir nun einmal an, der Nominallohnsatz sei bei W_0 festgesetzt und die aggregierte Nachfrage fiele plötzlich auf Grund niedrigerer Investitionsnachfrage auf ein niedrigeres Niveau ab. Dies geht mit einer deutlichen Verschiebung der IS-Kurve nach links einher. Es entsteht gesamtwirtschaftliches Überschußangebot und das Preisniveau fällt auf P_1. Weil der Nominallohnsatz bei W_0 festgelegt

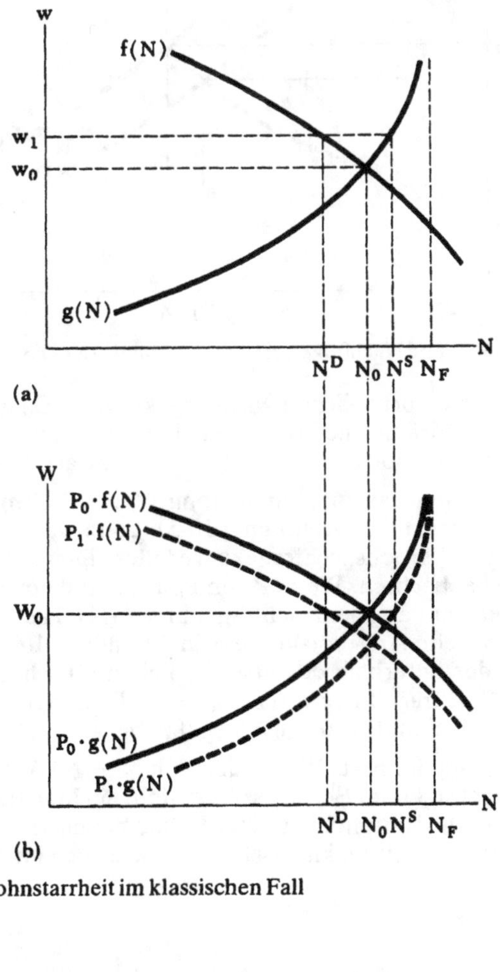

Abbildung 10-5: Lohnstarrheit im klassischen Fall

ist, steigt der Reallohnsatz auf w_1 und es entsteht Überschußangebot auf dem Arbeitsmarkt in Höhe von $N^s - N^d$. Dementsprechend verschieben sich sowohl Arbeitsangebots- als auch Arbeitsnachfragekurve in Abbildung 10-5(b) nach unten und weisen das gleiche Überschußangebot aus. Wenn nicht irgend ein Mechanismus die Arbeitgeber dazu veranlaßt, mehr Arbeitskräfte einzustellen, als sie eigentlich möchten, dann fällt das Beschäftigungsniveau in Abbildung 10-5 auf N^d. Beim neuen Preisnivau P_1 und konstantem Nominallohnsatz fällt die Beschäftigung auf N^d und der Output auf $y_1 = y\,(N^d; \overline{K})$. Diese Situation ist in Abbildung 10-6 für das aggregierte Angebot und die aggregierte Nachfrage dargestellt.

Die „wirkliche" Angebotskurve SS ist in Abbildung 10-6 wie üblich im klassischen Fall senkrecht bei dem auf dem Arbeitsmarkt festgelegten Outputniveau $y_0 = y\,(N_0; \overline{K})$ senkrecht.

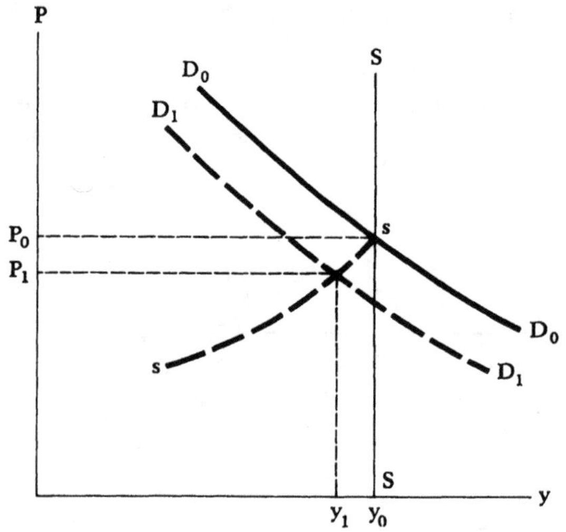

Abbildung 10-6: Angebot und Nachfrage bei starren Löhnen: der klassische Fall.

Der Schnittpunkt der ursprünglichen Nachfragekurve D_0D_0 mit der Angebotskurve bestimmt das ursprüngliche Preisniveau P_0 in Abbildung 10-5. Bei gegebenem w_0 wird hierdurch der von da an starre Nominalohnsatz W_0 festgelegt.

Wenn nun bei nach unten starrem Nominallohn W_0 das Preisniveau fällt und dadurch der Reallohnssatz steigt (Abbildung 10-5), dann werden Output und Beschäftigung entlang der Arbeitsnachfragekurve fallen. Dies läßt sich am besten in Abbildung 10-5(a) beobachten. Wenn P von P_0 aus fällt dann verringert sich das Beschäftigungsniveau entlang der Nachfragekurve f (N). Hierdurch erhalten wir wiederum die gestrichelte Angebotskurve ss in Abbildung 10-5, die den Teil der SS-Kurve ersetzt, der unterhalb des ursprünglichen Gleichgewichts liegt. Die Verschiebung der Nachfragekurve von D_0D_0 auf D_1D_1 nach unten erzeugt Überschußangebot und reduziert das Preisniveau auf P_1 bei $y_1 = y\,(N^d; \overline{K})$.

Beim geltenden Nominallohnsatz W_0 werden nun $N^s - N^d$ Arbeitsstunden mehr angeboten als nachgefragt. Der Betrag $N^s - N^d$ stellt ein Maß für die unfreiwillige Arbeitslosigkeit dar. Die Einführung starrer Löhne bietet also eine Erklärung für unfreiwillige Arbeitslosigkeit im klassischen Fall wie auch im allgemeinen statischen Modell an.

Wir möchten an dieser Stelle auf einige wichtige Punkte hinweisen. Die Arbeitslosigkeit, definiert als Erwerbsbevölkerung abzüglich der Beschäftigten, ist von $N_F - N_0$ auf $N_F - N^d$ gestiegen, während die unfreiwillige Arbeitslosigkeit von null auf $N^s - N^d$ bei einem Reallohnsatz von W_1 gestiegen ist (Abbildung 10-5). Wir betonen dies, weil $N^s - N^d$ nicht den wirklichen Effekt der Lohnstarrheit wiedergibt. Ließen wir die Annahme starrer Löhne fallen, dann würde sich das Beschäftigungsniveau in diesem Modell wieder bei N_0 einpendeln. Dies entspräche einer Zunahme der Beschäftigung um $N_0 - N^d$. Der Betrag $N^s - N^d$ hätte den Effekt der Lohnstarrheit um $N^s - N_0$ überbetont.

Eine weitere Bemerkung gilt der Liquiditätsfalle. Aus Abbildung 10-6 ist ersichtlich, daß die Annahme starrer Löhne eine weitere Lösung für das Problem der Liquiditätsfalle darstellt (wozu wir uns natürlich erst einmal in der Liquiditätsfalle befinden müssen). Wenn sich die Nachfragekurve nach links verschiebt und sich dabei in eine nahezu senkrechte Lage dreht, bei der Preissenkungen keinen Einfluß mehr auf den Gleichgewichtsoutput der Nachfrageseite haben, dann ist der klassische Fall inkonsistent. Es gibt in dieser Situation keinen Schnittpunkt mehr zwischen Angebots- und Nachfragekurve und sowohl Preise als auch Löhne werden fallen, ohne das Gleichgewicht wieder herzustellen. Mit starren Löhnen allerdings wird die ursprünglich senkrechte Angebotskurve unterhalb des anfänglichen Gleichgewichts durch die ss-Angebotskurve mit positver Steigung ersetzt. Wenn die klassische Volkswirtschaft jetzt in die Liquiditätsfalle gerät, dann wird ein neues Gleichgewicht bei P_1, y_1 etabliert (siehe Abbildung 10-7), das im Schnittpunkt der ss-Angebotskurve und der senkrechten Nachfragekurve D_1D_1 liegt.

Abschließend wollen wir noch auf einen Unterschied bezüglich der Wirkungsweise starrer Löhne im klassischen Fall und im allgemeinen Modell hinweisen. Die Einführung der Lohnstarrheit hat den grundlegenden Charakter des klassischen Modells verändert. Ohne Lohnstarrheit ist die Gleichgewichtsbedingung im Reallohnmodell durch

$$f(N) = g(N) \tag{2}$$

gegeben, wobei das Beschäftigungsniveau allein auf dem Arbeitsmarkt bestimmt wird. Gleichung (2) ist eine Gleichung mit einer Unbekannten. Bei starren Löhnen wird diese Gleichgewichtsbedingung durch

$$W_0 = P \cdot f(N) \tag{3}$$

ersetzt. Hierbei handelt es sich um eine Gleichung mit zwei Unbekannten (P und N), womit die Dichotomie des Reallohnmodells eliminiert ist. Die senkrechte Angebotskurve SS ist in Abbildung 10-7 zum Teil durch die ss-Angebotskurve ersetzt. Mit der Interaktion von Angebots- und Nachfrageseite ist das Modell jetzt simultan.

Ersetzen wir dagegen im allgemeinen Modell die Gleichgewichtsbedingung bei flexiblen Löhnen durch Gleichung (3), so erhalten wir

$$P \cdot f(N) = P^e \cdot g(N) = p(P) \cdot g(N). \tag{4}$$

Aus dieser Gleichung können wir ersehen, daß der grundlegende Charakter des Modells unverändert ist. Sowohl (3) als auch (4) beinhalten die Variablen P und

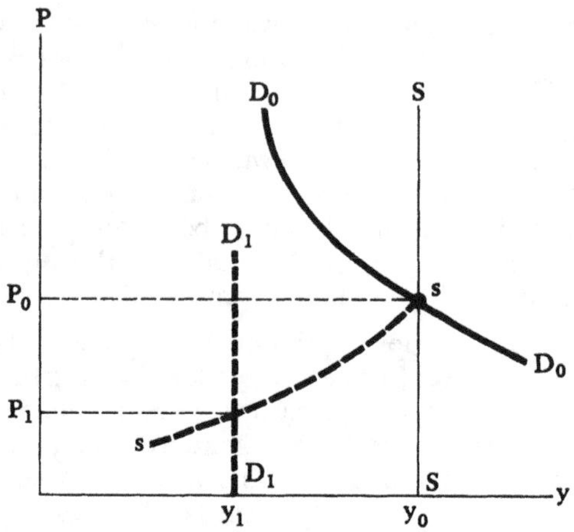

Abbildung 10-7: Die Liquiditätsfalle bei starren Löhnen.

N. Sowohl die SS- als auch die ss-Kurve haben positive Steigung. In unserem simultanen allgemeinen statischen Modell führt Lohnstarrheit lediglich zu einer Veränderung der bereits positiven Steigung der Angebotskurve.

Lokale Lohnstarrheiten und aggregierte Arbeitslosigkeit

Im vorangegangenen Abschnitt haben wir Lohnstarrheiten und ihre Auswirkungen auf das allgemeine statische Modell und den klassischen Fall untersucht. Wir wollen die Gelegenheit nutzen und diese Modelle aus einem anderen Blickwinkel betrachten. Wie die einzelnen Teile der Volkswirtschaft zusammenhängen, werden wir am ehesten dann verstehen, wenn wir immer wieder unterschiedlichste Aspekte in unsere Betrachtung mit einbeziehen. Die Untersuchung der Auswirkungen starrer Löhne auf die Funktionsweise der Volkswirtschaft stellt zum Beispiel einen solchen Aspekt dar. Allerdings haben diese Arbeitsmarktmodelle mit starren Löhnen auf gesamtwirtschaftlicher Ebene wahrscheinlich nur geringe Bedeutung für die tatsächliche Erklärung der Arbeitslosigkeit in den Vereingten Staaten. Dies liegt darin begründet, daß die Mobilität der Arbeitskräfte zwischen lokalen Arbeitsmärkten (nach geographischen und tätigkeitsbezogenen Gesichtspunkten disaggregiert) zumindest kurzfristig gesehen sehr niedrig ist. Der Begriff eines nach unten starren Lohnniveaus auf gesamtwirtschaftlicher Ebene muß also auf der Annahme basieren, daß alle lokalen Lohnsätze (für Stahlarbeiter in Pittsburgh, Komputertechniker in Houston oder Elektriker in Los Angeles) nach unten starr sind. Wenn dies aber der Fall ist, dann impliziert die Tatsache, daß ein gesamtwirtschaftlicher Lohnindex bei einer plötzlichen Verminderung der Nachfrage und der Beschäftigung nicht fällt, daß das Lohnniveau auf jedem lokalen Markt bei sinkender Nachfrage starr ist und daß gleichzeitig die Nachfrage auf allen Märkten im gleichen Verhältnis fällt, so daß der Lohnindex nicht durch eine neue Zusammensetzung der Beschäftigung aus Gebieten mit hohen Lohnsätzen und Gebieten mit niedrigen Lohnsätzen reduziert wird. Eine Hauptursache für zumindest kurzfristig nach unten starre Löhne ist die Existenz von Tarifverträgen. Die Tatsache, daß nur etwa 20% der Erwerbspersonen in den USA in Gewerkschaften organisiert ist, trägt nicht gerade zur Erfüllung der ersten der beiden oben genannten Bedingungen bei.

Es wäre zu erwarten, daß die gesamtwirtschaftliche Arbeitsangebotskurve eine waagerechte starre Lohnuntergrenze beim Niveau des Mindestlohns, der durchschnittlichen Arbeitslosenunterstützung oder der Sozialhilfe hat. Der Mindestlohn (das höchste der drei vorgeschlagenen Niveaus) liegt aber nur bei 3,35 $ pro Stunde (1986) im Vergleich zum durchschnittlichen Stundenlohn in der verarbeitenden Industrie mit 9,70 $ pro Stunde. Diese Lohnuntergrenze liegt soweit unterhalb des Bereichs, in dem sich die Lohnsätze der Volkswirtschaft normalerweise bewegen, daß er nicht zur Erklärung der Arbeitslosigkeit auf gesamtwirtschaftlicher Ebene beitragen kann, obwohl dieser Lohnsatz eventuell die Arbeitslosigkeit bestimmter Randgruppen des Arbeitsmarktes erklären kann (zum Beispiel Jugendlicher).

Eine plausiblere Rolle bei der Erklärung der Arbeitslosigkeit können starre Löhne dann spielen, wenn wir annehmen, daß einige lokale Arbeitsmärkte starre Löhne haben, insbesondere die am stärksten gewerkschaftlich organisierten Arbeitsmärkte im verarbeitenden Gewerbe und im Bergbau, andere dagegen flexible Löhne, wie zum Beispiel im Dienstleistungsgewerbe. In diesem Fall wird eine Steigerung der aggregierten Nachfrage das Nominallohnniveau und die Beschäftigung im allgemeinen erhöhen, wobei die Auswirkungen auf bestimmte lokale Arbeitsmärkte von der Quelle der Nachfrageerhöhung abhängen. Wenn aber die Nachfrage sinkt, dann werden W und N auf Märkten mit flexiblen Löhnen entlang der Angebotskurve fallen, während auf Märkten mit starren Löhnen die Beschäftigung entlang der ursprünglichen W_0-Linie sinkt. Auf diese Weise erhalten wir eine gesamtwirtschaftliche Angebotskurve mit positiver Steigung. Diese Angebotskurve wird steiler sein, wenn W und N vom Ausgangsniveau W_0, N_0 steigen. Sie wird dagegen flacher sein, wenn W und N ab diesem Niveau fallen.

Eine solche Arbeitsangebotskurve mit lokalen Lohnstarrheiten ist in Abbildung 10-8 dargestellt. Die normale Angebotskurve ist durch $P^e \cdot g\,(N)$ gegeben. Wenn die Nachfrage steigt, dann steigen auch W und N bis zu einem neuen Gleichgewichtspunkt, wie zum Beispiel W_0, N_0. Sinkt nun die Nachfrage von diesem Niveau ausgehend, dann werden W und N entlang s_0s_0 und nicht entlang $P^e \cdot g\,(N)$ sinken. Dies ist auf die starren Löhne in einigen lokalen Arbeitsmärkten zurückzuführen. Steigt die Nachfrage wieder über W_0, N_0 hinaus, dann werden auch W und N wieder entlang $P^e \cdot g\,(N)$ bis zu einem neuen Gleichgewicht W_1, N_1 steigen, bei dem ein neues starres Lohnniveau etabliert wird. Wenn die Nachfrage von W_1, N_1 ausgehend sinkt, dann tut sie dies wieder entlang der flacheren Angebotskurve s_1s_1 und nicht entlang $P^e \cdot g\,(N)$. Wenn die Nachfrage steigt, wird also bei jedem neuen Gleichgewichtspunkt eine neue ss-Kurve etabliert, die die Angebotskurve $P^e \cdot g\,(N)$ unterhalb dieses Punktes jeweils ersetzt. Wenn nun die Nachfrage wieder fällt, dann entsteht auf den Märkten mit starren Löhnen unfreiwillige Arbeitslosigkeit.

Diese Modelle mit teilweiser lokaler Lohnstarrheit haben eine weitere interessante Eigenschaft. Nehmen wir einmal an, die Nachfrage verschiebe sich von einem Gut, das auf Markt i mit starren Lohnsätzen hergestellt wird, zugunsten irgend eines anderen Gutes (da alle Märkte, wie angenommen, nach oben flexible Löhne haben), das auf Markt j hergestellt wird, wobei die aggregierte Nachfrage konstant bleibt. Auf Markt i mit starren Löhnen wird die Beschäftigung N_i sinken, während W_i konstant bleibt.

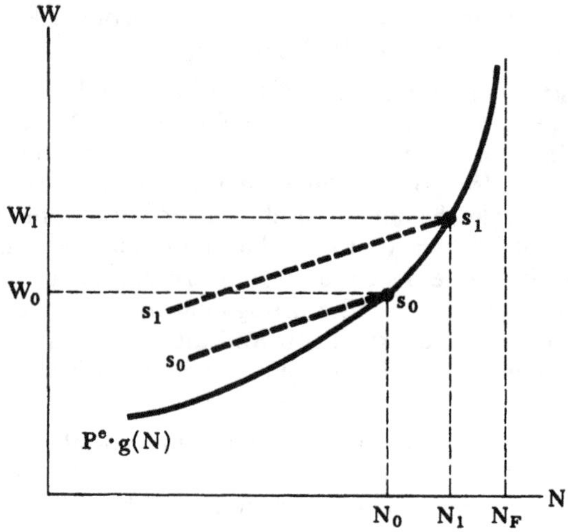

Abbildung 10-8: Lokal starre Löhne.

Auf Markt j werden sowohl N_j als auch W_j steigen. Da W_j steigt, wird N_j wahrscheinlich um weniger ansteigen, als N_i fällt. Die Verschiebung der Nachfrage wird also den durchschnittlichen Lohnsatz W erhöhen und das Beschäftigungsniveau senken, wobei die aggregierte Nachfrage unverändert bleibt. Solange alle Märkte nach oben flexible Löhne haben, einige aber nach unten starre Löhne, kann es aufgrund der permanenten Verschiebungen der Nachfrage zu tendenziell steigenden Löhnen begleitet von zunehmender Arbeitslosigkeit kommen.

Zähe Preise und die aggregierte Angebotsfunktion

Neben den Nominallöhnen können auch die Preise zäh sein. So ist es zum Beispiel denkbar, daß es für Firmen auf Dauer zu teuer würde, permanent ihre Kataloge neu zu drucken und die Preisschilder für ihre Produkte zu ändern. Einige Aspekte des Marktes lassen zu häufige Preisänderungen unpopulär erscheinen. Wenn zum Beispiel Konsumenten nach einer langen und kostenaufwendigen Suche nach einem preiswerten Angebot, wobei sie zahlreiche Preise und Marken untersucht haben, feststellen, daß sich der Preis des Gutes, das sie nun schließlich kaufen wollten, in der Zwischenzeit geändert hat, dann könnten sie verärgert reagieren und weniger als ursprünglich geplant kaufen. Seitens der Unternehmen macht es zum Beispiel wenig Sinn, viel in Anzeigen und Werbung zu investieren, wenn sich die Preise zu häufig ändern. Außerdem ist es denkbar, daß Firmen auf oligopolistischen Märkten ihre Preise nicht ändern werden, weil sie einen Preiskrieg vermeiden wollen.

Wir wollen nun untersuchen, was geschieht, wenn sowohl die Nominallöhne als auch die Preise starr sind. Nehmen wir an, das anfängliche Preisniveau sei durch P_0, der Nominallohnsatz durch W_0 und der Reallohnsatz durch w_0 gegeben, wie in den Abbildungen 10-9 und 10-10 dargestellt. Wenn die Nachfrage steigt, dann können sowohl die Preise als auch die Nominallöhne steigen, wobei wir ein neues langfristiges Gleichgewicht erhalten. Würde die aggregierte Nachfrage (D_1D_1)

allerdings sinken, dann müßte daß Preisniveau in Abbildung 10-9 auf P_1 fallen und die Nominallöhne müßten proportional dazu sinken, um das ursprüngliche Outputniveau y_0 und damit das Beschäftigungsniveau N_0 aufrechtzuerhalten.

Bei konstantem Preisniveau P_0 bieten die Firmen nach wie vor y_0 an, während die Nachfrage und der Absatz auf y_1 sinken. Schließlich wird der Output entlang der waagerechten Linie in Abbildung 10-9 auf y_1 sinken. Bei P_0 herrscht Überschußangebot in Höhe von $(y_0 - y_1)$.

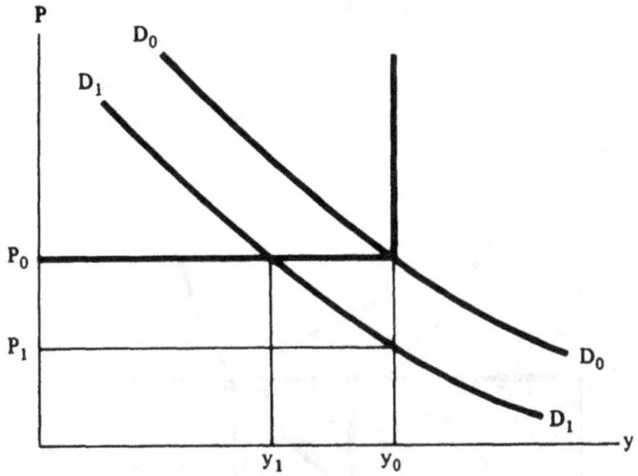

Abbildung 10-9: Aggregiertes Angebot und aggregierte Nachfrage bei starren Preisen.

Ist der Output in Abbildung 10-9 auf y_1 beschränkt, so werden die Firmen die Zahl ihrer Beschäftigten auf die zur Produktion von y_1 notwendige Zahl reduzieren. Wir bezeichnen dieses Niveau in Abbildung 10-10 mit N_1. Da $y_1 < y_0$ ist, folgt daraus, daß $N_1 < N_0$ ist. In der in Abbildung 10-5 dargestellten Version des klassischen Falls mit starren Löhnen ist die Arbeitsnachfrage gestiegen, weil zuvor der Reallohn gefallen war. In einer Situation mit starren Preisen und starren Löhnen führt Überschußangebot auf dem Gütermarkt zu niedrigerer Nachfrage nach Arbeitskräften. Die Arbeitsnachfrage ist lediglich so hoch wie zur Produktion des Outputniveaus y_1 notwendig, anstatt durch die übliche Arbeitsnachfragefunktion $w = f(N)$ gegeben zu sein.

Da der Reallohn unverändert ist, bleibt auch die Arbeitsangebotsfunktion in Abbildung 10-10 unbeeinflußt. Das Überschußangebot auf dem Gütermarkt führt also zu unfreiwilliger Arbeitslosigkeit in Höhe von $(N_0 - N_1)$. Die gesamte Arbeitslosigkeit ist durch $(N_F - N_1)$ gegeben, wovon $(N_F - N_0)$ als freiwillige Arbeitslosigkeit anzusehen ist. Starre Preise führen zu einer horizontalen aggregierten Angebotskurve bei P_0, weshalb die Arbeitsnachfrage als Folge einer Verringerung der aggregierten Nachfrage fällt. Lohn- und Preisstarrheit begründen eine horizontale effektive Nachfragefunktion beim Reallohnniveau W_0 in Abbildung 10-10(a).

Wir wollen nun in Abbildung 10-11 die senkrechte langfristige Angebotskurve, die Angebotskurve mit positiver Steigung bei starren Nominallöhnen und die aus starren Löhnen und starren Preisen resultierende flache Angebotskurve miteinander kombinieren. Steigt das Preisniveau über P_0, so erreicht das Gleichgewichtsniveau des Outputs seine langfristige Obergrenze. Dies bedeutet, daß der

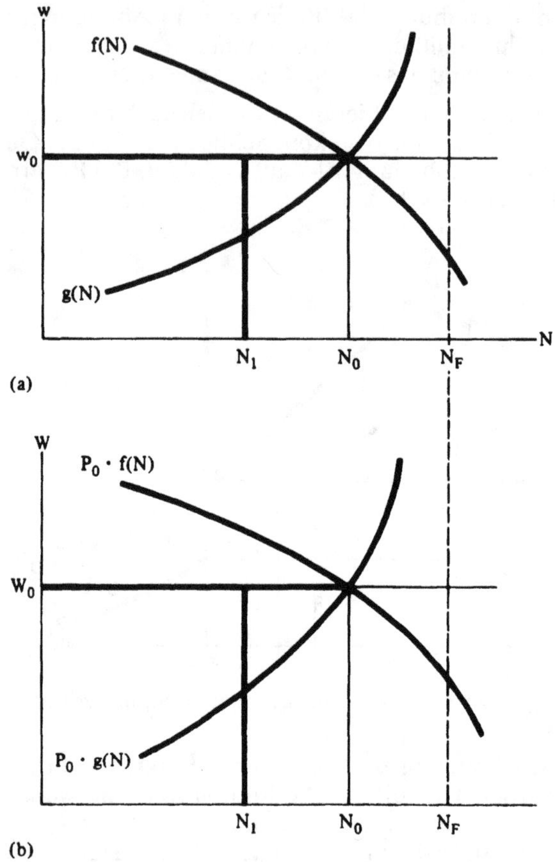

Abbildung 10-10: Starre Löhne und starre Preise auf dem Arbeitsmarkt.

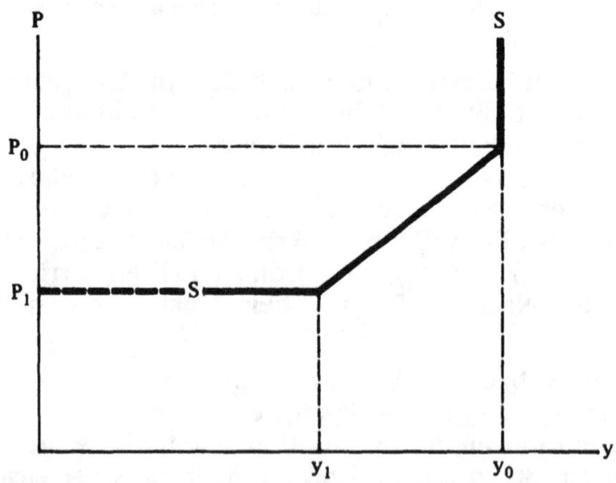

Abbildung 10-11: Aggregiertes Angebot bei starren Löhnen und starren Preisen.

Output nicht weiter steigen kann. In dem niedrigeren Preisbereich zwischen P_1 und P_0 führt Lohnstarrheit zur Abweichung vom langfristigen Gleichgewicht, wodurch wir die Angebotskurve ss mit positiver Steigung in Abbildung 10-3 erhalten. Trotz vollständig erfüllter Erwartungen hat diese Angebotskurve positive Steigung. Fällt das Preisniveau schließlich unter P_1, wobei der Output bei y_1 liegt, so kommt Preisstarrheit ins Spiel und führt zu einer waagerechten Angebotskurve. Sowohl Nominallohn als auch Preisniveau sind dann über dem Niveau, das nötig wäre, um den Güter- und den Arbeitsmarkt zu räumen. Bis das Outputniveau den Wert y_1 erreicht, sind die Unternehmen bereit, jede Nachfrage zum Preis P_1 zu decken. Folglich hängt dann die Arbeitsnachfrage vom tatsächlichen Output und nicht vom Reallohn ab.

Zusammenfassung: Eine eklektische Betrachtungsweise der Arbeitslosigkeit

In einer Volkswirtschaft, deren Ressourcen nahezu vollständig ausgelastet sind, können wir, wie im ersten Teil dieses Kapitels gezeigt, das Phänomen der Arbeitslosigkeit auch ohne die Existenz starrer Löhne oder starrer Preise erklären. Befindet sich der Arbeitsmarkt im Gleichgewicht, wobei Gleichgewicht hier als der Ausgleich von Angebot und Nachfrage verstanden wird, so werden wir Arbeitslosigkeit auf Grund von Suchprozessen beobachten, wobei ein sich permanent umwälzender Bestand von Arbeitslosen auf der Suche nach neuen Anstellungen ist.

Freiwillig arbeitslose Job-Sucher befinden sich folglich über dem gängigen Lohnsatz auf ihrer Angebotskurve. Das allgemeine staatische Modell erklärt, wie sich Veränderungen der Nachfragebedingungen auf dieses Gleichgewichtsniveau der Arbeitslosigkeit auswirken.

Diese Erklärung der Arbeitslosigkeit erscheint hinreichend, wenn sich die Volkswirtschaft in einer Situation allgemein hoher Beschäftigung befindet. Sie reicht jedoch nicht mehr aus, um unfreiwillige Arbeitslosigkeit auf gesamtwirtschaftlicher Ebene zu erklären. Wir nehmen nun die Hypothese nach unten starrer Löhne hinzu, wobei wir die Löhne lediglich auf lokalen Arbeitsmärkten als starr betrachten. Dies erscheint sinnvoller, als von einem gesamtwirtschaftlich starren Lohnniveau zu sprechen. Die Hypothese nach unten starrer Löhne erlaubt es uns, unfreiwillige Arbeitslosigkeit auf gesamtwirtschaftlicher Ebene als Folge eines starken Absinkens der Nachfrage zu erklären. Zusätzlich können Veränderungen der Zusammensetzung des Outputs zusammen mit Immobilität zwischen lokalen Arbeitsmärkten in einer Volkswirtschaft, die im allgemeinen bei Vollbeschäftigung operiert, die Existenz einzelner Gebiete mit hoher Arbeitslosigkeit erklären.

Ausgewählte Literatur

J-P. Benassy, *The Economics of Market Disequilibrium* (New York: Academic Press, 1982), Part III.

K. Brunner and A. H. Meltzer, eds., *The Phillips Curve and Labor Markets* (Amsterdam: North Holland, 1976).

R. E. Hall, „Why Is the Unemployment Rate So High at Full Employment?“ *Brookings Papers on Economic Activity,* vol. 3, 1970.

N. G. Mankiw, „Small Menu Costs and Large Business Cycles: A Macroeconomic Model of Monopoly,“ *Quarterly Journal of Economics,* May 1985.

A. M. Okun, *Prices and Quantities* (Washington, D.C.: The Brookings Institution, 1981), Chapter 2.

E. S. Phelps et al., *Microeconomic Foundations of Employment and Inflation Theory* (New York: W.W. Norton, 1970), Part I.

J. Rotemberg, „Sticky Prices in the United States,“ *Journal of Political Economy,* December 1982.

C. L. Schultze, „Recent Inflation in the United States,“ Study Paper No. 1, Joint Economic Committee, 86th Congress, September 1959.

Kapitel 11
Rationale Erwartungen und Nachfragepolitik

Die Diskussion geld- und fiskalpolitischer Maßnahmen in Kapitel 9 basierte auf dem allgemeinen statischen Modell. Im Rahmen dieses Modells ist es möglich, daß das erwartete Preisniveau vorübergehend vom tatsächlichen Preisniveau abweicht. Am Ende von Kapitel 7 haben wir das Modell adaptiver Erwartungen diskutiert, bei dem die kurzfristige aggregierte Angebotskurve relativ flach, die langfristige dagegen beinahe senkrecht war. Nachfragepolitik hat dann die stärksten Effekte, wenn die aggregierte Angebotskurve eher flach ist. Nachfrageschwankungen führen in dieser Situation zu Schwankungen des Outputniveaus und der Beschäftigung, die es durch aktive Nachfragepolitik in Form fiskal- und geldpolitischer Maßnahmen zu konterkarieren gilt. Eine aggregierte Angebotskurve mit positiver Steigung (aber nicht senkrecht) könnte zum Beispiel auf Verzögerungen (Lags) der Erwartungen (Kapitel 9) oder starre Löhne (Kapitel 10) zurückzuführen sein. In beiden Fällen können wir Geld- und Fiskalpolitik einsetzen, um die Nachfrage zu stabilisieren.

In diesem Kapitel diskutieren wir das Modell rationaler Erwartungen und untersuchen die Auswirkungen dieses Modells auf die Wirksamkeit wirtschaftspolitischer Maßnahmen. Der Unterschied zwischen diesem neuen Mechanismus der Erwartungsbildung und dem bekannten Modell adaptiver Erwartungen liegt darin, daß die Arbeitskräfte bei ihrer Erwartungsbildung jetzt nicht mehr lediglich das Verhalten bestimmter Variablen in der Vergangenheit betrachten, sondern das makroökonomische Modell selbst zur Bildung ihrer Erwartungen bezüglich zukünftiger Werte bestimmter Variablen verwenden. Sie verwenden also anstelle des Fehlerberichtigungsmechanismus aus Kapitel 7 das Modell selbst, um Vorhersagen zu machen. Wir werden sehen, daß ohne starre Löhne nur die wirtschaftspolitischen Maßnahmen Auswirkungen auf das Outputniveau haben, die nicht bereits vom privaten Sektor antizipiert worden sind. Angesichts vorhersagbarer Nachfragepolitik (basierend auf rationalen Erwartungen) kann die aggregierte Angebotskurve auch kurzfristig gesehen senkrecht sein. Die Hypothese rationaler Erwartungen hat also geradezu radikale Implikationen für die bisher entwickelten Gedanken zur Nachfragepolitik.

Nach einigen technischen Präliminarien werden wir eine Version des Modells rationaler Erwartungen betrachten, die wir direkt aus dem grundlegenden statischen Modell des Kapitels 9 herleiten können. Durch Einführung einer neuen Schreibweise und einige Vereinfachungen können wir die Gleichung der aggregierten Nachfragekurve (22) in Kapitel 5 und die Gleichung der aggregierten Angebotskurve (7) in Kapitel 7 in Angebots- und Nachfragekurven eines Modells mit rationalen Erwartungen verwandeln. Nehmen wir an, es gäbe keine Lohn- und Preisstarrheiten, so verwandelt sich die Angebotskurve aus Kapitel 7 in die Lucassche aggregierte Angebotsfunktion der Neuklassischen Theorie der Volkswirtschaftslehre. Diese ist nur dann nicht senkrecht, wenn das erwartete Preisniveau vom tasächlichen Preisniveau abweichen kann. Wir können also direkt von unserem grundlegenden statischen Modell zu einem Beispiel mit rationalen Erwartungen übergehen, indem wir die Auswirkungen politischer Maßnahmen bei exogenen Preiserwartungen mit denen bei endogenen (auf dem Modell selbst basierenden) Erwartungen vergleichen. Letztere Methode der Erwartungsbildung entspricht unserer Version rationaler Erwartungen während exogene Preiserwartungen hier die Methode adaptiver Erwartungen meint.

Nachdem wir das Beispiel der Auswirkungen rationaler (modellkonsistenter) Erwartungen auf die Wirkungsweise politischer Maßnahmen betrachtet haben, werden wir eine präzisere Definition rationaler Erwartungen vornehmen und untersuchen, unter welchen Bedingungen rationale Erwartungen eine sinnvolle Annahme innerhalb eines Modells darstellen. Am Ende dieses Kapitels werden wir dann sehen, daß starre Löhne in Form mehrperiodischer Kontrakte wieder zu einer Angebotskurve mit positiver Steigung führen, selbst dann, wenn wir rationale Erwartungen als Mechanismus der Erwartungsbildung unterstellen. Ohne die Annahme starrer Preise und Löhne führen rationale Erwartungen aufgrund der Vorhersagbarkeit politischer Maßnahmen also zu einer auch auf kurze Sicht senkrechten aggregierten Angebotskurve, die durch die Einführung mehrperiodischer Lohnkontrakte wieder abflacht und positive Steigung erhält.

Präliminarien

Wann immer Erwartungen in einem ökonomischen Modell eine Rolle spielen, ist es von entscheidender Wichtigkeit, die zeitliche Folge von Ereignissen und Erwartungen klar voneinander zu trennen. Aus diesem Grund haben wir in Kapitel 7 ein System von Zeitindizes eingeführt. Ein tiefgestellter Index „t" rechts von einer Variablen zeigt an, auf welche Periode sich die Variable bezieht. Ein tiefgestellter Index zur Linken einer Variablen zeigt an, zu welchem Zeitpunkt dic Erwartungen bezüglich des Wertes dieser Variablen gebildet wurden. Der Ausdruck ${}_{t-1}P_t$, den wir aufgrund seiner Kompaktheit verwenden, wird als der zum Zeitpunkt $t-1$ erwartete Wert der Variablen P in Periode t verstanden. In Kapitel 7 und den darauffolgenden Kapiteln haben wir auf die strikte Anwendung dieser Schreibweise verzichtet, da wir, ohne dadurch Unklarheit zu erzeugen, P für P_t und P^e für ${}_{t-1}P_t$ schreiben konnten. An dieser Stelle möchten wir die Erinnerung an die vollständige Schreibweise wieder wachrufen, da wir sie an späterer Stelle in diesem Kapitel anwenden werden.

Neben den sonst verwendeten Variablen werden wir in diesem Kapitel oft am Ende einer Gleichung einen oder mehrere Terme hinzufügen, um dem Einfluß des Zufalls Rechnung zu tragen. Im ökonometrischen Fachjargon bezeichnet man diese Terme für Zufallseinflüsse als Störterme. Diese Störterme repräsentieren den Einfluß der ständig eintretenden Zufallsereignisse, die zum Beispiel durch das Wetter, Unfälle, Naturkatastrophen, zufallsbedingte Veränderungen der Präferenzen, der Technologie oder der Einkommensverteilung oder einfach durch Manna vom Himmel verursacht werden. Bei der komparativ statischen Analyse der letzten Kapitel haben wir zum Beispiel häufig eine exogene Veränderung der Investitionen unterstellt. Solche Veränderungen können wir auch als zufallsbedingte Ereignisse interpretieren. In den Strukturgleichungen eines Modells wie zum Beispiel der Produktions- oder der Konsumfunktion werden diese zufälligen Verschiebungen oder Sprünge zwei wesentliche Charakteristika aufweisen. Zunächst einmal sind sie exogen, was bedeutet, daß sie nicht innerhalb des Modells bestimmt werden. Des weiteren sind ihre Erwartungswerte gleich null, so daß ein positiver Schock genauso wahrscheinlich wie ein negativer ist.

Wirft man zum Beispiel eine Hand voll Sand auf den Boden, so könnte ein Physiker berechnen wo das Zentrum der Schwerkraft des Sandes landen wird. Die Entfernung eines jeden einzelnen Sandkornes vom Zentrum der Masse ist jedoch eine Zufallsvariable mit Mittelwert null. Man kann sich vorstellen, daß jedes Sandkorn einen Schock erfährt, der es eine bestimmte Entfernung vom Mittelwert zur Ruhe kommen läßt. Das werfen von Sand ist im wahrsten Sinne des Wortes „stochastisch", ein Wort griechischen Ursprungs, das so viel wie Ausstreuen oder Verteilen bedeutet. Die Position eines jeden Sandkornes kann in den Mittelwert zuzüglich einer Zufallskomponente zerlegt werden, wobei letztere einer Wahrscheinlichkeitsverteilung folgt. Man bezeichnet die Zufallskomponente auch als „weißes Rauschen". Dieser Ausdruck stammt aus der Elektrotechnik, wo er das bedeutungslose Zischen (Rauschen) bezeichnet, das elektronische Systeme häufig erzeugen.

Manipulieren wir jetzt die Strukturgleichungen, so werden diese Schocks auf verschiedenste Weise kombiniert und es muß nicht immer der Fall sein, daß die Störterme in der reduzierten Form der Gleichungen einen Erwartungswert von null haben und somit nicht mehr völlig exogen sind. Üblicherweise erhalten wir eine Linearkombination von Schocks, die aus verschiedenen Teilen der Volkswirtschaft stammen (Produktion oder Geldangebot) und aus unterschiedlichen Perioden herrühren. Letzterer Aspekt ist entscheidend, um Persistenz (Andauern) ökonomischer Schwankungen zu erzeugen (ökonometrisch gesprochen, serielle Korrelation).

Das grundlegende Modell mit exogenen Erwartungen

Um darzustellen, wie wichtig es ist, auf welche Weise man Preiserwartungen modelliert, werden wir zunächst einen Blick auf eine vereinfachte Version des grundlegenden statischen Modells mit exogenen Preiserwartungen werfen. Danach werden wir das gleiche Modell mit endogenen Erwartungen lösen und die Ergebnisse der beiden Fälle vergleichen. Dieser Vergleich wird deutlich machen, welche Konsequenzen die Annahme rationaler Erwartungen hat. Wir gehen von der aggregierten Angebotskurve des Kapitels 7 [Gleichung (7)] aus, wobei wir P^e als exogen annehmen, und kombinieren diese mit der aggregierten Nachfragekurve des Kapitels 5 [Gleichung (22)], um das Gleichgewichtsniveau des Outputs zu bestimmen.

Noch einmal das aggregierte Angebot

Wir geben hier die Gleichgewichtsbedingung für den Arbeitsmarkt aus Kapitel 7 (Gleichung 2) wieder:

$$P \cdot f(N) = P^e \cdot g(N). \tag{1}$$

Im ursprünglichen Gleichgewicht normieren wir das Preisniveau auf 1 und nehmen somit $P^e = p = 1$ an. Gleichung (1) impliziert also im anfänglichen Gleichgewicht $f(N) = g(N)$. Veränderungen der Beschäftigung, des Preisniveaus, und des erwarteten Preisniveaus sind durch folgendes vollständige Differential von (1) miteinander in Beziehung zu setzen:

$$f \cdot dP + Pf' \, dN = g \cdot dP^e + P^e g' \, dN.$$

Da im ursprünglichen Gleichgewicht $P^e = p = 1$ und $f = g$ gilt, können wir das Arbeitsmarktdifferential wie folgt schreiben:

$$dN = \frac{f}{g' - f'} (dP - dP^e). \tag{2}$$

Hier sind $dN/dP > 0$ und $dN/dP^e < 0$. Nun verwenden wir die Produktionsfunktion, um aus Gleichung (2) eine aggregierte Angebotsfunktion herzuleiten. Die Produktionsfunktion ist gegeben durch

$$y = y(N; \overline{K}), \tag{3}$$

so daß wir Veränderungen von y und N durch folgende Beziehung wiedergeben können:

$$dy = y' \cdot dN = f(N) \cdot dN. \tag{4}$$

Der Leser erinnere sich daran, daß f(N) für die Grenzproduktivität der Arbeit $\partial y/\partial N$ steht. Ersetzen wir dN in Gleichung (2) durch den Ausdruck in Gleichung (4), so erhalten wir die aggregierte Angebotskurve aus Kapitel 7:

$$dy = \frac{f^2}{g' - f'} [dP - dP^e]. \tag{5}$$

In Gleichung (7) aus Kapitel 7 bedeutet die Annahme, daß dP^e exogen ist, daß $p' = 0$ ist. Wenn wir ebenfalls beachten, daß im urspünglichen Gleichgewicht $\partial y/\partial N = w = f$ gilt, dann erhalten wir Gleichung (5). Das durch (2) und (5) gegebene Arbeitsmarktgleichgewicht ist in Abbildung 11-1 dargestellt. Der obere Quadrant der Abbildung zeigt, wie sich N entsprechend $dP - dP^e$ verändern wird [aus Gleichung (2)]. Der untere Quadrant zeigt die Bestimmung der Veränderungen von y.

Wir können die aggregierte Angebotskurve des grundlegenden statischen Modells [Gleichung (5)] so schreiben, daß sie der üblicherweise in der Literatur verwendeten Schreibweise mit Zeitindizes entspricht. Betrachten wir zum Beispiel Veränderungen vom Zeitpunkt $t - 1$ zum Zeitpunkt t, so ergibt sich folgende Schreibweise für die Veränderung von y:

$$dy = y_t - y_{t-1}. \tag{6}$$

Für die Veränderung des tatsächlichen Preisniveaus P erhalten wir

$$dP = P_t - P_{t-1} \tag{7}$$

und schließlich für die Veränderung des erwarteten Preisniveaus P^e

$$dP^e = {}_{t-1}P_t - P_{t-1}. \tag{8}$$

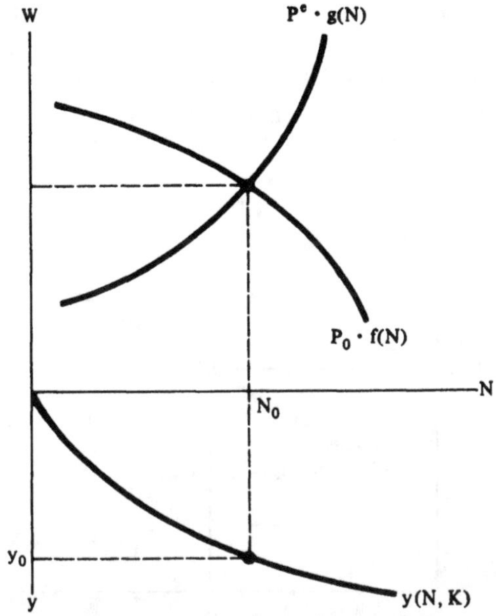

Abbildung 11-1: Aggregiertes Angebot und der Arbeitsmarkt.

P_{t-1} ist am Ende von Periode t−1 bekannt und ${}_{t-1}P_t$ entspricht dem für Periode t erwarteten Preisniveau. Bezeichnen wir den Koeffizienten in Gleichung (5) als

$$\beta \equiv \frac{f^2}{g' - f'}$$

und setzen wir aus Gleichungen (6)-(8) in (5) ein, so erhalten wir die Lucassche Angebotsfunktion:

$$y_t = y_{t-1} + \beta\,(P_t - {}_{t-1}P_t).$$

Um Zufallseinflüsse oder unvorhersehbare Schocks in die Angebotskurve mit einzubauen, fügen wir einen Zufallsterm ε_t in die Gleichung ein, womit wir die folgende Endversion der Angebotsfunktion erhalten:

$$y_t = y_{t-1} + \beta\,(P_t - {}_{t-1}P_t) + \varepsilon_t. \tag{9}$$

Gehen wir von der Periode t − 1 als dem Zeitpunkt des ursprünglichen Gleichgewichts aus, so besagt die aggregierte Angebotsfunktion (9), daß der Output in Periode t y_t von seinem ursprünglichen Gleichgewichtsniveau y_{t-1} um einen Betrag ansteigen wird, der proportional zum Anstieg des Preisniveaus P_t relativ zum erwarteten Preisniveau ${}_{t-1}P_t$ ist. Hinzu kommt ein zufallsbedingter Angebotsschock ε_t mit einem Erwartungswert von null. Dieser Störterm repräsentiert die Tatsache, daß das aggregierte Angebot Elemente enthält, deren Einfluß man nicht vorhersagen kann. Die beste Schätzung eines Ökonometrikers enthält einen Standardfehler ungleich null.

Die aggregierte Angebotsfunktion aus Gleichung (9) ist in Abbildung 11-2 als SS-Kurve dargestellt. Ihre Steigung ist durch $dP_t/dy_t = 1/\beta$ gegeben. Eine Erhöhung des erwarteten Preisniveaus ${}_{t-1}P_t$ verschiebt sie nach oben.

Der Störterm trägt unserer Unsicherheit bezüglich der exakten Position der SS-Kurve in Periode t Rechnung.

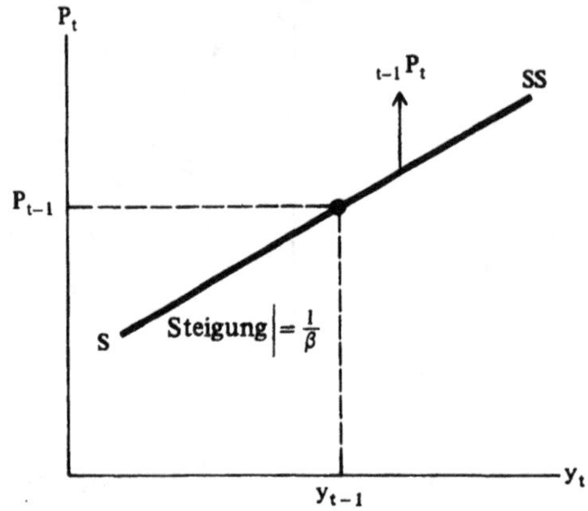

Abbildung 11-2: Aggregiertes Angebot.

Aggregierte Nachfrage

Das vollständige Differential der aggregierten Nachfragekurve im grundlegenden statischen Modell ist in Gleichung (22) in Kapitel 5 durch

$$dy = \frac{1}{\delta}\left[dg + \frac{i'}{l'}\frac{dM}{P} - \frac{i'}{l'}\frac{M}{P}\frac{dP}{P}\right] \tag{10}$$

gegeben. Hier steht $\delta = i - c'(1-t') + i'k'/l'$ für den Nenner des üblichen Nachfragemultiplikators des grundlegenden statischen Modells. Die Terme dg und dM geben die Verschiebung der Nachfragekurve bei Veränderungen von g und M an, der Term dP die Steigung der Nachfragekurve.

Wir können das vollständige Differential in (10) in eine aggregierte Nachfragekurve mit Zeitindizes umformen, wenn wir ein paar vereinfachende Annahmen machen. Da unser Ziel hier die Untersuchung verschiedener Implikationen alternativer Annahmen bezüglich des Preisniveaus ist, besteht kein Grund dafür sowohl dg als auch dM während der ganzen Analyse mitzuschleifen. Diese beiden politischen Instrumentvariablen sind wichtig, weil sie eine Verschiebung der aggregierten Angebotskurve bewirken. Da sie dies aber beide tun, langt es, wenn wir nur eine der beiden Variablen betrachten. Wir halten g konstant, setzen also $dg = 0$, und konzentrieren uns auf Effekte geldpolitischer Maßnahmen, die in Gleichung (10) durch dM repräsentiert sind.

Wir können das vollständige Differential in (10) als die Veränderung jeder Variablen von $t-1$ nach t interpretieren, wobei die Werte in Periode $t-1$ den ursprünglichen Gleichgewichtswerten entsprechen. Das anfängliche Preisniveau

P_{t-1} wurde bereits während der Diskussion der aggregierten Angebotskurve auf 1 normiert. Um die Analyse weiter zu vereinfachen werden wir ebenfalls den anfänglichen Geldbestand M_{t-1} auf eins normieren. Dies bedeutet, daß Veränderungen von y implizit in Vielfachen des ursprünglichen realen Geldbestands gemessen werden. Diese Vereinfachung erlaubt es uns, mit der Analyse fortzuschreiten, ohne die Variable M_{t-1} mitzuschleppen. Die ursprünglichen Niveaus der Variablen M und P in Gleichung 10 entfallen also, da sie beide gleich 1 sind. Wir können die Terme dy und dP als $y_t - y_{t-1}$ beziehungsweise $P_t - P_{t-1}$ interpretieren und fügen hinzu, daß

$$dM = M_t - M_{t-1}. \tag{11}$$

Mit dg = 0 können wir Gleichung (10) nun wie folgt interpretieren:

$$y_t - y_{t-1} = \frac{i'}{\delta l'} [M_t - M_{t-1} - (P_t - P_{t-1})]. \tag{12}$$

Da M_{t-1} und P_{t-1} beide auf 1 normiert sind, heben sich diese beiden Terme in (12) jetzt auf. Es erweist sich als zweckmäßig, die aggregierte Nachfrage mit P_t auf der linken Seite zu schreiben. Invertieren wir also (12) und fügen eine zufallsbedingte Störvariabel μ_t hinzu, um Nachfrageschocks mit in die Analyse einzubeziehen, so erhalten wir schließlich folgende Gleichung für die Nachfragekurve:

$$P_t = -\alpha (y_t - y_{t-1}) + M_t + \mu_t. \tag{13}$$

Hier steht $\alpha = \delta \cdot l'/i'$ für die Steigung der aggregierten Angebotskurve. Da sowohl P als auch M auf 1 normiert sind, ist auch der Koeffizient von M in (13) gleich 1. Bei einer Veränderung von M und P um den gleichen Betrag bleibt der Output der Nachfrageseite y_t unverändert.

Die aggregierte Nachfragekurve in Gleichung (13) ist in Abbildung 11-3 als DD dargestellt. Die Steigung der Kurve ist durch $-\delta \cdot l'/i'$ gegeben und entspricht damit Gleichung (22) in Kapitel 5 mit M = P = 1. Eine Erhöhung von M verschiebt

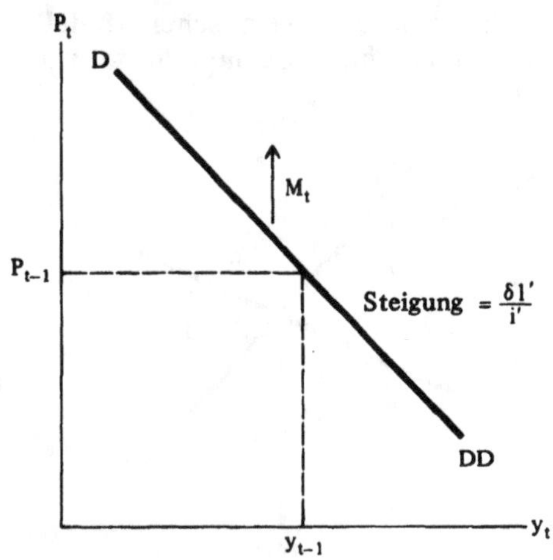

Abbildung 11-3: Die Aggregierte Nachfrage.

die Nachfragekurve nach oben. Der zufallsbedingte Störterm drückt unsere Unsicherheit bezüglich der exakten Position der DD-Kurve in Periode t aus.

Gleichgewichtsoutput bei exogenen Erwartungen

Wir können nun die aggregierte Angebotskurve aus Gleichung (9) mit der aggregierten Nachfragekurve aus Gleichung (13) kombinieren, um eine explizite Lösung für den Gleichgewichtsoutput y_t bei gegebenen Werten von y_{t-1}, M_t und ${}_{t-1}P_t$ (hier exogen) zu erhalten. Dies könnte zum Beispiel die Lösung für den Gleichgewichtsoutput unter der Annahme adaptiver Erwartungen sein. Das aggregierte Modell der Gleichungen (9) und (13) entspricht im wesentlichen dem Modell, das Sargent und Wallace an den Ausgangspunkt ihres Aufsatzes über rationale Erwartungen gestellt haben. Der Hauptgrund dafür, daß wir die Umformung der SS-Gleichung (5) in die Form von (9) und die der DD-Gleichung (10) in die Form von Gleichung (13) hier so ausführlich dargestellt haben, liegt darin, daß wir explizit zeigen wollten, daß das grundlegende statische Modell der Kapitel 4-9 der Literatur zum Thema rationaler Erwartungen zugrunde liegt.

Aus praktischen Gründen wiederholen wir hier noch einmal die Gleichungen für AS und AD.

$$\text{SS:}\; y_t = y_{t-1} + \beta(P_t - {}_{t-1}P_t) + \varepsilon_t; \tag{9}$$

$$\text{DD:}\; P_t = -\alpha(y_t - y_{t-1}) + M_t + \mu_t. \tag{13}$$

Um eine Lösung für y_t bei exogenem ${}_{t-1}P_t$ zu erhalten, setzen wir den DD-Ausdruck für P_t in die SS-Kurve ein. Hier erweist sich unsere Umformung von DD mit P_t auf der linken Seite als zweckmäßig. Lösen wir nun nach y_t auf, so erhalten wir den Ausdruck für y_t in reduzierter Form:

$$y_t = y_{-1} + \frac{\beta}{1+\alpha\beta}(M_t - {}_{t-1}P_t) + \frac{1}{1+\alpha\beta}(\beta\mu_t + \varepsilon_t). \tag{14}$$

Dies ist die Lösung des grundlegenden statischen Modells für y_t in linearisierter Form nach Sargent und Wallace mit exogenen Preiserwartungen. Wir stellen die

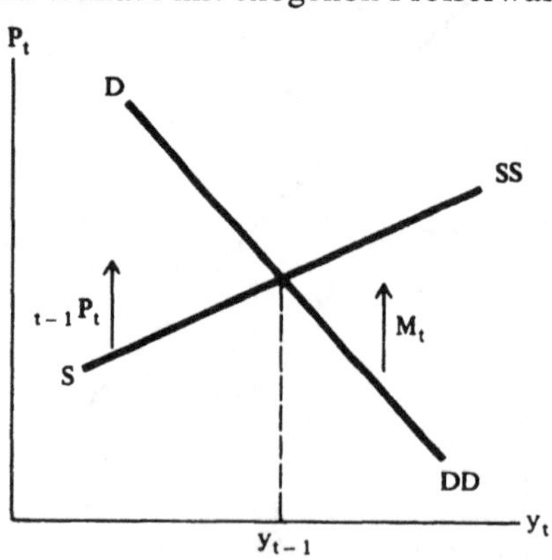

Abbildung 11-4: Gleichgewichtsoutput, exogene Erwartungen.

Lösung in Abbildung 11-4 dar, die Abbildung 8-1 in Kapitel 8 entspricht. Wir haben hier also lediglich die Erwartungen in expliziter Form dargestellt und haben das Modell linearisiert, um eine explizite algebraische Lösung zu erhalten. Eine Erhöhung von M_t verschiebt die DD-Kurve nach oben und erhöht y_t um $\beta/(1 + \alpha \cdot \beta)$ multipliziert mit der Zunahme von M. Eine Erhöhung des erwarteten Preisniveaus ${}_{t-1}P_t$ verschiebt die SS-Kurve nach oben und verringert y_t um den gleichen Betrag. Erhöhen wir M_t und ${}_{t-1}P_t$ um den gleichen Betrag so bleibt der Output y unverändert. DD und SS verschieben sich beide um den gleichen Betrag nach oben. Der Leser bemerke, daß auch das Verhältnis der beiden Variablen M_t und ${}_{t-1}P_t$ auf Grund unserer Normierung von M_{t-1} und P_{t-1} unverändert ist. Der letzte Ausdruck in Gleichung (14) steht für die Effekte zufallsbedingter Angebots- oder Nachfrageschocks auf y_t. Ein positiver Wert für μ_t verursacht eine Verschiebung der DD-Kurve nach oben, ein positiver Wert für ε_t eine Verschiebung der SS-Kurve nach rechts.

Die in Gleichung (14) gegebene Lösung für y_t in reduzierter Form enthält nichts wesentlich Neues. Es handelt sich um eine explizite Lösung des grundlegenden statischen Modells aus Kapitel 8, nachdem wir das Modell in lineare Form gebracht haben, um so die Lösung möglich zu machen. Es zeigt explizit die Rolle exogener Preiserwartungen und beschreibt, wie geldpolitische Maßnahmen y_t durch Verschiebung der aggregierten Nachfragekurve verändern. Hätten wir dg nicht gleich null gesetzt, dann würden sich fiskalpolitische Maßnahmen in der gleichen Form in Gleichung (14) niederschlagen wie geldpolitische Maßnahmen.

Den entscheidenden Aspekt der Lösung für y_t in (14) werden wir dann erkennen, wenn wir diese Lösung mit der vergleichen, bei der ${}_{t-1}P_t$ aus dem Modell selbst erzeugt wird anstatt exogen vorgegeben zu sein. An dieser Stelle sollten wir zwei Dinge in (14) bemerken. Zunächst einmal ist es M_t, das einen Einfluß auf y_t hat. Wir machen in Gleichung (14) keinen Unterschied zwischen antizipierten und nichtantizipierten Veränderungen der Geldpolitik. Diese Unterscheidung ist jedoch von zentraler Bedeutung in dem alternativen Erwartungsmodell, das wir als nächstes diskutieren. Wir stellen weiter fest, daß eine Veränderung von ${}_{t-1}P_t$ und M_t um den gleichen Betrag keinen Einfluß auf y_t hat. Wir werden dieses Ergebnis im folgenden genauer untersuchen.

Das grundlegende Modell mit endogenen Erwartungen

Die in Gleichung (14) gegebene Lösung für y_t basiert auf der Annahme, daß die durch ${}_{t-1}P_t$ repräsentierten Preiserwartungen exogen sind. In Kapitel 7 haben wir adaptive Erwartungen als ein Beispiel mit exogenen Preiserwartungen diskutiert. Zum Zeitpunkt einer politisch induzierten Veränderung von M_t basiert der Mechanismus adaptiver Erwartungen immer noch auf den Preisen vergangener Perioden, womit ${}_{t-1}P_t$ also exogen ist. In den darauffolgenden Perioden finden tatsächliche Veränderungnen des Preisniveaus in den Mechanismus adaptiver Erwartungen Eingang und p_e paßt sich langsam an das langfristige Preisniveau an. Die Hypothese adaptiver Erwartungen macht dann Sinn, wenn das Preisniveau mehr oder weniger zufällig um einen durchschnittlichen Gleichgewichtswert schwankt.

In den letzten 10 bis 15 Jahren hat sich die makroökonomische Forschung auf eine alternative Hypothese konzentriert. Bei diesem Ansatz werden die Erwartungen gemäß der funktionalen Beziehungen des Modells gebildet und basieren nicht lediglich auf den in der Vergangenheit beobachteten Werten. Es erscheint naheliegend, daß die ökonomischen Akteure irgend ein Makromodell benutzen, um die Entwicklung des Preisniveaus vorherzusagen, wenn sie erwarten, daß sich das Geldangebot erhöht. In den Kapiteln 4-9 haben wir ein Modell entwickelt, das unter anderem die Bestimmung des Preisniveaus erlaubte. Schauen wir einmal, was passiert, wenn wir zur Bildung der Erwartungen dieses Modell verwenden. Das Ergebnis wird die Revolution der rationalen Erwartungen in der makroökonomischen Theorie beschreiben. Zu einem späteren Zeitpunkt werden wir uns einer expliziten Untersuchung der rationalen Erwartungen selbst widmen.

Gleichgewichtsoutput mit endogenen Erwartungen

Wir gehen wiederum von der aggregierten Angebotskurve und der aggregierten Nachfragekurve aus:

$$\text{SS:} \quad y_t = y_{t-1} + \beta(P_t - {}_{t-1}P_t) + \varepsilon_t, \tag{9}$$

$$\text{DD:} \quad P_t = -\alpha(y_t - y_{t-1}) + M_t + \mu_t. \tag{13}$$

Wir wollen nun das Modell selbst verwenden, um einen Ausdruck für ${}_{t-1}P_t$ zu erhalten, den wir in die Gleichung der SS-Kurve einsetzen können, um dann y_t zu berechnen. Zuerst benutzen wir die DD-Kurve, um zu bestimmen, welchen Wert das erwartete Preisniveau bei gegebenem erwarteten Output haben wird. Auf diese Weise erhalten wir einen Ausdruck für ${}_{t-1}P_t$, der alle anderen endogenen Variablen eliminert. Wir ersetzen nun ${}_{t-1}P_t$ in (9) durch diesen Ausdruck, ersetzen P_t gemäß (13) und lösen nach y_t auf. Unser Ergebnis wird in bemerkenswertem Kontrast zu Gleichung (14) stehen.

Um einen endogenen Ausdruck für die Preiserwartungen ${}_{t-1}P_t$ zu erhalten, verschieben wir die Nachfragekurve um eine Periode in die Vergangenheit und erhalten so den Erwartungswert von P_t aus der Sicht von Periode $t - 1$. Aus Gleichung (13) erhalten wir:

$${}_{t-1}P_t = -\alpha[{}_{t-1}y_t - y_{t-1}] + {}_{t-1}M_t. \tag{15}$$

Von Periode $t - 1$ aus gesehen basiert unsere Erwartung des Preisniveaus in Periode t auf den erwarteten Werten von y_t und M_t, da wir diese Werte in $t - 1$ noch nicht kennen. Der Erwartungswert des Störterms ist null, weshalb μ_t in Gleichung (15) nicht erscheint.

Gleichung (15) enthält nun den Erwartungswert ${}_{t-1}y_t$. Wir können die Gleichung der SS-Kurve verwenden, um

$${}_{t-1}y_t = y_{t-1}. \tag{16}$$

zu erhalten. Wir wissen, daß es eine bestimmte Abweichung $(P_t - {}_{t-1}P_t)$ geben wird, sobald wir erkennen können, was in Periode t geschieht. Von Periode $t - 1$ aus gesehen ist der Erwartungswert des Fehlers bei der Vorhersage von P_t allerdings gleich null. Wir wissen zwar, daß wir einen Vorhersagefehler machen, können aber nicht sagen in welche Richtung. Der erwartete Vorhersagefehler ist also gleich null: ${}_{t-1}(P_t - {}_{t-1}P_t) = 0$. Der Erwartungswert des zufallsbedingten Angebotsschocks ε_t ist ebenfalls gleich null.

Als nächstes ersetzen wir gemäß (16) ${}_{t-1}y_t$ in (15) durch y_{t-1}. Wir erkennen, daß die erwartete Veränderung des Preisniveaus gerade gleich der erwarteten Veränderung des Geldangebots ist (der Leser erinnere sich daran, daß wir $P_{t-1} = M_{t-1} = 1$ angenommen haben):

$$ {}_{t-1}P_t = -\alpha(y_{t-1} - y_{t-1}) + {}_{t-1}M_t = {}_{t-1}M_t. \tag{17} $$

Die Struktur der Lösung für ${}_{t-1}P_t$ sollte nunmehr klar sein. Der Erwartungswert des Vorhersagefehlers bezüglich des Preises auf Basis der SS-Kurve (9) ist gleich null, womit der Erwartungswert von y_t gleich y_{t-1} ist. In diesem Fall ist auch die erwartete Abweichung $y_t - y_{t-1}$ in der DD-Kurve (13) gleich null, was uns Gleichung (17) für ${}_{t-1}P_t$ beschert.

Wir können nun in die SS-Kurve (9) einsetzen und erhalten so die Lösung für y_t in reduzierter Form. Wir ersetzen P_t durch den Ausdruck für die DD-Kurve aus Gleichung (13) und ${}_{t-1}P_t$ durch ${}_{t-1}M_t$ aus Gleichung (17). Lösen wir diese Gleichung dann nach y_t auf, so erhalten wir die Lösung für y_t in reduzierter Form, wobei die Preiserwartungen endogen (auf dem Modell basierend) gebildet werden:

$$ y_t = y_{t-1} + \frac{\beta}{1+\alpha\beta}(M_t - {}_{t-1}M_t) + \frac{1}{1+\alpha\beta}(\beta\mu_t + \varepsilon_t). \tag{18} $$

Vergleichen wir die zwei Ausdrücke in reduzierter Form (14) und (18) miteinander, so erkennen wir, daß in (18) ${}_{t-1}M_t$ anstelle von ${}_{t-1}P_t$ in (14) steht.

Wie ist diese neue Gleichung für y_t zu interpretieren? Ihre Hauptaussage ist, daß die Schwankungen des Outputniveaus durch die Differenz zwischen tatsächlichem M_t und erwartetem ${}_{t-1}M_t$ erzeugt werden. Betrachten wir die Gleichungen (14) und (17) einmal zusammen. In Gleichung (14) mit exogenen Preiserwartungen war es die Differenz zwischen tatsächlichem Geldangebot M_t und dem erwarteten Preisniveau ${}_{t-1}P_t$, die die Schwankungen des Outputs verursachte. In Gleichung (17) mit endogenen Erwartungen basieren die Schwankungen des erwarteten Preisniveaus auf dem Erwartungswert des Geldangebots. In Gleichung (18) ist es somit die Abweichung des erwarteten Geldangebots vom tatsächlichen Geldangebot, die die Outputschwankungen erzeugt. Gleichung (18) bildet die Basis für eine Sichtweise der Makroökonomie, die man mit „Wirkungslosigkeit der Politik" überschreiben könnte. Ihre Kernausage ist, daß unter der Annahme rationaler Erwartungen nur die Abweichungen der tatsächlichen Politik von der vom Publikum erwarteten Politik Auswirkungen auf das Outputniveau haben.

In Gleichung (18) weicht der Output in einer Periode nur dann von seinem Gleichgewichtsniveau y_{t-1} ab, wenn zufallsbedingte Angebots- oder Nachfrageschocks auftreten (ε_t und μ_t) oder wenn eine unerwartete politische Maßnahme durchgeführt wird. Dieses Ergebnis basiert auf der Kombination vollständig flexibler Löhne und Preise mit „modellkonsistenten" oder auch „rationalen" Erwartungen. Diese beiden Annahmen bilden die Basis der Neuklassischen Makroökonomik und der mit dieser Sichtweise assozierten „Wirkungslosigkeit der Politik". Die klassische Angebotskurve ist langfristig gesehen senkrecht. Das Neuklassische Modell impliziert eine Angebotskurve, die auch kurzfristig senkrecht ist.

Antizipierte und nichtantizipierte politische Maßnahmen

Bevor wir uns etwas intensiver der Idee rationaler Erwartungen widmen, sollten wir die Schlußfolgerung, daß politische Maßnahmen wirkungslos sind, auf ihre ökonomischen Implikationen hin untersuchen. Folgender Gedanke liegt dieser Idee zugrunde: Wenn das Publikum (in unserem grundlegenden Modell die Arbeitskräfte) eine Ausweitung des Geldangebots erwartet, dann kann es auch einen auf dem Modell basierenden Erwartungswert des Preisniveaus berechnen. Es erscheint unrealistisch anzunehmen, daß diese Aufgabe von den Arbeitskräften selbst gemeistert wird. Vielmehr kann man sich vorstellen, daß diese Berechnungen zum Beispiel von volkswirtschaftlichen Beratern der Gewerkschaften durchgeführt werden. Das erwartete Preisniveau ${}_{t-1}P_t$, basierend auf ${}_{t-1}M_t$, fließt in die Bestimmung der aggregierten Angebotskurve ein und verschiebt diese nach oben (Abbildung 11-4). Wenn die Erhöhung des Geldangebots tatsächlich stattfindet, dann wird die Nachfragekurve um den gleichen Betrag wie die Angebotskurve nach oben verschoben. Sind alle Berechnungen richtig und das tatsächliche Geldangebot entspricht dem erwarteten, dann bleibt y_t unverändert gegenüber der Vorperiode. Wenn Vorhersagefehler der Variablen M oder ihre Auswirkungen auf P stochastisch mit Erwartungswert null sind, dann ist auch die Differenz $(y_t - y_{t-1})$ zufallsbedingt. Nur überraschende Veränderungen des Geldangebots oder des Preisniveaus haben Auswirkungen auf das Outputniveau.

Dieses Ergebnis basiert auf zwei entscheidenden Annahmen. Zunächst einmal müssen die Erwartungen rational im oben beschriebenen Sinne sein. Bei der Vorhersage des Preisniveaus dürfen keine systematischen Fehler gemacht werden. Die zweite Annahme besagt, daß Löhne und Preise völlig flexibel sind. Erwartete Änderungen des Preisniveaus finden in die SS-Kurve durch die Verschiebung der Arbeitsangebotskurve und die Veränderung des Lohnsatzes Eingang. Wir haben dies bereits bei der Analyse des Arbeitsmarkts in Kapitel 6 herausgestellt. Sind die Löhne aber zum Beispiel durch Kontrakte über mehrere Perioden festgelegt, so werden sie nicht innerhalb einer Periode auf Preiserwartungen reagieren. Somit wäre die Verbindung zwischen den Preiserwartungen und der SS-Kurve in Abbildung 11-4 unterbrochen. Bevor wir also die Bedeutung unseres Ergebnisses in Gleichung (18) überbetonen, müssen wir diese Annahmen etwas genauer unter die Lupe nehmen.

Die Hypothese rationaler Erwartungen

Im letzten Abschnitt haben wir ein stark vereinfachtes Modell der aggregierten Nachfrage und des aggregierten Angebots betrachtet.

Dabei haben wir untersucht, welche Konsequenzen es hat, wenn wir Erwartungen auf Basis dieses Modells bilden. Man nennt solche Erwartungen dann rational oder auch modellkonsistent, weil wir annehmen, daß jeder das Modell kennt und sein Wissen vollständig einsetzt, um seine Erwartungen zu bilden. In der Praxis der volkswirtschaftlichen Forschung bedeutet dies, daß wir beim Aufstellen eines ökonomischen Modells annehmen, daß alle Akteure die innerhalb des Modells eine Rolle spielen, genauso viel über das Modell wissen, wie der modellierende Ökonom selbst. Sie kennen die funktionalen Formen der Gleichungen, Parameterwerte, die Verteilungen der exogenen Störvariablen und die Implikationen des Modells.

Wir wollen diese rationalen Erwartungen nun etwas genauer definieren. In Kapitel 7 haben wir folgende Erwartungsfunktion angenommen: ${}_{t-1}P_t = p(P_t)$. Rationale Erwartungen werden üblicherweise genau anders herum dargestellt.

$$P_t = {}_{t-1}P_t + \varepsilon_t, \tag{19}$$

mit

$$_{t-1}\varepsilon_t = 0. \tag{20}$$

Das tatsächliche Preisniveau ist gleich der Summe des erwarteten (geschätzten) Preisniveaus und eines stochastischen Störterms dessen Erwartungswert null ist. Man bezeichnet die Vorhersage in Gleichung (19) auch als unverzerrt. Ist das Preisniveau stochastisch, das heißt der Störterm ε_t ist nicht notwendigerweise gleich null (bei gegebener statistischer Verteilung über mögliche Werte, wobei der Erwartungswert, wie in (20), gleich null ist), dann ist der Erwartungswert des Preisniveaus gleich dem Erwartungswert dieser Verteilung. Die subjektiven Erwartungen bezüglich des Preisniveaus in (19) sind gleich dem objektiven Erwartungswert. Zusätzlich verlangen rationale Erwartungen in ihrer strengen Version, daß die gemachte Vorhersage, die bestmögliche ist (was sich zum Beispiel an der Varianz des Störterms festmachen läßt). Die Erzeugung eines besten Schätzers bedeutet, daß man alle zum Zeitpunkt der Schätzung erhältlichen Informationen in die Analyse mit einbezieht. Das Ergebnis, daß politische Maßnahmen wirkungslos sind, erhalten wir auch unter rationalen Erwartungen der schwachen Form, die lediglich verlangen, daß der Schätzer unverzerrt ist. Wenn die Vorhersagefehler einen Erwartungswert von null aber eine Varianz > als null haben, was bei exogenen Schocks üblicherweise der Fall ist, dann ist auch das Outputniveau variabler. Antizipierte geldpolitische Maßnahmen werden dennoch keine stabilisierende Wirkung auf den Output haben. Verwenden wir anstelle rationaler Erwartungen der strengen Form, rationale Erwartungen der schwachen Form, so hat dies einen Einfluß auf die Varianz des Störterms in Gleichung (18).

Das Gesetz der wiederholten Erwartungen

Eine Implikation der Unverzerrtheit rationaler Erwartungen ist, daß der Erwartungswert aller Vorhersagefehler gleich null ist. Der Unterschied zwischen der Realisation einer Variablen und ihres Prognosewertes $(P_t - {}_{t-1}P_t)$ ist stochastisch mit Mittelwert null. Sind Fehler auch unvermeidbar, so ist die Wahrscheinlichkeit einer Abweichung nach oben genauso hoch wie die einer Abweichung nach unten. Man kann also nicht im Voraus sagen, welches Vorzeichen der Fehler haben wird.

Unverzerrtheit besagt, daß der erwartete Vorhersagefehler für alle Perioden in der Zukunt gleich null ist. So ist zum Beispiel die Prognose der Differenz zwischen dem tatsächlichen Preisniveau der Periode t + 1 und dem zwei Perioden davor berechneten Schätzwert $(P_{t+1} - {}_{t-1}P_{t+1})$ eine Zufallsvariable mit Erwartungswert null und einer bestimmten Varianz. Die Varianz des Vorhersagefehlers erhöht sich üblicherweise, je weiter der Schätzwert in der Zukunft liegt. Der Erwartungswert ist dennoch gleich null.

Rationale Erwartungen kann man nicht nur auf Variablen wie das Preis- oder das Outputniveau anwenden, sondern auch auf die Schätzungen selbst. Als Beispiel betrachten wir die Beziehung zwischen der Realisation des Preisniveaus zum Zeitpunkt t+1 und den Prognosewerten, die eine oder zwei Perioden zuvor entstanden sind. Sind die Schätzer unverzerrt, dann gilt

$$P_{t+1} = {}_{t-1}P_{t+1} + \varepsilon_{2t+1}, \quad \text{und} \quad P_{t+1} = {}_{t}P_{t+1} + \varepsilon_{1t+1},$$

so daß

$$ {}_{t}P_{t+1} = {}_{t-1}P_{t+1}\, \varepsilon_{1t+1} - \varepsilon_{2t+1}. \tag{21}$$

Hier sind ε_{t+1} und ε_{t+2} zwei voneinander unabhängige Störterme (weißes Rauschen). Bilden wir unsere Erwartungen der Gleichung (21) zum Zeitpunkt t − 1, so entfallen die beiden Störterme und der Term ${}_{t-1}P_{t+1}$ bleibt unverändert, womit wir folgendes Ergebnis erhalten:

$$ {}_{t-1}({}_{t}P_{t+1}) = {}_{t-1}P_{t+1}. \tag{22}$$

Die linke Seite der Gleichung (22) $[{}_{t-1}({}_{t}P_{t+1})]$ entspricht der zum Zeitpunkt t − 1 gebildeten Erwartung bezüglich der Prognose, die wir zum Zeitpunkt t für das Preisniveau in Periode t + 1 aufstellen werden . Der Ausdruck auf der rechten Seite $[{}_{t-1}P_{t+1}]$ entspricht der tatsächlich zum Zeitpunkt t − 1 aufgestellten Prognose bezüglich des Preisniveaus in t + 1. Gleichung (22) besagt also, daß die erwartete Prognose gleich der zum gegenwärtigen Zeitpunkt aufgestellten Prognose ist. Diese Beziehung ist als das Gesetz der wiederholten Erwartungen bekannt und ist eine Folge der Unverzerrtheit der Erwartungen. Die Idee, die der ganzen Sache zugrunde liegt, ist folgende: Hat man heute bereits Grund zu der Annahme, daß man die heute gemachte Prognose für übermorgen morgen noch einmal um einen bestimmten Wert ändern wird, dann sollte man die Prognose für übermorgen bereits heute ändern. Würde man sich nicht so verhalten, dann machte man eine schlechtere Vorhersage, als man eigentlich könnte. Zur Illustration diene folgendes Beispiel. Nehmen wir an ein Spieler, der beim Pferderennen gewettet hat, machte folgende Aussage noch vor dem Rennen: „Ich erwarte, daß der Hengst „Fliegender Holländer“ das Rennen um 15.30 Uhr in Belmont gewinnt. Ich erwarte ebenso, daß ich kurz bevor das Rennen beginnt meine Meinung ändern werde und dann der Überzeugung sein werde, daß die Stute Desdemona das Rennen machen wird.“ Ich überlasse es an dieser Stelle dem Leser, sich sein Urteil über einen solchen Spieler selbst zu bilden.

Das Gesetz der wiederholten Erwartungen mag nicht unbedingt intuitiv sein, da wir natürlich wissen, daß Prognosen fast immer revidiert werden müssen. Es besagt aber, daß der Erwartungswert unserer Revisionen gleich null ist, daß wir also nicht bereits zum Zeipunkt der Erwartungsbildung erwarten, daß sich unser Prognosewert systematisch erhöht oder verringert. Die Erwartungen zum Zeitpunkt t beinhalten bereits alle Informationen, die uns in t zur Verfügung stehen. Eine Prognose wird also nur im Lichte neuer Informationen revidiert, die natürlich nicht vorhersagbar sind. Das Gesetz der wiederholten Erwartungen ist die Folge der Tatsache, daß der Vorhersagefehler bei rationalen Erwartungen einen Erwartungswert von null hat (in bezug auf eine einzelne Periode oder jede beliebige Zeitspanne). Dies gilt auch für die Prognose bezüglich zukünftiger Prognosen.

Rationale und adaptive Erwartungen

Wir haben bereits in Kapitel 7 mit adaptiven Erwartungen gearbeitet, als es um eine einmalige Veränderung des Preisniveaus ging. Dieser einmalige Schock erzeugte Vorhersagefehler in den folgenden Perioden, deren Betrag mit der Anpassung zum neuen Gleichgewichtswert hin langsam abnahm.

Dieser Mechanismus teilweiser Anpassung erscheint sinnvoll, wenn das Preisniveau nicht nur einen einzigen Sprung macht, sondern sich ständig auf und ab bewegt, das Preisniveau also dem Einfluß stochastischer Störungen unterliegt. Auf der anderen Seite sprechen die wiederholten Vorhersagefehler nicht gerade für adaptive Erwartungen als Mechanismus der Erwartungsbildung, insbesondere weil der Fehler dadurch größer und größer werden könnte, stiege das Preisniveau mit wachsendem Trend an. Die wiederholten Vorhersagefehler implizieren, daß Erwartungen, die auf einem Fehlerberichtigungsmechanismus basieren, nicht dem Gesetz der wiederholten Erwartungen gehorchen. Die Änderung der Erwartungen von einer Periode zur nächsten ist in diesem Fall keine Zufallsvariable mit Mittelwert null sondern hängt von den vorangegangenen Realisationen der Variablen relativ zu den entsprechenden Erwartungen bezüglich dieser Variablen ab. Ein objektiver Beobachter kann also aus der Beobachtung der Entwicklung der Variablen im Zeitverlauf eine bessere Prognose für die Variable machen als er es könnte, würde das Gesetz der wiederholten Erwartungen gelten. Mit adaptiven Erwartungen sind die erwarteten Prognosen nicht gleich der zum gegenwärtigen Zeitpunkt gemachten Prognose.

Diejenigen, die ihre Erwartungen rational bilden, sind bei ihrer Erwartungsbildung mit dem Gesetz der wiederholten Erwartungen im Einklang, da sie jede verfügbare Information in ihre Prognose mit einbeziehen. Neue Informationen werden sofort in die Prognose eingearbeitet. Solche neuen Informationen können zum Beispiel aus persönlicher Erfahrung beim Kaufen und Verkaufen, aus privaten oder auch öffentlichen Quellen (wie zum Beispiel den Nachrichtensendungen des Radios oder den Artikeln des Wall Street Journals) und nicht zuletzt den eigenen Fehlern bei vorangegangenen Prognosen stammen. Die zuletzt genannte Quelle ist besonders wichtig, da sie den Unterschied zwischen adaptiven und rationalen Erwartungen deutlich macht. Sollen unsere Prognosen völlig rational sein, so müssen Vorhersagefehler in einer Periode bereits in der nächsten Periode bei der Bildung der Erwartungen für die darauffolgende Periode mit einbezogen werden. Es ist dann unmöglich in einer Zeitreihe von Vorhersagefehlern irgendeinen Zusammenhang zu finden, der es erlauben würde, auf der Basis eines beobachteten Prognosefehlers den Fehler der darauffolgenden Periode vorherzusagen. Ein Ökonometriker würde sagen, daß die Fehler seriell unkorreliert sind oder das der Erwartungswert des Produkts zweier Vorhersagefehler gleich null sein muß. Wir können diese Unterschiede auch formal darstellen und verwenden dazu nun das Beispiel aus Kapitel 7, bei dem ein nichtantizipierter Schock das Preisniveau um eine Einheit erhöhte. In diesem Beispiel nehmen wir an, daß in der Realität eine Veränderung des Preisniveaus einmalig und permanent ist, daß aber der Zeitpunkt der Veränderung unbekannt ist. Der tatsächliche Sprung des Preisniveaus findet also zu einem bestimmten Zeitpunkt T statt wenn sich das Preisniveau von P_0 auf $P_1 = P_0 + 1$ erhöht.

Erwartungen sind rational (modellkonsistent), wenn sie diese Struktur des Beispiels unterstützen. Mit rationalen Erwartungen würden die Akteure ihre Erwartungen des Preisniveaus vollständig anpassen, nachdem ein Schock aufgetreten ist. Ex ante ist der Zeitpunkt der Preiserhöhung unbekannt, so daß bis zum Zeitpunkt T keine Veränderung erwartet wird:

$$ {}_{t-2}P_{t-1} = {}_{t-1}P_t = P_0, \quad t \leq T. \tag{23}$$

Zum Zeitpunkt T findet in unserem Beispiel dann die Erhöhung des Preisniveaus um eine Einheit von P_0 auf P_1 statt. Dies führt in Periode T zu einem Vorhersagefehler in Höhe von

$$ P_T - {}_{T-1}P_T = P_1 - P_0 = 1. \tag{24}$$

Die Differenz $(P_1 - P_0)$ ist die neue Information in T + 1, der Überraschungsterm, dessen Erwartungswert null war. Mit rationalen Erwartungen beobachten wir diesen Schock in T und wissen, daß das Preisniveau von T an auf diesem neuen Niveau bleiben wird. Die Zunahme von P wird sich also genau in den Erwartungen der darauffolgenden Periode widerspiegeln:

$$ {}_{T}P_{T+1} = P_1$$

und für jede darauffolgende Periode

$$ {}_{t}P_{t+1} = P_1, \quad t > T.$$

Der Vorhersagefehler taucht nur ein einziges Mal auf, nämlich in der Periode, in der der annahmegemäß unvorhersehbare Sprung des Preisniveaus sattfindet.

Mit rationalen Erwartungen ist der erwartete Fehler immer gleich null und Vorhersagefehler in aufeinanderfolgenden Perioden sind in keinster Weise seriell korreliert. Ist die Vorhersage für die darauffolgende Periode revidiert, dann wissen wir, daß wir diese Vorhersage in unserem Beispiel in keiner folgenden Periode mehr revidieren müssen (einmaliger Schock). Dies bedeutet, daß zum Beispiel

$$ {}_{T}({}_{T+1}P_{T+2}) = P_1$$

oder

$$ {}_{T}({}_{T+1}P_{T+2}) = {}_{T}P_{T+2}.$$

Diese beiden Gleichungen stimmen mit dem Gesetz der wiederholten Erwartungen überein.

Im Unterschied dazu beobachten wir im Falle adaptiver Erwartungen serielle Korrelation der Prognosefehler. Hierdurch wird das Gesetz der wiederholten Erwartungen verletzt. Die in Gleichung (8) in Kapitel 7 gegebene Formel für die Anpassung bei adaptiven Erwartungen lautet:

$$ {}_{t-1}P^a_t = P_{t-1} + \lambda\,({}_{t-2}P^a_{t-1} - P_{t-1}). \tag{25}$$

Im verbleibenden Teil dieses Abschnitts bedeutet ein hochgestelltes „a", daß es sich um adaptive Erwartungen handelt. Zum Zeitpunkt T, kurz nach der Erhöhung des Preisniveaus, ist der Vorhersagefehler gleich eins (wie auch unter rationalen Erwartungen). In Periode T + 1 allerdings ist der Vorhersagefehler gleich λ und in Periode T + 2 gleich λ^2 und so weiter:

$$P_t - {}_{T-1}P^a_T = P_1 - P_0 = 1; \tag{26a}$$

$$P_{T+1} - {}_TP^a_{T+1} = P_1 - (P_0 + 1 - \lambda) = \lambda; \tag{26b}$$

$$P_{T+2} - {}_{T+1}P^a_{T+2} = P_1 - (P_0 + 1 - \lambda^2) = \lambda^2. \tag{26c}$$

Die Prognosefehler sind seriell korreliert. Dies können wir in folgendem Ausdruck darstellen:

$$(P_{t+1} - {}_tP^a_{t+1}) = \lambda\,(P_t - {}_{t-1}P^a_t).$$

Dementsprechend sind die Prognosefehler der auf die ursprüngliche überraschende Erhöhung folgenden Perioden vorhersagbar. Bilden wir zum Zeitpunkt T Erwartungen bezüglich Gleichung (26c), so erhalten wir

$$_TP_{T+2} - {}_T({}_{T-1}P^a{}_{T+2}) = \lambda^2. \tag{27}$$

Aus dieser Gleichung ersehen wir sofort, daß das Gesetz der wiederholten Erwartungen verletzt ist:

$$_T({}_{T-1}P^a_{T+2}) = {}_TP_{T+2} - \lambda^2.$$

Die Vorhersagefehler verändern sich in vorhersagbarer Weise.

Der Unterschied zwischen adaptiven und rationalen Erwartungen ist in Abbildung 11-5 graphisch dargestellt. Wir haben hier einfach Abbildung 7-8 übernommen und den Pfad der rationalen Erwartungen hinzugefügt. Adaptive und rationale Erwartungen stimmen bis zum Zeitpunkt T überein. Zum Zeitpunkt T erkennen wir bei beiden Erwartungsmechanismen einen Vorhersagefehler entsprechend dem überraschenden Sprung des Preisniveaus. In den darauffolgenden Perioden fallen die beiden Pfade auseinander, da die rationalen Erwartungen einen

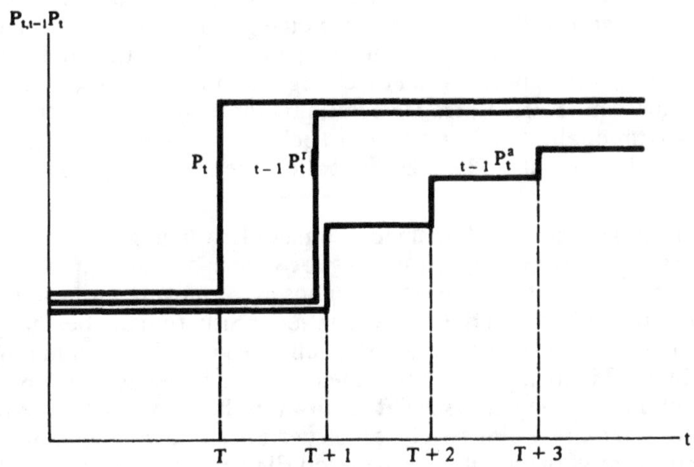

Abbildung 11-5: Adaptive und rationale Erwartungen nach einem einmaligen Schock.

Sprung nach oben machen und sich vollständig an das neue Preisniveau anpassen, während sich die adaptiven Erwartungen nur langsam dem neuen Preisniveau nähren.

Rationale Erwartungen: Pro und Contra

Die Ökonomen haben schnell Gefallen an der Idee der rationalen Erwartungen gefunden, da diese Hypothese unserer Vision des homo oeconomicus am nächsten kommt, einem Wesen, das in völliger Rationalität seinen erwarteten Nutzen maximiert. Wenn wir annehmen, daß Konsumenten und Firmen wohlbedacht ihre Entscheidungen in jeder einzelnen Periode treffen, dann sollten sie ebenso wohlbedacht ihre Entscheidungen für die Zukunft treffen. Jeder hat ein Interesse daran, zumindest etwas Zeit und Arbeit zu investieren, um gute Vorhersagen machen zu können, denn mehr Wissen im Voraus kann nie schaden. Im allgemeinen erlaubt uns zusätzliches Wissen, bessere Entscheidungen zu treffen. Selbst wenn adaptive Erwartungen es erlauben, optimale Vorhersagen zu machen, dann können wir diese mit rationalen Erwartungen alle Mal reproduzieren. Wenn rationale Erwartungen pessimistischer sind als adaptive Erwartungen, dann besteht angesichts der Tatsache, daß rationale Erwartungen unverzerrte Vorhersagen zukünftiger Ereignisse sind, wenigstens die Möglichkeit,die Auswirkungen ungünstiger Ereignisse zu mildern.

Aus dem gleichen Grund trifft die Hypothese der rationalen Erwartungen die Annahme, daß Fehler wirkliche Fehler sind und nicht lediglich eine Art Blindheit in bezug auf Fehler. Wie wir in Kapitel 7 gezeigt haben implizieren adaptive Erwartungen, daß ein einmal gemachter Vorhersagefehler wieder und wieder gemacht wird, ohne daß auf das offensichtliche Muster reagiert wird. Rationale Erwartungen scheinen ein realistischeres Maß an Flexibilität in bezug auf die Reaktionen der Akteure zuzulassen, wenn diese die Wirren des Schicksals meistern, die sie ständig heimsuchen und dabei leider keinem mechanischen Gesetz gehorchen, das wir einfach in die Zukunft projezieren könnten.

Um dieses Argument zu unterstützen können wir noch hinzufügen, daß es nur eine Möglichkeit gibt, rational zu sein, aber eine ganze Reihe von Wegen, die diesen Standard nicht erreichen. Manche mögen naive Erwartungen haben, andere verlassen sich auf Prognosen von Forschungsinstituten und wieder andere lesen vielleicht aus dem Kaffeesatz. Da Irrationalität in der einen Richtung wahrscheinlich Irrationalität in der anderen Richtung ausgleicht, können wir ohne weiteres annehmen, daß im Durchschnitt alle Akteure gleich gute Prognosen aufstellen.

Das Hauptproblem bei der Annahme rationaler Erwartungen ist, daß sie in komplexeren Modellen ein Übermaß an Hingabe seitens der Unternehmen und Konsumenten bei der Aufstellung von Prognosen verlangen, insbesondere dann, wenn wir unterstellen, daß die Akteure in jeder Situation die bestmögliche Prognose erstellen. Es ist sicher vorstellbar, daß eine große Unternehmung oder die Akteure in den Finanzmärkten ausreichend Anreiz haben, diese Anstrengungen zu unternehmen. Dagegen erscheint es unwahrscheinlich, daß der einfache Arbeitnehmer oder ein Kleinbetrieb komplizierte, zeitaufwendige Analysemethoden zur Prognose verwenden. Gegen diesen Einwand könnte man anführen, daß solche Akteure vielleicht irgendeine ausgereiftere Version adaptiver Erwartungen verwenden oder daß sie einfach auf preisgünstige Informationsquellen wie Tageszeitungen oder die Veröffentlichungen bestimmter aktueller Komputersimulationen der Volkswirtschaft zurückgreifen. Außerdem ist ja für zahlreiche Ergebnisse Unverzerrtheit hinreichend. Wie wir bereits erwähnt haben sind rationale Erwartungen der schwachen Form hinreichend, um antizipierte Politik wirkungslos werden zu lassen. In komplizierteren Fällen kann es natürlich durchaus sein, daß eine übergroße Varianz das Ergebnis beeinflußt.

Der Einwand gegen die Annahme rationaler Erwartungen geht jedoch etwas weiter, denn der Ressourcenaufwand für die Aufstellung von Prognosen muß selbst unter ökonomischen Gesichtspunkten kalkuliert werden. Das Sammeln und Analysieren von Daten und das Verbreiten der Ergebnisse ist kostenaufwendig und es lassen sich gute Gründe anführen, warum der Markt für Informationen unvollkommen ist. Es ist also durchaus vorstellbar, daß mancher sich rational entscheidet, keine rationalen Erwartungen zu haben.

Dieses Problem wird in den frühen Neuklassischen Modellen, in denen die Hypothese rationaler Erwartungen zuerst angewendet wurde, in der Tat sehr deutlich. In diesen Modellen wird die Wichtigkeit von Informationen betont. Nun werden rationale Erwartungen ja auch mit der Bezeichnung modellkonsistente Erwartungen versehen, da angenommen wird, daß die Akteure alles über die dem Modell zugrunde liegenden Beziehungen wissen. Wir können aber neue Informationen nicht nur einfach als stochastische Störterme am Ende der Gleichung modellieren. Es ist durchaus denkbar und wahrscheinlich, daß sich die funktionalen Beziehungen, die dem Modell zugrunde liegen, im Laufe der Zeit ändern. In Wirklichkeit oszilliert die Volkswirtschaft nicht nur einfach um irgendein Gleichgewicht, sondern befindet sich in bestimmten Teilgebieten in ständigem Wandel. Zum Beispiel konnten wir nie zuvor einen derartig starken Angebotsschock wie 1973 bei der sprunghaften Erhöhung der Ölpreise beobachten. Die ökonomischen Akteure verwenden also nicht einfach ein gegebenes Modell sondern müssen dieses ständig überarbeiten. Wir haben es nicht nur mit einer Mischung aus dauerhaften und vorübergehenden Schocks zu tun sondern müssen auch mehr oder weniger dauerhafte Veränderungen der Modellstruktur berücksichtigen. Vollkommene Modellkonsistenz in jeder Situation verlangt vielleicht etwas zuviel von unserem „homo oeconomicus“. Die rationale, ökonomisch mögliche Antwort hängt unter Umständen von Lernprozessen ab. Diese fundamentalen Veränderungen finden möglicherweise ständig statt. Dies bedeutet, daß die Methode der Erwartungsbildung vielleicht nie die vollkommene Rationalität erreicht.

Es ist an sich schon problematisch vollkommene Modellkonsistenz aller Akteure anzunehmen. Wir begeben uns aber völlig aufs Glatteis, wenn wir anfangen, willkürliche Annahmen bezüglich des Wissensstandes einzelner Konsumenten oder Firmen zu machen. In der Literatur findet man oft Modelle, in denen eine Gruppe von Personen Informationen hat, die einer anderen Gruppe nicht zur Verfügung stellen, die aber dennoch für beide gleich wichtig sind. In Kapitel 6 zum Beispiel haben wir angenommen, daß Unternehmen besser über zukünftige Preise informiert sind als die Arbeitskräfte. Wir haben diese Annahme damit gerechtfertigt, daß es für Unternehmen unter Umständen weniger kostenaufwendig ist als für Arbeitnehmer, sich über die Preise auf dem Markt zu informieren, da jede Unternehmung direkt damit beschäftigt ist, eine bestimmte Anzahl von Gütern zu verkaufen. Für ein Individuum mag es unbezahlbar sein, einen eigenen privaten Preisindex aufzustellen. Die billigere Lösung ist, an der nächsten Ecke die Tageszeitung zu kaufen und ihr die neuesten Vorhersagen zu entnehmen, die die Ökonometriker der Wirtschaftsforschungsinstitute oder des Statistischen Bundesamtes berechnet haben. Ein Kriterium bei der Wahl eines Modells rationaler Erwartung sollte also sein, inwieweit die Annahmen bezüglich der Informationen in diesem Modell gerechtfertigt erscheinen.

Kontrakte über eine Periode und das aggregierte Angebot

Das Beispiel rationaler Erwartungen, das wir in diesem Kapitel vorgestellt haben, zeigt die Wirkungslosigkeit nachfrageorientierter Politik bei der Beeinflussung des Outputniveaus. Es erscheint unmöglich, eine Stabilisierung auf dem Niveau des Vollbeschäftigungsoutputs zu erreichen. Das Beispiel basiert auf dem Modell des aggregierten Angebots in Kapitel 6. In diesem Modell sind alle Preise und die Löhne völlig flexibel. Der Lohnsatz kann sich also ohne weiteres den antizipierten Konsequenzen der Nachfragepolitik anpassen und so die Wirkung auf das Outputniveau eliminieren. Sind die Löhne aber durch Kontrakte festgesetzt, so erkennen wir, daß Nachfragepolitik durchaus stabilisierende Effekte haben kann. Dies ist insbesondere dann der Fall, wenn der Lohnkontrakt die Löhne auf einen längeren Zeitraum festlegt, als die Nachfragepolitik benötigt, um auf einen Schock zu reagieren und seine Effekte zu mildern. Diese kürzere Reaktionszeit bedingt einen Vorteil seitens der Regierung gegenüber dem privaten Sektor der Ökonomie und weist nachfrageorientierter Politik trotz rationaler Erwartungen eine stabilisierende Rolle zu.

In diesem Abschnitt beschreiben wir ein Beispiel mit Lohnkontrakten deren Laufzeit zwei Perioden beträgt. Wir wollen zunächst Lohnkontrakte über eine Periode in unsere Angebotsfunktion aus Kapitel 7 und das zu Beginn dieses Kapitels gegebene Beispiel einführen. Im folgenden werden wir den Fall eines exogen gegebenen Lohnkontrakts dem Fall gegenüberstellen, wo der Lohn gemäß dem erwarteten Preisniveau festgelegt wurde. Wir werden sehen, daß auf Preiserwartungen basierende Kontrakte mit einer Laufzeit von einer Periode im wesentlichen die gleichen Ergebnisse produzieren wie die flexiblen Löhne unter rationalen Erwartungen. Es macht in diesem Fall also keinen großen Unterschied, ob wir flexible Löhne annehmen oder Löhne, die für eine Periode festgelegt sind. Wir wollen damit lediglich den Unterschied zu der Situation herausstellen, in der wir es mit mehrperiodigen Kontrakten zu tun haben.

Im folgenden Abschnitt betrachten wir dann einen Arbeitsmarkt, bei dem die Laufzeit der Kontrakte zwei Perioden beträgt. Geben wir der Nachfragepolitik eine Reaktionszeit von einer Periode, so werden wir sehen, daß Stabilitätspolitk in diesem Fall wieder Wirkung zeigt. Das Modell ist im wesentlichen eine formale Darstellung des in Kapitel 10 diskutierten Phänomens der Lohnstarrheit. Wir erhalten schließlich wieder eine Angebotskurve wie in Abbildung 10-3. Das folgende Beispiel basiert auf der Forschung von Stanley Fischer und John B. Taylor.

Exogene Lohnkontrakte

Beginnen wir mit der Annahme, daß alle Lohnkontrakte eine Laufzeit von einer Periode (z.B. ein Jahr) haben. In Realität beziehen sich in den USA die meisten Lohnkontrakte auf bis zu drei Jahre. Arhtur Okun argumentierte in „Prices and

Quantities", daß Arbeitgeber und Arbeitnehmer durch sogenannte „implizite Kontrakte" sogar auf noch längere Zeit aneinander gebunden seien. Wir wollen hier jedoch zunächst nur Kontrakte über eine Periode betrachten, um die Einarbeitung in das Modell zu erleichtern und um diesen Fall später mit Kontrakten über mehrere Perioden zu vergleichen.

In einem Kontrakt mit einer Periode Laufzeit wird der Lohnsatz auf einem vereinbarten Niveau $\overline{W}_t$ für die Dauer einer Periode t festgesetzt, wodurch die Arbeitsangebotskurve in Abbildung 11-6 durch eine waagerechte Linie bei $\overline{W}$ er-

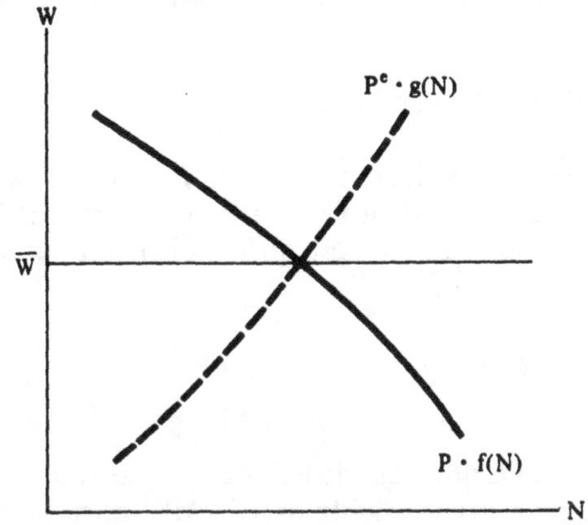

Abbildung 11-6: Der Arbeitsmarkt mit einem Nominallohnkontrakt.

setzt wird. Während dieser einen Periode ersetzt die waagerechte Linie die positiv geneigte Arbeitsangebotskurve in Abbildung 11-6. Die Arbeitskräfte verpflichten sich dazu, jede vom Arbeitgeber geforderte Stundenzahl zum vereinbarten Lohnsatz $\overline{W}$ anzubieten. Die Gleichgewichtsbedingung für den Arbeitsmarkt lautet nun

$$\overline{W} = P \cdot f(N). \tag{28}$$

Hier ersetzt $\overline{W}$ die Angebotsfunktion $P^e \cdot g(N)$ in Gleichung (1) zu Beginn dieses Kapitels. In diesem Beispiel normieren wir $\overline{W}$ und P auf 1, so daß definitionsgemäß zu Beginn auch $f(N) = 1$.

Durch vollständige Differentiation von (28) erhalten wir einen Ausdruck für die aggregierte Angebotskurve:

$$\overline{W} = f\,dP \cdot + P f'\,dN. \tag{29}$$

Für $P = f = 1$ erhalten wir folgendes Arbeitsmarktdifferential:

$$dN = -\frac{1}{f'}(dP - d\overline{W}). \tag{30}$$

Wir wollen diese Gleichung mit Gleichung (2) für dN bei flexiblen Löhnen vergleichen. Anstelle von dP^e steht hier $d\overline{W}$. Der Zähler des Koeffizienten ist gleich eins. Wir hätten vorher $f = g = 1$ setzen können, was aber für die Herleitung nicht notwendig war. Der Nenner in (30) enthält f' anstelle von f' − g' in (2). Die Steigung der Arbeitsangebotskurve in Abbildung 11-6 ist aufgrund des Lohnkontrakts gleich null. Eine Erhöhung des Preisniveaus von P_0 auf P_1 in Abbildung 11-7 verändert die Beschäftigung von Punkt A nach Punkt B. Mit flexiblen Löhnen befände sich das Gleichgewicht bei Punkt C, wobei das Lohnniveau gestiegen wäre und die Beschäftigung um weniger als in dem Fall mit Lohnkontrakt gestiegen wäre.

Wir erhalten die aggregierte Angebotskurve, indem wir das Differential in (30) mit unserer Beziehung für die Produktionsfunktion aus Gleichung (4) kombinieren:

$$dy = y' \cdot dN = f(N) \cdot dN = dN. \tag{4}$$

Veränderungen von y werden hier in der Einheit „Arbeit" wiedergegeben, da wir die Grenzproduktivität der Arbeit f (N) auf eins normiert haben. Die Steigung der aggregierten Angebotsfunktion entspricht also dem Arbeitsmarktdifferential in Gleichung (30):

$$dy = -\frac{1}{f'}(dP - d\overline{W}). \tag{31}$$

Der Leser bemerke den Unterschied zu der aggregierten Angebotskurve in Gleichung (5). Die exogene Preisvariable hier ist $d\overline{W}$ anstelle von dP^e. Die inverse Steigung der Angebotskurve in Gleichung (5) (P^e exogen) ist durch $1/(g' - f') > 0$ gegeben.

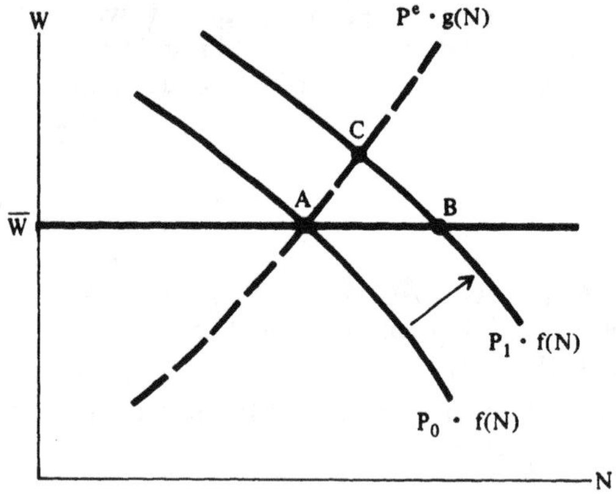

Abbildung 11-7: Reaktion der Beschäftigung mit nominalem Lohnkontrakt.

Wieder normieren wir f (N) auf 1. Die inverse Steigung der aggregierten Angebotskurve ist hier durch $-1/f' > 0$ gegeben, womit die SS-Kurve flacher ist. Der Lohnkontrakt eliminiert die Arbeitsangebotskurve und damit den Ausdruck für deren Steigung g' in Gleichung (5). Das Ergebnis mit Lohnkontrakt und exogenem Lohnsatz ist die flache ss-Kurve der Abbildungen 10-3 und 11-8. Dem Ausdruck in Gleichung (5) entspricht die steilere SS-Kurve in Abbildung 11-8. Die Spezifikation des Lohnkontrakts hier stellt also lediglich eine Formalisierung des

Modells von Kapitel 10 dar. Ist der Lohnsatz $\overline{W}$ exogen gegeben, dann entspricht die aggregierte Angebotskurve in Gleichung (31) der flachen ss-Kurve in Abbildung 11-8. Eine Erhöhung des Lohnsatzes würde die Angebotskurve nach oben verschieben.

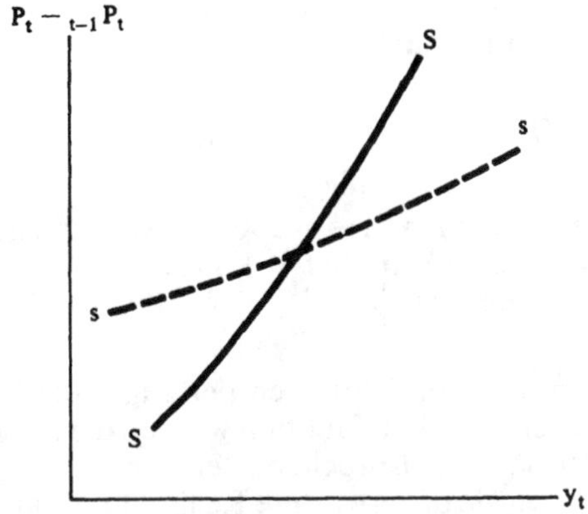

Abbildung 11-8: Aggregiertes Angebot mit Nominallohnkontrakt.

Lohnkontrakte basierend auf Preiserwartungen

Die aggregierte Angebotskurve in Gleichung (31) ist eine komparativ statische Angebotskurve, die der des grundlegenden statischen Modells mit exogenem Lohnkontrakt über eine Periode Laufzeit entspricht. Wir können diese Gleichung in der Schreibweise der Literatur über Erwartungen wiedergeben, die explizit Indizes für die Zeit verwendet. Wir verwenden Gleichungen (6) und (7) und ersetzen dy und dP in (31). Außerdem schreiben wir die Veränderung des Kontraktlohnsatzes $d\overline{W}$ als

$$d\overline{W} = \overline{W}_t - \overline{W}_{t-1}. \tag{32}$$

Gleichung (31) sieht dann wie folgt aus:

$$y_t = y_{t-1} - \frac{1}{f'}[P_t - P_{t-1} - (\overline{W}_t - \overline{W}_{t-1})].$$

Erinnern wir uns daran, daß wir die Ausgangswerte für P und $\overline{W}$ gleich eins gesetzt hatten, so können wir $P_{t-1} = \overline{W}_{t-1} = 1$ schreiben. Wenn wir nun noch den Koeffizienten in Gleichung (31) $\beta' = -1/f'$ setzen, analog zu unserer Angebotskurve in Gleichung (9), so erhalten wir eine neue Version der Lucasschen aggregierten Angebotsfunktion:

$$y_t = y_{t-1} + \beta'(P_t - \overline{W}_t).$$

Fügen wir nun noch den Störterm ε_t hinzu, so erhalten wir eine aggregierte Angebotsfunktion entsprechend der in Gleichung (9):

$$y_t = y_{t-1} + \beta'(P_t - \overline{W}_t) + \varepsilon_t. \tag{33}$$

Hier haben wir ${}_{t-1}P_t$ in Gleichung (9) durch $\overline{W}_t$ ersetzt und der Steigungskoeffizient β' ist > als β in (9).

Wir wollen nun untersuchen, welchem Lohnkontrakt die Arbeitskäfte am ehesten zustimmen werden. Nehmen wir zunächst einmal an, der Arbeitsmarkt war in Periode t−1 im Gleichgewicht und die Arbeitskräfte befanden sich auf ihrer Angebotskurve. In t−1 gilt dann:

$$\frac{\overline{W}_{t-1}}{P_{t-1}} = g(N). \tag{34}$$

Um sich im Gleichgewicht auf ihrer Angebotskurve zu befinden, müßten die Arbeitskräfte ihren Lohnsatz in Periode t − 1 so setzen, daß der Reallohn $\overline{W}_{t-1} = P_{t-1}$ beträgt. Wir normieren wieder $w_{t-1} = \overline{W}_{t-1}/P_{t-1} = 1$ und setzen zusätzlich $g(N) = 1$.

In Abwesenheit irgendwelcher Störungen der zugrunde liegenden Produktivitätsparameter der Arbeitsangebotsfunktion würden die Arbeitskräfte eine Erhöhung des Kontraktlohnsatzes entsprechend der Zunahme des erwarteten Preisniveaus verlangen. Dies würde das erwartete Reallohnniveau auf seinem ursprünglichen Gleichgewichtsniveau belassen. Die Arbeitgeber wären mit dieser Situation ebenfalls zufrieden, da auch sie sich in der Ausgangssituation im Gleichgewicht befanden. Folgende Spezifikation der Veränderung des Nominallohnsatzes erscheint angebracht:

$$\overline{W}_t - \overline{W}_{t-1} = {}_{t-1}P_t - P_{t-1}.$$

Der Kontraktlohnsatz ändert sich entsprechend der Veränderung des erwarteten Preisniveaus. Wieder erinnern wir uns daran, daß wir zu Beginn $\overline{W}_{t-1} = P_{t-1}$ gesetzt haben und erhalten somit:

$$\overline{W}_t = {}_{t-1}P_t. \tag{35}$$

Befinden sich Arbeitskräfte und Arbeitgeber erst einmal im Gleichgewicht, so versuchen sie dieses zu erhalten, indem sie den Kontraktlohnsatz entsprechend dem erwarteten Preisniveau setzen.

Was bedeutet dies für das aggregierte Angebot? Betrachten wir noch einmal Gleichung (33) und ersetzen $\overline{W}_t$ gemäß (35). Das Ergebnis ist die aggregierte Angebotskurve mit Lohnkontrakten entsprechend (35):

$$y_t = y_{t-1} + \beta' (P_t - {}_{t-1}P_t) = \varepsilon_t. \tag{36}$$

Diese Gleichung entspricht Gleichung (9), wobei β' hier > als β ist. Dies spiegelt die Existenz von Lohnkontrakten über eine Periode anstelle völlig flexibler Löhne wider. Einperiodische Lohnkontrakte führen also zu einer allgemeineren Form der aggregierten Angebotsfunktion.

Dieses Ergebnis basiert auf der Annahme, daß Nominallohnkontrakte nicht vereinbart werden, ohne sich auf die erwartete Inflation zu beziehen. Werden die Kontrakte so festgesetzt, daß sie dem erwarteten Anstieg des Preisniveaus entsprechen, dann erhalten wir in der aggregierten Angebotsgleichung (36) aufgrund des Nominallohnkontrakts wieder den Ausdruck für die Preiserwartungen.

Gleichgewichtsoutput bei exogenen und bei endogenen Preiserwartungen

Nachdem wir einperiodische Lohnkontrakte eingeführt und ihre Beziehung zum erwarteten Preisniveau festgelegt haben, sind wir nunmehr bei der aggregierten Angebotskurve in Gleichung (36) angelangt. Der einzige Unterschied zwischen dieser und der Angebotskurve in Gleichung (9) ist, daß die ss-Kurve in 11-8 aufgrund des größeren Koeffizienten β' etwas flacher ist. Wir gehen nun zur vorangegangenen Analyse bei flexiblen Löhnen zurück und untersuchen, welche Auswirkungen Nachfragepolitik in diesem Modell, in dem Lohnkontrakte basierend auf Preiserwartungen über eine Laufzeit von einer Periode abgeschlossen werden.

Im Fall exogener Preiserwartungen können wir den Ausdruck für die SS-Kurve in (9) durch die aggregierte Angebotskurve aus Gleichung (36) ersetzen. Verwenden wir dann Gleichung (13) für die DD-Kurve so erhalten wir eine Gleichung in reduzierter Form, die dem Ausdruck in (14) entspricht, wobei β durch β' ersetzt ist. Alles andere bleibt gleich, inklusive der Schlußfolgerung, daß die Abweichung des tatsächlichen Geldangebots M_t vom erwarteten Preisniveau ${}_{t-1}P_t$ das Outputniveau verändert. Jetzt allerdings findet ${}_{t-1}P_t$ aufgrund von $\overline{W}_t$ Eingang in die Gleichung.

Im Falle endogener Erwartungen können wir wiederum Gleichung (9) durch Gleichung (36) ersetzen. Wieder ist die einzige Konsequenz das Ersetzen von β durch β'. Wiederholen wir nun die Schritte der Gleichungen (15)-(17), um eine neue Version der Gleichung (18) herzuleiten, so erkennen wir, daß es wiederum die Abweichungen des tatsächlichen Geldangebots M_t vom erwarteten sind, die Einfluß auf das Outputniveau haben. Warum ist dies der Fall? Der Erwartungswert des Geldangebots liegt den Preiserwartungen zugrunde, die ihrerseits den Kontraktlohnsatz $\overline{W}_t$ bestimmen, der seinerseits wiederum für die Verschiebung der Angebotskurve verantwortlich ist. Unerwartete Veränderungen von M verschieben die aggregierte Nachfragekurve relativ zur aggregierten Angebotskurve.

Was hat die Einführung des Lohnkontrakts mit Laufzeit von einer Periode in unser Modell also gebracht? Eine antizipierte Erhöhung des Geldangebots pflanzt sich durch das Modell hindurch fort und produziert einen Schätzwert für die er-

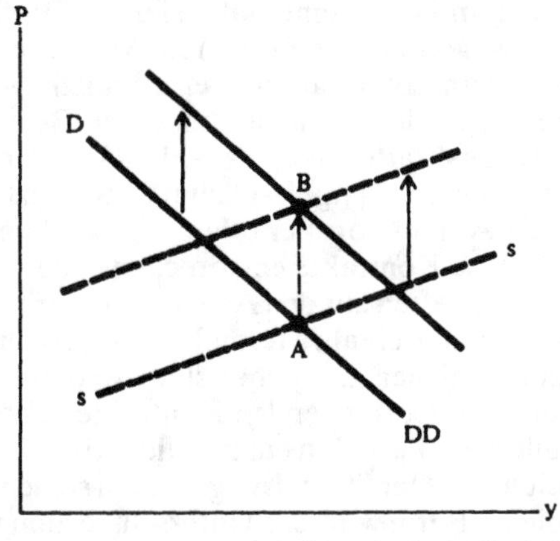

Abbildung 11-9: Endogene Erwartungen und einperiodische Lohnkontrakte.

wartete Erhöhung des Preisniveaus. Dieser Schätzwert findet Eingang in den Lohnkontrakt und verschiebt die ss-Kurve in Abbildung 11-9 nach oben. Werden die Berechnungen alle fehlerfrei durchgeführt, so verschieben sich Angebots- und Nachfragekurve wie im Fall flexibler Löhne genau um den gleichen Betrag und die antizipierte Erhöhung des Geldangebots hat keine Auswirkungen auf das Outputniveau.

Die Preise steigen wie erwartet und der Reallohn bleibt unverändert. Unser Modell produziert also im Fall von Lohnkontrakten über eine Periode die gleichen Ergebnisse wie im Fall flexibler Löhne.

Diese Equivalenz beruht auf der Tatsache, daß einperiodische Kontrakte nicht genug Lohnstarrheit erzeugen, um den politischen Instrumenten einen Vorteil in bezug auf die Reaktionszeit zu verschaffen. Wenn sich die Zentralbank in Periode t − 1 entscheidet, das Geldangebot in Periode t auszuweiten und das Publikum weiß von dieser Entscheidung, dann werden die Akteure Preiserwartungen bilden und diese in die Kontrakte für Periode t einarbeiten. Das Publikum reagicrt genauso schnell, wie die Zentralbank agiert. Aus diesem Grunde implizieren Lohnkontrakte über eine Periode im wesentlichen das gleiche Ergebnis wie flexible Löhne.

Langfristige Kontrakte und Wirtschaftspolitik

Das einfache Neuklassische Modell, das wir bis jetzt entwickelt haben, basiert im wesentlichen darauf, daß die Akteure bei ihren Entscheidungen zu Beginn jeder Periode völlig flexibel sind. Die einzige Einschränkung dieser Flexibilität besteht auf dem Arbeitsmarkt, wo Arbeitnehmer und Arbeitgeber Lohnkontrakte mit einer Laufzeit von einer Periode aushandeln und festschreiben. Am Ende jeder Periode werden also nicht nur die Erwartungen auf den neuesten Stand gebracht sondern auch gleich in Form von Kontrakten in das Modell eingearbeitet. Werden diese Kontrakte jede Periode neu ausgehandelt, so kann der Reallohn höchstens für die Dauer einer Periode von seinem Gleichgewichtsniveau abweichen. Eine überraschende Veränderung des Preisniveaus hat also nur kurzfristige Auswirkungen. Aus genau diesem Grunde hat systematische Wirtschaftspolitik in dieser Situation keinen Einfluß auf die realen Variablen. In diesem Abschnitt geben wir ein Beispiel, in dem Politik eine stabilisierende Rolle haben kann, wenn der Staat einen Vorteil gegenüber den privaten Akteuren hat. Wir werden cin Modell konstruieren, in dem Lohnkontrakte eine Laufzeit von zwei Perioden haben. Diese Kontrakte setzen den Nominalohnsatz zu Beginn von Periode t fest und verpflichten die Arbeitskräfte dazu, bis Ablauf der Periode t + 1 so viel Arbeit wie von den Unternehmen nachgefragt zum festgesetzten Lohnsatz zur Verfügung zu stellen. Nach Ablauf von Periode t + 1 wird dann wieder ein neuer Kontrakt vereinbart. Solche Kontrakte entsprechen in der Realität den Tarifvereinbarungen der Gewerkschaften mit den Arbeitgeberverbänden. In den USA ist ihre Laufzeit in der Regel auf drei Jahre festgelegt. Natürlich finden diese Vereinbarungen nicht alle zum gleichen Zeitpunkt statt, so daß wir in der Realität ein ganzes Kontinuum von sich überlappenden Kontrakten beobachten. Wir wollen hier annehmen, daß alle zwei Perioden ein für alle Arbeitskräfte bindender Kontrakt neu ausgehandelt wird. Der Staat dagegen kann seine Politik nach jeder Periode revidieren. In dieser Form wird der Unterschied zum vorhergehenden Fall mit Lohnkontrakten über eine Periode am deutlichsten.

Lohnkontrakte mit einer Laufzeit von zwei Perioden

Um die Analyse weiter zu vereinfachen, eliminieren wir jeglichen inflationären Trend aus unserem Modell. Dies impliziert, daß ${}_{t-1}P_t = {}_{t-1}P_{t+1}$ ist. Ohne inflationäre Erwartungen können wir davon ausgehen, daß die Kontrakt nicht indiziert sind. Dies bedeutet, daß die Kontrakte keine Klauseln enthalten, die es dem Nominallohnsatz erlauben, sich an das Preisniveau anzupassen. Weiter setzen wir, wie schon im vorangegangenen Abschnitt, den Nominallohnsatz zum Zeitpunkt des Vertragsschlusses gleich dem erwarteten Preisniveau:

$$\overline{W}_t = \overline{W}_{t+1} = {}_tP_{t+1} = {}_{t-1}P_{t+1}. \tag{37}$$

Gleichung (37) ist jetzt eine unserer grundlegenden Gleichungen und ersetzt Gleichung (35) aus dem vorangegangenen Abschnitt. Wir verwenden (37), um $\overline{W}_t$ in der Angebotsgleichung (33) zu ersetzen und erhalten

$$y_t = y_{t-1} + \beta' (P_t - {}_{t-1}P_t) + \varepsilon_t, \tag{38a}$$

$$y_{t+1} = y_t + \beta' (P_{t+1} - {}_{t-1}P_{t+1}) + \varepsilon_{t+1} \tag{38b}$$

Wir können nach den Werten für das Gleichgewicht bei rationalen Erwartungen auflösen. Ausgehend von der unveränderten Nachfragegleichung (13) erhalten wir für P_t und P_{t+1}

$$P_t = - \alpha (y_t - y_{t-1}) + M_t + \mu_t, \tag{39a}$$

$$P_{t+1} = - \alpha (y_{t+1} - y_t) + M_{t+1} + \mu_{t+1}. \tag{39b}$$

Als nächstes setzen wir diese Nachfragegleichungen in die Angebotsbeziehungen in (38a) und (38b) ein und lösen nach y_t und y_{t+1} auf:

$$y_t = y_{-1} + \frac{\beta'}{1 + \alpha\beta'} (M_t - {}_{t-1}P_t) \frac{1}{1 + \alpha\beta'} (\beta' \mu_t + \varepsilon_t), \tag{40a}$$

$$y_{t+1} = y_t + \frac{\beta'}{1 + \alpha\beta'} (M_{t+1} - {}_{t-1}P_{t+1}) + \frac{1}{1 + \alpha\beta'} [\beta' \mu_{t+1} + \varepsilon_t + 1]. \tag{40b}$$

Die Schritte entsprechen denen bei der Herleitung von Gleichung (14). Als nächstes leiten wir die endogenen rationalen Erwartungswerte für P_t und P_{t+1} aus den Nachfragebeziehungen her, indem wir einfach die Erwartungswerte zum Zeitpunkt $t - 1$ aller Variablen einschließlich der auf Periode $t+1$ datierten bilden:

$${}_{t-1}P_t = - \alpha ({}_{t-1}y_t - y_{t-1}) + {}_{t-1}M_t, \tag{41a}$$

$${}_{t-1}P_{t+1} = - \alpha ({}_{t-1}y_{t+1} - {}_{t-1}y_t) + {}_{t-1}M_{t+1}. \tag{41b}$$

Hier haben wir die Annahme verwendet, daß der Erwartungswert aller Störterme gleich null ist. Wie im ersten Abschnitt dieses Kapitels implizieren die beiden Ausdrücke für das aggregierte Angebot, daß in bezug auf das Outputniveau keine Veränderungen erwartet werden, selbst dann nicht, wenn wir von Periode t − 1 nach Periode t + 1 blicken, so daß

$$_{t-1}y_{t+1} = {}_{t-1}y_t = y_{t-1}. \tag{42}$$

Wieder ist der Erwartungswert des Störterms gleich null, obwohl wir wissen, daß mit größter Wahrscheinlichkeit ein Vorhersagefehler in irgend eine Richtung gemacht wird. Wir verwenden nun Gleichung (42), um Gleichungen (41a) und (41b) wie folgt zu schreiben:

$$_{t-1}P_t = -\alpha(y_{t-1} - y_{t-1}) + {}_{t-1}M_t = {}_{t-1}M_t, \tag{43a}$$

$$_{t-1}P_{t+1} = -\alpha({}_{t-1}y_t - {}_{t-1}y_t)_{t-1}M_{t+1} = {}_{t-1}M_{t+1}. \tag{43b}$$

Die Erwartungswerte von y_t und y_{t+1} (auf Basis von Informationen zum Zeitpunkt t − 1) sind gleich y_{t-1}, weil der Erwartungswert des Vorhersagefehlers in bezug auf das Preisniveau in den Gleichungen (22a) und (22b) gleich null ist. Aus diesem Grunde sind die erwarteten Abweichungen des Outputniveaus $(y_t - y_{t-1})$ und $(y_{t+1} - y_t)$ in den Nachfragegleichungen (39a) respektive (39b) ebenfalls gleich null. Es wird also erwartet, daß sich das Preisniveau wie in den Gleichungen (43a) und (43b) entsprechend dem Geldangebot verändert, genauso wie wir es in Gleichung (17) in einem der vorangegangenen Beispiele beobachtet haben. Setzen wir diese letzten beiden Beziehungen in Gleichungen (40a) und (40b) ein, so erhalten wir die Lösungen für y_t und y_{t-1} in vollständig reduzierter Form:

$$y_t = y_{t-1} + \frac{\beta'}{1+\alpha\beta'}(M_t - {}_{t-1}M_t) + \frac{1}{1+\alpha\beta'}(\beta'\mu_t + \varepsilon_t), \tag{44a}$$

$$y_{t+1} = y_t + \frac{\beta'}{1+\alpha\beta'}(M_{t+1} - {}_{t-1}M_{t+1}) + \frac{1}{1+\alpha\beta'}(\beta'\mu_{t+1} + \varepsilon_{t+1}). \tag{44b}$$

Bis jetzt erscheint es noch so, daß Kontrakte über zwei Perioden kaum einen Unterschied zum vorhergehenden Fall aufweisen. Aber schauen wir einmal etwas genauer hin. Gleichung (44a) entspricht ziehmlich genau der reduzierten Form des Beispiels mit flexiblen Löhnen in Gleichung (18). Gleichung (44b) ähnelt ebenfalls Gleichung (18). Allerdings wird der Erwartungswert des Geldangebots hier über zwei Perioden gebildet. In der zweiten Periode des Kontrakts werden geldpolitische Maßnahmen also Wirkung zeigen und zwar für die Zeitspanne der gesamten zweiten Periode. Die Akteure können zwar nach wie vor ihre Erwartungen auf den neuesten Stand bringen, so daß $_tM_{t+1}$ nicht gleich $_{t-1}M_{t+1}$ und $_tP_{t+1}$ nicht gleich $_{t-1}P_{t+1}$ sind. Da sie aber durch ihre Kontrakte auf zwei Perioden festgelegt sind, können sie diese neuen Erwartungen nicht in ihre Kontrakte einarbeiten, um $\overline{W}_{t+1}$ anzupassen. Aus diesem Grund kann Wirtschaftspolitik während der zweiten Periode stabilisierende Wirkung haben.

Während der ersten Periode des Kontrakts verhält sich die Wirtschaft genauso, als ob der Kontrakt nur eine Laufzeit von einer einzigen Periode hätte; Gleichung (44a) und Gleichung (18) sind identisch. Sytematische Geldpolitik zeigt in der ersten Periode keine Wirkung, da sowohl der Kontrakt als auch die Politik nur auf Variablen der Periode t-1 beruhen. Die Regierung hat also bei der Festsetzung ihrer Wirtschaftspolitik keinen Vorteil gegenüber dem privaten Sektor.

Zu Beginn der nächsten Periode allerdings, zum Zeitpunkt t + 1, basieren die Kontrakte immer noch auf den Werten, die in Periode t − 1 für t + 1 antizipiert wurden, während der Staat seine Geldpolitk den Ereignissen der Periode t anpassen kann. Kontrakte über zwei Perioden führen zu serieller Korrelation im Verhalten der Variablen y, wie wir es durch Ersetzen von y_t in Gleichung (44b) durch Gleichung (44a) erkennen können:

$$y_{t+1} = y_{t-1} + \frac{\beta'}{1+\alpha\beta'}(M_t - {}_{t-1}M_t) + \frac{\beta'}{1+\alpha\beta}(M_{t+1} - {}_{t-1}M_{t+1})$$

$$+ \frac{1}{1+\alpha\beta'}(\beta'\mu_t + \varepsilon_t)\frac{1}{1+\alpha\beta'}(\beta'\mu_{t+1} + \varepsilon_{t+1}). \tag{45}$$

Die Störterme der Periode t, μ_t und ε_t, beeinflussen y_{t+1} genauso, wie sie auf y_t einwirken, so daß y_t und y_{t+1} positiv korreliert sind. Selbst Geldpolitik, die auf einer bestimmten Regel basiert, zeigt hier stabilisierende Wirkung auf y_{t+1}. Dies ist der Fall, weil die Wahl von M_{t+1} von der tatsächlichen Realisation von y_t abhängig gemacht werden kann und somit indirekt auf die Schocks μ_t und ε_t reagiert wird. Arbeitnehmer und Unternehmer können zwar in Periode t die stabilitätspolitischen Maßnahmen antizipieren, sind aber zu diesem Zeitpunkt bereits an ihren Kontrakt gebunden und können nichts gegen die Wirksamkeit der Maßnahmen tun, wie es im Fall von Kontrakten über eine Periode möglich wäre.

Wenn die Regierung auf Basis ihrer Informationen in Periode t handelt, dann kann sie die Schocks der Periode t auf das Outputniveau in t + 1 $[(\beta' \cdot \mu_t + \varepsilon_t)/(1 + \alpha \cdot \beta')]$ konterkarieren. Da der Erwartungswert dieser Störterme gleich null ist, kann niemand vorhersagen, wie die stabilitätspolitischen Maßnahmen aussehen werden. Eine Politik, die in t − 1 vorhergesehen werden kann, ist wirkungslos. Dies wird durch Gleichung (45) betont. Wird y_t beobachtet, so kann eine korrigierende Maßnahmen beschlossen werden, da bekannt ist, daß y_t und y_{t+1} positiv korreliert sind. Die optimale Geldpolitik würde die Effekte des Störterms einer Periode auf die andere genau ausbügeln. In Periode t muß die Regierung M_t, ${}_{t-1}M_t$ und ${}_{t-1}M_{t+1}$ als gegeben hinnehmen und sie weiß noch nichts über μ_{t+1} und ε_{t+1}. Die Regierung kann aber M_{t+1} setzen und zwar so, daß der Ausdruck $[(\beta' \cdot \mu_t + \varepsilon_t)/(1 + \alpha \cdot \beta')]$ in Gleichung (45) verschwindet.

Modelle mit langfristigen Kontrakten bescheren uns also die dauerhaften ökonomischen Schwankungen, die unser einfaches Modell mit flexiblen Löhnen oder das Modell mit Kontrakten über eine Periode nicht zu erzeugen vermochten. Eine optimale Politik zielt darauf, diese serielle Korrelation zu eliminieren, indem das Geldangebot verringert wird, wenn der Output der Vorperiode außergewöhnlich hoch war und vice versa. Der mittlere reale Output bleibt unverändert, die Varianz wird reduziert. Die längeren Kontrakte lassen die Volkswirtschaft vom klassischen Gleichgewichtsniveau des Outputs abweichen. Die optimale Politik zielt darauf, die Auswirkungen dieser Kontrakte über mehrere Perioden zu reduzieren.

Politik ist dann am effektivsten, wenn am meisten auf dem Spiel steht. Wenn Schocks nur Auswirkungen auf eine Periode haben, dann paßt sich die Volkswirtschaft zu schnell an, als daß geldpolitische Maßnahmen irgend etwas vermögen könnten. Weil sie aber nur Auswirkungen auf eine Periode haben, erzeugen diese Schocks auch nur relativ geringe Schwankungen nach oben und nach unten. Bei

Kontrakten über zwei Perioden haben Schocks dauerhafte Auswirkungen und haben deshalb auch ein entsprechend größeres Gewicht. In diesem Fall gibt es allerdings auch Möglichkeiten, um die Auswirkungen abzuschwächen und die Volkswirtschaft dem einfachen Neuklassischen Modell näher zu bringen.

Überlappende Kontrakte

Wir haben bereits darauf hingewiesen, daß sich die Volkswirtschaft in permanentem Wandel befindet, mit Arbeitskräften, die ihren Arbeitsplatz wechseln, Unternehmen, die wachsen oder schrumpfen und zahlreichen Kontrakten mit unterschiedlichen Anfangs- und Endzeitpunkten. Mit sich überlappenden Kontrakten ist der Output in jeder Periode seriell korreliert, da zu jedem Zeitpunkt Arbeitskräfte an Kontrakte gebunden sind. Werden die Kontrakte zum Beispiel auf zwei Perioden festgeschrieben und in jeder Periode bindet sich ein Teil der Arbeitskräfte an einen neuen Kontrakt, so erhalten wir im allgemeinen folgende aggregierte Angebotsfunktion:

$$y_t = y_{t-1} + \beta\,(P_t - {}_{t-1}P_t) + u_t + \lambda u_{t-1}. \qquad (46)$$

Hier stellen μ_t und μ_{t-1} eine Kombination aus Angebots- und Nachfragestörungen der Perioden t beziehungsweise t − 1 dar. Die Störungen der einen Periode wirken in die nächste Periode hinein und sind bekannt, wenn politische Maßnahmen getroffen werden. In jeder Periode kann das Geldangbot angepaßt werden, um den Output zu stabilisieren. Es gibt immer Arbeitskräfte, deren Nominallohn zwei Perioden festgelegt wurde. Der Reallohn dieser Arbeitskräfte kann durch entschiedene geldpolitische Maßnahmen an sein langfristig erwartetes Gleichgewichtsniveau angepaßt werden. Output und Beschäftigung werden dadurch näher an ihrem Gleichgewichtsniveau gehalten und die dauerhaften ökonomischen Schwankungen werden reduziert.

Lokale und aggregierte Preisschwankungen

Langfristige Kontrakte stellen eine Möglichkeit dar, um von der senkrechten aggregierten Angebotsfunktion zu einem Modell zu gelangen, in dem politische Maßnahmen eine stabilisierende Rolle haben. Im allgemeinen hängt die Beschreibung der Volkswirtschaft in reduzierter Form von den Details der Kontrakte und vom Aktionsspielraum der Regierung relativ zu dem der privaten Akteure ab.

Es gibt aber noch andere Wege, das gleiche Ergebnis zu erhalten. In Kapitel 6 zum Beispiel haben wir darauf hingewiesen, daß sich Unternehmen im allgemeinen eher um ihre eigenen Preise Sorgen machen, als daß sie sich um das allgemeine Preisniveau kümmern. Nehmen wir einmal an, sowohl lokale Preise als auch das aggregierte Preisniveau unterlägen stochastischen Störungen, während Kontrakte mit nur einer Periode Laufzeit abgeschlossen werden, so daß sie $W_t = {}_{t-1}P_t$ festlegen. Die Löhne hängen also vom Preisindex ab. Eine Unternehmung wird ihren Output erhöhen wollen, wenn ihr eigener Preis im Vergleich zu den Preisen der Konkurrenten steigt, nicht aber, wenn der eigene Preis im Zuge allgemeiner Inflation steigt. Die Unternehmung hat das Problem, daß sie in einer Periode nur das lokale Preisniveau kennt und nicht weiß, wie sich dieses zum allgemeinen Preisniveau verhält. Die optimale Lösung dieses Inferenzproblems besteht für die Unternehmung darin, einen Teil der beobachteten Preisveränderung der Inflation zuzuordnen und den Rest als eine Verschiebung der relativen Preise zu interpretieren. Der Output variiert nur in bezug auf die letzteren. Die exakte Lösung dieses Problems ist eher komplex, das Ergebnis bietet jedoch einige Intuition: Der Teil der Preisveränderung, der der Variation des aggregierten Preisniveaus zugeschrieben wird, entspricht dem Anteil der Varianz des aggregierten Preisniveaus an der Varianz des eigenen Preisniveaus. Dieser Anteil wird um so geringer sein, je niedriger die Varianz der Inflationsrate und je höher die Varianz des eigenen lokalen Preisniveaus ist. Da sich dic Unternehmung lediglich für den relativen Preis interessiert, wird die Veränderung des Outputs als Antwort auf eine Veränderung des lokalen Preisniveaus negativ korreliert mit der Varianz des aggregierten Preisniveaus und positiv korreliert mit der des sektoralen Preisniveaus sein. Relative Preise verändern sich ständig und so auch die Situation in einzelnen Sektoren der Volkswirtschaft. Die Lucassche Angebotsfunktion entsteht weil sich keine Unternehmung völlig sicher ist, wie das lokale Signal zu interpretieren ist. Dies schlägt sich in einem aggregierten "Fehler" des Outputniveaus nieder.

All dies läßt einen anderen Grund erahnen, warum die reduzierten Formen unserer Gleichungen zu falschen politischen Entscheidungen führen können. Systematische Makropolitik verändert nicht nur das erwartete Preisniveau in unseren Gleichungen sondern hat auch Einfluß auf die Werte der Parameter dieser Gleichungen, die das Verhalten des privaten Sektors beschreiben. Ist zum Beispiel das Geldangebot weniger variabel, so ist es auch das Preisniveau. Aus diesem Grund wird der Anteil der beobachteten Preisveränderungen der als sektorspezifische Veränderung des relativen Preisniveaus interpretiert werden kann steigen. Der aggregierte Output wird in der Folge empfindlicher auf überraschende Veränderungen der Inflationsrate reagieren als zuvor.

Auch mikroökonomische Politik hat wesentliche Auswirkungen darauf, wie Arbeitskräfte und Unternehmer reagieren. Ein vollkommenes Substitut für die stabilisierende monetäre Regel des letzten Abschnitts wäre, die maximale Laufzeit von Kontrakten auf eine Periode festzulegen. Damit wären wir wieder bei unserem einfachen Neuklassischen Modell, das wir zu Anfang des Kapitels vorgestellt haben. Es ist auch vorstellbar, daß die Anlage des Steuersystems oder des Wohlfahrtssystems das Ausmaß und die Dauer der Auswirkungen exogener Störungen beeinflußt.

Schlußbetrachtung: Rationale Erwartungen und die Neuklassische Sichtweise

Die in den letzten 15 Jahren entwickelte Neuklassische Doktrin ist eine strikte, analytische und innovative Lehrmeinung, die einigen politischen Einfluß hat. Die Neuklassische Schule geht über die alte klassische Betrachtungsweise hinaus, indem sie die intertemporale Natur ökonomischer Aktivitäten betont und untersucht und ihren Modellen explizit endogene Erwartungen als die treibende Kraft zugrunde legt. Die Neuklassiker waren auch die ersten, die rationale Erwartungen in die Makroökonomik eingeführt haben. Allerdings ist die Hypothese rationaler Erwartungen nicht gleichbedeutend mit dem Neuklassischen Resultat der Wirkungslosigkeit der Politk. Die meisten Ökonomen akzeptieren heute die eine oder andere Form rationaler Erwartungen oder behandeln die Bildung von Erwartungen zumindest als ein wichtiges Element bei der Erklärung ökonomischer Phänomene. Die Neuklassische Sichtweise der Wirkungslosigkeit der Politik stammt von einem Modell, das nicht nur rationale Erwartungen annimmt sondern auch vollständige Flexibilität von Preisen und Löhnen bei Vollbeschäftigung und den kostenlosen und symmetrischen Fluß von Informationen in der Volkswirtschaft. Kritiker der Neuklassischen Schule haben gezeigt, wie Abweichungen von diesem klassischen Paradigma das unausweichliche Resultat von zum Beispiel Inferenzproblemen oder Problemen asymmetrischer Informationsverteilung im allgemeinen mit sich bringen.

Unsere Diskussion starrer Löhne, starrer Preise und der Rolle von Kontrakten zeigt ebenfalls, daß Erwartungen zwar rational sein können, die Ergebnisse aber dennoch von denen der Neuklassiker abweichen. Es ist ebenso unklar, inwiefern leichte Abweichungen von der Annahme vollständiger Rationalität auf aggregierter Ebene oder zumindest bei einem Großteil der Bevölkerung Auswirkungen auf den Aussagegehalt Neuklassischer Modelle haben. Wenn zum Beispiel die Erwartungen innerhalb der Bevölkerung um ein rationales Mittel verteilt sind, dann ist es nicht mehr eindeutig klar, daß wir die Volkswirtschaft so betrachten können, als ob jeder einheitlich und ohne Verzerrung seine bestmögliche Prognose aufstelle. Bis jetzt können wir lediglich feststellen, daß es keinen Grund dafür gibt, die Annahme rationaler Erwartungen voll und ganz und in jeder Situation zu akzeptieren. Dies gilt insbesondere dann, wenn die Volkswirtschaft in Gebiete ausgeweitet wird, für die es keine historischen Daten gibt. Außerdem können wir festhalten, daß das Neuklassische Ergebnis der Wirkungslosigkeit der Politik zwingendermaßen schwächer als das Argument für die Annahme rationaler Erwartungen ist.

Ausgewählte Literatur

D. K. H. Begg, *The Rational Expectation Revolution in Macroeconomics* (Baltimore: The Johns Hopkins University Press, 1982).

A. S. Blinder, „Keynes, Lucas, and Scientific Progress," *American Economic Review*, May 1987.

S. Fischer, „Long-Terrn Contracts, Rational Expectations, and the Optimal Money Supply Rule," *Journal of Political Economy*, February 1977.

R. E. Lucas, Jr., „Some International Evidence on Output-Inflation Tradeoffs," *American Economic Review*, June 1973.

B. T. McCallum, „The Significance of Rational Expectations Theory," *Challenge*, 1-2/1980.

A. M. Okun, *Prices and Quantities* (Washington, D.C.: The Brookings Institution, 1981), Chapters 3-4.

T. J. Sargent and N. Wallace, „Rational Expectations and the Theory of Economic Policy," *Journal of Monetary Economics*, April 1976.

J. B. Taylor, „Staggered Wage Setting in a Macro Model," *American Economic Review*, May 1979.

Teil III
Sektorale Nachfragefunktionen und Erweiterungen des statischen Modells

Kapitel 12
Der Konsum und die Konsumausgaben

In Teil II haben wir die Konsumausgaben als eine Funktion des Einkommens abzüglich der Steuern dargestellt:

$$c = c(y - t(y)) \quad 0 < c' < 1, \tag{1}$$

Hier steht c für die realen Konsumausgaben, y für das reale Einkommen und t (y) für die Steuerfunktion. Diese allgemeine Formulierung war hinreichend für die qualitative Analyse der Einkommensbestimmung in Teil II. Wir wollen die Konsumfunktion nun etwas genauer betrachten.

Die Konsumfunktion ist ein hervorragendes Beispiel einer typischen Sequenz verschiedener Entwicklungsstufen eines ökonomischen Konzepts. Zuerst gelang Keynes 1936 ein konzeptueller Durchbruch, worauf es offensichtlich erschien, daß für die nächsten Jahre eine der Schlüsselbeziehungen der makroökonomischen Analyse die Beziehung zwischen Einkommen und Konsumausgaben sein würde. Wie wichtig diese Beziehung für die Makroökonomik ist, sollte aus der Diskussion in Teil II ersichtlich sein. Der zweite Schritt in der Sequenz bestand darin, statistische Informationen über das Konsumentenverhalten und die Beziehungen zwischen Konsum, Ersparnis und Einkommen zu sammeln und zu analysieren. Diese Arbeiten waren bei Ende des Zweiten Weltkrieges abgeschlossen und brachten ein interessantes, scheinbar widersprüchliches Ergebnis zum Vorschein: Das Verhältnis der Konsumausgaben zum Einkommen variierte entgegengesetzt zum zyklischen Einkommen und dem Einkommen nach Familienquerschnittsdaten. Im Durchschnitt aber schien das Verhältnis der Konsumausgaben zum Einkommen konstant zu bleiben, wenn das Einkommen über eine längere Periode betrachtet anstieg. Der nächste Schritt der Forschung bestand darin, präzisere Theorien zu entwickeln, die das oben beschriebene Verhalten der Daten erklären konnten. In den folgenden Jahren kristallisierten sich drei verschiedene Theorien heraus. Ihre Autoren sind Duesenberry (1949), Friedman (1957) und Ando, Brumberg und Modigliani mit einer Reihe von Aufsätzen zu Anfang der fünfziger Jahre. Diese Theorien weisen Ähnlichkeiten und Unterschiede auf, differieren aber vor allem in bezug auf stabilitätspolitische Implikationen. Der nächste Schritt der Forschung, mit dem bereits Mitte der dreißiger Jahre begonnen worden war, bestand darin, die neuen Theorien statistisch zu testen und die geschätzten Konsumfunktionen in ökonometrische Modelle der Volkswirtschaft zu integrieren.

In diesem Kapitel verfolgen wir die einzelnen Schritte dieser Entwicklung. Zunächst betrachten wir den Hintergrund und die Fakten, wie sie im Jahre 1945 bekannt waren. Wir entwickeln eine mikroökonomische Basis der Konsumfunktion. Danach untersuchen wir die drei wesentlichen Betrachtungsweisen der Theorie des Konsumentenverhaltens basierend auf diesem mikroökonomischen Modell. Hier werden wir auf die Unterschiede zwischen dem Arbeitseinkommen und dem Einkommen aus Vermögen, dem gegenwärtigen und dem permanenten Einkommen, dem Verhältnis zwischen Lebenszyklus und Konsum und der Rolle rationaler Erwartungen zu sprechen kommen. Der nächste Abschnitt betrachtet alternative Betrachtungsweisen zu den auf dem mikroökonomischen Modell basierenden. Wir untersuchen die Rolle von Liquiditätsnebenbedingungen und die Idee, daß Konsumenten auf ihre relative Einkommensposition achten. Der darauffolgende Abschnitt diskutiert die Interpretation einer Konsumfunktion, die aus einer Situation des Ungleichgewichts bei starren Löhnen und Preisen hergeleitet wurde. Diese Interpretation wird unser Verständnis der kurzfristigen Dynamik des Multiplikators verbessern. Danach präsentieren wir wieder im üblichen Gleichgewichtsrahmen aktuelle empirische Arbeiten über die Konsumfunktion, insbesondere den Lag der Konsumausgaben in bezug auf das Einkommen. Die letzten beiden Abschnitte dieses Kapitels beschäftigen sich mit den Implikationen der theoretischen und empirischen Arbeiten für die Funktionsweise unseres statischen Modells in Kapitel 8 und die Wirtschaftspolitik.

Querschnittsdaten, Zyklen und Trends

Die Konsumausgaben betragen in den USA etwa 65% des BSP. Jede Analyse, die sich mit den Bestimmungsfaktoren des BSP beschäftigt, muß sich also früher oder später mit den Konsumausgaben auseinandersetzen. Keynes machte 1936 die Konsumfunktion zum Grundelement seiner auf dem Verhältnis von Einkommen zu Ausgaben basierenden Analyse der Bestimmung des Volkseinkommens. Wir haben bereits in Teil II gesehen, daß die Konsumfunktion der wesentliche Baustein der Multiplikatoranalyse ist.

Abbildung 12-1 zeigt die von Keynes vorgestellte kurzfristige Konsumfunktion. Hier sind die realen Konsumausgaben c gegen das reale Einkommen y abgetragen. Diese Funktion spiegelt die Beobachtung wider, daß die Konsumenten mit

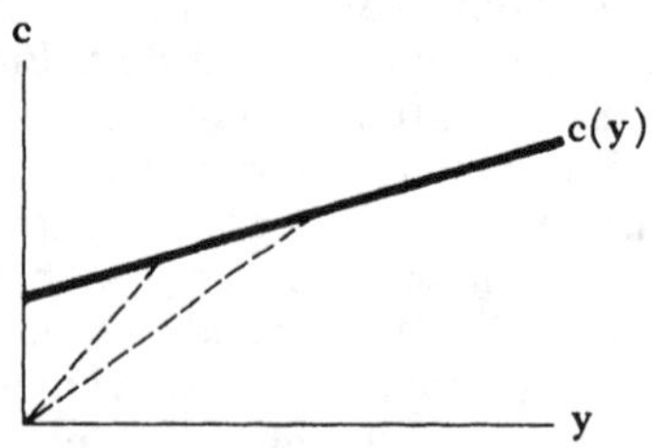

Abbildung 12-1: Die Keynesianische Konsumfunktion.

steigendem Einkommen dazu tendieren, einen geringeren Anteil ihres Einkommens auf den Konsum zu verwenden oder daß umgekehrt der Anteil der Ersparnis am Einkommen mit steigendem Einkommen zunimmt. Die Steigung der Verbindungslinie zwischen Ursprung und einem Punkt auf der Konsumfunktion gibt die Durchschittsneigung zum Konsum APC (Average propensity to consume) wieder und ist durch das Verhältnis c/y gegeben. Die Steigung der Konsumfunktion selbst bezeichnen wir als die Grenzneigung zum Konsum MPC (Marginal propensity to consume).

Verwenden wir die Schreibweise aus Teil II, so erhalten wir $c = c(y)$ und $MPC \equiv c'$. Wir erkennen aus der Abbildung, daß die Grenzneigung zum Konsum geringer als die Durchschnittsneigung zum Konsum ist. Wenn das Einkommen steigt und c/y sinkt, dann ist das Verhältnis c' (Zunahme von c zur Zunahme von y) geringer als c/y. Keynes sah dies als das kurzfristige Verhalten der Konsumausgaben im Verlauf eines Konjunkturzyklus an. Er argumentierte, daß die Konsumenten ihren Konsumstandard aufrechterhielten, wenn das Einkommen unter das Niveau vergangener Perioden fällt, indem sie einfach die Konsumausgaben nicht proportional zur Verringerung des Einkommens senkten. Das gleiche gelte umgekehrt, wenn das Einkommen steigt.

Eine ähnliche Argumentationsweise können wir auf Querschnittsanalysen anwenden. Bei gegebenem gesellschaftlichen Konsumstandard können wir annehmen, daß höhere Einkommensklassen dazu tendieren, mehr zu sparen als niedrige. In den späten dreißiger Jahren wurden Querschnittsanalysen des Budgets der Haushalte durchgeführt, um zu untersuchen, ob Keynes Annahme, die Reichen sparten proportional mehr als die Armen, richtig war. Im allgemeinen schienen diese Budgetstudien die Theorie zu bestätigen.

Die Akzeptanz der Theorie, daß $MPC < APC$ ist, so daß c/y bei steigendem Einkommen fällt, führte um 1940 zur Stagnationshypothese. Es war beobachtet worden, daß das Verhältnis der Konsumnachfrage zum Einkommen bei steigendem Einkommen fallen müßte, folgte der Konsum wirklich dem oben beschriebenen Muster. Wir werden im folgenden sehen, welches Problem die Stagnationshypothese in bezug auf die Fiskalpolitik implizierte. Gehen wir davon aus, daß

$$y = c + i + g, \quad \text{oder} \quad 1 = \frac{c}{y} + \frac{i}{y} + \frac{g}{y}$$

die Bedingung für gleichgewichtiges Wachstum des realen Outputs y ist und daß es keinen Grund gibt, anzunehmen, i/y stiege im Laufe der Zeit an, dann müßte g/y zunehmen, um das Sinken von c/y auszugleichen und damit die Vollbeschäftigungsnachfrage bei steigendem y aufrechtzuerhalten. Mit anderen Worten, wenn die Staatsausgaben nicht schneller zunehmen als das Einkommen, wird die Volkswirtschaft stagnieren.

Als die Staatskäufe während des Zweiten Weltkrieges auf einem hohen Niveau waren, expandierte die Volkswirtschaft entsprechend stark. Dennoch fürchteten zahlreiche Ökonomen gemäß der Stagnationshypothese, daß die Volkswirtschaft nach Ende des Krieges, wenn die Staatsausgaben wieder reduziert würden, in eine Depression fiele. Es geschah jedoch genau das Gegenteil. Die private Nachfrage nahm nach Ende des Krieges kräftig zu und führt zu Inflation statt Rezession. Was war geschehen? Eine plausible Erklärung dieses Phänomens besagt folgendes: Die Konsumenten waren aufgrund von Rationierungen dazu gezwungen ihr überschüssiges Einkommen zu sparen und sie taten dies, indem sie es in Finanzanlagen in Form von Staatspapieren anlegten. Nach Ende des Krieges hielt das Publikum einen Überschuß von Wertpapieren, den es in höhere Konsumnachfrage umsetzte. Dieses Phänomen suggeriert, daß Finanzanlagen genauso wie Einkommen etwas mit dem Konsum zu tun haben. Mit anderen Worten halten wir das Einkommen konstant, so sind die Konsumausgaben eine Funktion der Finanzanlagen oder auch des Vermögens.

Im Jahre 1946 veröffentlichte Simon Kuznetz eine Studie über das Konsum und Sparverhalten seit dem amerikanischen Bürgerkrieg. Die Analyse der Daten brachte zwei entscheidende Punkte zum Vorschein. Erstens war das Verhältnis der Konsumausgaben zum Einkommen c/y (APC) im Durchschnitt auf lange Sicht gesehen konstant, zeigt also keinen abnehmenden Trend, so daß die Grenzneigung zum Konsum entlang dem Wachstumstrend des Einkommens gleich der Durchschnittsneigung zum Konsum war. Dies bedeutete, daß die Konsumfunktion $c = c(y)$ entlang dem Trend eine Gerade durch den Ursprung ist, wie in Abbildung 12-2 dargestellt. Zweitens suggerierte Kuznets Studie, daß c/y vornehmlich in Hochkonjunkturperioden unterhalb des langfristigen Durchschnittswertes und in konjunkturell schwächeren Jahren über dem langfristigen Durchschnittswert lag.

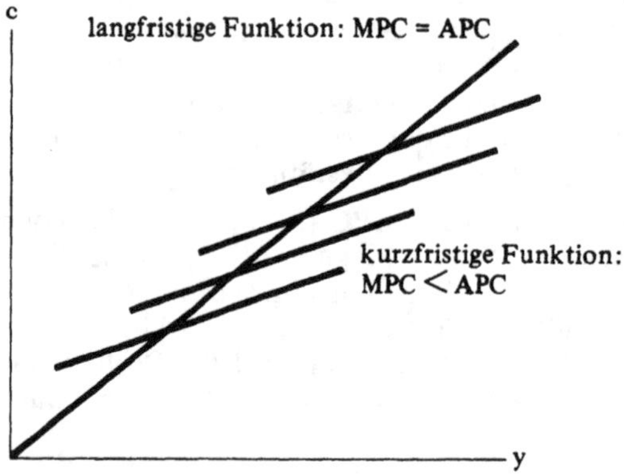

Abbildung 12-2: Langfristige und kurzfristige Konsumfunktionen.

Dies bedeutete, daß das Verhältnis c/y während zyklischer Schwankungen entgegengesetzt zum Einkommen variierte, so daß empirische Untersuchungen kurzfristig gesehen (etwa auf die Dauer eines Konjunkturzyklus) den Konsum als eine Funktion des Einkommens mit Steigung entsprechend der kurzfristigen Konsumfunktion in Abbildung 10-2 ergeben würden. Ende der vierziger Jahre war klar, daß eine Konsumtheorie folgende drei Phänomene zu erklären hatte:

1. Querschnittsuntersuchungen des Budgets der Haushalte ergaben, daß s/y mit steigendem Einkommen zunimmt, so daß also in Querschnittsdaten der Bevölkerung MPC < als APC sein muß.
2. Analysen des Konjunkturzyklus zeigten, daß das Verhältnis c/y während einer Hochkonjunktur unterhalb des langfristigen Wertes liegt und in Perioden schwacher Konjunktur oberhalb dieses Wertes, so daß in bezug auf kurzfristige Schwankungen von y MPC < APC gelten muß.
3. Langfristige Trenddaten weisen c/y als stabil aus. In bezug auf das langfristige Trendwachstum des Outputs muß also MPC = APC gelten.

Zusätzlich sollte eine Theorie des Konsumentenverhaltens die offensichtlichen Effekte des Vermögens auf den Konsum erklären können.

Das grundlegende Modell des Konsumentenverhaltens

Die von Duesenberry, Friedman und Modigliani u.a. zur Erklärung dieser Phänomene entwickelten Theorien basieren alle auf der mikroökonomischen Theorie des Haushalts. Insbesondere Friedman und Modigliani beginnen mit der expliziten Annahme, daß das beobachtete Konsumentenverhalten das Ergebnis eines Nutzenmaximierungskalküls der Konsumenten ist, in dem diese versuchen, die Einnahmen, die sie voraussichtlich im Laufe ihres Lebens haben werden (ihr Lebenszeiteinkommen), optimal auf den Konsum in den einzelnen Perioden zu verteilen. Wir können also bei der Diskussion dieser drei Theorien von ihrem gemeinsamen Ausgangspunkt, der Theorie des Haushalts, ausgehen und die Theorien dann getrennt weiter verfolgen, wenn sie sich in unterschiedliche Richtungen entwickeln.

Optimierung des Konsumplans: Ein zweiperiodiges Beispiel

Wir folgen hier dem Originalbeitrag von Irving Fisher und betrachten zunächst einen einzelnen Konsumenten mit folgender mehrperiodiger Nutzenfunktion:

$$U = U(c_0, \ldots, c_t, \ldots, c_T). \tag{2}$$

Hier steht U für den Lebenszeitnutzen und ist eine Funktion des realen Konsums c in allen Perioden bis hin zur Periode T, dem Moment kurz bevor das Individuum stirbt. Der Konsument wird versuchen, seinen Nutzen zu maximieren und zwar unter der Nebenbedingung, daß der Gegenwartswert seines Konsumstroms den Gegenwartswert seines Einkommensstroms nicht übersteigen darf; das bedeutet also:

$$\sum_{0}^{T} \frac{c_t}{(1+r)^t} = \sum_{0}^{T} \frac{y_t}{(1+r)^t}. \tag{3}$$

Hier steht T für die erwartete Lebenszeit des Individuums. Der Begriff des Gegenwartswertes wurde bereits in Kapitel 4 diskutiert. Diese Nebenbedingung besagt, daß der Konsument seinen Einkommensstrom auf einen beliebigen Konsumplan verteilen kann, indem er entweder spart oder entspart, wobei jedoch der Gegenwartswert des Konsumplans durch den Wert des Lebenszeiteinkommens beschränkt ist. Damit diese Beschränkung als Gleichung hält, müssen wir die Annahme treffen, daß der Konsument, macht er eine Erbschaft, eine Erbschaft in gleicher Höhe hinterläßt.

Wir haben es also mit einem Individuum zu tun, das versucht, sein erwartetes Lebenszeiteinkommen in optimaler Weise auf einen Konsumplan zu verteilen. Wir können uns vorstellen, daß das Einkommen zu Lebensbeginn und Lebensende niedrig ist, während es in der mittleren Lebensphase hoch ist. Das Individuum wird versuchen, eine gleichmäßige Verteilung des Konsums auf die einzelnen Perioden zu erreichen und wird dementsprechend sparen oder entsparen.

Um die wesentlichen Punkte herauszustellen, langt es, wenn wir einen zweiperiodigen Fall betrachten. Der Einkommensstrom des Konsumenten beträgt y_0, y_1

und er strebt die Maximierung des Nutzens U (c_0, c_1) unter der Nebenbedingung folgender Bilanzgerade an:

$$c_0 + \frac{c_1}{1+r} = y_0 + \frac{y_1}{1+r}.$$

In Abbildung 12-3 ist der Einkommensstrom y_0, y_1 durch Punkt A dargestellt. Dieser Punkt bezeichnet die Höhe des Einkommens des Individuums in der ersten Periode y_0 und die Höhe des Einkommens in der zweiten Periode y_1. Wir nehmen an, unser Konsument könne zum geltenden Marktzinssatz entweder Geld aufnehmen (entsparen) oder sparen. Ist sein Einkommen in der ersten Pe-

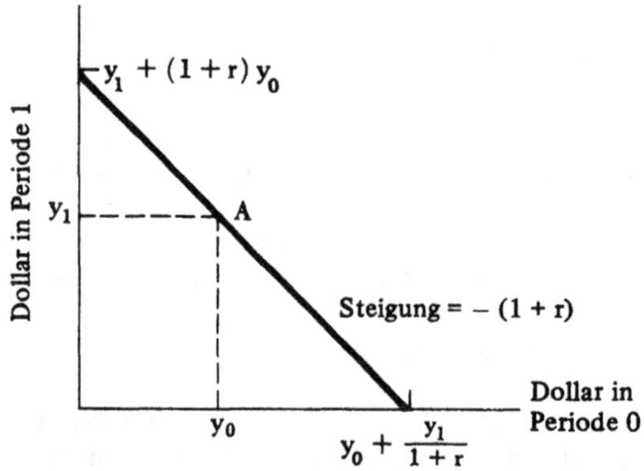

Abbildung 12-3: Zweiperiodiger Konsum.

riode also höher als der Wert der Güter und Dienstleistungen, die er in dieser Periode konsumieren möchte, so kann er das überschüssige Einkommen zum Zinssatz r anlegen (sparen):

$$s_0 = y_0 - c_0 \equiv \text{Geld gespart in Periode 0} \tag{4}$$

Spart er diesen Betrag, so erhält er in Periode 1 $s_0 (1 + r)$ zurück, so daß sein Konsum in Periode 1 sein Einkommen in dieser Periode um genau diesen Betrag überschreiten kann. Wir bezeichnen dieses „zusätzliche Einkommen" in Periode 1 als Entsparen s_1:

$$s_1 = -(1 + r) s_0 = y_1 - c_1. \tag{5}$$

Das Minuszeichen in Gleichung (5) bedeutet, daß das Entsparen der Periode 1 das umgekehrte Vorzeichen des Sparens in Periode 0 haben muß. Dividieren wir den Ausdruck für s_1 durch s_0, so erhalten wir

$$\frac{s_1}{s_0} = -\frac{s_0(1+r)}{s_0} = \frac{y_1 - c_1}{y_0 - c_0}, \tag{6}$$

den trade-off zwischen Gegenwarts- und Zukunftskonsum.

Aus der rechten Gleichung in (6) erhalten wir nach Kürzen der s_0 und multiplizieren mit $(y_0 - c_0)$

$$y_1 - c_1 = -(1 + r)(y_0 - c_0). \tag{7}$$

Diese Gleichung besagt, daß unser Konsument, wenn er den Konsum in Periode 0 um den Betrag $s_0 = y_0 - c_0$ unter das Einkommen der Periode reduziert, in Periode I einen Überschuß von Konsum über Einkommen $c_1 - y_1$ in Höhe von $s_0 (1 + r)$ haben kann. Mit anderen Worten, er kann sich von Punkt y_0, y_1 entlang der Bilanzgerade, deren Steigung $-(1 + r)$ ist, zu jedem beliebigen Konsumpunkt c_0, c_1 bewegen.

Wir können die Bilanzgerade auch noch auf andere Weise herleiten. Nehmen wir an, unser Konsument wolle 100% seines Lebenszeiteinkommens in Periode 0 konsumieren und nehme zu diesem Zweck einen Kredit zum Zinsatz r auf. Der maximale Betrag, den er in Periode 0 konsumieren kann ist durch $y_0 + y_1/(1 + r)$ gegeben. Bei diesem Betrag schneidet die Bilanzgerade die Achse der Periode 0. Wenn er sich umgekehrt dafür entscheidet, nichts in Periode 0 zu konsumieren und alles für Periode 1 aufzusparen, dann kann er in Periode 1 maximal $y_1 + (1 + r)\, y_0$ konsumieren. Dies bezeichnet den Schnittpunkt der Bilanzgerade mit der Achse der Periode 1. Die Bilanzgerade in Abbildung 12-3 beschränkt also die Menge aller möglichen Konsummöglichkeiten, die einem Individuum mit Einkommen y_0, y_1 zur Verfügung stehen. Sein Konsumpunkt c_0, c_1 kann nicht oberhalb der Bilanzgerade liegen.

Aus der Nutzenfunktion des Individuums $U = U(c_1, c_2)$ erhalten wir eine Schaar von Indifferenzkurven, die jeweils die Punkte angeben, bei denen der Konsument indifferent bezüglich der Zusammensetzung seines Konsumplans ist. Das heißt, daß alle Punkte entlang einer bestimmten Indifferenzkurve Kombinationen von Konsumniveaus in den beiden Perioden darstellen, die dem Konsumenten den gleichen Nutzen bescheren. Die Kurven U_0, U_1 und U_2 in Abbildung 12-4 entsprechen konzeptuell den Kurven, die wir in Kapitel 6 eingeführt haben. Bewegen wir uns von U_0 über U_1 nach U_2, so erhöht sich das Nutzenniveau des Individuums.

Wie wir bereits erwähnt haben, sind alle Punkte unterhalb und auf der Bilanzgerade in Abbildung 12-4 für den Konsumenten erreichbar. Dies bedeutet, daß das Individuum jede Konsumkombination aus dieser Punktemenge wählen kann.

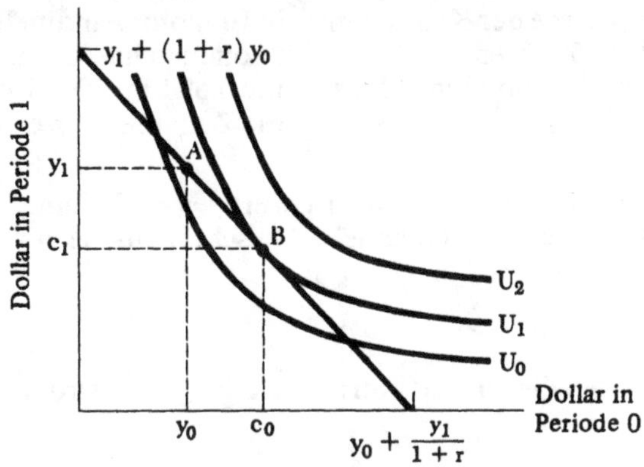

Abbildung 12-4: Zweiperiodiger Konsum mit Nutzenmaximierung.

Um seinen Nutzen zu maximieren, wird er seinen Konsum entsprechend einem Punkt auf der Bilanzgerade wählen, bei dem diese gerade die Tangente einer der Nutzenindifferenzkurven bildet, wie es zum Beispiel bei Punkt B in Abbildung 12-4 der Fall ist. Hier ist der Konsumplan des Individuums durch c_0, c_1 gegeben. Da sein Einkommen in Periode 1 wesentlich höher als in Periode 0 ist, muß der Konsument in Periode 0 den Betrag $c_0 - y_0$ zum Zinssatz r aufnehmen. In Periode 1 zahlt er dann $y_1 - c_1 = (1 + r) \cdot (c_0 - y_0)$ zurück. Der Konsumplan des Konsumenten wird inklusive des Gegenwartskonsums c_0 durch die Position der Bilanzgerade und die Lage der Indifferenzkurven bestimmt.

Die Lage der Bilanzgerade in Abbildung 12-4 wird durch drei Variablen bestimmt: Das Einkommen der beiden Perioden und den Zinssatz. Wir erkennen dies, wenn wir uns vor Augen führen, daß Punkt A auf der Bilanzgerade die Koordinaten y_0, y_1 hat, die Werte des Einkommens in den beiden Perioden. Die Steigung der Bilanzgerade $-(1 + r)$ wird durch den Zinssatz bestimmt. Steigt das Einkommen in einer der beiden Perioden an, dann steigt auch der Gegenwartswert des Einkommens, womit sich Punkt A entweder nach rechts oder nach oben verschiebt und sich der Schnittpunkt der Bilanzgerade mit der x-Achse nach rechts verlagert, ohne jedoch die Steigung der Bilarlzgerade zu verändern. Jede Veränderung des gegenwärtigen oder zukünftigen Einkommens wird die Bilanzgerade parallel zur ursprünglichen Bilanzgerade nach oben verschieben. Dadurch wird es dem Konsumenten möglich, ein neues, höheres Nutzenniveau bei einer neuen Kombination von c_0 und c_1 zu erreichen.

Stellt der Konsum in keiner Periode ein inferiores Gut dar, das heißt ein Gut mit negativem Einkommenseffekt, dann wird, wann immer das Einkommen irgend einer Periode steigt, der Konsum in jeder Periode steigen. Zum Beispiel würde eine Erhöhung von y_1 in Abbildung 12-4 die Bilanzgerade nach oben verschieben und sowohl c_0 als auch c_1 erhöhen. Das Niveau des Gegenwartskonsums steigt mit einer Erhöhung des zukünftigen Einkommens.

Eine Implikation dieser Analyse ist, daß der Konsum der gegenwärtigen Periode um weniger ansteigt als das Einkommen. In unserem zweiperiodigen Fall in Abbildung 12-4 verteilt sich eine Erhöhung von y_0 sowohl auf c_0 als auch auf c_1. Der Anstieg von c_0 wäre nur dann dem von y_0 gleich, wenn sich Punkt B mit dem Anstieg von y_0 direkt nach rechts bewegte. Erweitern wir die Analyse auf eine größere Anzahl von Perioden, zum Beispiel 25 Jahre, dann wird eine Erhöhung von y_0 verteilt auf 25 Perioden nur einen geringen Anstieg von c_0 relativ zum Anstieg von y_0 bedeuten. Würde der Konsument sein Einkommen zum Beispiel so verteilen, daß er in allen 25 Jahren das gleiche Einkommen hat (im zweiperiodigen Fall würde dies Punkt B in Abbildung 12-4 auf einer 45°-Linie durch den Ursprung positionieren, so daß $c_0 = c_1$ ist, dann betröge die Zunahme von c_0 nur 4% (1/25) der Erhöhung von y_0.

Die Beziehung zwischen dem Gegenwartswert des Einkommensstroms und dem Gegenwartseinkommen in Abbildung 12-4 beschert uns die erste allgemeine Formulierung der Konsumfunktion,

$$c_t = f(PV_t); \quad f' > 0. \tag{8}$$

Hier steht PV_t für den Gegenwartswert des Einkommensstroms zum Zeitpunkt t, der durch

$$\Sigma \frac{y_t}{(1 + r)^t}$$

gegeben ist. Gleichung (8) besagt, daß der individuelle Konsum zum Zeitpunkt t eine steigende Funktion des Lebenszeiteinkommens zum Zeitpunkt t ist. Wir wenden uns nun einem expliziten aber immer noch ziehmlich allgemeinen Modell des Konsumentenverhaltens zu. Das Endresultat wird im wesentlichen Gleichung (8) entsprechen, aber das Modell bietet uns ein besseres Verständnis der Analyse und eine Einführung in die Methoden moderner Theoriegestaltung des Konsumentenverhaltens.

Ein intertemporales Optimierungsmodell des Konsums

Die meisten Theorien der Konsumfunktion und des Sparverhaltens basieren auf einem allgemeinen intertemporalen Optimierungsmodell des Haushalts. Im vorangegangenen Abschnitt haben wir gerade das zweiperiodige Beispiel betrachtet. Die einzelnen Theorien unterscheiden sich darin, wie sie dieses Modell verändern, um ihre Datensätze zu testen oder die Aspekte verschiedener politischer Maßnahmen zu untersuchen. Wir werden hier eine vereinfachte, analytisch handhabbare Version des mehrperiodigen Optimierungsmodells für n Perioden vorstellen, von der wir die zweiperiodige Version schon kennengelernt haben. Wir werden eine allgemeine Schlußfolgerung dieser Sichtweise des Konsumentenverhaltens herleiten, die wir wieder in Betracht ziehen werden, wenn wir die Theorien von Ando-Modigliani, Friedman und Hall diskutieren. Das Modell, das wir hier vorstellen, bildet den grundlegenden Rahmen der modernen Optimierungsanalyse des Konsumentenverhaltens.

Wir betrachten ein Individuum zum Zeitpunkt 0, das erwartet, bis T einschließlich zu leben. Zum Zeitpunkt 0, also heute, muß dieses Individuum ein Konsumniveau c_0 wählen, das den erwarteten Nutzen der gegenwärtigen und aller zukünftigen Perioden unter der Nebenbedingung maximiert, daß der Wert des Lebenszeiteinkommens zuzüglich des gegenwärtigen Vermögens A dabei nicht überschritten wird. Wenn wir dieses Problem der Gegenwart lösen wollen, so müssen wir dabei die Zukunft in Betracht ziehen, da Einkommen, das nicht sofort konsumiert wird, das also gespart wird, einen Beitrag zu dem für den zukünftigen Konsum zur Verfügung stehenden Ressourcenbestand darstellt. Der Einfachheit halber nehmen wir an, daß niemand der zukünftigen Generation ein Erbe hinterläßt, so daß jeder versucht, sein gesamtes Vermögen und Einkommen bis zum Ende seines Lebens aufzubrauchen. Wir würden die gleichen Ergebnisse erhalten, erlaubten wir den Individuen einen bestimmten konstanten Betrag als Erbe zu hinterlassen.

Wie Friedman, Ando-Modigliani und vor ihnen Irving Fisher gehen wir von dem Konsumententyp aus, dessen Nutzenfunktion bereits in Gleichung (2) vorgestellt wurde:

$$U = U(c_0, \ldots, c_t, \ldots c_T).$$

Um unsere Untersuchung analytisch handhabbar zu machen nehmen wir eine spezielle Form der Nutzenfunktion an. Wir verwenden hier die logarithmische Nutzenfunktion

$$u(c) = \ln c.$$

Diese Funktion hat die Eigenschaften, daß der Grenznutzen $u'(c) = 1/c$ positiv und eine abnehmende Funktion des Konsums ist, $u''(c) = -1/c^2$. Der Leser, der mit den Ableitungen der Logarithmusfunktion nicht vertraut ist, sei auf den Anhang des Kapitels 19 verwiesen. Weiter nehmen wir an, die Nutzenfunktion sei additiv separierbar in bezug auf die einzelnen Perioden. Dies bedeutet, daß der Grenznutzen jeder Periode vom Konsum aller anderen Perioden unabhängig ist. Die dritte Annahme besagt, daß der Nutzen aller zukünftigen Perioden mit der individuellen Zeitpräferenzrate des Haushalts diskontiert wird. Im Moment verzichten wir noch darauf, explizit Unsicherheit in unser Modell mit einzubeziehen, um der unnötigen Komplikation der Notation bei Verwendung der Erwartungswertschreibweise aus dem Wege zu gehen. Mit diesen drei Annahmen erhalten wir aus Gleichung (2) folgende Spezifikation der Nutzenfunktion:

$$u = \ln c_0 + \frac{\ln c_1}{1+\delta} + \cdots + \frac{\ln c_1}{(1+\delta)^t} + \cdots + \frac{\ln c_T}{(1+\delta)^T}$$

$$= \sum_0^T \frac{\ln c_t}{(1+\delta)^t}. \tag{9}$$

Die Nebenbedingung der Optimierung ist in diesem mehrperiodigen Fall durch die gesamten dem Konsumenten zur Verfügung stehenden Ressourcen gegeben. Ohne Erbschaft, sieht die intertemporale Budgetnebenbedingung für den Rest seines Lebens (bis zum Zeitpunkt T) wie folgt aus:

$$c_0 + \frac{c_1}{1+r} + \cdots + \frac{c_T}{(1+r)^T} = y_0 + \frac{y_1}{1+r} + \cdots + \frac{y_T}{(1+r)^T}$$

oder in etwas kompakterer Schreibweise,

$$\sum_0^T \frac{c_t}{(1+r)^t} = \sum_0^T \frac{y_t}{(1+r)^T}. \tag{10}$$

Diese Gleichung entspricht der intertemporalen Budgetnebenbedingung in Gleichung (3) interpretiert zu einem beliebigen Anfangszeitpunkt 0. Wir wollen, daß unsere Theorie das Konsumentenverhalten bei jeder beliebigen Ausgangskonstellation zu jedem beliebigen Anfangszeitpunkt beschreiben kann. In (10) steht r für den Zinssatz zu dem der Konsument sparen oder Kredit aufnehmen kann.

Der Konsument maximiert die Nutzenfunktion in (9) unter der Nebenbedingung von (10). Wir schreiben dies üblicherweise folgendermaßen:

$$\max_{c_t} \sum_0^T \frac{\ln c_t}{(1+\delta)^t}$$

unter der Nebendbedingung, daß

$$\sum_0^T \frac{c_t}{(1+r)^t} = \sum_0^T \frac{y_t}{(1+r)^T}. \tag{10}$$

Um dieses Problem zu lösen und den maximierenden Konsumstrom $c_0, \ldots, c_T$ zu bestimmen, verwenden wir die Methode der Lagrange Multiplikatoren. Wir fassen Nebenbedingung und Zielfunktion in einem Ausdruck zusammen:

$$\max_{c_t,\lambda} L = \sum_0^T \frac{\ln c_t}{(1+\delta)^t} + \lambda \left[\sum_0^T \frac{y_t}{(1+r)^t} - \sum_0^T \frac{c_t}{(1+r)^t} \right]. \tag{11}$$

Der Lagrange Multiplikator λ ist eine positive Konstante, die den Grenznutzen einer zusätzlichen Einheit Vermögens angibt.

Nachdem wir unser Maximierungsproblem gemäß Lagrange neu formuliert haben, nähern wir uns nun der Lösung des Problems, indem wir die Gleichung L partiell nach allen c_i und nach λ differenzieren und die partiellen Ableitungen gleich null setzen. Wir erhalten folgende Bedingungen erster Ordnung:

$$\frac{\partial L}{\partial c_0} = \frac{1}{c_0} - \lambda = 0 \tag{12a}$$

$$\frac{\partial L}{\partial c_t} = \frac{1}{(1+\delta)^t} \cdot \frac{1}{c_t} - \frac{\lambda}{(1+r)^t} = 0 \tag{12b}$$

$$\begin{matrix} \cdot & \cdot & \cdot & \cdot & \cdot \\ \cdot & \cdot & \cdot & \cdot & \cdot \end{matrix}$$

$$\frac{\partial L}{\partial c_T} = \frac{1}{(1+\delta)^T} \cdot \frac{1}{c_T} - \frac{\lambda}{(1+r)^T} = 0 \tag{12c}$$

$$\frac{\partial L}{\partial \lambda} = \sum_0^T \frac{y_t}{(1+r)^t} - \sum_0^T \frac{c_t}{(1+r)^t} = 0. \tag{12d}$$

Wir werden T Bedingungen erster Ordnung wie in (12a)-(12c) erhalten, eine für jedes c des Vektors $(c_0, \ldots, c_t, \ldots, c_T)$. In Gleichung (12d) erhalten wir lediglich wieder die Budgetnebenbedingung. Wir wollen nun die Bedingungen erster Ordnung verwenden, um den Pfad des Konsums im Zeitverlauf zu bestimmen.

Wir werden zunächst den Konsum zum Zeitpunkt 0 zusammen mit dem Konsum zum Zeitpunkt t bestimmen, wobei t für jede beliebige zukünftige Periode stehen kann. Bringen wir die Ausdrücke, die λ enthalten, auf die rechten Seiten von (12a) und (12b) und dividieren dann Gleichung (12a) durch Gleichung (12b), so erhalten wir

$$\frac{c_t}{c_0} = \left(\frac{1+r}{1+\delta}\right)^2 \tag{13}$$

und in allgemeiner Form für jede Kombination aufeinanderfolgender Perioden

$$\frac{c_t}{c_{t-1}} = \frac{1+r}{1+\delta}, \quad \text{oder} \quad c_t = \left(\frac{1+r}{1+\delta}\right) c_{t-1}. \tag{14}$$

Bevor wir die Implikationen der intertemporalen Konsumgleichungen (13) und (14) diskutieren, wollen wir sie als eine Beziehung zwischen den Grenznutzen zweier Perioden interpretieren. Wir erinnern uns daran, daß wir zwecks Vereinfachung der Analyse $U(c) = \ln c$ angenommen haben, so daß $U'(c) = 1/c$ ist. Dies bedeutet, daß wir Gleichung (14) auch als

$$\frac{u'(c_t)}{u'(c_{t-1})} = \frac{1+\delta}{1+r}. \tag{14a}$$

schreiben können. Die Bedingungen erster Ordnung ergeben also, daß das Verhältnis der Grenznutzen zweier aufeinanderfolgender Perioden gleich dem Verhältnis des Marktzinssatzes zur individuellen Zeitpräferenzrate des Haushalts ist.

Diese intertemporale Konsumbeziehung birgt einige interessante Implikationen. Zunächst erkennen wir aus den Gleichungen (13) und (14), daß der Konsum des Haushalts im Laufe der Zeit zunimmt, wenn der Marktzinssatz > als die Zeitpräferenzrate des Haushalts ist ($r > \delta$), und daß der Konsum im Laufe der Zeit abnimmt, wenn die Zeitpräferenzrate des Haushalts > als der Zinssatz ist ($\delta > r$). Wir sehen also, daß der Konsumpfad im Laufe der Zeit steigt, wenn $r > \delta$ ist. Der Marktzinssatz r ist die Rendite zusätzlichen Sparens, während δ den Verlust des Konsumenten angibt, wenn er sich entscheidet, heute weniger zu konsumieren. Wenn nun $r > \delta$ ist, so lohnt es sich zu sparen und erst zu einem späteren Zeitpunkt zu konsumieren. Wenn dagegen $\delta > r$ ist, dann erweist es sich als besser, heute zu konsumieren. Abbildung 12-5 zeigt die Konsumpfade bei verschiedenen

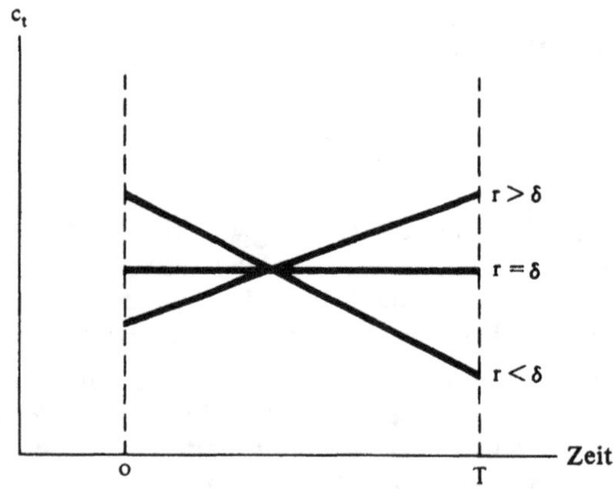

Abbildung 12-5: Alternative Konsumpfade.

Parameterwerten. In jedem Fall ist die Entscheidung des Konsumenten durch sein Lebenszeiteinkommen zum Zeitpunkt 0

$$PV_0 \equiv \sum_0^T \frac{y_t}{(1+r)^t}$$

beschränkt [siehe Gleichung (3)].

Diese Summe entspricht dem Gesamtbetrag der zum Zeitpunkt 0 zur Verfügung stehenden Ressourcen. Die Nebenbedingung besagt, daß der Wert des diskontierten Integrals über den Konsum von Periode 0 bis Periode T nicht über PV_0 hinausgehen kann. Aus diesem Grunde muß ein Konsumpfad, der zunächst auf einem hohen Niveau beginnt (weil $\delta > r$ ist) früher oder später einen Konsumpfad kreuzen, der auf einem niedrigen Konsumniveau beginnt ($r > \delta$). Ihre Integrale müssen die gleichen Nebenbedingungen erfüllen. Dies ist es, was Abbildung 12-5 deutlich machen soll.

Ein bemerkenswerter Punkt, den wir noch detaillierter in der Diskussion der Arbeiten Halls untersuchen werden, ist, daß wir, kennen wir c_{t-1}, c_t mit Hilfe unserer Gleichung prognostizieren können. Hat der Konsument seinen optimalen Konsumpfad zum Zeitpunkt $t-1$ festgelegt und dabei sämtliche Informationen verwendet, die ihm über sein zukünftiges Einkommen zur Verfügung stehen, so können wir c_{t-1} verwenden, um c_t zu prognostizieren.

Abschließend wollen wir noch bemerken, daß neue Informationen bezüglich zukünftigen Einkommens zur Verschiebung des gesamten Konsumpfads in Abbildung 12-5 führen. Ob $r >$ oder $<$ als δ ist, spielt hierbei keine Rolle. Eine unerwartete Zunahme des Lebenszeiteinkommens des Individuums in Gleichung (14) würde zu einer Erhöhung des Konsums in allen Perioden führen. Wir haben auf diesen Punkt bereits bei der Diskussion des zweiperiodigen Falls in Abbildung 12-4 hingewiesen. Wir können also den Konsum in der gegenwärtigen Periode als eine Funktion von PV_0 schreiben, da der gesamte Konsumpfad von PV_0 abhängt. Wir wollen nun zeigen, wie wir dieses Ergebnis aus den Gleichungen der Bedingungen erster Ordnung (12) erhalten.

Konsum und Lebenszeiteinkommen

Wir erhalten die explizite Beziehung zwischen Lebenszeiteinkommen und Konsum aus der Nebenbedingung des Maximierungsproblems, die wir als Resultat der partiellen Differentiation nach λ in Gleichung (12d) erhalten haben, in Kombination mit Gleichung (13), die wir hier wie folgt wiedergeben:

$$\frac{c_t}{(1+r)^t} = \frac{c_0}{(1+\delta)^t}. \tag{13a}$$

Der Leser bemerke, daß diese Beziehung gemäß der Bedingungen erster Ordnung in (12) für alle c_t erfüllt ist.

Wir verwenden die Definition des Gegenwartswerts und schreiben die Nebenbedingung in Gleichung (12d) wie folgt:

$$\sum_0^T \frac{c_t}{(1+r)^t} = \sum_0^T \frac{y_t}{(1+r)^t} = PV_0.$$

Wir können c_0 aus der Summe auf der linken Seite herausziehen, da $(1+r)^0 = 1$ ist und schreiben

$$c_0 + \sum_1^T \frac{c_t}{(1+r)^t} = PV_0.$$

Nun ersetzen wir jedes $c_t/(1 + r)^t$ unter dem Summenzeichen gemäß Gleichung (13a) durch $c_0/(1 + \delta)$ und erhalten

$$c_0 + \sum_1^T \frac{c_0}{(1 + \delta)^t} = PV_0.$$

Klammern wir nun noch c_0 aus, so erhalten wir folgendes Endergebnis

$$c_0 \left(1 + \sum_1^T \frac{1}{(1 + \delta)^t}\right) = PV_0 \quad \text{oder} \quad c_0 = \left[\frac{1}{1 + \Sigma\,[1\,(1 + \delta)^t]}\right] PV_0. \tag{15}$$

Die Summe läuft von 1 bis T. Dieser Ausdruck besagt, daß der Konsum bei konstanter Zeitpräferenzrate des Haushalts proportional zum Lebenszeiteinkommen ist, wobei der Koeffizient von PV_0 in Gleichung (15) durch den Ausdruck in Klammern gegeben ist. Diese Beziehung gilt zu jedem Zeitpunkt t entlang dem Konsumpfad in Abbildung 12-5. Gleichung (15) entspricht Gleichung (8), wobei hier f (PV) genau spezifiziert ist. Eindeutig führt eine unerwartete Erhöhung von PV_0 (zum Beispiel aufgrund neuer Informationen bezüglich des Einkommens zukünftiger Perioden) zu einer proportionalen Verschiebung des Konsumpfades nach oben. Dies haben wir auch schon im zweiperiodigen Fall in Abbildung 12-4 beobachtet.

Wir wollen nun die Ergebnisse der Bedingungen erster Ordnung dieses Maximierungsproblems zusammenfassen. Sie werden in unterschiedlicher Form in den einzelnen Konsumtheorien, die wir im nächsten Abschnitt untersuchen, wieder auftauchen:

1. die Steigung des Konsumpfads hängt vom Verhältnis von r zu δ ab (siehe Abbildung 12-5), wobei die Beziehung der Konsumniveaus zwei aufeinanderfolgender Perioden durch Gleichung (14) gegeben ist.
2. Entlang dem optimalen Konsumpfad ist c_{t-1} ein guter Schätzer für c_t.
3. Der Konsum zu jedem Zeitpunkt t ist entsprechend Gleichung (15) proportional zum Gegenwartswert des zukünftigen Einkommensstroms (Lebenszeiteinkommen) PV_0 zu diesem Zeitpunkt.

Mit diesen Ergebnissen im Hinterkopf wollen wir nun die Entwicklung dreier wesentlicher Konsumtheorien verfolgen, die alle auf das oben entwickelte allgemeine Optimierungsmodell zurückgreifen.

Drei Theorien der Konsumfunktion

Innerhalb des im letzten Abschnitt entwickelten allgemeinen Rahmens machen Wissenschaftler zusätzliche Annahmen, um ihre Modelle empirisch zu testen. In diesem Abschnitt diskutieren wir drei wichtige Forschungsrichtungen, die unterschiedliche Aspekte des Konsumverhaltens untersuchen. Wir beginnen mit der Analyse Ando-Modiglianis und wenden uns dann Friedman zu. Friedmans Theorie unterscheidet sich von der Ando-Modiglianis im wesentlichen bei der Behandlung des Ausdrucks für das Lebenszeiteinkommen PV. Der Unterschied liegt hauptsächlich darin begründet, daß der Term PV in den beiden Theorien auf unterschiedliche Weise zu beobachtbaren Variablen in Beziehung gesetzt wird. Dies hat mit den statistischen Tests der Hypothesen zu tun. Abschließend behandeln wir noch die Konsumfunktion nach Hall, die eine ganz andere Betrachtungsweise darstellt und auf rationalen Erwartungen und dem Konzept „neuer Informationen" beruht.

Ando-Modigliani: Die Lebenszyklushypothese

Um die drei zu Beginn dieses Kapitels diskutierten Eigenschaften der Konsumfunktion zu erklären, postulieren Ando-Modigliani eine Lebenszyklushypothese des Konsums. Entsprechend dieser Hypothese hat ein typisches Individuum zu Anfang und zu Ende seines Lebens ein niedrigeres Einkommen als in der mittleren Periode. Der daraus resultierende typische Einkommensstrom ist in Abbildung 12-6 dargestellt, wo T für die erwartete Lebenszeit steht.

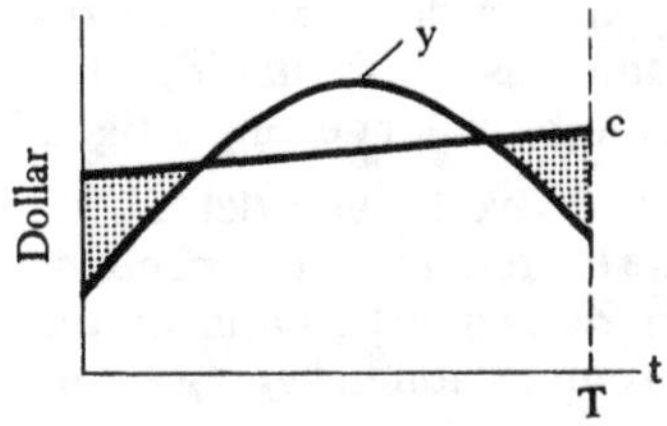

Abbildung 12-6: Die Lebenszyklushypothese des Konsums.

Auf der anderen Seite können wir erwarten, daß das Individuum versuchen wird, ein mehr oder weniger konstantes, eventuell im Laufe der Zeit geringfügig ansteigendes Konsumniveau zu realisieren. Dies ist in Abbildung 12-6 durch die mit c bezeichnete Linie dargestellt und entspricht dem Konsumpfad in Abbildung 12-5 für $r > \delta$. In bezug auf den Konsumstrom gilt die Nebenbedingung, daß der Gegenwartswert des Konsumstroms nicht den Gegenwartswert des Einkommensstroms übersteigen darf. Das Modell suggeriert, daß unser Konsument in jungen Jahren Kredite zum geltenden Marktzinssatz r aufnimmt. Dies entspricht der linken schattierten Fläche in Abbildung 12-6. In der mittleren Phase zahlt er seine Schulden ab und spart für seine Pensionierung. In der Endphase seines Lebens wird er dann entsprechend der rechten schattierten Fläche in Abbildung 12-6 entsparen.

Wählen wir nun eine zufällige Stichprobe aus der Bevölkerung aus und klassifizieren sie nach Einkommensniveaus, so müßten wir in den oberen Einkommensklassen einen überdurchschnittlichen Anteil von Personen finden, die sich in der mittleren Phase ihres Lebens befinden und deshalb auch ein relativ niedriges Verhältnis von c zu y aufweisen. Ebenso müßten wir in den unteren Einkommensklassen überdurchschnittlich viele Personen finden, die sich am Ende der Altersverteilung befinden und deshalb einen hohen Wert von c/y aufweisen. Wenn die Lebenszyklustheorie in der Tat eine korrekte Beschreibung des Konsumverhaltens darstellt, dann müßte eine Querschnittsanalyse ergeben, daß c/y um so geringer ist, je höher die Einkommensklasse ist. Dies entspräche dem Ergebnis MPC < APC der zu Anfang des Kapitels erwähnten empirischen Untersuchungen.

Im vorangegangenen Abschnitt haben wir in Gleichung (15) gezeigt, daß unter sinnvollen Annahmen der Konsum in keiner Periode gegenüber dem Konsum in einer anderen Periode favorisiert wird. Wenn also das Lebenszeiteinkommen PV^i unseres repräsentativen Konsumenten i steigt, dann wird sein Konsum c_t^i in allen Perioden mehr oder weniger proportional ansteigen. Dies bedeutet, daß wir die Ando-Modigliani Version von Gleichung (8) für unseren Konsumenten i wie folgt schreiben können:

$$c_t^i = k^i (PV_t^i); \quad 0 < k^i < 1. \tag{16}$$

Hier steht k^i, der Koeffizient von PV im Beispiel von Gleichung (15), für den Teil des Lebenszeiteinkommens des Konsumenten i, den er auf den Konsum in Periode t verwenden will. Der Koeffizient k^i hängt von der Form der Indifferenzkurven des Konsumenten (und damit seiner individuellen Nutzenfunktion), dem Marktzinssatz und der persönlichen Zeitpräferenzrate des Konsumenten ab. Gleichungen (15) und (16) besagen also, daß eine Erhöhung des Einkommens, gleichgültig ob des heutigen oder des erwarteten zukünftigen, den Erwartungswert des Lebenszeiteinkommens erhöht und den Konsumenten dazu veranlaßt, einen Bruchteil k^i der Erhöhung in der gegenwärtigen Periode zu konsumieren.

Sind Alters- und Einkommensverteilung der Bevölkerung relativ konstant im Zeitverlauf und ebenso die Präferenzraten der Individuen (das heißt die Form ihrer Indifferenzkurven im Zeitverlauf), dann können wir all die individuellen Konsumfunktionen (9) zu einer stabilen aggregierten Konsumfunktion aufaddieren,

$$c_t = k (PV_t). \tag{17}$$

Die Alters- und die Einkommensverteilung in den Vereinigten Staaten haben sich seit dem Zweiten Weltkrieg nur langsam verändert und erfüllen mit Sicherheit die Stabilitätsannahmen Ando-Modiglianis.

Der nächste Schritt auf dem Wege der Entwicklung einer operationalen Konsumfunktion aus Gleichung (17) besteht darin, den Ausdruck für das Lebenszeiteinkommen PV in bezug zu tatsächlich meßbaren ökonomischen Variablen zu setzen. Dies ist der zentrale Schritt bei empirischen Untersuchungen. Die Theorie weist den Konsum als eine Funktion des erwarteten Einkommens aus, das wir natürlich nicht messen können. Das Problem besteht also darin, das erwartete Einkommen zu heute meßbaren Variablen in Beziehung zu setzen, indem man zusätzliche Annahmen macht. Die richtigen Annahmen zu machen und die richtige Verbindung zwischen beobachtbaren und nichtbeobachtbaren Variablen herzustellen ist die hohe Kunst der empirischen Volkswirtschaftslehre. Die Arbeit Ando-Modiglianis stellt ein herausragendes Beispiel dieser Kunst dar. Ando-Modigliani beginnen damit, den Term PV operationalisierbar zu machen, indem sie feststellen, daß man das Einkommen in Arbeitseinkommen y^L und Einkommen aus Finanzanlagen oder allgemein aus Vermögen y^P einteilen kann. Es gilt folglich

$$PV_0 = \sum_0^T \frac{y_t^L}{(1+r)^t} + \sum_0^T \frac{y_t^P}{(1+r)^t}.$$

Hier steht 0 für die gegenwärtige Periode und t läuft von 0 bis zur letzten Periode des Lebens T. Sind nun die Kapitalmärkte einigermaßen effizient, so können wir annehmen, der Gegenwartswert des Einkommens einer Finanzanlage entspräche dem Wert der Anlage selbst, gemessen zu Beginn der gegenwärtigen Periode:

$$\sum_{0}^{T} \frac{y_t^P}{(1+r)^t} = a_0.$$

Die Variable a steht für das Nettovermögen des Haushalts zu Beginn der Periode. Weiter können wir das bekannte gegenwärtige Einkommen vom unbekannten, erwarteten Arbeitseinkommen trennen. Wir erhalten also für PV_0

$$PV_0 = y_0^L + \sum_{1}^{T} \frac{y_t^L}{(1+r)_t} + a_0.$$

Der nächste Schritt besteht darin, zu bestimmen, in welcher Beziehung das erwartete Arbeitseinkommen $y_1^L, \ldots, y_T^L$ zu gegenwärtig beobachtbaren Variablen steht. Nehmen wir zunächst einmal an, wir könnten ein durchschnittlich erwartetes Arbeitseinkommen y_0^e bestimmen, so daß

$$y_0^e = \frac{1}{T-1} \sum_{1}^{T} \frac{y_t^L}{(1+r)^t}.$$

T-1 entspricht der durchschnittlich verbleibenden Lebenserwartung der Bevölkerung. Durch Multiplikation mit dem Term 1/(T-1) erhalten wir den durchschnittlichen Gegenwartswert des Arbeitseinkommens der zukünftigen T − 1 Jahre. Der Term für das erwartete Arbeitseinkommen im Ausdruck des Lebenszeiteinkommens PV_0 kann wie folgt wiedergegeben werden:

$$\sum_{1}^{T} \frac{y_t^L}{(1+r)^t} = (T-1)\, y_0^e.$$

Wir erhalten also folgenden Ausdruck für den Gegenwartswert des gesamten zukünftigen Einkommensstroms:

$$PV_0 = y_0^L + (T-1)\, y_0^e + a_0. \tag{18}$$

Die einzige Variable, die es noch zu messen gilt, ist das durchschnittlich erwartete Arbeitseinkommen. Jetzt brauchen wir eine letzte Hypothese, die das durchschnittlich erwartete Arbeitseinkommen zu einer gegenwärtig beobachtbaren Variable in Beziehung setzt, zum Beispiel zum gegenwärtigen Arbeitseinkommen.

Wir können hier mehrere Annahmen testen, um zu überprüfen, ob sie durch beobachtete Daten unterstützt werden. Die einfachste Annahme wäre, das durchschnittlich erwartete Arbeitseinkommen sei lediglich ein Vielfaches des gegenwärtigen Einkommens:

$$y_0^e = \beta y_0^L: \quad \beta > 0.$$

Steigt das gegenwärtige Einkommen, so besagt diese Annahme, daß die Konsumenten die Erwartungen bezüglich ihres zukünftigen Einkommens nach oben anpassen, so daß y^e um β multipliziert mit der Erhöhung von y^L ansteigt. Der Leser bemerke, daß diese Annahme großes Gewicht auf die Veränderungen des gegenwärtigen Einkommens bei der Bestimmung des heutigen Konsumniveaus legt. Verändert eine Zunahme des gegenwärtigen Einkommensniveaus den gesamten erwarteten Einkommensstrom entsprechend stark, so wird der Effekt auf den gegenwärtigen Konsum auch wesentlich größer sein, als er es gewesen wäre, wenn sich nicht gleich der gesamte zukünftige Einkommensstrom derart verändert hätte und sich das höhere Einkommen dieser Periode dann auf die folgenden Perioden hätte verteilen können.

Ando-Modigliani probierten eine Reihe ähnlicher Annahmen aus und kamen zu dem Schluß, daß die einfache Annahme $y^e = \beta \cdot y^L$ den Daten genauso gut entspricht, wie alle anderen Annahmen. Ersetzen wir also y_0^e in Gleichung (18) durch $\beta \cdot y^L$, so erhalten wir

$$PV_0 = [1 + \beta(T-1)]\, y_0^L + a_0$$

als einen operationalen Ausdruck für PV, in dem sowohl y^L als auch a statistisch gemessen werden können. Ersetzen wir den Konsum durch diesen Ausdruck in Glcichung (16) so ergibt sich

$$c_0 = k[1 + \beta(T-1)]\, y_0^L + ka_0 \tag{19}$$

als eine statistisch meßbare Form der Ando-Modigliani Konsumfunktion. Ando-Modigliani verwendeten Jahresdaten für die Vereinigten Staaten, um die Koeffizienten der Variablen y^L und a in Gleichung (19) zu schätzen. Ein typisches Resultat lautet wie folgt:

$$c_t = 0{,}7\, y_t^L + 0{,}06\, a_t. \tag{20}$$

Entsprechend dieser Gleichung führt eine Erhöhung des realen Arbeitseinkommens um \$ 1 Milliarde zu einer Zunahme des realen Konsums um \$ 0,7 Milliarden. Die Grenzneigung zum Konsum ist also gleich 0,7. Die Grenzneigung zum Konsum aus Vermögen ist gleich 0,06.

Vergleichen wir die geschätzten Koeffizienten in Gleichung (20) mit den Koeffizienten in Gleichung (19), so erkennen wir, daß $k = 0{,}06$ ist. Dies bedeutet, gemäß Gleichung (10), daß die Haushalte auf aggregierter Ebene ungefähr 6% ihres Vermögens pro Jahr konsumieren. Verwenden wir diesen Wert für k und nehmen wir an, daß ein Zeitraum von 45 Jahren der durchschnittlich verbleibenden Lebenszeit T entspricht, so können wir aus Gleichung (18) auch den Wert β bestimmen, der implizit in der Schätzung des Koeffizienten der Variablen y^L in (20) enthalten ist.

$$0{,}7 = k[1 + \beta(T-1)] = 0{,}06\,(1 + 44\beta).$$

Der Faktor β ist ungefähr gleich 0,25. Steigt das gegenwärtige aggregierte Arbeitseinkommen um \$ 100, so steigt gemäß dieser Schätzung das durchschnittliche erwartete Arbeitseinkommen um \$ 25.

Die Konsumfunktion nach Ando-Modigliani gemäß Gleichung (19) ist in Abbildung 12-7 dargestellt, wobei der Konsum gegen das Arbeitseinkommen abgetragen ist. Der Schnittpunkt der Konsumfunktion mit der c-Achse wird durch das Vermögen a_t bestimmt. Die Steigung der Funktion (die Grenzneigung zum Konsum aus Arbeitseinkommen) entspricht dem Koeffizienten von y^L in (19). Kurzfristige Einkommensschwankungen, wobei das Vermögen (der Wert der Finanzanlagen) unverändert bleibt, führen zu Veränderungen von y und c entlang einer einzelnen Konsum-Einkommensfunktion. Langfristig gesehen verschiebt sich die Konsum-Einkommensfunktion nach oben, wenn a_t aufgrund höherer Ersparnis zunimmt.

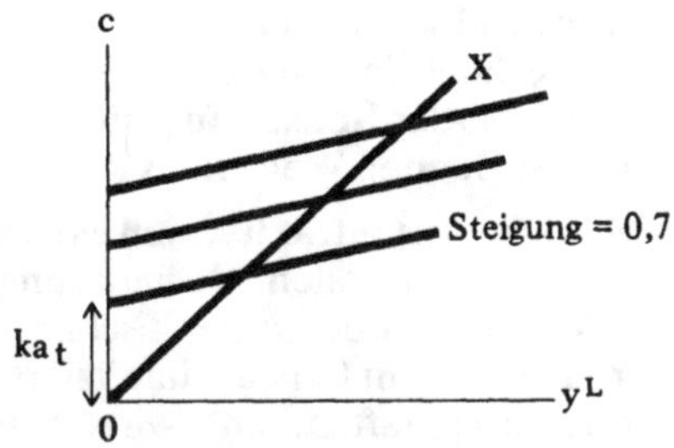

Abbildung 12-7: Die geschätzte Konsumfunktion nach Ando-Modigliani.

Im Zeitverlauf beobachten wir möglicherweise eine Reihe von Punkten entsprechend der OX-Linie in Abbildung 12-7, die ein konstantes Verhältnis von Konsum und Einkommen entlang dem Wachstumstrend der Volkswirtschaft beschreibt. Den konstanten Trend von c/y können wir aus der Konsumfunktion Ando-Modiglianis wie folgt herleiten. Wir dividieren alle Ausdrücke in Gleichung (20) durch das gesamte reale Einkommen

$$\frac{c_t}{y_t} = 0{,}7\,\frac{y_t^L}{y_t} + 0{,}06\,\frac{a_t}{y_t}. \tag{21}$$

Ist das durch diese Gleichung gegebene Verhältnis c/y entlang dem Wachstumstrend des Einkommens konstant, dann muß die OX-Linie, die die durchschnittliche Grenzneigung zum Konsum beschreibt, in Abbildung 12-7 durch den Ursprung verlaufen. Wir können c/y dann als konstant betrachten, wenn y^L/y (der Anteil des Arbeitseinkommens am Gesamteinkommen) und a/y (das Verhältnis von Finanzanlagen oder Kapital zu Output) entlang dem Wachstumstrend der Volkswirtschaft ungefähr konstant bleiben. Die Daten für die Vereinigten Staaten bestätigen, daß beide Ausdrücke nahezu konstant geblieben sind. Der Anteil des Arbeitseinkommens am Gesamteinkommen hat sich im Zeitverlauf um 75% bewegt mit einer leichten Tendenz, sich nach oben zu verschieben, während sich das Verhältnis von Finanzanlagen zu Einkommen um die 3% bewegte und eine leichte Tendenz nach unten aufwies.

Setzen wir diese Werte in Gleichung (21) ein, so erhalten wir für c/y

$$\frac{c_t}{y_t} = (0{,}7)\,(0{,}75) + 0{,}06\,(3) = 0{,}53 + 0{,}18 = 0{,}71.$$

Die Durchschnittsneigung zum Konsum aus Arbeitseinkommen ist also ungefähr konstant bei dem Wert 0,7. Dies bedeutet, daß die OX-Linie in Abbildung 12-7 eine Steigung von 0,7 hat und durch den Ursprung verläuft. Eine Überprüfung des Modells mit Daten von 1987 ergab entsprechend Konsumausgaben in Höhe von $ 3 Billionen und einem Volkseinkommen von $ 3,7 Billionen einen Wert von 0,8 für c/y. Dies erscheint an historischen Standards gemessen relativ hoch.

Das Modell des Konsumverhaltens nach Ando-Modigliani erklärt also alle drei beobachteten Phänomene des Konsums. Es erklärt, daß aufgrund der Lebenszyklushypothese in Querschnittsanalysen MPC < APC ist. Es gibt eine Erklärung für das zyklische Verhalten des Konsums, wobei das Verhältnis von Konsum zu Einkommen entlang der kurzfristigen Funktion in Abbildung 12-3 negativ mit dem Einkommen korreliert, und schließlich erklärt es die langfristige Konstanz von c/y. Außerdem berücksichtigt das Modell explizit Finanzanlagen (Vermögen) als eine erklärende Variable der Konsumfunktion und trägt somit den Beobachtungen nach dem Ende des Zweiten Weltkriegs Rechnung.

Das Modell von Ando-Modigliani ist attraktiv, weil es sich stark an der ursprünglichen Formulierung des intertemporalen Optimierungsproblems von Fisher orientiert. Es betont die Wichtigkeit demographischer Aspekte für Trends des aggregierten Konsumverhaltens. Zum Beispiel impliziert die Lebenszyklushypothese in einer Situation ohne Erbschaften, ohne wirtschaftliches Trendwachstum und ohne Bevölkerungswachstum, daß die aggregierte Nettoersparnis gleich null ist. Das Sparen derjenigen, die sich in der mittleren Phase ihres Lebens befinden, wird genau durch das Entsparen der Jungen und Alten aufgewogen. Altert die Bevölkerung dagegen, so wird die Sparquote mit einem wachsenden Teil der Bevölkerung in der mittleren Phase des Lesens, in der viel verdient und gleichzeitig viel gespart wird, im Durchschnitt positiv sein. Genauso werden junge Kohorten in einer wachsenden Volkswirtschaft mehr sparen, als die Alten entsparen, da sie in einer Zeit mit allgemein höherem Einkommen leben. Auch hier ist die Sparquote positiv. Auf der anderen Seite wird eine Erhöhung der zukünftigen Altersunterstützung (Rente) die Bruttoersparnis des privaten Sektors heute verringern. Dies wird durch eine Abnahme des Entsparens ausgeglichen, wenn die gegenwärtigen Sparer in Rente gehen. Solche eher stabilen Eigenschaften einer Gesellschaft tragen zum Beispiel dazu bei zu erklären, warum die Japaner doppelt so viel sparen wie die Amerikaner.

Bleibt noch der Einfluß des gegenwärtigen Einkommens auf den gegenwärtigen Konsum im Modell von Ando-Modigliani zu erklären. Die Analyse des Verhältnisses von gegenwärtigem Konsum und Lebenszeiteinkommen suggeriert, daß eine Veränderung des gegenwärtigen Einkommens, ohne gleichzeitig von einer Veränderung des Einkommens sämtlicher zukünftiger Perioden begleitet zu sein, einen relativ geringen Effekt auf das gegenwärtige Konsumniveau haben sollte. In gewisser Hinsicht gehen Ando-Modigliani über diesen Punkt hinweg, indem sie annehmen, das erwartete Durchschnittseinkommen hinge vom gegenwärtigen Einkommen ab, was den Hebel des gegenwärtigen Einkommens auf den heutigen Konsum stark erhöht. Nähmen wir das Ergebnis Ando-Modiglianis wörtlich, wie in Gleichung (21) gegeben, dann würde das bedeuten, daß jede Erhöhung des Arbeitseinkommens das gegenwärtige Konsumniveau um 70% der Einkommenszunahme erhöhen müßte. Zahlreiche Veränderungen des gegenwärtigen Einkommens haben aber keine langfristigen Auswirkungen, wie zum Beispiel die explizit vorübergehende Steuererhöhung im Juli 1968. In diesem Fall würde eine direkte Anwendung der Grenzneigung zum Konsum gemäß Ando-

Modigliani die Auswirkungen auf das Konsumniveau bei weitem überbetonen. Die Abnahme des Konsums sollte um einiges geringer sein als 70% der Verringerung des verfügbaren Einkommens. Wir müssen ökonometrischen Ergebnissen immer kritisch gegenüberstehen und dabei die Annahmen des Modells, die nicht immer sinnvoll sind, im Auge behalten.

Friedman: Permanentes Einkommen

Wir wenden uns nun Friedmans Modell der Konsumfunktion zu. Friedman geht ebenfalls von der Annahme aus, der einzelne Konsument maximiere seinen Nutzen. Dies beschert uns die bereits in Gleichung (8) beschriebene Beziehung zwischen dem Konsum und dem Lebenszeiteinkommen des Individuums:

$$c^i = f^i(PV^i); \quad f' > 0. \tag{22}$$

Friedmans Ansatz unterscheidet sich von dem Ando-Modiglianis von dem Punkt an, wo er den Ausdruck für das Lebenszeiteinkommen PV in seine Analyse einbaut. Multiplizieren wir PV mit Zinssatz r, so erhalten wir Friedmans permanentes Einkommen:

$$y_p^i = r \cdot PV^i. \tag{23}$$

Dies ist das permanente Einkommen aus dem Lebenszeiteinkommen des Konsumenten PV, das sich aus seinem Humankapital (dem Gegenwartswert seines zukünftigen Arbeitseinkommens) und a_0 zusammensetzt. Friedman nimmt, wie auch Ando-Modigliani, an, der Konsument strebe eine gleichmäßige Verteilung seines tatsächlichen Einkommensstroms auf ein eher einheitliches Konsumprofil an. Friedman definiert ein permanentes Konsumniveau c_p^i, das proportional zu y_p^i ist:

$$c_p^i = k^i y_p^i. \tag{24}$$

Das individuelle Verhältnis von permanentem Konsum zu permanentem Einkommen k^i hängt anzunehmender Weise vom Zinssatz, den individuellen Präferenzen ausgedrückt in den Indifferenzkurven und der Variabilität des erwarteten Einkommens ab. Wenn kein Anlaß zu der Vermutung besteht, diese Faktoren hingen vom Niveau des Einkommens ab, so können wir annehmen, daß k^i im Durchschnitt der Einkommensklassen unverändert und somit im Durchschnitt der Bevölkerung gleich $\bar{k}$ ist. Klassifizieren wir eine Stichprobe der Bevölkerung nach Einkommensklassen, wie es bei Querschnittsanalysen der Fall ist, so können wir davon ausgehen, daß das durchschnittliche permanente Einkommen in jeder Einkommensklasse i (wir verwenden tiefgestellte Indizes zur Bezeichnung von Einkommensklassen und hochgestellte Indizes zur Bezeichnung von Individuen) gleich $\bar{k}$ multipliziert mit dem durchschnittlichen Einkommen ist:

$$\bar{c}_{pi} = \bar{k}\bar{y}_{pi}, \tag{25}$$

die für alle Einkommensklassen i gilt.

Als nächstes beobachten wir, daß sich das Gesamteinkommen einer Periode aus dem permanenten Einkommen y_p^i, das jedes Individuum für sich berechnet hat, zuzüglich einer vorübergehenden (transitorischen) Einkommenskomponente zusammensetzt, deren Wert positiv, negativ oder auch null sein kann und die im Prinzip nichts anderes als die Abweichung des gegenwärtigen Einkommens vom permanenten Einkommen darstellt. Der Leser bemerke, daß der tiefgestellte Index t sich hier nicht auf die Zeit bezieht, sondern für „transitorisch" steht. Dies ist die Standardschreibweise für das transitorische Einkommen. Wir können uns das transitorische Einkommen als die Zufallskomponente des Einkommensstroms vorstellen. Das gemessene Einkommen setzt sich also aus dem permanenten und dem transitorischen Einkommen zusammen:

$$y^i = y_p^i + y_t^i. \tag{26}$$

Genauso können wir den Gesamtkonsum einer Periode in permanenten Konsum c_p^i zuzüglich einer transitorischen Konsumkomponente c_t^i zerlegen, wobei der transitorische Konsum wiederum die Abweichung des tatsächlichen vom normalen permanenten Konsum darstellt und dem Betrage nach positiv, negativ oder null sein kann. Der gemessene Konsum setzt sich also aus permanentem Konsum und transitorischem Konsum zusammen:

$$c^i = c_p^i + c_t^i. \tag{27}$$

Als nächstes macht Friedman eine Reihe von Annahmen hinsichtlich der Beziehung zwischen permanentem und transitorischem Einkommen, permanentem und transitorischem Konsum und dem transitorischen Einkommen und dem Konsum. Die Annahmen bezüglich dieser Beziehungen erklären in der Theorie Friedmans das Ergebnis der Querschnittsanalyse, daß MPC < APC ist.

Zunächst nimmt Friedman an, es bestehe keine Korrelation zwischen transitorischem und permanentem Einkommen. Mit anderen Worten: y schwankt von zufallsbedingten Störungen getrieben um y_p, so daß die Kovarianz von y_p^i und y_t^i in bezug auf alle Individuen gleich null ist. Diese Annahme hat folgende Implikation für die Ergebnisse von Querschnittsuntersuchungen des Budgets. Nehmen wir zum Beispiel eine Stichprobe von Familien aus einer normalen Einkommensverteilung und sortieren sie nach beobachteten Einkommensklassen, so wird die Einkommensklasse, deren Mittel auf dem Durchschnittseinkommen der Bevölkerung liegt, im Durchschnitt ein transitorisches Einkommen y_t von null haben (da y_p und y_t unkorreliert sind), womit für diese Einkommensklasse $\bar{y} = \bar{y}_p$ gilt. Bewegen wir uns vom Einkommensdurchschnitt nach oben, so werden wir in jeder höheren Einkommensklasse mehr Menschen finden, die sich in dieser Gruppe befinden, weil ihr Einkommen in diesem Jahr ungewöhnlich hoch war, weil also $y_t^i > 0$ war. Dagegen werden wir in einer solchen Gruppe nur wenige Individuen finden, deren Einkommen in dieser Periode außergewöhnlich niedrig war. Dieses Phänomen hängt damit zusammen, daß wir es hier mit einer Normalverteilung zu tun haben. Betrachten wir eine Einkommensklasse oberhalb des Durchschnitts, so gibt es mit Sicherheit mehr Menschen, deren Einkommen unterhalb des Niveaus dieser Klasse liegt und die deshalb durch $y^i_t > 0$ in diese Klasse aufsteigen können, als Menschen, deren normales Einkommen oberhalb des Niveaus dieser Klasse liegt und die sich deshalb aufgrund von $y_t^i < 0$ temporär in dieser niedrigeren Klasse befinden. Für Einkommensklassen oberhalb des Bevölkerungsdurchschnltts gilt also $\bar{y}_t > 0$ und beobachtetes $\bar{y} > \bar{y}_p$.

Das gleiche gilt umgekehrt für Einkommensklassen unterhalb des Einkommensdurchschnitts. In diesen Gruppen werden sich mehr Menschen befinden, die ein schlechtes Jahr hatten ($y_t^i < 0$), als Menschen, die in diese Einkommensklasse aufgestiegen sind, weil sie ein gutes Jahr hatten ($y_t^i > 0$). Für Einkommensklassen unterhalb des Durchschnittseinkommes gilt also $\bar{y}_t < 0$ und $\bar{y} < \bar{y}_p$. Dieses Ergebnis, daß wir, wenn wir nach tatsächlich gemessenem Einkommen Gruppen bilden, in den Gruppen oberhalb des Durchschnitts $\bar{y}_t > 0$ und in den Gruppen unterhalb des Bevölkerungsdurchschnitts $\bar{y}_t < 0$ beobachten, ist von entscheidender Wichtigkeit für Friedmans Analyse, wie wir in Kürze sehen werden.

Weiter nimmt Friedman an, daß es keine Beziehung zwischen permanentem und transitorischem Konsum gibt, so daß c_t zufallsbedingt um c_p schwankt. Die Kovarianz von c_p^i und c_t^i ist gleich null.

Die letzte Annahme besagt, daß es keine Beziehung zwischen transitorischem Konsum und transitorischem Einkommen gibt. Mit anderen Worten, eine plötzliche Erhöhung des Einkommens aufgrund einer transitorischen Schwankung wird sich nicht sofort in höherem Konsum niederschlagen. Diese Annahme ist intuitiv weniger einleuchtend als die vorhergehenden. Sie erscheint aber dennoch sinnvoll, da wir uns hier mit dem Konsum im Gegensatz zu den Konsumausgaben beschäftigen. Der Konsum beinhaltet zusätzlich zu den Käufen nichtdauerhafter Güter und Dienstleistungen die „Nutzung" dauerhafter Güter, gemessen durch Abschreibungen und Zinskosten, anstatt der Käufe dauerhafter Konsumgüter. Dies bedeutet also, daß transitorisches Einkommen in der Regel für Käufe dauerhafter Konsumgüter verwendet wird, wodurch der gegenwärtige Konsum unverändert bleibt. Friedman nimmt also an, die Kovarianz von c_t und y_t sei ebenfalls gleich null.

Die letzten beiden Annahmen, der transitorische Konsum sei weder mit dem permanenten Konsum noch mit dem transitorischen Einkommen korreliert, bedeuten, daß sich, ziehen wir eine Stichprobe aus der Bevölkerung und klassifizieren diese nach Einkommensniveaus, innerhalb jeder Einkommenklasse die transitorischen Variationen des Konsums aufheben werden, so daß in jeder Einkommensklasse $\bar{c}_{ti} = 0$ gilt. Der durchschnittliche permanente Konsum ist also gleich dem Konsum im Bevölkerungsdurchschnitt:

$$\bar{c} = \bar{c}_{pi}. \tag{28}$$

Wir fassen nun die oben gemachten Annahmen zu einer Erklärung des Ergebnisses der Querschnittsanalyse zusammen, daß MPC < APC ist, selbst wenn eine der grundlegenden Annahmen der Theorie besagt, daß das Verhältnis des permanenten Konsums zum permanenten Einkommen gleich der Konstante $\bar{k}$ ist. Wir betrachten eine zufällig aus der Bevölkerung ausgewählte Stichprobe, die wir nach Einkommensniveaus klassifizieren. Eine Gruppe i mit beobachtetem Einkommen $\bar{y}_i$ oberhalb des Bevölkerungsdurchschnitts wird eine im Durchschnitt positive transitorische Einkommenkomponente $\bar{y}_{ti} > 0$ enthalten. In dieser Gruppe oberhalb des Durchschnitts wird das beobachtete Durchschnittseinkommen höher als das durchschnittliche permanente Einkommen sein. Das heißt, daß $\bar{y}_i > \bar{y}_{pi}$ sein muß.

Der durchschnittliche permanente Konsum in jeder Einkommensklasse ist durch $\bar{c}_{pi} = \bar{k} \cdot \bar{y}_{pi}$ gegeben. Da aber $\bar{c}_{ti}$ weder mit $\bar{c}_{pi}$ noch mit $\bar{y}_{ti}$ korreliert ist, werden alle Einkommensgruppen (einschließlich der oberhalb des Durchschnitts liegenden) eine durchschnittliche transitorische Konsumkomponente gleich null haben, so daß $\bar{c}_i = \bar{c}_{pi}$. Verbinden wir diese beiden Bedingungen in bezug auf den Konsum so erhalten wir:

$$\bar{c}_i = \bar{c}_{pi} = \bar{k}\bar{y}_{pi}. \tag{29}$$

Der durchschnittlich gemessene Konsum der Einkommensgruppen oberhalb des Durchschnittseinkommens der Bevölkerung wird also gleich dem permanenten Konsum sein, wobei allerdings das durchschnittlich gemessene Einkommen höher als das permanente Einkommen ist, so daß das gemessene Verhältnis $\bar{c}_i/\bar{y}_i <$ als $\bar{k}$ sein wird. Ebenso wird eine Einkommensgruppe j, die unterhalb des Durchschnitts liegt, ein gemessenes Verhältnis von $\bar{c}_j/\bar{y}_i >$ als $\bar{k}$ aufweisen.

Diese Ergebnisse sind in Abbildung 12-8 dargestellt. Die durchgezogene Linie, die mit $\bar{k}$ bezeichnet ist, repräsentiert die Beziehung zwischen permanentem Konsum und permanentem Einkommen. Der Punkt $\bar{y}$ entspricht dem gemessenen Durchschnittseinkommen der Bevölkerung. Ist die Stichprobe einem normalen Jahr entnommen, wenn das Durchschnittseinkommen dem Trend entspricht, dann wird das durchschnittliche transitorische Einkommen gleich null sein, so daß $\bar{y} = \bar{y}_p$. Der Punkt $\bar{c}_p$ entspricht dem gemessenen Durchschnittswert des permanenten Konsums der Bevölkerung.

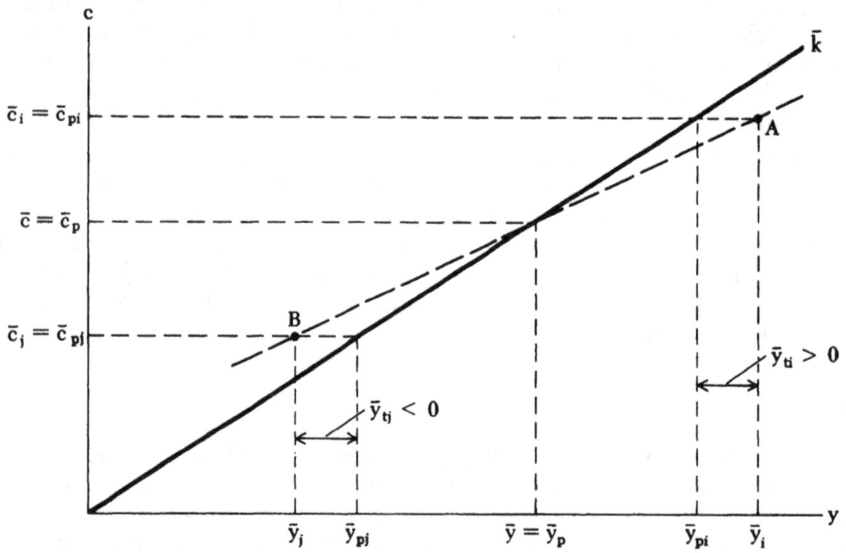

Abbildung 12-8: Die Konsumfunktion nach Friedman.

Betrachten wir zuerst die Gruppe i, deren Durchschnittseinkommen über dem der Bevölkerung liegt, so daß also $\bar{y}_i > \bar{y}$.

Diese Gruppe hat eine im Durchschnitt positive transitorische Einkommenskomponente $\bar{y}_{ti}$, so daß $\bar{y}_{pi} < \bar{y}_i$ ist, wie in Abbildung 12-8 dargestellt. Um den gemessenen permanenten Durchschnittskonsum der Gruppe i zu lokalisieren, multiplizieren wir $\bar{y}_{pi}$ mit $\bar{k}$ und erhalten so $\bar{c}_i = \bar{c}_{pi}$ entlang der $\bar{k}$-Linie. Bei einer Einkommensgruppe i oberhalb des Durchschnitts beobachten wir $\bar{c}_i$ und $\bar{y}_i$ bei Punkt A, der unterhalb der $\bar{k}$-Linie für das permanente Einkommen liegt.

Als nächstes betrachten wir eine Einkommensgruppe j, deren Durchschnittseinkommen $\bar{y}_j$ unter dem Durchschnittseinkommen der Bevölkerung $\bar{y}$ liegt, so daß das durchschnittliche transitorische Einkommen einer Stichprobengruppe $\bar{y}_{tj}$ < als null ist. Wir beobachten außerdem $\bar{c}_j$, von dem wir wissen, daß $\bar{c}_j = \bar{c}_{pj} = \bar{k} \cdot \bar{y}_{pj}$ entlang der $\bar{k}$-Linie ist. Punkt B, der oberhalb der $\bar{k}$-Linie liegt, gibt die Werte von $\bar{c}_j$ und $\bar{y}_j$ für Einkommensgruppe j an. Verbinden wir die Punkte A und B, so erhalten wir die Konsumfunktion bei Querschnittsdaten, die Punkte beobachteten durchschnittlichen Einkommens und beobachteten durchschnittlichen Konsums verbindet. Die Steigung dieser Funktion ist geringer als die der ihr zugrunde liegenden permanenten Funktion. Wir können also erwarten, daß in Querschnittsdaten MPC < APC ist, allerdings nur dann, wenn wir Friedmans permanente Einkommenshypothese als korrekt akzeptieren.

Im Laufe der Zeit, wenn die Volkswirtschaft und das durchschnittliche permanente Volkseinkommen entlang dem Trend wachsen, verschiebt sich die Konsumfunktion bei Querschnittsdaten in Abbildung 12-8 nach oben. In langfristigen Zeitreihendaten $\bar{k}$ beobachten wir Veränderungen des durchschnittlichen Konsums und des durchschnittlichen Volkseinkommens entlang der $\bar{k}$-Linie, Dies beschert uns ein konstantes Verhältnis c/y. Bewegt sich die Volkswirtschaft in zyklischen Schwankungen um die langfristige $\bar{k}$-Linie herum, so wir sich der Punkt $\bar{c}/\bar{y}$ mal oberhalb und mal unterhalb der $\bar{k}$-Linie befinden. Liegt $\bar{y}$ in einem Jahr der Hochkonjunktur über dem Trend, so ist das durchschnittliche transitorische Einkommen der Bevölkerung positiv, so daß $\bar{y} > \bar{y}_p$ ist. Der durchschnittliche transitorische Konsum aber wird gleich null sein, so daß $\bar{c} = \bar{c}_p = \bar{k} \cdot \bar{y}_p$ ist. Liegt also $\bar{y}$ über dem Trend dann wird $\bar{c}/\bar{y}$ < als $\bar{c}_p/\bar{y}_p$ sein. Liegt entsprechend y in einem Jahr unterhalb des Trends, so wird $\bar{y}_t$ negativ sein, $\bar{y} < \bar{y}_p$ und das Verhältnis $\bar{c}/\bar{y}$ wird > als $\bar{k}$ sein.

Diese zyklische Bewegung ist in Abbildung 12-9 dargestellt, wobei wir hier die waagerechte Achse geringfügig uminterpretieren. Anstatt eines Einkommensquerschnitts tragen wir auf der Achse das Volkseinkommen zu unterschiedlichen Zeitpunkten ab. Die transitorischen Komponenten entsprechen hier zyklischen Schwankungen, während sich permanentes Einkommen und permanenter Konsum entlang dem Wachstumstrend $\bar{k}$ nach oben bewegen. Ist in einem durchschnittlichen Jahr $\bar{y}_t = 0$, so liegt der Punkt $\bar{c}_0$, $\bar{y}_0$ auf der langfristigen $\bar{k}$-Linie.

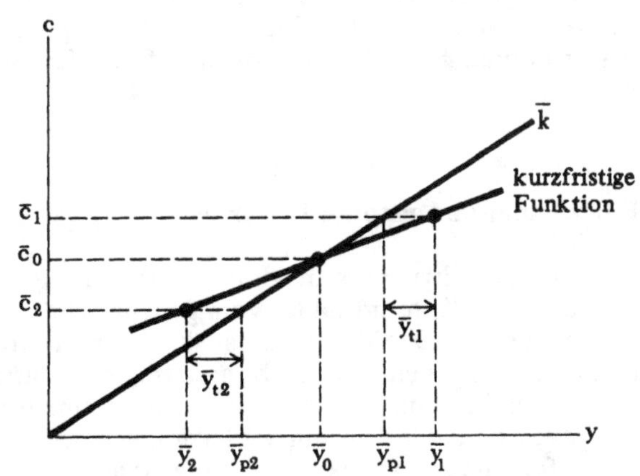

Abbildung 12-9: Friedmans Konsumfunktion: Zyklische Schwankungen.

Liegt in einem Jahr das Einkommen mit $\bar{y}_1$ über dem Trend, so ist das transitorische Einkommen positiv, so daß $\bar{y}_{p1} < \bar{y}_1$ ist. In diesem Fall liegt der Punkt $\bar{c}_2, \bar{y}_2$ unterhalb der $\bar{k}$-Linie in Abbildung 12-9. In einem Jahr mit Einkommen unter dem Trend liegt der Punkt $\bar{c}_2, \bar{y}_2$ oberhalb der $\bar{k}$-Linie. Diese Punkte beschreiben die kurzfristige Funktion in Abbildung 12-9. Der Unterschied zwischen Abbildung 12-8 und 12-9 liegt darin, daß wir in Abbildung 12-8 Variationen des Einkommens und des Konsums in einem Querschnitt zu einem beliebigen Zeitpunkt dargestellt haben, während in Abbildung 12-9 die Variationen der Durchschnittswerte von c und y im Verlauf des Konjunkturzyklus dargestellt sind.

Friedmans Modell erklärt also die Ergebnisse der Querschnittsanalysen und die kurzfristigen Beobachtungen des Zyklus (MPC < APC) genauso wie die langfristige Beobachtung, daß c/y im Zeitverlauf verhältnismäßig konstant ist (MPC = APC). Sein Modell ist nicht ganz so zufriedenstellend wie das Ando-Modiglianis, da Finanzanlagen nur implizit als eine Determinante des permanenten Einkommens berücksichtigt werden. Außerdem beruht es auf zwei Einkommensaspekten (permanentes und transitorisches Einkommen), die nicht so eindeutig zu beobachten sind, wie die in der Theorie Ando-Modiglianis, die auf den beiden beobachtbaren Komponenten Arbeitseinkommen und Vermögen aufbaut.

Nichtsdestoweniger stehen die beiden Modelle in enger Verbindung. Familien mit hohem transitorischen Einkommen in Friedmans Analyse könnten Familien in der mittleren Phase ihres Lebens in der Lebenszyklustheorie Ando-Modiglianis entsprechen. Familien mit negativem transitorischen Einkommen entsprächen also Familien in der Endphase ihres Lebenszyklus. Die Lebenszyklustheorie könnte eine Erklärung für die Verteilung Friedmans transitorischer Einkommen darstellen.

Die beiden Modell ähneln sich auch bezüglich des Ausgangspunkts ihrer Analyse, der in Gleichung (22) gegebenen Beziehung zwischen Konsum und dem Lebenszeiteinkommen

$$c^i = f^i(PV^i)$$

und der Erklärung der Querschnittsdaten. Das Modell Ando-Modiglianis erweist sich vielleicht als etwas leichter handhabbar für ökonometrische Modell und Prognosen, da es explizit meßbare Variablen zur Erklärung des Konsums verwendet. Dennoch müssen wir auch hier auf der Hut sein, wenn temporäre Einkommensveränderungen stattfinden. Ihre Auswirkungen auf den Konsum sollten nicht überbetont werden.

Permanentes Einkommen und adaptive Erwartungen

Wir haben die Lebenszyklushypothese nach Ando und Modigliani in Gleichung (19) zusammengefaßt: der Konsum hängt vom gegenwärtigen Arbeitseinkommen und vom Vermögen ab. Das Vermögen stellt in der kurzfristigen Konsumfunktion in Abbildung 12-7 einen Verschiebungsparameter dar. Wie Abbildung 12-9 verrät, können wir Friedmans permanente Einkommenshypothese in die gleiche Form bringen, wobei der Konsum der letzten Periode als Verschiebungsparameter dient. Im folgenden entwickeln wir diese Analogie der beiden Modelle etwas genauer, um dadurch die Ähnlichkeiten besser zu verstehen. Die Ergebnisse werden sich als hilfreich erweisen, wenn wir weiter unten Robert Halls Betrachtungsweise rationaler Erwartungen diskutieren.

Um die Beziehung zwischen der Lebenszyklushypothese und dem permanenten Einkommen genauer zu ergründen, erweist es sich als sinnvoll, näher zu untersuchen, was denn eigentlich permanentes Einkommen ist. Die permanente Komponente des Einkommens ist nicht irgendwie gekennzeichnet, für den Empfänger des Einkommensstroms nicht und noch viel weniger für den Ökonometriker, der den Konsum untersucht und zwischen der Lebenszyklushypothese und der permanenten Einkommenshypothese unterscheiden muß. Das Problem des Einkommensempfängers und des Ökonometrikers besteht darin, aus einem gegebenen Einkommensstrom (y_t, ..., y_{t-1}, ... y_0) das permanente Einkommen zu bestimmen und herauszufinden, wie es sich im Laufe der Zeit verändert. Der Ökonometriker zieht in seiner Analyse noch den beobachteten Konsumstrom (c_t, ..., c_{t-1}, ..., c_0) hinzu.

Friedman versuchte dieses Problem durch adaptive Erwartungen zu lösen, die wir bereits in Kapitel 7 diskutiert haben. Das Problem besteht darin, eine vernünftige Regel zu finden, nach der wir unsere Schätzung des permanenten Einkommens y^p unter Zuhilfenahme der Realisation des tatsächlichen Einkommens y anpassen können. Der Leser bemerke, daß wir bei unserer Schreibweise hier von tiefgestelltem p und t für „permanent" und „transitorisch" zu hochgestellten Indizes übergehen, damit wir tiefgestellte t wieder als Zeitindizes verwenden können. Zu jedem Zeitpunkt t beobachtet ein Inidviduum eine Realisation des tatsächlichen Einkommens y_{t-1} und kennt seinen Schätzwert für diese Periode $p^p{}_{t-1}$. Es entspricht der Methode adaptiver Erwartungen anzunehmen, der permanente Einkommensstrom sei gleichmäßiger als der tatsächliche, da letzterer auch das transitorische Einkommen enthält. Dies bedeutet, daß wir den Schätzwert des Einkommens der nächsten Periode um einen Buchteil der Differenz zwischen tatsächlichem Einkommen y^p_{t-1} und dem für diese Periode geschätzten Einkommen anpassen sollten. Folgen wir dieser Argumentation, so können wir Friedmans Prozeß zur Bestimmung eines Schätzwertes basierend auf einer Zeitreihe des tatsächlichen Einkommens wie folgt schreiben:

$$y^p_t = y_{t-1} + \lambda (y^p_{t-1} - y_{t-1}). \tag{30}$$

Hier ist $0 < \lambda < 1$ der Bruchteil des Vorhersagefehlers der vorangegangenen Periode, der bei der Bildung des Schätzwertes y^p_t von y_{t-1} abgezogen werden muß. Der Leser bemerke, daß λ hier nicht der Lagrange Multiplikator ist. Unsere Annahme lautet, daß, wenn das tatsächliche y über y^p_{t-1} lag, es auch in der darauffolgenden Periode über y^p liegen wird, allerdings nur um einen Bruchteil λ. Gleichung (30) glättet den tatsächlichen Einkommensstrom y also zu einem permanenten Einkommensstrom.

Um die Analogie zu Ando-Modigliani zu entwickeln, schreiben wir Gleichung (30) wie folgt:

$$y^p_t = (1 - \lambda)\, y_{t-1} + \lambda y^p_{t-1}.$$

In Friedmans permanenter Einkommenshypothese [Gleichung (24)] ist der permanente Konsum ein Bruchteil k des permanenten Einkommens und der transitorische Konsum ist zufallsverteilt um den permanenten Konsum. Bei gegebenen Daten zum Zeitpunkt t-1 entspricht der erwartete tatsächliche Konsum c_t in Periode t dem durch

$$c_t^p = k(1-\lambda)\,y_{t-1} + k\lambda y_{t-1}^p. \tag{31}$$

gegebenen permanenten Konsum.

Gemäß dem gleichen Modell können wir $c_{t-1}^P = k \cdot y_{t-1}^P$ schreiben. Ersetzen wir in (31) y_{t-1}^p durch den Ausdruck c_{t-1}^P/k so erhalten wir die Analogie des Modells von Ando-Modigliani zum Modell Friedmans:

$$c_t^p = k(1-\lambda)\,y_{t-1} + \lambda c_{t-1}^p. \tag{32}$$

Der Verschiebungsparameter dieser Version der Konsumfunktion ist durch $\lambda \cdot c^P{}_{t-1}$ gegeben. Offensichtlich ist Gleichung (32) der Gleichung (19) Ando-Modiglianis sehr ähnlich. Der Unterschied der beiden Theorien besteht im wesentlichen in der Spezifikation der Verschiebungsparameter. Außerdem haben wir in Gleichung (15) gesehen, daß der Konsum höchstwahrscheinlich stark mit dem Vermögen korreliert ist, so daß die Variablen c_{t-1} und a_0 sehr ähnliche Zeitreihen haben werden. Unter dem Strich bleibt, daß es in empirischen Tests extrem schwierig ist, einen Unterschied zwischen der permanenten Einkommenshypothese und der Lebenszyklushypothese zu machen.

Hall: Rationale Erwartungen

Die Konsummodelle nach Ando-Modlgliani und Friedman konzentrieren sich auf strukturelle Beziehungen zwischen erwartetem Lebenszeiteinkommen und gegenwärtigem Konsum. Sie unterscheiden sich bezüglich der Art der empirischen Anwendung der Theorie. Vor nicht allzu langer Zeit hat Robert Hall die Konsumtheorie neu formuliert, indem er zu den Bedingungen erster Ordnung (12) des intertemporalen Maximierungsmodells des Konsumentenverhaltens die Annahme rationaler Erwartungen hinzugefügt hat.

Diese Betrachtungsweise umgeht die strukturellen Beziehungen und führt sofort zu Prognosegleichungen in reduzierter Form. Dies wird durch die Annahme erreicht, der Konsument kenne die Werte aller zugrunde liegenden Determinanten des Konsumverhaltens und verwende dieses Wissen für seine Konsumentscheidung. In diesem Fall werden für die Konsumentscheidung zum Zeitpunkt $t-1$ (c_{t-1}) sämtliche zum Zeitpunkt $t-1$ verfügbaren Informationen sowie die Erwartungen des Konsumenten bezüglich des zukünftigen Einkommensstroms in die Kalkulation mit einbezogen. Wir können dann eine Bedingung erster Ordnung wie in (14) verwenden, um c_t auf der Basis von c_{t-1} zu prognostizieren. Der Fehler bei der Vorhersage von c_t ist auf die „neuen Informationen" bezüglich des zukünftigen Einkommens zurückzuführen, die zwischen Periode $t-1$ und Periode t bekannt wurden.

Wir wollen nun Halls Erkenntnis im Rahmen des intertemporalen Konsummodells etwas genauer untersuchen. Gleichung (14) der Bedingungen erster Ordnung besagt, daß entlang dem optimalen Konsumpfad für ein bestimmtes erwartetes zukünftiges Einkommensniveau folgende Beziehung gilt:

$$c_{t+1} = \left(\frac{1+r}{1+\delta}\right) c_t. \tag{14}$$

Der Leser erinnere sich daran, daß es sich hierbei um ein spezifisches Beispiel des allgemeinen Falls handelt, wobei u = lnc ist, so daß u' (c) = 1/c ist. Im allgemeinen Fall erhalten wir aus den Bedingungen erster Ordnung folgende Beziehung zwischen dem gegenwärtigen und dem zukünftigen Grenznutzen aus dem Konsum , die wir bereits in Gleichung (14b) gegeben hatten:

$$u'(c_{t+1}) = \left(\frac{1+\delta}{1+r}\right) u'(c_t). \tag{14b}$$

Das Verhältnis der Koeffizienten ist hier umgekehrt aufgrund der speziellen funktionalen Form in (14).

Wir können die intertemporale Konsumgleichung in (14) sowohl im Sinne der permanenten Einkommenshypothese als auch ökonometrisch interpretieren, wenn wir rationale Erwartungen annehmen. Die Gleichung gibt den Erwartungswert des Konsums der nächsten Periode c_{t+1} basierend auf dem Konsum dieser Periode c_t an, der ja bereits bekannt ist. Wir interpretieren die Gleichung im Sinne des permanenten Einkommens, wenn der Konsument zum Zeitpunkt seiner Konsumentscheidung seine beste Schätzung des permanenten Einkommens in seine Berechnungen mit eingebaut hat. Der durch Gleichung (14) prognostizierte Konsum ist dann gleich c^p_{t+1}. Der Erwartungswert des Konsums ist gleich dem permanenten Konsum. Das transitorische Einkommen entspricht einem Zufallsterm. Mit dieser Interpretation können wir Gleichung (14) wie folgt schreiben:

$$c^p_{t+1} = \left(\frac{1+r}{1+\delta}\right) c_t. \tag{14c}$$

Fügen wir den transitorischen Konsum c^t_t hinzu, so erhalten wir den Ausdruck für den gesamten Konsum

$$c_{t+1} = \left(\frac{1+r}{1+\delta}\right) c_t + c^t_t. \tag{33}$$

Der transitorische Konsum ist hier eine Zufallskomponente, die zum Pfad des permanenten Einkommens hinzuaddiert wird, so daß $c_t = c^p_t + c^t_t$. Entsprechend der permanenten Einkommenshypothese können wir Gleichung (14) also als eine Prognosegleichung für das permanente Einkommen interpretieren.

Beinhaltet der gegenwärtige Wert des tatsächlichen Konsums wirklich die beste Schätzung des Konsumenten bezüglich seines permanenten Einkommens, ohne daß diese Schätzung irgendwie verzerrt ist, so sind seine Erwartungen bezüglich des permanenten Einkommens rational, womit die transitorische Komponente in (31) in der Tat völlig zufällig im Zeitverlauf ist. Der Ökonometriker, der eine Konsumbeziehung wie in Gleichung (31) schätzt und dabei Zeitreihendaten des Konsums verwendet, würde lediglich zufallsverteilte Residuale c^t_t finden, verwendete er seine geschätzte Gleichung zur Prognose. Des weiteren bieten relevante Variablen der vorangegangen Perioden (verzögerte Variablen), wie zum Beispiel c_{t-1} oder y_{t-1}, keinen zusätzlichen Erklärungsgehalt für die Regression der Gleichung (31). Warum ist dies der Fall? Weil aufgrund der Hypothese rationaler Erwartungen bereits sämtliche relevanten Informationen dieser Variablen in c_t enthalten sind.

Ein ökonometrischer Test dieses Ansatzes, wie ihn auch Hall anwendete, müßte folgendes ergeben: Die Residuen der Regression von (31) müßten zufallsverteilt sein und keine verzögerten Variablen dürften signifikante Zusatzinformationen enthalten, da bereits sämtliche Informationen in c_t inkorporiert sind. Halls Hypothese kann auf Basis vierteljährlicher US-Daten nicht verworfen werden. Bei Verwendung von Daten anderer Länder waren die Test jedoch nicht so eindeutig. In diesen Fällen und auch in späteren US-Daten hatten verzögerte Variablen signifikanten Einfluß.

Der Schwachpunkt in Halls Ansatz liegt in der Anwendung rationaler Erwartungen auf den Prozeß, den Konsumenten zur Schätzung des permanenten Einkommens verwenden. Friedman nahm einfach einen adaptiven Mechanismus an. In Kapitel 7 haben wir gesehen, daß dies sinnvoll ist, solange die Variable, die wir zu prognostizieren versuchen, einem Zufallsprozeß folgt. Dies ist zum Beispiel beim transitorischen Einkommen der Fall, das vom Zufall getrieben um den stabilen Trend des permanenten Einkommens schwankt. Werden adaptive Erwartungen verwendet, um Schätzwerte des permanenten Einkommens zu produzieren, so konnten wir bereits im vorangegangenen Abschnitt sehen, daß die Gleichung des permanenten Einkommens verzögerte Variablen enthalten kann. Dies stellt eine teilweise Anpassung des geschätzten permanenten Einkommens an vergangene Schwankungen des tatsächlichen Einkommens dar.

Um dies deutlicher zu erkennen, schreiben wir Gleichung (32) für Periode t + 1 fügen auf beiden Seiten transitorischen Konsum $c_{t+1}{}^{t}$ hinzu und erhalten folgende Gleichung, die starke Ähnlichkeit mit der Gleichung Halls (33) aufweist:

$$c_{t+1} = \lambda c_t^p + k\,(1 - \lambda)\, y_t + c_t^t. \qquad (34)$$

Die verzögerte Variable y repräsentiert die Annahme adaptiver anstelle rationaler Erwartungen. Würden wir diesen Term bei der Regression nicht berücksichtigen, so erhielten wir Störterme, die nicht mehr nur zufallsverteilt sind. Dies wäre allerdings nicht der Fall, wenn y selbst zufallsverteilt ist.

Halls Beitrag fügt dem intertemporalen Maximierungsmodell nach Fischer, das sowohl dem Modell Ando-Modiglianis als auch dem Friedmans zugrunde liegt, die Annahme rationaler Erwartungen hinzu. Mit Gleichung (33) erhalten wir eine Prognosegleichung für den Konsum in reduzierter Form. Diese Gleichung stimmt mit den grundlegenden strukturellen Beziehungen des Theorigebäudes überein: der gegenwärtige Konsum hängt vom Gegenwartswert des gesamten zukünftigen Einkommensstroms ab. Dies ist der allgemeine Ausgangspunkt aller Varianten, die wir diskutiert haben. Über die Rolle rationaler Erwartungen ist noch kein endgültiges Urteil gefällt.

Alternative Konsumtheorien

Die Ansätze der Konsumtheorie, die wir im letzten Abschnitt vorgestellt haben, basieren alle auf dem intertemporalen Optimierungsmodell nach Fischer. Die Annahmen dieses Modells sind allerdings nicht unantastbar. Ihre empirische Gültigkeit ist nach wie vor fragwürdig und muß ökonometrisch überprüft werden. Die Literatur über den Konsum enthält zwei wesentliche Alternativen zu diesem reinen intertemporalen Maximierungsmodell, die wir im folgenden diskutieren wollen. Die erste modifiziert die Budgetnebenbedingung in Gleichung (3) und ist im allgemeinen als das Modell unter Liquiditätsnebenbedingungen bekannt. Die zweite Alternative verwendet eine andere Nutzenfunktion als die in Gleichung (2) gegebene, die berücksichtigt, daß es für Individuen eine Rolle spielen kann, wo sie relativ zu anderen in der Einkommensverteilung stehen und wie hoch ihr relatives und ihr absolutes Kosumniveau sind. James Duesenberry entwickelte in den vierziger Jahren eine auf diesen Ideen basierende Theorie. Die zugrunde liegende Idee geht auf den zu Beginn dieses Jahrhunderts von Thorstein Veblen geprägten Begriff des „auffälligen Konsums" (conspicious consumption) zurück.

Die Rolle von Liquiditätsnebenbedingungen

Bei der Diskussion des zweiperiodigen und des mehrperiodigen intertemporalen Maximierungsmodells haben wir immer wieder die in Gleichung (3) gegebene intertemporale Budgetnebenbedingung verwendet:

$$\sum_0^T \frac{c_t}{(1+r)^t} = \sum_0^T \frac{y_t}{(1+r)^t}.$$

Diese Budgetnebenbedingung beruht auf der Annahme, der Konsument könne ohne weiteres Ressourcen von einer Periode in jede beliebige andere Periode transferieren. Er kann entweder sparen, um seinen Konsum in der Zukunft zu erhöhen oder er kann Kredit aufnehmen, um seinen Gegenwartskonsum zu erhöhen. Letztere Situation ist in Abbildung 12-4 dargestellt. Es wird angenommen, daß sowohl Sparen als auch Verschuldung ohne weiteres zum gleichen Zinssatz möglich sind. Nun wissen wir alle aus unserer Alltagserfahrung, daß diese Bedingung nicht unbedingt erfüllt sein muß. Viele Haushalte können sich nicht in Erwartung eines später höheren Einkommens verschulden. Sie sind bei ihrer Konsumentscheidung durch ihr gegenwärtiges Liquiditätsniveau (laufendes Einkommen zuzüglich Vermögensanlagen) beschränkt, was den Begriff Liquiditätsnebenbedingung erklärt.

Es gibt zwei wesentliche Gründe für die Existenz von Liquiditätsnebenbedingungen, die beide damit zusammenhängen, daß Banken nicht immer willens sind, jedem ohne weiteres Kredit einzuräumen, nur weil dieser verspricht, zu einem späteren Zeitpunkt, wenn sein Einkommen gestiegen sein wird, seine Schulden zu tilgen. Der eine Grund ist, daß sowohl der Konsument als auch die Bank unsicher bezüglich des zukünftigen Einkommens des Konsumenten sind. Der andere Grund ist daß ein Risiko der vorsätzlichen Nichterfüllung der Verbindlichkeit seitens des Schuldners besteht. Die Kombination dieser beiden Unsicherheitsfaktoren veranlaßt Banken dazu, ihren Schuldnern Kreditobergrenzen aufzuerlegen, so daß sie sich nicht unbegrenzt mit Verweis auf ihr erwartetes zukünftiges Einkommen verschulden können. Es wird unter Umständen möglich sein, Geld für den Kauf dauerhafter Konsumgüter (Häuser oder Autos) aufzunehmen, da diese eine Sicherheit darstellen. Der Gegenstand befindet sich dann rechtlich im Eigentum der Bank, bis die Schulden abbezahlt sind. Banken werden häufig Geld für Bildungszwecke zur Verfügung stellen, da in vielen Fällen der Staat die Rückzahlung des Kredits garantiert. In diesem Fall versucht der Staat also, die Liquiditätsnebenbedingung für Investitionen in Ausbildung aufzuheben.

Im allgemeinen bestehen diese Grenzen für die Kreditaufnahme allerdings. Verschuldet sich ein Konsument über ein gewisses Maß hinaus, so droht ihm angesichts unsicheren zukünftigen Einkommens unter ungünstigen Umständen die Zahlungsunfähigkeit . Befindet er sich aber erst einmal in dieser Situation, so wird er sich dann vielleicht dafür entscheiden, wenigstens in Saus und Braus unterzugehen, ein Faktor, der natürlich nur zur Skepsis der Banken beiträgt.

Der Extremfall der Liquiditätsnebenbedingung wird durch die Situation dargestellt, in der das Konsumniveau durch die gegenwärtig verfügbare Liquidität beschränkt ist. Die Budgetnebenbedingung dieser Konsumenten sieht wie folgt aus:

$$c_t^i \leq y_t^i + a_t^i. \tag{35}$$

Hier steht y_t für das gegenwärtige Nettoeinkommen (netto nach in dieser Periode bestehenden Zahlungsverpflichtungen). In einer Volkswirtschaft, die sich aus Konsumenten zusammensetzt, von denen einige, wie in (35), durch ihre verfügbare Liquidität beschränkt sind, andere wieder der üblichen intertemporalen Budgetnebenbedingung von Gleichung (3) unterliegen, würde die aggregierte Konsumfunktion ähnlich wie die Ando-Modiglianis aussehen:

$$c_t = \alpha_0 y_t + \alpha_1 a_t, \quad \text{mit} \quad \alpha_0, \alpha_1 \overline{<} 1. \tag{36}$$

Liquiditätsnebenbedingungen bescheren uns also eine „Keynesianische Konsumfunktion" bei der das gegenwärtige Vermögen eine entscheidenden Rolle spielt.

Die Existenz von Liquiditätsnebenbedingungen würde nicht zur Elimination bestimmer auf dem Lebenszyklus basierender Muster des Konsums und des Sparens führen, da die Beschränkung lediglich einseitig ist. Es wäre den Jungen unmöglich, sich zu verschulden, aber das Sparen in der mittleren Lebensphase für den Konsum in der Endphase wäre noch das gleiche. Der Konsumpfad würde in Abbildung 12-10 also dem Einkommenspfad bis zu Punkt A folgen. Entlang diesem Pfad gilt $c_t = y_t$.

Von diesem Punkt an entspricht der Konsumpfad wieder dem normalen Lebenszykluspfad in Abbildung 12-6. In einer Querschnittsuntersuchung der Bevölkerung, werden wir bindende Liquiditätsnebenbedingungen vorallem bei Personen in der ersten Phase des Lebenszyklus finden. Diese Vermutung wird von den empirischen Untersuchungen Hubbards und Judds bestätigt. Ist diese Beschreibung

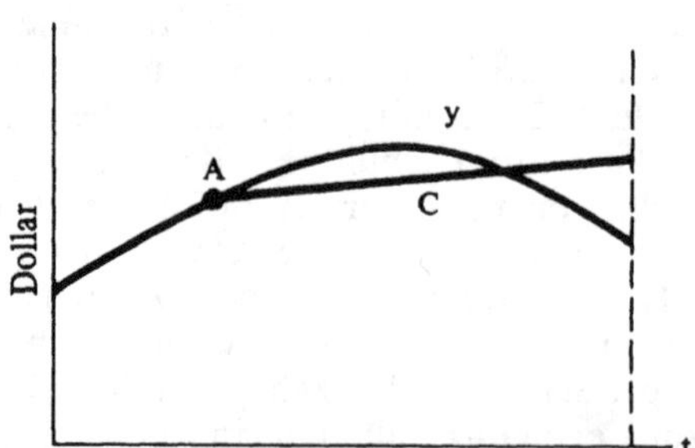

Abbildung 12-10: Der Lebenszyklus und die Liquiditätsnebenbedingung.

korrekt, so können wir erwarten, daß zyklische Einkommensschwankungen die stärksten Auswirkungen auf das Konsumniveau der jüngeren Bevölkerungsteile haben werden.

Duesenberry und das relative Einkommen

Das von Duesenberry 1949 entwickelte Modell unterscheidet sich ganz wesentlich von allen anderen Modellen, die wir in diesem Kapitel bis jetzt vorgestellt haben. Der Unterschied liegt darin, daß die zugrunde liegende Nutzenfunktion nicht völlig unabhängig vom Konsum anderer Personen ist. Stattdessen basiert Duesenberrys Analyse auf zwei relativen Einkommenshypothesen.

Die erste Hypothese besagt im wesentlichen, daß Konsumenten weniger auf das absolute Niveau ihres Konsums schauen, als auf die Relation ihres Konsumniveaus zum Konsumniveau des Rests der Bevölkerung. Das Fischersche Modell basierte auf der Lösung des Maximierungsproblems des Konsumenten, wenn dieser versuchte, seinen Nutzen u $(c_0, \ldots, c_t, \ldots, c_T)$ unter der Nebenbedingung seines Lebenszeiteinkommens zu maximieren. In diesem Fall spielte lediglich das absolute Konsumniveau in der Nutzenfunktion des Konsumenten eine Rolle. Duesenberrys Nutzenfunktion sieht dagegen wie folgt aus:

$$U = U\left(\frac{c_0}{R_0}, \ldots, \frac{c_t}{R_t}, \ldots, \frac{c_T}{R_T}\right). \tag{37}$$

R steht hier für den gewichteten Durchschnitt der Konsumniveaus der anderen Konsumenten in der Bevölkerung zum Zeitpunkt t. Der Nutzen eines Individuums nimmt also nur dann zu, wenn sein Konsum relativ zum Rest der Bevölkerung steigt.

Diese Annahme führt uns zu dem Ergebnis, daß das Verhältnis c/y eines Individuums von seiner Position in der Einkommensverteilung abhängt. Bei einer Person, deren Einkommen unterhalb des Bevölkerungsdurchschnitts liegt, wird c/y einen hohen Wert annehmen. Dies ist im wesentlichen deshalb der Fall, weil dieser Konsument mit seinem relativ niedrigen Einkommen versucht, mit dem nationalen Durchschnittskonsum Schritt zu halten. Auf der anderen Seite wird c/y bei einem Individuum mit überdurchschnittlichem Einkommen einen niedrigeren Wert annehmen, da dieser Konsument einen geringeren Teil seines Einkommens auf den Kauf der Güter des üblichen Konsumgüterkorbes verwendet.

Duesenberrys Ansatz kann also sowohl erklären, warum in Querschnittsdaten MPC < APC ist, als auch die Tatsache, daß c/y langfristig gesehen konstant ist. Bleibt die relative Einkommensverteilung konstant, wenn das allgemeine Einkommensniveau steigt, so gibt es keinen Grund dafür, daß c/y variieren sollte. Verdienen alle mehr, so können sie ihren Konsum gleichmäßig erhöhen und so das gleiche Verhältnis zwischen ihrem eigenen Konsumniveau und dem nationalen Durchschnittswert aufrechterhalten.

Duesenberrys zweite Hypothese besagt, daß das Konsumniveau nicht nur vom absoluten oder relativen Einkommensniveau abhängt, sondern auch von den in den Vorperioden erreichten Konsumniveaus. Er argumentiert, es sei für eine Familie sehr viel schwerer, ein einmal erreichtes Konsumniveau wieder zu senken, als den Teil des gesparten Einkommens zu verringern. Diese Annahme suggeriert, daß das Verhältnis der aggregierten Ersparnis zum aggregierten Einkommen vom gegenwärtigen Einkommensniveau relativ zu Spitzeneinkommen vorangegangener Perioden $\hat{y}$ abhängt. Duesenberry formulierte dies mathematisch wie folgt:

$$\frac{s}{y} = a_0 + a_1 \frac{y}{\hat{y}}. \tag{38}$$

Hier steht y für das verfügbare Einkommen. Steigt das gegenwärtige Einkommen relativ zu vorangegangenen Spitzenwerten, so erhöht sich s/y und vice versa. Wir können diese Sparfunktion nach Duesenberry in eine Konsumfunktion verwandeln. Wir wenden die Beziehung c/y = 1 − (s/y) auf (38) an und erhalten

$$\frac{c}{y} = (1 - a_0) - a_1 \frac{y}{\hat{y}}. \tag{39}$$

Steigt das Einkommen nun entlang einem kontinuierlichen Trend, so wir das Vorjahreseinkommen immer das höchste Einkommen aller vorangegangenen Perioden sein, so daß $y/\hat{y} >$ als $1 + g_y$ ist, wobei g_y die Wachstumsrate des realen Einkommens ist. Wächst y mit 3% entlang dem Trend, so wird $y/\hat{y}$ um 1,03 steigen und c/y bleibt konstant, wie es die langfristigen Daten von Kuznetz erfordern.

Variiert das Einkommen dagegen um sein Trendniveau, so variiert c/y umgekehrt mit dem Einkommen, aufgrund des negativen Koeffizienten $y/\hat{y}$ in (39). Um MPC zu berechnen, multiplizieren wir c/y in (31) mit y und erhalten

$$c = (1 - a_0)\, y - y_1 \frac{y^2}{\hat{y}}.$$

Die Grenzneigung zum Konsum MPC entspricht dann

$$MPC = \frac{\partial c}{\partial y} = (1 - a_0) - 2a_1 \frac{y}{\hat{y}}. \tag{40}$$

Vergleichen wir Gleichung (40) für MPC mit Gleichung (39) für APC, so erkennen wir, daß Duesenberrys Modell kurzfristig gesehen (bei konstantem $\hat{y}$) MPC < APC impliziert.

Diese Kombination des kurzfristigen und des langfristigen Verhaltens des Konsums, die wir in Abbildung 12-11 graphisch darstellen, bezeichnen wir als Sperrklinkeneffekt. Steigt das Einkommen entlang dem Trend, so bewegen sich sowohl y als auch c entlang der langfristigen Funktion in Abbildung 12-11 nach oben, wobei c/y konstant bleibt. Wenn aber an einem Punkt wie c_0, y_0 das Einkommen sinkt und die Volkswirtschaft in eine Rezession gerät, dann bewegen sich y und c entlang der kurzfristigen Funktion c_0c_0, deren Steigung durch die Grenzneigung zum Konsum in Gleichung (40) gegeben ist. Steigt das Einkommen wieder auf sein normales Trendniveau, das natürlich gleichzeitig das höchste zuvor realisierte Einkommensniveau ist, so verschieben sich c und y wieder entlang c_0c_0 zum Ausgangspunkt c_0, y_0, bei dem sich das Trendwachstum der Variablen dann entlang der langfristigen Funktion fortsetzt. Tritt bei Punkt c_1, y_1 dann wieder eine Rezession auf, so fallen Konsum und Einkommen entlang c_1c_1 und steigen während der Erholungsphase der Wirtschaft wieder zu Punkt c_1, y_1. Das Modell Duesenberrys impliziert also eine Art Sperrklinkeneffekt, so daß, wenn das Einkommen sinkt, der Konsum um weniger fällt, als wenn das Einkommen entlang dem langfristigen Trend steigt. Formal ist dieser Mechanismus mit dem in Kapitel 10 beschriebenen Mechanismus bei Lohnstarrheit vergleichbar.

Hiermit sind wir am Ende unseres Überblicks über die wesentlichen Konsumtheorien angelangt. Jede Theorie trägt etwas zu unserem Verständnis der Beziehung zwischen Konsum, Ersparnis und dem Einkommen bei. Die Theorien von Ando-Modigliani und Friedman, sowie der rationale Erwartungsansatz Halls scheinen momentan breitere Akzeptanz seitens der Ökonomen zu finden, als die Theorie Duesenberrys. Die Stärke der Theorie Friedmans liegt in der Tatsache begründet, daß viel Ökonomen heute glauben, die Entscheidung der Menschen über Konsum und Ersparnis hinge von mehr als nur den gegenwärtigen und vergangenen Werten des Einkommens und des Vermögens ab. Der sowohl Ando-Modiglianis als auch Friedmans Theorie zugrunde liegende Begriff eines permanenten Konsumpfades, der an den erwarteten Einkommensstrom gebunden ist und der relativ unempfindlich gegenüber temporären Schwankungen ist, scheint überzeugend.

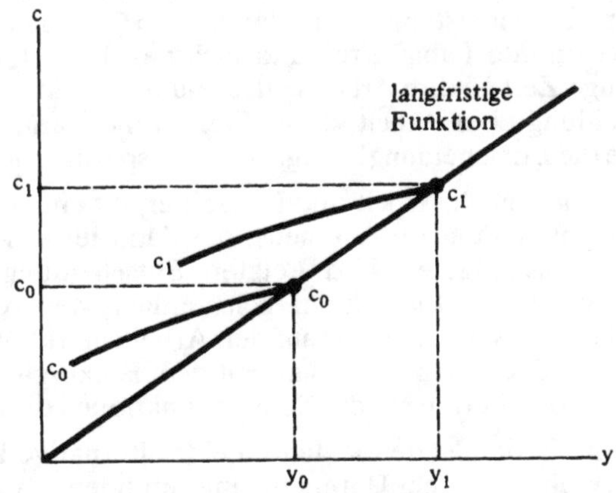

Abbildung 12-11: Der Sperrklinkeneffekt beim Konsum.

Das Modell Halls ist das modernste mit seiner Idee rationaler Erwartungen. Es wird durch den Gedanken gestützt, daß Individuen, die über ihr erwartetes Lebenszeitvermögen frei verfügen können, ihre Konsumentscheidung nur noch im Lichte neuer Informationen bezüglich der Erwartungen ändern werden. Auf der anderen Seite ist es interessant zu untersuchen, was die Schwankungen des gegenwärtigen Einkommens verursacht und genau hier liegt eine Stärke des Ansatzes von Ando-Modigliani, da sie explizit das laufende Einkommen und Vermögen in ihrer Erklärung des Konsums berücksichtigen. Den besten Kompromiß zur Erklärung des Konsums stellt wahrscheinlich das Modell von Ando-Modigliani dar, wobei hier allerdings Bedenken bezüglich der Auswirkungen temporärer Einkommens- und Vermögensschwankungen angemeldet sind.

Entscheidungsstruktur und Ungleichgewicht

In Kapitel 6 haben wir das Modell eines „Arbeitnehmer-Konsumenten" vorgestellt, der eine optimale Entscheidung bezüglich seines Einkommens und seiner Freizeit unter Berücksichtigung seiner Präferenzen, Fähigkeiten, des Lohnsatzes W und des erwarteten Preisniveaus P^e trifft. Bei der Herleitung der aggregierten Angebotskurve haben wir uns also auf ein Inidviduum bezogen, das unter den üblichen Nebenbedingungen eine Entscheidung oder auch Wahl bezüglich seines Einkommensniveaus $y^e = w^e (T - S)$ trifft (siehe Gleichung 12, Kapitel 6). Bei der Analyse des Konsum- und Sparverhaltens nehmen wir jetzt die Entscheidung über Freizeit und Einkommen als gegeben an, so daß Konsum und Ersparnis vom Einkommen abhängen.

Die Behandlung des Einkommens als vorbestimmten Faktor in der Konsumfunktion impliziert ein Modell der Entscheidungsstruktur des Konsumenten, das wir in Abbildung 12-12 darstellen. Die Arbeitskräfte treffen ihre Entscheidung bezüglich Freizeit gegenüber Arbeiten jeweils zu einem bestimmten Zeitpunkt auf der Basis von Informationen über ihre Präferenzen, Fähigkeiten und die vom Markt bestimmten Lohnsätze und Preise. Dies stellte in Kapitel 6 den Ausgangspunkt dar. Ihre Entscheidung werden sie allerdings nicht oft revidieren. Im institutionellen Rahmen der meisten Industrieländer, wo Gewerkschaften, langfristige Kontrakte, bestimmte Fähigkeiten und fachspezifische Qualifikationen die Menschen auf lange Zeit an ihre Arbeitsentscheidung binden, wird die zugrunde liegende Entscheidung über Arbeit versus Freizeit nicht annähernd so oft revidiert werden, wie die Entscheidung bezüglich der Ersparnis und des Konsums.

Die Entscheidung bezüglich Arbeit und Freizeit ergibt einen bestimmten Wert des erwarteten permanenten Einkommens, der dann jeweils nach Steuern auf Konsum und Ersparnis aufgeteilt wird. Letztere Entscheidung kann häufiger revidiert werden. Wird das Individuum gelegentlich von Auswirkungen der Schwankungen des Volkseinkommens auf den Arbeitsmarkt überrascht, so werden wir beobachten, daß sich der Konsum mit dem Einkommen verändert. Solche Veränderungen bescherten uns die Konsumfunktionen dieses Kapitels.

In der Literatur hat in den letzten 15 Jahren eine alternative Interpretation der Konsumfunktion mehr und mehr Unterstützung gefunden. Dieser Interpretation zufolge leitet sich die Konsumfunktion aus einer beschränkten Ungleichgewichtssituation ab. Ignorieren wir einmal für einen Moment unser oben beschriebenes Entscheidungsmodell und stellen uns einen Konsumenten vor, der im Rahmen eines allgemeinen Gleichgewichts seine Entscheidung über Arbeit, Freizeit, Konsum und Sparen gleichzeitig trifft. Dann sollte der Konsum lediglich auf Basis des auf der linken Seite in Abbildung 12 gezeigten Vektors mit den Kompo-

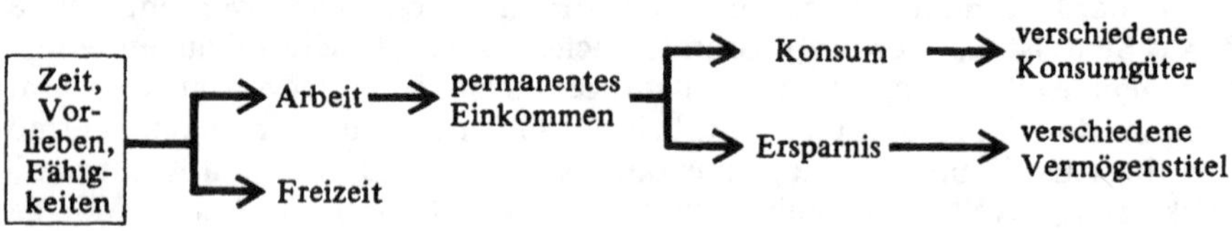

Abbildung 12-12: Entscheidungsstruktur des Konsumenten.

nenten Zeit, Präferenzen, Fähigkeiten, W und P^e gewählt werden und nicht abhängig vom Einkommen sein. In einer Welt des allgemeinen Gleichgewichts ohne den Faktor Zeit, kennt jedes Individuum den Vektor aller Preise und trifft dann alle seine Entscheidungen gleichzeitig, inklusive der Konsumentscheidung.

Die oben dargestellte Entscheidungsstruktur rechtfertigt die Einbeziehung des Einkommens als eine vorbestimmte Variable in die Konsumfunktion. Eine Alternative hierzu stellt die Annahme dar, die Arbeitskräfte seien bei ihrer Entscheidung beschränkt durch die zum gängigen Lohnsatz auf dem Arbeitsmarkt absetzbare Arbeitsmenge (man sagt, die Haushalte seien als Anbieter auf dem Arbeitsmarkt rationiert). Diese Situation entspricht dem in Kapitel 10 diskutierten Fall starrer Löhne und stellt den Ausgangspunkt für die Ungleichgewichtsinterpretation der Konsumfunktion dar, wie sie zum Beispiel von Robert Barro und Herschel Grossman vertreten wird.

Sind die Löhne nach unten starr, so befinden sich die Arbeitskräfte, wie in Kapitel 10 diskutiert, im Falle eines Absinkens der aggregierten Nachfrage nicht mehr auf ihrer Angebotskurve. In dieser Situation ist ein Arbeitnehmer durch die Arbeitsmenge, die er auf dem Arbeitsmarkt absetzen kann, rationiert und die Konsumentscheidung ist damit vom erreichbaren Einkommensniveau abhängig, das in dieser Situation niedriger sein wird, als wenn der optimale Lohnsatz gelten würde. Das Einkommen wird auf dem Arbeitsmarkt vorbestimmt und ist somit ein unabhängiger Bestimmungsfaktor der Konsumfunktion.

Dieser Ungleichgewichtsansatz erlaubt uns eine alternative Interpretation des aus Kapitel 3 bekannten Konsummultiplikators. Sind die Arbeitskräfte aufgrund von Lohnstarrheit auf dem Arbeitsmarkt rationiert, so werden die Konsumausgaben entsprechend der Einkommensnebenbedingung reduziert. Sind in dieser Situation auch die Güterpreise nach unten starr, so sind die Unternehmen auf den Absatzmärkten rationiert. Die Unternehmen werden den Output und damit die Beschäftigung reduzieren. Dies führt auf dem Arbeitsmarkt zu einer Verringerung der Arbeitsnachfrage bei geltendem starren Lohnsatz. Das Sinken der Arbeitsnachfrage vermindert das Einkommen der Arbeitskräfte und veranlaßt sie dazu, die Konsumausgaben weiter zu senken. Dies wirkt sich wiederum in oben beschriebener Weise auf den Gütermarkt aus (man bezeichnet dieses Phänomen auch als spill-over-Effekte). Die Rückkopplung der Rationierung der Arbeitskräfte auf dem Arbeitsmarkt mit dem Gütermarkt führt also zu einem negativen Multiplikatoreffekt ausgelöst durch das ursprüngliche Absinken der Nachfrage.

Dieser Ansatz eines auf spill-over-Effekten basierenden Ungleichgewichts ist völlig konsistent mit der Diskussion starrer Löhne in Kapitel 10 und der Diskussion der Konsumfunktion in diesem Kapitel. Der Ansatz stellt eine nützliche Interpretation der kurzfristigen Dynamik des grundlegenden Modells dar, in einer Situation, in der Löhne und Preise starr sind. Wir werden in Kapitel 13 über die Investition und in Kapitel 18 wieder zu dieser Ungleichgewichtsinterpretation des Modells zurückkehren. In Kapitel 18 sammeln wir alle Elemente der Ungleichgewichtsinterpretation aus den Kapiteln 10, 12 und 13 und fügen sie zu einem vollständigen kurzfristigen statischen Modell mit starren Löhnen und starren Preisen zusammen. Im folgenden bleiben wir jedoch bei der Gleichgewichtsinterpretation unseres allgemeinen statischen Modells mit flexiblen Löhnen und Preisen.

Das MPS Modell

Zu Beginn des Jahres 1967 entwickelte eine Gruppe von Ökonomen vom Federal Reserve Board in Washington und dem Massachusetts Institute of Technology (MIT) in Cambridge unter der Leitung von Ando und Modigliani ein ökonometrisches Modell der Volkswirtschaft der Vereinigten Staaten. Das Forschungsprogramm wurde vom Federal Reserve Board (der Fed) und dem Social Science Research Council (SSRC) unterstützt. Das Modell wird von Ökonomen bei der Fed und ökonomischen Forschungsinstituten für wirtschaftspolitische Analysen und Prognosen verwendet. Weil die Leiter des Projekts von der University of Pennsylvania (Ando) und dem MIT (Modigliani) kamen, wurde das Modell als das MIT-Penn-SSRC oder kurz das MPS Modell bekannt. Das Modell enthält geschätzte Konsumfunktionen, die auf der oben diskutierten Arbeit Andos und Modiglianis basieren. Diese Konsumfunktionen trennen die Konzepte des Konsums und der Konsumausgaben deutlich. Des weiteren berücksichtigt das Modell explizit die dynamische Natur des Multiplikators, indem es Prognosen erzeugt, die Auskunft darüber geben, wie lange es dauert, bis eine Erhöhung des Einkommens um eine Einheit ihre volle Wirkung auf den Konsum zeigt.

Der Ausdruck Konsum, wie wir ihn meistens in diesem Kapitel verwendet haben, bezeichnet eher die Nutzung eines Gutes denn den tatsächlichen Kauf des Gutes. Dauerhafte Konsumgüter erlauben Nutzung solange sie nutzbar sind, das heißt solange sie nicht aufgrund von Abnutzung unbrauchbar werden. Der Gegenwartswert der Nutzungen des Gutes entspricht dem Kaufpreis des Gutes. Unter Konsum verstehen wir den Betrag von Gütern und Dienstleistungen der in einer Periode aus Nutzungen erwächst, während Konsumausgaben die Konsumgüterkäufe in einer Periode bezeichnen. Die beiden Werte unterscheiden sich im allgemeinen, außer wenn alle Ausgaben für dauerhafte Konsumgüter in Form von Mietzahlungen getätigt werden oder die Volkswirtschaft in einem stationären Zustand ist, in dem die Käufe dauerhafter Konsumgüter gerade die abgeschriebenen Anlagen und Konsumgüter aufwiegen.

Berücksichtigen wir den Unterschied zwischen Konsum und Konsumausgaben, so erkennen wir , daß eine Erhöhung des Einkommens in Periode 0 sofort zu einer Zunahme des gewünschten Konsums entsprechend der Grenzneigung zum Konsum führt. Um aber seinen Konsum dauerhafter Konsumgüter (der in Form von Nutzungen erwächst) zu erhöhen, muß ein Individuum für den gesamten kapitalisierten Strom der Nutzungen dieses dauerhaften Konsumgutes in der gegenwärtigen Periode bezahlen. Die Erhöhung der Konsumausgaben auf eine Einkommenserhöhung hin könnte also durchaus die ursprüngliche Zunahme des Einkommens um einiges übersteigen (zum Beispiel eine Steuersenkung um 300 $ pro Monat die zu einem Autokauf im Wert von 9000 $ führt).

Die Konsumfunktion des MPS Modells prognostiziert Werte sowohl der Erhöhung des Konsums als auch der Konsumausgaben, die auf eine Veränderung des Einkommens folgen. Sie produziert außerdem einen Schätzwert für die Länge des nötigen Zeitraums bis das neue Niveau der Variablen erreicht ist, wobei eine ceteris paribus Annahme bezüglich anderer Variablen (zum Beispiel P und r) gemacht wird. In Abbildung 12-13 haben wir die Anpassung sowohl des Konsums als auch der Konsumausgaben an ihre neuen Gleichgewichtswerte nach einer einmaligen Erhöhung des Einkommens um $ 10 Milliarden in Periode 0 dargestellt. Dies entspricht dem einfachen Multiplikatoreffekt in Kapitel 3, wobei wir nun die zeitliche Abfolge genau betrachten. Die durchgezogene Linie in Abbildung 12-13

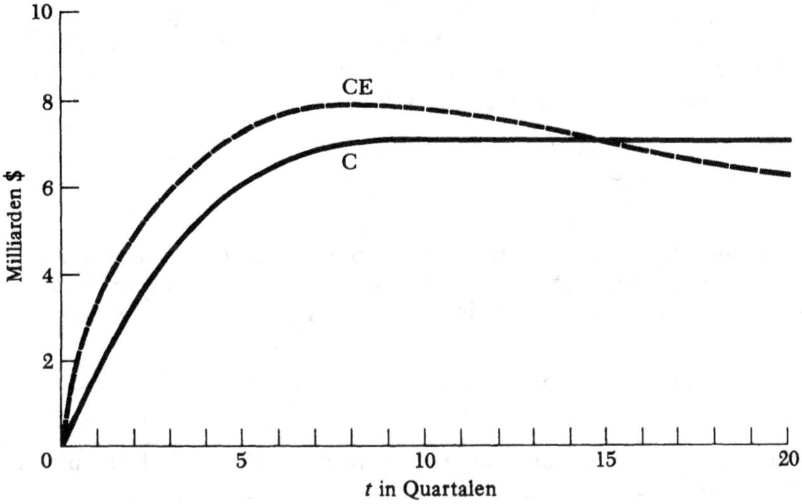

Abbildung 12-13: Das MPS Modell: Konsum und Konsumausgaben.

stellt die Veränderung des Konsums auf die Erhöhung des verfügbaren Einkommens hin dar. Diese Linie nähert sich asymptotisch dem endgültigen Niveau c_N. Die gestrichelte Linie stellt die tatsächlich getätigten Konsumausgaben dar. Nach 5 Quartalen steigt diese sogar über das Endniveau der langfristigen Konsumkurve hinaus und sinkt dann ab, bis sie nach 15 Quartalen unterhalb des langfristigen Konsums liegt.

In dem in den vorangegangenen Kapiteln entwickelten statischen Modell haben wir nur den Begriff des Konsums verwendet und dabei lediglich die beiden Punkte c_0 und c_N betrachtet. Ein Verdienst des MPS Modells ist, daß es uns erlaubt, die zeitliche Dimension der Veränderung von c_0 zu c_N zu verfolgen und Veränderungen des Konsums zu Veränderungen der Konsumausgaben in bezug zu setzen. Es ist der letztere Wert, der als Konsumausgaben in den nationalen Einkommenskonten auftaucht, der erstere entspricht dem von der ökonomischen Theorie prognostizierten Konsumstrom.

Der Vermögenseffekt im statischen Modell

Wir haben in diesem Kapitel gesehen, daß das Niveau des realen Vermögens der Haushalte Auswirkungen auf das Konsumniveau hat. In der anfänglichen Diskussion über Auswirkungen von Veränderungen des Konsums auf das Gleichgewicht auf den Geld- und Gütermärkten haben wir das Vermögen nicht in Betracht gezogen. Im folgenden werden wir die Implikationen der Einbeziehung des realen Vermögens in die Konsumfunktion in bezug auf die Analyse im allgemeinen Gleichgewicht untersuchen.

Wir gehen von einer allgemeinen Form der Konsumfunktion nach Ando-Modigliani aus:

$$c = \alpha_0 y^L + \alpha_1 a. \tag{41}$$

Hier sind α_0 und α_1 die von Ando-Modigliani geschätzten positiven Koeffizienten. Eine Erhöhung des Arbeitseinkommens oder des Vermögens führt zu einer Zunahme des Konsums. Die Definition des Vermögens zu Anfang einer Periode, der wir den Term „a" in unserer Funktion verdanken, lautete:

$$a_0 = \sum_0^T \frac{y_t^P}{(1+r)^t} = y_0^P + \sum_1^T \frac{y_t^P}{(1+r)^t}.$$

Das gegenwärtige Einkommen aus Eigentum y_0^P findet als positiver Wert durch den Vermögensterm Eingang in die Konsumfunktion (41), womit wir die erweiterte Konsumfunktion in allgemeiner Form wie folgt schreiben können:

$$c = c(y - t(y), a); \quad \frac{\partial c}{\partial (y - t(y))} > 0, \frac{\partial c}{\partial a} > 0. \tag{42}$$

Der reale Konsum nimmt mit einer Erhöhung des verfügbaren Einkommens oder des realen Vermögens zu.

Wenn nun bei gegebenem verfügbaren Einkommen eine Zunahme des realen Vermögens zu höherem Konsum führt, so impliziert dies geringere Ersparnis, da $s + c = y - t(y)$. Der allgemeine Begriff der Ersparnis wird hierdurch nicht verletzt. Die Menschen sparen, um Vermögen zu akkumulieren. Findet nun plötzlich eine exogene Erhöhung des Vermögens statt, zum Beispiel durch eine Erbschaft, so besteht weniger Bedarf zu sparen und die Sparquote wird sinken. Die Sparfunktion kann also wie folgt geschrieben werden

$$s = c(y - t(y), a); \quad \frac{\partial s}{\partial (y - t(y))} > 0, \frac{\partial s}{\partial a} < 0. \tag{43}$$

Eine Erhöhung des realen Vermögens verringert also die Ersparnis bei gegebenem Niveau des verfügbaren Einkommens.

Der Konsum aus realem Vermögen

Das nominale Nettovermögen des privaten Sektors kann wie folgt definiert werden,

$$A = K + R + B, \tag{44}$$

wobei $K \equiv$ Wert des Kapitalstocks gemessen durch den Gesamtwert des Eigenkapitals, das heißt also Aktien zuzüglich des Wertes von Wohnhäusern (Wohnraum), Land und dauerhaften Konsumgütern,

$R \equiv$ Wert der bei der Zentralbank gehaltenen Reserven, das heißt also der Teil des Geldangbots, der Forderungen des privaten Sektors gegen den Staat darstellt,

$B \equiv$ Geldwert der vom Publikum gehaltenen Staatsanleihen.

Hier ist nur der Teil des Geldangebots im Vermögen eingeschlossen, der in Form von Reserven bei der Zentralbank gehalten wird. Der Rest des Geldangebots stellt Forderungen in Form von Einlagen des Nichtbankenpublikums bei den Geschäftsbanken dar. Sind letztere im Begriff des „Publikums" mit eingeschlossen, so ist dieser Teil des Geldangebots gleich null, da sich die Forderungen der Nichtbanken und die Verbindlichkeiten der Banken gegenseitig aufheben. Auf der anderen Seite sind Reserven und Staatspapiere enthalten, da sie Forderungen des privaten Sektors gegen einen Außenseiter darstellen (die Regierung). Die Frage, ob man Staatsanleihen in die Definition mit einbeziehen sollte, ist noch ungeklärt, da man sie auch als zukünftige Steuerverbindlichkeiten des privaten Sektors interpretieren könnte. Im Moment jedenfalls werden wir diese Möglichkeit ignorieren und behandeln Staatsanleihen als Forderungen des privaten Sektors gegen den Staat.

Das reale Nettovermögen a entspricht A/P, so daß

$$a = \frac{K + R + B}{P}. \tag{45}$$

Verändert sich der durchschnittliche Wert des Realkapitals, das heißt also der Wert von Maschinen, Gebäuden, Land und dauerhaften Konsumgütern, mit dem Preisniveau, so können wir den Wert des Kapitalstocks als $K = Pk$ schreiben, so daß der erste Term in Gleichung (45) gleich Pk/P oder einfach gleich k (dem realen Kapitalstock) ist. Bei der kurzfristigen Analyse der Einkommensbestimmung halten wir den Kapitalstock konstant, so daß k konstant ist.

Machen wir weiter die Annahme, daß alle Staatsanleihen langfristige Anlagen darstellen, die jährlich $ 1 erbringen, dann ist der Gesamtwert aller Staatspapiere gleich der Anzahl der Papiere b geteilt durch den Zinssatz. Es gilt also $B = b/r$. In Wirklichkeit werfen Staatsanleihen $ 100 und nicht $ 1 ab, wodurch es aber nur zu einer Verschiebung des Kommas kommt und unsere qualitative Analyse nicht beeinflußt wird.

Wir können den Ausdruck für das reale Vermögen wie folgt schreiben:

$$a = k + \frac{R}{P} + \frac{B}{P} = k + \frac{R}{P} + \frac{b}{rP}. \tag{46}$$

Der Vermögenseffekt und die IS-Kurve

Aus Gleichung (46) erkennen wir, daß die Einbeziehung des realen Vermögens in die Konsumfunktion die Steigung der IS-Kurve in bezug auf Veränderungen von r abflacht und sie außerdem in bezug auf Veränderungen von R, b oder P verschiebt. Im folgenden untersuchen wir die Auswirkungen von Veränderungen der Variablen r, B, b und P auf die IS-Kurve, um die Wirkung des Vermögenseffekts zu analysieren.

Eine Verringerung des Zinssatzes erhöht den Wert der Staatsanleihen im Besitz des privaten Sektors, weil die Wertpapierpreise steigen. Vergleichen wir Gleichungen (45) und (46), so erkennen wir, daß eine Verringerung von r den Wert von B und damit a erhöht. Die Zunahme des realen Vermögens verringert die Ersparnis und erhöht den Konsum. Wenn also r sinkt, werden sowohl die Investition als auch der Konsum entlang der IS-Kurve steigen, weshalb die IS-Kurve abflacht. Eine Verringerung des Zinssatzes r hat einen stärkeren Effekt auf y im Gütermarktgleichgewicht, wenn wir den Vermögenseffekt auf den Konsum berücksichtigen.

Der Vermögenseffekt stellt also einen anderen Kanal dar, durch den die Geldpolitik Einfluß auf Einkommen und Output hat. Wie wir bereits in Teil II gesehen haben, führt eine Erhöhung des Geldangebots zu einer Senkung des Zinsniveaus und damit einer Zunahme der Investition. Die Analyse dieses Kapitels zeigt, daß wir einen weiteren Effekt hinzufügen können, nämlich die Erhöhung der Konsumausgaben. In Abbildung 12-14 führt ein Abflachen der IS-Kurve von I_0S_0 auf I_1S_1 zu einer Erhöhung des Effekts auf y bei einer Verschiebung der LM-Kurve von L_0M_0 auf L_1M_1. Ohne den Vermögenseffekt auf den Konsum, würde y nur auf y_1 ansteigen. Beziehen wir den Vermögenseffekt jedoch mit ein, so erhöht sich y auf y_2. Dies stellt einen wichtigen zusätzlichen Kanal für geldpolitische Maßnahmen im MPS Modell dar.

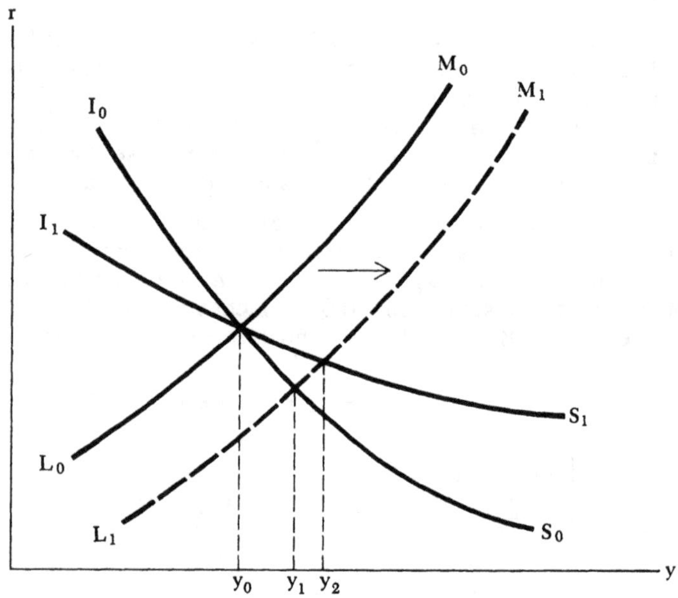

Abbildung 12-14: Geldpolitik und Konsum.

Eine Zunahme von b oder R oder eine Senkung des Preisniveaus verschieben die IS-Kurve nach rechts, wie es in Abbildung 12-15 dargestellt ist. Beim anfänglichen Vermögensniveau a_0 befindet sich die IS-Kurve auf der Position I_0S_0. Eine Zunahme des realen Vermögens auf a_1, wenn b oder R steigen oder P sinkt, verschiebt die Sparfunktion im vierten Quadranten von s (a_0) auf s (a_1). Da s + t vom Ursprung nach unten entlang der senkrechten Achse gemessen wird, stellt die Verschiebung eine Verringerung der Ersparnis dar, so daß also $\partial s/\partial a < 0$.

Die Verschiebung der Sparfunktion verschiebt die IS-Kurve in Abbildung 12-15 nach rechts auf I_1S_1. Die Zunahme des realen Vermögens verringert die Ersparnis und erhöht gleichzeitig den Konsum, wodurch sich bei gegebenem Zinsniveau das Gleichgewichtseinkommen auf dem Gütermarkt erhöht. Eine Erhöhung des realen Vermögens aufgrund einer Veränderung von b, R oder P führt zur Verschiebung der IS-Kurve.

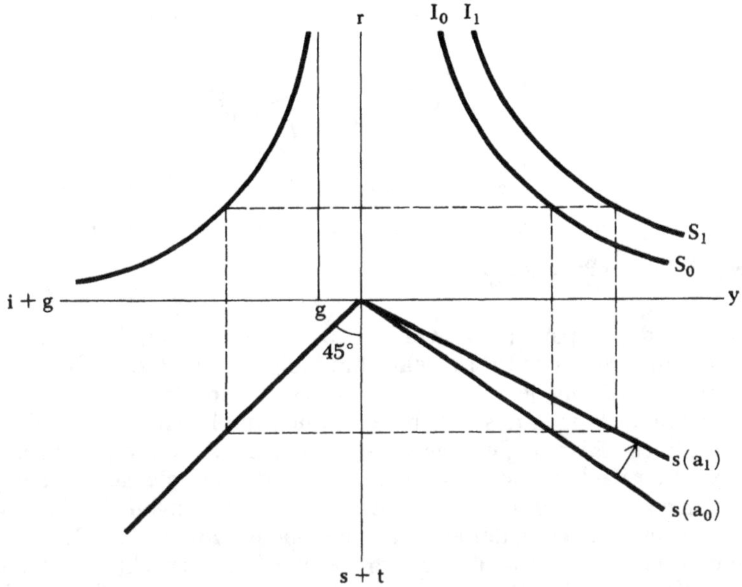

Abbildung 12-15: Der Vermögenseffekt verschiebt die IS-Kurve.

Die Reserven R oder die Staatsschulden B in den Händen des privaten Sektors erhöhen sich mit dem staatlichen Haushaltsdefizit. Der Staat kann dieses Defizit finanzieren, indem er Staatsanleihen an die Zentralbank verkauft. Wir erhalten eine Erhöhung von R, wenn der Staat sein Guthaben bei der Zentralbank verwendet, um das Defizit zu finanzieren. Durch ein kontinuierliches Defizit verschiebt sich die IS-Kurve allmählich nach rechts. Ein Überschuß würde sie nach links verschieben. Dies impliziert, daß die IS-Kurve im statischen Gleichgewicht im Laufe der Zeit nach rechts wandert, wenn der Haushalt des Staates nicht ausgeglichen ist. In Kapitel 21 werden wir zu den dynamischen Implikationen eines unausgeglichenen Haushalts zurückkehren.

Eine Erhöhung von R durch Offenmarktoperationen, wenn die Zentralbank Staatspapiere vom Publikum für Reserven kauft, verschiebt lediglich das Gewicht von B nach R, wobei $\Delta B = -\Delta R$ ist. Die Zentralbank kauft Staatsanleihen von den Geschäftsbanken, so daß sich R erhöht, während B um den gleichen Betrag sinkt und vice versa. Dies bedeutet, daß Offenmarktoperationen keinen Einfluß auf a haben, solange nur die Reserven als Teil des Geldangebots in A enthalten sind, und somit die IS-Kurve nicht direkt verschieben.

Veränderungen des Preisniveaus und der Pigou-Effekt

Ein wichtiges Ergebnis der Einführung des realen Vermögens in unsere Konsumfunktion ist der Effekt, den Veränderungen des Preisniveaus dadurch auf die IS-Kurve haben. Eine Erhöhung des Preisniveaus verringert den realen Wert des Vermögens und verschiebt die IS-Kurve nach links.

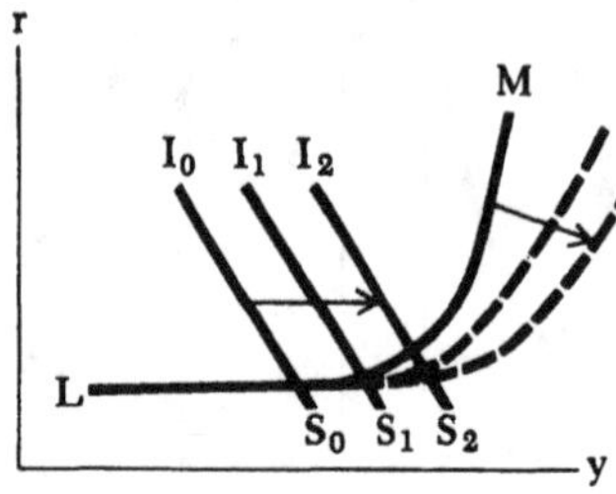

Abbildung 12-16: Der Pigou-Effekt.

In Teil II fand die Anpassung des Gleichgewichtsoutputs auf der Nachfrageseite auf eine Veränderung des Preisniveaus hin lediglich durch den Geldmarkt und damit die Verschiebung der LM-Kurve statt. Jetzt sind wir in der Lage zu erkennen, daß Veränderungen des Preisniveaus auch die IS-Kurve verschieben und zwar in die gleiche Richtung wie die LM-Kurve. Eine Erhöhung des Preisniveaus verschiebt beide Kurven nach links. Dadurch wird der Gleichgewichtsoutput auf der Nachfrageseite empfindlicher bezüglich Veränderungen des Preisniveaus, weshalb es zum Abflachen der aggregierten Nachfragekurve im P, y-Koordinatensystem kommt. Aus historischer Sicht gesehen ist das wichtigste Resultat der Einbeziehung des realen Vermögens in die Konsumfunktion, daß dadurch die Inkonsistenz der Liquiditätsfalle im klassischen Falls eliminiert wird, die Keynes als einen Schwachpunkt des Modells gedeutet hatte. Keynes argumentierte, es sei möglich, daß der Zinssatz im klassischen Modell so weit fallen könnte, daß weder expansionäre geldpolitische Maßnahmen noch fallende Preise einen expansionären Effekt auf den Gleichgewichtsoutput der Nachfrageseite haben könnten. Wird also das Beschäftigungsniveau auf dem Arbeitsmarkt bestimmt und ist die Nachfrage in der Liquiditätsfalle gefangen, so hatte das klassische Modell keine Lösung. Professor A. C. Pigou antwortete auf Keynes Kritik, indem er herausarbeitete, daß ein Sinken des Preisniveaus die IS-Kurve nach rechts verschieben würde. Fallen die Preise, so steigt das Niveau des realen Vermögens, worauf sich die Sparfunktion verschiebt.

Die Zunahme des realen Konsums, die auftritt, wenn die Preise fallen, verschiebt die IS-Kurve nach rechts und erhöht so den Gleichgewichtsoutput auf der Nachfrageseite, wie in Abbildung 12-16 dargestellt. Der Pigou-Effekt wehrte den Einwand Keynes ab, das klassische Modell sei inkonsistent in der Situation der Liquiditätsfalle.

Schlußfolgerungen: Implikationen für die Stabilitätspolitik

Unsere Analyse des Konsumentenverhaltens und der Konsumfunktion bringt zwei wichtige Implikationen für die Stabilitätspolitik mit sich, die wir hier kurz darstellen wollen. In Kapitel 16 betrachten wir Geld- und Fiskalpolitik noch einmal genauer, nachdem wir uns etwas näher mit der Investition und der Geldnachfrage beschäftigt haben.

Der erste Punkt, den wir bereits mehrfach erwähnt haben, bezieht sich darauf, daß unser Vertrauen auf temporäre Steueränderungen als stabilitätspolitisches Instrument davon abhängt, inwieweit die permanente Einkommenshypothese

Friedmans korrekt ist. Es wäre denkbar, daß zum Beispiel in einer Situation, in der der Präsident jedes Jahr aufs neue eine vorübergehende Einkommensteuererhöhung verkündet, das Publikum im Laufe der Zeit einen erwarteten Durchschnittswert für die Einkommensteuererhöhung kalkuliert und seinen Konsumpfad dem verfügbaren Einkommen unter Berücksichtigung dieses Wertes anpaßt. Schwankungen der Steuererhöhung würden durch die Sparquote absorbiert und hätten keinen Effekt auf den Konsum. Das Publikum würde also lediglich die Ersparnisse zwischen dem öffentlichen und dem privaten Sektor hin- und herschieben.

Zugegebenermaßen stellt dies einen Extremfall der permanenten Einkommenshypothese und ihrer Auswirkungen auf fiskalpolitische Maßnahmen dar. Dennoch können wir mit Sicherheit sagen, daß temporäre Steueränderungen zu geringerer Effektivität fiskalpolitischer Maßnahmen führen als dauerhafte und daß geringfügige explizite Steueränderungen nur minimale oder gar keine Auswirkungen auf die aggregierte Nachfrage haben können.

Der zweite Punkt, den wir hier erwähnen wollen, ist, daß die Einbeziehung des realen Vermögens als Determinante der Konsumnachfrage möglicherweise die Effektivität der Geldpolitik relativ zur Fiskalpolitik erhöht. Dies könnte durch den Zinssatzeffekt auf die Vermögenswerte geschehen, wodurch die IS-Kurve abflacht. Eine expansionäre Geldpolitik führt zur Senkung des Zinssatzes. Zusätzlich zum Effekt auf die Investition, wird die Senkung des Zinssatzes den Wert des realen Vermögens in Gleichung (40) erhöhen und den Konsum stimulieren. Der Vermögenseffekt unterstützt also die Geldpolitik und stellt durch den Zinssatz eine Verbindung zwischen geldpolitischen Maßnahmen und Konsumnachfrage dar.

Auf der anderen Seite führt eine expansionäre fiskalpolitsche Maßnahme zu höheren Zinssätzen und verringert dadurch den realen Wert des Vermögens und so-

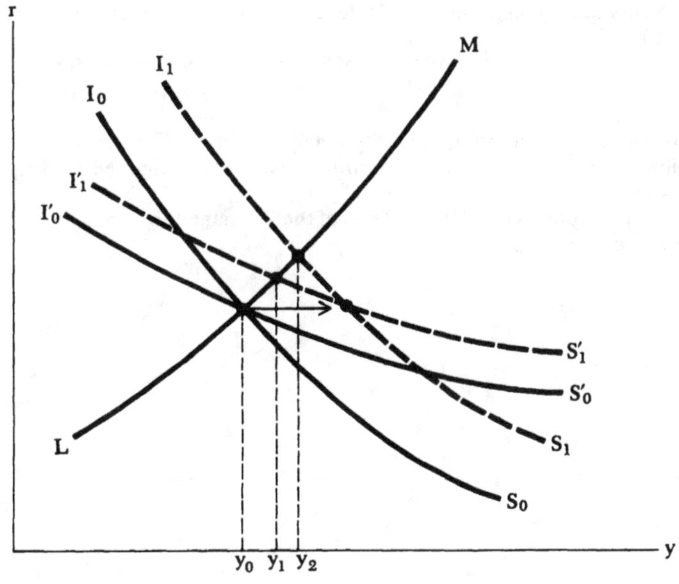

Abbildung 12-17: Vermögenseffekt und Fiskalpolitik.

mit auch die Konsumausgaben, wodurch die Auswirkungen der ursprünglichen fiskalpolitischen Maßnahme zum Teil ausgeglichen werden. In Abbildung 12-17 ist die Verschiebung zweier IS-Kurven, der steilen I_0S_0 auf I_1S_1 und der flachen $I_0'S_0'$ auf $I_1'S_1'$, im Fall einer Erhöhung der Staatsausgaben dargestellt.

Die steilere IS-Kurve berücksichtigt den Vermögenseffekt nicht, weshalb y von y_0 auf y_2 steigt. Die flachere IS-Kurve bezieht den Vermögenseffekt durch den Zinssatz mit ein und begründet eine Veränderung der Konsumnachfrage, die die Effekte geldpolitischer Maßnahmen verstärkt, die Auswirkungen fiskalpolitischer Maßnahmen aber zum Teil abschwächt.

Ausgewählte Literatur

A. Ando and F. Modigliani, „The ‚Life Cycle' Hypothesis of Saving: Aggregate Implications and Tests," *American Economic Review,* March 1963.

R. J. Barro and H.I. Grossman, „A General Disequilibrium Model of Income and Employment," *American Economic Review,* March 1971.

A. S. Blinder, „Temporary Taxes and Consumer Spending," *Journal of Political Economy,* February 1981.

J. S. Duesenberry, *Income, Saving and the Theory of Consumer Behavior* (Cambridge: Harvard University Press, 1949).

I. Fisher, *The Theory of Interest* (New York: Macmillan, 1930).

M. Flavin, „The Adjustment of Consumption to Changing Expectations About Future Income," *Journal of Political Economy,* October 1981.

M. Friedman, *A Theory of the Consumption Function* (Princeton, N. J.: Princeton University Press, 1957), chapters 1-3, 6, 9.

R. E. Hall, „Stochastic Implications of the Life Cycle – Permanent Income Hypothesis: Theory and Evidence," *Journal of Political Economiy,* December 1978.

R. G. Hubbard and K.L. Judd, „Liquidity Constraints, Fiscal Policy, and Consumption," *Brookings Papers on Economic Activity,* vol. 1, 1986.

S. Kuznets, *National Product Since 1869* (New York: National Bureau of Economic Research, 1946).

F. Modigliani, „The Life Cycle Hypothesis of Saving Twenty Years Later," in M. Parkin, ed., *Contemporary Issues in Economics* (Manchester University Press: Manchester, 1975).

F. Modigliani and R. E. Brumberg, „Utility Analysis and the Consumption Function," in K.K. Kurihara, ed., *Post-Keynesian Economics* (New Brunswick, N. J.: Rutgers University Press, 1954).

C. R. Nelson, „A Reappraisal of Recent Tests of the Permanent Income Hypothesis," *Journal of Political Economy,* June 1987.

Kapitel 13
Die Investitionsnachfrage

In Kapitel 4 haben wir die Investitionsnachfrage als eine einfache Funktion des Zinssatzes dargestellt und als Grund dafür das Kapitalwertkriterium angegeben. Diese einfache Funktion war ausreichend für die Analysezwecke in Teil II, wo wir lediglich die grundlegenden Verbindungen zwischen Güter-, Geld- und Arbeitsmärkten vorstellen und untersuchen wollten. Die einfache Funktion $i = i(r)$ ist aber offensichtlich keine gute Darstellung der komplexen Bestimmungsfaktoren der Investitionsnachfrage in der Realität. Tatsächlich haben Wissenschaftler erst in den letzten zwanzig Jahren einigermaßen vernünftige empirische Erklärungen der Investitionsnachfrage finden können.

In diesem Kapitel wiederholen wir zunächst die mikroökonomischen Grundlagen der makroökonomischen Sichtweise der Investitionsnachfrage und entwickeln entlang dieser Linie die Grundlagen des Kapitalwertkriteriums. Weiter werden wir dieses Kriterium mit dem Konzept der Grenzleistungsfähigkeit des Kapitals vergleichen. Danach entwickeln wir anhand des intertemporalen Maximierungsproblems einer Unternehmung eine theoretische Funktion der Investitionsnachfrage, die sowohl Ersatzinvestitionen als eine Funktion des Outputs und des Zinssatzes als auch Nettoinvestitionen als eine Funktion von Veränderungen des Outputniveaus (Akzeleratorprinzip) und des Zinssatzes enthält.

Wir betrachten eine alternative Interpretation der Bedingungen erster Ordnung der Unternehmung, die als Tobins q-Theorie bekannt ist. Diese Theorie betont die Rolle der Aktienmärkte bei der Bewertung einer Unternehmung und berücksichtigt die Verzögerung bei der Anpassung der Investitionen. Diese Betrachtungsweise wird nach der Darstellung des Akzeleratormodells vorgestellt.

Der theoretische Rahmen beinhaltet das Konzept der Leih- (Gebrauchs-) Kosten des Kapitals als erklärende Variable des Gleichgewichtskapitalstocks. Die Diskussion der Leihkosten des Kapitals führt uns zur Rolle von Gewinnen und Liquidität als Bestimmungsfaktoren der Investitionsnachfrage durch den Zinssatz und die Kapitalkosten.

Wenn wir die Theorie der Investitionsnachfrage entwickelt haben, werden wir empirische Resultate bezüglich der Reaktion der Investition auf Veränderungen des Outputs und der Kapitalkosten zusammenfassen, wobei wir sowohl auf den Umfang als auch auf die zeitliche Dimension dieser Reaktion eingehen. Die Theorie beschert uns im statischen Modell eine Investitionsfunktion der Form $i = i(r, y)$, in der $\partial i/\partial y > 0$ ist. Es besteht also die Möglichkeit, daß die IS-Kurve eine positive Steigung hat und die Volkswirtschaft somit instabil ist. Empirische Untersuchungen ergeben, daß die Grenzneigung zum Ausgeben (die Summe aus Grenzneigung zum Konsum und $\partial i/\partial y$) $<$ als 1 ist, so daß die IS-Kurve eine negative Steigung hat. Wir beenden das Kapitel mit einigen Kommentaren bezüglich geld- und fiskalpolitischer Maßnahmen, die wir in Kapitel 16 noch weiter ausführen werden. Den besten Ausgangspunkt für dieses Kapitel bilden das Kapitalwertkriterium und die mikroökonomische Theorie der Investition.

Das Kapitalwertkriterium

In Kapitel 4 haben wir vorgeschlagen, daß Unternehmen für ihre Investitionsprojekte auf Basis des Gegenwartswerts des Zahlungsssstroms aus dem Projekt (dem Kapitalwert) eine Rangordnung aufstellen.

$$PV_t = -C + R_t + \frac{R_{t+1}}{1+r} + \frac{R_{t+2}}{(1+r)^2} + \cdots + \frac{R_{t+n}}{(1+r)^n}. \tag{1}$$

Hier steht C für die Kosten des Projekts und $R_t, \ldots, R_{t+n}$ entspricht dem Strom der Nettoerlöse aus dem Projekt. Als Ausgangspunkt für eine Diskussion der Investitionsnachfrage bietet es sich an, nach der logischen Grundlage des Kapitalwertkriteriums zu fragen und die daraus folgenden Implikationen für die Determinanten der Investition zu bestimmen. Wir betrachten zunächst eine einfache Unternehmung, deren einziger Eigentümer versucht, seinen Nutzen als eine Funktion seines realen Konsumstroms zu maximieren (vergleiche Kapitel 12),

$$U = U(c_0, c_1, \ldots, c_T). \tag{2}$$

In Gleichung (2) entspricht $c_0, \ldots, c_T$ dem Konsumstrom von Periode 0 bis Periode T.

Die Unternehmung hat folgende Optionen bezüglich ihrer Absatz- und Einnahmemöglichkeiten. Mit einem gegebenen Betrag von Ressourcen zum Zeitpunkt 0 kann die Unternehmung Nettooutput zum Verkauf in allen Perioden von 0 bis T produzieren. Die Gewinne können dann entweder dem Eigentümer der Unternehmung als Einkommen $y_0, \ldots, y_T$ ausgezahlt werden oder investiert werden, um zu einem zukünftigen Zeitpunkt mehr Output produzieren zu können. Indem also die Eigentümer in der gegenwärtigen Periode auf einen Teil ihres Einkommens verzichten, können sie ihr zukünftiges Einkommen erhöhen, wenn sie die einbehaltenen Gewinne investieren. Eine Einkommenserhöhung in einer Periode t erfordert eine Verringerung des Einkommens in einer anderen Periode. Diese Verringerung des Einkommens kann vor Periode t stattfinden, um höhere Gewinne in Periode t zu erzielen und damit zusätzlich Einkommen in dieser Periode entnehmen zu können, ohne das Einkommen nach Zeitpunkt t zu verringern. Oder die Senkung des Einkommens findet nach Zeitpunkt t statt als Resultat geringerer Investitionen zum Zeitpunkt t.

Aus der Sicht des Eigentümers der Unternehmung kann diese Situation durch eine Einkommenstransformationskurve dargestellt werden:

$$0 = \phi(y_0, y_1 \ldots, y_T). \tag{3}$$

Halten wir alle bis auf zwei y_t konstant, so erfordert die Erhöhung eines y_t die Verringerung des zweiten. Diese Beziehung muß für alle möglichen Kombinationen von zwei verschiedenen y_t gelten. Das Problem der Unternehmung ist nun, bei gegebener Anfangsausstattung mit Ressourcen (Geld oder allgemein Kapital), den Gewinnstrom $(y_1, \ldots, y_T)$ zu wählen, der dem Eigentümer die Maximierung seines Nutzenniveaus erlaubt. Für den zweiperiodigen Fall ist die Einkommenstransformationskurve in Abbildung 13-1 als $0 = \phi(y_0, y_1)$ dargestellt. Ausgehend von seinem maximalen Einkommen in Periode 0, das den gesamten ihm zur Verfügung stehenden Ressourcen entspricht, kann der Eigentümer der Un-

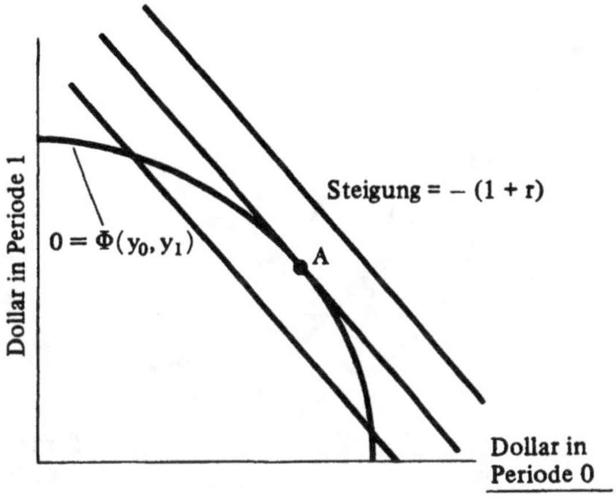

Abbildung 13-1: Die Einkommenstransformationskurve.

ternehmung eine Kombination von Einkommen in Periode 0 und Einkommen in Periode 1 wählen, indem er investiert. Die Rendite der Investitionsprojekte ist dabei fallend, je mehr er investiert. Die Steigung der Einkommenstransformationskurve in Abbildung 13-1 erhalten wir durch vollständige Differentiation der Gleichung (3):

$$0 = \frac{\partial \phi}{\partial y_0} dy_0 + \frac{\partial \phi}{\partial y_1} dy_1,$$

so daß die Grenzrate der Transformation (MRT) für die Transformation von y_0 in y_1 durch

$$\frac{dy_1}{dy_0} = - \frac{\partial \phi / \partial y_0}{\partial \phi / \partial y_1} \tag{4}$$

gegeben ist. Die Unternehmung kann bei gegebener Anfangsausstattung mit Ressourcen jede Einkommenskombination y_0, y_1 auf der Einkommenstransformationskurve in Abbildung 13-1 erreichen.

Hat die Unternehmung einen bestimmten Einkommensstrom gewählt, wie bei Punkt A in Abbildung 13-1, so kann der Eigentümer dann entsprechend unserer Diskussion in Kapitel 12 entlang seiner Bilanzgerade mit der Steigung $-(1 + r)$ jeden Punkt wählen, indem er entweder spart oder Geld aufnimmt. In Abbildung 13-1 sind einige Bilanzgeraden eingezeichnet.

Das Problem besteht also darin, einen Einkommensstrom y_0, y_1 entlang der Transformationskurve zu wählen, der dem Eingentümer die am weitesten vom Ursprung entfernte Bilanzgerade sichert. Wie in Abbildung 13-1 gezeigt, ist die höchste Bilanzgerade, die erreicht werden kann, diejenige, bei der MRT = $-(1 + r)$ gilt.

In Abbildung 13-2 haben wir unserer Abbildung 13-1 die Indifferenzkurven des Eigentümers hinzugefügt, die auf der Nutzenfunktion in Gleichung (2) basieren. Je weiter diese Indifferenzkurven vom Ursprung entfernt liegen, desto höher ist

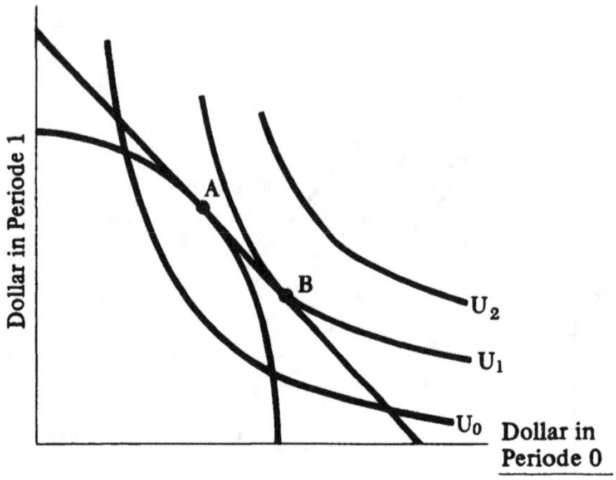

Abbildung 13-2: Die Investitions- und Konsumentscheidung.

das entsprechende Nutzenniveau, so daß also $U_0 < U_1 < U_2$ ist. Wie wir in Kapitel 12 bereits gesehen haben, kann die Steigung der Indifferenzkurven im zweiperiodigen Fall wie folgt aus der Nutzenfunktion hergeleitet werden:

$$0 = \frac{\partial U}{\partial c_0} dc_0 + \frac{\partial U}{\partial c_1} dc_1,$$

so daß die Grenzrate der Substitution (MRS) von c_1 durch c_0 durch

$$\frac{dc_1}{dc_0} = -\frac{\partial U/\partial c_0}{\partial U/\partial c_1} \tag{5}$$

gegeben ist.

Abbildung 13-2 zeigt, daß die Eigentümer ihre höchst mögliche Indifferenzkurve erreichen, wenn deren Tangente durch die am weitesten vom Ursprung liegende Bilanzgerade gegeben ist. Die Unternehmung wird also ihre Produktion so anlegen, daß sie die höchst mögliche Bilanzgerade erreicht, bei der $MRT = -(1 + r)$ gilt. Dies ist zum Beispiel bei Punkt A in Abbildung 13-2 der Fall. Die Eigentümer werden diesen Einkommensstrom dann auf einen nutzenmaximierenden Konsumstrom verteilen, indem sie sparen oder Geld aufnehmen, um so die höchst mögliche Indifferenzkurve zu erreichen, bei der ihre MRS ebenfalls gleich $-(1 + r)$ ist. Wir erhalten folglich als Bedingung für die Nutzenmaximierung im Falle kombinierter Produktions- und Konsumentscheidung:

$$MRT = -(1 + r) = MRS. \tag{6}$$

Der Schnittpunkt der Bilanzgerade mit der waagerechten Achse der Periode 0 ist, wie wir bereits in Kapitel 12 gesehen haben, durch den Gegenwartswert des Einkommensstroms gegeben:

$$PV_0 = y_0 + \frac{y_1}{1 + r}. \tag{7}$$

Dies bedeutet, daß die Unternehmung zwecks Erreichen der höchsten Bilanzgerade den Gegenwartswert ihrer Gewinne maximieren sollte. Die Manager der Unternehmung sollten den Punkt auf der Einkommenstransformationskurve wählen, der eine Bilanzgerade impliziert, deren Schnittpunkt mit der Achse der Periode 0 am weitesten rechts liegt. Ist diese Bilanzgerade des maximalen Kapitalwerts einmal erreicht, so können die Eigentümer dann selbst unabhängig von der Produktionsentscheidung ihren Nutzen maximieren. Sie können also sicherstellen, daß sie das höchstmögliche Nutzenniveau erreichen können (eine notwendige, nicht hinreichende Bedingung), wenn sie dem Manager der Unternehmung folgende Regel auferlegen: Maximiere den Kapitalwert der Unternehmung! Folgt der Manager dieser Regel, so wird der Wert der Unternehmung maximiert und damit der Wert der Aktien des Eigentümers.

Die Form der Indifferenzkurven des Eigentümers ist für den Manager irrelevant: Produktions- und Konsumentscheidung sind völlig voneinander getrennt. Die Maximierung des Kapitalwerts wird erreicht, wenn die Grenzrate der Transformation entlang der Produktionsfunktion gleich der Grenzrate der Substitution entlang der Indifferenzkurve ist. Dies stellt ein grundlegendes Effizienzkriterium dar.

Befinden sich nun in einer Volkswirtschaft nur Firmen, die versuchen, direkt den Wohlstand ihrer Eigentümer (in einer kapitalistischen Volkswirtschaft unter vollständiger Konskurrenz) oder den Wohlstand der Gesellschaft (in einer sozialistischen Volkswirtschaft) zu maximieren, so werden sie die Investitionsprojekte so wählen, daß die Summe der Kapitalwerte maximiert ist. Ein Investitionsplan der nicht mit dem Ziel der Kapitalwertmaximierung übereinstimmt, führt nicht zur Gewinnmaximierung (Wohlstandsmaximierung im Falle der sozialistischen Volkswirtschaft).

Diese Argumentationsweise führte uns in Kapitel 4 zu der Investitionsregel, daß Unternehmen in jedes Investitionsprojekt investieren sollten, das einen positiven Kapitalwert (wie in Gleichung (1) definiert) hat:

$$PV_t = -C + R_t + \frac{R_{t+1}}{1+r} + \frac{R_{t+2}}{(1+r)^2} + \cdots + \frac{R_{t+n}}{(1+r)^n}.$$

Bei Anwendung des Kapitalwertkriteriums berechnen Unternehmen den Kapitalwert eines jeden Investitionsprojekts, das sie durchführen könnten und ordnen die Investitionsprojekte dann nach ihren Kapitalwerten in fallender Reihenfolge. Diese Rangliste der Investitionsprojekte ist in Abbildung 13-3 dargestellt. Die senkrechte Achse gibt den Kapitalwert eines jeden Investitionsprojekts relativ zu

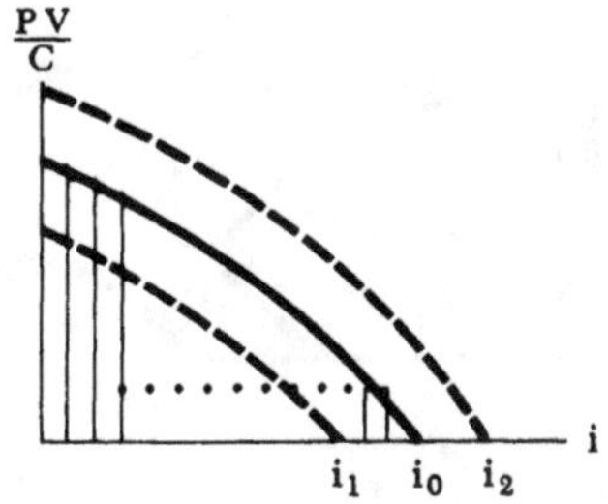

Abbildung 13-3: Rangordnung der Investitionsprojekte geordnet nach den Kapitalwerten.

seinen Kosten an und die waagerechte Achse bezeichnet den realen Wert der Summe aller Investitionsprojekte. Um den Kapitalwert zu maximieren, sollte eine Unternehmung in alle Projekte investieren, deren PV > 0 ist.

Auf diese Weise erhalten wir das Gleichgewichtsniveau der realen Investitionen i_0 der Unternehmung, bei dem der Kapitalwert des letzten Projekts gleich null ist.

Wie wir aus Gleichung (1) erkennen können, reduziert eine Erhöhung des Marktzinssatzes den Kapitalwert eines jeden Investitionsprojekts. Dies führt zu einer Verschiebung der Kurve in Abbildung 13-3 nach unten und reduziert das Gleichgewichtsniveau der Investitionen auf i_1. Nähme auf der anderen Seite die erwartete Rendite in jeder Periode zu, zum Beispiel aufgrund einer Erhöhung der Nachfrage in der gegenwärtigen Periode, die als permanent betrachtet werden kann, so erhielten wir ein höheres Investitionsniveau i_2. Dies ist die grundlegende Theorie der einfachen Investitionsfunktion in Teil II.

Die Grenzleistungsfähigkeit des Kapitals

Ein anderes Kriterium für Investitionsentscheidungen wurde von Keynes vorgeschlagen und wird seither in makroökonomischen Lehrbüchern präsentiert. Es handelt sich um das Kriterium der Grenzleistungsfähigkeit des Kapitals. Dieses Kriterium stellt zwar ein gutes Lehrmittel dar, weist aber analytische Schwächen auf. Die Grenzleistungsfähigkeit eines Investitionsprojekts m ist als der Zinssatz definiert, bei dem der Kapitalwert des Investitionsprojekts gleich null ist. Folglich ist m durch

$$0 = C + R_t + \frac{R_{t+1}}{1+m} + \frac{R_{t+2}}{(1+m)^2} + \cdots + \frac{R_{t+n}}{(1+m)^n} \tag{8}$$

gegeben. Lösen wir die Gleichung bei gegebenem C und gegebenen Erlösstrom nach m auf, so erhalten wir den Zinssatz, der den Nettogewinn des Projekts auf den Wert null diskontiert.

Wir können folglich unsere Investitionsprojekte nach m ordnen, ganz ähnlich wie wir es auch mit dem Kapitalwert getan haben. Es scheint, daß ein Projekt mit einem hohen Auszahlungsstrom einen hohen Kapitalwert hat und somit auch einen hohen Abzinsungsfaktor m, der den Nettoauszahlungsstrom auf null diskontiert. Wir können also, wie in Abbildung 13-4 gezeigt, m gegen i abtragen, so wie wir in Abbildung 13-3 den Kapitalwert gegen i abgetragen haben. Nimmt der Umfang unseres gesamten Investitionsprogramms zu, so gehen wir mehr und mehr zu Projekten mit niedrigeren Nettoerlösen über, so daß i steigt, während m sinkt.

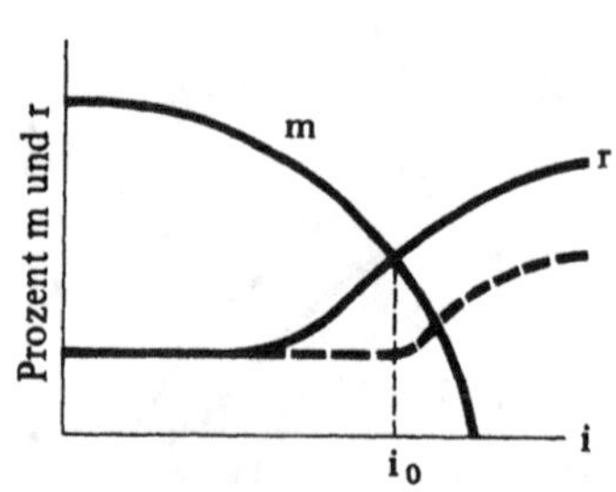

Abbildung 13-4: Das Kriterium der Grenzleistungsfähigkeit des Kapitals.

Das Kapitalangebot

Wir können nun unsere Funktion für m, die unsere Investitionnachfrage darstellt, einer Kapitalangebotsfunktion gegenüberstellen, um, wie in Abbildung 13-3, das Gleichgewichtsniveau der Investitionen zu berechnen. Diese Angebotsfunktion r ist in Abbildung 13-4 dargestellt. Die Funktion weist die Zinskosten der Finanzierung eines Investitionsprojekts bis zu einem gewissen Investitionsniveau als ungefähr konstant aus. Übersteigt der Umfang des Investitionsprogramms jedoch ein bestimmtes Niveau, so steigen die Leihkosten des Kapitals oder anders gesehen die Opportunitätskosten der Verwendung thesaurierter Gewinne für eigene Investitionsprojekte . Die r-Kurve in Abbildung 13-4 kann als eine Kapitalangebotsfunktion interpretiert werden. Die m-Kurve, die den Zinssatz angibt, bei dem Investitionsprojekte gerade die Rentabilitätsgrenze erreichen, kann als Investitionsnachfragefunktion interpretiert werden. Der Schnittpunkt der beiden Kurven bestimmt das Investitionsniveau i_0. Links von i_0 ist der Kapitalwert aller Projekte positiv und es gilt $m > r$.

Wie wir in Kürze sehen werden, ist dieses Modell nicht ausreichend als allgemeines Kriterium für die Investitionsnachfrage. Dennoch hat es den Vorzug, herauszustellen, daß es unter Umständen mehr als einen Kapitalkostensatz (oder Zinssatz) geben kann, abhängig davon, inwieweit die Unternehmung auf unterschiedliche Kapitalquellen zurückgreift. Diese verschiedenen Kapitalkostenniveaus beeinflussen natürlich die Investitionsentscheidungen der Unternehmung. Zum Beispiel tendieren Unternehmen dazu, einen niedrigeren Zinssatz für Kapital aus thesaurierten Gewinnen zu berechnen. Höhere Zinssätze werden dagegen für externe Kapitalquellen verwendet, wie zum Beispiel für Schuldverschreibungen. Letztere stellen eine Verbindlichkeit dar, die zu einem bestimmten Zeitpunkt zurückgezahlt werden muß, egal wie die finanzielle Position der Unternehmung zu diesem Zeitpunkt ist. Ebenso wird für Aktien ein höherer Zinssatz verwendet, da sie einen geringeren Grad von Kontrolle seitens des Managements über die Unternehmung mit sich bringen.

Mögliche Quellen interner Finanzierung sind Abschreibungen und thesaurierte Gewinne (Gewinne nach Steuern abzüglich Dividenden). Da für interne Finanzierung ein niedrigerer Zinssatz verwendet wird, können wir uns hierzu, bezugnehmend auf Duesenberry, den flachen Bereich der r-Kurve in Abbildung 13-4 vorstellen. Steigen die Gewinne, so nimmt auch der Umfang interner Finanzierungsmöglichkeiten zu, so daß der flache Teil der Kurve verlängert wird, wie es die gestrichelte Linie in Abbildung 13-4 darstellt. Eine Zunahme der Gewinne führt zu einem höheren Investitionsniveau, weil sie die Kapitalangebotsfunktion in Abbildung 13-4 nach rechts außen verschiebt. Eine Verringerung der Gewinne wird die Angebotskurve dagegen nach links verschieben und das Investitionsniveau reduzieren.

Das Gewinniveau ist aufgrund der Kapitalangebotsfunktion und der Kapitalkosten mit Sicherheit ein wichtiger Bestimmungsfaktor der Investitionsnachfrage, wie wir zu einem späteren Zeitpunkt dieses Kapitels noch sehen werden. Die Grenzleistungsfähigkeit der Investitionen ist dennoch kein gebräuchliches analytisches Werkzeug. Das Problem bei diesem Kriterium ist, daß es nicht unbedingt die gleiche Rangfolge der Investitionsprojekte ergibt, wie das Kapitalwertkriterium. Zur Illustration dieses Problems vergleichen wir zwei Projekte miteinander, von denen eines hohe Gewinne in der fernen Zukunft mit sich bringt, das andere niedrigere Gewinne, die dafür aber eher realisiert werden. Ersteres wird bei niedrigen Zinssätzen einen höheren Kapitalwert haben. Bei höheren Zinssätzen, die den Gegenwartswert weit in der Zukunft liegender Gewinne verringern, wird das zweite Projekt den höheren Kapitalwert aufweisen.

Kapitalwert und Grenzleistungsfähigkeit des Kapitals

Der entscheidende Punkt hier hesteht darin, daß die Rangordnung nach dem Kapitalwert vom Marktzinssatz abhängt, also von dem Zinssatz, zu dem Gewinne am Markt angelegt werden können. Die Rangordnung nach der Grenzleistungsfähigkeit des Kapitals basiert nicht auf dem Marktzinssatz, weshalb sich die beiden Rangordnungen unterscheiden können.

Zur Veranschaulichung folgt nun ein Beispiel, das ohne weiteres verallgemeinert werden kann. Wir betrachten zwei Investitionsprojekte, deren Kosten jeweils durch $C = 1$ (oder \$ 1000) gegeben sind. Beide Projekte bringen in der ersten Periode keinen Gewinn. Die weiteren Gewinne des ersten Projekts sind in Periode 2 $= 0$ und in Periode 3 $= 4$. Die Gewinne von Projekt II sind in Periode 2 $= 2$ und in Periode 3 $= 1$. Diese Informationen sind im linken Teil der Tabelle 13-1 noch einmal zusammengefaßt.

Wir berechnen nun die m-Werte dieser beiden Investitionsprojekte. Für Projekt I erhalten wir:

$$0 = -1 + 0 + \frac{0}{1+m} + \frac{4}{(1+m)^2}.$$

Lösen wir diese Gleichung nach m auf, so erhalten wir $(1 + m)^2 = 4$ und damit $m = 1$, wie in Tabelle 13-1 angegeben. Für Projekt II lautet die Gleichung

$$0 = -1 + 0 + \frac{2}{1+m} + \frac{1}{(1+m)^2}.$$

Tabelle 13-1: Grenzleistungsfähigkeit des Kapitals und Kapitalwert.

					PV	
	Kosten	Erlöse in Periode 2	Erlöse in Periode 3	m	r = 0	r = 1
Projekt I	1	0	4	1	3	0
Projekt II	2	1	1	1,414	2	0,25

Bringen wir -1 auf die andere Seite der Gleichung und multiplizieren beide Zeiten mit $(1 + m)^2$, so erhalten wir

$$(1 + m)^2 = 1 + 2m + m^2 = 2 + 2m + 1,$$

wobei der mittlere Term lediglich $(1 + m)^2$ ausgeschrieben entspricht. Subtrahieren wir von beiden Seiten der rechten Gleichung $(1 + 2m)$, so erhalten wir $m^2 = 2$ oder $m = 1{,}414$ für Projekt II, wie ebenfalls aus Tabelle 13-1 zu erkennen ist. Die Tabelle zeigt, daß beide Projekte gleich hohe Kosten mit sich bringen, wobei das erste Projekt einen sehr niedrigen Erlös in Periode 2 und einen sehr hohen in Periode 3 aufweist, während das andere Projekt einen mittelmäßigen Erlös in Periode 2 und einen niedrigen in Periode 3 aufweist. Das Kriterium der Grenzleistungsfähigkeit der Investitionen (des Kapitals) weist Projekt II als eindeutig besser als Projekt I aus, da $m_2 > m_1$ ist.

Verwenden wir dagegen das Kapitalwertkriterium, so können wir keine eindeutige Antwort geben, da die Rangordnung der Investitionsprojekte in diesem Fall vom Marktzinssatz abhängt. Ist r = 0, so ist der Kapitalwert des Projekts I durch

$$PV = -1 + 0 + \frac{0}{1} + \frac{4}{1} = 3$$

gegeben, während der Kapitalwert von Projekt II durch

$$PV = -1 + 0 + \frac{2}{1} + \frac{1}{1} = 2$$

gegeben ist, so daß für einen sehr niedrigen Zinssatz Projekt I mit seinem hohen, dafür erst spät realisierten Erlös, gegenüber Projekt II bevorzugt wird. Ist r = 1, so entspricht der Kapitalwert des ersten Projekts

$$PV = -1 + 0 + \frac{0}{2} + \frac{4}{4} = 0$$

und der des zweiten Projekts

$$PV = -1 + 0 + \frac{2}{2} + \frac{1}{4} = 0{,}25.$$

Bei einem sehr hohen Zinsatz wird also Projekt II gegenüber Projekt I bevorzugt. Die Ergebnisse für die Kapitalwerte sind in der letzten Spalte in Tabelle 13-1 zusammengefaßt. Sie illustrieren die Unzulänglichkeit des Kriteriums der Grenzleistungsfähigkeit des Kapitals bei der Festlegung einer Rangordnung für Investitionsprojekte. Dieses Kriterium bezieht sich in keiner Weise auf den Marktzinssatz, der die Opportunitätskosten des Kapitals darstellt.

Das Beispiel, das wir gerade benutzt haben, kann, wie in Abbildung 13-5 dargestellt, verallgemeinert werden. Hier sind die Kapitalwerte der Projekte I und II als Funktionen des Marktzinssatzes dargestellt. Tabelle 13-1 zeigt, daß der Kapitalwert des ersten Projekts gleich 3 und der des zweiten Projekts gleich 2 ist, wenn r = 0 ist. Da bei niedrigen r PV (I) > PV (II) und bei hohen Zinssätzen PV (I) < PV (II) gilt, so muß es einen Zinsatz r geben, bei dem beide Projekte gleich eingestuft werden. Um diesen Wert zu finden, setzen wir PV (II) = PV (I).

$$0 - 1 + \frac{0}{1+r} + \frac{4}{(1+r)^2} = 0 - 1 + \frac{2}{1+r} + \frac{1}{(1+r)^2}.$$

Die Ausdrücke (0 − 1) fallen auf beiden Seiten weg. Multiplizieren wir dann mit $(1 + r)^2$, so erhalten wir

$$4 = 2r + 2 + 1 \quad \text{und} \quad r = 0{,}5.$$

Bei r = 0,5 sind die Kapitalwerte beider Projekte gleich 0,78, wodurch der Punkt in Abbildung 13-5 bestimmt wird, bei dem beide Kapitalwerte gleich sind. Bei Zinssätzen niedriger als 0,5, ist der Kapitalwert des ersten Projekts höher. Oberhalb von r = 0,5 ist der des zweiten Projekts höher. Die richtige Rangordnung der Investitionsprojekte entsprechend ihren Opportunitätskosten erhalten Unternehmen also, indem sie die Kapitalwerte ihrer Investitionsprojekte zum jeweils geltenden Marktzinssatz diskontieren.

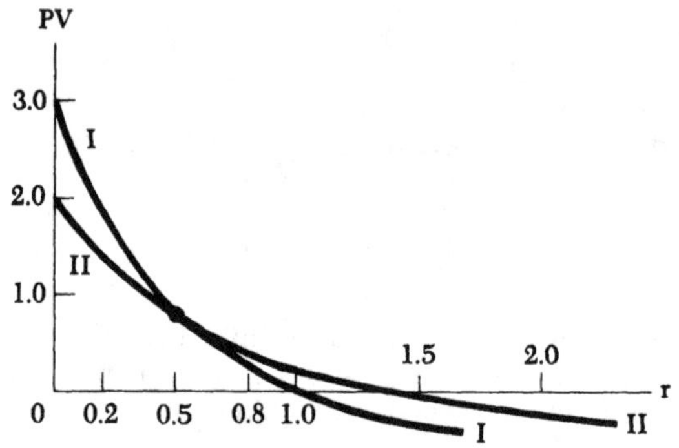

Abbildung 13-5: Der Kapitalwert und der Marktzinssatz.

Das Kapitalwertkriterium und das Kapitalangebot

Bei der Diskussion des Kapitalwertkriteriums zu Beginn dieses Kapitels haben wir die Annahme getroffen, die Unternehmen könnten zu einem konstanten Zinssatz auf einem vollständigen Kapitalmarkt Geld aufnehmen. In diesem Fall investiert die Unternehmung bis zu dem Punkt, bei dem sie das letzte Investitionsprojekt mit positivem Kapitalwert realisiert hat, wie in Abbildung 13-3 dargestellt. In Abbildung 13-4 haben wir dann aber gesehen, daß sich eine Unternehmung unter Umständen einer Kapitalangebotskurve mit positiver Steigung gegenüber sieht. Diese Möglichkeit war es, die zur Anwendung des Kriteriums der Grenzleistungsfähigkeit des Kapitals führte. Nachdem sich dieses Kriterium nun aber als unzulänglich herausgestellt hat, müssen wir uns fragen, welchen Zinssatz eine Unternehmung, die sich einer Kapitalangebotskurve mit positiver Steigung gegenübersieht, ihrer Kalkulation des Kapitalwerts zugrunde legen sollte und bis zu welcher Höhe sie dann investieren sollte. Wir können diese Frage, wie im folgenden gezeigt, leicht beantworten.

Die Unternehmung kann ihre Kapitalwertfunktion wie folgt konstruieren. Zunächst wählt sie ein niedriges Investitionsniveau i_0. Aus Abbildung 13-4 kann dann der für die Finanzierung von i_0 geltende Zinssatz bestimmt werden. Dieser Zinssatz wird auf jedes einzelne Investitionsprojekt angewendet, um den Kapitalwert zu berechnen. Der maximale Kapitalwert des Investitionsprogramms i_0, PV_0, kann dann, wie in Abbidlung 13-6, graphisch dargestellt werden. Erhöht die Unternehmung i und wiederholt die oben geschilderte Prozedur, so wird der maximale Kapitalwert zunächst steigen. Er wird dann beginnen zu fallen, wenn die Kapitalangebotskurve positive Steigung hat.

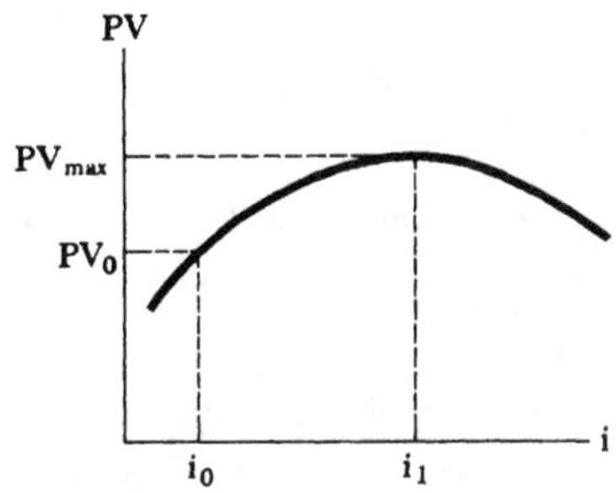

Abbildung 13-6: Bestimmung des Investitionsniveaus.

Die Unternehmung sollte das Investitionsniveau i_1 wählen, das den Kapitalwert bei PV_{max} in Abbildung 13-6 maximiert. Der für die Finanzierung dieses Investitionsniveaus geltende Zinssatz kann dann aus der Kapitalangebotsfunktion entnommen werden.

Mit dieser Methode können wir bei jeder beliebigen Kapitalangebotsfunktion das optimale Investitionsniveau bestimmen. Eine Verschiebung dieser Funktion nach oben, die einer Erhöhung des Zinsniveaus entspricht, wird den für die Finanzierung eines jeden Investitionsniveaus geltenden Zinssatz erhöhen und somit den Gesamtkapitalwert eines jeden Investitionsprogramms senken. Eine Erhöhung des Zinsniveaus verschiebt die Kapitalwertfunktion in Abbildung 13-6 nach unten und nach links. Dies impliziert ein niedrigeres optimales Investitionsniveau. Im Falle einer Kapitalangebotsfunktion mit positiver Steigung führt eine Erhöhung des Zinssatzes r also zu einer Senkung des Gleichgewichtswerts von i. Wir erhalten somit die Investitionsfunktion $i = i(r)$ aus Teil II.

Bis jetzt haben wir lediglich eine statische Sichtweise der Investition entwickelt. Ist das Gleichgewichtsniveau der Investitionen erreicht und der Zinssatz und die erwarteten Erlöse bleiben unverändert, so wird es nach der laufenden Periode keine Nettoinvestitionen mehr geben. Die Unternehmen werden den zur Sicherung der geplanten Erlöse optimalen Kapitalstock aufgebaut haben und dann nur noch Ersatzinvestitionen durchführen, um den Kapitalstock konstant zu halten. Anlaß, mehr zu investieren, hätten die Unternehmen nur dann, wenn das Zinsniveau sinken würde oder die erwarteten Erlöse zunähmen. In diesen beiden Fällen würde der Kapitalwert von Projekten, die bei vorherigen Kalkulationen ausgesondert wurden, über den Wert null angehoben. Das statische Kapitalwertmodell bestimmt also den erforderlichen Betrag der Nettoinvestitionen, der den Kapitalstock auf das optimale Niveau bringt. Dieses Niveau des Kapitalstocks ist wiederum notwendig, um bei einem bestimmten Zinsatz ein bestimmtes Outputniveau zu produzieren. Ist dieser gewünschte Kapitalstock einmal installiert, so besteht kein Anlaß, weitere Nettoinvestitionen durchzuführen. Wir wenden uns nun einer dynamischen Betrachtungsweise der Investitionsnachfragefunktion zu, die in der ökonomischen Literatur der letzten zwanzig Jahre entwickelt wurde.

Investitionsnachfrage und Outputwachstum

Die Beziehung zwischen der Wachstumsrate des Outputs und dem Niveau der Nettoinvesition, die im vorangegangenen Abschnitt bereits angedeutet wurde, wird als das Akzeleratorprinzip bezeichnet. Sie impliziert, daß eine Erhöhung der Wachstumsrate des Outputs nötig ist (eine Akzeleration), um das Niveau der Investition anzuheben. Das Kapitalwertkriterium suggeriert, daß diese Beziehung zwischen Outputwachstum und Nettoinvestition nicht unbedingt konstant sein muß. Eine Erhöhung des Zinssatzes sollte das mit einer bestimmten Wachstumsrate des Outputs verbundene Nettoinvestitionsniveau reduzieren. Diese variable Beziehung zwischen der Wachstumsrate des Outputs und dem Niveau der Nettoinvestition wird im allgemeinen als das Modell des flexiblen Akzelerators bezeichnet, das wir in diesem Abschnitt entwickeln werden.

Wir unterscheiden zwei Schritte bei der Entwicklung des flexiblen Akzeleratormodells. Im ersten Schritt bestimmen wir das Niveau des gewünschten Kapitalstocks K^E. Diese Größe erhalten wir aus dem Maximierungsproblem einer Unternehmung, die den Gegenwartswert ihres zukünftigen Gewinnstroms maximiert. Die Arbeitsnachfragefunktion aus Kapitel 6 wird als ein Ergebnis dieses Maximierungsproblems wieder auftauchen. Im zweiten Schritt versuchen wir dann Veränderungen des gewünschten (Gleichgewichts-) Kapitalstocks in einen Strom realisierter Nettoinvestitionen umzusetzen. Dieser Schritt involviert eine Investitionsnachfragefunktion, die sowohl Netto- als auch Ersatzinvestitionen mit der korrekten Verzögerung entsprechend der Veränderungen des Gleichgewichtskapitalstocks enthält. Wir werden sehen, wie Veränderungen der tatsächlichen Investitionen mit Veränderungen des Gleichgewichtskapitalstocks ΔK^E zusammenhängen. Die Entwicklung der Investitionsnachfrage in diesem Abschnitt folgt der Pionierarbeit von Dale Jorgenson.

Der Gleichgewichtskapitalstock

Die Bestimmungsfaktoren des gewünschten Kapitalstocks können aus der Kapitalwertmaximierung einer Unternehmung abgeleitet werden, die ihre Investitionsentscheidung auf der Basis der erwarteten zukünftigen Erlöse trifft. Dieses Problem ähnelt dem unseres Konsumenten in Kapitel 12, der seinen Lebenszeitnutzen maximiert. Beide Ansätze berücksichtigen die Zukunft, beide involvieren die Effekte heutiger Entscheidungen auf zukünftige Möglichkeiten. Die Entscheidung des Konsumenten verbindet die Zukunft mit der Gegenwart durch die Ersparnis; die Entscheidung der Unternehmung stellt die Verbindung durch die Investitionen her.

Betrachtcten wir zunächst die Nebenbedingungen des Maximierungsproblems der Unternehmung. Eine Unternehmung verfügt über eine durch eine bestimmte Technologie gegebene Produktionsfunktion, die wir in allgemeiner Form in Teil II eingeführt haben:

$$y_t = y(N_t, K_t); \qquad \frac{\partial y}{\partial N} > 0; \qquad \frac{\partial y}{\partial K} > 0. \tag{9}$$

Hier steht y_t für Output pro Zeiteinheit, N_t steht für Arbeitsstunden und K_t steht für den Kapitalstock (Produktionsanlagen). Wir werden die Schreibweise der beiden Grenzproduktivitäten im folgenden etwas vereinfachen, so daß $y_N \equiv \partial y/\partial N$ und $y_K \equiv \partial y/\partial K$. Implizit nehmen wir hier eine konstante Auslastung des Kapitalstocks an, so daß die Beziehung zwischen Kapitalstock und Maschinenstunden konstant ist. Diese Annahme werden wir später etwas lockern.

Die zweite Nebenbedingung, der sich die Unternehmung gegenübersieht, ist durch die Wertminderung des Kapitalstocks gegeben. Es müssen Investitionen in Höhe der Abschreibungen getätigt werden (Ersatzinvestitionen), um den effektiven Kapitalstock konstant zu halten. Der Einfachheit halber wollen wir annehmen, daß in jeder Periode ein konstanter Prozentsatz δ des Kapitalstocks veraltet und ersetzt werden muß. δ steht hier für die Abschreibungsrate. Sind die Bruttoinvestitionen zum Zeitpunkt t durch i_t gegeben, so verändert sich der Kapitalstock entsprechend

$$K_{t+1} = K_t + i_t - \delta K_t = (1-\delta)K_t + i_t. \tag{10}$$

In jedem Quartal t geht die Unternehmung vom existierenden Kapitalstock K_t aus. Ein Bruchteil $\delta \cdot K_t$ des Kapitalstocks wird durch den Produktionsprozeß in diesem Quartal aufgezehrt. Gleichzeitig installiert die Unternehmung Anlageinvestitionen i_t, die erst in der nächsten Periode Wertminderung erfahren. Gleichung (10) gibt also den Kapitalstock zu Beginn des nächsten Quartals (t + 1) an.

Die Unternehmung maximiert den Gegenwartswert ihrer zukünftigen Erlöse unter den Nebenbedingungen der Gleichungen (9) und (10). Die Gewinne sind durch den Wert der Verkäufe $P_t y_t$ abzüglich der Lohnkosten $W_t N_t$ und abzüglich der Ausgaben für Investitionsgüter $P_t^I i_t$ gegeben. Hier steht P^I für den Preis der Anlagegüter, ist also gleich dem Deflator für Investitionsgüter. Der Maximand ist durch folgenden Ausdruck gegeben:

$$PV = (P_0 y_0 - W_0 N_0 - P_0^I i_0) + \frac{1}{1+r}(P_1 y_1 - W_1 N_1 - P_1^I i_1)$$

$$+ \cdots + \frac{1}{(1+r)} t (P_t y_t - W_t N_t - P_t^I i_t) + \cdots.$$

Erwartet die Unternehmung, ewig zu existieren und ihre Geschäftstätigkeit ebensolange auszuüben, so wird diese Summation unendlich fortgesetzt. Wir können den Gegenwartswert wie folgt schreiben:

$$PV_0 = \sum_0^{\alpha} \frac{1}{(1-r)^t}(P_t y_t - W_t N_t - P_t^I i_t). \tag{11}$$

Der analoge Ausdruck des Maximanden unseres Konsumenten ist in Gleichung (9) in Kapitel 12 gegeben. Um unsere Darstellung hier etwas zu vereinfachen, verzichten wir auf die Einführung von Unsicherheit, so daß wir also nicht explizit schreiben werden, daß die zukünftigen Gewinne lediglich erwartete Gewinne sind. Weiter nehmen wir vollständige Märkte an, so daß die Unternehmung auf allen Märkten Preisnehmer ist.

Wir können nun mit der Formulierung des Maximierungsproblems der Unternehmung fortfahren. Die Unternehmung maximiert Gleichung (11) unter den Nebenbedingungen der Gleichungen (9) und (10). Die Beziehung der Produktionsfunktion (9) ist konstant im Zeitverlauf, so daß wir sie in den Ausdruck für den Gegenwartswert einsetzen können

$$PV_0 = \sum_0^{\alpha} \frac{1}{(1+r)^t}[P_t y(N_t, K_t) - W_t N_t - P_t^I i_t]. \tag{12}$$

Die Unternehmung muß nun ihre Inputfaktoren N_t und K_t und ihr Investitionsniveau i_t so wählen, daß der Kapitalwert in Gleichung (12) maximiert wird, wobei die Nebenbedingung in (10) von Periode zu Periode erfüllt sein muß. Wir schreiben das Problem also im allgemeinen in folgender Form:

$$\max_{N_t, K_t, i_t} \sum_{0}^{\alpha} \frac{1}{(1+r)^t} [P_t y(N_t, K_t) - W_t N_t - P_t^I i_t]$$

unter der Nebenbedingung, daß in jeder Periode t

$$K_{t+1} = (1 - \delta) K_t + i_t.$$

Hier existiert für jede Periode eine Nebenbedingung, während es im Falle der Nutzenmaximierung nur eine einzige gibt, nämlich die für das Lebenszeiteinkommen.

Um dieses Problem zu lösen, verwenden wir wiederum die Methode der Lagrange-Multiplikatoren. Wir benötigen für jedes Quartal einen eigenen Multiplikator, weil die Nebenbedingung für die Wertminderung (10) in jedem Quartal aufs neue erfüllt sein muß. Die Langrangefunktion kombiniert die Zielfunktion und die Nebenbedingungen in dem Ausdruck

$$\max_{N_t, K_t, i_t, \lambda_t} L = \sum_{0}^{\alpha} \frac{1}{(1+r)_t} [P_t y(K_t, N_t) - W_t N_t - P_t^I i_t] + \sum_{0}^{\alpha} \lambda_t [i_t + (1-\delta) K_t - K_{t+1}].$$

Die Nebenbedingungen stellen durch die Investitionen eine Verbindung zwischen den Kapitalstockniveaus der einzelnen Perioden her.

Die vollständige Lösung des Problems erhalten wir nun, indem wir partiell nach allen Variablen K_t, N_t, i_t und λ_t differenzieren und diese ersten Ableitungen der Lagrange-Funktion gleich null setzen. Auf diese Weise erhalten wir das gesamte Investitionsprogramm und die Arbeitsnachfrage in jeder Periode bis in die unendliche ferne Zukunft. Wir können den Gleichgewichtskapitalstock einer typischen Periode ableiten, indem wir die Bedingungen erster Ordnung für eine Periode betrachten:

$$\frac{\partial L}{\partial N_t} = \frac{1}{(1+r)^t} (P_t y_N - W_t) = 0. \tag{13a}$$

$$\frac{\partial L}{\partial K_t} = \frac{1}{(1+r)^t} [P_t y_K + \lambda_t (1-\delta) - \lambda_{t-1}] = 0. \tag{13b}$$

$$\frac{\partial L}{\partial i_t} \equiv - \frac{1}{(1+r)^t} P_t^I + \lambda_t = 0. \tag{13c}$$

$$\frac{\partial L}{\partial \lambda_t} = i_t + (1-\delta) K_t - K_{t+1} = 0. \tag{13d}$$

In Gleichung (13b) taucht ein λ_{t-1} auf. Dies erscheint zunächst verwirrend. Der Grund dafür ist, daß K_t dem Kapitalstock am Ende der Periode $t-1$ entspricht. Der Ausdruck in Gleichung (13a) ist uns noch aus Kapitel 6 als die Arbeitsnachfragefunktion bekannt, wobei die Grenzproduktivität der Arbeit gleich dem Reallohnsatz ist:

$$y_N(N_t, K_t) = \frac{W_t}{P_t} . \tag{14}$$

Da die Arbeitnehmer implizit jede Periode aufs neue angestellt werden, hängt die Arbeitsnachfrage jeder Periode vom jeweils geltenden Reallohn ab.

Um nach dem gewünschten Kapitalstock aufzulösen, kombinieren wir die Gleichungen (13b) und (13c). Gleichung (13c) besagt

$$\lambda_t = \frac{P_t^I}{(1+r)^t} .$$

Für Periode t-1 lautet Gleichung (13c) entsprechend

$$\lambda_{t-1} = \frac{P_{t-1}^I}{(1+r)^{t-1}} .$$

Setzen wir diese Ausdrücke in Gleichung (13b) für λ_t und λ_{t-1} ein, so erhalten wir

$$\frac{1}{(1+r)_t}\left[P_t y_K + \frac{P_t^I(1-\delta)}{(1+r)^t} - \frac{P_{t-1}^I}{(1+r)^{t-1}}\right] = 0. \tag{15}$$

Multiplizieren wir den Ausdruck in Klammern in (15) mit $(1 + r)^t$ und lösen nach der Grenzproduktivität des Kapitals y_K auf, so erhalten wir

$$y_K = \frac{\delta P_t^I + rP_{t-1}^I - (P_t^I - P_{t-1}^I)}{P_t} . \tag{16}$$

Der Zähler auf der rechten Seite der Gleichung (16) stellt die Leih- (Gebrauchs-) Kosten des Kapitals C_t dar. Diese Kosten entsprechen dem Preis, den die Unternehmung für die Nutzung des Kapitalstocks in einer Periode zahlen muß (implizite Leihkosten). Der erste Term steht für die Belastung, die aus der Wertminderung der in Periode t genutzten Maschinen erwächst. Um diese Belastung zu berechnen multiplizieren wir die Abschreibungsrate mit dem Wert der Investitionsgüter zu Preisen der jeweiligen Periode. Der zweite Term entspricht der Zinsbelastung für das Halten des zu Anfang der Periode t zum Preis $P_{t-1}{}^I$ bewerteten Kapitalstocks. Der letzte Term stellt die Kapitalgewinne dar, die durch das Halten des Kapitalstocks in Periode t entstehen. Gleichung (15) besagt, daß der Kapitalstock erweitert werden sollte, bis die Grenzproduktivität des Kapitals gleich den Leihkosten des Kapitals ist:

$$y_K(N_t, K_t) = \frac{C_t}{P_t} \equiv c_t . \tag{17}$$

Die implizite Lösung der Gleichung (17) beschert uns den Gleichgewichtskapitalstock K^E als eine Funktion des Outputs, der Leihkosten des Kapitals und des Outputpreises:

$$K^E = K^E(Y, C, P), \tag{18}$$

wobei $\partial K^E/\partial y$ und $\partial K^E/\partial p$ positiv sind und $\partial K^E/\partial C$ negativ ist.

Ein Beispiel auf Basis der Cobb-Douglas-Produktionsfunktion

Als Jorgenson zuerst die Investitionsnachfrage herleitete, nahm er eine Cobb-Douglas-Produktionsfunktion an, die nach ihren Erfindern Charles W. Cobb und (Senator) Paul H. Douglas benannt ist. Cobb und Douglas spezifizierten ihre Produktionsfunktion als

$$y = aK^{\alpha} N^{1-\alpha}. \tag{19}$$

Diese Produktionsfunktion hat die Eigenschaft, daß die Exponenten der Inputfaktoren aufaddiert den Wert eins ergeben. Dies impliziert aufgrund der multiplikativen Verknüpfung der Inputfaktoren konstante Skalenerträge. Werden Kapital- und Arbeitsinput verdoppelt, so verdoppelt sich auch der Output. Die Grenzproduktivität des Kapitals ist bei der Cobb-Douglas-Produktionsfunktion durch

$$\frac{\partial y}{\partial K} = \frac{\alpha a K^{\alpha} N^{1-\alpha}}{K} = \frac{\alpha y}{K}$$

gegeben, wobei wir für $aK^{\alpha} N^{1-\alpha}$ wieder y eingesetzt haben. Für die Cobb-Douglas-Funktion gilt also im Gleichgewicht

$$\frac{\partial y}{\partial K} = \frac{\alpha y}{K} = \frac{C}{P}. \tag{20}$$

Die rechte Gleichung in (20) können wir nach dem Gleichgewichtsniveau des Kapitalstocks auflösen:

$$K^E = \frac{\alpha P y}{C} = \frac{\alpha y}{C/P}. \tag{21}$$

Der Gleichgewichtskapitalstock steigt mit dem Outputniveau an und sinkt, wenn die realen Leihkosten des Kapitals steigen. Gleichung (21) stellt einen Ausdruck für K^E bei einer bestimmten funktionalen Form der Produktionsfunktion dar und ist eine spezielle Form des allgemeineren Ausdrucks für K^E in Gleichung (18).

Die Investitionsnachfragefunktion

Bis jetzt haben wir lediglich aus dem Maximierungsproblem der Unternehmung einen Ausdruck für den Gleichgewichtskapitalstock K^E [gegeben durch Gleichung (18)] hergeleitet. Wir können nun eine Investitionsnachfragefunktion in

Abhängigkeit von Veränderungen von K^E bestimmen. Wir beginnen damit, indem wir die Komponenten der Bruttoinvestitionen i^g in Gleichung (10) wie folgt darstellen:

$$i_t^g = K_{t+1} - K_t + \delta K_t. \tag{22}$$

Der hochgestellte Index g bezeichnet die Bruttoinvestitionen. Auf der rechten Seite von Gleichung (22) steht $K_{t+1} - K_t$ für die Nettoinvestitionen i^n und die Wertminderung des Kapitalstocks δK_t entspricht den Ersatzinvestitionen i^r. Die Bruttoinvestitionen sind also gleich der Summe aus Nettoinvestitionen und Ersatzinvestitionen:

$$i^g = i^n + i^r. \tag{23}$$

Im folgenden werden wir die tiefgestellten Zeitindizes nur noch dann hinzufügen, wenn es notwendig ist.

Die Ersatzinvestitionen sind der Teil der Bruttoinvestitionen, der nötig ist, um den Kapitalstock konstant zu halten und sie entsprechen der ökonomischen Wertminderung des Kapitalstocks pro Periode. Die Nettoinvestitionen geben den Teil der Bruttoinvestitionen an, der den Kapitalstock erhöht. Die Ersatzinvestitionen entsprechen also den Abschreibungen δK^E des Kapitalstocks,

$$i^r = \delta K, \tag{24}$$

wobei δ für die Abschreibungsrate steht und ungefähr gleich 0,1 ist. Die Nettoinvestitionen entsprechen

$$i^n = \Delta K^E, \tag{25}$$

wobei wir annehmen, es gäbe keine Verzögerungen bei der Anpassung des tatsächlichen an den gewünschten Kapitalstock. In Gleichung (25) stammt K^E aus Gleichung (18). Wir sehen also, daß die Nettoinvestitionen von Veränderungen des Gleichgewichtskapitalstocks abhängen.

Wir betrachten die Nettoinvestitionen im folgenden etwas genauer. Bei Verwendung der Cobb-Douglas-Produktionsfunktion erhalten wir aus Gleichung (21)

$$i^n = \Delta K^E = \Delta \left(\frac{\alpha P y}{C}\right). \tag{26}$$

Wenn wir annehmen, das Verhältnis der Leihkosten des Kapitals zum Preisniveau C/P bliebe im Zeitverlauf konstant, so können wir (26) wie folgt schreiben:

$$i^n = \left(\frac{\alpha P}{C}\right) \Delta y.$$

Diese Gleichung macht deutlich, daß es langfristig, ohne Trend in C/P, das Wachstum des Outputs (oder der Nachfrage) ist, das das Niveau der Nettoinvestition bestimmt.

Diese Beziehung zwischen der Veränderung des Outputs und dem Niveau der Nettoinvestition ist als das Akzeleratorprinzip bekannt. Es führt eine grundlegende dynamische Beziehung in unser Modell der Volkswirtschaft ein. Basiert also die Nettoinvestition gemäß (26) auf Δy und entspricht sie ebenfalls der Ersparnis,

$$i^n = sy,$$

so erhalten wir die grundlegende Wachstumsbeziehung

$$sy = \left(\frac{\alpha P}{C}\right)\Delta y$$

und damit

$$\frac{\Delta y}{y} = \text{Wachstumsrate des Outputs} = \frac{s}{\alpha P/C}\,. \tag{27}$$

Da die Investitionen das Angebot des Outputs erhöhen indem sie den Kapitalstock erhöhen, gleichzeitig aber über den Multiplikator mit dem Nachfrageniveau verbunden sind, gibt Gleichung (27) die Wachstumsrate des Outputs an, die die Gleichheit von Angebot und Nachfrage sicher stellt. Wir werden Wachstumsmodelle in ausgiebiger Länge in Teil V diskutieren. Hier wollen wir lediglich die Verbindung zwischen Investition und Wachstum herausstellen.

Mit der Einführung des Akzelerators haben wir einen Schritt in die Welt der dynamischen Aspekte der Volkswirtschaft gemacht. Wir werden schon bald sehen, daß der Akzelerator zu schwierigen dynamischen Stabilitätsproblemen führen kann. Zunächst wollen wir jedoch einen Blick auf die Gesamtinvestitionen werfen und dabei die oben entwickelten Konzepte der Netto- und Ersatzinvestitionen verwenden. Aus Gleichungen (23) – (25) erhalten wir

$$i^g = i^n + i^r = \Delta K^E + \delta K, \tag{28}$$

wobei wir im Moment das Problem der verzögerten Anpassung des tatsächlichen an den gewünschten Kapitalstock ignorieren. Im allgemeinen Fall können wir die Investitionsgleichung wie folgt schreiben:

$$i^g = \Delta K^E(y, C, P) + \delta K. \tag{29}$$

In unserem Cobb-Douglas-Beispiel ist i^g durch

$$i^g = \Delta\left(\frac{\alpha P y}{C}\right) + \delta K$$

gegeben und in dem Sonderfall, in dem die realen Leihkosten des Kapitals c einigermaßen konstant sind, erhalten wir

$$i^g = \frac{\alpha}{c} \cdot \Delta y + \delta K$$

als Akzeleratorbeziehung.

Der Akzelerator und die Stabilitätspolitik

Die Akzeleratorbeziehung in der Funktion der Bruttoinvestitionen in Gleichung (29) begründet ein interessantes Problem in bezug auf die kurzfristige Stabilitätspolitik. Dieses Problem ist in Abbildung 13-7 dargestellt, die im wesentlichen den Pfad der Investition beschreibt, wenn der Output in der Volkswirtschaft von einem stabilen Niveau auf ein anderes steigt. In Abbildung 13-7 stellen wir die Periode $0 - t_1$, eine Übergangsphase unbestimmter Länge und die Periode von t_2 an dar.

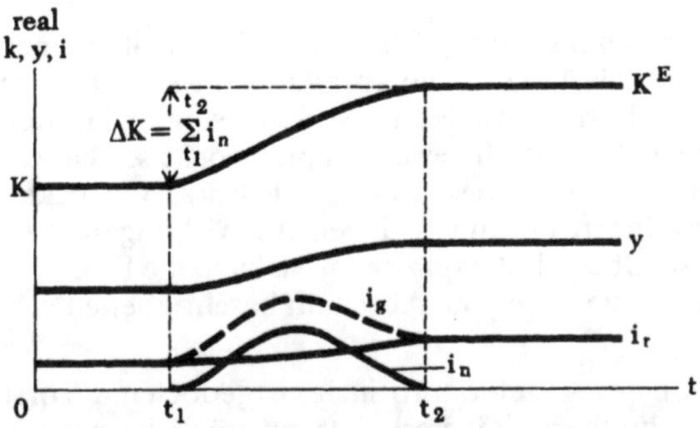

Abbildung 13-7: Das Akzeleratorprinzip der Investitionen.

In der ersten Periode ist ein bestimmtes Outputniveau y gegeben, das einen bestimmten Gleichgewichtskapitalstock impliziert. Zum Zeitpunkt t_1 erhöht die Regierung die Staatskäufe g zwecks Stimulation der Nachfrage, worauf Output und Gleichgewichtskapitalstock in der zweiten Periode auf ein höheres Niveau ansteigen. Weil der Kapitalstock vor t_1 und nach t_2 konstant ist, ist das Niveau der Nettoinvestition in beiden Perioden gleich null und i^r ist positiv.

Damit der Kapitalstock auf sein höheres Niveau in der zweiten Periode ansteigen kann, muß das Niveau der Nettoinvestition in der Übergangsphase positiv sein, was durch das Ansteigen der i^n-Kurve zwischen t_1 und t_2 dargestellt ist. Dies bedeutet, daß i^g (die Summe aus i^n und i^r) in der Übergangsphase dieses Ansteigen ebenfalls widerspiegeln muß. Dies ist durch die gestrichelte Linie in Abbildung 13-7 dargestellt. Die Gesamtinvestition in jeder der drei Phasen ist dementsprechend:

von 0 bis t_1, $\quad i^g = i^r;$

von t_1 bis t_2, $\quad i^g = i^r + i^n;$

von t_2 an, $\quad i^g = i^r.$

Aus Abbildung 13-7 ist ersichtlich, daß im ersten Teil der Übergangsperiode die Wachstumsrate der Gesamtinvestition i^g höher als die Wachstumsrate der Volkswirtschaft, gegeben durch die Steigung von y, sein muß. Befindet sich die Volkswirtschaft wie zu Beginn der sechziger Jahre in einer Situation der Unterbeschäftigung, so besteht die Gefahr, daß expansionäre Geld- oder Fiskalpolitik, die die Volkswirtschaft auf ihren Wachstumspfad bei Vollbeschäftigung bringen soll, zeitweise über das gewünschte Nachfragewachstum hinausschießt. Zu Anfang wird die Nachfrage aufgrund des Anstiegs der Nettoinvestition, der für die Erhöhung des Kapitalstocks notwendig ist, mit einer zu hohen und nicht aufrechtzuerhaltenden Rate wachsen. Nach dieser Anfangsperiode des hohen Wachstums fällt die Nettoinvestition wieder auf ihr normales Niveau entsprechend der Wachstumsrate der Volkswirtschaft zurück. Entscheidend ist hier, daß der Akzeleratoreffekt anfänglich hohes Nachfragewachstum erzeugt, dieses aber nach einiger Zeit absinkt.

Kapazitätsauslastung und der Akzelerator

Die Akzeleratorbeziehung wird selbstverständlich nicht in einer Volkswirtschaft gelten, die substantielle Überschußkapazitäten im Produktionssektor aufweist, deren Kapazitätsauslastung also gering ist. In diesem Fall ist der tatsächliche Kapitalstock höher als der Gleichgewichtskapitalstock, so daß eine Erhöhung des Outputs zu einer Anpassung des Gleichgewichtskapitalstocks an den tatsächlichen Kapitalstock führt, mit nur geringen Auswirkungen auf die Nettoinvestition. Bestehen also Überschußkapazitäten, so kann die Fiskalpolitik die Nachfrage stimulieren, ohne die im letzten Abschnitt beschriebene Problematik auszulösen.

Diese Modifikation des Akzeleratorprinzips ist jedoch mit Vorsicht zu genießen. Was uns als Überschußkapazität erscheint sind möglicherweise lediglich Fabrikationsanlagen, die veraltete, unwirtschaftliche Technologie darstellen. In diesem Fall kann eine Erhöhung der Nachfrage sicher zeitweise durch die Mobilisierung der veralteten Fabrikationsanlagen gedeckt werden. Nach einiger Zeit allerdings werden die Unternehmen diese alten Fabrikationsanlagen durch neue ersetzen, so daß sich der Akzeleratoreffekt eventuell als eine verspätete Erhöhung der Ersatzinvestition äußert.

Nachfragebechränkungen und Akzeleratoreffekt

Bei der Herleitung der Akzeleratorbeziehung zwischen dem Wachstum des Outputs und der Investition sind wir von einem mikroökonomischen Modell der Unternehmung ausgegangen, wobei das Outputniveau zum Zeitpunkt der Investitionsentscheidung als gegeben betrachtet wird. Dieses Modell entspricht eindeutig nicht dem Standardmodell der Unternehmung, die auf Märkten mit vollständiger Konkurrenz operiert. Normalerweise trifft eine Unternehmung ihre Input- und Outputwahl gleichzeitig auf der Basis gegebener Preise, Löhne und Kapitalkosten. Eine solche Investitionsfunktion enthielte alle relativen Preise, nicht aber den Output.

Aus dem Blickwinkel der Makroökonomik gesehen ist es wichtig, den Output in die Investitionsfunktion mit einzubeziehen. Der Gesamtabsatz in der Volkswirtschaft ist durch die aggregierte Nachfrage beschränkt. Der Gleichgewichtspunkt P,y muß auf der DD-Kurve liegen. Eine Methode, den Output auch auf mikroökonomischer Ebene in die Investitionsfunktion zu integrieren, besteht darin, die Annahme vollständiger Konkurrenz fallen zu lassen. In diesem Fall sehen sich die Unternehmen einer fallenden Nachfragekurve gegenüber, die die Beziehung zwischen P und y festlegt. Dann wäre auch die Kombination von P und y in (13) determiniert. Operieren Unternehmen also in monopolistischen oder oligopolistischen Märkten oder in Märkten mit monopolistischer Konkurrenz, so würde der Output auch auf mikroökonomischer Ebene in die Investitionsnachfragefunktion eingehen.

Eine bessere Methode, den Output in die Investitionsgleichung einzubauen, besteht möglicher Weise darin, die Akzeleratorbeziehung aus einer Beschränkung des Outputs abzuleiten. Dieser Ansatz wurde von Herschel Grossman vorgeschlagen. Ist der Gesamtabsatz beim gegenwärtigen Preisniveau durch die aggregierte DD-Kurve beschränkt, so werden die Unternehmen y als vorbestimmt annehmen, wenn sie ihre Entscheidung über das Niveau der Einsatzfaktoren treffen. In diesem Fall würde der Output in die Investitionsfunktion eingehen. Diese Interpretation der Akzeleratorbeziehung ist analog zur Ungleichgewichtsinterpretation der Konsumfunktion. Hier sind die Unternehmen auf ihren Absatzmärkten entlang DD rationiert, wenn sich die Preise nur langsam anpassen. In der Konsumanalyse waren die Arbeitskräfte bei starren Löhnen auf dem Arbeitsmarkt entlang der Arbeitsnachfragekurve rationiert.

Wiederum beschert uns die Ungleichgewichtsbetrachtung eine neue Sichtweise des Multiplikators. Fällt die Nachfrage aufgrund exogener Ursachen, so sehen die Unternehmen bei konstantem Preisniveau ihre durch die Nachfrage beschränkten Verkaufszahlen sinken. Darauf verringern sie ihre Faktornachfrage, wodurch es zu einer direkten Senkung der Investitionen und einer indirekten Senkung des Konsums kommt, letzteres aufgrund sinkender Beschäftigung. Dies wiederum wirkt sich auf den Absatz aus, wodurch es zu einer weiteren Beschränkung der Nachfrage kommt und so weiter. Diese Beschreibung entspricht dem Multiplikator bei fixen Preisen aus Kapitel 3.

Schließlich werden sich die Preise und Lohnsätze anpassen und das System bewegt sich wieder in Richtung des in Teil II beschriebenen Gleichgewichts. Der Ungleichgewichtsansatz macht es möglich, das Verhalten des Systems außerhalb des Gleichgewichts zu beschreiben und stellt eine interessante Sichtweise des Akzelerators und der Konsumfunktion dar. In Kapitel 18 untersuchen wir ein vollständiges Ungleichgewichtsmodell ohne Anpassung des Preis- oder Lohnniveaus. Im folgenden verbleiben wir jedoch im Rahmen des Modells mit flexiblen Preisen und Löhnen.

Die q-Theorie der Investition

Bis jetzt haben wir drei wichtige Aspekte der Investitionsentscheidung vernachlässigt. Zunächst einmal haben wir Verzögerungen und Anpassungskosten, die mit der Durchführung eines jeden Investitionsprojekts verbunden sind, völlig außer Acht gelassen. Eine vollständig rationale Unternehmung würde diese Faktoren bei der Entscheidung über die Höhe und das Timing eines Investitionsprojekts berücksichtigen. Selbst der gewünschte Kapitalstock sollte eine Funktion dieser Variablen sein. Zweitens haben wir die Frage, wie Erwartungen bezüglich zukünftiger Kosten und Auszahlungen formuliert werden, einfach umgangen. Dieser Punkt ist eng mit dem ersten verbunden, allein dadurch, daß es einige Zeit dauern kann, bis sich eine klare Meinung über die Dauerhaftigkeit und die langfristigen Effekte einer Veränderung des Umfeldes gebildet hat. Der dritte Aspekt, den wir ebenfalls noch berücksichtigen müssen, bezieht sich auf die Frage nach dem Risiko und seine Einschätzung durch den Markt. Bis jetzt hat es niemand geschafft, wirklich alle drei Probleme gleichzeitig zu lösen und selbst individuell betrachtet, sprengt eine vollständige Behandlung dieser Probleme bei weitem den Rahmen dieses Buches. Wir können allerdings eine Betrachtungsweise der Investition skizzieren, die versucht, diese Komplikationen zu berücksichtigen. Der Ansatz ist als Tobins q-Theorie bekannt und geht auf Arbeiten von James Tobin und von Tobin zusammen mit William Brainard zurück.

Wir beginnen damit die Bedingung erster Ordnung für die Wahl des Kapitalstocks aus unserem Maximierungsproblem [der Ausdruck in Klammern in Gleichung (15)] mit $(1 + r)^t$ zu multiplizieren, um folgende Version dieser Bedingung zu erhalten:

$$P_t y_K + P^I_t(1-\delta) - P^I_{t-1}(1+r) = 0. \tag{30}$$

Diesen Ausdruck können wir (aus Gründen, die bald ersichtlich werden) wie folgt schreiben:

$$\frac{[1/(1+r)][P_t y_K + P^I_t(1-\delta)]}{P^I_{t-1}} = 1. \tag{31}$$

Der Ausdruck auf der linken Seite der Gleichung ist Tobins marginales q. Der Nenner entspricht den Kosten einer geringfügigen Erhöhung des Kapitalstocks in Periode t−1. Der Zähler steht für die Zunahme des Werts der Unternehmung in Periode t aufgrund dieser Erhöhung des Kapitalstocks und ist auf Periode t−1 diskontiert. Der Term $P_t y_K$ repräsentiert die Erhöhung der Umsätze und der Term $P^I_t(1 - \delta)$ die Zunahme des Werts des Kapitalstocks in Periode t. Die Summe wird auf Periode t−1 diskontiert, indem durch (1 + r) dividiert wird. Tobins q ist also gleich dem Verhältnis der Veränderung des Werts der Unternehmung zum Wert des hinzugefügten Kapitalstocks bei einer infinitesimale Erhöhung des Kapitalstocks. Im Gleichgewicht gilt, wie in Gleichung (31), q = 1. In dieser Situation wurden bereits alle Investitionsprojekte, die den Wert der Unternehmung erhöhen könnten, durchgeführt.

Unter bestimmten Umständen (im allgemeinen konstanten Skalenerträgen, wodurch impliziert wird, daß Durchschnitts- und Grenzproduktivität proportional zueinander sind) ist das marginale q gleich dem Verhältnis des Gesamtwerts der Unternehmung zu den gesamten Kapitalkosten. Dies ist als durchschnittliches Q bekannt:

$$Q = \frac{PV}{P^I K}\,. \tag{32}$$

Der Vorteil dieses Ausdrucks ist, daß man ihn im Prinzip direkt messen kann, ungleich den Leihkosten des Kapitals oder dem Grenzprodukt des Kapitals.

Inwiefern hilft uns die q-Theorie weiter, wenn sie scheinbar lediglich eine Neuformulierung der im vorangegangenen Abschnitt dieses Kapitels dargestellten flexiblen Akzeleratortheorie ist? Zunächst einmal ist es relativ einfach, Anpassungskosten in dieses Modell zu integrieren. Gleichung (31) besagt, daß so lange investiert wird, bis das marginale q gleich eins ist. Mit Anpassungskosten können wir im Prinzip eine Beziehung zwischen der Bruttoinvestition und der Abweichung des tatsächlichen q vom Wert 1 herleiten. Liegt q über 1, dann führt die Investition zu höheren Auszahlungen als die Anschaffung und Installation der Investitionsgüter kosten. Ist q kleiner als 1, dann sollte der Kapitalstock reduziert werden, indem entweder Fabrikationsanlagen verkauft werden oder man der Wertminderung ihren Lauf läßt.

Jetzt kommen wir zum wichtigsten Aspekt der q-Theorie: wenn wir den Wiederanschaffungswert des Kapitals kennen und den Marktwert der Unternehmung auf Basis des Aktienpreises kalkulieren, so können wir das durchschnittliche Q direkt berechnen. Der beobachtbare Wert der Unternehmung beinhaltet bereits die Erwartungen des Marktes bezüglich zukünftiger Erlöse und berücksichtigt ebenfalls das Risiko. Wir brauchen hier also keine umstrittenen Annahmen bezüglich des Mechanismus der Erwartungsbildung oder der Berücksichtigung von Unsicherheit zu machen. All dies hat hier der Markt für uns erledigt. Der Marktwert einer Unternehmung sollte außerdem bereits Verzögerungen und Anpassungskosten der Investitionen beinhalten. Die q-Theorie berücksichtigt also die drei Probleme, die wir zu Beginn dieses Abschnitts aufgezählt haben. Angenehmer Weise bietet sie auch gleich eine Lösung an, die wir noch nicht einmal selber ausarbeiten müssen, weil dies bereits der Aktienmarkt für uns getan hat.

Die Betonung der Finanzmärkte in der q-Theorie erweist sich deshalb als praktisch, weil jedes Individuum, jede Unternehmung die Wahl zwischen der Investition in reale Anlagen oder Finanzanlagen hat. Dies ist ein Beispiel für die Gleichzeitigkeit von Märkten, die wir seit Kapitel 4 immer wieder betont haben. Für eine intuitive Erklärung der q-Theorie ist es sinnvoll, sich vorzustellen, eine Unternehmung habe die Wahl, entweder in Fabrikationsanlagen zu investieren oder eine andere Unternehmung zu kaufen. Ist das Q der anvisierten Unternehmung geringer als der Gleichgewichtswert, dann ist es günstiger diese Firma zu kaufen und ihre Fabrikationsanlagen zu benutzen, als gleichwertige Fabrikationsanlagen direkt anzuschaffen. Dies bedeutet, daß der Aktienmarkt die Q-Werte unterschiedlicher Unternehmen aneinander angleicht, so daß sie alle ähnlich auf aggregierte Schocks reagieren werden.

Wir wollen im folgenden zwei kritische Punkte der q-Theorie herausstellen. Zunächst kann die Beziehung zwischen marginalem q und durchschnittlichem Q sehr komplex sein. Betrachten wir zum Beispiel einen Ölpreisschock, der die Rendite des installierten Kapitalstocks senkt, so daß Q ebenfalls sinkt. In der Zwischenzeit wird der Schock das marginale q für Investitionen in neue energiesparende Technologien erhöhen. In diesem Fall ist die Veränderung des durchschnittlichen Q genau entgegengesetzt der des marginalen q.

Der zweite Punkt betrifft die Effizienz der Aktienmärkte, in bezug auf Informationen oder anders gesagt in bezug auf die Fragen wer was weiß und wer welche Entscheidungen trifft. Die Manager einer Unternehmung, die eine Investitionsentscheidung treffen, werden als Insider im allgemeinen nicht auf den Aktienmärkten spekulieren. Wir können unterstellen, daß sie zum Wohle der Aktionäre den Markt über die Fortschritte der Unternehmung informieren. Eine Konsequenz der Effizienz des Aktienmarkts ist, daß die Aktienpreise erratischen Schwankungen unterliegen und völlig unvorhersagbar erscheinen. Aus diesem Grunde können wir Q nicht annähernd genau prognostizieren, womit die Theorie also eher ein deskriptives Mittel zur ex post Beschreibung von Ereignissen ist, als eine Methode, Prognosen bezüglich zukünftiger Investitionsniveaus aufzustellen.

Kapitalkosten und Liquiditätseffekte

Wir wollen nun zum Konzept der realen Leihkosten des Kapitals c zurückkehren, das wir zu Beginn des Kapitels vorgestellt haben. Über die Leihkosten des Kapitals finden sowohl der Zinssatz als auch die Profitrate Eingang in unsere Funktion der Investitionsnachfrage.

Wir haben C bereits als den nominalen Wert des impliziten Mietpreises für Kapital in einer Periode definiert. Dieser stellt keinen meßbaren Preis eines Einsatzfaktors dar (wie etwa der Lohnsatz), da Kapitalgüter im allgemeinen in einer Periode installiert und dann über einen bestimmten Zeitraum gebraucht werden und nicht wieder jede Periode aufs neue eingekauft werden. Dies ist der Hauptunterschied zwischen dem Markt für Kapitalgüter und den Märkten für andere Inputfaktoren, der für die Komplexität der Kapitaltheorie verantwortlich ist und weshalb die Messung des Kapitaleinsatzes so schwierig ist. In einer Ökonomie ohne Sklaverei kaufen die Unternehmen die Arbeitskraft nicht, das heißt, sie kaufen nicht die Arbeitnehmer selbst. Vielmehr leihen sie die Arbeitskraft der Arbeitnehmer zu einem bestimmten Lohnsatz, einem Preis, der als ein bestimmter Geldbetrag pro Zeiteinheit geleisteter Dienstleistung definiert ist. Auf der anderen Seite gibt es für Kapitalgüter keinen solchen Preis in Form eines Maschinenstundensatzes pro geleisteter Einheit Dienstleistung einer bestimmten Qualität. Befänden sich alle Kapitalgüter im Besitz von Personen oder Unternehmen, die die Leistung dieser Anlagen gegen Zahlung eines Stundensatzes vermieteten und dabei keine Firma ihre eigenen Kapitalgüter im Produktionsprozess einsetzte, so hätten wir ein zufriedenstellendes Maß für den Wert der Dienstleistung einer Einheit Kapitals (die Gebrauchskosten des Kapitals) in Form des Mietpreises. Weil dies aber nicht der Fall ist, müssen wir ein anderes Maß für die Leihkosten des Kapitals finden.

Nehmen wir an, eine Maschine werde zum Preis P^I gekauft. Wie wir gesehen haben, setzen sich die Leihkosten eines Kapitalguts in jeder Periode aus drei Komponenten zusammen.

1. Die erste Komponente stellen die Zinskosten des Kapitals dar, die den Opportunitätskosten der Investition entsprechen und durch $r \cdot P^I$ gegeben sind. Kauft die Unternehmung eine Maschine zum Preis von \$ 100000 und muß das Geld zum Zinssatz von 5% im Jahr aufnehmen, so entstehen Opportunitätskosten in Höhe von \$ 5000 im Jahr, für die die Unternehmung Zinseinnahmen hätte haben können.

2. Die nächste Komponente bildet der Betrag der Abschreibungen δP^I. Beträgt die ökonomische Wertminderungsrate (der Abschreibungssatz) δ 10%, so verliert die Unternehmung jedes Jahr 10% des Wertes der Maschine durch Abschreibungen. Das heißt also, daß eine Maschine zum Preis von \$ 100000 im ersten Jahr \$ 10000 an Wert verliert.

3. Jede Veränderung des Marktpreises eines einmal gekauften Gutes ist Bestandteil der Leihkosten. Steigt der Marktpreis für eine neue Maschine des gleichen Modells, so wird dies auch den Preis für gebrauchte Maschinen nach oben treiben über den ursprünglichen Anschaffungspreis abzüglich der Abschreibungen. Diese Erhöhung stellt einen Kapitalgewinn dar, den wir als negative Leihkosten gegeben durch dP^I/dt (die Veränderungsrate von P^I im Zeitverlauf) interpretieren können.

Lassen wir die Länge der Periode schrumpfen, so können wir die Gebrauchskosten C im Zähler der Gleichung (16) wie folgt schreiben:

$$C = rP_I + \delta P_I - \frac{dP_I}{dt}$$

oder

$$C = P_I(r + \delta - \dot{P}_I), \tag{33}$$

wobei $\dot{P}$ dem proportionalen Kapitalgewinn entspricht:

$$\dot{P}_I = \frac{dP_I/dt}{P_I} \ .$$

Die drei Bestandteile der Gleichungen (16) und (33) entsprechen den drei oben diskutierten Komponenten der Leihkosten.

Gleichung (33) kann wie folgt geschrieben werden, um die Beziehung der Leihkosten zum realen Zinssatz $r - \dot{P}$ deutlich zu machen:

$$C = P_I(r - \dot{P}_I + \delta).$$

Sind Gläubiger und Schuldner um den realen Wert ihrer Anlagen oder Schulden besorgt (der Kaufkraft), so diskontieren sie den nominalen Zinssatz r entsprechend der erwarteten Inflationsrate. Beträgt der Zinssatz für einen Kredit 9 Prozent per annum, dann entspricht der reale Zinssatz (in Kaufkraft) bei einer Inflationsrate von 5% lediglich 4%. Steigen sowohl r als auch $\dot{P}$ um den gleichen Betrag, so verändert sich der reale Zinssatz nicht, womit auch Kreditaufnahme und Investitionsentscheidungen unverändert bleiben. Dies wird dann der Fall sein, wenn die Leihkosten des Kapitals wie in Gleichung (33) berechnet werden, da eine Erhöhung von r und $\dot{P}$ um den gleichen Betrag C unverändert läßt, so daß das Niveau des Gleichgewichtskapitalstocks ebenfalls konstant bleibt.

Der Ausdruck $\dot{P}$ in Gleichung (33) wird in empirischen Arbeiten unterschiedlich behandelt. Man kann zum Beispiel die Annahme machen, die Investoren wüßten nicht, wie hoch die antizipierten Kapitalgewinne sein werden oder interessierten sich gar überhaupt nicht dafür, wenn sie über die Anschaffung von Investitionsgütern entscheiden. In diesem Fall kann man den Term $\dot{P}_I$ einfach aus Gleichung (33) eliminieren womit wir dann

$$C = P_I(r + \delta) \tag{34}$$

erhalten. Diese Methode wurde von Jorgensen und seinen Mitarbeitern in einigen frühen Studien (1963-1967) des Investitionsverhaltens der Nachkriegsjahre gewählt. Diese Studien verwendeten Zeitreihen, die bis Mitte der sechziger Jahre reichten und somit nicht mehr die inflationäre Phase abdeckten, die um 1966 begann. Aus diesem Grunde sind die Ergebnisse der Studien wahrscheinlich auch keine schlechte Approximation für das Modell mit Inflationserwartungen. Ist die Varianz des $\dot{P}_I$ Terms gering, so hat es keinen entscheidenden Einfluß auf unsere Ergebnisse, wenn wir ihn in unserer Regressionsanalyse vernachlässigen.

In späteren Arbeiten in Verbindung mit der MIT-Pennsylvania-SSRC (MPS)-Modellgruppe haben Jorgenson, Bischoff u.a. den Ausdruck $\dot{P}_I$ in Gleichung (33) durch eine Lagverteilung vergangener Preisänderungen approximiert. Sie stützten sich dabei auf die Theorie, daß Menschen ihre Erwartungen zukünftiger Preisveränderungen im wesentlichen durch Extrapolation vergangener Preisänderungen bilden. Die MPS-Formulierung enthält den Term $\dot{P}_I$ nur dann, wenn $\dot{P}$ einen bestimmten Schwellenwert in vorangegangenen Quartalen überstiegen hat. Dies basiert auf der Annahme, daß die Inflation erst einmal ein bestimmtes Niveau erreichen muß, bevor sie überhaupt richtig wahrgenommen wird und in die Planung mit einbezogen wird. Ein Modell rationaler Erwartungen würde $\dot{P}$ direkt dem vollständigen Modell der Volkswirtschaft entnehmen oder den Wert durch tatsächliche zukünftige Inflationsraten approximieren, auf der Basis der Annahme, daß diese im Durchschnitt korrekt antizipiert werden.

Die nächste wichtige Frage, die wir beantworten müssen, um dem Problem der Leihkosten beizukommen, richtet sich auf die Bestimmung der Einflußfaktoren des Wertes r, dem veranschlagten Opportunitätskostensatz des Kapitals. Wie oben bereits beschrieben, können Unternehmen auf drei verschiedene Arten Kapital schöpfen: durch Verwendung thesaurierter Gewinne, durch Kreditaufnahme oder durch Ausgabe neuer Aktien (Eigenkapital). In einer Welt vollständiger Konkurrenz, ohne Verzerrungen aufgrund von Steuern, wären die Kapitalkosten dieser drei Finanzierungsmethoden gleich hoch, wenn man einmal das Risikodifferential außer Acht läßt.

In der Realität allerdings berechnen Unternehmen zum Beispiel zusätzliche Kosten für Anleihen. Dies hängt mit den Fixkosten der Wertpapierausgabe zusammen. Ebenso berechnen die Unternehmen einen niedrigeren Zinssatz für interne Finanzierung aus thesaurierten Gewinnen oder Abschreibungen als für die beiden externen Finanzierungsarten, da letztere eine Schwächung der Kontrollmöglichkeiten seitens des Managements darstellen. Der zur Berechnung der Leihkosten des Kapitals verwendete Zinssatz (oder auch Opportunitätskostensatz) wird also eine Art gewichteter Durchschnitt der Zinssätze dieser drei Finanzierungsquellen sein, wobei die Gewichte dem jeweiligen Anteil am Gesamtfinanzierungsbedarf entsprechen:

$$r = r_I \left(\frac{\text{interne Mittel}}{\text{Gesamtinvestitionen}} \right) + r_D \left(\frac{\text{Anleiheausgabe}}{\text{Gesamtinvestitionen}} \right) + r_E \left(\frac{\text{Eigenkapitalaufnahme}}{\text{Gesamtinvestitionen}} \right), \tag{35}$$

wobei $r_I \equiv$ Opportunitätskosten für die Verwendung thesaurierter Gewinne.

$r_D \equiv$ ein üblicher Wertpapiersatz, wie er zum Beispiel von der Firma Moody für mit Aaa bewertete Industrieobligationen verwendet wird

$r_E \equiv$ durchschnittliches „earnings-price-Verhältnis“ (Verhältnis von Dividende zum Kurswert der Aktie).

Sowohl r_D als auch r_E sind höher als r_I.

Zerlegen wir r in diese drei Komponenten, so führen wir dadurch die Gewinne (oder auch den Faktor Liquidität) in unsere Investitionsfunktion ein. Steigen die Gewinne, so steigt auch das Volumen interner Mittel, die für die Erhöhung der

Investitionen zur Verfügung stehen. Ist also der Zinssatz r_I niedriger als der der beiden externen Finanzierungsarten, so wird die Erhöhung der Gewinne den gewichteten Durchschnitt der drei Zinssätze in Gleichung (35) reduzieren, wodurch wiederum die Leihkosten des Kapitals in Gleichung (33) verringert werden. Niedrigere Leihkosten bedeuten, daß mehr investiert wird, so daß wir nun also durch die Leihkosten eine Verbindung zwischen Gewinn- und Investitionsniveau haben.

In Zeitreihen der Investition läßt sich der Einfluß der Gewinne nur schwer ausmachen, da diese stark mit den Veränderungen des Outputniveaus korreliert sind. Befragungen von Unternehmen ergaben jedoch, daß thesaurierte Gewinne eine wichtige Rolle bei Investitionsentscheidungen spielen, weshalb es sinnvoll erscheint, sie als Determinante der Investitionsnachfrage zu berücksichtigen.

Verzögerungen der Investitionsnachfrage

Wir wollen zunächst die bis jetzt entwickelte Theorie der Investitionsnachfrage zusammenfassen. Da ist zuerst die in Gleichung (29) gegebene Nachfragefunktion der Bruttoinvestition,

$$i^g = i^n + i^r = \Delta K^E(y, C, P) + \delta K, \tag{36}$$

bei der Verzögerungen der Veränderung von K^E und i^n nicht berücksichtigt sind. Dieses Manko werden wir in diesem Abschnitt beheben. Weiter haben wir die Definition der Leihkosten des Kapitals aus Gleichung (33),

$$C = P_I(r - \dot{P}_I + \delta),$$

die den Zinssatz mit in unsere Betrachtung einbezieht. Schließlich haben wir noch den Ausdruck für den Zinssatz als einen gewichteten Durchschnitt der Zinssätze der drei Finanzierungsarten

$$r = w_I r_I + w_D r_D + w_E r_E, \tag{37}$$

wobei w jeweils für den Anteil der entsprechenden Finanzierungsquelle steht und $\Sigma\, w = 1$ gilt. Das Gewinniveau spielt hier eine Rolle, da annahmegemäß r_I niedriger als r_E und r_D ist. Bis jetzt haben wir lediglich eine statische Situation betrachtet und Verzögerungen bei der Anpassung des Kapitalstocks ignoriert. Wir wenden uns nun einer dynamischen Betrachtungsweise zu und untersuchen einige empirische Ergebnisse.

Wir beginnen damit, indem wir die Investitionsnachfrage als eine Funktion der Leihkosten C und der Nachfrage nach dem Output der Unternehmen y betrachten. Steigen also die Kapitalkosten relativ zum Lohnsatz, wobei wir den Output konstant halten, so können wir erwarten, daß die Unternehmen verstärkt Kapital durch Arbeitskraft im Produktionsprozeß ersetzen werden und der Output sinken wird. Halten wir auf der anderen Seite die Kapitalkosten konstant, so können wir erwarten, daß Unternehmen ihre Nachfrage nach Kapital und Arbeitskräften erhöhen werden, wenn die Nachfrage nach Output steigt.

Nehmen wir einmal an, eine Unternehmung entscheide sich, in eine neue Fabrikationsanlage zu investieren. Die Planungsabteilung wird einige Alternativen vergleichen und diejenige wählen, die die Kapitalintensität K/N aufweist, die Produktion zu minimalen Kosten erlaubt. Wir wollen weiter annehmen, daß es sich bei dieser neuen Fabrik um eine „putty-clay"-Investition[1] handelt. Dies bedeutet, daß die Unternehmung zwischen verschiedenen Kapitalintensitäten wählen kann, so daß K/N variabel ist und K und N ex ante substituierbar sind. Ist die Fabrik allerdings erst einmal errichtet, dann müssen Kapitel und Arbeitskraft in konstanten Verhältnissen verwendet werden, um bestimmte Outputniveaus entsprechend der gewählten Technologie zu produzieren. Der Kapitalstock wird also ex post zu „clay". Ex ante ist K/N variabel, ex post ist das Verhältnis konstant.

Wir wollen nun untersuchen, welche Auswirkungen eine Veränderung der Nachfrage und eine Veränderung der Kapitalkosten auf das tatsächliche Investitionsverhalten einer Unternehmung hat, wobei wir eine „putty-clay"-Produktionsfunktion unterstellen. Zunächst betrachten wir Veränderungen der Nachfrage. Erwartet die Unternehmung, daß die Nachfrage auf Dauer auf dem neuen Niveau bleiben wird und will sie auf die Nachfrageänderung reagieren, so wird sie, da der Output der bestehenden Fabrikationsanlagen ex post festgelegt ist, sofort den Kapitalstock erhöhen. Dies wird natürlich nur dann geschehen, wenn keine Überkapazitäten bestehen. Die Reaktion der Investition ist in Abbildung 13-8 dargestellt. Die Zunahme des Outputs führt zu einer Erhöhung des Gleichgewichtskapitalstocks um δK^E, wobei die Ersatzinvestition auf $\Delta i^r = \delta (\Delta K^E)$ ansteigt. Die Erhöhung der Nettoinvestition entlang der i^n-Kurve wird zur i^r-Kurve hinzugefügt, wodurch wir die Veränderung der Bruttoinvestition entlang der i^g-Kurve in Abbildung 13-8 erhalten. Innerhalb eines kurzen Zeitraumes wird der Kapitalstock um einen Betrag entsprechend der Fläche unter der i^n-Kurve erhöht. Es kommt folglich zu einer Erhöhung der Ersatzinvestition entsprechend des neuen Gleichgewichtsniveaus des Kapitalstocks um den Betrag Δi^r, so daß der Pfad der Gesamtinvestition durch die i^g-Kurve gegeben ist. Entscheidend ist

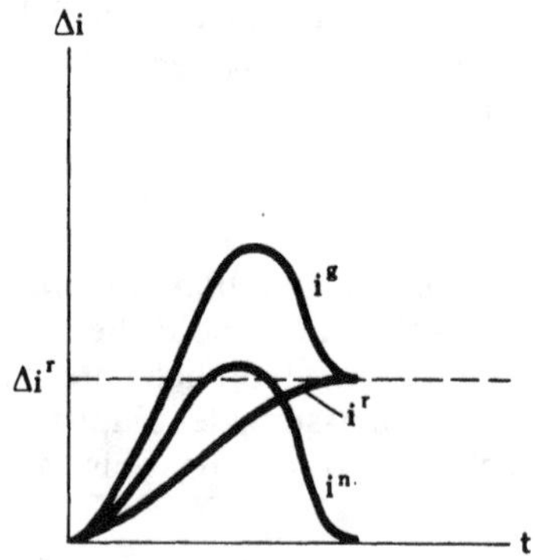

Abbildung 13-8: Plötzliche Erhöhung des Kapitalstocks aufgrund einer Zunahme der Güternachfrage.

[1] Anmerkung des Übersetzers: „putty" = „Kitt", ein Material, das man vor und nach der Verwendung formen kann. „clay" bedeutet „Lehm". Lehm kann nach der Verwendung nicht mehr geformt werden. Was die beiden Terme und ihre Kombinationen genau meinen hängt jeweils vom Modell ab.

hier, daß die Erhöhungen von i^n, i^r und i^g alle mit einer kurzen Verzögerung auftreten, die durch die ex post konstante Outputkapazität verursacht wird. Das Problem ist, daß die Fabrikationsanlagen erst ausgeweitet werden müssen, um auf die höhere Nachfrage reagieren zu können.

Als nächstes wollen wir annehmen, daß anstelle der Veränderung der Nachfrage die relativen Kapitalkosten sinken. Die Unternehmung hat wieder ihre ursprüngliche „clay"-Fabrik. Die wesentliche Auswirkung dieser Veränderung wird sein, daß die Unternehmung die Verwendung von Kapital relativ zum Einsatz von Arbeitskräften erhöhen wird. Die Kapitalintensität wird also steigen. Die Unternehmung wird nach und nach die alten Fabrikationsanlagen durch neue, kapitalintensivere ersetzen, deren K/N höher ist. Das Ergebnis ist, daß eine Variation der Leihkosten des Kapitals einen länger anhaltenden Prozeß der Veränderung auslöst als eine Variation der Nachfrage. Die Verzögerung bis der Prozeß beendet ist wird also, wie in Abbildung 13-9 dargestellt, größer sein.

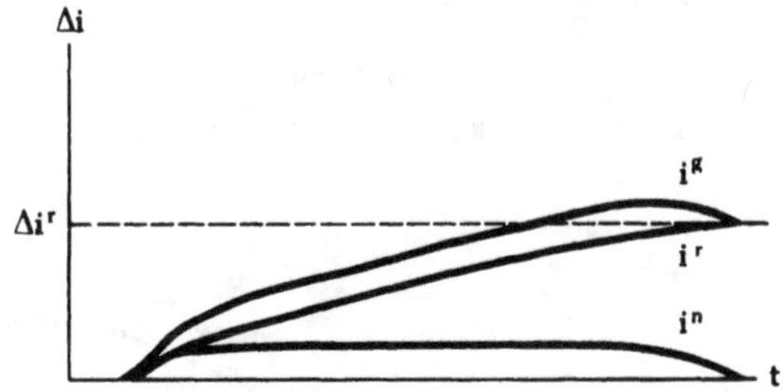

Abbildung 13-9: Senkung der relativen Kapitalkosten und das allmähliche Ersetzen des Kapitalstocks.

Simulationen der Auswirkungen von Veränderungen des Outputs und der Kapitalkosten auf die Investitionsausgaben für dauerhafte Produktionsgüter (i^g) sind in den Abbildungen 13-10 und 13-11 dargestellt. Die Ergebnisse sind dem MPS-Modell entnommen. Die meisten Investitionsgleichungen dieses Modells stammen aus Studien von Charles W. Bischoff. Abbildung 13-10 zeigt die Auswirkung einer unerwarteten Erhöhung der Outputnachfrage um 10 Prozent. Der Effekt auf die Bruttoinvestition hat seinen Höhepunkt nach drei Quartalen und fällt nach fünf Quartalen wieder ab. Diese Kurve ist das empirische Gegenstück des i^g-Pfades in Abbildung 13-8. Abbildung 13-11 zeigt den Effekt einer zehnprozentigen Senkung der Leihkosten des Kapitals. Die Bruttoinvestitionen erreichen ihren Höhepunkt nach 20 Quartalen und fallen nach ungefährt 26 Quartalen wieder ab. Diese Kurve entspricht dem i^g-Pfad in Abbildung 13-9.

In einer 1978 veröffentlichten Studie stellt Peter B. Clark fest, daß die Investition in starkem Maße auf eine Erhöhung des Outputs reagiert. Der Effekt erreicht seinen Höhepunkt nach etwa vier Quartalen und bleibt auf einem hohen Niveau für bis zu 16 Quartalen. Eine Senkung der Leihkosten des Kapitals dagegen, hat entsprechend der Studie von Clark nur einen geringen Effekt in den ersten Quartalen und benötigt bis zu vier Jahre, um sich vollständig im System niederzuschlagen.

Was die Reaktion der Investitionsnachfrage auf eine Veränderung ihrer Hauptdeterminanten r und y im langfristigen Gleichgewicht (oder auch „steady-state") anbelangt, so hat Bischoff herausgefunden, daß die langfristige Elastizität der In-

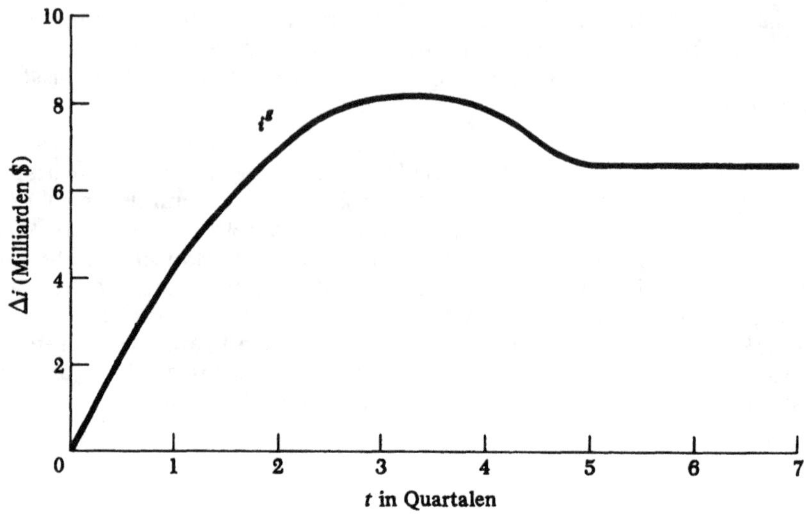

Abbildung 13-10: Die Auswirkungen einer Erhöhung der Outputnachfrage auf die Anlageinvestitionen.

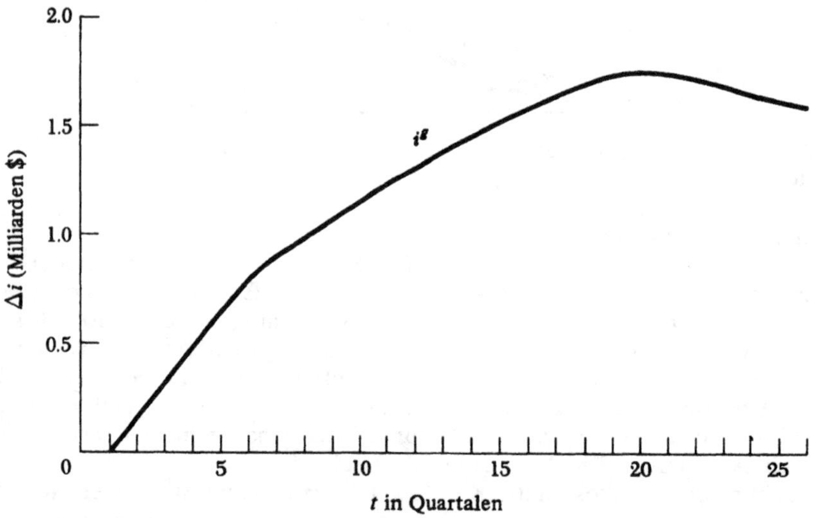

Abbildung 13-11: Die Auswirkung einer zehnprozentigen Verringerung der Kapitalkosten auf die Anlageinvestitionen.

vestitionsnachfrage in bezug auf den Output ungefähr gleich eins ist, wobei eine geringe Verzögerung auftritt. Dies impliziert einen langfristig relativ konstanten Kapitalkoeffizienten K/Y, da der Kapitalstock nach einer geringen Verzögerung mit der gleichen Rate wie der Output wächst. Bischoff hat auch herausgefunden, daß die langfristige Elastizität der Investitionsnachfrage in bezug auf die Veränderung des Zinssatzes ungefähr gleich – 0,5 ist. Wenn also der Zinssatz für Obligationen von 10 auf 11% ansteigt (eine Veränderung um 10%), dann müssen wir langfristig mit einer Abnahme der Investition um 5% rechnen, wobei sich der Vorgang über eine Periode von zwei bis drei Jahren hinzieht. Dies basiert natürlich auf der Annahme, daß die Investoren eine Veränderung der Kapitalkosten ebenso wie eine Erhöhung der Nachfrage als permanent ansehen.

Investition im statischen Modell

Die Funktion der Investitionsnachfrage in Gleichung (29) weist die Nettoinvestition als eine Funktion der Veränderung des Outputniveaus und des Zinssatzes aus. Die Implikationen des Akzeleratormechnismus für die Stabilitätspolitik haben wir bereits analysiert. Das Niveau der Ersatzinvestitionen i^r hängt vom bestehenden Kapitalstock ab. Befindet sich die Volkswirtschaft bei einem bestimmten Wertepaar r,y im Gleichgewicht, so wird der bestehende Kapitalstock ungefähr gleich dem Gleichgewichtskapitalstock K^E sein, der ebenfalls von r und y abhängt. Folglich können wir die Investitionsfunktion i = i(r) in unserem statischen Modell aus Teil II durch folgende Funktion ersetzen:

$$i = i(r, y); \qquad \frac{\partial i}{\partial r} < 0, \qquad \frac{\partial i}{\partial y} > 0. \tag{38}$$

Wir haben es hier wie gesagt mit einem statischen Modell zu tun, in dem die Ersatzinvestition eine Funktion des Output- und des Zinsniveaus ist. Eine Erhöhung des Zinssatzes verringert den Gleichgewichtskapitalstock K^E, wodurch die Ersatzinvestitionen vermindert werden, so daß $(\partial i/\partial r) < 0$ ist. Eine Zunahme des Outputs erhöht K^E, so daß $(\partial i/\partial y) > 0$ ist. Hier haben wir es nicht mit dem oben behandelten Akzelerator zu tun. Der Akzelerator basiert auf Veränderungsraten des Einkommens, während wir hier nur eine Veränderung des Einkommens von einem Niveau auf das nächste betrachten.

Indem wir i sowohl von y als auch von r abhängig machen wird die Steigung der IS-Kurve wesentlich verändert. Abbildung 13-12 zeigt die IS-Kurve im Vierquadrantendiagramm, wobei i = i(r,y). Für jeden Wert von y existiert eine andere Investitionsnachfragefunktion im zweiten Quadranten in Abbildung 13-12. Steigt das Einkommen von y_0 auf y_1, so verschiebt sich die Investitionsnachfragefunktion von $i(y_0)$ auf $i(y_1)$. Hierdurch flacht die IS-Kurve ab. Mit i = i(r,y) wird eine Senkung des Zinssatzes zu einer stärkeren Zunahme des Gleichgewichtsoutputs auf dem Gütermarkt führen als mit i = i(r), da die anfängliche Erhöhung des Outputs die Investitionen zusätzlich erhöht, was wiederum den Output steigen läßt.

Mit i = i(r,y) führt eine Senkung des Zinsniveaus auf r_1 ausgehend von r_0, y_0 zu einer Verschiebung des Gleichgewichtsoutputs auf dem Gütermarkt entlang der durchgezogenen IS-Kurve nach y_1, wobei sich die Investitionsfunktion nach oben auf $i(y_1)$ verschiebt. Bei Geltung der Investitionsfunktion i = i(r) hätte sich der Gleichgewichtsoutput lediglich entlang der gestrichelten IS-Kurve auf y_2 erhöht.

Eine Verringerung des Zinssatzes führt nun zu einer Erhöhung der Investition, die höheres Einkommen verursacht, das aufgrund der Verschiebung von i(y) wiederum höhere Investitionen induziert. Würde die Funktion i = i(r,y) hinreichend empfindlich auf eine Veränderung des Outputs reagieren, so wäre es sogar möglich, daß die IS-Kurve positive Steigung erhält. Wenn die Erhöhung von y_0 auf y_1 die i(y)-Kurve in Abbildung 13-12 um wesentlich mehr nach oben verschiebt, so können wir sehen, daß die IS-Kurve möglicherweise positive Steigung erhält.

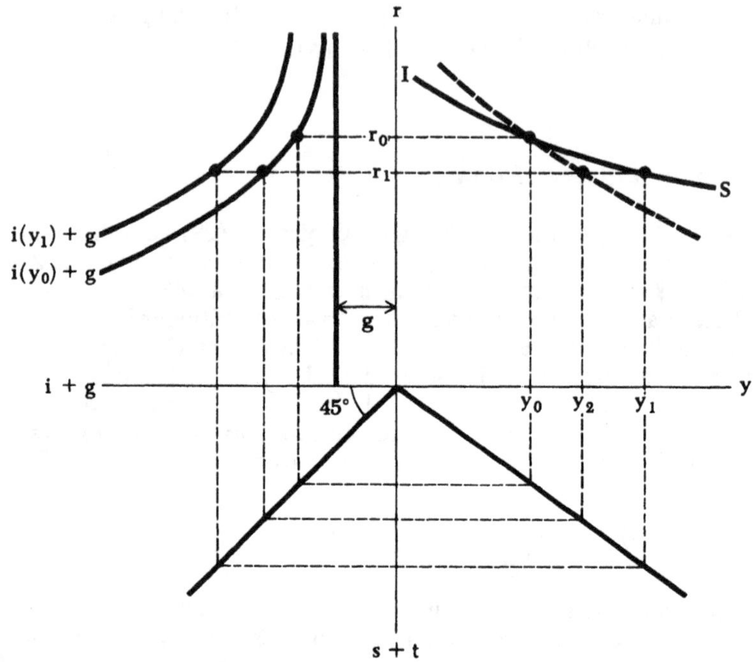

Abbildung 13-12: Die modifizierte IS-Kurve: $i = i(r, y)$.

Empirischen Untersuchungen zufolge ist die Volkswirtschaft stabil. Die IS-Kurve hat also tatsächlich negative Steigung. Die in Kapitel 12 diskutierten empirischen Schätzungen lassen darauf schließen, daß die langfristige Grenzneigung zum Konsum gleich c/y ist und ungefähr 0,65 beträgt. Der Ausdruck $c'(1 - t')$ könnte also ungefähr den Wert 0,65 haben. Wenn die Elastizität der Investitionsnachfrage in bezug auf den Output ungefähr gleich eins ist, dann gilt

$$1 = \frac{\partial i}{\partial y} \cdot \frac{y}{i},$$

so daß

$$\frac{\partial i}{\partial y} = \frac{i}{y},$$

und wir können $\partial i/\partial y$ durch die Investitionsquote mit dem Wert 0,15 messen. Die Grenzneigung zum Ausgeben könnte also ungefähr bei 0,80 (= 0,65 + 0,15) liegen, womit garantiert ist, daß die IS-Kurve negative Steigung hat.

Fiskalpolitik und Investition

In Teil II haben wir unter der Annahme, daß die Investition lediglich eine Funktion des Zinssatzes ist, gesehen, daß eine Erhöhung der Staatskäufe sowohl y als auch r erhöht und dabei das Investitionsniveau reduziert, da i′ negativ ist. Bei der erweiterten Investitionsfunktion i = i (r, y) ist der Effekt einer Ehöhung der Staatskäufe nicht mehr eindeutig. Unter welchen Bedingungen wird eine Erhöhung der Staatskäufe zu einer Zunahme der Investition führen?

Graphisch können wir im r, y-Koordinatensystem Isoinvestitionslinien lokalisieren, die konzeptionell Indifferenzkurven entsprechen, also verschiedene Kombinationen von r und y für jeweils ein bestimmtes Investitionsniveau darstellen. Zwei solcher Linien sind durch i_0i_0 und i_1i_1 in Abbildung 13-13 dargestellt. Die Steigung dieser Isoinvestitionslinien erhalten wir durch Differentiation der Investitionsfunktion i = i (r, y), wobei wir i konstant halten.

$$di = 0 = \frac{\partial i}{\partial r} dr + \frac{\partial i}{\partial y} dy,$$

so daß

$$\left.\frac{dr}{dy}\right|_{ii} = -\frac{\partial i/\partial y}{\partial i/\partial r} .$$

Da $\partial i/\partial y > 0$ und $\partial i/\partial r < 0$ sind, wissen wir, daß die Steigung der ii-Linien positiv ist. Eine Zunahme der Investition entspricht einer Verschiebung der Isoinvestitionslinien nach rechts. Eine Erhöhung von y, wobei r konstant gehalten wird, erhöht i, da $\partial i/\partial y > 0$.

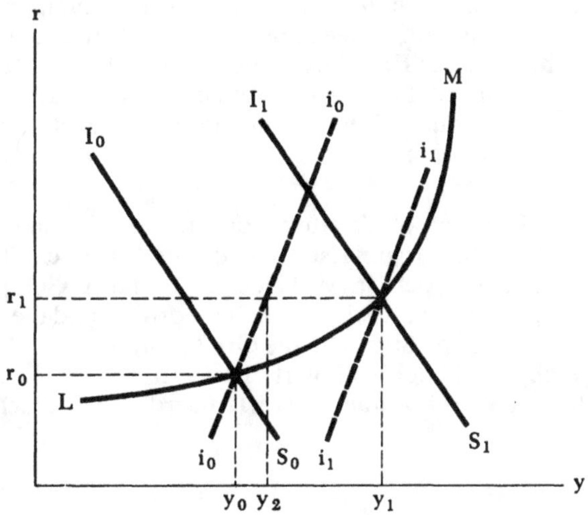

Abbildung 13-13: Auswirkungen einer Erhöhung der Staatsausgaben auf die Investition.

Durch Inspektion der Abbildung 13-13 können wir folgende Regel aufstellen. Ist die $i_0\,i_0$-Linie im ursprünglichen Gleichgewicht y_0, r_0 steiler als die LM-Kurve, so wird einer Verschiebung der IS-Kurve aufgrund einer expansionären fiskalpolitischen Maßnahme zu einem höheren Investitionsniveau führen. In Abbildung 13-13 führt eine durch eine expansionäre fiskalpolitische Maßnahme ausgelöste Verschiebung der IS-Kurve von I_0S_0 auf I_1S_1 zu einer Veränderung des Gleichgewichts auf der Nachfrageseite von r_0, y_0 nach r_1, y_1. Da die ii-Kurve im Punkt r_0, y_0

steiler als die LM-Kurve ist, befindet sich das neue Gleichgewicht auf einer Kurve $i_1 i_1$, die ein höheres Investitionsniveau als im ursprünglichen Gleichgewicht impliziert. Der Leser sollte sich davon überzeugen, daß das Investitionsniveau im neuen Gleichgewicht niedriger als im ursprünglichen ist, wenn die ii-Kurve im Ausgangspunkt flacher als die LM-Kurve ist.

Wir können festhalten, daß eine fiskalpolitische Maßnahme dann bei der Verschiebung von r_0, y_0 nach r_1, y_1 einen starken Effekt auf y relativ zu r bewirkt, wenn sich die Volkswirtschaft im ursprünglichen Gleichgewicht in einer Flaute befindet. In dieser Situation wird die Investition steigen. Beginnt die Expansion dagegen im relativ steilen Teil der LM-Kurve, so wird die Zunahme von r relativ zu y größer sein, womit es wahrscheinlicher ist, daß die Investition sinken wird.

Schlußfolgerungen: Investitionsnachfrage, Geld- und Fiskalpolitik

Im letzten Abschnitt haben wir gesehen, daß es von der ursprünglichen Position der Volkswirtschaft abhängt, ob die Ersatzinvestition steigt und damit der gewünschte Kapitalstock K^E wächst. In einer Periode, in der sich die Volkswirtschaft in einer Flaute befindet, die Kapazitätsauslastung des Produktionsbereichs aber dennoch recht hoch ist, wird ein fiskalpolitischer Stimulus von einer Zunahme der Investition begleitet sein. Die Erhöhung des Zinssatzes und damit der negative Effekt auf K^E wird durch die Erhöhung des Outputs y konterkarriert, so daß K^E insgesamt gesehen steigt. Wir erhalten also einen temporären Akzeleratoreffekt, der die Nettoinvestition nach oben treibt und eine damit einhergehende permanente Erhöhung der Ersatzinvestition begründet. Läuft die Wirtschaft dagegen auf Hochtouren und die Zinssätze sind hoch, so werden Veränderungen der Staatskäufe teilweise durch Veränderungen der Investition in entgegengesetzter Richtung neutralisiert werden, wenn der Zinseffekt größer als der Outputeffekt ist.

Unsere Ansicht, daß Fiskalpolitik effektiver zur Veränderung des Gleichgewichtsoutputs und der Beschäftigung ist, wenn die Volkswirtschaft in einer Flaute ist und die Arbeitslosigkeit hoch ist, wird hier also bestärkt. Geldpolitik dagegen wird effektiver sein, wenn die Arbeitslosigkeit niedrig ist und die Zinssätze hoch sind. Wir finden ebenfalls bestätigt, daß die Größenordnung der Multiplikatoren vom Ausgangsgleichgewicht der Volkswirtschaft abhängt. Die Suche nach Multiplikatoren mit stabilen oder konstanten Werten wird also wahrscheinlich erfolglos bleiben.

Ausgewählte Literatur

A. Ando and F. Modigliani, „Econometric Analysis of Stabilization Policies,“ *American Economic Review,* May 1969.

C. W. Bischoff, „The Effect of Alternative Lag Distributions,“ in G. Fromm, ed., *Tax Incentives and Capital Spending* (Washington, D.C.: The Brookings Institution, 1971).

C. W. Bischoff, „Business Investment in the 1970's: A Comparison of Models,“ *Brookings Papers on Economic Activity,* vol. 1, 1971.

P. F. Clark, “Investment in the 1970s: Theory, Performance, and Prediction,“ *Brookings Papers on Economic Activity,* vol.1, 1978.

J. S. Duesenberry, *Business Cycles and Economic Growth* (New York: McGraw-Hill, 1958), chapters 3-5.

H. I. Grossman, „A Choice Theoretical Model of an Income-Invetment Accelerator," *American Economic Review,* September 1972.

F. Hayashi, „Tobin's Marginal q and Average q: A Neoclassical Interpretation," *Econometrica,* Januray 1982.

J. Hirscheifer, „On the Theory of Optimal Investment Decisions," *Journal of Political Economy,* August 1958.

D. W. Jogenson, „Economic Studies of Investment Behavior: A Survey," *Journal of Economic Literature,* December 1971, with comments by R. Eisner und L. R. Klein in *Journal of Economic Literature,* March 1974.

D. W. Jorgenson and C. D Siebert, „Theories of Coporate Investment Behavior," *American Economic Review,* September 1968.

J. Tobin and W. C. Brainard, „Pitfalls in Financial Model Building," *American Economics Association Papers and Proceedings,* May 1968.

Kapitel 14
Die Geldnachfrage

Die Geldnachfrage wurde in Kapitel 4 als Nachfrage nach Realkasse m = M/P eingeführt. Ohne weiter in die Tiefe zu gehen, haben wir dort angenommen, daß sich die Geldnachfrage in die beiden Komponenten Spekulationsnachfrage, die negativ mit dem Zinssatz korreliert ist, und Transaktionsnachfrage, die positiv mit dem Einkommen und negativ mit dem Zinssatz korreliert ist, zerlegen läßt. Folgende Geldnachfragefunktion war das Ergebnis der Überlegungen in Teil II:

$$\frac{M}{P} = m = m(r, y) \approx l(r) + k(y), \tag{1}$$

wobei $\partial m/\partial r$ negativ und $\partial m/\partial y$ positiv ist.

Seit den dreißiger Jahren hat sich die Theorie der Geldnachfrage entlang unterschiedlichen Ideen entwickelt, von denen jede eine andere Antwort auf folgende grundlegende Frage gibt: Wenn Wertpapiere Zinsen bringen und Geld nicht, warum halten Menschen dann überhaupt Geld? Unterscheiden sich die einzelnen Theorien auch in der Beantwortung dieser Frage, so steht zum Schluß dann doch meißtens eine Geldnachfragefunktion ähnlich der in Gleichung (1) auf dem Papier.

In diesem Kapitel entwickeln wir vier bekannte Betrachtungsweisen der Geldnachfrage. Wir untersuchen zunächst das Keynes zugeschriebene Modell regressiver Erwartungen, welches Tobin in seinem Artikel über Liquiditätspräferenz beschrieben hat. Dieses Modell sagt im wesentlichen aus, daß Menschen Geld halten, wenn sie erwarten, daß die Wertpapierpreise fallen, die Zinsen also steigen, und sie folglich damit rechnen, einen Verlust zu machen, wenn sie die Wertpapiere hielten. Die Einschätzungen der Wirtschaftssubjekte, wann die Zinsen steigen und wann sie fallen werden, variiert über ein breites Band und so wird es bei jedem Zinssatz Menschen geben, die erwarten, daß die Zinssätze steigen und somit Geld halten.

Das Problem dieses Ansatzes liegt klar auf der Hand. Er besagt im wesentlichen, daß Menschen all ihre liquiden Mittel entweder in Form von Geld oder in Form von Wertpapieren halten sollten. Dies ist in der Realität offensichtlich nicht der Fall. Die zweite hier vorgestellte Betrachtungsweise ist Tobins Modell der Liquiditätspräferenz. Dieses Modell geht das oben genannte Problem an, indem es zeigt, daß Investoren, die die Rendite und das Risiko berücksichtigen, am besten sowohl Geld als auch Wertpapiere halten, wenn die Rendite der Wertpapiere unsicher ist, das heißt also die Anlage in Wertpapiere risikobehaftet ist.

Die dritte Betrachtungsweise ist die von Baumol und Tobin entwickelte Betrachtungsweise der Transaktionsnachfrage nach Geld als Lagerhaltungsproblem. Sie zeigen, daß es einen Transaktionsbedarf an Geld gibt, um zeitliche Unterschiede zwischen Einkommens- und Ausgabenströmen auszugleichen. Dieser Transaktionsbedarf sollte um so geringer sein, je höher die Rendite für Wertpapiere ist. Schließlich werden wir Friedmans moderne Version der Quantitätstheorie des Geldes vorstellen. Friedman analysiert die Geldnachfrage als Nachfrage nach einem normalen Gut. Diesem Ansatz zufolge kann Geld als ein Produktionsgut betrachtet werden: Unternehmen halten Geld, um die Effizienz ihrer Transaktionen zu erhöhen und sind willens, dafür in Form entgangener Zinseinkünfte zu bezahlen. Wir können Geld auch als Konsumgut betrachten. Es stiftet Nutzen für den Konsumenten, indem es zeitliche Differenzen zwischen Einnahmen- und Ausgabenstrom ausgleicht und indem es das Risiko reduziert. Friedmans Geldnachfragefunktion ähnelt der der drei vorangegangenen Betrachtungsweisen.

Unsere Diskussion der Geldnachfrage konzentriert sich zu Beginn auf die Entscheidung des Individuums bezüglich der Zusammensetzung seiner liquiden Mittel. Wir nehmen an, daß eine Person einen bestimmten Betrag liquiden Vermögens W hat, der in der betrachteten Periode konstant bleibt. Sie muß dann entscheiden wieviel dieses Vermögens sie jeder der beiden Anlagemöglichkeiten zuordnet. Geld (M) ist als Bargeld zuzüglich Sichteinlagen definiert, trägt kein Risiko und wirft keine Zinsen ab. Wertpapiere (B) bringen Zinsen, tragen aber dafür ein bestimmtes Liquiditätsrisiko. Dieses Risiko ist dadurch gegeben, daß sie eventuell mit Verlust verkauft werden müssen, wenn in einer Situation Geld benötigt wird und die Wertpapierpreise zu diesem Zeitpunkt niedriger sind als zum Zeitpunkt der Anschaffung. Im Verlauf der Analyse werden wir sehen, wie die Präferenzen des Individuums auf eine Gruppe von Individuen verallgemeinert werden können. Wir beginnen nun mit dem Modell der regressiven Erwartungen.

Das Modell regressiver Erwartungen

Unsere Entwicklung des Modells regressiver Erwartungen folgt Tobins Analyse in seinem Artikel über die Liquiditätspräferenz. Der Halter eines Wertpapiers hat erwartet Einnahmen von der Haltung des Wertpapiers aus zwei Quellen. Das Wertpapier bringt Zinsen und birgt potentielle Kursgewinne in Form eines gestiegenen Wertpapierpreises zum Zeitpunkt des Verkaufs. Die Nominalverzinsung Y eines Wertpapiers ist in der Regel durch einen Prozentsatz des Nominalwertes gegeben. Die Rendite (der Marktzinsatz) r ist gleich dem Verhältnis von Nominalzins zum Preis des Wertpapiers P_b. Hat ein Wertpapier im Wert von \$ 100 eine Nominalverzinsung von zum Beispiel 5% (\$ 5), so beträgt auch die Rendite 5%. Stiegt der Preis auf \$ 125, so entspricht die Nominalverzinsung von 5% einem Marktzinssatz (Rendite) r von 4% (5/125). Die Rendite ist also durch

$$r = \frac{Y}{P_b} \tag{2}$$

gegeben. Weil die Nominalverzinsung ein konstanter Prozentsatz des Nominalwertes des Wertpapiers ist, kann der Marktpreis des Papiers wie folgt ausgedrückt werden:

$$P_b = \frac{Y}{r} \,. \tag{3}$$

Die erwarteten Kursgewinne g in Prozent entsprechen dem prozentualen Anstieg des Preises vom Kaufpreis P_b zum erwarteten Verkaufspreis P_b^e. Wir erhalten somit als Ausdruck für die prozentualen Kursgewinne $g = (P_b^e - P_b) / P_b$. Bei konstanter Nominalverzinsung Y eines Wertpapiers erhalten wir aus Gleichungen (2) und (3) einen Ausdruck für die erwartete Rendite in Abhängigkeit vom erwarteten Preis: $r^e = Y/P^e_B$. Wir können die Kursgewinne also auch in Abhängigkeit von gegenwärtigen und erwarteten Zinssätzen schreiben:

$$g = \frac{Y/r^e - Y/r}{Y/r} .$$

Nach Kürzen mit Y und Multiplikation des Zählers und Nenners mit r erhalten wir

$$g = \frac{r}{r^e} - 1 \tag{4}$$

als einen Ausdruck der erwarteten Kursgwinne in Abhängigkeit von gegenwärtigen und erwarteten Zinssätzen. Beträgt der Marktzinssatz zum Beispiel zur Zeit 5% und der Käufer eines Wertpapiers erwartet eine Verringerung der Rendite auf 4%, so beträgt sein erwarteter Kursgewinn

$$g = \frac{0{,}05}{0{,}04} - 1 = 1{,}25 - 1 = 0{,}25, \text{oder } 25\%.$$

Der Ertrag eines Wertpapiers e setzt sich aus der Rendite zum Kaufzeitpunkt zuzüglich der Kursgewinne zusammen. Folglich gilt $e = r + g$, wobei wir g gemäß Gleichung (4) ersetzen können und somit folgenden Ausdruck für den Ertrag eines Wertpapiers erhalten:

$$e = r + \frac{r}{r^e} - 1. \tag{5}$$

Die Geldnachfragefunktion eines Individuums

Ein Individuum, das zwischen einem erwarteten Ertrag e für ein Wertpapier und einen Ertrag von 0 für die Haltung von Geld wählen kann, wird also Geld halten, wenn e kleiner 0 ist und wird seine liquiden Mittel in Wertpapiere anlegen, wenn e größer als 0 ist.

Im Modell regressiver Erwartungen nehmen wir an, daß jedes Individuum einen Erwartungswert des Zinssatzes r^e entsprechend einem normalen langfristigen Durchschnittszinssatz bildet. Steigen die Zinsen über dieses langfristig erwartete Niveau, so wird erwartet, daß sie wieder fallen und umgekehrt. Die Erwartungen sind also regressiv. Zu Beginn werden wir annehmen, daß sich der erwartete langfristige Zinssatz nicht mit Veränderungen der gegenwärtigen Marktbedingungen ändert.

Der erwartete Zinssatz eines Anlegers r^e bestimmt zusammen mit dem beobachtbaren Marktzinssatz den erwarteten Ertrag e. Auf dieser Basis können wir den kritischen Wert des Marktzinssatzes r_c berechnen, bei dem der erwartete Ertrag eines Wertpapiers gleich 0 ist. Ist $r > r_c$, so wird ein Anleger all seine liquiden Mittel in Wertpapiere anlegen. Ist $r < r_c$, so wird er sein gesamtes liquides Vermögen in Form von Geld halten. Um diesen Wert r_c zu finden, setzen wir den Gesamtertrag in Gleichung (5) gleich null:

$$0 = r + \frac{r}{r^e} - 1;$$

$$r(1 + r^e) = r^e;$$

so daß

$$r = \frac{r^e}{1 + r^e} = r_c. \tag{6}$$

Hier steht r_c für den Wert des Marktzinssatzes, bei dem $e = 0$ ist.

Diese Beziehung zwischen der Nachfrage eines Individuums nach Realkasse und dem Zinssatz ist in Abbildung 14-1 dargestellt. Auf der waagerechten Achse haben wir die Nachfrage nach Realkasse abgetragen. Wir werden noch sehen, daß es, wie in Kapitel 4 behauptet, die Nachfrage nach Realkasse $m = M/P$ ist, die vom Zinssatz abhängt. Da wir implizit das allgemeine Preisniveau in diesem Abschnitt konstant halten, entsprechen Veränderungen der Realkasse Veränderungen von M. Das Bild in Abbildung 14-1 wird also das gleiche sein, ob wir die Achse mit M oder M/P bezeichnen.

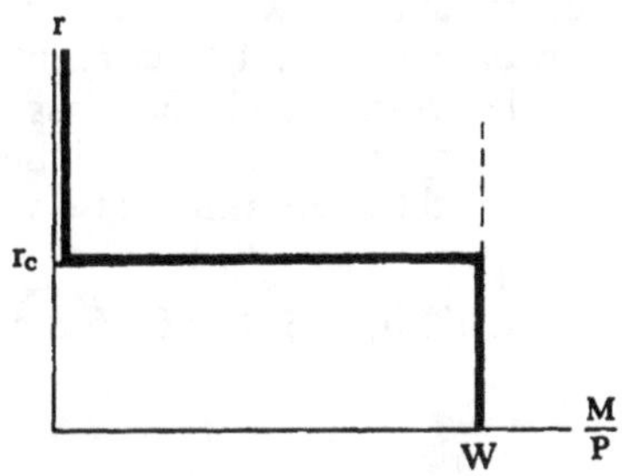

Abbildung 14-1: Individuelle Geldnachfrage im Fall ohne Risiko.

In Abbildung 14-1 wird das Individuum sein gesamtes liquides Vermögen W in Wertpapiere anlegen, so daß also seine Geldnachfrage gleich null ist, wenn r größer als r_c ist. Fällt r unter r_c, so ist $e < 0$ und die erwarteten Kursverluste sind höher als die Rendite, so daß ein Anleger seine gesamten liquiden Mittel in Form von Geld halten wird. Die resultierende Geldnachfragefunktion sieht wie eine Treppenfunktion aus. Ist r exakt gleich r_c, so ist $e = 0$ und ein Anleger wird entweder sein Geld zu 100% in Form von Wertpapieren oder von Geld halten.

Bis jetzt haben wir angenommen, die erwartete Rendite r^e reagiere nicht auf Veränderungen des Marktzinssatzes r. Was würde geschehen, hinge r^e positiv vom gegenwärtigen Zinssatz ab. Würde eine Zunahme des gegenwärtigen Zinssatzes r die erwartete Rendite r^e genug erhöhen, um r_c anzuheben, wodurch es zu einer Erhöhung der Geldnachfrage käme?

Nehmen wir einmal an, es gelte $r^e = f(r)$ und $f'(r) > 0$, so daß wir aus Gleichung (6) für r_c folgenden Wert erhalten:

$$r_c = \frac{f(r)}{1 + f(r)} = h(r). \tag{7}$$

Ist $h'(r) < 1$, so können wir r_c, wie in Abbildung 14-2, gegen r abtragen, wobei die Steigung der Kurve h(r) geringer als 1 ist. Wenn h(r) die 45°-Linie schneidet, r also gleich r_c ist, ist ein Anleger indifferent bezüglich der Haltung von Wertpapieren und Geld.

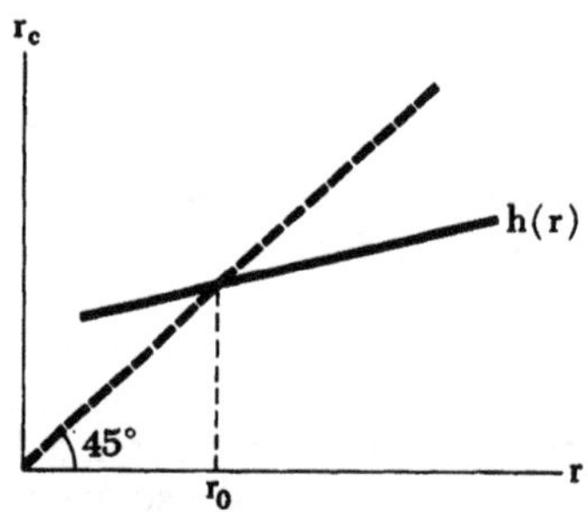

Abbildung 14-2: Kritischer Zinssatz r_c und tatsächlicher Zinssatz r.

An diesem Punkt befindet er sich auf dem waagerechten Teil der Nachfragekurve in Abbildung 14-1. Gilt $r > r_0$ dann ist auch r > als r_c entlang h(r) und das Individuum legt sein gesamtes liquides Vermögen in Wertpapiere an. Gilt $r < r_0$ in Abbildung 14-2, ist r also kleiner als r_c, so hält das Individuum nur Geld. Wenn $h' < 0$ ist wird die individuelle Geldnachfragefunktion also wie die in Abbildung 14-1 dargestellte aussehen.

Unter welchen Bedingungen ist h' $(dr_c/dr) < 1$? Differenzieren wir Gleichung (7) nach r, so erhalten wir

$$\frac{dr_c}{dr} = \frac{f'(r)}{1 + f(r)} - \frac{f(r)f'(r)}{[1 + f(r)]^2}.$$

Nach Umformung ergibt sich

$$\frac{dr_c}{dr} = \frac{[1 + f(r)]f'(r) - f(r)f'(r)}{[1 + f(r)]^2}$$

und schließlich

$$h'(r) = \frac{dr_c}{dr} = \frac{f'(r)}{(1 + r^e)^2}. \tag{8}$$

Da r^e, wie angenommen, positiv ist, so daß also der Nenner in Gleichung (8) größer also 1 ist, ist es eine hinreichende Bedingung für $h' < 1$, daß $f'(r) \equiv dr^e/dr$ kleiner als 1 ist. Die individuelle Geldnachfragefunktion wird der in Gleichung 14-1 ähneln, wenn $f'(r) < 1$ ist, das heißt eine Erhöhung des Marktzinssatzes r die erwartete Rendite r^e um weniger als Δ r erhöht. Die Erwartungen müssen also hinreichend regressiv sein, damit Veränderungen des gegenwärtigen Zinssatzes dem Wert nach geringere Veränderungen der erwarteten Rendite bewirken. In diesem Fall gilt die Geldnachfragefunktion in Abbildung 14-1 im Modell ohne Risiko, in dem Erwartungen bezüglich r^e keiner Unsicherheit unterliegen.

Die aggregierte Geldnachfragefunktion bei regressiven Erwartungen

Wir können die individuellen Geldnachfragefunktionen wie folgt aggregieren, um die Nachfragefunktion des gesamten Geldmarktes zu erhalten. Wir lokalisieren das Individuum mit dem höchsten kritischen Zinssatz r_c^{max} in Abbildung 13-4. Fällt der Zinssatz unter r_c^{max} so wird diese Person ihr gesamtes liquides Vermögen, das vorher in Wertpapiere angelegt war, nunmehr in Form von Geld halten wollen. Fällt der Zinssatz weiter, so werden nach und nach die r_c-Werte weiterer Individuen unterschritten und mehr und mehr werden ihr liquides Vermögen in Geld statt in Wertpapiere anlegen. Schließlich wird r so weit fallen, daß niemand mehr liquide Mittel in Form von Wertpapieren hält und die Geldnachfrage gleich dem gesamten liquiden Vermögen ist (Σ W).

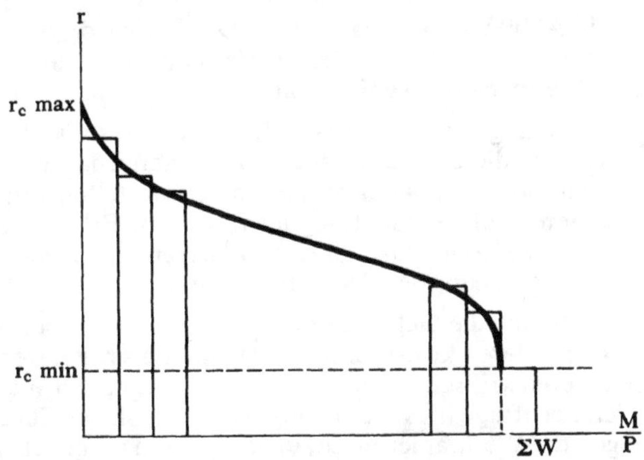

Abbildung 14-3: Aggregierte Geldnachfrage im Fall ohne Risiko.

Abbildung 14-4 gibt die Dichtefunktion der kritischen Zinssätze wieder. Die Fläche unter der Dichtefunktion ist gleich 100%. Für jedes Niveau von r_c beschreibt die Fläche unter der Kurve links von r_c den Teil der Menschen, deren r_c niedriger als das betrachtete r_c ist. Das durchschnittliche r_c ist in Abbildung 14-4 durch $\bar{r}_c$ gegeben.

Sind die r_c-Werte der Bevölkerung wie in Abbildung 14-4 verteilt, das heißt, daß nur wenige Individuen extreme r_c-Werte haben, dafür um so mehr um den Mittelwert liegen, dann wird die aggregierte Geldnachfragefunktion bei gegebenem Betrag des aggregierten liquiden Vermögens die Form der Kurve in Abbildung 14-3 haben, wobei die Enden steiler sind als der mittlere Teil.

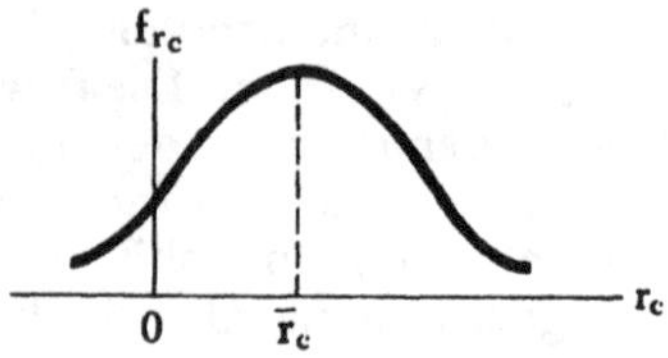

Abbildung 14-4: Dichtefunktion der kritischen Zinssätze.

Aggregiertes Vermögen und Zinssatz

Der Leser sollte bemerken, daß die tatsächliche Geldnachfragefunktion flacher als die Kurve in Abbildung 14-3 ist, da letzterer die Annahme zugrunde liegt, die Summe des liquiden Vermögens sei unabhängig von r. Tatsächlich nimmt das aggregierte Vermögen aber zu, wenn der Zinssatz sinkt, weil gemäß Gleichung (3) die Wertpapierpreise steigen. Jedesmal wenn der Zinssatz sinkt, sollten wir eine Erhöhung der Geldnachfrage beobachten, die geringfügig größer als in Abbildung 14-3 gezeigt ist, da jedes Individuum mehr „Wertpapiervermögen" hat, das es in „Geldvermögen" umwandeln kann, wenn der Zinssatz sinkt. Jede Erhöhung der Geldnachfrage beruht also auf einem Vermögenseffekt und auf einem Zinseffekt.

Dieser Punkt ist in Abbildung 14-5 dargestellt. Die Kurven d_0, d_1, und d_2 basieren jeweils auf einem bestimmten aggregierten Vermögensniveau, das entlang der waagerechten Achse abgelesen werden kann.

Bewegen wir uns entlang einer dieser Nachfragekurven, so beobachten wir den direkten Zinseffekt auf die Geldnachfrage und ignorieren den Vermögenseffekt. Sinken aber die Zinsen, so findet nicht nur eine Umverteilung liquiden Vermögens von Wertpapieren auf Geld statt, sondern auch eine Erhöhung des gesamten liquiden Vermögens. Es kommt also zu einer weiteren Expansion der Geldnachfrage durch eine Verschiebung der Nachfragekurve.

Nehmen wir an, daß sich die Geldnachfrage beim Zinssatz r_2 bei Punkt A befindet. Alle Individuen, deren kritischer Zinssatz höher als r_2 ist, werden Geld halten. Diejenigen, deren kritischer Zinssatz unter r_2 liegt, halten Wertpapiere, womit sich eine Geldnachfrage in Höhe von m_2 ergibt. Wenn der Zinssatz nun auf r_1 fällt, dann steigen die Wertpapierpreise, da ihr Wert in umgekehrter Beziehung zum Zinssatz steht, wie in Gleichung (3) zu sehen ist. Die Geldnachfrage steigt also nicht bis Punkt B auf der alten Nachfragekurve d_2, sondern bis Punkt C auf der neuen Nachfragekurve d_1.

Wir können nun erkennnen, daß die wahre Geldnachfragefunktion abhängig von den Effekten der Veränderung des Geldangebots ist. Wir wissen, daß die Geldnachfrage vom Zinssatz abhängt. Nehmen wir einmal an, es gäbe einen anfänglichen Gleichgewichtspunkt E, bei dem die Geldnachfrage gleich dem Geldangebot und der Zinssatz gleich r_0 ist. Beschließt die Regierung nun, das Geldangebot durch eine Aktion der Zentralbank auf m_1 zu verringern, so wissen wir, daß dies mit einer Erhöhung der Zinssätze einhergeht. Auf der alten Nachfragekurve d_0 würde sich der Zinssatz bei r'_1 einpendeln. Weil aber die Zinsen steigen verschiebt sich die Nachfragekurve nach d_1. Die Zinsen steigen von r_0 an und gleichzeitig verschiebt sich die Nachfrage bis ein neues Gleichgewichtszinsniveau bei r_1

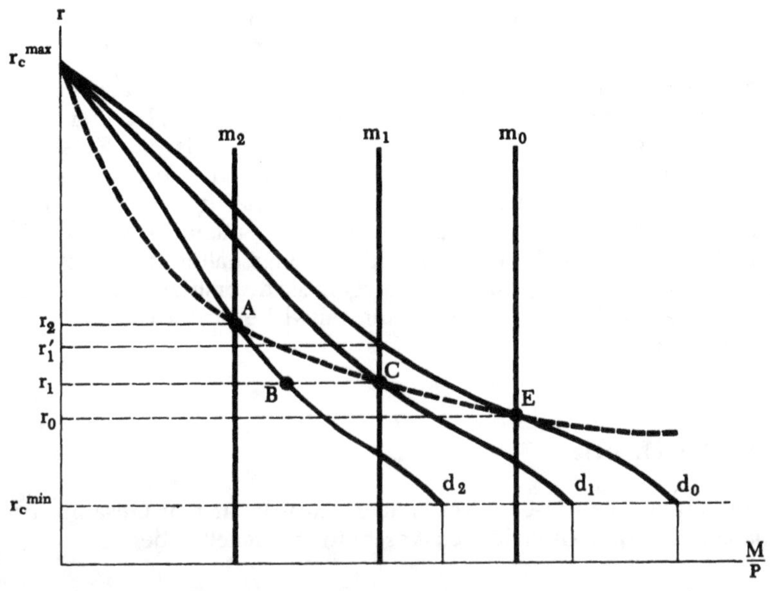

Abbildung 14-5: Der Vermögenseffekt bei der Geldnachfrage.

erreicht ist, wo Angebot und Nachfrage übereinstimmen. So erhalten wir den neuen Gleichgewichtspunkt C. Verringerte sich das Geldangebot weiter, so würde sich der gleiche Prozeß wiederholen, bis ein neues Gleichgewichtsniveau des Zinssatzes r_c in Punkt A erreicht wäre. Eine Umkehrung des Prozesses, wobei das Geldangebot von m_2 über m_1 auf m_0 ausgeweitet wird, würde die selben Gleichgewichtspunkte A, C und E ergeben. Verbinden wir alle möglichen Gleichgewichtspunkte so erhalten wir die Geldnachfragefunktion mit Zins- und Vermögenseffekt.

Abbildung 14-5 macht deutlich, daß das liquide Vermögen kontinuierlich zunimmt, wenn die Zinsen sinken, so daß es gegen unendlich geht, wenn das Zinsniveau gegen null geht. Mit anderen Worten, die Nachfragekurve wird flacher und flacher wenn r sinkt und nähert sich in unserem Modell mit statischen Erwartungen schließlich asymptotisch dem Wert r_c.

Das Modell regressiver Erwartungen beschert uns eine Geldnachfragefunktion, die fast so wie die von uns in vorangegangenen Kapiteln benutzte Funktion aussieht. Sinken die Zinssätze, so nimmt die Geldnachfrage zu, wobei die Nachfragekurve eine konvexe Gestalt hat. Das heißt, sukzessive Verringerung des Zinssatzes in gleichgroßen Abständen führt zu Erhöhungen der Geldnachfrage um immer größere Beträge.

Diese Analyse birgt allerdings zwei Probleme. Zunächst einmal sollte das Publikum seine Erwartungswerte des Zinssatzes dem tatsächlich herrschenden Zinssatz anpassen, wenn der Geldmarkt für eine ausreichend lange Periode im Gleichgewicht war. Früher oder später müßten dann alle den gleichen kritischen Zinssatz haben, so daß die aggregierte Geldnachfragefunktion mehr und mehr der flachen Kurve eines Individuums in Abbildung 14-1 ähneln würde, anstelle der Nachfragekurve mit negativer Steigung und vielen kritischen Zinssätzen in Abbildung 14-3. Diese Implikation des Modells regressiver Erwartungen, daß die

Elastizität der Geldnachfrage in bezug auf Veränderungen des Zinssatzes im Laufe der Zeit zunimmt, kann empirisch nicht unterstützt werden.

Ein weiteres Problem in Verbindung mit dem kritischen Zinssatz liegt darin, daß er im Prinzip eine unrealistische Verhaltensweise impliziert. In einer Welt mit nur zwei Anlagemöglichkeiten führt die Annahme des kritischen Zinssatzes dazu, daß ein Individuum entweder nur Geld oder nur Wertpapiere hält, aber nie eine Mischung aus beiden. Die negative Steigung der Nachfragekurve beruht darauf, daß sich die Menschen bezüglich des Wertes von r^e uneinig sind und folglich unterschiedliche r_c haben. In Wirklichkeit allerdings halten die Menschen Portefeuilles mit einer Mischung aus zwei Anlagen: sie diversifizieren. Eine Erklärung dieses Phänomens bietet die von Tobin entwickelte Portefeuille-Theorie der Geldnachfrage.

Portefeuille-Theorie

Die Portefeuille-Theorie geht von dem Ausdruck für den Gesamtertrag eines Wertpapiers aus, den wir im letzten Abschnitt entwickelt haben:

$$e = r + g. \tag{9}$$

Im letzten Abschnitt haben wir außerdem angenommen, daß der Prozentsatz der erwarteten Kursgewinne gegeben durch

$$g = \frac{r}{r^e} - 1, \tag{10}$$

von den Individuen bei Sicherheit bestimmt wird. Sie wählen r^e als eine Funktion von r ohne Berücksichtigung von Unsicherheit oder Risiko. Der wesentliche Beitrag der Portefeuille-Theorie besteht nun darin, die Berücksichtigung des Risikos explizit in die Bestimmung der Geldnachfrage mit einzubeziehen.

Die Wahrscheinlichkeitsverteilung der Kursgewinne

Anstelle eines sicheren erwarteten Kursgewinns nehmen wir nun an, ein Anleger sehe sich einem ganzen Spektrum erwarteter Kursgewinne gegenüber, die alle mit einer bestimmten Wahrscheinlichkeit eintreten können. Eine solche Wahrscheinlichkeitsverteilung erwarteter Gewinne ist in Abbildung 14-6 dargestellt. Jeder mögliche Wert eines Kursgewinns g ist mit einer bestimmten Eintrittswahrscheinlichkeit f_g verbunden. Fragen wir diesen Anleger, wie hoch die Wahrscheinlichkeit eines Kursgewinns größer als $\bar{g}$ ist, so wird er antworten, diese Wahrscheinlichkeit sei durch die Fläche unter der Wahrscheinlichkeitsverteilung zur Rechten von $\bar{g}$ gegeben. Der Anleger ist sich also bezüglich des erwarteten Wertes von g nicht sicher, hat aber eine implizite Verteilung dieser Werte um einen Mittelwert, den durchschnittlichen oder erwarteten Kursgewinn $\bar{g}$.

Sind die Wahrscheinlichkeiten der Kursgewinne normalverteilt, das heißt entsprechend der bekannten glockenförmigen Verteilung in Abbildung 14-6, dann bietet sich uns ein natürliches Maß der Unsicherheit oder des Risikos an. Dieses Maß ist durch die Standardabweichung σ_g der Wahrscheinlichkeitsverteilung der Kursgewinne gegeben. Um die Standardabweichung der erwarteten Kursgewinne zu finden, können wir zwei sich symmetrisch gegenüberliegende Punkte auf der Normalverteilung lokalisieren, die folgende Eigenschaften erfüllen: Die Fläche unter der Kurve zwischen diesen beiden Punkten muß zwei Drittel der gesamten Fläche unter der Kurve betragen. Bei gegebener Form der Normalverteilung sind diese Punkte gleich den Wendepunkten der Kurve, bei denen sie von Konkavität in Konvexität und umgekehrt übergeht. Die Standardabweichung der Wahrscheinlichkeitsverteilung σ_g entspricht dem Abstand zwischen einem der beiden Punkte und dem Mittelwert der Verteilung $\overline{g}$.

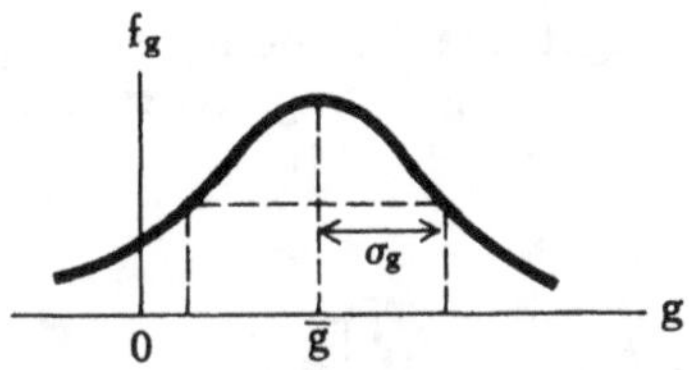

Abbildung 14-6: Wahrscheinlichkeitsverteilung erwarteter Gewinne.

Die statistische Signifikanz von σ_g liegt darin, daß der Wertpapierhalter eine Chance von 66,7% hat, einen tatsächlichen Wert von g zwischen $\overline{g} - \sigma_g$ und $\overline{g} + \sigma_g$ zu realisieren da genau zwei drittel der Fläche unter der Kurve zwischen diesen beiden Punkten liegt. Ist $\overline{g}$ also gleich 10% und σ_g gleich 2%, so wird das tatsächliche g mit einer Wahrscheinlichkeit von zwei Drittel zwischen 8% und 12% liegen.

Daß die Standardabweichung ein natürliches Maß des Risikos eines Wertpapiers ist, erkennen wir, wenn wir die zwei Wahrscheinlichkeitsverteilungen in Abbildung 14-7, die beide den gleichen Mittelwert $\overline{g}$ haben, miteinander vergleichen. Die dicht um den Mittelwert gelagerte Verteilung f_1 stellt einen Fall dar, in dem sich der Anleger relativ sicher bezüglich der Höhe des Kursgewinns ist, weshalb σ_g klein ist. Die Verteilung f_2, deren Werte weiter um den Mittelwert gestreut liegen, stellt einen Fall dar, in dem der Investor nur eine ungenaue Einschätzung der Kursgewinne hat: σ_{g1} ist also kleiner als σ_{g2}. Wenn wir Risiko mit Unsicherheit gleichsetzen, dann können wir σ_g als ein Maß des Risikos ansehen, das ein Investor trägt, wenn er liquide Anlagen in Form von Wertpapieren hält.

Anstelle eines mit Sicherheit erwarteten Ertrages e haben wir nunmehr einen erwarteten Ertragswert $\overline{e}$, wobei

$$\overline{e} = r + \overline{g} \tag{11}$$

und $\overline{g}$ das erwartete Mittel der Kursgewinne entsprechend der Wahrscheinlichkeitsverteilung in Abbildung 14-6 ist. Investiert ein Anleger B $ seines liquiden Vermögens in Wertpapiere, dann ist sein erwarteter Gesamtertrag $\overline{R}_T$ durch

$$\overline{R}_T = B \cdot \overline{e} = B \cdot (r + \overline{g}) \tag{12}$$

gegeben.

Ist die Standardabweichung des Ertrages eines Wertpapiers σ_g gleich 2% und alle Wertpapiere haben gleiche Ausstattung, dann ist die gesamte Standardabweichung der Wertpapierhaltung durch

$$\sigma_T = B \cdot \sigma_g \tag{13}$$

gegeben.

Die Wahl des optimalen Porefeuilles

Gleichungen (12) und (13) beschreiben die technische Situation in der sich ein Anleger befindet – die Budgetnebenbedingung entlang der er gegen Hinnahme höheren Risikos σ_r höhere erwartete Erträge $\overline{R}_T$ erzielen kann.

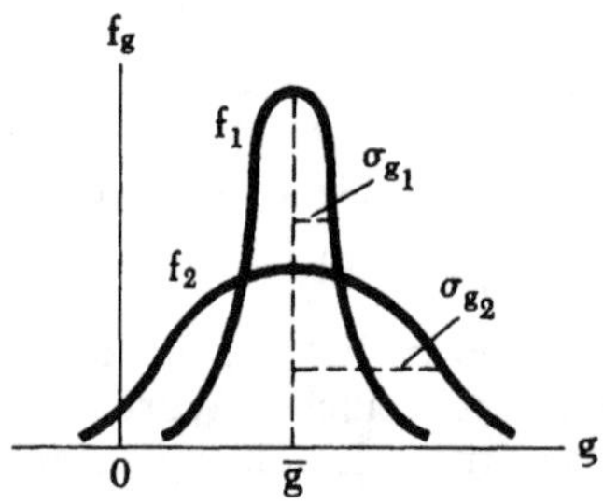

Abbildung 14-7: Unterschiedliches Risiko von Wertpapieren mit dem gleichen Erwartungswert des Ertrages.

Diese Gleichungen bilden ebenfalls die Basis einer Entscheidungsformel für die Bestimmung eines Portefeuilles mit einer bestimmten Kombination von Risiko und Ertrag entlang der Budgetnebenbedingung. Aus Gleichung (13) erhalten wir:

$$B = \frac{\sigma_T}{\sigma_g} = \frac{1}{\sigma_g}\,\sigma_T. \tag{14}$$

Mit σ_g bestimmt durch die Wahrscheinlichkeitsverteilung des Anlegers erhalten wir aus Gleichung (14) den Wertpapierbestand B, der ein bestimmtes Risikoniveau σ_T impliziert. Verwenden wir diesen Ausdruck um B in (12) zu ersetzen, so erhalten wir folgende Budgetnebenbedingung:

$$\overline{R}_T = \frac{\sigma_T}{\sigma_g}(r + \overline{g}) = \sigma_T \left(\frac{r + \overline{g}}{\sigma_g}\right). \tag{15}$$

Hier ist r der gegenwärtige, aus Sicht des Anlegers vom Wertpapiermarkt vorgegebene Wert. Die Investoren kennen die Werte $\overline{g}$ und σ_g zumindest implizit aus der Wahrscheinlichkeitsverteilung von g in Abbildung 14-6. Der Ausdruck in Klammern in (15) gibt eine bestimmte konstante Substitutionsrate von Ertrag $\overline{R}_T$

und Risiko σ_T an. Differenzieren wir (15), so erhalten wir

$$\frac{d\overline{R}_T}{d\,\sigma_T} = \frac{r + \overline{g}}{\sigma_g} \,. \tag{16}$$

Beträgt r sagen wir 5%, $\overline{g}$ = 10% und σ_g = 5%, dann wird $d\overline{R}_T/d\sigma_T$ gleich 3 sein. In diesem Fall erhält ein Investor also für eine um einen Prozentpunkt höhere Standardabweichung σ_T im Gesamtportefeuille einen um 3% höheren Erwartungswert des Gesamtertrags $\overline{R}_T$.

Die Budgetnebenbedingung eines Anlegers in Gleichung (15) ist in der oberen Hälfte der Abbildung 14-8 dargestellt. Die Standardabweichung des Gesamtportefeuilles σ_T ist auf der waagerechten Achse abgetragen. Auf der senkrechten Achse ist nach oben der Erwartungswert des Ertrags des Portefeuilles $\overline{R}_T$ abgetragen. Die gerade Linie in der oberen Hälfte des Diagramms zeigt die möglichen Kombinationen von Risiko und erwartetem Ertrag, zwischen denen der Anleger wählen kann. Die aus Gleichung (16) abgeleitete Steigung beträgt $(r + \overline{g})/\sigma_g$. Die drei Parameter in diesem Ausdruck sind spezifisch für ein Individuum, womit die Steigung der Budgetlinie ebenfalls von Individuum zu Individuum variiert. Dies schließt nicht aus, das die Budgetlinien zweier Individuen übereinstimmen, wenn ihre Wahrscheinlichkeitsverteilungen identisch sind.

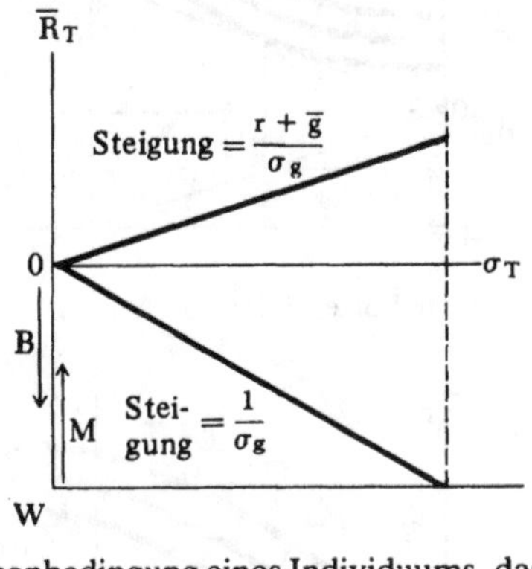

Abbildung 14-8: Budgetnebenbedingung eines Individuums, das entlang dieser Linie gegen höheres Risiko höhere erwartete Erträge erhält.

Die Länge der senkrechten Achse nach unten in Abbildung 14-8 ist durch den Betrag des liquiden Vermögens W eines Individuums gegeben. Der Abstand vom Ursprung entlang der Achse gibt den Wert der gehaltenen Wertpapiere B an. Der Abstand von W (=W − B) gibt den in Geld gehaltenen Teil des liquiden Vermögens an. Für jeden gegebenen Wert von σ_T können wir den Wert von B ermitteln, indem wir mit $1/\sigma_T$ aus Gleichung (14) multiplizieren oder einfach indem wir σ_T an der Linie mit der Steigung $1/\sigma_T$ in der unteren Hälfte der Abbildung 14-8 spiegeln. Haben wir also einmal einen optimalen Punkt für die Kombination von Risiko und Ertrag entlang der Budgetlinie im oberen Teil der Abbildung 14-8 lokalisiert, so können wir in Abhängigkeit des gewählten σ_T die gewünschte Zusammensetzung des Portfeuilles aus B und M im unteren Teil der Abbildung 14-8 bestimmen.

Um den Gleichgewichtswert von σ_T eines bestimmten Individuums zu bestimmen, müssen wir die technische Budgetnebenbedingung in Gleichung 14-8 mit den Präferenzen des Individuums in bezug auf verschiedene Kombinationen von Risiko und Ertrag konfrontieren. Diese Präferenzen werden durch Nutzenindifferenzkurven wiedergegeben, die denen bei der Analyse des Konsum- und Investitionsverhaltens entsprechen. Die Form dieser Kurven hängt von der Natur der Präferenzen des Anlegers bezüglich verschiedener Kombinationen von Risiko und Ertrag ab.

Tobin unterscheidet drei Typen von Anlegern. Wir repräsentieren die Nutzenindifferenzkurven dieser drei Typen in den Abbildungen 14-9 bis 14-12. Die ersten drei Abbildungen stellen Präferenzkurven des risikoaversiven Typs dar. In diesen Fällen haben die Indifferenzkurven positive Steigung, was bedeutet, daß der betrachtete Anleger höhere erwartete Erträge verlangt wenn er höheres Risiko in Kauf nehmen soll. Die Indifferenzkurven in Abbildung 14-12 beschreiben den risikofreudigen Anlegertyp. Die Steigung der Indifferenzkurven ist negativ, was bedeutet, das dieser Anlegertyp willens ist, höheres Risiko auch für niedrigere erwartete Erträge in Kauf zu nehmen.

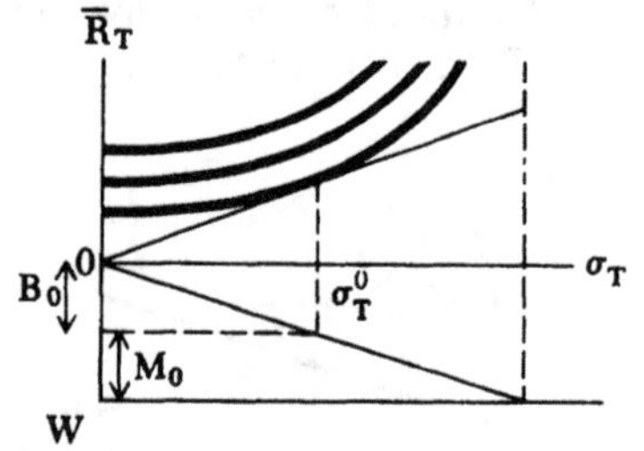

Abbildung 14-9: Das diversifizierte Portefeuille.

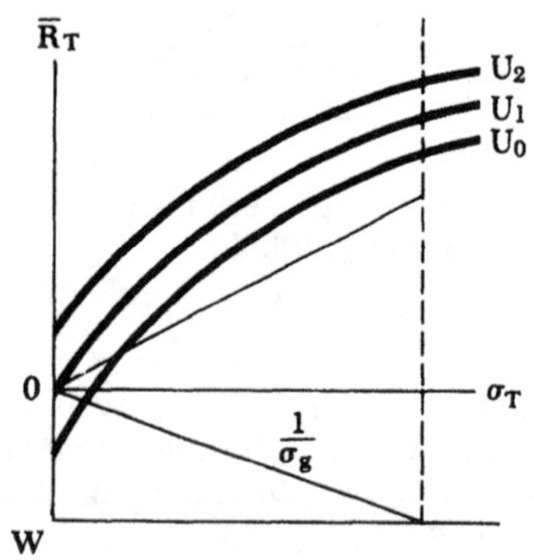

Abbildung 14-10: Nichtdiversifiziertes Portefeuille: Das gesamte liquide Vermögen ist in M angelegt.

Die in Abbildung 14-9 dargestellten Indifferenzkurven beschreiben eine Unterklasse risikoaversiver Anleger, die dadurch gekennzeichnet ist, daß die Anleger ihre Portefeuilles diversifizieren. Nimmt das Risiko zu, so verlangen diese Anleger zunehmend steigende Erträge, so daß die Indifferenzkurven konvex zur Budgetlinie sind. Wie bei dieser Art der Analyse üblich wird der Anleger natürlich versuchen, auf die höchst mögliche Indifferenzkurve zu gelangen, die gerade noch die Nebenbedingung der Budgetlinie erfüllt.

Der erwartete Ertrag und das Risiko des Portefeuilles $\overline{R}_T$, σ_T werden durch den Tangentialpunkt der Budgetlinie mit der höchstmöglichen Indifferenzkurve gegeben. Weil die Form der Indifferenzkurven konvex ist, werden wir im Falle des Diversifizierers wahrscheinlich eine Lösung erhalten, bei der Wertpapiere B_0 und Geld M_0 nebeneinander gehalten werden. Nur ein Teil des liquiden Vermögens dieses Anlegers wird in Form von Wertpapieren gehalten werden. Aus diesem Grund bezeichnet man diesen Fall auch als Diversifikation. Die Portefeuille-Theorie kann im Falle des risikoaversiven Anlegers eine Situation erzeugen, in der sowohl Geld als auch Wertpapiere gehalten werden, bei der sich also nicht mehr die unrealistische „Alles oder Nichts-Lösung" des Modells mit regressiven Erwartungen ergibt.

Abbildungen 14-10 und 14-11 repräsentieren eine weitere Unterklasse der Indifferenzkurven risikoaversiver Anleger. Dieser Anlegertyp wird entweder sein gesamtes liquides Vermögen in Wertpapiere anlegen oder in Geld. Sind die Indifferenzkurven, wie in Abbildung 14-10, steil im Verhältnis zur Budgetlinie, so wird

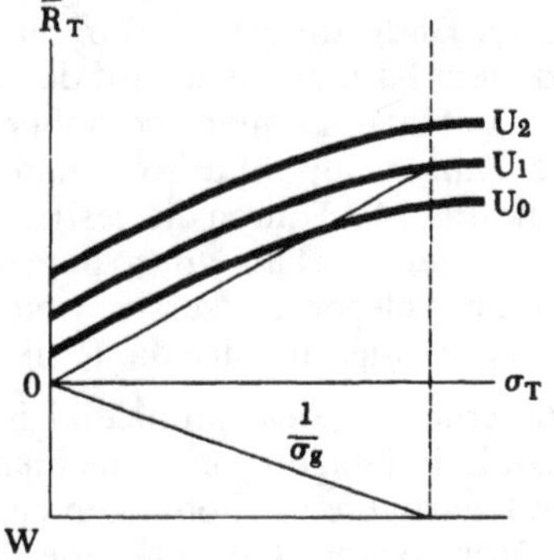

Abbildung 14-11: Nichtdiversifiziertes Portefeuille: Das gesamte liquide Vermögen ist in B angelegt.

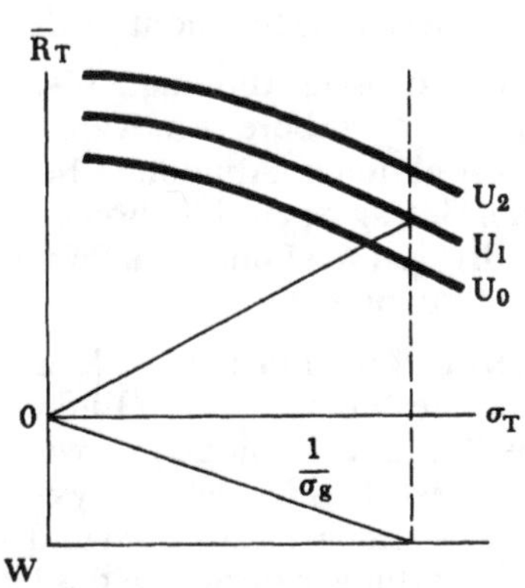

Abbildung 14-12: Portefeuille eines risikofreudigen Anlegers.

er sein liquides Vermögen in Form von Geld halten. Sind die Indifferenzkurven dagegen flach, wie in Abbildung 14-11, so wird er nur Wertpapiere halten. Dieses Verhalten stimmt zwar mit dem im vorangegangen Abschnitt beschriebenen Modell regressiver Erwartungen überein, widerspricht aber dem in der Realität beobachteten Verhalten von Investoren. Schließlich zeigt Abbildung 14-12 den risikofreudigen Anlegertyp, der versucht, sein Risiko zu maximieren und deshalb sein gesamtes liquides Vermögen in Form von Wertpapieren hält.

Empirisch beobachten wir, daß die Welt durch Diversifikation gekennzeichnet ist. Wir können also abschließend feststellen, daß wir es im Portefeuille-Modell meistens mit risikoaversiven, diversifizierenden Anlegern zu tun haben. Folglich bildet die in Abbildung 14-9 beschriebene Situation die Basis für die Portefeuille-Analyse der Geldnachfrage.

Aggregierte Geldnachfrage in der Portefeuille-Theorie

Wir können nun eine Geldnachfragefunktion herleiten, indem wir den Zinssatz in Abbildung 14-9 variieren und die Veränderungen der Zusammensetzung des liquiden Vermögens aus Geld und Wertpapieren untersuchen. Was geschieht in diesem Modell, wenn der Zinssatz steigt? Das Ergebnis ist in Abbildung 14-13 dargestellt. Die Steigung der Budgetlinie $(r + \bar{g})/\sigma_g$ nimmt zu, wenn r von r_0 über r_1 auf r_2 steigt. Bei gegebenem Risikoniveau wird der Ertrag zunehmen, wenn r steigt. Die Budgetlinie tangiert dann höher und höher gelegene Indifferenzkurven. Verbinden wir diese Tangentialpunkte so erhalten wir die optimale Portefeuille-Kurve, die in Abbildung 14-13 durch die gestrichelte Kurve dargestellt ist. Steigt r von einem sehr niedrigen Wert aus an, so liegen die Tangentialpunkte im Falle eines diversifizierenden Anlegers sukzessive weiter rechts und weiter oben, womit sowohl die erwarteten Erträge als auch das Risiko steigen.

Die zunehmend geringere Erhöhung des optimalen Risikos von σ_T^0 über σ_T^1 auf σ_T^2 in Abbildung 14-13, die auf Erhöhungen von r um einen konstanten Betrag beruhen, führen zu zunehmend geringeren Erhöhungen des in Form von Wertpapieren angelegten liquiden Vermögens. Dies erkennen wir in Abbildung 14-13, wenn wir die Zunahme von B_0 über B_1 auf B_2 betrachten. Nimmt r jeweils um einen konstanten Betrag zu, so steigt B um zunehmend geringere Beträge. Da $B + M = W$ und W konstant ist, muß die Geldnachfrage um zunehmend geringere Beträge abnehmen, wenn r wie beschrieben erhöht wird.

Die Beziehung zwischen M und r ist in Abbildung 14-14 dargestellt. Wir erkennen die Geldnachfragefunktion, die wir bereits in Kapitel 4 hergeleitet haben. Entlang dieser Geldnachfragefunktion in Abbildung 14-14 führt eine Verringerung von r um einen bestimmten Betrag Δr zu einer höheren Geldnachfrage, wenn das Ausgangsniveau von r niedrig ist (von Punkt 2 zu Punkt 3) als wenn das Ausgangsniveau hoch ist (von Punkt 0 zu Punkt 1).

Wir haben die Geldnachfragefunktion in Abbildung 14-14 als eine Funktion $m(y_0)$ in Abhängigkeit eines bestimmten realen Einkommensniveaus gezeichnet. Dies ist der Fall, weil das Portefeuille-Modell im wesentlichen eine Theorie der spekulativen Geldnachfrage ist. Das Modell analysiert die Allokation eines bestimmten Betrages liquiden Vermögens auf Geld und Wertpapiere in Abhängigkeit von Zinssätzen und Erwartungen bezüglich des Ertrags und des Risikos von Kursgewinnen. Das Modell bezieht sich in keiner Weise auf die Transaktions-

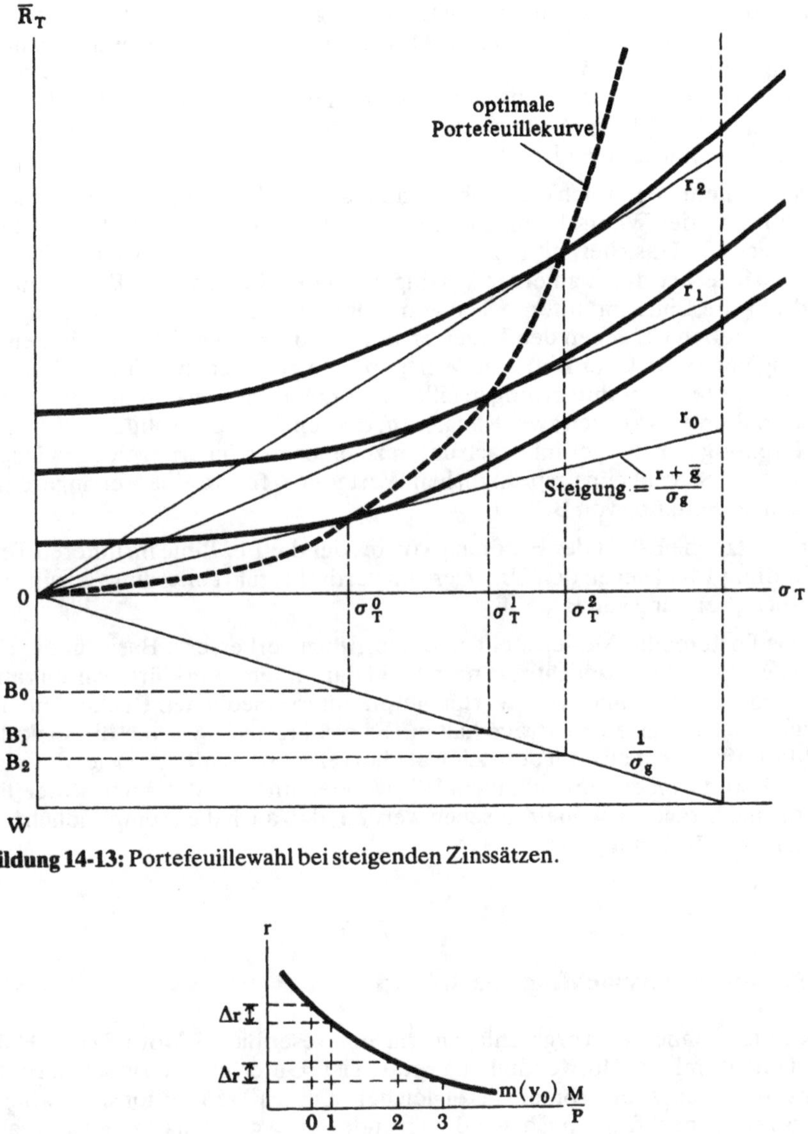

Abbildung 14-13: Portefeuillewahl bei steigenden Zinssätzen.

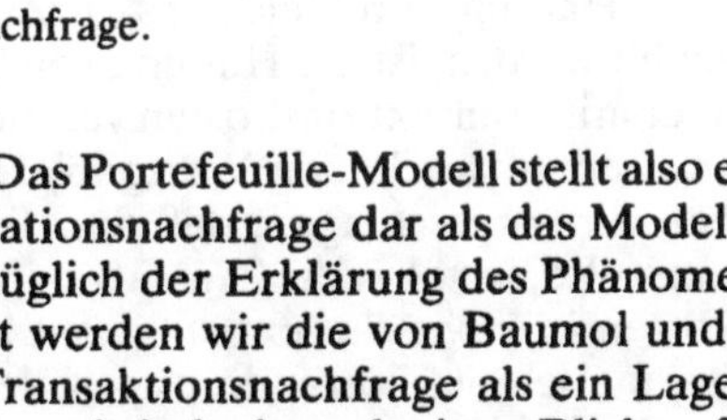

Abbildung 14-14: Geldnachfrage.

nachfrage nach Geld. Das Portefeuille-Modell stellt also eine zufriedenstellendere Theorie der Spekulationsnachfrage dar als das Modell regressiver Erwartungen, insbesondere bezüglich der Erklärung des Phänomens der Diversifikation. Im nächsten Abschnitt werden wir die von Baumol und Tobin entwickelte Betrachtungsweise der Transaktionsnachfrage als ein Lagerhaltungsproblem vorstellen. Zunächst wollen wir jedoch noch einen Blick auf die Auswirkungen von Veränderungen der erwarteten Kursgewinne $\overline{g}$ und des geschätzten Risikos σ_g auf die Aussagen des Portefeuille-Modells werfen.

Eine Erhöhung der erwarteten Kursgewinne $\bar{g}$ wird den gleichen Effekt haben, wie eine Erhöhung der Zinssätze. Die Steigung der Budgetlinie nimmt zu und der Betrag liquiden Vermögens der in Wertpapiere angelegt ist nimmt zu, wobei die Geldnachfrage bei jedem Zinsniveau r sinkt. Hierdurch wird die Geldnachfragefunktion in Abbildung 14-13 nach links verschoben, wo die Geldnachfrage bei jedem Zinsniveau geringer ist als vorher.

Was geschieht, wenn sich die Einschätzung des Risikos ändert? Die Standardabweichung σ_g der Wahrscheinlichkeitsverteilung in Abbildung 14-6 wird steigen, wenn sich die Unsicherheit bezüglich der Kursgewinne erhöht. Diese Zunahme der Unsicherheit führt zu einer Verringerung der Steigung der Budgetlinie und verdreht die Linie im unteren Teil von Abbildung 14-13, deren Steigung durch $-1/\sigma_g$ gegeben ist, gegen den Urzeigersinn. Da $\sigma_T = B \cdot \sigma_g$ ist, bedeutet eine Erhöhung von σ_g, daß der Betrag in Wertpapieren gehaltenen liquiden Vermögens bei konstantem Gesamtvermögen fällt. Eine Zunahme von σ_g reduziert die Wertpapierhaltung also durch zwei Kanäle. Im oberen Teil von Abbildung 14-13 führt die Drehung der Budgetlinie nach unten zu einer Verringerung des gewünschten Risikos σ_T. Selbst beim ursprünglichen Wert von σ_g führte eine Verringerung von σ_T zu einer Senkung von B.

Der zusätzliche Effekt der Erhöhung von σ_g, der die $1/\sigma_g$ Linie im unteren Teil der Abbildung 14-13 gegen den Urzeigersinn verdreht, führt allerdings zu einer noch stärkeren Senkung von B.

Tobins Portefeuille-Modell stellt eine wesentlich verbesserte Basis für die Erklärung der Spekulationsnachfrage nach Geld dar, indem es erklärt, warum rationale Anleger Portefeuilles von Wertpapieren unterschiedlichen Risikos und unterschiedlicher erwarteter Erträge halten. Es erklärt auch, warum die spekulative Geldnachfrage negativ mit dem Zinssatz korreliert sein sollte, so wie wir es in Kapitel 4 bereits angenommen haben. Wir wenden uns nun der Analyse der Transaktionsnachfrage zu, wobei wir sehen werden, daß auch diese empfindlich bezüglich Zinssatzänderungen ist.

Die Transaktionsnachfrage nach Geld

In Kapitel 4 haben wir vorgeschlagen, daß ein wesentliches Motiv für die Haltung von Geld durch die Notwendigkeit gegeben ist, Unterschiede zwischen Einkommens- und Ausgabenströmen auszugleichen. Dieses Transaktionsmotiv liegt der Transaktionsnachfrage nach Geld zugrunde, die vom Einkommensniveau abhängt. Die Alternative zur Haltung von Geld, das als Zahlungsmittel dient und auf das keine Zinsen gezahlt werden, ist die Haltung von Wertpapieren, die zwar Zinsen bringen, dafür aber mit Transaktionskosten verbunden sind. Diese Transaktionskosten entstehen, wenn man Geld in Wertpapiere umtauscht und umgekehrt. In Kapitel 4 haben wir vorgeschlagen, daß das Niveau der Transaktionskasse um so niedriger sein sollte, je höher die Zinssätze sind. Die Geldhaltung impliziert Opportunitätskosten in Höhe der entgangenen Zinseinkünfte, weshalb die Transaktionsnachfrage auch auf Veränderungen des Zinssatzes reagieren sollte. Wir wollen diesen Punkt hier etwas genauer ins Auge fassen und verwenden dazu das ursprünglich parallel von William Baumol und James Tobin entwikkelte Modell der zinselastischen Transaktionsnachfrage.

Nehmen wir an, ein Individuum erhalte monatlich Lohn und gibt einen Gesamtbetrag realen Einkommens y gleichmäßig über den Monat verteilt aus. Diese Person kann zwischen der Haltung von Transaktionskasse in From von Geld oder von Wertpapieren entscheiden. Wertpapiere bringen einen Zinsertrag gemäß einem konstanten Zinssatz r, wenn sie für mindestens einen Monat gehalten werden und entsprechend weniger, wenn sie für einen kürzeren Zeitraum gehalten werden. Der Umtausch von Wertpapieren in Geld ist mit Transaktionskosten verbunden, die die Person davon abhalten, ständig Wertpapiere gegen Geld einzutauschen, wenn Käufe getätigt werden. Zu Beginn wird sie also den Großteil ihres Gehalts in Wertpapiere umtauschen oder (realistischer) auf ein Zinsen bringendes Konto einzahlen. Dann wird sie periodisch einen bestimmten Betrag Wertpapiere in Geld umtauschen oder entsprechend einen bestimmten Betrag vom zinstragenden Konto abheben, um in der Folge, wenn die Käufe getätigt werden, den erhaltenden Bargeldstock aufzubrauchen. Dies geschieht so lange, bis es wieder Zeit wird, Wertpapiere in Geld umzutauschen. Je mehr Transaktionen von Wertpapieren in Geld diese Person vornimmt, desto länger wird die durchschnittliche Wertpapierhaltungsdauer sein und um so höher werden die Zinseinnahmen sein. Da Transaktionen aber Geld kosten, erhöht die Anzahl der Transaktionen die Kosten. Die Anzahl der Transaktionen, die eine Person vornimmt, wird also von einem trade-off zwischen Zinseinnahmen aus Wertpapierhaltung und Transaktionskosten bestimmt. Die durchschnittliche Geldhaltung des Individuums, oder auch Nachfrage nach Realkasse, wird von der Anzahl der gemachten Transaktionen abhängen. Die aggregierte Geldnachfrage wird die Nachfrage dieses Individuums wiederspiegeln. Im folgenden werden wir ein grundlegendes Modell dieses Kostenminimierungsproblems darstellen und darauf basierend eine zinselastische Transaktionsnachfrage nach Realkasse ableiten.

Die optimale Anzahl von Transaktionen

Ein Konsument antizipiert Ausgaben in Höhe des realen Einkommens y, die im Verlauf eines Monats T (sagen wir 30 Tage) getätigt werden, als einen gleichmäßigen Strom von Käufen. Nehmen wir an, es fänden n Transaktionen statt. Die erste wird der Kauf von Wertpapieren in Höhe von $(n - 1)/n$ Prozent des Einkommens y oder die Einzahlung von $(n - 1)/n$ Prozent des Einkommens auf ein zinstragendes Konto sein, womit $1/n$ Prozent des Einkommens y zum Ausgeben für den ersten Teil des Monats übrig bleiben. Bei den restlichen $(n - 1)$ Transaktionen wird jeweils y/n in Geld umgetauscht. Dieses Vorgehen teilt den Monat also in T/n Teilperioden auf, wobei der Konsument zu Beginn jeder Periode über einen Betrag von y/n in Form von Bargeld verfügt und am Ende, wenn alles Geld aufgebraucht ist, wieder zum Makler oder zur Bank eilt, um aufs neue y/n in Geld umzutauschen.

Der Cash flow eines repräsentativen Konsumenten i entspricht dem Sägezahnmuster in Abbildung 14-15, bei der die Zeit auf der waagerechten Achse abgetragen ist und die Geldhaltung auf der senkrechten Achse. Wir wollen als konkretes Beispiel die Anzahl von fünf Umtauschaktionen von Wertpapieren in Geld annehmen, die nach dem ursprünglichen Umtausch von 5/6 des Einkommens in Wertpapiere stattfinden. Periode T ist also in sechs Teilperioden aufgeteilt. Zu Beginn jeder Teilperiode hält der Konsument y/n an Realkasse und null gegen

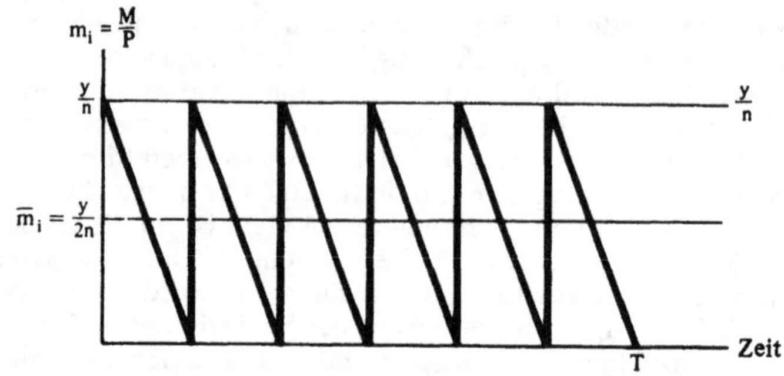

Abbildung 14-15: Geldhaltung im Transaktionsmodell.

Ende. Die durchschnittliche Geldhaltung in diesem Sägezahnmuster entspricht offensichtlich $\overline{m}_i = y/2n$. Das entsprechende Muster der Wertpapierhaltung ist in Abbildung 14-16 dargestellt. Ursprünglich hält der Konsument $[(n - 1)/n] \cdot y$ an Wertpapieren und tauscht in jeder Teilperiode y/n dieser Wertpapiere in Geld um, womit er am Ende der letzten Periode keine Wertpapiere mehr hält. In diesem Beispiel hier ist $(n - 1)/n$ gleich 5/6.

Das Problem des Konsumenten ist nun, die optimale Anzahl von Transaktionen zu kalkulieren. Um nach dem optimalen n aufzulösen, schreiben wir die Kosten der Geldhaltung (Transaktionskosten und Kosten in Form entgangener Zinsen) als eine Funktion der Anzahl von Transaktionen n und kalkulieren dann den kostenminimierenden Wert von n.

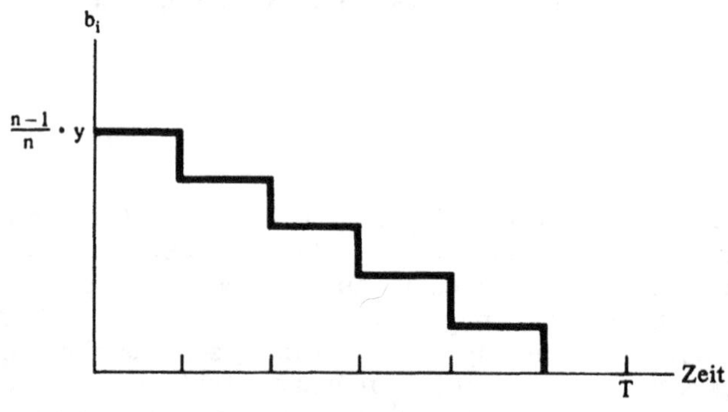

Abbildung 14-16: Wertpapierhaltung im Transaktionsmodell.

Der Einfachheit halber nehmen wir an, jede Transaktion verursache Fixkosten in Höhe von a, so daß also die Transaktionskosten durch $n \cdot a$ gegeben sind.

Die Berechnung der Opportunitätskosten der entgangenen Zinseinnahmen ist etwas komplizierter. Wir nehmen an, die Zinszahlungen seien proportional zur Länge der Wertpapierhaltung. Das aufgrund der Geldhaltung entgangene Zinseinkommen kann also wie folgt berechnet werden. Zu Anfang tauscht der Konsument $[(n - 1)/n] \cdot y$ in Wertpapiere um und behält folglich y/n in Geld. Die aufgrund dieser Geldhaltung entgangenen Zinseinnahmen betragen r für die gesamte Länge der Periode T oder auch rTy/n. Nach einer Teilperiode wird wider y/n in Geld umgetauscht. Diese Umwandlung von Wertpapieren in Geld verursacht entgangene Zinseinnahmen für (n − 1)/n Prozent von T. Dies bedeutet einen Verlust von rTy(n − 1)/n. Die nächste Umwandlung bringt einen Verlust von rTy(n − 2)/n mit sich und so weiter. Die gesamten entgangenen Zinseinnahmen sind also durch

$$\text{Zinskosten} = \frac{rTy}{n} + \frac{rTy(n-1)}{n} + \frac{rTy(n-2)}{n} + \cdots$$

$$= \frac{rTy}{n}\left[1 + \frac{n-1}{n} + \frac{n-2}{n} + \cdots + \frac{1}{n}\right] \tag{17}$$

gegeben. Der letzte Term in dem Ausdruck in Klammern ist [n − (n − 1)]/n = 1/n.

Das Problem besteht nun darin, den Wert zu finden, gegen den der Klammerausdruck in Gleichung (17) konvergiert. Um dies zu tun, klammern wir 1/n aus und erhalten

$$\text{Zinskosten} = \frac{rTy}{n^2}\,[n + (n-1) + (n-2) + \cdots + 1].$$

Der Ausdruck in Klammern enthält nun die Summe aller Zahlen von 1 bis n, die durch n(n + 1)/2 gegeben ist. Der vollständige Ausdruck für die Zinskosten in Abhängigkeit von der Anzahl n der Tansaktionen einschließlich der anfänglichen Umwandlung von Geld in Wertpapiere ist durch

$$\text{Zinskosten} = \frac{rTy}{n^2} \cdot \frac{n(n+1)}{2} = \frac{rTy}{2}\left(1 + \frac{1}{n}\right) \tag{18}$$

gegeben.

Wir könenn nun die Opportunitätskosten entgangener Zinseinnahmen und die Tansaktionskosten zu den Gesamtkosten TC zusammenaddieren und erhalten:

$$TC = na + \frac{rTy}{2}\left(1 + \frac{1}{n}\right). \tag{19}$$

Um nach dem kostenminimierenden Wert von n aufzulösen, setzen wir die partielle Ableitung der Gesamtkosten gleich null:

$$\frac{\partial TC}{\partial n} = a - \frac{rTy}{2n^2} = 0.$$

Wir lösen nach n auf und erhalten

$$n = \left(\frac{rTy}{2a}\right)^{1/2}. \tag{20}$$

Die optimale Anzahl von Transaktionen ist durch die Wurzel des Ausdrucks rTy/2a gegeben. Sie nimmt mit r, T und y zu und nimmt mit einer Erhöhung der Transaktionskosten ab.

Individuelle und aggregierte Geldnachfrage

Jetzt, wo wir eine Lösung für die optimale Anzahl von Transaktionen n haben, können wir nach der durchschnittlichen Geldnachfrage $\overline{m}_i$ des individuellen Konsumenten auflösen. Aus Abbilduing 14-15 wissen wir, daß $\overline{m}_i = y/2n$ ist. Wir verwenden Gleichung (20) und erhalten die Geldnachfrage des Individuums i

$$\overline{m}_i = \frac{y}{2}\left(\frac{2a}{rTy}\right)^{1/2} = \left(\frac{ay}{2rT}\right)^{1/2}. \tag{21}$$

Die Nachfrage des Konsumenten nach Realkasse ist durch die Wurzel des Ausdrucks ay/2rT gegeben und ist als die Quadratwurzelregel nach Baumol und Tobin bekannt. Die Transaktionsnachfrage nimmt mit der Quadratwurzel von y zu und sinkt mit der Quadratwurzel von r. Um nun die aggregierte Geldnachfrage herzuleiten, stellen wir zunächst fest, daß jedem repräsentativen Konsumenten i, dessen Geldnachfrage durch Gleichung (21) gegeben ist, jemand auf der anderen Marktseite gegenüberstehen muß. Nehmen wir zum Beispiel an, daß Konsument i Güter von einer repräsentativen Unternehmung kauft, die in periodischen Abständen ihre Geldbestände gegen Wertpapiere eintauscht. Das Muster der Wertpapier- und Geldhaltung dieser Unternehmung wäre dann das Spiegelbild der in den Abbildungen 14-15 und 14-16 dargestellten Konsumentenseite. Wir erkennen, daß daß die Geldhaltung der Unternehmung einem Sägezahnmuster folgt, das genau komplementär zu dem des Konsumenten in Abbildung 14-15 ist. Dies bedeutet, daß die durchschnittliche Geldhaltung der Unternehmung auch durch die Quadratwurzelregel in Gleichung (21) gegeben ist.

Die aggregierte Geldnachfrage in unserem Transaktionsmodell wird durch die Nachfrage aller Individuen und die Nachfrage aller Unternehmen auf der anderen Marktseite gegeben. Dies beeutet, daß wir $\overline{m}_i$ in Gleichung (21) verdoppeln müssen, um die aggregierte Nachfrage nach Realkasse m zu bestimmen:

$$\frac{M}{P} = m = 2\left(\frac{ay}{2rT}\right)^{1/2} = \left(\frac{2ay}{rT}\right)^{1/2}. \tag{22}$$

Die aggregierte Nachfrage wird ebenfalls durch die Quadratwurzelregel nach Baumol und Tobin bestimmt. Die Elastizität der Nachfrage nach Realkasse in bezug auf das Einkommen beträgt 0,5, die Nachfrageelastizität in bezug auf den Zinssatz beträgt − 0,5. Diese Zahlen stimmen nicht mit den empirischen Ergebnissen am Ende dieses Kapitels überein. Die Tansaktionskosten finden durch den Parameter a in Gleichung (22) Eingang in die Nachfrage.

Zusammenfassend können wir sagen, daß eine Erhöhung des Zinssatzes die Transaktionsnachfrage nach Realkasse bei gegebenem Niveau des Einkommensstroms gemäß der Elastizität − 0,5 verringern sollte. Wir erhalten also im wesentlichen wieder die Geldnachfragefunktion aus Kapitel 4:

$$\frac{M}{P} = M(r, y); \qquad \frac{\partial m}{\partial r} < 0, \qquad \frac{\partial m}{\partial y} > 0. \tag{23}$$

Die Transaktionsnachfrage nach Geld sollte auf eine Veränderung des Zinssatzes mit einer Veränderung der Anzahl von Umtauschaktionen von Wertpapieren in

Geld reagieren. Folglich ist die Geldnachfrage zinsempfindlich, selbst wenn es sich nur um Transaktionsnachfrage handelt. Jede spekulative Komponente wird zu dieser Empfindlichkeit beitragen. Wir benötigen aber nicht unbedingt den Erklärungssatz der Spekulationsnachfrage, um die Zinsreagibilität der Geldnachfrage zu erklären. Man könnte sogar so weit gehen zu sagen, daß die Trennung der Geldhaltung in Transaktionskasse und Spekulationskasse im wesentlichen aus analytischen Gründen vorgenommen wird.

Vorsichtsnachfrage bei einem stochastischen Ansatz

Die Transaktionsnachfrage nach Geld wird dann bestehen, wenn Einkommens- und Ausgabenströme nicht vollständig miteinander übereinstimmen, ob sie deterministisch sind oder nicht. Die Vorsichtsnachfrage stellt eine einfache Erweiterung dieses Konzepts durch einen stochastischen Ansatz dar, wobei der Überschuß des gegenwärtigen Einkommens über die Ausgaben vom Zufall bestimmt wird. Zu jedem Zeitpunkt kann eine Diskrepanz zwischen Einkommen und Ausgaben bestehen. Zum Beispiel könnte das Einkommen eines Arbeitnehmers steigen, weil er das Angebot hat, Überstunden zu machen. Es könnte auch plötzlich fallen, wenn sich die Firma entschließt den Arbeitnehmer auf Kurzarbeit zu setzen. Was die Ausgaben anbelangt, so ist es denkbar, daß ein potentieller Käufer ein nur beschränkte Zeit gültiges besonderes Angebot bekommt oder aber ein beschlossener Kauf nicht stattfinden kann, weil das gewünschte Gut nicht mehr auf Lager ist.

Im Durchschnitt dürfen die Ausgaben das Einkommen nicht übersteigen. Das Dilemma dieses Individuums ist, daß es auf der einen Seite teuer sein kann, wenn nicht genug Ressourcen vorhanden sind, um einen plötzlichen Kauf zu tätigen, die Geldhaltung aber auch ihren Preis hat. So könnten zum Beispiel zusätzliche Transaktionskosten entstehen, wenn Wertpapiere außerplanmäßig in Geld umgetauscht werden müssen oder das Individuum muß einen Nutzenverlust hinnehmen, wenn es nicht sofort für etwas bezahlen kann (zum Beispiel die peinliche Situation, wenn die zum Abendessen eingeladene Dame des Herzens das Teuerste auf der Karte auswählt und man nicht genug „Kleingeld“ dabei hat). Dieses Problem läßt sich allerdings vermindern, wenn man, sozusagen als hausgemachte Versicherung, immer eine bestimmte Reserve Geldes mit sich führt. Je höher die Kosten der Zahlungsunfähigkeit in einer Situation oder je höher die Wahrscheinlichkeit ist, daß man sich in einer solchen Situation befindet, desto mehr Geld wird man zusätzlich halten. Würde die Variabilität des Nettoüberschusses mit dem Einkommen steigen, dann nähme auch die Geldhaltung mit dem Einkommen zu.

Geld bringt aber keine Zinsen, so daß also Liquidität zu Opportunitätskosten erkauft wird, die proportional zur Höhe des gehaltenen Geldbetrags und des Zinssatzes sind. Als Resultat des trade-offs zwischen erwarteten Verlusten aufgrund mangelnder Liquidität und entgangenen Zinsen erhalten wir die Geldnachfragefunktion des Transaktionsmodells.

Wir wenden uns nun einer anderen Betrachtungsweise der Geldnachfrage zu: Friedmans Sichtweise des Geldes als Konsum- und als Produktionsgut. Dieser Ansatz führt uns noch einmal zurück zur ursprünglichen Gleichung der Geldnachfrage in (23).

Geld als Konsum- und als Produktionsgut

Die im wesentlichen auf Keynes und Tobin zurückgehenden Modelle der Geldnachfrage, die wir bis jetzt diskutiert haben, machen einen wichtigen Unterschied zwischen Transaktions- und Spekulationsnachfrage nach Geld. Friedman dagegen entwickelt seine Geldnachfragefunktion im Rahmen der traditionellen, mikroökonomischen Theorie des Haushalts und der Unternehmung. Konsumenten halten Geld, weil sie einen Nutzen aus der Geldhaltung ziehen, nämlich den, ein Zahlungsmittel mit sich zu führen und nicht wegen jeder Kleinigkeit zu ihrem Wertpapiermakler fahren zu müssen, um Wertpapiere in Geld umzutauschen. Ihre Nachfrage nach Geld ist eine Nachfrage nach Realkasse, ebenso wie ihre Nachfrage nach Gütern auch eine Nachfrage nach realen Konsumgütern ist und nicht nach deren nominalem Wert (keine Geldillusion). Diese Nachfrage nach Realkasse sollte vom Niveau des realen Einkommens abhängen. Sie sollte ebenfalls von den Erträgen der Haltung anderer Anlagemöglichkeiten abhängen, ganz so wie die Nachfrage nach einer bestimmten Fruchtsorte von den Preisen anderer Fruchtsorten abhängt. Solche anderen Anlagen können Wertpapiere sein oder aber auch dauerhafte Konsumgüter.

Produzenten halten Geld als produktives Anlagegut, das Unterschiede zwischen ihren Einzahlungs- und Auszahlungsströmen ausgleicht. Genauso wie ihre Nachfrage nach Realkapital vom Niveau des realen Outputs abhängt und von den relativen Preisen des Kapitals, wie wir in Kapitel 13 gezeigt haben, sollte ihre Nachfrage nach Realkasse vom realen Output (oder Einkommen) und von den relativen Erträgen anderer Vermögensanlagen abhängen.

Diese Betrachtungsweise beschert uns eine Funktion der Nachfrage nach Realkasse der folgenden Form:

$$\frac{M}{P} = m = m(y, r_1, \ldots, r_j, \ldots, r_J), \tag{24}$$

wobei $r_1, \ldots, r_J$ die Ertragsraten alternativer Vermögensanlagen sind. Weist das Verhältnis zwischen der Nachfrage nach Realkasse und dem realen Einkommen nur einen relativ geringen Trend auf und hängt dieses Verhältnis zu jedem Zeitpunkt von den Erträgen alternativer Anlagemöglichkeiten ab, so erhalten wir Friedmans quantitätstheoretische Version der Gleichung (24):

$$\frac{M}{P} = k(r_1, \ldots, r_J) \cdot y \tag{25a}$$

oder

$$\frac{m}{y} = k(r_1, \ldots, r_J). \tag{25b}$$

Wie wir in Kürze sehen werden, ist es durchaus möglich, daß die Elastizität von m in bezug auf y bei dem Wert 1 liegt, so daß also das Verhältnis zwischen m und y entlang dem Trend einigermaßen konstant ist und (25) eine gute Approximation von (24) darstellt.

Um die Nachfragefunktion zu spezifizieren, bestimmen wir die Ertragsraten für Wertpapiere und dauerhafte Konsumgüter stellvertretend für die vollständige Liste der alternativen Anlagemöglichkeiten, die relevante Substitute für Geld darstellen.

Wie wir bereits ausführlich in diesem Kapitel gezeigt haben, sinkt die Geldnachfrage, wenn die Rendite der Wertpapiere steigt. Anstatt zwischen Transaktionsnachfrage und Spekulationsnachfrage zu unterscheiden, können wir einfach feststellen, daß, wenn der erwartete Gesamtertrag der Wertpapiere steigt, auch die Nachfrage nach Wertpapieren steigen und folglich die Nachfrage nach Geld sinken sollte. Mit Gleichung (5) haben wir einen Ausdruck für den erwarteten Ertrag eines Wertpapiers entwickelt:

$$e = r + \frac{r}{r^e} - 1.$$

Da Wertpapiere relevante Substitute für Geld darstellen, sollten wir r und r^e als Argumente in die Geldnachfragefunktion (25) einfügen. Nehmen wir zusätzlich an, daß $r^e = f(r)$ ist, so können wir diesen Ausdruck der Abhängigkeit der Geldnachfrage von der Ertragsrate der Wertpapiere noch weiter kondensieren und einfach r in (25) einfügen.

Auswirkungen der Inflationsrate

Dauerhafte Konsumgüter (der Produzenten oder Konsumenten) stellen ebenfalls alternative Anlagemöglichkeiten dar. In Kapitel 13 haben wir gesehen, daß der reale Zinssatz $(r - \dot{P})$ ein Bestimmungsfaktor der Nachfrage nach dauerhaften Produktionsgütern (Investitionsgütern) ist. An dieser Stelle wollen wir nun die Beziehung zwischen dauerhaften Konsumgütern und der Geldnachfrage in Abhängigkeit von der Inflationsrate untersuchen. Der Wert (oder die Kaufkraft) eines Bestands dauerhafter Konsumgüter bleibt bei steigendem Preisniveau ungefähr konstant, wenn die Preise der dauerhaften Konsumgüter zusammen mit dem allgemeinen Preisindex steigen. Auf der anderen Seite fällt die allgemeine Kaufkraft des Geldes bei einem Anstieg des Preisniveaus, so daß also eine Zunahme der erwarteten Inflationsrate zu einer Verlagerung der Vermögensanlagen von Geld und Wertpapieren auf dauerhafte Konsumgüter führen sollte. Wir müssen mit der Interpretation hier jedoch etwas vorsichtig sein. In Gleichung (19) wird eine einmalige Erhöhung des Preisniveaus zu einer Erhöhung der nominalen Geldnachfrage in dieser Periode führen, um M/P konstant zu halten, wobei y und alle r in der k-Funktion unverändert bleiben. Eine Zunahme der auf Dauer erwarteten Inflationsrate wird allerdings zu einer Verringerung der Nachfrage nach Realkasse m führen.

Im Vergleich zu Geld ist also die Ertragsrate spekulativer Haltung dauerhafter Konsumgüter gleich der Inflationsrate $\dot{P} = (dP/dt)/P$, wobei $\dot{P}$ für die proportionale Preisänderungsrate steht. Auf Basis der Annahme, daß die erwartete Inflationsrate positiv mit der gegenwärtigen korreliert ist, können wir nun auch $\dot{P}$ als Ertragsrate in (25) einbeziehen.

Nach Einbeziehung der Ertragsraten der beiden wesentlichen Alternativen zur Geldhaltung erhalten wie nun folgende Geldnachfragefunktion:

$$\frac{M}{P} = m = m(y, r, \dot{P}). \tag{26}$$

Die Nachfrage nach Realkasse steigt mit y und sinkt mit einer Erhöhung von r oder $\dot{P}$. Gleichung (27) stellt die moderne quantitätstheoretische Version der Geldnachfrage dar:

$$\frac{M}{P} = k(r, \dot{P}) \cdot y, \tag{27}$$

wobei das Verhältnis von m zu y mit Veränderungen von r und $\dot{P}$ variiert. Die partiellen Ableitungen von k nach r und nach $\dot{P}$ sind beide negativ.

Diese Funktion ähnelt stark der Funktion, die wir in Kapitel 4 entwickelt haben. Der einzige wichtige Unterschied besteht in der Einbeziehung der Inflationsrate $\dot{P}$ in die Glednachfragefunktion. Der Leser sollte bemerken, daß Gleichung (27) impliziert, daß die Nachfrage nach Realkasse von der erwarteten Inflationsrate abhängt. Steigt die Inflationsrate also von 2% auf 4% an, so wird die Geldnachfrage im statischen Modell auf ein niedrigeres Niveau sinken und die Nachfrage nach Konsumgütern wird steigen. Hat sich die Nachfragefunktion aber erst einmal verschoben, so befindet sich die Volkswirtschaft in einem neuen statischen Gleichgewicht, außer wenn es zu einer weiteren Änderung der Inflationsrate kommt. Folglich wird das Hinzufügen von $\dot{P}$ als Argument in die Geldnachfragefunktion die qualitativen Aussagen des statischen Modells nicht großartig verändern, außer wenn bedeutende Variationen von $\dot{P}$ erwartet werden.

Die Umlaufsgeschwindigkeit des Geldes

Aus der Geldnachfragefunktion in Gleichung (27) können wir einen Ausdruck für die Umlaufsgeschwindigkeit des Geldes v = y/m entwickeln. Ersetzen wir M/P in (27) durch m und stellen einige Terme um, so erhalten wir den Ausdruck für die Umlaufsgeschwindigkeit des Geldes:

$$\upsilon = \frac{y}{m} = \frac{1}{k(r, \dot{P})} = \upsilon(r, \dot{P}). \tag{28}$$

Die partiellen Ableitungen $\partial k/\partial r$ und $\partial k/\partial \dot{P}$ sind beide positiv, so daß auch $\partial v/\partial r$ und $\partial v/\partial \dot{P}$positiv sind. Eine Erhöhung des Zinssatzes oder der erwarteten Inflationsrate wird also die Menschen dazu veranlassen, ihre Geldhaltung zu verringern, weil die Ertragsraten alternativer Anlagemöglichkeiten gestiegen sind. Dies führt zu einer Erhöhung der Umlaufsgeschwindigkeit des Geldes, wenn die Geldnachfrage relativ zum BSP fällt.

In langfristigen US-Daten erscheint es so, als ob die Umlaufsgeschwindigkeit des Geldes im Durchschnitt entlang einem Trend bis zum Zweiten Weltkrieg gefallen sei. Danach erscheint es so, als ob die Umlaufsgeschwindigkeit mit den Zinssätzen entlang einem Trend kontinuierlich gestiegen sei. Wir können hieraus entnehmen, daß das Verhältnis von y und m langfristig gesehen, wie auch das Verhältnis von Konsum und Einkommen c/y, eher konstant ist. Die Frage nach der relativen Stabilität des Verhältnisses $v = y/m$ und der Beziehung zwischen c und y steht, wie wir in Kapitel 16 sehen werden, im Zentrum der Auseinandersetzung zwischen Monetaristen und Keynesianern.

Wenn die kurzfristige Elastizität von v in bezug auf Veränderungen der Zinssätze sehr gering ist, dann ist es möglich, $v(r, \dot{P})$ in Gleichung (28) durch eine konstante $\bar{v}$ zu ersetzen, womit wir eine direkte Beziehung zwischen Veränderungen von y und m erhalten: $y = \bar{v} \cdot m$. Es gibt jedoch empirische Untersuchungen, deren Ergebnisse klar zeigen, daß die Zinselastitizität der Geldnachfrage kurzfristig betrachtet nicht insignifikant ist. Also wird auch die Zinselastizität der Umlaufgeschwindigkeit nicht zu vernachlässigen sein, so daß wir tatsächlich die Güter- und die Geldmarktgleichungen benötigen, um Veränderungen des nominalen und realen BSP zu erklären. Wir werden uns mit diesem Thema in Kapitel 16 noch genauer auseinandersetzen, wenn wir Geld- und Fiskalpolitik gegenüberstellen und diskutieren.

Empirische Schätzungen der Einkommens- und der Zinselastizität

Substantielle Veränderungen der erwarteten Inflationsrate sind nicht völlig mit dem statischen Modell der Einkommensbestimmung in Einklang zu bringen, da dieses Modell nur Veränderungen von einem Gleichgewichtspreisniveau zum anderen berücksichtigt. Lassen wir solche Veränderungen beiseite, so beschert uns die Analyse dieses Kapitels die bereits aus Kapitel 4 bekannte Nachfragefunktion

$$\frac{M}{P} = m = m(r, y). \tag{29}$$

Der Einkommensterm in der Nachfragefunktion repräsentiert die Transaktionsnachfrage oder in Friedmans Terminologie die steigende Nachfrage nach Geld als Konsum- und Produktionsgut, die auf dem Einkommenseffekt beruht. Der Zinsterm steht sowohl für die Zinselastizität der Transaktionsnachfrage als auch für die der Spekulationsnachfrage (basierend auf Tobins Portefeuille-Modell). Dieser Term repräsentiert ebenfalls die potentielle Substituierbarkeit von Geld durch Wertpapiere bei der Produktions- und Konsumentscheidung.

Es gibt zahlreiche Untersuchungen der Elastizität der Nachfrage nach Realkasse (Bargeld zuzüglich Sichteinlagen = M1, oder M1 zuzüglich längerfristiger Spareinlagen = M2, deflationiert, wie in Gleichung (29), mit dem Preisniveau) sowohl in bezug auf Veränderungen des Zinssatzes als auch in bezug auf Veränderungen des Einkommens. Es bestehen nach wie vor zahlreiche Kontroversen über die Werte dieser Elastizitäten und die korrekte Form der Geldnachfragefunktion. Wir greifen die von Goldfeld in einem Artikel aus dem Jahre 1973 kalkulierten Elastizitäten als repräsentative Werte heraus. Goldfeld berechnete für die Elastizität in bezug auf das Einkommen einen Wert von ungefähr 0,7 und für die Zinselastizität einen Wert von − 0,25. Er bezog sich dabei auf einen kurzfristigen Zinssatz r, wie etwa für dreimonatige Handelspapiere, dreimonatige Schatzwechsel oder für Festgeld. Die Geldmenge M1 betrug 1987 etwa 750 Milliarden Dollar, das BSP lag bei 4,4 Billionen Dollar und der kurzfristige Zinssatz lag bei ungefähr 6%. Bezüglich dieser Werte implizieren die oben genannten Elastizitäten, daß eine Erhöung des BSP um 65 Milliarden Dollar (1,5%) die Geldnachfrage um ungefähr 8 Milliarden Dollar erhöhen würde. Eine einmalige Senkung der kurzfristigen Zinssätze um einen Prozentpunkt (17%) würde die Geldnachfrage um 32 Millarden Dollar erhöhen.

Die meisten Schätzungen der Geldnachfrage lassen darauf schließen, daß die Nachfrage den Veränderungen der Zinssätze leicht hinterherhinkt. Wenn also die Zinssätze von 5 auf 4% fallen und eine Erhöhung der gewünschten Geldhaltung um 30 bis 40 Milliarden Dollar induzieren, so besagen diese Schätzungen, daß etwa 30% der Diskrepanz zwischen der tatsächlichen und der gewünschten Geldhaltung im ersten Quartal eliminiert werden, 50% im ersten und zweiten Quartal zusammen und etwa 75% im ganzen ersten Jahr. Dies bedeutet, daß eine Erhöhung des Einkommens y oder eine Senkung von r das Gleichgewichtsniveau der gewünschten Realkasse in Abbildung 14-17 von $(M/P)_0$ auf $(M/P)^*$ zum Zeitpunkt t_0 anhebt und der Pfad der tatsächlichen Realkassenhaltung $m = M/P$ der gestrichelten Linie folgt, die sich im Laufe der Zeit dem neuen Gleichgewichtsniveau $(M/P)^*$ annähert.

Dieses Muster teilweiser Anpassung führt zu einer vergleichbaren Überreaktion der Zinssätze auf Veränderungen des Geldangebots, wie wir sie auch aus der tra-

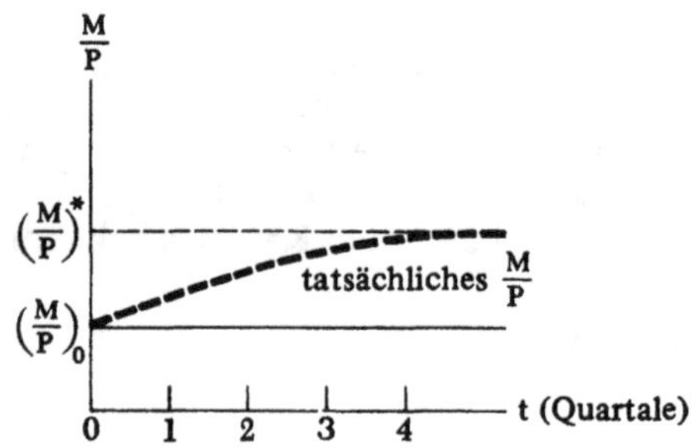

Abbildung 14-17: Der Anpassungspfad tatsächlich gehaltener Realkasse M/P.

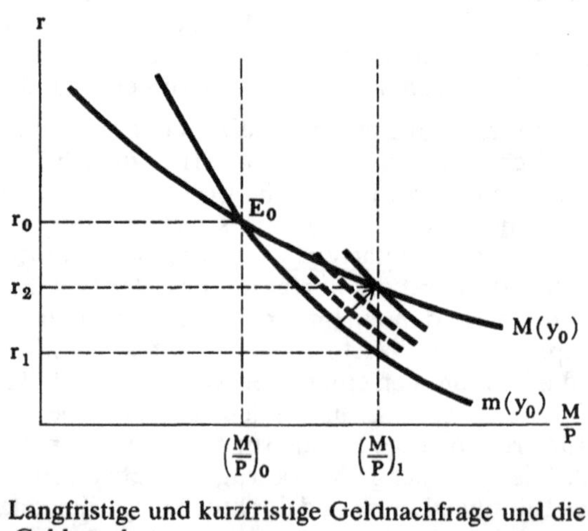

Abbildung 14-18: Langfristige und kurzfristige Geldnachfrage und die Auswirkungen auf eine Erhöhung des Geldangebots.

ditionellen mikroökonomischen Analyse kennen, wo Veränderungen der Nachfrage kurzfristig höhere Preisschwankungen verursachen, als langfristig und wo dies umgekehrt auch für den Output gilt. In Abbildung 14-18 steht die Geldnachfragekurve $M(y_0)$ für die langfristige Geldnachfrage, die auf der langfristigen Zinselastizität beruht, die, wie bereits erwähnt, bei ungefähr − 0,25 liegt. Der Schnittpunkt von $M(y_0)$ mit der anfänglichen Geldangebotskurve $(M/P)_0$ im Punkt E_0 bestimmt den Zinssatz mit r_0. Wir können auch eine kurzfristige Geldnachfragefunktion $m(y_0)$ durch den Punkt E_0 zeichnen, die den in Abbildung 14-17 gezeigten kurzfristigen Anpassungsmechanismus widerspiegelt.

Diese Kurve repräsentiert die Reaktion der Nachfrage innerhalb einer Periode auf eine Veränderung des Zinssatzes, während die $M(y_0)$-Kurve die langfristige Beziehung zwischen r und M/P darstellt. Erhöhen wir nun das Geldangebot auf $(M/P)_1$, so wird der Zinssatz zunächst entlang der kurzfristigen $m(y_0)$-Kurve auf r_1 fallen, wobei wir bei dieser kurzfristigen Analyse y konstant gehalten haben, die IS-Kurve also als senkrecht annehmen. Im Laufe der Zeit wandert die tatsächliche Geldnachfrage entlang der gestrichelten Kurve in Abbildung 14-17 nach oben, womit der Zinssatz auf r_2 steigt und die kurzfristige Nachfragefunktion nach oben verschiebt. Dies ist in Abbildung 14-18 durch die gestrichelten kurzfristigen Nachfragekurven angedeutet. Halten wir y auf y_0 konstant, so wird sich die Nachfrage schließlich bei r_2 einpendeln. Dieser Wert ist zwar höher als das kurzfristige Niveau r_1, liegt aber noch unter dem Ausgangsniveau r_0.

Wenn während dieses Prozesses nun auch das Einkommensniveau gestiegen ist, während sich die LM-Kurve entlang einer in Wirklichkeit nicht vertikalen IS-Kurve verschiebt, dann wird der Zinssatz auf einem höheren Niveau als r_2 enden. Wir befinden uns dabei auf einer höheren $M(y_0)$-Funktion, wobei der erreichte Zinssatz aber immer noch unter dem Ausgangsniveau liegt. Weil die Geldnachfrage aufgrund des Anpassungsprozesses in Abbildung 14-17 kurzfristig weniger elastisch ist als langfristig, können wir erwarten, daß eine Erhöhung des Geldangebots den Zinssatz kurzfristig (ein Quartal) um mehr nach unten drücken wird, als langfristig betrachtet.

Die Übersicht dieses Kapitels über verschiedene Betrachtungsweisen der Geldnachfrage hat unsere Geldnachfragefunktion aus Kapitel 4 nicht wesentlich verändert. Es besteht also kein Grund an dieser Stelle das statische Modell der Einkommensbestimmung noch einmal unter die Lupe zu nehmen. Dieses Kapitel hat eine andere Richtung der ökonomischen Forschung dargestellt, bei der versucht wird, theoretische Erklärungen für allgemein beobachtete empirische Phänomene zu finden, wie zum Beispiel für die Tatsache, daß Menschen gleichzeitig Vermögensanlagen mit unterschiedlichen positiven Ertragsraten halten (Diversifikation), oder für die Zinselastizität der Transaktionsnachfrage. Wir werden nun in Kapitel 15 kurz das Geldangebot diskutieren und danach in Kapitel 16 zu einigen wichtigen Punkten der Analyse der Geldnachfrage zurückkehren.

Ausgewählte Literatur

W. J. Baumol, „The Transactions Demand for Cash: An Inventory Theoretic Approach," *Quarterly Journal of Economics,* November 1952.

F. De Leeuw and E. Gramlich, „The Federal Reserve-MIT Econometric Model," *Federal Reserve Bulletin,* January 1968, pp. 11-40.

M. Friedman, „The Demand for Money: Some Theoretical and Empirical Results," *Journal of Political Economy,* August 1959.

M. Friedman, „The Quantity Theory of Money – A Restatement," in M. G. Mueller, ed., *Readings in Macroeconomics* (New York: Hold, Rinehart and Winston, 1966).

S. M. Goldfeld, „The Demand for Money Revisited," *Brookings Papers on Economic Activity,* vol. 3, 1973.

S. M. Goldfeld, „The Case of the Missing Money," *Brookings Paper on Economic Activity,* vol. 3, 1976.

A. H. Hansen, *Monetary Theory and Fiscal Policy* (New York: McGraw-Hill, 1949), chapters 3-4.

F. Modigliani, R. A. Rasche, and J. P. Cooper, „Central Bank Policy, Money Supply, and the Short-Term Rate of Interest," *Journal of Money, Credit, and Banking,* May 1968.

R. L. Teigen, „The Demand for and Supply of Money," in W. L. Smith and R. L. Teigen, eds., *Readings in Money, National Income and Stabilization Policy* (Homewood, I11.: R. D. Irwin, 1965).

J. Tobin, „The Interest-Elasticity of the Transaction Demand for Cash," *Review of Economics and Statistics,* September 1956.

J. Tobin, „Liquidity Perference as Behavior Toward Risk," *Review of Economic Studies,* February 1958.

Kapitel 15
Das Geldangebot

Bis jetzt haben wir angenommen, das Geldangebot sei exogen und werde vom Federal Reserve System (der Fed) vorgegeben. In diesem Kapitel wollen wir den Prozeß untersuchen, der das Geldangebot bestimmt. Das Geldangebot, das wir hier betrachten, hat eine enge Abgrenzung, genannt M1, und eine alternative, weite Abgrenzung, genannt M2. Die enge Abgenzung M1 umfaßt Bargeld (Banknoten und Münzen) in den Händen der Nichtbanken sowie Sichteinlagen bei Geschäftsbanken und anderen Geldinstituten, wie zum Beispiel den Sparkassen. M1 betrug Ende 1986 ungefähr 730 Milliarden Dollar. Die weite Abgrenzung M2 umfaßt M1 zuzüglich Geldmarkfonds, Spareinlagen und Festgeldeinlagen mit mittlerer Laufzeit. M2 betrug 1986 ungefähr 2,8 Billionen Dollar.

Die enge Abgrenzung liquider Mittel in M1 stützt sich auf zwei Charakteristika, die diese von den anderen Anlagemöglichkeiten in der Volkswirtschaft unterscheiden: Sie sind allgemein akzeptiertes Zahlungsmittel und bringen keine Zinsen. Dies war bis 1980 die allgemein gebräuchliche Gelddefinition. Die Einführung von Geldmarktfonds während der Deregulierung der Finanzmärkte zu Beginn der achtziger Jahre führte dazu, daß nunmehr auch große Teile von M2 zu Zahlungszwecken verwendet werden können. Der Anteil der Geldmarktfonds wuchs von nahezu 0 im Jahre 1978 auf 750 Milliarden Dollar im Jahre 1986.

Die Zunahme der Geldmarktfonds hat den Unterschied zwischen M1 und M2 verwischt. Weil es möglich wurde, daß die Einleger ohne weiteres ihre Einlagen zwischen Sichteinlagen bei Geschäftsbanken und Geldmarktfonds hin- und herschieben konnten, war die Zusammensetzung von M1 und Komponenten von M2 in den achtziger Jahren nicht mehr so stabil wie vorher. Um 1987 verschob sich dann der Schwerpunkt bei der Analyse der Geldpolitik auf M2. Im Januar 1987 hörte die Fed ganz auf, dem obersten Wirtschaftsausschuß des Kongresses Geldmengenziele für M1 mitzuteilen.

Alle Anlageformen in M2 bringen deutlich niedrigere Zinsen als die nächst weniger liquide Anlageform, die Spareinlagen mit längerer Laufzeit. Es besteht also ein natürlicher Unterschied zwischen M2, das liquide Anlageformen enthält, die als allgemeines Zahlungsmittel akzeptiert sind und nur niedrige Zinsen bringen, und weiter gefaßten Konzepten, die auch die langfristigen Spareinlagen enthalten. Innerhalb von M2 sind die Einlagen in M1 die am meisten liquiden, die auch die geringsten Zinsen bringen. Früher wurde die Analyse des Geldangebots fast ausschließlich auf Basis von M1 durchgeführt, heute verschiebt sich die Betonung immer mehr auf M2. Die Wahl des Konzepts wird für die Analyse in diesem Kapitel keine wesentliche Rolle spielen. Aus diesem Grunde und weil ein Großteil der empirischen Untersuchungen auf M1 basiert, werden wir uns ebenfalls auf M1 konzentrieren und Unterschiede wenn nötig herausstellen.

Im folgenden Abschnitt beschreiben wir zunächst die Instrumente der Geldpolitik, die der Zentralbank zur Verfügung stehen und gehen ein wenig auf den institutionellen Apparat der Geldangebotsbestimmung ein. Danach wiederholen wir an einem einfachen Beispiel den Prozeß der multiplen Ausweitung der Bankeinlagen und entwickeln im weiteren Verlauf ein Modell des Geldangebots, das die Rolle der Zentralbank, des Publikums und der Banken bei der Bestimmung der tatsächlichen Geldmenge deutlich macht. Daran anschließend untersuchen wir einige empirische Resultate der Zinselastizität des Geldangebots. Schließlich integrieren wir diese neue Geldangebotsfunktion in unser statisches Modell, indem wir die LM-Kurve so ändern, daß sie die Zinsreagibilität des Geldangebots berücksichtigt.

Wir beenden das Kapitel mit einer Diskussion der Frage, ob die Zentralbank die Geldmenge oder das Zinsniveau als Ziel ihrer Politik wählen sollte. Diese Frage stellt sich, wenn die Zentralbank eine Entscheidungsregel aufstellen muß, nach der sie die Geldmenge kurzfristig steuert. Dies ist in einer Situation, in der die wirklichen Veränderungen ökonomischer Variablen erst mit einer bestimmten Verzögerung bekannt werden, natürlich besonders relevant. Wenn die Zentralbank das BSP gegen Schocks des privaten Sektors stabilisieren will, sollte das mittlere Ziel dann die Geldmenge oder das Zinsniveau sein?

Die Instrumente der Geldpolitik

Wir haben bis jetzt angenommen, die Zentralbank könne das Niveau des Geldangebots einfach ändern. Wir wollen nun einen Blick auf die Instrumente und Mechanismen werfen, die die Fed zur Steuerung verwendet. Die Zentralbank kontrolliert das Geldangebot zunächst einmal über den Mindestreservesatz für Einlagen bei den Geldinstituten und durch den Betrag an Reserven, den sie auf eigene Initiative oder Initiative der Banken anbietet. Die Mindestreservesätze legen fest, daß Geschäftsbanken und andere Geldinstitute wie zum Beispiel Sparkassen einen Teil z ihrer Verbindlichkeiten aus Einlagen ihrer Kunden (z.B. 10%) als Reserve bei der Zentralbank hinterlegen müssen. Beträgt der Mindestreservesatz z 10%, so dürfen die Banken, wenn sie 30 Milliarden Dollar bei der Zentralbank hinterlegt haben, nicht mehr als 300 Milliarden Dollar als Verbindlichkeiten aus Einlagen haben.

Die Zentralbank hat drei wesentliche Instrumente, durch die sie das Geldangebot kontrolliert und die alle durch den Reservemechanismus operieren. Zunächst einmal kann sie die Reserven durch Offenmarktoperationen erhöhen. In diesem Fall kauft die Fed Staatsanleihen im Wert von sagen wir 100 Millionen Dollar auf dem New Yorker Wertpapiermarkt und bezahlt diese mit Schecks, die auf sie selbst gezogen sind. Die Verkäufer werden dann diese Schecks bei ihren Banken einlösen. Dadurch werden die Schecks zu Forderungen der Banken gegen die Zentralbank oder auch aus Sicht der Banken zu Reserven. Das Bankensystem wird dann seine Verbindlichkeiten aus Einlagen über einen Mechanismus, den wir im nächsten Kapitel beschreiben werden, um 1 Milliarde Dollar (100/0,1) erhöhen. Offenmarktoperationen dieser Art (Kauf und Verkauf von Wertpapieren auf dem Markt) werden vom Offenmarkt-Manager des Federal Reserve Systems, üblicherweise einem Vizepräsidenten der Federal Reserve Bank von New York, unter der Aufsicht des Offenmarktausschusses der Fed durchgeführt. Der Offenmarktausschuß setzt sich aus sieben Mitgliedern des Direktorats des Federal Reserve Systems und fünf Präsidenten von Federal Reserve Banken zusammen. Diese Offenmarktoperationen sind das überlicherweise von der Fed zur kurzfristigen Steuerung der Geldmenge verwendete Instrument.

Die Banken können zusätzlich Reserven erhalten, indem sie Geld von der Zentralbank zum Diskontsatz r_d leihen, der üblicherweise etwas unter dem kurzfristigen Zinssatz für dreimonatige Schatzwechsel liegt. Wenn eine Bank über den Diskontmechanismus Geld bei der Zentralbank leiht, so entsteht eine Einlage auf den Namen der Bank bei der Zentralbank, die auf den geliehenen Betrag lautet. Dies ist im wesentlichen die gleiche Prozedur, die eine Bank verfolgt, wenn sie einer Privatperson Kredit gewährt. Eine Bank gewährt einer Privatperson Kredit, indem sie ihr den Betrag in Höhe des Kredits auf ihrem Konto gutschreibt. Der Leser sollte an dieser Stelle bemerken, daß die Schaffung von Reserven im Falle der Offenmarktoperationen auf eine Initiative der Zentralbank und im Falle des Diskontmechanismus auf die Initiative der Bank zurückgeht. Dieser Unterschied spielt eine Rolle, wenn wir später in diesem Kapitel das Geldangebotsmodell entwickeln.

Sowohl Offenmarktoperationen als auch Diskontmechanismus beeinflussen das Geldangebot, indem sie das Niveau der Reserven bei gegebenem Mindestreservesatz z verändern. Die dritte Möglichkeit der Zentralbank, auf das Geldangebot Einfluß zu nehmen, besteht darin, eben diesen Mindestreservesatz zu verändern. Ist z mit 10% gegeben und die Reserven betragen 30 Milliarden Dollar, so liegt das Geldangebot bei 300 Milliarden Dollar (300 = 30/0,1). Eine Erhöhung des Reservesatzes z auf 15% reduziert das von der 30 Milliarden Dollar Reservebasis unterstützte Geldangebot auf 200 Millarden Dollar (200 = 30/0,15). Veränderungen des Mindestreservesatzes laufen also auf Veränderungen der effektiven Reserven hinaus, wodurch das Geldangebot, das durch einen bestimmten Betrag von Reserven unterstützt wird, verändert wird.

Die Fed benutzt ihre drei geldpolitischen Instrumente, Offenmarktoperationen, den Diskontmechanismus und den Mindestreservesatz für unterschiedliche Zwecke. Offenmarktoperationen werden für die kurzfristige Kontrolle des Geldangebots oder allgemeiner der Kreditkonditionen verwendet. Steigen die Zinssätze zum Beispiel schneller und höher, als es der Offenmarktausschuß im Lichte der aktuellen Situation der Volkswirtschaft für richtig hält, so kauft der Manager des Offenmarktkontos Wertpapiere, wodurch die Preise nach oben getrieben und die Zinssätze gesenkt werden. Durch diese Operation wird die Geldmenge erhöht. Ebenso ist es denkbar, daß der Offenmarktausschuß das Geldangebot anvisiert. Steigt dieses schneller, als es der Ausschuß für sinnvoll hält, so erhält der Manager des Offenmarktkontos den Auftrag, Wertpapiere zu kaufen. Diese Operationen können Tag für Tag durchgeführt werden und stellen ein kurzfristiges Kontrollinstrument in den Händen der Zentralbank dar.

Operationen über den Diskontmechanismus verschaffen Banken die Möglichkeit, im Rahmen der allgemeinen von der Zentralbank aufgestellten Kreditkonditionen auf der Stelle über Liquidität zu verfügen. Der Diskontmechanismus ist also Bestandteil der Kontrolle über das von den Banken geschaffene Geldangebot.

Schließlich verwendet die Fed Veränderungen des Mindestreservesatzes als ein offenkundiges, wohl publiziertes Mittel zur Veränderung der effektiven Reserven in großem Rahmen im Gegensatz zu den normalen, eher kontinuierlichen Veränderungen, die durch die Offenmarktoperationen begründet sind. Veränderungen der Reservesätze stellen eine entscheidende Richtungsänderung der Politik der Zentralbank dar und werden in der Finanzwelt als ein Warnsignal angesehen. Aus diesem Grunde werden die Reservesätze auch selten geändert: die letzte signifikante Änderung der Reservesätze fand 1986 statt.

Im allgemeinen bieten Banken Konten an, auf die gar keine oder nur geringe Zinsen gezahlt werden, um dann mit dem ihnen zur Verfügung stehenden Geld, Kredite zu gewähren, für die sie höhere Zinsen verlangen und so Gewinne erzielen. Einlagen werden also im Prozeß der Kreditgewährung geschaffen. Ein Kredit wird dem Konto des Kreditnehmers gutgeschrieben. Der Anreiz, die Verbindlichkeiten aus Einlagen zu erhöhen, liegt also in der Möglichkeit, profitable Kredite zu gewähren. Wenn die Kreditnachfrage zu gering ist, werden Banken das durch ihre Reserven bei der Zentralbank vorgegebene Limit zur Einlagenschaffung nicht voll ausnutzen. Sie werden also von Zeit zu Zeit Überschußreserven haben. Auf der anderen Seite ist es möglich, daß Banken, ist die Kreditnachfrage außergewöhnlich hoch, ihre Reserven über den Diskontmechanismus erhöhen, um so die nötigen Einlagen zu schaffen, die zur Ausweitung des Kreditvolumens nötig sind. Dieser Freiheitsgrad der Banken, der es ihnen entweder erlaubt, Überschußreserven zu halten oder zusätzlich Reserven zu schaffen, macht das Geldangebot bis zu einem gewissen Grade abhängig von der Kreditnachfrage und den Zinssätzen. Sind die Kreditnachfrage und die Zinssätze hoch, so werden die Banken ihre Überschußreserven ausschöpfen und zusätzlich Einlagen über den Diskontmechanismus schaffen, wodurch das Geldangebot erhöht wird. Dieser Vorgang wird dadurch unterstützt, daß die Fed einen bestimmten Betrag nichtgeliehener Reserven (d.h.: Reserven, die nicht zum Diskontsatz von den Banken ausgeliehen, sondern von der Zentralbank mittels Offenmarktoperation zur Verfügung gestellt werden) anbietet. Das Geldangebot selbst wird also eine positive Elastizität in bezug auf den Zinssatz aufweisen, wodurch die Steigung der LM-Kurve verringert wird. Bevor wir ein einfaches Modell entwickeln, das das Verhältnis zwischen freien Reserven (Überschußreserven abzüglich geliehener Reserven), dem Zinssatz und dem Geldangebot beschreibt, wiederholen wir noch kurz den Mechanismus der multiplen Ausweitung der Bankeinlagen in einem System mit Reservesätzen.

Der Reservenmultiplikator und die multiple Ausweitung der Bankeinlagen

Das Geldangebot besteht, so wie wir es definiert haben, aus Bargeld und Sichteinlagen, die von Geschäftsbanken angeboten werden. In den Bilanzen dieser Banken stehen auf der Passivseite die Einlagen und auf der Aktivseite die Kredite und Reserven. Die Zentralbank verlangt, daß die Geschäftsbanken einen bestimmten Prozentsatz z ihrer Verbindlichkeiten als Reserve in Form von Einlagen bei Banken des Federal Reserve Systems halten.

Nehmen wir an, der Offenmarktausschuß entscheide, das Geldangebot auszuweiten. Der Manager des Offenmarktkontos der Fed kauft denn am New Yorker Wertpapiermarkt Schatzanleihen in Höhe von sagen wir $ 100000 und stellt dem Verkäufer einen auf die Zentralbank gezogenen Scheck aus. Der Verkäufer löst diesen Scheck dann bei seiner Bank A ein und läßt sich den Betrag auf sein Scheckkonto gutschreiben, wodurch für Bank A eine Verbindlichkeit in Höhe von $ 100000 (eine Forderung des Einlegers) und gleichzeitig ein Aktivposten begründet werden (eine Forderung in Höhe von $ 100000 an die Zentralbank). Beträgt der Mindestreservesatz 10%, so kann Bank A Kredite in Höhe von $ 90000 vergeben und muß $ 10000 als Reserve bei der Zentralbank halten (siehe Tabelle 15-1).

Tabelle 15-1: Auswirkungen einer Erhöhung der Reserven um $ 100000 auf die Bilanzen der Banken

Bank A		Bank B		Bank C	
Aktiva	Passiva	Aktiva	Passiva	Aktiva	Passiva
$ 100 ($ 10 Reserven $ 90 Kredite)	$ 100	$ 90 ($ 9 Reserven $ 81 Kredite)	$ 90	$ 81 ($ 8,1 Reserven $ 72,9 Kredite)	$ 81

Derjenige, der den Kredit in Höhe von $ 90000 erhalten hat, wird dieses Geld anzunehmender Weise auch ausgeben und es dabei an Bank B überweisen. Bank B wiederum wird dann A 81000 an Krediten vergeben und $ 9000 als Reserve bei der Zentralbank einlegen. Der Kreditnehmer der $ 81000 wird diese früher oder später an Bank C überweisen. Der oben beschriebene Prozeß geht dann immer so weiter. Die Gesamtzunahme des Geldangebots als Folge der Erhöhung der Reserven um $ 100000 ist gegeben durch

$$\Delta M = \$ 100 + \$ 90 + \$ 81 + \cdots$$

oder

$$\Delta M = 100 [1 + 0{,}9 + (0{,}9)^2 + \cdots] = 100 \frac{1}{1 - 0{,}9} = 1000.$$

In unserem einfachen Beispiel ist die Veränderung des Geldangebots also durch

$$\Delta M = \frac{1}{z} \Delta R, \tag{1}$$

gegeben, wobei ΔR die anfängliche Erhöhung der Reserven darstellt und z der Mindestreservesatz ist. Wir erhalten einen Reservenmultiplikator, der die Auswirkung einer Änderung der Reserven auf das Geldangebot beschreibt. Dieser Multiplikator entspricht den in Kapitel 3 hergeleiteten einfachen Multiplikatoren für die Investitionsausgaben oder die Staatskäufe, die den Effekt auf den Output als Folge einer Veränderung dieser Variablen beschreiben.

Die Erhöhung von M um ein Vielfaches beruht auf der Tatsache, daß jede Bank nur einen Bruchteil z iher Einlagen (Verbindlichkeiten) als Reserve halten muß und dementsprechend $(1 - z)$ Prozent an Krediten vergeben kann. Vom Blickpunkt einer Bank aus gesehen, leiht diese nur einen Bruchteil $(1 - z)$ ihrer höheren Einlagen wieder aus, das Bankensysem als Ganzes aber erhöht die Einlagen um 1/z multipliziert mit der Zunahme der Reserven.

Bei diesem Beispiel werden zwei entscheidende vereinfachende Annahmen gemacht. Wir nehmen an, daß die Banken den Rahmen der Kreditvergabe voll ausschöpfen und keine Überschußreserven halten werden, so daß die Abhängigkeit des Geldangebots vom Zinssatz vernachlässigt ist. Wir haben nicht ausgeschlossen, daß das Publikum eventuell seine Bargeldhaltung erhöhen könnte und somit den Effekt des Multiplikators verringern würde. Im folgenden Abschnitt betrachten wir ein realistischeres Modell, das diesen Effekt berücksichtigt.

Bestimmungsfaktoren des Geldangebots

Die Beziehung zwischen dem Geldangebot (Bargeld in Händen der Nichtbanken und Sichteinlagen) und nichtgeliehenen Reserven, die die Zentralbank durch Offenmarktoperationen zur Verfügung stellt, hängt ab von den Präferenzen des Publikums bezüglich der Bargeldhaltung und Sichteinlagen, den Beständen an Überschußreserven bei den Banken und dem Betrag von über den Diskontmechanismus aufgenommenen Reserven. Letztere Aktivität macht das Geldangebot abhängig vom Zinssatz und verändert unsere Sichtweise der LM-Kurve. In diesem Kapitel entwickeln wir ein Modell des Geldangebots, das der Arbeit von Teigen folgt. Danach geben wir einen Überblick über einige empirische Schätzungen der Zinselastizität der Geldnachfrage, die von Teigen von Modigliani, Rasche und Cooper bei den Arbeiten für das MPS-Modell und von Hendershott und De Leeuw erarbeitet worden sind.

Das Geldangebot M besteht aus Bargeld in den Händen des Publikums C_p und Sichteinlagen des Publikums bei den Geschäftsbanken D_p:

$$M = C_p + D_p. \tag{2}$$

Das Publikum hält h Prozent seines Geldes in Form von Bargeld und $(1 - h)$ Prozent in Form von Sichteinlagen, so daß

$$C_p = hM \tag{3}$$

und

$$D_p = (1 - h)M. \tag{4}$$

Der Mindestreservesatz z gibt den Teil der Sichteinlagen D_p an, der als Mindestreservesoll RR bei der Zentralbank gehalten werden muß:

$$RR = z \cdot D_p = z(1 - h)M. \tag{5}$$

Die gesamten Reserven können auf der einen Seite in die Quellen der Reserven und auf der anderen Seite in die Verwendung der Reserven aufgegliedert werden. Die Fed schafft nichtgeliehene Reserven RU hauptsächlich durch Ankäufe von Staatspapieren auf dem Wertpapiermarkt. Sie stellt auch geliehene Reserven RB zur Verfügung, indem sie den Geschäftsbanken Reserven über den Diskontmechanismus zur Verfügung stellt[1]. Diese Reserven werden für drei Zwecke verwendet. Die Banken können diese Reserven dazu verwenden, ihr Mindestreservesoll RR zu erfüllen oder sie halten die Reserven als Überschußreserven RE, die als Gesamtbestand der Reserven abzüglich RR definiert sind. Zusätzlich enden Teile der von der Fed durch Offenmarktoperationen zur Verfügung gestellten Reserven als Bargeld C_p in den Händen des Publikums. Da Quellen und Verwen-

[1] Die Terminologie „geliehene" und „nichtgeliehene" Reserven ist aus Sicht der Geschäftsbanken zu verstehen. Entweder leihen diese Reserven zum Diskontsatz oder sie betreiben Kreditschöpfung auf Basis von Reserven, die ihnen durch Offenmarktoperationen der Zentralbank zugeflossen sind.

dungszweck dem gleichen Gesamtbetrag entsprechen müssen, erhalten wir die grundlegende Reservenidentität,

$$RU + RB \equiv R \equiv RR + RE + C_p. \tag{6}$$

Aus der Reservenidentität erhalten wir einen Ausdruck für das politische Instrument, das die Zentralbank direkt durch die Offenmarktoperationen kontrolliert:

$$RU = RR + RE - RB + C_p = RR + RF + C_p, \tag{7}$$

wobei die freien Nettoreserven RF als RE − RB definiert sind. Die freien Reserven reagieren, wie wir in Kürze sehen werden, auf Veränderungen des Zinssatzes.

Wir können Gleichung (3) für C_p, Gleichung (5) für RR und Gleichung (7) für die nichtgeliehenen Reserven kombinieren, um eine Gleichung für das Geldangebot zu erhalten, in der letzteres eine Funktion der nichtgeliehenen Reserven, die von der Fed kontrolliert werden, und der freien Reserven ist, die von den Geschäftsbanken kontrolliert werden. Substituieren wir auf der rechten Seite von Gleichung (7) C_p und RR durch Gleichungen (3) respektive (5), so erhalten wir

$$RU = z(1 - h)M + RF + hM.$$

Lösen wir diese Gleichung nach M auf, so ergibt sich die Geldangebotsfunktion

$$M = \frac{RU - RF}{h + z(1 - h)} = \frac{RU - RF}{z + h(1 - z)} \,. \tag{8}$$

Wir erkennen aus Gleichung (8), daß $\partial M/\partial Ru > 0$ ist und daß $\partial M/\partial RF$, $\partial M/\partial h$ und $\partial M/\partial z$ alle negativ sind. Das Geldangebot steigt, wenn die Fed mehr nichtgeliehene Reserven bereitstellt und es fällt, wenn der Bestand an freien Reserven erhöht wird, die Präferenzen des Publikums für Bargeld zunehmen oder die Fed den Mindestreservesatz anhebt. Die Banken bestimmen RF durch die Höhe der Überschußreserven und die Refinanzierung zum Diskontsatz. Die Fed bestimmt z direkt und Ru über die Offenmarktoperationen und die Präferenzen des Publikums determinieren die Zusammensetzung h der Geldmenge aus Bargeld und Sichteinlagen. Diese Variablen bestimmen M.

Als nächstes können wir die rechte Seite von (8) in zwei Teile zerlegen:

$$M = \frac{RU}{h + z(1 - h)} - \frac{RF}{h + z(1 - h)} \,. \tag{9}$$

Der Term Ru in Gleichung (9) steht für den Teil des Geldangebots, dessen Umfang hauptsächlich von der Initiative der Fed abhängt. Wir können Ru somit als den exogenen Teil des Geldangebots ansehen. Die nichtgeliehenen Reserven nahmen von 19 Millarden Dollar im Jahre 1960 auf 55 Milliarden Dollar im Jahre 1986 zu.

Der Term RF in Gleichung (9) steht für den Teil des Geldangebots, der zum größten Teil endogen vom Bankensystem bestimmt wird und von den Möglichkeiten der Kreditvergabe und dem Zinssatz abhängt. Sind Kredite knapp und die Kreditnachfrage ist relativ zum Angebot nichtgeliehener Reserven der Fed hoch, dann ist es möglich, daß der Wert der freien Reserven negativ ist. Die Banken verringern die Überschußreserven in dieser Situation so weit wie möglich und schöpfen ihre Rediskontkontingente weitgehend aus. Ist die Lage an den Kreditmärkten entspannter, so wird RF positiv sein.

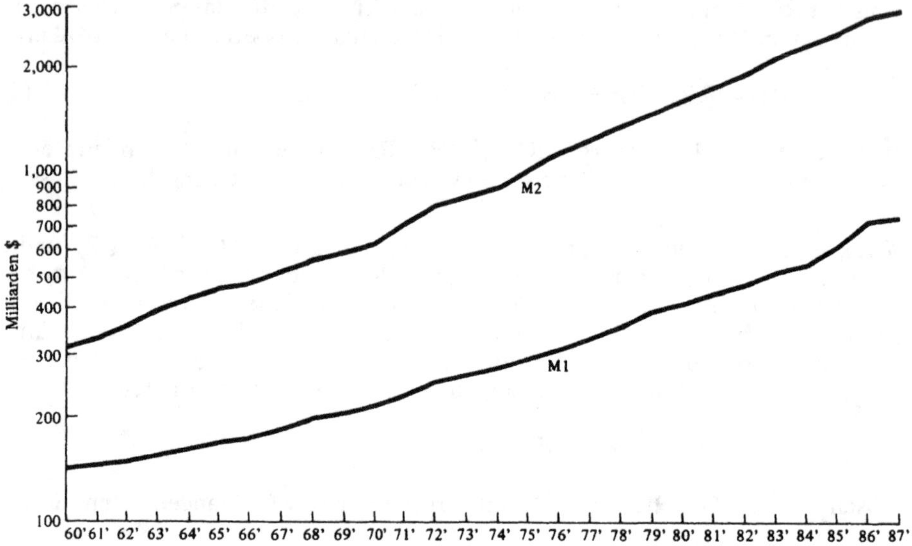

(a)

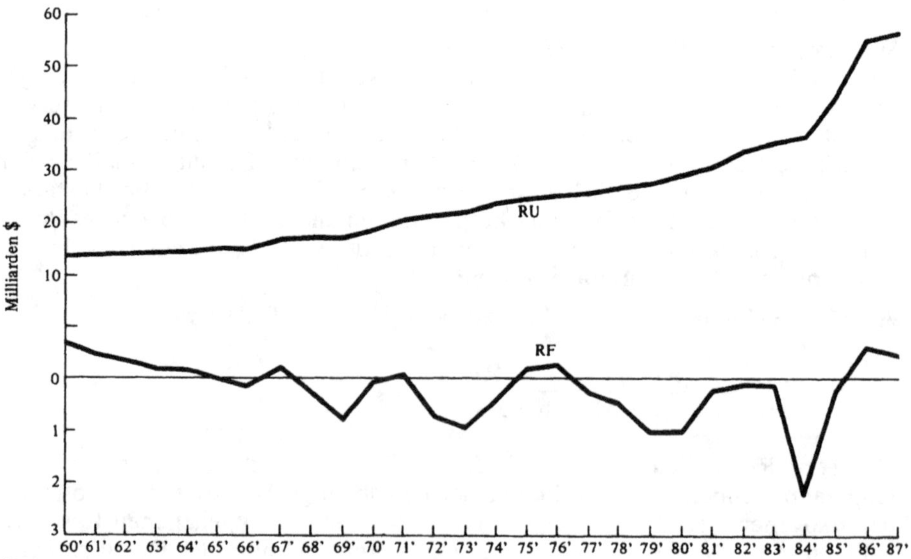

(b)

Abbildung 15-1: Reserven und Geldbestand, 1960-1985

(Quelle: Federal Reserve Bulletin). Quelle: 1988 Economic Report of the President und Survey of Current Business, Juli 1986.

In Abbildung 15-1 sind Veränderungen von M1, M2, Ru und RF für die Zeit von 1960 bis 1987 dargestellt. In den frühen sechziger Jahren, als das BSP von 1960 bis 1965 zum Vollbeschäftigungsniveau stieg und sich danach Überschußnachfrage entwickelte, fielen die freien Reserven stetig von 0,7 Milliarden Dollar gegen Ende 1960 auf 0 gegen Ende 1965 und danach auf − 0,8 Milliarden Dollar gegen Ende 1969. Von 1969 bis 1974 waren die freien Reserven die meiste Zeit über negativ, wobei ihr Niveau zwischen 0 und − 1 Milliarde Dollar schwankte. In den Jahren 1975 und 1976 waren sie dann in einer Zeit der Rezession und schwacher Nachfrage positiv. Von 1977 bis 1985 waren sie dann wieder negativ, wobei sie 1984 mit − 2,2 Milliarden Dollar ihren Tiefstand erreichten. Diese Zeit war charakterisiert von hohen Zinssätzen und einer Politik des knappen Geldes. Als die geldpolitische Zügel nach 1985 dann wieder etwas gelockert wurde, stiegen die freien Reserven wieder in den positiven Bereich. Während die Kreditnachfrage in den sechziger Jahren zunahm, stellte das Bankensystem etwa 1,5 Milliarden Dollar an Reserven zur Verfügung, indem es die Überschußreserven reduzierte und die Rediskontkontingente ausschöpfte. Während der siebziger Jahre waren Schwankungen der freien Reserven für bis zu 2,2 Milliarden Dollar der Veränderungen der Gesamtreserven verantwortlich. In den achtziger Jahren erreichten diese Schwankungen 2,8 Milliarden Dollar. In der Zeit der großen Depression in den dreißiger Jahren waren die freien Reserven positiv und betrugen 1935 ungefähr 3 Milliarden Dollar.

Diese Reaktion der freien Reserven auf Veränderungen der allgemeinen Kreditkonditionen, die wir an den Zinssätzen ablesen können, führt zu einer positiven Elastizität des Geldangebots in bezug auf den Zinssatz.

Empirische Untersuchungen der Zinselastizität

Die Banken vergeben Kredite zum Marktzinssatz r und nehmen bei der Fed Reserven zum Diskontsatz r_d auf. Steigt der Marktzinssatz relativ zum Diskontsatz, so werden die Banken ihre Überschußreserven reduzieren und verstärkt auf ihre Rediskontkontingente zurückgreifen, um das größere Zinsdifferential $r - r_d$ auszunutzen. Diese beiden Effekte tragen zur Verringerung der freien Reserven bei, wenn sich das Zinsdifferential vergrößert, da sich die freien Reserven RF aus Überschußreserven und geliehenen Reserven RB zusammensetzen. Wir können also RF als eine Funktion des Zinsdifferentials schreiben:

$$RF = f(r - r_d). \tag{10}$$

Hier sinkt RF, wenn $r - r_d$ steigt.

Die nichtgeliehenen Reserven Ru und der Mindestreservesatz z werden exogen von der Zentralbank festgelegt und der Parameter h hängt von den Präferenzen des Publikums bezüglich Bargeldhaltung und Sichteinlagen ab. Somit ist die Geldangebotsfunktion in Abhängigkeit von der Funktion der freien Reserven in Gleichung (10) auch eine Funktion von $r - r_d$, wobei Ru, z und h gegeben sind:

$$M = \frac{RU - f(r - r_d)}{h + z(1 - h)} = M(r - r_d). \tag{11}$$

M′ ist hier positiv.

Der direkteste Weg, die Zinselastizität des Geldangebots zu schätzen, besteht darin, eine Version von Gleichung (10) für die freien Reserven zu schätzen und dann den Effekt einer Veränderung des Marktzinssatzes auf das Geldangebot M mit Hilfe der Geldangebotsgleichung (11) zu berechnen. Untersuchungen von Modigliani, Rasche und Cooper bei der Entwicklung des Geldmarktsektors des MPS-Modells und von Hendershott und De Leeuw verwenden für die Schätzungen im wesentlichen lineare Versionen von Gleichung (10):

$$RF = a_0 - a_1(r - r_d).$$

Beide Untersuchungen schätzen den Koeffizienten a_1 des Zinsdifferentials auf einen Wert von ungefähr 500 Millionen Dollar. Eine Erhöhung des Marktzinssatzes r um einen Prozentpunkt (zum Beispiel von 8 auf 9%) wird die freien Reserven also um schätzungsweise 500 Millionen Dollar verringern. Halten wir die nichtgeliehenen Reserven konstant, so erhalten wir eine Erhöhung von Ru − RF um 500 Millionen Dollar. Ru − RF (= Ru + RB − RE entsprechend der Definition von RF) betrug Mitte der siebziger Jahre ungefähr 34 Milliarden Dollar. Eine Zunahme von Ru − RF um 500 Millionen bedeutet also eine Veränderung um 1,5% (=0,5/34). Liegen die kurzfristigen Zinssätze zur gleichen Zeit bei ungefähr 8%, so bedeutet eine Erhöhung des Marktzinssatzes um 1% eine Veränderung um 12,5% (1/8). Mitte der siebziger Jahre betrug die Elastizität der Reserven in bezug auf Veränderungen des Zinssatzes also ungefähr 0,12 (= 1,4/12,5); eine Erhöhung des Marktzinssatzes um 1% wird Ru − RF also um ungefähr 0,12% erhöhen.

Wir können diese Zinselastizität der Reserven in eine Zinselastizität des Geldangebots verwandeln, indem wir die Geldangebotsfunktion in Gleichung (8) wie folgt schreiben:

$$M = \frac{1}{h + z(1-h)}(RU - RF). \qquad (12)$$

Halten wir den Nenner konstant, so führt eine Erhöhung von (Ru − RF) um ein Prozent zu einer Veränderung des Geldangebots M um 1%. Erhöht eine Zunahme des Marktzinssatzes um 1% die Reserven (Ru − RF) um 0,12%, so erhöht sich auch das Geldangebot um 0,12%, so daß die Elastizität des Geldangebots in bezug auf Veränderungen des Zinssatzes r ungefähr 0,12 beträgt.

Bei einer vorangegangenen Untersuchung wählte Teigen eine andere Methode zur Bestimmung der Zinselastizität. Er beobachtete, daß in der hier wiederholten Gleichung (9)

$$M = \frac{RU}{h + z(1-h)} - \frac{RF}{h + z(1-h)}$$

der Ausdruck Ru im Zähler dem Teil des Geldangebots entspricht, der hauptsächlich von der Zentralbank bestimmt wird, während RF im wesentlichen von den Geschäftsbanken bestimmt wird. Definieren wir den Term mit Ru als exogen bestimmtes M*,

$$M^* \equiv \frac{RU}{h + z(1-h)}, \qquad (13)$$

dann ist das Verhältnis von M zu M* eine Funktion des Zinsdifferentials $(r - r_d)$. Teilen wir alle Terme in Gleichung (12) durch M* (wie in (13) definiert), so erhalten wir

$$\frac{M}{M^*} = 1 - \frac{RF(r - r_d)/[h + z(1 - h)]}{M^*} = g(r - r_d). \tag{14}$$

Hier ist das Verhältnis M/M* positiv mit dem Zinsdifferential korreliert, weil RF eine abnehmende Funktion von $(r - r_d)$ ist, so daß also $g' > 0$ ist.

Verwenden wir nun die tatsächlichen Werte von z, h und Ru, so können wir aus Gleichung (13) einen Durchschnittswert auf Quartalsbasis für M* konstruieren. Das Verhältnis des tatsächlichen M zum konstruierten M* kann dann in einer linearen Regression zu $(r - r_d)$ in Beziehung gesetzt werden,

$$\frac{M}{M^*} = b_0 + b_1(r - r_d),$$

um einen Schätzwert für die Zinsreagibilität von M/M* zu erhalten. Mit dieser Methode kalkulierte Teigen Schätzwerte der Elastizität des Geldangebots in bezug auf Veränderungen des Zinssatzes r, die zwischen 0,12 und 0,17 lagen, abhängig von der verwendeten Schätzmethode. Für unsere Zwecke ist das Ergebnis dieser Schätzung gleichwertig mit dem der vorherigen Methode, die die Beziehung zwischen RF und $r - r_d$ direkt geschätzt hat. Ein typischer Schätzwert der Zinselastizität des Geldangebots wird also ungefähr bei 0,15 liegen. Eine Erhöhung der kurzfristigen Zinssätze um 1% (nicht Prozentpunkt) wird also zu einer Zunahme des Geldangebots um 0,15% führen.

Das Geldangebot im statischen Modell

Wir können die Zinsreagibilität des Geldangebots auf verschiedene Weisen in unser statisches Modell integrieren. Abbildung 15-12 zeigt die Angebots- und Nachfragekurven von Realkasse $m = M/P$. Beim anfänglichen Einkommensniveau y_0 ist die Geldnachfragekurve durch $m(y_0)$ gegeben. Ist das Geldangebot durch m_0 gegeben ($= M_0/P$; wir halten P im Laufe dieser Analyse konstant), so er-

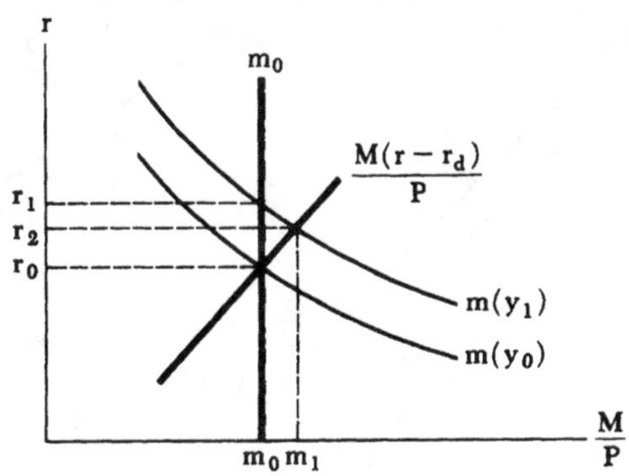

Abbildung 15-2: Zinsreagibles Geldangebot.

halten wir als Zinssatz im anfänglichen Gleichgewicht den Wert r_0. Wir nehmen nun an, das Einkommen stiege aufgrund einer Verschiebung der IS-Kurve an.

Dann verschiebt sich die Nachfragekurve in Abbildung 15-2 nach oben auf $m(y_1)$, wobei der Zinssatz auf r_1 steigen wird, wenn wir das Geldangebot, wie in Teil II, bei m_0 konstant halten.

Verändert sich das Geldangebot aber als Folge der Erhöhung des Zinssatzes, so entspricht die Geldangebotsfunktion, die durch den ursprünglichen Gleichgewichtspuntk r_0, y_0, m_0 verläuft, der Angebotsfunktion $M(r - r_d)/P$ in Abbildung 15-2, deren Steigung positiv ist. In diesem Fall führt die höhere Nachfrage zu einer Erhöhung des Angebots um $m_1 - m_0$, wobei der Zinssatz nur auf r_2 und nicht auf r_1 steigt. Die Zinselastizität des Geldangebots verringert also die Erhöhung des Zinssatzes r (von $r_1 - r_0$ auf $r_2 - r_0$), die nötig ist, um den Geldmarkt bei einer Erhöhung von y um $y_1 - y_0$ im Gleichgewicht zu halten.

Dies bedeutet, daß die LM-Kurve bei zinsreagiblem Geldangebot flacher ist als ohne. Wir stellen dies in Abbildung 15-3 im Vierquadrantendiagramm dar. Beim anfänglichen Zinssatz r_0 ist das reale Geldangebot gleich $M(r_0)/P$ im dritten Quadranten. Steigt der Zinssatz auf r_1 und wir halten das Geldangebot konstant (wie in Teil II), so muß das Einkommensniveau auf y_1 steigen, um den Geldmarkt im Gleichgewicht zu halten. Die Erhöhung des Zinssatzes reduziert die Spekulations- und die Transaktionsnachfrage nach Geld, wie wir in Kapitel 12 gesehen

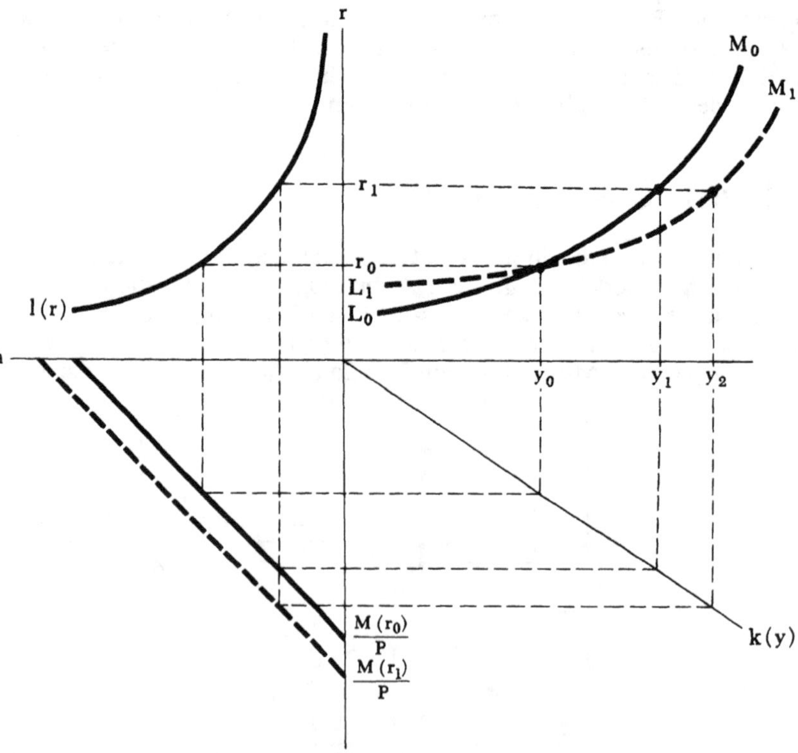

Abbildung 15-3: Die LM-Kurve mit zinsreagiblem Geldangebot.

haben, wobei Geld frei gesetzt wird. Hierdurch wird die Erhöhung von y innerhalb des durch das Geldangebot gegebenen Rahmens unterstützt.

Ist das Geldangebot nun nicht konstant, sondern eine Funktion des Zinssatzes,

$$M = M(r); \qquad M' > 0, \tag{15}$$

dann führt eine Erhöhung des Zinssatzes von r_0 auf r_1 in Abbildung 15-3 zu einer Erhöhung des Geldangebots von $M(r_0)/P$ auf $M(r_1)/P$. Dieses höhere Geldangebot führt zu einer Zunahme des Einkommens auf y_2 im Gegensatz zu y_1. Die LM-Kurve mit zinsreagiblem Geldangebot entspricht also L_1M_1 in Abbildung 15-3 und ist flacher als L_0M_0, der ein konstantes Geldangebot zugrunde liegt.

Wir können einen modifizierten Ausdruck für die Steigung der LM-Kurve mit zinsreagiblem Geldangebot herleiten, indem wir die Gleichgewichtsbedingungen für den Geldmarkt betrachten. Wie wir in Kapitel 12 gesehen haben, können wir die Geldnachfrage entweder als

$$\frac{M^d}{P} = m(y, r); \qquad \frac{\partial m}{\partial y} > 0, \qquad \frac{\partial m}{\partial r} < 0 \tag{16a}$$

oder als

$$M^d = P \cdot m(y, r) \tag{16b}$$

darstellen.

Wir schreiben die Geldangebotsfunktion nun wie folgt:

$$M^s = M(r); \qquad \frac{\partial m}{\partial r} > 0. \tag{17}$$

Gleichgewicht auf dem Geldmarkt verlangt, daß das Geldangebot beim geltenden Zinssatz gleich der Geldnachfrage ist. Dies bedeutet, daß $M^d = M^s$ oder auch

$$P \cdot m(y, r) = M(r). \tag{18}$$

Um die Steigung der LM-Kurve bei gegebenem Preisniveau P zu erhalten, differenzieren wir Gleichung (18) vollständig und erhalten:

$$P\left(\frac{\partial m}{\partial y}\,dy + \frac{\partial m}{\partial r}\,dr\right) = M'\,dr.$$

Diese Gleichung können wir auch wie folgt schreiben:

$$dr\left(P\frac{\partial m}{\partial r} - M'\right) = -P\frac{\partial m}{\partial y}\,dy.$$

Als Ausdruck für die Steigung der LM-Kurve bei zinsreagiblem Geldangebot erhalten wir also:

$$\left.\frac{dr}{dy}\right|_{LM} = -\frac{P \cdot \dfrac{\partial m}{\partial y}}{P \cdot \dfrac{\partial m}{\partial r} - M'} . \tag{19}$$

Dieser Ausdruck für die Steigung der LM-Kurve ist positiv, da $\partial m/\partial y$ positiv, $\partial m/\partial r$ negativ mit M' positiv ist.

In Teil II, wo $M' = 0$ galt, war die Steigung der LM-Kurve durch $-[(\partial m/\partial y)/(\partial m/\partial r)]$ gegeben. Fügen wir ein zinsreagibles Geldangebot mit M' positiv hinzu, so verringert sich die Steigung der LM-Kurve. Die LM-Kurve ist also flacher, wenn $M' > 0$ ist, im Gegensatz zu vorher als $M' = 0$ war.

In Kapitel 14 haben wir festgestellt, daß die Geldumlaufsgeschwindigkeit als konstant angenommen werden kann, wenn die Zinselastizität der Geldnachfrage gering ist. In diesem Spezialfall können wir die LM-Gleichung auf den Ausdruck

$$y = \bar{v}m \tag{20}$$

reduzieren, wobei $\bar{v}$ für die konstante Umlaufgeschwindigkeit des Geldes steht. Gleichung (20) ist dann eine Gleichung mit einer exogenen Unbekannten, die durch m gegeben ist. Ein Monetarist würde diese Gleichung dazu verwenden, Veränderungen des realen BSP (y) zu prognostizieren, ohne sich dabei auf einen weiteren Teil unseres Multimarktsystems zu beziehen.

Reagiert das Geldangebot auf Änderungen des Zinssatzes, dann kann diese Position nicht aufrechterhalten werden, selbst wenn die Zinselastizität der Geldnachfrage gleich null ist. Nehmen wir an, die Nachfrage nach Realkasse sei durch

$$m^d = \frac{1}{\bar{v}}\, y \tag{21}$$

gegeben, wobei die Zinselastizität gleich null ist. Wenn die Geldangebotsfunktion bei gegebenem Preisniveau als

$$m^s = m(r) \tag{22}$$

geschrieben werden kann, dann ist die Gleichgewichtsbedingung für den Geldmarkt (in dieser Welt der zinsunempfindlichen Geldnachfrage) durch

$$m(r) = \frac{1}{\bar{v}}\, y \tag{23}$$

gegeben.

Ist das Geldangebot also zinsreagibel, dann erhält die Gleichgewichtsbedingung für den Geldmarkt unabhängig vom Grad der Zinsreagibilität der Geldnachfrage sowohl y als auch r. Dies bedeutet, daß sowohl die IS-Kurve als auch die LM-Kurve eine Rolle bei der Bestimmung des Gleichgewichtsniveaus des BSP spielen, selbst dann, wenn die Geldnachfrage unabhängig vom Zinssatz ist.

Zwischenziele und Geldpolitik in der Praxis

Zu den Zielen makroökonomischer Politik und damit einschließlich der Geldpolitik gehören Stabilität von Preisen und Output bei einem akzeptablen Beschäftigungsniveau. In Kapitel 9 haben wir gezeigt, wie sich diese Zeile durch Manipulation politischer Instrumente (zum Beispiel der Staatsausgaben oder des Geldangebots) erreichen lassen. Wie wir nun aber erkennen müssen, ist das Geldangebot nicht exakt definiert, und die Zentralbank kontrolliert nur einen Teil der Reserven durch Offenmarktoperationen. Die Zentralbank braucht Regeln, nach denen sie ihre täglichen Offenmarktgeschäfte durchführt, auch wenn die großen monetären Aggregate wie M1 nicht sofort beobachtbar sind. Selbst wenn Statistiken für M1 sofort zur Verfügung ständen, wäre es immer noch schwierig, die angestrebten Ziele zu erreichen. Es besteht eine unvermeidbare Verzögerung bei der Beurteilung des Zustands der Volkswirtschaft nach einer Störung des Gleichgewichts und damit auch bei der Entscheidung, was zu tun ist. Eine weitere Verzögerung tritt zwischen der Durchführung einer politischen Maßnahme und ihren Auswirkungen auf Preise und Output auf. Wie in Kapitel 4 erklärt, tritt eine sofortige Reaktion auf den Finanzmärkten auf. Danach arbeiten sich die Effekte dann Stück für Stück durch die Arbeits- und Gütermärkte.

Angesichts dieser Verzögerungen bei der Beobachtung der Auswirkungen einer politischen Maßnahme auf die Zielvariablen erscheint es sinnvoll, Zwischenziele zu definieren. Der Gedanke dabei ist, daß, wenn geeignete Zwischenziele erfüllt werden, das Verhalten der Variablen, die eigentlich von Interesse sind, ebenfalls bestimmte Erwartungen erfüllen wird. Die Annahme von Zwischenzielen ist eine praktische Maßnahme zur Erleichterung der Kontrolle der durchgeführten Politik. Um ihren Zweck erfüllen zu können, müssen diese Variablen natürlich in einer direkten, möglichst konstanten Beziehung zu den eigentlichen Zielvariablen stehen, die es erlaubt, bei Beobachtung der Zwischenziele vernünftige Prognosen bezüglich der Zielvariablen aufzustellen. Außerdem müssen sie schnell und ohne Schwierigkeiten beobachtbar sein. Aus letzterem Grund bieten sich Preis- und Mengenwerte auf den Finanzmärkten an, da diese täglich beobachtet werden können.

Im Falle der Geldpolitik stellt sich die Wahl eines Zwischenziels häufig als die Wahl zwischen der Kontrolle des Geldangebots und den Zinssätzen. Wir vergleichen folgende zwei Alternativen: zunächst halten wir das Geldangebot konstant und lassen dabei den vom Markt bestimmten Zinssatz variieren, während wir im zweiten Fall den Zinssatz durch Offenmarktoperationen fixieren. Die korrekte Wahl des Zwischenziels ist die, die im Durchschnitt das reale Einkommen am besten stabilisiert. Ist das Geldangebot bei $\overline{M}$ konstant, so befinden wir uns immer auf der LM-Kurve mit positiver Steigung. Wird der Zinssatz bei $\bar{r}$ fixiert, dann ist die LM-Kurve effektiv flach. Dieser Kontrast ist in Abbildung 15-4 dargestellt.

Wir werden das Problem im Rahmen des IS-LM-Modells mit fixen Preisen (Kapitel 5) illustrieren und stochastische Schocks hinzufügen, wie wir sie in Kapitel 11 behandelt haben. Das Beispiel stammt aus einer Arbeit von William Poole. Wir nehmen an, das reale BSP sei zur Zeit der politischen Entscheidung nicht beobachtbar und die Wahl des Zwischenziels sei auf die Konstanthaltung von M oder r beschränkt. Algebraisch gelten also folgende zwei Gleichungen:

$$\text{IS: } y = c - ar + u \tag{24}$$

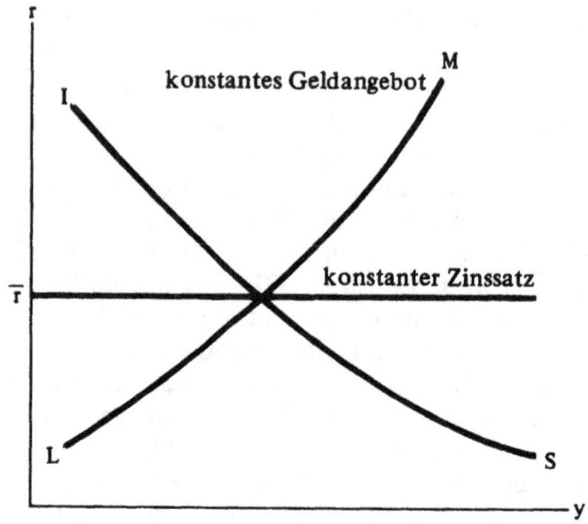

Abbildung 15-4: Geldangebot und Zinssatz als Zwischenziele: Störungen des Gütermarkts.

und

$$\text{LM: } M + v = y - br. \tag{25}$$

Hier steht c für eine Konstante der IS-Kurve, das Preisniveau wird konstant bei 1 gehalten, so daß y in der Gleichung der LM-Kurve steht und u und v zufallsbedingte Störterme des Gütermarktes respektive des Geldmarkts darstellen. Wie üblich sind sowohl die Güternachfrage [die rechte Seite von Gleichung (24)] als auch die Geldnachfrage [die rechte Seite von Gleichung (25)] negativ mit dem Zinssatz korreliert.

Die Kontrolle des Geldangebots

Seit Ende der siebziger Jahre haben sich die Geldpolitiker mehr und mehr auf die Kontrolle des Geldangebots konzentriert.

Im Extremfall ist es denkbar, daß das Geldangebot auf einem konstanten vorbestimmten Niveau gehalten wird, womit wir aus Gleichung (25)

$$r = -\frac{1}{b}(\overline{M} + v - y). \tag{26}$$

erhalten. Substituieren wir (24) durch (26), so erhalten wir eine Gleichung, in der nur y endogen ist:

$$y = c + \frac{a}{b}(\overline{M} + v - y) + u.$$

Nach Umstellen erhalten wir einen Ausdruck für die reduzierte Form der Variablen y:

$$y = \frac{bc + a\overline{M}}{a+b} + \frac{a\upsilon + bu}{a+b}. \tag{27}$$

Hier sind die Elemente im ersten Term auf der rechten Seite der Gleichung (27) alle konstant und der zweite Term setzt sich aus den zufallsbedingten Störtermen des Geld- und des Gütermarkts zusammen. Die Varianz von v ist durch σ_υ^2 gegeben und die Varianz von u durch σ_u^2. Halten wir M konstant, so ergibt sich die Varianz von y zu

$$\mathrm{Var}(y) = \frac{a^2\sigma_\upsilon^2 + b^2\sigma_u^2}{(a+b)^2}. \tag{28}$$

Dies ist die Varianz des realen Outputs, wobei M durch politische Maßnahmen konstant gehalten wird und Güter- und Geldmarkt den Einflüssen zufallsbedingter Störterme unterliegen.

Kontrolle des Zinssatzes

Während der Nachkriegszeit konzentrierte sich die Geldpolitik hauptsächlich auf die Konstanthaltung des Zinssatzes. Setzen wir den Zinssatz bei einem Wert $\bar{r}$ fest, dann ist die LM-Kurve irrelevant für die Bestimmung des realen BSP, weil die Geldpolitik r immer bei einem bestimmten Zielwert hält. In diesem Fall betrachten wir lediglich die IS-Kurve, um y zu bestimmen:

$$y = c - a\bar{r} + u.$$

In dieser Situation haben also nur Störungen der Nachfrage u Auswirkungen auf das reale Einkommen, womit die Varianz des realen Einkommens durch

$$\mathrm{Var}(y) = \sigma_u^2 \tag{29}$$

gegeben ist. Die Varianz von y ist in diesem Fall von Schocks der IS-Kurve bestimmt, die diese entlang dem Zielwert $\bar{r}$ in Abbildung 15-4 verschieben.

Geldangebot oder Zinssatz als Zwischenziel?

Der Geldpolitiker muß nun ein brauchbares Zwischenziel wählen, wenn das eigentliche Ziel, die Stabilisierung des Outputs nicht direkt angegangen werden kann. Die Frage ist also, ob die Varianz von y geringer ist, wenn wir M konstant halten oder wenn wir r konstant halten. Wir vergleichen die Ausdrücke für die Varianzen aus den Gleichungen (28) und (29) und stellen fest, daß die Konstanthaltung des Geldangebots eine geringere Varianz impliziert, wenn

$$\frac{a^2\sigma_\upsilon^2 + b^2\sigma_u^2}{(a+b)^2} < \sigma_u^2$$

Dies können wir wie folgt vereinfachen:

$$a^2\sigma_v^2 < (a^2 + 2ab)\,\sigma_u^2$$

oder auch

$$\frac{a^2}{a^2 + 2ab} \cdot \sigma_v^2 < \sigma_u^2. \tag{30}$$

Ob also das Geldangebot ein besseres Zwischenziel als der Zinssatz darstellt, hängt von der relativen Stärke der Schocks auf dem Güter- beziehungsweise auf dem Geldmarkt ab (σ_v^2 bzw. σ_u^2) und von der Zinsreagibilität der Geld- und der Güternachfrage (b und a). Unsere Wahl muß sich also auf empirische Ergebnisse bezüglich der Quellen der Schocks stützen.

Nehmen wir einmal an, es gäbe keine Störungen des Geldmarktes, so daß $\sigma_v^2 = 0$ ist. Dann ist es sicherlich besser, das Geldangebot als Zwischenziel zu wählen, wie wir in Gleichung (30) und in Abbildung 15-5 erkennen können. Ist $\sigma_v^2 = 0$, so ist die LM-Kurve fixiert.

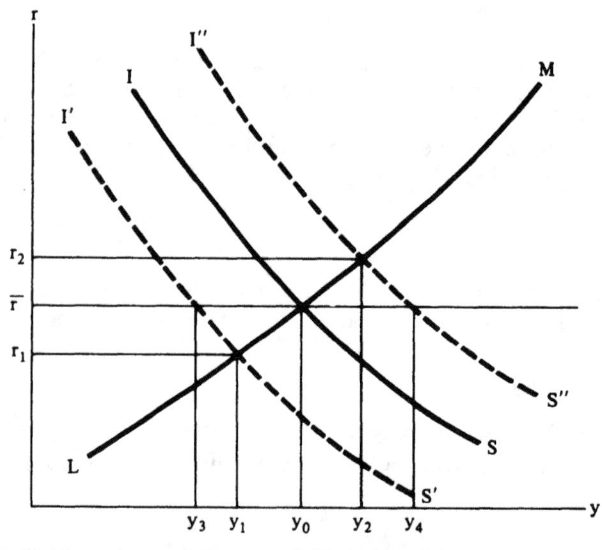

Abbildung 15-5: Geldangebot und Zinssatz als Zwischenziele.

Verschiebt sich nun die IS-Kurve zwischen I'S' und I''S'' von Störtermen getrieben hin und her, so schwankt das Einkommen, wenn wir das Geldangebot konstant halten, zwischen y_1 und y_2 um den Durchschnittswert y_0, während der Zinssatz zwischen r_1 und r_2 variiert. Halten wir dagegen den Zinssatz bei $\bar{r}$ konstant, dann ist der Wertebereich, in dem y schwankt, größer (zwischen y_3 und y_4). In diesem Fall würde die Wahl des Zinssatzes als Zwischenziel zu prozyklischen Schwankungen des Geldangebots führen, die die ursprünglichen Störungen des Gütermarktes noch verstärkten.

Was geschieht im anderen Extremfall, wenn nur Störungen des Geldmarktes vorliegen, das heißt $\sigma_u^2 = 0$ ist? In diesem Fall stellt der Zinssatz das geeignetere Zwischenziel zur Stabilisierung des Outputs dar. In Abbildung 15-6 ist die IS-Kurve fixiert und die LM-Kurve schwankt von Störungen der Geldnachfrage getrieben zwischen L'M' und L"M" hin und her. Das mittlere Niveau des realen Outputs ist y_0. Halten wir den Zinssatz konstant so werden Verschiebungen der LM-Kurve aufgrund von Nachfrageschwankungen durch Veränderungen des Geldangebots ausgeglichen. Die LM-Kurve verbleibt also auf ihrer ursprünglichen Position. Mit dem Zinssatz als Zwischenziel wir die Verbindung zwischen Geldmarkt und Gütermarkt unterbrochen, weshalb sich Störungen des Geldmarktes nicht mehr auf den Gütermarkt auswirken. Würden wir stattdessen das Geldangebot konstant halten, so würde die LM-Kurve wie in Abbildung 15-6 angedeutet zwischen L'M' und L"M" hin und her schwanken, wodurch sich die Störungen des Geldmarktes auf den Gütermarkt übertragen würden und damit der Output zwischen y_1 und y_2 und der Zinssatz zwischen r_1 und r_2 variieren würde.

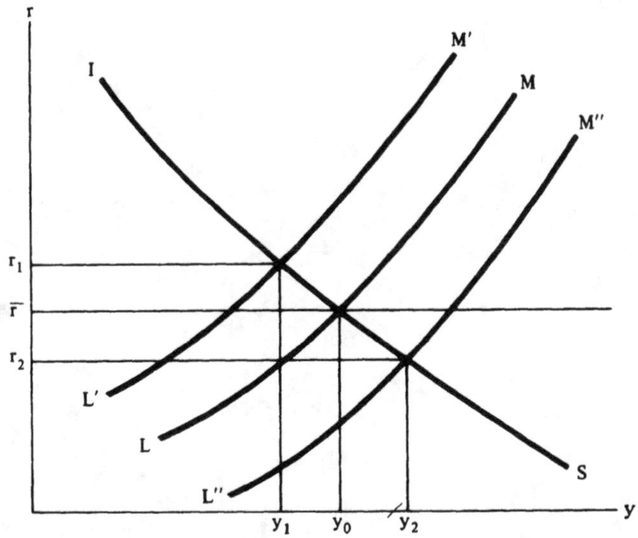

Abbildung 15-6: Geldangebot und Zinssatz als Zwischenziele: Störungen des Geldmarktes.

Zusammenfassend können wir folgendes feststellen. Mit dem Geldangebot als Zwischenziel werden Störungen des Gütermarktgleichgewichts durch den stabilisierenden Effekt von Zinssatzschwankungen auf die aggregierte Nachfrage eliminiert. Ein positiver Schock verschiebt die IS-Kurve nach oben und erhöht dabei den Zinssatz entlang der LM-Kurve. Dieser höhere Zinssatz führt zur Verringerung der Investition und gleicht den Effekt des Schocks teilweise aus.

Hielten wir den Zinssatz konstant, indem wir die LM-Kurve entsprechend verschöben, so würde dies die ursprüngliche Störung noch vergrößern. Dies ist dagegen nicht der Fall, wenn wir eine Störung der Geldnachfrage beobachten. In dieser Situation wird eine Veränderung des Geldangebots zwecks Konstanthaltung des Zinssatzes die LM-Kurve bei ihrer ursprünglichen Position belassen und somit auch das ursprüngliche Gleichgewicht bewahren. Die Wahl zwischen Zinssätzen und Geldangebot als Zwischenziel hängt also von empirischen Schätzungen der Parameter der Gleichung (30) ab, einschließlich der relativen Variabilität von Störungen der Güter- und der Finanzmärkte.

Ausgewählte Literatur

L. V. Chandler, *Money and the National Economy* (New York: General Learning Press, 1971).

P. H. Hendershott and F. De Leeuw, „Free Reserves, Interest Rates, and Deposits: A Synthesis," *Journal of Finance,* June 1970.

F. Modigliani, R. Rasche, and J. P. Cooper, „Central Bank Policy, Money Supply, and the Short-Term Note of Interest," *Journal of Money, Credit, and Banking,* May 1970.

W. Poole, „Optimal Choice of Monetary-Policy Instruments in a Simple Stochastic Macro Model," *Quarterly Journal of Economics,* May 1970.

R. L. Teigen, „The Demand for and Supply of Money," in W. L. Smith and R. L. Teigen, eds., *Readings in Money, National Income, and Stabilization Policy* (Homewood, Ill.: R. D. Irwin, 1965).

J. Tobin, „Commercial Banks as Creators of ‚Money'," in W. L. Smith and R. L. Teigen, eds., *Readings in Money, National Income and Stabilization Policy* (Homewood, Ill.: R. D. Irwin, 1965).

Kapitel 16 Geld- und Fiskalpolitik im erweiterten Modell

In den Kapiteln 12 bis 15 haben wir sowohl die theoretischen Grundlagen als auch empirische Ergebnisse bezüglich der vier Funktionen der Nachfrageseite der Volkswirtschaft (Konsum-, Investitions- und Geldnachfrage und Geldangebot) etwas detaillierter betrachtet. Wenn es angebracht erschien, sind wir in diesen Kapiteln kurz auf die Auswirkungen dieser Analyse auf unsere Sichtweise der Fiskal- und der Geldpolitik eingegangen. In diesem Kapitel wollen wir die Ergebnisse der Kapitel 12 bis 15 und der Diskussion über rationale Erwartungen in Kapitel 11 sammeln, um einen umfassenderen Überblick über die Auswirkungen geld- und fiskalpolitischer Maßnahmen auf die Volkswirtschaft zu erhalten. Außerdem wollen wir auf einige aktuelle Fragen bezüglich der Anwendung von Geld- und Fiskalpolitik eingehen. Bei der Diskussion der Effekte konzentrieren wir uns auf Fragen des „timings", wie wir sie bereits in den Kapiteln 12-15 angeschnitten haben. Hier werden wir zum Beispiel auf die verzögerten Reaktionen der Konsumausgaben nach einer Änderung des Einkommens und der Investition nach einer Änderung des Outputs und des Zinssatzes eingehen. Wir werden also Fragen des „timings" in bezug auf die Komponenten der Nachfrageseite in unsere Analyse der Geld- und Fiskalpolitik des Teils II mit einbeziehen. Dort haben wir uns hauptsächlich mit Veränderungen von einer Gleichgewichtspositition zur nächsten beschäftigt und dabei den Pfad der Volkswirtschaft in der Übergangsphase außer Acht gelassen.

Im ersten Teil dieses Kapitels fassen wir das grundlegende statische Modell einschließlich der Erweiterungen der Kapitel 12-15 zusammen. Danach betrachten wir die allgemeinen Auswirkungen fiskal- und geldpolitischer Veränderungen im erweiterten Modell und konzentrieren uns dabei zum einen auf „timing-Effekte" und zum anderen auf die Beziehung zwischen den Annahmen bezüglich des Arbeitsmarkts und der Angebotskurve und den Implikationen bezüglich der Auswirkungen politischer Maßnahmen. Diese Diskussion führt uns im folgenden Abschnitt zur „Monetaristen-Fiskalisten-Debatte", die im Zentrum der Diskussion makroökonomischer Politik in den siebziger Jahren stand. Danach gehen wir auf die Neuklassische Sichtweise ein, die in den achtziger Jahren an Boden gewonnen hat. Sowohl die Sichtweise der Monetaristen und Fiskalisten bezüglich der Geldpolitik, daß Geld alleine wichtig ist (Monetaristen) oder daß es gar keine Rolle spielt (Fiskalisten), als auch die Neuklassische Sichtweise, daß kleinerlei systematische Politik Auswirkungen hat, stellen extreme und wahrscheinlich inkorrekte Fälle des statischen Modells dar. Die monetaristische Position geht von der impliziten Annahme aus, die Zinselastizität der Geldnachfrage sei gleich null, und konzentriert sich zur Bestimmung des realen Outputs auf eine senkrechte LM-Kurve. Der Position der Fiskalisten liegt die Annahme zugrunde, die Zinselastizität der Investitionsnachfrage sei nahezu gleich null. Die Fiskalisten verwenden eine senkrechte IS-Kurve zur Bestimmung des Gleichgewichtsoutputs. Die Neuklassische Position verwendet eine selbst kurzfristig senkrechte aggregierte Angebotskurve, um y zu bestimmen.

Im vierten Abschnitt dieses Kapitels betrachten wir die Beziehung zwischen Steuersatzänderungen und dem Haushaltsüberschuß. Senken wir die Steuersätze, so erhöht sich im allgemeinen das Einkommen, so daß die Auswirkungen auf die Steuereinnahmen (Steuersatz mal Einkommen) ungewiß sind. Ob die Steuereinnahmen und somit der Haushaltsüberschuß (oder das Defizit) steigt oder fällt als Folge einer Steuersatzsenkung hängt von der Ausgangsposition der Volkswirtschaft ab, wobei hier im wesentlichen die Position auf der LM-Kurve gemeint ist. Die Möglichkeit, daß eine Senkung der Steuersätze die Steuereinnahmen erhöhen könnte, wurde in den USA während der Regierungszeit Kennedys in den frühen sechziger Jahren in die politische Debatte eingeführt. Die Behauptung, daß Steuersatzsenkungen die Steuereinnahmen erhöhen würden, bildete die Grundlage für das 1981 verabschiedete Kemp-Roth-Reagan Steuerprogramm.

Schließlich wollen wir im letzten Abschnitt einen kurzen Blick auf das Problem der Schuldenverwaltung aus der Sicht der Stabilitätspolitik werfen. Hier werden wir sehen, welchen Unterschied es im Hinblick auf die Stabilisierung macht, wie ein bestimmtes Defizit finanziert wird. Eine durch den Verkauf von Wertpapieren an das Publikum finanzierte Erhöhung des Defizits verschiebt die IS-Kurve entlang der LM-Kurve nach oben, während wir das Geldangebot M konstant halten. Wird das Defizit aber durch den Verkauf von Wertpapieren an die Zentralbank finanziert, so wird M erhöht und die LM-Kurve verschiebt sich ebenfalls nach außen. Der Betrag der Erhöhung von y und die Frage, ob der Zinssatz steigt oder fällt als Folge einer Erhöhung des Defizits, hängt zum Teil davon ab, wie das Defizit finanziert wird.

Das erweiterte statische Modell

In Kapitel 12 haben wir gesehen, daß die Konsumfunktion aus Teil II zumindest dahingehend erweitert werden muß, daß sie auch die realen Vermögensanlagen a (= A/P) enthält. Zusätzlich haben wir gesehen, daß die Konsumausgaben wahrscheinlich relativ schnell auf eine Veränderung des verfügbaren Einkommens reagieren werden, wenn die Konsumenten mit einer permanenten Veränderung rechnen und nicht mit einer vorübergehenden, wie im Fall einer temporären Änderung der Steuersätze. Des weiteren ist es möglich, daß die Erhöhung der Konsumausgaben die Zunahme des verfügbaren Einkommens wenigstens kurzfristig übersteigt, da die Zunahme des gewünschten Konsums, die auf eine Erhöhung des Einkommens folgt, eine überproportionale Zunahme der Käufe von dauerhaften Konsumgütern impliziert. Die Konsumfunktion aus Kapitel 12 sei hier noch einmal wiederholt:

$$c = c(y - t(y), a); \qquad \frac{\partial c}{\partial(y - t(y))}, \quad \frac{\partial c}{\partial a} > 0, \tag{1}$$

wobei das reale Vermögen der Konsumenten a = A/P ist.

Die zweite Modifikation der Komponenten der Gleichgewichtsbedingung für den Gütermarkt fand in Kapitel 13 statt, wo wir feststellten, daß die Investition eine Funktion des Outputniveaus wie auch des Zinssatzes ist. Wir sollten an dieser Stelle bemerken, daß die Ersatzinvestionen in einem statischen Gleichgewichtsmodell vom Niveau des Outputs abhängen. Auf Veränderungen des Outputs oder der Zinssätze beruhende Nettoinvestitionen tauchen in diesem statischen Modell gar nicht auf, stellen aber einen wichtigen Bestimmungsfaktor des Pfads der Ökonomie zwischen zwei Gleichgewichtigen dar.

In unserem statischen Modell sieht die Funktion der Ersatzinvestitionen bei gegebenem Gleichgewichtskapitalstock wie folgt aus:

$$i = i(r, y); \qquad \frac{\partial i}{\partial r} < 0, \qquad \frac{\partial i}{\partial y} > 0. \tag{2}$$

Zusätzlich werden beim Übergang von einem Gleichgewichtsniveau des Kapitalstocks zum nächsten Nettoinvestitionen als eine Funktion des Outputs und der Zinssätze in unserem Modell erscheinen. Eine Senkung des Zinssatzes führt zu einer Erhöhung des Gleichgewichtskapitalstocks. Dies impliziert ein vorübergehendes positives Nettoinvestitionsniveau, wenn der Kapitalstock an sein neues Gleichgewichtsniveau angepaßt wird. Auf dem neuen Niveau wird die statische Investitionsfunktion (2) ein höheres Niveau der Ersatzinvestition als Funktion des niedrigeren Zinssatzes aufweisen.

Die IS-Kurve

Diese Modifikationen der Konsum- und der Investitionsfunktion führen zu einer revidierten Form der Gleichgewichtsbedingung des Gütermarktes,

$$y = c(y - t(y), a) + i(r, y) + g \tag{3a}$$

oder

$$s(y - t(y), a) + t(y) = i(r, y) + g, \tag{3b}$$

die wir in Abbildung 16-1 als die IS-Kurve dargestellt haben.

In Abbildung 16-1 ist die Position der Kurve, die die Ersparnis zuzüglich der Steuereinnahmen (die Bruttoersparnis der Gesellschaft) als eine Funktion des realen Einkommensniveaus darstellt, vom Niveau des realen Nettovermögens der Konsumenten a_0 bestimmt. Eine Verringerung des realen Nettovermögens, die normalerweise durch ein Ansteigen des Preisniveaus verursacht wird, reduziert die Konsumausgaben bei konstantem Einkommensniveau und erhöht somit die Ersparnis. Dies wird die (s + t)-Kurve im vierten Quadranten von Gleichung 16-1 im Uhrzeigersinn verdrehen, wobei die Ersparnis bei gegebenem Einkommensniveau zunimmt.

Die Investitionsfunktion i = i(r, y) im zweiten Quadranten von Abbildung 16-1 steht für eine ganze Familie von Investitionsfunktionen. Steigt das Einkommen von y_0 auf y_1, so steigt auch das Niveau der Ersatzinvestition bei gegebenem Zinsniveau, so daß die Investitionsnachfragekurve in Abbildung 16-1 von $i(y_0)$ auf $i(y_1)$ verschoben wird.

Bei einem bestimmten anfänglichen Niveau des Realvermögens a_0, das eine (s + t)-Funktion in Abbildung 16-1 festlegt, können wir die IS-Kurve herleiten, indem wir die entsprechende i(y)-Kurve zur Konstruktion verwenden. Wie wir in Kapitel 13 gesehen haben, führt die Einführung einer Investitionsnachfrage, die vom Niveau des realen Outputs abhängt, zum Abflachen der IS-Kurve. Wir haben die IS-Kurve I_0S_0 in Abbildung 16-1 als ein Beispiel bei dem Niveau a_0 des realen Vermögens dargestellt. Der Leser erinnere sich an Kapitel 12, wo wir gezeigt haben,

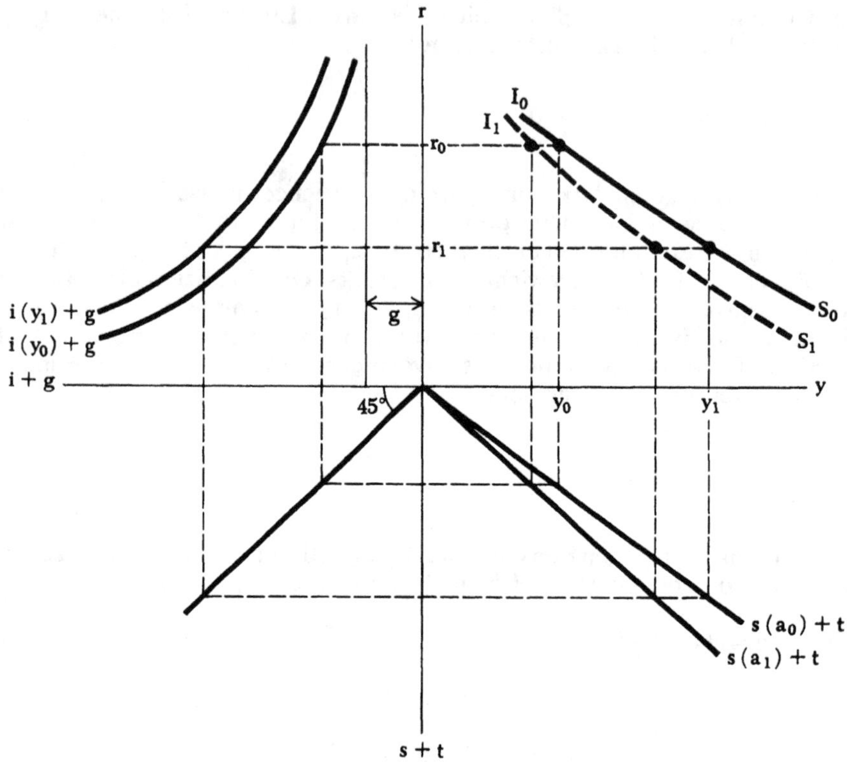

Abbildung 16-1: Die IS-Kurve im erweiterten Modell.

daß die Auswirkungen einer Veränderung des Zinssatzes auf den Konsum über das reale Vermögen ebenfalls zum Abflachen der IS-Kurve führten.

Fällt nun der reale Wert des Vermögens des Konsumenten aufgrund einer Preiserhöhung auf a_1, so verschiebt sich die IS-Kurve in Abbildung 16-1 nach unten auf I_1S_1. Bei jedem Einkommensniveau werden die Menschen nun den Wunsch haben, mehr zu sparen (die Ersparnis ist ex ante höher). Folglich wird bei jedem Zinsniveau das Gleichgewichtsniveau des Outputs auf dem Gütermarkt sinken, wenn das Preisniveau aufgrund sinkender Konsumnachfrage steigt. Die Anerkennung der wichtigen Rolle, die das reale Vermögen bei der Bestimmung der Konsumausgaben und der Ersparnis spielt, begründet die Einführung des realen Vermögens als Bestimmungsfaktor der Verschiebung der IS-Kurve bei Änderungen des Preisniveaus.

Die LM-Kurve

In Kapitel 14 haben wir verschiedene Betrachtungsweisen der Geldnachfrage entwickelt, die alle auf die gleiche Form hinausliefen, die wir auch schon in Teil II benutzt haben. Bei gegebenem Betrag des liquiden Vermögens ist die Spekulationsnachfrage negativ mit dem Zinssatz korreliert. Die Transaktionsnachfrage ist positiv mit dem Niveau der Transaktionen (oder dem Einkommen) korreliert und negativ mit dem Zinssatz. Wir können die Funktion der Geldnachfrage also wie folgt schreiben:

$$\frac{M}{P} = m(r, y) \approx l(r) + k(y) \tag{4a}$$

oder

$$M = P \cdot m(r, y) \approx P \cdot l(r) + P \cdot k(y). \tag{4b}$$

Hier gilt $\partial m/\partial r < 0$ und $\partial m/\partial y > 0$. Wie wir in Kapitel 15 gesehen haben, ist die Geldangebotsfunktion bei einem bestimmten von der Fed zur Verfügung gestellten Betrag nichtgeliehener Reserven und bestimmten Präferenzen des Publikums bezüglich Sichteinlagen und Bargelds eine steigende Funktion des Zinssatzes,

$$M = M(r); \qquad M' > 0. \tag{5}$$

Setzen wir Geldangebot gleich Geldnachfrage, so erhalten wir die Gleichgewichtsbedingung für den Geldmarkt,

$$\frac{M(r)}{P} = m(r, y) \approx l(r) + k(y). \tag{6}$$

Dies ist die Gleichung der LM–Kurve in Abbildung 16-2.

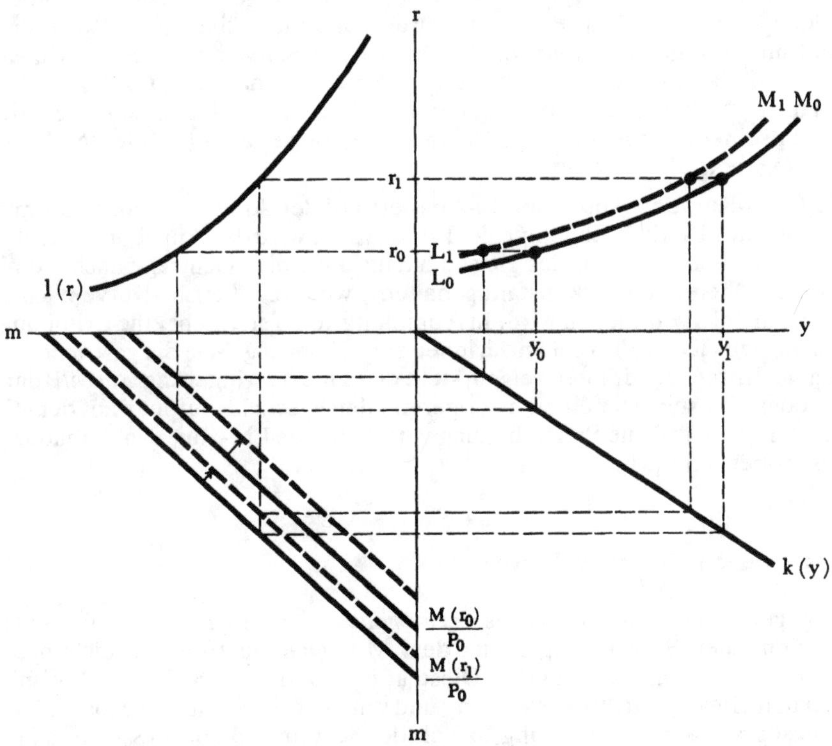

Abbildung 16-2: Die LM-Kurve im erweiterten Modell.

Die k(y)-Kurve im vierten Quadranten bestimmt die Veränderung der Nachfrage nach Realkasse, wenn sich das Einkommen ändert. Die l(m)-Kurve im zweiten Quadranten bestimmt die Reaktion der Spekulations- und der Transaktionsnachfrage, wenn sich der Zinssatz ändert. Die 45°-Linie im dritten Quadranten beschränkt die beiden Nachfragekomponenten so, daß sie zusammen dem Angebot an Realkasse $M(r)/P_0$ entsprechen. P_0 steht hier für das exogene anfängliche Preisniveau. Wenn sich der Zinssatz ändert, so ändert sich auch das Angebot an Realkasse.

Bei der graphischen Herleitung der LM-Kurve beginnen wir mit einem anfänglichen Zinssatz r_0, der das Angebot an Realkasse $M(r)/P_0$ festlegt. Bei r_0 bestimmt die Funktion der Liquiditätspräferenz l(r) die Spekulationsnachfrage nach Geld in Abbildung 16-2 mit $l(r_0)$. Das Angebot an Realkasse $M(r_0)/P_0$ ist durch den Zinssatz r_0 festgelegt, womit also $[M(r_0)/P_0] - l(r_0) = k(y_0)$ für die Transaktionsnachfrage übrig bleibt. Diesem Wert ist das Einkommensniveau y_0 zugeordnet. Somit ist der Punkt r_0, y_0 auf der LM-Kurve in Abbildung 16-2 festgelegt.

Beim Zinssatz r_1 ($> r_0$) erhöht sich das Angebot an Realkasse aufgrund geringerer freier Reserven im Bankensystem auf $M(r_1)/P_0$. Gehen wir in Abbildung 16-2 gegen den Uhrzeigersinn von r_1 über $M(r_1)/P_0$ zu y_1, so können wir einen weiteren Gleichgewichtspunkt des Geldmarktes r_1, y_1 lokalisieren. Wir können nun die LM-Kurve L_0M_0 in Abbildung 16-2 durch diese zwei Punkte zeichnen.

Bliebe das Geldangebot bei $M(r_0)$ konstant, dann wäre das dem Zinssatz r_1 entsprechende Gleichgewichtsniveau von y auf dem Geldmarkt niedriger als y_1, da wir bei der Herleitung von y ausgehend von r_1 die gestrichelte Linie über die Geldangebotslinie $M(r_0)/P_0$ führen würden und nicht über $M(r_1)/P_0$. In diesem Fall (mit konstantem Geldangebot) wäre die LM-Kurve dann steiler als in Abbildung 16-2 dargestellt. Eine Erhöhung von r erhöht das Geldangebot in diesem Fall nicht, so daß bei einer bestimmten Zunahme von r die Erhöhung des Gleichgewichtseinkommens auf dem Geldmarkt geringer als im Falle des flexiblen Geldangebots $M = M(r)$ wäre.

Die L_0M_0-Kurve in Abbildung 16-2 basiert auf der Annahme eines bestimmten Preisniveaus P_0. Eine Zunahme des Preisniveaus wird das Angebot an Realkasse verringern oder, was auf das gleiche hinausläuft, die Nachfrage nach Nominalkasse erhöhen (r und y konstant gehalten), wodurch die LM-Kurve nach oben und nach links verschoben wird. In Abbildung 16-2 verschiebt eine Erhöhung des Preisniveaus jede M/P-Linie nach innen zum Ursprung. Wie die gestrichelten Linien im dritten Quadranten zeigen, stellt dies eine Verringerung von M/P dar, die bei jedem Zinsniveau r einen niedrigeren Gleichgewichtsoutput y auf dem Geldmarkt impliziert. Eine Preiserhöhung verschiebt die LM-Kurve in Abbildung 16-2 nach oben auf L_1M_1.

Die aggregierte Nachfragekurve

Bei gegebenem Nominalwert des Vermögens und gegebenem Preisniveau erhalten wir mit der IS-Gleichung (3) und der LM-Gleichung (6) zwei Gleichungen mit den zwei Unbekannten r und y. Diese können wir bei gegebenem Preisniveau nach den Gleichgewichtswerten von r und y auf der Nachfrageseite lösen. Die Lösung ist graphisch in Abbildung 16-3 als der Schnittpunkt der I_0S_0-Kurve mit der L_0M_0-Kurve dargestellt. Diese beiden Kurven entsprechen der I_0S_0- und der

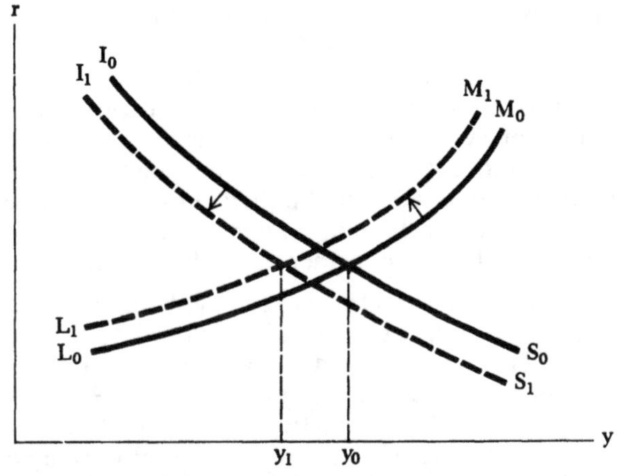

Abbildung 16-3: Gleichgewicht auf der Nachfrageseite.

L_0M_0-Kurve in Abbildung 16-1 beziehungsweise Abbildung 16-2 beim anfänglichen Preisniveau P_0.

Wie in Teil II erhalten wir die aggregierte Nachfragekurve, indem wir das Preisniveau variieren und die Veränderung des Gleichgewichtsoutputs der Nachfrageseite untersuchen. Eine Erhöhung des Preisniveaus verringert das reale Vermögen der Haushalte und erhöht die gewünschte Ersparnis bei jedem Einkommensniveau, wodurch die (s + t)-Linie in Abbildung 16-1 im Uhrzeigersinn verdreht wird. Diese Verringerung der Konsumnachfrage verschiebt die IS-Kurve in Abbildung 16-3 nach links auf I_1S_1. Wie wir im vorangegangenen Abschnitt gesehen haben, führt eine Erhöhung des Preisniveaus durch eine Verringerung der Realkasse zu einer Verschiebung der LM-Kurve nach links auf L_1M_1 in Abbildung 16-3. Steigt das Preisniveau, so verschieben sich beide Kurven in Abbildung 16-3 nach oben, wodurch das Gleichgewichtsniveau des Outputs verringert wird.

Diese Beziehung zwischen dem Gleichgewichtsoutput der Nachfrageseite und dem Preisniveau ist in Abbildung 16-4 als die aggregierte Nachfragekurve D_0D_0 dargestellt.

Steigt das Preisniveau von P_0 auf P_1, so wird die Konsumnachfrage direkt durch die Verringerung des realen Vermögens reduziert (unser Analogon zum Pigou-

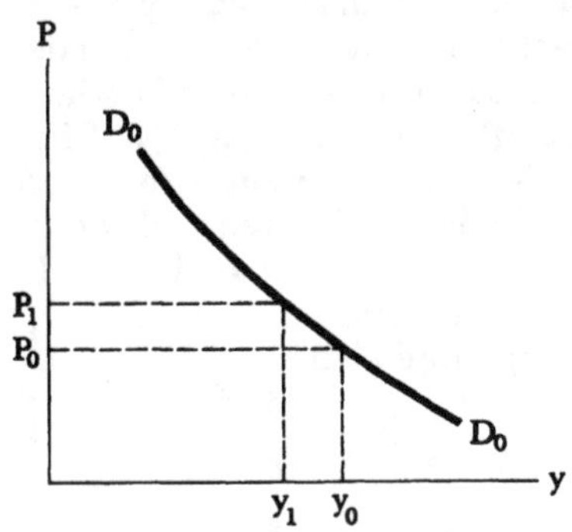

Abbildung 16-4: Die aggregierte Nachfragekurve.

Effekt). Wie aus Abbildung 16-3 ersichtlich sein sollte, verschiebt eine Verringerung des realen Geldangebots die LM-Kurve nach links und bewirkt eine Erhöhung des Zinssatzes. Auf der anderen Seite verschiebt das aufgrund der gesunkenen Konsumnachfrage niedrigere Einkommen die IS-Kurve nach links, wodurch die Geldnachfrage reduziert und der Zinssatz wieder gesenkt wird. Die Preiserhöhung wird den Zinssatz entweder erhöhen oder senken. Dies ist auf der einen Seite abhängig von der relativen Empfindlichkeit des Zinssatzes bezüglich des Geldangebots und der Geldnachfrage, auf der anderen Seite von der Reagibilität der Konsumnachfrage in bezug auf Änderungen des realen Vermögens.

Die Funktion der Investitionsnachfrage $i = i(r, y)$ hängt vom realen Output und dem Zinssatz ab. Die Verschiebung der IS- und der LM-Kurve nach links wird mit Sicherheit zu einer Verringerung der Investitionsnachfrage von einem statischen Gleichgewicht zum nächsten führen, wenn das Preisniveau steigt. Der Zinssatz kann steigen oder fallen, wenn P_0 auf P_1 steigt. Mit dem niedrigeren Einkommen und Output wird der Gleichgewichtskapitalstock sinken, weshalb die Ersatzinvestition im neuen statischen Gleichgewicht niedriger ist. In der Übergangsphase werden wir negative Nettoinvestition beobachten, wenn der Kapitalstock von einem Gleichgewicht auf das Niveau des anderen Gleichgewichts gesenkt wird.

Die Verringerung der Konsumnachfrage und der Investitionsnachfrage, die auf eine Erhöhung des Preisniveaus von P_0 auf P_1 folgt, verschiebt den Gleichgewichtsoutput der Nachfrageseite in den Abbildungen 16-3 und 16-4 von y_0 auf y_1. Die Verringerung der Konsumnachfrage wird relativ schnell wirksam werden. Wir können mit einer Reaktion innerhalb von zwei bis drei Quartalen rechnen, spätestens aber ein Jahr nach der Preiserhöhung. Die Reaktionsgeschwindigkeit der Konsumausgaben wird eventuell höher als die der Konsumnachfrage sein, da die Ausgaben überreagieren müssen, um die dauerhaften Konsumgüter, wie in Kapitel 12 gesehen, auf das entsprechende Niveau zu bringen. Auch die Verringerung der Investitionsnachfrage wird vermutlich relativ schnell eintreten, wenn die Unternehmen auf Überschußkapazitäten reagieren und die Nettoinvestition verringern, um den Kapitalstock zu reduzieren. Nach einer Übergangsphase niedriger Nettoinvestition von ein bis zwei Jahren Dauer, während der der Gleichgewichtskapitalstock reduziert wird, wird die Bruttoinvestition entsprechend dem neuen Niveau der Ersatzinvestition wieder auf $i_1 = i(r_1, y_1)$ steigen. Dieses Niveau ist niedriger als $i_0 = i(r_0, y_0)$ aber höher als die Bruttoinvestition in der Übergangsphase der negativen Nettoinvestition.

Folglich gibt die Nachfragekurve in Abbildung 16-4 Veränderungen des Gleichgewichtsoutputs der Nachfrageseite wieder, die auf den Auswirkungen von Preisänderungen sowohl auf die Konsum- als auch auf die Investitionsnachfrage beruhen. Eine Erhöhung des Preisniveaus von P_0 auf P_1 bringt eine Reduktion des Gleichgewichtsoutputs der Nachfrageseite von y_0 auf y_1 mit sich, die sich innerhalb einer Periode von ein bis zwei Jahren vollzieht. Wegen der vorübergehend niedrigeren Nettoinvestition ist es möglich, daß das Einkommen zeitweise unter y_1 liegt. Nimmt die Bruttoinvestition dann wieder zu, so steigt der Gleichgewichtsoutput der Nachfrageseite wieder auf y_1.

Gleichgewicht auf dem Arbeitsmarkt

Die Gleichgewichtsbedingungen der Angebotsseite sind die gleichen wie in Kapitel 7, so daß wir sie nicht weiter detailliert besprechen wollen. Der Output hängt über die Produktionsfunktion

$$y = y(N; \overline{K}) \tag{7}$$

mit der Beschäftigung zusammen. Eine individuelle Firma wird so lange Arbeitskraft nachfragen, bis der Reallohnsatz gleich der Grenzproduktivität der Arbeit ist. Auf aggregiertem Niveau können wir die Funktion der Arbeitsnachfrage als eine Beziehung zwischen dem Lohnsatz, dem Preisniveau und dem Beschäftigungsniveau darstellen:

$$W^d = P \cdot f(N); \qquad f' < 0. \tag{8}$$

Hier können wir f(N) als die aggregierte Grenzproduktivität der Arbeit (MPL) interpretieren, so daß (8) die Grenzproduktivität der Arbeit gleich dem Reallohnsatz w = W/P setzt. Die Arbeitsnachfragefunktion ist in Abbildung 16-5 beim Preisniveau P_0 dargestellt.

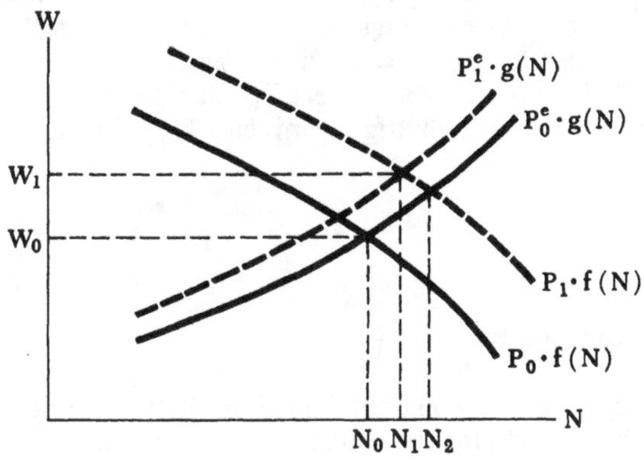

Abbildung 16-5: Gleichgewicht auf dem Arbeitsmarkt.

Auf der Angebotsseite des Arbeitsmarkts gilt wieder die Angebotskurve aus Kapitel 7, die den Nominallohnsatz entlang der Angebotsfunktion wiedergibt:

$$W^s = P^e \cdot g(N).$$

Das erwartete Preisniveau P^e ist durch eine Erwartungsfunktion des tatsächlichen Preisniveaus gegeben:

$$P^e = p(P).$$

Kombinieren wir diese beiden Funktionen, so erhalten wir die Arbeitsangebotsfunktion, die den Nominallohnsatz zum Preisniveau und der Beschäftigung in Beziehung setzt:

$$W^s = p(P) \cdot g(N). \tag{9}$$

Eine Zunahme des Preisniveaus erhöht die Lohnforderungen und verschiebt die Arbeitsangebotsfunktion im W, N-Koordinatensystem nach oben. Die Arbeitsangebotsfunktion (g) ist ebenfalls in Abbildung 16-5 dargestellt. Sie basiert auf dem anfänglichen Preisniveau P_0, das, unter der Annahme, daß die anfänglichen Erwartungen korrekt sind, gleich $P^e{}_0$ ist. Wenn p' in Abbildung (9) gleich 0 ist, befinden wir uns im Keynesianischen Fall aus Kapitel 7. Ist p' dagegen gleich 1, liegt der klassische Fall vor. Nehmen wir an, daß in dem Fall, bei dem $p' = 1$ ist, eine Preiserhöhung rational antizipiert wird, dann befinden wir uns im Neuklassischen Modell aus Kapitel 11. Für $0 < p' < 1$ erhalten wir das allgemeine statische Modell aus Kapitel 7.

Setzen wir Angebot und Nachfrage gleich, so erhalten wir die Gleichgewichtsbedingung des Arbeitsmarktes:

$$P \cdot f(N) = p(P) \cdot g(N). \tag{10}$$

Bei gegebenem Preisniveau können wir Gleichung (10) nach dem Gleichgewichtswert der Beschäftigung N_0 auflösen. Die Gleichgewichtsbeschäftigung ist als das Niveau von N definiert, bei dem W^s und W^d übereinstimmen. Setzen wir N_0 und P_0 entweder in Gleichung (8) oder in Gleichung (9) ein, so erhalten wir den Nominallohnsatz im Gleichgewicht. Abbildung 16-5 stellt dieses Gleichgewicht auf dem Arbeitsmarkt dar, wobei der Schnittpunkt der Angebots- mit der Nachfragekurve beim anfänglichen Preis P_0, der gleichzeitig dem erwarteten Preis $P^e{}_0$ entspricht, das Beschäftigungsniveau N_0 und den Lohnsatz W_0 bestimmt.

Die aggregierte Angebotskurve

Wir können die aggregierte Angebotsfunktion ableiten, indem wir das Preisniveau auf dem Arbeitsmarkt in Abbildung 16-5 variieren und beobachten, wie sich der Gleichgewichtsoutput der Angebotsseite verändert. Im allgemeinen statischen Modell verschieben sich bei einer Erhöhung des Preisniveaus von P_0 auf P_1 sowohl die Arbeitsangcbots- als auch die Arbeitsnachfragefunktion in Abbildung 16-5 nach oben, wobei die Nachfragefunktion bei $p' < 1$ um mehr nach oben verschoben wird, als die Angebotsfunktion.

Höhere Preise führen bei allen Unternehmen zu einem höheren Grenzprodukt der Arbeit, so daß sie alle die Beschäftigung erhöhen wollen. Auf der anderen Seite reduziert die Preiserhöhung die Kaufkraft der Nominallöhne, weshalb die Lohnforderungen der Arbeitskräfte steigen. Dies wiederum verschiebt die Angebotskurve nach oben. Passen sich die Preiserwartungen kurzfristig nicht vollständig an, so daß das Arbeitsangebot weniger empfindlich in bezug auf Preisänderungen als bezüglich Änderungen des Nominallohnsatzes ist, so ist die Verschiebung der Arbeitsangebotsfunktion nach oben auf $P^e{}_1 \cdot g(N)$ geringer als die Verschiebung der Nachfragefunktion auf $P_1 \cdot f(N)$. Die Erhöhung des Preisniveaus von P_0 auf P_1 wird also das Gleichgewichtsniveau der Beschäftigung in Abbildung 16-5 von N_0 auf N_1 erhöhen.

Die Veränderung des Gleichgewichtsniveaus der Beschäftigung in Abbildung 16-5 wird durch die Produktionsfunktion in Abbildung 16-6 in eine Veränderung des Gleichgewichtsoutputs der Angebotsseite übersetzt. Die Erhöhung der Beschäftigung von N_0 auf N_1 erhöht den Gleichgewichtsoutput der Angebotsseite in Abbildung 16-6 von y_0 auf y_1. Hierdurch erhalten wir die aggregierte Angebotskurve in Abbildung 16-7. Die Preiserhöhung von P_0 auf P_1 in Abbildung 16-5 erhöht das Gleichgewichtsniveau der Beschäftigung von N_0 auf N_1. Die Erhöhung der Beschäftigung führt zu einer Zunahme des Gleichgewichtsoutputs auf der Angebotsseite von y_0 auf y_1 in Abbildung 16-6, so daß wir die Beziehung der Angebotskurve zwischen Preisniveau und Gleichgewichtsoutput der Angebotsseite in Abbildung 16-7 als S_0S_0 darstellen können. Steigt das Preisniveau von P_0 auf P_1, so steigt der Output der Angebotsseite von y_0 auf y_1.

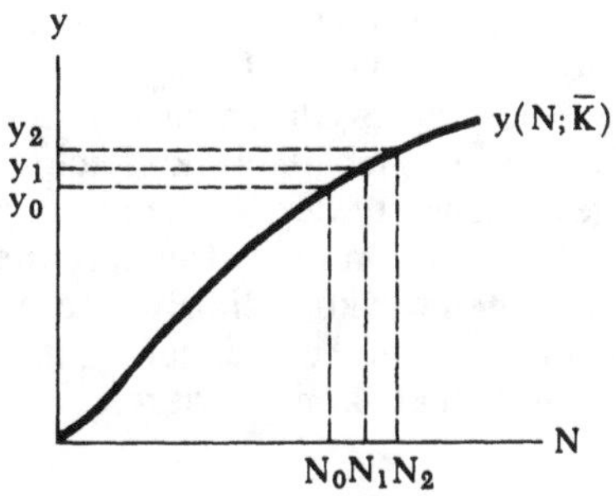

Abbildung 16-6: Die Produktionsfunktion.

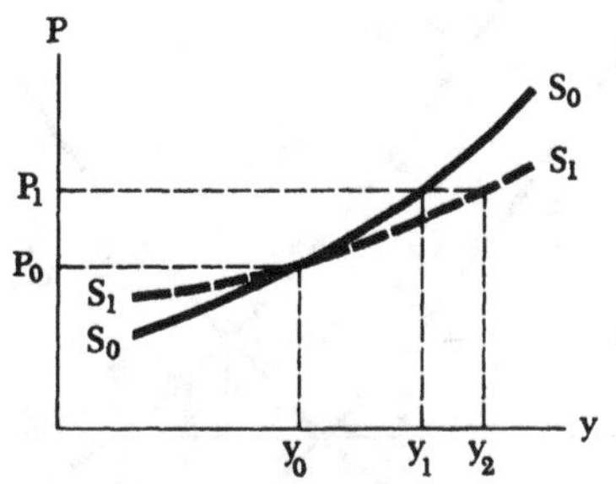

Abbildung 16-7: Die aggregierte Angebotskurve.

Im klassischen Fall oder im Neuklassischen Modell, wo $p' = 1$ ist, verschiebt eine Erhöhung des Preisniveaus die Angebots- und die Nachfragefunktion in Abbildung 16-5 um den gleichen Betrag nach oben, so daß die Beschäftigung im Gleichgewicht unverändert ist. In diesem Fall ist die Angebotskurve in Abbildung 16-7 senkrecht. Im Keynesianischen Fall, bei dem $p' = 0$ ist, bleibt die Angebotsfunktion auf ihrer ursprünglichen Position, so daß die Erhöhung des Preisniveaus von P_0 auf P_1 das Beschäftigungsniveau in Abbildung 16-5 auf N_2 erhöht, womit der Gleichgewichtsoutput der Angebotsseite in den Abbildungen 16-6 und 16-7 auf y_2 steigt. Im Keynesianischen Fall entspricht die Angebotsfunktion der flacheren S_1S_1-Kurve in Abbildung 16-7.

Gleichgewicht im erweiterten Modell

In Abbildung 16-8 kombinieren wir die Nachfragekurve aus Abbildung 16-4 mit der Angebotskurve aus Abbildung 16-7 um den Gleichgewichtspreis P_0 und den Gleichgewichtsoutput y_0 zu bestimmen. Für diese Werte von P_0 und y_0 können wir dann die Gleichgewichtswerte der anderen Variablen des Systems berechnen.

Auf der Angebotsseite erhalten wir durch die Produktionsfunktion in Abbildung 16-6 den Gleichgewichtswert des Beschäftigungsniveaus N_0. Mit P_0 und N_0 können wir W_0 in Abbildung 16-5 bestimmen.

Auf der Nachfrageseite determiniert P_0 die Position der I_0S_0-Kurve in den Abbildungen 16-1 und 16-3.

Kombinieren wir y_0 und die Position der IS-Kurve, so erhalten wir r_0 in Abbildung 16-3. Mit r_0 bestimmen wir das Niveau des Geldangebots $M(r_0)$, das zusammen mit P_0 die Position der LM-Kurve auf L_0M_0 in Abbildung 16-3 festlegt. Das Gleichungssystem, das sich aus der IS-Gleichung (3), der LM-Gleichung (6), der Produktionsfunktion (7) und der Arbeitsmarktgleichung (10) zusammensetzt, determiniert die Gleichgewichtswerte der Variablen y, r, P und N. Bei gegebenem r können wir dann den Wert von m bestimmen und bei gegebenem N den Wert von w. Als nächstes wollen wir kurz die Effekte fiskalpolitischer Maßnahmen in diesem System untersuchen und uns dabei auf die von der empirischen Literatur beschriebenen timing-Effekte konzentrieren.

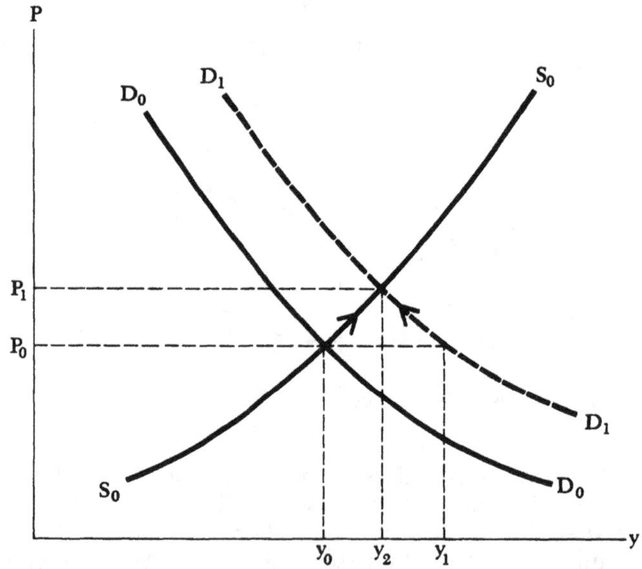

Abbildung 16-8: Gleichgewicht von Angebot und Nachfrage.

Die Auswirkungen fiskalpolitischer Maßnahmen

Wie üblich verschiebt eine Erhöhung der Staatskäufe g oder eine Steuersatzsenkung die IS-Kurve in Abbildung 16-9 nach rechts auf I_1S_1 und die aggregierte

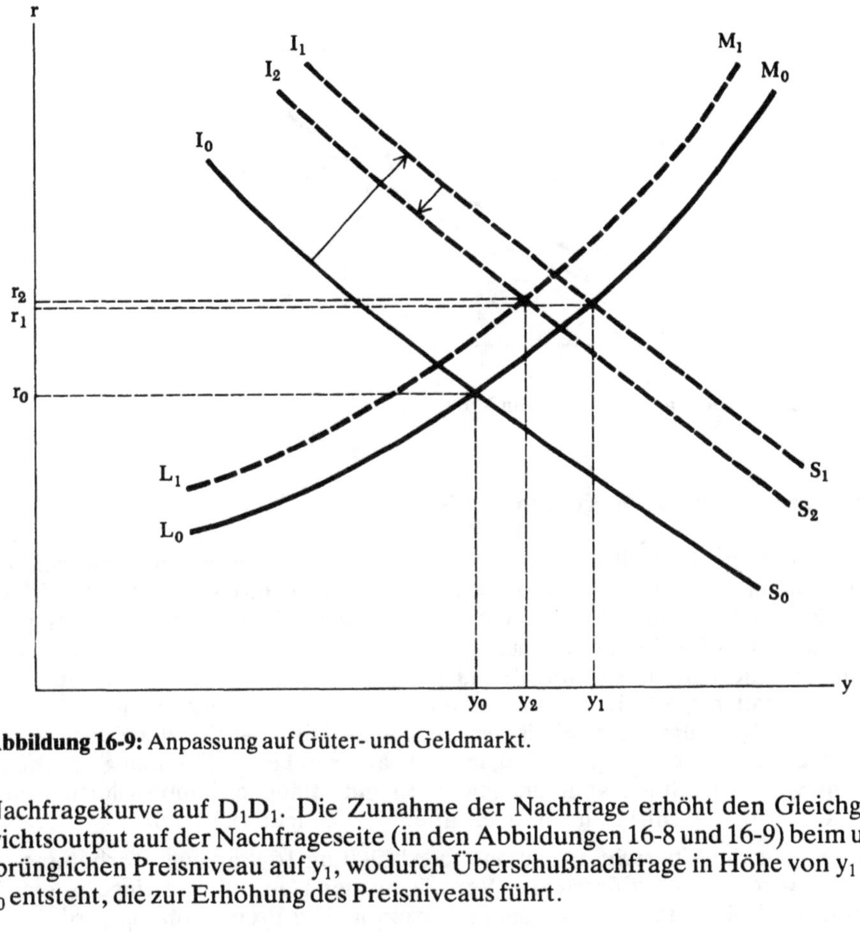

Abbildung 16-9: Anpassung auf Güter- und Geldmarkt.

Nachfragekurve auf D_1D_1. Die Zunahme der Nachfrage erhöht den Gleichgewichtsoutput auf der Nachfrageseite (in den Abbildungen 16-8 und 16-9) beim ursprünglichen Preisniveau auf y_1, wodurch Überschußnachfrage in Höhe von $y_1 - y_0$ entsteht, die zur Erhöhung des Preisniveaus führt.

Anpassung auf dem Arbeitsmarkt

Auf der Angebotsseite der Volkswirtschaft, führen die Überschußnachfrage und die Preiserhöhungen nach kurzer Zeit zu einer Verschiebung der Arbeitsnachfragekurve auf $P_1 \cdot f(N)$ in Abbildung 16-10, so daß Beschäftigung und Output relativ schnell auf die Erhöhung der Nachfrage reagieren. Die Verschiebung der Arbeitsangebotskurve auf $P^e_1 \cdot g(N)$ wird langsamer von statten gehen. Die Arbeitnehmer nehmen die geringere Kaufkraft iher Löhne wahr und erhöhen deshalb ihre Lohnforderungen. Dies wird nur mit einer Verzögerung geschehen, die von der Anpassungsgeschwindigkeit der Erwartungen und dem Grad der Lohnstarrheit abhängt. Es besteht also die Möglichkeit einer Überanpassung der Beschäftigung auf der Angebotsseite, wenn die anfängliche Preiszunahme die Beschäftigung entlang der ursprünglichen Arbeitsangebotskurve $P^e_0 \cdot g(N)$ auf N_1 erhöht.

Wenn der Anpassungsprozeß beendet zu sein scheint, beginnt sich die Arbeitsangebotskurve nach oben zu verschieben, wodurch die Beschäftigung in Abbildung 16-10 auf N_2 reduziert wird.

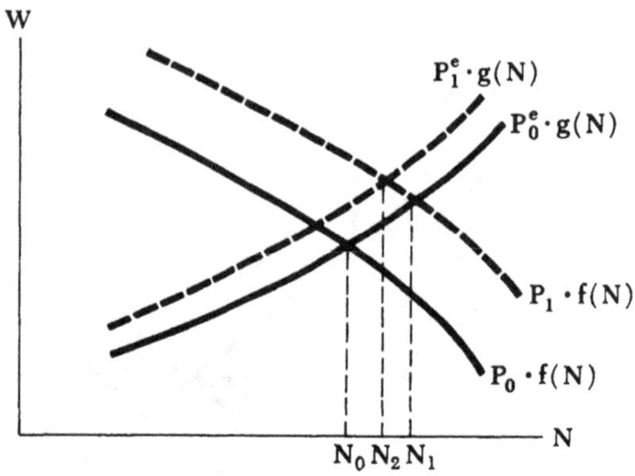

Abbildung 16-10: Anpassung auf dem Arbeitsmarkt.

Die Auswirkung auf die Konsumnachfrage

Die Erhöhung des Einkommens auf der Nachfrageseite wird sich recht schnell in einer Zunahme der Konsumnachfrage niederschlagen. Dies wird insbesondere bei dauerhaften Konsumgütern der Fall sein, wenn die Konsumenten das Volumen ihrer Käufe erhöhen, um den zukünftigen Konsumstrom von Dienstleistungen der dauerhaften Konsumgüter nach oben anzupassen. Die Konsumausgaben für Verbrauchsgüter und Dienstleistungen werden allmählich zunehmen, etwa über den Zeitraum von zwei bis vier Quartalen. Die Reaktion der Konsumnachfrage auf eine Erhöhung des Einkommens aufgrund einer Erhöhung der Staatskäufe wird also schnell wahrzunehmen sein und anfänglich hauptsächlich in einer Erhöhung der Nachfrage nach dauerhaften Konsumgütern bestehen.

Die durch die Überschußnachfrage in Abbildung 16-8 erzeugte Erhöhung der Preise wird den Wert des realen Vermögens der Haushalte verringern, die Ersparnis erhöhen und den Konsum reduzieren. Die Preiserhöhung wird die IS-Kurve in Abbildung 16-9 von I_1S_1 zurück auf I_2S_2 verschieben und wirkt dadurch dem ursprünglichen Effekt der Erhöhung von g entgegen.

Die Auswirkung auf die Investitionsnachfrage

Findet die Nachfrageerhöhung zu einer Zeit statt, zu der die Kapazitäten der Volkswirtschaft beinahe voll ausgelastet sind (zum Beispiel ungefähr 85% entsprechend dem Index der Fed), so wird die Investitionsnachfrage innerhalb von zwei bis drei Quartalen über den Akzeleratormechanismus reagieren. Die Nettoinvestition wird steigen, um den Kapitalstock an das neue Gleichgewichtsniveau anzugleichen. Ist das neue Niveau ungefähr innerhalb eines Jahres erreicht, so wird die Investitionsnachfrage wieder sinken und zwar auf das neue Niveau der Ersatzinvestition. Dieses Niveau der Investitionsnachfrage ist durch die statische Investitionsfunktion $i = i(r, y)$ gegeben und drückt sich in der Steigung der IS-Kurve in Abbildung 16-9 aus.

Der Akzeleratormechanismus birgt allerdings die Wahrscheinlichkeit einer Überanpassung auf der Nachfrageseite. Die Erhöhung von g erhöht den Output.

Diese Erhöhung des Outputs führt zu einer Zunahme der Investition, die wiederum den Output erhöht. Dies können wir in Abbildung 16-9 durch eine weitere Verschiebung der IS-Kurve nach außen über I_1S_1 hinaus darstellen. Nach einer Periode von vielleicht zwei Jahren wird die Investitionsnachfrage dann auf das Niveau der Ersatzinvestition zurückfallen, wobei sich die IS-Kurve von I_1S_1 auf I_2S_2 verschiebt, wenn der Vermögenseffekt auf die Konsumnachfrage abgeebbt ist.

Anpassung auf dem Geldmarkt

Die durch die Überschußnachfrage in Abbildung 16-8 erzeugte Preiserhöhung und die Erhöhung des Einkommens, wenn y und N steigen, führen beide zu einer Zunahme der Geldnachfrage, die die Zinssätze nach oben treibt. Dies eliminiert die Überschußnachfrage auf dem Geldmarkt durch Reduktion der Nachfrage ($\partial m/\partial r < 0$) und durch Erhöhung des Geldangebots [$M'(r) > 0$].

Die Transaktionsnachfrage steigt aufgrund der Erhöhung des Einkommens und des Outputs. Hierdurch steigt das Zinsniveau und das Geldangebot reagiert auf die Erhöhung der Zinssätze. Diese beiden Effekte sind, wie in Abbildung 16-2 gezeigt, beide in der Steigung der LM-Kurve enthalten. Die Anpassungen auf dem Geldmarkt sind also in Abbildung 16-9 durch eine Erhöhung des Zinssatzes entlang der ursprünglichen LM-Kurve L_0M_0 dargestellt.

Die Auswirkung der Zunahme des Preisniveaus, die die Nachfrage nach Nominalkasse erhöht (oder das Angebot an Realkasse verringert) ist durch eine Verschiebung der LM-Kurve in Abbildung 16-9 nach links auf L_1M_1 dargestellt. Beim ursprünglichen Preisniveau P_0 steigt der Gleichgewichtsoutput der Nachfrageseite als Reaktion auf eine Erhöhung von g auf y_1. Die darauffolgende Zunahme des Preisniveaus verschiebt sowohl die IS-Kurve als auch die LM-Kurve nach links und reduziert den Gleichgewichtsoutput der Nachfrageseite in Abbildung 16-9 auf y_2.

Nachfrage und Angebot im neuen Gleichgewicht

Die Reduzierung des Gleichgewichtsoutputs der Nachfrageseite auf y_2, wenn das Preisniveau steigt, ist als eine Bewegung entlang der Nachfragekurve D_1D_1 in Abbildung 16-8 dargestellt. Gleichzeitig nimmt der Gleichgewichtsoutput der Angebotsseite in Abbildung 16-10 mit einer Erhöhung der Beschäftigung auf N_2 zu. Dies ist als eine Bewegung entlang der urprünglichen Angebotskurve in Abbildung 16-8 von y_0 auf y_2 dargestellt. Das Preisniveau steigt so lange weiter, bis die Überschußnachfrage bei Punkt P_1, y_2 eliminiert ist.

Nach einer signifikanten Erhöhung von g oder einer Steuersatzsenkung wird die Verschiebung von P_0, y_0 nach P_1, y_2 in der Volkswirtschaft der USA ein bis zwei Jahre dauern. Die Erholung der amerikanischen Volkswirtschaft, die 1983 einsetzte, folgte Erhöhungen der Verteidigungsausgaben und Steuersatzsenkungen, die im Jahre 1982 begonnen hatten und bis 1986 anhielten. Wie wir gesehen haben ist es durchaus möglich, daß die Volkswirtschaft über das Endniveau y_2 hinausschießt. Dies ist sowohl durch die anfängliche Erhöhung der Nettoinvestition begründet, die die IS-Kurve in Abbildung 16-9 zeitweise über I_1S_1 hinaus verschiebt, als auch durch die Verzögerung bei der Verschiebung der Arbeitsangebotskurve nach oben auf h (P_1, N). In Wirklichkeit werden wir wahrscheinlich zyklische Veränderungen vom Ausgangsniveau y_0 bis zum Erreichen des Endniveaus y_2 beobachten, wobei der reale Output zunächst über y_2 hinaus ansteigen wird und dann auf das endgültige Niveau zurückfällt. Dies wird unabhängig vom verwendeten fiskalpolitischen Instrument der Fall sein. Um 1986 verdüsterten sich die Vorhersagen bezüglich der Konjunktur in den USA und eine Rezession schien möglich. Das Nachlassen der Effekte des fiskalpolitischen Stimulus wurde jedoch durch die Abwertung des Dollars nach 1985 und die damit einhergehende Erhöhung der Exportnachfrage gemildert.

Die Effektivität der Nachfragepolitik: Monetaristen, Fiskalisten und Neuklassiker

Im statischen Modell beeinflußt die Geldpolitik die Volkswirtschaft, indem sie die LM-Kurve und damit auch die aggregierte Nachfragekurve verschiebt. Die Fiskalpolitik wirkt über die Verschiebung der IS-Kurve und deren Auswirkung auf die Position der aggregierten Nachfragekurve. Im allgemeinen statischen Modell, bei dem $p' < 0$ ist und wir verzögerte Anpassung der Erwartungen oder Lohnstarrheiten beobachten, ist die Angebotskurve der Volkswirtschaft positiv geneigt, so daß die Verschiebung der Nachfragekurve zu einer Veränderung des Outputniveaus führt.

Im ursprünglichen klassischen Fall, bei dem $p' = 1$ ist und keine Lohnstarrheiten vorhanden sind, ist die Angebotskurve senkrecht. In diesem Fall führen fiskalpolitische Maßnahmen durch Veränderung des Preis- und des Zinsniveaus zu einer anderen Zusammensetzung der Endnachfrage. Geldpolitische Maßnahmen haben lediglich einen Einfluß auf das Preisniveau und lassen den Zinssatz sowie die Zusammensetzung der Endnachfrage unverändert. Im klassischen Fall beinflussen Geld- und Fiskalpolitik das Preisniveau und das nominale BSP, $Y = P \cdot y$. Zusätzlich verändert die Fiskalpolitik dic Zusammsetzung der Endnachfrage. Im Neuklassischen Modell mit rationalen Erwartungen und ohne Lohnstarrheiten, das wir in Kapitel 11 besprochen haben, ist die kurzfristige aggregierte Angebotskurve angesichts antizipierter Geld- und Fiskalpolitik senkrecht. Die Angebotskurve hat positive Steigung, wenn die politische Maßnahme nicht antizipiert ist. Werden die Auswirkungen der politischen Maßnahme ersichtlich, so verändert sich die Lage der Angebotskurve wieder in die senkrechte Position. Neben der Diskussion um den klassischen, Neuklassischen und Keynesianischen Extremfall der Angebotsseite, war ein anderes Thema in der makroökonomischen Debatte der sechziger und siebziger Jahre von großer Wichtigkeit und steht auch heute noch auf der Tagesordnung. Es behandelt die relative Effektivität von Geld- und Fiskalpolitik auf der Nachfrageseite. Auf der einen Seite steht eine Gruppe von Ökonomen, die als die Monetaristen bekannt sind. Die Monetaristen glauben, etwas übertrieben gesagt, daß lediglich die Geldpolitik die aggregierte Nachfragekurve verschieben kann und somit einen Einfluß auf das nominale BSP hat, wobei die Aufteilung auf Veränderungen des Preisniveaus P und des Outputniveaus y von der Steigung der aggregierten Angebotskurve abhängt. Auf der anderen Seite steht eine Gruppe, die David Fand einmal als die Fiskalisten bezeichnet hat. Ihre Position ist, übertrieben dargestellt, daß lediglich die Fiskalpolitik die aggregierte Nachfragekurve verschieben kann.

Der Unterschied zwischen diesen beiden Sichtweisen liegt in unterschiedlichen Schätzungen zweier entscheidender Elastizitäten unseres statischen Modells begründet. Die fiskalistische Sichtweise, deren Entwicklung nach Ansicht der Monetaristen keinem einzelnen Ökonomen zugerechnet werden kann, ist, daß die Zinselastizität der Investitionsnachfrage kurzfristig betrachtet sehr gering ist, wenn nicht sogar null. Ihrer Sichtweise zufolge ist die IS-Kurve also kurzfristig senkrecht, so daß geldpolitische Maßnahmen, die die LM-Kurve entlang der senkrechten IS-Kurve verschieben, lediglich den Zinssatz verändern, nicht aber das Outputniveau y. Die Veränderung einer fiskalpolitischen Variable allerdings verschiebt die senkrechte IS-Kurve und hat somit Einfluß auf y. Die extreme monetaristische Position ist, daß die Zinselastizitäten der Geldnachfrage und des Geldangebots gleich null sind, so daß die LM-Kurve senkrecht ist. In diesem Fall führen fiskalpolitische Maßnahmen zur Veränderung der Zusammensetzung des Outputs, haben aber keinen Einfluß auf das Niveau des BSP. Geldpolitische Maßnahmen dagegen, die die senkrechte LM-Kurve verschieben, verändern das Outputniveau.

Beide Positionen können somit als Spezialfälle unseres allgemeinen Modells angesehen werden, wobei jeweils bestimmte Elastizitäten gleich null gesetzt sind. Die in den Kapiteln 11 und 16 erwähnten Schätzungen dieser Elastizitäten ergaben, daß ihre Werte keinesfalls gleich null sind, womit keiner der beiden Spezialfälle für tatsächliche ökonomische Bedingungen relevant ist. Es erweist sich dennoch als sinnvoll, diese beiden Modelle in den nächsten beiden Abschnitten genauer zu untersuchen. Der Leser erhält dadurch einen Einblick in die Analyse eines auch in der Öffentlichkeit kontroversen Themas. Die Modelle stellen Extremfälle der Analyse der relativen Effektivität von Geld- und Fiskalpoltik dar.

Das Modell der Fiskalisten

Das fiskalistische Modell führt uns im wesentlichen wieder zur Diskussion der einfachen Multiplikatoren des Kapitels 3 zurück. Dort haben wir angenommen, die Investitionsnachfrage sei exogen. Bei Geltung einer stabilen Beziehung zwischen Konsumausgaben und Einkommen wird unabhängig vom Investitionsniveau eine Erhöhung der Staatskäufe oder eine Steuersatzsenkung das Niveau des realen Outputs verändern.

Dies stellt die extreme Position der Fiskalisten dar. Es dürfte schwierig sein, einen Ökonomen zu finden, der tatsächlich dieser Ansicht ist. Diese Extremposition wurde von den Monetaristen in die öffentliche Debatte eingeführt, weil sie leicht zu kritisieren ist. Die Position der Fiskalisten wird von ihren Gegnern häufig auch als die Keynesianische Sichtweise bezeichnet. Es ist nicht etwa der Fall, daß Keynes ein Anhänger dieser einfachen Sichtweise war. Vielmehr wird die einfache Multiplikatoranalyse, die der Geldpolitik praktisch keine Rolle zuweist, in einführenden Textbüchern häufig als die Keynesianische Analyse der Einkommensbestimmung vorgestellt. Es sollte klar sein, daß der Autor dieses Buches die fiskalistische Position für einen marginal interessanten, unwahrscheinlichen Spezialfall des allgemeinen Modells hält. Das Modell wird von den Monetaristen als Darstellung der fiskalistischen Position gewählt, weil es klare Angriffspunkte bietet. Es stellt aber in Wirklichkeit keine von irgend einem praktizierenden Ökonomen ernsthaft vertretene Position dar. Nach dieser Präambel wollen wir nun mit der Analyse fortfahren.

Nehmen wir an, die Investitionsnachfrage sei in der Gleichgewichtsbedingung des Gütermarktes exogen gegeben:

$$y = c\left(y - t(y), \frac{A}{P}\right) + i + g. \tag{11}$$

Die Steuereinnahmen hängen hier vom Niveau des realen Einkommens ab und die Ersparnis vom verfügbaren Einkommen der Haushalte und ihrem realen Vermögen. Bei gegebenen Werten von i, g, Steuersätzen und realem Vermögen bestimmt Gleichung (11) unabhängig vom Geldmarkt das Niveau von y. Die Bestimmung des Einkommensniveaus im fiskalistischen Modell ist in Abbildung 16-11 dargestellt, die aus den Kapiteln 3 und 4 bekannt sein sollte.

Bei gegebenem anfänglichen Preisniveau P_0 ist die Sparfunktion in Abbildung 16-11 durch s (A/P_0) und das Gleichgewichtseinkommen durch y_0 gegeben. Eine Erhöhung des Preisniveaus auf P_1 reduziert das reale Vermögen der Haushalte und erhöht bei jedem Einkommensniveau den Wunsch zu sparen. Dies verschiebt die aggregierte Sparfunktion nach oben auf $s(A/P_1)$ und reduziert den Gleichgewichtsoutput auf y_1. Um dies in eine IS-Kurve im r, y-Koordinatensystem zu übertragen, stellen wir fest, daß y bei jedem gegebenen Preisniveau unabhängig vom Zinssatz bestimmt wird. Da $P = P_0$ und $y = y_0$ unabhängig vom Zinssatz gilt, ist die IS-Kurve in Abbildung 16-12; I_0S_0 senkrecht.

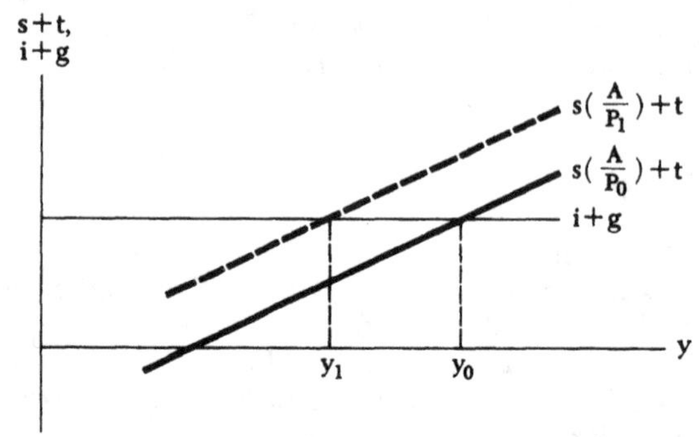

Abbildung 16-11: Einkommensbestimmung im fiskalistischen Modell.

Wir können die Nachfrageseite des fiskalistischen Modells durch Hinzufügen der üblichen Gleichgewichtsbedingung für den Geldmarkt vervollständigen:

$$\frac{M(r)}{P} = m(r, y). \tag{12}$$

Wir erhalten somit beim anfänglichen Preisniveau die L_0M_0-Kurve in Abbildung 16-12. Die Gütermarktgleichung (11) bestimmt y_0 bei einem bestimmten P_0.

Die Gleichung für den Geldmarkt (12) bestimmt dann r_0, wie in Abbildung 16-12 dargestellt. Steigt das Preisniveau, verschiebt sich die IS-Kurve aufgrund des Vermögenseffekts der Konsumfunktion nach links auf I_1S_1, die in den Abbildungen 16-11 und 16-12 bei y_0 senkrecht ist. Gleichzeitig verschiebt sich die LM-Kur-

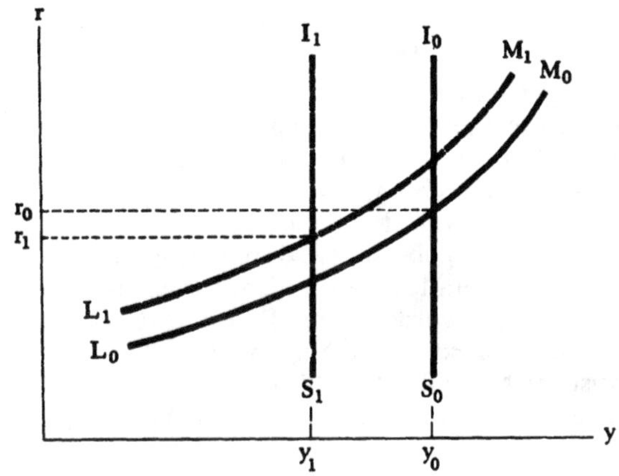

Abbildung 16-12: IS und LM im Modell der Fiskalisten.

ve aufgrund der Preiserhöhung nach links auf L_1M_1, wodurch der neue Gleichgewichtszinssatz r_1 festgelegt wird.

Die Nachfragekurve der Volkswirtschaft kann im fiskalistischen Modell entweder aus Abbildung 16-11 oder aus Abbildung 16-12 hergeleitet werden. Eine Preiserhöhung verringert das reale Vermögen, was zur Erhöhung der Ersparnis und Verringerung der Konsumausgaben und des realen Einkommens führt. Wir erhalten die negativ geneigte Nachfragekurve D_0D_0 in Abbildung 16-13.

Diese Nachfragekurve können wir nun der aggregierten Angebotsfunktion S_0S_0 unseres allgemeinen Modells gegenüberstellen, um das Gleichgewicht P_0, y_0 zu bestimmen. Als Alternative können wir die klassische Angebotskurve S_1S_1 wäh-

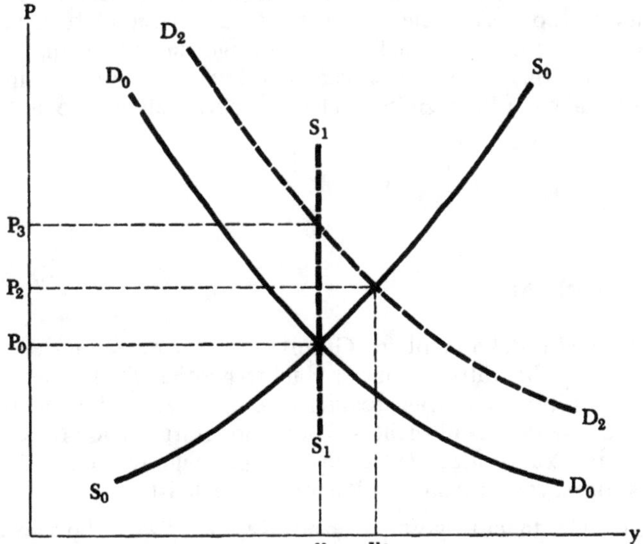

Abbildung 16-13: Angebot und Nachfrage im fiskalistischen Modell.

len. Auf Basis der Werte von P_0 und y_0 können wir nun aus der LM-Gleichung r_0 bestimmen (siehe Abbildung 16-12).

Welche Auswirkungen haben politische Maßnahmen in diesem Modell? Eine Erhöhung der Staatskäufe oder eine Senkung der Steuersätze verschiebt die IS-Kurve in Abbildung 16-12 nach rechts. Dadurch wird die Nachfragekurve in Abbildung 16-13 ebenfalls nach rechts auf D_2D_2 verschoben. Würden diese politischen Maßnahmen vollständig antizipiert und wären die Löhne vollständig flexibel, dann wäre die relevante Angebotskurve durch die gestrichelte S_1S_1-Kurve in Abbildung 16-13 gegeben, womit sich zwar nicht das Niveau des Outputs aber seine Zusammensetzung ändern würde und das Preisniveau auf P_3 anstiege. Dies ist der klassische Fall. Ist eine dieser Bedingungen nicht erfüllt, so befinden wir uns im allgemeinen statischen Modell mit $p' < 1$. In diesem Fall steigt der reale Output in Abbildung 16-13 auf y_2 und das Preisniveau entlang der S_0S_0 Angebotskurve auf P_2.

Auf der anderen Seite wird eine Erhöhung der Geldmenge in diesem Modell lediglich die LM-Kurve in Abbildung 16-12 verschieben und die Nachfragekurve in Abbildung 16-13 unverändert lassen. Eine Erhöhung von M hat keine Auswirkung auf das Preisniveau oder das Outputniveau. Die Verschiebung der LM-Kurve wird zwar das Zinsniveau senken, weil aber die Investitionsnachfrage nicht auf Variationen des Zinssatzes reagiert, bleiben Nachfrage und Preisniveau unverändert.

Die fiskalistische Betrachtungsweise unterbricht also die Verbindung zwischen der Geldpolitik und dem Rest der Volkswirtschaft, einschließlich des Preisniveaus, durch die Annahme, die Investitionsnachfrage reagiere nicht auf Veränderungen der Zinssätze. Im allgemeinen wird diese Annahme von den in Kapitel 12 vorgestellten empirischen Untersuchungen nicht unterstützt. Die Investitionen in Fabrikationsanlagen reagieren auf Veränderungen der Kapitalkosten ungefähr innerhalb eines Jahres und die Wohnungsbauinvestitionen reagieren sogar noch schneller. Das extreme fiskalistische Modell ist vielleicht unter Bedingungen einer tiefen Depression relevant, wenn die erwarteten Erträge eines Investitionsprojekts so niedrig sind, daß eine Verringerung der Kapitalkosten keine Auswirkungen auf das Investitionsniveau hat. Dies erscheint aber in einer Volkswirtschaft, die nahe der Kapazitätsauslastung operiert nicht relevant.

Das monetaristische Modell

Das fiskalistische Modell macht den Gütermarkt zum einzigen Bestimmungsfaktor des Gleichgewichtsoutputs auf der Nachfrageseite. Dies basiert auf der Annahme, die Investitionsnachfrage reagiere nicht auf Veränderungen des Zinssatzes, so daß die IS-Kurve senkrecht ist. Dem monetaristischen Modell liegt dagegen die Annahme zugrunde, die Geldnachfrage reagiere nicht auf Veränderungen des Zinssatzes, weshalb die LM-Kurve senkrecht ist.

Wir können die Geldnachfragefunktion aus Kapitel 13 wie folgt schreiben:

$$M^d = P \cdot m(r, y). \tag{13}$$

Wenn die Elastizität der Nachfrage nach Realkasse in bezug auf das Einkommen ungefähr gleich eins ist, erhalten wir Friedmans quantitätstheoretische Version dieser Gleichung:

$$M^d = P \cdot y \cdot k(r). \tag{14}$$

Üblicherweise wird diese Gleichung der Geldnachfrage mit der Umlaufgeschwindigkeit des Geldes v (r) geschrieben, die dem Kehrwert von k(r) in Gleichung (14) entspricht:

$$M^d = P \cdot y \cdot \frac{1}{v(r)}. \tag{15}$$

Dem monetaristischen Modell liegt die Annahme zugrunde, die Geldnachfrage sei unempfindlich bezüglich Veränderungen des Zinssatzes. Dies bedeutet, daß k(r) in Gleichung (14) und die Umlaufgeschwindigkeit v nicht wirklich Funktionen von r sind, so daß die Nachfragefunktion auch als

$$M^d = P \cdot y \cdot \frac{1}{v} = \frac{P}{v} \cdot y \tag{16}$$

geschrieben werden kann, wobei v konstant ist. Mit exogenem Geldangebot MS = $\overline{M}$ lautet die Gleichgewichtsbedingung für den Geldmarkt also:

$$\overline{M} = \frac{P}{v} \cdot y. \tag{17}$$

Bei gegebenem anfänglichen Preisniveau P_0 legt diese Gleichung den Gleichgewichtsoutput y als eine Funktion von $\overline{M}$ fest, ohne dabei auf den Gütermarkt bezug zu nehmen. Dies ist in Abbildung 16-14 analog zu Abbildung 16-11 dargestellt, die das Gleichgewicht auf dem Gütermarkt im fiskalistischen Modell zeigt.

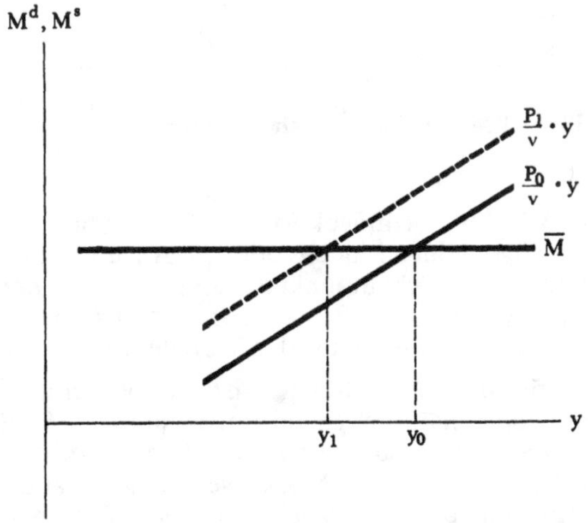

Abbildung 16-14: Einkommensbestimmung im monetaristischen Modell.

Beim ursprünglichen Preisniveau P_0, ist die Geldnachfrage durch (P_0/v) y gegeben. Bei y_0 ist das Angebot gleich der Nachfrage. Eine Erhöhung des Preisniveaus auf P_1 verschiebt die Geldnachfrage in Abbildung 16-14 nach oben auf (P_1/v) y und reduziert den Gleichgewichtsoutput von y auf y_1.

Um dies in eine LM-Kurve im r,y-Koordinatensystem zu übertragen, stellen wir zunächst fest, daß für ein bestimmtes $\overline{M}$ und ein bestimmtes P_0 der Gleichgewichtswert von y auf dem Geldmarkt unabhängig vom Zinssatz bestimmt wird. Bei P_0 in Abbildung 16-14 ist $y = y_0$ bei jedem Zinsniveau, so daß die LM-Kurve in Abbildung 16-15 durch die senkrechte L_0M_0-Linie gegeben ist. Um die Nachfrageseite des monetaristischen Modells zu vervollständigen, fügen wir die dem Preisniveau P_0 entsprechende I_0S_0-Kurve hinzu. In diesem Fall dient die IS-Kurve lediglich dazu, den Zinssatz r_0 zu bestimmen, da y_0 bereits auf dem Geldmarkt bestimmt wurde.

Eine Erhöhung des Preisniveaus von P_0 auf P_1 in Abbildung 16-14 reduziert den Gleichgewichtsoutput des Geldmarkts von y auf y_1 und verschiebt damit die senkrechte LM-Kurve in Abbildung 16-15 auf L_1M_1. Diese Beziehung zwischen P und y in den Abbildungen 16-14 und 16-15 ergibt die negativ geneigte Nachfragekurve D_0D_0 in Abbildung 16-16. Die Preiserhöhung verschiebt natürlich auch die IS-Kurve in Abbildung 16-15 nach links auf I_1S_1. Hierdurch wird im monetaristischen Modell das Zinsniveau verändert, nicht aber das Einkommensniveau.

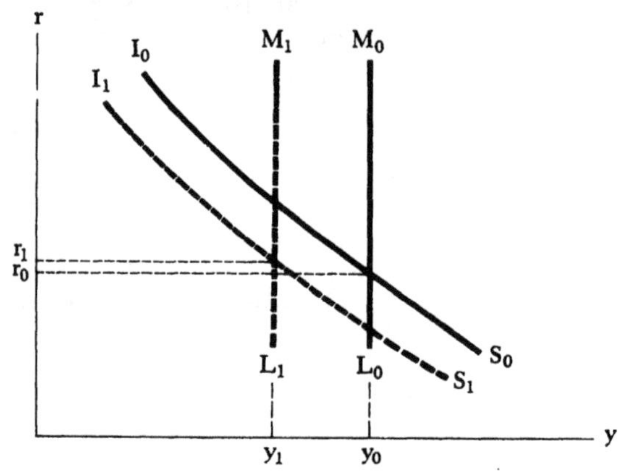

Abbildung 16-15: IS und LM im monetaristischen Modell.

Wiederum stellen wir der Nachfragekurve D_0D_0 in Abbildung 16-16 die Angebotskurve S_0S_0 des allgemeinen Modells oder die Angebotskurve S_1S_1 des klassischen Falls gegenüber. Der Schnittpunkt der Angebots- mit der Nachfragekurve bestimmt die Gleichgewichtswerte P_0, y_0. Im IS-LM-Diagramm in Abbildung 16-15 bestimmen wir dann mit dem Wert y_0 den Wert des Zinssatzes r_0.

Im Verhältnis zum fiskalistischen Modell sind die Implikationen politischer Maßnahmen in diesem Modell natürlich genau umgekehrt. Eine Erhöhung der Staatskäufe g oder eine Senkung der Steuern t verschiebt die IS-Kurve in Abbildung 16-15 nach oben, läßt die senkrechte L_0M_0-Kurve aber unverändert. Ebenso bleibt der Gleichgewichtsoutput der Nachfrageseite unverändert, so daß die Nachfragekurve in Abbildung 16-16 ihre Position nicht ändert. Die Verschiebung der IS-

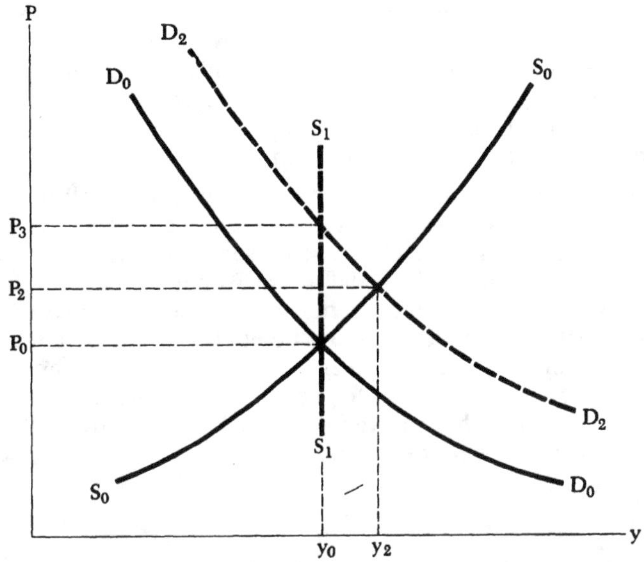

Abbildung 16-16: Angebot und Nachfrage im monetaristischen Modell.

Kurve in Abbildung 16-15 erhöht den Zinssatz und verringert die Investition gerade genug, um die Erhöhung der Staatskäufe oder die politisch induzierte Erhöhung der Konsumausgaben aufzuwiegen. Im monetaristischen Modell verändert eine fiskalpolitische Maßnahme die Zusammensetzung der Endnachfrage, läßt aber die Gleichgewichtswerte P_0 und y_0 unverändert. Dieses Ergebnis erhalten wir unabhängig davon, ob die Angebotskurve der Volkswirtschaft positive oder negative Steigung hat.

Das monetaristische Modell ist nicht mit dem klassischen oder dem Neuklassischen Fall auf der Angebotsseite gleichzusetzen. Das Ergebnis des monetaristischen Modells, daß sich P und y auf eine fiskalpolitische Maßnahme hin nicht verändern, gilt sowohl im allgemeinen Modell, bei dem $p' < 1$ ist, als auch im klassischen Fall, bei dem $p' = 1$ ist. Auf der anderen Seite wird im klassischen Fall mit normaler negativer Zinselastizität der Geldnachfrage eine fiskalpolitische Maßnahme zwar P nicht aber y beeinflussen.

Eine Erhöhung des Geldangebots $\overline{M}$ verschiebt die LM-Kurve in Abbildung 16-15 nach rechts. Dies wird auch die Nachfragekurve in Abbildung 16-16 auf D_2D_2 verschieben. Entspricht das Arbeitsangebot mit $p' < 1$ unserem allgemeinen Modell oder bestehen Preisrigiditäten, so steigen Preisniveau und Output entlang der S_0S_0-Kurve auf P_2, y_2. Im klassischen Fall mit $p' = 1$, wird y bei y_0 verbleiben, und P wird auf P_3 steigen. Im monetaristischen Modell wird eine Erhöhung von $\overline{M}$ das nominale BSP erhöhen. Ob diese Zunahme einzig in Form einer Preiserhöhung stattfindet oder zum Teil auf höheren Preisen zum Teil auf höherem realen Output beruht, hängt von unseren Annahmen bezüglich des Arbeitsmarkts ab. Dies war die Kernaussage der 1970 von Friedman geprägten monetaristischen Position.

Im fiskalistischen Modell, entsprechen die Ergebnisse fiskalpolitischer Maßnahmen ungefähr denen des allgemeinen Modells, allerdings unter der Annahme, die Zinselastizität der Investitionen sei gleich null, womit Veränderungen von $\overline{M}$ keinen Einfluß mehr auf P oder y haben. Im monetaristischen Modell entsprechen die Effekte einer Veränderung von $\overline{M}$ ebenfalls ungefähr denen im allgemeinen Modell, allerdings unter der Annahme, daß Geldnachfrage und Geldangbot nicht auf Veränderungen des Zinssatzes reagieren, womit Veränderungen von g und t keinen Einfluß mehr auf P oder y haben.

Das monetaristische Modell stellt einen extremen Spezialfall des allgemeinen Modells dar, bei dem die Zinselastizität der Geldnachfrage und des Geldangebots gleich null ist. Empirische Untersuchungen der Geldangebots- und Geldnachfragefunktion haben ergeben, daß diese Annahmen im allgemeinen nicht korrekt sind. Bei sehr hohen Zinssätzen, wenn fast der gesamte Geldbestand für Transaktionszwecke verwendet wird, das heißt also, wenn die Umlaufgeschwindigkeit fast ihr technisches Maximum erreicht, wäre das monetaristische Modell adequat. Im allgemeinen allerdings liegt die Zinselastizität der Überschußnachfrage nach Geld bei ungefähr – 0,4 (gemessen in bezug auf drei Quartale), so daß das strikte monetaristische Modell nicht anwendbar ist.

Die Effektivität von Geld- und Fiskalpolitik

Das monetaristische und das fiskalistische Modell stellen beide Extremfälle unseres allgemeinen Modells dar. Im monetaristischen Fall befindet sich die Volkswirtschaft im senkrechten Bereich der LM-Kurve bei r_0, y_0 in Abbildung 16-17. In diesem Fall ist der Output durch die Transaktionsnachfrage nach Geld beschränkt. Ein Versuch, den Output zum Beispiel durch eine Erhöhung von g und damit eine Verschiebung der IS-Kurve nach oben anzuheben, wird lediglich den Zinssatz erhöhen und die Investitionsnachfrage verringern. Schreiben wir die monetaristische Gleichgewichtsbedingung für den Geldmarkt (17) als

$$P \cdot y = Y = v\overline{M}, \tag{18}$$

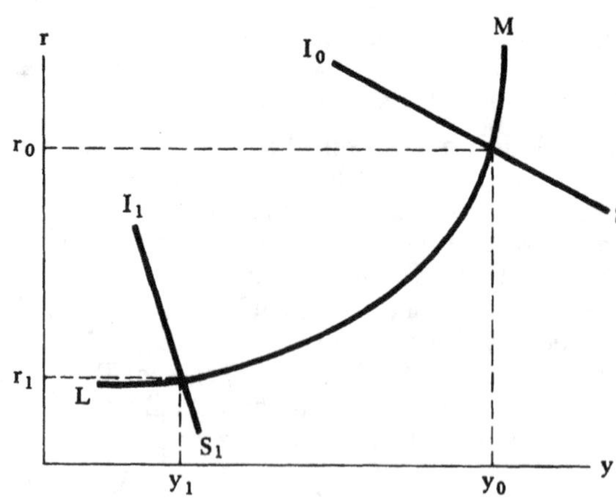

Abbildung 16-17: Das monetaristische und das fiskalistische Extrem im allgemeinen Modell.

so erkennen wir, daß in diesem Fall das nominale BSP durch das Geldangebot beschränkt ist. Bei sehr hohen Zinssätzen wird kaum Spekulationskasse gehalten und die Umlaufgeschindigkeit v erreicht ihr technisches Maximum. Um also das nominale BSP zu erhöhen, müssen wir das Geldangebot $\overline{M}$ ausweiten.

Im fiskalistischen Fall, bei dem die I_1S_1-Kurve in Abbildung 16-17 beinahe senkrecht ist und die Zinssätze niedrig sind, ist der Output durch die aggregierte Nachfrage beschränkt. Sind die Zinssätze extrem niedrig, so wird eine Erhöhung des Geldangebots kaum zu einer Senkung des Zinsniveaus führen (die LM-Kurve ist flach). Selbst wenn in dieser Situation die Zinssätze fielen, würde die Investitionsnachfrage aufgrund negativer Zukunftserwartungen nicht steigen. In diesem Fall führt eine Erhöhung von g oder eine Senkung von t zu einer Verschiebung der IS-Kurve nach rechts, wodurch sowohl das reale als auch das nominale BSP erhöht werden.

Das fiskalistische Modell ist also relevant, wenn sich die Volkswirtschaft in einer Rezession befindet, wobei die Zinssätze niedrig sind und die Arbeitslosigkeit hoch ist. In einer Situation dagegen, in der die Kapazitätsauslastung der Faktoren Arbeit und Kapital hoch ist und auch die Zinssätze auf einem hohen Niveau sind, wird das Geldangebot der beschränkende Faktor sein und das monetaristische Modell macht die besten Vorhersagen bezüglich der Veränderungen des BSP. Aber keines dieser Modelle ist in einer normalen Situation bei Vollbeschäftigung anwendbar. Die beiden entscheidenden Elastizitäten werden dann nicht gleich null sein, weshalb das Geldangebot und fiskalpolitische Maßnahmen Einfluß auf das Niveau des Outputs haben. Welcher Faktor den größeren Einfluß hat, hängt von der jeweiligen Situation ab. Der Ökonom, der versucht, Veränderungen des BSP vorherzusagen oder die Auswirkungen von Veränderungen politischer Variablen zu simulieren, benötigt ein Modell, das sowohl den IS- als auch den LM-Sektor, sowohl fiskalpolitische als auch geldpolitische Variablen enthält und nicht das Modell eines Extremfalls, das in den meisten Fällen nicht anwendbar ist.

Veränderungen des Steuersatzes und das Haushaltsdefizit

Es bleiben noch zwei Themen, die wir in diesem Kapitel behandeln wollen. Zunächst wollen wir die Beziehung zwischen Veränderungen der Steuersätze (oder fiskalpolitischen Maßnahmen im allgemeinen) und Veränderungen des Haushaltsdefizits untersuchen. Dann wollen wir überlegen, inwieweit es eine Rolle spielt, wie das Defizit finanziert wird. Die Möglichkeit, daß eine Steuersatzsenkung das Haushaltsdefizit verringern könnte, wurde vom Council of Economic Advisors (CEA) zur Zeit der Regierung Kennedys in Erwägung gezogen, als die für 1964 vorgesehene Steuersenkung diskutiert wurde. Der Gedanke, daß Steuersatzsenkungen zu höheren Steuereinnahmen führen würden und dadurch das Haushaltsdefizit reduzieren könnten, war das Schlüsselkonzept der angebotsorientierten Politik der Regierung Reagan, die ihren Auftakt mit den Steuersenkungen des Jahres 1982 hatte. Auch 1989 ist dieser Gedanke noch relevant, da auch die Regierung Bush versuchen muß, das Haushaltsdefizit zu senken. Die Frage ob Steuersenkungen das Haushaltsdefizit erhöhen oder senken, steht in enger Beziehung zum letzten Abschnitt des vorangegangenen Kapitels. Die Antwort lautet, daß es davon abhängt, wo sich die Volkswirtschaft auf der LM-Kurve befindet.

Nehmen wir ein Steuersystem mit Proportionalsteuern an, so können wir die Steuereinnahmen T als

$$T = \tau Y = \tau P_y \tag{19}$$

schreiben, wobei τ wie in den Kapiteln 3, 5 und 9 für den Steuersatz steht. Eine permanente Steuersenkung in Form eines niedrigeren Steuersatzes τ führt sowohl im klassischen als auch im Keynesianischen Modell zu einer Erhöhung des nominalen BSP. Im allgemeinen statischen Modell wird dabei sowohl P als auch y erhöht. Sinkt τ und P und y steigen, so ist der Effekt auf die Steuereinnahmen T nicht eindeutig. Sind die Staatsausgaben gleich P . g, so ist unklar, ob das Defizit

$$D = G - T \tag{20}$$

steigt oder fällt, wenn die Steuersätze gesenkt werden.

Aus Gleichung (9) erkennen wir, daß die Wahrscheinlichkeit, daß T auf eine Steuersatzsenkung hin steigt, mit wachsendem y zunimmt. Ob y steigt oder nicht, hängt von den Ausgangsbedingungen in der Volkswirtschaft ab.

Abbildung 16-18 zeigt die Effekte einer Steuersenkung um einen bestimmten Betrag, der die IS-Kurve von I_0S_0 auf I_1S_1 verschiebt. Diese Zunahme erhöht den Gleichgewichtsoutput von y_0 auf y_1. Wäre die ursprüngliche IS-Kurve flacher gewesen (wie die gestrichelten IS-Kurven in Abbildung 16-18), so wäre die Zunah-

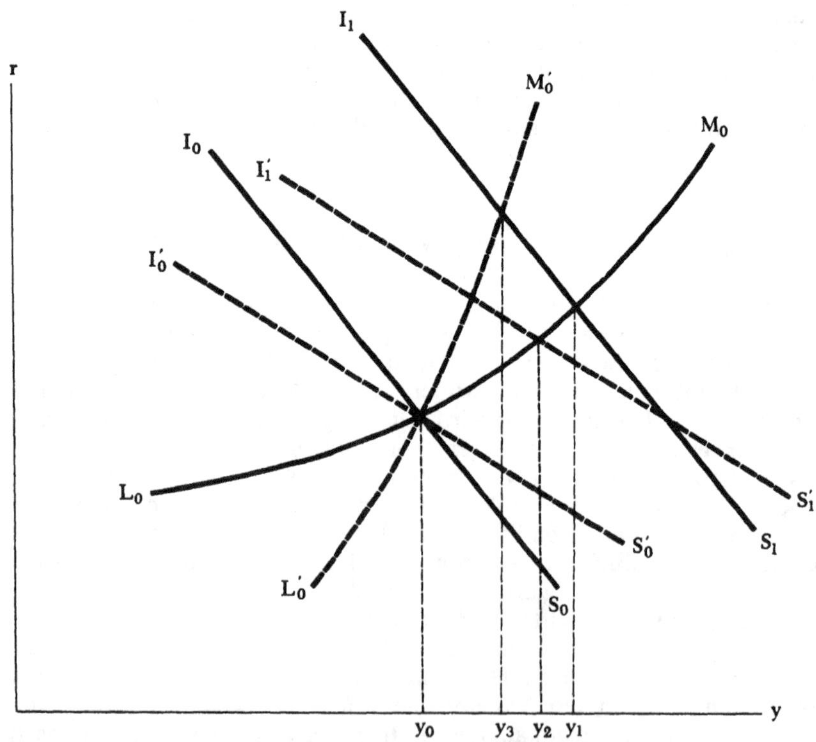

Abbildung 16-18: Steuersenkung und Einkommenserhöhung.

me von y geringer gewesen (auf y_2 anstatt auf y_1). Je flacher also die IS-Kurve ist, desto geringer ist die aus einer Steuersenkung resultierende Erhöhung von y. Der Ausdruck für die Steigung der IS-Kurve enthält immer einen Ausdruck $\partial i/\partial r$ im Nenner. Je größer dieser Term ist, desto höher ist die Zinselastizität der Investition und desto geringer ist die Erhöhung von y.

Weiter können wir bemerken, daß, wäre die LM-Kurve beim anfänglichen Gleichgewichtspunkt y_0 steiler gewesen (wie die gestrichelte LM-Kurve in Abbildung 16-18), die Zunahme von y ebenfalls geringer gewesen wäre (auf y_3 anstatt auf y_1). Je steiler also die LM-Kurve, das heißt, je größer die zur Erhaltung des Gleichgewichts auf dem Geldmarkt nötige Zinssatzerhöhung bei einer bestimmten Erhöhung von y, desto geringer wird der Anstieg von y sein. Eine Steuersatzsenkung, die das Einkommen erhöht, führt auch zu einer Erhöhung der Zinssätze entlang der LM-Kurve. Dieses höhere Zinsniveau bedingt eine Verringerung der Investitionsnachfrage, wodurch die Einkommenszunahme vermindert wird. Je mehr die Zinssätze steigen und je empfindlicher die Investitionsnachfrage auf Zinssatzänderungen reagiert, desto geringer ist die Einkommenszunahme.

Wir erkennen dies deutlicher, wenn wir den Steuersatzmultiplikator aus Kapitel 5 betrachten. Halten wir das Preisniveau konstant, so erhalten wir aus Gleichung (19) für die Steuereinnahmen

$$dT = P \cdot [\tau\, dy + y\, d\tau],$$

so daß

$$\frac{dT}{d\tau} = P \cdot \left[\tau \frac{dy}{d\tau} + y\right].$$

Sollen die Steuereinnahmen T bei einer Steuersatzsenkung steigen, so muß $dT/d\tau$ negativ sein. Dies ist nur möglich, wenn $\tau\,(dy/d\tau) + y$ negativ ist, da P positiv ist. Als Bedingung dafür, daß eine Steuersatzsenkung die Steuereinnahmen erhöht, erhalten wir also

$$\frac{dT}{d\tau} < 0 \quad \text{wenn} \quad \tau \frac{dy}{d\tau} + y < 0.$$

Dies bedeutet, daß die negative Elastizität des Outputs bezüglich einer Veränderung des Steuersatzes dem Betrage nach > als 1 sein muß:

$$\frac{dT}{d\tau} < 0 \quad \text{wenn} \quad \frac{\tau}{y}\frac{dy}{d\tau} < -1. \tag{21}$$

Der nächste Schritt besteht darin, den Steuersatzmultiplikator $dy/d\tau$ herzuleiten. Um das Problem zu vereinfachen, ohne die qualitativen Aussagen wesentlich zu verändern, halten wir die Preise konstant und betrachten somit eine Konsumfunktion ohne Vermögensterm. Außerdem nehmen wir an, die Fed halte M bei $\overline{M}$ konstant.

Die Gleichgewichtsbedingung für den Gütermarkt lautet

$$y = c(y - \tau y) + i(r, y) + g. \tag{22}$$

Wir differenzieren Gleichung (22) vollständig und halten dabei g konstant. Es ergibt sich:

$$dy = c' \cdot (dy - \tau\, dy - y\, d\tau) + \frac{\partial i}{\partial r} dr + \frac{\partial i}{\partial y} dy$$

und

$$dy \left[1 - c'(1-\tau) - \frac{\partial i}{\partial y}\right] = \frac{\partial i}{\partial r} dr - c' y\, d\tau. \tag{23}$$

Die Gleichgewichtsbedingung für den Geldmarkt ist durch

$$\frac{\overline{M}}{P} = m = m(r, y) \approx l(r) + k(y) \tag{24}$$

gegeben.

Halten wir m konstant und differenzieren, so erhalten wir

$$0 = l'\, dr + k'\, dy \quad \text{und} \quad dr = -\frac{k'}{l'} dy.$$

Substituieren wir dr in Gleichung (23) durch diesen Ausdruck, der bei gegebener Veränderung von y die Reaktion von r entlang der LM-Kurve wiedergibt, so erhalten wir

$$dy \left[1 - c'(1-\tau) - \frac{\partial i}{\partial y}\right] = \frac{\partial i}{\partial r} \cdot \left(-\frac{k'}{l'} dy\right) - c' y\, d\tau, \tag{25}$$

so daß der Steuersatzmultiplikator durch

$$\frac{dy}{d\tau} = \frac{-c' y}{1 - c'(1-\tau) - \frac{\partial i}{\partial y} + \frac{\partial i}{\partial r} \cdot \frac{k'}{l'}} \tag{26}$$

gegeben ist. Der letzte Term im Nenner ist positiv. Er gibt die Verringerung der Investition aufgrund einer Erhöhung des Zinssatzes entlang der LM-Kurve an.

Substituieren wir den Steuersatzmultiplikator in Ungleichung (21) durch diesen Ausdruck, so erkennen wir, daß für $dT/d\tau < 0$

$$\frac{-\tau c' y}{1 - c'(1-\tau) - \frac{\partial i}{\partial y} + \frac{\partial i}{\partial r} \cdot \frac{k'}{l'}} + y < 0$$

gilt.

Subtrahieren wir y von beiden Seiten der Ungleichung und teilen dann durch $-y$, wodurch das Ungleichheitszeichen herumgedreht wird, so erhalten wir:

$$\frac{\tau c'}{1 - c' + \tau c' - \frac{\partial i}{\partial y} + \frac{\partial i}{\partial r} \cdot \frac{k'}{l'}} > 1$$

und

$$\tau c' > 1 - c' + \tau c' - \frac{\partial i}{\partial y} + \frac{\partial i}{\partial r} \cdot \frac{k'}{l'}.$$

Als nächstes subtrahieren wir $\tau \cdot c'$ von beiden Seiten und erhalten

$$1 - c' - \frac{\partial i}{\partial y} + \frac{\partial i}{\partial r} \cdot \frac{k'}{l'} < 0$$

oder

$$c' + \frac{\partial i}{\partial y} - \frac{\partial i}{\partial r} \cdot \frac{k'}{l'} > 1 \quad \text{für} \quad \frac{dT}{d\tau} < 0. \tag{27}$$

Der Ausdruck $[(\partial i/\partial y) - (\partial i/\partial r) \cdot (k'/l')]$ entspricht der Veränderung der Nettoinvestition von einem Gleichgewichtspunkt zum nächsten. Die Bedingung dafür, daß eine Steuersenkung zu höheren Steuereinnahmen führt, ist, daß die Grenzneigung zum Konsum (MPC) zuzüglich der Grenzneigung, Nettoinvestitionen zu tätigen, einschließlich des Effekts der endogenen Veränderung des Zinssatzes entlang der LM-Kurve > als eins ist. Die Grenzneigung zum Konsum bezieht sich in diesem Fall auf das verfügbare Einkommen, nicht auf das Bruttoeinkommen, da wir die Konsumfunktion zu Beginn als eine Funktion des verfügbaren Einkommens $c = c(y - \tau \cdot y)$ definiert haben und c' die Steigung dieser Funktion ist.

Die Tatsache, daß die Steuereinnahmen mit einer Senkung der Steuersätze zunehmen, impliziert nicht etwa eine instabile Situation, wie es auf den ersten Blick erscheinen mag. Die MPC aus dem verfügbaren Einkommen liegt ungefähr bei 0,9, während die MPC aus dem Bruttoeinkommen lediglich 0,65 beträgt. Liegt die Grenzneigung zur Investition $[(\partial i/\partial y) - (\partial i/\partial r) . (k'/l')]$ zwischen 0,1 und 0,4, so kann dT/d negativ sein und die IS-Kurve hat immer noch negative Steigung. Beträgt die gesamte Investition etwa 15% des BSP, so liegt $\partial i/\partial y$ bei ungefähr 0,15. Die Bedingung, daß $dT/d\tau < 0$ ist, wird also in den USA wahrscheinlich auf Dauer erfüllt sein. Der letzte Ausdruck in der Ungleichung (27), $(\partial i/\partial r) \cdot (k'/l')$, beschreibt den durch das Ansteigen der Zinssätze entlang der LM-Kurve begründeten Effekt einer expansionären fiskalpolitischen Maßnahme auf die Investition. Der Term k'/l' gibt die Steigung der LM-Kurve an und entspricht der Erhöhung von r, bei der der Geldmarkt angesichts einer Erhöhung von y im Gleichgewicht bleibt. Durch Multiplikation mit $\partial i/\partial r$ erhalten wir die entsprechende Verringerung der Investition.

Befindet sich die Volkswirtschaft an einem Punkt, bei dem die LM-Kurve sehr flach ist, dann wird k'/l' sehr gering sein; bei einer vollständig flachen LM-Kurve ist k'/l' gleich null. In diesem Fall ist es sehr wahrscheinlich, daß eine Senkung der Steuersätze eine Erhöhung der Steuereinnahmen zur Folge haben wird, weil der Ausdruck $\partial i/\partial r \cdot (k'/l')$ den Wert von $c' + \partial i/\partial y$ kaum reduzieren wird. Befindet sich die Volkswirtschaft dagegen bei einem Punkt auf dem steilen Teil der LM-Kurve, so wird k'/l' einen relativ hohen Wert haben, weshalb eine Senkung der Steuersätze in diesem Fall wahrscheinlich nicht zu einer Erhöhung der Steuereinnahmen führen wird.

Es ist also wahrscheinlicher, daß eine Senkung der Steuersätze die Steuereinnahmen erhöhen wird, wenn sich die Volkswirtschaft in einer Flaute befindet. Sind die Zinssätze relativ niedrig und ist die LM-Kurve im anfänglichen Gleichgewicht relativ flach, so bedeutet dies, daß bei einer Senkung der Steuersätze der Zinseffekt auf die Steuereinnahmen relativ gering sein wird, da die Investitition zunehmen wird und die Erhöhung des Einkommens die Steuersatzsenkung mehr als ausgleichen und so die Steuereinnahmen T erhöhen wird. Dies wiederum verringert das Haushaltsdefizit.

Fiskalpolitischer Stimulus und die Finanzierung des Defizits

Das letzte Thema, das wir in diesem Kapitel behandeln wollen, beschäftigt sich mit der Frage, wie die Methode der Defizitfinanzierung den expansionären Effekt eines Defizits beeinflußt. Wir folgen hier der von Smith und Teigen in einem Memorandum des Council of Economic Advisors vorgestellten Analyse.

Nehmen wir einmal an, wir führten eine Steuersatzsenkung durch, mit dem Ziel, die Volkswirtschaft zu stimulieren. Nehmen wir weiter an, die Zinssätze seien hoch und es beständen Überschußkapazitäten und Arbeitslosigkeit. In diesem Fall wird die LM-Kurve ziehmlich steil sein und die Grenzneigung zur Investition $\partial i/\partial r$ wird aufgrund der Überschußkapazitäten eher niedrig sein, so daß die Steuersatzsenkung das staatliche Budgetdefizit erhöhen wird.

Die Finanzierung des Defizits und die LM-Kurve

Die Steuersenkung und die damit verbundene Erhöhung des Defizits haben zwei wesentliche stimulierende Effekte. Zunächst erhöht die Steuersenkung natürlich das verfügbare Einkommen. Der zweite Effekt besteht darin, daß die Finanzanlagen des privaten Sektors zunehmen. Dies folgt aus einer der Gleichgewichtsbedingungen aus Kapitel 3,

$$I + G = S + T, \tag{28}$$

die wir auch als

$$G - T = S - I \tag{29}$$

schreiben können. Die linke Seite von (29), G − T, gibt das Defizit des Staates wieder. Reduziert eine Steuersenkung den Wert von T, so erhöht sich das Defizit, weshalb die private Nettoersparnis S − I zunehmen muß. Diese Zunahme der privaten Nettoersparnis entspricht der Erhöhung der Finanzanlagen des privaten Sektors, die der Zunahme der staatlichen Verbindlichkeiten (der Erhöhung des staatlichen Defizits) entspricht.

Die stimulative Wirkung der Steuersenkung und die Erhöhung des Defizits sind in Abbildung 16-19 durch die Verschiebung der IS-Kurve nach oben von I_0S_0 auf I_1S_1 dargestellt. Offensichtlich wird der expansionäre Effekt der Verschiebung der IS-Kurve davon abhängen, ob die LM-Kurve bei L_0M_0 bleibt oder sich, wie die IS-Kurve, verschiebt. Die Verschiebung der LM-Kurve hängt davon ab, wie das Defizit finanziert wird. Führt die Finanzierungstechnik nicht zu einer Erhöhung der Reserven, die die Zentralbank dem Geschäftsbankensystem zur Verfügung stellt, so wird die Geldmenge nicht erhöht und die LM-Kurve bleibt bei

L_0M_0. Werden zusätzliche Reserven geschaffen, so wird das Geldangebot erhöht und die LM-Kurve verschiebt sich nach rechts, was zum expansionären Effekt des Defizits beiträgt.

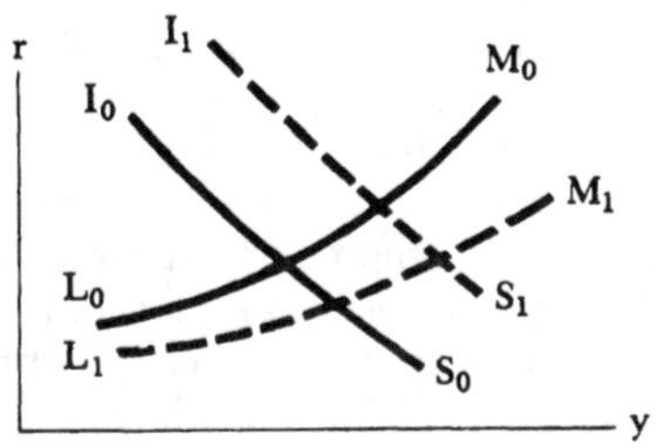

Abbildung 16-19: Finanzierung des Defizits und die Verschiebung der LM-Kurve.

Methoden der Finanzierung des Defizits

Der „Treasury" (dem Schatzamt) stehen fünf Instrumente zur Finanzierung des Defizits zur Verfügung. Wie wir gesehen haben, wird jede dieser fünf Methoden die Finanzanlagen des privaten Sektors um den Betrag des Defizits erhöhen.

Die erste Möglichkeit stellt der Verkauf von Wertpapieren an das Nichtbankenpublikum dar. Dies hat keinen Einfluß auf die Reserven und führt deshalb auch nicht zu einer Verschiebung der LM-Kurve. Gibt die Treasury die Einnahmen aus dem Verkauf der Wertpapiere aus, so stellt sie die Geldhaltung des Publikums wieder her. Dies stellt netto eine Erhöhung der vom Publikum gehaltenen Finanzanlagen in Höhe der emittierten Wertpapiere dar.

Die zweite Möglichkeit stellt der Verkauf von Wertpapieren an die Geschäftsbanken dar. Diese Operation alleine verändert den Bestand an Reserven nicht und beläßt die LM-Kurve bei ihrer alten Position. Um in ihren Portefeuilles Platz für die zusätzlichen Staatspapiere zu schaffen, werden die Banken die Kreditvergabe an den privaten Sektor verringern müssen.

Diese beiden Finanzierungstechniken bringen keine Veränderung der Reserven mit sich und belassen die LM-Kurve in Abbildung 16-19 bei L_0M_0. Folglich wird eine Verschiebung der IS-Kurve nach oben zur Anspannung der Situation an den Geld- und Kreditmärkten führen. Im ersten Fall werden Einkommen und Output erhöht, ohne daß auch die Geldmenge zunimmt, wodurch Überschußnachfrage nach Geld erzeugt wird und die Zinsätze entlang der L_0M_0-Kurve in Abbildung 16-19 steigen. Das höhere Wertpapierangebot des Staates drückt die Wertpapierpreise nach unten und erhöht die Zinsen auf dem Wertpapiermarkt. In dieser Situation hält das Publikum mehr Wertpapiere und weniger Geld als es eigentlich möchte, so daß die Geldnachfrage steigt und die Zinssätze auf dem Geldmarkt entlang der L_0M_0-Kurve steigen. Im zweiten Fall müssen die Geschäftsbanken andere Anlagen verkaufen (zum Beispiel Industrieobligationen), um in ihren Portefeuilles Platz für die zusätzlichen Staatspapiere zu schaffen. Dies treibt die Zinssätze für Wertpapiere nach oben und führt zu einer Erhöhung der Geldmarktsätze entlang der LM-Kurve. Der entscheidende Punkt hier ist, daß der Bestand an Reserven unverändert bleibt und die LM-Kurve nicht verschoben wird.

Die Erhöhung der Zinssätze entlang der L_0M_0-Kurve wird also die Investitionsnachfrage reduzieren und deshalb zum Teil den stimulierenden Effekt einer Verschiebung der IS-Kurve nach oben eliminieren.

Eine dritte Finanzierungsmethode besteht darin, daß der Staat seine Sichteinlagen bei den Geschäftsbanken reduziert. Hierdurch wird die vom Publikum gehaltene Geldmenge direkt erhöht. Das Ergebnis ist eine Erhöhung des Geldangebots um den Betrag der Erhöhung des Defizits. Dies ist der Fall, weil vom Publikum gehaltene Sichteinlagen zum Geldangebot gerechnet werden, Sichteinlagen des Staates dagegen nicht. Der Bestand an Reserven bleibt unverändert, so daß es nicht zu einer multiplen Ausweitung des Geldes und der Bankeinlagen kommt. Die LM-Kurve verschiebt sich in diesem Fall nach rechts, allerdings um weniger als in den nächsten beiden Fällen, bei denen die Reserven erhöht werden.

Die vierte Methode besteht darin, Wertpapiere an die Zentralbank zu verkaufen. Der Staat erhält hierfür ein Guthaben bei der Zentralbank. Werden die Staatskäufe getätigt, so werden diese Guthaben an das Publikum übertragen, das diese dann gegen Sichteinlagen bei den Geschäftsbanken eintauscht. Die Guthaben bei der Zentralbank würden also ihren Weg zu den Geschäftsbanken finden und stellen für diese zusätzliche Reserven dar, was dann die Geldmenge über den Geldmultiplikator erhöht.

Die fünfte Alternative besteht darin, daß der Staat seine bestehenden Guthaben bei der Zentralbank verwendet, womit wir über den gleichen Mechanismus wie oben beschrieben eine Zunahme der Reserven erhalten.

Die letzten beiden Fälle beschreiben also eine Zunahme der monetären Basis und damit des Geldangebots, indem Guthaben bei der Zentralbank vom Staat auf die Geschäftsbanken übertragen werden. Dies ist in Abbildung 16-19 durch eine Verschiebung der LM-Kurve nach außen auf L_1M_1 dargestellt. Die Erhöhung des Geldangebots verstärkt den expansionären Effekt der Steuersatzsenkung dadurch, daß die Zinssätze niedrig gehalten werden. Dies verhindert die Verringerung der Investitionsnachfrage.

Der Prozeß der Defizitfinanzierung durch den Verkauf von Wertpapieren an die Zentralbank wird im allgemeinen als Monetisierung des Defizits bezeichnet. Betrachten wir die Treasury und die Zentralbank als eine Einheit, so ist in diesem Fall offensichtlich, daß die Treasury das Defizit durch drucken von Banknoten finanziert, also durch zusätzliche Geldschöpfung.

Zusammenfassung

Wird das Defizit durch den Verkauf von Wertpapieren an das Nichtbankenpublikum oder an die Geschäftsbanken finanziert, ohne dabei zusätzliche Reserven zu schaffen, so kommt es zur Anspannung der Situation auf dem Geldmakt und zur Erhöhung der Zinsen. Hierdurch wird der expansionäre Effekt einer Erhöhung des Defizits zum Teil wieder ausgeglichen, weil die Investitionsnachfrage abnimmt. Wird das Defizit auf der anderen Seite durch Schaffung von Zentralbankguthaben und damit zusätzlicher Reserven finanziert, wodurch die Geldmenge ausgeweitet wird, so kommt es zu keiner Verknappung am Geldmarkt und damit auch zu keiner Verringerung der Investitionsnachfrage. Der expansionäre Effekt der Erhöhung des Defizits bleibt also voll erhalten. Der erste Fall läuft auf eine

Verschiebung der IS-Kurve entlang einer fixierten LM-Kurve hinaus. Im zweiten Fall wird die LM-Kurve durch eine Erhöhung von M nach außen verschoben.

In Wirklichkeit wird keiner dieser „reinen" Fälle zu beobachten sein. Jede Erhöhung des Defizits wird durch eine Mischung dieser Methoden finanziert werden. So wird die Treasury zum Beispiel Wertpapiere an das Publikum und an die Geschäftsbanken am New Yorker Wertpapiermarkt verkaufen. Ist die Lage am Geldmarkt bereits angespannt, dann wird die Zentralbank eventuell entscheiden, diese Wertpapiere zum Teil aufzukaufen, um zu verhindern, daß die Zinssätze weiter steigen. Indem die Zentralbank diese Wertpapiere kauft, tut sie im Prinzip nichts anderes, als Reserven durch eine Offenmarktoperation zur Verfügung zu stellen, um dadurch die Zinssätze niedrig zu halten. In diesem Fall erhöht die Fed also die monetäre Basis und verschiebt die LM-Kurve nach außen. Dies stellt eine teilweise Monetisierung des Defizits durch eine gewöhnliche Offenmarktoperation dar.

Selbst in diesen Fällen, kann die politische Veränderung in eine Entscheidung der Regierung und eine Entscheidung der unabhängigen Zentralbank zerlegt werden. Die Regierung entscheidet, den Grad des fiskalpolitischen Stimulus in der Volkswirtschaft zu ändern und verschiebt dadurch die IS-Kurve. Die Zentralbank läßt entweder eine Veränderung der Zinssätze entlang der LM-Kurve zu, wobei sie die Reserven konstant hält, oder sie hält das Zinsniveau ungefähr auf einem konstanten Niveau, indem sie durch Offenmarktoperationen die LM-Kurve verschiebt und dadurch die fiskalpolitische Aktion unterstützt.

Ausgewählte Literatur

Council of Economic Advisers, „Financing a Federal Deficit" and „Fiscal Policy in Perspective," in W. L. Smith and R. L. Teigen, eds., *Readings in Money, National Income and Stabilization Policy* (Homewood, Ill.: R. D. Irwin, 1965).

R. Eisner, „What Went Wrong," *Journal of Political Economy,* May/June 1971.

R. Eisner, „Fiscal and Monetary Policy Reconsidered," *American Economic Review,* December 1969.

M. Friedman, „Theoretical Framework for Monetary Analysis," *Journal of Political Economy,* March/April 1970.

M. Friedman, „Comments on the Critics," *Journal of Political Economy,* Sept./Oct. 1972.

M. Friedman, „Monetary Policy: Theory and Practice," *Journal of Money, Credit and Banking,* February 1982.

W. W. Heller, „CEA's Stabilization Budget Policy after Ten Years," in R. A. Gordon and L. R. Klein, eds., *Readings in Business Cycles* (Homewood, Ill.: R. D. Irwin, 1965).

C. D. Romer, „Is the Stabilization of the Postwar Economy a Figment of the Data?," *American Economic Review,* June 1986.

R. L. Teigen, „A Critical Look at Monetarist Economics," *Federal Reserve Bank of St. Louis Review,* January 1972.

J. Tobin, „Friedman's Theoretical Framework," *Journal of Political Economy,* September/October 1972.

K. D. West, „Targeting Nominal Income: A Note," *Economic Journal,* December 1986.

Kapitel 17
Der Sektor „Ausland" und die Zahlungsbilanz

Bis jetzt haben wir im wesentlichen die Theorie der Einkommensbestimmung in einer geschlossenen Volkswirtschaft behandelt und dabei die Rolle des Auslands außer Acht gelassen. In diesem Kapitel beschreiben wir die Beziehung zwischen dem Ausland und der inländischen Ökonomie.

Wir beginnen mit einer Diskussion über den Einfluß inländischer Entwicklungen auf die Zahlungsbilanz und untersuchen im folgenden die Einwirkung außenwirtschaftlicher Beziehungen auf die Bestimmung des Gleichgewichtseinkommens, das Preisniveau und den Zinssatz. Aufgrund des zunehmenden Handels, der internationalen Kapitalbewegungen und der Auswirkungen von Änderungen der Weltpreise auf die Preise in den Vereinigten Staaten reagiert die US-Ökonomie zunehmend empfindlich auf wirtschaftliche Entwicklungen im Ausland. Viele der kleineren und offenen Volkswirtschaften der Industrieländer, wie die Groß Britaniens und der Niederlande, haben schon immer sehr empfindlich auf externe Entwicklungen reagiert. Wir können also durch die Einbeziehung des Außenwirtscharftsbereichs in unsere Diskussion der Einkommensbestimmung unser Verständnis für die makroökonomischen Entwicklungen in den meißten Industrieländern erweitern. Dabei läßt sich der Außenwirtschaftsbereich ohne Schwierigkeiten in das uns bekannte IS-LM-Modell integrieren.

Die internationale Zahlungsbilanz teilt sich in zwei wesentliche Teilbilanzen auf. Die Leistungsbilanz zeichnet Einkommen vom Verkauf der in einer Periode produzierten Güter und Dienstleistungen wie Frachtausgaben, Versicherung, Transport von ausländischen Touristen durch US-Fluglinien und die Verwendung von US-Technologie und Kapital im Ausland auf. Einkommen aus letzteren beiden Positionen entsteht in Form von Tantiemen und Einkünften aus Kapitalvermögen. Die Gesamtsumme der Einkünfte aus dem Verkauf der in einer Periode produzierten Güter und Dienstleistungen erscheint als Exporte X in den nationalen Einkommens- und Produktionskonten. Die Leistungsbilanz dokumentiert auch die Importe der beschriebenen Güter und Dienstleistungen aus dem Ausland. Diese erscheinen als Importe „M" in den nationalen Einkommenskonten. Somit entspricht der Ausdruck für den Nettoexport (X − M) in der Bruttosozialproduktsidentität

$$BSP = Y = C + I + G + (X - M) \tag{1}$$

aus Kapitel 2 der Leistungsbilanz als Teilbilanz der Zahlungsbilanz. Die Nettoexporte setzen sich aus den Nettoeinkünften aus dem Verkauf der in einer Periode produzierten Güter und Dienstleistungen an das Ausland abzüglich der Zahlungen für Käufe im Ausland produzierter Güter und Dienstleistungen einschließlich der Zahlungen für Schuldentilgungsdienste an Ausländer zusammen.

Die zweite wesentliche Teilbilanz der Zahlungsbilanz ist die Kapitalverkehrsbilanz. Sie dokumentiert den Kapitalabfluß beim Kauf von Anlagegütern im Ausland, wenn zum Beispiel US-Firmen Fabrikationsanlagen in Europa kaufen oder Investoren Aktien und Wertpapiere im Ausland kaufen. Außerdem zeichnet sie den Kapitalzufluß in die Vereinigten Staaten auf, wenn Ausländer dort Anlagegüter kaufen. Die Kapitalverkehrsbilanz weist also den Nettokapitalabfluß beim Kauf von Auslandsaktiva aus. Dieser Saldo steht nicht in direkter Beziehung zum Bruttosozialprodukt, da die Kapitalverkehrsbilanz nur Transfers von Aktivvermögen berücksichtigt, nicht aber die Produktion der Periode.

Eine dritte, weniger wichtige Teilbilanz der Zahlungsbilanz weist die Nettotransferzahlungen an Ausländer aus. Hier werden sowohl die Transfers des privaten Sektors (Rf in Kapitel 2) als auch staatliche Transfers wie die der Agency for International Development (Amt für internationale Entwicklung) oder auch staatliche Pensionszahlungen an ausländische Bürger dokumentiert. Die staatlichen Transfers finden sich in der Komponente „T“ der Bruttosozialproduktsidentität wieder.

$$C + I + G + (X - M) = BSP = C + S + T + Rf \tag{2}$$

Der Leser wird sich daran erinnern, daß wir in Kapitel 2 bei der Berechnung von „T“ Transfer-, Zins- und Subventionszahlungen an amerikanische Staatsbürger von den Bruttosteuereinnahmen abgezogen haben. Folglich sind staatliche Transfers an Ausländer in „T“ als eingenommene Steuern enthalten, werden aber weder für den Kauf von Gütern und Dienstleistungen „G“ ausgegeben, noch werden sie in Form von Transfer-, Zins- oder Subventionszahlungen dem amerikanischen Einkommensstrom wieder zugeführt.

Der Zahlungsbilanzüberschuß „B“ setzt sich also aus den Nettoexporten abzüglich des privaten Nettokapitalabflusses „F“ und der Nettotransfers an Ausländer zusammen,

$$B = (X - M) - F - R, \tag{3}$$

wobei R die gesamten staatlichen Transferzahlungen zuzüglich der privaten Transfers Rf aus Gleichung (2) enthält. Gleichung (3) definiert grob den Saldo der offiziellen Ausgleichszahlungen in der US-Zahlungsbilanzstatistik und entspricht der Nettoveränderung der Währungsreserven des Landes.

Die in diesem Kapitel beschriebene Interaktion zwischen ausländischem und inländischem Sektor der Volkswirtschaft, kann ungefähr wie folgt beschrieben werden. Die Exporte gehen in die Gleichgewichtsbedingung für den Gütermarkt (die IS-Gleichung) in der gleichen Art wie die Staatskäufe G ein, als exogene Ausgaben für in den USA produzierten Output. Ein Unterschied ist, daß die Exporte vom US-Preisniveau abhängen. Steigen die Preise in den USA während die Preise im Ausland konstant bleiben, so werden die Exporte sinken. Die Importe gehen in die IS-Gleichung in der gleichen Weise wie die Ersparnis oder die Steuereinnahmen ein. Sie werden dem inländischen Einkommensstrom entzogen. Die Importe steigen mit einer Zunahme des Einkommens und steigenden Preisen in den USA relativ zu ausländischen Preisen. Im ersten Abschnitt dieses Kapitels werden wir diese Beziehungen in die IS-Gleichung einbauen.

Der Nettokapitalabfluß der Kapitalverkehrsbilanz hängt vom Niveau der Zinssätze in den USA relativ zu denen des Auslands ab. Im zweiten Abschnitt dieses Kapitels kombinieren wir die Beziehung zwischen der Leistungsbilanz $X - M$ und dem Einkommensniveau $\partial (X - M)/\partial Y < 0$ mit der Beziehung zwischen dem Nettokapitalabfluß und dem Zinssatz $\partial F/\partial r < 0$, um eine Kurve im r, y-Koordinatensystem herzuleiten, entlang der der Zahlungsbilanzüberschuß in

Gleichung (3) B gleich null ist. Die Position des internen Gleichgewichts r_0, y_0 relativ zum Gleichgewichtslokus der Zahlungsbilanz zeigt uns dann, ob die Volkswirtschaft in dieser Situation einen Zahlungsbilanzüberschuß oder ein Zahlungsbilanzdefizit aufweist.

Im dritten Abschnitt untersuchen wir die Auswirkungen eines Überschusses oder Defizits bei festen Wechselkursen auf die inländische Volkswirtschaft. Zahlungsbilanzüberschuß oder -defizit wirken in dieser Situation über das Geldangebot auf die Volkswirtschaft. Ein Zahlungsbilanzüberschuß zum Beispiel erhöht die Reserven des Bankensystems und erhöht dadurch das Geldangebot, wodurch die LM-Kurve nach rechts verschoben wird. Das System wird erst dann im Gleichgewicht sein, wenn die LM-Kurve ihre Position nicht mehr verändert und $B = 0$ gilt.

Als nächstes werden wir Techniken betrachten, die angewendet werden, um die Zahlungsbilanz im Gleichgewicht zu halten, wobei wir immer noch ein System fester Wechselkurse betrachten. Zeitweise verwenden Länder Geld- und Fiskalpolitik um das Zahlungsbilanzgleichgewicht aufrechtzuerhalten. Dabei verschieben sie den Schnittpunkt der IS-Kurve mit der LM-Kurve auf die Gleichgewichtskurve der Zahlungsbilanz, wo $B = 0$ ist. Bedeutet dies auf der anderen Seite, daß der reale Output auf ein politisch nicht mehr akzeptables Niveau gesenkt werden muß oder daß die Zinssätze in schwindelerregende Höhen steigen, so können die Länder auch die Gleichgewichtskurve der Zahlungsbilanz verschieben, indem sie zum Beispiel Importsteuern oder Steuern auf den Kapitalabfluß erheben oder Importquoten einführen. Während der Periode fester Wechselkurse bis 1971 haben Länder auch gelegentlich den Wechselkurs geändert, um dadurch das Verhältnissen von ausländischen zu inländischen Güterpreisen zu verändern.

Im fünften Abschnitt dieses Kapitels werden wir diese offensichtliche Methode, die Zahlungsbilanz im Gleichgewicht zu halten, näher betrachten und dabei zulassen, daß sich der Wechselkurs flexibel anpaßt (floating), wodurch die Gleichgewichtskurve der Zahlungsbilanz ständig so verschoben wird, daß sie mit dem Schnittpunkt von IS- und LM-Kurve übereinstimmt. Während der Periode von 1971-1973, nachdem Präsident Nixon im August 1971 den Dollar für nicht mehr in Gold konvertierbar erklärt hatte, nahmen die wesentlichen Währungen ein System flexibler Wechselkurse gegenüber dem Dollar an. Zu diesen Währungen zählt der Kanadische Dollar, die Deutsche Mark, der japanische Jen und das Britische Pfund Sterling. Die meisten anderen Währungen halten einen festen Wechselkurs zu einer dieser Währung aufrecht. Das heutige Wechselkurssystem wird dennoch als ein System flexibler Wechselkurse bezeichnet.

In einem System flexibler Wechselkurse können wir die Zahlungsbilanzgleichung in (3) als eine vierte Gleichgewichtsbedingung interpretieren: Angebot und Nachfrage auf dem Devisenmarkt müssen in unserem statischen Gleichgewichtsmodell übereinstimmen.

In den ersten fünf Abschnitten nehmen wir an, das Preisniveau werde im Inland bestimmt, wobei wir das Preisniveau im Ausland über den Wechselkurs bestimmen. Diese Annahme dürfte im Fall der USA gerechtfertigt sein, die auf dem Weltmarkt als Preissetzer bezeichnet werden können. Die meisten kleineren Länder sind jedoch Preisnehmer auf dem Weltmarkt. Sie sehen sich Weltmarktpreisen gegenüber, die meist in ausländischer Währung (zumeist US-Dollar) ausgewiesen sind. Ihr Wechselkurs übersetzt ausländische in inländische Preise. Im sechsten Abschnitt dieses Kapitels modifizieren wir das Modell, um die Situation eines kleinen Landes zu betrachten, in dem ausländische Preise über den Wechselkurs inländische Preise bestimmen. Abschließend werden wir betrachten, wie sich der Anpassungsmechanismus der Zahlungsbilanz und der Wechselkurse in den nächsten Jahren wahrscheinlich entwickeln wird. Wir beginnen nun mit der Einführung des Sektors Ausland in die Gleichgewichtsbedingung für den Gütermarkt, die IS-Gleichung.

Die Leistungsbilanz und das Gütermarktgleichgewicht

Die Exporte gehen in die Gleichung für das Gütermarktgleichgewicht analog den Staatskäufen ein, die Importe analog der Ersparnis. Bei einem bestimmten Niveau der aggregierten ausländischen Nachfrage und der ausländischen Preise hängen die realen Exporte x vom Preisniveau in den USA P und dem Wechselkurs e ab, der in ausländischen Währungseinheiten pro Dollar gemessen wird. Der Preis amerikanischer Güter im Ausland ist durch $P^f = P \cdot e$ gegeben. Ist der Preis eines US-Dollars 5 französische Francs, so daß $e = 5$ ist, dann wird ein Gut, das in den USA für $ 10 verkauft wird, in Frankreich für FF 50 verkauft werden. Bei gegebenem Niveau der Nachfrage des Auslands und gegebenen Preisen, schreiben wir die Exportfunktion wie folgt:

$$x = x(P, e). \tag{4}$$

Eine Erhöhung der US-Preise P oder des Wechselkurses e wird die Auslandspreise amerikanischer Güter erhöhen und die Exporte verringern. Die Ausdrücke $\partial x/\partial P$ und $\partial x/\partial e$ sind also beide negativ.

Die Importe m hängen vom Einkommensniveau y in den USA ab, vom Wechselkurs e, der ausländische Preise in amerikanische Preise übersetzt, und von den Preisen amerikanischer Konkurrenzgüter. Halten wir die ausländischen Güterpreise konstant, so wird eine Erhöhung des Wechselkurses e die Preise ausländischer Güter in den USA senken und damit die Importe erhöhen. Eine Erhöhung des Preisniveaus in den USA P wird die Preise amerikanischer Güter, die mit ausländischen Gütern konkurrieren, erhöhen und somit auch zu einer Zunahme der Importe führen:

$$m = m(y, P, e). \tag{5}$$

Hier sind $\partial m/\partial P$ und $\partial m/\partial e$ beide positiv. Der Leser sollte bemerken, daß die Buchstaben M und m nun sowohl für die Importe als auch für das Geldangebot als Symbol verwendet werden. Leider ist diese unglückliche Schreibweise in der ökonomischen Fachliteratur üblich. Ich werde im folgenden versuchen, deutlich zu machen, wo welche Bedeutung gilt.

Das Gütermarktgleichgewicht

Wir können nun die Gleichgewichtsbedingung fur den Gütermarkt erweitern, um den Sektor Ausland mit einzubeziehen:

$$c + i + g + x - m = c + s + t + r_f \tag{6a}$$

oder

$$i + g + x = s + t + m + r_f. \tag{6b}$$

Wir können annehmen, daß die privaten Transferzahlungen an Ausländer r_f mit dem Einkommensniveau steigen. Deshalb können wir in Gleichung (6) den Term r_f mit dem Term für die Importe zusammenfassen, um folgende Version der IS-Gleichung zu erhalten.

$$i(r) + g + x(P, e) = s\left(y - t(y), \frac{A}{P}\right) + t(y) + m(y, P, e). \qquad (7)$$

Ausländische Käufe amerikanischer Güter x erhöhen den Einkommensstrom und US-Importe m verringern den Einkommensstrom. Um die Analyse so unkompliziert wie möglich zu halten und dennoch die entscheidenden qualitativen Aussagen herzuleiten, werden wir y als Argument der Investitionsfunktion vernachlässigen. Die Einbeziehung von y würde lediglich die Steigung der IS-Kurve senken.

Die Gleichgewichtsbedingung für den Gütermarkt (7) ist bei einem bestimmten Wechselkurs und anfänglichem Preisniveau P_0 im Vierquadrantendiagramm in Abbildung 17-1 als die I_0S_0-Kurve dargestellt. Im vierten Quadranten haben wir m (P_0) zur (s + t)-Funktion hinzugefügt.

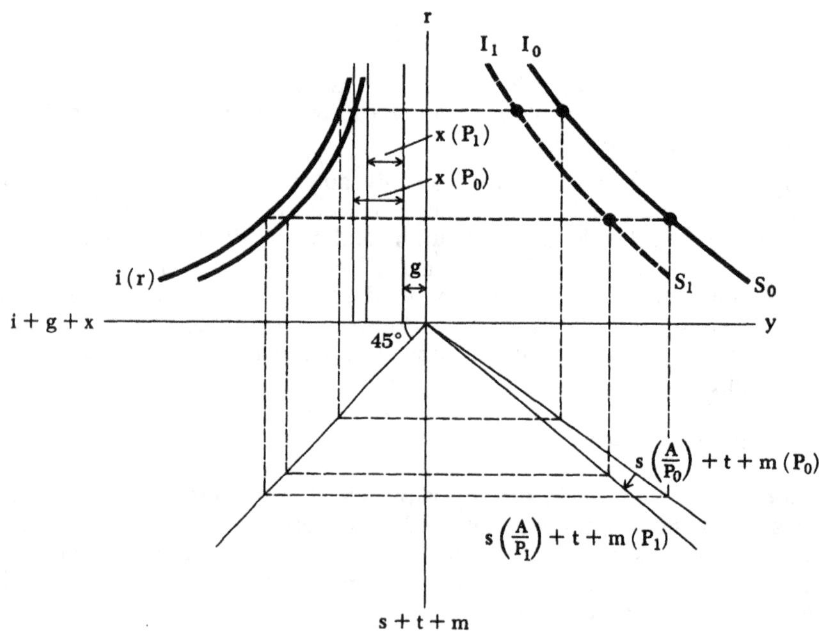

Abbildung 17-1: Die IS-Kurve mit dem Sektor Ausland.

Im zweiten Quadranten haben wir x (P_0) zur (i + g)-Funktion hinzugefügt.

Eine exogene Erhöhung der Exporte zum Beispiel aufgrund einer allgemeinen Zunahme der ausländischen Nachfrage, wird x (P_0) erhöhen und die IS-Kurve in Abbildung 17-1 nach rechts verschieben. Eine exogene Verschiebung der Importfunktion, zum Beispiel aufgrund einer Verlagerung der Präferenzen der Konsumenten von amerikanischen auf europäische Autos, wird die (s + t + m)-

Funktion im Uhrzeigersinn verdrehen und damit die IS-Kurve in Abbildung 17-1 nach links verschieben.

Wir erhalten die Steigung der IS-Kurve durch Differentiation der Gleichgewichtsbedingung (7), wobei wir e, P und g konstant halten. Differenzieren wir (7) vollständig, so erhalten wir

$$i'\,dr = \frac{\partial s}{\partial(y - t(y))} \cdot (1 - t')\,dy + t'\,dy + \frac{\partial m}{\partial y}\,dy$$

und

$$\left.\frac{dr}{dy}\right|_{IS} = \frac{\dfrac{\partial s}{\partial(y - t(y))}(1 - t') + t' + \dfrac{\partial m}{\partial y}}{i'}. \tag{8}$$

Die Steigung der Importfunktion steht jetzt noch zusätzlich im Zähler von (8), wodurch die IS-Kurve der offenen Volkswirtschaft steiler ist, als die der geschlossenen Volkswirtschaft. Eine Verringerung des Zinssatzes r wird die Investition stimulieren und y durch den Multiplikatorprozeß erhöhen. Die Zunahme von y wird in der offenen Volkswirtschaft allerdings geringer als in der geschlossenen sein, da eine Teil des höheren Einkommens für Importe verwendet wird. Wir erkennen dies in unserem einfachen Multiplikatorausdruck für die Erhöhung der Staatsausgaben aus Kapitel (3), den wir durch Differentiation von Gleichung (7) erhalten, wobei r konstant gehalten wird

$$dy = \frac{1}{\dfrac{\partial s}{\partial(y - t(y))} \cdot (1 - t') + t' + \dfrac{\partial m}{\partial y}}\,dg.$$

Beziehen wir $\partial m/\partial y$ mit ein, so verringert sich der Wert des einfachen Multiplikators.

Der Effekt einer Veränderung des Preisniveaus auf die IS-Kurve

Eine Erhöhung des inländischen Preisniveaus P von P_0 auf P_1 erhöht sowohl die Ersparnis als auch (durch den Realkasseneffekt) die Importe, wodurch die (s + t + m)-Linie in Abbildung 17-1 im Uhrzeigersinn verdreht wird. Die Preiserhöhung verschiebt ebenfalls die (i + g + x)-Funktion in Abbildung 17-1 nach rechts, da die Exporte abnehmen. All diese Effekte zusammen führen zu einer Verschiebung der IS-Kurve in Abbildung 17-1 nach links auf I_1S_1. Die Preiserhöhung reduziert die vom Einkommen abhängigen Ausgaben durch eine Erhöhung der Ersparnis, um das reale Vermögen wieder auf sein ursprüngliches Niveau zu bringen, und durch eine Verlagerung der Ausgaben auf Importe, die relativ gesehen billiger werden. Auch die Exporte nehmen aus letzterem Grund auf eine Preiserhöhung hin ab. Hierdurch wird das mit einem bestimmten Niveau von i(r) + g verbundene Einkommensniveau reduziert, wodurch die IS-Kurve nach links verschoben wird.

Eine Erhöhung des Wechselkurses wird den gleichen Effekt auf die Exporte und Importe haben, wie eine Zunahme des Preisniveaus, wird aber nicht direkt die Ersparnis erhöhen. Eine Erhöhung des Wechselkurses um 10% wird die IS-Kurve um etwas weniger nach links verschieben als eine zehnprozentige Erhöhung der Inlandspreise relativ zu den Auslandspreisen. Wir können die modifizierte IS-Kurve in Abbildung 17-1 mit der üblichen LM-Kurve für die Gleichgewichtsbedingung auf dem Geldmarkt

$$\frac{M(r)}{P} = m(r, y) \tag{9}$$

kombinieren, um die internen Gleichgewichtswerte r_0 und y_0 der Nachfrageseite zu erhalten. Um festzustellen, ob bei r_0, y_0 ein Zahlungsbilanzüberschuß oder ein Zahlungsbilanzdefizit vorliegt, entwickeln wir die Gleichgewichtskurve der Zahlungsbilanz, bei der B im r, y-Koordinatensystem gleich null ist.

Die Kapitalverkehrsbilanz und das Zahlungsbilanzgleichgewicht

Internationale Kapitalbewegungen rühren vom Kauf und Verkauf von Vermögenswerten auf internationaler Ebene her. In Kapitel 14 haben wir Tobins Darstellung der Geldnachfrage als eine Entscheidung von Individuen über die Zusammentsetzung eines Portefeuilles eingeführt, wobei die Individuen einen bestimmten ihnen zur Verfügung stehenden Betrag liquiden Vermögens in Abhängigkeit vom Zinssatz in Geld oder Wertpapiere anlegten. Wir können nun völlig analog argumentieren, daß ein Individuum seine Haltung ausländischer und inländischer Vermögenswerte vom Niveau der Zinssätze im Inland und Ausland abhängig machen wird. Das Individuum wird dann bei einer bestimmten Kombination von Zinssätzen im Gleichgewicht eine dieser entsprechende Zusammensetzung seines Portefeuilles aus inländischen und ausländischen Vermögenswerten wählen. Jede Veränderung der Zinssätze wird eine neue Zusammensetzung der Vermögenswerte bedingen und somit internationale Kapitalbewegungen verursachen.

Nimmt der Gesamtbetrag der Vermögenswerte zu, wird die Allokation innerhalb des Portefeuilles vom Niveau der Zinssätze abhängen. Erhöht sich das Vermögen in den USA, so werden die Amerikaner einen um so größeren Teil ihres Portefeuilles in ausländischen Vermögenswerten halten, je höher das Niveau der ausländischen Zinssätze im Verhältnis zu den inländischen Zinssätzen ist. Nimmt das Vermögen im Ausland zu, so werden ausländische Investoren einen um so geringeren Teil ihres zusätzlichen Vermögens in den USA anlegen, je höher die ausländischen Zinssätze im Verhältnis zu den Zinssätzen in den USA sind. Bei einem bestimmten ausländischen Zinsniveau wird der Nettokapitalabfluß F (US-Nettokäufe von Vermögenswerten im Ausland abzüglich der Nettokäufe des Auslands in den USA) eine abnehmende Funktion der US-Zinssätze sein:

$$F = F(r); \quad F' < 0. \tag{10}$$

Steigt das Zinsniveau in den USA, so sinkt der Nettoabfluß von Kapital, wenn wir zusätzliches Vermögen auf die Komponenten des Portefeuilles verteilen.

Die Gleichung der Zahlungsbilanz

Wir können nun die Gleichung der Zahlungsbilanz vervollständigen, indem wir den Nettokapitalabfluß F von den Nettoexporten abzüglich der Transferzahlungen (gemessen in gegenwärtigen Preisen) abziehen. Die Exporte werden in US-Preisen gemessen. Der Wert der Importe in Dollar ist durch den Preis P^f geteilt durch den Wechselkurs e gegeben. Die Leistungsbilanz in nominalen Werten ist folglich durch

$$X - M = P \cdot x(P, e) - \frac{P^f}{e} \cdot m(y, P, e) \tag{11}$$

gegeben und der Zahlungsbilanzüberschuß durch

$$B = P \cdot x(P, e) - \frac{P^f}{e} \cdot m(y, P, e) - F(r). \tag{12}$$

Auch hier führen wir wieder die Transfers an Ausländer unter der Importfunktion auf. Damit der Zahlungsbilanzüberschuß gleich null ist, müssen die Nettoexporte gleich dem Nettokapitalabfluß sein.

In einem System fester Wechselkurse gibt Gleichung (12) den Zahlungsbilanzüberschuß beim geltenden Wechselkurs e an. Der Überschuß oder das Defizit müssen von den Reserven der Zentralbank absorbiert werden, um den festen Wechselkurs aufrechtzuerhalten. Diese Veränderung der Reserven stellt den automatischen Anpassungsmechanismus im System mit festen Wechselkursen dar, wie wir unten sehen werden. Wir können Gleichung (12) auch als die Überschußnachfragefunktion auf dem Devisenmarkt betrachten, wenn wir uns im System flexibler Wechselkurse befinden. In diesem Fall hält die Zentralbank den Bestand an Reserven konstant und wird weder Käufe noch Verkäufe auf dem Devisenmarkt tätigen. Mit flexiblen Wechselkursen gilt dann $B = 0$ und Gleichung (12) bestimmt den Gleichgewichtswert e bei dem $B = 0$ ist. Entweder gibt die Gleichung der Zahlungsbilanz die Veränderung der Reserven bei festen Wechselkursen an, oder sie bestimmt den Wechselkurs im System flexibler Wechselkurse, wobei $B = 0$ immer erfüllt ist.

Wir können die Steigung einer Kurve im r,y-Koordinatensystem bestimmen, die B auf einem beliebigen Niveau (auch null) hält. Eine Erhöhung von y reduziert die Nettoexporte und verlangt eine Erhöhung von r, um F zu verringern und somit den Überschuß (das Defizit) unverändert zu lassen. Dies erkennen wir, wenn wir (12) vollständig differenzieren, $dB = 0$ setzen und dabei alle Preise und den Wechselkurs konstant halten.

$$dB = 0 = -\frac{P^f}{e} \cdot \frac{\partial m}{\partial y} dy - F' dr$$

und

$$\left.\frac{dr}{dy}\right|_{dB=0} = \frac{\frac{P^f}{e} \cdot \frac{\partial m}{\partial y}}{F'}. \tag{13}$$

Da ∂m/∂y positiv ist und F′ negativ, ist die Steigung der Familie der BP-Kurven im r,y-Koordinatensystem, für die dB = 0 gilt, positiv.

Internes Gleichgewicht und der Zahlungsbilanzüberschuß

Wir können die BP-Kurve, entlang der B = 0 gilt, aus Gleichung (12) herleiten, indem wir die Nettoexporte, wie in Abbildung 17-2 dargestellt, gleich dem Nettokapitalabfluß setzen. Bei gegebenen Werten des ausländischen Preisniveaus und des Wechselkurses und gegebenem US-Preisniveau P_0, stellen die Nettoexporte im vierten Quadranten von Abbildung 17-2 eine abnehmende Funktion von r dar. Der Nettokapitalabfluß ist im zweiten Quadranten als eine abnehmende Funktion von r dargestellt. Die Hilfslinie bei 45° im dritten Quadranten stellt die Bedingung B = 0 dar, gemäß der die Nettoexporte gleich dem Nettokapitalabfluß sind.

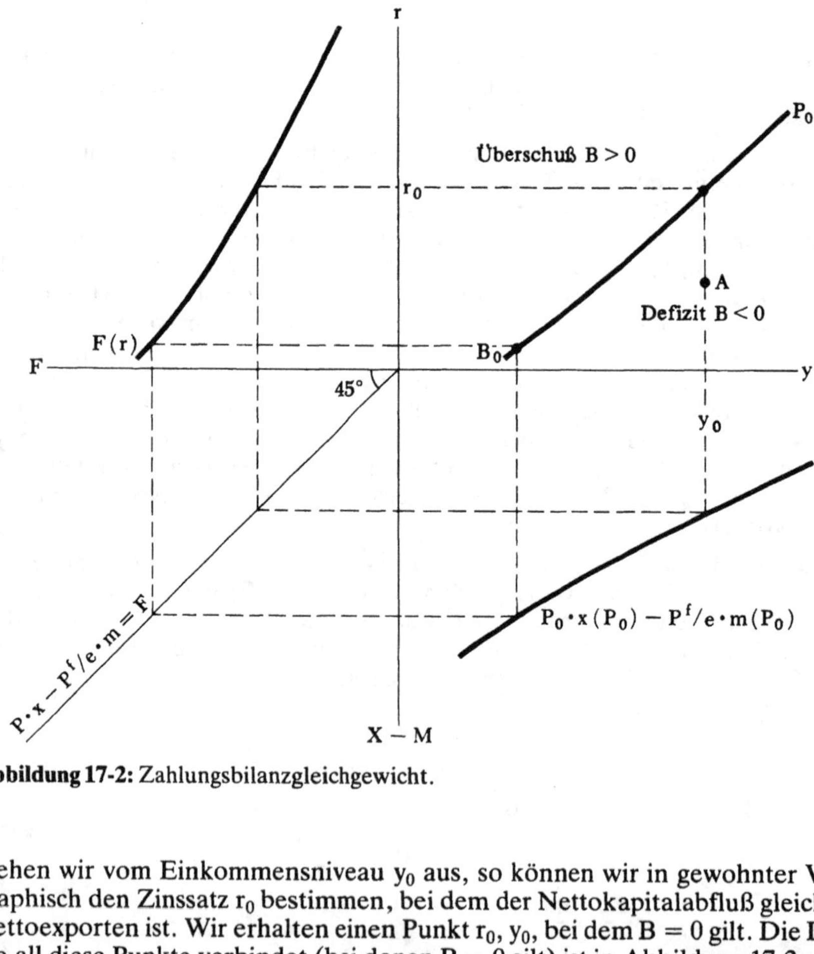

Abbildung 17-2: Zahlungsbilanzgleichgewicht.

Gehen wir vom Einkommensniveau y_0 aus, so können wir in gewohnter Weise graphisch den Zinssatz r_0 bestimmen, bei dem der Nettokapitalabfluß gleich den Nettoexporten ist. Wir erhalten einen Punkt r_0, y_0, bei dem B = 0 gilt. Die Linie, die all diese Punkte verbindet (bei denen B = 0 gilt) ist in Abbildung 17-2 als die B_0P_0-Kurve dargestellt. Diese Kurve repräsentiert das Zahlungsbilanzgleichgewicht im r,y-Koordinatensystem. Jeder Punkt r, y oberhalb dieser Kurve impliziert ein Zahlungsbilanzdefizit.

Bei Punkt A zum Beispiel bedingt der Zinssatz, der niedriger als r_0 ist, einen Kapitalabfluß, der über das y_0 entsprechende Niveau der Nettoexporte hinausgeht. Umgekehrt impliziert jeder Punkt r, y oberhalb der B_0P_0-Kurve einen Zahlungsbilanzüberschuß.

Um zu bestimmen, ob ein bestimmtes internes Gleichgewicht, das durch den Schnittpunkt der IS- mit der LM-Kurve determiniert wird, ein Zahlungsbilanzdefizit oder einen Überschuß begründet, legen wir einfach die BP-Kurve, wie in Abbildung 17-3 gezeigt, über das IS-LM-Diagramm. Hier liegt der Gleichgewichtspunkt r_0, y_0 unterhalb der B_0P_0-Kurve, so daß beim Preisniveau P_0, bei dem auf dem inländischen Markt Gleichgewicht von Angebot und Nachfrage herrscht, die Zahlungsbilanz ein Defizit aufweist. Beim Einkommensniveau y_0 müßten wir den Zinssatz auf r_1 erhöhen, um den Nettokapitalabfluß zu reduzieren und damit das Defizit zu eliminieren. Wir untersuchen nun die Effekte der Veränderung des inländischen Preisniveaus auf die Position der BP-Kurve und werden uns danach ausführlicher mit Fragen des Zahlungsbilanzausgleichs beschäftigen.

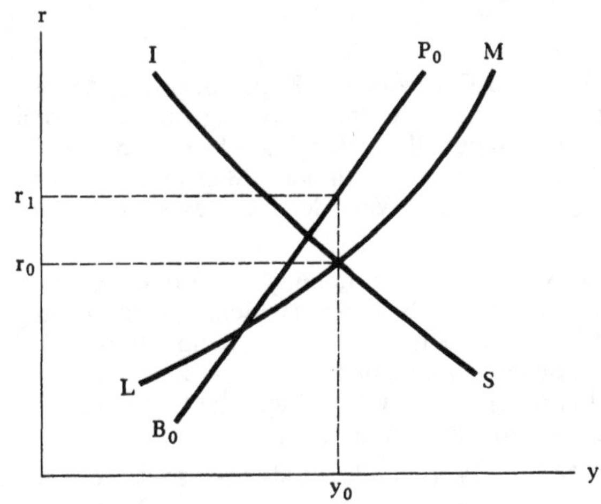

Abbildung 17-3: Zahlungsbilanzdefizit.

Preisänderungen und das Zahlungsbilanzgleichgewicht

Die Leistungsbilanz als Teilbilanz der Zahlungsbilanz ist (in nominalen Größen) durch

$$CA = X - M = P \cdot x(P, e) - \frac{P^f}{e} \cdot m(y, P, e) \tag{14}$$

gegeben. Dieser Ausdruck ist im dritten Quadranten von Abbildung 17-2 bei Geltung eines bestimmten Wechselkurses, ausländischen Preisniveaus und anfänglichem inländischen Preisniveaus P_0 dargestellt. Eine Erhöhung des inländischen Preisniveaus wird zur Zunahme der realen Importe führen ($\partial m/\partial P > 0$), wenn inländische Güter durch ausländische ersetzt werden. Bei bestimmten Werten des ausländischen Preisniveaus und des Wechselkurses, wird dies auch den Wert der in US-Dollar bewerteten Importe erhöhen.

Ebenso wird eine Erhöhung von P die realen Exporte senken ($\partial x/\partial P < 0$). Ob der nominale Wert der Exporte steigt oder fällt, hängt davon ab, ob die Abnahme der realen Exporte die Preiserhöhung aufwiegt, also von der Preiselastizität der ausländischen Nachfrage nach Exporten. Differenzieren wir $Y = P \cdot x(P,e)$ nach P, so erhalten wir:

$$\frac{\partial X}{\partial P} = x + P\frac{\partial x}{\partial P} = x\left(1 + \frac{P}{x}\frac{\partial x}{\partial P}\right).$$

Der letzte Ausdruck in Klammern entspricht der Preiselastizität der Nachfrage nach Exporten, $E_x = (\partial x/x)/(\partial P/P)$, deren Wert negativ ist, da eine Preiserhöhung die Nachfrage entlang einer negativ geneigten Nachfragekurve verringert. Wir können den Ausdruck für $\partial X/\partial P$ also wie folgt schreiben:

$$\frac{\partial X}{\partial P} = x(1 + E_x). \tag{15}$$

Ist der absolute Wert der Elastizität der Exportnachfrage > als 1 ($E_X < -1$), so wird $\partial X/\partial P$ negativ sein und eine Preiserhöhung wird den Nominalwert der Exporte verringern. In diesem Fall, bei dem $E_X - 1$ ist, wird eine Erhöhung der Preise die Exporte X verringern und die Importe M erhöhen, weshalb bei jedem Einkommensniveau eindeutig der Wert der Nettoexporte CA in Gleichung (14) sinkt.

Wenn $E_X < -1$ ist, wird eine Preiserhöhung die Nettoexportlinie im vierten Quadranten in Abbildung 17-4 nach oben verschieben, wodurch auch die BP-Kurve nach oben auf B_1P_1 verschoben wird. Reduziert eine Preiserhöhung die Nettoexporte beim anfänglichen Einkommensniveau y_0, so ist eine Erhöhung des Zinssatzes von r_0 auf r_1 nötig, um den Nettokapitalabfluß um so viel zu reduzieren, daß das Zahlungsbilanzdefizit eliminiert wird.

Selbst wenn der absolute Wert von $E_X <$ als 1 ist, so daß eine Preiserhöhung die Exporteinnahmen erhöht, müßte die Erhöhung von X groß genug sein, um die Zunahme der Importe M auszugleichen, wenn die Preiserhöhung die BP-Kurve in Abbildung 17-1 nach unten anstatt nach oben verschieben soll. Daß $E_X < 1$ ist, stellt also eine hinreichende, nicht notwendige Bedingung dafür dar, daß eine Erhöhung der Inlandspreise zu einer Verringerung der Nettoexporte führt und damit die BP-Kurve in Abbildung 17-4 nach oben verschiebt.

Die vollständige Bedingung, unter der eine Erhöhung der Inlandspreise die Nettoexporte verringert, besagt, daß die Summe der Nachfrageelastizitäten < als − 1 sein muß. Empirisch ist diese Bedingung höchst wahrscheinlich erfüllt. Zum Beispiel fanden Houthakker und Magee, daß die Preiselastizität der Nachfrage nach US-Exporten ungefähr − 0,5 beträgt und daß die Elastizität der US-Importe ungefähr − 1,5 beträgt. Ist es also theoretisch möglich, daß eine Erhöhung des Preisniveaus die Nettoexporte erhöht, so ergeben empirische Untersuchungen, daß dies in Wirklichkeit nicht der Fall ist.

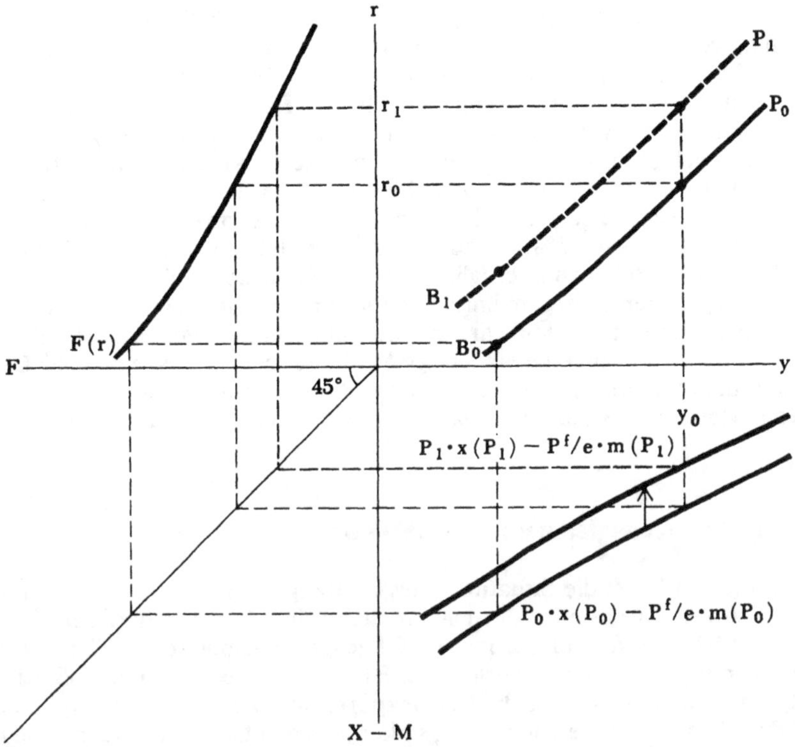

Abbildung 17-4: Auswirkungen einer Veränderung des Preisniveaus auf das Zahlungsbilanzgleichgewicht.

Auswirkungen einer Veränderung des Wechselkurses

Betrachten wir noch einmal den Ausdruck für die Nettoexporte

$$X - M = P \cdot x(P, e) - \frac{P^f}{e} \cdot m(y, P, e). \tag{16}$$

Wir erkennen, daß einer Erhöhung des Wechselkurses (eine Aufwertung des Dollars) die realen Exporte reduzieren ($\partial x/\partial e < 0$) und die realen Importe erhöhen wird ($\partial m/\partial e > 0$). Bei gegebenem US-Preisniveau wird die Senkung der realen Exporte den nominalen Wert der Exporte X reduzieren. Bei einem bestimmten Preisniveau P^f wird die Erhöhung von e den Preis der Importe in Dollar P^f/e senken. Eine Erhöhung von e reduziert den Preis der Importe in Dollar und erhöht somit die realen Importe m. Wiederum hängt es von der US-Preiselastizität der Nachfrage nach Importen ab, ob M bei einer Erhöhung von e steigt oder fällt, wobei der Zusammenhang exakt analog zum vorhergehenden Fall ist, wo wir den Effekt einer Veränderung von P auf X betrachtet haben.

Ist der absolute Wert der Importelastizität $E_M >$ als 1, so wird die Zunahme des Wechselkurses die Nettoexporte verringern und die BP-Kurve in Abbildung 17-4 nach oben verschieben. Selbst wenn $E_M > -1$ ist, so daß $dM/de < 0$ ist, kann die Erhöhung von e aufgrund der Abnahme der Exporterlöse zu einer Verringerung von $X - M$ führen. Empirische Untersuchungen geben für E_M im allgemeinen einen absoluten Wert an, der um einiges > als 1 ist. Es erscheint also offensichtlich, daß eine Aufwertung (eine Erhöhung von e) die Nettoexporte reduzieren und die BP-Kurve nach oben verschieben wird. Umgekehrt wird eine Abwertung (eine Senkung von e) die BP-Kurve in Abbildung 17-4 nach unten verschieben. Branson fand 1972 bei einer Untersuchung verschiedener Abwertungen, daß eine Abwertung des Dollars um 7%, wie zum Beispiel im Jahre 1971, die US-Exporte innerhalb einer Periode von zwei Jahren um 3,3 Milliarden Dollar erhöhen und die Importe im gleichen Zeitraum um 2,6 Milliarden verringern würde. Von 1971 bis 1973 stieg der Überschuß der Warenhandelsbilanz um 3,2 Milliarden Dollar. Diese Ergebnisse lassen auf eine eindeutige Methode schließen, wie man die Defizitsituation in Abbildung 17-3 beheben kann. Wir sind nun bei der wichtigen Frage nach der Methode des Zahlungsbilanzausgleichs angelangt.

Zahlungsbilanzausgleich und die LM-Kurve

In Abbildung 17-5 ist die Situation eines Zahlungsbilanzüberschusses bei festen Wechselkursen dargestellt. Der entsprechend dem Schnittpunkt der IS-Kurve mit der LM-Kurve festgelegte interne Gleichgewichtspunkt des Zinssatzes und des Einkommens r_0, y_0 liegt oberhalb der BP-Kurve. Dies bedeutet, daß bei y_0 der Wert von r_0 so hoch ist, daß die Nettoexporte höher als der Nettokapitalabfluß sind. Der Zinssatz müßte von r_0 auf r_1 sinken, um den Überschuß auf null zu reduzieren.

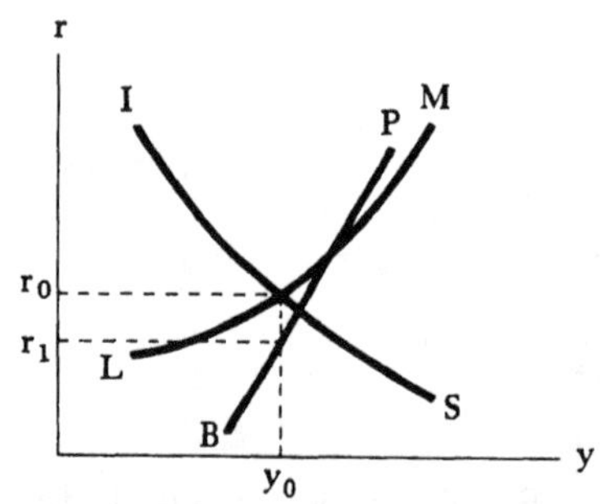

Abbildung 17-5: Zahlungsbilanzüberschuß.

Der Zahlungsbilanzüberschuß $B > 0$ impliziert, daß die Geschäftsbanken und die Zentralbanken Reserven akkumulieren. In einer Situation des Überschusses sind die Einnahmen der Unternehmen vom Handel mit dem Ausland höher als die Ausgaben für ausländische Güter. Dies bedeutet im wesentlichen, daß amerikanische Geschäftsbanken Guthaben in fremdländischer Währung akkumulieren. Entweder erhalten amerikanische Firmen Schecks in ausländischer Währung und lösen diese bei ihren Banken ein, oder Ausländer kaufen Dollar von den Banken, wobei sie natürlich in fremdländischer Währung zahlen, um dann mit diesen Dollar ihre Rechnungen bei amerikanischen Firmen zu bezahlen.

Die Geschäftsbanken erhöhen also netto ihre Einlagen in ausländischer Währung, die sie dann wiederum bei der Zentralbank hinterlegen und dafür den entsprechenden Betrag in Dollar gutgeschrieben bekommen. Die Zentralbank erhöht ihre Reserven in ausländischer Währung, womit sie gleichzeitig den Bestand nichtgeliehener Reserven im Geschäftsbankensystem erhöht.

Die Zentralbank kann mit diesen zusätzlichen ausländischen Währungsreserven im wesentlichen zwei Dinge tun. Sie kann diese Gelder an andere Länder ausleihen, indem sie zum Beispiel Schatzwechsel dieser Staaten kauft. Der Schatzwechsel wird dann Bestandteil der offiziellen Reserven der USA. Die Zentralbank kann auch Gold von einer anderen Zentralbank kaufen, das dann ebenfalls Bestandteil der Reserven ist.

Zahlungsbilanzüberschuß und Geldangebot

Die interessantere Folge eines Zahlungsbilanzüberschusses besteht in der Auswirkung auf die Reserven des Geschäftsbankensystems. Hinterlegen die Geschäftsbanken die ausländische Währung bei der Zentralbank, so erhöhen sich ihre Reserven um den Betrag des Überschusses B. Dies stellt eine Zunahme der nichtgeliehenen Reserven dar und erhöht ceteris paribus das Geldangebot um

$$\Delta M = \frac{B}{h + z(1 - h)}, \tag{17}$$

wobei h für den Teil des Geldangebots steht, den das Publikum in Form von Bargeld hält, und z der Mindestreservesatz ist, wie in Kapitel 15 dargestellt.

Die in Abbildung 17-5 dargestellte Situation kann also kein vollständiges Gleichgewicht sein, da der Überschuß das Geldangebot erhöht und somit die LM-Kurve nach rechts verschiebt. Solange der Schnittpunkt der IS-Kurve mit der LM-Kurve nicht auf der BP-Kurve liegt, werden der Überschuß oder das Defizit die LM-Kurve verschieben, bis sich LM-Kurve, IS-Kurve und BP-Kurve in einem Punkt schneiden.

Zahlungsbilanzausgleich durch Verschiebung der LM-Kurve

Wenn die Zentralbank keine Offenmarktgeschäfte vornimmt, um der externen Erhöhung der Reserven entgegenzuwirken, verschiebt sich die LM-Kurve bei einem Überschuß nach rechts und bei einem Defizit nach links, da sich in beiden Situationen das Geldangebot ändert. Abbildung 17-6 zeigt die Umgebung des Punktes r_0, y_0 stark vergrößert, so daß wir den Anpassungsprozeß genau verfolgen können.

Nimmt das Geldangebot zu, so verschiebt sich die LM-Kurve nach rechts auf L_0M_0. Wie üblich erhöht die Verschiebung der LM-Kurve die Nachfrage in der Volkswirtschaft, wodurch Überschußnachfrage erzeugt wird und die Preise erhöht werden. Die Zunahme des Preisniveaus schwächt die Verschiebung der LM-Kurve ab, da bei steigendem P das reale Geldangebot $m = M/P$ weniger schnell zunimmt als das nominale Geldangebot. Die Erhöhung des Preisniveaus verschiebt auch die IS-Kurve von I_0S_0 nach links, zum einen aufgrund des Vermögenseffekts der Konsumfunktion, zum anderen aufgrund der Verringerung der realen Nettoexporte.

Führt die Preiserhöhung zu einer Zunahme des Gleichgewichtsoutputs und des Gleichgewichtsniveaus der Beschäftigung auf der Angebotsseite der Volkswirtschaft, dann bewegt sich der interne Gleichgewichtspunkt A in Abbildung 17-6 nach unten und nach rechts, wie durch den von A ausgehenden Pfeil angedeutet. Entscheidend ist hier, daß die auf Überschußnachfrage basierende Preiserhöhung den Gleichgewichtsoutput der Angebotsseite erhöht, so daß der interne Gleichgewichtspunkt in Abbildung 17-6 nach rechts wandert. Die Verschiebung der IS- und der LM-Kurve aufgrund der Preiserhöhung kann die Verschiebung der LM-Kurve aufgrund der ursprünglichen Erhöhung von M nicht überkompensieren, so daß es unmöglich ist, daß Punkt A nach links wandert.

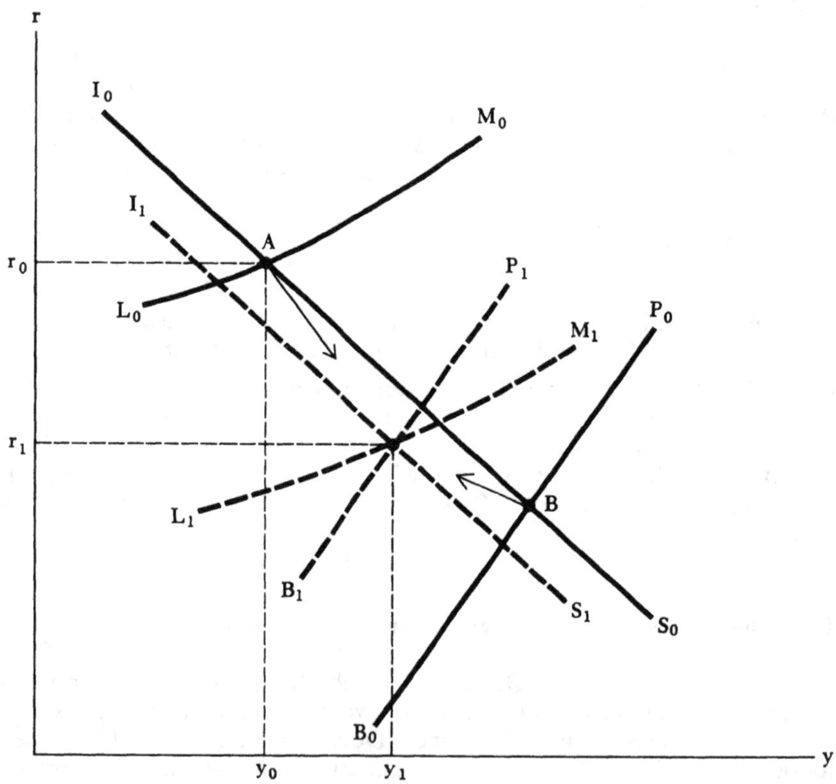

Abbildung 17-6: Zahlungsbilanzausgleich durch Verschiebung der LM-Kurve.

Während der Überschuß den Output und das Preisniveau intern über M erhöht, verschiebt die Erhöhung des Preisniveaus gleichzeitig die BP-Kurve von B_0P_0 nach oben, wie wir bereits im vorangegangenen Abschnitt gesehen haben. Mit der Verschiebung der IS-Kurve nach links führt dies zur Verschiebung des Schnittpunkts B der IS-Kurve mit der BP-Kurve nach oben und nach links, wie in Abbildung 17-6 dargestellt.

Der interne Gleichgewichtspunkt A verschiebt sich entlang der IS-Kurve nach unten, während Punkt B ebenfalls entlang der IS-Kurve nach oben wandert. Schließlich werden wir bei Punkt r_1, y_1 in Abbildung 17-6, wo sich alle drei Kurven schneiden, internes und externes Gleichgewicht erreichen. Der neue Gleichgewichtswert y_1 ist höher als der anfängliche interne Gleichgewichtswert y_0, weil sich der Punkt A nach rechts bewegt hat. Der Zahlungsbilanzüberschuß eliminiert sich von selbst, indem er das Geldangebot und das Preisniveau in der Volkswirtschaft erhöht, wodurch es zu einer Zunahme von y und Senkung von r kommt. Dies verringert den Zahlungsbilanzüberschuß.

In einem System fester Wechselkurse eliminieren sich Zahlungsbilanzüberschüsse und -defizite durch den Geldangebotsmechanismus von selbst. Ein Überschuß erhöht das Geldangebot und damit die Nachfrage, den Output und die Importe. Er reduziert den Zinssatz r, wodurch gleichzeitig der Kapitalabfluß erhöht wird. Ein Defizit verringert das Geldangebot und hat gerade die entgegengesetzten Folgen.

Dieser Anpassungsprozeß liegt dem monetären Ansatz der Zahlungsbilanzanalyse zugrunde. Diese Sichtweise konzentriert sich auf prognostizierte internationale Geldströme, um Entwicklungen der Zahlungsbilanz vorherzusagen, anstatt Prognosewerte für die Leistungs- und Kapitalverkehrsbilanz aufzuaddieren. Die monetäre Sichtweise berücksichtigt ebenfalls, daß vollständiges Gleichgewicht $B = 0$ erfordert, damit der Geldbestand konstant bleibt.

Sterilisierung des Überschusses

Die Zentralbank kann diesen Anpassungsprozeß zumindest zeitweise auf zwei Arten verhindern. Im Falle eines Überschusses zum Beispiel kann sich die Zentralbank einfach weigern, Einlagen der Geschäftsbanken bei der Zentralbank in ausländischer Währung als Reserven anzuerkennen. In diesem Fall erhalten die Geschäftsbanken zwar inländische Währung gegen ausländische Währung, bekommen diese Beträge aber nicht als Reserven gutgeschrieben. Dics wird auch als Sterilisierung des Überschusses bezeichnet, wobei die inländische Volkswirtschaft von den Auswirkungen des Überschusses abgeschottet wird.

Die andere Methode, die Auswirkungen von B auf die Reserven zu konterkarrieren, besteht in der Durchführung von Offenmarktoperationen, wobei die Zentralbank Wertpapiere an die Geschäftsbanken verkauft, um die zusätzlichen Reserven zu absorbieren. Diese Methode ist auch im umgekehrten Fall eines Defizits anwendbar. Die Zentralbank kann dann Reserven in das Geschäftsbankensystem schleusen, indem sie Wertpapiere kauft. Sie ersetzt dadurch die Reserveverluste der Geschäftsbanken, wenn diese gezwungen sind, ihre Einlagen bei der Zentralbank in ausländische Währung umzutauschen.

Diese beiden Techniken stellen Übergangsmaßnahmen dar, um die Volkswirtschaft von den Effekten eines Defizits oder eines Überschusses abzuschotten, während andere politische Maßnahmen die Volkswirtschaft in vollständiges internes und externes Gleichgewicht bringen. Wird zum Beispiel bei einem Defizit, wie in Abbildung 17-3, der Punkt r_0, y_0 aus inländischer Sichtweise als optimal angesehen, weil beispielsweise Vollbeschäftigung herrscht und die Zinssätze niedrig genug sind, um ein anvisiertes Investitionsniveau zu erreichen, so wird die Regierung nicht wollen, daß der Anpassungsmechanismus den Zinssatz erhöht und die Beschäftigung senkt. Im Falle eines Überschusses, wie in Abbildung 17-5 und 17-6, könnte die Gefahr von Inflation bestehen. Die Regierung wird dann versuchen, diese Inflation zu verhindern, indem sie den Anpassungsprozeß unterbindet. In diesen Fällen würde die Zentralbank die Effekte eines Überschusses oder eines Defizits eliminieren, während gleichzeitig politische Maßnahmen getroffen werden, um die BP-Kurve auf die gewünschte Position zu verschieben. Untersuchungen von Herring und Marston ergaben, daß während des Systems fester Wechselkurse in den sechziger Jahren bis zu 90% der internationalen Reserveströme zwischen den großen Industrieländern sterilisiert wurden.

Politik des Zahlungsbilanzausgleichs bei einem System fester Wechselkurse

Nehmen wir an, die Volkswirtschaft befände sich beim internen Gleichgewichtspunkt A, gegeben durch r_0, y_0 in Abbildung 17-7. Hier liegt ein Zahlungsbilanzdefizit vor, da Punkt A unterhalb der B_0P_0-Kurve liegt. Der monetäre Anpassungsprozeß würde normalerweise zu einer Verringerung von y und einer Erhöhung von r in Richtung der von Punkt A und Punkt B ausgehenden Pfeile führen.

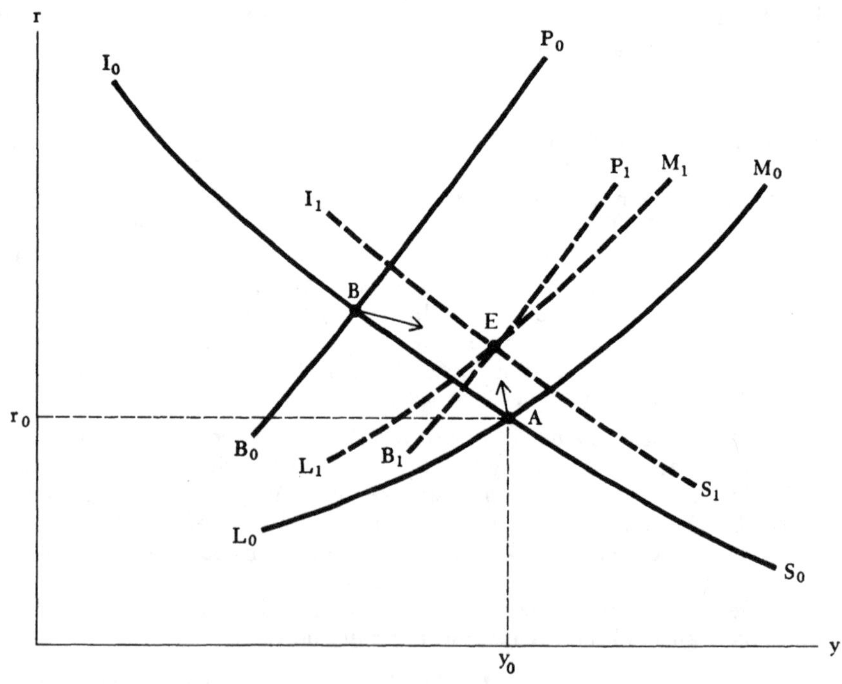

Abbildung 17-7: Politische Maßnahmen zum Zwecke des Zahlungsbilanzausgleichs.

Nehmen wir aber weiter an, wir wollten das vollständige Gleichgewicht bei Punkt E etablieren, bei dem y nur geringfügig niedriger ist, dafür aber die Zinssätze bedeutend mehr zugenommen haben, als während des normalen Anpassungsprozesses.

Das Problem besteht nun darin, B_0P_0 auf B_1P_1 zu verschieben und Geld- und Fiskalpolitik so einzusetzen, daß L_0M_0 auf L_1M_1 und I_0S_0 auf I_1S_1 verschoben werden. Wir können dieses politische Problem also in zwei Teile aufteilen. Zunächst können wir die üblichen geld- und fiskalpolitischen Instrumente verwenden, um die IS-Kurve und die LM-Kurve zu Punkt E in Abbildung 17-7 zu bewegen, wo sie sich schließlich schneiden werden. Dann muß eine Aktion zur Verschiebung der BP-Kurve auf B_1P_1 durchgeführt werden. Der erste Teil dieses Prozesses, der Einsatz des Policymix von Geld- und Fiskalpolitik zur Verschiebung des internen Gleichgewichts von Punkt A nach Punkt E, ist uns bereits bekannt. Hier wollen wir uns mit den politischen Maßnahmen zur Verschiebung der BP-Kurve beschäftigen.

Anpassung des Wechselkurses

Die offensichtlichste Methode, die BP-Kurve zu verschieben, um ein Defizit oder einen Überschuß zu eliminieren, ohne dabei das interne Gleichgewicht großartig zu stören, besteht in der Veränderung des Wechselkurses e. Eine Erhöhung von e (eine Aufwertung der inländischen Währung) wird die Preise der Exporte im Ausland erhöhen und die Inlandspreise der Importe reduzieren, wodurch die Nettoexporte und der Zahlungsbilanzüberschuß bei jeder Kombination von r und y verringert werden. Graphisch gesehen verschiebt eine Erhöhung von e die BP-Kurve nach oben, so daß ein Land mit einem Zahlungsbilanzüberschuß wie in den Abbildungen 17-5 und 17-6 den Überschuß eliminiert und das vollständige Gleichgewicht erreicht, indem es seine Währung aufwertet.

Eine Verringerung von e, die einer Abwertung der inländischen Währung entspricht, wird den Saldo der Leistungsbilanz erhöhen und ein Zahlungsbilanzdefizit reduzieren. Ein Land, das, wie in den Abbildungen 17-3 und 17-7 dargestellt, ein Zahlungsbilanzdefizit aufweist, kann also vollständiges Gleichgewicht erreichen, indem es seine Währung abwertet und so die BP-Kurve nach unten verschiebt.

Maßnahmen, die die Leistungsbilanz direkt beeinflussen

Die Regierung kann den Leistungsbilanzüberschuß durch Zölle, Importquoten, Steuern und Subventionen direkt kontrollieren, anstatt den Wechselkurs zu ändern. Zum Beispiel wird die Erhöhung eines Importzolls den Dollarwert der Importe verringern, wenn der absolute Wert der Preiselastizität der Nachfrage > als 1 ist. Dies würde die BP-Kurve nach unten verschieben und das Defizit reduzieren. Ebenso wird eine Importquote die Importe entsprechend der Quote verringern und die BP-Kurve auch nach unten verschieben. Diese beiden Techniken des Zahlungsbilanzausgleichs verstoßen gegen das Allgemeine Zoll- und Handelsabkommen GATT (General Agreement on Tariffs and Trade), an dem die meisten Länder beteiligt sind. Das GATT verbietet einseitige Zolländerungen und erlaubt Importquoten nur in Ausnahmefällen. Dies ist der Fall, weil alle Länder wissen, daß sowohl Zölle als auch Quoten Effizienz- und Wohlfahrtsgewinne des freien Handels reduzieren. Außerdem sind sich die Länder bewußt, daß, wenn ein Land die Spielregeln des GATT verletzt, indem es Importbarrieren errichtet, andere Länder diese Maßnahme vergelten werden, indem sie die Exporte des ersten Landes blockieren. Somit entsteht eine suboptimale Situation, in der es allen schlechter geht.

Eine politisch eher akzeptable Maßnahme, um den Saldo der Leistungsbilanz zu korrigieren, stellt die Anwendung von Steuern und Subventionen dar. Zum Beispiel erstatten einige europäische Länder ihren Produzenten und Verkäufern von Gütern, die ins Ausland abgesetzt werden, die Steuern, die sie auf die Produktion dieser Güter gezahlt haben, und erheben Steuern auf importierte Güter. Veränderungen dieser Steuern oder Subventionen und des Grads ihrer Anwendung werden die BP-Kurve verschieben. Die Anwendung solcher Subventionen und Steuern wird international im allgemeinen als schlechtes Verhalten angesehen, da sie im Prinzip nichts anders als einen Trick darstellen, um die GATT-Vorschriften bezüglich der Zölle zu umgehen. Die Länder rechtfertigen solche Besteuerungs- und Subventionspraktiken im allgemeinen mit langfristigen strukturellen Steuersatzänderungen und schaffen sie, einmal eingeführt, nicht wieder ab.

Maßnahmen die die Kapitalverkehrsbilanz direkt beeinflussen

Der Zahlungsbilanzüberschuß und damit die Position der BP-Kurve können ebenfalls durch Direktmaßnahmen, die den Nettokapitalabfluß beeinflussen, verändert werden. Den bekanntesten Einsatz dieser Maßnahmen in den sechziger Jahren stellt das Programm zur Angleichung der Zinssätze (IET = interest equalization tax) und der Beschränkung von Krediten an das Ausland (FCR = foreign credit restraint) dar, das von den USA durchgeführt wurde, um den Kapitalabfluß Mitte der sechziger Jahre zu bremsen.

Die Zinsangleichungssteuer (IET) stellt eine Steuer auf den von Amerikanern getätigten Kauf von Wertpapieren und Aktien im Ausland dar. Sie wurden 1965 eingeführt. Diese Steuer reduzierte den Ertrag von Portefeuilleinvestitionen in ausländische Vermögenswerte und verringerte somit auch den Anteil dieser Investitionen an den Portefeuilles der US-Bürger. Das FCR-Programm begann im Jahre 1965 und beschränkte zunächst die Kreditvergabe von Banken und Versicherungsgesellschaften an das Ausland. Im Laufe der Jahre bis 1970 wurden auch die von Unternehmen finanzierten Direktinvestitionen im Ausland dem Programm unterstellt. Diese Techniken dienten dazu, die BP-Kurve der USA während einer Periode chronischen Defizits nach unten zu verschieben. Diese Kapitalkontrollprogramme wurden während der Jahre 1971-1973 wieder abgeschafft, als das internationale System für die wesentlichen Währungen in ein System flexibler Wechselkurse umgewandelt wurde. Da in diesem System die Wechselkurse den Ausgleich der Zahlungsbilanz besorgen, waren die oben dargestellten Maßnahmen nicht mehr nötig.

Flexible Wechselkurse

Direkte Maßnahmen zur Beeinflussung der Leistungs- oder Kapitalverkehrsbilanz wurden hauptsächliche zur Zeit des Bretton Woods Systems während der Nachkriegsjahre angewendet, um im Falle von Zahlungsbilanzungleichgewicht eine Anpassung des Wechselkurses zu vermeiden. Es gibt verschiedene Gründe dafür, warum Länder es nicht gerne sehen, wenn sich ihre Wechselkurse ändern.

Auf der Konferenz des Internationalen Währungsfonds in Bretton Woods, New Hampshire, auf der 1944 die Gründung des internationalen Währungsfonds (IMF = International Monetary Fund) vereinbart wurde, stimmten die Industrieländer überein, daß Änderungen der Wechselkurse nur in Fällen fundamentalen Ungleichgewichts vorgenommen werden sollten. Diese Festsetzung der Wechselkurse wurde als notwendig angesehen, um Unsicherheit zu minimieren und den internationalen Handel anzuregen. Der Begriff des fundamentalen Ungleichgewichts wurde im allgemeinen so ausgelegt, daß häufige Änderungen der Wechselkurse ausgeschlossen wurden, weshalb die Länder verstärkt Direktmaßnahmen ergriffen. Der zweite, damit eng zusammenhängende Grund war, daß das Bretton Woods System einen Hang zur Abwertung hatte. Für ein Land, das ein ausreichend sterilisiertes Zahlungsbilanzdefizit hatte und Reserven akkumulierte, gab es keinen anderen Grund außer internationaler Mißbilligung seiner Politik, seinen Überschuß zu eliminieren. Auf der anderen Seite aber war ein Land, das ein entsprechendes Zahlungsbilanzdefizit aufwies, gezwungen, früher oder später Maßnahmen zu ergreifen, um zu verhindern, daß ihm die Reserven ausgingen. In dieser Situation bot es sich natürlich an abzuwerten. Dies ist politisch gesehen aus zwei Gründen unpopulär. Erstens wird in einem Land wie Großbritannien zum Beispiel, das stark von Lebensmittelimporten abhängt, eine Abwertung unpopulär sein, weil sie die Preise der importierten Lebensmittel erhöht. Je stärker und offensichtlicher die Abwertung ist, desto unpopulärer wird sie sein. Zweitens scheint eine Abwertung mit einer Art internationalen „Gesichtsverlusts“ eines Landes verbunden zu sein. Weil die meisten Wähler die involvierten Fragen nicht richtig verstehen, ist es für einen Oppositionspolitiker leicht, in seiner Kampagne Punkte zu sammeln, indem er der Regierung den Ausverkauf der Währung vorwirft.

Wechselkursanpassungen wurden im Bretton Woods System also nur selten vorgenommen. Da sie meistens zu spät unternommen wurden, waren die Unterschiede vom alten zum neuen, angepaßten Wechselkurs groß, was die Regierung des abwertenden Landes jeweils vor ernsthafte Probleme stellte. Folglich wurden Wechselkursanpassungen als letzte Rettung angesehen, nachdem alle anderen Manipulationen der BP-Kurve zwecks Wiederherstellung des Gleichgewichts ausgeschöpft worden waren.

Der Übergang zu einem System flexibler Wechselkurse

Während der Jahre 1971-1973 brach das Bretton Woods System unter dem enormen Druck des US-Zahlungsbilanzdefizits zusammen. Gegen Ende der sechziger Jahre hatte sich der Saldo der US-Handelsbilanz unter dem Druck der Überschußnachfrage und des überbewerteten Dollars auf null reduziert. 1968 war der Saldo der Leistungsbilanz zum ersten Mal negativ und erreichte 1971 – 3,9 Milliarden Dollar. Aufgrund einer etwas großzügigeren Geldpolitik in den Jahren von 1970-1971 (als Reaktion auf die Rezession 1969-1970) betrug die US-Official Settlements Balance (der Saldo der offiziellen Ausgleichszahlungen) 1970 – $ 3,9 Milliarden und 1971 – $ 29,8 Milliarden.

Um ihren Wechselkurs gegenüber dem Dollar konstant zu halten, mußten ausländische Zentralbanken diesen Dollarabfluß aus den USA aufkaufen. Dies verursachte Schwierigkeiten bei der Sterilisation und die Länder bekamen den Eindruck, daß ihr inländisches Geldangebot außer Kontrolle geriet. 1971 sahen sich die USA wiederum einem enormen Defizit gegenüber. Ihre Goldbestände waren von 15 Milliarden Dollar Mitte der sechziger Jahre auf 10 Milliarden Dollar 1971 geschrumpft. Letzteres war geschehen, weil ausländische Zentralbanken von der Goldkonvertibilität des Dollars Gebrauch machten und die Dollar, die sie aufgrund des hohen Defizits hatten aufkaufen müssen, bei der Fed in Gold umtauschten. Als Folge dieser Ereignisse beschloß die Regierung Nixon im August 1971 den Dollar für nicht mehr in Gold konvertibel zu erklären. Dies hob die unter dem Bretton Woods System etablierte Bindung des Dollars an Gold auf und zwang die europäischen Nationen und Japan dazu, entweder die durch das Defizit abfließenden Dollar aufzukaufen oder ihre Wechselkurse frei gegen den Dollar schwanken zu lassen (floating).

Im Dezember 1971 wurden auf einer Konferenz im Smithonian Institute in Washington neue Wechselkurse festgelegt, wobei der Dollar im Durchschnitt um 7% abgewertet wurde. Diese Wechselkurse blieben dann mehr oder weniger das ganze Jahr 1972 über gültig, während weitere $ 10,4 Milliarden durch das US-Defizit an ausländische Zentralbanken flossen. Als eine Senkung des Defizits zu Beginn von 1973 nicht absehbar war, waren die ausländischen Zentralbanken, insbesondere die Deutsche Bundesbank und die Bank von Japan nicht mehr bereit, die neuen Paritäten aufrechtzuerhalten und ließen ihre Wechselkurse gegen den Dollar frei schwanken (floaten). Seit 1973 sind die Wechselkurse der wesentlichen Währungen flexibel und floaten gegeneinander. Die Währungen des Europäischen Währungssystems halten dabei einen stabilen Wechselkurs zur Deutschen Mark. Andere kleine Länder binden ihren Wechselkurs meistens an eine der großen Währungen.

Bestimmung des Wechselkurses

Das Gegenteil des Bretton Woods Systems ist ein System völlig flexibler Wechselkurse, bei dem die Kurse durch Angebot und Nachfrage auf dem Devisenmarkt bestimmt werden. Dies bringt ständige Veränderungen der Wechselkurse mit sich, wobei die BP-Kurve immer durch den Schnittpunkt der IS-Kurve mit der LM-Kurve verläuft und das Zahlungsbilanzproblem somit eliminiert ist.

Wir untersuchen die Funktionsweise des Devisenmarkts, indem wir die BP-Gleichung

$$B = P \cdot x(P, e) - \frac{P_f}{e} \cdot m(y, P, e) - F(r) \tag{18}$$

als Gleichgewichtsbedingung für den Devisenmarkt verwenden und B gleich null setzen.

Nachfrage auf dem Devisenmarkt wird durch die Exporte $P \cdot x(P, e)$ der USA erzeugt. Diese begründen Einnahmen in ausländischer Währung, die die Exporteure dann am Devisenmarkt in Dollar umtauschen. Je höher der Gesamtwert der Exporte, desto höher die Nachfrage nach Dollar. Gleichzeitig nehmen Ausländer als Folge von Importen der USA oder Kapitalabfluß Dollar ein und bieten diese am Devisenmarkt an. Je höher der Wert der Importe und des Kapitalabflusses, desto höher ist auch das Dollarangebot.

Wir erhalten also folgende Angebotsgleichung von Dollar am Devisenmarkt:

$$S = \frac{P_f}{e} \cdot m(y, P, e) + F(r). \tag{19}$$

Hier ist $\partial S/\partial e$ positiv. Eine Erhöhung des Wechselkurses erhöht die Importeinnahmen, wenn die Preiselastizität der Importnachfrage > als eins ist. Die Dollarnachfrage ist durch

$$D = P \cdot x(P, e); \quad \frac{\partial D}{\partial e} < 0 \tag{20}$$

gegeben.

Der Gleichgewichtspreis des Dollars (der Wechselkurs) ist in Abbildung 17-8 durch den Schnittpunkt der Angebots- mit der Nachfragekurve bei e_0 gegeben.

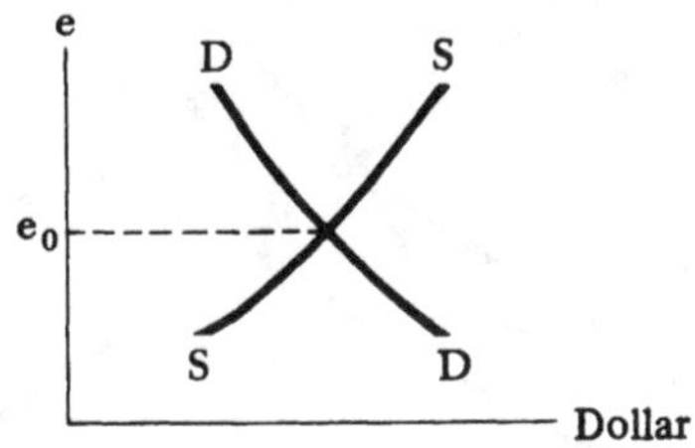

Abbildung 17-8: Der Devisenmarkt.

Setzen wir Angebot und Nachfrage gleich, so erhalten wir als Gleichgewichtsbedingung für den Devisenmarkt:

$$P \cdot x(P, e) = \frac{P^f}{e} \cdot m(y, P, e) + F(r). \tag{21}$$

Dies entspricht Gleichung (18), in der B gleich null gesetzt wurde.

Internes und externes Gleichgewicht

Bei einem exogen bestimmten ausländischen Preisniveau P^f können wir die Gleichgewichtsbedingung für den Devisenmarkt (21) mit den uns schon bekannten Gleichgewichtsbedingungen des Güter-, Geld- und Arbeitsmarkts und der Produktionsfunktion kombinieren, um ein simultanes Gleichgewichtssystem mit den fünf Schlüsselvariablen y, N, P, r und e zu erhalten.

Die Gleichung des Devisenmarkts in (21) ist im r, y-Koordinatensystem durch die BP-Kurve dargestellt. Eine Veränderung von e verschiebt, wie wir gesehen haben, die BP-Kurve. Verändert sich e kontinuierlich, um den Devisenmarkt im Gleichgewicht zu halten, so daß Angebot und Nachfrage in Abbildung 17-8 bei jedem internen Gleichgewicht von r und y immer ausgeglichen sind, dann verändert sich e kontinuierlich so, daß die BP-Kurve immer durch den Schnittpunkt der IS-Kurve mit der LM-Kurve verläuft.

In Abbildung 17-9 ist die Auswirkung einer geldpolitischen Maßnahme auf den Wechselkurs dargestellt. Wir gehen vom anfänglichen Gleichgewichtspunkt A aus und nehmen an, der Geldbestand würde erhöht, so daß sich die LM-Kurve nach außen auf L_1M_1 verschiebt. Der interne Gleichgewichtspunkt verschiebt sich auf Punkt B. Was geschieht mit dem Wechselkurs e? Der Wechselkurs muß sich so verändern, daß sich die BP-Kurve auf B_1P_1 verschiebt, also auch im neuen internen Gleichgewicht durch den Schnittpunkt der IS-Kurve mit der LM-Kurve verläuft. Dies impliziert, daß der Wechselkurs sofort fällt, um die BP-Kurve nach unten zu verschieben. Die treibende Kraft hinter diesem plötzlichen Fall des Wechselkurses erkennen wir in Abbildung 17-8.

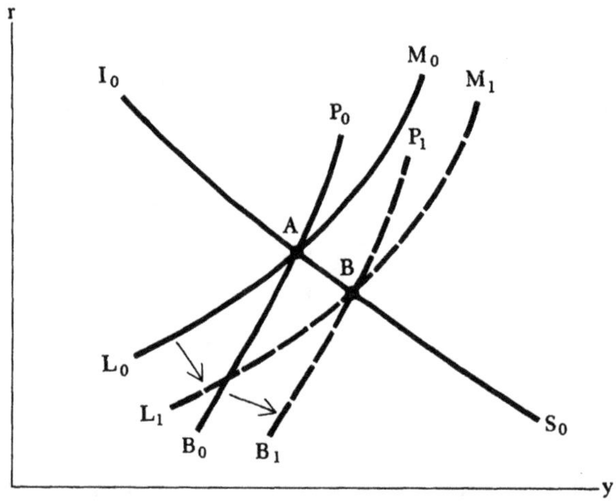

Abbildung 17-9: Geldpolitik und der Wechselkurs.

Sinkt der Zinssatz, so erhöht sich der Kapitalabfluß und damit das Dollarangebot auf dem Devisenmarkt. Dies verschiebt die Angebotskurve in Abbildung 17-8 nach rechts und verringert e. Die Verschiebung der Angebotskurve in Abbildung 17-8 wird durch die Erhöhung des Einkommens in Abbildung 17-9 unterstützt, da ein höheres Einkommen eine Zunahme der Importe impliziert. Expansionäre Geldpolitik wird in einem System mit flexiblen Wechselkursen zu einer sofortigen Abwertung führen, kontraktionäre Geldpolitik dagegen zu einer Aufwertung.

Die Auswirkung fiskalpolitischer Maßnahmen auf den Wechselkurs ist nicht eindeutig. Eine Erhöhung der Staatskäufe treibt die Zinssätze nach oben und reduziert dadurch den Kapitalabfluß, erhöht allerdings gleichzeitig das reale Einkommen, weshalb die Importe zunehmen. Die Richtung der Verschiebung der Angebotskurve in Abbildung 17-8 hängt als von der relativen Stärke dieser beiden Effekte ab. In Abbildung 17-9, in der B_0P_0 steiler als L_0M_0 ist, verlangt eine expansionäre fiskalpolitische Maßnahme, die die IS-Kurve nach oben verschiebt, zwecks Wiederherstellung des internen Gleichgewichts eine Verschiebung der BP-Kurve nach unten. Dies entspricht einer Abwertung. Wäre die BP-Kurve im Ausgangspunkt dagegen flacher als die LM-Kurve, so wäre das Gegenteil der Fall.

Empirische Untersuchungen der sechziger und frühen siebziger Jahre lassen darauf schließen, daß die LM-Kurve sowohl in den USA als auch in Kanada in dieser Periode mit der BP-Kurve übereinstimmte. Die zunehmende Integration der Finanzmärkte seit den siebziger Jahren führte in den USA zu einem erheblichen Abflachen der BP-Kurve, so daß sie Mitte der achtziger Jahre mit Sicherheit flacher als die LM-Kurve war. Die Indizien hierfür werden in Branson (1988) dargestellt. In den USA verschoben die hohe Steuersenkung und die Zunahme der Verteidigungsausgaben anfang der achtziger Jahre die IS-Kurve nach oben und führten zu einer erheblichen Aufwertung des Dollars (eine Erhöhung von e), die sich bis 1985 fortsetzte.

Vergleichen wir die Auswirkungen geld- und fiskalpolitischer Maßnahmen auf den Wechselkurs, so erkennen wir, daß die Geldpolitik einen eindeutigen und sofortigen Effekt auf den Wechselkurs hat, während der Effekt der Fiskalpolitik unklar ist. Bei der Formulierung einer Politik zur Aufrechterhaltung des internen und des externen Gleichgewichts ist es also sinnvoll, die Fiskalpolitik zur Steuerung des internen Output- und Beschäftigungsziels zu verwenden und die Geldpolitik zur Elimination der Effekte auf den Wechselkurs zu benutzen. Wenn eine aktive Politik der Wechselkursbestimmung betrieben werden soll, dann sollte dies hauptsächlich durch geldpolitische Maßnahmen getan werden, die einen komparativen Vorteil bei der Beeinflussung des Wechselkurses aufweisen.

Die inländische Volkswirtschaft als Preisnehmer

Bis jetzt haben wir angenommen, die Beziehung $P^f = e \cdot P$ übersetze das im Inland bestimmte Preisniveau in ausländische Preise. Wir haben also implizit angenommen, wir hätten es mit einer in bezug auf den Weltmarkt großen Volkswirtschaft zu tun, so daß die Preise ihrer Güter im Ausland (die Weltpreise der Güter) durch interne Kosten und Nachfragebedingungen bestimmt werden. In bezug auf die Volkswirtschaft der USA ist dies vielleicht auch eine sinnvolle Annahme.

Für kleinere industrielle Volkswirtschaften sieht das allerdings anders aus. In der Literatur der Außenwirtschaftstheorie wird ein kleines Land in der Regel als Preisnehmer betrachtet. Nehmen wir einmal extrem vereinfachend an, ein Land produziere nur Güter, die auf dem Weltmarkt gehandelt werden. Die Preise P^f dieser Güter sind dann Weltpreise. Der Wechselkurs e übersetzt den Weltpreisindex P^f durch

$$P = \frac{P_f}{e} \tag{22}$$

in inländische Preise. Im Fall des kleinen Landes wird der Inlandspreis also auf dem Weltmarkt bestimmt.

In einem kleinen Land erhalten wir also eine waagerechte aggregierte Angebotskurve bei $P = P^f/e$, wie in Abbildung 17-10 dargestellt. Der Schnittpunkt mit der normal negativ geneigten aggregierten Angebotskurve bestimmt das Gleichgewichtsniveau des Outputs y_0 und das inländische Preisniveau $P_0 = (P^f/e)_0$. Im Fall des kleinen Landes ist die aggregierte Nachfragekurve also durch die IS-LM-Analyse festgelegt, wobei das Preisniveau auf dem Weltmarkt bestimmt wird und der Schnittpunkt dieser aggregierten Nachfragekurve mit der Angebotskurve auf dem Weltmarkt das Gleichgewichtsniveau des Outputs bestimmt.

Auswirkungen einer Erhöhung von P^f

Im Modell des kleinen Landes können wir leicht die Effekte einer exogenen Erhöhung der Weltpreise untersuchen. Nehmen wir als Beispiel die Erhöhung der Ölpreise in den Jahren 1973-1974. Wir haben diesen Fall bereits in den Kapiteln 7 und 8 in bezug auf das inländische Angebot analysiert. Hier verkürzen wir die Analyse mit der Annahme einer kleinen offenen Volkswirtschaft.

Steigt also P^f, so steigt das inländische Preisniveau in Abbildung 17-10 auf $P_1 = P_1^f/e_0$. Die Nachfragekurve bleibt auf ihrer Position und der Output sinkt auf y_1. Im IS-LM-Diagramm hat die Preiserhöhung von P_0 auf P_1 den Gleichgewichtsoutput der Nachfrageseite von y_0 auf y_1 reduziert. Die exogene Erhöhung des Weltpreisniveaus erhöht das inländische Preisniveau und reduziert den Output in den kleinen Industrieländern. Diese Darstellung beschreibt die Auswirkungen der Ölpreiserhöhung in den europäischen Volkswirtschaften in den Jahren 1974-1976.

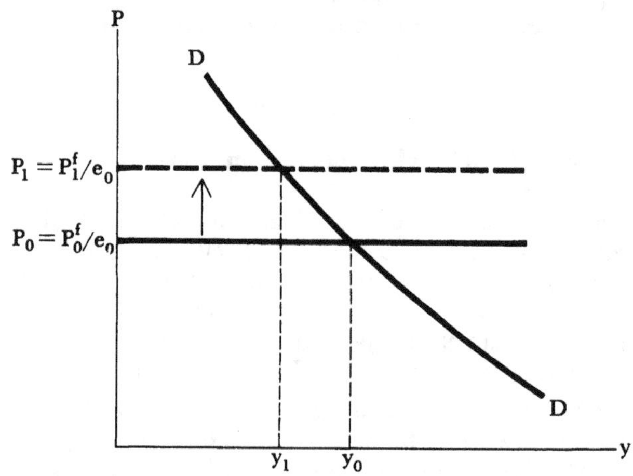

Abbildung 17-10: Angebot und Nachfrage im Fall des kleinen Landes.

Die Auswirkungen einer Erhöhung von P^f auf die Leistungsbilanz sind nicht eindeutig. Würden die Preise aller Güter um den gleichen Betrag zunehmen, so würde das preisnehmende kleine Land keine Veränderung des Leistungsbilanzsaldos beobachten, weil Importe und Exporte unverändert blieben. Würden sich allerdings nur die Preise bestimmter Importe verändern, zum Beispiel der Preis des Rohöls, dann hängt der Effekt von der Preiselastizität der Nachfrage nach Importen E_m ab. Ist der absolute Wert dieser Elastizität < als 1 ($-1 < E_M < 0$), dann würden die Importausgaben steigen. Dies war bei der Ölpreiserhöhung, bei der die Substitutionsmöglichkeiten kurzfristig beschränkt waren, eindeutig der Fall. In dieser Situation waren Inflation und sinkender Output in den europäischen Volkswirtschaften und Japan von höheren Leistungsbilanzdefiziten begleitet. Diese Analyse kann ohne weiteres auf Veränderungen der Exportpreise und Zölle auf Exporte oder Importe ausgedehnt werden.

Schwankungen des Wechselkurses und der Policy-Mix

Veränderungen des Wechselkurses führen zu Ergebnissen, die genau umgekehrt zu denen einer Veränderung des Preisniveaus P^f sind. Dies sollte aus Abbildung 17-10 ersichtlich sein. Der Anstieg des inländischen Preisniveaus von P_0 auf P_1 kann sowohl auf einer Verringerung von e als auch auf einer Erhöhung von P^f beruhen. Eine Abwertung (e sinkt) kann das interne Preisniveau eines kleinen Landes erhöhen und das Outputniveau reduzieren. Eine Aufwertung hätte den entgegengesetzten Effekt.

Die Rückkopplung des Wechselkurses mit dem inländischen Preisniveau macht in Verbindung mit den oben diskutierten Auswirkungen geldpolitischer Maßnahmen auf den Wechselkurs die Steuerung der Geldpolitik zu einer schwierigen Aufgabe in der kleinen offenen Volkswirtschaft. Abbildung 17-11 zeigt die Effekte einer expansionären geldpolitischen Aktion in diesem Zusammenhang.

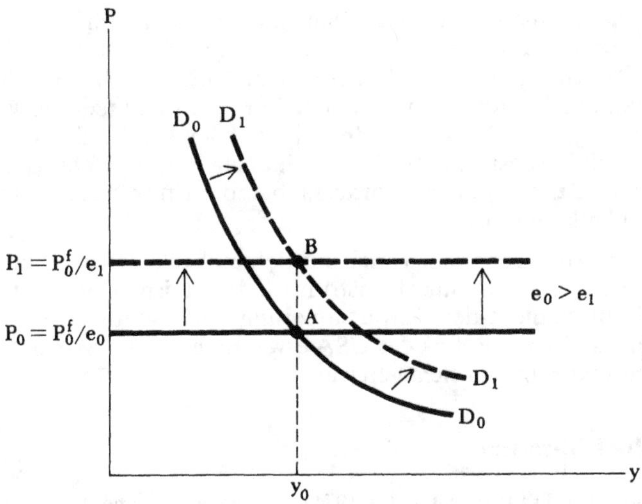

Abbildung 17-11: Geldpolitik in einer kleinen offenen Volkswirtschaft.

Eine Expansion des Geldangebots verschiebt die Nachfragekurve von D_0D_0 auf D_1D_1. Bei der Analyse der geschlossenen Volkswirtschaft in den Kapiteln 4-16 impliziert dies eindeutig einen expansionären Effekt. In den Abbildung 17-8 und 17-9 haben wir aber gesehen, daß eine geldpolitische Expansion den Wechselkurs reduziert. Hierdurch erhöht sich das interne Preisniveau in Abbildung 17-11 auf $P_1 = P_0^f/e_1$. Die Auswirkung auf das Preisniveau ist eindeutig: die Verringerung des Wechselkurses erhöht das Preisniveau. Die Auswirkung auf den realen Output ist unklar. Ob der Wert des realen Outputs in Punkt B den Wert y_0 in A übersteigt oder nicht, hängt von der Struktur der gesamten Volkswirtschaft ab. In der kleinen offenen Volkswirtschaft kann die Geldpolitik das Preisniveau direkt über den Wechselkurs beeinflussen, während die Effekte auf den realen Output nicht eindeutig sind. Empirische Untersuchungen, die diese Ergebnisse unterstützen wurden von Dornbusch und Krugman durchgeführt.

In bezug auf fiskalpolitische Maßnahmen besteht keine Unklarheit. In einem kleinen Land ist die BP-Kurve beinahe waagerecht bei dem vom Weltkapitalmarkt vorgegebenen Zinssatz. Eine fiskalpolitische Expansion wird eine Aufwertung erzeugen und das inländische Preisniveau in Abbildung 17-11 reduzieren. Der Effekt der Fiskalpolitik auf den Output ist eindeutig. Eine Expansion verschiebt die DD-Kurve in Abbildung 17-11 nach oben und reduziert das inländische Preisniveau parallel zur Aufwertung von e.

Die Ergebnisse des Falls eines kleinen Landes unterstreichen also unsere früheren Schlußfolgerungen bezüglich des Einsatzes von Geld- und Fiskalpolitik in der offenen Volkswirtschaft. Der komparative Vorteil der Fiskalpolitik liegt bei der Beeinflussung des inländischen Outputniveaus. Die Geldpolitik weist einen komparativen Vorteil bei der Beeinflussung des Wechselkurses auf. Im Fall eines kleinen Landes sollte die Geldpolitik also zur Steuerung des Preisniveaus oder der Inflationsrate und die Fiskalpolitik zur Steuerung des Outputs verwendet werden.

Kleine und große Länder

Die Analyse des kleinen Landes oben hat eine direkte Verbindung zwischen der Geldpolitik und der Inflation zum Vorschein gebracht. Diese Verbindung besteht zum Teil auch in großen Ländern, selbst in den USA. Die Botschaft in bezug auf die Gestaltung des Policy-Mix bei flexiblen Wechselkursen verweist uns also auf die kurzfristigen Effekte der Geldpolitik, auf den Wechselkurs und das Preisniveau. Bei flexiblen anstatt festen Wechselkursen ist der Effekt fiskalpolitischer Maßnahmen auf den Output eher vorhersagbar, der Effekt auf das Preisniveau ist dafür weniger kalkulierbar.

Betrachten wir neben den großen auch die kleinen Volkswirtschaften, so wird die Trennung zwischen Geldpolitik als Instrument der Preisniveausteuerung und Fiskalpolitik als Instrument der Outputsteuerung noch deutlicher. Es wäre nicht schlecht, wenn selbst die Politik der USA etwas mehr die Effekte der Geldpolitik auf den Wechselkurs berücksichtigen würde.

Ausgewählte Literatur

W. H. Branson, „The Trade Effects of the 1971 Currency Realignments," *Brookings Papers on Economic Activity,* vol. 1, 1972

W. H. Branson, „Sources of Misalignment in the 1980s," in R. C. Marston, ed. *Misalignment of Exchange Rates: Effects on Trade and Industry* (Chicago: The University of Chicago Press, 1988).

R. Dornbusch and P. Krugman, „Flexible Exchange Rates in the Short Run," *Brookings Papers on Economic Activity,* vol. 3, 1976.

W. J. Ethier, *Modern International Economics,* 2nd Ed., (New York: W. W. Norton & Co., 1988), Chapter 2.

J. Frenkel, „Flexible Exchange Rates, Prices, and the Role of ‚News': Lessons from the 1970s," *Journal of Political Economy,* August 1981.

H. S. Houthakker and S. P. Magee, „Income and Price Elasticities in World Trade," *Review of Economics and Statistics,* May 1969.

R. A. Mundell, „The Appropriate Use of Monetary and Fiscal Policy for External and Internal Balance," *IMF Staff Papers,* March 1962.

M. Obstfeld, „Floating Exchange Rates: Experience and Prospects," *Brookings Papers on Economic Activity,* vol. 2, 1985.

M. v. N. Whitman, „Global Monetarism and the Monetary Approach to the Balance of Payments," *Brookings Papers on Economic Activity,* vol. 3, 1975, with discussion by W. H. Branson.

Kapitel 18
Die Makroökonomik nichtgeräumter Märkte

Es liegt uns nunmehr eine vollständige Darstellung des statischen Gleichgewichtsmodells und seiner Erweiterungen vor. Dieses Modell repräsentiert die Hauptrichtung der postkeynesianischen Makroökonomik. Es verwendet die von Hicks eingeführte IS-LM-Analyse und wird häufig als die Neoklassische Synthese bezeichnet, weil der theoretische Rahmen in einem einfachen allgemeinen Gleichgewichtssystem mit der mikroökonomischen Analyse des Angebots und der Nachfrage übereinstimmt. Verhaltensgleichungen auf dem Makroniveau werden durch Aggregation der Verhaltensgleichungen der Individuen hergeleitet, wobei sich der Informationsstand der Individuen auf die Kenntnis von Preisen beschränkt. In diesem Kapitel wollen wir eine alternative Sichtweise der Makroökonomik und ihrer mikroökonomischen Grundlagen vorstellen.

Die Neubewertung der Grundlagen der Makroökonomik

Es stellt sich die Frage, ob die Neoklassische Synthese eine adequate Darstellung von Keynes Allgemeiner Theorie und der ihr zugrunde liegenden Vision ist. Diese Frage hat einen beträchtlichen Teil der makroökonomischen Forschung der vergangenen 10 Jahre motiviert.

Wir stellen zunächst das allgemeine Gleichgewichtssystem unserer skeletthaften geschlossenen Ökonomie mit den vier exogenen Variablen Output, Beschäftigung, Zinssatz und dem Preisniveau auf. Wie wir in Kapitel 8 gezeigt haben, kann die Lösung aus den drei Gleichgewichtsbedingungen für den Gütermarkt, den Geldmarkt und den Arbeitsmarkt und der Gleichung der Produktionsfunktion, die Beschäftigung und Output in Beziehung zueinander setzt, bestimmt werden. Die Gleichgewichtsbedingungen im allgemeinen Fall begründen ein Gleichgewicht, in dem alle Märkte geräumt werden.

Keynes und die Neoklassische Synthese

Eines der Ziele von Keynes war zu erklären, daß weitverbreitete unfreiwillige Arbeitslosigkeit existieren und auf Dauer bestehen kann, wenn der Arbeitsmarkt nicht geräumt wird. Wie die Neoklassische Synthese zeigt, kann dies nur in Spezialfällen geschehen, so daß die „Allgemeine Theorie" also lediglich einen Spezialfall einer noch allgemeineren Theorie darstellt. Weil die Liquiditätsfalle einen eher unwahrscheinlichen Fall beschreibt, verbleiben nur Rigiditäten der Nominallöhne als mögliche Erklärung der unfreiwilligen Arbeitslosigkeit. Dieser Ansatz stellt sowohl unter klassischen Annahmen bezüglich des Preisniveaus ($P^e = P$) als auch im extremen Keynesianischen Fall ($P_e = 0$) einen möglichen Erklärungsansatz der unfreiwilligen Arbeitslosigkeit dar. Man kann also zurecht die Frage stellen, ob es bei der „Keynesianischen Revolution" lediglich um institutionelle Lohnstarrheiten ging.

Natürlich sind da immer noch das Keynesianische Konzept der Konsumfunktion, die Spekulationsnachfrage nach Geld und die Grenzleistungsfähigkeit der Investition. Die Rolle unzureichender effektiver Nachfrage aber, die das Kernstück der Analyse darstellt, ist an den Rand verwiesen worden, wo sie im Moment nur eine mögliche politische Antwort auf das Problem der Arbeitslosigkeit anbietet.

Von dieser Betrachtungsweise Keynes abweichende Meinungen waren verstreut und im allgemeinen nicht auf eine bestimmte alternative Sichtweise fokussiert. Manche stellten die Frage, ob die Synthese die „dunklen Mächte der Zeit und der Ignoranz" ausreichend berücksichtige, waren aber nicht fähig zu zeigen, wo innerhalb des Modells diese Auslassungen kritisch waren. Andere wiederum kritisierten den Grundgedanken, die Makroökonomik auf Basis mikroökonomischer Zusammenhänge aufzubauen, ohne allerdings einen Vorschlag zu machen, worauf man die Makroökonomik stattdessen aufbauen sollte. Sicher ist es richtig, daß Keynes nie eine klare und völlig konsistente Fundierung der Allgemeinen Theorie dargelegt hat. Seit Mitte der sechziger Jahre aber hat eine vielversprechende neue Sichtweise ausgehend von der Exegese der Allgemeinen Theorie zu einer fundamentalen Neubewertung (Reappraisal) der Grundlagen der Makroökonomik geführt.

Die wichtige Rolle nichtgeräumter Märkte

Ein Element dieser Neubewertung stellt Patinkins Analyse der Arbeitsnachfrage dar, obwohl er seine Ergebnisse nicht in bezug auf den Rest seines Modells verallgemeinerte. Patinkin stellte fest, daß Unternehmen in einer Situation, in der sich positives Überschußangebot von Gütern entwickelt hat, ihre Arbeitsnachfrage senken werden. Die mögliche Folge dieser Tatsache, daß ein nichtgeräumter Markt Auswirkungen auf das Gleichgewicht anderer Märkte haben könnte, wurde von Clower herausgearbeitet. Er nahm die Konsumfunktion als Beispiel: unfreiwillige Arbeitslosigkeit auf dem Arbeitsmarkt drückt sich in niedrigerer Nachfrage auf dem Gütermarkt aus. Dies ist eine Implikation der Keynesianischen Konsumfunktion. Die Integration dieser Aussage in den Rest der Neoklassischen Synthese stellt ein ernsthaftes logisches Problem dar. In der traditionellen mikroökonomischen Analyse sind die angebotenen und nachgefragten Mengen bei geräumten Märkten Funktionen der anfänglichen Ausstattung und der Preise (und der erwarteten zukünftigen Preise, wenn es sich um eine intertemporale Analyse handelt). Dies galt auch für dic Arbeitsangebots- und die Arbeitsnachfragefunktion in Kapitel 6, obwohl diese invertiert waren, um den Lohnsatz als eine Funktion der Arbeitsmenge darzustellen. Keynes Konsumfunktion, der er selber die zentrale Bedeutung zumaß, basierte allerdings auf dem realisierten Einkommen und nicht auf dem Lohnsatz und der maximal zur Verfügung gestellten Arbeitszeit. Wenn ein Arbeitnehmer bei einem bestimmten Lohnsatz arbeitslos wird, dann ist seine maximal zur Verfügung gestellte Arbeitszeit unverändert, das realisierte Einkommen allerdings ist reduziert. Mit anderen Worten berücksichtigt Keynes Konsumfunktion Auswirkungen eines nichtgeräumten Arbeitsmarktes auf die Güternachfrage. Dies hat nichts mehr mit dem Rahmen der traditionellen mikroökonomischen Analyse zu tun, bei der Nachfrage durch solche Effekte unbeeinflußt bleibt.

Werden die Märkte nicht geräumt, so ist es denkbar, daß die Individuen gerne mehr absetzen würden, als sie de facto absetzen können. Diese Beschränkung der absetzbaren Menge wirkt sich dann auf die Angebots- und Nachfragefunktionen auf anderen Märkten aus. Zusätzlich zu den Preissignalen finden nun also auch Mengensignale Eingang in die Analyse und es können Mengeninteraktionen zwischen Märkten stattfinden, ohne dabei über Änderungen der Preise zu wirken. Die Gegenwart von Mengensignalen impliziert eine radikal andere Sichtweise der Effizienz der „unsichtbaren Hand", der Informationen verbreitenden und organisierenden Rolle dezentralisierter Märkte. Clower und Leijonhufvud betonen die Informationsprobleme, die der Allgemeinen Theorie implizit zugrunde liegen. Die effektive Güternachfrage eines arbeitslosen Arbeitnehmers ist durch sein realisiertes Einkommen und nicht durch seine hypothetische Nachfrage bestimmt, die sich am herrschenden Lohnsatz, den Preisen und seiner maximal zur Verfügung gestellten Arbeitskraft orientiert. Diese Arbeitnehmer werden den Unternehmen also nicht die Nachfrage signalisieren, die sie eigentlich ausdrükken würden, wären sie angestellt, und die wiederum ihre Anstellung unterstützen würde. Überschußangebot auf dem Gütermarkt und auf dem Arbeitsmarkt verstärken sich also gegenseitig. Keynes stellte einen weiteren wichtigen Grund für solche Informationsprobleme heraus: die intertemporale Natur zahlreicher Entscheidungen. Die Existenz dauerhafter Konsumgüter und Vermögensobjekte und das Auftreten von Verzögerungen bei der Produktion veranlaßt Entscheidungsträger, zukünftige Transaktionen zu berücksichtigen. Es existieren aber keine Märkte, auf denen solche zukünftigen Käufe und Verkäufe getätigt werden können. So besteht zum Beispiel keine Möglichkeit, den Produzenten zukünftige Überschußnachfrage adequat zu signalisieren. Das einzige, was signalisiert werden kann, ist Überschußangebot im Verhältnis zur gegenwärtigen Konsumnachfrage, was die Produzenten wohl kaum dazu veranlassen wird, mehr Güter für den zukünftigen Konsum zu produzieren.

Parallelen zu vorangegangenen Kapiteln

In vorangegangenen Kapiteln haben wir bereits einige Male einen Vorgeschmack auf die Themen der Neokeynesianischen Theorie bekommen und ein Großteil unserer Analyse wird durch ihre Entwicklung verständlicher. Ein wichtiges Beispiel stellt die Analyse des Ausgabenmultiplikators in Kapitel 3 dar, die wir nun auf systematische mikroökonomische Grundlagen stellen können, die die Ereignisse auf den Güter- und Arbeitsmärkten korrekt beschreiben. Diese Analyse werden wir in Beziehung zur mikroökonomischen Fundierung der Konsumfunktion setzen, wie wir sie in Kapitel 12 kennengelernt haben. In der empirischen Formulierung von Ando und Modigliani enthält diese zum Beispiel explizit die Beschäftigung als eine Variable. Bei der Analyse der intertemporalen Entscheidung in Kapitel 12, die wir an einem zweiperiodigen Beispiel vorgeführt haben, wurden das gegenwärtige und das zukünftige Arbeitseinkommen als exogen angenommen. Zusammen mit der Steigung der intertemporalen Bilanzgerade bestimmen sie den gegenwärtigen Konsum. Diese Verwendung von Indifferenzkurven, die auf dem realen Konsum dieser und der nächsten Periode definiert sind, steht im Kontrast zur Verwendung der Indifferenzkurven in Kapitel 7, wo sie über dem realen Konsum dieser Periode und der Freizeit dieser Periode definiert sind, um die gegenwärtige Entscheidung bezüglich des Arbeitsangebots darzustellen. Wir werden sehen, daß beide Verhaltensbeziehungen von den gleichen Zielen des Haushalts hergeleitet werden können, aber unterschiedliche Annahmen bezüglich des Arbeitsmarktes erfordern. Wir werden ebenfalls Gelegenheit haben, den in Kapitel 8 diskutierten Begriff der Überschußkapazitäten in einem weiteren Zusammenhang zu gebrauchen, wo Überschußkapazität auf dem Gütermarkt die Rolle von unfreiwilliger Arbeitslosigkeit auf dem Arbeitsmarkt spielt. Bezugnehmend auf die Diskussion der Geldnachfrage in Kapitel 14 und der Investitionsnachfrage in Kapitel 13 wird unsere Diskussion der Kassen- und Lagerhaltung verdeutlichen, wie dauerhafte Vermögensobjekte oder Güter die intertemporale Allokation von Kaufkraft erlauben und welche Konsequenzen dies für die Produktion, die Beschäftigung und die Konsumnachfrage hat. Im Falle der Investitionsnachfrage stellt unsere Diskussion des Akzelerators ein weiteres Beispiel der Relevanz gegenwärtiger und erwarteter Mengenrationierungen der Nachfragefunktionen dar.

Analytische Preliminarien zum Neokeynesianischen Modell

Bevor wir uns der Neokeynesianischen Analyse des Angebots und der Nachfrage auf Güter- und Arbeitsmärkten und den Ergebnissen des Neokeynesianischen Modells der Marktinteraktionen und der nichtgeräumten Märkte widmen können, müssen wir ein paar grundlegende Konzepte definieren und die Variablen des Modells in bezug zur VGR setzen. Mit diesen Preliminarien beschäftigen wir uns in diesem Abschnitt.

Das Gleichgewichtskonzept und Mengenrationierungen

Wir müssen das Gleichgewichtskonzept makroökonomischer Modelle, in denen die Märkte immer geräumt werden (wie in Teil II mit einigen Ausnahmen angenommen), mit dem Gleichgewichtskonzept makroökonomischer Modelle bei Nichträumung der Märkte konfrontieren. Damit sich die Preise immer anpassen könnten, um die Märkte zu räumen, müßte es ein hochgradig zentralisiertes, kostenloses System der Informationsverarbeitung und der Transaktionsorganisation geben. In rein theoretischen Modellen ist dieses System durch einen sogenannten Auktionator dargestellt, der bei jeder möglichen Preiskombination Informationen bezüglich des aggregierten Angebots und der aggregierten Nachfrage hat. Er erhöht den Preis von Gütern mit positiver aggregierter Überschußnachfrage und senkt den Preis von Gütern mit negativer aggregierter Überschußnachfrage. Wiederum erhält er Informationen über Angebot und Nachfrage bei diesen neuen Preisen und paßt diese entsprechend der Überschußnachfrage an. Dieser Prozeß wird so lange fortgesetzt bis er zu einem Gleichgewicht konvergiert, bei dem die Überschußnachfrage auf jedem Markt gleich null ist.

In dieser Geschichte findet kein Handel statt, bis der Vektor der Gleichgewichtspreise gefunden ist. In einer dezentralisierten Volkswirtschaft ist dies offensichtlich eine unrealistische Annahme, und selbst mit einem Auktionator könnte es lange dauern, bis der Markträumungsvektor gefunden ist. Wenn Transaktionen zu Nichtgleichgewichtspreisen stattfinden, das heißt also zu Preisen, bei denen der Markt nicht geräumt wird, dann bedeutet dies, daß einige Nachfrager oder Anbieter daran gehindert werden, das zu handeln, was sie eigentlich handeln möchten. Für ein Gut, nach dem Überschußnachfrage herrscht, wird es dann ein mehr oder weniger systematisches Schema der Verteilung auf die Nachfrager geben. Ebenso wird der Absatz eines Gutes, bei dem ein Überschußangebot vorliegt, nach einem solchen Schema auf die Anbieter verteilt werden. Die Individuen werden rationiert und es ist unwahrscheinlich, daß sie weiterhin annehmen, sie könnten jede beliebige Menge entsprechend ihrer Ausstattung und bestimmter parametrischer Preise handeln. Die Rationierung, die sie auf einem Markt erfahren, wird also ihr Verhalten auf einem anderen Markt beeinflussen.

Dies ist der entscheidende Unterschied zwischen Modellen allgemeinen Marktgleichgewichts bei Räumung der Märkte und Modelle, bei denen die Märkte nicht geräumt werden. In der von uns weiter unten verwendeten Version sehen die Individuen sowohl die Mengenrationierungen als auch die Preise als exogene Parameter an, auch wenn sich ihre Einschätzung dieser Parameter im Laufe der Zeit ändern kann. Die Annahme der Exogenität stellt die einfachste Methode dar, Reaktionen auf nichträumende Märkte zu modellieren. Alternativen hierzu werden wir nur kurz am Ende dieses Kapitels diskutieren. Das Konzept des Gleichgewichts involviert sowohl Mengensignale als auch Preissignale.

Modelle, in denen die Märkte nicht geräumt werden, werden oft als Ungleichgewichtsmodelle bezeichnet. Wir stimmen mit Malinvaud und Hahn überein, die diesen Ausdruck als irreführend qualifizieren. Die Analyse beschäftigt sich mit einer Folge kurzer Perioden. Wir nehmen an, daß die Akteure innerhalb jeder Periode ihr Verhalten im Lichte der Mengen- und Preissignale anpassen, auch, wenn die Märkte nicht geräumt werden, so daß ihre Aktionen in bezug aufeinander konsistent sind. Wie wir bereits in Kapitel 8 angeführt haben, ist es völlig einleuchtend, den realisierten Zustand als ein kurzfristiges Gleichgewicht zu bezeichnen. Dies impliziert natürlich nicht, daß jedes kurzfristige Gleichgewicht dem vorangegangenen entspricht. Der Leser bemerke, daß sich die Individuen diesem Gleichgewichtskonzept zufolge, wie schon in Kapitel 8 angedeutet, nicht auf ihren Angebots- und Nachfragekurven befinden müssen, da diese keine Mengensignale berücksichtigen, sondern lediglich auf Preisen und der Anfangsausstattung basieren.

Wir werden uns bei unserer Analyse auf die Mengensignale und Mengeninteraktionen zwischen den Märkten konzentrieren. Dies bedeutet nicht, daß wir die Annahme treffen, Löhne und Preise seien institutionell rigide. Wir definieren aus vereinfachenden analytischen Gründen den Begriff der kurzfristigen Periode, in der die Individuen Löhne und Preise als exogen annehmen und sich nur die Mengen ändern. Beim Übergang von einer zur nächsten Periode können sich auch Löhne und Preise verändern. Wir werden Gründe dafür angeben, warum in der Abwesenheit eines Auktionators Marktkräfte und nicht einfach nur institutionelle Unvollkommenheiten zur langsamen Anpassung von Löhnen und Preisen führen.

Beziehung der Variablen zu Größen der VGR

Weil die Marktinteraktionen durch die Einführung von Mengensignalen komplizierter werden, wollen wir die Analyse in anderen Dimensionen so einfach wie möglich halten. Wir werden annehmen, es gäbe keinen Wertpapiermarkt, auch wenn Barro und Grossmann in ihrem Buch gezeigt haben, daß ein Wertpapiermarkt ohne allzu große Schwierigkeiten in das Modell integriert werden kann, wenn man die Annahme trifft, daß dieser Markt immer geräumt wird. Wir gehen von einer geschlossenen Volkswirtschaft aus, die wir einführen, indem wir zunächst die Betrachtungen zur VGR aus Kapitel 2 ein wenig erweitern.

Der Output der Unternehmen ist gleich dem Absatz der Güter zuzüglich der Lagerbestandsänderung von Endprodukten: $y = x + \Delta$ inv. Abgesetzt werden die Güter entweder an die Konsumenten oder an den Staat (wobei exogene Investitionen als ein Teil von g betrachtet werden können): $x = c + g$. Wir nehmen an, daß der Staat nie rationiert sein wird. übersteigt die Güternachfrage das Güterangebot so werden es die Konsumenten sein, die rationiert werden. Die Ersparnis der Haushalte (Einkommen abzüglich der Ausgaben) ist gleich den von den Unternehmen zu Beginn der Periode ausgezahlten Dividenden D zuzüglich des Arbeitseinkommens WN abzüglich der Konsumausgaben PC. Wir nehmen an, daß Geld die einzige Anlageform der Haushalte für Vermögen ist, so daß wir also die gesamte Ersparnis zur Geldhaltung rechnen können. Es gilt also folglich $S = D + WN - Pc = \Delta M^h$. Dies stellt die Veränderung der Geldhaltung des Haushalts dar. Die Gewinne der Unternehmen sind durch die Einnahmen aus dem Absatz abzüglich der Lohnkosten gegeben: $R = Px - WN$. Die Veränderung der Geldhaltung der Unternehmung ΔM^f entspricht den Gewinnen abzüglich der Dividendenzahlungen: $\Delta M^f = R - D$. Wir können nun einfach überprüfen, daß der Wert der Staatsausgaben gleich der Veränderung der Geldhaltung der Haushalte und der Unternehmen sein muß $\Delta M = \Delta M^f + \Delta M^h = D + WN - Pc + Px - WN - D = P(x - c) = Pg$. In unserem vereinfachten Modell werden die Staatsausgaben also durch Erhöhung des Geldbestands finanziert.

Wir könnten auch Transferzahlungen des Staates an die Haushalte und Steuern der Unternehmen und Haushalte mit in die Analyse einbeziehen. Dann würde g durch ΔM zuzüglich Steuern und abzüglich Transfers finanziert. Dies hätte keinen Einfluß auf den Aussagegehalt der folgenden Analyse, so daß wir Steuern und Transfers nicht berücksichtigen, um die Struktur so einfach wie möglich zu halten. Auch werden wir annehmen, daß die Dividendenzahlungen unabhängig von den laufenden Gewinnen sind.

Transaktionen werden auf zwei Märkten mit Geld durchgeführt. Auf dem einen Markt zahlen die Unternehmen den Arbeitnehmern Geld für geleistete Arbeitsleistung, auf dem anderen kaufen die Haushalte mit diesem Geld Güter. Die Wichtigkeit dieser Annahme liegt darin, daß sie die Dezentralisierung einer Marktwirtschaft und die Spezialisierung auf Produktion widerspiegelt. Dies bedeutet, daß Arbeitnehmer nicht in Gütern ausbezahlt werden können, die sie selber produzieren. Wir können uns c also als einen aggregierten Mengenindex vorstellen, der eine detaillierte Liste produzierter und konsumierter Güter enthält.

Das Einkommen-Ausgaben-Modell im Konsum-Beschäftigungs-Diagramm

Wir illustrieren nun diese nationalen Konten und verwenden dazu Diagramme, um den der folgenden Darstellung zugrunde liegenden diagrammatischen Apparat vorzustellen. In den Abbildungen 3-2 und 3-8 haben wir gesehen, daß wir die Gleichung der Ersparnis und der Investition $c + i + g = y = c + s + t$ graphisch darstellen können. Der Einfachheit halber und ohne dabei Allgemeingültigkeit einzubüßen nehmen wir in diesem Kapitel an, daß wir die Investition unter g subsumieren können und die Steuern gleich null sind, wodurch wir Abbildung 18-1 erhalten. Eine andere Methode, dieselbe Gleichung darzustellen, ist, das in ein-

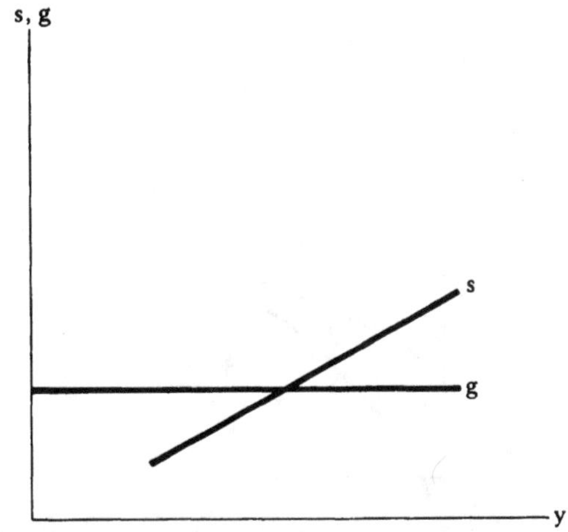

Abbildung 18-1: Die Gleichung der Ersparnis und der Investition.

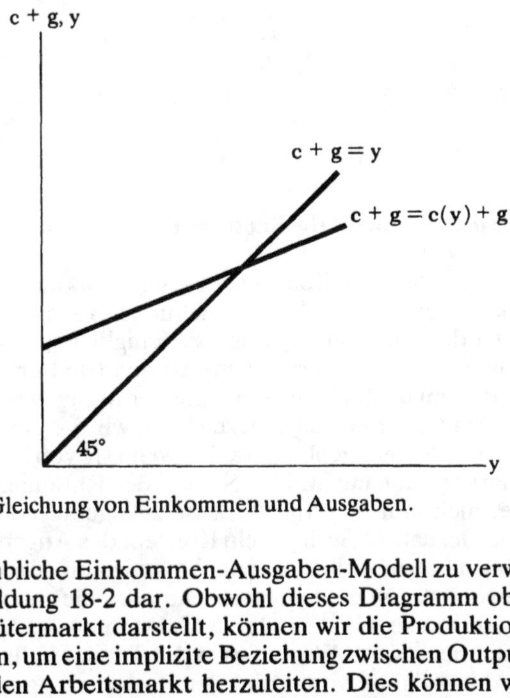

Abbildung 18-2: Die Gleichung von Einkommen und Ausgaben.

führenden Texten übliche Einkommen-Ausgaben-Modell zu verwenden. Dieses stellen wir in Abbildung 18-2 dar. Obwohl dieses Diagramm oberflächlich betrachtet nur den Gütermarkt darstellt, können wir die Produktionsfunktion aus Kapitel 7 verwenden, um eine implizite Beziehung zwischen Output und Beschäftigungsniveau für den Arbeitsmarkt herzuleiten. Dies können wir uns am einfachsten vergegenwärtigen, wenn wir unter Verwendung der Produktionsfunktion die Outputachse in Einheiten von Beschäftigung übersetzen. Um den Konsum auf der senkrechten Achse abzutragen subtrahieren wir einfach g von c + g in Abbildung 18-2. Der Leser erinnere sich daran, daß der Staat nie rationiert ist, so daß wir g ohne weiteres eliminieren können. Nehmen wir diese beiden Veränderungen vor, so erhalten wir aus Abbildung 18-2 Abbildung 18-3. Wenn wir im folgenden die Interaktionen des Güter- und des Arbeitsmarktes untersuchen, dann werden wir dies in genau einem solchen c,N-Koordinatensystem tun.

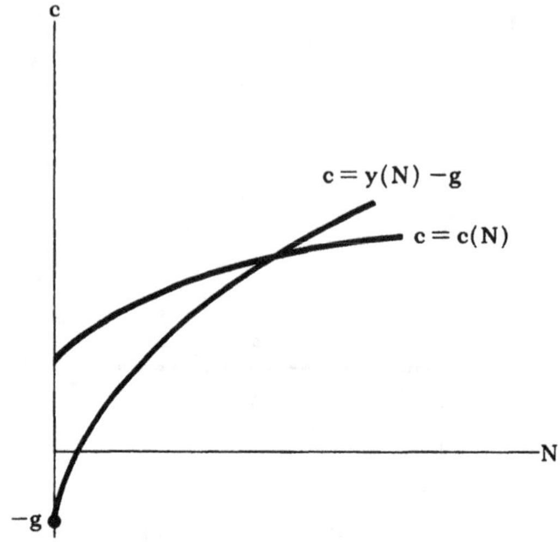

Abbildung 18-3: Die Gleichung von Einkommen und Ausgaben im Konsum-Beschäftigungs-Diagramm.

Rationierung und die Minimumbedingungen

Wir müssen nun verschiedene Konzepte des Angebots und der Nachfrage auf den einzelnen Märkten vergleichen. Wir bezeichnen das Angebot und die Nachfrage als hypothetisch oder unrationiert, wenn sie lediglich von der anfänglichen (und erwarteten) Ausstattung und den gegenwärtigen (und erwarteten) Preisen abhängen. Sie sind dann unabhängig von jeglicher Mengenrationierung auf einem anderen Markt. Im Gegensatz dazu bezeichnen wir das Angebot oder die Nachfrage als rationiert oder mengenbeschränkt, wenn sie von Mengenrationierungen auf anderen Märkten abhängen. Das Niveau der Rationierung bezieht sich auf andere Märkte, nicht auf den Markt, dessen Angebot oder Nachfrage wir betrachten. Dies ist deshalb so, weil wir ein Konzept des Angebots und der Nachfrage für jeden Markt haben wollen, das unabhängig von den auf diesem Markt gehandelten Mengen ist. Ob die hypothetische oder die rationierte Nachfrage effektiv ist, hängt davon ab, ob auf anderen Märkten tatsächlich Mengenbeschränkungen vorliegen oder nicht. Wenn dies in der Tat der Fall ist, wird die effektive Nachfrage in Abhängigkeit vom Grad der Rationierung auf anderen Märkten von der rationierten Nachfrage abhängen. Dieses Umschalten der effektiven Nachfrage von hypothetischer auf rationierte Nachfrage bezeichnet Clower als die „duale Entscheidungshypothese". Die Güternachfrage eines Arbeitnehmers, der die Anzahl seiner Arbeitsstunden frei wählen kann, ist abhängig vom Lohnsatz, von den Preisen und der maximal ihm zur Verfügung stehenden Zeit, die er auf Freizeit und Arbeitszeit aufteilen kann. Die Güternachfrage eines auf dem Arbeitsmarkt rationierten Arbeitnehmers ist dagegen durch den Grad der Rationierung mitbestimmt.

Wir stellen die entwickelten Angebots- und Nachfragekonzepte folgendermaßen dar:

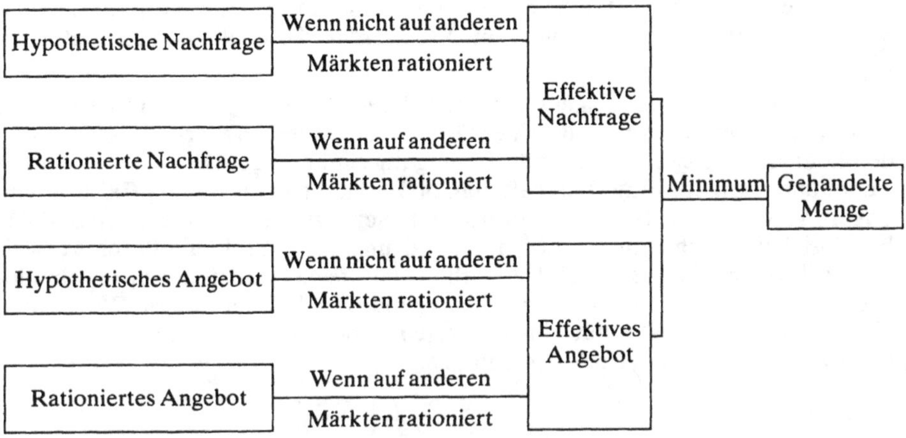

Ein Gleichgewicht mit Rationierung muß einige grundlegende Eigenschaften erfüllen. Erstens muß die Menge der verkauften Güter gleich der Menge der gekauften Güter sein. Dies bedeutet natürlich nicht, daß das hypothetische Angebot gleich der hypothetischen Nachfrage ist. Zweitens muß der Tausch freiwillig sein, so daß kein Individuum gezwungen ist, mehr zu verkaufen als sein effektives Angebot oder mehr zu kaufen als seine effektive Nachfrage. Dies garantiert, daß die folgende „Minimumbedingung" erfüllt ist: die gehandelte Menge entspricht dem Minimum der effektiven Nachfrage und des effektiven Angebots.

Dies ist für den Fall eines einzelnen Marktes in Abbildung 18-4 dargestellt. Nehmen wir an, es handele sich hierbei um den Arbeitsmarkt aus Abbildung 10-4. Eindeutig ist die Beschäftigung N_1^D beim Lohnsatz W_1 geringer als N_1^S, so daß also die Nachfrage der Unternehmen maßgebend für die gehandelte Menge ist und

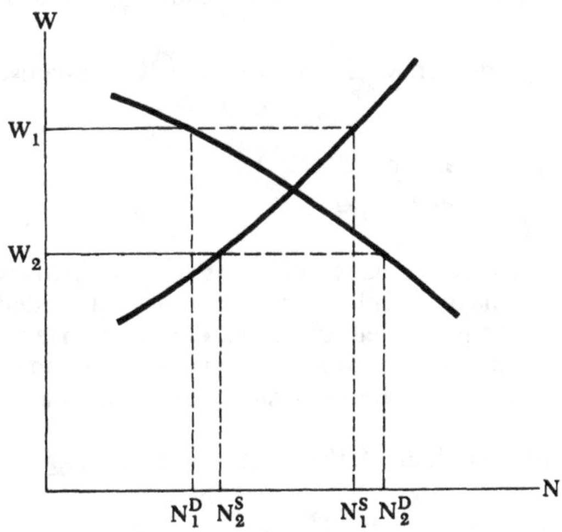

Abbildung 18-4: Die Minimumbedingung auf einem einzelnen Markt.

einige Arbeitnehmer unbeschäftigt bleiben. Beim Lohnsatz W_2 besteht positive Überschußnachfrage und die gehandelte Menge entspricht dem Angebot der Haushalte. Der Leser sollte bemerken, daß dieses Diagramm Rückkopplungen mit dem Gütermarkt unbeachtet läßt. Wir werden dieses Phänomen später berücksichtigen.

Die dritte grundlegende Eigenschaft eines Gleichgewichts mit Rationierung ist, daß nicht sowohl Käufer als auch Verkäufer auf dem selben Markt rationiert werden können. Die zweite und dritte Bedingung sind recht strikt. Wir werden uns weiter unten mit der Frage beschäftigen, ob Bedingung zwei mit der Existenz von Lagern vereinbar ist. Bedingung drei scheint verletzt, wenn freie Stellen und Arbeitslosigkeit gleichzeitig existieren. Die Lösung dieses Problems durch Verweis auf die Tatsache, daß es viele lokale Arbeitsmärkte gibt, auf denen unterschiedliche Bedingungen herrschen, würde die folgende Analyse verändern. Wir werden also annehmen, es gäbe nur einen einzigen Arbeitsmarkt und untersuchen die aufgeworfene Frage am Ende des Kapitels.

Rationierung in einem Modell mit zwei Märkten

Bei lediglich zwei Märkten lauten die Minimumbedingungen:

auf dem Konsumgütermarkt $c = \min(c^D, c^S)$

auf dem Arbeitsmarkt $N = \min(N^D, N^S)$

Wir werden zwischen rationierten und nichtrationierten (hypothetischen) Funktionen unterscheiden, indem wir einen Balken über erstere setzen und als explizites Argument das Rationierungsniveau einbeziehen, von dem sie abhängen. Zum Beispiel steht $c = \bar{c}^D(N; \cdot)$ für die rationierte Konsumgüternachfrage, die vom rationierten Niveau der Beschäftigung N abhängt, während $c = c^D(\cdot)$ für die hypothetische Konsumnachfrage steht. Bei zwei Märkten gibt es vier mögliche Regimes der Rationierung, die wir hier vorstellen und an späterer Stelle detailliert besprechen werden.

Die Anbieter sind auf beiden Märkten rationiert (Keynesianische Unterbeschäftigung)

$$\begin{cases} c^D < c^S, & \text{so daß} \quad c = \bar{c}^D(N; \cdot) \\ N^D < N^S, & \text{so daß} \quad N = \bar{N}^D(c; \cdot) \end{cases} \tag{1}$$

Hier herrscht Überschußangebot sowohl auf dem Arbeitsmarkt (mit unfreiwilliger Arbeitslosigkeit) als auch auf dem Gütermarkt. Auf jedem Markt wird also die effektive Nachfrage gehandelt, die durch die rationierten Nachfragefunktionen gegeben ist. Diese spiegeln wider, daß die Arbeitnehmer als Anbieter auf dem Arbeitsmarkt rationiert sind und die Unternehmen als Anbieter auf dem Gütermarkt.
Die Nachfrager sind auf beiden Märkten rationiert (zurückgestaute Inflation)

$$\begin{cases} c^D < c^S, & \text{so daß} \quad c = \bar{c}^S(N; \cdot) \\ N^D < N^S, & \text{so daß} \quad N = \bar{N}^D(c; \cdot) \end{cases} \tag{2}$$

Hier herrscht Überschußnachfrage auf beiden Märkten, so daß die gehandelten Mengen dem effektiven Angebot entsprechen. Die Haushalte sind auf dem Gütermarkt rationiert und die Unternehmen auf dem Arbeitsmarkt. Der Ausdruck „zurückgestaute Inflation“ beruht auf der Tatsache, daß in dieser Situation eine Erhöhung des Lohnsatzes und des Preisniveaus die Überschußnachfrage reduzieren würde.

Auf dem Gütermarkt rationierte Nachfrage und auf dem Arbeitsmarkt rationiertes Angebot (Klassische Arbeitslosigkeit)

$$\begin{cases} c^D < c^S, & \text{so daß} \quad c = c^S(\cdot) \\ N^D < N^S, & \text{so daß} \quad N = N^D(\cdot) \end{cases} \tag{3}$$

Die Unternehmen wollen auf jedem Markt weniger handeln als die Haushalte, so daß hypothetisches Angebot und hypothetische Nachfrage vorherrschen. Der Lohn ist hier so hoch, daß es die Unternehmen nicht für profitabel halten, mehr Arbeitnehmer einzustellen oder mehr Güter zu produzieren. Dies bezeichnen wir als Klassische Arbeitslosigkeit.

Auf dem Gütermarkt rationiertes Angebot und auf dem Arbeitsmarkt rationierte Nachfrage (Unterkonsumtion)

$$\begin{cases} c^D < c^S, & \text{so daß} \quad c = c^D(\cdot) \\ N^D < N^S, & \text{so daß} \quad N = N^S(\cdot) \end{cases} \tag{4}$$

Hier ist der Lohn so niedrig, daß auf dem Gütermarkt Überschußangebot und auf dem Arbeitsmarkt Überschußnachfrage herrscht.

Mikroökonomische Grundlagen des Neokeynesianischen Modells

Bevor wir en detail diskutieren können, was in jedem dieser Modelle auf dem makroökonomischen Niveau geschieht, müssen wir die mikroökonomischen Grundlagen der verschiedenen Funktionen betrachten. Selbst bei nur zwei Märkten scheinen die Interaktionen zwischen den Märkten kompliziert. Wir werden deshalb einige Diagramme (ähnlich dem in Abbildung 18-4 gezeigten) vorstellen, die die Zusammenhänge deutlich machen sollen. Zu diesem Zweck leiten wir diese Diagramme etwas ausführlicher aus der intertemporalen mikroökonomischen Theorie des Haushalts und der Unternehmung her, die bereits für sich genommen einige Einsichten gewährt.

Ein intertemporales Modell des Haushalts

Wir verallgemeinern die Analyse des Arbeitsangebots aus Kapitel 6 und das Modell der Konsumfunktion für zwei Perioden, das wir in Kapitel 12 diskutiert haben, indem wir zusätzlich zur gegenwärtigen Freizeit auch die zukünftige Freizeit mit einbeziehen und explizit die Form der Nebenbedingungen bei Rationierung berücksichtigen. Geld hat eine Wertaufbewahrungsrolle, da es erlaubt, Kaufkraft zwischen der gegenwärtigen und der zukünftigen Periode hin und her zu transferieren. Wir leiten diese Rolle des Geldes von dem Teil der Zielfunktion her, der für die zukünftige Periode steht. Um diesen grundsätzlichen Begriff auf die einfachste Art und Weise einzuführen, wollen wir noch einmal das in Kapitel 12 behandelte Problem der Nutzenmaximierung über zwei Perioden betrachten.

Das Problem bestand darin, die Funktion $U(c_0, c_1)$ unter einer intertemporalen Nebenbedingung zu maximieren. Nehmen wir an, das Preisniveau sei in beiden Perioden gleich. Es gibt einen Zinssatz r, zu dem entweder Geld aufgenommen oder angelegt werden kann. Wir erkennen, daß die Nebenbedingung impliziert, daß die Ersparnis der Periode 0, $s_0 = y_0 - c_0$ in Periode 1 dem Wert $(1 + r)\, s_0$ entspricht, so daß also $(1 + r)\, s_0 + y_1 = c_1$ dem Betrag entspricht, der in der zweiten Periode ausgegeben werden kann. Substituieren wir c_1 in der Nutzenfunktion durch diesen Ausdruck, so erhalten wir als Maximierungsproblem:

$$\max U(c_0, (1 + r)\, s_0 + y_1) \text{ unter der Nebenbedingung } s_0 + c_0 = y_0.$$

Die Rolle der Ersparnis in der Nutzenfunktion hängt also eindeutig vom Nutzen ab, der aus dem Konsum der zukünftigen Periode erwächst.

Im folgenden vernachlässigen wir den Zinssatz. Die Ersparnis stellt eine Erhöhung der Geldhaltung dar. Unser Nutzen aus der Geldhaltung hängt vom Nutzen zukünftiger Aktivitäten ab, wobei wir explizit den Konsum und das Arbeitsangebot unter Berücksichtigung der möglichen Beschränkungen auf jedem Markt analysieren. Wie wir sehen werden, weisen die erwarteten Beschränkungen dem Nutzen aus der Geldhaltung eine entscheidende Rolle zu. So hat zum Beispiel ein Haushalt, der erwartet, daß er in der nächsten Periode sein Arbeitsangebot nicht absetzen kann, eindeutig einen höheren Bedarf an Geld, als ein Haushalt, der erwartet, auf dem Gütermarkt rationiert zu sein. Nehmen wir an, die Nutzenfunktion sei durch

$$U = U(c_0, T_0 - N_0, c_1, T_1 - N_1) \tag{5}$$

gegeben, die in allen vier Argumenten steigend ist und bei der, wie in Kapitel 12, c_0 und c_1 für den Konsum in den Perioden 0 und 1 stehen. $T_0 - N_0$ und $T_1 - N_1$ stehen für die in den Perioden verfügbare Freizeit. Der Leser bemerke, daß hier die in Kapitel 6 betrachtete statische Entscheidung bezüglich Freizeit und Einkommen verallgemeinert wird. Halten wir c_1 und $T_1 - N_1$ konstant, dann impliziert (5) Indifferenzkurven in einem Koordinatensystem mit c und T − N auf den Achsen (siehe z.B. Abbildung 6-8). Halten wir dagegen $T_0 - N_1$ und $T_1 - N_1$ konstant, so impliziert (5) Indifferenzkurven im c_0, c_1-Koordinatensystem (siehe z.B. Abbildung 12-4).

Wir betrachten einen Haushalt, der auf der Basis seiner Entscheidungen in der ersten Periode für die zweite Periode plant, wobei die Niveaus der Variablen der ersten Periode durch $c_0 \geq 0$, $T_0 \geq 0$, $N_0 \geq 0$ und $M_0 \geq 0$ gegeben sind. Wenn geplant ist, gegen Ende von Periode 1 kein Geld mehr zu halten, dann ist die Budgetnebenbedingung für die erste Periode durch

$$M_0 + D_1 + W_1 N_1 = P_1 c_1 \tag{6}$$

gegeben (außer wenn in Ausnahmefällen das rationierte Niveau von c_1 so niedrig ist, daß selbst bei einer Arbeitszeit von 0 Stunden das Einkommen der Periode zuzüglich der Geldhaltung höher als die Ausgaben sind: $M_0 + D_1 > P_1 c_1$). W_1 und

P_1 stehen für die Erwartungswerte des Lohnsatzes und des Preisniveaus in Periode 1 und D_1 steht für das exogene Einkommen, das nicht aus Arbeit erwächst (Dividenden und staatliche Transfers). Gleichung (6) muß noch um das jeweilige Regime der Rationierung ergänzt werden, das der Haushalt für Periode 1 erwartet. Der Haushalt kann auf beiden Märkten unrationiert sein, er kann nur auf dem Arbeitsmarkt rationiert sein (dargestellt durch $N = \overline{N}_1$) nur auf dem Gütermarkt ($c_1 = \overline{c}_1$) oder auf beiden Märkten, was allerdings nur der Fall sein kann, wenn am Ende von Periode 1 ein Vererbungsmotiv besteht, weil es sonst keinen Sinn macht, Geld zu halten. Für jeden Fall können wir die optimalen Niveaus von c_1 und $T_1 - N_1$ bestimmen. Liegt keine Rationierung vor, so hängen c_1 und N_1 von der exogenen Kaufkraft $M_0 + D_1$, dem Lohnsatz W_1, dem Preisniveau P_1, der maximal verfügbaren Zeit T_1 und den Niveaus von c_0 und $T_0 - N_0$ ab, die wir als exogen gegeben angenommen haben. Im Gegensatz dazu erhalten wir bei Rationierung auf dem Arbeitsmarkt $N_1 = \overline{N}_1$ und gemäß (6) $c_1 = (M_0 + D_1 + W_1 \overline{N}_1)/P_1$. Für jeden dieser Fälle können wir die Nutzenfunktion angeben und den Teil der zukünftigen Periode ersetzen. Bei Rationierung auf dem Arbeitsmarkt erhalten wir zum Beispiel

$$U = U\left(c_0, T_0 - N_0, \frac{M_0 + D_1 + W_1 \overline{N}_1}{P_1}, T_1 - \overline{N}_1\right). \tag{7}$$

Der Leser bemerke, daß der Grenznutzen der Geldhaltung M_0 vom erwarteten Preisniveau, dem erwarteten Lohnsatz und dem Grad der Rationierung auf dem Arbeitsmarkt abhängt. Die Form der Funktion wird bei jedem Regime der Rationierung anders sein. In der Realität ist es unwahrscheinlich, daß die Haushalte genau wissen, in welchem Regime sie sich in der nächsten Periode befinden werden und welche Werte P_1, W_1 und der Grad der Rationierung annehmen werden. Sie können allerdings auf der Basis ihrer Erfahrungen in der Vergangenheit, die, wie in Kapitel 7 gezeigt, ihre Erwartungen beeinflussen, den einzelnen Möglichkeiten Wahrscheinlichkeiten zuordnen. Wir können uns also vorstellen, daß die Haushalte in Periode 1 eine Art gewichteten Durchschnitt der Nutzenfunktionen der möglichen Fälle bilden. Formal kann dies durch ein Modell des erwarteten Nutzens erreicht werden, in dem der fallende Grenznutzen von c_1 und $T_1 - N_1$ die Einstellung zum Risiko bestimmt, die wiederum entscheidend für das Niveau der gewünschten Geldhaltung ist. Als Zielfunktion erhalten wir somit:

$$V_H = V(c_0, T_0 - N_0, M_0, \theta). \tag{8}$$

Hier steht θ für eine ganze Liste von Variablen, die die zukünftig zur Verfügung stehende Zeit und (aufgrund ihres Einflusses auf die Erwartungen) die in der Vergangenheit beobachteten Preisniveaus, Lohnsätze und Rationierungsniveaus enthält, zumindest insofern diese noch nicht durch c_0 und $T_0 - N_0$ berücksichtigt werden. Wir erhalten also eine Nutzenfunktion der gegenwärtigen Periode, die den indirekten Nutzen der Geldhaltung wiedergibt und dabei zukünftige Zustände des Arbeits- und Gütermarktes berücksichtigt, insofern diese die Situation des Haushalts beeinflussen. Wir haben dabei explizit die Tatsache berücksichtigt, daß wir die Zukunft nicht vollständig vorhersagen können. Wir können die Struktur des Arguments, das uns (8) bescherte, auch verwenden, um die Analyse des Problems auf unendlich viele Perioden auszuweiten.

Wir wenden uns nun den in Periode 0 zu treffenden Entscheidungen zu. Die Budgetnebenbedingung ist durch

$$M_{-1} + D_0 + W_0 N_0 - P_0 c_0 = M_0; \quad c_0 \geq 0, \quad T_0 \geq N_0 \geq 0, \tag{9}$$

gegeben, wobei M_{-1} dem geerbten Geld des Individuums entspricht. Setzen wir (9) in (8) ein, so können wir die Zielfunktion als eine Funktion der beiden endogenen Variablen c_0 und N_0 schreiben:

$$V_H = V(c_0, T_0 - N_0, M_{-1} + D_0 + W_0 N_0 - P_0 c_0, \theta). \tag{10}$$

Wir können im c, N-Koordinatensystem die Höhenlinien V_H einzeichnen. In der Regel können wir damit rechnen Höhenlinien wie in Abbildung 18-5 zu erhalten, außer wenn die Präferenzen oder der Mechanismus, der die Erwartungen bestimmt, etwas ungewöhnlich sind. Bei Punkt H liegt keine Rationierung vor. Wir können die durch die Beschäftigung beschränkte Konsumfunktion $\overline{C}^D(N; \cdot)$ herleiten, indem wir die Tangentialpunkte der Höhenlinien mit der senkrechten (gestrichelten) Linie, wobei $N = \overline{N}$ gilt, für alle Höhenlinien einzeichnen. Wir bezeichnen diese Kurve mit AH. Die AH-Kurve hängt über die Kaufkraft $M_{-1} + D_0 + W_0 \overline{N}_0$ von $\overline{N}$ ab. Sie hängt auch direkt von $\overline{N}$ ab, weil die Beschäftigungsbeschränkung die intertemporale Konsumentscheidung und die Erwartungen beeinflußt. Diese Konsumfunktion sollte dem Leser bekannt vorkommen, da sie lediglich die mikroökonomisch fundierte Keynesianische Konsumfunktion darstellt. Entsprechend ist der Effekt der Güterrationierung durch die Tangentialpunkte der V_H-Kurven mit den horizontalen gestrichelten Linien gegeben, bei denen $c = \overline{c}$ gilt. Diese Tangentialpunkte beschreiben die durch das Güterangebot rationierte Arbeitsangebotskurve $\overline{N}^s(c; \cdot)$. Wir bezeichnen diese Kurve mit HB. Wie zu erwarten war, wird der Konsument einen um so geringeren Anreiz haben, Arbeit anzubieten, je weniger Güter er kaufen kann.

In der oben zur Unterscheidung von rationierten und unrationierten (hypothetischen) Funktionen gebrauchten Schreibweise steht H für die Konsum- und Be-

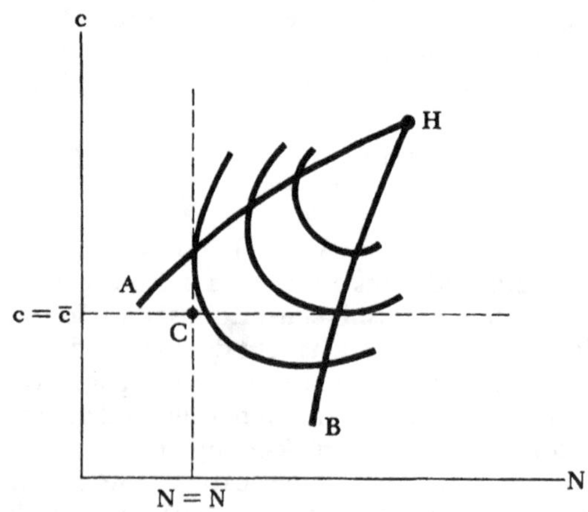

Abbildung 18-5: Die von V_H-Kurven hergeleitete Nachfragekurve und Angebotskurve des Haushalts.

schäftigungsniveaus, die durch die hypothetische Konsumfunktion $c = c^D(\cdot)$ und die hypothetische Angebotsfunktion $N = N^S(\cdot)$ gegeben sind.

Die Punkte auf der AH-Kurve stellen die rationierte Konsumnachfragefunktion $c = \bar{c}^D(N; \cdot)$ dar, bei der $N = \bar{N} < N^S(\cdot)$ ist. Die Punkte auf der BH-Kurve beschreiben die rationierte Arbeitsangebotsfunktion $N = \bar{N}^S(\bar{c}; \cdot)$, bei der $c = \bar{c} < c^D(\cdot)$ ist. Bei einem Punkt C, wo beide Nebenbedingungen bindend sind, ist der Haushalt auf beiden Seiten rationiert, so daß $c = \bar{c} < \bar{C}^D(N; \cdot)$ und $N = \bar{N} < \bar{N}^S(c; \cdot)$ gelten. In diesem letzten Fall akkumuliert der Haushalt Geld $M_0 = M_{-1} + D + W\bar{N} - P\bar{c}$. Die Haltung dieses Geldes stiftet allerdings auch Nutzen. Wäre dies nicht der Fall, so würde das Arbeitsangebot verringert, womit die Rationierung auf dem Arbeitsmarkt aufgehoben wäre.

Auf Basis der oben durchgeführten Analyse formen die AH- und die BH-Kurve einen Keil, der Angebots- und Nachfragefunktion in einem Koordinatensystem mit Mengen auf den Achsen darstellt und nicht in einem Koordinatensystem, bei dem auf einer Achse der Preis abgetragen ist. Das Keildiagramm stellt die Mengensignale dar, die das entscheidende Merkmal der Modelle mit nichtgeräumten Märkten sind. Hier geht es uns um die Mengen, wir interessieren uns im Moment nicht für eine explizite Theorie der Preisbestimmung.

Wie beschließen unsere Diskussion des Haushalts mit einigen allgemeinen Bemerkungen zum Sparen und zur Geldhaltung. Indem wir die Veränderung der Geldhaltung mit der Ersparnis gleichsetzen und sie somit als Veränderung der Anlagen im allgemeinen betrachten, werden wir daran erinnert, daß die Veränderung der Geldhaltung ein wichtiger Bestimmungsfaktor der Ersparnis ist. Dies bedeutet aber, daß die Variablen der Konsumfunktion, die Erwartungswerte der Preise, des Lohnsatzes und der Arbeitslosigkeit enthalten, ebenfalls relevant für die Bestimmung der Geldnachfrage sein sollten. Dies ergänzt unsere Diskussion des Geldes als Konsum- und Produktionsgut in Kapitel 14. Zweitens wollen wir herausstellen, daß die Ersparnis (und insbesondere die Geldkomponente der Ersparnis) die Rolle eines Puffers spielt, der nichtantizipierte Schocks absorbiert. Diese Rolle wird zum Teil bereits von der Theorie impliziert: in jeder Periode plant der Haushalt im Lichte neuer Informationen aufs neue und kann folglich korrigierende Maßnahmen zur Behebung in der Vergangenheit gemachter Fehler ergreifen. Die Frage ist, ob diese Pufferfunktion des Geldes mit dem verwendeten Konzept des Gleichgewichts in Einklang zu bringen ist. Oberflächlich betrachtet erscheint dies nicht so, da das Gleichgewichtskonzept verlangt, daß die wahrgenommene Rationierung mit der tatsächlichen Rationierung übereinstimmt, so daß weder Käufer noch Verkäufer Anlaß haben, ihre Entscheidung zu ändern.

Wir können uns allerdings eine Reihe sehr kurzer Perioden vorstellen, in denen wir das gegenwärtige Rationierungsniveau als das wahrgenommene interpretieren, das zu Beginn nicht dem tatsächlichen Rationierungsniveau entsprechen muß, sondern lediglich gegen Ende der Reihe kurzer Perioden gegen dieses Niveau konvergiert. Der Prozeß, der hier am Werke ist, ist Teil des uns bekannten Multiplikatorprozesses.

Ein intertemporales Modell der Unternehmung

Dieses Modell wird formal dem des Haushalts ähneln, wobei die Lagerhaltung im Modell der Unternehmung eine analoge Rolle zur Geldhaltung im Modell des

Haushalts spielt. Wir betrachten eine Unternehmung, die zu Beginn von Periode 1, nachdem sie ihre Entscheidungen für Periode 0 getroffen hat, einen Lagerbestand inv_0 hat. Wenn es Ziel dieser Unternehmung ist, am Ende von Periode 1 kein Lager mehr zu halten und wenn die Lagerhaltungskosten gleich null sind, dann lautet die Budgetnebenbedingung der ersten Periode:

$$inv_0 + y(N_1) = x_1 \tag{11}$$

(außer wenn in Ausnahmefällen das Rationierungsniveau des Absatzes so niedrig ist, daß selbst ohne Produktion $inv_0 > x_1$ ist). Die Gewinne der ersten Periode sind durch

$$R_1 = P_1 x_1 - W_1 N_1 \tag{12}$$

gegeben. Wir maximieren (12) unter der Nebenbedingung von (11) und denen der Rationierungsniveaus, die in den einzelnen Regimes gelten. Ist die Unternehmung zum Beispiel auf beiden Seiten unrationiert, so erhalten wir nach Maximierung von (12) unter der Nebenbedingung von (11) die Beschäftigung als eine Funktion von W_1/P_1 und inv_0. Ist die Unternehmung dagegen auf der Absatzseite durch $\bar{x}_1$ rationiert, so müssen wir die Funktion $y(N_1) = \bar{x}_1\text{-}inv_0$ nach N_1 auflösen. Abhängig vom geltenden Regime der Rationierung können wir das optimale Gewinniveau der Periode 1 kalkulieren. Wenn wir annehmen, die Unternehmung habe bestimmte Erwartungen bezüglich des Auftretens der möglichen Werte von P_1, W_1, der Rationierungsniveaus und der Regimes der Rationierung, so können wir uns vorstellen, die Unternehmung bilde einen gewichteten Durchschnitt der möglichen Niveaus von R_1. Wir können auch Risikoaversion in das Modell einbauen, indem wir einen gewichteten Durchschnitt von $f(R_1)$ bilden, wobei $f(R_1)$ eine konkave Funktion ist ($f' > 0$ und $f'' < 0$). Hierdurch fallen niedrige oder gar negative Gewinniveaus relativ zu hohen Gewinniveaus stärker ins Gewicht, weshalb Strategien, die ersteren Fall vermeiden, ebenfalls ein stärkeres Gewicht erhalten. Wir stellen diesen gewichteten Durchschnitt der verschiedenen R_1 oder $f(R_1)$ durch $f^*(inv_0, \Psi)$ dar, wobei Ψ für eine Liste von Variablen (N_0, x_0, P_0 und W_0), Rationierungsniveaus, Regimes von Nebenbedingungen und andere Quellen von Erwartungen steht. Die Lagerhaltung macht nur dann Sinn, wenn die Unternehmung erwarten kann, in der nächsten Periode nicht auf dem Absatzmarkt rationiert zu werden. Es ist die Möglichkeit der Lagerhaltung, die dem Modell seinen intertemporalen Charakter verleiht und die damit der Rolle von Erwartungen so große Wichtigkeit verleiht. Als Maximierungsproblem der Periode 0 erhalten wir also

$$V_F = P_0 x_0 - W_0 N_0 + f^*(inv_0, \Psi) \tag{13}$$

unter den Nebenbedingungen

$$inv_0 = inv_{-1} + y(N_0) - x_0, \quad inv_0 \geq 0, \quad y_0 \geq 0, \quad x_0 \geq 0 \tag{14}$$

und unter den Nebenbedingungen der unterschiedlichen Rationierungsniveaus, die bei den verschiedenen Regimes auftreten können. Führen wir diese Maximierung durch, so dürfen wir nicht vergessen, daß Ψ sowohl N_0 als auch x_0 enthält. Wenn wir nun das Niveau des Lagerbestands aus (14) in (13) einsetzen, so können wir V_F als eine Funktion der endogenen Variablen x_0 (Absatz) und N_0 (Beschäftigung) darstellen. In Abbildung 18-6, die Abbildung 18-5 im Falle des Haushalts entspricht, sind die Höhenlinien der V_F-Funktion in einem Koordinatensystem eingezeichnet, bei dem Absatz und Beschäftigung auf den Achsen abgetragen sind. Analog zu Abbildung 18-5 stellt Punkt F das unrationierte (hypothetische) Güterangebot und die unrationierte Nachfrage dar.

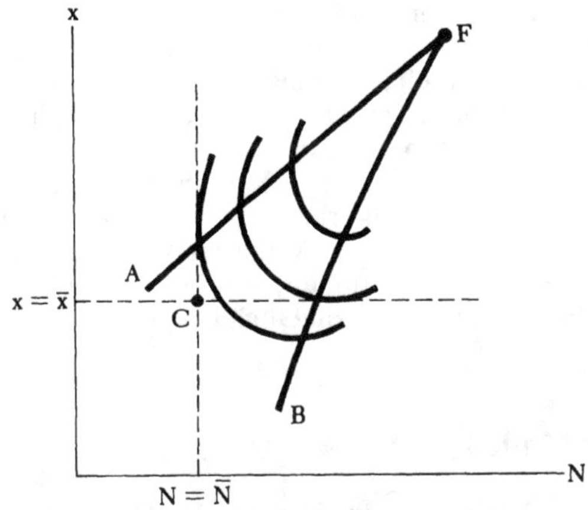

Abbildung 18-6: Von den Höhenlinien der V_F-Funktion hergeleitete rationierte Angebots- und Nachfragefunktionen.

Die FA-Linie stellt die durch die Anzahl der verfügbaren Arbeitskräfte rationierte Güterangebotsfunktion $\bar{x}^s$ (N; ·) dar. Die FB-Linie repräsentiert die aufgrund mangelnder Güternachfrage rationierte Arbeitsnachfragefunktion $\bar{N}^d$ (x; ·) und der Punkt C beschreibt eine Situation, in der sowohl der Absatz als auch die Arbeitsnachfrage rationiert sind. Der Leser bemerke, daß wir durch Anwendung der Transformation $x = c + g$ vom x, N-Koordinatensystem zum c,N-Koordinatensystem übergehen können und $\bar{c}^S$ (N; ·) und $\bar{N}^D$ (c; ·) schreiben können.

Der Absatz x_0 und die Beschäftigung N_0 bestimmen den Output y_0 und damit das Niveau der Lagerhaltung inv_0. Die geplante Lagerhaltung hängt wie auch die geplanten Absätze und die geplante Beschäftigung von den exogenen Variablen der Zielfunktion V_F und den Nebenbedingungen der Variablen inv_{-1}, P_0, W_0, des Rationierungsniveaus und der für die Zukunft erwarteten Werte dieser Variablen ab. Würden wir das Modell um eine Funktion der Investitionsnachfrage erweitern, so sollten wir erwarten, daß diese von den gleichen Variablen abhängt. Der Leser bemerke, daß das Akzeleratormodell der Investitionen als von den erwarteten Absatzniveaus abhängig interpretiert werden kann, obwohl dies nur dann eine Rolle spielt, wenn die Unternehmen erwarten, tatsächlich rationiert zu sein.

Jetzt können wir die in Kapitel 3 betonte Rolle der Investition als Puffer diskutieren. Wie schon dort herausgestellt, tritt bei einer plötzlichen Erhöhung der Güternachfrage eine unerwartete Verringerung der Lager auf, wenn die Händler die ungeplante Nachfrage aus ihren Lagerbeständen decken. Diese Diskussion verläuft parallel zur Diskussion der Pufferrolle der Geldhaltung im intertemporalen Modell des Haushalts. Interpretieren wir zum Beispiel $\bar{x}_0$ als das wahrgenommene Niveau der Absatzrationierung in der gegenwärtigen Periode, so erlaubt die hier formulierte Theorie der Unternehmung die Berichtigung eines bei der Festlegung dieses Wertes gemachten Fehlers: die Unternehmung kann bei ihrer Planung entweder bezüglich der Beschäftigung oder bezüglich der Lagerhaltung einen Fehler gemacht haben. Die Informationen bezüglich dieses Fehlers erhält die Unternehmung durch die Beobachtung des tatsächlichen Lagerbestands, der dann unerwartet niedrig sein wird, wenn die Unternehmung mit der Produktion von $\bar{x}_0$ die Nachfrage unterschätzt hat. In der nächsten kurzen Periode wird die Planung der Lagerhaltung dann im Lichte der tatsächlichen Lagerbestände und der revidierten Ansicht bezüglich der Absatzbeschränkung getroffen werden. Ein solcher Prozeß wird schnell gegen ein Gleichgewicht konvergieren, bei dem die wahrgenommene Absatzrationierung auch der tatsächlichen entspricht. Der Keynesianische Multiplikatorprozeß involviert ungeplante Veränderungen sowohl der Lagerbestände als auch der Geldhaltung. Wir erkennen also, daß die Pufferrolle der Geld- und der Lagerhaltung bei der kurzfristigen Analyse eine wichtige Rolle spielt. Wir können eine Volkswirtschaft, in der sich solche Prozesse innerhalb kurzer Perioden vollziehen, als „im Ungleichgewicht" bezeichnen. Allein in diesem Sinne könnten wir von Ungleichgewichtsmodellen sprechen.

Das vollständige Modell

Nun müssen wir die Verhaltensgleichungen des Haushalts und der Unternehmung aggregieren, um die Interaktion der Märkte im Neokeynesianischen Modell zu analysieren. Die Aggregation vom Mikro- auf das Makroniveau ist nicht ganz unkompliziert, so daß wir es für angebracht halten, einige Absätze darauf zu verwenden.

Die einfachste Art zu aggregieren ist anzunehmen, alle Haushalte seien identisch und wenn rationiert, dann in gleicher Weise. Die gleiche Annahme kann in bezug auf die Unternehmen gemacht werden. Wir können die gleichen grundlegenden Diagramme verwenden, wenn wir andere Rationierungsschemata anwenden, auch wenn sich dabei möglicherweise die Steigung der Funktionen ändern wird.

Nehmen wir zum Beispiel an, es bestünde unfreiwillige Arbeitslosigkeit. Wenn wir untersuchen, wie die erhältlichen Arbeitsplätze auf die Haushalte verteilt werden, so ist es denkbar, daß alle Haushalte die gleiche Zuteilung von Arbeitsstunden erhalten. Wenn in diesem Fall die anfängliche Geldhaltung zuzüglich des exogenen Einkommens $\overline{M}_1 + D_0$ in jedem Haushalt unterschiedlich hoch ist und das Arbeitseinkommen mit $\overline{M} + D_0$ fällt, so werden einige reiche Haushalte weniger als $\overline{N}$ anbieten und deshalb nicht rationiert sein. Die aggregierte, durch die Beschäftigung rationierte Konsumfunktion wird ein gewichteter Durchschnitt der rationierten Konsumfunktionen der ärmeren Bevölkerungsschichten und der unrationierten Konsumfunktionen der reicheren Bevölkerungsschichten sein. Selbst unter der Annahme einfachster linearer Funktionen und wenn alle Haushalte die gleichen Präferenzen haben, werden unterschiedliche Verteilungen der exogenen Kaufkraft unterschiedliches aggregiertes Verhalten begründen.

Ein ähnliches Ergebnis erhalten wir bei einer 0/1-Rationierung der Beschäftigung, wenn also entweder gar nicht gearbeitet werden kann oder gar keine Rationierung vorhanden ist. Dies kann zum Beispiel bei einer effizienten Rationierung der Beschäftigung der Fall sein, wobei weniger effiziente Unternehmen zuerst geschlossen werden, wenn die effektive Nachfrage sinkt und Produktion und Beschäftigung reduziert werden. Eine andere „Alles-oder-Nichts"- Regel lautet:

„zuletzt angestellt, zuerst gefeuert". Bei diesem Rationierungsschema würden wahrscheinlich die ohnehin schlechter bezahlten Arbeitnehmer den Hauptteil der Arbeitslosen ausmachen, so daß die Verringerung des Konsums pro Arbeitnehmer geringer wäre, als wenn die Arbeitslosigkeit dem Zufall entsprechend verteilt wäre. Die genaue Form der durch die Beschäftigung rationierten Konsumfunktion wird eindeutig vom angewendeten Rationierungsschema abhängen. Liegen Mengenrationierungen auf dem Arbeits- oder Gütermarkt vor, müssen wir also noch genauer untersuchen, wie die makroökonomischen Beziehungen von den mikroökonomischen Beziehungen hergeleitet werden können.

Die „effiziente" Rationierung hat den Vorteil, eine direkte Beziehung zwischen aggregiertem Absatz, aggregierter Arbeitsnachfrage und impliziter aggregierter Lagernachfrage zu etablieren. Die Annahme rationalen Verhaltens dieser Art erscheint vielleicht in einer Unternehmung mit zahlreichen Fabrikationsanlagen und abtrennbaren Unternehmensteilen als gerechtfertigt, verlangt aber auf die gesamte Volkswirtschaft angewendet ein erhebliches Maß an Koordination zwischen den Unternehmen. Dies wiederum läßt sich nicht mit unserer Betonung der Informationsprobleme vereinbaren, die für das Versagen des Marktmechanismus verantwortlich sind. Es gibt allerdings andere, realistischere Rationierungsschemata, die unsere Annahme einer eindeutigen Beziehung zwischen aggregiertem Absatz und aggregierter Arbeitsnachfrage rechtfertigen würden.

Die vier Regimes im „Doppel-Keil"-Diagramm

Wir betrachten nun das vollständige Modell dieser zwei Märkte, das zuerst von Barro und Grossman ausgearbeitet wurde, die die Arbeiten Patinkins und Clowers integrierten. Für Güter und Arbeit haben wir jeweils eine Nachfragefunktion, eine Angebotsfunktion und eine Minimumbedingung, die jeweils festlegt, welcher Wert tatsächlich realisiert wird. Die Form der Angebots- und der Nachfragefunktionen auf einem Markt hängt allerdings davon ab, was auf dem anderen Markt geschieht, ob dort die Anbieter oder die Nachfrager rationiert werden, ob das Minimum dort also durch das Angebot oder die Nachfrage gegeben ist. Es gelten folgende Beziehungen:

$$c^D = \begin{cases} c^D(\cdot) & \text{wenn} \quad N = N^S \leq N^D \\ \bar{c}^D(N;\cdot) & \text{wenn} \quad N^S > N^D = N \end{cases} \tag{15}$$

$$c^s = \begin{cases} x^S(\cdot) - g & \text{wenn} \quad N^S \geq N^D = N \\ \bar{x}^S(N;\cdot) - g & \text{wenn} \quad N = N^S < N^D \end{cases} \tag{16}$$

$$c = \min(c^D, c^S) \tag{17}$$

$$N^D = \begin{cases} N^D(\cdot) & \text{wenn} \quad c = c^S \leq c^D \\ \bar{N}^D(c;\cdot) & \text{wenn} \quad c^S > c^D = c \end{cases} \tag{18}$$

$$N^S = \begin{cases} N^S(\cdot) & \text{wenn} \quad c^S \geq c^D = c \\ \bar{N}^S(c;\cdot) & \text{wenn} \quad c = c^S < c^D \end{cases} \tag{19}$$

$$N = \min(N^D, N^S). \tag{20}$$

In jeder der Gleichungen (15), (16), (18) und (19) gibt es eine „Umschaltbedingung“: zum Beispiel erkennen wir in Gleichung (15), daß die effektive Konsumnachfrage der Haushalte, wenn diese auf dem Arbeitsmarkt unrationiert ($N = N^S \leq N^D$) sind, durch die hypothetische Nachfragefunktion $c^D(\cdot)$ und damit unabhängig von N gegeben ist; liegt dagegen unfreiwillige Arbeitslosigkeit vor ($N^S > N^D = N$), so schalten wir auf die durch die Beschäftigung rationierte Konsumfunktion $\bar{c}^D(N; \cdot)$ um. Die Minimumbedingung drückt die Möglichkeit der Mengenrationierung aus, während die Umschaltbedingung festlegt, ob die effektive Nachfrage und das effektive Angebot auf einem Markt durch hypothetische oder mengenbeschränkte Funktionen gegeben sind. Diese Bedingungen sind Ausdruck der direkten Interaktion über Mengen zwischen Märkten, die nicht geräumt werden.

Wir betrachten nun die verschiedenen Regimes der Mengenbeschränkungen. Werden beide Märkte geräumt, so haben wir das bekannte allgemeine Gleichgewicht bei Markträumung. Stellen wir Abbildung 18-6 im c,N-Koordinatensystem dar, und fügen Abbildung 18-5 hinzu, so können wir dieses Gleichgewicht in Abbildung 18-7 darstellen. Dies ist das erste der „Doppel-Keil“-Diagramme, die wir verwenden werden, um die in den verschiedenen Regimes von Nebenbedingungen erzeugten Gleichgewichte zu illustrieren.

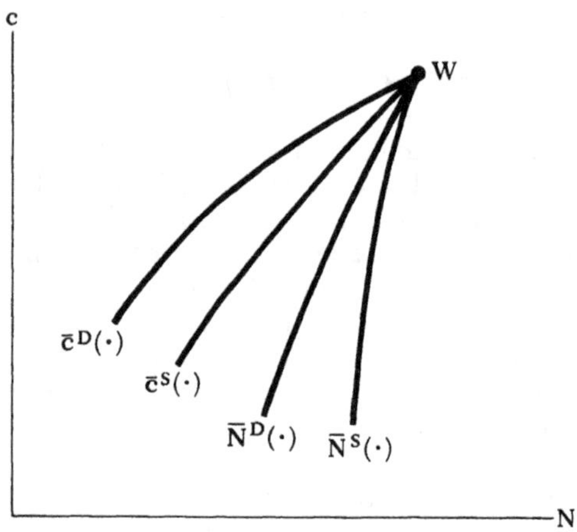

Abbildung 18-7: Walrasianisches Gleichgewicht im Mengen-Diagramm.

Das Gleichgewicht befindet sich dort, wo H und F übereinstimmen und weder die Haushalte noch die Unternehmen rationiert sind. Die relativen Werte der Steigungen der beschränkten Angebots- und Nachfragefunktionen der Haushalte und der Unternehmen in Abbildung 18-7 und den folgenden Abbildungen werden wir später diskutieren.

Der Fall der allgemeinen Markträumung ist eindeutig ein Spezialfall, da jegliche Veränderung der Argumente der hypothetischen Angebots- oder Nachfragefunktionen (P, W, M_1, inv_{-1}, g, Erwartungen) H, F oder beide zusammen verschieben würde. Im Moment vernachlässigen wir Grenzfälle, bei denen ein Markt geräumt wird und der andere nicht. Wir wollen uns nun mit den vier möglichen Regimes von Nebenbedingungen (Gleichgewichten) beschäftigen, die wir in den Gleichungen (1)-(4) dargestellt haben. Wir beginnen mit der Keynesianischen Unterbeschäftigung (K), die in Abbildung 18-8 dargestellt ist. Gleichgewicht liegt bei Punkt K vor, wo die durch die Beschäftigung beschränkte Nachfragefunktion für Konsumgüter die durch den Absatz beschränkte Arbeitsnachfragefunktion schneidet. Die Haushalte können nicht das Arbeitsangebot absetzen, das sie absetzen möchten und die Unternehmen können nicht so viele Güter absetzen, wie sie möchten. Die beiden Beschränkungen interagieren und verstärken sich gegenseitig. Es besteht effektives Überschußangebot auf beiden Märkten. Dies ist auf den Achsen angedeutet.

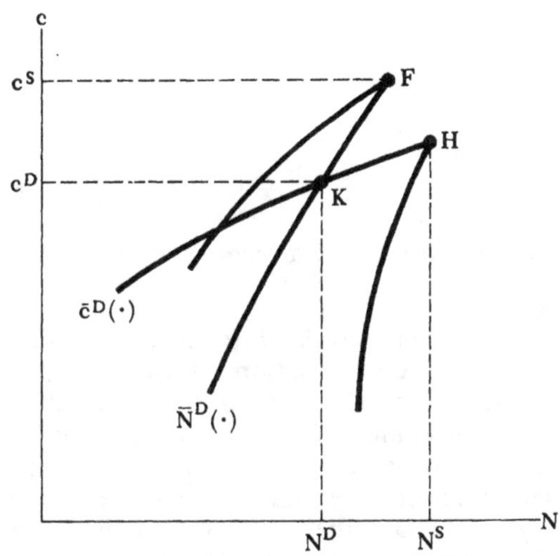

Abbildung 18-8: Keynesianische Unterbeschäftigung im Mengen-Diagramm.

Keynesianische Unterbeschäftigung wird durch all die Kräfte erzeugt, die dazu führen, daß F links oberhalb von H liegt. Wir werden die komparative Statik später noch detaillierter diskutieren. Wir können aber bereits hier leicht erkennen, daß, ausgehend von der Position des Gleichgewichts in Abbildung 18-7 zum Beispiel eine Verringerung von g die Position von F nach oben verschieben würde. Wir würden somit eine Situation wie in Abbildung 18-8 erhalten. Erinnern wir uns daran, daß wir die Investition in diesem Modell als einen Teil von g betrachten, so kann eine Verringerung von g als eine Senkung der Investition interpretiert werden. Dies könnte zum Beispiel der Fall sein, weil die Wachstumsrate der Konsumgüternachfrage gesunken ist, worauf durch den Akzelerator die Investition reduziert wird. Ein anderer Grund könnte sein, daß die Anzahl gemachter Erfindungen nachläßt, weil die Profitrate aufgrund stärkeren Wettbewerbs sinkt. Eine weitere Möglichkeit, die in Abbildung 18-8 dargestellte Situation aus Abbildung 18-7 zu erhalten, ist dadurch gegeben, daß M_{-1} sinkt. In diesem Fall sinkt c^D $(\cdot)$ und N^S $(\cdot)$ steigt, wodurch H nach unten und nach rechts verschoben wird. In beiden Fällen ist der Nachfragemultiplikator am Werk: Sinkt die Güternachfrage, so fällt die Arbeitsnachfrage, worauf die Güternachfrage weiter reduziert wird.

In Abbildung 18-9 ist das Gleichgewicht bei zurückgestauter Inflation (R) dargestellt. Hier schneidet die durch mangelndes Angebot an Konsumgütern be-

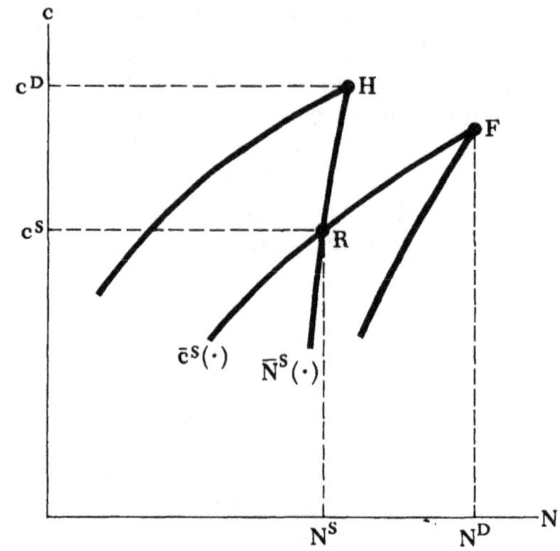

Abbildung 18-9: Zurückgestaute Inflation im Mengen-Diagramm.

schränkte Arbeitsangebotsfunktion die durch mangelndes Angebot an Arbeitskräften rationierte Güterangebotsfunktion. Das Diagramm stellt die effektive Überschußnachfrage auf beiden Märkten dar. Die Haushalte können nicht all die Güter kaufen, die sie gerne kaufen würden (es muß also irgendein Rationierungsschema vorliegen), weshalb sie ihr Arbeitsangebot unter das hypothetische Niveau senken. Dieser Effekt bereitet den Managern der Unternehmen vor allem zu Kriegszeiten Sorgen. Die Unternehmen möchten die Beschäftigung erhöhen, können dies aber nicht, weil das Arbeitsangebot zu niedrig ist, so daß sie ihr hypothetisches Angebot nicht produzieren können. Wieder interagieren die Mengenbeschränkungen. Wird zum Beispiel F aufgrund einer exogenen Veränderung in diesem Diagramm nach rechts und nach unten verschoben, so reduziert die Verringerung des Konsumgüterangebots das Arbeitsangebot, wodurch wiederum das Güterangebot reduziert wird.

Barro und Grossman bezeichnen dies als den „Angebotsmultiplikator“, der in der Tat völlig symmetrisch zum Nachfragemultiplikator funktioniert.

Im Fall Klassischer Unterbeschäftigung (C), der in Abbildung 18-10 dargestellt ist, würden die Haushalte auf beiden Märkten gerne mehr handeln als die Unternehmen. Das Gleichgewicht ist also durch Punkt F gegeben, bei dem die hypothetische Nachfrage der Unternehmen in beiden Märkten realisiert wird. Es besteht effektive Überschußnachfrage nach Gütern, wobei die Unternehmen die Beschäftigung nicht zur Produktion zusätzlicher Güter erhöhen werden, weil sich dies aufgrund zu hoher Reallöhne nicht rentieren würde.

Erhöhten wir in dieser Situation die Staatsausgaben, wodurch F nach unten verschoben würde, so stiege lediglich die Überschußnachfrage auf dem Gütermarkt. Die Arbeitsnachfrage würde in dieser Situation nicht steigen, auch wenn die Arbeitslosigkeit vielleicht etwas sänke, wenn die Haushalte ihr Arbeitsangebot aufgrund verstärkter Rationierung auf dem Gütermarkt reduzierten.

Der umgekehrte Fall der Unterkonsumtion (U) ist in Abbildung 18-11 dargestellt. Hier möchten die Unternehmen auf beiden Märkten mehr als die Haushal-

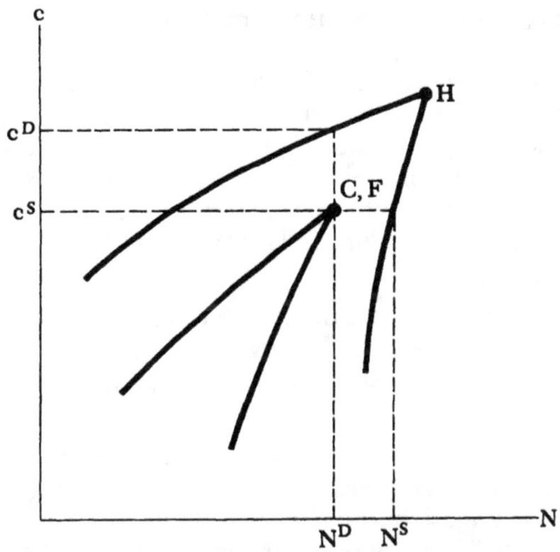

Abbildung 18-10: Klassische Unterbeschäftigung im Mengen-Diagramm.

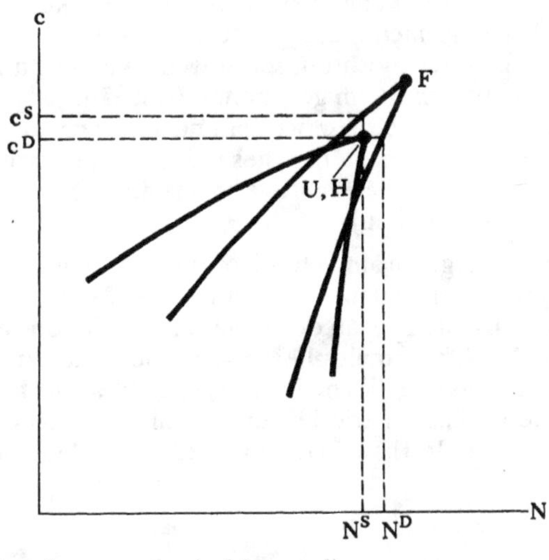

Abbildung 18-11: Unterkonsumption im Mengendiagramm.

te handeln, womit das Gleichgewicht durch H gegeben ist. Der Reallohn ist zu niedrig und es herrscht gleichzeitig Überschußangebot an Gütern und Überschußnachfrage nach Arbeit. Die Unternehmen möchten mehr produzieren, um die Lagerbestände zu erhöhen, können die zusätzlichen Arbeitskräfte aber aufgrund zu niedrigen Arbeitsangebots nicht einstellen. Später werden wir noch diskutieren, inwieweit das Auftreten dieser Fälle in der Realität wahrscheinlich ist. Um dies ernsthaft tun zu können, müssen wir den Außenhandel in unsere Betrachtung mit einbeziehen. Wir möchten noch darauf hinweisen, daß es unmöglich ist, einen Schnittpunkt von $\overline{N}^D$ (c) und $\overline{N}^S$ (c) oder $\overline{c}^D$ (N) und $\overline{c}^S$ (N) zu erhalten, da nie beide Seiten auf dem gleichen Markt rationiert sein können.

Erwünschte und unerwünschte Ersparnis und Lagerakkumulation

Freiwilliger Handel impliziert, daß sich die Haushalte auf oder in dem durch $\bar{c}^D(\cdot)$ und $\bar{N}^S(\cdot)$ geformten Keil befinden und daß sich die Unternehmen auf oder in dem durch $\bar{c}^S(\cdot)$ und $\bar{N}^d(\cdot)$ geformten Keil befinden. Liegt das Gleichgewicht innerhalb des Keils, so impliziert dies unerwünschte Ersparnis oder unerwünschte Akkumulation von Lagern (in C respektive in U). Es besteht also ein wichtiger Unterschied zwischen R und C für die Haushalte und zwischen K und U für die Unternehmen.

In R passen die Haushalte, die auf dem Gütermarkt rationiert sind, ihr Arbeitsangebot und ihr Sparverhalten an. Sie bewegen sich entlang $N^S(\cdot)$ und substituieren Freizeit und zukünftigen Konsum durch gegenwärtigen Konsum, der aber rationiert ist.

Wir nehmen an, der Angebotsmultiplikator entfalte seine Wirkung innerhalb einer Periode. Im Gleichgewicht werden sie also die Menge an Arbeit anbieten und so viel sparen, wie sie angesichts der Beschränkung möchten. Obwohl es sich um „erzwungene Ersparnis" handelt (erzwungen in dem Sinn, daß sie mehr sparen, als in einer Situation, in der keine Beschränkung vorläge), ist diese Ersparnis erwünscht, um zukünftigen Konsum zu finanzieren, der von ihren Erwartungen bezüglich zukünftiger Beschränkungen auf dem Gütermarkt abhängt. In C haben sie diese Option allerdings nicht, da sie bereits gezwungen sind, weniger Arbeit abzusetzen, als sie eigentlich möchten, selbst wenn wir die Rationierung auf dem Gütermarkt berücksichtigen. Beim gegebenen Beschäftigungsniveau können sie nicht so viel konsumieren, wie sie möchten und sind gezwungen, unerwünschte Geldbestände zu halten (die sie lieber diese als nächste Periode ausgeben würden, obwohl sie sie lieber für die nächste Periode aufheben würden, als in dieser Periode noch weniger zu arbeiten).

Bei den Unternehmen liegt ein ähnlicher Kontrast von K und U vor. In K können sie die Beschäftigung nach unten anpassen, um bei der jeweiligen Absatzbeschränkung das gewünschte Niveau der Lagerakkumulation zu erreichen (wobei wir annehmen, der Nachfragemultiplikator entfalte seine Wirkung innerhalb einer Periode). In U können sie dies nicht. Bei gegebenem verfügbaren Arbeitsangebot verkaufen sie in dieser Periode weniger, als sie möchten (obwohl es sich trotzdem rentiert, für den Verkauf in der nächsten Periode zu produzieren).

Arbeitslosigkeit

Bei dem Überschußangebot an Arbeit in C und K handelt es sich um unfreiwillige Arbeitslosigkeit. In beiden Fällen befinden sich die Haushalte nicht auf ihrer Arbeitsangebotskurve. Im allgemeinen unterscheiden sich diese beiden Positionen jedoch in einigen Punkten. In C führt eine Senkung des Nominallohns, die F nach oben und nach rechts und H (normalerweise) nach unten und nach links verschiebt, zu einer Senkung der Arbeitslosigkeit und einer Verringerung der Überschußnachfrage nach Gütern. In K wird eine Senkung des Nominallohns, die die gleichen Effekte auf F und H hat, zu einer Erhöhung des Überschußangebots an Gütern führen und wird dabei nur einen geringen oder gar keinen Effekt auf die Arbeitslosigkeit haben (während $N^S(\cdot)$ sinkt, bewegt sich K entlang $\bar{N}^d(c)$ nach unten, wenn die Verringerung des Geldlohns die effektive aggregierte Nachfrage reduziert). Wir ignorieren hier natürlich Effekte auf die Erwartungen, denen wir uns später noch zuwenden werden.

Selbst beim „korrekten" Reallohnsatz werden wir noch unfreiwillige Arbeitslosigkeit beobachten. Gehen wir zum Beispiel vom allgemeinen Gleichgewicht mit vollständiger Markträumung in Abbildung 18-7 aus und erhöhen W und P um den selben Prozentsatz, so bleibt der Reallohnsatz auf dem Niveau, bei dem vorher der Markt geräumt wurde. Der Realkasseneffekt bewirkt eine Verschiebung des Gleichgewichts der Volkswirtschaft in eine Situation Keynesianischer Unterbeschäftigung, wobei sich H nach unten verschiebt. Eine symmetrische Verringerung von W und P um den gleichen Betrag verschöbe H nach oben und ergäbe zurückgestaute Inflation. Auch hier würde sich die Beschäftigung verringern, wenn sich die Haushalte entlang N^S (c) bewegen. Es besteht also keine eindeutige Beziehung zwischen dem Reallohnsatz und dem Beschäftigungsniveau, weil sich die Ereignisse auf dem Gütermarkt direkt auf den Arbeitsmarkt auswirken.

Die Verringerung der Beschäftigung bei zurückgestauter Inflation unter $N^S(\cdot)$ stellt eine Art freiwilliger Arbeitslosigkeit dar, die sich von der in Kapitel 8 diskutierten unterscheidet. Dort entstand freiwillige Arbeitslosigkeit, weil die Arbeitskräfte freiwillig aufgrund eines zu niedrigen Reallohns weniger Arbeit angeboten haben. Die Haushalte könnten sich also bei Punkt H befinden, wo es keine unfreiwillige Arbeitslosigkeit gibt. Wenn aber eine Erhöhung des erwarteten Reallohnsatzes H nach rechts verschöbe, wodurch sich das hypothetische Arbeitsangebot erhöhte, dann würde nicht die gesamte verfügbare Arbeitskraft genutzt. Bei zurückgestauter Inflation stellt die freiwillige Verringerung des Arbeitsangebots eine Reaktion auf eine gegenwärtige und erwartete Verknappung von Konsumgütern dar und nicht auf eine Senkung des erwarteten Reallohnsatzes. Diese Art der Arbeitslosigkeit als freiwillig zu bezeichnen, bedeutet lediglich, daß sich die Haushalte auf ihrer Angebotskurve befinden.

Das Modell im W, P-Koordinatensystem

Das Doppel-Keil-Diagramm stellt die verschiedenen Konfigurationen des Systems mit zwei Märkten im c,N-Koordinatensystem dar und erklärt, wie die endogenen Mengenvariablen interagieren. Einen anderen Aspekt dieser Vorgänge können wir im W, P-Koordinatensystem beobachten. In Abbildung 18-12 stellen die beiden Kurven Punktpaare von W und P dar, die das Gleichgewicht von hypothetischem Angebot und hypothetischer Nachfrage auf jeweils einem Markt aufrechterhalten. In diesem Sinne können wir sie mit der IS- und der LM-Kurve vergleichen. Beide Kurven müssen positive Steigung haben. Wenn zum Beispiel W steigt, dann steigt $c^D(\cdot)$ und $c^S(\cdot)$ fällt. Um also das hypothetische Gleichgewicht aufrechtzuerhalten, müßte P steigen, wodurch $c^D(\cdot)$ verringert und $c^S(\cdot)$ erhöht würde. W und P müssen sich also zusammen verändern, wenn wir uns entlang $c^D(\cdot) = c^S(\cdot)$ bewegen.

Wir könnten auch die Gleichgewichtsbedingung vollständig differenzieren. Aus $N^D(\cdot) = N^S(\cdot)$ erhalten wir

$$\frac{\partial N^D}{\partial W} dW + \frac{\partial N^D}{\partial P} dP = \frac{\partial N^2}{\partial W} dW + \frac{\partial N^S}{\partial P} dP,$$

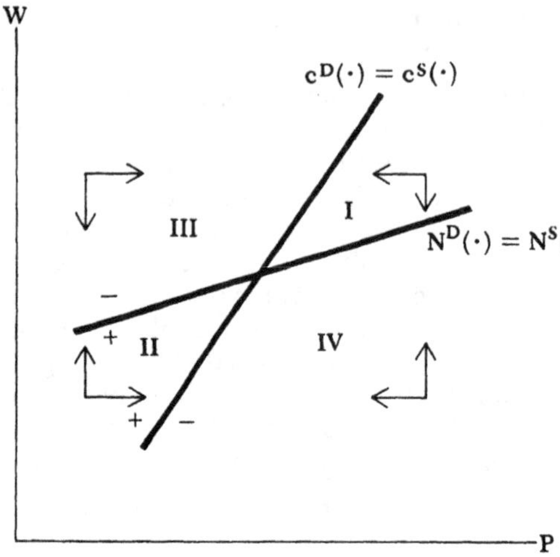

Abbildung 18-12: Kurve des hypothetischen Gleichgewichts.

so daß

$$\left.\frac{\partial W}{dP}\right|_{N^D=N^S} = \frac{\partial N^S/\partial P - \partial N^D/\partial P}{\partial N^D/\partial W - \partial N^S/\partial W}.$$

Wenn $\partial N^S/\partial P \leq 0$ und $\partial N^S/\partial W \geq 0$ gilt, so wird dieser Ausdruck positiv sein. Ein Plus- oder Minuszeichen auf einer Seite einer Kurve bezeichnet einen Bereich der Überschußnachfrage (+) oder des Überschußangebots (–). Wir nehmen aus zwei Gründen an, daß die Gleichgewichtskurve des Gütermarkts steiler als die des Arbeitsmarkts ist. In Bereich I herrscht dann allgemeines Überschußangebot und in Bereich II herrscht allgemeine Überschußnachfrage, so daß niedrige Wert von W und P einen positiven Realkasseneffekt auf die Nachfrage ausüben. Nehmen wir weiter an, der Geldlohnsatz stiege (fiele) bei Überschußnachfrage (-angebot) auf dem Arbeitsmarkt und das Preisniveau würde ähnlich auf die Bedingungen auf dem Gütermarkt reagieren, so können wir die Pfeile des dynamischen Prozesses wie in Abbildung 18-12 zeichnen (vergleiche Abbildung 4-11) und erhalten ein System, das zum Schnittpunkt der beiden Kurven konvergiert. Wäre die Gleichgewichtskurve des Arbeitsmarkts steiler als die des Gütermarkts, so wäre dieses Gleichgewicht nicht stabil.

Wir wollen nun die effektive Nachfrage und das effektive Angebot betrachten. Überschußangebot auf dem Arbeitsmarkt reduziert die effektive Nachfrage auf dem Gütermarkt relativ zur hypothetischen Nachfrage. Überschußangebot auf dem Gütermarkt reduziert die effektive Nachfrage auf dem Arbeitsmarkt relativ zur hypothetischen Nachfrage. Der Bereich allgemeinen effektiven Überschußangebots (den wir mit K bezeichnen) muß den Bereich allgemeinen hypothetischen Überschußangebots beinhalten. Ein ähnliches Argument kann auf den Fall allgemeiner Überschußnachfrage angewendet werden. Wenn wir also von der Betrachtung der hypothetischen Nachfrage zur Betrachtung der effektiven Nachfrage übergehen, werden sich die Bereiche I und II vergrößern, so daß die Bereiche III und IV schrumpfen müssen und wir Abbildung 18-13 erhalten. Entlang den Kurven in Abbildung 18-13 entspricht nun die effektive Nachfrage dem effektiven Angebot auf dem jeweiligen Markt. Diese Kurven teilen das W, P-Koordinatensystem in vier Bereiche auf, die den Gleichungen (1) bis (4) entsprechen. Zum Beispiel entspricht das in Abbildung 18-8 mit K bezeichnete Gleichgewicht einem bestimmten Punkt im Bereich K in Abbildung 18-13.

Das Diagramm in Abbildung 18-13 bietet einige Vorteile für die komparativ statische Analyse , da wir sofort erkennen können, welches Regime von Nebenbedingungen (welche Region in Abbildung 18-13) wir bei einer Veränderung von W und/oder P ansteuern. Beginnen wir zum Beispiel in Bereich C bei einem ausreichend hohen Wert von W und erhöhen P, so wird das System irgendwann die Grenze zwischen C und K erreichen, bei der der Gütermarkt geräumt wird, gleichzeitig aber effektives Überschußangebot an Arbeit herrscht. Erhöhen wir P weiter, so wird das System diese Grenze überschreiten und sich in den Bereich K bewegen, wo effektives Überschußangebot auf beiden Märkten herrscht. W und P gleichzeitig im gleichen Verhältnis zu erhöhen (wobei der Reallohn konstant bleibt), stellt eine ziemlich komplizierte komparativ statische Übung dar.

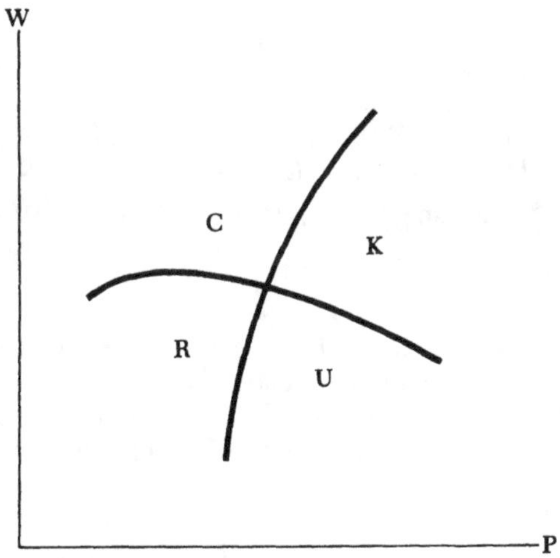

Abbildung 18-13: Bereiche mengenbeschränkter Gleichgewichte.

Diese Veränderung stellt die Verschiebung eines Punktes auf einem Strahl durch den Ursprung dar. Was Abbildung 18-13 aber nicht zeigt, ist der Prozeß, durch den das mengenbeschränkte Gleichgewicht tatsächlich erreicht wird und wie die Märkte über Mengensignale interagieren. Wir werden also weiter mit den endogenen Mengenvariablen arbeiten, deren Veränderung uns eigentlich interessiert.

Das Modell einer kleinen offenen Volkswirtschaft

Das Modell in der Form, in der wir es bis jetzt entwickelt haben, ist vielleicht auf die Weltwirtschaft oder die Vereinigten Staaten anwendbar, läßt sich aber nicht für die Analyse einer kleinen Volkswirtschaft mit Außenhandel verwenden. Wir folgen hier der Arbeit von Dixit, der eine kleine offene Volkswirtschaft betrachtete, in der die Arbeitskräfte nur im Inland arbeiten, Güter aber auf dem Weltmarkt gehandelt werden. Wir nehmen weiter an, der Wechselkurs sei konstant und das Land sehe sich auf dem Weltmarkt völlig elastischen Güterangebots- und Güternachfragekurven gegenüber (wobei auf dem Weltmarkt keine Mengenrationierungen bestehen). Die Volkswirtschaft ist auf dem Weltmarkt Preisnehmer, wie in Kapitel 17 beschrieben. Auf dem inländischen Gütermarkt gilt also der Weltpreis und Nachfrage und Angebot des Auslands schließen jegliche Lükke zwischen effektiver inländischer Nachfrage und effektivem inländischen Angebot. Es kann kein Ungleichgewicht auf dem Gütermarkt entstehen, das Auswirkungen auf den Arbeitsmarkt hat. Liegt Arbeitslosigkeit vor, so ist der Reallohn zu hoch. Ist die Zahl der offenen Stellen größer als die der Arbeitsplatzsuchenden, so ist der Reallohn zu niedrig. Wir können also lediglich klassische Unterbeschäftigung beobachten.

Beziehen wir die Nettoexporte b (die Handelsbilanz) in unser Modell mit ein, so erhalten wir: $x = c + g + b$. Wenn $N^S > N^D(\cdot)$ ist, so gilt $c = c^D(N)$ und $x = x^S(\cdot)$. Wir erhalten also:

$$b = x^S(\cdot) - g - c^D(N). \tag{21}$$

Die exogene Nachfrage g hat einen Einfluß auf b, nicht aber auf die Beschäftigung. Eine Veränderung des Wechselkurses kommt einer Veränderung des Preises gleich, der sowohl $x^S(\cdot)$ als auch $c^D(N)$ und somit b und N beeinflußt.

Wenn $N^D > N^S = N^S(\cdot)$ ist, so gilt $x = \bar{x}^S(N)$ und $c = c^D(\cdot)$. Wir erhalten also:

$$b = \bar{x}^S(N) - g - c^D(\cdot). \tag{22}$$

Wiederum beeinflußt g lediglich b. Die Abbildungen 18-14 bis 18-17 zeigen die möglichen Kombinationen von Arbeitslosigkeit oder Überschußnachfrage auf dem Arbeitsmarkt, wenn entweder ein Handelsbilanzüberschuß oder ein Handelsbilanzdefizit vorliegt. Eindeutig hat eine Verschiebung von F nach oben oder

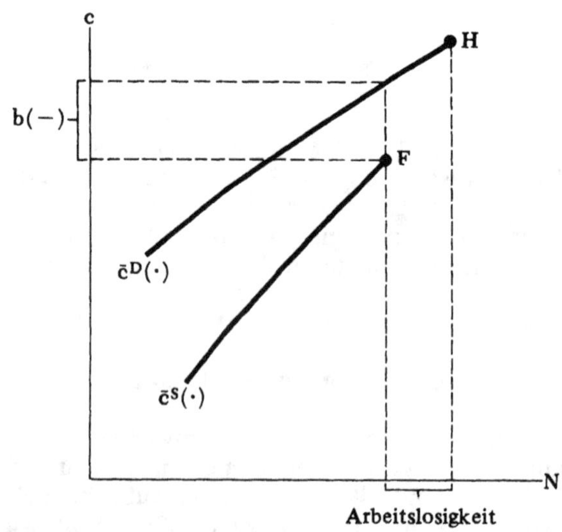

Abbildung 18-14: Arbeitslosigkeit und Handelsbilanzdefizit.

nach unten keinen Effekt auf das Beschäftigungsniveau und damit auch nicht auf den Output.

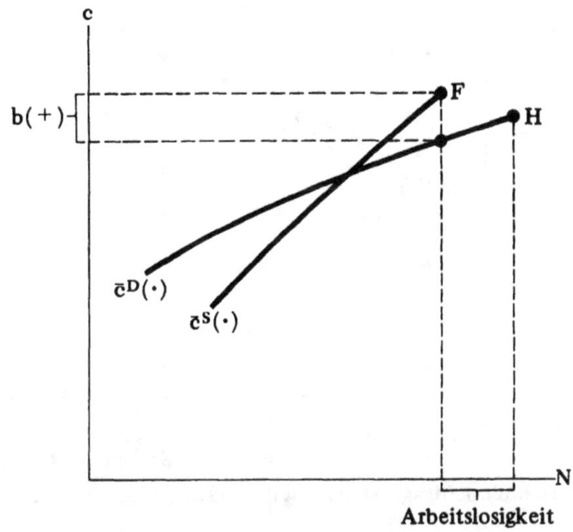

Abbildung 18-15: Arbeitslosigkeit und Handelsbilanzüberschuß.

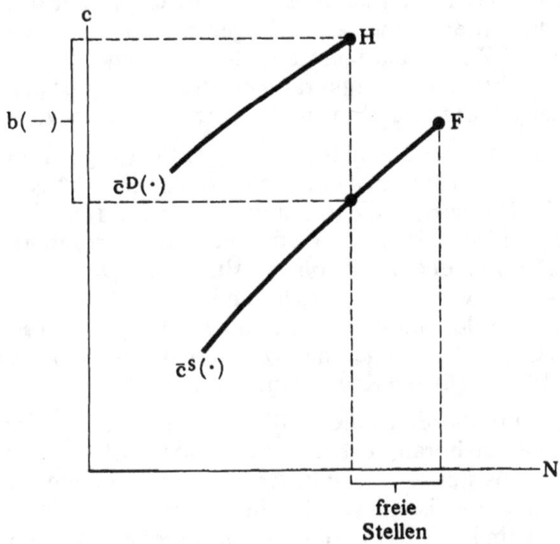

Abbildung 18-16: Überschußnachfrage nach Arbeit und Handelsbilanzdefizit.

Die Rolle der Faktoren Zeit und Zukunft

Es ist wichtig, zu erkennen, daß die Zeit eine entscheidende Rolle im Makromodell dieses Kapitels spielt. Wir hätten auch ein Modell der Unternehmung ohne Berücksichtigung der Zeit aufstellen können, wie es Malinvaud tut. In diesem

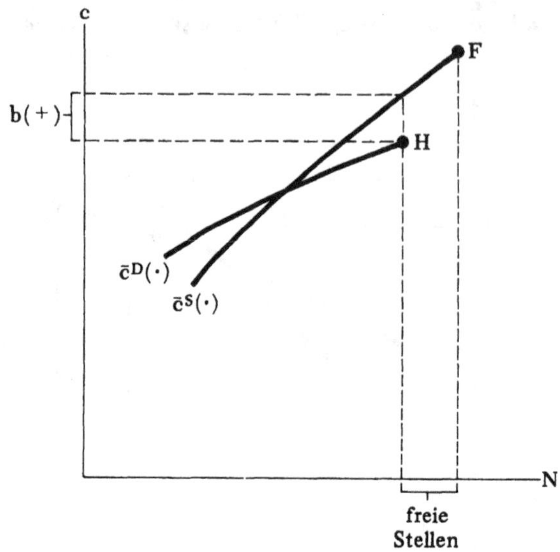

Abbild 18-17: Überschußnachfrage nach Arbeit und Handelsbilanzüberschuß.

Fall gibt es keine Lager und die einzige Anlageform stellt die Geldhaltung der Haushalte dar. In diesem Fall kann es kein Gleichgewicht des Typs U geben. Wenn nämlich die Unternehmen keine Lager aufbauen können, um die produzierten Güter in der Zukunft abzusetzen, also Überschußangebot besteht, dann werden sie auch nicht mehr Arbeitskräfte einstellen, als sie bereits beschäftigen, um lediglich einen höheren Bestand nicht absetzbarer Güter zu produzieren.

Stattdessen werden sie die Beschäftigung so weit verringern, bis sie nicht mehr produzieren, als sie auch absetzen können (in der gegenwärtigen, einzigen Periode). In diesem Fall entspricht die durch die Güternachfrage beschränkte Funktion der Arbeitsnachfrage der Inversen der durch das verfügbare Arbeitsangebot beschränkten Güterangebotsfunktion, weshalb die Unterscheidung zwischen diesen beiden Kurven weniger offensichtlich ist. Der Keil wird zu einer einzigen Kurve reduziert, die der um g nach unten verschobenen Produktionsfunktion entspricht. Von Grenzfällen abgesehen verbleiben drei mögliche Gleichgewichte und Abbildung 18-18 stellt den Keynesianischen Fall dar.

Eliminieren wir nun allerdings die zeitliche Komponente auch im Modell des Haushalts, so stellt sich heraus, daß die Interaktion der Märkte durch Mengenbeschränkungen Inkonsistenzen erzeugt. Analog der Argumentation oben können wir in diesem Fall die Existenz von Regime C verneinen. Wir nehmen an, die Haushalte hielten am Ende der Periode keine Geldbestände mehr, weil es keine Zukunft gibt, in der sie diese verwenden könnten.

Angesichts der Überschußnachfrage nach Gütern werden sie nicht versuchen, mehr Arbeit abzusetzen, um lediglich nicht mehr verwendbare Geldbestände aufzubauen. Stattdessen werden sie immer weniger arbeiten, bis sie nicht mehr verdienen, als sie ausgeben können. Ihre durch das Güterangebot beschränkte Arbeitsangebotsfunktion entspricht somit der Inversen ihrer durch die Beschäftigung beschränkten Güternachfragefunktion. Im c, N-Koordinatensystem werden $\overline{N}^S$ (c) und $\bar{c}^D$ (N) durch eine einzige Kurve dargestellt. Unser Diagramm ent-

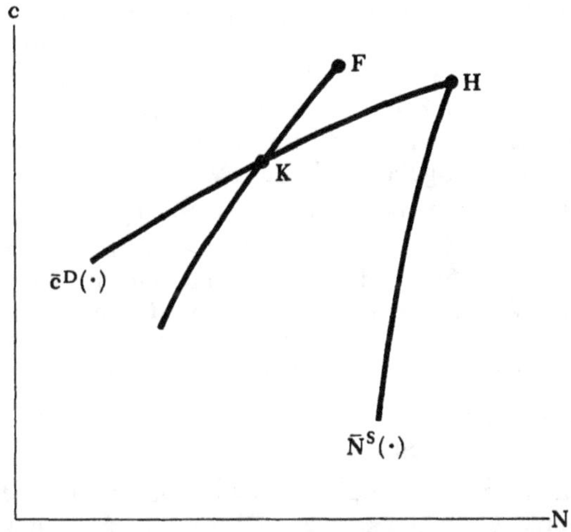

Abbildung 18-18: Keynesianische Unterbeschäftigung im Mengendiagramm mit einem statischen Modell der Unternehmung.

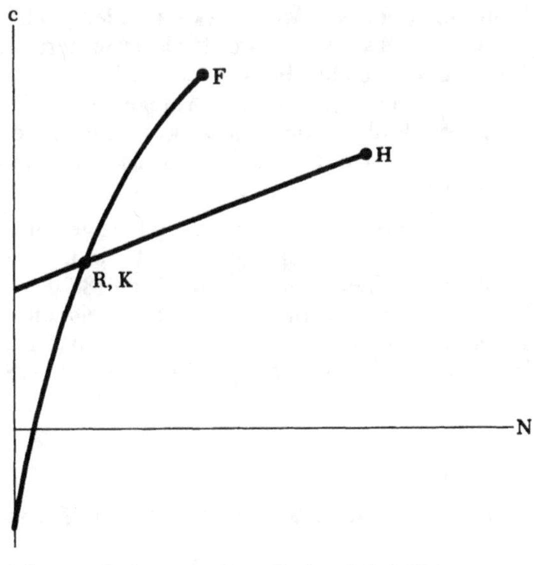

Abbildung 18-19: Mengendiagramm mit statischer Modellierung sowohl des Unternehmens- als auch des Haushaltssektors.

spricht somit Abbildung 18-19 und sieht wie das Einkommen-Ausgaben-Diagramm in Abbildung 18-3 aus. Jetzt scheint es allerdings die gleichzeitige Bestimmung interagierender, mengenbeschränkter Gleichgewichte auf Güter- und Arbeitsmarkt darzustellen. Das Problem ist, daß es damit eigentlich zu viel aussagt.

In Abbildung 18-19 impliziert freiwilliger Tausch, daß jede realisierte Position auf beiden Kurven gleichzeitig liegen muß, bei ihrem Schnittpunkt also. Gehen wir von den hypothetischen Positionen H und F aus, so erkennen wir, daß sich die

Firmen zur Rechten (oder oberhalb) des Schnittpunkts auf der kurzen Marktseite des Arbeitsmarkts und die Haushalte auf der kurzen Marktseite des Gütermarkts befinden. Es gilt also $N = \min(N^D, N^S) = N^D$ und $c = \min(c^D, c^S) = c^D$ und im Schnittpunkt können wir die Kurven als $\bar{c}^D(N)$ und $\bar{N}^d(c)$ interpretieren. Dies beschert uns natürlich ein Gleichgewicht bei Keynesianischer Unterbeschäftigung bei effektivem Überschußangebot auf beiden Märkten.

Wir könnten den Schnittpunkt in Abbildung 18-19 allerdings auch ganz anders interpretieren. Überall zur linken (oder unterhalb) des Schnittpunkts bieten die Haushalte weniger Arbeit an, als die Unternehmen nachfragen. Die Firmen bieten weniger Güter an, als die Haushalte auf dem Gütermarkt nachfragen. Es gilt in diesem Fall also $N = \min(N^D, N^S) = N^S$ und $c = \min(c^D, c^S) = c^S$ und bei ihrem Schnittpunkt können wir die Kurven als $\bar{N}^S(c)$ und $\bar{c}^S(N)$ interpretieren.

Wir erhalten also ein Gleichgewicht bei zurückgestauter Inflation mit effektiver Überschußnachfrage auf beiden Märkten.

Es leuchtet ein, daß nicht beide Gleichgewichtstypen mit den selben Daten beim gleichen Schnittpunkt vorliegen können. Dies ist die zu Anfang erwähnte logische Inkonsistenz, die dadurch entstanden ist, daß wir versucht haben, Güter und Geldmarkt in ein statisches Modell zu integrieren. Ist die Arbeitsangebotsfunktion die Inverse der Güternachfragefunktion und ist die Arbeitsnachfragefunktion die Inverse der Arbeitsangebotsfunktion, so ist das System unterdeterminiert. In dieser Situation haben wir zwei Märkte und lediglich eine unabhängige Gleichgewichtsbedingung. Das System ist unterdeterminiert, weil das Verhalten überdeterminiert ist: weder die Haushalte noch die Unternehmen besitzen den zusätzlichen Freiheitsgrad der Möglichkeit, Anlagen zur zukünftigen Verwendung zu halten. In diesem Fall, bei dem die Zukunft keine Rolle spielt, können wir unser Makromodell nicht durch logisch konsistente, mikroökonomische Grundlagen untermauern.

In einem statischen Modell können wir nicht einmal die gewöhnliche Keynesianische Erklärung der Anpassung innerhalb einer Periode anwenden, weil das „Gleichgewicht" instabil ist. Gehen wir in Abbildung 18-20 von Punkt H aus, so wird der Prozeß des Nachfragemultiplikators bei Erreichen des Schnittpunkts nicht zum Stillstand kommen. Gehen wir vom Schnittpunkt aus geringfügig nach unten und nach links, so kommt der Angebotsmultiplikator ins Spiel und der Output sinkt auf null.

Komparativ statische Analyse, Multiplikatoren und Dynamik

Wir haben bereits im Rahmen unseres Doppel-Keil-Diagramms mit der komparativ statischen Analyse begonnen. Weil es eines der wesentlichen Ziele dieses Kapitels ist, eine konsistente mikroökonomische Basis der Keynesianischen Theorie der effektiven Nachfrage zu entwickeln, sollten wir in diesem Zusammenhang auch einen Blick auf den Multiplikator werfen.

Wir betrachten zunächst eine Erhöhung der Staatsausgaben im Falle Keynesianischer Unterbeschäftigung. Hierdurch wird F nach oben verschoben und der Schnittpunkt von $\bar{N}^d(c)$ mit $\bar{c}^D(N)$ wandert entlang $\bar{c}^D(N)$ nach rechts und nach oben. Das effektive Überschußangebot sinkt auf beiden Märkten. Um den Multiplikator herzuleiten, müssen wir uns daran erinnern, daß die durch den Absatz

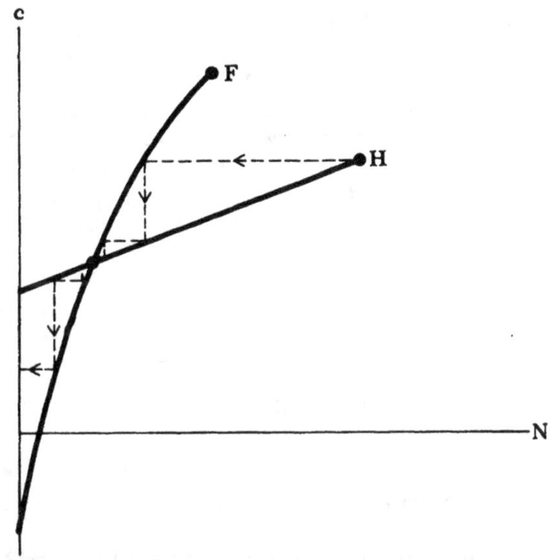

Abbildung 18-20: Instabiles Gleichgewicht bei statischer Modellierung der Unternehmen und der Haushalte.

beschränkte Arbeitsnachfragefunktion, obwohl wir diese immer als $\overline{N}^D$ (c) geschrieben und dabei alle anderen Variablen konstant gehalten haben, vollständig $\overline{N}^D$ (x, P, W, inv_0, phi) = $\overline{N}^D$ (c + g; ·) lautet. In Regime K gilt also: $c = \bar{c}^D [\overline{N}^D (c + g)]$. Durch Differentiation erhalten wir:

$$dc = \frac{\partial \bar{c}^D}{\partial N} \frac{\partial \overline{N}^D}{\partial c} (dc + dg),$$

so daß

$$dc = \frac{(\partial \bar{c}^D/\partial N)(\partial \overline{N}^D/\partial c)}{1 - (\partial \bar{c}^D/\partial N)(\partial \overline{N}^D/\partial c)} dg. \tag{23}$$

Der Leser bemerke, daß dx = dc + dg, so daß dx lediglich der anfänglichen Veränderung der Ausgaben geteilt durch (1 − MPC) entspricht, wie auch zu erwarten war. Die Grenzneigung zum Konsum ist hier durch das Produkt der Veränderung der Arbeitsnachfrage auf eine Erhöhung des Güterabsatzes hin mit der Veränderung der Konsumnachfrage auf eine Erhöhung des Arbeitsabsatzes hin gegeben. Die Unterscheidung zwischen diesen beiden Elementen ist insbesondere dann wichtig, wenn die Arbeitsnachfragefunktion Verzögerungen beinhaltet. Betrachten wir das c, N-Koordinatensystem, so können wir die Interaktionen der Mengenbeschränkungen, auf denen die Multiplikatoranalyse basiert, direkt untersuchen. Der Leser bemerke ebenso, daß geplante Lagerbestände hier eine entscheidende Rolle spielen, weil sie einen Teil der Erhöhung der Nachfrage absorbieren und so den Multiplikator reduzieren. Der Multiplikator ist eine steigende Funktion des Ausdrucks $\partial \overline{N}^d/\partial c$, dessen Wert in der Gegenwart von Lagerbeständen in der Regel niedriger ist und der der Steigung der Funktion entspricht, die den zur Produktion bestimmter Outputniveaus nötigen Arbeitsinput angibt (die inverse Funktion der Produktionsfunktion).

Bei zurückgestauter Inflation gilt ein anderer Multiplikator, der von einer anderen mikroökonomischen Basis hergeleitet wird. Hier verringert eine Erhöhung der Staatsausgaben den zum Konsum zur Verfügung stehenden Output (der Leser erinnere sich daran, daß wir die Annahme getroffen haben, die exogene Ausgabenkomponente sei nie rationiert), weshalb das Arbeitsangebot verringert wird und somit der Output sinkt (worauf der Konsum weiter sinkt). Im Diagramm verschiebt sich F nach unten und der Schnittpunkt von $\bar{c}^S$ (N) mit $\bar{N}^S$ (c) verschiebt sich entlang $\bar{N}^S$ (c) nach unten und nach links. Algebraisch erhalten wir: $c = \bar{x}^S[\bar{N}^S(c)] - g$, so daß

$$dc = \frac{\partial \bar{x}^S}{\partial N}\frac{\partial \bar{N}^S}{\partial c}dc - dg.$$

Da $\partial \bar{x}^S/\partial N = \partial\, \bar{c}^S/\partial N$ ist, erhalten wir den Angebotsmultiplikator

$$dc = \frac{1}{1-(\partial \bar{c}^S/\partial N)(\partial \bar{N}^S/\partial c)}dg, \tag{24}$$

der die entsprechenden Ausdrücke für die Veränderung des Absatzes und der Beschäftigung enthält. Der Ausdruck in (24) stellt eine Art „Grenzneigung zur Produktion" dar und setzt sich aus einem Term für die Reaktion des Arbeitsangebots auf Veränderungen der Verfügbarkeit von Konsumgütern und einem Term für die Reaktion des Güterangebots auf eine Veränderung der erhältlichen Arbeitskraft zusammen.

Aus Gleichungen (23) und (24) können wir folgende Stabilitätsbedingungen herleiten. Die Nenner müssen positiv sein, damit der Multiplikator einen positiven, endlichen Wert hat. Dies erfordert, daß

$$0 \leq \frac{\partial \bar{c}^D}{\partial N} < \frac{1}{\partial \bar{N}^D/\partial c} \tag{25}$$

und

$$0 \leq \frac{\partial \bar{c}^S}{\partial N} < \frac{1}{\partial \bar{N}^S/\partial c}, \tag{26}$$

so daß die durch die Güternachfrage beschränkte Arbeitsnachfragekurve die durch das Arbeitsangebot beschränkte Güternachfragekurve von unten schneidet und die durch das Güterangebot beschränkte Arbeitsangebotskurve die durch die Verfügbarkeit von Arbeitskräften beschränkte Güterangebotskurve von unten schneidet. Die Kurven sind entsprechend diesen Erfordernissen in unserem Diagramm eingezeichnet.

Stabilität der Multiplikatoren

Indem wir das H- und das F-System entsprechend verschieben, können wir die Auswirkungen von Veränderungen der exogenen Variablen P, W, M_{-1}, inv_{-1}, g, und anderer Determinanten der Form und der Position dieser Kurven (Produktivität, Präferenzen etc.) ausgehend von jedem der vier Gleichgewichtstypen untersuchen. Die mikroökonomische Analyse mit ihrer Betonung intertemporaler und erwartungsbezogener Effekte mahnt hier zur Vorsicht. Wir haben es nicht nur mit Erwartungen bezüglich der Preise sondern auch mit Erwartungen bezüglich der Mengen zu tun, wodurch die einfachen gleichzeitigen Effekte oft zunehmen, manchmal aber auch abnehmen. Während des Expansionsprozesses des Multiplikators könnte zum Beispiel eine Verringerung des Überschußangebots an Arbeit die Haushalte dazu verleiten, ihre Erwartungen bezüglich zukünftiger Beschäftigungsmöglichkeiten optimistisch zu revidieren und als Folge ihren aus Vorsicht für die Zukunft gehaltenen Bestand an Realkasse zu reduzieren, weshalb die gegenwärtige Güternachfrage zunimmt. In der Zwischenzeit korrigieren auch die Produzenten ihre Erwartungen bezüglich der zukünftigen Güternachfrage nach oben, so daß sie ihre Arbeitsnachfrage erhöhen. Reagieren die Erwartungen eher empfindlich auf beobachtete Rationierungen, so kann dies zu erheblicher Instabilität führen. Umgekehrt kann dies auch zu Reaktionsträgheit in bezug auf politische Maßnahmen führen. Dies hängt davon ab, ob und inwiefern diese die Erwartungen beeinflussen.

In der Tat erhält die Analyse hierdurch die zusätzlichen Mengenerwartungen ihre Interaktionen miteinander und mit anderen Variablen im Vergleich zu unseren früheren Modellen, wo wir lediglich Preiserwartungen hatten, eine Art „bootstrap"-Charakter[1].

Die Volkswirtschaft befindet sich möglicherweise nur deswegen in einem bestimmten Gleichgewicht, weil bestimmte Erwartungen besagen, daß sie sich in diesem Gleichgewicht befinden müßte. Unterstützen und bestärken sich die Erwartungen auf verschiedenen Märkten gegenseitig durch Mengensignale, so werden exogene Veränderungen möglicherweise gar keinen großen Einfluß haben, außer wenn sie die Erwartungen direkt ändern. Dieses Element erscheint um so wichtiger, wenn wir uns vor Augen führen, daß die Variablen der Erwartungen in unseren Angebots- und Nachfragefunktionen in bezug auf die anfängliche Position der Haushalte und der Unternehmen definiert sind. Es gibt keine abstrakte Konsumfunktion, die von der Vorgeschichte unabhängig ist. Die Funktion wird unterschiedlich aussehen, abhängig vom Ausgangspunkt und den damit verbundenen Erwartungen.

Der Wert der üblichen komparativ statischen Übungen wird dadurch gemindert. Dennoch wird Erfahrung mit der Verschiebung der Kurven nützlich sein, und es werden dadurch zwei wichtige Punkte deutlich gemacht, die wir im folgendenden kurz darstellen. Gehen wir von einem bestimmten Regime von Nebenbedingungen aus, so hängt es von der genauen Ausgangsposition des Systems ab, zu welchem Regime eine exogene Veränderung das System hinbewegt. Befinden wir uns zum Beispiel zu Beginn in einer Situation Keynesianischer Unterbeschäftigung, so könnte eine Erhöhung der Staatsausgaben g das System in Richtung der Klassischen Unterbeschäftigung oder der Unterkonsumtion bewegen. Dies hängt insbesondere vom Niveau des Reallohns in der Ausgangssituation ab. Ein weiterer erwähnenswerter Punkt besteht darin, daß ein einzelnes politisches In-

[1] Anmerkung des Übersetzers: der Ausdruck „bootstrap" (Schnürsenkel) spielt auf die amerikanische Redewendung „to pull oneself up by the bootstraps" an, die wörtlich ins Deutsche übersetzt „sich selbst an den Schnürsenkeln hochziehen" bedeutet. Eine entsprechende deutsche Redewendung lautet: „sich am Schopf aus dem Sumpf ziehen". Allgemeinen kann man sagen, daß sich diese im amerikanischen häufig verwendete Redewendung auf Situationen oder Mechanismen bezieht, die eine gewisse Eigendynamik besitzen.

strument im allgemeinen nicht gleichzeitig den Güter- und den Arbeitsmarkt ins Gleichgewicht bringen kann. Ein einzelnes Instrument wird möglicherweise das Ausmaß der effektiven Überschußnachfrage oder des effektiven Überschußangebots reduzieren, es besteht jedoch immer die Gefahr, über das Ziel hinauszuschießen und manche politische Maßnahme wird die Überschußnachfrage auf einem Markt auf Kosten einer Erhöhung der Überschußnachfrage auf einem anderen Markt verringern.

Dynamische Entwicklungen

Gehen wir von einer Periode zur nächsten über, so wird der Staat neue produktive Anlagemöglichkeiten und Verbindlichkeiten (ΔM) haben, während sich im allgemeinen die Lagerbestände der Unternehmen und die Geldhaltung der Haushalte geändert haben wird (Δinv, ΔM^h) und sich auch die Dividendenzahlungen dieser Periode von denen der letzten Periode unterscheiden. Auch können wir Preis- und Lohnanpassungen betrachten, wenn wir glauben, daß diese auf Mengenrationierungen hin stattfinden. Wieder können wir diese dynamischen Phänomene im c, N-Koordinatensystem darstellen und das H- und das F-System verschieben. Wenn nötig, verlagern wir die Analyse in das W, P-Koordinatensystem. Barro und Grossman haben einige dieser dynamischen Pfade ausgearbeitet. Bei all diesen Analysen wird es allerdings schwierig sein, die volle Breite der oben beschriebenen intertemporalen Veränderungen der Haltung von Anlagen zu erfassen oder Effekte auf Basis von Erwartungen zu kalkulieren. Es muß eindeutig noch viel Arbeit geleistet werden, bis eine realistische dynamische Darstellung des in diesem Kapitel vorgestellten mengenbeschränkten Makromodells vorliegt.

Das Modell und die Wirklichkeit

Wir können nun versuchen, das Neokeynesianische Modell mit der Realität zu vergleichen. Wir tun dies, indem wir fragen, wann und wo wir die jeweiligen Gleichgewichtstypen in der Realität in der Volkswirtschaft beobachten können.

Der Fall Keynesianischer Unterbeschäftigung, bei dem unzureichende effektive aggregierte Nachfrage vorliegt, ist uns hinreichend bekannt; wir können nunmehr allerdings etwas mehr darüber sagen. Wir haben gesehen, daß bei einem Gleichgewicht des Typs K Überschußangebot auf dem Güter- und dem Arbeitsmarkt vorliegt (wobei letzteres unfreiwillige Arbeitslosigkeit darstellt) und sich die Überschußangebote dieser beiden Märkte gegenseitig verstärken. Diese Tatsache rechtfertigt die Annahme zäher Löhne und Preise und unterstützt die These, daß ein solches Gleichgewicht bei Unterbeschäftigung ohne expansionäre politische Maßnahmen des Staates nicht behoben werden kann. Herrscht Überschußangebot auf beiden Märkten, so ist die Wahrscheinlichkeit einer Anpassung des relativen Preises von Arbeitskraft und Gütern (des Reallohns) an das markträumende Niveau unwahrscheinlich. Die Arbeitsnachfrage bestimmt die Güternachfrage und die Grenzproduktivität der Arbeit ist höher als der Reallohn. In dieser Situation werden Angebote der Arbeitslosen zu niedrigeren Nominallöhnen (und damit auch niedrigeren Reallöhnen) zu arbeiten keine zusätzlichen Arbeitsplätze schaffen.

Es bietet sich hier auch eine Erklärung der empirischen Beobachtung an (im Gegensatz zu der theoretischen Diskussion in Kapitel 8), daß sich der Reallohn oft prozyklisch verhält, also während des Großteils einer expansionären Phase steigt und in einer rückläufigen Phase fällt. Wie wir gesehen haben ist es in einer Situation, in der der Arbeitsmarkt nicht geräumt wird, nicht notwendigerweise der Fall, daß es eine eindeutige Beziehung zwischen dem Reallohn- und dem Beschäftigungsniveau gibt. Bei einem bestimmten Beschäftigungsniveau, das durch die Nachfragebedingungen auf dem Gütermarkt bestimmt wird, kann sich der Reallohn überall zwischen dem Nachfragepreis der Arbeitgeber (der Grenzproduktivität der Arbeit) und dem Angebotspreis der Arbeitskräfte befinden. Steigen bei einem Aufschwung die durchschnittliche Arbeitsproduktivität und die Arbeitsnachfrage, so werden die Arbeitgeber möglicherweise willens sein, die Nominallöhne zu erhöhen, während die Preise eher zäh sind, bis die Kosten zu steigen beginnen und die Auftragsbücher voller werden. Nichts wird den resultierenden Anstieg des Reallohns bremsen, bis dieser gleich der Grenzproduktivität der Arbeit ist (die selbst sinken wird).

In einer kleinen offenen Volkswirtschaft mit einer völlig elastischen ausländischen Nachfrage wird der Gütermarkt geräumt werden (wir vernachlässigen hierbei Binnengüter). In diesem Fall ist die Keynesianische Unterbeschäftigung lediglich durch Überschußangebot auf dem Arbeitsmarkt gekennzeichnet, das durch einen übermäßig hohen Reallohn begründet ist. Es ist aber denkbar, daß selbst ein Land mit elastischem ausländischen Güterangebot in der Realität nicht alles absetzen kann, weil es nur auf den Export und die Produktion bestimmter Güter spezialisiert ist. Diese Asymmetrie stellt eine mögliche Erklärung dafür dar, daß, obwohl das gleichzeitige Auftreten von Überschußangebot auf dem Güter- und dem Arbeitsmarkt relativ häufig beobachtet wird, in der Realität selten Klassische Unterbeschäftigung vorliegt. Die Überschußnachfrage nach Gütern führt in diesem Fall lediglich zur Erhöhung der Importe, so daß nur ein Überschußangebot auf dem Arbeitsmarkt verbleibt. In Frankreich stiegen 1968 die Nominallöhne plötzlich steil an und es folgte eine Periode der Arbeitslosigkeit. Es wurde mehrfach behauptet, daß es sich hierbei um Arbeitslosigkeit im Sinne von Regime C gehandelt hat. Einen weiteren Fall stellt möglicherweise die Rezession von 1974 dar. Die Ölpreiserhöhungen führten zu einer substantiellen Verschlechterung der Terms of Trade (des realen Austauschverhältnisses) der großen Industrienationen. Den Arbeitnehmern wurden Erhöhungen der Nominallöhne gewährt, um ihr reales Einkommen angesichts der Preiserhöhungen konstant zu halten, so daß die Reallöhne nicht so stark fielen, wie die reale Grenzproduktivität der Arbeit. Als die Gewinne zurückgingen, senkten die Firmen Output und Beschäftigung, während sich gleichzeitig die Güternachfrage etwas verringerte, als Reaktion auf Preiserhöhungen, die den Wert der von den Haushalten gehaltenen Realkasse minderten. Der gleiche Effekt sollte dazu führen, daß die Haushalte mehr Arbeit anbieten, um ihre Realkassenhaltung wieder aufzustocken. In unserem Doppel-Keil-Diagramm verschiebt sich F nach unten und nach links und H nach oben und nach rechts, wenn vielleicht auch nicht ganz so viel wie F. Es ist wahrscheinlich, daß es sich bei dem Nettoeffekt um Klassische Unterbeschäftigung gehandelt hat.

Auch hier erscheint das Auftreten zurückgestauter Inflation aufgrund der Möglichkeit, die Überschußnachfrage durch Importe zu decken, eher unwahrscheinlich. Das Standardbeispiel für zurückgestaute Inflation stellt eine Volkswirtschaft in Kriegszeiten dar, wobei aber wahrscheinlich jede Volkswirtschaft, in der ein starker Druck zur Erhöhung des Outputs und gleichzeitig Beschränkungen des Außenhandels vorliegen, mit allgemeiner Überschußnachfrage zu kämpfen hat. Ein häufig zitiertes Beispiel ist der Fall zentraler Planwirtschaften, die die Volkswirtschaft unter maximalen Druck setzen, um schnelles Wachstum zu erreichen.

Es bestehen allerdings Kontroversen, ob in diesen Volkswirtschaften in Wirklichkeit auf Dauer Überschußnachfrage nach Konsumgütern geherrscht hat. Unterkonsumtion scheint auf den ersten Blick ein interessanter Fall zu sein, für den vielleicht die Volkswirtschaft Japans mit ihrem relativ niedrigen Reallohn und ihrer hohen Arbeitsnachfrage ein Beispiel darstellt. Wie allgemein bekannt ist, haben japanische Firmen allerdings keine Schwierigkeiten, ihre Güter, die sie auf dem heimischen Markt nicht loswerden, im Ausland abzusetzen.

Schlußfolgerungen: Makroökonomische Forschung in der Zukunft

Wir wollen abschließend darauf eingehen, in welche Richtungen das Modell erweitert werden muß. Zunächst sollten Märkte für feste Kapitalanlagen und Finanzanlagen hinzugefügt werden. Barro und Grossman machen einen entscheidenden Schritt in diese Richtung. Wenn man wie sie annimmt, daß die Finanzmärkte immer geräumt werden und daß Investitionsgüter vollwertige Substitute für das Angebot an Konsumgütern sind, so bleibt nur eine entscheidende Frage zu klären, nämlich die nach dem endogenen Zinssatz. Eine kompliziertere Alternative stellt ein Modell mit zwei Sektoren dar, in dem sowohl auf den Konsumgütermärkten als auch auf den Investitionsgütermärkten Rationierungen auftreten. Ein solches Modell würde eine natürliche Erweiterung der Arbeiten Leijonhufvuds darstellen.

In vielerlei Hinsicht grundlegender ist die Frage, wer eigentlich Preise und Löhne festsetzt. Die Antwort auf diese Frage wird möglicherweise unseren Gleichgewichtsbegriff ändern. Eine mögliche Antwort gibt die Gewerkschaften, die Preisführer der Industrie und den Staat als maßgebende Akteure an. Werden diese Entscheidungen nicht von den Haushalten und den Unternehmen, sondern von einer anderen Gruppe von Akteuren getroffen, so ist die oben durchgeführte mikroökonomische Analyse zwar nach wie vor legitim, bleibt aber unvollständig. Eine alternative Möglichkeit stellt Arrows Vorschlag dar, daß Märkte, die nicht vollständig geräumt werden, keine Märkte mit vollständiger Konkurrenz darstellen und man deshalb versuchen sollte, explizit die Nachfrage- und Angebotsfunktionen der Individuen im Rahmen eines Modells mit unvollständiger Konkurrenz zu modellieren. Weisen diese Kurven einen Knick auf, so ist unsere Analyse korrekt, obwohl die Knicke wie im Fall der geknickten Nachfragekurve des Oligopols nur erklären, warum die Preise auf dem Niveau sind, auf dem sie sich im Moment befinden, nicht aber, warum sie sich von Zeit zu Zeit ändern. Eine vollständige mikroökonomische Analyse wird die Erkenntnisse kürzlich formulierter Modelle monopolistischer Konkurrenz mit denen des Marktverhaltens unter unvollständiger Konkurrenz kombinieren müssen.

Eine dritte wichtige Frage richtet sich auf den internationalen Handel. Wir haben uns nur kurz damit beschäftigt, was passiert, wenn wir es mit einer kleinen, offenen Volkswirtschaft zu tun haben, in der der Gütermarkt geräumt wird. Dies stellt allerdings einen Spezialfall dar und wir haben bereits den Fall erwähnt, in dem sich die Volkswirtschaft auf dem Weltmarkt einer vollständig elastischen Angebotsfunktion gegenübersieht, selbst aber nicht alles absetzen kann, was sie anzubieten hat. Besteht die Möglichkeit, daß die Weltgütermärkte nicht geräumt werden, so benötigen wir ein allgemeineres Modell, um offene Volkswirtschaften zu analysieren.

Schließlich kommen wir zu Fragen der Aggregation und zu „spill-over"-Effekten. Nehmen wir das Modell dieses Kapitels einmal wörtlich, so postuliert es diskretes Umschalten zwischen unterschiedlichen Regimes von Nebenbedingungen. Dieser Rahmen wurde von Fair und Jaffee für ihre angewendeten ökonometrischen Untersuchungen nichträumender Märkte gewählt. Es kommt hier allerdings zu Problemen bei der Aggregation. Betrachten wir zum Beispiel den Arbeitsmarkt, so erscheint es plausibler, daß einige Teilmärkte Überschußnachfrage und andere Überschußangebot aufweisen, so daß sich die relative Dominanz der unterschiedlichen Regimes ändern kann. Ein ähnliches Problem liegt vor, wenn Überschußnachfrage nach dem Konsumgut besteht. In Wirklichkeit wird bei der Vielfalt der Konsumgüter die Überschußnachfrage von einem Markt in den anderen überschwappen (spill-over-Effekt). Es kommt zu erzwungener Substitution von Gütern nach denen Überschußnachfrage herrscht durch Güter, bei denen Überschußangebot herrscht zum geltenden nichtmarkträumenden Preis. Folglich werden unterschiedliche Intensitäten der Rationierung zu beobachten sein, die von den Substitutionselastizitäten abhängen und davon, inwieweit die Konsumenten gezwungen sind, ein anderes Gut zu kaufen. Wir erkennen also, daß allein das Konzept der aggregierten Überschußnachfrage schwer zu definieren ist.

Diese Phänomene der Aggregation und der spill-over-Effekte implizieren, daß wir durch Aggregation das Problem des diskreten Umschaltens in unserem einfachen Modell reduzieren können. Dies könnte die empirische und statistische Form der ökonometrischen Makromodelle beeinflussen, die im Geiste der oben dargestellten Theorie entwickelt werden. In jedem Fall werden sich diese Modelle erheblich von den gegenwärtig populären Makromodellen unterscheiden, ob wir die Theorie nun in der Form diskreten Umschaltens zwischen Regimes von Nebenbedingungen darstellen (wie wir es hier getan haben) oder ob wir explizit die Teilmärkte mit verschiedenen Regimes aggregieren.

Ausgewählte Literatur

R. Barro and H. Grossman, *Money, Employment and Inflation* (Cambridge, England: Cambridge University Press, 1976).

J. P. Benassy, *Macroeconomics: An Introduction to the Non-Walrasian Approach* (Orlando: Academic Press, 1986).

R. Clower, „The Keynesian Counterrevolution," in F. Hahn and F. Brechling, eds., *The Theory of Interest Rates* (London: Macmillan, 1965).

A. Dixit, „The Balance of Trade in a Model of Temporary Keynesian Equilibrium," *Review of Economic Studies* 45, 1978.

R. Fair and D. Jaffee, „Methods of Estimation for Markets in Disequilibrium," *Econometrica,* May 1972.

F. Hahn, „Keynesian Economics and General Equilibrium Theory: Reflections on Some Current Debates," in G.C. Harcourt, ed., *The Microeconomic Foundations of Macroeconomics* (New York: Macmillan, 1978).

A. Leijonhufvud, *On Keynesian Economics and the Economics of Keynes* (London: Oxford University Press, 1968).

E. Malinvaud, *The Theory of Unemployment Reconsidered* (Oxford: Blackwell, 1977).

D. Patinkin, *Money, Interest and Prices* (New York: Harper and Row, Ist ed. 1956, 2nd ed. 1965).

R. E. Quandt and H. S. Rosen, „Unemployment, Disequilibrium and the Short Run Phillips Curve: An Econometric Approach," *Journal of Applied Econometrics,* July 1986.

Teil IV
Mittelfristig dynamische Betrachtungen: Zwischen statischem Gleichgewicht und langfristigem Wachstum

Kapitel 19
Inflation, Produktivität und Einkommensverteilung

Dieses Kapitel beginnt mit dem Übergang vom statischen Modell der Einkommensbestimmung der Teile II und III, bei dem die Bestimmung des tatsächlichen Outputniveaus und der Beschäftigung zu einem beliebigen Zeitpunkt im Vordergrund stand, zu Modellen, die die Entwicklung der Volkswirtschaft von einem kurzfristigen Gleichgewicht zum nächsten beschreiben. Die fünf Kapitel über mittelfristig dynamische Betrachtungen in Teil IV diskutieren verschiedene Aspekte dynamischer Anpassung der Volkswirtschaft von einem kurzfristigen Gleichgewicht an den langfristigen potentiellen Wachstumspfad. In Teil V werden wir dann auf die Bestimmungsfaktoren des potentiellen Wachstumspfads eingehen und die zugrunde liegende Theorie erläutern.

Hier konzentrieren wir uns zunächst auf das Phänomen der Inflation. Das folgende Kapitel beginnt mit einer Diskussion der Inflation (einer Erhöhung des allgemeinen Preisniveaus) im statischen Modell. Wir unterscheiden zwischen nachfrageinduzierter (demand-pull) Inflation, die auf eine Verschiebung der aggregierten Nachfragekurve der Volkswirtschaft zurückzuführen ist, und kosteninduzierter (cost-push) Inflation, die durch eine Verschiebung der Nachfragekurve nach oben ausgelöst wird. Danach entwickeln wir die Beziehung zwischen dem Lohnsatz und Produktivitätszunahmen bei der die Position der aggregierten Angebotskurve unverändert bleibt. Hieraus erhalten wir die grundlegende Regel für nichtinflationäre Lohnerhöhungen: Der Lohnsatz kann mit der gleichen Rate wie die Arbeitsproduktivität steigen, ohne kosteninduzierte Inflation zu erzeugen. Die Entwicklung dieser Beziehung zwischen Löhnen, Preisen und Produktivität führt uns dann zu einer Diskussion der Leitlinien für Löhne und Preise des Council of Economic Advisers, die auf dieser Beziehung basieren. Diese Leitlinien begründeten unter anderem das Einfrieren der Löhne und Preise im Jahre 1971 und die Operationen zur Erhaltung der Lohn- und Preisstabilität zur Regierungszeit Nixons und später Fords. Im nächsten Kapitel beschäftigen wir uns dann mit der Frage nach den Bestimmungsfaktoren der Rate, mit der sich die Arbeitsangebotsfunktion tatsächlich nach oben verschiebt.

Inflation im statischen Modell

In den Teilen II und III haben wir das statische Modell der Einkommensbestimmung entwickelt, das hier noch einmal in den Abbildungen 19-1 und 19-2 dargestellt ist. Der von den Konsumenten, den Unternehmen und dem Staat nachgefragte Gleichgewichtsoutput wird im statischen Modell durch den Schnittpunkt der IS-Kurve mit der LM-Kurve bestimmt (siehe Abbildung 19-1a). Um die aggregierte Nachfragekurve der Volkswirtschaft herzuleiten, untersuchen wir, wie sich der Gleichgewichtsoutput verändert, wenn wir das Preisniveau verändern. Eine Preiserhöhung verschiebt die LM-Kurve nach links und reduziert das Angebot an Realkasse. Die IS-Kurve wird durch die Preiserhöhung ebenfalls nach links verschoben, weil der reale Wert des Nettovermögens der Haushalte verringert wird und in einer offenen Volkswirtschaft die realen Nettoexporte sinken. Eine Erhöhung der Preise verschiebt also sowohl die IS- als auch die LM-Kurve nach links, so daß der reale Output auf der Nachfrageseite y bei einer Erhöhung von P sinkt. Dies ist auf niedrigere Konsum- und Investitionsnachfrage zurückzuführen. Diese inverse Beziehung zwischen y und P beschert uns die Nachfragekurve D_0D_0 in Abbildung 19-2.

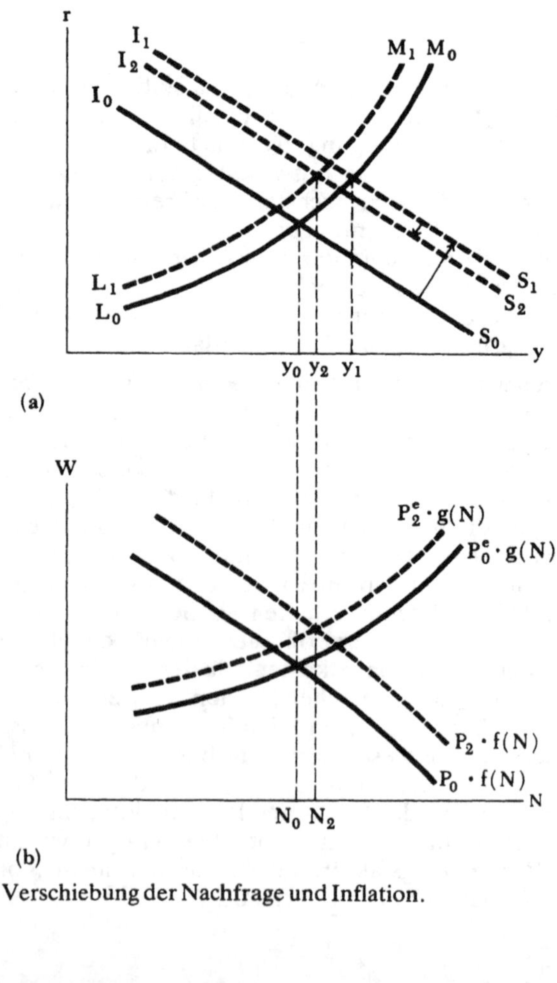

Abbildung 19-1: Verschiebung der Nachfrage und Inflation.

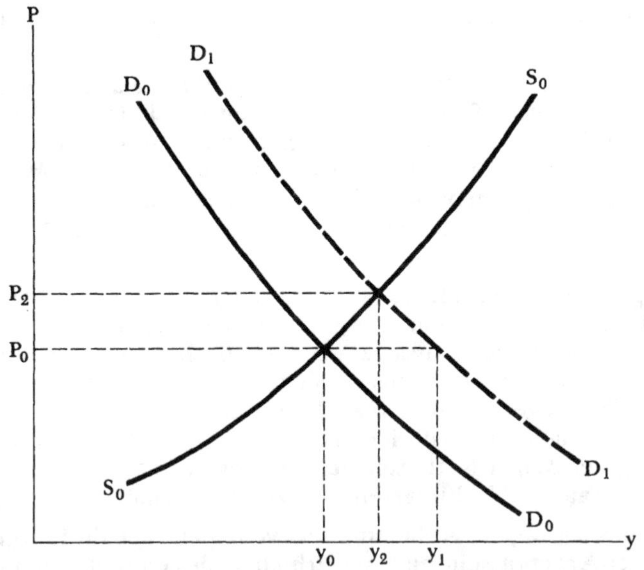

Abbildung 19-2: Nachfrageinduzierte Inflation.

Der von den Produzenten angebotene Gleichgewichtsoutput wird im statischen Modell durch die Produktionsfunktion der Volkswirtschaft $y = y(N; \overline{K})$ kombiniert mit dem Gleichgewichtswert der Beschäftigung N_0 bestimmt, der auf dem Arbeitsmarkt in Abbildung 19-1 (b) durch den Schnittpunkt der Angebots- mit der Nachfragekurve bestimmt wird. Um die aggregierte Angebotskurve der Volkswirtschaft herzuleiten, untersuchen wir, wie sich der Gleichgewichtswert der Beschäftigung verändert, wenn das Preisniveau steigt. Eine Preiserhöhung von P_0 auf P_2 verschiebt die Arbeitsnachfragekurve in Abbildung 19-1 (b) von $P_0 \cdot f(N)$ nach oben auf $P_2 \cdot f(N)$. Auch die Arbeitsangebotskurve verschiebt sich von $P^e_0 \cdot g(N)$ auf $P^e_2 \cdot g(N)$. Trifft unsere allgemeine Annahme zu, daß $P^e = p(P)$ ist, wobei $p' < 1$ ist, dann wird die Verschiebung der Nachfragekurve größer als die der Angebotskurve sein, womit sich der Gleichgewichtswert der Beschäftigung in Abbildung 19-1 (b) von N_0 auf N_2 verschiebt. Hierdurch wird der Gleichgewichtsoutput der Angebotsseite entlang der Produktionsfunktion von $y_0 = y_0(N_0; \overline{K})$ auf $y_2(N_2; \overline{K})$ erhöht. Diese positive Beziehung zwischen P und y auf der Angebotsseite ist in Abbildung 19-2 als die Angebotskurve S_0S_0 dargestellt.

Der Effekt einer Nachfrageerhöhung: Nachfrageinduzierte Inflation

In Teil II und Teil III haben wir die Funktionsweise des statischen Modells bei der Verschiebung der Nachfragekurve untersucht. Die Verschiebung einer der Angebots- oder Nachfragefunktionen, die entweder der IS-Kurve oder der LM-Kurve zugrunde liegen, wird im allgemeinen die aggregierte Nachfragekurve in Abbildung 19-2 verschieben. Verschiebt sich zum Beispiel die Sparfunktion nach unten, wodurch die Ersparnis bei jedem Einkommensniveau sinkt, so nimmt die Konsumnachfrage exogen zu, die IS-Kurve in Abbildung 19-1 (a) verschiebt sich auf I_1S_1 und die Nachfragekurve in Abbildung 19-2 verschiebt sich nach oben auf D_1D_1.

In diesem Fall steigt der Gleichgewichtsoutput auf der Nachfrageseite beim ursprünglichen Preisniveau P_0 auf y_1, wie wir in den Abbildungen 19-1 (a) und 19-2 erkennen können. Hierdurch entsteht Überschußnachfrage in Höhe von $y_1 - y_0$ auf der Nachfrageseite der Volkswirtschaft und die Preise beginnen zu steigen. Die Preiszunahme verschiebt sowohl die IS-Kurve als auch die LM-Kurve nach links und reduziert den nachgefragten Output entlang der neuen Nachfragekurve D_1D_1 auf y_2.

Die Verringerung der Nachfrage aufgrund der Preiserhöhung beruht auf drei Faktoren. Erstens reduziert die Preiserhöhung das Angebot an Realkasse, wodurch es zur Erhöhung des Zinssatzes und schließlich zur Verringerung der Investitionsnachfrage kommt. Zweitens ist der reale Wert der Anlagen aufgrund der höheren Preise geringer. Hierdurch wird die Sparfunktion nach oben verschoben und die Konsumnachfrage reduziert. Drittens führt die Preiserhöhung zu einer Verringerung der realen Nettoexporte. All diese Effekt reduzieren die Überschußnachfrage auf der Nachfrageseite der Volkswirtschaft.

Während die Nachfrage in Abbildung 19-2 von y_1 auf y_2 fällt, führt die Preiszunahme auf der Angebotsseite zu einer Erhöhung des Outputs von y_0 auf y_2. Die Arbeitsnachfragekurve in Abbildung 19-1 (b) verschiebt sich um mehr, als die Arbeitsangebotskurve, so daß Beschäftigung und Output steigen, wobei die Überschußnachfrage von der Angebotsseite her reduziert wird. Wenn das Preisniveau den Wert P_2 in Abbildung 19-1 (b) und Abbildung 19-2 erreicht, dann ist die Überschußnachfrage eliminiert und die Volkswirtschaft befindet sich in ihrem neuen Gleichgewicht, bei dem das Outputniveau y_2 und das Beschäftigungsniveau N_2 beträgt.

Die Preiserhöhung, die durch eine Verschiebung der Nachfragekurve nach oben ausgelöst wird, bezeichnet man als nachfrageinduzierte Inflation. Der Ausdruck Inflation bezeichnet eine Erhöhung des allgemeinen Preisniveaus. Wenn diese durch ein Verschiebung der Nachfragefunktion induziert wird, so sprechen wir von nachfrageinduzierter Inflation. Diese steht im Kontrast zur kosteninduzierten Inflation, die auf der Angebotsseite der Volkswirtschaft ausgelöst wird.

Der Effekt einer Verschiebung der Angebotskurve: kosteninduzierte Inflation

Inflation kann auch durch eine Verschiebung der Angebotskurve nach oben oder nach links erzeugt werden, wie es in den Abbildungen 19-3 und 19-4 dargestellt ist. Die Verschiebung der Angebotskurve erzeugt beim anfänglichen Preisniveau P_0 Überschußnachfrage, weshalb das Preisniveau langsam steigt, hier aber im Gegensatz zum Fall nachfrageinduzierter Inflation eine Verringerung des Gleichgewichtsoutputs mit sich bringt.

In Abbildung 19-3 (b) stellen wir die exogene Verschiebung der Arbeitsangebotskurve von $P^e_0 \cdot g^0 (N)$ nach oben auf $p^e_0 . g_1 (N)$ dar. Dies könnte zum Beispiel auf einer Erhöhung der Lohnforderungen in einer Volkswirtschaft mit gutorganisierten Gewerkschaften beruhen. Ein anderer Grund könnte eine Verschiebung der Präferenzen zu Gunsten der Freizeit sein. Die Verschiebung der Arbeitsangebotsfunktion nach oben verringert das Gleichgewichtsniveau der Beschäftigung

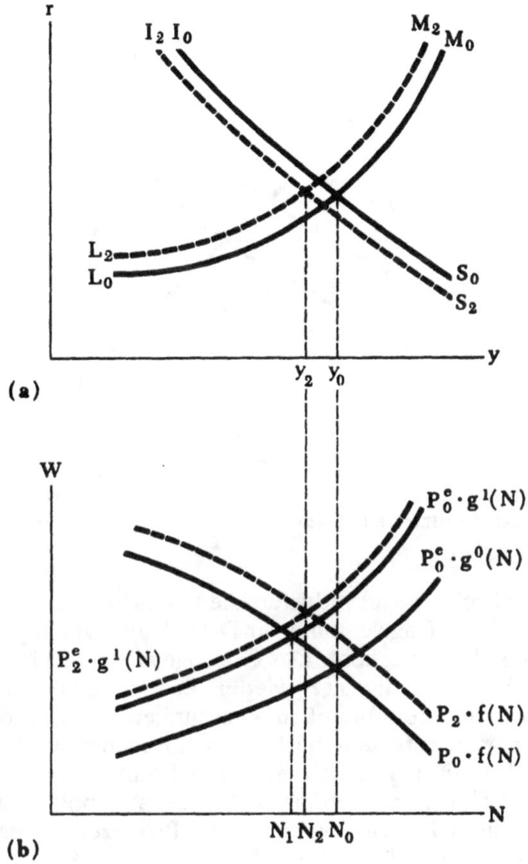

Abbildung 19-3: Angebotsverschiebung und Inflation.

beim anfänglichen Preisniveau und verschiebt die aggregierte Angebotsfunktion in Abbildung 19-4 auf S_1S_1.

Die Verschiebung der Angebotskurve erzeugt in Abbildung 19-4 Überschußnachfrage in Höhe von $y_0 - y_1$. Beim ursprünglichen Preisniveau P_0 wollen die Produzenten y_1 anbieten, die Konsumenten, Unternehmen und der Staat wollen aber nur y_0 abnehmen. Wie üblich führt Überschußnachfrage zur Erhöhung des Preisniveaus.

Auf der Nachfrageseite der Volkswirtschaft führt die Preiserhöhung entlang der ursprünglichen Nachfragekurve D_0D_0 zu einer Verringerung des Outputs von y_0 auf y_2. Diese Veränderung ist in Abbildung 19-3 (a) durch die Verschiebung der IS- und der LM-Kurve nach links dargestellt. Gleichzeitig führt die Preiszunahme in Abbildung 19-4 zu einer Erhöhung des Gleichgewichtsoutputs auf der Angebotsseite entlang der neuen Angebotskurve S_1S_1. In Abbildung 19-3 (b) verschiebt sich die Arbeitsnachfragefunktion nach oben auf $P_2 \cdot f(N)$, während die Preiserhöhung eine weitere Verschiebung der Arbeitsangebotsfunktion nach oben auf $P^e_2 \cdot g^1(N)$ bedingt.

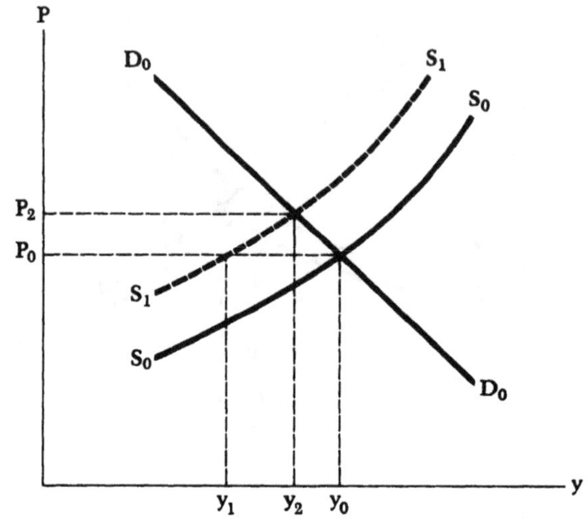

Abbildung 19-4: Kosteninduzierte Inflation.

Die Erhöhung des Preisniveaus reduziert die Überschußnachfrage in Abbildung 19-4, indem sie die Nachfrage entlang der D_0D_0-Kurve verringert und das Angebot entlang der S_1S_1-Kurve erhöht. Das Gleichgewicht wird in den Abbildungen 19-3 (b) und 19-4 beim Preisniveau P_2 wieder hergestellt, bei dem die Überschußnachfrage eliminiert und der Output auf y_2 gesunken ist. Inflation aufgrund einer Verschiebung der Angebotskurve nach oben bezeichnen wir im allgemeinen als kosteninduzierte Inflation. Die Erhöhung der Lohnforderungen, die in Abbildung 19-3 (b) durch eine Verschiebung der Arbeitsangebotskurve nach oben dargestellt ist, erhöht die Kosten und veranlaßt die Produzenten, den Output zu verringern und die Preise zu erhöhen.

In Kapitel 7 haben wir gesehen, daß die Angebotskurve der Volkswirtschaft auch dadurch nach unten verschoben werden kann, daß wir die Grenzproduktivitätskurve f (N) nach unten verschieben. Hierdurch werden bei gegebenem Lohnsatz die Kosten erhöht, wodurch die Gleichgewichtswerte des Outputs und der Beschäftigung reduziert werden und das Preisniveau erhöht wird. Eine Produktivitätszunahme verschiebt $P_0 \cdot f(N)$ in Abbildung 19-3 (b) und damit auch die Angebotskurve in Abbildung 19-4 nach oben. Eine Produktivitätszunahme wird die Erhöhung der Lohnforderungen konterkarrieren. Wir kommen auf diesen Punkt in Kürze zurück.

Die Auswirkungen der Inflation auf Output und Beschäftigung

Die kurzfristigen Effekte der Inflation auf den Output hängen vom anfänglichen Kosten- oder Nachfrageimpuls ab. In Abbildung 19-4 erkennen wir, wie ein Kostenimpuls entlang der Nachfragekurve zu einer Erhöhung des Preisniveaus und einer Verringerung des Outputs führt. Ein Nachfrageimpuls würde die Nachfrage nach oben verschieben, wodurch es zu einer Erhöhung des Preisniveaus entlang der Angebotskurve aber gleichzeitig auch zu einer Zunahme des Outputs kommt. Die Jahre von 1965 bis 1968 waren in den USA in erster Linie eine Periode nachfrageinduzierter Inflation, wobei der Output schneller anstieg, als das Trendwachstum. Die Periode von 1973-1975 weist in erster Linie Kostenimpulse aus dem Bereich der Landwirtschaft und der Energieversorgung (Öl) auf, die zu einer Verringerung des Outputs führten. Eines der Hauptereignisse in den achtziger Jahren stellt die Senkung der Inflation durch eine Verringerung der Nachfrage dar. Dies führte 1982 zu einer tiefen Rezession. Diesen Vorgang bezeichnen wir als nachfrageinduzierte Deflation.

Der Effekt nachfrageinduzierter Inflation auf die Beschäftigung ist eindeutig. Die Erhöhung des Preisniveaus verschiebt die Arbeitsnachfragekurve in Abbildung 19-1 (b) um mehr als die Arbeitsangebotskurve nach oben. Dies führt zu ei-

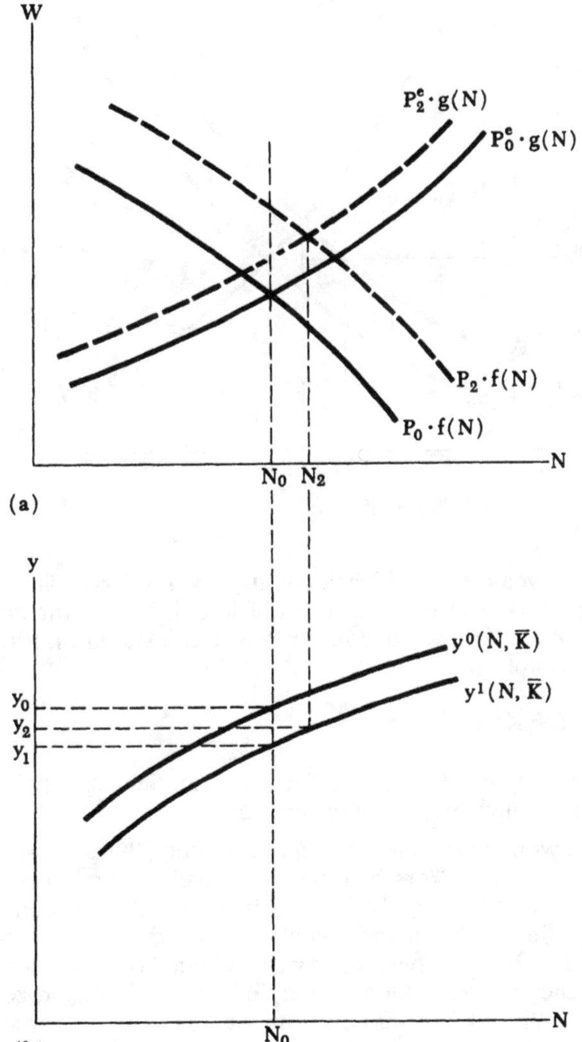

Abbildung 19-5: Kosteninduzierte Inflation und die Beschäftigung.

ner Erhöhung der Beschäftigung. Der Effekt kosteninduzierter Inflation auf die Beschäftigung ist weniger eindeutig.

In den Abbildungen 19-5 und 19-6 stellen wir einen Extremfall dar, den wir bereits in Kapitel 7 erwähnt haben. Hier führt die Verschiebung der Produktionsfunktion nicht zu einer Verschiebung der Arbeitsnachfragekurve, die von der Grenzproduktivität der Arbeit (MPL, der Steigung der Produktionsfunktion) abhängt. Dies wird der Fall sein, wenn sich die Steigung der Produktionsfunktion

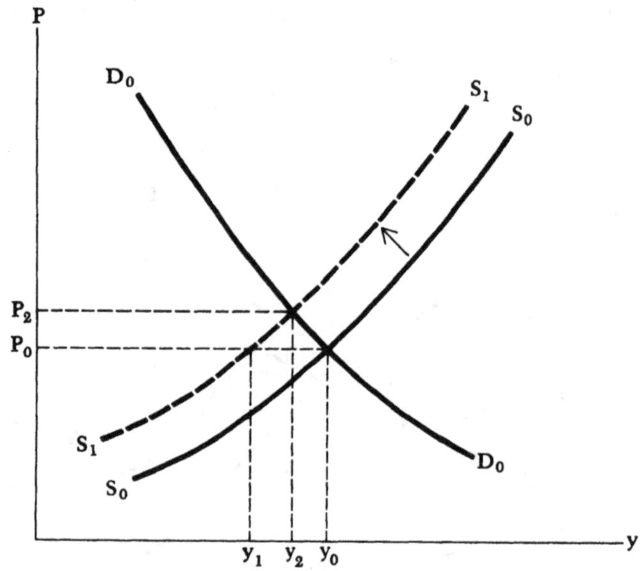

Abbildung 19-6: Kosteninduzierte Inflation.

beim Ausgangsniveau der Beschäftigung nicht verändert, während wir die Produktionsfunktion nach unten verschieben. Ein Beispiel hierfür stellt der Fall dar, bei dem Rohstoffe oder Energie E in der Produktionsfunktion additiv mit Kapital und Arbeit verknüpft sind:

$$y = y(N; K) + bE.$$

Hier ist b ein konstanter Koeffizient für den Energieeinsatz bei der Produktion und die MPL hängt nicht vom Niveau von E ab.

In diesem ungewöhnlichen Fall, der in Abbildung 19-5 dargestellt ist, wird die Preiserhöhung, die einer Verschiebung der Angebotskurve folgt, die Beschäftigung erhöhen! In Abbildung 19-5 und Abbildung 19-6 erkennen wir, daß die Preiserhöhung die Beschäftigung von N_0 auf N_2 erhöht, wodurch zum Teil die Verringerung des Outputs abgefangen wird. Wenn das Energieangebot reduziert wird, so versuchen die Arbeitgeber Energie im Produktionsprozeß durch Arbeit zu ersetzen. Die Produktion wird nicht um den gleichen Betrag sinken wie in einer Situation, in der der Arbeitseinsatz konstant gehalten wird. Der Gleichgewichtsoutput y_2 in Abbildung 19-6 muß zwischen y_0 und y_1 liegen.

Normalerweise würden wir erwarten, daß eine Verringerung des Angebots eines anderen Einsatzfaktors sowohl die Grenzproduktivität als auch die Durchschnittsproduktivität der Arbeit senken würde. Wäre dies der Fall, so würde sich die f (N)-Funktion in Abbildung 19-5 mit der Funktion y (N; $\overline{K}$) nach unten verschieben. Das anfängliche Gleichgewichtsniveau der Beschäftigung würde dann entlang $P^e \cdot g$ (N) (der Arbeitsangebotskurve) sinken. Die folgende Preiserhöhung würde das gesunkene Beschäftigungsniveau dann wieder erhöhen. Ob die Beschäftigung allerdings wieder das Ausgangsniveau N_0 erreicht, hängt vom Wert der Elastizitäten der Kurven in Abbildung 19-5 und 19-6 ab.

Entscheidend ist hier, daß die Effekte der Inflation auf den Output einigermaßen eindeutig sind, während nachfrageinduzierte Inflation die Beschäftigung erhöht, kosteninduzierte Inflation dagegen einen erhöhenden oder erniedrigenden Effekt auf das Beschäftigungsniveau haben kann.

Die selbsteliminierende Natur der Inflation

Im statischen Modell wird Inflation durch Überschußnachfrage auf dem Gütermarkt erzeugt. Überschußnachfrage kann durch eine Verschiebung der Nachfragekurve hervorgerufen werden, wodurch nachfrageinduzierte Inflation erzeugt wird, oder durch eine Verschiebung der Angebotskurve nach oben, wodurch kosteninduzierte Inflation erzeugt wird. Beide Formen der Inflation sind durch Überschußnachfrage charakterisiert.

Unabhängig davon, ob nun nachfrageinduzierte oder kosteninduzierte Inflation vorliegt, bedeutet Überschußnachfrage, daß beim anfänglichen Preis- und Zinsniveau die aggregierte Nachfrage das aggregierte Angebot übersteigt. Die folgende Preiserhöhung von P_0 auf P_2 reduziert die Überschußnachfrage sowohl auf der Angebots- als auch auf der Nachfrageseite der Volkswirtschaft.

Wie wir gesehen haben verringert die Preiserhöhung die Investitionsnachfrage durch den Geldmarkteffekt auf r. Auch verringert sie durch die Verminderung des realen Einkommens der Haushalte die Konsumnachfrage und reduziert die realen Nettoexporte, weil amerikanische Güter realtiv zu ausländischen Gütern teurer werden. Auf der Angebotsseite führt die Zunahme des Preisniveaus in unserem allgemeinen Modell kurzfristig betrachtet zu einer Erhöhung des Gleichgewichtsoutputs und der Beschäftigung, während langfristig gesehen mit $p' = 1$ die gesamte Anpassung auf der Nachfrageseite stattfindet. In beiden Fällen ist Inflation ein sich selbsteliminierendes Phänomen im statischen Modell. Preiserhöhungen werden durch Überschußnachfrage erzeugt, die wiederum durch die Zunahme des Preisniveaus eliminiert wird, solange IS- und LM-Kurve nicht vom Staat verschoben werden, um die Effekte der Preiserhöhung auf die Veränderung des Beschäftigungsniveaus und das Niveau des realen Outputs zu dämpfen.

Ist die Regierung entschieden, Vollbeschäftigung zu erhalten, so kann sich kosteninduzierte Inflation mehr oder weniger perpetuieren. Die politische Reaktion, die hierzu führt, bezeichnet man als Validierung. In Abbildung 19-3 (b) reduziert eine Verschiebung der Arbeitsangebotskurve das Gleichgewichtsniveau der Beschäftigung von N_0 auf N_2, wodurch anzunehmender Weise die meßbare Arbeitslosigkeit erhöht wird. In Abbildung 19-4 ist dies durch das niedrigere Outputniveau y_2 dargestellt. Befolgt die Regierung eine strikte Vollbeschäftigungspolitik, so wird sie die Nachfragekurve in Abbildung 19-4 durch geld- oder fiskalpolitische Maßnahmen nach rechts verschieben, um das Vollbeschäftigungsniveau des Outputs wiederherzustellen.

Die damit verbundene Erhöhung des Preisniveaus könnte wiederum zu einer Verschiebung der Arbeitsangebotskurve nach oben führen. Dies würde die Regierung dann wieder dazu veranlassen, die Nachfragekurve nach rechts zu verschieben und so weiter. Dieser Mechanismus erzeugt kontinuierlichen Druck auf die Preise zu steigen. Dies ist auf die Reaktion des Staates zurückzuführen, der durch seine Vollbeschäftigungspolitik kosteninduzierte Inflation verursacht. Ist Inflation im statischen Modell also eigentlich selbsteliminierend, so kann sie sich perpetuieren oder sogar beschleunigen, wenn die Tendenz besteht, daß sich die Arbeitsangebotskurve schneller als die Produktivität bei Vollbeschäftigung nach oben verschiebt. Dies wird der Fall sein, wenn aggregierte Nachfragepolitik zur Kostensteigerung führt.

Identifizierung nachfrageinduzierter und kosteninduzierter Inflation

In der Realität erweist es sich als extrem schwierig, nachfrageinduzierte von kosteninduzierter Inflation zu trennen. Alle Zeitreihen der Löhne und Preise zeigen eine unendliche Folge von Preis- und Lohnerhöhungen. Wählen wir eine Erhöhung des Lohnsatzes als Ausgangspunkt, dann könnten wir die folgende Inflation als kosteninduzierte Inflation qualifizieren. Gehen wir dagegen von einer Preiserhöhung aus, so würden wir auf nachfrageinduzierte Inflation schließen.

Beziehen wir zusätzlich Lohnstarrheiten in unsere Betrachtung mit ein, so wird die Unterscheidung noch komplizierter. Beträgt die Laufzeit eines Lohnkontrakts drei Jahre, so wird die Gewerkschaft nach dem ersten Preisschub einer nachfrageinduzierten Inflation möglicherweise nicht nur verlangen, daß die Löhne entsprechend dieser ersten Phase der Preissteigerung angepaßt werden, sondern darauf bestehen, daß auch erwartete Preiserhöhungen mit einbezogen werden. In diesem Fall ist es denkbar, daß sich die Arbeitsangebotsfunktion aufgrund erwarteter nachfrageinduzierter Preiserhöhungen nach oben verschiebt.

Löhne, Preise und Produktivität

Wir haben bereits darauf hingewiesen, daß eine Verschiebung der Arbeitsangebotskurve nach oben auch die aggregierte Nachfragekurve nach oben verschieben wird, wodurch kosteninduzierte Inflation erzeugt wird. Eine Verschiebung der Arbeitsnachfragekurve aufgrund einer Erhöhung der Grenzproduktivität der Arbeit wird die Angebotskurve der Volkswirtschaft nach unten verschieben, so daß der Lohn- und der Produktivitätseffekt gegeneinander wirken. In Abbildung 19-7 (a) ist ein Fall dargestellt, bei dem sich die beiden Effekte gerade aufheben. Dort bleibt beim anfänglichen Preisniveau P_0 der Gleichgewichtswert der Beschäftigung bei N_0, während sich g (N) und f (N) nach oben verschieben. Dies stellt eine nichtinflationäre Lohnerhöhung dar, wobei sich die Reallöhne genauso schnell wie die Produktivität erhöhen und damit der Gleichgewichtswert der Beschäftigung bei N_0 bleibt und das Preisniveau ebenfalls unverändert ist.

In Abbildung 19-7 (b) erkennen wir, daß die Erhöhung der Produktivität, dargestellt durch eine Verschiebung der f (N)-Funktion in Abbildung 19-7 (a) nach oben, eine Verschiebung der Produktionsfunktion nach oben bewirkt. Bei jedem Beschäftigungsniveau ist der Output entsprechend der Funktion $y^1(N; \overline{K})$ höher als der der Funktion $y^0(N; \overline{K})$ und die Steigung der Produktionsfunktion $\partial y/\partial N = f(N)$ ist ebenfalls größer.

Die Produktivitätszunahme, die in Abbildung 19-7 (a) durch die Verschiebung von $f^0(N)$ auf $f^1(N)$ dargestellt ist, erhöht den Gleichgewichtsoutput der Angebotsseite bei jedem Wert von N. Beim anfänglichen Gleichgewichtsniveau P_0, N_0 steigt der Gleichgewichtsoutput der Angebotsseite in Abbildung 19-7 (b) von y_0 auf y_1. Steigen Lohnsätze und Grenzproduktivität der Arbeit mit der selben Rate, so behält die aggregierte Angebotskurve im P, N-Koordinatensystem ihre Position bei, während sich die Angebotskurve im P, y-Koordinatensystem nach rechts verschiebt.

Diese Beziehung zwischen den beiden Angebotskurven ist im Vierquadrantendiagramm in Abbildung 19-8 dargestellt. Im ersten Quadranten dieser Abbildung ist die Angebotskurve im P, N-Koordinatensystem dargestellt, wie wir sie zum Beispiel aus dem Arbeitsmarktdiagramm in Abbildung 19-1 (b) hergeleitet haben. Die Produktionsfunktion im vierten Quadranten von Abbildung 19-8 ordnet einem Wert der Beschäftigung ein Outputangebot zu. Die Funktion y^0 (N; $\overline{K}$)

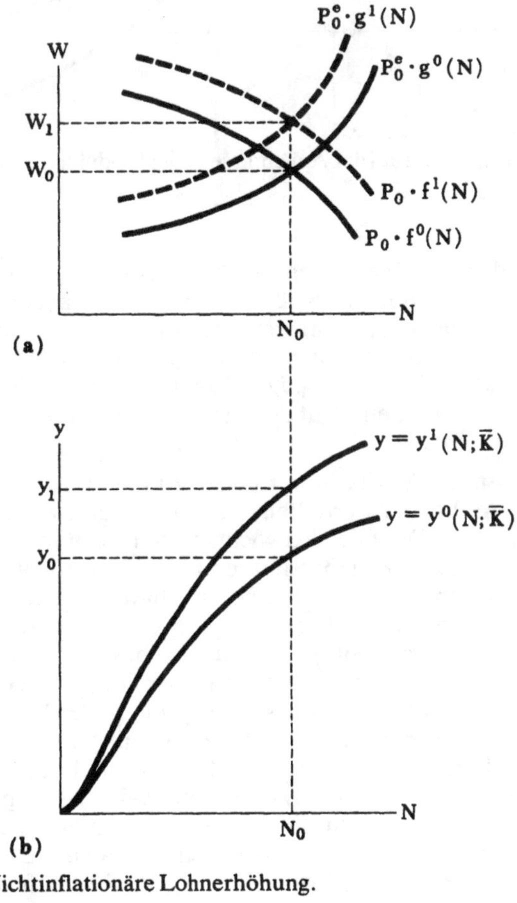

Abbildung 19-7: Nichtinflationäre Lohnerhöhung.

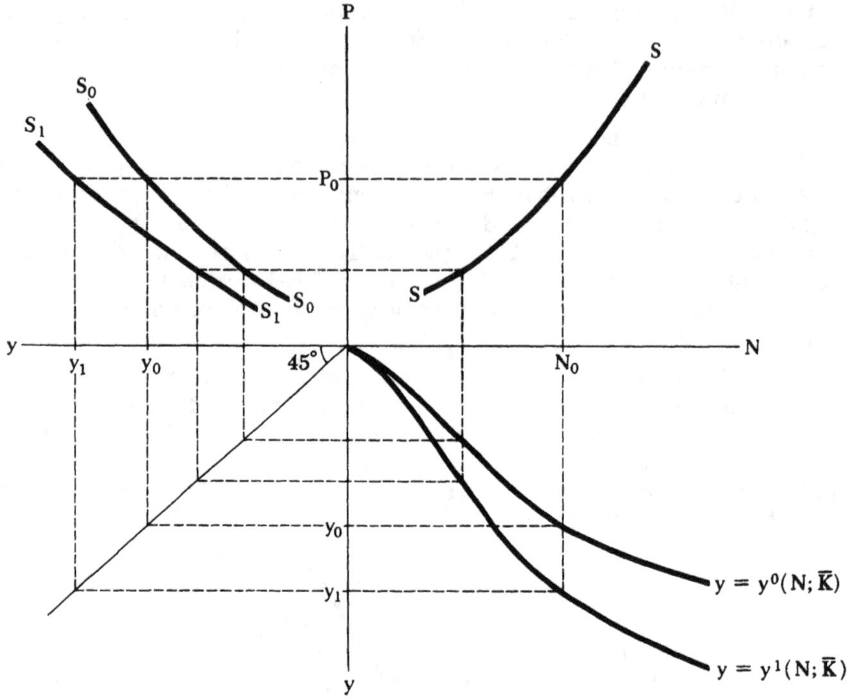

Abbildung 19-8: Gleichgewicht auf der Angebotsseite bei Produktivitätszunahme.

entspricht der auf den Kopf gestellten Produktionsfunktion aus Abbildung 19-7 (b). Die 45°-Linie in Abbildung 19-8 überträgt y auf die waagerechte Achse. Gehen wir vom Gleichgewicht P_0, N_0 im ersten Quadranten von Abbildung 19-8 aus (wobei P_0 und N_0 den Werten in Abbildung 19-7 entsprechen) so erhalten wir aus der Produktionsfunktion den Wert y_0. Der Punkt P_0, y_0 im zweiten Quadranten in Abbildung 19-7 stellt einen Punkt auf der aggregierten Angebotskurve S_0S_0 im P, y-Koordinatensystem dar.

Steigen nun Arbeitsproduktivität und Lohnsatz um den gleichen Betrag an, so bleibt das Gleichgewicht P_0, N_0 erhalten, wobei der Lohnsatz in Abbildung 19-7 (a) von W_0 auf W_1 steigt. Der Gleichgewichtsoutput steigt in Abbildung 19-8 auf y_1, wodurch die aggregierte Angebotskurve im P, y-Koordinatensystem auf S_1S_1 verschoben wird. Anfängliches Preis- und Beschäftigungsniveau stimmen nun mit dem höheren Lohnsatz W_1 und dem Outputniveau y_1 überein. Dies ist auf die Produktivitätszunahme zurückzuführen. Um also das Gleichgewicht der Volkswirtschaft bei P_0, N_0, y_1 aufrechtzuerhalten muß der Output auf der Nachfrageseite ebenfalls zunehmen, wobei sich die Nachfragekurve der Volkswirtschaft nach rechts verschiebt. Hierzu muß sich der IS-LM-Schnittpunkt in Abbildung 19-9 nach rechts verschieben, ohne daß dabei das Preisniveau P_0 geändert wird. Wenn sich die Arbeitsangebotskurve, wie in Abbildung 19-7 (a) gezeigt, nach oben verschiebt, wobei Lohnsatz und Produktivität gemeinsam steigen, bleibt das anfängliche Beschäftigungsniveau N_0 das Gleichgewichtsniveau der Beschäftigung beim Preisniveau P_0. Das Ergebnis ist also, daß die Volkswirtschaft im Gleichgewicht bleibt, wobei Output, Produktivität und Lohnsatz steigen und die Beschäftigung und das Preisniveau konstant bleiben.

Die grundlegende Beziehung zwischen Löhnen, Preisen und Produktivität können wir aus der Gleichgewichtsbedingung für den Arbeitsmarkt herleiten:

$$W = P \cdot f(N). \tag{1}$$

Bei gegebenen Werten von N erhalten wir für das Preisniveau:

$$P = \frac{W}{f(N)}. \tag{2}$$

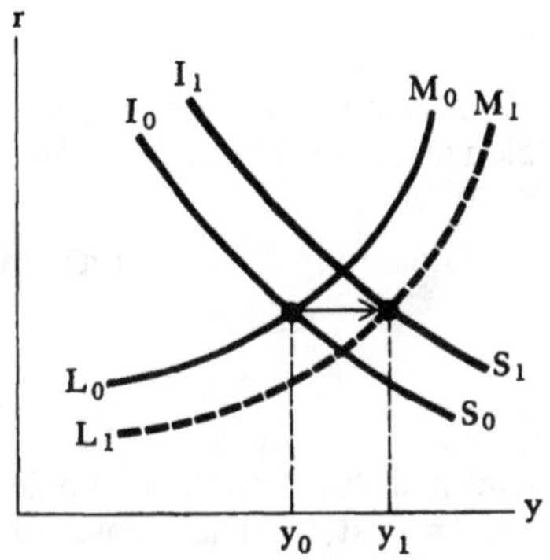

Abbildung 19-9: Gleichgewichtsoutput auf der Nachfrageseite bei einer Produktivitätserhöhung.

Steigen Nominallohnsatz und Grenzproduktivität der Arbeit f(N) mit der gleichen Rate, so wird sich das Preisniveau P nicht ändern. Gehen wir zum Beispiel von

$$P_0 = \frac{W_0}{[f(N)]_0}$$

aus und nehmen an, daß W und f(N) um 5 % im Jahr wachsen, so daß $W_1 = W_0$ (1,05) und $[f(N)]_1 = [f(N)]_0 \cdot (1{,}05)$ ist. Wir erhalten dann für P_1

$$P_1 = \frac{W_1}{[f(N)]_1} = \frac{W_0(1{,}05)}{[f(N)]_0(1{,}05)} = \frac{W_0}{[f(N)]_0} = P_0.$$

Logarithmieren wir Gleichung (2), so ergibt sich:

$$\ln P = \ln W - \ln f(N). \tag{3}$$

(Der Anhang zu diesem Kapitel gibt eine kurze Einführung zum Umgang mit Logarithmen). Das Differential eines Logarithmus entspricht einer prozentualen Veränderung. Differenzieren wir also (3) nach der Zeit, so erhalten wir:

$$\dot{P} = \dot{W} - [f(\dot{N})]. \tag{4}$$

An dieser Stelle führen wir eine Schreibweise ein, die wir in den Teilen IV und V verwenden werden: ein Punkt über einer Variable bezeichnet die Wachstumsrate der Variablen in Prozent. Wir definieren also

$$\dot{P} \equiv \frac{\frac{dP}{dt}}{P}$$

und allgemein für die Variable X:

$$\dot{X} = \frac{\frac{dX}{dt}}{X}.$$

Wenn also W und f (N) in Gleichung (4) mit der selben Rate wachsen, so daß $\dot{W} = [\dot{f(N)}]$ ist, dann wird $\dot{P}$ gleich null sein. Dies bedeutet, daß das Gleichgewichtsniveau der Preise unverändert bleibt.

Eine andere Sichtweise von Gleichung (4) zeigt uns, daß die Wachstumsrate des Reallohns durch

$$\dot{w} = \dot{W} - \dot{P} \tag{5}$$

gegeben ist. Steigen die Nominallöhne genauso schnell wie die Produktivität und P bleibt unverändert, so daß $\dot{P} = 0$ ist, so erhalten wir aus (5) kombiniert mit (4)

$$\dot{w} = \dot{W} - \dot{P} = [\dot{f(N)}]. \tag{6}$$

Eine alternative Regel für nichtinflationäre Lohnerhöhungen lautet also, daß der Reallohn mit der gleichen Rate wie die Produktivität zunehmen muß, wobei sich das Preisniveau nicht ändert.

Ein Beispiel mit der Cobb-Douglas-Produktionsfunktion

Bei der in Kapitel 13 vorgestellten Cobb-Douglas-Produktionsfunktion

$$y = aK^{\alpha}N^{1-\alpha} \tag{7}$$

entspricht

$$\frac{\partial y}{\partial N} \equiv f(N) = (1-\alpha)\frac{aK^{a}N^{1-\alpha}}{N} = (1-\alpha)\frac{y}{N} \tag{8}$$

dem Ausdruck für die Grenzproduktivität der Arbeit f(N). Da $W = P \cdot f(N)$ ist, gilt auch

$$W = P \cdot (1-\alpha)\frac{y}{N}, \tag{9}$$

so daß

$$P = \frac{W}{(1-\alpha)\frac{y}{N}}. \tag{10}$$

Logarithmieren wir Gleichung (10), so erhalten wir:

$$\ln P = \ln W - \ln \frac{y}{N} - \ln(1-\alpha). \tag{11}$$

Durch totale Differentiation folgt wie im allgemeinen Fall

$$\dot{P} = \dot{W} - y\dot{/}N). \tag{12}$$

Eine Erhöhung des Nominallohnsatzes und der Produktivität um die gleiche Zahl von Prozentpunkten wird das Preisniveau im Gleichgewicht unverändert lassen. Verschieben wir die Arbeitsangebots- und die Arbeitsnachfragekurve in Abbildung 19-7 (a) um den gleichen Betrag nach oben, so stellt dies eine Möglichkeit dar, wie Lohnsatz und Produktivität mit der gleichen Rate wachsen können, während P_0, N_0 unverändert bleiben.

Durchschnittliche Lohnkosten pro Einheit Outputs und Anteil der Arbeit am Output

Wir können die begonnene Analyse noch etwas weiter führen. Definieren wir zunächst die durchschnittlichen Lohnkosten pro einer Einheit des Outputs (ULC = unit labor cost) als

$$ULC = \frac{WN}{y} = \frac{W}{\frac{y}{N}}. \tag{13}$$

N ist gleich der Anzahl aller angestellten Arbeitskräfte. Logarithmieren wir Gleichung (13), so erhalten wir:

$$\ln ULC = \ln W - \ln \frac{y}{N}. \tag{14}$$

Gleichung (14) besagt, daß die durchschnittlichen Lohnkosten konstant bleiben, wenn der Nominallohnsatz mit der gleichen Rate wie die Produktivität wächst, also $\dot{W} = (y\dot{/}N)$ gilt.

Der Anteil der Arbeit am Gesamtoutput (S_L) kann wie folgt geschrieben werden:

$$S_L = \frac{WN}{Py} = \frac{w}{\frac{y}{N}}. \tag{15}$$

Wenn der Reallohnsatz w und die Produktivität y/N mit der gleichen Rate wachsen, so wissen wir, daß das Gleichgewichtsniveau der Beschäftigung unter Umständen unverändert bleibt. Logarithmieren und differenzieren wir Gleichung (15), so erkennen wir:

$$\dot{S}_L = \dot{w} - (\dot{y/N}). \tag{16}$$

Wenn w und y/N mit der gleichen Rate wachsen, so bleibt der Anteil der Arbeit am Output konstant, womit also $\dot{S}_L = 0$ ist. Ist der Anteil des Kapitals am Output gerade $1 - S_L$, so bleibt auch der Anteil des Kapitals konstant, wenn w und y/N mit der gleichen Rate wachsen, so daß W genauso schnell wie y/N wachsen kann (unter der Annahme, P bliebe konstant).

Die Leitlinien für Löhne und Preise und die Einkommensverteilung

Wenn der Nominallohnsatz W mit der gleichen Rate wie die durchschnittliche Arbeitsproduktivität y/N steigt und das durchschnittliche Preisniveau P konstant bleibt, dann werden auch der relative Anteil der Faktoren Arbeit und Kapital (die Verteilung des Outputs auf die Faktoren der Produktion) und die Lohnkosten pro Einheit des Outputs konstant bleiben. Diese im vorangegangenen Abschnitt wiederholte Beziehung stellt die Grundlage für die vom Council of Economic Advisers herausgegebenen Leitlinien für Löhne und Preise dar, die zum ersten Mal im Januar 1962 im „Economic Report of the President" veröffentlicht worden sind. Auch liegt diese Beziehung zahlreichen darauffolgenden Anläufen zugrunde, in Europa oder den USA Einkommenspolitik zu betreiben.

Die allgemeinen Leitlinien des CEA für die Löhne besagen, daß die Zuwachsrate der Lohnsätze einschließlich lohnunabhängiger Einkommensteile in allen Industrien gleich dem gesamtwirtschaftlichen Wachstumstrend der Produktivitätszunahme sein sollte. Befolgung dieser Empfehlung würde die Lohnkosten pro Einheit produzierten Outputs konstant halten. Die allgemeinen Leitlinien für Preise besagen, daß das Preisniveau in Industrien, in denen die Produktivität schneller stieg als im Durchschnitt aller Industrien, fallen sollte, und in Industrien, in denen die Produktivität langsamer zunahm als im Durchschnitt, steigen sollte. Dies würde dann im Durchschnitt Preisstabilität garantieren.

Gemäß dieser Formulierung der Leitlinien würden alle Löhne ungefähr mit der gleichen Rate wachsen. Wir setzen im folgenden einen Balken über eine Variable, um den gesamtwirtschaftlichen Durchschnittswert zu bezeichnen. Tun wir dies, so besagen die Leitlinien für die Löhne:

$$\dot{W}_i = (\overline{\dot{y/N}}). \tag{17}$$

Die Löhne in jeder Industrie i steigen genauso schnell wie die durchschnittliche Arbeitsproduktivität. In diesem Fall steigen die Lohnkosten pro Einheit Outputs in der Industrie i mit der Rate

$$\dot{ULC}_i = \dot{W}_i - (\dot{y/N})_i = (\overline{\dot{y/N}}) - (\dot{y/N})_i. \tag{18}$$

Wenn also die Produktivität in der Industrie i schneller als im Durchschnitt wächst, so werden die Lohnkosten pro Einheit Outputs sinken. Die Leitlinien für

Preise besagen in diesem Fall, daß die Preise entsprechend der Rate der Verringerung der ULC sinken müssen, um konstante relative Anteile der Faktorkosten zu erhalten. Steigt dagegen im umgekehrten Fall die Produktivität der Industrie langsamer als im Durchschnitt aller Industrien, so werden die ULC_i steigen und die Preise müssen steigen, um die relativen Anteile der Faktorkosten zu erhalten. Im Durchschnitt wird also die Befolgung der Preisleitlinien ein konstantes Preisniveau zur Folge haben.

Politische Schwierigkeiten mit den Leitlinien

Die Leitlinien des CEA gerieten von Anfang an politisch unter heftigen Beschuß, der sowohl auf den Inhalt zielte als auch auf die Art, wie die Leitlinien durchgesetzt wurden. Die Leitlinien würden konstante relative Anteile der Faktoren Arbeit und Kapital am Output aufrechterhalten, so daß der aggregierte Anteil der Arbeit am Gesamtoutput entlang dem Wachstumstrend von y genauso schnell wie der Anteil des Kapitals wachsen würde. Erscheint dies auch als das beste neutrale Rezept einer zweckmäßigen Einkommenspolitik, so sind doch weder das Management noch die Arbeitskräfte damit zufrieden, da beide Parteien ihren relativen Anteil erhöhen wollen. Die Leitlinien wurden also von keiner Seite als ein Rezept für die Einkommensverteilung akzeptiert.

Außerdem hatten die Leitlinien keine Rechtsgrundlage, so daß in Fällen, in denen einzelne Firmen, Gewerkschaften oder Industrien von den empfohlenen Richtwerten abwichen, die einzige Möglichkeit, die Leitlinien durchzusetzen, darin bestand, daß der Präsident oder der CEA den Fall publik machte, um dann durch den Druck der Öffentlichkeit eine Anpassung an den von den Leitlinien vorgeschriebenen Richtwert zu erzwingen. Die Unternehmen stießen sich natürlich an dieser Art des selektiven politischen Drucks. Einigen erschien dies als willkürliche Ausübung von Macht durch das Weiße Haus ohne jegliche Rechtsgrundlage, obwohl es eindeutig war, daß die untersuchten Fälle von Preiserhöhungen Beispiele für die Ausübung von Monopolmacht durch die Industrie darstellten.

Ökonomische Schwierigkeiten mit der Einkommenspolitik

Von 1962 bis 1965 folgten die Löhne und Preise im großen und ganzen den Vorschriften der Leitlinien. Ob dies aufgrund der Existenz der Leitlinien der Fall war oder ob es mit der damaligen Situation zusammenhing, ist unklar. Die Volkswirtschaft erreichte damals aus einer Flaute heraus ungewöhnlich hohe Produktivitätszunahmen, die gleichzeitig wesentliche Lohnerhöhungen mit sich brachten, aber nicht die Lohnkosten pro Einheit Outputs nach oben trieben.

Von 1965 an wichen die Werte der Preise und Löhne regelmäßig von den durch die Leitlinien gegebenen Werten ab. Dies war auf die beiden ökonomischen Schwächen der Leitlinien zurückzuführen. Einkommenspolitik kann nur in monopolistischen Sektoren der Volkswirtschaft betrieben werden. Die Politik schreibt vor, wie die Akteure Löhne oder Preise setzen sollten. In Märkten mit vollständiger Konkurrenz haben Firmen und Individuen aber keine Kontrolle über die Preise und können diese somit auch nicht an den Leitlinien orientieren. Als sich also zu Beginn des Jahres 1965 Überschußnachfrage entwickelte, stiegen in den Sektoren mit vollständiger Konkurrenz die Preise an. Dies machte es natürlich schwieriger, von den monopolistischen Sektoren zu verlangen, sich an die Leitlinien zu halten.

Das zweite Problem besteht darin, daß die Politik keine Vorschriften bezüglich der Löhne macht, wenn die Preise von den Leitlinien abweichen und umgekehrt. Steigt die Produktivität mit 2% im Jahr, so schreiben die Leitlinien vor, daß auch die Löhne mit 2% im Jahr steigen müssen. Steigen die Preise und verlassen dabei den von den Leitlinien vorgegebenen Wert, dann steigen die Reallöhne langsamer als die Produktivität und der Anteil der Arbeit am Output fällt relativ zum Anteil des Kapitals. Steigen die Preise um mehr als 2% im Jahr, wie es nach 1965 der Fall war, so müßten die Reallöhne sinken, würden die Leitlinien befolgt. Wenn die Preise steigen, so kann nicht verlangt werden, daß sich die Löhne gemäß den Leitlinien verhalten. Aus diesem Grunde beginnen die Löhne zu steigen. Dies erschwert es wiederum, die Preise an den Leitlinien zu orientieren.

Als Folge der Überschußnachfrage und aufgrund mangelnder Möglichkeit zur Einflußnahme auf das Preisverhalten, verloren die Leitlinien Ende 1960 gänzlich ihre Gültigkeit. In seinem Jahresbericht im Jahre 1969 räumt der CEA ein, daß die Leitlinien aufgrund der Überschußnachfrage nicht mehr durchsetzbar seien. Der Council of Economic Advisors verzichtete dann auch darauf, für das folgende Jahr Richtwerte für die Preise und Löhne zu veröffentlichen.

Im August des Jahres 1971, nachdem die Inflationsrate nach der Überschußnachfrage der späten sechziger Jahre und der Rezession der Jahre 1969-1970 auf 2,5% gesunken war, wurden unter Nixon Lohn- und Preiskontrollen eingeführt, die implizit an den Formeln der Leitlinien orientiert waren. In den Jahren 1971 und 1972 entwickelte sich wiederum Überschußnachfrage, die Inflation auslöste und und die Lohn- und-Preiskontrollen von 1973 an unmöglich machte. In der Folgezeit versuchten der Council on Wage and Price Stability (Rat für Lohn- und Preisstabilität) und der Council of Economic Advisors durch „gütliches Zureden“ und andere ihnen zur Verfügung stehende druckerzeugende Taktiken, die Unternehmen und Gewerkschaften dazu zu bewegen, bei Lohn- und Preisentscheidungen die Leitlinien zu befolgen.

Obwohl die Leitlinien und die Lohn- und Preiskontrollen unter dem Druck der Überschußnachfrage zusammenbrachen, ist es dennoch denkbar, ja sogar wahrscheinlich, daß es sich bei den Leitlinien um eine sinnvolle Orientierungshilfe handelt, um kosteninduzierte Inflation zu verhindern. Dies wird zumindest in Situationen der Fall sein, in denen keine allgemeine Überschußnachfrage herrscht und die Preise einigermaßen stabil sind, so daß die Löhne die Richtwerte der Leitlinien befolgen können. In den USA waren diese Bedingungen von 1961 bis 1965, 1971 und ein weiteres Mal von 1974-1975 gegen Ende der damaligen Rezession gegeben. Wenn sich das Wachtum der amerikanischen Volkswirtschaft in den neunziger Jahren fortsetzt, so wird sich vielleicht die eine oder andere Form der Einkommenspolitik als sinnvoll erweisen.

Ausgewählte Literatur

Council of Economic Advisers, *Annual Reports* (Washington, D.C.: Government Printing Office), 1962 and 1969.
R. J. Gordon, Understanding Inflation in the 1980s" *Brookings Paper on Economic Activity,* vol. 1, 1985.
R. J. Gordon, „The Response of Wages and Prices to the First Two Years of Controls," *Brookings Papers on Economic Activity,* vol. 3, 1973.
G. L. Perry, „Wages and the Guideposts," *American Economic Review,* September 1967.
L. S. Seidman, „Tax-Based Incomes Policies," *Brookings Papers on Economic Activity,* vol. 2, 1978.

Anhang: Anwendung des Logarithmus

Die natürliche Konstante e

Der erste Schritt bei der Herleitung und Anwendung von Logarithmen ist die Entwicklung einer natürlichen Konstante, die im allgemeinen mit dem Buchstaben e bezeichnet wird. Wir beginnen mit der Betrachtung des Unterschieds zwischen der diskreten und der stetigen Berechnung der Zinsen oder des Wachstums.

Nehmen wir an, eine Summe Geldes y_0 wird zum jährlich berechneten Zinssatz r investiert. Am Ende von t Jahren wird y_0 dann auf

$$y_t = y_0 (1 + r)^t \tag{1}$$

angewachsen sein. Werden die Zinsen nun zweimal im Jahr berechnet, so erhalten wir zum Zeitpunkt t:

$$y_t = y_0 \left(1 + \frac{r}{2}\right)^{2t}. \tag{2}$$

Wir können Gleichungen (1) und (2) verallgemeinern für n-malige Berechnung der Zinsen:

$$y_t = y_0 \left(1 + \frac{r}{n}\right)^{nt}. \tag{3}$$

Gleichung (3) können wir auch als

$$y_t = y_0 \left[\left(1 + \frac{1}{n}\right)^{n/r}\right]^{rt}$$

schreiben. Diese Gleichung vereinfachen wir, indem wir für n/r den Platzhalter m einsetzen:

$$y_t = y_0 \left[\left(1 + \frac{1}{m}\right)^m\right]^{rt}. \tag{4}$$

Im Falle stetiger (kontinuierlicher) Berechnung der Zinsen oder des Wachstums geht n gegen unendlich. Aus der Definition von m erkennen wir, daß in diesem Fall bei jedem endlichen Wert von r auch m gegen unendlich strebt. Aus diesem Grunde schreiben wir für die stetige Berechnung des Zinssatzes unter Verwendung von Gleichung (4)

$$y_t = \lim_{m \to \infty} y_0 \left[\left(1 + \frac{1}{m}\right)^m\right]^{rt}.$$

Es kann aber gezeigt werden, daß

$$\lim_{m \to \infty} \left(1 + \frac{t}{m}\right)^m = 2{,}71828 \equiv e.$$

Wenn also m gegen unendlich geht und wir berechnen die Zinsen kontinuierlich, so erhalten wir:

$$y_t = \lim_{m \to \infty} y_0 \left[\left(1 + \frac{1}{m}\right)^m\right]^{rt} = y_0 e^{rt}. \tag{5}$$

Folglich stellt $y_t = y_0 e^{rt}$ die Gleichung für die kontinuierliche Berechnung der Zinsen dar, während Gleichung (1) für die diskrete Berechnung der Zinsen verwendet wird.

Der natürliche Logarithmus

Der natürliche Logarithmus (ln) einer Zahl y ist als der Exponent x der Zahl e definiert, für den e^x die Zahl y ergibt. Dies bedeutet, daß, wenn $y = e^x$ ist, $\ln y = x$ oder $y = e^{\ln y}$ gilt.

Logarithmen haben folgende praktische algebraische Eigenschaften:

1. Produkte: Der Definition des natürlichen Logarithmus entsprechend gilt:

$$xz = e^{\ln xz} = e^{\ln x} e^{\ln z} = e^{\ln x + \ln z},$$

da $x = e^{\ln x}$ und $z = e^{\ln z}$ Als Regel für Produkte erhalten wir also:

$$\ln xz = \ln x + \ln z. \tag{6}$$

2. Exponenten: Wiederum gilt entsprechend der Definition des natürlichen Logarithmus:

$$x^\alpha = [e^{(\ln x)}]^\alpha = e^{\alpha \ln x}.$$

Wir erhalten also folgende Regel für Expontenten:

$$\ln x^{\alpha} = \alpha \ln x. \tag{7}$$

Weiter erhalten wir aus Gleichung (7) für Exponenten und Gleichung (6) für Produkte:

$$y = x^{\alpha} z^{\beta},$$

so daß

$$\ln y = \alpha \ln x + \beta \ln z. \tag{8}$$

3. Quotienten: Zunächst stellen wir fest, daß

$$\frac{x}{z} = xz^{-1}.$$

Somit erhalten wir als Regel für Quotienten:

$$\ln \frac{x}{z} = \ln xz^{-1} = \ln x - \ln z. \tag{9}$$

4. Ableitungen: Die Ableitung der Funktion $x = \ln t$ lautet:

$$\frac{dx}{dt} = \frac{d}{dt}(\ln t) = \frac{1}{t}. \tag{10}$$

Zur Übung beweisen wir diese Gleichung. Wir tun dies, indem wir $(x + \Delta x)$ für x und $(t + \Delta t)$ für t in die Originalgleichung einsetzen.

$$\begin{aligned} x + \Delta x &= \ln (t + \Delta t), \\ \Delta x &= \ln (t + \Delta t) - x, \\ \Delta x &= \ln (t + \Delta t) - \ln t. \end{aligned}$$

Aus der Quotientenregel wissen wir, daß

$$\Delta x = \ln \left(\frac{t + \Delta t}{t}\right) = \ln \left(1 + \frac{\Delta t}{t}\right).$$

Dividieren wir beide Seiten durch Δt, so erhalten wir:

$$\frac{\Delta x}{\Delta t} = \frac{1}{\Delta t} \cdot \ln \left(1 + \frac{\Delta t}{t}\right) = \frac{1}{t}\left(\frac{t}{\Delta t}\right) \ln \left(1 + \frac{\Delta t}{t}\right).$$

Aus der Exponentenregel wissen wir, daß

$$\frac{\Delta x}{\Delta t} = \frac{1}{t} \ln \left(1 + \frac{\Delta t}{t}\right)^{t/\Delta t}.$$

Setzen wir $m = t/\Delta t$, so erhalten wir:

$$\frac{\Delta x}{\Delta t} = \frac{1}{t} \ln \left(1 + \frac{1}{m}\right)^m.$$

Wenn nun $\Delta t \rightarrow 0$ und $m \rightarrow \infty$, so schreiben wir

$$\lim_{\Delta t \rightarrow \infty} \frac{\Delta x}{\Delta t} \equiv \frac{dx}{dt} = \lim_{m \rightarrow \infty} \frac{1}{t} \ln \left(1 + \frac{1}{m}\right)^m.$$

Wie oben erwähnt gilt

$$\lim_{m \rightarrow \infty} \left(1 + \frac{1}{m}\right)^m = e.$$

Wir erhalten also

$$\frac{dx}{dt} = \frac{1}{t} \ln e = \frac{1}{t},$$

da $\ln e = 1$ gilt.

Wenn $x = f(t)$, dann können wir beide Seiten der Gleichung logarithmieren, um

$$\ln x = \ln (f(t))$$

zu erhalten. Wir können ebenso beide Seiten nach t differenzieren:

$$\frac{d}{dt} (\ln x) = \frac{d}{dt} \ln (f(t)) = \frac{1}{f(t)} \cdot \frac{d f(t)}{dt}.$$

Es ergibt sich also

$$\frac{d}{dt} (\ln x) = \frac{f'(t)}{f(t)}, \tag{11}$$

wobei $f'(t) = (d/dt) f(t)$.

Die rechte Seite der Gleichung (11) kann als die proportionale Veränderungsrate (oder auch Wachstumsrate) von x interpretiert werden. Als Beispiel wählen wir die Cobb-Douglas-Produktionsfunktion

$$y = K^{\alpha} L^{1-\alpha}. \tag{12}$$

Hier steht y für den realen Output und K und L stehen für den Input von Kapital und Arbeit. Logarithmieren wir (12) so erhalten wir:

$$\ln y = \alpha \ln K + (1 - \alpha) \ln L.$$

Wenden wir nun die Differentiationsregel in Gleichung (11) auf diese Gleichung an, so erhalten wir:

$$\frac{\frac{dy}{dt}}{y} = \alpha \frac{\frac{dK}{dt}}{K} + (1-\alpha) \frac{\frac{dL}{dt}}{L}, \tag{13}$$

so daß die proportionale Wachstumsrate von y einem gewichteten Durchschnitt der proportionalen Wachstumsraten von K und L entspricht.

Punktelastizitäten

Die oben dargestellten Konzepte können allgemeiner in bezug auf Punktelastizitäten einer Funktion angewendet werden. Nehmen wir an, x sei eine Funktion von L, dann entspricht der Ausdruck

$$\frac{\frac{dx}{x}}{\frac{dL}{L}} = E_{xL} \tag{14}$$

dem Verhältnis der prozentualen Veränderung von x zur prozentualen Veränderung von L. Wenn wir also

$$x = f(L)$$

schreiben und setzen $j = \ln x$, $h = \ln L$, so daß $L = e^h$, dann ergibt sich

$$\frac{d(\ln x)}{d(\ln L)} = \frac{dj}{dh}.$$

Multiplizieren wir mit (dx/dx) * (dL/dL) und stellen um, so erhalten wir:

$$\frac{d(\ln x)}{d(\ln L)} = \frac{dj}{dh} = \frac{dj}{dx}\frac{dx}{dL}\frac{dL}{dh} = \left(\frac{d}{dx}\ln x\right)\left(\frac{dx}{dL}\right)\left(\frac{d}{dh}e^h\right)$$

$$= \frac{1}{x}\frac{dx}{dL}e^h = \frac{L}{x}\frac{dx}{dL} = \frac{\frac{dx}{x}}{\frac{dL}{L}}.$$

Wir können die Elastizität von x in bezug auf L (E_{xL}) also durch

$$E_{xL} = \frac{d(\ln x)}{d(\ln L)} \tag{15}$$

darstellen. Betrachten wir wiederum den Fall der Cobb-Douglas-Produktionsfunktion

$$\ln y = \alpha \ln K + (1 - \alpha) \ln L,$$

bei der wir L konstant halten, so erhalten wir als Elastizität von y in bezug auf K:

$$E_{yK} = \frac{d \ln y}{d \ln K} = \alpha.$$

Halten wir entsprechend K konstant, so ergibt sich:

$$E_{yL} = \frac{d \ln y}{d \ln L} = (1 - \alpha).$$

Die Koeffizienten der logarithmierten Cobb-Douglas-Produktionsfunktion entsprechen also den Elastizitäten der Funktion in bezug auf K und L.

Ausgewählte Literatur

A. C. Chiang, *Fundamental Methods of Mathematical Economics,* 3rd Ed. (New York: McGraw-Hill, 1984), Chapter 10.

Kapitel 20
Inflation und Arbeitslosigkeit: Die Phillips-Kurve

Zu Beginn der achtziger Jahre lag die Inflationsrate in den USA bei 10%. Die Disinflationspolitik, die seit Ende 1979 in Kraft war, führte mit 10,6% zur höchsten Arbeitslosenquote der Nachkriegszeit. Allerdings konnte diese Politik der Disinflation auch den Erfolg aufweisen, die Inflationsrate bis 1986 auf 3% gesenkt zu haben. In diesem Kapitel diskutieren wir die dynamischen Aspekte der Disinflation und bauen dabei auf dem in Teil II entwickelten analytischen Gerüst auf. Die makroökonomischen Ereignisse des letzten Jahrzehnts stellen für den Ökonomen das Equivalent eines Laborexperiments dar, wenn es sich dabei auch für manchen um ein schmerzvolles „Experiment" gehandelt hat.

Im ersten Abschnitt dieses Kapitels wiederholen wir die grundlegende Analyse der Inflation. Zunächst entwickeln wir die kurzfristige Phillips-Kurve, die die Veränderungsrate der Löhne zur Arbeitslosigkeit in Beziehung setzt. Wir erweitern diese dann um eine Preisgleichung und den aus Kapitel 7 bekannten Mechanismus adaptiver Preiserwartungen, um die langfristige Phillips-Kurve zu erhalten. Dies stellt das grundlegende Modell der Lohn- und Preisdynamik dar. Als nächstes diskutieren wir dann die drei seit den sechziger Jahren beobachteten Inflationszyklen und wenden dabei den zuvor entwickelten analytischen Apparat an.

Wir wollen in diesem Kapitel zeigen, daß die Erfahrungen mit der Inflation und der Arbeitslosigkeit in den USA seit den sechziger Jahren ohne größere Schwierigkeiten im Rahmen der makroökonomischen Analyse des Teils II verstanden werden können. Die Inflation rührte von allzu stimulierender Nachfragepolitik und von Angebotsschocks her. Die Erhöhung der Arbeitslosigkeit resultierte aus antiinflationärer Politik und Veränderungen der Zusammensetzung der Erwerbsbevölkerung. Nach drei Jahren der Expansion war 1986 damit zu rechnen, daß sich die Volkswirtschaft wieder auf einem stabilen Pfad befand. Als sich die Expansion allerdings bis ins Jahre 1988 fortsetzte, nahm die Inflationsrate wieder zu.

Die grundlegende Analyse der Inflation und der Arbeitslosigkeit

Die in Kapitel 19 dargestellte Beziehung zwischen Löhnen, Preisen und Produktivität zeigt, daß wir im allgemeinen dann nicht mit Preiserhöhungen zu rechnen haben, wenn die Lohnsätze mit der gleichen Rate wie die Produktivität steigen. Bei dieser Diskussion haben wir uns auf Bedingungen für nichtinflationäre Lohnerhöhungen konzentriert und dabei angenommen, die Arbeitsangebotskurve (die Nominallohnforderungen der Arbeitnehmer) verschiebe sich im Laufe der Zeit nach oben. Bleibt die Frage zu klären, was die Geschwindigkeit bestimmt, mit der die sich die Arbeitsangebotskurve nach oben verschiebt beziehungsweise was die Bestimmungsfaktoren des Nominallohnsatzes sind. Die Beantwortung dieser Frage führt uns zur Diskussion der Phillips-Kurve, der Beziehung zwischen der Veränderungsrate der Nominallöhne W und der Arbeitslosenquote u.

Die theoretische Basis der Phillipskurve

Aus dem Arbeitsmarktdiagramm in Abbildung 20-1 erkennen wir, daß eine Erhöhung der Arbeitsnachfrage (eine Verschiebung der P · f (N)-Kurve nach rechts) zu einer Erhöhung des Nominallohnsatzes führt, die aufgrund der Überschußnachfrage auf dem Arbeitsmarkt entsteht. In Abbildung 20-1 herrscht beim Lohnsatz W_0 Überschußnachfrage in Höhe von $N^d{}_0 - N^s{}_0$. Diese Überschußnachfrage führt zur Erhöhung des Lohnsatzes. Die erste Annahme bei der Konstruk-

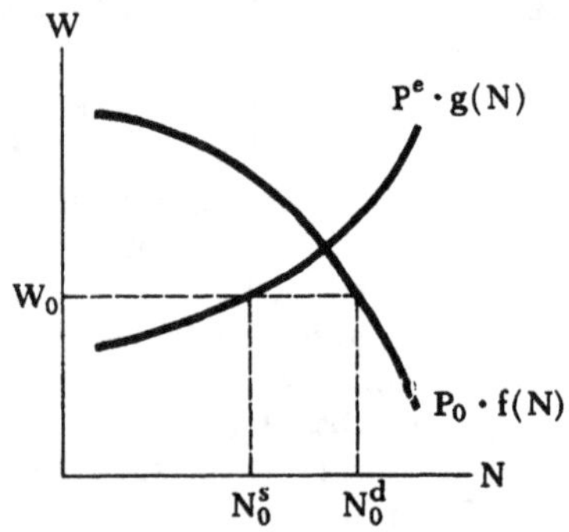

Abbildung 20-1: Überschußnachfrage nach Arbeit.

tion der Phillips-Kurve ist, daß die prozentuale Erhöhung des Lohnsatzes W vom Betrag der Überschußnachfrage nach Arbeit $N^d - N^s$ abhängt. Es gilt also

$$\dot{W} = f(N^d - N^s); \quad f' > 0. \tag{1}$$

Abbildung 20-1 zeigt, daß sowohl Arbeitsnachfrage als auch Arbeitsangebot vom Niveau des Lohnsatzes abhängen.

Ein vollständiges Modell des Arbeitsmarktes würde empirische Schätzungen der Arbeitsnachfragekurve, der Arbeitsangebotskurve und der Anpassungsfunktion für den Lohnsatz [Gleichung (1)] enthalten. Empirische Schätzungen der Arbeitsangebots- und der Arbeitsnachfragefunktion sind nur schwer zu erhalten. Die Anpassungsgleichung für den Lohnsatz allerdings kann unabhängig von der Angebots- und der Nachfragefunktion geschätzt werden.

Um diese Schätzung durchzuführen, müssen wir den Ausdruck für die Überschußnachfrage in Gleichung (1) in die Arbeitslosenquote transformieren. Der britische (in Neuseeland geborene) Ökonom A. W. Phillips führte diese inverse Beziehung zwischen der Veränderungsrate der Löhne und der Arbeitslosigkeit im Jahre 1958 in die ökonomische Literatur ein.

Zu Beginn stellen wir fest, daß das Überschußangebot auf dem Arbeitsmarkt lediglich der Übeschußnachfrage mit umgekehrtem Vorzeichen entspricht. Das heißt also:

$$\text{Überschußangebot} = N^s - N^d = -(N^d - N^s). \tag{2}$$

Unter Verwendung dieser Beziehung können wir die Lohnanpassungsgleichung (1) als

$$\dot{W} = -f(N^s - N^d) \tag{3}$$

darstellen.

Der nächste Schritt besteht darin, die Arbeitslosenquote u = U/L als Näherungswert für das Überschußangebot zu definieren. Steigt das Überschußangebot, so steigt auch die Arbeitslosenquote, wie in Abbildung 20-2 dargestellt. Aus der Diskussion der Arbeitslosigkeit aufgrund von Suchprozessen in Kapitel 10 erinnern wir uns, daß wir im allgemeinen einen positiven Wert der Arbeitslosigkeit beobachten, selbst wenn der Arbeitsmarkt im Gleichgewicht ist, wenn also die Überschußnachfrage gleich null ist. Die Funktion in Abbildung 20-2, die die Beziehung zwischen Überschußangebot und Arbeitslosenquote darstellt, schneidet

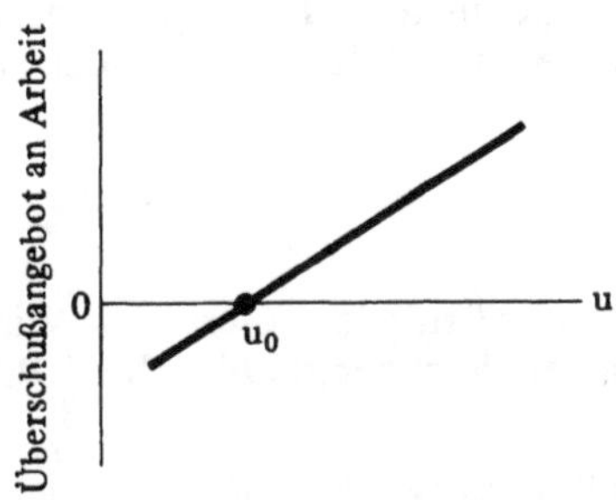

Abbildung 20-2: Arbeitslosigkeit und Überschußangebot an Arbeit.

die waagerechte Achse also bei einem positiven Wert der Arbeitslosigkeit. Substituieren wir das Überschußangebot in Gleichung (1) durch die Arbeitslosenquote, so erhalten wir die folgende Lohnanpassungsgleichung:

$$\dot{W} = g(u); \quad g' < 0. \tag{4}$$

Da $\dot{W}$ bei einer Erhöhung der Überschußnachfrage sinkt, wird es ebenfalls bei einer Erhöhung von u fallen. Wenn also die Arbeitslosigkeit steigt, fällt die Veränderungsrate der Löhne und umgekehrt. Gleichung (4) ist die grundlegende Gleichung der Phillips-Kurve, die $\dot{W}$ zu u in Beziehung setzt.

Abbildung 20-3 zeigt diese Phillips-Kurve aus Gleichung (4). Aus den folgenden Gründen können wir erwarten, daß die g(u)-Funktion die konvexe Form der Kurve in Abbildung 20-3 hat. Wenn die Arbeitslosigkeit um jeweils gleiche Beträge verringert wird, so steigt der Lohnsatz mit zunehmender Rate, wobei $\dot{W}$ gegen unendlich geht wenn u gegen 0 geht. Wir werden also, mit anderen Worten, nie eine negative Arbeitslosenquote beobachten. Auf der anderen Seite muß es eine institutionell bedingte untere Grenze geben, unter die $\dot{W}$ nicht fallen kann.

Es dauert seine Zeit, die Lohnsätze zu verändern, insbesondere sie auf ein niedriges Niveau zu reduzieren, so daß also $\dot{W}$ nicht gegen $(-\infty)$ gehen kann, wenn die Arbeitslosenquote mehr und mehr steigt, sondern eine konstante Rate der Lohnsatzsenkung erreicht. Wenn u 100% erreicht, nähert sich $\dot{W}$ der in Abbildung 20-3 dargestellten unteren Grenze. Diese Eigenschaften geben der Kurve ihre kon-

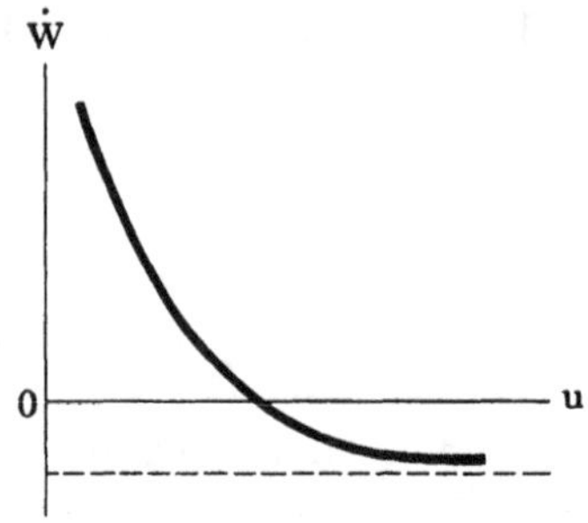

Abbildung 20-3: Die Phillips-Kurve.

vexe Gestalt. Auch wenn diese Argumente nicht wirklich überzeugend sind, unterstützen empirische Resultate im allgemeinen die Annahme der Konvexität. Eine von George Perry durchgeführte Untersuchung spezifizierte die Konvexität der Phillips-Kurve für die USA durch folgenden Schätzansatz:

$$\dot{W} = -\alpha + \beta \cdot \frac{1}{u}.$$

Perry schätzte den Koeffizienten β mit dem Wert 14,7. Wir werden diesen Schätzwert später verwenden, um den Wert der „natürlichen“ Rate der Arbeitslosigkeit zu bestimmen.

Die konvexe Form der Phillips-Kurve läßt darauf schließen, daß die Volkswirtschaft im Durchschnitt eine geringere Inflationsrate aufweisen wird, wenn die Schwankungen der Arbeitslosigkeit um einen Mittelwert $\bar{u}$ geringer sind, als dann, wenn diese Schwankungen sehr hoch sind. Schwankt die Arbeitslosenquote symmetrisch um den Wert 6%, so ist der durchschnittliche Druck auf das Preisniveau zu steigen für Werte unterhalb der 6%-Marke höher, als bei Werten darüber. Dies beruht auf der konvexen Gestalt der Kurve. Je größer also die Schwankungen des Arbeitslosenniveaus um einen gegebenen Mittelwert der Arbeitslosenquote sind, desto größer wird der kosteninduzierte Inflationsdruck auf die Volkswirtschaft sein.

Arbeitslosigkeit und Preiserwartungen

In der Beziehung der Phillips-Kurve in Gleichung (4) ist die Veränderungsrate der Nominallöhne lediglich eine Funktion der Arbeitslosenquote. Dies entspricht der Annahme, daß das extreme Keynesianische Modell aus Kapitel 7 gilt: die Nominallohnforderungen reagieren nicht auf erwartete Preiserhöhungen. Um den allgemeineren Fall zu betrachten, müssen wir Inflationserwartungen in unsere einfache Phillips-Kurve mit einbeziehen. Bei einem gegebenen Niveau der Arbeitslosenquote u werden die Nominallohnforderungen um so mehr steigen, je mehr das erwartete Preisniveau steigt. Diese um Erwartungen erweiterte Phillips-Kurve können wir wie folgt schreiben:

$$\dot{W} = g(u) + \dot{P}^e. \tag{5}$$

Später werden wir diskutieren, wie Inflationserwartungen gebildet werden und werden dabei auf die Fälle adaptiver und rationaler Erwartungen eingehen, die wir bereits in Kapitel 7 diskutiert haben. Im Moment nehmen wir $\dot{P}^e$ als exogen gegeben an.

Die in Gleichung (5) gegebene Version der Phillips-Kurve ist in Abbildung 20-4 dargestellt. Wir erkennen, wie das erwartete Preisniveau von $\dot{P}^e_0$ auf $\dot{P}^e_1$ steigt. Jede individuelle Phillips-Kurve für ein bestimmtes $\dot{P}^e$ ist eine „kurzfristige Phillips-Kurve". Im folgenden werden wir eine „langfristige Phillips-Kurve" herleiten, indem wir die Gleichung, die $\dot{P}$ bestimmt, mit Gleichung (5) kombinieren.

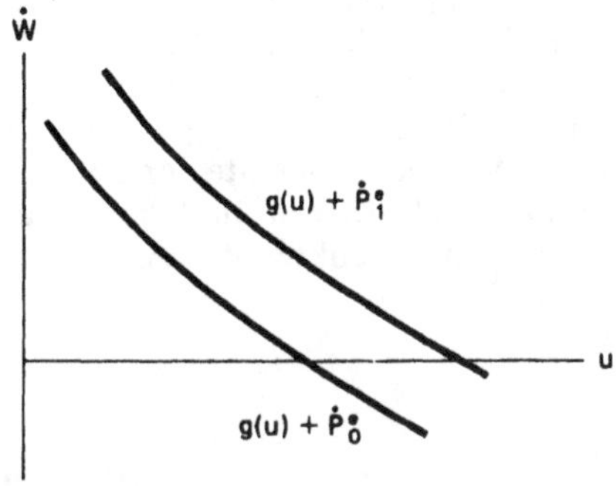

Abbildung 20-4: Kurzfristige Phillips-Kurven.

Eine Verringerung des Arbeitsangebots aufgrund einer Erhöhung der Nachfrage nach Freizeit würde jede der kurzfristigen Phillips-Kurven nach oben verschieben [g(u) würde steigen]. Die Arbeitgeber würden erhebliche Lohnerhöhungen anbieten, um die gleiche Anzahl von Arbeitskräften beschäftigen zu können wie vor der Veränderung der Präferenzen. Wenn sich die Zusammensetzung der Arbeitskräfte ändert, wird sich ebenfalls die kurzfristige Phillips-Kurve g(u) nach oben verschieben. Dies wird zum Beispiel der Fall sein, wenn der Anteil der Arbeitnehmer, die im Durchschnitt weniger an den Arbeitsmarkt gebunden sind, deren durchschnittliche Arbeitslosenquote also höher ist, zunimmt, wie zum Beispiel dann, wenn sich der Anteil der Zweitverdiener erhöht. Bei einer gegebenen Veränderung der Löhne, würde sich die Arbeitslosigkeit erhöhen, weil sich die Zusammensetzung der Arbeitskräfte auf eine Gruppe verlagert hat, die im allgemeinen höhere Arbeitslosenquoten aufweist. Wie wir später sehen werden, hat dieser Faktor in den USA Mitte der sechziger Jahre eine wichtige Rolle gespielt.

Die langfristige Phillips-Kurve

Die Preisgleichung aus Kapitel 19, bei der die Anteile der Faktoren am Output konstant bleiben ist durch

$$\dot{P} = \dot{W} - (\dot{y/N}) + \varepsilon \tag{6}$$

gegeben. Der zusätzliche Term stellt einen kosteninduzierten Störterm dar. Normalerweise erwarten wir, daß $\varepsilon = 0$ ist. Bei einem Ernteausfall großen Ausmaßes oder einer Verringerung des Ölangebots ist ε zeitweise positiv.

Joel Popkin schätzte zum Beispiel, daß diese beiden Elemente den Konsumentenpreisindex (CPI) in den USA im Jahre 1973 um 4,5% erhöht haben. In diesem Fall gilt also $\varepsilon = 0{,}045$ im Jahre 1973.

Wenn die Faktoranteile am Output im Zeitverlauf relativ konstant bleiben (wie wir in Kapitel 22 sehen werden) und wenn es keine langanhaltenden kosteninduzierten Störungen gibt, die nicht durch höhere Lohnforderungen begründet sind ($\varepsilon = 0$), dann erhalten wir mit Gleichung (6) eine Beziehung zwischen Löhnen und Preisen, so daß wir die Phillips-Kurve sowohl durch die Löhne als auch durch die Preise ausdrücken können. Die Beziehung der Phillips-Kurve zwischen der Inflationsrate und der Arbeitslosenquote ist in Abbildung 20-5 dargestellt. Steigt die Produktivität mit 2% im Jahr, was ungefährt dem durchschnittlichen Wachstum in den USA seit den siebziger Jahren entspricht, dann beobachten wir (bei konstant gehaltenen Faktoranteilen am Output) eine Inflationsrate von 0, wenn sich die Löhne pro Jahr um 2% erhöhen. Bei gegebenem Niveau der Arbeitslosigkeit können wir also die Veränderungsrate der Lohnsätze auf der linken senkrechten Achse in Abbildung 20-5 ablesen, und die Veränderungsrate der Preise (die Inflationsrate) auf der rechten senkrechten Achse.

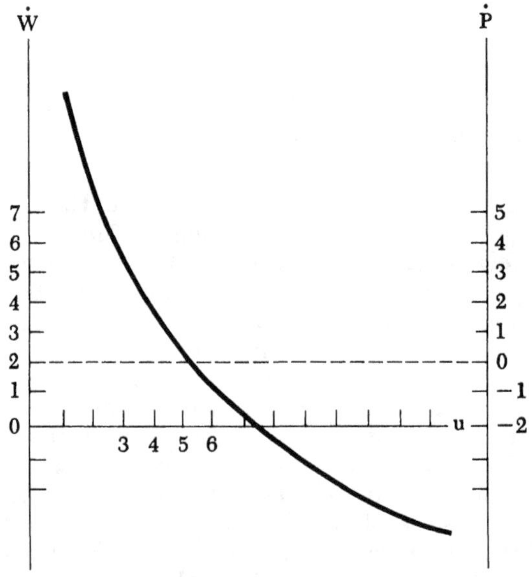

Abbildung 20-5: Die Phillips-Kurve: Die Verbindung von Preisen und Löhnen.

Kombinieren wir Gleichung (5) und Gleichung (6), so erkennen wir, wie die Preis-Lohn-Spirale funktioniert und können die langfristige Phillips-Kurve herleiten. Nehmen wir einmal an, die anfängliche kosteninduzierte Störung $\varepsilon > 0$ führe zu einer Erhöhung des Preisniveaus, so daß $\dot{P} > 0$ ist. Hierauf erhöhen sich die Lohnforderungen ($\dot{W}$ wird positiv) und wirken durch Gleichung (6) auf $\dot{P}$ ein und so weiter. Handelte es sich bei dem anfänglichen Impuls um eine nachfrageinduzierte Störung, so würden wir zunächst ein Sinken der Arbeitslosenquote u in Gleichung (5) beobachten, worauf sich $\dot{W}$ erhöht. Hierauf steigt $\dot{P}$ in Gleichung (6). Dies führt dann zu einer weiteren Erhöhung der Lohnforderungen in Gleichung (5) und so weiter.

Den Effekt einer Veränderung der Arbeitslosenquote oder kontinuierlichen kosteninduzierten Drucks ($\varepsilon > 0$) erhalten wir durch Kombination der Gleichungen (5) und (6). Ersetzen wir $\dot{W}$ in Gleichung (6) durch (5), so erhalten wir eine Version der Phillips-Kurve mit Preisinflation:

$$\dot{P} = g(u) + \dot{P}^e - (\dot{y/N}) + \varepsilon. \tag{7}$$

In dieser Gleichung ist der Term der Angebotsstörungen epsilon normalerweise gleich null.

In jedem langfristigen Gleichgewicht mit konstanter Inflationsrate wird die erwartete Inflationsrate $\dot{P}^e$ gleich der tatsächlichen Inflationsrate $\dot{P}$ sein. Natürlich wird in diesem Fall ε gleich null sein. Implantieren wir diese Annahmen in die Phillips-Kurve mit Preisinflation [Gleichung (7)], so erhalten wir die senkrechte langfristige Phillips-Kurve. Wenn $\dot{P} = \dot{P}^e$ und $\varepsilon = 0$ gilt, so wird Gleichung (7) zu

$$\dot{P} = g(u) + \dot{P} - (\dot{y/N}), \quad \text{oder} \quad g(u) - (\dot{y/N}) = 0. \tag{8}$$

Bei gegebener Rate des Produktivitätswachstums $(\dot{y/N})$ erhalten wir aus Gleichung (8) eine „natürliche Rate" der Unterbeschäftigung u_n. Als Beispiel für die Berechnung von u_n wollen wir Perrys Schätzung $g(u) = 14{,}7/u$ und die langfristige Wachstumsrate der Produktivität in den USA verwenden, die in den späten sechziger Jahren 3% im Jahr betrug. Wir erhalten:

$$\frac{14{,}7}{u_n} = 3{,}0, \quad \text{oder} \quad u_n = 4{,}9.$$

Dies entspricht ungefähr der Schätzung Robert J. Gordons für die natürliche Arbeitslosenquote in den sechziger Jahren, die 5% betrug.

In Abbildung 20-6 sind die kurzfristigen Phillips-Kurven aus Abbildung 20-4 mit der langfristigen senkrechten Phillips-Kurve aus Gleichung (8) kombiniert. Jede

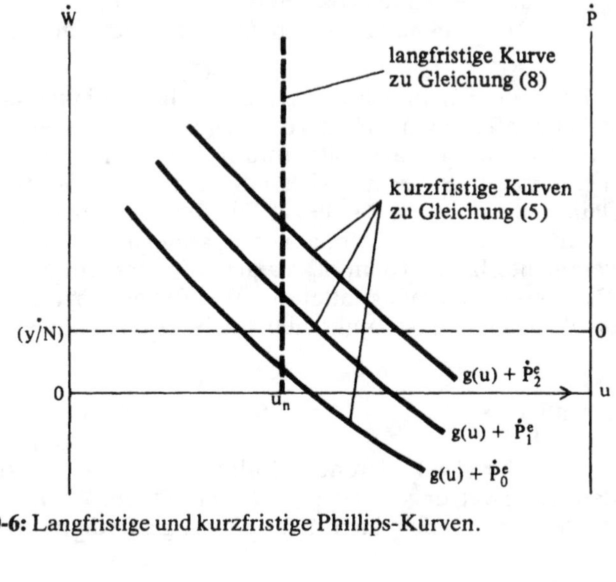

Abbildung 20-6: Langfristige und kurzfristige Phillips-Kurven.

kurzfristige Kurve entspricht einer bestimmten erwarteten Inflationsrate $\dot{P}^e$, wobei $\dot{P}_0^e$ kleiner $\dot{P}_1^e < \dot{P}_2^e$ ist. Da wir die natürliche Arbeitslosenquote unter der Annahme berechnen, daß $\dot{P} = \dot{P}^e$ gilt, ist in dem Punkt, bei dem die kurzfristige Kurve die langfristige Kurve (u_n) schneidet, $\dot{P}$ auf der rechten senkrechten Achse gleich dem zu der kurzfristigen Kurve gehörenden Wert von $\dot{P}^e$.

Tatsächliche und erwartete Inflation

Wir haben die langfristige Phillips-Kurve in Gleichung (7) hergeleitet, indem wir $\dot{P} = \dot{P}^e$ und $\varepsilon = 0$ gesetzt haben. Danach haben wir die natürliche Rate der Arbeitslosigkeit u_n berechnet, indem wir Gleichung (8) nach u_n aufgelöst haben. Wir wissen also, daß die tatsächliche Inflation $\dot{P}$ bei jedem Punkt links von u_n in Abbildung 20-6 höher als die erwartete Inflation $\dot{P}^e$ ist und daß zur Rechten von u_n $\dot{P} < \dot{P}^e$ gilt. Wir wollen nun sehen, warum dies der Fall ist. Aus Gleichung (7) erkennen wir, daß die Differenz zwischen tatsächlicher und erwarteter Inflation ($\varepsilon = 0$) durch

$$\dot{P} - \dot{P}^e = g(u) - (\dot{y/N}) \tag{9}$$

gegeben ist.

Links von u_n ist $u < u_n$ und $g(u) > g(u_n)$, weil die Steigung der kurzfristigen Phillips-Kurve negativ ist ($g' < 0$). Aus diesem Grund ist $g(u) - (\dot{y/N})$ links von u_n positiv. Dies ist der Fall, weil dieser Ausdruck bei dem Wert u_n in Gleichung (8) gleich null ist. Entlang einer kurzfristigen Kurve gilt also (links von u_n) $\dot{P} > \dot{P}^e$ und rechts von u_n $\dot{P}^e > \dot{P}$.

Dies ist eine sinnvolle Aussage im Rahmen des grundlegenden statischen Modells aus Teil II. Dort haben wir u_n als die Arbeitslosenquote berechnet, bei der $\dot{P} = \dot{P}^e$ ist. Erhöht expansionäre Nachfragepolitik die Beschäftigung und verringert die Arbeitslosigkeit unter u_n, so geschieht dies durch eine Erhöhung von $\dot{P}$ um mehr als $\dot{P}^e$. Was die Phillips-Kurve anbelangt, so bedeutet dies, daß $\dot{P} > \dot{P}^e$ ist. Erhöht eine Nachfragesenkung die Arbeitslosenquote über u_n und verringert die Beschäftigung, so muß $\dot{P}$ um mehr als $\dot{P}^e$ sinken. Dies bedeutet, daß zur Rechten von u_n $\dot{P} < \dot{P}^e$ ist.

Durch die Herleitung der natürlichen Rate der Arbeitslosigkeit erkennen wir, daß die tatsächliche Inflation unterhalb (oberhalb) von u_n höher (niedriger) als die erwartete Inflation ist. Daraus sollte intuitiv einleuchten, daß die Inflation steigt, wenn $u < u_n$ ist und $\dot{P}^e$ beginnt, sich an $\dot{P}$ anzupassen. Wenn $u > u_n$ ist, so würde die Inflation sinken, wenn $\dot{P} < \dot{P}^e$ ist. Dies bedeutet, daß die Inflation zur Linken von u_n zunimmt und zur Rechten von u_n abnimmt. Diese Charakteristik des Modells veranlaßte James Tobin, u_n als die inflationsneutrale Arbeitslosenquote (NAIRU = nonaccelerating inflation rate of unemployment) zu bezeichnen, die wir im folgenden, wie im Englischen, mit NAIRU abkürzen.

Validierung der Inflation

Wir werden die Idee der akzellerierenden Inflation in Kürze präzisieren, indem wir explizit adaptive Erwartungen in das Modell einführen. Wir können das hierdurch bedingte Problem bei der Nachfragesteuerung allerdings bereits jetzt untersuchen und betrachten zu diesem Zweck Abbildung 20-7. Nehmen wir an, die Volkswirtschaft befände sich anfänglich bei Punkt A in Abbildung 20-7, wo die Rate der Preisinflation gleich null ist und die Löhne mit der gleichen Rate steigen wie die Produktivität. Zu Beginn befindet sich die Arbeitslosenquote bei der NAIRU u_n.

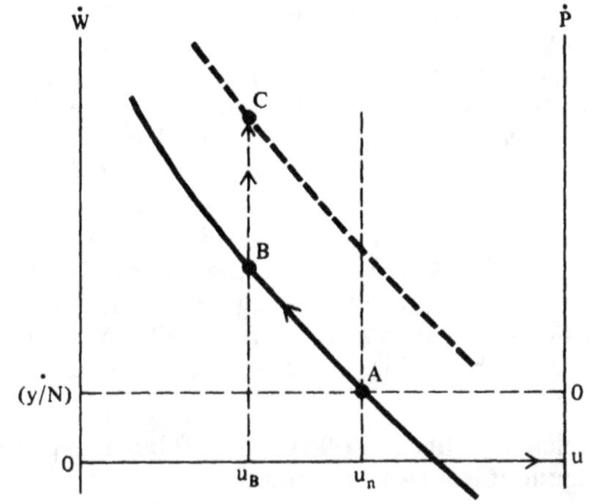

Abbildung 20-7: Akzellerierende Inflation unterhalb der inflationsneutralen Arbeitslosenquote.

Nehmen wir an, eine expansionare geldpolitische oder fiskalpolitische Maßnahme bewege die Volkswirtschaft entlang der kurzfristigen Phillips-Kurve zu Punkt B. Dies könnte zum Beispiel der Fall sein, wenn die Regierung der Meinung ist, daß der Nutzen einer Senkung der Arbeitslosigkeit höher ist, als die Kosten der Inflation bei Punkt A. In diesem Fall würde die Inflationsrate positiv und die Arbeitslosigkeit fiele auf u_B. In Abbildung 20-8 hat sich das Gleichgewicht der Volkswirtschaft von Punkt A nach Punkt B verlagert. Wie wir aber aus Abbildung 20-7 wissen, ist die Inflationsrate hier positiv, so daß sich die aggregierte Angebotskurve in Abbildung 20-8 nach oben verschiebt, wobei sich die Volks-

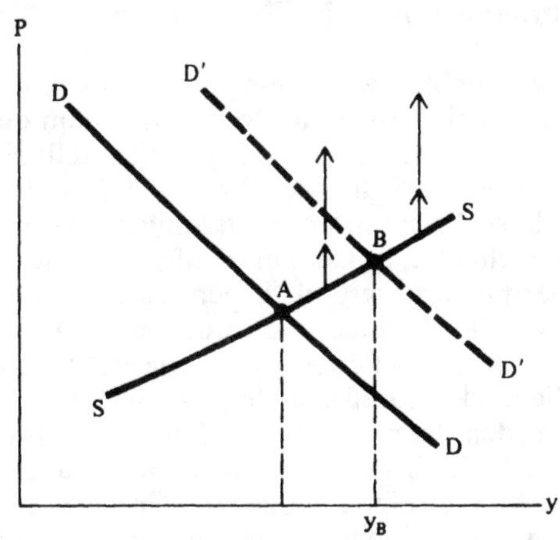

Abbildung 20-8: Die Preis-Lohn-Spirale.

wirtschaft bei Punkt B befindet. Hier ist die Preis-Lohn-Spirale am Werk. Die aggregierte Nachfrage muß deshalb weiter zunehmen, um die Arbeitslosenquote in den Abbildungen 20-7 und 20-8 bei u_B und den Output bei y_B zu halten. In der ökonomischen Fachliteratur ist dies als Validierung der Inflation bekannt.

Wir können nun fragen, ob die Nachfragepolitik, indem die Nachfrage kontinuierlich ausgeweitet wird, die Volkswirtschaft in den Abbildung 20-7 und 20-8 bei u_B, y_B zu halten vermag und dabei gleichzeitig die Inflationsrate in Abbildung 20-7 konstant bei Punkt B bleibt. Die Antwort auf diese Frage lautet nein. Der Leser erinnere sich daran, daß die erwartete Inflationsrate, die die kurzfristige Phillips-Kurve auf ihrer Position durch die Punkte A und B fixierte, gleich null war. Diese Situation stellte den Schnittpunkt der Kurve mit der Senkrechten bei u_n da, bei dem also erwartete gleich tatsächlicher Inflationsrate ist. Bei Punkt B aber ist die tatsächliche Inflationsrate positiv. Hier ist $\dot{P}$ also größer als $\dot{P}^e$ und die erwartete Inflationsrate wird sich nach oben anpassen. Dies bedeutet, daß sich die kurzfristige Phillips-Kurve bei Punkt B in Abbildung 20-7 nach oben in Richtung von Punkt C verschiebt, wenn $\dot{P}^e$ zu steigen beginnt. Weil die Inflationsrate bei u_B steigt, verschiebt sich die Angebotskurve in Abbildung 20-8 mit zunehmender Geschwindigkeit nach oben. Dies entspricht einer Akzeleration des Preisniveaus.

Wollen wir das Gleichgewicht der Volkswirtschaft bei u_B, y_B erhalten, so wird die Nachfrage mit steigender Rate wachsen müssen.

In den sechziger und siebziger Jahren führten Versuche, expansionäre Maßnahmen durchzuführen, zu dem oben beschriebenen Dilemma. Um die Volkswirtschaft bei einem Punkt zu halten, bei dem die Arbeitslosenquote unter der NAIRU (u_n) liegt, muß die Nachfrage mit steigender Rate wachsen. Dies äußert sich in zunehmender Inflation. Diese Politik erwies sich schließlich als nicht akzeptabel und es folgte die Disinflation der achtziger Jahre. In Kürze werden wir uns mit der Entwicklung der Arbeitslosigkeit und der Inflation in den USA seit den sechziger Jahren ausführlich auseinandersetzen. Zunächst wollen wir jedoch etwas genauer auf die Diskussion der Erwartungsanpassung eingehen und verwenden zu diesem Zweck wieder das Modell der adaptiven Erwartungen aus Kapitel 7.

Adaptive Erwartungen und die Phillips-Kurve

Ein Mechanismus zur Fehlerberichtigung stellt eine sinnvolle Art der Erwartungsbildung dar. Hierbei werden die Erwartungen um einen Bruchteil des zuletzt gemachten Vorhersagefehlers korrigiert. Dies stellt eine gute Methode dar, wenn wir uns nicht sicher bezüglich des Prozesses sind, der der interessierenden Variable zugrunde liegt. Wenn sich der tatsächliche Wert in diesem Fall vom erwarteten Wert unterscheidet, so kann dies aufgrund eines zufälligen Ereignisses oder einer Veränderung des zugrunde liegenden Prozesses der Fall sein. Ist ein zufälliges Ereignis für die Veränderung verantwortlich, dann sollten die Erwartungen bezüglich der nächsten Periode nicht angepaßt werden. Wenn sich dagegen der zugrunde liegende Prozeß geändert hat, so sollten die Erwartungen vollständig angepaßt werden. Ist man sich unsicher, welcher der beiden Fälle eingetreten ist, so sollte man die Erwartungen nur zum Teil anpassen. Diese Fehlerberichtigungsmethode führt zu einem Prozeß der Erwartungsbildung mit adaptiven Erwartungen, wie wir ihn in Kapitel 7 eingeführt haben. Wir wollen diese Methode der Erwartungsbildung hier auf die erwartete Inflationsrate $\dot{P}^e$ anwenden.

Spezifizierung der adaptiven Erwartungen

Wir müssen wieder die Schreibweise mit Zeitindizes aus Kapitel 7 verwenden, wobei wir diese jetzt auf die Inflationsrate anwenden. Wir ersetzen also $\dot{P}^e$ durch ${}_{t-1}\dot{P}_t$, das dem in Periode (t−1) gebildeten Erwartungswert der Inflationsrate in Periode t entspricht. Im allgemeinen können wir uns vorstellen, daß Inflationserwartungen in jeder vorangegangenen Periode (t − i) für jede zukünftige Periode (t − i + j) gebildet werden.

Den Mechanismus der Erwartungsanpassung formulieren wir wie folgt:

$$ {}_{t}\dot{P}_{t+1} + {}_{t-1}\dot{P}_t = \lambda\,(\dot{P}_t - {}_{t-1}\dot{P}_t). \tag{10} $$

Dieser Ausdruck besagt, daß die Erwartungen um einen Bruchteil λ ($0 < \lambda < 1$) des zuletzt gemachten Fehlers angepaßt werden. Wir gehen davon aus, daß wir einen Erwartungswert für die Inflationsrate dieser Periode gebildet hatten (${}_{t-1}\dot{P}_t$). Nun beobachten wir den tatsächlichen Wert $\dot{P}_t$. Der Erwartungswert der Inflationsrate der nächsten Periode (${}_{t}\dot{P}_{t+1}$) entspricht also dem Erwartungswert dieser Periode zuzüglich eines Bruchteils λ des Vorhersagefehlers der gegenwärtigen Periode. Gleichung (10) ist hier in der in der Literatur über adaptive Erwartungen üblichen Form dargestellt. Gleichung (8) in Kapitel (7) ist in der Form dargestellt, die eher aus der Literatur der Ingenieurswissenschaften über Fehlerberichtungsmechanismen bekannt ist. Der Leser möge selbst überprüfen, daß diese beiden Schreibweisen äquivalent sind. Der einzige Unterschied zu Kapitel 7 besteht darin, daß die Position der Gewichte λ und $(1 - \lambda)$ vertauscht ist.

Gleichung (10) beschert uns zwei Möglichkeiten, den erwarteten Wert der Inflation ${}_{t}\dot{P}_{t+1}$ darzustellen. Die erste erhalten wir, indem wir einfach ${}_{t-1}P_t$ auf die rechte Seite bringen:

$$ {}_{t}\dot{P}_{t+1} = \lambda\dot{P}_t + (1 - \lambda)\,{}_{t-1}\dot{P}_t. \tag{11} $$

Dieser Ausdruck stellt die heute gebildeten Erwartungen bezüglich der Inflation in der folgenden Periode als einen gewichteten Durchschnitt der für diese Periode erwarteten Inflation und der tatsächlichen Inflation dieser Periode dar. Hier erkennen wir, daß der Wert des Parameters λ davon abhängt, was wir für die wahrscheinlichste Quelle des Vorhersagefehlers dieser Periode halten. Handelt es sich um eine permanente Veränderung des Prozesses, der der Bildung des Werts $\dot{P}$ zugrunde liegt, dann sollten wir λ gleich 1 setzen, so daß ${}_{t}\dot{P}_{t+1} = \dot{P}$ ist. Dies bezeichnen wir als statische Erwartungen: wir erwarten, daß die Inflationsrate von morgen gleich der Inflationsrate von heute ist. Wenn wir annehmen, der gemachte Vorhersagefehler beruhe lediglich auf einem zufälligen Ereignis, dann sollten wir λ gleich null setzen, so daß es zu keiner Anpassung kommt und ${}_{t}\dot{P}_{t+1} = {}_{t-1}\dot{P}_t$ ist. Im allgemeinen wird der Wert von λ von der Variabilität des Prozesses, der der Bildung von $\dot{P}$ zugrunde liegt, im Verhältnis zur relativen Zufälligkeit von $\dot{P}$ selbst zu diesem Prozeß abhängen.

Wenn wir die Indizes in Gleichung (11) um eine Periode nach hinten verschieben, so erhalten wir:

$$ {}_{t-1}\dot{P}_t = \lambda\dot{P}_{t-1} + (1 - \lambda)\,{}_{t-2}\dot{P}_{t-1}. \tag{12} $$

Substituieren wir nun ${}_{t-1}\dot{P}_t$ in Gleichung (11) durch diesen Ausdruck, so ergibt sich:

$$ {}_t\dot{P}_{t+1} = \lambda \dot{P}_t + \lambda (1-\lambda) \dot{P}_{t-1} + (1-\lambda)^2 {}_{t-2}\dot{P}_{t-1}. \tag{13} $$

Wir können diese Substitution mehrfach durchführen, um

$$ {}_t\dot{P}_{t+1} = \lambda \dot{P}_t + \lambda (1-\lambda) \dot{P}_{t-1} + \lambda (1-\lambda)^2 \dot{P}_{t-2} + \lambda (1-\lambda)^3 \dot{P}_{t-3} + \cdots \tag{14} $$

zu erhalten. Die unendliche Summe auf der rechten Seite von Gleichung (14) können wir kompakter wie folgt schreiben:

$$ {}_t\dot{P}_{t+1} = \sum_{i=0}^{\infty} \lambda (1-\lambda)^i \dot{P}_{t-1}. \tag{15} $$

Gilt $0 < \lambda < 1$, so können wir mit adaptiven Erwartungen den Erwartungswert der nächsten Periode als von allen vergangenen Realisationen abhängig darstellen. Adaptive Erwartungen berücksichtigen alle Werte bis in die unendlich ferne Vergangenheit, um den heute zu bildenden Erwartungswert der nächsten Periode zu bestimmen.

Die NAIRU und das dynamische Verhalten der Inflation

Wir wenden uns wieder der Diskussion des dynamischen Verhaltens der Inflationsrate zu, indem wir ${}_{t-1}P_t$ in Gleichung (12) durch die Preis-Version der Phillipskurve aus Gleichung (7) ersetzen, um

$$ \dot{P}_t = g(u) - (\dot{y/N}) + \lambda \dot{P}_{t-1} + (1-\lambda)\, {}_{t-2}\dot{P}_{t-1} \tag{16} $$

oder

$$ \dot{P}_t = g(u) - (\dot{y/N}) + \sum_{i=1}^{\infty} \lambda (1-\lambda)^{i-1} \dot{P}_{t-i} \tag{17} $$

zu erhalten. Der Leser erinnere sich daran, daß die NAIRU der Arbeitslosenquote u_n entspricht, die folgende Bedingung erfüllt:

$$ g(u) - (\dot{y/N}) = 0. $$

Diese Bedingung ist erfüllt und die Volkswirtschaft befindet sich bei u_n in Abbildung 20-9 im Gleichgewicht, wenn folgende Beziehung gilt:

$$ \dot{P}_t = \lambda \dot{P}_{t-1} + (1-\lambda)\, {}_{t-2}\dot{P}_{t-1} = {}_{t-1}\dot{P}_t. $$

Diese Gleichung besagt, daß die Inflationserwartungen erfüllt werden. Wenn die Politik der aggregierten Nachfrage u auf einem Niveau u_0 festlegt, das niedriger als u_n in Abbildung 20-9 ist, dann wird die tatsächliche Inflation höher als die erwartete Inflation sein.

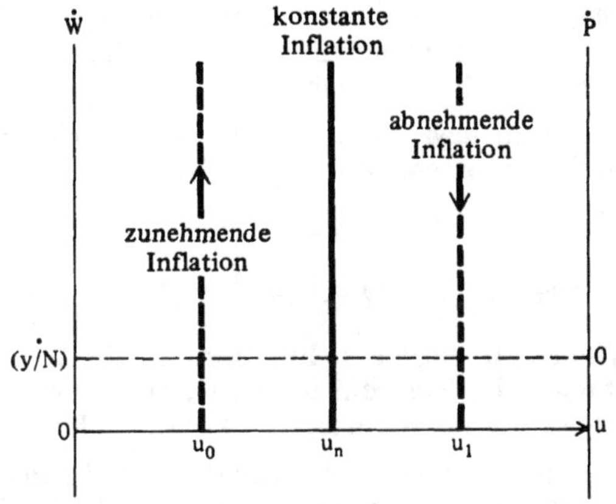

Abbildung 20-9: Dynamisches Verhalten der Inflation.

Die Differenz dieser beiden Werte können wir mit Hilfe von Gleichung (16) berechnen:

$$\dot{P}_t - \lambda\dot{P}_{t-1} - (1-\lambda)\,{}_{t-2}\dot{P}_{t-1} = g(u_0) - g(u_1) \approx g' \cdot (u_0 - u_n). \qquad (18)$$

Der Leser erinnere sich daran, daß $g' < 0$ und $u_0 < u_n$ ist, so daß dieser Ausdruck positiv ist. Wenn die tatsächliche Inflation die erwartete übersteigt, wird bei adaptiven Erwartungen die tatsächliche Inflation zunehmen, da die gegenwärtige tatsächliche Inflationsrate in die zukünftige erwartete Inflationsrate eingeht.

Wir können berechnen, wie schnell die Inflationsrate steigt, indem wir $\dot{P}_{t-1}$ auf der linken Seite von Gleichung (18) einmal hinzuaddieren und einmal abziehen, um dann unter Verwendung der Approximation in Gleichung (18)

$$\dot{P}_t - \dot{P}_{t-1}\,(1-\lambda)\,(\dot{P}_{t-1} - {}_{t-2}\dot{P}_{t-1}) = g' \cdot (u_0 - u_n)$$

zu erhalten. Wird u_0 durch Nachfragesteuerung konstant gehalten, dann war die Differenz zwischen tatsächlicher und erwarteter Inflation in Periode $(t-1)$ ebenfalls durch $g' \cdot (u_0 - u_n)$ gegeben, so daß wir

$$\dot{P}_t - \dot{P}_{t-1} + (1-\lambda)\,(g' \cdot (u_0 - u_n)) = g' \cdot (u_0 - u_n)$$

erhalten. Die Zunahme der Inflationsrate im Zeitverlauf ist also durch

$$\dot{P}_t - \dot{P}_{t-1} = \lambda \cdot g' \cdot (u_0 - u_n) \qquad (19)$$

gegeben.

Wenn λ gleich 1 ist, passen sich die Erwartungen sofort an, so daß die tatsächliche Inflationsrate um den vollen Betrag steigen muß:

$$\dot{P}_t - \dot{P}_{t-1} = g' \cdot (u_0 - u_n).$$

Wenn im anderen Extremfall λ gleich 0 ist, passen sich die Erwartungen nie an. Durch eine Verringerung von u oder $\dot{P}$ wird also ein permanenter Unterschied zwischen der tatsächlichen und der erwarteten Inflationsrate begründet. In diesem Fall liegt wieder die kurzfristige Phillips-Kurve mit exogenen Preiserwartungen $\dot{P}^e$ vor, bei der wir keine NAIRU haben.

Die gleiche Analyse können wir mit umgekehrtem Vorzeichen zur Rechten von u_n in Abbildung 20-9 vornehmen. Wenn $u > u_n$ ist, so erhalten wir aus Gleichung (16)

$$\dot{P}_t < {}_{t-1}\dot{P}_t = \lambda \dot{P}_{t-1} + (1-\lambda)\,{}_{t-2}\dot{P}_{t-1},$$

wobei die Geschwindigkeit, mit der die Inflationsrate sinkt, durch Gleichung (19) gegeben ist, in der $u > u_n$ ist. Nur wenn $u = u_n$ ist, wird die erwartete Inflationsrate gleich der tatsächlichen sein, wobei letztere konstant bleiben wird.

Mit adaptiven Erwartungen erhalten wir also das in Abbildung 20-9 dargestellte dynamische Verhalten der Inflationsrate. Beim Wert der NAIRU kann jede Inflationsrate konstant im Gleichgewicht sein, solange sie von der Nachfragepolitik validiert wird. Insbesondere wird eine Politik mit $\dot{M} = \dot{P}$ den Wert der Realkasse konstant halten und verschiebt die aggregierte Nachfragekurve in Abbildung 20-8 mit der gleichen Geschwindigkeit nach oben wie die aggregierte Angebotskurve. Versuchen wir, die Arbeitslosenquote u durch Nachfragesteuerung bei einem Wert unterhalb von u_n zu halten, so muß die Expansion der Nachfrage mit steigender Rate zunehmen, um die tatsächliche Inflation auf einem höheren Niveau als die erwartete Inflation zu halten. Um die Inflationsrate zu verringern müssen wir versuchen, Druck von der Nachfrageseite zu nehmen, wobei u über u_n steigt. In dieser Situation wird die Inflationsrate abnehmen, wobei die Verringerung des Nachfragewachstums die tatsächliche Inflation unterhalb der erwarteten Inflation halten wird. Nach einer kurzen Diskussion rationaler Erwartungen werden wir das dynamische Verhalten der Inflation in den Jahren 1960-1985 untersuchen.

Rationale Erwartungen

Eine Alternative zu adaptiven Erwartungen stellt die Annahme rationaler Erwartungen dar. Hier werden unverzerrte Prognosewerte der Inflationsrate aus dem Modell heraus erzeugt. Aus Kapitel (11) ist folgende Gleichung gegeben:

$$\dot{P}_t = {}_{t-1}\dot{P}_t + \eta_t$$

Hier steht η_t für den zufallsbedingten Schätzfehler. Dies bedeutet, daß wir den Term $\dot{P}^e$ in Gleichung (7) durch

$$_{t-1}\dot{P}_t = \dot{P}_t - \eta_t \tag{20}$$

ersetzen können, um die kurzfristige Phillips-Kurve

$$g(u) - (\dot{y/N}) + \varepsilon - \eta = 0 \tag{21}$$

zu erhalten. Der Erwartungswert der Arbeitslosenquote entspricht der NAIRU, wenn $\varepsilon = \eta_t = 0$. Mit rationalen Erwartungen wird alles außer zufälliger Inflation antizipiert, so daß alle Abweichungen von der NAIRU rein zufällig sind.

Wenden wir die Hypothese rationaler Erwartungen auf die Inflationsrate an, so erhalten wir die langfristig senkrechte Phillips-Kurve auch kurzfristig gesehen. In diesem Fall wird jede auf systematischer Politik der Regierung basierende Maßnahme, die auf Inflation oder Deflation abzielt, antizipiert. Der Staat kann das Gleichgewicht der Volkswirtschaft also nicht mehr entlang der kurzfristigen Phillips-Kurve verschieben. Da auch länger anhaltende Störungen der privaten Nachfrage antizipiert werden, beeinflussen sie das Beschäftigungsniveau nur dann, wenn sie das erste Mal auftreten. Im Fall rationaler Erwartungen ist Stabilitätspolitik also machtlos.

Die Hypothese rationaler Erwartungen erscheint nicht sonderlich überzeugend, wenn sie auf die Inflation angewendet wird. Werfen wir bereits einen Blick auf Abbildung 20-10, so erkennen wir die großen Schwankungen der Arbeitslosigkeit in den Vereinigten Staaten seit 1960, die stark mit den Schwankungen der Nachfrage korreliert sind. Wir werden diese Bewegungen der Arbeitslosenquote und der Inflationsrate in Kürze diskutieren. Angesichts dieser Beobachtungen müssen wir folgern, daß adaptive Erwartungen eine bessere Arbeitshypothese zur Untersuchung der Inflation darstellen als rationale Erwartungen. Vielleicht sollten wir da eher unseren Augen trauen.

Inflation und Arbeitslosigkeit von 1960 bis 1985

Wir können die Periode von 1960 bis 1985 in den USA entweder als einen langen Inflationszyklus betrachten oder in drei Unterzyklen aufteilen. Die Zeitreihen der Inflationsrate und der Arbeitslosenquote sind in Abbildung 20-10 dargestellt. Die durchgezogene Kurve stellt den Pfad der Inflationsrate dar, die gestrichelte Kurve repräsentiert die Arbeitslosenquote. Wir können das Modell der Phillips-Kurve verwenden, um die Daten zu analysieren.

In Abbildung 20-10 wird die Inflationsrate durch die prozentuale Veränderung des BSP Deflators dieses Quartals in bezug auf den Wert des BSP Deflators des

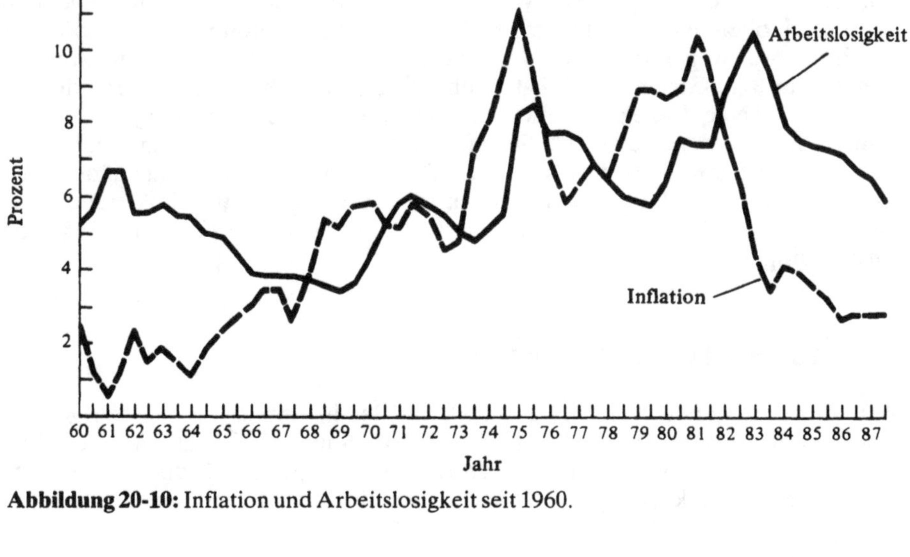

Abbildung 20-10: Inflation und Arbeitslosigkeit seit 1960.

gleichen Quartals im Vorjahr gemessen. Die Inflationsrate ist also jeweils in bezug auf den Zeitraum eines Jahres definiert. Folgende Formel beschert uns Inflationsraten in Prozent:

$$\dot{P}_t = [(P_t/P_{t-4}) - 1] \cdot 100.$$

Die Arbeitslosenquote ist durch den prozentualen Anteil der Arbeitslosen an der Erwerbsbevölkerung gegeben.

Betrachten wir den Verlauf der Inflationsrate in Abbildung 20-10 so erhalten wir den Eindruck, es handle sich um einen langen Inflationszyklus. Um 1960 lag die Inflationsrate ungefähr bei dem Wert null und stieg dann in den Jahren 1968-1971 eratisch schwankend auf 6% an, worauf sie 1972 wieder auf 4% fiel. Als Folge der Ölpreiserhöhung stieg die Inflationsrate Anfang 1974 schlagartig auf 10% und fiel danach auf 6% im Jahre 1977 zurück. Ende 1980 sprang sie dann als Folge der zweiten Ölpreiserhöhung wieder auf 10%. Von 1981 bis 1986 führte die Politik des knappen Geldes zu einer stetigen Senkung der Inflationsrate in den Bereich um 3 bis 4%, in dem sie sich auch Anfang der sechziger Jahre bewegte.

Die Bewegungen der Arbeitslosenquote sind nicht so leicht zu charakterisieren. Wir erkennen eine einigermaßen stetige Abnahme vom dem 1961 beobachteten Höhepunkt auf 4% im Jahre 1969.

Danach steigt die Arbeitslosenquote unregelmäßig während der Rezessionen von 1970, 1974, 1980 und 1982 um in der letzten Rezession einen Wert von über 10% zu erreichen. Seit 1982 ist sie stetig auf einen Wert unter 6% gesunken.

Diese Veränderungen der Inflation und der Arbeitslosigkeit stammen von einer unregelmäßigen Folge von Nachfrage- und Angebotsstörungen der Volkswirtschaft, wobei sich die anfänglichen Impulse durch die Lohn-Preis-Dynamik der Phillips-Kurve fortpflanzten. Nachfragestörungen verschieben die aggregierte Nachfragekurve nach oben und bewegen das Gleichgewicht der Volkswirtschaft entlang der kurzfristigen Phillips-Kurve. Diesen Effekt haben wir in den Abbildungen 20-7 und 20-8 dargestellt. Angebotsstörungen verschieben die aggregierte Angebotskurve und gehen in die Preisgleichungen (6) und (7) durch Werte von ε ungleich null ein. Ein positiver Wert von ε verschiebt die aggregierte Angebotskurve nach oben und erhöht $\dot{P}$ bei gegebener Arbeitslosenquote. Dies wirkt über die Preiserwartungen $\dot{P}^e$ auf $\dot{W}$, worauf die Erhöhung von $\dot{W}$ wiederum Auswirkungen auf $\dot{P}^e$ in Gleichung (6) hat. Wenn die Nachfragepolitik die Veränderung validiert, die Nachfragekurve also genug nach oben verschiebt, um y und u konstant zu halten, dann setzt sich die Inflationsspirale fort. In diesem Fall bewegt sich das Gleichgewicht der Volkswirtschaft zu einem höheren Punkt auf der langfristig senkrechten Phillipskurve. Wenn die Nachfragepolitik die Veränderung dagegen nicht validiert, dann nimmt die Arbeitslosenquote zu und die Inflation wird verringert.

Drei Inflationszyklen von 1960 bis 1986

Wir können folgende drei Inflationszyklen in den in Abbildung 20-10 dargestellten Zeitreihen ausmachen: 1960-1967, 1972-1976 und 1977-1986. Wir beziehen uns dabei auf Kombinationen der Nachfrage- und Angebotsstörungen. Der erste Zyklus stellt einen klassischen Fall nachfrageinduzierter Inflation dar. Die Inflation wurde von der Erhöhung der Verteidigungsausgaben Anfang 1966 ausgelöst. Dieser Zyklus erreichte die Phase der Preis-Lohn-Spirale ungefähr 1968. Die Regierung Nixons beendete die Validierung im Jahre 1969 und begründete damit die Rezession von 1970, die wir in den Werten der Arbeitslosenquote in Abbildung 20-10 erkennen. Dieser Zyklus nahm bereits 1971 sein Ende, als die Regierung Lohn- und Preiskontrollen einführte.

Der zweite Zyklus kombiniert nachfrageinduzierende und kosteninduzierende Impulse. In den Jahren 1972 und 1973 kam es zu einer rapiden Expansion der weltweiten Nachfrage. Dies erkennen wir in Abbildung 20-10 an der nach 1971 fallenden Arbeitslosenquote und der von 1972 an zunehmenden Inflationsrate. Diese Phase wurde in erster Linie durch expansionäre Maßnahmen der großen Industrienationen eingeleitet und unterstützt durch den Multiplikatoreffekt des internationalen Handels. Gleichzeitig stellte der außergewöhnlich niedrige Output der Landwirtschaft im Jahre 1972 ein kosteninduzierendes Element dar. Dazu kam die Verringerung des Öloutputs durch die OPEC und die 1974 beginnende Erhöhung der Energiepreise. Als Resultat erreichte die Inflationsrate zu Beginn des Jahres 1975 zum ersten Mal die 10%-Marke. Gegen Ende des Jahres 1975 hatte die Politik der Regierung, keine Validierung zu betreiben, die Nachfrage genug gesenkt, so daß die Inflationsrate nur noch geringfügig zunahm. 1976 begann dann wieder eine vorsichtige Inflation, wobei politische Maßnahmen die aggregierte Nachfrage stimulierten, um die Arbeitslosenquote allmählich zu senken, ohne jedoch die Inflationsrate zu erhöhen. Mitte 1977 war die Arbeitslosenquote dann von ihrem Spitzenwert bei 6% auf unter 7% reduziert worden, wobei die Inflationsrate ungefähr 6% betrug.

Der dritte Zyklus kombinierte ebenfalls Nachfrage- und Angebotsfaktoren. Die Expansion, die auch 1979 noch anhielt, hatte die Arbeitslosenquote unter 6% gedrückt, wobei die Inflationsrate bereits wieder auf 9% gestiegen war. Die zweite Ölpreiserhöhung führte dazu, daß die Inflationsrate gegen Ende des Jahres 1981 zum zweiten Mal über 10% anstieg. Zu dieser Zeit hatte die Zentralbank bereits das Geldangebot verringert und die Arbeitslosigkeit hatte bereits 1979 wieder begonnen zu steigen. Die Arbeitslosenquote erreichte ihren Spitzenwert der Nachkriegszeit in der Rezession von 1982-1983 bei über 10% und die Inflationsrate nahm schnell ab. Um 1986 lag die Inflationsrate wieder zwischen 3 und 4% und die Arbeitslosenquote betrug wieder 6%. Dieser Wert entspricht ungefähr gegenwärtigen Schätzungen der NAIRU. Die Disinflation der achtziger Jahre stellt ein hervorragendes Beispiel der Phillips-Kurve in Aktion dar.

Die Erhöhung der NAIRU

Seit den frühen sechziger Jahren hat der geschätzte Wert der NAIRU nach Untersuchungen von Robert J. Gordon von 5 auf 6% zugenommen. Dies ist in erste Linie auf die Veränderung der Zusammensetzung der Erwerbsbevölkerung zurückzuführen.

Die Erwerbsbevölkerung kann in primäre und sekundäre Arbeitskräfte aufgeteilt werden. Unter primären Arbeitskräften versteht man in erster Linie die Hauptverdiener in einer Familie. Andere Verdiender sind als sekundäre Arbeitskräfte definiert. Entsprechend den Arbeitsgewohnheiten amerikanischer Familien sind die primären Arbeitskräfte in der Regel männlich und über 20 Jahre alt.

Frauen und Personen unter 20 Jahren werden häufig den sekundären Arbeitskräften zugeordnet.

Primäre Arbeitskräfte sind normalerweise qualifizierter, nehmen aktiver am Erwerbsleben teil und verdienen in der Regel höhere Löhne oder Gehälter. Die Arbeitslosenquote bei den sekundären Arbeitskräften liegt höher als bei den primären. Als die allgemeine Arbeitslosenquote 1987 bei 6% lag, betrug die Arbeitslosenquote bei Männern 4% und bei Frauen mit Familie 9%, während die Arbeitslosenquote in der Gruppe der sechzehn- bis neunzehnjährigen bei 16% lag. Da die primären Arbeitskräfte aktiver am Erwerbsleben teilnehmen, wird eine bestimmte Anzahl Arbeitsloser aus dieser Gruppe, sagen wir 100.000 Personen, mehr Druck nach unten auf den Lohnsatz erzeugen, als die gleiche Anzahl Arbeitsloser aus der Gruppe der sekundären Arbeitskräfte. Eine Veränderung der Zusammensetzung der Erwerbsbevölkerung, bei der der Anteil der sekundären Arbeitskräfte relativ zum Anteil der primären Arbeitskräfte zunimmt, wird bei gegebenem Niveau der NAIRU zu einer Erhöhung der Steigerungsrate der Löhne führen.

Seit Mitte der sechziger Jahre hat sich die Zusammensetzung der Erwerbspersonen in den USA zugunsten der sekundären Arbeitskräfte verschoben. 1965 betrug die Anzahl der sekundären Arbeitskräfte 40% der Erwerbspersonen. Dieser Prozentsatz war 1975 auf 45% gestiegen und erreichte 1986 48%. Zwei Faktoren liegen dieser Veränderung zugrunde. Erstens nahm der Anteil der sechzehn- bis neunzehnjährigen an der Gesamtbevölkerung von 6,9% im Jahre 1965 auf 7,8% im Jahre 1975 zu und war 1986 auf 6,1% gefallen. Hierdurch verschob sich die Gewichtung bei den Erwerbspersonen in der ersten Periode zugunsten der Jungen. Zweitens stieg die Partizipationsrate der Frauen am Erwerbsleben (das Verhältnis der Frauen, die zu den Erwerbspersonen gezählt werden, zur Gesamtzahl aller Frauen, die älter als 16 Jahre sind) von 39,9% 1965 auf 55,3% 1986. Die Gewichtung bei den Erwerbspersonen verschob sich also zugunsten der Frauen.

Diese Faktoren trugen entsprechend der Schätzungen Gordons zur Erhöhung der NAIRU von 5 auf 6% bei. Dies drückt sich in dem steigenden Trend der Arbeitslosenquote in Abbildung 20-10 aus und reflektiert den Beitrag übermäßig expansiver Nachfragepolitik der siebziger Jahre. Als die NAIRU zunahm verwendeten die Wirtschaftspolitiker nach wie vor die alten Zielwerte. Dies führte zu einer inflationären Verzerrung der Nachfragepolitik. Um 1980 war dann allgemein akzeptiert, daß die NAIRU auf 6% gestiegen war, womit dann auch die Inflationsbekämpfung wieder erfolgreicher war.

Analyse der Phillips-Kurve der Jahre von 1963 bis 1986

Die allgemeine Veränderung der Arbeitslosenquote und der Inflationsrate seit 1960 kann ohne weiteres unter Verwendung der Phillips-Kurve und des Diagramms der aggregierten Nachfrage und des aggregierten Angebots analysiert werden. Der entscheidende Punkt ist, daß wir uns daran erinnern, daß sich die aggregierte Angebotskurve so lange nach oben verschiebt, solange die Inflationsrate in unserem Diagramm der Phillips-Kurve oberhalb von $\dot{P} = 0$ liegt. Befindet sich in dieser Situation die Arbeitslosenquote auf dem Niveau der NAIRU, so verschiebt sich die Angebotskurve mit konstanter Rate nach oben. Wenn $u < u_n$ ist, wird $\dot{P}$ steigen. Wenn $u > u_n$ ist, wird $\dot{P}$ abnehmen.

George Perry und Robert Gordon haben eine exakte ökonometrische Analyse der Inflation dieser Periode durchgeführt. Wir wollen hier erklären, wie die Phillips-Kurve die Veränderungen der Variablen in dieser Periode beschreibt, in der das Produktivitätswachstum abnahm und die NAIRU anstieg. Die Berücksichtigung letzterer Veränderungen bei der Analyse würde lediglich das Verständnis erschweren, ohne besondere Einblicke zu gewähren. Wir werden sie deshalb ignorieren und annehmen, das Produktivitätswachstum habe bei 2% gelegen (dem Durchschnitt der Jahre 1970-1985) und die NAIRU habe 6% betragen (der Wert von 1980). Auf Basis dieser Annahmen gehen wir von dem mit 0 bezeichneten Punkt in den Abbildungen 20-11 und 20-12 aus. Hier gilt $\dot{P} = 0$, $u = u_n$ und $y = y_n$. Diese Werte entsprechen ungefähr der Situation in den USA in den Jahren 1963-1964. Wir analysieren im folgenden den großen Inflationszyklus von 1963 bis 1987.

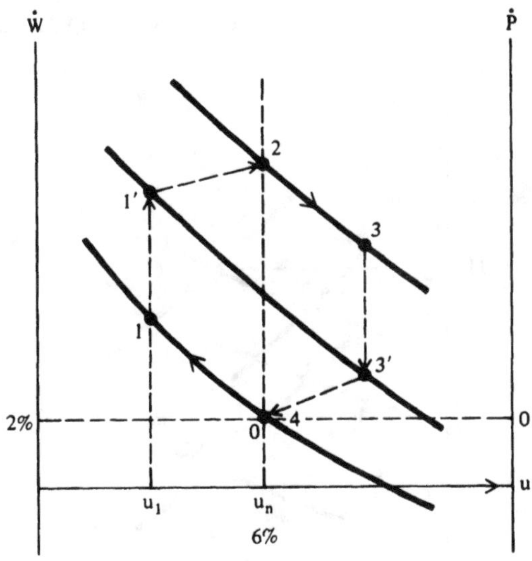

Abbildung 20-11: Ein Inflationszyklus: die Phillipskurve.

Die expansionäre Phase zu Beginn des Zyklus ist in den Abbildungen 20-11 und 20-12 als die Bewegung von Punkt 0 zu Punkt 1 dargestellt. Dies entspricht der Expansion der Nachfrage während der Regierungszeit Kennedys und Johnsons, während der die Arbeitslosenquote von 7 auf 3,4% fiel und die Inflationsrate von 0 auf 6% stieg. Die anfängliche Erhöhung des Preisniveaus entlang der Angebotskurve in Abbildung 20-12 stammt von der Verringerung der Produktivität und der Zunahme der Lohnkosten pro Arbeitseinheit als der Output entlang der aggregierten Produktionsfunktion der Volkswirtschaft während der anfänglichen Expansion zunahm. Zu deren Beginn lag die Arbeitslosenquote oberhalb der NAIRU, so daß die Inflation in Wirklichkeit erst 1964 zunahm, wie wir in Abbildung 20-10 erkennen können. Zusätzlich ist zu bemerken, daß die Inflation die Erwartungen nur mit einer Verzögerung beeinflußte, da die Volkswirtschaft der USA seit den Jahren des Korea-Krieges 1950-1953 keine nennenswerte Inflation gekannt hatte. Die Phase der Akzeleration trat also nur verspätet ein. Schließlich begannen sich die Erwartungen allerdings doch anzupassen. Die Phillips-Kurve in Abbildung 20-11 verschob sich nach oben und die Inflationsrate nahm zu.

Dies führte zu einer Verschiebung der aggregierten Angebotskurve in Abbildung 20-12 nach oben, wobei die Geschwindigkeit der Verschiebung zunahm. Die Nachfrage mußte mit steigender Rate ausgeweitet werden, um die Arbeitslosenquote bei u_1 zu halten. Das Ergebnis ist durch die Verschiebung auf Punkt 1 in beiden Abbildungen dargestellt. In Abbildung 20-10 entspricht dies der sprunghaften Zunahme der Inflationsrate von 3% 1967 auf 6% 1969, während die Arbeitslosigkeit bei unter 4% und damit deutlich unter der NAIRU lag.

Die nächste Phase ist durch das Ende der Validierung der zunehmenden Inflation gekennzeichnet. Dies geschah während der ersten Jahre der Regierung Nixons. Als das Nachfragewachstum abnahm, bewegte sich die Volkswirtschaft zu den mit 2 bezeichneten Punkten in den Abbildung 20-11 und 20-12. Die Arbeitslosenquote betrug 1971 6% und die Inflationsrate stabilisierte sich ebenfalls bei ungefähr 6%, wie wir in Abbildung 20-10 erkennen können. Entscheidend ist hier, daß die Inflationsrate bei den mit 2 bezeichneten Punkten in den Abbildungen 20-11 und 20-12 positiv ist. Die Angebotskurve in Abbildung 20-12 verschiebt sich al-

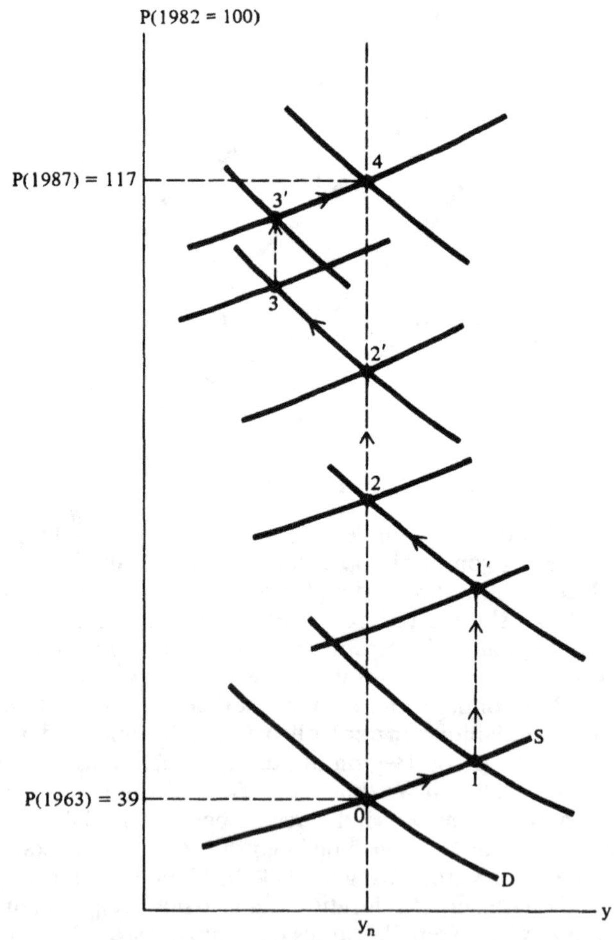

Abbildung 20-12: Ein Inflationszyklus: Angebot und Nachfrage.

so nach oben. Um die Arbeitslosenquote bei u_n zu halten, muß die konstante Inflationsrate bei Punkt 2 in Abbildung 20-11 validiert werden. Zwischen den mit 1 und den mit 2 bezeichneten Punkten findet keine Validierung der steigenden Inflation statt. Bei den mit 2 bezeichneten Punkten, bei denen die Arbeitslosenquote bei der NAIRU liegt, muß die Nachfragepolitik die Inflation validieren, wenn verhindert werden soll, daß die Arbeitslosigkeit über die NAIRU steigt. Während die Volkswirtschaft in Abbildung 20-11 bei Punkt 2 bleibt, bewegt sie sich in Abbildung 20-12 bei Validierung der konstanten Inflationsrate zu Punkt 2'.

Die Expansion der Nachfrage und die Angebotsstörungen der Jahre 1972 und 1973 erhöhten die Inflationsrate 1975 auf einen zeitweiligen Höchstwert, von dem sie auf ungefähr 6% fiel, als eine Erhöhung der Arbeitslosigkeit auf einen Wert über der NAIRU zugelassen wurde. Eine weitere Nachfrageexpansion kombiniert mit einer Angebotsstörung produzierte 1980 einen weiteren Höchstwert der Inflation.

Diese sind in Abbildung 20-10 eindeutig zu erkennen. Anstatt die Abbildungen 20-11 und 20-12 hoffnungslos zu verkomplizieren, indem wir diese Verschiebungen hinzufügen, wollen wir das Geschehen erst 1980 wieder aufgreifen. Hier befinden wir uns bei Punkt 2 in Abbildung 20-11 und bei Punkt 2' in Abbildung 20-12, die in Abbildung 20-10 ungefähr den Daten des Jahres 1980 entsprechen.

Im Jahre 1979 verkündete Paul Volcker, der Vorsitzende des Federal Reserve Direktorats, das Ende der Validierung der Inflation. Er war bereit, die damit verbundenen Konsequenzen hinzunehmen. Diese äußerten sich in einer Rezession, bei der die Arbeitslosenquote weit über die NAIRU anstieg, die selbst seit den sechziger Jahren gestiegen war. Diese Entscheidung war teilweise aufgrund von Druck europäischer Zentralbanken getroffen worden, die damit drohten, den Dollar nicht mehr zu unterstützen. Die Arbeitslosenquote lag 1979 ungefähr bei 6% und entsprach damit ungefährt der NAIRU. Die zweite Ölpreiserhöhung führte 1980 zu einer Erhöhung der Inflationsrate auf über 10%.

Die Fed zog Anfang 1979 die Bremse, worauf die Arbeitslosenquote 1980 auf 7,5% sprang, eine Weile auf diesem Niveau blieb und dann Anfang 1983, auf dem Tiefpunkt der Rezession, auf über 10% anstieg. Die Inflationsrate wäre ohnehin zurückgegangen, nachdem die Auswirkungen der Ölpreiskrisen der achtziger Jahre langsam abnahmen. Weil die Arbeitslosenquote aber so viel höher als die NAIRU lag, fiel die Inflationsrate rapide. Die Aktion der Fed ist in den Abbildung 20-11 und 20-12 durch die Bewegung von den Punkten 2 und 2' zu den mit 3 bezeichneten Punkten dargestellt. Die Arbeitslosigkeit stieg über u_n, die Volkswirtschaft war auf dem Weg in eine Rezession und die Inflationsrate fiel.

Die extreme Zunahme der Arbeitslosigkeit und die Determination der Fed, die geldpoltische Zügel angespannt zu halten, schien die Lohn- und Preissetzer davon überzeugt zu haben, daß die Inflation nun wirklich abnehmen würde. Dies führte in Abbildung 20-11 zur Verschiebung der Phillips-Kurve nach unten, worauf sich das Gleichgewicht der Volkswirtschaft in den Abbildungen 20-11 und 20-12 von den Punkten 3 zu den mit 3' bezeichneten Punkten bewegte. Die rapide Disinflation der Jahre 1981-1983 ist deutlich in Abbildung 20-10 zu erkennen. Sie wurde von der Aufwertung des Dollars während der Phase von 1981-1985 unterstützt, die die Importpreise senkte.

Um 1983 führten die unter der Regierung Reagans durchgeführten Steuersenkungen zu einem fiskalpolitischen Stimulus und die Fed lockerte die Geldpolitik etwas, als die Inflation unter 4% gesunken war. Dies entspricht in den Abbildungen 20-11 und 20-12 der Bewegung von den Punkten 3′ zu den Punkten 4. Die Nachfrage nahm allmählich zu, bis die Arbeitslosenquote 1987 mit 6% wieder bei dem Wert der NAIRU lag und die Inflationsrate sich zwischen 3 und 4% bewegte. Die Disinflation der achtziger Jahre stellt ein gutes Beispiel der dynamischen Arbeitsweise der Phillips-Kurve dar und ist ein Beweis für die Effektivität und Glaubhaftigkeit geldpolitischer Aktionen. Wir haben gesehen, wie die Geldpolitik aus einer Situation des Ungleichgewichts zu Stabilität führen kann, wenn sie entschieden genug durchgeführt wird und somit glaubhaft ist.

Ausgewählte Literatur

M. Friedman, „The Role of Monetary Policy," *American Economic Review,* March 1968.
R. J. Gordon, „Recent Developments in the Theory of Inflation and Unemployment," *Journal of Monetary Economics,* April 1976.
R. J. Gordon, *Macroeconomics,* 4th Ed. (Boston: Little, Brown and Company, 1987), chapter 11 and Appendix B.
G. L. Perry, „Changing Labor Markets and Inflation," *Brookings Papers on Economic Activity,* vol. 3, 1970.
G. L. Perry, *Unemployment, Money Wage Rates, and Inflation* (Cambridge: MIT Press, 1966), chapters 1-3.
E. S. Phelps, et al., *Microeconomic Foundations of Employment and Inflation Theory* (New York: W. W. Norton, 1970), Part II.
A. W. Phillips, „The Relation Between Unemployment and the Rate of Change of Money Wage Rates in the United Kingdom, 1861-1957," *Economica,* Nov. 1958.
J. Popkin, „Commodity Prices and the U.S. Price Level," *Brookings Papers on Economic Activity,* vol. 1, 1974.
J. Tobin, „Inflation and Unemployment," *American Economic Review,* March 1972.

Kapitel 21
Einführung in die dynamische Bestandsanpassung

Das kurzfristige Gleichgewicht der Teile I-III bestimmte die Werte der Variablen y, N, r und P bei gegebenem Geldbestand M, gegebenem Niveau der Staatskäufe g und gegebener Steuerfunktion. In Teil III haben wir das Vermögen als Bestimmungsfaktor der Konsumnachfrage und implizit der Geldnachfrage eingeführt. Das in Kapitel 14 vorgestellte, von Tobin entwickelte Modell der Nachfrage nach Geld als einem risikolosen Anlagegut erklärt, wie Vermögen auf Wertpapiere und Geld aufgeteilt wird, wobei das Verhältnis der beiden Bestandteile eine Funktion des Zinssatzes ist und außerdem davon abhängt, mit wieviel Risiko die Wertpapiere behaftete sind. Integrieren wir das Vermögen sowohl in die Konsumnachfrage- als auch in die Geldnachfragefunktion, dann erkennen wir, daß der Bestand der anderen Anlagen (K und B), die auch zum Vermögen gezählt werden, im kurzfristigen Gleichgewicht in Kapitel 16 implizit konstant gehalten werden. Das kurzfristige Gleichgewicht der Teile I-III beschert uns also Gleichgewichtswerte für y, N, r und P und nimmt dabei die Bestände der anderen Anlagen in der Volkswirtschaft als konstant an.

Da Bestände von Vermögenswerten zu jedem Zeitpunkt abhängig von der Vorgeschichte sind, ändern sie sich auch permanent. Im kurzfristigen Gleichgewicht bestimmen wir einen Wert für die Investition, worauf sich der Kapitalstock allmählich anpaßt. Wir bestimmen ebenso einen Wert des Staatsüberschusses oder -defizits. Wie wir in Kapitel 16 bereits gesehen haben, impliziert die Finanzierung eines Defizits oder Überschusses, daß sich entweder der Geldbestand oder die Staatsverschuldung allmählich verändern. In einer offenen Volkswirtschaft wird das Zahlungsbilanzdefizit (oder der Überschuß), wie wir in Kapitel 17 gesehen haben, ebenfalls den Geldbestand verändern, wenn keine Maßnahmen zur Sterilisierung getroffen werden.

Bei unserer Analyse des kurzfristigen Gleichgewichts in den Teilen I-III haben wir also die Veränderungsraten der Bestände implizit als gegeben angenommen. Die Veränderung dieser Bestände im Zeitverlauf verschiebt das kurzfristige Gleichgewicht y, N, r und P. Die Angebots- und Nachfragekurven, die IS- und die LM-Kurve verschieben sich automatisch im Zeitverlauf aufgrund der Akkumulation der Bestände. In einer stabilen Volkswirtschaft führen die Veränderungen dieser Bestände die Volkswirtschaft entlang einem gleichgewichtigen Wachstumspfad, entlang dem alle Bestände mit der gleichen Rate wachsen.

In Kapitel 22 werden wir das kurzfristige Gleichgewicht beschreiben, wenn es sich entlang einem solchen gleichgewichtigen Wachstumspfad bewegt. In Teil V wenden wir uns dann den Wachstumsmodellen zu. Wir werden die Konvergenz der Volkswirtschaft gegen einen gleichgewichtigen Wachstumspfad untersuchen, wobei wir annehmen, daß Geld- und Fiskalpolitik die Volkswirtschaft bei Vollbeschäftigung halten. Hier in Kapitel 21 wollen wir einige einfache Beispiele betrachten, wie die Bestandsakkumulation von Vermögenswerten das kurzfristige Gleichgewicht auf ein langfristiges Bestandsgleichgewicht zu bewegt, das dem in Kapitel 22 behandelten gleichgewichtigen Wachstumspfad entspricht. Wir betrachten nun einige einfache Fälle, anstatt ein komplettes Modell mit Differentialgleichungen aufzustellen. Letzteres wäre zu kompliziert, um es ohne weiteres zu verstehen; einfache Fälle vermögen die entscheidenden Kanäle hinreichend darzustellen. Durch Betrachtung dieser Fälle werden wir also ein intuitives Gefühl dafür bekommen, wie sich die Volkswirtschaft im Zeitverlauf verhält. Mit diesen Betrachtungen nähern wir uns der Front der Forschung.

Im ersten Abschnitt dieses Kapitels beschäftigen wir uns mit den Effekten der Finanzierung des Staatsdefizits durch Drucken von Banknoten (Verkauf von Wertpapieren an die Zentralbank oder „Monetisierung" des Defizits) in einem einfachen Fall ohne Vermögenseffekte. Wir erhalten so einen guten Überblick über den Anpassungsmechanismus, der bei der Verschiebung des kurzfristigen Gleichgewichts am Werke ist. Als nächstes führen wir Vermögenseffekte in dieses System ein, wobei wir vom einfachen Modell aus Kapitel 9 zum erweiterten Modell des Kapitels 16 übergehen. Diese Diskussion erlaubt uns, die Effekte einer Finanzierung des Defizits durch die Ausgabe von Wertpapieren zu studieren und das Phänomen des „Crowding-Out" zu untersuchen. Im vierten Abschnitt dieses Kapitels betrachten wir noch einmal Zahlungsbilanzeffekte auf den Geldbestand, dic analog zu den Effekten der Finanzierung des Staatsdefizits durch Erhöhung des Geldbestands sind. Wir beenden das Kapitel mit einer allgemeinen schematischen Betrachtung des Mechanismus der Bestandsanpassung.

Finanzierung des Haushaltsdefizits durch Erhöhung des Geldbestands

In unserem einfachen Modell in Teil II wurden die kurzfristigen Gleichgewichtswerte der Variablen y, N, r und P bei gegebenem Geldbestand M, gegebenem Niveau der Staatsausgaben g und gegebener Steuerfunktion t(y) bestimmt. Der kurzfristige Gleichgewichtswert von y determinierte ein bestimmtes Niveau der Steuereinnahmen t(y), das zusammen mit den Staatskäufen g den realen Haushaltsüberschuß oder das reale Haushaltsdefizit bestimmte:

$$d = g - t(y). \tag{1}$$

Zu Beginn unserer Analyse dynamischer Vorgänge der Bestandsanpassung nehmen wir an, der Staat finanziere das Defizit oder den Überschuß durch drucken von Banknoten oder Vernichtung von Geld. In Kapitel 16 haben wir den Mechanismus dieser Operation beschrieben. Das Finanzamt verkauft Wertpapiere an die Zentralbank, wobei die dabei geschaffenen Guthaben zu Reserven werden. Um unnötige Komplikationen zu vermeiden, werden wir hier annehmen, daß das vorgeschriebene Reserveverhältnis gleich 1 ist, so daß die Reserven dem Geldbestand entsprechen und umgekehrt.

Kurzfristiges Gleichgewicht

Im kurzfristigen IS-LM-Gleichgewicht aus Teil II wird das Niveau des Einkommens y bei gegebenen Angebotsbedingungen und gegebener Steuerfunktion durch die Werte M und g bestimmt. In diesem Kapitel beschäftigen wir uns mit der Anpassung der Nachfrageseite, wenn sich Bestände ändern. Wir werden also die Bedingungen der Angebotsseite als gegeben betrachten und sie sogar durch ein konstantes Preisniveau darstellen. Da wir bereits gezeigt haben, wie man gleichwertige Veränderungen der Steuereinnahmen und der Staatsausgaben berechnet ($dg = c' y \cdot dt$ aus Kapitel 5), werden wir die Steuerfunktion unverändert lassen und lediglich die Effekte von Veränderungen von g untersuchen. Machen wir diese Annahmen, so ist das kurzfristige Gleichgewichtsniveau des Einkommens lediglich eine Funktion von M und g:

$$y = y(M, g). \tag{2}$$

Der Wert von M positioniert die LM-Kurve und der von g die IS-Kurve in Abbildung 21-1. Wir erhalten die Gleichgewichtswerte von y und r.

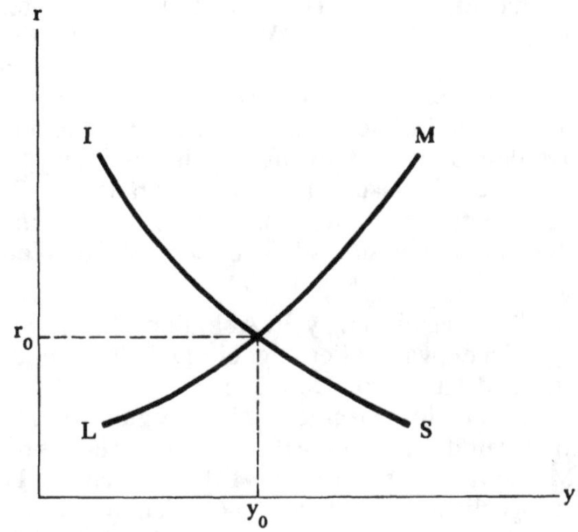

Abbildung 21-1: Kurzfristiges Gleichgewicht.

Die partiellen Ableitungen der reduzierten Form von Gleichung (2) entsprechen den aus Kapitel 5 bekannten Multiplikatoren. Sie beschreiben die Auswirkungen von Veränderungen von M beziehungsweise g auf das Niveau von y, wobei die anderen Variablen konstant gehalten werden (wie auch das Preisniveau und die Steuern). Die pariellen Ableitungen von (2) sind also durch

$$\frac{\partial y}{\partial g} = \frac{1}{1 - c'(1 - t') + i'k'/l'} > 0$$

und

$$\frac{\partial y}{\partial M} = \frac{1}{1 - c'(1 - t') + i'k'/l'} \cdot \frac{i'l'}{P} > 0 \tag{3}$$

gegeben.

Diese Ausdrücke entsprechen den aus Kapitel 5 bekannten Multiplikatoren. Sie beschreiben den Effekt, den Veränderungen von M respektive g auf das Gleichgewichtsniveau des Einkommens haben und werden eine wichtige Rolle bei unserer dynamischen Analyse spielen.

Bei dem in Abbildung 21-1 dargestellten Gleichgewicht handelt es sich um ein momentanes Gleichgewicht. Es beruht auf einem bestimmten Geldangebot M bestimmt aber gleichzeitig, wie wir in Kürze sehen werden, eine Veränderungsrate dieses Geldbestands. Das momentane Gleichgewicht stellt also gleichzeitig ein sich veränderndes Gleichgewicht dar: wenn sich der Geldbestand ändert, verschiebt sich die LM-Kurve, wodurch der kurzfristige Gleichgewichtspunkt r_0, y_0 verschoben wird. Wir wollen untersuchen, ob dieser dynamische Prozeß stabil ist und welche Eigenschaften das Gleichgewicht hat, wenn es erreicht wird.

Anpassung des Geldbestands

Wir nehmen an, das kurzfristige Gleichgewicht r_0, y_0 in Abbildung 21-1 gehe einher mit einem Haushaltsdefizit $g - t(y) > 0$, das durch Drucken von Geld finanziert wird. Die Treasury verkauft also Wertpapiere an die Fed. In diesem Fall wächst der Geldbestand beim ursprünglichen Gleichgewicht, bei dem der Geldbestand M_0 betrug. Dies bedeutet, daß sich die LM-Kurve nach rechts verschiebt und y erhöht wird. Wo wird dieser Prozeß enden? In Abbildung 21-2 geben wir den Wert y^* an, bei dem der Haushalt ausgeglichen ist. Bei y^* gilt $g - t(y^*) = 0$. Bei gegebenem Wert der Staatsausgaben und unveränderter Steuerfunktion gilt folgende Beziehung: wenn $y < y^*$ ist, dann ist $t(y) < t(y^*)$ und $g - t(y) > 0$. In dieser Situation besteht ein Haushaltsdefizit und M steigt. Wenn $y > y^*$ ist, liegt ein Überschuß vor und der Geldbestand sinkt.

Beim anfänglichen Gleichgewicht r_0, y_0 in Abbildung 21-2 ist $y_0 <$ als y^*, bei dem der Haushalt ausgeglichen wäre. Hier liegt ein Defizit vor und der Geldbestand nimmt zu, wobei die LM-Kurve von L_0M_0 nach rechts verschoben wird. Während sich die LM-Kurve nach rechts verschiebt, nimmt y zu. Dadurch erhöhen sich die Steuereinnahmen $t(y)$ und der Umfang des Haushaltsdefizits nimmt ab. Die Verschiebung der LM-Kurve setzt sich fort, bis L_1M_1 erreicht ist. Hier ist $y = y^*$ und der Haushalt ist ausgeglichen, $g - t(y^*) = 0$. Wenn das kurzfristige Gleichgewicht den Wert y^* erreicht hat, wird angesichts des ausgeglichenen Staatshaus-

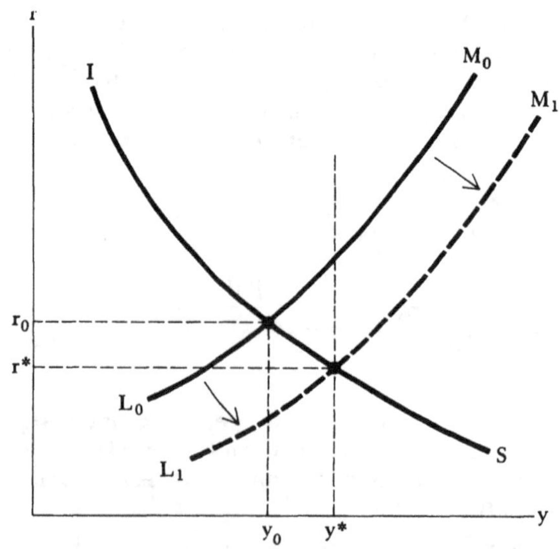

Abbildung 21-2: Anpassung des Geldbestands.

halts das Geldangebot keine Tendenz mehr haben zuzunehmen. Der Punkt r*, y* stellt also ein vollständiges Bestandsgleichgewicht in diesem einfachen Modell dar. Wenn wir ein kurzfristiges Gleichgewicht erreichen, bei dem der Haushalt ausgeglichen ist, hat der Geldbestand keine weitere Tendenz, sich zu ändern. Ein solches kurzfristiges Gleichgewicht stellt also gleichzeitig ein langfristiges Gleichgewicht dar, in dem Sinne, daß sich die Bestände in diesem System (hier lediglich M) im Gleichgewicht befinden.

Hätte sich das anfängliche IS-LM-Gleichgewicht in Abbildung 21-2 zur Rechten von y* befunden, so hätte beim Ausgangspunkt ein Haushaltsüberschuß vorgelegen.

In diesem Fall würde die Treasury Wertpapiere von der Fed kaufen und dadurch die Reserven und den Geldbestand verringern. Dies würde die LM-Kurve nach links verschieben, wobei y auf y* reduziert würde. Bei y* befände sich das System wiederum in vollständigem Bestandsgleichgewicht. Dadurch, daß das anfängliche Defizit oder der anfängliche Überschuß den Geldbestand ändert, bewegt sich die Volkswirtschaft immer auf eine Position, bei der der Haushalt ausgeglichen ist. Die Volkswirtschaft befindet sich also zu jedem Zeitpunkt im kurzfristigen Gleichgewicht. Sie erreicht das vollständige Bestandsgleichgewicht jedoch erst, wenn sich die Bestände der Vermögenswerte nicht mehr ändern.

Stabilität der Bestandsanpassung

Die Diskussion der Anpassung sollte dem Leser gezeigt haben, daß der Anpassungsprozeß in diesem einfachen Modell stabil ist. Betrachten wir einmal das Bestandsgleichgewicht y* in Abbildung 21-2. Wenn der anfängliche Geldbestand klein genug ist, so daß $y_0 < y^*$ ist, dann wird der Staatshaushalt ein Defizit aufweisen und der Geldbestand wird zunehmen. Ist der anfängliche Wert von M groß genug, so daß $y_0 > y^*$ ist, dann wird der Haushalt einen Überschuß aufweisen und der Geldbestand wird abnehmen. Durch die dynamische Anpassung des Haushalts wird ein niedriger Geldbestand erhöht und ein hoher Geldbestand reduziert, wobei sich der Wert von M* in beiden Situationen gegen M bewegt. Bei gegebenen Werten von g, t, dem Preisniveau und den Parametern der Angebotsseite ist y hier gleich y*.

Wir können die Stabilität des Anpassungsprozesses etwas genauer unter die Lupe nehmen und die dynamischen Vorgänge explizit in eine Gleichung fassen. Das Haushaltsdefizit entspricht der Veränderungsrate des Geldbestands in bezug auf die Zeit:

$$\frac{dM}{dt} \equiv DM = P \cdot [g - t(y)]. \tag{4}$$

Wir führen hier die Schreibweise ein, daß die Veränderungsrate einer Variablen in bezug auf die Zeit mit D bezeichnet wird: $dX/dt \equiv DX$. Die Veränderungsrate des Geldbestands ist in Gleichung (4) durch des Preisniveau multipliziert mit dem realen Wert des Defizits gegeben. Wenn $y = y^*$, so daß $g - t(y) = 0$ ist, erhalten wir $DM = 0$. Aus Gleichung (2) in der reduzierten Form des kurzfristigen Systems y = y (M, g) erhalten wir in Verbindung mit Gleichung (3), daß $\partial y/\partial M > 0$ ist. Wir können also Gleichung (4) wie folgt schreiben:

$$DM = P \cdot \{g - t[y(M, g)]\}. \tag{5}$$

Für gegebene Werte von P, g und eine gegebene Steuerfunktion, gibt Gleichung (5) die Veränderungsrate von M (DM) als eine Funktion von M selbst wieder. Wenn $\partial\,(DM)/\partial\,M < 0$ ist, dann ist das System stabil:

$$\frac{\partial\,(DM)}{\partial M} = -\,Pt'\,\frac{dy}{\partial M} < 0. \tag{6}$$

Wir erkennen die Stabilität des Systems auch in dem in Abbildung 21-3 dargestellten Phasendiagramm, das die Anpassungsgleichung (5) darstellt. Bei M = M* ist der Haushalt ausgeglichen (bei gegebenem g und gegebener Steuerfunktion). Ist M < M*, so folgt, daß y in Abbildung 21-2 kleiner y* ist und der Haushalt mit DM > 0 ein Defizit aufweist. Wenn M > M* ist, dann ist DM < 0. Gehen wir in Abbildung 21-3 von einem Wert $M_0 < M^*$ aus, so führt das Haushaltsdefizit zu einer Erhöhung von M entlang der Phasenkurve. Die Erhöhung von y verringert das Defizit, so daß sich M mit abnehmender Geschwindigkeit an M* anpaßt, bei dem dann DM = 0 ist. Gehen wir von $M_0 > M^*$ aus, so nimmt M mit sinkender Geschwindigkeit ab, bis es den Wert M* erreicht. Der Mechanismus der Bestandsanpassung des Systems, der über das Defizit oder den Überschuß wirkt, ist also stabil.

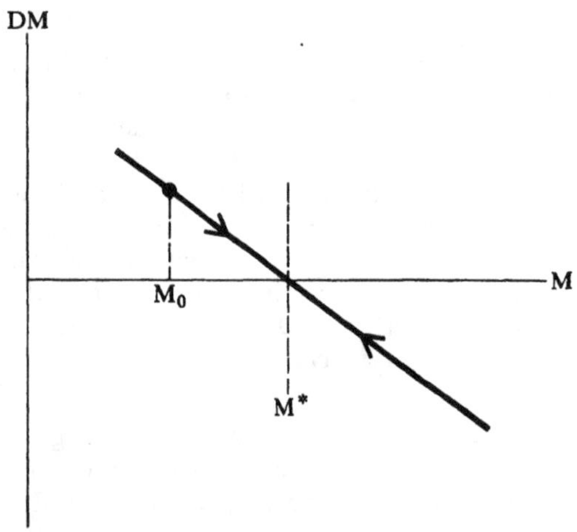

Abbildung 21-3: Stabilität des Anpassungsprozesses.

Die eindeutige Stabilität dieses Systems hängt zum Teil von der Annahme ab, daß P während der Anpassung konstant bleibt. Von der Diskussion der Beziehungen der Angebotsseite in Kapitel 7 wissen wir, daß P im allgemeinen bei gegebenen Parametern der Angebotsseite steigt, wenn y zunimmt.

Wenn P schnell genug steigt, so erkennen wir aus Gleichung (5), daß der Anpassungsprozeß auch instabil sein kann. Gingen wir von $M_0 < M^*$ aus, würde das Haushaltsdefizit M erhöhen. Darauf erhöht sich y, wodurch der reale Wert des

Defizits $g - t(y)$ verringert wird. Gleichzeitig würde aber P entlang der Angebotskurve steigen, wodurch sich das nominale Defizit $P \cdot [g - t(y)]$ erhöht. Steigt P schnell genug, dann könnte sich das nominale Defizit (DM) erhöhen, wenn M steigt, wodurch der Anpassungsprozeß instabil würde.

Beziehen wir die Anpassung des Preisniveaus in (5) mit ein, so erhalten wir:

$$DM = P[y(M, g)] \cdot \{g - t[y(M, g)]\}. \tag{7}$$

Die Form der Phasenkurve ist dann durch

$$\frac{\partial(DM)}{\partial M} = P\left(-t\frac{\partial y}{\partial M}\right) + (g - t)P'\left(\frac{\partial y}{\partial M}\right)$$

gegeben. Diesen Ausdruck können wir wie folgt vereinfachen:

$$\frac{\partial(DM)}{\partial M} = \frac{\partial y}{\partial M}[P'(g - t) - Pt']. \tag{8}$$

Gehen wir von $M < rM^*$ aus, so daß $(g - t) > 0$ ist, dann ist die Steigung der Phasenkurve unbestimmt. Der Effekt von y $(-Pt')$ ist negativ, der Preiseffekt $P' \cdot (g - t)$ dagegen ist positiv. Das System ist mit wachsendem Geldbestand nur dann stabil, wenn die Veränderung des Preisniveaus im Verhältnis zur Veränderung von y geringer ist. Dies stellt die Grundannahme der Keynesianischen Tradition dar. Die Monetaristen würden diese Annahme in Frage stellen.

Auf der anderen Seite von M^*, wo der Haushaltsüberschuß $(g - t) < 0$ ist, ist das System stabil. Wenn sowohl y als auch P sinken, fällt auch der nominale Haushaltsüberschuß und reduziert somit DM. Passen sich die Preise also nur zögernd an, so ist das System der Finanzierung durch Geldangebotsveränderung in diesem einfachen Modell stabil. Passen sich die Preis schnell an, so erhalten wir ein instabiles System, wenn die anfänglichen Bedingungen zu einem Haushaltsdefizit führen.

Effekte der Fiskalpolitik

Der fiskalpolitische Multiplikator $\partial y/\partial g$ in Gleichung (3) geht davon aus, daß sich der Geldbestand nicht ändert und entspricht somit dem kurzfristigen Multiplikator aus Teil II. Jetzt erkennen wir, daß das System ausgehend von einem vollständigen Bestandsgleichgewicht, bei dem in Abbildung 21-2 $y = y^*$ ist, auf eine Erhöhung der Staatsausgaben anfänglich mit einem Haushaltsdefizit reagieren würde. Dies würde zu einer Erhöhung des Geldbestands und zu einer weiteren Zunahme von y führen. Der Multiplikator zwischen zwei Bestandsgleichgewichten y^*, bei dem $g - t(y^*) = 0$ gilt, ist leicht herzuleiten. Aus

$$g - t(y^*) = 0 \tag{9}$$

erhalten wir

$$dg - t'\,dy^* = 0$$

und

$$\frac{dy^*}{dg} = \frac{1}{t'}. \tag{10}$$

Zwischen zwei Bestandsgleichgewichten führt eine Erhöhung von g zu einer Veränderung des Geldbestands, die sich fortsetzt, bis der Haushalt wieder ausgeglichen ist. Der Output muß also zunehmen, bis $t'\,dy = dg$. Folglich beschreibt (10) den Multiplikator für eine endogene Anpassung des Geldbestands.

Wir können den Effekt einer Erhöhung von g auf den Geldbestand durch Erweiterung von Gleichung (9) zu einer Bestandsgleichgewichtsbedingung berechnen:

$$g - t[y(M, g)] = 0. \tag{11}$$

Das vollständige Differential dieser Gleichgewichtsbedingung lautet:

$$dg - t' \frac{\partial y}{\partial M} dM - t' \frac{\partial y}{\partial g} dg = 0.$$

Wir erhalten also für dM/dg:

$$\frac{dM}{dg} = \frac{1 - t' \dfrac{dy}{\partial g}}{t' \dfrac{\partial y}{\partial M}}. \tag{12}$$

(Wenn $t'\,(\partial y/\partial g) < 1$ ist, dann ist der Ausdruck in (12) positiv. Wie ist diese Bedingung zu interpretieren? Wenn $t'\,(\partial y/\partial g) < 1$ ist, führt die Erhöhung von g im kurzfristigen Gleichgewicht zu einem Haushaltsdefizit. Der Ausdruck $t'\,(\partial y/\partial g)$ entspricht der kurzfristigen Zunahme der Steuereinnahmen, die auf die Erhöhung von y folgt, die ihrerseits durch die Erhöhung von g ausgelöst wurde, wobei M konstant gehalten wurde. Unter normalen Umständen, wenn eine Erhöhung von g in einer Situation eines ausgeglichenen Haushalts zu einem Haushaltsdefizit führt, wird M steigen und so eine weitere Zunahme von y begründen. Dieser Fall ist in Abbildung 21-4 dargestellt.

Die Zunahme von g erhöht y^* von y^*_0 auf y^*_2, wobei die Erhöhung durch den Multiplikator in (10) gegeben ist. Im kurzfristigen Gleichgewicht steigt das Einkommen von y^*_0 auf y^*_1, wobei die Zunahme durch den kurzfristigen Multiplikator aus Gleichung (3) gegeben ist. Das Haushaltsdefitzit bleibt bei Punkt 1; der Geldbestand wird also zunehmen und die LM-Kurve nach rechts verschieben, bis bei Punkt 2 vollständiges Bestandsgleichgewicht erreicht ist und $y = y^*_2$ ist. Die Erhöhung des Geldbestands ist durch den Multiplikator in Gleichung (12) gegeben, wobei die Abbildung 21-4 zugrunde liegende Annahme erfüllt ist, daß $y < y^*_2$ impliziert, daß $dM/dg > 0$ ist.

In Kapitel 16 haben wir gesehen, daß unter einigen sehr speziellen Bedingungen eine Erhöhung von g kurzfristig gesehen zu einem Haushaltsüberschuß führen kann. In diesem Fall läge der kurzfristige Gleichgewichtspunkt 1 in Abbildung 21-4 zur Rechten von y^*_2 und der Geldbestand würde bei der Bewegung zum Gleichgewicht hin abnehmen. Dieser Fall impliziert in Gleichung (12) $t'\,(\partial y/\partial g) > 1$ und $dM/dg < 0$.

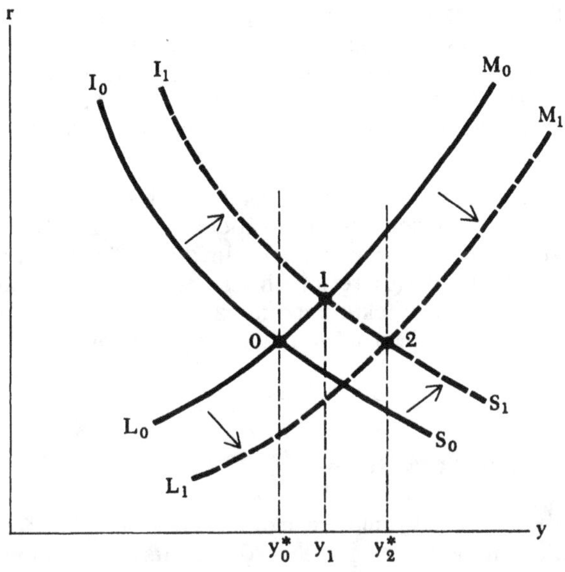

Abbildung 21-4: Effekte einer Erhöhung von g.

Dieser erste Blick auf die Bestandsanpassungsmechanismen im einfachsten Fall läßt einen Kanal dynamischer Anpassung vom kurzfristigen Gleichgewicht zum langfristigen Bestandsgleichgewicht erkennen, der auf dem gleichgewichtigen Wachstumspfad des Teils V basiert. Dieser Fall ist interessant, weil er die langfristigen dynamischen Implikationen kurzfristiger Stabilitätspolitik beleuchtet. Selbst im einfachsten Modell besteht die Möglichkeit der Instabilität und gallopierender Inflation. Selbst in diesem frühen Stadium der Analyse erhalten wir die Botschaft, daß Politik vorsichtig betrieben werden muß. Wir müssen die impliziten dynamischen Effekte kurzfristiger Politik berücksichtigen. Wir werden im folgenden etwas komplexere Situationen untersuchen.

Einführung von Vermögenseffekten

In dem einfachen Modell, das wir zur Untersuchung des dynamischen Bestandsanpassungsmechanismus bei einem durch Veränderung des Geldangebots finanzierten Haushaltsungleichgewicht verwendet haben, gab es keinen Vermögenseffekt in den Nachfragefunktionen des Systems. Wir verwendeten also das einfache Modell aus Kapitel 9, bei dem die einzige Quelle dynamischer Anpassung durch das Geldangebot gegeben war. Die Einschränkung, die wir bei der Verwendung dieses Modells machen müssen, erkennen wir, wenn wir versuchen, es für den Fall eines durch den Verkauf von Wertpapieren an das Publikum finanzierten Defizits zu erweitern. Nehmen wir an, die Volkswirtschaft befände sich bei r_0, y_0 in Abbildung 21-5 im Gleichgewicht, wobei $y_0 < y^*$ ist, so daß also ein Haushaltsdefizit vorliegt. Wir haben bereits oben gesehen, daß dieses Defizit, wird es durch Monetisierung finanziert, die LM-Kurve nach rechts verschieben wird, worauf sich y_0 nach y^* bewegt und das Defizit eliminiert wird. Wird das Defizit dagegen durch den Verkauf von Wertpapieren an das Publikum finanziert, so kommt es in unserem einfachen Modell aus Kapitel 9 weder zu einer Verschiebung der LM-Kurve noch zu einer Verschiebung der IS-Kurve, weshalb sich auch y nicht verändern wird. Ohne den Vermögenseffekt würden sich die Schulden des Staates in Händen des Publikums bis in die unendliche Zukunft erhöhen, ohne den geringsten Effekt auf das private Verhalten zu haben, das sich in den Nachfragefunktionen des Systems widerspiegelt.

Das Fehlen jeglicher dynamischer Anpassung in diesem Modell stammt daher, daß wir versucht haben, unser einfaches Modell für die Analyse eines Problems zu verwenden, für das es nicht geeignet ist. Um den Fall eines durch Wertpapierverkauf an das Publikum finanzierten Defizits analysieren zu können, müssen wir in unser Modell Vermögenseffekte mit einbeziehen, die wir bereits in Kapitel 16 als eine Erweiterung des einfachen Modells eingeführt hatten.

Vermögenseffekte und die IS-Kurve

In Kapitel 12 haben wir das Vermögen in die IS-Gleichung über die Konsumfunktion eingeführt. Das reale Vermögen a wurde bereits in Gleichung (45) in Kapitel 12 als die Summe der realen Werte des Eigenkapitals K, der Staatsschulden B und der Reserven R eingeführt:

$$a = \frac{K + B + R}{P}. \tag{13}$$

Das reale Vermögen a ist positiv mit dem Konsum korreliert, so daß

$$c = c(y - t(y), a); \quad \frac{\partial c}{\partial a} > 0$$

gilt. Ist das reale Vermögen Argument der Konsumfunktion, so führt die Finanzierung des Haushaltsdefizits bei r_0, y_0 in Abbildung 21-5 durch die Erhöhung von R oder B zur Verschiebung der IS-Kurve nach rechts. Wenn das reale Vermögen des Publikums steigt, steigen auch die Konsumausgaben, wodurch die Nachfrage und der Output beim anfänglichen Niveau des Zinssatzes steigen.

Durch die Einbeziehung des realen Vermögens in Kapitel 12 haben wir unserem Modell also einen Kanal der dynamischen Anpassung hinzugefügt. Befindet sich die Volkswirtschaft, wie in Abbildung 21-5, zunächst bei $y_0 < y^*$ im Gleichgewicht, dann wird die Zunahme des realen Vermögens aufgrund der Finanzierung des Defizits durch Wertpapierausgabe die IS-Kurve nach außen verschieben, dabei y nach y^* verschieben und so das Defizit verringern. Wenn umgekehrt y zunächst größer als y^* ist, wird der Überschuß entweder durch Verringerung des Geldbestands oder durch Tilgung von Staatsschulden zur Senkung von a führen, wodurch die IS-Kurve nach links verschoben wird. Dies wird ebenfalls y nach y^* verschieben und so den Überschuß abbauen.

Im Fall der Finanzierung durch Erhöhung des Geldbestands trägt der zusätzliche Kanal des Vermögenseffekts zur dynamischen Stabilität des Anpassungsprozesses bei. Wenn sich sowohl die IS-Kurve als auch die LM-Kurve bei unausgeglichenem Haushalt nach rechts verschieben, dann ist die entscheidende partielle Ab-

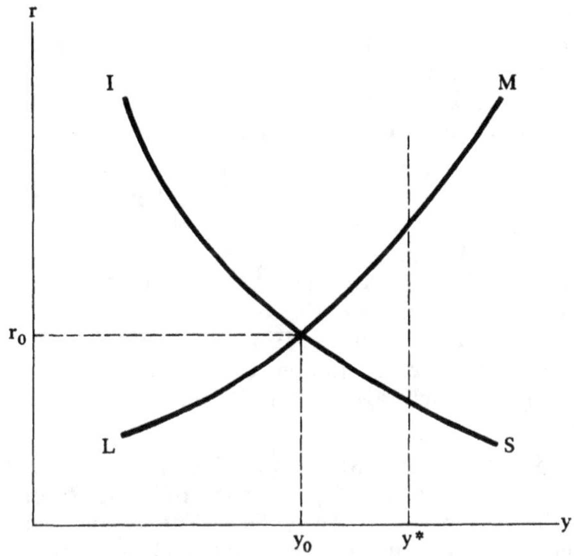

Abbildung 21-5: Das anfängliche Gleichgewicht im Fall der Finanzierung durch Wertpapierverkauf an das Publikum.

leitung in der Stabilitätsbedingung (6) ($\partial y/\partial M$) größer als im einfachen Modell der ersten Kapitel.

Auch im Fall der Finanzierung durch Wertpapierausgabe, trägt der Vermögenseffekt auf die IS-Kurve zur Stabilität bei. Beim anfänglichen Gleichgewicht in Abbildung 21-5 weist der Haushalt mit $y_0 < y^*$ ein Defizit auf. Wenn die Finanzierung des Defizits durch Wertpapierausgabe a erhöht, wird dadurch die IS-Kurve nach rechts verschoben und y verschiebt sich nach y^*. Liegt der anfängliche Schnittpunkt des IS-LM-Gleichgewichts zur Rechten von y^*, so daß also $y_0 > y^*$ ist, dann wird der Überschuß zur Verringerung von a führen, wenn Schulden getilgt werden, wodurch sich y wieder nach y^* verschiebt. Der Kanal, durch den der Vermögenseffekt auf die IS-Kurve einwirkt, trägt also in beiden Fällen zur Stabilität des Prozesses bei. Wir werden den Fall der Finanzierung durch Wertpapierausgabe noch genauer betrachten, nachdem wir Vermögenseffekte auf die LM-Kurve eingeführt haben.

Vermögenseffekte und die LM-Kurve

Ob Vermögenseffekte im LM-Sektor eine Rolle spielen, ist unsicher. Eine streng an der Transaktionsnachfrage orientierte Sichtweise der Geldnachfrage wird Vermögenseffekte in bezug auf die LM-Kurve vernachlässigen. Dies ist zum Beispiel im Finanzsektor des MPS-Modells der Fall. Auf der anderen Seite würde die Betrachtungsweise der Geldnachfrage als einer Entscheidung über die Zusammensetzung des optimalen Portefeuilles für die Einbeziehung von Vermögenseffekten in die Geldnachfrage sprechen. Dies ist in Tobins Modell des Finanzsektors der Fall. Die entscheidende Frage lautet, ob das Vermögen (die Anlagen A) in die Geldnachfragefunktion mit einbezogen werden sollte oder nicht. Können wir diese Frage bejahen, wie Tobin es tut, dann könnte die Frage, ob ein Defizit durch Erhöhung des Geldangebots oder durch Wertpapierausgabe finanziert wird, entscheidend für das dynamische Verhalten der Volkswirtschaft sein und zwar aufgrund der Effekte auf die LM-Kurve. Ist die Antwort nein, wie beim MPS-Modell, dann ist die Zusammensetzung der Finanzierung weniger wichtig.

Im Portefeuille-Modell in Kapitel 14 verteilen die Anleger ihre Nachfrage auf die verschiedenen Vermögenswerte und optimieren dabei die Kombination von Risiko und Rendite. Geld bringt keine Zinsen, trägt aber auch kein Risiko von Kursverlusten, wie andere Vermögenswerte (z.B. Wertpapiere oder Aktien). Die Einbeziehung von Geld in das Portefeuille verringert also das Gesamtrisiko. Im Portefeuille-Modell basiert die Nachfrage der Individuen nach Vermögenswerten bei gegebenem Vermögen auf der Einschätzung des Risikos, den Renditen der einzelnen Vermögenswerte und dem Gesamtvermögen. Wenn das Vermögen zunimmt, steigt die Nachfrage nach allen Vermögenswerten, auch die Nachfrage nach Geld.

Als ein Beispiel des Portefeuille-Modells wollen wir ein Modell mit drei Anlagemöglichkeiten betrachten: Aktien K, Wertpapiere B und Reserven R. Diese bilden zusammen das Gesamtvermögen A. Die Aktienrendite wird durch r_k dargestellt und die Wertpapierrendite durch r_b. Die Gleichgewichtsbedingungen, die r_k und r_b bestimmen, können wir dann wie folgt schreiben:

Angebot Nachfrage

$$\frac{R}{P} = m\left(r_k, r_b, y, \frac{A}{P}\right); \tag{14}$$

$$\frac{B}{P} = b\left(r_k, r_b, y, \frac{A}{P}\right); \tag{15}$$

$$\frac{K}{P} = k\left(r_k, r_b, y, \frac{A}{P}\right). \tag{16}$$

Die Summe der drei Nachfragen ist, wie in (13), durch das Gesamtvermögen beschränkt:

$$A = R + B + K.$$

Unter dieser Nebenbedingung beinhalten (14)-(16) lediglich zwei unabhängige Nachfragegleichungen: Halten wir die Gleichgewichtsmengen von zwei Vermögenswerten konstant, impliziert dies die Gleichgewichtsmenge des dritten.

Von unserem Standpunkt aus gesehen ist die entscheidende Eigenschaft dieses Modells die Einbeziehung von $A/P \equiv a$ in die Funktion der Geldnachfrage (14). Nimmt das Gesamtvermögen zu, steigt auch die Geldnachfrage. Im allgemeinen erhalten wir hierdurch eine erweiterte Gleichgewichtsbedingung für den Geldmarkt:

$$\frac{M}{P} = m(r, y, a); \quad 0 < \frac{\partial m}{\partial a} < 1. \tag{17}$$

Nimmt a zu, so steigt die Geldnachfrage, allerdings um weniger als die anfängliche Erhöhung des Vermögens. Dies ist der Fall, weil die Vermögenszunahme auf alle Vermögenswerte verteilt wird.

Wir wollen nun die Auswirkungen einer Erhöhung von A, die aufgrund eines Haushaltsdefizits zustande kommt, auf die Position der LM-Kurve untersuchen, wobei wir uns auf (17) beziehen. Wird das Defizit durch Erhöhung des Geldbestands finanziert, so wird das Geldangebot erhöht, während die Geldnachfrage um $(\partial m/\partial a) < \Delta M$ steigt. Da $\partial m/\partial a < 1$ ist, führt die Erhöhung von M zu Überschußangebot auf dem Geldmarkt, wodurch die LM-Kurve bei gegebenem Einkommen nach unten verschoben wird. Wenn das Defizit dagegen durch Ausgabe von Wertpapieren finanziert wird, dann ist das Geldangebot unverändert, während die Nachfrage um $(\partial m/\partial a) < \Delta B$ steigt. Dies führt zu Überschußnachfrage auf dem Geldmarkt, wodurch die LM-Kurve nach oben verschoben wird. Im Portefeuille-Modell, in dem das Vermögen Argument der Geldnachfrage ist, führt die Finanzierung eines Haushaltsdefizits durch Erhöhung des Geldbestands zu einer Verschiebung der LM-Kurve nach unten; die Finanzierung durch Wertpapierausgabe verschiebt die LM-Kurve nach oben. Dies ist in Abbildung 21-6 dargestellt. Läge anfänglich ein Haushaltsüberschuß vor, würden wir eine Verschiebung der LM-Kurve in die entgegengesetzte Richtung beobachten. Eine Verringerung von M würde die LM-Kurve nach oben verschieben, während sie durch $\Delta B < 0$ nach unten verschoben würde.

Die Einbeziehung von Vermögenseffekten in die Gleichung der LM- Kurve verändert das dynamische Verhalten des Modells im Fall der Finanzierung durch Erhöhung des Geldbestands nicht: sowohl die LM-Kurve als auch die IS-Kurve verschieben sich nach rechts. Im Fall der Finanzierung durch Wertpapierausgabe dagegen, verschiebt sich die LM-Kurve nach oben (oder nach links) während sich die IS-Kurve nach rechts verschiebt. Hier besteht also die Möglichkeit von Instabilität. Wir werden auf diesen Fall noch zu sprechen kommen. Zunächst jedoch wollen wir überlegen, was gegen die Einbeziehung des Vermögenseffekts in die LM-Gleichung spricht.

Als Beispiel betrachten wir ein Finanzsystem, in dem es Vermögenswerte gibt, die kaum Risiko tragen, dennoch Rendite bringen, wie zum Beispiel Spareinlagen oder Schatzwechsel. Im Fall der Spareinlagen bestehen möglicherweise Einschränkungen, wie oft man Geld abheben darf. Schatzwechsel erfahren geringe Schwankungen ihrer Marktpreise. Diese Risiken sind jedoch gering im Verhältnis zu langfristigen Schuldverschreibungen und Aktien. In einem System, in dem es risikofreie Anlagen gibt, die dennoch Zinsen bringen, wird Geld von diesen anderen risikofreien Anlagen dominiert. Es gibt hier also keine auf der Optimierung des Portefeuilles beruhende Geldnachfrage, da die risikoreduzierende Rolle des Geldes nun durch die anderen Anlagen übernommen wird, die zusätzlich auch noch die Rendite des Portefeuilles erhöhen.

In dieser Situation basiert die Geldnachfrage nur noch auf dem Transaktionsmotiv. Wie wir in Kapitel 14 gesehen haben, reagiert die Transaktionsnachfrage auf Veränderungen des auf die dominierende risikolose Anlage gezahlten Zinssatzes, der die Opportunitätskosten der Geldhaltung darstellt. Dann sind aber die Renditen anderer risikobehafteter Anlagen nicht relevant für die Geldnachfrage. Die Portefeuilleentscheidung ist also in zwei Entscheidungen getrennt worden. Auf der einen Seite steht die Geldnachfrage als eine Funktion der auf eine andere risikolose Anlage gezahlten Rendite und auf der anderen Seite die Nachfrage nach anderen Anlagen, die von den unterschiedlichen Renditen und dem Ge-

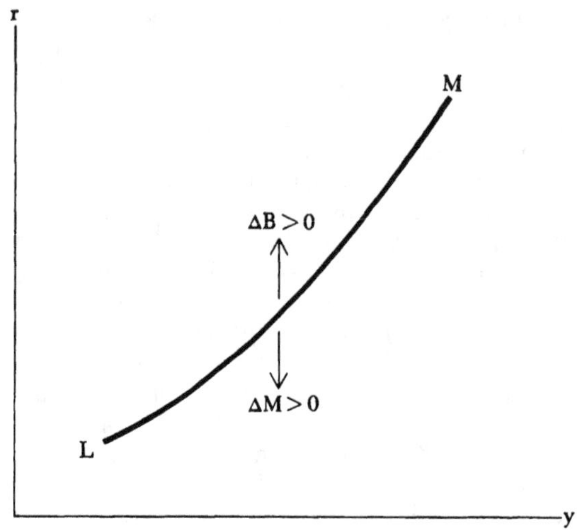

Abbildung 21-6: Die Verschiebung der LM-Kurve im Portefeuille-Modell.

samtvermögen abzüglich der Geldhaltung abhängt. Nimmt in diesem Fall das Vermögen zu, wird sich nur die Nachfrage nach nichtmonetären Anlagen erhöhen, da Geld in bezug auf die Portefeuilleentscheidung von der risikolosen Anlage mit Rendite dominiert wird.

In diesem Modell einer reinen Transaktionsnachfrage wäre A/P nicht mehr Argument der Nachfragegleichungen (14) und (17). Dies impliziert, daß in dem durch die Gleichungen (13)-(16) gegebenen Portefeuille-Modell $\partial b/\partial a + \partial k/\partial a = 1$ gilt. Zusätzlich gehen nur die Renditen der dominierenden Anlagen und das Einkommen in die Geldnachfragefunktion ein. Wenn P und y vom „realen" Sektor vorgegeben werden und M von der Zentralbank, wird r durch unsere übliche Gleichgewichtsbedingung für den Geldmarkt

$$\frac{M}{P} = m(r, y)$$

determiniert. Veränderungen des Vermögens beeinflussen die LM-Kurve in diesem reinen Transaktionsmodell nicht.

Zusammenfassend können wir sagen, daß in einem Modell, in dem die Geldnachfrage lediglich auf dem Transaktionsmotiv basiert, keine Vermögenseffekte auf die LM-Kurve zu beobachten sind. Im Portefeuille-Modell dagegen spielen Vermögenseffekte bei der Festlegung der Position der LM-Kurve eine Rolle. In diesem Fall verschiebt eine Erhöhung des Geldbestands die LM-Kurve nach unten (oder nach rechts). Eine Erhöhung der Staatsschulden verschiebt die LM-Kurve nach oben (oder nach links).

Die von Stephen M. Goldfeld zusammengefaßten empirischen Beobachtungen favorisieren ein Modell der Transaktionsnachfrage. Ist das Einkommen erst einmal in die Geldnachfragefunktion einbezogen, so ist es empirisch gesehen schwierig, einen Einfluß des Vermögens nachzuweisen. Dieses Ergebnis steht in scharfem Kontrast zu den empirischen Beobachtungen von Vermögenseffekten auf die IS-Kurve. Es ist eindeutig, daß eine Erhöhung des realen Vermögens durch die Konsumfunktion zu einer Verschiebung der IS-Kurve nach rechts führt. Für unsere Zwecke wollen wir zwei Konsequenzen aus den empirischen Beobachtungen ziehen: (1) im erweiterten Modell des Kapitels (16) beziehen wir Vermögenseffekte in die Gleichung der IS-Kurve nicht aber in die der LM-Kurve mit ein. (2) In der folgenden Analyse nehmen wir an, daß im Fall der Finanzierung durch Wertpapierausgabe die Verschiebung der IS-Kurve stärker als die Verschiebung der LM-Kurve ist, so daß y bei einer Erhöhung von B steigt.

Finanzierung des Defizits durch Wertpapierausgabe und Crowding-Out

Nachdem wir die Vermögenseffekte in die Gleichungen der IS- und der LM-Kurve integriert haben, können wir nun die dynamischen Effekte der Finanzierung eines unausgeglichenen Staatshaushalts durch Ausgabe von Staatspapieren genauer untersuchen. Wir gehen von dem in den Gleichungen (13)-(16) gegebenen Modell Tobins aus und erkennen, daß das Gleichgewichtsniveau von y nun von allen Beständen des Systems abhängt. Die einfache Gleichung (2), bei der M die einzige Bestandsgröße war, wird durch

$$y = y(M, B, g; K) \tag{18}$$

ersetzt. Wie vorher gilt $\partial y/\partial M > 0$. Sowohl die IS- als auch die LM-Kurve verschieben sich bei einer Erhöhung von M. Außerdem gilt immer noch $\partial y/\partial g > 0$ aufgrund des üblichen fiskalpolitischen Multiplikators. Erinnern wir uns aber unserer Diskussion der Vermögenseffekte bezüglich der IS- und der LM-Kurve, so stellen wir fest, daß das Vorzeichen von $\partial y/\partial B$ nicht eindeutig ist. Eine Erhöhung von B verschiebt die IS-Kurve nach rechts. Handelt es sich bei der Geldnachfrage um eine reine Transaktionsnachfrage, so wird es keinen Vermögenseffekt auf LM geben, so daß also $\partial y/\partial B > 0$ ist. Dieser Fall ist in Abbildung 21-7 dargestellt. Hier beträgt das anfängliche Einkommensniveau $y_0 < y^*$. Bei diesem Wert wäre der Haushalt ausgeglichen. Bei y_0 liegt ein Defizit vor. Bei Finanzierung durch Ausgabe von Staatspapieren nimmt der Bestand von B zu. In einem reinen Transaktionsmodell verschiebt sich unter diesen Umständen lediglich die IS-Kurve nach rechts. Folglich gilt $\partial y/\partial B > 0$ und y steigt auf y^* an.

Liegen Vermögenseffekte auch auf die LM-Kurve vor, wie es im Portefeuille-Modell der Fall ist, so führt eine Erhöhung des Bestands der Staatsschulden zu einer Verschiebung der LM-Kurve nach oben (nach links), womit die Veränderung von y nicht mehr eindeutig ist. Dies ist in Abbildung 21-8 dargestellt, in der sich sowohl die LM-Kurve als auch die IS-Kurve verschieben. Wenn sich die LM-Kurve nach oben verschiebt, besteht eindeutig die Möglichkeit, daß y unter y_0 sinken könnte, wenn der Bestand von B steigt. Die Auswirkungen auf die Investition könnten, aufgrund des steigenden Zinssatzes, die Auswirkungen auf den Konsum durch das gestiegene Vermögen mehr als ausgleichen. In diesem Fall gilt $\partial y/\partial B < 0$. Die entscheidende Frage bei der Finanzierung des Defizits durch Ausgabe von Staatspapieren ist also, ob die Zunahme der öffentlichen Verschuldung y erhöhen wird, wobei sich y_0 auf y^* zu bewegt.

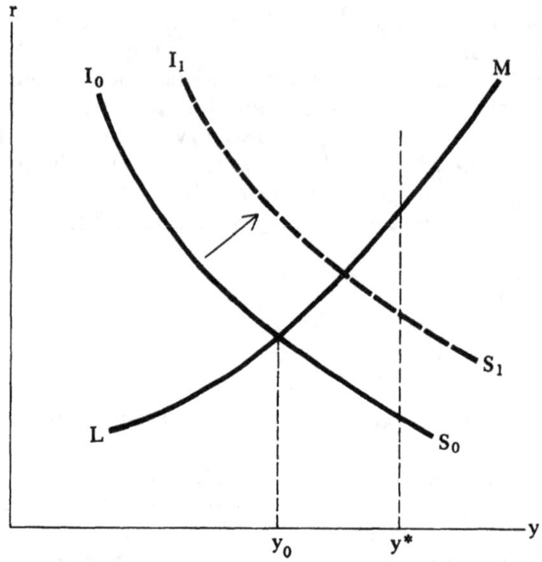

Abbildung 21-7: Finanzierung des Defizits durch Ausgabe von Staatspapieren ohne Vermögenseffekt auf LM.

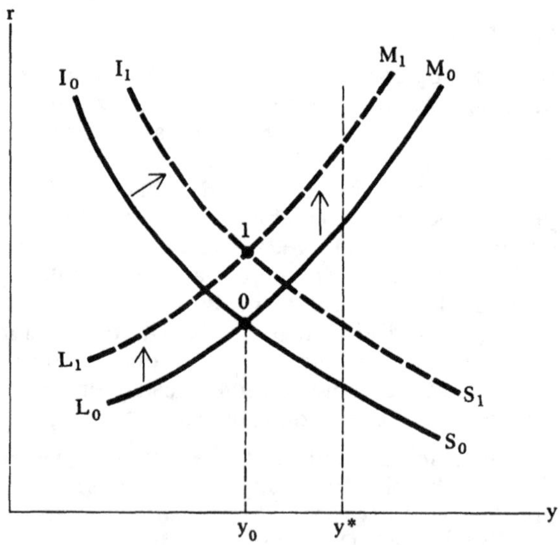

Abbildung 21-8: Finanzierung des Defizits durch Ausgabe von Staatspapieren mit Vermögenseffekt auf LM.

Stabilität der dynamischen Anpassung

Wenn der unausgeglichene Haushalt durch Verkauf oder Rückkauf von Staatspapieren ausgeglichen wird, ist die Veränderung des Wertpapierbestands durch

$$\frac{dB}{dt} \equiv DB = Pd = P\{g - t[y(M, B, g; K)]\} \tag{19}$$

gegeben. Ist das Defizit d positiv (negativ), so nimmt B zu (ab). Halten wir P zwecks Vereinfachung konstant, dann erkennen wir, daß das System bei Finanzierung des unausgeglichenen Haushalts durch Staatspapiere stabil ist, wenn

$$\frac{\partial(DB)}{\partial B} = -Pt' \frac{\partial y}{\partial B} < 0 \tag{20}$$

gilt. Die Stabilitätsbedingung für den Bestandsanpassungsprozeß lautet also: $\partial y/\partial B > 0$. Wenn diese Bedingung erfüllt ist, dann wird die Erhöhung von B, in einer Situation, in der $y_0 < y^*$ ist und B zunimmt, zu einer Verschiebung von y nach y^* führen. Hier ist das Defizit eliminiert und B verändert sich nicht mehr. Wenn dagegen $\partial y/\partial B < 0$ ist, dann führt das anfängliche Defizit zur Verringerung von y und damit zur Erhöhung des Defizits, wodurch sich das System vom Gleichgewicht entfernt. Es ist also entscheidend für die Stabilität des Prozesses der Bestandsanpassung bei Finanzierung durch Staatspapiere, daß $\partial y/\partial B > 0$ ist. Dies ist die grundlegende Annahme des MPS-Modells und Goldfelds empirischer Resultate.

Auswirkungen fiskalpolitischer Maßnahmen

Die Auswirkungen einer Veränderung der Staatsausgaben g auf das Bestandsgleichgewicht sind im Falle der Finanzierung durch Staatspapiere und im Falle der Finanzierung durch Erhöhung des Geldbestands die gleichen. Die Bedingung für das Bestandsgleichgewicht ist wiederum, daß das reale Defizit gleich null ist, so daß $DB = 0$ gelten muß. Gleichungen (9) und (10), die die Veränderungen von y^* auf eine Veränderung von g hin beschreiben, sind somit unabhängig von der Finanzierungsmethode. In beiden Fällen gilt:

$$\frac{dy^*}{dg} = \frac{1}{t'}.$$

Der Unterschied zwischen den beiden Fällen liegt in der potentiellen Instabilität der dynamischen Anpassung. Die Veränderung des langfristigen Gleichgewichts y^* ist im Falle der Finanzierung durch Veränderung des Geldbestands und im Falle der Finanzierung durch Staatspapiere die gleiche. In letzterem Fall wird sich die Volkswirtschaft möglicherweise vom Gleichgewicht wegbewegen, wird also möglicherweise nicht konvergieren. Diese Möglichkeit ist in Abbildung 21-9 dargestellt. Beim anfänglichen Vollbeschäftigungspunkt 0, bei dem $y = y^*_0$ ist, wird g erhöht. Hierdurch wird die IS-Kurve auf I_1S_1 verschoben und y^* auf y^*_1. Die Verschiebung der IS-Kurve führt zu einer Erhöhung von y auf y_1. Bei diesem Wert liegt ein Haushaltsdefizit vor. Wenn B aufgrund des Defizits ansteigt, so ist das System instabil, wenn $\partial y/\partial B < 0$ ist. In dieser Situation fängt y an zu fallen und entfernt sich von y^*. Dies ist als eine Bewegung von Gleichgewichtspunkt 1 nach Punkt 2 dargestellt, wobei sich die LM-Kurve um mehr als die IS-Kurve verschiebt, wenn B steigt. Die Verschiebung des langfristigen Gleichgewichts y^*, die auf eine Veränderung von g folgt, ist also unabhängig von der Finanzierungsmethode. Ob sich die Volkswirtschaft dagegen zum Gleichgewicht hin bewegt oder sich davon entfernt, wird möglicherweise entscheidend von der Wahl der Finanzierungsmethode abhängen. Unter der Annahme der MPS-Goldfeld-Resultate, ist die Stabilität gesichert. Verwenden wir Tobins Modell, so kann die Stabilität nicht garantiert werden.

Crowding-Out der Investitionen durch Finanzierung mit Staatspapieren

Der potentiell negative Effekt einer Finanzierung des Defizits durch Staatspapiere auf das Gleichgewichtseinkommen stellt eine Version des in den letzten Jahren in der Literatur mit Crowding-Out bezeichneten Phänomens dar. Der Ausdruck „Crowding-Out" bezieht sich im allgemeinen auf die Tendenz einer Erhöhung der Staatsausgaben (oder einer Steuersenkung), die privaten Investitionen zu verringern.

Dies wirkt dem ursprünglichen Effekt der Erhöhung der Staatsausgaben (oder der Steuersenkung) auf y entgegen. Die potentiell destabilisierenden Effekte einer Finanzierung durch Staatspapiere stellen eine Art des dynamischen Crowding-Outs dar. Wir fassen im folgenden die verschiedenen Aspekte des Crowding-Outs zusammen, die wir bis jetzt in diesem Buch kennengelernt haben und verwenden dabei die von Willem H. Buiter vorgegebene Taxonomie.

Auf dem einfachsten Niveau findet Crowding-Out auf der Nachfrageseite des statischen Modells aus Kapitel 5 statt. Eine Erhöhung von g erhöht r, worauf die Investition abnimmt. Wir haben in Kapitel 5 gesehen, daß der Staatsausgabenmultiplikator geringer ist, wenn wir den Zinssatz endogenisieren, als wenn der Zinssatz exogen ist. Das monetaristische Modell in Kapitel 16 stellt ein Beispiel eines vollständigen Crowding-Outs auf der Nachfrageseite dar. Bei senkrechter LM-

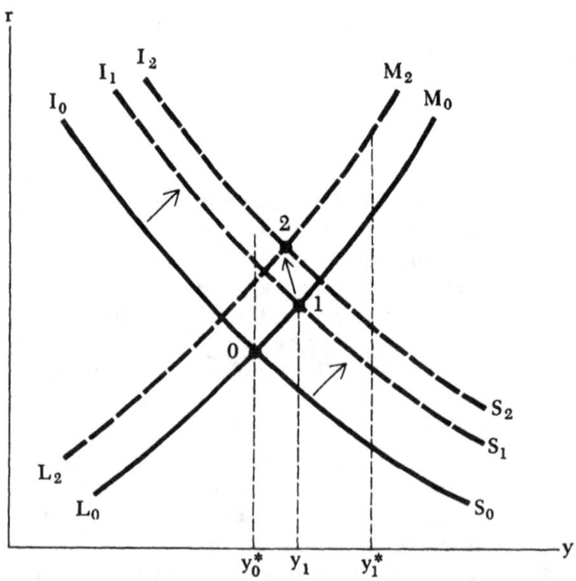

Abbildung 21-9: Instabile Anpassung bei einer Erhöhung der Staatsausgaben.

Kurve erhöht eine Zunahme von g den Zinssatz um so viel, daß die Verringerung der Investition die Erhöhung von g voll aufwiegt: $i' \Delta r = -\Delta g$. Dies stellt das erste Stadium des Crowding-Outs dar, das festlegt, um wieviel sich die aggregierte Nachfragekurve bei gegebenem Δg verschiebt.

Das zweite Stadium des Crowding-Outs involviert die aggregierte Angebotskurve und die Preisreaktion auf die Verschiebung der Nachfrage. Nehmen wir an, die Volkswirtschaft folge dem grundlegenden Modell der Nachfrageseite, so daß eine Erhöhung von g die aggregierte Nachfragekurve verschiebt. Kombinieren wir dies nun mit dem klassischen Angebotsmodell aus Kapitel 6, bei dem $p' = 1$ ist, oder mit dem Neuklassischen Modell aus Kapitel 11, so ist die aggregierte Angebotskurve in diesen beiden Fällen senkrecht und die Erhöhung der Nachfrage führt zu einer Zunahme des Preisniveaus, die dazu führt, daß y wieder bei seinem ursprünglichen Gleichgewichtswert liegt. Kombinieren wir also das grundlegende Modell der Nachfrageseite mit der senkrechten aggregierten Angebotskurve, so führt die Preiszunahme, die auf eine Verschiebung der Nachfragekurve folgt, zu einer Erhöhung des Zinssatzes, so daß $i' \Delta r = -\Delta g$ ist und die fiskalpolitisch induzierte Erhöhung von y vollständig verdrängt wird.

Bei den Betrachtungen in diesem Kapitel haben wir ein drittes Stadium des Crowding-Outs eingeführt. In Abbildung 21-9 stellt die Verschiebung von Gleichgewichtsposition 0 auf Position 1, bei impliziter Veränderung des Preisniveaus im Hintergrund, ein teilweises Crowding-Out der ersten beiden Stadien dar. Die auslösende Erhöhung von g verändert das Einkommensniveau von y^*_0 auf y_1. Hier liegt ein Haushaltsdefizit vor. An dieser Stelle kommt das dritte Stadium des dynamischen Crowding-Outs ins Spiel. Wenn die Verschiebung der LM-Kurve von Punkt 1 aus aufgrund von $DB < 0$ größer ist, als die Verschiebung der IS-Kurve, so wird die Investition um mehr abnehmen, als der Konsum durch DB erhöht wird, weshalb y sinkt. Wenn die Verschiebung der IS-Kurve größer als die Verschiebung der LM-Kurve ist, erhöht sich y auf y^*_1. Bei diesem Wert ist $dB = 0$. Der Effekt von DB auf die LM-Kurve besteht darin, daß die Investition verdrängt wird, indem sich der Zinssatz erhöht, wodurch es zu einer Verringerung von y kommt. Dies kann man, wie Buiter es formuliert, als einen „Crowding-In"-Effekt auf den Konsum bezeichnen, wenn DB das Vermögen erhöht. Nur dann wenn der Investitionseffekt den Konsumeffekt aufwiegt kommt es in diesem dynamischen Modell zu einem instabilen Netto-Crowding-Out.

Interaktion zwischen Staatshaushalt und Zahlungsbilanz

Der dynamische Mechanismus im Fall der Finanzierung durch Veränderung des Geldbestands, der in Abbildung 21-2 dargestellt ist, besteht darin, daß das Haushaltsdefizit auf den Geldbestand einwirkt. Solange der Haushalt unausgeglichen ist, verändert sich der Geldbestand, wodurch sich die LM-Kurve verschiebt. In dem in Abbildung 21-2 dargestellten Fall der Finanzierung durch Veränderung des Geldbestands, verschiebt sich der IS-LM-Schnittpunkt in Richtung des Gleichgewichtswerts y^*, bei dem der Haushalt ausgeglichen und $DM = 0$ ist.

Dieser Anpassungsmechanismus ist vergleichbar mit der Beziehung zwischen der Zahlungsbilanz und dem Geldbestand in einem System fester Wechselkurse. Wie wir in Kapitel 17 gesehen haben, tendiert der Geldbestand dazu, sich zu verändern, wenn die Zahlungsbilanz nicht ausgeglichen ist. Diese Veränderung ist vom

Grad der durch die Zentralbank betriebenen Sterilisierung abhängig. (Wir verwenden B hier als Platzhalter für die Zahlungsbilanz. Dies sollte nicht zur Verwechslung mit der oben verwendeten Schreibweise führen, wo B für Wertpapiere (Staatsanleihen) stand, da wir uns hier mit dem Fall der Finanzierung durch Veränderung des Geldbestands beschäftigen. Solange also, wie in Abbildung 17-6, der Saldo der Zahlungsbilanz nicht gleich 0 ist, wird die Veränderung des Geldbestands den Schnittpunkt der IS- mit der LM-Kurve in Richtung der BP-Kurve verschieben, bei der $B = 0$ gilt. Es gibt nun zwei dynamische Anpassungsmechanismen, die den Geldbestand verändern: das Haushaltsdefizit des Staates und der Zahlungsbilanzüberschuß.

Anpassung des Geldbestands

Sowohl der Zahlungsbilanzüberschuß als auch das Haushaltsdefizit verändern den Geldbestand. In einem Modell der offenen Volkswirtschaft mit festen Wechselkursen ist die Veränderungsrate des Geldbestands durch

$$DM = P[g - t(y)] + B = Pd + B \tag{21}$$

gegeben. Ein Haushaltsdefizit ($d > 0$) oder ein Zahlungsbilanzüberschuß ($B > 0$) trägt zu $DM > 0$ bei, so daß sich der Geldbestand erhöht. Es gibt also eindeutig zwei Möglichkeiten, vollständiges Gleichgewicht zu erreichen.

Das am wenigsten eingeschränkte Gleichgewicht liegt vor, wenn $Pd = -B$ ist, so daß der Saldo der unausgeglichenen Zahlungsbilanz gerade durch das Haushaltsdefizit aufgewogen wird und $DM = 0$ ist. Die Anpassung zu diesem Gleichgewicht ist in Abbildung 21-10 dargestellt. Beim anfänglichen Gleichgewichtspunkt

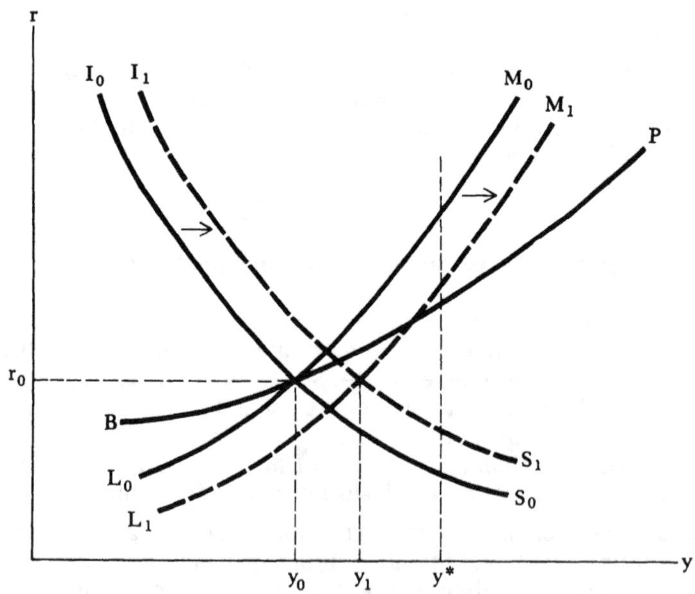

Abbildung 21-10: Anpassung bei Haushalts- und Zahlungsbilanzgleichgewicht.

r_0, y_0 sind die internationalen Zahlungen im Gleichgewicht ($B = 0$), dafür weist aber der Staatshaushalt ein Defizit auf. ($Pd > 0$). Bei r_0, y_0 nimmt der Geldbestand also zu und die IS- und LM-Kurve verschieben sich nach rechts. Wenn der Geldbestand steigt, sinkt das Haushaltsdefizit und es entwickelt sich ein Zahlungsbilanzdefizit. Das Haushaltsdefizit führt zur Erhöhung von M während das Zahlungsbilanzdefizit M verringert. Wenn M steigt und sich der Schnittpunkt der IS- mit der LM-Kurve nach rechts verschiebt, wird ein Punkt erreicht, bei dem das Haushaltsdefizit gerade gleich dem Defizit der Zahlungsbilanz ist: $Pd = -B$. Bei diesem Punkt, dargestellt durch y_1 in Abbildung 21-10, ist $DM = 0$ und das Gleichgewicht ist erreicht. Hier nimmt M nicht mehr zu.

Dieser Ausgleichsmechanismus ist in Abbildung 21-11 dargestellt, die mit Abbildung 21-10 koordiniert ist. Beim anfänglichen Wert von M (M_0), der die Positionen von I_0S_0 und L_0M_0 festlegt, entspricht das Haushaltsdefizit $-Pd_0$ und die Zahlungsbilanz ist mit $-B = 0$ ausgeglichen. Wenn nun M aufgrund von $DM > 0$ zunimmt, sinkt das Haushaltsdefizit entlang Pd(M) und es entsteht ein Zahlungsbilanzdefizit entlang $-B(M)$. Bei M_1, wo sich die beiden Kurven schneiden, ist $Pd_1 = -B_1$ und das System befindet sich im Gleichgewicht.

Das Gleichgewicht in den Abbildung 21-10 und 21-11 ist allerdings etwas seltsam. Bei y_1 ist der Geldbestand konstant, weil das Zahlungsbilanzdefizit gerade mit dem Haushaltsdefizit übereinstimmt.

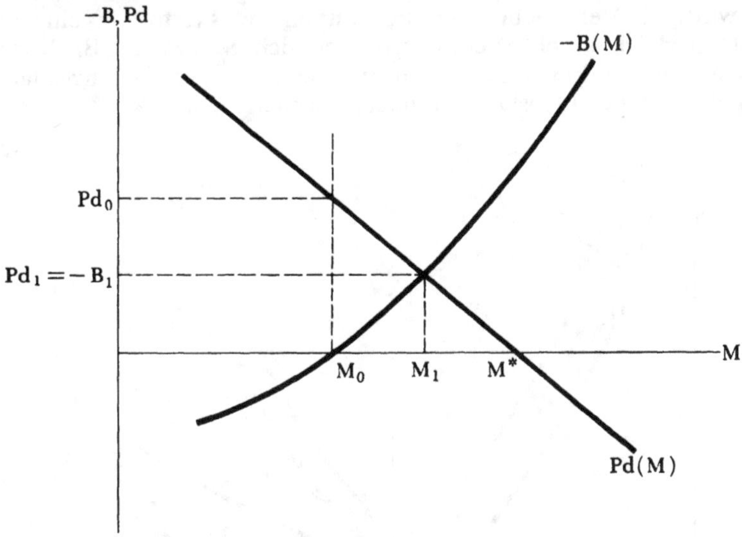

Abbildung 21-11: Anpassung des Geldbestands.

Geld fließt in den inländischen privaten Sektor mit einer durch Pd_1 gegebenen Rate, während ein gleich hoher Betrag mit der Rate $-B_1$ aus dem inländischen privaten Sektor abfließt. Bei dem durch y_1, M_1 in den Abbildungen 21-10 und 21-11 gegebenen Gleichgewicht, akkumulieren die ausländischen Anleger inländische Währung mit der Rate B. Diese Situation kann nicht ewig bestehen bleiben, da die Akkumulation inländischer Währung in den Portefeuilles der ausländischen Anleger diese Portefeuilles im Laufe der Zeit aus dem Gleichgewicht bringen wird.

Schließlich wird dieses zunehmende Ungleichgewicht der Dollarhaltung zu steigendem Verkaufsdruck auf dem Devisenmarkt führen. Früher oder später wird die Zentralbank aufgrund des ständigen Abflusses von Reserven dazu gezwungen sein, ein Fallen des Wechselkurses e in Kauf zu nehmen, wobei die inländische Währung abgewertet wird. Dies kann allmählich vor sich gehen oder aber mit einem großen Sprung, wenn die Zentralbank den Wechselkurs frei schwanken läßt. In beiden Fällen wird die Abwertung die BP-Kurve in Abbildung 21-10 nach unten verschieben, wobei sich das Gleichgewicht auf eine Position bewegt, bei der $Pd = -B = 0$ ist.

Anpassung des Wechselkurses

Die Anpassung des Wechselkurses von der temporären Gleichgewichtsposition y_1, M_1 ist in den Abbildungen 21-12 und 21-13 dargestellt, die eine Erweiterung der Abbildungen 21-10 und 21-11 repräsentieren. In Kapitel 17 haben wir gesehen, daß die BP-Kurve in Abbildung 21-12 durch ein Sinken des Wechselkurses nach unten verschoben wird. Hierdurch wird das Zahlungsbilanzdefizit beim ursprünglichen Gleichgewichtswert y_1 verringert und es ergibt sich $DM > 0$, da nun $Pd_1 > r - B$ ist. Wenn $DM > 0$ ist, verschieben sich die IS- und die LM-Kurve nach rechts, wie in Abbildung 21-12 dargestellt, wodurch das Haushaltsdefizit reduziert wird. Die Verschiebung der drei Kurven setzt sich fort, bis ein vollständiges Bestandsgleichgewicht erreicht ist, bei dem sich IS-, LM- und BP-Kurve bei y_2 schneiden. Hier sind Haushaltsdefizit und der Saldo der Zahlungsbilanz beide gleich null und der Geldbestand verändert sich nicht mehr.

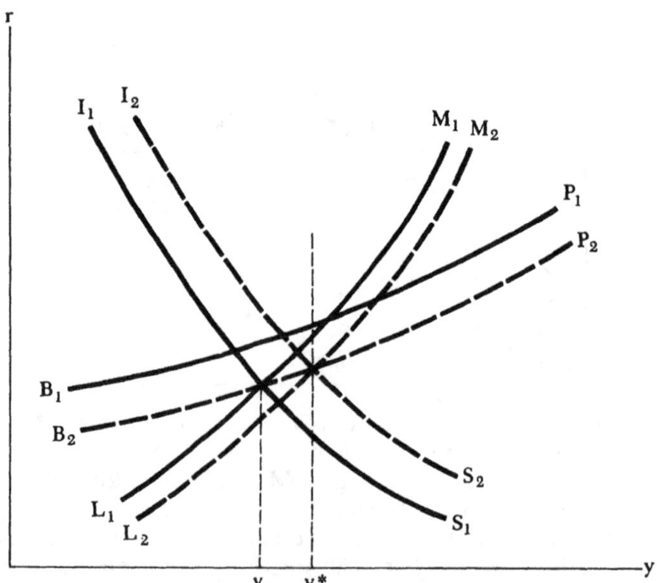

Abbildung 21-12: Interaktion von Wechselkurs- und Geldbestandsanpassung.

Die Bedingung, daß das reale Defizit in einem vollständigen Gleichgewicht gleich null sein muß, bestimmt den Gleichgewichtswert y*:

$$0 = g - t(y^*).$$

Bei vorgegebenem y* und Gleichgewichtswerten des Preisniveaus P und des Zinsniveaus r paßt sich der Wechselkurs an seinen Gleichgewichtswert e* an, bei dem B = 0 ist und die BP-Kurve bei y* durch den Schnittpunkt der IS- mit der LM-Kurve verläuft.

In Abbildung 21-13 ist die Anpassung des Geldbestands zu dem Gleichgewichtswert M* dargestellt, bei dem sich IS-Kurve und LM-Kurve bei y* schneiden. Wenn der Wechselkurs fällt, dann sinkt das Zahlungsbilanzdefizit bei gegebenem Geldbestand, wodurch die – B(M)-Kurve in Abbildung 21-13 nach unten verschoben wird. Der Wechselkurs fällt so lange, bis die – B(M)-Kurve die Pd(M)-Kurve bei M* schneidet, wo y = y* und Pd = – B = 0 ist. Das System erreicht also sein vollständiges Gleichgewicht bei dem Vektor y*, M*, e* und den Werten von r und P im Hintergrund, wobei sowohl der Saldo der Zahlungsbilanz als auch das Haushaltsdefizit gleich null sind und der Geldbestand konstant ist.

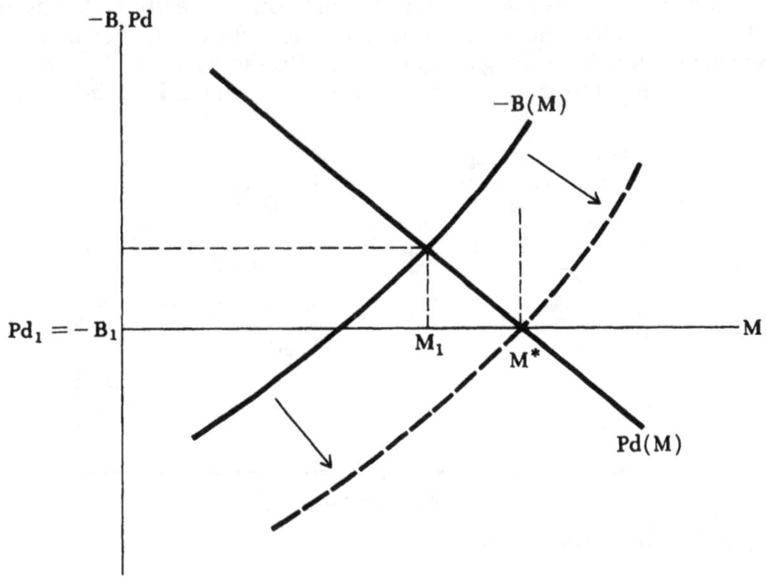

Abbildung 21-13: Anpassung des Wechselkurses.

Allgemeine Betrachtung der Bestandsanpassung von Vermögenswerten

In diesem Kapitel haben wir uns mit dynamischen Zusammenhängen beschäftigt, die in Verbindung mit einem unausgeglichenen Haushalt und einem Zahlungsbilanzdefizit die Volkswirtschaft von einem anfänglichen kurzfristigen Gleichgewicht in ein langfristiges vollständiges Bestandsgleichgewicht bewegen. Wir haben uns also auf die Anpassung der Bestände der Finanzanlagen B und M konzentriert. In Kapitel 13 haben wir die Investition als den Mechanismus diskutiert, der den Kapitalstock auf das gewünschte (Gleichgewichts-) Niveau bringt, das dem gewünschten Verhältnis von Kapital zu Output entspricht. Wir wollen nun einfach das vollständige System der dynamischen Beziehungen der Bestandsanpassung darstellen, das eine stabile Volkswirtschaft vom anfänglichen kurzfristigen Gleichgewicht mit willkürlich gegebenen Beständen der Anlagen, auf einen gleichgewichtigen Wachstumspfad bewegt, bei dem alle Bestände mit der gleichen Rate wachsen. Diese Wachstumspfade entsprechen den in Teil V studierten langfristigen Wachstumspfaden.

Wir können die Bestandsgrößen der Volkswirtschaft in vier Kategorien einteilen: Geld M, Staatspapiere B, Kapital K und ausländische Nettoanlagen F. Die Anfangswerte von M, B, K und F sind zu jedem Zeitpunkt vorgegeben. Zusammen mit anderen Parametern, wie den Staatskäufen und der Steuerfunktion t(y), bestimmen sie die kurzfristigen Gleichgewichtswerte des Zinssatzes r, des Einkommens y (und damit durch die Angebotskurve P und die Produktionsfunktion N) und des Wechselkurses e. Diese Werte entsprechen der kurzfristigen Gleichgewichtslösung in Teil III. Die kurzfristigen Werte von y, r und e bestimmen aber gleichzeitig die Investition, die der Veränderungsrate des Kapitalstocks K entspricht, das Defizit, das durch DM + DB gegeben ist, und den Saldo der Leistungsbilanz (als Teilbilanz der Zahlungsbilanz), die bei flexiblen Wechselkursen durch DF gegeben ist. Die kurzfristige Gleichgewichtslösung bestimmt also die Veränderungsraten der anfänglich gegebenen Bestandsgrößen. Dies ist schematisch in Abbildung 21-14 dargestellt. Hier erkennen wir das Bestandsanpassungs-

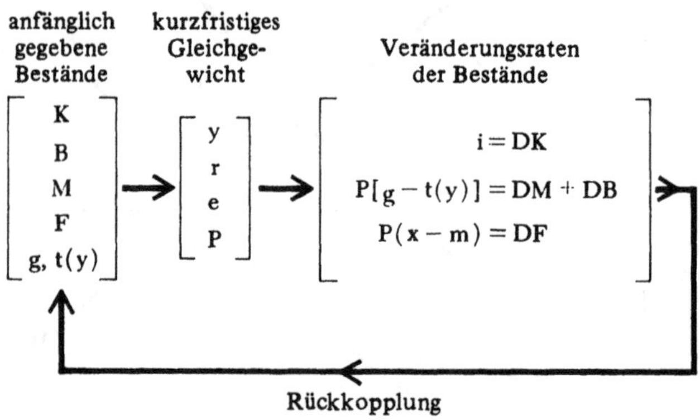

Abbildung 21-14: Bestandsanpassungssystem.

system als einen Regelkreis. Das System ist im wesentlichen ein System von Differentialgleichungen erster Ordnung. Bestände und Parameter bestimmen über das kurzfristige Gleichgewichtssystem ihre eigenen Veränderungsraten, die dann die Bestandsgrößen ändern und das kurzfristige Gleichgewicht im Zeitverlauf verschieben. In diesem Kapitel betrachten wir die finanziellen Aspekte dieses Anpassungsprozesses. Wenn das gesamte System stabil ist, wird es die Volkswirtschaft im allgemeinen von einem beliebigen Ausgangsvektor der Bestandsgrößen auf die gleichgewichtigen Wachstumspfade von Teil V bringen.

Wir erhalten eine andere Sichtweise des Systems, wenn wir die IS-Gleichung als eine Gleichgewichtsbedingung für die Akkumulation betrachten. Wenn wir die

IS-Gleichgewichtsbedingung so schreiben, daß nur S auf der linken Seite steht, so erhalten wir

$$S = I + (G - T) + (X - M). \tag{22}$$

In den Teilen II und III haben wir uns auf den Fluß- oder auch Gütermarktsgleichgewichtsaspekt der IS-Gleichung konzentriert. Bezugnehmend auf Abbildung 21-14 können wir diese Gleichung aber auch als eine Gleichgewichtsbedingung für die Akkumulation betrachten:

$$DA = DK + DB + DM + DF. \tag{23}$$

Die Ersparnis entspricht der Zunahme der Nachfrage nach Vermögensanlagen A. Die Posten auf der rechten Seite von Gleichung (23) stehen für das Angebotswachstum der unterschiedlichen Kategorien von Vermögensanlagen, die aufaddiert A ergeben. Die Investition entspricht dem Angebotswachstum von K. Das Staatsdefizit und die Finanzierungsentscheidung legen das Angebotswachstum der Komponenten B und M fest. Der Saldo der Leistungsbilanz entspricht dem Angebotswachstum von F bei flexiblen Wechselkursen. Interveniert die Fed auf den Devisenmärkten, so wird (X – M) auf DF und DM aufgeteilt.

Durch die kurzfristige Gleichgewichtslösung auf der IS-Kurve werden Werte von (y, r, e) bestimmt, so daß das gewünschte Wachstum der Gesamtanlagen (S = DA) gerade dem Wachstum des Angebots an Anlagen entspricht. Wenn das System stabil ist, wird dieses Akkumulationsmuster die Volkswirtschaft auf einen Wachstumspfad bringen, bei dem alle Anlagenbestände mit der gleichen Rate wachsen. Dieser Wachstumspfad wird in Kapitel 22 beschrieben und in Teil V analysiert.

Ausgewählte Literatur

A. S. Blinder and R. M. Solow, „Does Fiscal Policy Matter?“ *Journal of Public Economics,* November 1973.

W. H. Branson and R. L. Teigen, „Flow and Stock Equilibrium in a Dynamic Metzler Model,“ *Journal of Finance,* December 1976.

W. H. Buiter, „‚Crowding Out‘ and the Effectiveness of Fiscal Policy,“ *Journal of Public Economics,* July 1977.

C. F. Christ, „On Fiscal and Monetary Policies and the Government Budget Restraint,“ *American Economic Review,* September 1979.

S. M. Goldfeld, „The Demand for Money Revisited,“ *Brookings Papers on Economic Activity,* vol. 3, 1973.

D. J. Ott and A. Ott, „Budget Balance and Equilibrium Income,“ *Journal of Finance,* March 1965.

W. L. Silber, „Fiscal Policy in IS-LM Analysis: A Correction,“ *Journal of Money, Credit and Banking,* November 1970.

G. Smith, „Monetarism, Bondism, and Inflation,“ *Journal of Money, Credit and Banking,* May 1982.

J. Tobin, „A General Equilibrium Approach to Monetary Theory,“ *Journal of Money, Credit and Banking,* February 1969.

J. Tobin and W. H. Buiter, „Long Run Effects of Fiscal and Monetary Policy on Aggregate Demand,“ in J. L. Stein, ed., *Monetarism* (Amsterdam: North-Holland, 1976).

Kapitel 22
Trendwachstum im statischen Modell

Indem Faktoren wie Lohn- und Preisinflation, Wachstum der Arbeitsproduktivität und Akkumulation von Finanzanlagen in das Modell der Einkommensbestimmung von Teil II eingeführt wurden, haben wir in den Kapiteln 19-21 einen Schritt vom rein statischen Modell der Volkswirtschaft zu einer dynamischeren Betrachtungsweise gemacht. In Teil V analysieren wir Wachstumsmodelle, denen die Annahme zugrunde liegt, die aggregierte Nachfragepolitik halte die Nachfrage auf dem Niveau des potentiellen Outputs. Dies rechtfertigt, daß wir uns auf Veränderungen des potentiellen Outputs in den Wachstumsmodellen konzentrieren.

In diesem Kapitel bringen wir verschiedene Aspekte der Kapitel 19-21 zusammen, um Veränderungen der politischen Variablen (Staatskäufe, Steuersätze, Geldangebot Haushaltsdefizit) zu untersuchen, die nötig sind, um die aggregierte Nachfrage gleich dem potentiellen Output zu halten, wenn letzterer steigt. Wir nehmen den Wachstumspfad des potentiellen Outputs (dessen Bestimmung Gegenstand von Teil V ist) als gegeben an und fragen, welche Konfigurationen von politischen Variablen die Nachfrage auf diesem Pfad halten werden.

In Abbildung 22-1, die lediglich Abbildung 1-1 (a) wiederholt, ist die Beziehung zwischen tatsächlichem und potentiellem Output dargestellt. Die durchgezogen Kurve in Abbildung 22-1 stellt den Pfad des potentiellen Outputs der Volkswirtschaft dar, der entsprechend dem Trendwachstum der Produktivität und dem Wachstum der Erwerbsbevölkerung gleichmäßig ansteigt. Diese Kurve entspricht auch dem Trendpfad des Vollbeschäftigungsoutputs. Dieser Pfad beschreibt das Outputniveau, das jederzeit erreicht werden könnte, wenn die Ar-

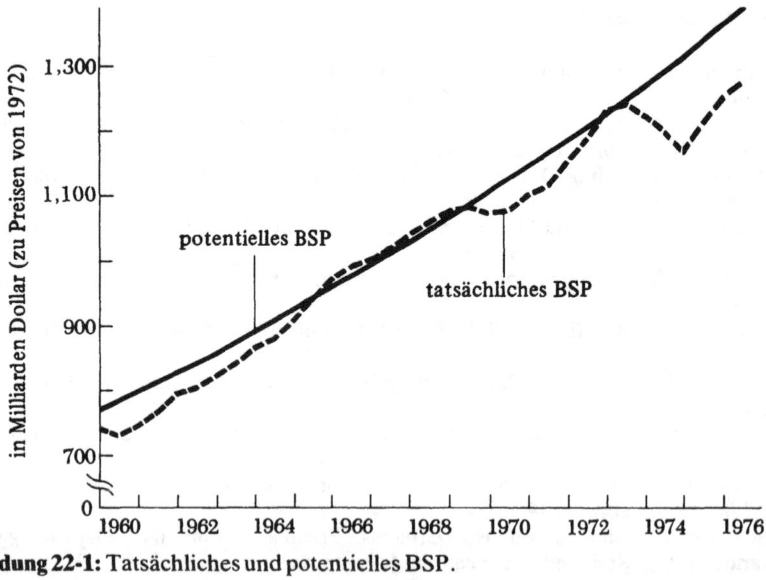

Abbildung 22-1: Tatsächliches und potentielles BSP.

beitslosenquote beim Niveau der NAIRU (u_n) läge und auch die Arbeitsproduktivität ihrem Trendwert entspräche. Die NAIRU lag in den sechziger Jahren bei ungefähr 5% und in den achtziger Jahren bei ungefähr 6%.

Die gestrichelte Kurve des tatsächlichen Outputs in Abbildung 22-1 stellt das tatsächlich gemessene reale BSP dar. Wenn der tatsächliche Output unterhalb des potentiellen Outputs liegt, dann ist die Unterbeschäftigung höher als u_n und realer Output geht verloren. Wenn der tatsächliche Output oberhalb des potentiellen liegt, wie es 1968-1969 der Fall war, als die Arbeitslosenquote unter 3,5% gefallen war, wird zusätzlicher Output gewonnen. Dies ist aber nur durch Inkaufnahme einer höheren Inflationsrate möglich, die im allgemeinen als nicht akzeptabel betrachtet wird. Der Pfad des potentiellen Outputs in Abbildung 22-1 stellt also kein absolutes Maximalniveau des Outputs dar. Vielmehr entspricht er dem Outputniveau, bei dem die Arbeitslosenquote bei der NAIRU liegt, also ungefähr bei 6% in den achtziger Jahren. Wir können den Pfad des potentiellen Outputs in Abbildung 22-1 als den realisierbaren Trendpfad des tatsächlichen Outputs betrachten. Geld- und Fiskalpolitik sollten so angelegt sein, daß sie den tatsächlichen Output so dicht wie möglich beim potentiellen Output halten.

Die in den Teilen II und III diskutierten stabilitätspolitischen Maßnahmen können eingesetzt werden, um die Lücke zwischen potentiellem und tatsächlichem Output zu schließen und den tatsächlichen Output somit nahe beim potentiellen Niveau des Outputs zu halten. Die Berücksichtigung von Anpassungslags in Teil III hat uns gezeigt, daß, hat sich erst einmal eine Nachfragelücke entwickelt, die Anpassung an den potentiellen Trend nicht sofort und vollständig stattfinden kann. Das statische Modell hat uns allerdings gezeigt, wie wir die Lücke zwischen tatsächlichem und potentiellem Output durch Manipulation der Staatskäufe, der Steuersätze oder des Geldangebots schließen können. Wenn also die Investition oder die Konsumausgaben unter ihr Trendniveau sinken, das mit dem potentiellen Output und Einkommen assoziiert ist, dann kann der Staat geld- oder fiskalpolitische Maßnahmen ergreifen, um die Auswirkungen dieser exogenen Verringerung der Investition und der Konsumausgaben auszugleichen und das Niveau des Outputs bei seinem potentiellen Wert zu halten.

In Teil V nehmen wir an, der Staat habe mit seinen stabilitätspolitischen Maßnahmen Erfolg. Damit meinen wir, daß es dem Staat gelingt, die Volkswirtschaft nahe bei der Kurve des Trendwachstums (des potentiellen Outputs) zu halten. Natürlich wird es Schwankungen um die Trendkurve herum geben. Konsum und Investition werden um ihre Trendniveaus schwanken und die Fiskal- und die Geldpolitik werden nur mit Verzögerung auf diese Schwankungen reagieren können. Wenn die private Nachfrage vom Trendwachstum abweicht, nehmen wir an, der Staat reagiere gut genug, um die Abweichungen innerhalb einer akzeptablen Zeitspanne (zum Beispiel innerhalb eines Jahres) zu korrigieren. Im Durchschnitt wird der tatsächliche Wachstumspfad der Volkswirtschaft durch die Trendkurve gegeben sein.

Unter diesen Annahmen konzentriert sich unser Interesse in den Kapiteln 23-27 auf die Bestimmungsfaktoren der Gestalt dieser Trendkurve. Wir fragen nach den Bestimmungsfaktoren der Steigung und der Höhe der Kurve und untersuchen, wie die Volkswirtschaft von einer auf die nächste Trendkurve gelangt, mit anderen Worten, wodurch die potentielle Rate und das potentielle Niveau des Wachstums der Volkswirtschaft bestimmt werden.

Bevor wir uns jedoch mit diesen Fragen beschäftigen, fassen wir die Aspekte der Geld- und der Fiskalpolitik in bezug auf den langfristigen Trend zusammen. Um es noch einmal zu sagen: kurzfristig wird es immer Schwankungen der privaten Nachfrage geben (höhere oder niedrigere Niveaus der Investition oder des Konsums), die höhere oder niedrigere Niveaus der Staatsausgaben, der Steuersätze oder des Geldangebots nach sich ziehen, um den tatsächlichen Output nahe dem Vollbeschäftigungsoutput zu halten. Im Durchschnitt aber, langfristig gesehen, werden Geld- und Fiskalpolitik bestimmte Trendcharakteristika aufweisen, wenn die Volkswirtschaft entlang dem Trendpfad wächst.

Annahmen, die dem Trendwachstum zugrunde liegen

Wenn die Volkswirtschaft entlang dem Vollbeschäftigungspfad wächst, werden sich die geld- und fiskalpolitischen Variablen des Staates verändern, um Schwankungen der privaten Nachfrage auszugleichen. Um die dementsprechenden Trendwerte der politischen Variablen zu finden, nehmen wir an, die Volkswirtschaft wachse entlang einem Pfad, bei dem die Arbeitslosenquote bei einem gegebenen durchschnittlichen Niveau liegt (ungefähr 6%), das wir als Vollbeschäftigung definieren.

Um die Trends der geld- und fiskalpolitischen Variablen entlang dem Vollbeschäftigungspfad zu beschreiben, machen wir einige zusätzliche Annahmen, die alle, wie wir in Kapitel 23 sehen werden, ungefähr mit den historischen Daten übereinstimmen.

1. Die Zinssätze weisen keinen Trend auf, das heißt sie schwanken um einen bestimmten Mittelwert.
2. Die Wachstumsraten der Erwerbsbevölkerung, $\dot{L} = [(dL/dt)/L]$ und der durchschnittlichen Arbeitsproduktivität, $\dot{y/L} = [(d(y/L)/dt/(y/L)]$ sind einigermaßen stabil.
3. Der Kapitalkoeffizient K/y ist ebenfalls ungefähr konstant.
4. Die relativen Anteile der Arbeit und des Kapitals am Output sind auch einigermaßen konstant.

Wir verschieben die Betonung hier von der Beschäftigung N auf die Erwerbsbevölkerung L. Wenn die Arbeitslosenquote u konstant ist, werden sowohl N als auch L mit der gleichen Rate wachsen. Die Arbeitslosenquote u ist wie folgt definiert:

$$u = \frac{U}{L} = \frac{L - N}{L} = 1 - \frac{N}{L}, \tag{1}$$

wobei U der Anzahl der arbeitslosen Personen entspricht. Wenn also u konstant ist, dann ist auch die Beschäftigungsrate N/L konstant, und N und L wachsen beide mit der gleichen Rate $\dot{L}$.

In diesem Kapitel untersuchen wir die Implikationen dieser Fakten für das Gleichgewichtswachstum im statischen Modell. In Kapitel 23 erklären wir dann im Zusammenhang mit den Wachstumsmodellen, warum es sich hierbei wirklich um Fakten handelt. Um die Implikationen des gleichgewichtigen Wachstums für das statische Gleichgewicht zu verstehen, untersuchen wir zunächst den Arbeitsmarkt, um die implizierten Wachstumsraten des Outputs, der Löhne und der Preise entlang dem durchschnittlichen Trend zu bestimmen. Danach determinieren wir die durchschnittliche Wachstumsrate des Geldangebots, die den Geldmarkt im Gleichgewicht hält, wobei das reale Einkommen und das Preisniveau steigen und die Zinssätze entlang dem Trend konstant bleiben. Schließlich werden wir untersuchen, was ein Gütermarktgleichgewicht bei Vollbeschäftigung für das durchschnittliche Niveau des Staatsdefizits und der Verschuldung bedeutet.

Trendwachstum des Outputs und der Preise

Unsere Annahmen bezüglich der Wachstumsraten der Erwerbsbevölkerung und der Produktivität können wir kombinieren, um die Wachstumsrate des potentiellen Outputs zu erhalten. Wir können den potentiellen Output als durchschnittliche Produktivität der Erwerbspersonen y/L multipliziert mit der Anzahl der Erwerbspersonen L definieren:

$$y = \frac{y}{L} \cdot L. \qquad (2)$$

Logarithmieren wir Gleichung (2), so erhalten wir:

$$\ln = y = \ln \frac{y}{L} + \ln L.$$

Differenzieren wir diese Gleichung nach der Zeit so ergibt sich die Gleichung der potentiellen Wachstumsrate

$$\dot{y} = y\dot{/}L + \dot{L}. \qquad (3)$$

Hier entspricht $\dot{x}$ der prozentualen Wachstumsrate von x:

$$\dot{x} \equiv \frac{dx/dt}{x}.$$

Aus den beiden Annahmen erhalten wir folglich die Wachstumsrate des potentiellen Outputs. In den USA betrug die Wachstumsrate des potentiellen Outputs y in den achtziger Jahren ungefähr 2,5%, wobei die Gesamtproduktivität entlang dem Wachstumstrend mit ungefähr 1% pro Jahr zunahm und die von den Erwerbspersonen zur Verfügung gestellte Zahl Arbeitsstunden um 1,5%.

Wie wir in Kapitel 17 gesehen haben, impliziert die Annahme, daß die relativen Anteile entlang dem Trend konstant bleiben, daß die Wachstumsrate des Preisniveaus gleich der Wachstumsrate der Nominallöhne abzüglich der Wachstumsrate der Produktivität ist:

$$\dot{P} = \dot{W} - y\dot{/}L. \qquad (4)$$

Die Wachstumsrate der Produktivität ist, wie in Annahme 2 oben festgelegt, gegeben. Die Wachstumsrate der Löhne und Preise hängt von der Wachstumsrate der Nachfrage ab, wie wir in Kapitel 20 gesehen haben. Wenn die Arbeitslosenquote bei der NAIRU liegt, ist jede konstante Inflationsrate möglich. Eine Wachstumsrate der Löhne von 4% erscheint eine vernünftige Annahme für die späten achtziger Jahre zu sein. Wenn also die Produktivität mit ungefähr 1% entlang dem Trend wächst, wobei die relativen Faktoranteile konstant bleiben, könnten wir erwarten, daß P entlang dem Trend ungefähr 3% beträgt.

Wachstum des nominalen BSP

Addieren wir zur Wachstumsrate der Preise P die Wachstumsrate des realen Outputs y hinzu, so erhalten wir die Trendwachstumsrate des nominalen BSP Y. Da $Y = y \cdot P$ ist, gilt

$$\dot{Y} = \dot{y} + \dot{P}. \tag{5}$$

Substituieren wir y durch den Ausdruck in Gleichung (3) und $\dot{P}$ durch den Ausdruck in Gleichung (4), so erhalten wir:

$$\dot{Y} = \dot{(y/L)} + \dot{L} + \dot{W} - \dot{(y/L)} = \dot{L} + \dot{W}. \tag{6}$$

Bleiben die relativen Anteile entlang dem Trend konstant, so entspricht die Wachstumsrate des nominalen BSP der Summe der Wachstumsraten der Erwerbsbevölkerung ($\dot{L}$) und des Nominallohnsatzes ($\dot{W}$). Wir wissen aus Gleichung (4), daß die Wachstumsrate der Nominallöhne, die die Konstanz der relativen Anteile aufrechterhält, durch

$$\dot{W} = \dot{P} + \dot{(y/L)}, \tag{7}$$

gegeben ist, so daß der Ausdruck für $\dot{W}$ in Gleichung (6) das Produktivitätswachstum zuzüglich der Wachstumsrate der Preise darstellt und der L-Term die Wachstumsrate der Erwerbsbevölkerung hinzufügt. Würden wir erreichen, daß die Inflation gleich null wäre, so daß $\dot{Y} = \dot{y}$ ist, dann repräsentierte die Wachstumsrate der Nominallöhne lediglich das Produktivitätswachstum. Wenn die Inflation gleich null ist, erhalten wir also:

$$\dot{Y} = \dot{L} + \dot{(y/L)} = \dot{y}. \tag{8}$$

Wachstum im Gleichgewicht und die Angebotsseite

Gleichungen (3) und (4), die die Wachstumsraten des Outputs und des Preisniveaus entlang dem potentiellen BSP-Pfad wiedergeben, können ohne weiteres als Bedingungen für gleichgewichtiges Wachstum auf der Angebotsseite interpretiert werden. Bei gegebenen Wachstumsraten der Erwerbsbevölkerung und der Produktivität bestimmt Gleichung (3) die Wachstumsrate des Outputs, die konstante Beschäftigungs- und Arbeitslosenquoten impliziert. Die angenommene Arbeitslosenquote legt dann die Wachstumsrate der Lohnsätze fest. Mit dieser Rate verschiebt sich die Arbeitsangebotskurve nach oben.

Bei der Wachstumsrate des Outputs, die eine gegebene Arbeitslosenquote und die Rate, mit der sich die Arbeitsangebotskurve nach oben verschiebt, konstant hält, legt Gleichung (4) die Wachstumsrate des Preisniveaus P fest, die die Angebotsseite der Volkswirtschaft im Gleichgewicht hält. Der nächste Schritt bei der Analyse des Trendwachstums im statischen Modell besteht darin, die Geld- und die Fiskalpolitik zu bestimmen, die die Nachfragekurve der Volkswirtschaft entlang dem Trend mit genau der Rate nach außen verschiebt, die sowohl Nachfrage- als auch Angebotsgleichgewicht entlang der durch Gleichungen (3) und (4) gegebenen Wachstumspfade der Variablen y und P aufrecht erhält.

Das Problem ist in Abbildung 22-2 illustriert, die im wesentlichen dem zweiten Quadranten der Abbildung 19-8 entspricht. Gehen wir vom anfänglichen Gleichgewichtspunkt P_0, y_0 aus, bei dem y_0 dem potentiellen Output zum Zeitpunkt 0 entspricht, erhöhen das Wachstum der Erwerbsbevölkerung und die Produktivitätszunahme von y entsprechend Gleichung (3) auf y_1 und y_2 in den Perioden 1 und 2. Wird die Arbeitslosigkeit bei der NAIRU gehalten, während sich y auf y_1 und y_2 verschiebt, so verschiebt sich die Arbeitsangebotskurve schneller als das Produktivitätswachstum nach oben, so daß das Preisniveau von P_0 auf P_1 und auf P_2 steigt, um das Gleichgewicht auf der Angebotsseite aufrechtzuerhalten.

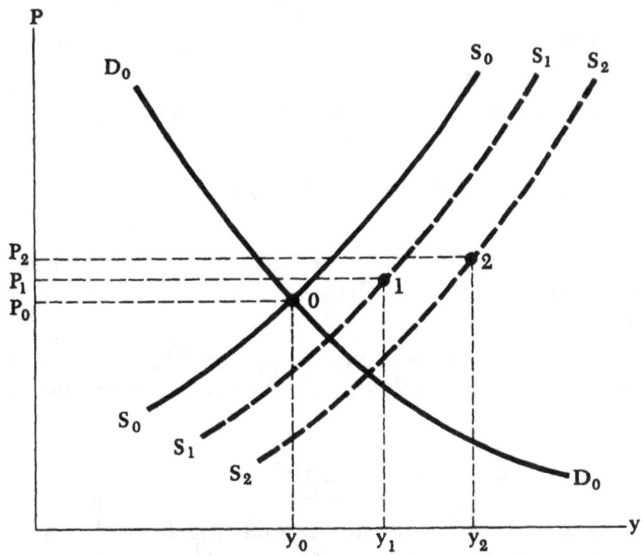

Abbildung 22-2: Wachstum des potentiellen Outputs auf der Angebotsseite.

Diese Analyse bestimmt die Punkt 0, 1 und 2 in Abbildung 22-2 als Gleichgewichtskombinationen von P und y auf der Angebotsseite wenn y und P entsprechend den Gleichungen (3) und (4) wachsen. Dies bedeutet, daß sich die volkswirtschaftliche Angebotskurve in Abbildung 22-2 von S_0S_0 auf S_1S_1 und S_2S_2 verschiebt, wenn die Volkswirtschaft entlang dem Trend wächst.

Das Problem besteht nun darin, die Pfade der Variablen der Nachfrageseite zu finden, bei denen die Nachfragekurve D_0D_0 in Abbildung 22-2 gerade schnell genug nach außen verschoben wird, damit sie durch die Punkte 1 und 2 verläuft und die Volkswirtschaft somit im Gleichgewicht bleibt, wenn y und P entsprechend den Gleichungen (3) und (4) wachsen. Von besonderem Interesse sind hier natürlich das Geldangebot M und das Haushaltsdefizit des Staates $d = g - t(y)$.

Das Trendwachstum des Geldangebots

Wir beginnen auf der Nachfrageseite, indem wir die Trendwachstumsrate des Geldangebots bestimmen, die die Zinssätze entlang dem Trend von y und P konstant hält. Danach können wir die Veränderung der fiskalpolitischen Variablen des Staates bestimmen, die den Gütermarkt im Gleichgewicht halten. Diese Ergebnisse können dann modifiziert werden, indem wir annehmen, daß die Zinssätze entlang dem Trend nicht konstant sind. Dies wird den Pfad von M verändern und ebenso die Investitionsniveaus entlang dem Trend. Hierdurch wird der Pfad der Fiskalpolitik geändert, bei dem der Gütermarkt im Gleichgewicht ist.

Aus Teil III kennen wir die Gleichgewichtsbedingung für den Geldmarkt:

$$\frac{M}{P} = m(r, y). \tag{9}$$

In logarithmischer Form können wir diese wie folgt schreiben:

$$\ln \frac{M}{P} = \ln M - \ln P = \alpha_0 + \alpha_1 \ln y - \alpha_2 \ln r, \tag{10}$$

wobei α_1 für die langfristige Elastizität der Nachfrage nach Realkasse in bezug auf das Einkommen steht und α_2 der Elastizität in bezug auf Veränderungen des Zinssatzes entspricht.

In Kapitel 14 haben wir vorgeschlagen, daß α_1 ungefähr den Wert 1,0 und α_2 ungefähr den Wert 0,25 hat, so daß die Gleichgewichtsbedingung für den Geldmarkt durch

$$\ln M - \ln P = \alpha_0 + 1{,}0 \ln y - 0{,}25 \ln r \tag{11}$$

gegeben ist. Die Trendwachstumsrate des Geldangebots M, bei der der Geldmarkt im Gleichgewicht ist, wenn y und P entsprechend den Gleichungen (3) und (4) steigen, erhalten wir, indem wir P auf die rechte Seite von Gleichung (11) bringen und nach der Zeit differenzieren. Durch diese Operation erhalten wir:

$$\dot{M} = \dot{y} + \dot{P} - 0{,}25\,\dot{r} \tag{12}$$

als Ausdruck für das Trendwachstum des Geldangebots M, wenn y, P und r sich ändern.

Das Wachstum des nominalen Einkommens $\dot{y} + \dot{P}$ führt zur Erhöhung der Geldnachfrage. Um die Zinssätze konstant zu halten, das heißt, um $\dot{r}$ gleich 0 zu halten, muß das Geldangebot mit der selben Rate wachsen, wie das nominale Einkommen entlang dem Trend. Wenn also die Zinssätze entlang dem Trend ungefähr konstant sind, dann müßte das Trendwachstum des Geldangebots folgender Regel folgen:

$$\dot{M} = \dot{Y} = \dot{y} + \dot{P}. \tag{13}$$

Wenn das nominale Einkommen um 5% entlang dem Trend steigt, dann muß auch das Geldangebot mit ungefähr 5% wachsen, wobei die Einkommenselastizität der Geldnachfrage gleich 1 sein muß, um den Geldmarkt bei konstantem r im Gleichgewicht zu halten. Dieses Verhalten des Geldangebots wird auch die Umlaufgeschwindigkeit $v = Y/M$ konstant halten wenn die Volkswirtschaft entlang dem Trend wächst.

Gleichung (13) gibt das Wachstum des Geldangebots an, das die LM-Kurve in Abbildung 22-3 schnell genug nach außen verschieben wird, um das Geldmarktgleichgewicht aufrechtzuerhalten, wenn y entsprechend Gleichung (3) bei konstantem r wächst. Wenn y mit der Rate $\dot{y}$ wächst, muß sich die LM-Kurve mit der selben Rate nach außen verschieben um das Geldmarktgleichgewicht beim anfänglichen Zinssatz r_0 aufrechtzuerhalten. Um die LM-Kurve mit dieser Rate nach außen zu verschieben, muß das Geldangebot mit der durch Gleichung (13) vorgegebenen Rate $\dot{Y} = \dot{y} + \dot{P}$ wachsen, um die gestiegene Transaktionsnachfrage zu decken, die sowohl von der Erhöhung von P als auch von y herrührt.

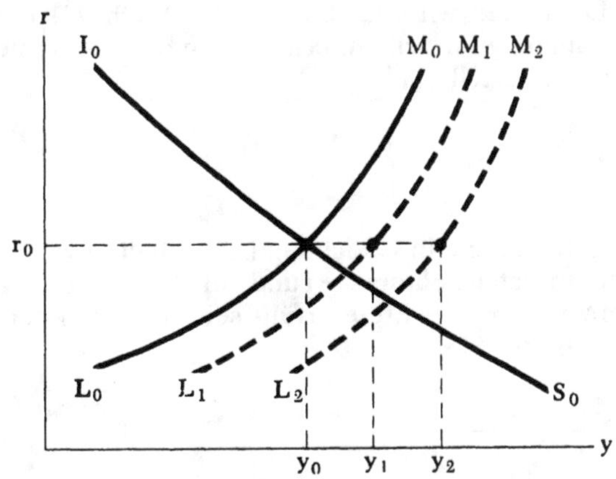

Abbildung 22-3: Wachstum des Geldangebots entlang dem Trend.

In diesem Abschnitt haben wir die Regel für das Trendwachstum des Geldangebots bestimmt. Um den Geldmarkt bei konstantem oder, präziser gesagt, trendlosem Zinssatz im Gleichgewicht zu halten, wenn y und P entlang dem durch Gleichungen (3) und (4) gegebenen Trend wachsen, sollte die Trendwachstumsrate des Geldangebots ungefähr der des nominalen BSP entsprechen. Wenn das Preisniveau um 2 bis 3% im Jahr wächst, sollte das Geldangebot entlang dem Trend mit 5% im Jahr wachsen, da $\dot{y}$ ungefähr gleich 2,5% ist. Wenn die Preise konstant sind, sollte das Geldangebot mit der Trendwachstumsrate von 2,5% wachsen, um die Zinssätze konstant zu halten. Wiederum sollten wir bemerken, daß dies der Regel für den langfristigen Durchschnitt (oder Trend) des Wachstums des Geldangebots entspricht, die befolgt werden muß, um die Volkswirtschaft nahe bei dem potentiellen Wachstumspfad zu halten.

Wenn die private Nachfrage um ihren langfristigen Trendwert schwankt, werden auch die Steuervariablen der Politik schwanken müssen, um die Gesamtnachfrage beim Vollbeschäftigungsniveau zu halten, wie wir es in den Teilen II und III gesehen haben. Hier entwickeln wir bei gegebenem Trendwachstum der privaten Nachfrage die langfristigen Durchschnittswerte für die Steuervariablen der Politik. Als nächstes wenden wir uns den fiskalpolitischen Vorschriften zu, die die IS-Kurve gerade schnell genug nach rechts verschieben, um die Nachfrageseite im Gleichgewicht zu halten, wenn y in Abbildung 22-3 von y_0 auf y_1 steigt.

Gütermarktgleichgewicht und der Staatshaushalt

Die Gleichgewichtsbedingung für den Gütermarkt können wir wie folgt schreiben:

$$c + i + g = c + s + t \tag{14a}$$

oder

$$i + g = s + t. \tag{14b}$$

Hier ist jede Variable auf einem ex ante oder auch geplanten Niveau; die Gleichgewichtsbedingung für den Gütermarkt ist erfüllt, wenn geplante i + g = geplanten s + t sind. Dividieren wir Gleichung (14b) durch y, so erhalten wir eine Gleichgewichtsbedingung für den Gütermarkt, in der alle Kosten als Bruchteile des realen Outputs dargestellt sind:

$$\frac{i}{y} + \frac{g}{y} = \frac{s}{y} + \frac{t}{y}. \tag{15}$$

Nach Umstellung der Terme in Gleichung (15) erhalten wir die Gleichung der Nettoersparnis des privaten Sektors s − i und der Nettoausgaben des öffentlichen Sektors, des Defizits d = g − t, die erfüllt sein muß, um den Gütermarkt im Gleichgewicht zu halten:

$$\frac{g-t}{y} = \frac{d}{y} = \frac{s-i}{y}. \tag{16}$$

Diese Gleichung sagt lediglich aus, daß im Gleichgewicht das Haushaltsdefizit d in der Volkswirtschaft gleich dem Überschuß der privaten Ersparnis über die Investition sein muß. Wenn die Bruchteile der Ersparnis s/y und der Investition i/y einigermaßen stabile Trendwerte aufweisen, bestimmt Gleichung (16) das Trendverhältnis des Defizits zum Output, das nötig ist, um den Gütermarkt im Gleichgewicht zu halten, wenn die Volkswirtschaft entlang dem Trend wächst.

Das Verhältnis von Ersparnis zum Einkommen

In Kapitel 12 haben wir gesehen, daß die langfristigen Zeitreihen des Konsums und des Einkommens und die drei wesentlichen Theorien der Konsumfunktion alle aussagen, daß das Verhältnis des realen Konsums zum realen Einkommen langfristig gesehen ungefähr konstant ist. Wenn c/y entlang dem Trend einigermaßen konstant ist, und die Steuerstruktur proportional ist, so daß $t(y) = ty$ gilt, dann ist das Verhältnis der geplanten Ersparnis zum Einkommen entlang dem Trend ebenfalls konstant.

Wir können die Gleichgewichtsbedingung für den Gütermarkt auch als

$$y = c + s + t \tag{17}$$

schreiben, so daß die Verhältnisse von c, s und t zum Einkommen aufaddiert den Wert 1 ergeben müssen:

$$1 = \frac{c}{y} + \frac{s}{y} + \frac{t}{y}. \tag{18}$$

Wenn c/y und t/y konstant sind, dann muß auch s/y konstant sein. Eine permanente Erhöhung der Steuersätze, die t/y erhöht, wird anzunehmender Weise sowohl c/y als auch s/y entsprechend dem Verhältnis senken, gemäß dem letztere auf das verfügbare Einkommen verteilt sind. In der Gleichung der Fiskalpolitik (16) wird s/y bei gegebener Steuerstruktur, die t/y bestimmt, ungefähr konstant sein. Eine Erhöhung von t/y wird zu einer geringeren Abnahme von s/y führen, da ungefähr 10% der Erhöhung von t durch Ersparnis gedeckt wird.

Das Verhältnis der Investition zum Einkommen (die Investitionsquote)

In Kapitel 13 haben wir festgestellt, daß empirische Schätzungen die Elastizität der Investitionsnachfrage in bezug auf den Output mit 1 angeben. Dies impliziert ein konstantes Verhältnis der Investition zum realen Output entlang dem Trend, da Erhöhungen des Outputs Erhöhungen der Investition um den gleichen Prozentsatz zur Folge haben.

Dieses Ergebnis können wir auch erhalten, indem wir, wie in Annahme 3 oben, annehmen, der Kapitalkoeffizient K/y sei konstant. Wenn K/y gleich einer Konstanten v ist (hier steht v für den Kapitalkoeffizienten), dann erhalten wir

$$\text{Nettoinvestition} = i_n = \frac{dK}{dt} = v \cdot \frac{dy}{dt},$$

als einen Ausdruck für die Nettoinvestition, die gerade der Wachstumsrate des Kapitalstocks entspricht. Teilen wir diesen Ausdruck durch y, so ergibt sich:

$$\frac{i_n}{y} = v \cdot \frac{dy/dt}{y} = v \cdot \dot{y}. \tag{19}$$

Wenn sowohl v als auch $\dot{y}$ (die Trendwachstumsrate des Outputs) entlang dem Trend konstant sind, dann wird auch das Verhältnis der Nettoinvestition zum Output entlang dem Trend konstant sein.

Im allgemeinen nehmen wir an, die Ersatzinvestition sei ein Bruchteil δ des Kapitalstocks K, so daß sie durch

$$i_r = \delta K = \delta v y \tag{20}$$

gegeben ist und das Verhältnis der Ersatzinvestition zum Output entlang dem Trend gerade der Konstante δv entspricht. Wenn sowohl die Netto- als auch die Ersatzinvestition ungefähr konstante Bruchteile des Outputs darstellen, dann wird auch die Gesamtinvestition i entlang dem Trend ein konstanter Bruchteil von y sein.

Sowohl Netto- als auch Ersatzinvestition in den Gleichungen (19) und (20) hängen vom Kapitalkoeffizienten v ab. Dieser bestimmt den gewünschten Kapitalstock bei gegebenem Niveau von y. Das Niveau dieser Bestandsgröße bestimmt dann durch δ die Ersatzinvestition. Die Wachstumsrate des Bestands ist durch die Nettoinvestition gegeben. Gleichungen (19) und (20) legen also bei gegebenem v die konstante langfristige Investitionsquote fest.

Wie wir in Kapitel 13 gesehen haben, sollte der gewünschte Kapitalkoeffizient über die Kapitalkosten vom Zinssatz abhängen. Je höher der Zinssatz, desto niedriger ist der gewünschte Kapitalkoeffizient v. Wenn sich also die Volkswirtschaft von einem ungefähr konstanten Zinsniveau r_0 auf ein anderes niedrigeres Zinsniveau r_1 bewegt, so wird es zu einem entsprechenden Anstieg des Kapitalkoeffizienten von v_0 auf v_1 kommen, der eine Erhöhung der Investitionsquote von $(i/y)_0$ auf $(i/y)_1$ mit sich bringt. Dies bedeutet, daß der Kapitalkoeffizient und die Investitionsquote bei gegebenen Niveaus der Zinssätze im Gleichgewicht festgelegt sind. Eine Veränderung dieser Raten führt zu einer Veränderung der beiden Verhältnisse und zu neuen Gleichgewichtswerten.

Der Staatshaushalt entlang dem Trend

Wir wenden uns nun der bereits in Gleichung (16) gegebenen Gleichgewichtsregel für den Staatshaushalt zu:

$$\frac{g-t}{y} = \frac{d}{y} = \frac{s-i}{y}.$$

Wenn s/y und i/y entlang dem Trend konstant sind, so gibt Gleichung (16) den langfristigen Trend der Position des Haushalts an, der nötig ist, um den Gütermarkt im Gleichgewicht zu halten. Die Sparquote wird durch den Trend des realen Einkommens und der Steuersätze bestimmt; die Investitionsquote wird wenigstens zum Teil durch den Zinssatz bestimmt.

Wenn die Ersparnis des privaten Sektors bei Vollbeschäftigung über der Investitionsnachfrage liegt ($s > i$) wird ein Haushaltsdefizit, das im Durchschnitt gleich der Differenz ist, nötig sein, um gleichgewichtiges Vollbeschäftigungswachstum zu erhalten. Wenn umgekehrt $s < i$ gilt, muß der Staatshaushalt einen Überschuß ausweisen. Wird diese Regel befolgt, so verschieben sich die IS-Kurve in Abbildung 22-4(a) und die Nachfragekurve in Abbildung 22-4(b) gerade mit der Geschwindigkeit nach außen, mit der das statische Gleichgewicht in der Volkswirtschaft aufrechterhalten wird, wenn der Output von y_0 über y_1 auf y_2 steigt. Hierbei bleibt der Zinssatz bei r_0 konstant und das Preisniveau steigt stetig von P_0 über P_1 auf P_2 an.

Defizit und Überschuß hängen im langfristigen Gleichgewicht von den langfristigen Tendenzen von s/y und i/y ab. Das s/y-Verhältnis kann durch Steuersatzveränderungen beeinflußt werden, und das i/y-Verhältnis ändert sich etwas auf Ver-

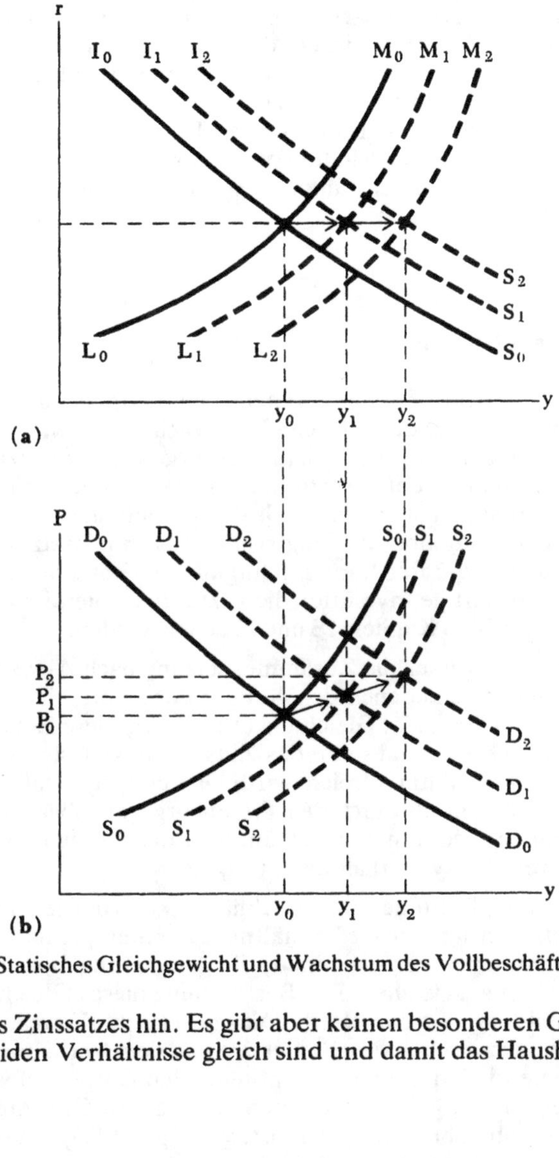

Abbildung 22-4: Statisches Gleichgewicht und Wachstum des Vollbeschäftigungsoutputs.

änderungen des Zinssatzes hin. Es gibt aber keinen besonderen Grund zu erwarten, daß die beiden Verhältnisse gleich sind und damit das Haushaltsdefizit ausgeglichen ist.

Der Policymix der Geld- und Fiskalpolitik entlang dem Trend

Gleichung (16), die das Vollbeschäftigungsdefizit oder den Vollbeschäftigungsüberschuß angibt, der nötig ist, um die Volkswirtschaft entlang dem Trend im Gleichgewicht zu halten, stellt einen guten Ausgangspunkt für unsere abschließende Diskussion der langfristigen Implikationen des Policymix der Geld- und Fiskalpolitik für die Allokation dar. Nehmen wir an, die Stabilitätspolitik halte die Volkswirtschaft nahe bei dem potentiellen Wachstumspfad, indem sie die exogenen Abweichungen vom langfristigen Trendverhalten von s/y und i/y durch kurzfristige Variation der Staatskäufe, der Steuersätze oder des Geldangebots korrigiert. Der Staat wirkt kurzfristigen exogenen Schwankungen der Komponenten der privaten Nachfrage durch Veränderung seiner eigenen Nachfrage, Veränderung der Konsumnachfrage durch Variation der Steuersätze oder durch Veränderungen des Geldangebots entgegen. Die Veränderung des Geldangebots stellt eine Abweichung vom langfristigen Trendwachstum des Geldangebots dar. Diese politischen Aktionen halten die Volkswirtschaft dicht beim potentiellen Wachstumspfad, so daß sich nun die Frage auf die langfristige Zusammensetzung des Outputs richtet.

Der Trend-Mix des Outputs

Die langfristig erwünschte Zusammensetzung des Outputs (die Kombination von c, i und g, wenn y entlang dem potentiellen Wachstumstrend wächst) sollte bestimmt werden, indem man die sozialen Grenzgewinne zusätzlicher Einheiten realer Konsum-, Staats- oder Investitionsausgaben unter der Nebenbedingung abwägt, daß sie aufaddiert nicht mehr als den potentiellen Output ergeben dürfen. Diese Entscheidung über die langfristige Zusammensetzung ist eine politische Entscheidung, die unter Berücksichtigung der Tatsache getroffen werden muß, daß die gegenwärtige Investition die zukünftige potentielle Wachstumsrate beeinflußt, wie wir in den Kapiteln 23 und 27 sehen werden.

Ist diese Entscheidung über die Zusammensetzung nach Abwägen der sozialen Grenzgewinne der verschiedenen Erhöhungen der unterschiedlichen Ausgabenarten erst einmal gefallen, gibt Gleichung (16) an, wie diese Entscheidung durchzuführen ist. Zunächst einmal sollte das Zinsniveau so festgesetzt werden, daß das gewünschte i/y-Verhältnis erreicht wird. Dies bedeutet, daß das Geldangebot M zunächst einmal mehr als durch den Trend vorgegeben wachsen muß, um die Zinssätze zu senken, oder um weniger, um die Zinssätze zu erhöhen. Hierdurch wird der Trendwert des i/y-Verhältnisses festgelegt.

Als nächstes müssen die Steuersätze in Abhängigkeit vom gewünschten g/y-Verhältnis festgesetzt werden, um die Verhältnisse der Steuereinnahmen und der Ersparnis zum Einkommen zu bestimmen, die gerade Angebot und Nachfrage in der Volkswirtschaft ausgleichen. Die Bestimmung dieses Gleichgewichtssteuersatzes ist in Abbildung 22-5 dargestellt. Die $[\bar{g} - t(y)]/y$-Kurve in Abbildung 22-5 stellt die Beziehung zwischen dem Steuersatz und dem Verhältnis des Haushaltsdefizits beim potentiellen Output zum potentiellen Output selbst dar, wenn die Steuersätze steigen. Da g nach Ausgleich der sozialen Grenznutzen der unterschiedlichen Ausgaben bei $\bar{g}$ festgelegt ist, wird $[\bar{g} - t(y)]/y$ stark sinken, wenn die Steuersätze steigen, um t(y) zu erhöhen.

Die $(s - \bar{i})/y$-Kurve in Abbildung 22-5 stellt die Beziehung zwischen dem Steuersatz und dem Verhältnis der privaten Nettoersparnis beim potentiellen Output $(s - \bar{i})$ zum potentiellen Output dar. Hier steht i für das beim potentiellen Output gewünschte Investitionsniveau. Eine Erhöhung des Steuersatzes verringert die Ersparnis, wodurch auch $s - \bar{i}$ sinkt, allerdings um weniger, als t(y) steigt, da der Hauptteil der Erhöhung von t(y) vom Konsum getragen wird.

Nachdem also $\bar{i}/y$ und $\bar{g}/y$ durch politische Maßnahmen dem Trend gemäß festgelegt worden sind, können wir in Abbildung 22-5 den Steuersatz t_0 festlegen, bei dem die private Nettoersparnis gleich dem Defizit beim potentiellen Output ist.

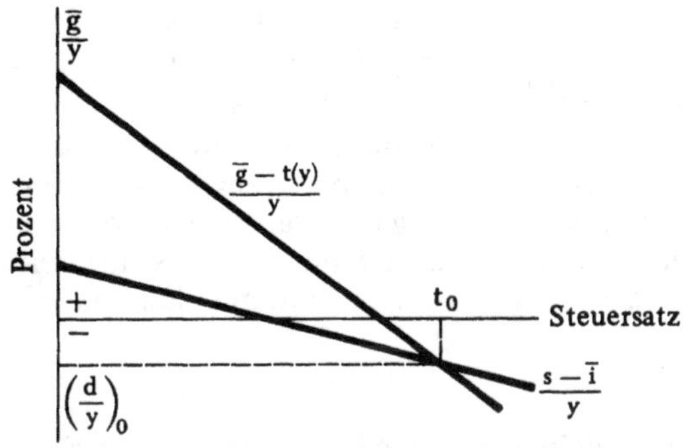

Abbildung 22-5: Private Nettoersparnis und der Überschuß beim potentiellen Output.

In Abbildung 22-5 führt der Steuersatz t_0 zu einem negativen Defizit (einem Überschuß also) entlang dem Trend, das durch $-$ $(d/y)_0$ gegeben ist. In diesem Beispiel ist das gewünschte Investitionsniveau $\bar{i}$ so hoch, daß die $(s - \bar{i})$-Kurve tief genug liegt, um die $[\bar{g} - t(y)]$-Kurve unterhalb der waagerechten Achse zu schneiden. Dies erfordert einen Überschuß, wenn die Volkswirtschaft entlang dem Trend wächst.

Es ist unmöglich, a priori festzulegen, ob der Gleichgewichtsschnittpunkt des potentiellen Outputs in Abbildung 22-5 oberhalb oder unterhalb der horizontalen Achse liegt. Das heißt, es ist unmöglich festzulegen, ob ein Überschuß oder ein Defizit nötig sein wird, um die Volkswirtschaft nahe ihrem potentiellen Outputpfad zu halten.

Die $(s - \bar{i})$-Kurve kann durch geldpolitische Maßnahmen, die das Zinsniveau anpassen, verschoben werden. Die $[g - t(y)]$-Kurve kann durch Veränderung des Staatshaushalts, zum Beispiel durch Variation von g, verschoben werden. Das Gleichgewichtsdefizit wird schließlich hauptsächlich durch diese politischen Entscheidungen bezüglich der Zusammensetzung des Outputs determiniert.

Zwei Interpretationen der Gleichgewichtsbedingung des Gütermarkts

Wir können Gleichung (16), die die notwendige Position des Haushalts entlang dem Trend angibt, von zwei Seiten betrachten. Nehmen wir zunächst das Niveau der Zinssätze und der Steuersätze als gegeben an, so können wir Gleichung (16) verwenden, um das mögliche Niveau der Staatskäufe und des Defizits zu bestimmen. Wenn in

$$\frac{g-t}{y} = \frac{s-i}{y} \tag{21}$$

die Zinssatze gegeben sind, dann ist auch i/y festgelegt. Der potentielle Output und die Struktur der Steuersätze bestimmen s und t. Somit wird g/y durch

$$\frac{g}{y} = \frac{s}{y} + \frac{t}{y} - \frac{i}{y} \tag{22}$$

determiniert. Wenn $s > i$ ist, wird $g > t$ sein und es wird ein Defizit vorliegen; wenn $s < i$ ist, wird mit $g < t$ ein Überschuß vorliegen.

Bei der zweiten Betrachtungsweise bestimmen wir das zum Erreichen eines bestimmten Investitionsniveaus notwendige Zinsniveau, wodurch wir i/y fixieren. Danach legen wir g/y fest, um die sozialen Grenznutzen öffentlicher und privater Ausgaben auszugleichen. Gleichung (21) kann verwendet werden, um den Steuersatz zu bestimmen, der notwendig ist, um das statische Gleichgewicht aufrechtzuerhalten, wenn die Volkswirtschaft entlang dem potentiellen Outputpfad wächst.

Zusammenfassung: gleichgewichtiges Wachstum im statischen Modell

Diese Betrachtung vervollständigt unsere Darstellung des Verhaltens des statischen Modells, wenn die Volkswirtschaft entlang dem potentiellen Wachstumspfad wächst. Die Wachstumsraten der Produktivität und der Erwerbsbevölkerung determinieren die Wachstumsrate des potentiellen Outputs:

$$\dot{y} = \dot{\overline{y/L}} = \dot{L}. \tag{23}$$

Die Phillips-Kurve legt die Wachstumsrate der Löhne $\dot{W}$ fest, womit wir, unter der Annahme konstanter relativer Einkommensanteile, die Wachstumsrate des Preisniveaus erhalten:

$$\dot{P} = \dot{W} - \dot{\overline{y/L}}. \tag{24}$$

Um den Geldmarkt bei gegebenem Zinsniveau im Gleichgewicht zu halten, muß M entlang dem Trend mit der gleichen Rate wie das nominale BSP wachsen:

$$\dot{M} = \dot{Y} = \dot{y} + \dot{P}. \tag{25}$$

Wenn wir die Zinssätze erhöhen wollen, muß $\dot{M}$ zeitweise niedriger als $\dot{Y}$ sein und umgekehrt, wenn wir die Zinssätze senken wollen.

Das Niveau der Zinssätze bestimmt die Investitionsquote i/y. Die Struktur der Steuersätze bestimmt die Sparquote s/y und die Steuerquote t/y, womit durch die Gleichgewichtsbedingung des Gütermarkts

$$\frac{g-t}{y} = \frac{s-i}{y}$$

die entsprechenden Werte der Staatskäufe g und des Defizits $(g - t)$ determiniert werden, die die Volkswirtschaft nahe ihrem potentiellen Wachstumspfad halten. Sind s, t und i alle einigermaßen konstante Bruchteile von y, dann wird auch g/y ungefähr konstant sein müssen. Dies bedeutet, daß g mit der gleichen Rate wachsen muß wie y, um den Gütermarkt entlang dem gleichgewichtigen Wachstumspfad im Gleichgewicht zu halten. Wir werden nun in Kapitel 23 einige Fakten des wirtschaftlichen Wachstums in den Vereinigten Staaten vorstellen und uns dann mit der Entwicklung von Modellen beschäftigen, die den Trendwachstumspfad der Volkswirtschaft erklären. In diesem Kapitel haben wir gesehen, wie man die Volkswirtschaft entlang dem Pfad des Trendwachstums im statischen Gleichgewicht halten kann, wobei wir lediglich angenommen haben, daß ein solcher Pfad existiert. In den Kapiteln 23-27 versuchen wir zu erklären, warum ein solcher Pfad existiert und wodurch sein Niveau und seine Steigung (die Wachtumsrate) determiniert werden. Bevor wir uns diesen Aufgaben widmen, wollen wir noch zwei Fragen diskutieren, die durch die Darstellung des gleichgewichtigen Wachstums aufgeworfen wurden: den Begriff des „fiscal drag" und die Beziehung zwischen Defizit, Staatsverschuldung und potentiellem Output.

Der „Fiscal drag" und der Vollbeschäftigungsüberschuß

Die Gleichgewichtsbedingung des Gütermarkts, bei der die Volkswirtschaft entlang dem potentiellen Outputpfad wächst, ist im Durchschnitt durch

$$\frac{g - t(y)}{y} = \frac{s - i}{y} = \frac{d}{y} = \text{eine Konstante} \tag{26}$$

gegeben.

Damit diese Gleichung bei gegebener Steuerstruktur erfüllt ist, muß das Niveau der Staatskäufe g mit der gleichen Rate zunehmen, wie der Output y. Wenn g nicht so schnell wächst wie y, muß der Steuersatz kontinuierlich reduziert werden, damit $g - t(y)$ mit der gleichen Rate wie y wächst. Blieben sowohl g als auch die Steuersätze konstant, würde das Defizit abnehmen, wenn der potentielle Output steigt, wodurch sich das Wachstum der Volkswirtschaft verlangsamen würde und sie vom Vollbeschäftigungspfad abfiele. Dieses Phänomen ist als „Fiscal drag" bekannt und hier in Abbildung 22-6 dargestellt. In Abbildung 22-6 nehmen wir an, das durch Gleichung (26) gegebene Defizit, das den Gütermarkt im Gleichgewicht hält, sei gleich null, wobei das anfängliche Niveau der Staatskäufe bei g_0 festgelegt ist und die proportionale Steuerstruktur durch t_0y gegeben ist. Unter diesen Annahmen befindet sich die Volkswirtschaft anfänglich beim Vollbeschäftigungsniveau des Outputs $y^0{}_F$.

Wenn nun der potentielle Output steigt, wobei g_0 und t_0 konstant gehalten werden, nimmt der Vollbeschäftigungsüberschuß mit $t^0{}_y$ zu, wobei g konstant bleibt.

Hierdurch wird die Bedingung für Fiskalpolitik zum Erhalt der Vollbeschäftigung entlang dem Trend verletzt, wodurch sich die Konjunktur zunehmend verlangsamt und die Arbeitslosigkeit steigt.

Um den Fiscal drag zu umgehen, muß eines von zwei Ereignissen eintreten. Entweder müssen die Steuersätze gesenkt werden, wenn das Einkommen steigt, wodurch die ty-Kurve in Abbildung 22-6 von t_0y auf t_1y verschoben wird, oder das Niveau der Staatsausgaben muß von g_0 auf g_1 erhöht werden, wenn sich der Vollbeschäftigungsoutput von $y^0{}_F$ auf $y^1{}_F$ erhöht.

Das Problem besteht also darin, daß mit dem Haushalt das Niveau der Staatskäufe und der Zinssätze festgelegt werden. Wenn nun y zunimmt, steigen die Einnahmen automatisch. Die Erhöhung der Staatskäufe muß allerdings erst verabschiedet werden. Diese bedeutet, daß eine im Zeitverlauf neutrale Haushaltsposition entweder eine stetige Erhöhung von g oder eine stetige Senkung der Steuersätze involviert, um die Gleichgewichtsbedingung des Gütermarkts (26) nicht zu verletzen, wenn die Volkswirtschaft entlang dem Trend wächst.

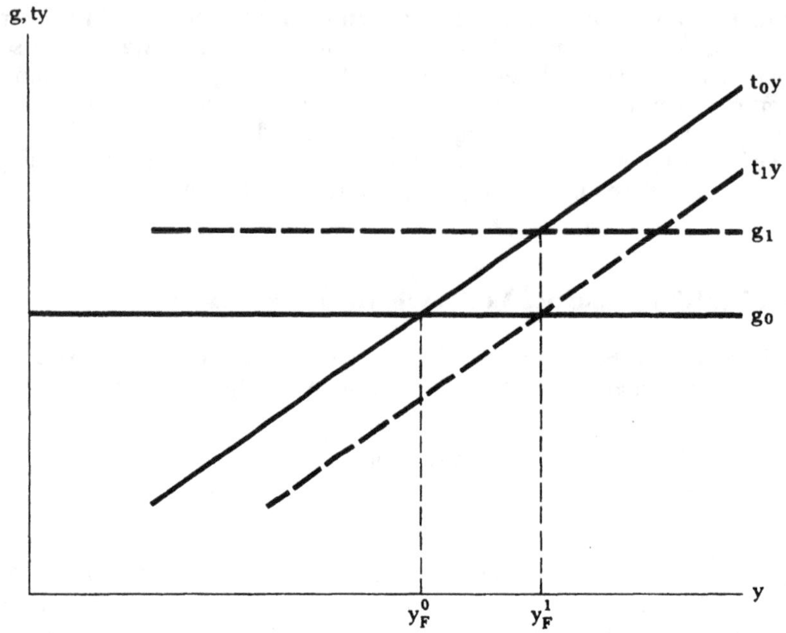

Abbildung 22-6: „Fiscal drag“

Verschuldung der öffentlichen Hand und Trendwachstum

Es bleibt eine letzte Frage in bezug auf die Gleichgewichtsbedingung des Gütermarkts (26) zu klären. Nehmen wir einmal an, die private Ersparnis sei entlang dem Trend höher als die Investition, so daß die fiskalische Regel $g > t$ vorgibt und das Verhältnis des Defizits zum Einkommen d/y positiv sein muß. Die Frage ist, was mit dem Verhältnis der Verschuldung zum Einkommen geschieht, wenn der Staat entlang dem Trend der wachsenden Volkswirtschaft beständig ein Defizit aufweist. Wird die öffentliche Verschuldung (das akkumulierte Defizit) relativ zum Einkommen zunehmen oder wird sich ein relativ stabiles Verhältnis einstellen. Die Antwort ist, daß das Verhältnis von Defizit zu Einkommen gegen eine Konstante mit dem Wert $(d/y)/\dot{y}$ strebt. Das Problem hier ist das gleiche, wie das Problem der von einem konstanten Kapitalkoeffizienten implizierten Investitionsquote; in diesem Fall entsprachen die Investitionen der Veränderungsrate des Kapitalstocks. Hier entspricht das Defizit der Veränderungsrate der Verschuldung. Im Fall des Kapitalstocks sind wir durch Differentiation vom konstanten Kapitalkoeffizienten zu einer konstanten Investitionsquote übergegangen; hier gehen wir von einem konstant Verhältnis des Defizits zum Output durch Integration zu einem konstanten Verhältnis der Verschuldung zum Output über.

Nehmen wir an, das Verhältnis des Defizits zum Einkommen sei durch δ gegeben, so daß das Defizit zum Zeitpunkt t also durch

$$d_t = \delta y_t = \delta y_0 e^{\dot{y}t} \tag{27}$$

gegeben ist. Hier wächst y mit der Rate $\dot{y}$. Die Verschuldung zum Zeitpunkt T

(DT) ist dann durch das Integral über alle Defizite vom Zeitpunkt null bis T gegeben:

$$D_T = \int_0^T d_t \, dt = \int_0^T \delta y_0 e^{\dot{y}t} \, dt. \tag{28}$$

Integrieren wir also diesen Ausdruck, so ergibt sich:

$$D_T = \delta y_0 \left| \frac{e^{\dot{y}t}}{\dot{y}} \right|_0^T = \frac{\delta y_0}{\dot{y}} (e^{\dot{y}T} - q).$$

Bei $y_T = y_0 \, e^{\dot{y}T}$ erhalten wir für das Verhältnis der Verschuldung zum Einkommen:

$$\frac{D_T}{y_T} = \frac{\delta}{\dot{y}} \left(1 - \frac{1}{e^{\dot{y}T}}\right). \tag{29}$$

Im Laufe der Zeit wird T größer und größer, so daß der zweite Term in Klammern gegen null geht und somit folgende Beziehung gilt:

$$\frac{D_T}{y_T} \rightarrow \frac{\delta}{\dot{y}} \quad \text{als} \quad T \rightarrow \infty. \tag{30}$$

Wenn also das Defizit entlang dem Trend auf ungefähr 1% reduziert ist, so daß $\delta = 0{,}01$ ist, und die Wachstumsrate des realen Outputs bei ungefähr 2,5% liegt, so daß $\dot{y} = 0{,}025$ ist, dann wird das Verhältnis der Verschuldung zum Einkommen im Zeitverlauf gegen 40% gehen.

Bei einem BSP von 5 Billionen Dollar in den USA bedeutet dies bei einem Defizit von 1%, einen absoluten Betrag des Defizits von 50 Milliarden Dollar. Unsere Formeln zur Berechnung des Defizits und der Verschuldung in einer wachsenden Volkswirtschaft würden im Falle der USA langfristig zu einem stabilen Wert der Verschuldung bei ungefähr der Hälfte des BSP führen, wenn die USA ständig ein Defizit der oben erwähnten Größenordnung hätten. Dies stellt kaum Grund zur Sorge dar, egal welche Theorie man bezüglich der Last der öffentlichen Verschuldung zugrunde legt.

Ausgewählte Literatur

M. N. Baily and R. J. Gordon, „Measurement Issues, the Productivity Slowdown and the Explosion of Computer Power," *Brookings Papers on Economic Activity,* vol. 2, 1988.

A. S. Blinder and R. M. Solow, „Analytical Foundations of Fiscal Policy," in Blinder et al., *The Economics of Public Finance* (Washington, D.C.: The Brookings Institution, 1974).

R. Eisner and P. Pieper, „A New View of the Federal Debt and Budget Deficits," *American Economic Review,* March 1984.

D. W. Jorgenson and Z. Griliches, „The Explanation of Productivity Change," *Review of Economics and Statistics,* July 1967.

Teil V
Langfristiges Wachstum bei Vollbeschäftigung

Kapitel 23
Einführung in die Wachstumsmodelle

Die Theorie des wirtschaftlichen Wachstums beschäftigt sich im allgemeinen mit dem langfristigen Trend- (oder auch potentiellen) Wachstumspfad der Volkswirtschaft. Wenn wir annehmen, es gelänge den geld- und fiskalpolitischen Autoritäten, die Volkswirtschaft nahe der Vollbeschäftigung zu halten, so können wir fragen, was die Bestimmungsfaktoren des Niveaus und der Steigung des in den Abbildungen 22-1 und 1-1 gezeigten potentiellen Wachstumspfads der Volkswirtschaft sind. Wie wir in Kapitel 22 gesehen haben, steht die Steigung des langfristigen Wachstumspfads (die Wachstumsrate des potentiellen Outputs) in Beziehung zu den Wachstumsraten der Erwerbsbevölkerung und der Produktivität. Das Niveau des Wachstumspfads hängt dagegen von der Menge des pro Arbeitnehmer akkumulierten Kapitals und der Sparquote ab. Der Hauptteil der verbleibenden Kapitel dieses Buches ist der Analyse der genauen Beziehung zwischen der Steigung des Wachstumspfads und den Raten des Produktivitätswachstums, des Wachstums der Erwerbsbevölkerung und der Sparquote gewidmet.

Die Wachstumsmodelle der Kapitel 23-27 behandeln Beziehungen zwischen Kapital- und Arbeitseinsatz, realem Output, realer Investition und Konsumnachfrage, dem Reallohnsatz und der Profitrate. Da wir es hier lediglich mit realen Größen zu tun haben, erweist es sich als sinnvoll die Schreibweise zu ändern, so daß Großbuchstaben für aggregierte reale Größen stehen und Kleinbuchstaben für reale Pro-Kopf-Werte. Im verbleibenden Teil des Buches gilt also:

- $L \equiv$ Arbeitsinput in Arbeitsstunden pro Arbeitnehmer pro Zeiteinheit.
- $K \equiv$ Kapitalinput in Maschinenstunden pro Zeiteinheit.
- $Q \equiv$ realer Output pro Zeiteinheit und im allgemeinen $Q = F(K, L)$.
- $W \equiv$ gesamte Reallöhne.
- $k \equiv$ Kapitalstock pro Person – Kapitalintensität $K/L = k$.
- $q \equiv$ Output pro Arbeitnehmer oder auch Produktivität, so daß $Q/L = q$ ist.
- $w \equiv f$ Lohnsatz, das heißt also $w = W/L$.

Im allgemeinen werden wir annehmen, daß die Nutzungsraten der Arbeitskräfte und des Kapitalstocks konstant sind, so daß L für die Erwerbsbevölkerung oder den Input in Arbeitnehmer-Stunden stehen kann und K entweder den Kapitalstock oder den Input in Maschinenstunden darstellt.

Es wird sich als sinnvoll erweisen, in den Kapiteln 23-27 zwischen vier Arten des Wachstums zu unterscheiden. Diese sind in Abbildung 23-1 dargestellt, in der die langfristigen gleichgewichtigen Wachstumspfade q_1q_1 und q_2q_2 und der Pfad des Pro-Kopf-Outputs in einer hypothetischen Volkswirtschaft vom Punkt 0 zum Zeitpunkt t_0 zum Punkt 2 zum Zeitpunkt t_2 abgebildet sind.

Die langfristigen Wachstumspfade q_1q_1 und q_2q_2 stellen Trendwachstumspfade des Outputs pro Arbeitnehmer dar, deren Steigung durch die Wachstumsrate der Produktivität der Erwerbsbevölkerung $\dot{q}$ gegeben ist, die der Variable $(\dot{y/L})$ in Kapitel 22 entspricht. Der langfristige Wachstumspfad q_1q_1 gehört zu einer niedrigeren Sparquote und liegt folglich unterhalb des langfristigen Pfads q_2q_2. Der gestrichelte Pfad AB zeigt den Wachstumspfad der hypothetischen Ökonomie bei Vollbeschäftigung, wenn diese Volkswirtschaft auf das Niveau des langfristigen Trendpfads q_1q_1 anwächst. Wir werden in Kapitel 24 sehen, daß der potentielle Output einer Volkswirtschaft, die ihren Anfangspunkt unterhalb des langfristigen Pfades q_1q_1 hat (zum Beispiel bei Punkt A), im Zeitverlauf auf das Niveau des langfristigen Pfads anwächst, wenn die Vollbeschäftigung durch stabilitätspolitische Maßnahmen garantiert wird.

Der durchgezogene Pfad von Punkt 0 bis Punkt 2 in Abbildung 23-1 repräsentiert die Bewegung der hypothetischen Ökonomie vom Anfangspunkt, der unterhalb des potentiellen Outputs liegt, zunächst auf das Vollbeschäftigungsniveau des AB-Pfades, dann auf den langfristigen Pfad des gleichgewichtigen Wachstums q_1q_1, der bei Punkt B erreicht wird. Wir nehmen an, daß sich zum Zeitpunkt t_1 die Sparquote der Volkswirtschaft erhöht, so daß sich der langfristige Wachstumspfad nach oben auf q_2q_2 verschiebt.

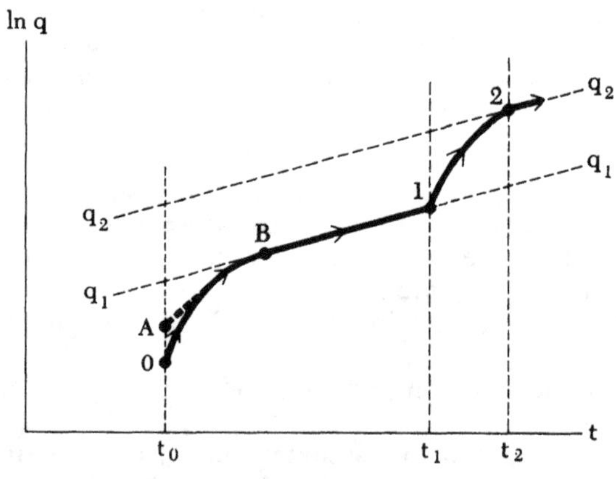

Abbildung 23-1: Vier Arten des Wirtschaftswachstums.

Wird Vollbeschäftigung aufrechterhalten, so folgt die Ökonomie dem Pfad 1-2 um bei t_2 den neuen langfristigen Wachstumspfad zu erreichen.

Dieses Szenario enthält also vier verschiedene Arten des Wachstums. Die erste Form des Wachstums, die durch die Bewegung vom Punkt 0 auf den AB-Pfad dargestellt ist, stellt Wachstum dar, das von Verringerung der Arbeitslosigkeit begleitet wird. Wie man die Volkswirtschaft auf ihrem Wachstumspfad bei Vollbeschäftigung hält, stand im Mittelpunkt der ersten drei Teile dieses Buches, in denen wir uns mit Fragen der Stabilisierung beschäftigt haben.

Die zweite Art des Wachstums ist durch die Bewegung entlang dem Vollbeschäftigungspfad AB auf den langfristigen gleichgewichtigen Wachstumspfad q_1q_1 dargestellt. In Teil IV dieses Buches haben wir verschiedene dynamische Aspekte eines solchen Pfads untersucht. In diesem Kapitel fahren wir mit der Analyse dieses Pfads des mittelfristigen zum langfristigen Gleichgewicht fort. Eine der wesentlichen Fragen, mit denen wir uns in den Wachstumsmodellen der nächsten Kapitel beschäftigen werden, richtet sich darauf, ob sich die Volkswirtschaft mit Vollbeschäftigung in der Theorie wie in der Realität auf einen gleichgewichtigen Wachstumspfad wie q_1q_1 zu bewegt.

Die dritte Form des Wachstums entspricht dem Wachstum entlang dem gleichgewichtigen Wachstumspfad, sobald die Volkswirtschaft diesen bei Punkt B erreicht hat. Ein weiteres wichtiges Thema der Wachstumsmodelle der nächsten Kapitel stellt die Untersuchung der Charakteristika des gleichgewichtigen Wachstums dar. Der Leser sollte bemerken, daß beim Wachstum von A nach B und dann entlang dem Pfad q_1q_1 von B an zwei verschiedene Fragen involviert sind. Die erste Frage bezieht sich darauf, wie der Pfad q_1q_1 aussieht, unter der Annahme, die Volkswirtschaft erreiche ihn bei Punkt B. Die zweite Frage bezieht sich darauf, ob die Volkswirtschaft den Pfad q_1q_1 überhaupt erreicht, unter der Annahme, daß sich der Anfangspunkt der Volkswirtschaft bei einem Punkt wie A befindet, der nicht auf dem Vollbeschäftigungspfad liegt.

Die vierte Art des Wachstums involviert Bewegungen von einem gleichgewichtigen Wachstumspfad auf einen anderen, die normalerweise aufgrund einer Veränderung der Sparquote auftreten. Dies ist in Abbildung 23-1 durch die Bewegung von Punkt 1 nach Punkt 2 dargestellt. Diese Form des Wachstums ist mit der des Wachstums von Punkt A nach Punkt B vergleichbar. Wenn sich die Sparquote ändert und sich der langfristige gleichgewichtige Wachstumspfad von q_1q_1 auf q_2q_2 verschiebt, dann befindet sich die Volkswirtschaft bei Vollbeschäftigung (Punkt 1) nicht auf dem gleichgewichtigen Pfad. Diese Situation ist dann mit der bei Punkt A vergleichbar.

Wie oben erwähnt, wurde die erste Form des Wachstums, die sich auf eine Bewegung hin zu einer Position der vollständigen Ressourcenauslastung bezieht, in den Teilen I bis III behandelt. Die Teile IV und V beschäftigen sich mit der zweiten und dritten Form des Wachstums, die Wachstum auf das Niveau des gleichgewichtigen Vollbeschäftigungspfads und entlang einem solchen darstellen. Kapitel 27 schließt mit einer Diskussion der vierten Art des Wachstums, die wir zwischen zwei gleichgewichtigen Pfaden bei Vollbeschäftigung beobachten.

In den folgenden Abschnitten wiederholen wir zunächst einige „stilisierte Fakten" des Wirtschaftswachstums. Diese stellen Approximationen empirischer Beobachtungen der Charakteristika des langfristigen Wachstums in den Industrieländern dar. Sie setzen die beobachtete Wachstumsrate des Outputs zu den Wachstumsraten der Inputs in Beziehung und Muster der Veränderung von Inputpreisen zu den Faktoranteilen am Einkommen. Diese stilisierten Fakten approximieren die empirische Realität, die die Wachstumsmodelle zu erklären versuchen.

Als nächstes diskutieren wir drei grundlegende Annahmen, auf denen die meisten Wachstumsmodelle mit einem Sektor basieren. Es handelt sich hierbei um die üblicherweise exogen bestimmte Wachstumsrate der Erwerbsbevölkerung, $g_L = (dL/dt)/L$, die Produktionsfunktion, $Q = F(K, L)$, und die Beziehung zwischen Ersprarnis, Investition und Kapitalbildung, $S = I = dK/dt$. Diese Funktionen stellen zusammengenommen eine einfache intuitive Beschreibung des Wachstumsprozesses dar.

Schließlich wollen wir in diesem Kapitel das erste einfache Wachstumsmodell der Kapitalakkumulation und des Outputwachstums entwickeln, das auf die Arbeiten von Evsey D. Domar und Sir Roy Harrod zurückgeht. Dieses Modell entwikkelt die Implikationen der Tatsache, daß die Investition auf der Nachfrageseite der Volkswirtschaft durch den Multiplikator ein wichtiger Bestimmungsfaktor der Wachstumsrate des potentiellen Outputs ist, während die Investition auf der Angebotsseite dadurch ein wichtiger Bestimmungsfaktor der Wachstumsrate des potentiellen Outputs ist, daß sie den Kapitalstock erhöhen. Es wird also einen Investitionspfad geben, entlang dem der Kapitalstock vollständig ausgelastet ist und bei dem das Niveau der Nachfrage ausreicht, um den gesamten von diesem Kapitalstock produzierten Output zu absorbieren. Dieser Pfad ist durch die Harrod-Domar-Bedingung definiert, die eine grundlegende Gleichgewichtsbedingung der Wachstumsmodelle mit einem Sektor darstellt.

Die stylisierten Fakten des Wachstums

Die 1958 von Nicholas Kaldor vorgestellten stylisierten Fakten beziehen sich auf langfristige Gleichmäßigkeiten der Beziehungen, die in den meisten Industrieländern zwischen den Wachstumsraten des Outputs und des Kapitals und der Arbeitsinputs bestehen und zwischen den Faktorpreisen und den relativen Anteilen am Einkommen. Diese Fakten muß ein Wachstumsmodell erklärten können. In diesem Abschnitt fassen wir diese stylisierten Fakten zusammen und geben einige grobe numerische Schätzwerte für die USA der Nachkriegszeit an.

Erwerbsbevölkerung und Outputwachstum

Die Wachstumsrate der verfügbaren Arbeitnehmer-Stunden der Erwerbsbevölkerung ist einigermaßten stabil im Zeitverlauf, das heißt also $\dot{L} = (dL/dt)/L$ ist langfristig gesehen ungefähr konstant. Während der fünfziger Jahre und der ersten Hälfte der sechziger Jahre wuchs die Erwerbsbevölkerung mit einer Rate von ungefähr 1,2% im Jahr. Ziehen wir 0,2% für die Verkürzung der Arbeitswoche ab, so ergibt sich eine Wachstumsrate der Arbeitnehmer-Stunden von ungefähr einem Prozent im Jahr während dieser Periode. Während der späten sechziger Jahre, als diejenigen, die während des „Baby-Booms“ der Nachkriegsjahre geboren wurden, in die Erwerbsbevölkerung eintraten, nahm die Wachstumsrate letzterer zu. Zusätzlich begann in den späten sechziger Jahren die Partizipationsrate der Frauen am Erwerbsleben zu steigen. Diese Effekte erhöhten die Wachstumsrate der Erwerbsbevölkerung um ungefähr 1,7% im Jahr. Während die Arbeitswoche immer noch um ungefähr 0,2% im Jahr abnahm bedeutete dies eine Trendwachstumsrate von $\dot{L}$ von ungefähr 1,5% in den siebziger Jahren. Diese Trends setzten sich in die achtziger Jahre fort, womit die Wachstumsrate von L in diesen Jahren ungefähr 1,5% im Jahr betrug.

Die Wachstumsrate der Arbeitsproduktivität des privaten Sektors der Volkswirtschaft schwankte mit dem Konjunkturzyklus. Entlang dem Trend lag sie in den USA Anfang der sechziger Jahre einigermaßen konstant bei 2,9 bis 3,2% im Jahr.

Die Wachstumsrate lag in den Jahren von 1960-1965 am oberen Ende dieses Bereichs als die Arbeitslosenquote fiel und die Ressourcennutzung stieg. Von 1966 bis 1970 war die Wachstumsrate der Produktivität niedriger. In dieser Zeit erreichte die Volkswirtschaft Vollbeschäftigung und erlebte dann eine Periode mit Überschußnachfrage, die von einer Rezession gefolgt war. Mit Beginn der Rezession von 1969-1970 wurde die Wachstumsrate der Produktivität verringert, ein Effekt, der durch die Rezession von 1974-1975 noch verstärkt wurde. Aus der Sicht des Jahres 1988 gesehen erscheint es so, als ob es sich um eine permanente Verringerung des Produktivitätswachstums handelte. Der Council of Economic Advisers schätzt deshalb den Wachstumsrend der Produktivität des privaten Sektors für die späten achtziger Jahre auf 1,2%.Der private Sektor produziert ungefähr 85% des gesamten realen Outputs. Es ergibt sich eine Wachstumsrate der gesamtwirtschaftlichen durchschnittlichen Arbeitsproduktivität von 2% im Jahr (ungefähr 0,85 · 2,5).

Wir können den gesamten potentiellen Output der Volkswirtschaft als das Produkt der durchschnittlichen Arbeitsproduktivität Q/L mit der Anzahl der Erwerbspersonen bezeichnen:

$$Q_t = \left(\frac{Q}{L}\right)_t \cdot L_t. \tag{1}$$

Die Wachstumsrate des Outputs $\dot{Q}$ entspricht der Summe der Wachstumsraten des Arbeitsinputs und der Produktivität:

$$\dot{Q} = (\dot{Q/L}) = \dot{L}. \tag{2}$$

Die Trendwachstumsrate der Produktivität und der verfügbaren Arbeitnehmer-Stunden ergeben also die Trendwachstumsrate des potentiellen Outputs $\dot{Q}$.

In den frühen fünfziger und sechziger Jahren, als die Arbeitsproduktivität mit einer Rate von 2,7% im Jahr und die verfügbaren Arbeitnehmer-Stunden mit einer Rate von 3,7% im Jahr stiegen, betrug die Wachstumsrate des potentiellen Outputs ungefähr 3,7% wobei sie zu Beginn der Periode etwas niedriger und gegen Ende etwas höher war. Als die Wachstumsrate der Erwerbsbevölkerung gemessen in verfügbaren Stunden Anfang 1970 von 1% auf 1,5% anstieg, stieg auch die Wachstumsrate des potentiellen Outputs $\dot{Q}$ von 3,7% auf 4,2%. Die Verlangsamung des Produktivitätswachstums der frühen siebziger Jahre verringerte die Schätzungen des Produktivitätswachstums auf 2%. In den späten siebziger Jahren erlebten wir also ein Wachstum des Arbeitsangebots $\dot{L}$ von 1,5% im Jahr, des potentiellen Outputs $\dot{Q}$ von 3,5% im Jahr und ein Wachstum des Outputs pro Arbeitnehmer-Stunde $\dot{q}$ von ungefähr 2% im Jahr. In den achtziger Jahren verlangsamte sich das Produktivitätswachstum auf 1%, so daß sich das Wachstum des potentiellen Outputs auf 2,5% verringerte.

Wachstum des Kapitalstocks

Ein zweiter Satz stylisierter Fakten betrifft die Wachstumsrate des Kapitalstocks und der Kapitalintensität k = K/L. Im allgemeinen scheint die Wachstumsrate des Kapitalstocks ziemlich konstant und gleichzeitig höher als die Wachstumsrate der Erwerbsbevölkerung zu sein. Die Kapitalintensität nimmt also im Zeitverlauf

Tabelle 23-1:

	1960–1965	1965–1970	1970–1975	1975–1980	1980–1985
$\dot{K}$(%)	3,9	5,2	3,3	3,3	2,6

Quelle: Survey of Current Business, November 1987, Tabelle 4, Seite 37

zu. Tabelle 23.1 stellt die Wachstumsraten des Nettokapitalstocks aller US-Industrien in der Periode von 1960-1985 dar.

Die Flaute der Volkswirtschaft in den späten fünfziger Jahren verringerte die Wachstumsrate des Kapitalstocks auf 3,4% während 1955-1960. Als sich die Wirtschaft nach 1961 langsam erholte, stieg die Wachstumsrate des Kapitalstocks $\dot{K}$ auf 3,9% in den Jahren von 1960-1965. Als sich Ende der sechziger Jahre eine Phase der Überschußnachfrage entwickelte, stieg $\dot{K}$ sogar noch weiter. Die Abschwächung der Konjunktur, die 1969 begann und bis 1975 anhielt, führt zu einer Senkung der Investitionsnachfrage und reduzierte somit $\dot{K}$. Anfang der siebziger Jahre wuchs der Kapitalstock um 3,3%. Die Crowding-Out-Effekte des Haushaltsdefizits und die Rezession von 1982 verringerten die Investition, so daß sich das Wachstum des Kapitalstocks auf 2,6% in den Jahren 1980-1985 verlangsamte. Wenn das Defizit nicht erheblich verringert wird, ist es denkbar, daß das Wachstum des Kapitalstocks in den neunziger Jahren bei 2,5% bleibt.

Die langfristige Wachstumsrate des Kapitalstocks von 1960 bis 1985 betrug 3,0%. Dieser Wert ist ungefähr gleich der Wachstumsrate des potentiellen Outputs und höher als die Wachstumsrate der Erwerbsbevölkerung. Wenn der Kapitalstock in den neunziger Jahren mit ungefähr 2,5% im Jahr wächst, dann wird die Wachstumsrate der Kapitalintensität k ungefähr 1% betragen.

Der Kapitalkoeffizient

Historisch gesehen, hat das Verhältnis von Kapital K zum Output Q eine zentrale Rolle in der Wachstumstheorie gespielt. Dies wird deutlich werden, wenn wir an späterer Stelle in diesem Kapitel die Harrod-Domar-Bedingung diskutieren. Im ersten Teil dieses Abschnitts haben wir gesehen, daß die Wachstumsrate des potentiellen Outputs von 3,7% in den fünfziger und Anfang der sechziger Jahre auf 2,5% in den siebziger Jahren gefallen ist. Wenn der Kapitalstock mit 2,5% im Jahr wächst impliziert dies einen ungefähr konstanten Kapitalkoeffizienten.

Die Profitrate und die relativen Einkommensanteile

Der letzte wichtige Punkt der stylisierten Fakten bezieht sich auf die Profitrate ϱ, die als das Verhältnis der Gewinne P zum Wert des Kapitalstocks K definiert ist. Dieses Verhältnis weist keinen wahrnehmbaren langfristigen Trend auf.

Mit andern Worten, $\varrho \equiv (P/K)$ ist langfristig gesehen konstant, obwohl das Verhältnis im Verlauf des Konjunkturzyklus stark schwankt.

Wenn sowohl die Profitrate ϱ als auch der Kapitalkoeffizient konstant sind, dann muß der relative Anteil der Gewinne am Output langfristig ungefähr konstant sein. Wir können den Anteil der Gewinne am Output wie folgt schreiben:

$$\frac{P}{Q} = \frac{P}{K} \cdot \frac{K}{Q} \tag{3}$$

Wenn ϱ und K/Q konstant sind, dann ist es auch das Verhältnis P/Q. Wenn außerdem der Anteil der Löhne am Output W/Q lediglich gleich 1-P/Q ist, dann impliziert ein konstanter Anteil der Gewinne am Output einen konstanten Anteil der Löhne und damit eine langfristig relativ konstante Verteilung des Outputs. Es sollte klar sein, daß dies aus den beiden stylisierten Fakten (a) eines konstanten Kapitalkoeffizienten und (b) einer langfristig konstanten Profitrate folgt.

Abbildung 23-2 stellt die Nettoprofitrate des Sektors der verarbeitenden Industrien in den USA seit 1950 dar. Die Profitrate wird dabei durch das Verhältnis der Nettoprofite zum Aktienkapital gemessen. Sie weist offensichtlich keinen Trend auf, obwohl ein eindeutiges Muster zyklischer Schwankungen zu erkennen ist. Definieren wir diese Zeitreihe ab 1973 etwas um, so beobachten wir, daß das stylisierte Faktum relativ eindeutig an US-Daten zu beobachten ist.

Zusammenfassung der stylisierten Fakten

Wir wollen nun eine kurze Zusammenfassung der stylisierten Fakten vornehmen, die wir durch Wachstumsmodelle erklären müssen:

1. Die Wachstumsraten des potentiellen Outputs und des Arbeitsinputs sind einigermaßen konstant, wobei $\dot{Q} > \dot{L}$ ist, so daß $\dot{q} > 0$ ist.
2. Die Wachstumsrate des Kapitalstocks ist einigermaßen stabil, wobei $\dot{K} > \dot{L}$ ist, so daß $\dot{k}$ positiv ist.
3. Die Wachstumsrate des Kapitalstocks ist ungefähr gleich der Wachstumsrate des Outputs, so daß $\dot{K} = \dot{Q}$ und der Kapitalkoeffizient ungefähr konstant ist.

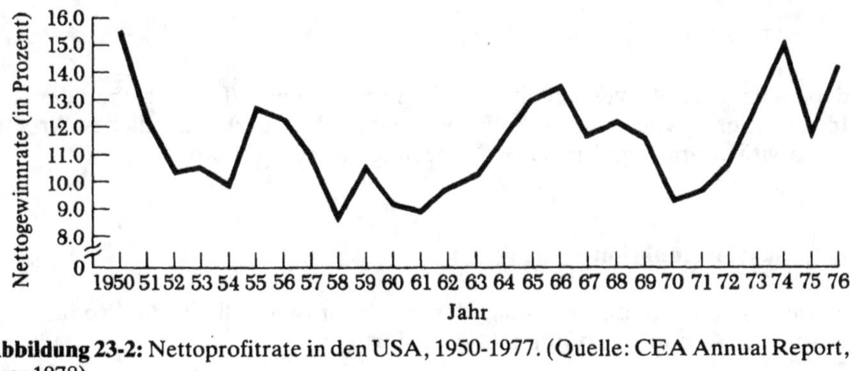

Abbildung 23-2: Nettoprofitrate in den USA, 1950-1977. (Quelle: CEA Annual Report, Januar 1978)

4. Die Profitrate $\varrho = P/K$ ist langfristig gesehen konstant. Kombiniert mit einem konstanten Kapitalkoeffizienten impliziert dies eine langfristig konstante relative Verteilung des Outputs auf Löhne W und Gewinne P.

Wir fahren nun mit einer kurzen Diskussion der grundlegenden Annahmen der Wachstumsmodelle mit nur einem Sektor fort und beschäftigen uns dann mit der Harrod-Domar-Bedingung.

Die grundlegenden Annahmen der Wachstumsmodelle mit einem Sektor

Wachstumsmodelle basieren im allgemeinen auf einer Kombination von drei Annahmen oder funktionalen Beziehungen. Die erste stellt ein exogen gegebenes Arbeitsangebot dar, das mit gegebener Rate $g_L = \dot{L}$ wächst. Die zweite ist durch die Produktionsfunktion gegeben, die Arbeits- und Kapitalinput in Output transformiert. Die dritte ist die Beziehung zwischen der Ersparnis und der Investition, die bestimmt, welcher Anteil des gegenwärtigen Outputs gespart und investiert wird, um den Kapitalstock zu erhöhen.

Wachstum der Erwerbsbevölkerung

Das Wachstum der Erwerbsbevölkerung wird im allgemeinen als exogen angenommen. Die Erwerbsbevölkerung wächst mit einer gegebenen prozentualen Wachstumsrate g_L. Zum Zeitpunkt t ist die Erwerbsbevölkerung durch

$$L_t = L_0 e^{g_L t} \tag{4}$$

gegeben. In den USA betrug die Wachstumsrate der Erwerbsbevölkerung $g_L = \dot{L}$ ungefähr 0,5% im Jahr.

Wenn wir in Kapitel 24 technischen Fortschritt in Form wachsender Arbeitsproduktivität einführen werden wir dies durch den Begriff einer Einheit effektiver Arbeit tun. Wenn die Produktivität eines Arbeitnehmers im Zeitverlauf mit der Rate λ steigt, können wir dies so betrachten, als ob jeder Arbeitnehmer eine höhere Anzahl effektiver Arbeitnehmer-Stunden arbeiten könnte. Wenn also E_t für die effektive Erwerbsbevölkerung zum Zeitpunkt t steht, so erhalten wir

$$E_t = L_t e^{\lambda t} = L_0 e^{(g_L + \lambda)t} \tag{5}$$

und die Anzahl effektiver Arbeitseinheiten pro Person E_t/L_T wächst mit der Rate λ. Interpretieren wir dies als die Wachstumsrate der durchschnittlichen Arbeitsproduktivität, dann liegt λ in den USA bei ungefähr 2% im Jahr.

Die Produktionsfunktion

Die zweite gundlegende Beziehung der Wachstumsmodelle ist die Produktionsfunktion, die K_T und L_T in Output Q_T transformiert:

$$Q_t = F(K_t, L_t). \tag{6}$$

Wir nehmen an, daß beide Grenzproduktivitäten $\partial F/\partial K$ und $\partial F/\partial L$ positiv und abnehmend sind, wenn der relevante Input erhöht wird.

Im allgemeinen nehmen wir an, daß die Produktionsfunktion homogen vom Grade eins in den Variablen K und L ist. Dies bedeutet, daß wir konstante Skalenerträge annehmen, so daß der Pro-Kopf-Output q nur von der Kapitalausstattung pro Kopf k abhängt. Formal bezeichnet man eine Funktion als homogen vom Grade h, wenn für eine beliebige Zahl a

$$a^hQ = F(aL, aK) \tag{7}$$

gilt.

Homogenität vom Grade 1 bedeutet:

$$aQ = F(aK, aL).$$

Wenn dies der Fall ist, können wir a gleich 1/L setzen, um die arbeitsintensive Produktionsfunktion

$$q_t = \frac{Q}{L} = F\left(\frac{K}{L}, 1\right) = f(k_t); \tag{8}$$

$$f' > 0, \qquad f'' < 0$$

zu erhalten. Die arbeitsintensive Produktionsfunktion ist in Abbildung 23-3 dargestellt. Ihre Steigung ist positiv und abnehmend, so daß $f' > 0$ und $f'' < 0$ gilt.

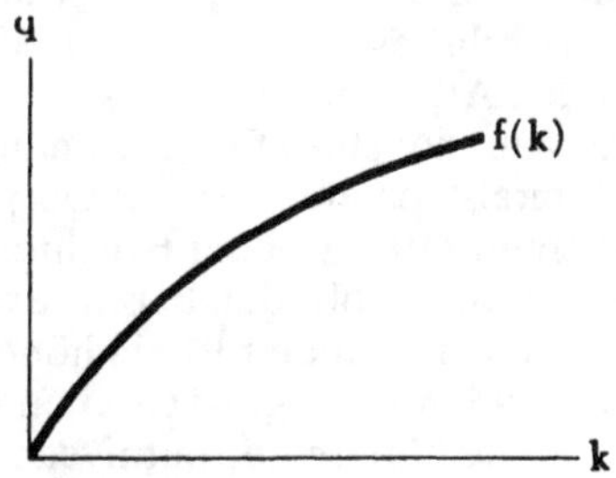

Abbildung 23-3: Die arbeitsintensive Produktionsfunktion.

Investition und Kapitalbildung

Der letzte Grundstein der Konstruktion von Wachstumsmodellen ist die Beziehung zwischen Ersparnis und Investition. Da wir es mit Wachstumspfaden bei Vollbeschäftigung zu tun haben, ist die statische Gleichgewichtsgleichung der Ersparnis und der Investition erfüllt:

$$S + T = I + G.$$

Vom Wachstumsprozess aus gesehen stellt diese Gleichgewichtsbedingung eine Verbindung zwischen der laufenden Ersparnis der Gesellschaft S + T (dem Betrag des Einkommens der nicht auf den Konsum verwendet wird) und der Gesamtinvestition dar, die gerade der Wachstumsrate des Kapitalstocks entspricht. Wenn wir I + G als die gesamten Investitionen I der Gesellschaft betrachten, die der Veränderungsrate des Kapitalstocks in bezug auf die Zeit dK/dt entsprechen, dann erhalten wir,

$$S_t = I_t = \frac{dK}{dt} \tag{9}$$

als eine Gleichung, die die Ersparnis S in Beziehung zur Kapitalbildung dK/dt setzt.

Die einfachste Sparfunktion erhalten wir dadurch, daß wir annehmen, es werde ein konstanter Bruchteil s des Outputs gespart und investiert. In diesem Fall lautet die Funktion der Kapitalbildung

$$\frac{dK}{dt} = I_t = S_t = sQ_t. \tag{10}$$

In jeder Periode wird sQ_T gespart und investiert, wodurch sich K von t nach t+1 um diesen Betrag erhöht.

Die einfache Dynamik des Wachstums

Wir können die drei oben wiederholten grundlegenden Funktionen kombinieren, um eine einfache intuitive Erklärung des Wachstumsprozesses zu geben. Die Annahme bezüglich der Erwerbsbevölkerung, die in den Gleichungen (4) oder (5) gegeben ist, bestimmt den Arbeitsinput in jeder Periode t. Dieser Arbeitsinput produziert durch die Produktionsfunktion zusammen mit dem zu Beginn der Periode t existierenden Kapitalstock einen Strom Outputs Q_t. Die Sparfunktion bestimmt dann durch Gleichung (10), welcher Bruchteil des Outputs in Periode t investiert wird. Diese Investition erhöht den bereits existierenden Kapitalstock, wodurch zu Beginn der folgenden Periode t+1 ein höherer Kapitalstock zur Verfügung steht. Dieser wird dann mit der gewachsenen Erwerbsbevölkerung der Periode t+1 kombiniert, um das höhere Outputniveau Q_{t+1} zu produzieren. Die Frage der Wachstumsmodelle der Kapitel 24-26 bezieht sich darauf, ob dieser Prozess zu einem stabilen Wachstumspfad führt, der scheinbar durch die stylisierten Fakten beschrieben wird.

Die Harrod-Domar-Bedingung für gleichgewichtiges Wachstum

Gleichgewichtiges Wachstum verlangt, daß sowohl die Erwerbsbevölkerung als auch der Kapitalstock vollständig ausgelastet sind, wenn die Volkswirtschaft wächst. Steigende Unterbeschäftigung der Erwerbsbevölkerung würde definitionsgemäß die Annahme des Wachstums bei Vollbeschäftigung verletzen und wäre wahrscheinlich von unzureichender Nachfrage und fallenden Preisen begleitet. Auf der anderen Seite würde unzureichende Auslastung des Kapitalstocks die Gewinne verringern und die Investitionsanreize vermindern, wodurch die Investition und die Nachfrage nach Output abnehmen würden.

Die Forderung, daß der Kapitalstock vollständig ausgelastet sein soll, wenn die Volkswirtschaft wächst, führt uns zu dem grundlegenden dynamischen Prozess, der von Sir Roy Harrod und Evsey Domar Anfang der vierziger Jahre herausgestellt wurde. Das Niveau der Investition ist durch den Multiplikator mit dem Outputniveau verbunden, während es gleichzeitig durch Veränderungen des Kapitalstocks mit der Wachstumsrate des Outputs verbunden ist. Die Implikationen dieser Beziehung für die gleichgewichtige Wachstumsrate der Volkswirtschaft können im Zusammenhang eines einfachen Wachstumsmodells mit limitationaler Produktionsfunktion erörtert werden.

Die limitationale Produktionsfunktion

Wenn eine Volkswirtschaft eine limitationale Produktionsfunktion hat, so daß α Einheiten Arbeit und v Einheiten an Kapital nötig sind, um eine Einheit Output zu produzieren, dann können wir die Produktionsfunktion wie folgt schreiben:

$$Q_t = \min \left[\frac{K_t}{v}, \frac{L_t}{\alpha} \right]. \tag{11}$$

Diese Produktionsfunktion ist in Abbildung 23-4 im K, L-Koordinatensystem dargestellt. Da v und α konstant sind, erhalten wir rechtwinklige Isoquanten der Produktionsfunktion, deren Ecke auf einem Strahl aus dem Ursprung mit Steigung v/α liegt. Wenn sowohl Arbeit als auch Kapital vollständig ausgelastet sind, dann ist der Output Q sowohl gleich K/v als auch gleich L/α, so daß $K/v = L/\alpha$ und K/L gleich v/α gilt. Lokalisieren wir die Isoquante, die eine Einheit Outputs $Q_0 = 1$ repräsentiert, so können wir v und α, wie in Abbildung 23-4 dargestellt, messen.

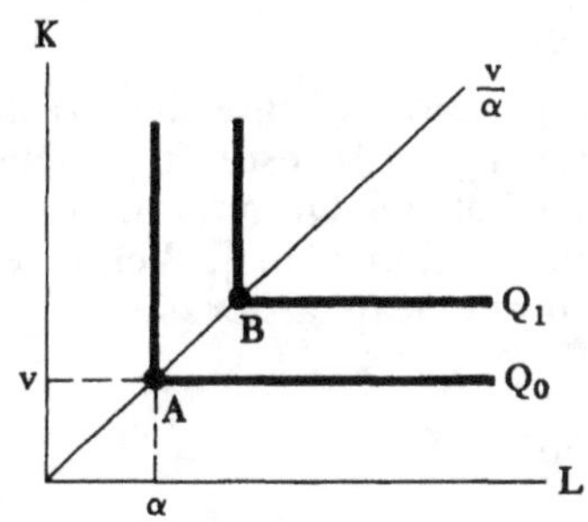

Abbildung 23-4: Die Harrod-Domar Produktionsfunktion: konstante Produktionskoeffizienten.

Wenn das Verhältnis von Kapital zu Arbeit in der Volkswirtschaft größer als v/α ist, dann liegt ein überschüssiger Kapitalstock vor, die Gewinne werden gleich null sein und es wird keine Investition geben. Wenn K/L kleiner als v/α ist, dann wird Arbeitslosigkeit herrschen.

Ersparnis, Investition und die garantierte Wachstumsrate

Um die Angebots- und Nachfragebeziehung zu untersuchen, die zu einer Wachstumsrate führen, die die Vollauslastung des Kapitalstocks aufrechterhält, führen wir eine Nettosparfunktion ein, bei der die Ersparnis ein konstanter Bruchteil s des Outputs ist.

Wir erhalten folgende Kapitalbildungsgleichung:

$$I_t = \frac{dK}{dt} = S_t = sQ_t. \tag{12}$$

Wir können diese Beziehung verwenden, um den in der Volkswirtschaft nachgefragten Output als $Q_T = I_t/s$ zu bestimmen, so daß Erhöhungen der Nachfrage wie üblich durch den Multiplikator der Nachfrageseite

$$\frac{dQ}{dt} = \frac{1}{s}\frac{dI}{dt} \tag{13}$$

gegeben sind.

Wenn das Kapital voll ausgelastet sein soll, dann erhalten wir aus der Produktionsfunktion (11) $Q_T = K_t/v$. Veränderungen des Outputs auf der Angebotsseite, Zunahmen, die von einer Erhöhung des Kapitalstocks stammen, sind dann durch

$$\frac{dQ}{dt} = \frac{1}{\upsilon}\frac{dK}{dt} = \frac{1}{\upsilon} I_t \tag{14}$$

auf der Angebotsseite gegeben.

Bei Vollauslastung des Kapitalstocks sollte das Wachstum des nachgefragten Outputs aufgrund der Erhöhung der Investition [gegeben durch Gleichung (13)] gleich der Zunahme des angebotenen Outputs aufgrund des Wachstums des Kapitalstocks sein [gegeben in Gleichung (14)]. Wenn die Volkswirtschaft wächst, gilt also für die Vollauslastung des Kapitalstocks

$$\frac{dQ}{dt} \equiv \frac{1}{s}\frac{dI}{dt} = \frac{1}{\upsilon} I_t, \tag{15}$$

so daß die notwendige Wachstumsrate der Investition durch

$$\dot{I} \equiv \frac{dI/dt}{I} = \frac{s}{\upsilon} \tag{16}$$

gegeben ist. Wenn das Verhältnis von I zu Q konstant ist (nämlich gleich s), dann müssen I und Q mit der gleichen Rate wachsen. Dies bedeutet, daß die Wachstumsrate des Output, die die Vollauslastung des Kapitalstocks garantiert, durch

$$\dot{Q} = \dot{I} = \frac{s}{\upsilon} \tag{17}$$

gegeben ist. Um in diesem Modell die Vollauslastung des Kapitalstocks aufrechtzuerhalten, muß der Output mit der Rate s/v wachsen. Diese Wachstumsrate wird dazu führen, daß die Erwartungen der Investoren realisiert werden, oder wie Harrod schreibt, „garantiert" werden. Der Term s/v gibt also die garantierte Wachstumsrate an, die die Vollauslastung des Kapitalstocks aufrechterhält.

Wachstum der Erwerbsbevölkerung

Die Wachstumsrate des Outputs, die die Vollbeschäftigung der Erwerbsbevölkerung aufrechterhält, ergibt sich auf dem direktesten Wege durch die Produktionsfunktion (11) und die Annahme, die Wachstumsrate der Erwerbsbevölkerung sei exogen gleich g_L. Um Vollbeschäftigung oder jede beliebige Arbeitslosenquote aufrechtzuerhalten, muß der Output Q_T gleich L_T/α sein. Das Verhältnis L_T/Q_T ist also bei α fixiert und die Wachstumsrate des Outputs muß gleich der Wachstumsrate der Erwerbsbevölkerung g_L sein. Um die Vollbeschäftigung der Erwerbsbevölkerung aufrechtzuerhalten, muß

$$\dot{Q} = \dot{L} = g_L \tag{18}$$

gelten. Ersetzen wir L_T in der Produktionsfunktion (11) durch die effektive Arbeit E_t, dann können wir die Produktionsfunktion wie folgt schreiben:

$$Q_t = \min\left[\frac{K_t}{\upsilon}, \frac{E_t}{\alpha}\right]. \tag{19}$$

Wenn dies der Fall ist, so muß Q_T zum Erhalt der Vollbeschäftigung der Erwerbsbevölkerung mit der gleichen Rate wachsen, wie der Input der effektiven Arbeit, so daß

$$\dot{Q} = g_L + \lambda \tag{20}$$

gilt, wobei λ, wie bereits erwähnt, für die Wachstumsrate der durchschnittlichen Arbeitsproduktivität steht. Die Wachstumsrate der effektiven Erwerbsbevölkerung $g_L + \lambda$ wird, der von Harrod etablierten Terminologie folgend, als die natürliche Rate bezeichnet.

Die Harrod-Domar-Bedingung

Die Probleme mit diesem Wachstumsmodell mit nur einem Sektor, konstanten Produktionskoeffizienten und einer konstanten Sparquote liegen auf der Hand. Damit der Kapitalstock vollständig ausgelastet ist, muß der Output mit der garantierten Rate wachsen: $\dot{Q} = s/v$. Damit im Falle zunehmender Produktivität gleichzeitig die Erwerbsbevölkerung vollbeschäftigt ist, muß der Output mit der natürlichen Rate wachsen: $\dot{Q} = g_L + \lambda$. Damit also sowohl der Kapitalstock als auch die Arbeitskräfte vollbeschäftigt sind, wenn die Volkswirtschaft wächst, muß die Harrod-Domar-Bedingung erfüllt sein:

$$g_L + \lambda = \frac{s}{\upsilon}. \tag{21}$$

Da aber $g_L + \lambda$, s und v alle zu Beginn unabhängig von einander als exogen angenommen wurden, ist die Wahrscheinlichkeit, daß gleichgewichtiges Wachstum mit Vollauslastung des Kapitalstocks und Vollbeschäftigung der Arbeitskräfte erreicht wird, das heißt also, daß die Bedingung $g_L + \lambda = (s/v)$ erfüllt ist, nahezu gleich null. Wenn die natürliche Rate $g_L + \lambda$ größer als die garantierte Rate s/v ist, wird die Arbeitslosigkeit zunehmen, wodurch die anfängliche Gleichgewichtsannahme verletzt wird. Wenn dagegen $g_L + \lambda < (s/v)$ ist, wird sich ein Kapitalüberhang entwickeln, wodurch die Grenzproduktivität des Kapitals (die Profitrate im Gleichgewicht) auf null reduziert wird und somit keine Investitionen mehr stattfinden. In dieser Situation befindet sich die Volkswirtschaft nicht mehr im Gleichgewicht. Die Harrod-Domar-Bedingung wurde als ein Fall „auf des Messers Schneide" charakterisiert, bei dem, wenn $g_L + \lambda$ zufällig gleich s/v ist, alles in bester Ordnung ist. Wenn dies dagegen nicht der Fall ist, divergiert das Modell vom Vollbeschäftigungsgleichgewicht.

Der Grund für diese Instabilität ist, daß die Anfangsannahmen zu rigide sind. Um Wachstum mit einem einigermaßen konstanten Kapitalkoeffizienten v zu erhalten, wird angenommen, v sei a priori konstant. Kombinieren wir diese Annahme eines konstanten Kapitalkoeffizienten mit einer konstanten Sparquote s und einer konstanten Wachstumsrate der effektiven Erwerbsbevölkerung $g_L + \lambda$ so besteht in diesem Modell kein Spielraum mehr, um das Gleichgewicht zu erreichen; das Modell ist überdeterminiert.

Diese Rigidität des Modells können wir vermindern, indem wir (a) die Produktionsfunktion ändern und Substitution von Kapital und Arbeit erlauben, damit also zulassen, daß v im Gleichgewicht durch den Wachtsumsprozess selbst determiniert wird; (b) die Sparquote zu einer Funktion der Profitrate oder der Verteilung des Einkommens zwischen Kapital und Arbeit machen und damit zulassen, daß die Sparquote im Gleichgewicht durch den Gleichgewichtsprozess selbst determiniert wird; oder (c) eine Kombination von (a) und (b) einführen.

Wir wenden uns nun dem von Robert Solow entwickelten grundlegenden neoklassischen Wachstumsmodell zu, das die oben beschriebene Option (a) verwendet, bei der die Substitution von Arbeit und Kapital in der Produktionsfunktion zugelassen ist.

Ausgewählte Literatur

E. D. Domar, „Expansion and Employment," *American Economic Review,* March 1947.

Z. Griliches, „Productivity, R & D, and Basic Research at the Firm Level in the 1970's," *American Economic Review,* March 1986.

R. F. Harrod, „Domar and Dynamic Exonomics," *Economic Journal,* September 1959.

N. Kaldor, „Economic Growth and Capital Accumulation," in F. Lutz and D. C. Hague, eds., *The Theory of Capital* (London: Macmillan, 1961).

Kapitel 24
Das grundlegende Neoklassische Wachstumsmodell

Wachstumsmodelle sind Modelle von Volkswirtschaften, die lediglich einen einzigen Output Q produzieren, der entweder konsumiert, gespart oder investiert werden kann. In Kapitel 23 haben wir gesehen, daß diesen Wachstumsmodellen folgende Annahmen zugrunde liegen:

1. Zunächst ist eine Annahme bezüglich der Wachstumsrate der Erwerbsbevölkerung nötig. Üblicherweise wird angenommen, diese Wachstumsrate sei exogen, so daß $L_T = L_0 e^{g_L t}$.
2. als nächstes müssen wir eine Produktionsfunktion spezifizieren, die den Output als eine Funktion der Inputfaktoren Kapital K und Arbeit L bestimmt: $Q_T = F(K_T, L_T)$.
3. Schließlich brauchen wir eine Erklärung des Spar- und Investitionsverhaltens, das die Veränderung des Kapitalstocks (Investition) als eine Funktion des Outputs beschreibt. Einer einfachen Spar-Investitionsfunktion liegt die Annahme zugrunde, die Ersparnis sei ein konstanter Bruchteil s des Outputs, so daß $dK/dr = I_t = S_t = sQ_T$ ist.

Wenn Kapitalstock und Erwerbsbevölkerung zu einem Anfangszeitpunkt t_0 gegeben sind, bestimmt die Produktionsfunktion der Annahme 2 ein Outputniveau. Das Investitionsverhalten der Annahme 3 bestimmt die Erhöhung von K vom Zeitpunkt t_0 zum Zeitpunkt t_1 als eine Funktion des Outputniveaus zum Zeitpuntk t_0. Die Veränderung der Anzahl der Erwerbspersonen wird gemäß Annahme 1 determiniert. Diese neuen Werte von K und L in Periode t_1 bestimmen ein neues Niveau des Vollbeschäftigungsoutputs in t_1 und so weiter. Das gesamte Wachstumsmodell basiert also auf den drei Annahmen bezüglich des Wachstums der Erwerbspersonen, der Produktionsfunktion und der Investitionsfunktion. Die Formulierung eines Wachstumsmodells auf Basis dieser Annahmen läuft darauf hinaus, die Implikationen dieser Annahmen für das folgende Spektrum von Fragen zu untersuchen: Existieren langfristige Gleichgewichtswerte für $Q/L = q$ und $K/L = k$? Wenn ja, sind diese Werte dann stabil? Welche Werte weisen die Gleichgewichtsniveaus des Konsums und der Beschäftigung auf? Wie sieht die Verteilung des Outputs auf Gewinne und Löhne im Gleichgewicht aus?

In diesem Kapitel werden wir das grundlegende Neoklassische Wachstumsmodell entwickeln, das von Robert Solow formuliert wurde. Es basiert auf folgenden Annahmen:

1. Die Wachstumsrate der Erwerbsbevölkerung ist exogen und gleich dem Wert g_L.
2. Die Produktionsfunktion lautet $Q = F(K, L)$ und hat Eigenschaften, die wir in Kürze diskutieren werden.
3. Investition und Ersparnis sind konstante Bruchteile des Outputs.

Der erste Abschnitt wird die Eigenschaften der Produktionsfunktion entwickeln, die für die Analyse der Wachstumsmodelle wichtig sind. Eines der grundlegenden Erfordernisse ist, daß die Funktion konstante Skalenerträge aufweist.

Als nächstes untersuchen wir das Neoklassische Wachstumsmodell unter der Bedingung, daß kein technologischer Fortschritt stattfindet. Die Analyse des Modells ist die gleiche, ob wir nun annehmen, daß die verfügbaren Einheiten effektiver Arbeit relativ zur Erwerbsbevölkerung L zunehmen oder nicht. Die Darstellung ist einfacher, wenn wir diesen Faktor zunächst nicht berücksichtigen.

Bei der Analyse des Neoklassischen Wachstumsmodells werden wir zunächst sehen, daß das Modell langfristig gegen einen Gleichgewichtskapitalkoeffizienten k^* konvergiert (ein hochgestellter Stern bezeichnet den Gleichgewichtswert einer Variablen) bei dem auch der Pro-Kopf-Output bei q^* im Gleichgewicht ist und Q, K und L alle mit der Rate g_L wachsen. Als nächstes untersuchen wir die Verteilung des Outputs auf Konsum und Investition und die Implikationen des Modells für die Faktorentlohnung (Lohnquote und Profitrate) und die Einkommensanteile.

Im darauf folgenden Abschnitt werden wir technischen Fortschritt einführen und zwar in Form von Einheiten effektiver Arbeit $E_t = L_t e^{\lambda t}$. Die Analyse wird genau die gleichen Schritte verfolgen, wie das Modell ohne technischen Fortschritt, wobei L durch E ersetzt wird. Schließlich werden wir die Annahme konstanter Skalenerträge und exogen determinierten Bevölkerungswachstums etwas lockern, um Fälle mit mehreren Gleichgewichten darzustellen. Diese beinhalten den Fall der „Falle bei niedrigem Gleichgewichtsniveau", der in bezug auf unterentwickelte Länder relevant sein könnte.

Die Produktionsfunktion mit konstanten Skalenerträgen

Das Neoklassische Wachstumsmodell basiert auf einer Produktionsfunktion mit konstanten Skalenerträgen, Substituierbarkeit von Arbeit und Kapital und abnehmenden Grenzproduktivitäten. Die Produktionsfunktion,

$$Q = F(K, L), \tag{1}$$

ist homogen vom Grade 1 oder, mit anderen Worten, hat konstante Skalenerträge. Dies bedeutet, daß, wenn alle Inputs proportional verändert werden, sich der Output im gleichen Verhältnis ändern wird, wie die Inputs. Wir können die Funktion also wie folgt schreiben:

$$aQ = F(aK, aL). \tag{2}$$

Wenn K und L verdoppelt werden ($a = 2$), dann verdoppelt sich auch der Output. Dies ist es, was wir mit der Annahme konstanter Skalenerträge gemeint haben.

Mit dieser Annahme können wir die Produktionsfunktion in einer sehr handlichen Pro-Kopf-Version schreiben. Wenn a gleich 1/L ist, erhalten wir:

$$q \equiv \frac{Q}{L} = F\left(\frac{K}{L}, 1\right) = f\left(\frac{K}{L}\right) = f(k). \tag{3}$$

Wir erhalten den Pro-Kopf-Output als eine Funktion des Pro-Kopf-Kapitalstocks. Erhöhen wir das Niveau der Produktion, indem wir K und L proportional erhöhen, so wird Q/L nicht verändert. Es bringt also nichts in bezug auf Q/L, wenn wir sowohl Arbeit als auch Kapital erhöhen, solange K/L konstant bleibt, da die Produktionsfunktion konstante Skalenerträge aufweist. Die Pro-Kopf-Produktionsfunktion (3) ist in Abbildung 24-1 dargestellt. Die Grenzproduktivität einer Erhöhung von K/L ist positiv aber abnehmend. Das bedeutet, daß $f'(k) > 0$ und $f''(k) < 0$ gilt.

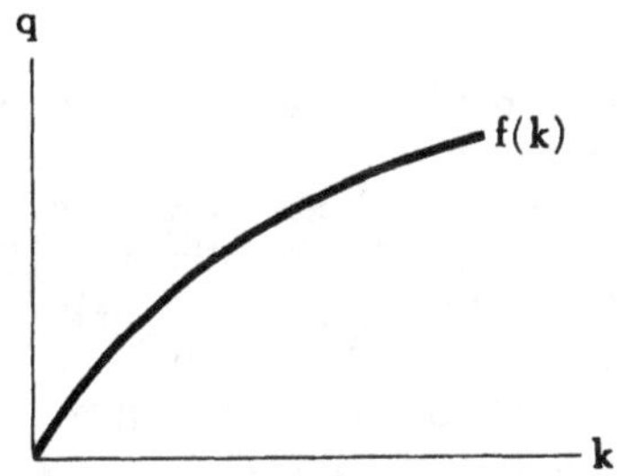

Abbildung 24-1: Die Pro-Kopf-Produktionsfunktion.

Ein Beispiel für eine Produktionsfunktion mit konstanten Skalenerträgen und abnehmenden Grenzproduktivitäten ist die uns bekannte Cobb-Douglas-Produktionsfunktion:

$$Q = bK^{\alpha}L^{1-\alpha}. \tag{4}$$

Hier ist Homogenität vom Grade eins (oder konstante Skalenerträge) dadurch garantiert, daß die Exponenten von K und L aufaddiert immer eins ergeben. Der Leser sollte überprüfen, was mit Q geschieht, wenn K und L mit 2 multipliziert werden. Diese Produktionsfunktion sieht in ihrer Pro-Kopf-Version wie folgt aus:

$$q = \frac{Q}{L} = \frac{bK^{\alpha}L^{1-\alpha}}{L} = \frac{bK^{\alpha}}{L^{\alpha}} = b\left(\frac{K}{L}\right)^{\alpha} = bk^{\alpha}. \tag{5}$$

Die Grenzproduktivität von k ist durch

$$MPk = \frac{\partial q}{\partial k} = bak^{\alpha-1} \tag{6}$$

gegeben. Der Wert dieses Ausdrucks ist positiv.

Die zweite Ableitung

$$\frac{\partial(MPk)}{\partial k} = \frac{\partial^2 q}{\partial k^2}$$

$$= b\alpha(\alpha - 1)k^{\alpha-2} \tag{7}$$

ist negativ, da $\alpha < 1$ ist. Dies zeigt, daß die MPK bei Erhöhung von k abnimmt und die Produktionsfunktion in Abbildung 24-1 somit konkav ist.

Die Einführung der Neoklassischen Produktionsfunktion mit der Möglichkeit der Substitution von Kapital- durch Arbeitsinput, stellt eine Möglichkeit dar, den

Kapitalkoeffizienten zu variieren, wenn der Wachstumsprozess fortschreitet. Jeder Punkt auf der Produktionsfunktion in Abbildung 24-1 bestimmt ein Verhältnis von q zu k

$$\frac{q}{k} = \frac{Q/L}{K/L} = \frac{Q}{K}, \tag{8}$$

das der Inversen des Kapitalkoeffizienten v entspricht. Die Steigung eines Strahls aus dem Ursprung durch einen Punkt auf der Produktionsfunktion bestimmt also den Kapitalkoeffizienten bei diesem Punkt; die Steigung des Strahls ist durch 1/v gegeben. Wenn sich die Volkswirtschaft entlang der Produktionsfunktion nach rechts bewegt, wobei sich k in Abbildung 24-2 von k_0 über k_1 auf k_2 erhöht, dann steigt der Kapitalkoeffizient von v_0 über v_1 auf v_2. Dies ist der Fall, weil die arbeitsintensive Produktionsfunktion der Abbildungen 24-1 und 24-2 abnehmende Grenzerträge bei der Erhöhung von k aufweist.

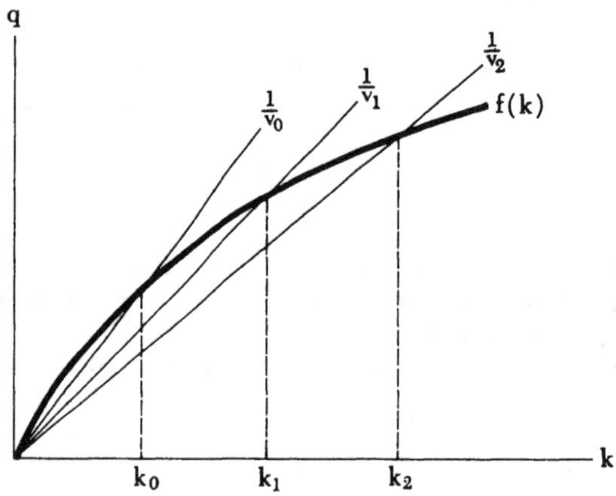

Abbildung 24-2: Die Beziehung von k und v.

Der Leser erinnere sich aus Kapitel 23 daran, daß das Hauptproblem mit dem Harrod-Domar-Modell darin begründet liegt, daß es überdeterminiert ist; s, v und g_L sind alle exogen, so daß die Bedingung für gleichgewichtiges Wachstum $g_L = s/v$ nur durch Zufall erfüllt sein wird. Die Einführung der Neoklassischen Produktionsfunktion stellt eine Möglichkeit dar, daß v variieren kann, wenn k sich ändert, wodurch die Rigidität des Harrod-Domar-Modells überwunden wird.

Gleichgewichtiges Wachstum im Neoklassischen Modell

Wir können nun fragen, ob die in der arbeitsintensiven Form in Gleichung (3) gegebene Produktionsfunktion zusammen mit dem exogenen Wachstum der Erwerbsbevölkerung

$$L_t = L_0 e^{g_L t} \tag{9}$$

und der Annahme bezüglich der Ersparnis und der Investition

$$\frac{dK}{dt} \equiv I_t = S_t = sQ_t \tag{10}$$

ein dynamisches System ergibt, daß gegen die Gleichgewichtswerte der Kapitalintensität k, des Prokopfoutputs q und des Kapitalkoeffizienten v strebt. Wir beginnen damit, die Gleichung der Wachstumsrate der Kapitalintensität zu entwikkeln.

Die gleichgewichtige Kapitalintensität

Wir konzentrieren uns auf die Kapitalintensität und wollen untersuchen, ob die Volkswirtschaft gegen einen Gleichgewichtswert der Kapitalintensität strebt, unabhängig davon, was der anfängliche Wert der Kapitalintensität k_0 ist. Wenn dieser Gleichgewichtswert existiert, so impliziert dies, daß die Volkswirtschaft gegen einen gleichgewichtigen Wachstumspfad strebt, wenn sie sich zu dem Wert k^* bewegt. Wenn dieses Gleichgewicht stabil ist, wird die Volkswirtschaft weiter entlang diesem Gleichgewichtspfad wachsen. Entlang einem solchen Wachstumspfad sind die Werte von k und q bei k^* und q^* konstant, so daß sowohl Kapital als auch Output mit der gleichen Rate wachsen wie die Erwerbsbevölkerung.

Schreiben wir die Kapitalintensität in logarithmischer Form, so erhalten wir:

$$\ln k_t = \ln K_t - \ln L_t. \tag{11}$$

Wenn wir diesen Ausdruck differenzieren, so ergibt sich die Gleichung für die proportionale Wachstumsrate der Kapitalintensität

$$\dot{k}_t \equiv \frac{dk/dt}{k} = \frac{dK/dt}{K} - \frac{dL/dt}{L} \equiv \dot{K}_t - \dot{L}_t, \tag{12}$$

in der wie üblich ein Punkt über einer Variablen die proportionale Wachstumsrate dieser Variablen bezeichnet.

Weil der Zähler des $\dot{K}$ Terms in Gleichung (12) gleich der Investition ist, die selbst gleich sQ ist, und $\dot{L}$ mit g_L exogen ist, können wir Gleichung (12) wie folgt schreiben:

$$\dot{k} = \frac{sQ}{K} - g_L.$$

Teilen wir sowohl Q als auch K durch L, so erhalten wir

$$\dot{k} = \frac{sq}{k} - g_L = \frac{s\,f(k)}{k} - g_L \tag{13}$$

als grundlegende Differentialgleichung der Wachstumsrate in Abhängigkeit von der Kapitalintensität k. Diese Gleichung gibt $\dot{k}$, die Wachstumsrate von k, in Abhängigkeit vom Niveau von k selbst an.

Die gleichgewichtige Kapitalintensität ist durch den Wert von k gegeben, bei dem $\dot{k}$ in Gleichung (13) gleich null ist. Wenn k diesen Wert erreicht, wird es auf diesem Niveau bleiben, da $\dot{k}$ dann gleich null ist. Wir können den Gleichgewichtswerk k* bestimmen, indem wir $\dot{k}$ in Gleichung (13) gleich null setzen, so daß

$$\frac{s\,f(k^*)}{k^*} = g_L \tag{14}$$

k* definiert.

Die Lösung von Gleichung (13) nach dem Gleichgewichtswert k* ist in Abbildung 24-3(a) dargestellt. Wir können die Gleichgewichtsbedingung (14) wie folgt schreiben:

$$q^* = f(k^*) = \frac{g_L}{s}\,k^*. \tag{15}$$

Abbildung 24-3(a) stellt die Produktionsfunktion $q = f(k)$ und einen Strahl durch den Ursprung mit der Steigung g_L/s dar. Bei dem Wert von k, bei dem sich die beiden Kurven schneiden, gilt

$$f(k) = \frac{g_L}{s}\,k \quad \text{oder} \quad \frac{s\,f(k)}{k} = g_L,$$

so daß $\dot{k}$ gleich null ist und der entsprechende Wert von k gleich k*. Es bleibt zu bestimmen, ob dieser Gleichgewichtspunkt stabil ist. Wird die Volkswirtschaft gegen diesen Wert streben und dort bleiben, wenn sie von einem anderen Wert der Kapitalintensität ausgeht? Die Antwort ist ja.

Wenn wir Abbildung 24-3(a) untersuchen, erkennen wir, daß zur Linken von k*, wo $k < k^*$ ist, f(k) größer als $[(g_L/s)k]$ ist. Dies bedeutet,daß

$$\frac{s\,f(k)}{k} > g_L.$$

Aus Gleichung (13) erkennen wir, daß in diesem Fall $\dot{k} > 0$ ist, so daß k also zunimmt, wenn $k < k^*$ ist. Zur Rechten von k*, wo $k > k^*$ gilt und

$$\frac{s\,f(k)}{k} < g_L,$$

ist $\dot{k} < 0$ und k somit abnehmend.

Die Volkswirtschaft wird also in der Tat unabhängig vom Anfangswert von k_0 gegen den Gleichgewichtswert k* streben, bei dem $\dot{k}$ gleich null ist. Diese Stabilität ist im Phasendiagramm in Abbildung 24-3(b) dargestellt, in dem $\dot{k}$ gegen k abgetragen ist.

Zur Linken von k* ist $\dot{k} > 0$ und k somit zunehmend. Zur Rechten von k* ist $\dot{k} < 0$ und k somit abnehmend. Bei k* ist $\dot{k} = 0$, so daß die Volkswirtschaft bei k* bleibt. Das System ist also stabil.

Diese Analyse zeigt, daß eine Volkswirtschaft, in der die Vollauslastung von Kapital und Arbeit aufrechterhalten wird und die durch unsere drei Annahmen be-

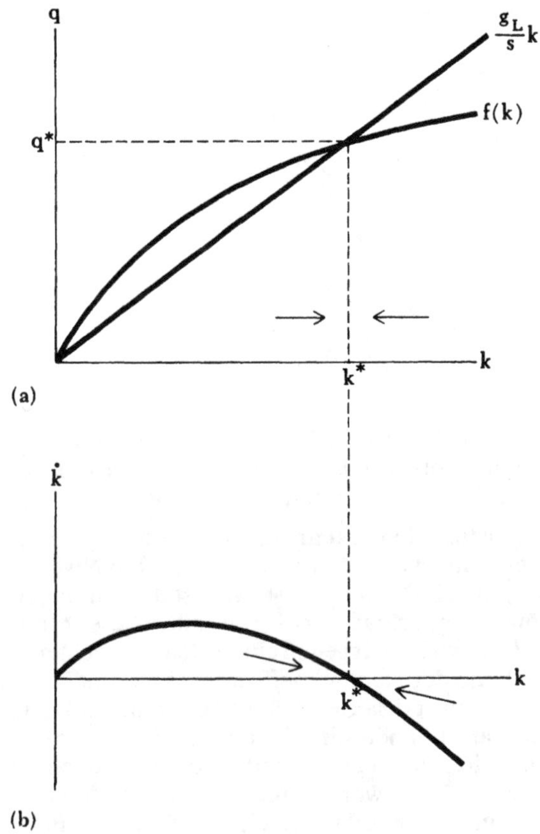

Abbildung 24-3: Neoklassisches Wachstumsgleichgewicht.

züglich des Wachstums der Erwerbsbevölkerung, der Produktionsfunktion und des Investitionsverhaltens charakterisiert ist, ausgehend vom anfänglichen Wert von k gegen einen Gleichgewichtswert der Kapitalintensität k* streben wird. Ist der Wert k* erreicht, der durch g_L, s und die Form der Produktionsfunktion f(k) bestimmt ist, werden Kapital und Arbeit mit der gleichen Rate wachsen und k wird bei k* konstant gehalten.

Eine Methode, diese Bewegung graphisch darzustellen, ist in dem K/L-Diagramm in Abbildung 24-4 gegeben. Die gleichgewichtige Kapitalintensität k* ist hier durch einen Strahl aus dem Ursprung mit der Steigung k* dargestellt. Befindet sich die Volkswirtschaft zu Beginn bei $k_0 < k^*$, zum Beispiel bei Punkt A, so ist das Niveau der Investition hoch genug, um die Kapitalintensität auf den Wert k* zu erhöhen, wenn sowohl K als auch L wachsen, wobei L mit der exogen bestimmten Rate wächst.

Wenn die Kapitalintensität k* erreicht ist, ist der Kapitalstock groß genug, daß die Investition, die durch sQ erzeugt wird, den Kapitalstock gerade mit der gleichen Rate wachsen läßt wie die Erwerbsbevölkerung, so daß k bei k* bleibt. Befände sich die Volkswirtschaft zu Beginn bei Punkt B, so würde die durch sQ erzeugte Investition nicht einmal dafür ausreichen, daß der Kapitalstock so schnell

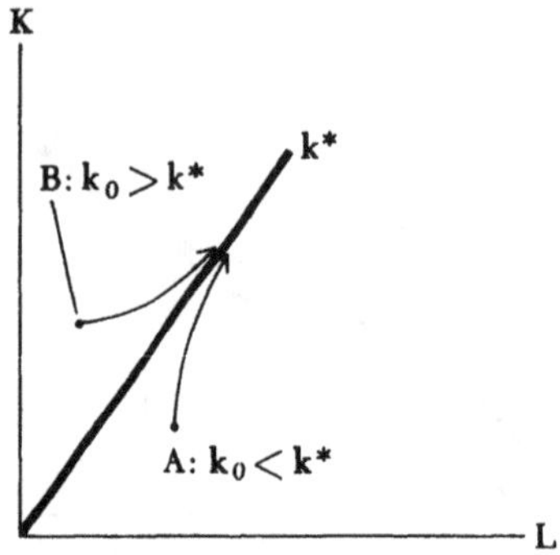

Abbildung 24-4: Die gleichgewichtige Kapitalintensität.

wie L wächst. In diesem Fall würde k also auf k* sinken, wenn K und L wachsen. Schließlich würde die Volkswirtschaft das Gleichgewicht k* erreichen, bei dem die Kapitalintensität konstant ist und $\dot{K} = \dot{L} = g_L$ gilt.

Aus der Produktionsfunktion erkennen wir, daß der Pro-Kopf-Output q ebenfalls sein Gleichgewichtsniveau q* erreicht, wenn k das Niveau k* erreicht. Wenn der Pro-Kopf-Output bei q* konstant ist, wächst der Output genauso schnell wie die Erwerbsbevölkerung, so daß $\dot{Q} = \dot{L} = g_L$ gilt. Dieses Modell erklärt also die Konvergenz der Volkswirtschaft gegen einen gleichgewichtigen Wachstumspfad, bei dem $\dot{Q} = \dot{K}$ gilt und der Kapitalkoeffizient v konstant ist. Das Modell stimmt allerdings nicht mit dem stylisierten Faktum überein, daß $\dot{Q}$ und $\dot{K}$ größer als $\dot{L}$ sind. Diese Diskrepanz können wir eliminieren, indem wir einen Faktor für den technischen Fortschritt hinzufügen, wodurch die effektive Erwerbsbevölkerung schneller wächst als L. Wir werden uns mit dieser Möglichkeit beschäftigen, nachdem wir das grundlegende Modell ohne technischen Fortschritt vollständig entwickelt haben.

Der gleichgewichtige Kapitalkoeffizient

Gleichgewichtsbedingung (14) kann wie folgt geschrieben werden:

$$\frac{g_L}{s} = \frac{f(k^*)}{k^*} = \frac{1}{v^*} . \tag{16}$$

Dies ist der Fall, weil f(k*) gerade gleich dem Pro-Kopf-Output im Gleichgewicht ist. Teilen wird diesen durch den Pro-Kopf-Kapitalstock, so erhalten wir Q/K, was dem reziproken Wert des Kapitalkoeffizienten v* entspricht. Das Neoklassische Wachstumsmodell, dessen Produktionsfunktion zuläßt, daß v variiert, erklärt, wie sich die Volkswirtschaft zum gleichgewichtigen Kapitalkoeffizienten v* bewegt, der, einmal erreicht, im Zeitverlauf konstant bleibt.

Wir können die Gleichgewichtsbedingung auch wie folgt schreiben:

$$g_L = \frac{s}{v^*} . \tag{17}$$

Diese Gleichung entspricht der Harrod-Domar-Bedingung für gleichgewichtiges Wachstum bei Vollbeschäftigung. Erlauben wir v zu variieren, so erklärt das Neoklassische Modell, wie die Volkswirtschaft gegen einen Gleichgewichtspfad strebt, entlang dem die Harrod-Domar-Bedingung erfüllt ist. Wir können den einigermaßten konstanten Kapitalkoeffizienten v* also als das Ergebnis eines Ausgleichsprozesses ansehen, der v an s/g_L angleicht, und nicht als eine notwendige technische Bedingung.

Die Rolle der Sparquote

Die in den Abbildungen 24-3 und 24-4 dargestellte Gleichgewichtsbedingung nimmt eine gegebene Sparquote an, die zusammen mit g_L die Steigung der g_L/s-Kurve in Abbildung 24-3 festlegt und somit den Gleichgewichtswert k* determiniert. Abbildung 24-5 stellt den Effekt einer Erhöhung der Sparquote von s_0 auf s_1 auf den Kapitalkoeffizienten k* dar. Die g_L/s-Kurve wird nach unten gedreht, wobei sich k* von k^*_0 auf k^*_1 erhöht.

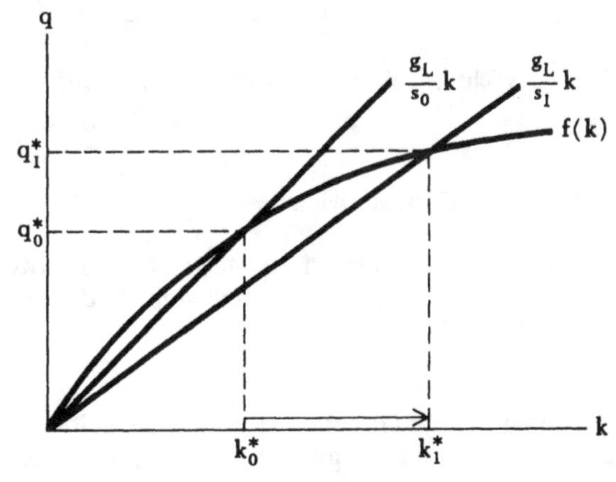

Abbildung 24-5: Die Sparquote und k*.

Befindet sich k beim anfänglichen Gleichgewicht auf dem Niveau k^*_0, so führt die Erhöhung der Sparquote von s_0 auf s_1 zu einer Erhöhung der Investition, wobei der Staat anzunehmender Weise die monetären Bedingungen etwas lockert, damit die Investition I die exogene Verringerung des Konsums C ausgleicht und gleichzeitig über dem Niveau liegt, das nötig wäre, um K bei k^*_0 mit der gleichen Rate wachsen zu lassen wie L. Der Kapitalkoeffizient steigt also auf sein neues Gleichgewichtsniveau k^*_1, bei dem das Wachstum des nun größeren Kapitalstocks mit der Rate g_L genau s_1Q an Investition absorbieren wird.

Das Verlassen des Gleichgewichtsniveaus des Kapitalstocks k^*_0 und die Bewegung nach k^*_1 stellen den Übergang von einem Trendwachstumspfad auf einen anderen dar. Dieser Übergang ist in Abbildung 24-6 dargestellt, in der der Wachstumspfad von Q im Zeitverlauf abgebildet ist.

Zum Zeitpuntk t_0 wird die Sparquote von s_0 auf s_1 erhöht. Daraufhin bewegt sich das System zu einem höheren Gleichgewichtswert k^*_1, der wiederum einen höheren Wert von q^* impliziert. Die Erhöhung der Sparquote verschiebt den gleichgewichtigen Wachstumspfad in Abbildung 24-6 also nach oben, wobei in der Übergangsphase die Wachstumsrate des Outputs höher als q_L ist, wenn der Pro-Kopf-Output in Abbildung 24-5 von q^*_0 auf q^*_1 steigt. Das neue Gleichgewicht k^*_1 wird zum Zeitpunkt t_1 erreicht, von dem ab sich die Volkswirtschaft entlang dem neuen Trendwachstumspfad bewegt, der die gleiche Steigung (oder Wachstumsrate) wie der alte hat. Diese ist gleich der Wachstumsrate der Erwerbsbevölkerung. Aufgrund der Erhöhung der Sparquote ist allerdings das Niveau von Q höher als vorher.

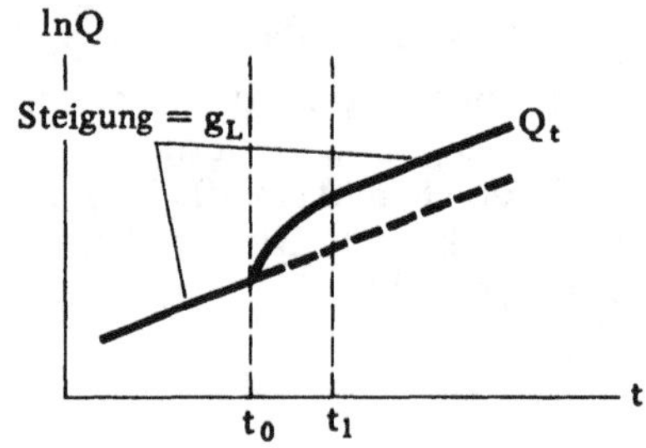

Abbildung 24-6: Gleichgewichtiger Wachstumspfad: eine Erhöhung der Sparquote.

Investition und Konsum im Gleichgewicht

Um die Implikationen des Neoklassischen Modells für die Investition und den Konsum zu untersuchen, schreiben wir Gleichgewichtsbedingung (14) wie folgt:

$$s\,f(k^*) = g_L k^*. \tag{18}$$

Wir haben hier beide Seiten der Gleichung (15) mit der selben Konstante s multipliziert. Dies bedeutet graphisch lediglich die Verschiebung der beiden Funktionen f(k) und $(g_L/s)\,k$ im gleichen Verhältnis nach unten, wie es in Abbildung 24-7 dargestellt ist.

Da $I = sQ$ und $q = f(k)$ ist, wissen wir, daß die Pro-Kopf-Investition I/L durch

$$\frac{I}{L} = \frac{sQ}{L} = sq = s\,f(k) \tag{19}$$

gegeben ist. die sf(k)-Kurve in Abbildung 24-7 gibt also die Pro-Kopf-Investition bei gegebenem Niveau von k an. Wenn dann f(k) den Pro-Kopf-Output und sf(k) die Pro-Kopf-Investition angeben, dann ist die Differenz zwischen f(k) und sf(k) in Abbildung 24-7 gleich dem Pro-Kopf-Konsum bei gegebenem Niveau von k.

Die $g_L k$-Kurve in Abbildung 24-7 bestimmt die Pro-Kopf-Investition, die notwendig ist, um den Kapitalstock schnell genug zu erhöhen, um eine gegebene Kapitalintensität, wie zum Beispiel k_0, aufrechtzuerhalten, wenn die Erwerbsbevölkerung wächst. Dies gilt für alle Niveaus von k, nicht nur für das Gleichgewichtsniveau k^*. Wir erkennen dies, wenn wir bemerken, daß zur Konstanthaltung von k, K mit der gleichen Rate wachsen muß wie L, so daß $\dot{K} = g_L$ ist.

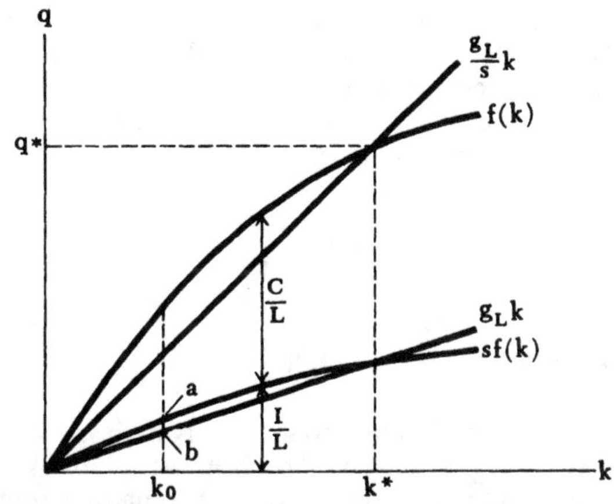

Abbildung 24-7: Pro-Kopf-Investition und -Konsum im Gleichgewicht.

$\dot{K}$ ist aber durch I/K gegeben, so daß wir, um k bei beliebigem Niveau konstant zu halten, verlangen, daß

$$g_L = \frac{I}{K}$$

oder

$$I = K \cdot g_L.$$

Wenn wir diese Bedingung durch L teilen, so erhalten wir

$$\frac{I}{L} = \frac{K}{L}\, g_L = g_L k,$$

so daß die $g_L k$-Kurve die zur Aufrechterhaltung einer beliebigen Kapitalintensität notwendige Pro-Kopf-Investition angibt.

Bei k_0 in Abbildung 24-7 befindet sich die Gesamtinvestition pro Kopf sf(k) auf Niveau a, während die Investition $g_L k$, die zur Aufrechterhaltung von k_0 erforderlich ist, auf Niveau b ist. Bei k_0 ist die Pro-Kopf-Investition also höher als das Investitionsniveau, das notwendig wäre, um k_0 konstant zu halten, so daß k also zunimmt; $\dot{k} > 0$. Wenn k steigt, nimmt proportional dazu der Betrag der Investition zu, der notwendig ist, um k konstant zu halten. Da aber die Zunahme von q mit der Erhöhung von k abnimmt, und die Investition proportional zu q (I/L = sq) ist, nimmt die Gesamtinvestition pro Kopf unterproportional zur Erhöhung von k zu. Wenn k also steigt, nimmt die Lücke zwischen sf(k) und $g_L k$ in Abbildung 24-7, die die zur Erhöhung von k verfügbare Investition pro Kopf darstellt, ab. Schließlich erreicht die Volkswirtschaft das Niveau von k, bei dem die gesamte Investition sf(k) verwendet werden muß, um $\dot{K} = g_L$ zu halten, so daß $sf(k) = g_L k$ ist und k somit das Gleichgewichtsniveau k* erreicht hat.

Eine Erhöhung der Sparquote verschiebt die sf(k)-Funktion in Abbildung 24-7 nach oben und die $(g_L/s)k$-Funktion nach unten, wodurch sich k* erhöht. Wenn s ansteigt, ist die Pro-Kopf-Investition höher als nötig, um das alte Niveau k* aufrechtzuerhalten, so daß sich die Volkswirtschaft zu einem neuen, höheren Wert von k^* bewegt. Dies bedeutet, daß sich die Volkswirtschaft auf einem höheren Trendwachstumspfad befindet. Schließlich aber führen abnehmende Erträge dieser Erhöhungen dazu, daß die Volkswirtschaft wieder einen Punkt erreicht, bei dem $\dot{k} = 0$ und $\dot{K} = \dot{Q} = \dot{L}$ entlang dem höheren Wachstumspfad in Abbildung 24-6 gilt.

Löhne, Preise und relative Anteile

Abschließend wollen wir die Implikationen des Neoklassischen Modells für die Preiskonstellation (Profitrate ϱ und Reallohnsatz w) und die Verteilung des Outputs auf die Faktoreinkommensanteile unter der Annahme untersuchen, daß die Preise unter Bedingungen vollständiger Konkurrenz zustande kommen.

Wir können die Produktionsfunktion mit konstanten Skalenerträgen wie folgt schreiben:

$$Q = Lf\left(\frac{K}{L}\right) = Lf(k), \tag{20}$$

wie wir zu Beginn des Kapitels in Gleichung (3) bereits angedeutet haben. Die Profitrate (Kapitalrendite) ϱ ist in einer Volkswirtschaft mit vollständiger Konkurrenz und konstanten Skalenerträgen gleich der Grenzproduktivität des Kapitals MPK. Für die Profitrate ϱ erhalten wir also

$$\varrho = MPK = \frac{\partial Q}{\partial K} = Lf'\left(\frac{K}{L}\right) \cdot \frac{1}{L}$$

oder, wenn wir die Terme kürzen, die L enthalten,

$$\varrho = f'(k). \tag{21}$$

Die Profitrate entspricht also lediglich der Steigung der Pro-Kopf-Produktionsfunktion.

Der Ertrag der Arbeit, oder auch der Reallohnsatz, ist in einer Volkswirtschaft mit vollständiger Konkurrenz gleich der Grenzproduktivität der Arbeit MPL. Es gilt also

$$w = MPL = \frac{\partial Q}{\partial L} = Lf'\left(\frac{K}{L}\right) \cdot \left(-\frac{K}{L^2}\right) + f\left(\frac{K}{L}\right)$$

oder

$$w = f(k) - kf'(k). \tag{22}$$

Dies besagt, daß

$$\frac{\text{Löhne}}{\text{Person}} = f(k) - kf'(k).$$

Da aber f(k) gleich dem Pro-Kopf-Output, k gleich dem Pro-Kopf-Kapitalstock und die Profitrate gleich den Gewinnen pro Einheit Kapitals ist, besagt Gleichung (22), daß

$$\frac{\text{Löhne}}{\text{Person}} = \frac{\text{Output}}{\text{Person}} - \frac{\text{Kapital}}{\text{Person}} \cdot \frac{\text{Gewinne}}{\text{Kapital}}$$

oder

$$\frac{\text{Löhne}}{\text{Person}} = \frac{\text{Output}}{\text{Person}} - \frac{\text{Gewinne}}{\text{Person}} .$$

Diese Gleichung muß erfüllt sein, da sich Löhne und Gewinne zum Gesamtoutput aufaddieren.

Die relativen Einkommensanteile des Kapitals und der Arbeit im Gleichgewicht bei k* und q* sind in Abbildung 24-8 dargestellt. Im Gleichgewicht bei k* = (K/L)* ist der Pro-Kopf-Output durch (Q/L)* gegeben. Die Gewinne pro Person P/L sind gleich dem Produkt von K/L und P/K, wobei P/K (die Profitrate ϱ) durch die Steigung der Produktionsfunktion bei k*, q* gegeben ist. Die graphische Darstellung von (K/L) · (P/K) ist also durch die Differenz von (Q/L)* und dem Wert von q gegeben, bei dem die Tangente der Produktionsfunktion in k*, q*, die die Steigung ϱ hat, die q-Achse schneidet. Im Gleichgewicht bei k*, q* sind die Gewinne pro Kopf durch P/L in Abbildung 24-8 gegeben. Die Differenz zwischen Q/L und P/L entspricht, wie wir gerade gesehen haben, dem Pro-Kopf-Lohn W/L. Somit erhalten wir die in Abbildung 24-8 gezeigte Verteilung des Outputs auf Löhne und Gewinne. Hat die Volkswirtschaft den Gleichgewichtspunkt k*, q* erst einmal erreicht, ist die Verteilung des Pro-Kopf-Outputs auf Gewinne pro Kopf und Löhne pro Kopf konstant. Das Neoklassische Modell ohne technischen Fortschritt erklärt also die Konstanz der relativen Einkommensanteile. Wir werden in Kürze sehen, daß dies auch der Fall ist, wenn wir technischen Fortschritt in unser Modell einführen.

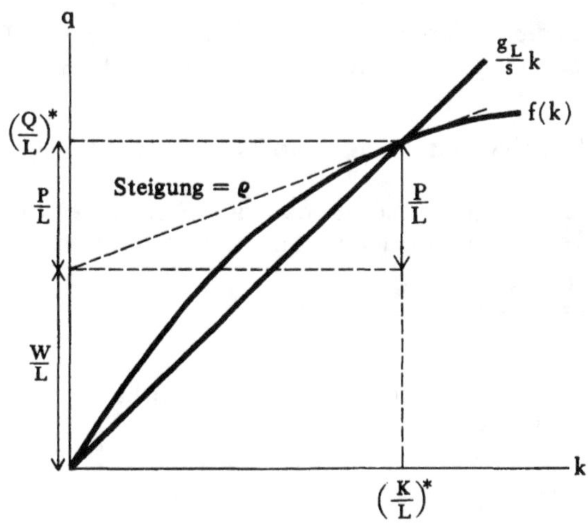

Abbildung 24-8: Relative Anteile des Kapitals und der Arbeit im Gleichgewicht bei k*, q*.

Das Neoklassische Modell mit technischem Fortschritt

Wir haben gesehen, daß das Neoklassische Modell ohne technischen Fortschritt das Ergebnis produziert, daß Output und Kapital mit der gleichen Rate wachsen wie die Erwerbsbevölkerung, wenn die Volkswirtschaft entlang dem langfristigen gleichgewichtigen Trendwachstumspfad wächst, das heißt also, daß

$$\dot{Q} = \dot{K} = \dot{L} = gL.$$

Dieses Ergebnis stimmt allerdings nicht mit den stylisierten Fakten des Wachstums überein, denen zufolge Kapital und Output zwar mit der gleichen Rate wachsen, dafür aber schneller als die Erwerbsbevölkerung, so daß also in Wirklichkeit

$$\dot{K} = \dot{Q} > \dot{L} = g_L.$$

Um die Aussagen unseres Modells mit dieser Tatsache in Einklang zu bringen, können wir technischen Fortschritt in Form einer exogenen Wachstumsrate der Arbeitsproduktivität in unser Modell einführen. Wir definieren die Erwerbsbevölkerung des Neoklassischen Solow-Modells also neu als die effektive Erwerbsbevölkerung E, die nicht nur die Anzahl der Arbeitnehmer beinhaltet, sondern auch ein Element des technischen Fortschritts. Wenn wir annehmen, die Erwerbsbevölkerung wachse mit der Rate g_L und die Einheiten effektiver Arbeit pro Person wüchsen mit der Rate λ, so erhalten wir:

$$E_t = L_t e^{\lambda t} = L_0 e^{g_L t} e^{\lambda t} = L_0 e^{(g_L + \lambda)t}. \tag{23}$$

Die Anzahl der effektiven Arbeitnehmer-Stunden E_t wächst mit der Rate $g_L + \lambda$ und das Verhältnis E_t/L_t mit der Rate λ.

Als nächstes drücken wir die Produktionsfunktion durch K und E aus:

$$Q_t = F(K_t, E_t). \tag{24}$$

Die Eigenschaften dieser Funktion sind die gleichen wie die der Funktion F(K, L) mit Ausnahme der Tatsache, daß L durch E ersetzt wurde.

Wachstumsgleichgewicht mit technischem Fortschritt

Wir können nun die gesamte Analyse des Wachstumsprozesses wiederholen, wobei wir L durch E ersetzen. Beginnen wir mit der Produktionsfunktion, für die wir

$$q = \frac{Q}{E} = \frac{Q}{Le^{\lambda t}} = f\left(\frac{K}{LE^{\lambda t}}\right) = f(k), \tag{25}$$

erhalten. Hier ist k als K/E definiert. Als nächstes erhalten wir den Ausdruck für die Wachstumsrate von k

$$\dot{k} = \dot{K} - \dot{E} \tag{26}$$

da k = K/E ist.

Da $E = Le^{\lambda t} = L_0 e^{(g_L+\lambda)\cdot t}$ ist, ist die Wachstumsrate von E exogen gleich $g_L + \lambda$, so daß (26) wie folgt geschrieben werden kann:

$$\dot{k} = \frac{sQ}{K} - (g_L + \lambda) = \frac{sq}{k} - (g_L + \lambda) = \frac{s\,f(k)}{k} - (g_L + \lambda). \tag{27}$$

Den Gleichgewichtswert k* erhalten wir wiederum, indem wir $\dot{k}$ in Gleichung (27) gleich null setzen, so daß bei k*

$$\frac{s\,f(k^*)}{k^*} = g_L + \lambda \tag{28}$$

erfüllt sein muß.

Wir können in Abbildung 24-9 den Gleichgewichtswert k* graphisch lokalisieren, indem wir die Gleichgewichtsbedingung (28) wie folgt schreiben:

$$f(k^*) = \frac{g_L + \lambda}{s} k^*. \tag{29}$$

Der Strahl aus dem Ursprung in Abbildung 24-9 hat jetzt die Steigung $(g_L + \lambda)/s$, während die Steigung in Abbildung 24-3 lediglich g_L/s betrug, da wir dort angenommen hatten, λ sei gleich null. Der Schnittpunkt von f(k) und $[(g_L + \lambda)/s]k$ in Abbildung 24-9 beschert uns stabile Werte von $k^* = (K/E)^*$ und $q^* = (Q/E)^*$.

Beim Gleichgewichtswert k* ist das Verhältnis von Kapital zu E konstant, so daß entlang dem Gleichgewichtspfad

$$\dot{K} = \dot{E} = g_L + \lambda \tag{30}$$

und das Verhältnis von Kapital zu Arbeit mit der Rate λ wächst. Der Gleichgewichtswert k* determiniert einen Gleichgewichtswert für den Output pro effektivem Arbeitnehmer q, der in Abbildung 24-9 bei q* liegt. Wenn das Verhältnis von Q zu E entlang dem Gleichgewichtspfad konstant ist, dann gilt

$$\dot{Q} = \dot{E} = g_L + \lambda = \dot{K}. \tag{31}$$

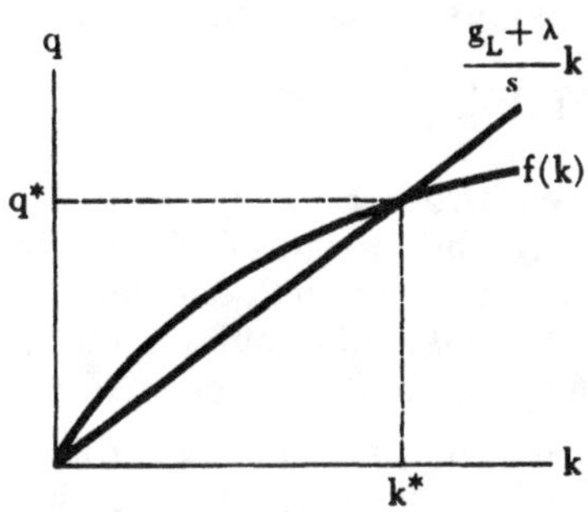

Abbildung 24-9: Wachstumsgleichgewicht mit technischem Fortschritt.

Wenn also E als Le^{λ} definiert ist, so wird dadurch das stylisierte Faktum erklärt, daß $\dot{Q}$ und $\dot{K}$ gleich sind und beide $\dot{L}$ um λ übersteigen. Hierbei steht λ für die Wachstumsrate der Arbeitsproduktivität.

Die Analyse der Verteilung des Outputs auf Investition und Konsum ist analog der des Modells ohne technischen Fortschritt. Das Ergebnis, daß die Stabilität der Gleichgewichtslösung von k*, q* im wesentlichen auf der Tatsache basiert, daß das zur Aufrechterhaltung einer bestimmten Kapitalintensität k erforderliche Investitionsniveau proportional zu k steigt, da $f''(k) < 0$ gilt, ist ebenfalls in beiden Fällen identisch. Die Tatsache allerdings, daß die relativen Einkommensanteile der Arbeit und des Kapitals in dem Modell mit technischem Fortschritt konstant sind, erfordert vielleicht eine genauere Betrachtung, die wir im folgenden vornehmen wollen.

Einkommensanteile bei technischem Fortschritt

Wenn wir uns den relativen Anteilen des Kapitals und der Arbeit zuwenden, stellen wir fest, daß uns dieses Modell mit technsichem Fortschritt zurück zu den in Kapitel 19 diskutierten Leitlinien für Löhne und Preise führt. Wir können die in Gleichung (25) gegebene Produktionsfunktion auch wie folgt schreiben:

$$Q = Ef\left(\frac{K}{E}\right) = Le^{\lambda t} f\left(\frac{K}{E}\right) = Le^{\lambda t} f(k). \tag{32}$$

Differenzieren wir die mittlere Version von (32) nach K, so erhalten wir die MPK oder, unter Bedingungen der vollständigen Konkurrenz, die Profitrate:

$$\varrho = \frac{\partial Q}{\partial K} = Le^{\lambda t} f'\left(\frac{K}{Le^{\lambda t}}\right) \cdot \frac{1}{Le^{\lambda t}} = f'\left(\frac{K}{Le^{\lambda t}}\right) = f'(k), \tag{33}$$

so daß die Profitrate gleich der Steigung der Produktionsfunktion in Abbildung 21-9 ist, die im Gleichgewicht konstant ist.

Den Lohnsatz erhalten wir, wenn wir Q nach L differenzieren:

$$w = \frac{\partial Q}{\partial L} = Le^{\lambda t} f'\left(\frac{K}{Le^{\lambda t}}\right) \cdot \left(-\frac{K}{e^{\lambda t} L^2}\right) + e^{\lambda t} f(k).$$

Nach Vereinfachung dieses Ausdrucks ergibt sich für den Reallohnsatz:

$$w = e^{\lambda t}[f(k) - kf'(k)]. \tag{34}$$

Im Gleichgewicht ist der Wert von k bei k* konstant, so daß der Reallohnsatz mit der Rate λ wächst, die der Wachstumsrate der durchschnittlichen Arbeitsproduktivität $\dot{Q} - \dot{L}$ entspricht. Die Lohnleitlinie, daß der aggregierte Reallohnsatz mit der gleichen Rate wie die Produktivität wachsen sollte, stimmt mit dem Neoklassischen Wachstumsgleichgewicht bie technsichem Fortschritt überein.

Der Anteil des Kapitals ist durch das Produkt der Profitrate ϱ mit dem Kapitalstock K gegeben, während $w \cdot L$ den Anteil der Arbeit angibt. Um zu untersuchen, ob die Einkommensanteile im Modell mit technischem Fortschritt konstant sind, können wir fragen, ob das Verhältnis von ϱ K zu wL konstant ist. Im Gleichgewicht gilt

$$\frac{K}{E} = \frac{K}{Le^{\lambda t}} = k^*,$$

wobei k* konstant ist. Dies bedeutet, daß $K/L = k^* e^{\lambda t}$ ist und daß die Kapitalintensität, wie oben gezeigt, im Gleichgewicht mit der Rate λ wächst. Kombinieren wir dies mit den Ausdrücken (33) und (34) für die Profitrate respektive den Reallohnsatz, so erhalten wir unter Berücksichtigung der Tatsache, daß das Verhältnis des Anteils des Kapitals zum Anteil der Arbeit durch $\varrho K/wL = (\varrho/w) \cdot (K/L)$ gegeben ist:

$$\frac{S_K}{S_L} \equiv \frac{\text{K Anteil}}{\text{L Anteil}} = \frac{f'(k^*)}{e^{\lambda t}[f(k^*) - (k^* f'(k^*)]} \cdot k^* e^{\lambda t}. \tag{35}$$

Kürzen wir $e^{\lambda t}$ heraus, so erhalten wir das Ergebnis, daß das Verhältnis des Anteils des Kapitals zum Anteil der Arbeit bei dem Gleichgewichtswert des Verhältnisses K/E (k*) konstant ist. Wenn das Verhältnis des Lohnsatzes zur Profitrate mit der gleichen Rate wächst wie das Verhältnis von K zu L, so heben sich die beiden Veränderungen gegenseitig auf und die relativen Anteile bleiben konstant.

Durch das Hinzufügen eines Faktors für technischen Fortschritt ist es uns also gelungen, alle stylisierten Fakten des Wachstums zu erklären. Kapital und Output wachsen mit der gleichen Rate $g_L + \lambda$, so daß der Kapitalkoeffizient konstant ist. Die Wachstumsraten von K und Q übersteigen die von L um λ, so daß also K/L und Q/L mit der Rate λ wachsen. Die Profitrate ist ungefähr konstant, während der Reallohnsatz mit der Rate λ steigt. Die relativen Einkommensanteile bleiben somit konstant.

Multiple Gleichgewichte im Neoklassischen Modell

Wie bereits erwähnt, scheint das Neoklassische Modell, hinreichend modifiziert, um technischen Fortschritt zu berücksichtigen, auf die meisten Industrieländer zuzutreffen, da konstante Skalenerträge und die Aufrechterhaltung der Vollbeschäftigung zumindest seit den vierziger Jahren in diesen Volkswirtschaften zu beobachten waren. Wir wissen allerdings, daß nicht alle Volkswirtschaften diese Charakteristika teilen. In Entwicklungsländern ist es viel wahrscheinlicher, daß zunehmende Skalenerträge zu beobachten sind. Dies würde die Form der Produktionsfunktion ändern und führt zur Möglichkeit multipler Gleichgewichtspositionen. Es ist ebenso denkbar, daß die Wachstumsrate der Bevölkerung vom Niveau des Pro-Kopf-Einkommens abhängt, so daß g_L von q und k abhängt. Auch dies führt zur Möglichkeit multipler Gleichgewichte.

Zunehmende Skalenerträge

Wie wir zu Beginn dieses Kapitels gesehen haben, ist das Gleichgewicht bei k* stabil, weil die Produktionsfunktion den Strahl g_L/s, der aus dem Ursprung kommt, von oben schneidet. Da dieser Produktionsfunktion die Annahme abnehmender Erträgt von q bei Erhöhungen des Pro-Kopf-Kapitalstocks k zugrunde lag, nahm die Investition unterproportional zu, während die zur Aufrechterhaltung von k notwendige Investition proportional anstieg. Die Volkswirtschaft mit abnehmenden Erträgen bei Erhöhungen von k pendelte sich also früher oder später bei einem stabilen Gleichgewicht k* ein.

Wenn die Produktionsfunktion dagegen zunehmende Skalenerträge aufweist, was auf die Notwendigkeit der Bereitstellung eines sozialen Überbaus (Straßen, Dämme etc.) zurückzuführen sein kann, dann könnte sie zum Beispiel die in Abbildung 24-10(a) dargestellte Gestalt haben. Der Pro-Kopf-Output könnte bei niedrigen Niveaus von k mit zunehmenden Erträgen zur Erhöhung der Kapitalintensität k steigen [$f''(k) > 0$]. Ab einem bestimmten Punkt werden dann möglicherweise abnehmende Skalenerträge auftreten, so daß $f''(k) < 0$ ist. Die Produktionsfunktion würde in diesem Fall zwei Schnittpunkte mit der g_L/s-Kurve aus dem Ursprung haben, wobei diese die Produktionsfunktion bei niedrigen Werten von k von unten schneidet (bei k**) und bei hohen Werten von k von oben (bei k*). Wir erhalten zwei mögliche Gleichgewichtswerte von k, aber nur ein Gleichgewicht ist stabil.

Wenn in Abbildung 24-10(a) $k < k^{**}$ ist, dann ist $f(k) < [(g_L/s)k]$. Folglich gilt

$$\frac{s\,f(k)}{k} < g_L$$

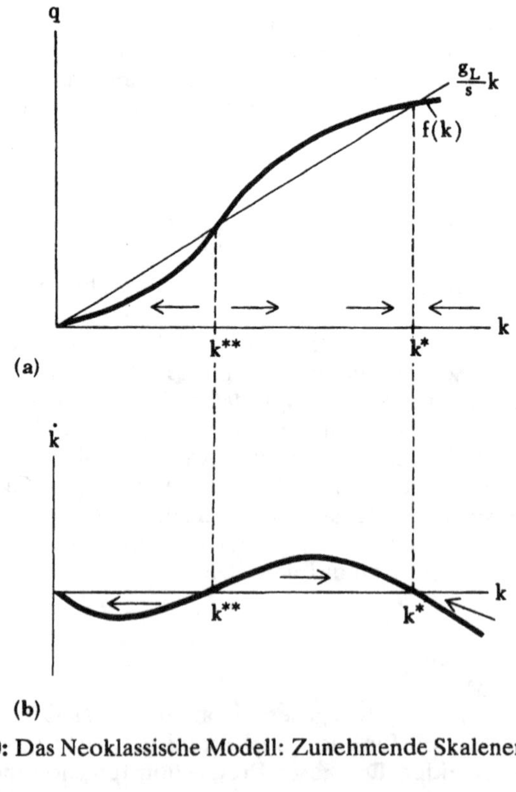

Abbildung 24-10: Das Neoklassische Modell: Zunehmende Skalenerträge und Phasen des Wachstums.

und wir wissen aus Gleichung (13), daß $\dot{k} < 0$ ist. Argumentieren wir analog in bezug auf die verschiedenen Teile der Produktionsfunktion, so können wir das in Abbildung 24-10(b) dargestellte Phasendiagramm herleiten.

Das Phasendiagramm zeigt, daß, wenn die Ökonomie von einem Punkt $k < k^{**}$ ausgeht, k abnehmen wird und die Volkswirtschaft in gewissem Sinne verschwindet. Dieser Punkt k^{**} stellt einen unteren, instabilen Gleichgewichtspunkt dar. Wenn die Volkswirtschaft irgendwie über diesen Punkt hinaus geschuppst werden kann, dann könnte sie sich zu dem höheren stabilen Gleichgewichtspunkt bei k^* bewegen. Dieses Modell impliziert die Möglichkeit, durch eine temporäre Erhöhung der Sparquote den unteren, instabilen Gleichgewichtspunkt zu überwinden, worauf die Volkswirtschaft auf das Niveau des höheren, stabilen Gleichgewichtswertes k^* anwachsen würde.

Variables Bevölkerungswachstum

Wir können ein interessanteres Modell entwickeln, indem wir eine systematische Veränderung der Wachstumsrate der Bevölkerung bei Veränderungen von q und k einführen. Wir werden annehmen, daß g_L bei einem niedrigen Niveau des Outputs sehr niedrig ist. Wenn der Output über ein bestimmtes Subsistenzniveau hinaus wächst, steigt g_L zunehmend schnell an. Bei einem wiederum höheren Niveau des Outputs verlangsamt sich g_L dann wieder. Das Muster der Veränderung von g_L ist in Abbildung 24-11(a), die auch die ursprüngliche Produktionsfunktion enthält, durch die Kurve mit der Steigung g_L/s dargestellt. Es gilt $f' < 0$.

Wieder hat das Modell mindestens zwei Gleichgewichtspunkte, k^{**} und k^*. Untersuchen wir die zwei Funktionen in bezug auf die in Gleichung (13) gegebene Gleichgewichtsbedingung, so können wir das in Abbildung 24-11(b) gegebene Phasendiagramm herleiten. Wir erkennen, daß das Gleichgewicht bei niedrigem Niveau von k (k^{**}) jetzt stabil ist. Dies hat Richard Nelson als die „Falle bei niedrigem Gleichgewichtsniveau“ bezeichnet. Wenn die Volkswirtschaft von einem k niedriger als k^* ausgeht, dann garantieren rapides Bevölkerungswachstum und steigende Einkommen, daß sich k bei k^{**} einpendelt. Wenn die Volkswirtschaft aber anfänglich über k^* steigen kann und somit aus der Falle herauskommt, so wird sie ewig expandieren, außer wenn es einen dritten Gleichgewichtspunkt bei völligem Überfluß und höheren Bevölkerungswachstumsraten gibt.

Dieses Modell stellt eine einfache Begründung für die aus der Entwicklungstheorie stammende Theorie des „big push“ dar. Wenn die Sparquote nur hinreichend erhöht werden könnte, sich die Produktionsfunktion nach oben verschieben ließe oder eine unverhoffte Erhöhung des Kapitalstocks einträte, so daß k über k^* steigt, dann könnte die Falle bei niedrigem Gleichgewichtsniveau verlassen werden und die Volkswirtschaft würde in eine Phase anhaltenden Wachstums eintreten. Diese Variationen des grundlegenden Neoklassischen Modells gewähren keine neuen Einsichten in die realen Probleme der wirtschaftlichen Entwicklung. Sie stellen lediglich die Beschreibung eines Problems dar, eine Sichtweise der Situation, in der sich die unterentwickelten Länder befinden.

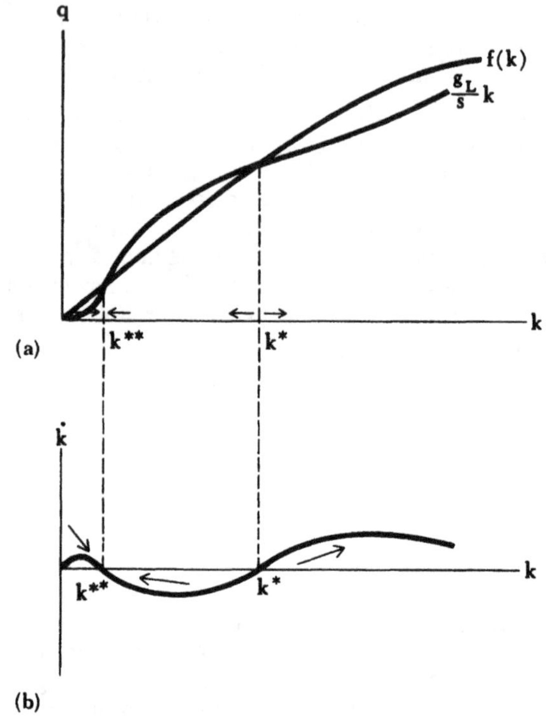

Abbildung 24-11: Variable Wachstumsrate des Bevölkerungswachstums und die „Falle bei niedrigem Gleichgewichtsniveau".

Ausgewählte Literatur

R. G. D. Allen, *Macro-Economic Theory* (New York: St. Martin's Press, 1967), chapters 13-14.

J. Buttrick, „A Note on Professor Solow's Growth Model," *Quarterly Journal of Economics,* November 1958.

H. Leibenstein, *Economic Backwardness and Economic Growth* (New York: John Wiley and Sons, 1963).

R. R. Nelson, „A Theory of the Low Level Equilibrium Trap in Underdeveloped Economies," *American Economic Review,* December 1956.

E. S. Phelps, „The New View of Investment: A Neoclassical Analysis," *Quarterly Journal of Economics,* November 1962.

R. M. Solow, „A Contribution to the Theory of Economic Growth," *Quarterly Journal of Economics,* February 1956.

R. W. Solow, *Growth Theory* (Oxford: Oxford University Press, 1970).

Kapitel 25
Erweiterung des grundlegenden Modells: Unterschiedliche Annahmen bezüglich der Ersparnis

In Kapitel 24 haben wir gesehen, daß das grundlegende Neoklassische Wachstumsmodell mit einem Faktor für den technischen Fortschritt, der die effektive Erwerbsbevölkerung vermehrt, gegen einen stabilen gleichgewichtigen Wachstumspfad strebt, auf dem das Verhältnis des Kapitals zu den Einheiten effektiver Arbeitskraft K/E = k und das Verhältnis des Outputs Q zu E (q) gegen die Gleichgewichtswerte k*, q* streben, so daß sowohl Kapital als auch Output genauso schnell wie die effektive Erwerbsbevölkerung E wachsen. Wenn die effektive Erwerbsbevölkerung E als

$$E_t = L_t e^{\lambda t} = L_0 e^{(g_L - \lambda)t} \tag{1}$$

definiert ist, dann wächst E mit der Rate $g_L + \lambda$, so daß im Gleichgewicht bei k* und q*

$$\dot{Q} = \dot{K} = g_L + \lambda \tag{2}$$

gilt, womit die Wachstumsrate des Pro-Kopf-Outputs und des Pro-Kopf-Kapitalstocks durch den Faktor für den technischen Fortschritt λ gegeben ist. Im langfristigen Gleichgewicht ist die Profitrate konstant und der Reallohnsatz steigt mit der Rate λ. Wenn K/L mit der Rate λ wächst, dann sind die relativen Anteile des Outputs im Gleichgewicht konstant,

$$\frac{\text{K-Anteil am Output}}{\text{L-Anteil am Output}} = \frac{\varrho K}{wL} = \text{konstant}, \tag{3}$$

wobei w/ϱ und K/L beide mit der selben Rate wachsen. Schließlich haben wir gesehen, daß es sich um einen gleichgewichtigen Wachstumspfad handelt, bei dem sowohl die Investition als auch der Konsum mit der natürlichen Rate $g_L + \lambda$ wachsen.

Diese Resultate stammen aus dem einfachen Neoklassischen Wachstumsmodell mit nur einem Sektor („ein Sektor" bezieht sich hier darauf, daß es in der Volkswirtschaft nur einen Output gibt, der entweder investiert oder konsumiert werden kann), das auf folgenden drei Annahmen basiert:

1. Die effektive Erwerbsbevölkerung wächst mit der Rate $g_L + \lambda$, wie in Gleichung (1) gezeigt.
2. Der Gesamtoutput Q_t hängt vom Kapital K_t und den Einheiten effektiven Arbeitsinputs E_t entsprechend der Produktionsfunktion

$$Q_t = F(K_t, E_t). \tag{4}$$

ab. Die Produktionsfunktion ist homogen vom Grade 1 (konstante Skalenerträge), so daß wir durch E_t teilen können, um die arbeitsintensive Produktionsfunktion

$$q_t \equiv \frac{Q_t}{E_t} = f\left(\frac{K_t}{E_t}\right) \equiv f(k_t) \tag{5}$$

zu erhalten.

3. Die Ersparnis, die gemäß der Annahme von Vollbeschäftigung gleich der Investition ist, ist ein konstanter Bruchteil s des Outputs, so daß

$$\frac{dK}{dt} = I_t = S_t = sQ_t \tag{6}$$

gilt.

Diese drei Annahmen wurden in Kapitel 24 kombiniert, um die grundlegende dynamische Gleichung des Neoklassischen Wachstumsmodells zu erhalten:

$$\dot{k} = \frac{s\,f(k)}{k} - (g_L + \lambda). \tag{7}$$

Diese Gleichung kann nach einem stabilen Gleichgewichtswert k^* aufgelöst werden, bei dem $\dot{k} = 0$ ist. Setzen wir $\dot{k}$ in Gleichung (7) gleich null, so erhalten wir

$$f(k^*) = \frac{g_L + \lambda}{s}\, k^*.$$

Diese Gleichung definiert den Gleichgewichtswert k^*. Die graphische Lösung zu Gleichung (7) ist in Abbildung 25-1 dargestellt. Die Produktionsfunktion f(k) in Abbildung 25-1(a) bestimmt das Niveau von q in Abhängigkeit von k. Die gerade Linie, die $[(g_L + \lambda)/s]k$ für jeden Wert von k angibt, kann ökonomisch wie folgt interpretiert werden.

Bei gegebenem Niveau von k, zum Beispiel k_0 in Abbildung 25-1(a), ist der zur Aufrechterhaltung von k_0 notwendige Betrag an Investition pro effektivem Arbeitnehmer gleich $(g_L + \lambda)\, k_0$. Warum ist dies so? Um ein gegebenes Verhältnis von K/E bei k_0 konstant zu halten, muß, wenn E mit $g_L + \lambda$ wächst, K ebenso mit der Rate $g_L + \lambda$ wachsen. Dies besagt aber lediglich, daß zur Aufrechterhaltung eines gegebenen k

$$\frac{dK/dt}{K} = (g_L + \lambda)$$

gelten muß.

Da $I = dK/dt$ ist, bedeutet dies, daß $I/K = g_L + \lambda$ ist, so daß $I = (g_L + \lambda)K$ ist und

$$\left.\frac{I}{E}\right|_{\bar{k}} = (g_L + \lambda)\,\frac{K}{E}$$

$$= (g_L + \lambda)k. \tag{8}$$

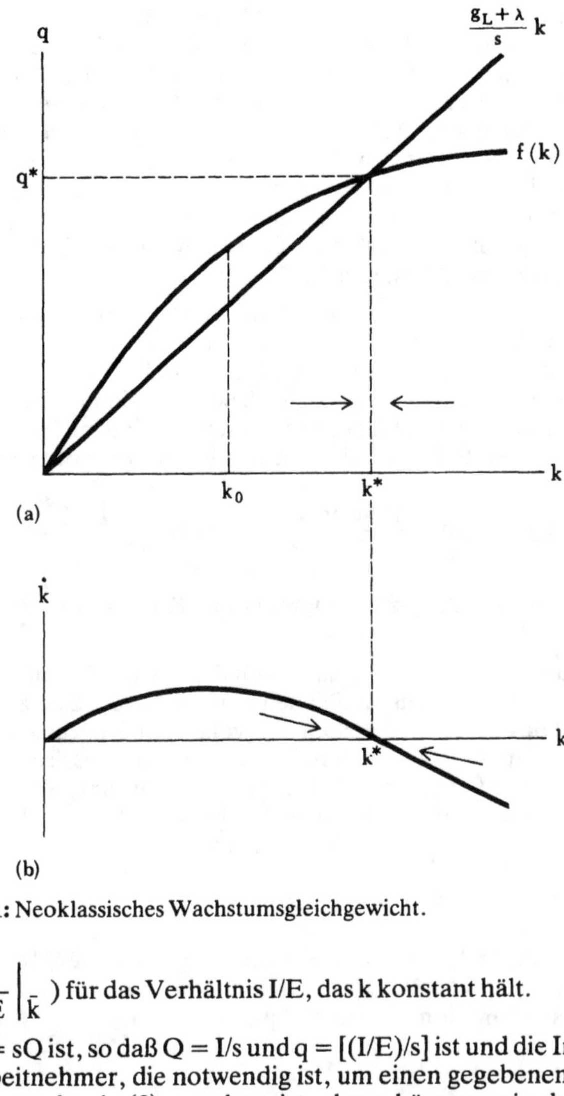

Abbildung 25-1: Neoklassisches Wachstumsgleichgewicht.

Hier steht ($\left.\frac{I}{E}\right|_{\bar{k}}$) für das Verhältnis I/E, das k konstant hält.

Wenn nun I = sQ ist, so daß Q = I/s und q = [(I/E)/s] ist und die Investition pro effektivem Arbeitnehmer, die notwendig ist, um einen gegebenen Wert von k aufrechtzuerhalten, durch (8) gegeben ist, dann können wir das zur Aufrechterhaltung eines gegebenen k notwendige Niveau des effektiven Outputs finden, indem wir (8) durch s teilen:

$$\left.\frac{Q}{E}\right|_{\bar{k}} = \frac{1}{s} \cdot \left.\frac{I}{E}\right|_{\bar{k}} = \frac{g_L + \lambda}{s}\, k. \tag{9}$$

Die Werte von q, die durch die Funktion $[(g_L + \lambda)/s]k$ bestimmt werden, geben also den Output pro effektivem Arbeitnehmer an, der notwendig ist, um die entsprechenden Werte von k konstant zu halten, wenn E im Zeitverlauf steigt.

Diese Analyse zeigt, warum das Gleichgewicht k*, q* stabil ist. Zur Linken von k* ist der Output pro effektivem Arbeitnehmer q höher als das zur Konstanthaltung von k notwendige Outputniveau. Zur linken von k* ist die Investition also hoch genug, um jede neue Einheit E mit dem bestehenden Verhältnis von K/E auszustatten und gleichzeitig K/E zu erhöhen. In diesem Fall ist $\dot{k} > 0$ und k wächst. Zur Rechten von k* ist nicht einmal genug Output pro effektivem Arbeitnehmer da, um jeden neuen Arbeitnehmer (um genau zu sein, jede Einheit von E) bei gegebenem Verhältnis von K/E auszustatten, so daß k sinkt. Bei k* entspricht das produzierte Niveau von q* dem Wert von q, der bei gegebenem s gerade genug Investition ergibt, um k konstant zu halten, wenn E steigt. Bei k* gilt also $\dot{k} = 0$ und das System hat ein stabiles Gleichgewicht erreicht. Diese Stabilität ist im Phasendiagramm in Abbildung 25-1(b) dargestellt.

Haben wir einmal ein stabiles Gleichgewicht k*, q* gefunden, so können wir unter der Annahme, daß es sich um eine Volkswirtschaft mit vollständiger Konkurrenz handelt, die Produktionsfunktion nach L und K differenzieren, um die Grenzproduktivitäten zu erhalten, die gleich dem Reallohnsatz und der Profitrate sind. Diese beiden Werte bestimmen zusammen mit dem Gleichgewichtswert von k/L die realtiven Anteile der Faktoren am Output. Beachten wir, daß

$$\frac{I}{E} = s\,f(k) \quad \text{und} \quad \frac{\text{Konsum}}{E} \equiv (1-s)f(k),$$

so erhalten wir die Verteilung des Outputs auf Konsum und Investition beim Gleichgewichtswert k*.

Dieses Kapitel untersucht die Konsequenzen der Variation von Annahme 3. Im grundlegenden Neoklassischen Modell nehmen wir an, die Ersparnis sei ein konstanter Bruchteil des Outputs: $S = sQ$. Hier wollen wir drei verschiedene Annahmen bezüglich des Sparens betrachten. Die erste ist die klassische Sparfunktion, in der $s = s(\varrho)$ gilt; $s' > 0$. In diesem Fall nimmt die Sparquote ab, wenn die Profitrate, die den zukünftigen Ertrag heutigen Sparens angibt, fällt. Die zweite alternative Annahme ist die Kaldor-Sparfunktion, in der

$$S = s_w W + s_p P; \qquad 1 > s_p > s_w > 0.$$

Hier ist der Prozentsatz der Profite s_p, der gespart wird, höher als der Prozentsatz der Löhne s_w, der gespart wird. Schließlich untersuchen wir das von der Ando-Modigliani-Konsumfunktion implizierte Sparverhalten:

$$C = \alpha_0 W + \alpha_1 K; \qquad 1 > \alpha_0 > \alpha_1 > 0.$$

In diesem Fall hängt der Konsum vom Arbeitseinkommen und dem realen Vermögen ab, das in diesem einfachen Modell gleich dem Kapitalstock ist.

Jede dieser Sparfunktionen wird, kombiniert mit der Annahme bezüglich des Wachstums von E und der Produktionsfunktion, ein stabiles Gleichgewicht k*, q* ergeben, das mit den stylisierten Fakten des Kapitels 23 übereinstimmt. Zu sehen, wie die Modelle entwickelt werden und welche Rolle die Sparquote in ihnen spielt, wird unser Verständnis der Funktionsweise von Wachstumsmodellen und der Betrachtungsweise und Manipulationsmöglichkeiten der Modelle verbessern.

Die klassische Sparfunktion

In der klassischen Sparfunktion ist die Sparquote eine Funktion der Profitrate ϱ. Wenn der Grund für die Existenz von Ersparnis und Investition die Erhöhung der zukünftigen Konsummöglichkeiten ist, dann könnte man vermuten, daß, wenn die Rendite der Investition, die in einem Gleichgewicht bei Vollbeschäftigung gleich der Ersparnis ist, mit steigendem Verhältnis K/E fällt, die Sparquote fallen wird, da die zukünftige Konsumauszahlung verringert ist. Wir sollten bemerken, daß dieser Aussage die Annahme zugrunde liegt, daß der Substitutionseffekt eines niedrigeren Ertrags der Ersparnis den Einkommenseffekt aufwiegt, der die Ersparnis erhöhen würde, um einen gegebenen zukünftigen Konsumstrom aufrechtzuerhalten. Unter dieser Annahme können wir die klassische Sparfunktion wie folgt schreiben:

$$s = s(\varrho); \qquad s' > 0. \tag{10}$$

Das Verhältnis K/E im Gleichgewicht

Kombinieren wir diese Sparfunktion mit unserer Produktionsfunktion

$$q = f\left(\frac{K}{E}\right) = f(k), \tag{11}$$

die konstante Skalenerträge in den Variablen K und E aufweist und der exogenen Wachstumsrate der effektiven Arbeitskraft E_t, die durch

$$\dot{E} = g_L + \lambda \tag{12}$$

gegeben ist, so können wir den Ausdruck für die Wachstumsrate des Verhältnisses K/E (k) wie folgt konstruieren:

$$k = \dot{K} - (g_L + \lambda) = \frac{sQ}{K} - (g_L + \lambda) = \frac{a(\varrho)f(k)}{k} - (g_L + \lambda). \tag{13}$$

An dieser Stelle ist es wichtig zu bemerken, daß die Schlüsselvariable der Ersparnis, das Verhältnis der Ersparnis zum Output ist, das in Gleichung (10) als $s(\varrho)$ gegeben ist. Wenn wir später kompliziertere Sparfunktionen einführen, werden wir sehen, daß der wesentliche analytische Trick darin besteht, die Sparfunktion so zu manipulieren, daß sie eine Form hat, in der die Sparquote eine Funktion von k ist. Dies haben wir in Gleichung (13) bereits getan, da $\varrho = f'(k)$ ist.

Wir können Gleichung (13) nach dem Gleichgewichtswert von K/E (k^*) auflösen, indem wir $\dot{k} = 0$ setzen, um

$$\frac{s(\varrho)f(k^*)}{k^*} - (g_L + \lambda) = 0$$

oder

$$f(k^*) = \frac{g_L + \lambda}{s(\varrho)} k^* \tag{14}$$

zu erhalten. Diese Gleichung bestimmt k*. Die Gleichgewichtsbedingung entspricht der des grundlegenden Neoklassischen Modells:

$$f(k^*) = \frac{g_L + \lambda}{s} k^*.$$

Welchen Einfluß hat diese Veränderung auf die Bestimmung der Existenz und der Stabilität des Gleichgewichts k*?

Diese Frage wird in Abbildung 25-2 graphisch beantwortet. Die Funktion $q = f(k)$ in 25-2(a) entspricht der in Abbildung 25-1. Die Funktion $[(g_L + \lambda)/s]k$ ist nun konvex, ist also nicht mehr durch eine gerade Linie gegeben. Dies ist der Fall, weil die Steigung der Produktionsfunktion $\varrho = f'(k)$ aufgrund abnehmender Skalenerträge sinkt, wenn k steigt. Steigt k und ϱ nimmt ab, so fällt s, da $s'(\varrho) > 0$ gilt. Die sinkende Sparquote wiederum führt dazu, daß die Steigung $(g_L + \lambda)/s$ zunimmt, wenn k steigt, weshalb wir, wie in Abbildung 25-2(a) dargestellt, die konvexe Form der Funktion $[(g_L + \lambda v)/s]k$ erhalten.

Wir haben bereits gesehen, daß bei höheren Werten von k auch I/E proportional ansteigen muß, um den jeweiligen Wert der Kapitalintensität k konstant zu halten. Wenn aber die Sparquote bei steigendem k fällt, so muß Q/E um zunehmend höhere Beträge erhöht werden, damit I/E proportional um genau den Betrag ansteigt, der nötig ist, um den jeweiligen Wert von k aufrechtzuerhalten, wenn E steigt.

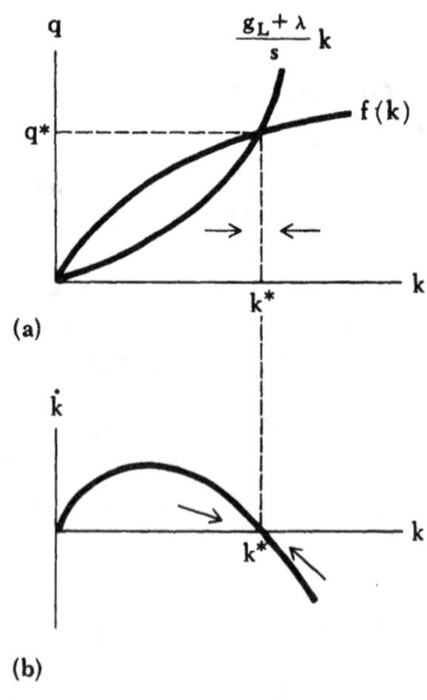

Abbildung 25-2: Gleichgewicht mit klassischer Sparfunktion.

Die Funktion $[(g_L + \lambda)/s(\varrho)]k$, die den Output pro effektivem Arbeitnehmer bezeichnet, der nötig ist, um ein gegebenes k aufrechtzuerhalten, hat also zunehmende Steigung aufgrund des fallenden s, wenn k steigt und ϱ fällt. Da die Funktion f(k) durchweg abnehmende Steigung hat (also konkav ist) und die Funktion $[(g_L + \lambda)/s(\varrho)]k$ zunehmende Steigung hat, schneiden sich die beiden Funktionen einmal bei dem Gleichgewicht k^*, q^* in Abbildung 25-2(a).

Diese klassische Sparfunktion sichert die Existenz eines stabilen Gleichgewichts k^*, q^* in diesem Modell mit einem Sektor, wie Abbildung 25-2(b) zeigt. Links von k^*, wo $k < k^*$ ist, gilt

$$f(k) > \frac{g_L + \lambda}{s(\varrho)} k \quad \text{und} \quad \frac{s(\varrho)f(k)}{k} > g_L + \lambda,$$

so daß $\dot{K} > 0$ ist und k steigt, wie in Abbildung 25-2(b) dargestellt. Da das Ergebnis für $k > k^*$ genau umgekehrt ist, erkennen wir, daß es sich um ein stabiles Gleichgewicht handelt. Mit der klassischen Sparfunktion erhalten wir bei gleichgewichtigem Wachstum konstante Werte für k^* und q^*, so daß

$$\dot{Q} = \dot{K} = g_L + \lambda \tag{15}$$

und sowohl der Pro-Kopf-Output als auch der Pro-Kopf-Kapitalstock mit der Rate λ wachsen.

Faktorerträge und Einkommensanteile

Die Werte der Profitrate und des Lohnsatzes erhalten wir wie üblich aus der Produktionsfunktion [Gleichung (5)], die wir wie folgt schreiben können:

$$Q = Le^{\lambda t} f\left(\frac{K}{Le^{\lambda t}}\right). \tag{16}$$

Um die Profitrate P/K zu erhalten, nehmen wir an, es handle sich um eine Volkswirtschaft mit vollständiger Konkurrenz. Wir differenzieren (16) nach K:

$$\frac{P}{K} \equiv \varrho = \frac{\partial Q}{\partial K} = Le^{\lambda t} f'(k) \cdot \frac{1}{Le^{\lambda t}} = f'(k). \tag{17}$$

Die Profitrate ist durch die Steigung der Produktionsfunktion gegeben. Bei $k = k^*$ ist die Profitrate konstant bei dem Wert $\varrho^* = f'(k^*)$.

Um als nächstes den Reallohnsatz w zu erhalten, differenzieren wir (16) nach L:

$$\begin{aligned} \frac{W}{L} \equiv w &= e^{\lambda t} \left[L f'(k) \cdot \left(- \frac{K}{L^2 e^{\lambda t}} \right) + f(k) \right] \\ &= e^{\lambda t}[f(k) - kf'(k)] = e^{\lambda t} f(k) - e^{\lambda t} k f'(k) \\ &= \frac{\text{Output}}{\text{Person}} - \frac{\text{Kapital}}{\text{Person}} \cdot \frac{\text{Gewinne}}{\text{Kapital}}. \end{aligned} \tag{18}$$

Bei $k = k^*$ ist $w = e^{\lambda t}[f(k^*) - k^*f'(k^*)]$, so daß w mit der Rate λ wächst und $f(k^*) - k^*f'(k^*)$ konstant ist.

Mit klassischer Sparfunktion und Neoklassischer Produktionsfunktion ist die Profitrate im langfristigen Gleichgewicht also konstant und der Lohnsatz wächst mit der Wachstumsrate λ des Pro-Kopf-Outputs. Bezüglich dieses Ergebnisses sind zwei Bemerkungen zu machen.

Zuerst einmal beschert und dieses Modell das erwartete Ergebnis, daß die Löhne im Gleichgewicht genauso schnell steigen wie die Produktivität, womit wir konstante relative Anteile am Output erhalten. Wieder ist die relative Verteilung des Outputs durch k^* und die Form der Produktionsfunktion bestimmt, wie in Abbildung 25-3 dargestellt. Gewinne pro effektivem Arbeitnehmer P/E können entlang der q-Achse als das Produkt ϱ^*k^* gemessen werden. Der Rest von q^* entfällt auf Löhne pro effektivem Arbeitnehmer. Multiplizieren wir P/E und W/E mit E_t so erhalten wir die Verteilung von Q_t auf P_t und W_t zu jedem Zeitpunkt t. Haben wir zweitens etabliert, daß ein stabiles Gleichgewicht k^*, q^* existiert, so folgen die Proportionen bezüglich der Gleichgewichtswerte ϱ und w und des Anteils des Kapitals und des Outputs einfach aus der Differentiation der Produktionsfunktion unter der Annahme vollständiger Märkte, weshalb $w = MPL$ und $\varrho = MPK$ ist.

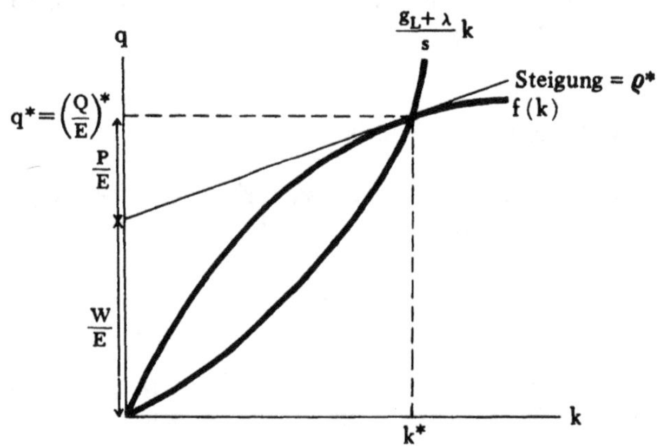

Abbildung 25-3: Klassische Sparfunktion: Relative Anteile am Output.

Die charakteristischen Gleichungen eines Wachstumsmodells mit einem Sektor

bis jetzt haben wir gesehen, daß die Gleichgewichtslösung eines Wachstumsmodells mit einem Sektor im allgemeienn durch folgende drei simultane Gleichungen charakterisiert ist:

$$f(k^*) = \frac{g_L + \lambda}{s} k^* \quad \text{oder} \quad g_L + \lambda = \frac{s\,f(k^*)}{k^*} = \frac{s}{v^*}\,, \tag{19}$$

Hier ist v (der Kapitalkoeffizient) sowohl gleich k/Q als auch gleich k/q. Es gilt also

$$v^* = \frac{k^*}{f(k^*)} \,. \tag{20}$$

Schließlich haben wir

$$\varrho^* = f'(k^*). \tag{21}$$

Dieser Ausdruck gibt die Faktorpreise und die Verteilung des Outputs auf die Faktoranteile an.

Im grundlegenden Neoklassischen Modell, bei dem $(g_L + \lambda)$ und s konstant sind, kann die Gleichgewichtslösung des Modells auf besonders einfache Weise bestimmt werden. Bei gegebenen $(g_L + \lambda)$ und s erhalten wir durch (19) den Gleichgewichtswert v^*. Bei gegebenem Gleichgewichtswert v^* können wir k^* aus Gleichung (20) bestimmen. Dies ist in Abbildung 25-4 dargestellt, in der die Produktionsfunktion und der Strahl aus dem Ursprung $1/v^*$ den Wert k^* bestimmen. Bei gegebenem k^* erhalten wir aus Gleichung (21) den Wert ϱ^*.

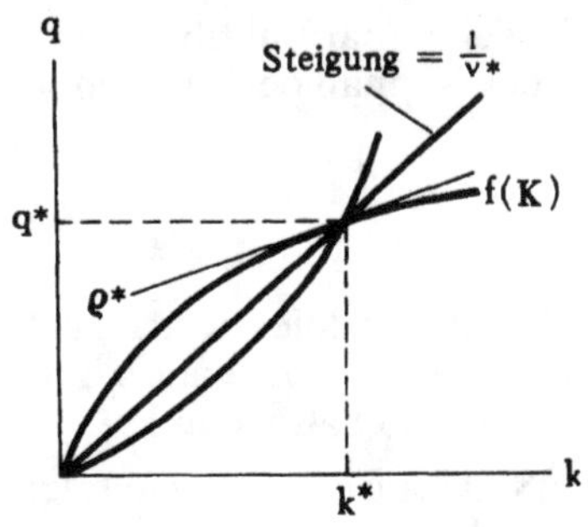

Abbildung 25-4: Gleichgewicht mit klassischer Sparfunktion.

Im klassischen Modell und den noch folgenden Modellen Kaldors und Ando-Modiglianis, ist die Lösung der simultanen Gleichgewichtsgleichungen (19)-(21) nicht so einfach, da die Sparquote s nicht gegeben ist, sondern eine Funktion anderer Variablen des Systems ist. Im klassischen Modell gilt $s = s(\varrho) = s[f'(k)]$. Setzen wir (21) und (20) in (19) ein, so erhalten wir die Gleichgewichtsbedingung

$$g_L + \lambda = \frac{s[f'(k^*)]f(k^*)}{k^*} \,, \tag{22}$$

die eine Gleichung abhängig von der Variablen k^* ist. Dies ist die Gleichgewichtsbedingung, die bereits in Gleichung (14) gegeben wurde.

Folgende Punkte sollten hier bemerkt werden:

1. Auf Basis der grundlegenden Annahmen bezüglich des Wachstums des Arbeitsinputs, der Produktionsfunktion und des Sparverhaltens können wir eine

grundlegende dynamische Gleichung der Form

$$\dot{k} = \frac{s\,f(k)}{k} - (g_L + \lambda)$$

erhalten, in der s für die Sparquote steht.

2. Diese Gleichung ergibt einen Gleichgewichtswert k^*, bei dem $\dot{k} = 0$ ist. Im allgemeinen gibt es eine Gruppe simultaner Gleichungen, wie in (19)-(21), um die Werte k^*, q^*, v^* und die Preiskonstellation im Gleichgewicht zu beschreiben.
3. Diese simultanen Gleichgewichtsgleichungen werden miteinander in dem Maße in Verbindung stehen, in dem die Variablen s, v und k von einander abhängen. Wir können sogar, wie in Kapitel 24, den Fall betrachten, bei dem g_L oder λ Funktionen von k sind.

Mit dieser Zusammenfassung des Wachstumsmodells im Hinterkopf, betrachten wir nun die Kaldor- und die Ando-Modigliani-Sparfunktion.

Die Kaldor-Sparfunktion

Nicholas Kaldor verwendete eine Sparfunktion, bei der die Sparquote eine Funktion der Profitrate ϱ und des Kapitalkoeffizienten v ist. Kaldors grundlegende Sparfunktion lautet:

$$S = s_w W + s_p P. \tag{23}$$

Lohneinkommen W und Profite P addieren sich zum Output Q. Kaldor nimmt an, daß die Sparquote in bezug auf die Gewinne s_p größer ist, als die Sparquote in bezug auf die Löhne s_w. Das bedeutet also, daß $1 > s_p > s_w > 0$ gilt.

Die Gesamtsparquote $s = S/Q$ kann aus (23) wie folgt hergeleitet werden. Da $W + P = Q$ ist, können wir zunächst S als

$$S = s_w(Q - P) + s_p P = s_w Q + (s_p - s_w)P$$

schreiben. Wenn wir durch Q teilen, um die Sparquote s zu erhalten, ergibt sich:

$$s \equiv \frac{S}{Q} = s_w + (s_p - s_w)\frac{P}{Q} = s_w + (s_p - s_w)\frac{P}{K}\cdot\frac{K}{Q}\,.$$

Da $P/K = \varrho$ und $K/Q = v$ ist, können wir diesen Ausdruck so schreiben, daß s von ϱ, v und den fixen Verhältnissen s_w und s_p abhängig ist.:

$$s = s_w + (s_p - s_w)\,\varrho\upsilon. \tag{24}$$

Der Ausdruck für die Wachstumsrate des Verhältnisses K/E (k) ist wie üblich durch

$$\dot{k} = \frac{s\,f(k)}{k} - (g_L + \lambda) \tag{25}$$

gegeben. Ersetzen wir s durch den Ausdruck für die Sparquote aus Gleichung (24), so erhalten wir

$$\dot{k} = \left[s_w + (s_p - s_w)\,\varrho\frac{k}{q}\right]\frac{q}{k} - (g_L + \lambda)$$

oder

$$\dot{k} = s_w\,\frac{q}{k} + (s_p - s_w)\,\varrho - (g_L + \lambda) \qquad (26)$$

als grundlegende Gleichung für die Wachstumsrate von k.

Was können wir durch die Betrachtung dieses Ausdrucks (26) für $\dot{k}$ über die Existenz und Stabilität eines Gleichgewichts k* erfahren, bei dem $\dot{k} = 0$ ist? Wir können auf diese Frage folgende Antwort geben. Bei niedrigen Werten von k, wie zum Beispiel k_0 in Abbildung 25-5, sind q/k und ϱ beide hoch, so daß es einen niedrigen Wert k geben muß, bei dem

$$s_w\,\frac{q}{k} + (s_p - s_w)\,\varrho > g_L + \lambda \quad \text{und} \quad \dot{k} > 0,$$

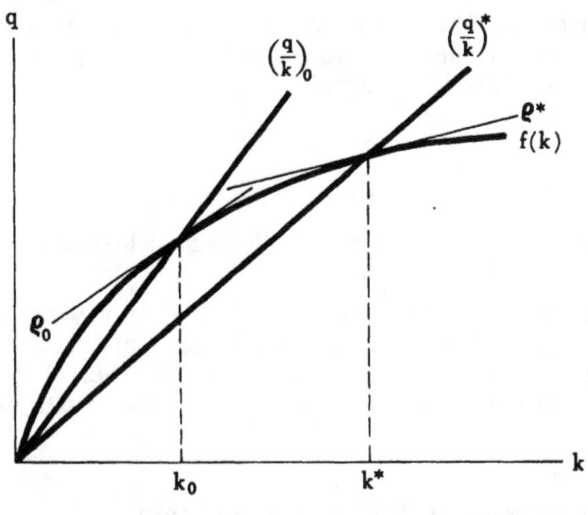

Abbildung 25-5: Die Kaldor-Sparfunktion und die Neoklassische Produktionsfunktion.

so daß k steigt. Wenn k von einem niedrigen Wert ansteigt, sinken sowohl q/k als auch ϱ, so daß die Differenz zwischen $[s_w(q/k) + (s_p - s_w)\,\varrho]$ und $(g_L + \lambda)$ abnimmt. Wenn k steigt, wird bei k* schließlich ein Punkt erreicht, bei dem

$$s_w\,\frac{q}{k} + (s_p - s_w)\,\varrho = g_L + \lambda$$

und

$$\dot{k} = 0.$$

Für Werte von k über diesem Wert k*, bei denen k > k* ist, gilt

$$s_w \frac{q}{k} + (s_p - s_w)\varrho < g_L + \lambda$$

und

$$\dot{k} < 0,$$

so daß k abnimmt.

Das Neoklassische Wachstumsmodell mit der Kaldor-Sparfunktion hat also ein stabiles Gleichgewicht k*, q*, das Resultate ergibt, die mit den stylisierten Fakten übereinstimmen. Kaldors Sparfunktion macht sowohl den Kapitalkoeffizienten v als auch die Sparquote s zu einer Funktion der Kapitalintensität k. Dies erhöht sowohl die Flexibilität als auch die Komplexität des Modells.

Wir können den Ausdruck für die Sparquote in Gleichung (24) auch wie folgt schreiben,

$$s = s_w + (s_p - s_w) f'(k) \cdot \frac{k}{f(k)}, \tag{27}$$

indem wir Gleichung (21) für ϱ verwenden, so daß s eine Funktion von k ist. Setzen wir diesen Ausdruck und Gleichung (20) für v* in die grundlegende Gleichgewichtsbedingung in (19) ein, die hier als

$$f(k^*) = \frac{s}{v^*} \tag{28}$$

wiedergegeben ist, so erhalten wir eine Gleichgewichtsbedingung mit einer Unbekannten k*.

Wie wir gesehen haben, ist diese Lösung für k* stabil und wir erhalten ein stabiles Gleichgewicht k*, q*. Wieder können Gleichgewichtspreise der Faktoren und die Einkommensanteile von der Produktionsfunktion hergeleitet werden, indem genauso wie im grundlegenden Neoklassischen Modell verfahren wird.

Die Ando-Modigliani- (A-M)-Konsumfunktion

Die Konsumfunktion von Ando-Modigliani ist eine weitere wichtige Variante des Neoklassischen Wachstumsmodells mit einem Sektor. Die (A-M)-Konsumfunktion stellt auch eine konzeptuelle Verbindung zu den in den Teilen II und III diskutierten statischen Modellen dar.

Die Herleitung der Sparquote

In der (A-M)-Konsumfunktion ist der Konsum eine Funktion des Arbeitseinkommens W und des Vermögens des Konsumenten, das in unseren einfachen

Wachstumsmodellen durch K gegeben ist. Für diese Konsumfunktion gilt also

$$C = \alpha_0 W + \alpha_1 K; \qquad 1 > \alpha_0 > \alpha_1 > 0. \tag{29}$$

Diesen Ausdruck können wir in eine Sparfunktion umformen, indem wir annehmen, daß $S + C = Q$ ist, und dann folgende Operationen durchführen. Zunächst schreiben wir

$$S = Q - C = Q - \alpha_0 W - \alpha_1 K.$$

Da das gesamte Arbeitseinkommen durch $W = Q - P$ gegeben ist, können wir den Ausdruck wie folgt schreiben:

$$S = Q - \alpha_0(Q - P) - \alpha_1 K = (1 - \alpha_0) Q + \alpha_0 P - \alpha_1 K.$$

Wir wissen, daß $P = \varrho K$ ist, womit wir

$$S = (1 - \alpha_0)Q + \alpha_0 \varrho K - \alpha_1 K$$

und

$$S = (1 - \alpha_0)Q - (\alpha_1 - \alpha_0 \varrho)K \tag{30}$$

erhalten. Diese Gleichung bezeichnet die grundlegende Form der aggregierten (A-M)-Sparfunktion im Zusammenhang mit einem Wachstumsmodell. Wenn nun, wie Ando-Modigliani annehmen, $\partial S/\partial K < 0$ ist, dann ist der Ausdruck $(\alpha_1 - \alpha_0 \varrho)$ positiv. Teilen wir beide Seiten in (30) durch Q so erhalten wir einen Ausdruck für die Sparquote s,

$$s \equiv \frac{S}{Q} = (1 - \alpha_0) - (\alpha_1 + \alpha_0 \varrho)\, v, \tag{31}$$

da $K/Q = v$ ist. Gleichung (31) stellt also den durch die (A-M)-Konsumfunktion implizierten Ausdruck für die Sparquote s in Abhängigkeit von den Variablen ϱ und v dar.

Das Verhältnis K/E im Gleichgewicht

Der Ausdruck für die Wachstumsrate von k ist durch

$$\dot{k} = \frac{s\, f(k)}{k} - (g_L + \lambda) \tag{32}$$

gegeben, so daß k^*, bei dem $\dot{k} = 0$ ist, durch die übliche Gleichgewichtsbedingung gegeben ist:

$$f(k^*) = \frac{g_L + \lambda}{s}\, k^*. \tag{33}$$

Die Pro-Kopf-Produktionsfunktion f(k) kann in Abbildung 25-6 wie üblich abgetragen werden. Wie aber ist die Form der Funktion $[(g_L + \lambda)/s]k$, die das Niveau des Outputs pro effektivem Arbeitnehmer angibt, der nötig ist, um ein gegebenes k konstant zu halten? Wir können diese Frage beantworten, indem wir bestimmen, wie sich s verändert, wenn k sich ändert.

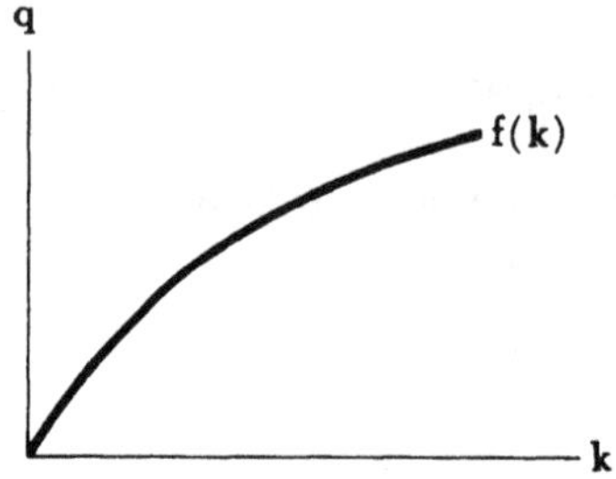

Abbildung 25-6: Pro-Kopf-Produktionsfunktion.

Wenn s bei steigendem k fällt, dann wird die Funktion $[(g_L + \lambda)/s]k$ wie die des klassischen Modells in Abbildung 25-2(a) aussehen. Wenn $\partial s/\partial k > 0$ ist dann wird die Funktion $[(g_L + \lambda)/s]k$ abnehmende Steigung haben, womit es möglich wird, daß das Modell kein Gleichgewicht k^*, q^* hat, weil sich die f(k)-Kurve und die $[(g_L + \lambda)/s]k$-Kurve nicht schneiden. Dies erscheint intuitiv unwahrscheinlich, da der (A-M)-Konsumfunktion entsprechend dem Lebenszyklussparverhalten die Annahme zugrunde liegt, daß s sinkt, wenn k steigt. Wenn $(\alpha_1 - \alpha_0\varrho)$ positiv ist, wird dies in der Tat der Fall sein. Wir können diese intuitive Schlußfolgerung allerdings noch untermauern, indem wir aus Ausdruck (31) für s direkt die Bedingungen bestimmen, unter denen $\partial s/\partial k < 0$ ist.

Da der Kapitalkoeffizient v entlang der Produktionsfunktion in Abbildung 25-6 mit k steigt, können wir uns auf das Vorzeichen von $\partial s/\partial v$ konzentrieren und es am Ende in $\partial s/\partial k$ übersetzen. Differenzieren wir Gleichung (31) nach v, so erhalten wir

$$\frac{\partial s}{\partial v} = -(\alpha_1 - \alpha_0\varrho) + v\alpha_0 \frac{\partial \varrho}{\partial v}. \qquad (34)$$

Da ϱ fällt, wenn v mit k steigt, ist $\partial\varrho/\partial v < 0$. Folglich können $\partial s/\partial v$ und $\partial s/\partial k$ nur dann positiv sein, wenn $\alpha_0\varrho > \alpha_1$ ist, das heißt also, wenn $\alpha_1 - \alpha_0\varrho < 0$ ist. Dies läuft der grundlegenden Annahme der (A-M)-Konsumfunktion zuwider.

Die Bedingung, unter der $\partial s/\partial v$ negativ ist, können wir allerdings genauer entwickeln. Wir erkennen aus Gleichung (34), daß

$$\frac{\partial s}{\partial v} < 0 \quad \text{wenn} \quad -(\alpha_1 - \alpha_0\varrho) + v\alpha_0 \frac{\partial \varrho}{\partial v} < 0.$$

Diese Bedingung können wir folgendermaßen schreiben:

$$\frac{\partial s}{\partial v} < 0 \quad \text{wenn} \quad \frac{\alpha_1}{\alpha_0\varrho} - \frac{v\partial\varrho}{\varrho\partial v} > 1. \qquad (35)$$

Bedingung (35), die dafür steht, daß im (A – M)-Modell $\partial s/\partial v$ und $(\partial s/\partial k) < 0$ sind, bietet eine interessante Interpretation. Nehmen wir an, der Anteil des Kapitals am Output S_K sei durch

$$S_K = \frac{\varrho K}{Q} = \varrho \upsilon,$$

gegeben, so daß

$$\ln S_K = \ln \varrho + \ln \upsilon.$$

Erinnern wir uns dann daran, daß Erhöhungen von v mit Abnahmen von ϱ einhergehen, so erhalten wir einen Ausdruck für die prozentuale Veränderung von S_K.

$$\frac{dS_K}{S_K} = \frac{d\varrho}{\varrho} + \frac{d\upsilon}{\upsilon}.$$

Wenn die Elastizität der zugrunde liegenden Produktionsfunktion gleich 1 ist, wie es bei der Cobb-Douglas-Produktionsfunktion der Fall ist, dann ist S_K konstant ($d\,S_K/S_K = 0$), wenn ϱ und v sich ändern. Dies bedeutet, daß

$$\frac{d\varrho}{\varrho} = -\frac{d\upsilon}{\upsilon} \quad \text{und} \quad \frac{\upsilon d\upsilon}{\varrho d\upsilon} = -1,$$

wenn die Substitutionselastizität gleich eins ist. Wenn dies der Fall ist, dann reduziert sich Bedingung (35) für $\partial s/\partial v < 0$ auf $\alpha_1/\alpha_0\varrho > 0$. Diese Bedingung ist offensichtlich erfüllt. Wenn Erhöhungen des Kapitalkoeffizienten v von prozentualen Abnahmen der Profitrate ϱ in gleicher Höhe begleitet sind, dann wird der Anteil des Kapitals am Output unverändert bleiben und $(v/\varrho)\,(d\varrho/dv) = -1$ sein. Wenn die zugrunde liegende Produktionsfunktion eine Substitutionselastizität von eins aufweist, dann ist Bedingung (35) für $\partial s/\partial k < 0$ erfüllt und die Funktion $[(g_L + \lambda)/s]k$ ist konvex, ähnlich wie die des klassischen Modells in Abbildung 25-2, so daß die Existenz des Gleichgewichts k^*, q^* mit der (A-M)-Konsumfunktion sicher gestellt ist.

Wenn aber der Kapitalanteil mit steigendem v dazu tendiert zu zunehmen, wodurch impliziert wird, daß eine Verringerung von ϱ die Erhöhung von v nicht ausgleicht, dann liegt der Faktor $(v/\varrho)\,(d\varrho/dv)$ zwischen -1 und 0 und es ist möglich, daß bei hohen Werten von ϱ und niedrigen Werten von k und v in Gleichung (35) $\partial s/\partial k > 0$ ist. Wir müssen uns wegen dieser Möglichkeit allerdings nicht übermäßig Sorgen machen, da aus (35) ersichtlich ist, daß, wenn die Substitutionselastizität einigermaßen konstant ist für den Wertebereich von k, wenn also $(v/\varrho)\,(d\varrho/dv)$ nicht sehr empfindlich auf Veränderungen von k reagiert, Bedingung (35) mit zunehmender Wahrscheinlichkeit erfüllt ist, wenn k steigt und ϱ fällt, da bei fallendem ϱ der Term $\alpha_1/\alpha_0\varrho$ dominant wird.

Wir erhalten also zwei mögliche Formen der Funktion $[(g_L + \lambda)/s]k$ im (A-M)-Modell, die in Abbildung 25-7 dargestellt sind. Die durchgezogene $[(g_L + \lambda)/s]k$-Funktion stellt den normalen Fall dar, bei dem im ganzen Bereich $\partial s/\partial k < 0$ ist. Die gestrichelte Funktion $[(g_L + \lambda)/s]k$ ist anfänglich konkav, wird aber schließ-

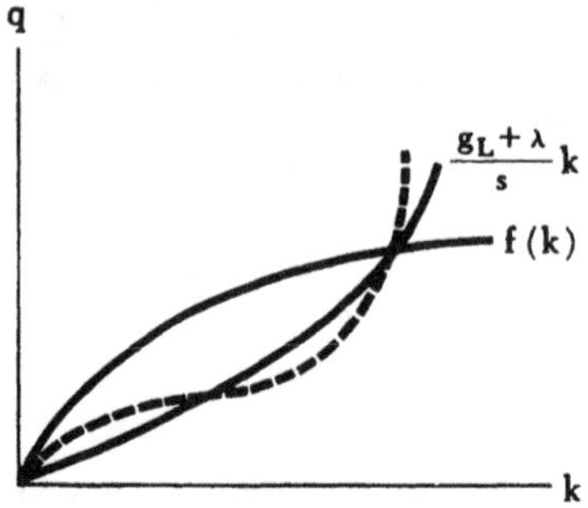

Abbildung 25-7: Wachstum im Gleichgewicht mit der (A – M)-Konsumfunktion.

lich konvex, wenn der Term $\alpha_1/\alpha_0\varrho$ die linke Seite von Bedingung (35) dominiert. Bei der Wahrscheinlichkeit, mit der die Substitutionselastizität in den Industrieländern sagen wir zwischen 0,8 und 1,0 liegt, stellt letztere Möglichkeit kein ernsthaftes Problem dar.

Ist erst einaml ein stabiles Gleichgewicht k*, q* lokalisiert, dann können die Implikationen für Preise und relative Anteile wie üblich auch im Falle der (A-M)-Konsumfunktion aus der Produktionsfunktion erhalten werden und die Gleichgewichtsniveaus des Konsums und der Investition können über q* und die Sparquote berechnet werden. Alle hier betrachteten alternativen Sparfunktionen bescheren uns stabile Gleichgewichtswerte der effektiven Kapitalintensität und sind somit im Einklang mit den stylisierten Fakten. Im nächsten Kapitel werden wir uns kurz damit beschäftigen, welchen Wachstumspfad (welches k*) eine rationale Wachstumspolitik anstreben würde, unter der Annahme, sie vermöge es, die Sparquote durch die Steuerpolitik zu kontrollieren.

Ausgewählte Literatur

R. G. D. Allen, *Macro-Economic Theory* (New York: St. Martin's Press, 1967), chapter 16.

R. Findlay, „The Robinsonian Model," *Economica,* February 1963.

N. Kaldor, „Alternative Theories of Distribution," *Review of Economic Studies,* No. 61, 1955-1956.

F. Modigliani, „Comment," in *Behavior of Incomes Shares,* National Bureau of Economic Research (Princeton, N. J.: Princeton University Press, 1964).

J. Robinson and R. Findlay, „Comments," *Economica,* November 1963.

R. M. Solow, „Comment," *Review of Economic Studies,* June 1962.

Kapitel 26
Die goldene Regel und eine Einführung in Modelle optimalen Wachstums

In den Kapiteln 24 und 25 haben wir gesehen, daß das Neoklassische Wachstumsmodell, bei dem der technische Fortschritt über die effektive Arbeitskraft einbezogen ist, gegen einen langfristigen Wachstumspfad strebt. Entlang diesem Wachstumspfad erhalten wir Gleichgewichtswerte für den Output pro effektiver Person $q^* = (Q/E)^*$ und Kapital pro effektiver Person $k^* = (K/E)^*$, die bezüglich verschiedenen Variationen von Theorien des Sparverhaltens robust sind. Entlang dem langfristigen gleichgewichtigen Wachstumspfad wachsen Output, Konsum und Investition alle mit der selben Rate, wie es natürlich auch Pro-Kopf-Output, -Konsum und -Investition tun. Der Wachstumspfad steht also für gleichgewichtiges Wachstum, wobei die Aufteilung des Outputs auf Konsum und Investition auf der Outputseite und auf Gewinne und Löhne auf der Einkommensseite im Zeitverlauf stabil ist.

Die Wachstumsrate des Outputs, des Konsums und der Investition ist im langfristigen Gleichgewicht durch die Wachstumsrate der Erwerbsbevölkerung g_L zuzüglich der exogenen Wachstumsrate der Produktivität λ gegeben. Das Niveau des Wachstumspfads, gegeben durch die Variablen k^* und q^*, wird durch die natürliche Wachstumsrate $n = g_L + \lambda$ zusammen mit dem Sparverhalten determiniert. Der Leser bemerke, daß wir an dieser Stelle eine besondere Schreibweise für die natürliche Wachstumsrate $n = g_L + \lambda$ einführen. Wir tun dies, um die Notation und Präsentation zu vereinfachen.

Wir haben in Kapitel 25 gesehen, daß eine Erhöhung der Sparquote s zu einer Zunahme der Gleichgewichtswerte von k^* und q^* führt, indem sie die Volkswirtschaft auf einen höheren gleichgewichtigen Wachstumspfad bringt. Es stellt sich die Frage, welcher der möglichen gleichgewichtigen Wachstumspfade, die jeder zu einer anderen Sparquote s gehören, gewählt werden sollte, wenn wir annehmen, der Staat (oder die Gesellschaft) könne die Sparquote frei wählen. Auf welchem Niveau sollte die Kontrollvariable s festgesetzt werden? In diesem Kapitel analysieren wir diese Frage im Zusammenhang von Modellen mit gleichgewichtigem Wachstum und stellen einige Ergebnisse der Theorien optimalen Wachstums vor.

Zuerst wiederholen wir die Lösung des grundlegenden Neoklassischen Modells mit technischem Fortschritt und konzentrieren uns dabei auf die Rolle der Sparquote bei der Bestimmung des Niveaus des Wachstumspfads. Als nächstes leiten wir Phelps goldene Regel der Akkumulation her. Diese Regel besagt, daß der langfristige gleichgewichtige Wachstumspfad der den Pro-Kopf-Konsum in jeder Periode maximiert, wenn die Volkswirtschaft den Pfad erreicht hat, durch das Niveau von k^* determiniert wird, bei dem $f'(k) = g_L + \lambda = n$ gilt. Dies ist der Punkt k^*, bei dem die Steigung der Produktionsfunktion $q = f(k)$ gleich der Steigung der $(g_L + \lambda)k$-Kurve ist, wie zum Beispiel in Abbildung 25-1 dargestellt.

Als nächstes beschreiben wir kurz einige Turnpike-Theoreme optimalen Wachstums. Diese besagen, daß sich eine Volkswirtschaft, die das Integral der sozialen Wohlfahrt (oder den Nutzen) im Zeitverlauf maximieren will, basierend auf der

Annahme, der Nutzen sei eine Funktion des Pro-Kopf-Konsums, am besten auf einem Pfad bewegt, wie er von der goldenen Regel impliziert wird. Diese Diskussion wird dem Leser Einblicke in die Gebiete der modernen makroökonomischen Forschung geben.

Noch einmal das grundlegende Neoklassische Modell

Die Diskussion des optimalen Wachstums und der Rolle der Sparquote basiert auf dem in Kapitel 24 entwickelten Neoklassischen Modell. Das Modell ist auf folgenden Annahmen bezüglich der Struktur der Volkswirtschaft aufgebaut:

1. Die Erwerbsbevölkerung L wächst mit der exogenen Rate g_L. Die effektive Erwerbsbevölkerung $E_t = L_t e^{\lambda t}$ wächst mit der Rate $g_L + \lambda$. Dies ist die natürliche Wachstumsrate der Volkswirtschaft $n = g_L + \lambda$.
2. Der Output Q_t hängt vom Kapital- und effektiven Arbeitsinput (K_t und E_t) ab. Die Produktionsfunktion wird wie folgt geschrieben:

$$Q_t = F(K_t, E_t). \tag{1}$$

   Die Produktionsfunktion ist homogen vom Grade eins, so daß wir sie auch wie folgt schreiben können:

$$q_t \equiv \frac{Q_t}{E_t} = F\left(\frac{K_t}{E_t}, 1\right) = f(k_t); \qquad f' > 0, \qquad f'' < 0. \tag{2}$$

3. Die Investition, die gleich der Ersparnis ist, entspricht einem Bruchteil s des Gesamtoutputs. Die Kaptialbildung wird also durch folgende Gleichung beschrieben:

$$\frac{dK}{dt} = I_t = S_t = sQ_t. \tag{3}$$

   In diesem Kapitel werden wir die Sparquote s als die politische Kontrollvariable des Staates behandeln. Indem der Staat s verändert, was anzunehmender Weise durch Veränderung der Steuern geschieht, kann er den Wachstumspfad der Volkswirtschaft von einem Gleichgewichtsniveau auf ein anderes anheben.

Diese Annahmen können kombiniert werden, um den Schlüsselausdruck für die Wachstumsrate des Verhältnisses von Kapital zu Einheiten effektiver Arbeitskraft $k = K/E$ zu erhalten. Die Wachstumsrate von k ist definitionsgemäß durch

$$\dot{k} = \dot{K} - \dot{E} \tag{4}$$

gegeben. Die Wachstumsrate des Kapitalstocks $\dot{K}$ ist durch

$$\dot{K} = \frac{dK/dt}{K} = \frac{I}{K} = \frac{sQ}{K} = \frac{sq}{k} = \frac{s\,f(k)}{k} \tag{5}$$

gegeben. Aus Annahme 1 wissen wir, daß die Wachstumsrate der effektiven Erwerbsbevölkerung E_t durch

$$\dot{E} = g_L + \lambda = n, \tag{6}$$

(die natürliche Wachstumsrate der Volkswirtschaft) gegeben ist. Der Ausdruck für die Wachstumsrate von k kann also wie folgt geschrieben werden:

$$\dot{k} = \frac{s\,f(k)}{k} - (g_L + \lambda) = \frac{s\,f(k)}{k} - n. \tag{7}$$

Diese Gleichung gibt die Wachstumsrate von k als eine Funktion von k selbst ab. Gleichung (7) bestimmt den Gleichgewichtswert von k mit $\dot{k}$ gleich null. Wir erhalten diesen Gleichgewichtswert k*, indem wir $\dot{k}$ in Gleichung (7) gleich null setzen, so daß k* durch

$$f(k^*) = \frac{g_L + \lambda}{s}\, k^* \tag{8}$$

bestimmt ist. Diese Lösung ist graphisch in Abbildung 26-1(a) dargestellt, die sowohl f(k), den tatsächlichen Output pro effektiver Person q als eine Funktion von k, als auch $[(g_L + \lambda)/s]k$ abbildet, die das zu Aufrechterhaltung des entsprechenden k notwendige q angibt, wenn E mit der Rate $g_L + \lambda$ steigt.

Gehen wir in Abbildung 26-1(a) von $k_0 < k^*$ aus, so ist der Output pro effektiver Arbeitskraft höher, als zur Aufrechterhaltung von k_0 notwendig. Es gibt also überschüssige Investitionen, die k auf k* erhöhen. Wenn k den Wert k* erreicht, dann ist der Wert dieser Investition gleich null und k hört auf zu steigen. Der Gleichgewichtswert k* stellt also ein stabiles Gleichgewicht dar, wie es in dem Phasendiagramm in Abbildung 26-1(b) dargestellt ist.

Wenn die Volkswirtschaft langfristig gegen ein stabiles Gleichgewicht k* strebt, dann impliziert dies, daß langfristig gesehen $\dot{K} = \dot{E} = g_L + \lambda$ ist, da $k^* = (K/E)^*$ konstant ist. Ebenso erhalten wir, wenn q gegen q* strebt, daß langfristig $\dot{Q} = \dot{E} = g_L + \lambda$ ist, so daß im langfristigen Wachstumsgleichgewicht

$$\dot{K} = \dot{Q} = g_L + \lambda = n \tag{9}$$

und

$$(\dot{Q/L}) = (\dot{K/L}) = \lambda$$

gelten. Sowohl die Kapitalintensität als auch der Pro-Kopf-Output wachsen mit der Rate des technischen Fortschritts λ.

Abbildung 26-2 stellt den langfristigen Wachstumspfad des pro-Kopf-Outputs dar, der durch den Gleichgewichtspunkt k*, q* in Abbildung 26-1 gegeben ist. Da das Verhältnis des Outputs zum effektiven Arbeitseinsatz im Gleichgewicht bei q* festgesetzt ist, gilt

$$\left(\frac{Q}{E}\right)^* = \left(\frac{Q_t}{L_t e^{\lambda t}}\right)^* = q^*,$$

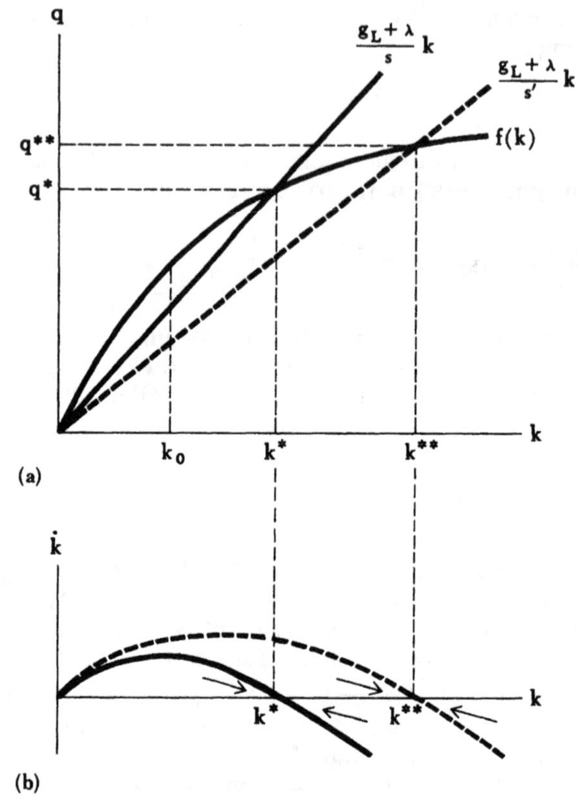

Abbildung 26-1: Eine Erhöhung der Sparquote.

so daß

$$\left(\frac{Q_t}{L_t}\right)^* = q^* e^{\lambda t}$$

und die Wachstumsrate von Q/L gleich λ ist, wie in Abbildung 26-2 dargestellt, da q^* im Gleichgewicht konstant ist.

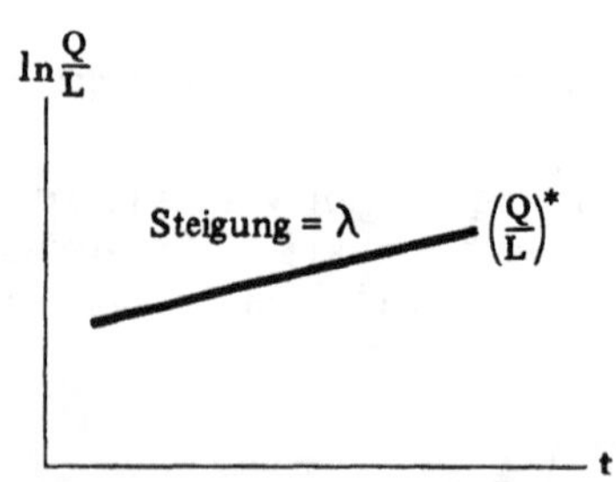

Abbildung 26-2: Langfristiger Wachstumspfad des Outputs pro Arbeitskraft.

Was geschieht, wenn sich die Sparquote s auf s' erhöht? In Abbildung 26-1 führt diese zu einer Drehung des $[g_L + \lambda)/s]k$-Strahls nach unten auf den $[(g_L + \lambda)/s']k$-Strahl. Da sich die Sparquote erhöht hat, ist bei gegebenem Niveau von k weniger Output nötig, um das Niveau von $\dot{k}$ aufrechtzuerhalten. Beim alten Wert von k^* ist $f(k^*) > [(g_L + \lambda)/s']k^*$, so daß $\dot{k} > 0$ ist, wie durch die gestrichelte Phasenkurve in Abbildung 26-1(b) angedeutet ist. Folglich steigen k und q auf die neuen Werte k^{**} und q^{**} an. Wenn aber k steigt, dann ist $\dot{K}$ größer $\dot{E} = g_L + \lambda$ und $(\dot{K/L}) > \lambda$. Ebenso ist bei steigendem Output pro effektivem Arbeitnehmer $\dot{Q} > \dot{E}$ und $(Q/L) > \lambda$. Wenn also q von q^* auf q^{**} ansteigt, dann ist die Wachstumsrate des Pro-Kopf-Outputs größer als λ und damit größer als die Steigung des langfristigen Gleichgewichtspfads in Abbildung 26-2.

Wenn k und q die neuen Gleichgewichtswerte k^{**} und q^{**} erreichen, dann hört q auf zu steigen, so daß $\dot{Q}$ wieder auf $\dot{E}$ sinkt und die Wachstumsrate des Pro-Kopf-Outputs wieder auf λ fällt. Dies ist in Abbildung 26-3 dargestellt. Dort wird die Sparquote zum Zeitpuntk t_0 von s auf s' erhöht. Dies führt dazu, daß der Pro-Kopf-Output mit einer höheren Rate als λ ansteigt. Wenn q in Abbildung 26-1 den Wert q^{**} erreicht, der dem $(Q/L)^{**}$-Pfad in Abbildung 26-3 entspricht, dann verringert sich die Wachstumsrate von Q/L wieder auf den Wert λ und erreicht den langfristigen gleichgewichtigen Wachstumspfad k^{**}, q^{**} zum Zeitpunkt t_n.

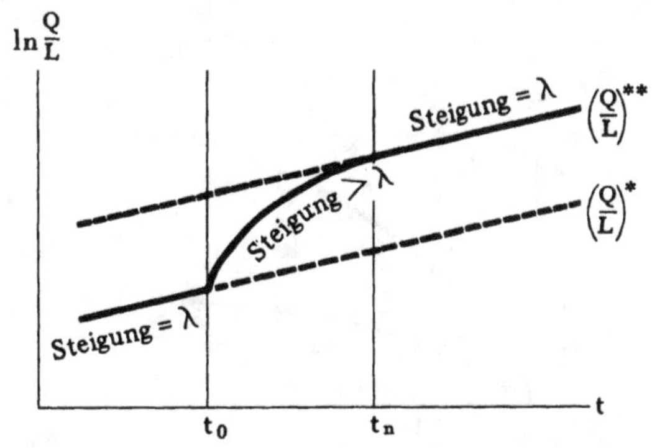

Abbildung 26-3: Eine Veränderung der Sparquote, die den Wachstumspfad nach oben verschiebt.

Die Erhöhung der Sparquote s hat die Volkswirtschaft von einem langfristigen Wachstumspfad auf den anderen gebracht. Jeder dieser Wachstumspfade hat die Steigung (oder Wachstumsrate) λ,die der Rate des technischen Fortschritts entspricht. Nur in der Periode, in der sich q von q^* auf q^{**} erhöht, ist die Wachstumsrate von Q/L größer als λ.

Solange, wie in Abbildung 26-1 gezeigt, $f'(k) > 0$ ist, die Grenzproduktivität einer Erhöhung von K/E also positiv ist, wird eine Erhöhung von s die Gleichgewichtswerte von k und q erhöhen und somit den Wachstumspfad in Abbildung 26-3 nach oben verschieben.

Dies bedeutet allerdings nicht, daß die Politik unbedingt darauf ausgerichtet sein sollte, die Sparquote zu erhöhen, um den Wachstumspfad nach oben zu verschieben. Wenn der Aspekt, der in die Wohlfahrtsfunktion der Gesellschaft eingeht, der Konsum ist und nicht der Output, dann sollte vielleicht der Wert von s angestrebt werden, der den höchsten Pfad von C/L ergibt und nicht der, der den höchsten Pfad von Q/L ergibt. Wir wollen uns im folgenden etwas eingehender mit dem Verhältnis der Sparquote zum Konsumniveau beschäftigen.

Ersparnis und Konsum im Wachstumsgleichgewicht

Das Niveau der Investition und der Ersparnis pro effektiver Person I/E ist für beliebige k durch

$$\frac{I}{E} = \frac{sQ}{E} = sq = s\,f(k) \tag{10}$$

gegeben (siehe Abbildung 26-4). Der Konsum pro effektiver Person für beliebige k (nicht nur für den Gleichgewichtswert k*) ist durch (Q/E) – (I/E) gegeben,

$$\frac{C}{E} \equiv \frac{C}{Le^{\lambda t}} = \frac{Q}{E} - \frac{sQ}{E}$$

$$= f(k) - s\,f(k) \tag{11}$$

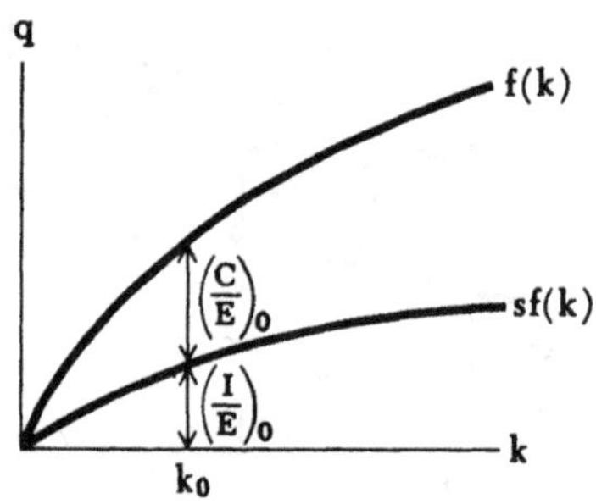

Abbildung 26-4: Konsum und Investition, wenn k nicht im Gleichgewicht ist.

und entspricht der Differenz zwischen f(k) und s f(k), die in Abbildung 26-4 als $(C/E)_0$ bei k_0 eingetragen ist. Gleichung (11) gibt bei gegebener Sparquote s für beliebige k das Konsumniveau an. Wir schreiben Gleichung (11) nun wie folgt, um den Wert des Pro-Kopf-Konsums C/L für beliebige k zu erhalten:

$$\frac{C}{L} = e^{\lambda t}[f(k) - s\,f(k)]. \tag{12}$$

Aus der Gleichgewichtsbedingung für k* [Gleichung (8)] erkennen wir, daß im Gleichgewicht

$$s\,f(k^*) = (g_L + \lambda)k^* \tag{13}$$

gilt.

Der Gleichgewichtswert k* ist beim oberen Schnittpunkt in Abbildung 26-5, gegeben durch Gleichung (8), der gleiche wie beim unteren Schnittpunkt, gegeben durch Gleichung (13). Setzen wir den durch Gleichung (13) gegebenen Ausdruck für s f(k*) in Gleichung (12) für den Pro-Kopf-Konsum C/L ein, so erhalten wir einen Ausdruck für C/L im Gleichgewicht:

$$\left(\frac{C}{L}\right)^* = e^{\lambda t}[f(k^*) - s\,f(k^*)]$$

$$= e^{\lambda t}[f(k^*) - (g_L + \lambda)k^*]. \tag{14}$$

Die Substitution von s f(k*) durch $(g_L + \lambda)k^*$ kann nur im Ausdruck für (C/L)*, dem langfristigen Gleichgewichtswert von C/L, vorgenommen werden. Diese Substitution in (14) stellt den unteren Schnittpunkt in Abbildung 26-5 dar. Folgende Punkte sind hier entscheidend:

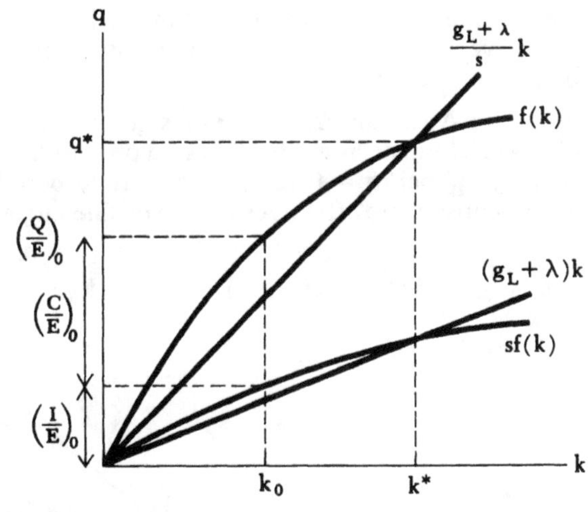

Abbildung 26-5: Ersparnis und Konsum.

1. Bei gegebenem s ist C/E, wenn k schwankt, durch f(k) − s f(k) gegeben. Somit bezeichnet die Differenz zwischen f(k) und s f(k) in Abbildung 26-4 den Wert C/E.

2. Im Gleichgewicht aber muß (C/E)* gleich $f(k^*) - (g_L + \lambda)k^*$ sein, so daß bei Variation von s (zum Beispiel durch Manipulation seitens des Staates) der Gleichgewichtswert (C/E)* durch die Differenz zwischen f(k) und $(g_L + \lambda)k$ in Abbildung 26-6 beschrieben ist. Der Leser sollte an dieser Stelle bemerken, daß die Maximierung von (C/E)* equivalent zur Maximierung von (C/L)* ist, da $(C/L)^* = e^{\lambda t}\,(C/E)^*$ ist, so daß wir die Wahl eines Wertes von s zwecks Maximierung des Pro-Kopf-Konsums entweder anhand von (C/L)*, wie in (14), oder anhand von (C/E)*, wie in den letzten beiden Absätzen, durchführen können.

3. Während also C/E für beliebige k durch f(k) − s f(k) gegeben ist, müssen wir uns auf die Differenz zwischen f(k) und $(g_L + \lambda)k$ in Abbildung 26-6 konzentrieren, wenn wir untersuchen wollen, wie sich die Werte von C/E (oder C/L)

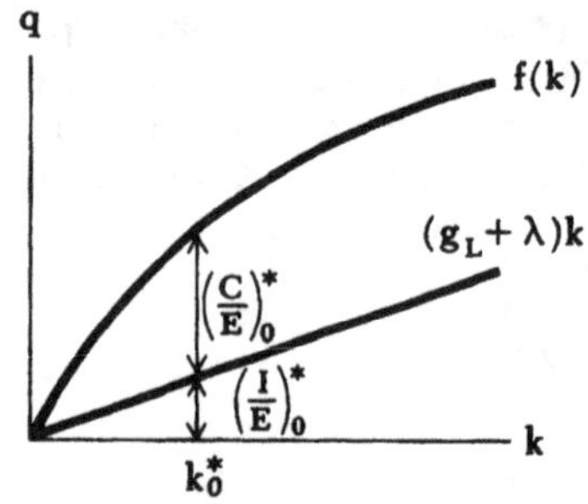

Abbildung 26-6: Konsum und Investition mit k* im Gleichgewicht.

auf verschiedenen langfristigen gleichgewichtigen Wachstumspfaden unterscheiden.

Die Beziehung zwischen f(k), (C/E)* und $(g_L + \lambda)k$ wird in Abbildung 26-7 analysiert. Diese Abbildung weist verschiedene mögliche Gleichgewichtswerte (C/E)* = c*, die verschiedenen Werten von s entsprechen, als Differenz zwischen f(k) und $(g_L + \lambda)k$ aus.

Wird die Sparquote in Abbildung 26-7 bei s_0 festgesetzt, dann wird sich das Gleichgewicht bei k_0^*, q_0^* einstellten. Der Konsum pro effektiver Person wird im Gleichgewicht k_0^*, q_0^* bei $c_0^* = (C/E)_0^*$ liegen. Außerdem ist, wenn wir s gleich s_0 setzen, der Konsum pro effektiver Person im Gleichgewicht durch

$$\left(\frac{C}{L}\right)_0^* = e^{\lambda t}\left(\frac{C}{E}\right)_0^* = e^{\lambda t}c_0^* = e^{\lambda t}[f(k_0^*) - (g_L + \lambda)\,k_0^*] \tag{15}$$

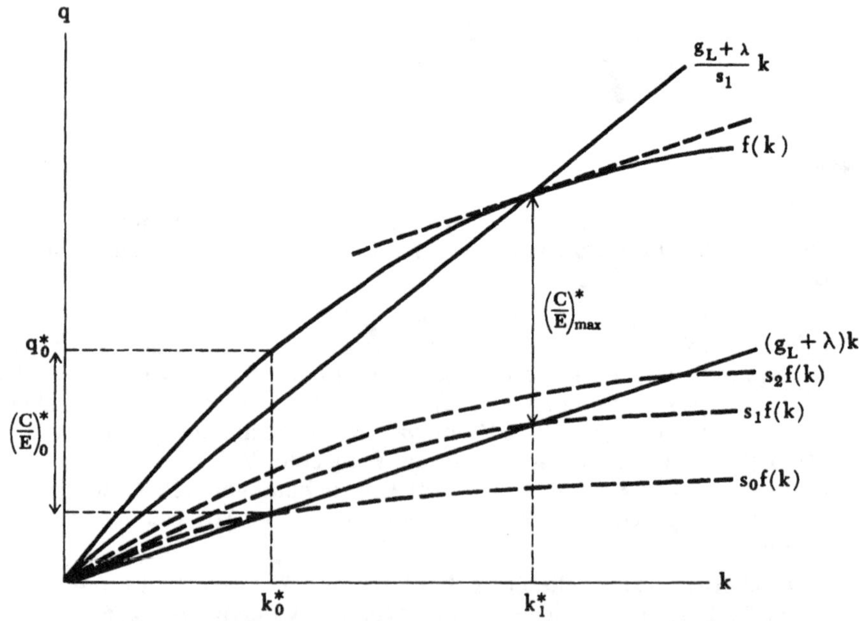

Abbildung 26-7: Maximaler Pro-Kopf-Konsum pro Person im Gleichgewicht.

gegeben. Wenn die Sparquote s in Abbildung 26-7 von s_0 über s_1 auf s_2 erhöht wird, dann wird die Differenz zwischen f(k) und $(g_L + \lambda)k$, die gleich (C/E)* ist, zunächst steigen und dann fallen. Bei welchem Wert von k* wird der gleichgewichtige Pro-Kopf-Konsum maximiert? Dies wird bei dem Wert k* der Fall sein, bei dem die Steigung von f(k) gleich der Steigung von $(g_L + \lambda)k$ ist, das heißt also bei dem Wert, bei dem $\varrho \equiv f'(k) = (g_L + \lambda)$ gilt. Haben wir diesen Wert $k^* - k_1^*$ in Abbildung 26-7 lokalisiert, so wird die Veränderung von s zu s_1 in egal welche Richtung den Wert von (C/E)* verringern und folglich (C/L)* reduzieren.

Der Grund für die Existenz eines k*, das (C/E)* maximiert, ist das Vorliegen von abnehmenden Skalenerträgen. Wenn q zunehmend abnimmt, während sich k erhöht, die zur Aufrechterhaltung von k* im Gleichgewicht notwendigen Zunahmen von q aber proportional mit k* ansteigen, wenn s steigt, dann wird ein Wert k* erreicht werden, oberhalb dessen wir den Konsum pro effektiver Person reduzieren müßten, um genug Investition pro effektiver Person zu erhalten, damit höhere Gleichgewichtswerte k* aufrechterhalten werden können. Die Existenz eines Maximums (C/E)* in Abbildung 26-7 zeigt, daß sich die (C/L)*-Pfade in Abbildung 26-8 erst nach oben und dann nach unten verschieben, wenn wir die Sparquote erhöhen, und so den Gleichgewichtspfad (Q/L)* nach oben verschieben.

Der höchste (C/L)*-Pfad ist erreicht, wenn s so festgesetzt ist, daß der Gleichgewichtswert k* auf dem Niveau ist, auf dem $f'(k) = (g_L + \lambda)$ ist. Dieser Wert ist in Abbildung 26-7 mit k_1^* bezeichnet.

Phelps goldene Regel der Akkumulation

Es ist wichtig, zu bemerken, daß alle (C/L)*-Pfade in Abbildung 26-8 parallel sind. Sie haben alle die gleiche Steigung, die gleich dem Faktor des technischen Fortschritts λ ist. Dies folgt aus dem in Gleichung (14) für C/L im Gleichgewicht gegebenen Ausdruck

$$\left(\frac{C}{L}\right)^* = e^{\lambda t}[f(k^*) - (g_L + \lambda)k^*]. \tag{16}$$

Da jeder der (C/L)*-Pfade in Abbildung 26-8 ein langfristiges Wachstumsgleichgewicht darstellt, gibt es für jeden einen dazugehörenden Wert k* der im Gleichgewicht konstant ist. Folglich ist im Gleichgewicht der Term in Klammern in Gleichung (16) konstant, so daß die Wachstumsrate von (C/L)* für beliebige Gleichgewichtswerte von k* gleich λ ist.

Wenn alle (C/L)*-Pfade im Gleichgewicht parallel sind, dann wird der Pfad, der (C/L)* zu einem beliebigen Zeitpunkt t_i maximiert, den Wert (C/L)* in allen Perioden maximieren. Das Argument des vorangegangenen Abschnitts, das gezeigt hat, daß (C/L)* bei dem Wert k* erreicht wird, wo $f'(k) = (g_L + \lambda)$ ist, kann mathematisch folglich leicht entwickelt werden. Das Problem ist, den Wert von k* zu finden, der (C/L)* bei gegebener Gleichung (16) für (C/L)* maximiert.

Um diesen Wert k* zu finden, differenzieren wir den Ausdruck für (C/L)* nach k* und setzen die Ableitung gleich null:

$$\frac{\partial(C/L)^*}{\partial k^*} = e^{\lambda t}[f'(k^*) - (g_L + \lambda)] = 0. \tag{17}$$

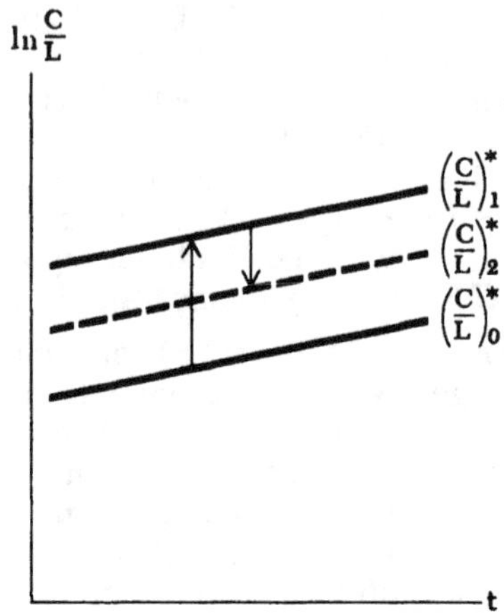

Abbildung 26-8: C/L im langfristigen Gleichgewicht: die Erhöhung der Sparquote.

Da $e^{\lambda t} \neq 0$ ist, bedeutet dies, daß der maximal aufrechtzuerhaltende Wert $(C/L)^*$ bei dem Wert von k^* erreicht wird, bei dem

$$f'(k^*) - (g_L + \lambda) = 0$$

oder

$$f'(k^*) = g_L + \lambda \tag{18}$$

gilt. Dies wiederum bedeutet, daß der Wert von s gewählt werden sollte, der k^* bei dem Niveau festlegt, bei dem die Profitrate $\varrho = f'(k)$ gleich der natürlichen Wachstumsrate $n = (g_L + \lambda)$ ist.

Dies ist die von Edmund Phelps aufgestellte goldene Regel der Akkumulation, die wir in Kürze auf verschiedene Arten interpretieren werden. Zunächst wollen wir jedoch noch einmal klar stellen, worum es sich hier eigentlich dreht. Der Wert k^* der goldenen Regel beschreibt den Wachtsumspfad, der, hat ihn die Volkswirtschaft einmal erreicht, für alle Zeit ein höheres Niveau des Pro-Kopf-Konsums ergibt als jeder andere Wachstumspfad. Wir sollten bemerken, daß die goldene Regel zwischen den $(C/L)^*$-Gleichgewichtswerten der langfristigen Gleichgewichtspfade auf Basis der Annahme unterscheidet, daß die Volkswirtschaft frei zwischen diesen Pfade wählen kann. Natürlich müßte aber die heutige Generation einen Teil des Konsums aufgeben, wenn eine Erhöhung der Ersparnis nötig ist, um auf den Pfad der goldenen Regel zu gelangen, damit der Nutzen zukünftiger Generationen von Konsumenten steigen kann. Der Pfad der goldenen Regel wäre also nur dann der Zielwachstumspfad, wenn die Kosten, sich zu diesem Pfad zu bewegen, in gewisser Weise gering sind im Verhältnis zum langfristigen Nutzengewinn, der aus dem Erreichen des Pfads der goldenen Regel erwächst. Wir werden bald auf diesen Punkt zurückkommen, der für die Turnpike-Theoreme des optimalen Wachstums von zentraler Bedeutung ist.

Es sollte ebenso bemerkt werden, daß wir zwischen Konsumpfaden wählen, die alle konstante (aber unterschiedliche) K/E-Verhältnisse im Gleichgewicht aufweisen. Die Pfade sind also in dem Sinne Pfade der goldenen Regel, daß jede Generation das gleiche K/E-Verhältnis vererben muß, das sie selbst geerbt hat. Es wäre nicht fair, einen Teil des erhaltenen K zu verbrauchen oder Opfer erbringen zu müssen, um ein höheres K/E-Verhältnis zu vererben.

Solow hat eine hervorragende intuitive Erklärung der Ergebnisse der goldenen Regel gegeben. Man stelle sich eine Volkswirtschaft vor, die nach Belieben Kapital erhalten kann, also einfach das Niveau ihres Wachstumspfads wählen kann. Diese Volkswirtschaft muß allerdings dieses gewählte K/E-Verhältnis für immer beibehalten. Sie erhält dann für jede Erhöhung des Kapitalstocks ΔK, die sie akzeptiert, eine Erhöhung des Outputs

$$\Delta Q = f'(k)\Delta K. \tag{19}$$

Um das K/E-Verhältnis k aufrechtzuerhalten, muß der Kapitalstock mit der Rate der Variablen E $(g_L + \lambda)$ wachsen. Das zur Aufrechterhaltung eines beliebigen k notwendige Niveau der Investition ist also durch

$$\frac{I}{K} = (g_L + \lambda) \quad \text{und} \quad I = (g_L + \lambda)K \tag{20}$$

gegeben. Dies bedeutet, daß die Erhöhung der Investition, die notwendig ist, um eine durch Zunahme von K herbeigeführte Erhöhung von K/E aufrechtzuerhalten, durch

$$\Delta I = (g_L + \lambda)\Delta K \tag{21}$$

gegeben ist. Solange die Erhöhung des Outputs ΔQ größer als die Erhöhung der Investition ΔI ist, führt die Zunahme ΔK zu einem um ΔC höheren Konsum. Nimmt aber $f'(k)$ ab, wenn sich k erhöht, dann wird die Volkswirtschaft schließlich einen Punkt erreichen, bei dem

$$\Delta Q = \Delta K\, f'(k) = \Delta I = \Delta K(g_L + \lambda). \tag{22}$$

Ab diesem Punkt wir eine Erhöhung des Kapitalstocks das zur Aufrechterhaltung von k notwendige Investitionsniveau um mehr erhöhen, als sie den Output erhöht. Dies würde eine Verminderung von C implizieren, um das K/E-Verhältnis konstant zu halten. Die optimale Menge Kapitals, die diese Volkswirtschaft unter der Bedingung der goldenen Regel wählen sollte, ist durch den Wert von K gegeben, für den die Profitrate gleich der natürlichen Wachstumsrate ist:

$$f'(k) = g_L + \lambda. \tag{23}$$

Es gibt zwei weitere interessante Interpretationen der goldenen Regel. Zuerst multiplizieren wir beide Seiten von (23) mit K/Q, um

$$\frac{f'(k)\,K}{Q} = (g_L + \lambda)\,\frac{K}{Q} = \frac{I}{Q} = s \tag{24}$$

zu erhalten, wobei wir von der Tatsache Gebrauch machen, daß $I = (g_L + \lambda)K$ ist. Während die rechte Seite von Gleichung (24) gleich dem Verhältnis der Investition (= Ersparnis) zum Output ist, entspricht die linke Seite von Gleichung (24) der Profitrate $\varrho\,[=f'(k)]$ multipliziert mit K/Q:

$$\frac{\text{Gewinne}}{\text{Kapital}} \cdot \frac{\text{Kapital}}{\text{Output}} = \frac{\text{Gewinne}}{\text{Output}}.$$

Die goldene Regel setzt also den Anteil der Gewinne am Output gleich dem Verhältnis der Investition zum Output. Man könnte den Kernsatz der goldenen Regel wie folgt formulieren: „Investiere deine Gewinne, konsumiere deine Löhne". Dies stellt eine weitere Möglichkeit dar, die Sparquote s zu wählen, die den Wert k^* gemäß der goldenen Regel impliziert.

Die letzte Interpretation der goldenen Regel, die wir hier geben wollen, folgt ebenfalls aus Gleichung (24). Der Term $f'(k)K/Q$ kann wie folgt in die Elastizität des Outputs in bezug auf den Kapitalinput umgeformt werden:

$$\frac{f'(k)K}{Q} = \frac{f'(k)k}{q} = \frac{\partial q}{\partial k} \cdot \frac{k}{q}.$$

Dann können wir Gleichung (24) wie folgt schreiben:

$$\frac{\partial q}{\partial k} \cdot \frac{k}{q} = \frac{I}{Q} = s. \tag{25}$$

Dies besagt, daß die Sparquote s gleich der Elastizität des Outputs in bezug auf den Kapitalinput gesetzt werden sollte, um die Volkswirtschaft auf den Pfad der goldenen Regel zu bringen.

Wir haben unterschiedliche Formulierungen der Bedingung der goldenen Regel gegeben. Um das k^* zu erreichen, das den höchsten langfristigen Pro-Kopf-Konsum im Gleichgewicht $(C/L)^* = e^{\lambda t}\,(C/E)^*$ impliziert, muß die Kontrollvariable s so festgelegt werden, daß bei k^* im Gleichgewicht die Steigung der Produktionsfunktion $\varrho = f'(k)$ gleich der natürlichen Wachstumsrate $(g_L + \lambda)$ ist. Der Gleichgewichtswert von k^*, der sich ergibt, ist dann das in Abbildung 26-9 gegebene k_g^* der goldenen Regel. Die goldene Regel legt den gleichgewichtigen Wachstumspfad fest, der den Pro-Kopf-Konsum auf alle Zeit maximiert, wenn die Volkswirtschaft diesen Pfad erst einmal erreicht hat.

Turnpikes (Schnellstraßen) optimalen Wachstums

In den vorangegangenen beiden Abschnitten haben wir gesehen, daß wir einen Gleichgewichtswert k_g^* finden können, der den höchstmöglichen gleichgewichtigen Wachstumspfad des Pro-Kopf-Konsums $(C/L)_g^*$ ergibt. Da alle Wachstumspfade parallel sind und die Steigung $(g_L + \lambda)$ aufweisen, ergibt dieser höchste Gleichgewichtskonsumpfad, ist er einmal erreicht, den höchst möglichen Pro-Kopf-Konsum für jede zukünftige Generation unter der Annahme, die goldene Regel werde eingehalten. Dies ist die Annahme, daß jede Generation das geerbte k_g^*-Verhältnis aufrechterhält, so daß also wirklich alle Pfade parallel sind. Nehmen wir nun einmal an, der Ausgangspunkt der Ökonomie liege bei einem k^* un-

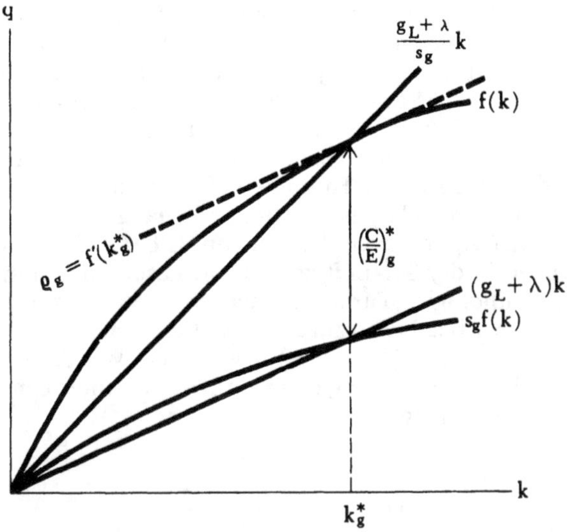

Abbildung 26-9: Das k* der goldenen Regel und C/E.

terhalb von k_g^*. Dies kann darauf beruhen, daß die Sparquote s niedriger ist als die zu k_g^* gehörende.

Die Bewegung zum k_g^* der goldenen Regel würde dann die Erhöhung der Sparquote verlangen. Die Bewegung zum $(C/L)_g^*$-Pfad der goldenen Regel würde bedeuten, daß die gegenwärtige Generation Kapital akkumuliert und damit das K/E-Verhältnis erhöht, damit zukünftige Generationen die Früchte eines Lebens entlang dem Pfad der goldenen Regel genießen können. Die Bewegung zum Pfad der goldenen Regel vom anfänglich zu niedrigen k* involviert Kosten, die von der gegenwärtigen Generation und denen der näheren Zukunft getragen werden müssen, damit sich zukünftige Generationen entlang dem Pfad der goldenen Regel bewegen können. Sollte die Generation der Gegenwart (die Planer, die Gesellschaft oder die Politiker von heute) bereit sein, diese Kosten zu akzeptieren?

Anstatt zu versuchen, diese Frage kategorisch zu beantworten, wollen wir zwei Beispiele betrachten. Nehmen wir zuerst an, der anfängliche Wert k* läge nahe bei k_g^*, so daß die involvierten Kosten der Erhöhung auf k_g^* nur gering sind. Nehmen wir weiter an, daß der Zeithorizont des Planers (oder der Gesellschaft) sehr weit in die Zukunft gehe, so daß er oder sie den Nutzengewinn vieler zukünftiger Generationen berücksichtigen kann, den diese erfahren, wenn sie sich auf dem Pfad der goldenen Regel befinden. In diesem Fall würde die optimale Politik die Volkswirtschaft so schnell wie möglich auf den Pfad der goldenen Regel bringen. Läge der Ausgangswert k* auf der anderen Seite weit unter dem Wert k_g^*, so daß ein ganz wesentlicher Teil des gegenwärtigen Konsums geopfert werden müßte, um s zu erhöhen und die Kapitalintensität auf das Niveau von k_g^* zu bringen, und läge der Zeithorizont des Planers nicht allzu fern, so daß er nur eine relativ kurze Periode betrachtet, dann würde die optimale Politik nur eine leichte Bewegung in Richtung des Pfades der goldenen Regel involvieren. Solche Gedankengänge liegen den Turnpike-Theoremen optimalen Wachstums zugrunde, wie sie zum Beispiel von Roy Radner und Paul Samuelson entwickelt wurden. Sie besagen im wesentlichen, daß der prozentuale Anteil der Zeit, der nicht auf dem Turnpike-Wachstumspfad (der Schnellstraße, hier dem Pfad der goldenen Regel) verbracht wird, um so geringer sein sollte, je weiter der zeitliche Planungshorizont ist. Gehen wir also von $k^* < k_g^*$ aus, so sollte die Bewegung zur Turnpike relativ um so schneller sein, je weiter der Planungshorizont geht. Je weiter der Planungshorizont in der Zukunft liegt, desto eher wiegen die Nutzengewinne davon, daß sich die Volkswirtschaft nahe der Turnpike befindet, die Kosten auf, die entstehen, um auf diesen optimalen Wachstumspfad zu gelangen. In Abbildung 26-10 sollte sich die Volkswirtschaft um so schneller von $(C/L)_0^*$ auf $(C/L)_1^*$ bewegen je weiter der Zeithorizont in der Zukunft liegt. Dem Leser sollte nunmehr klar werden, warum die Terminologie „Turnpike-Theorem" gewählt wurde. Jemand, der sich auf eine lange Reise begibt, tut gut daran, anfängliche Kosten in Kauf zu nehmen, um auf eine Schnellstraße (Turnpike) zu gelangen. Will diese Person aber nur mal eben in den nächsten Ort fahren, dann lohnt es sich unter Umständen nicht, diese Kosten in Kauf zu nehmen.

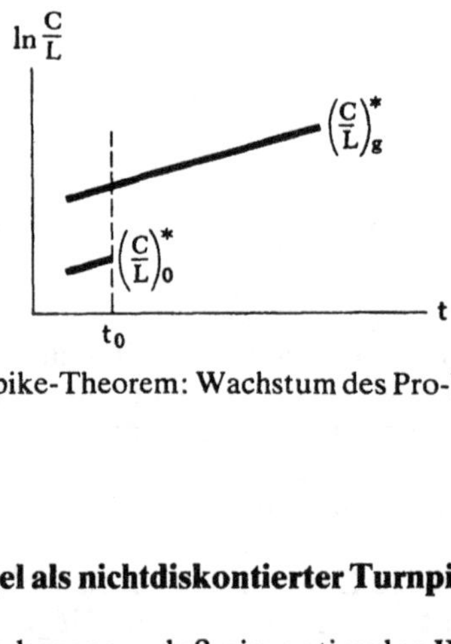

Abbildung 26-10: Das Turnpike-Theorem: Wachstum des Pro-Kopf-Konsums.

Der Pfad der golden Regel als nichtdiskontierter Turnpike-Pfad

Turnpike-Theoreme, die besagen, daß ein optimaler Wachstumspfad nur einen kleinstmöglichen Prozentsatz seiner Zeit in der Nachbarschaft eines gegebenen Turnpike-Pfades (wie zum Beispiel unseres k_g^*) verbringen sollte, je weiter sich der Planungshorizont in die Zukunft verschiebt, stammen in der Regel von der Lösung eines Problems der folgenden Art. Nehmen wir an, die Volkswirtschaft hat die Struktur des Neoklassischen Wachstumsmodells (die Nebenbedingungen des Problems) und wir wollten das Integral des gesellschaftlichen Nutzens (die Zielfunktion des Problems) als eine Funktion des Pro-Kopf-Konsums vom Zeitpunkt 0 bis zum Zeitpunkt T maximieren. Welchen Wachstumspfad sollte die Volkswirtschaft von einem beliebigen anfänglichen K/E-Verhältnis verfolgen?

Der erste Schritt bei der Lösung dieses Problems ist die Formulierung des Konsums pro effektiver Person C/E als eine Funktion des Niveaus und der Wachstumsrate des K/E-Verhältnisses. Aus Gleichung (11) wissen wir, daß das C/E-Verhältnis wie folgt geschrieben werden kann:

$$\frac{C}{E} = f(k) - \frac{I}{E}\,. \tag{26}$$

Wir wissen, daß I/E = (I/K) · (K/E) = $\dot{K}k$ ist und da K = k · E ist, $\dot{K} = \dot{k} + \dot{E}$ ist, können wir (26) als

$$\frac{C}{E} = f(k) - k(\dot{k} + \dot{E}) = f(k) - nk - k\dot{k} \tag{27}$$

schreiben. Hier verwenden wir $n = (g_L + \lambda)$ als Wachstumsrate von E, um die Schreibweise zu vereinfachen. Als nächstes wollen wir noch eine neue Schreibweise einführen: $dX/dt = DX$ und $d^2X/dt^2 = D^2X$.

Da $k\dot{k}$ in (27) lediglich gleich $\dot{k} \cdot [(dk/dt)/k]$ ist, können wir Gleichung (27) in ihrer Endversion wie folgt schreiben:

$$\frac{C}{E} = f(k) - nk - Dk. \tag{28}$$

Jetzt, da wir wissen, daß der gleichgewichtige Wachstumspfad, der C/E maximiert auch C/L maximiert, können wir das Problem als die Maximierung des Integrals von der Gegenwart (Zeitpunkt 0) bis zum Zeitpunkt T in der Zukunft über den sozialen Nutzen U als eine Funktion von C/E formulieren:

$$U = U\left(\frac{C}{E}\right); \qquad U' > 0, \qquad U'' < 0. \tag{29}$$

Das Problem besteht also darin, das Integral

$$\int_0^T U\left(\frac{C}{E}\right) dt = \int_0^T U(f(k) - nk - Dk)dt = \int_0^T F(k, Dk)dt \tag{30}$$

zu maximieren.

Der Term auf der rechten Seite in (30) wird hier eingeführt, um zu zeigen, daß es sich bei diesem Problem um die Maximierung des Integrals einer Funktion von k und Dk handelt, die leicht durch die Eulersche Differentialgleichung der Variationsrechung gehandhabt werden kann. Die Eulersche Differentialgleichung stellt in einem Fall, in dem die Variablen zeitabhängig sind, das Gegenstück zu den einfachen Regeln der Bestimmung von Maxima im statischen Fall dar, denen zufolge alle partiellen Ableitungen gleich null gesetzt werden. In dem in Gleichung (30) gegebenen dynamischen Fall wird die Eulersche Differentialgleichung

$$\frac{\partial F}{\partial k} - \frac{d[\partial F/(\partial Dk)]}{dt} = 0 \tag{31}$$

den Gleichgewichtswert k identifizieren, der das Integral

$$\int_0^T U\left(\frac{C}{E}\right) dt$$

mit Dk und $D^2k = 0$ maximiert.

Leiten wir den in Gleichung (30) gegebenen Spezialfall ab, so erhalten wir

$$0 = U' \cdot (f'(k) - n) - \frac{d(-U')}{dt}$$

$$= U' \cdot (f'(k) - n) + U'' \cdot (f'(k)Dk - n\,Dk - D^2k) \quad (32)$$

als die Gleichgewichtsbedingung, die den Pfad der Variablen k festlegt, der das Integral der Gleichung (30) maximiert. Wenn sich die Volkswirtschaft bei dem Wert k^* im Gleichgewicht befindet, dann sind Dk und $D^2k = 0$. Da U′ positiv ist, reduziert sich Bedingung (32) auf

$$0 = f'(k^*) - n, \text{ oder } f'(k^*) = n = g_L + \lambda \quad (33)$$

als die Bedingung, die den Wert k^* festlegt, der

$$\int_0^T U\left(\frac{C}{E}\right) dt.$$

maximiert. Der Pfad der goldenen Regel ist in diesem Fall also gleich dem Turnpike-Pfad, bei dem es das Ziel ist, die soziale Wohlfahrt als nichtdiskontierte Funktion des Pro-Kopf-Konsums im Zeitverlauf bis zu einem weit in der Zukunft liegenden Planungshorizont zu maximieren. Dies hätten wir auch sofort erkennen können, da wir die goldene Regel erhielten, indem wir die Frage beantwortet haben, welcher Pfad die Werte C/L oder C/E in allen Perioden maximiert, wenn dieser Pfad erreicht ist. Dabei haben wir uns in keinster Weise auf die Diskontierung des zukünftigen Einkommens und des zukünftigen Konsums bezogen.

Ein allgemeineres Turnpike-Modell

Wir können ein wesentlich allgemeineres Problem einer Turnpike des optimalen Wachstums analysieren, indem wir einen Abzinsungsfaktor in unsere soziale Wohlfahrtsfunktion einführen. Nehmen wir an, das zukünftige Einkommen und der zukünftige Konsum würden mit der Rate r diskontiert, so daß der Abzinsungsfaktor e^{-rt} in das in Gleichung (39) gegebene Wohlfahrtsintegral eingeführt wird. In diesem Fall wollen wir also

$$\int_0^T F(k, Dk)dt = \int_0^T e^{-rt}\, U(f(k) - nk - Dk)dt \quad (34)$$

maximieren, um den Wert k^* zu finden, bei dem Dk und D^2k gleich null sind und bei dem der diskontierte zukünftige Nutzen maximiert wird.

Die Eulersche Differentialgleichung lautet in diesem Fall

$$0 = e^{-rt} \cdot U' \cdot (f'(k) - n) \frac{d(-e^{-rt}U')}{dt};$$

$$0 = e^{-rt} \cdot U' + (f'(k) - n) + e^{-rt} \cdot U'' \cdot (f'(k)Dk - n\,Dk - D^2k)$$
$$+ U'(-re^{-rt}).$$

Setzen wir Dk und $D^2k = 0$ und dividieren wir durch U' und e^{-rt}, die beide positiv sind, so erhalten wir

$$0 = [f'(k^{**}) - n] - r, \quad \text{oder} \quad f'(k^{**}) = n + r = g_L + \lambda + r \tag{35}$$

als die Gleichgewichtsbedingung die den Turnpike-Wert k^{**} bestimmt. Dieser Wert maximiert das diskontierte Integral der sozialen Wohlfahrt (34).

Da r in diesem Falle positiv ist, würde der diskontierte Turnpike-Pfad eine niedrigere Sparquote und ein niedrigeres Niveau k^{**} als k_g^* bedeuten, wie wir es auch in Abbildung 26-11 dargestellt haben. Dies liegt natürlich daran, daß die gegenwärtige Schätzung der Werte des zukünftigen Einkommens und des zukünftigen Konsums durch die Abzinsungsrate reduziert werden, wodurch auch der Wert gegenwärtiger Ersparnis zwecks Erhöhung zukünftigen Konsums vermindert wird.

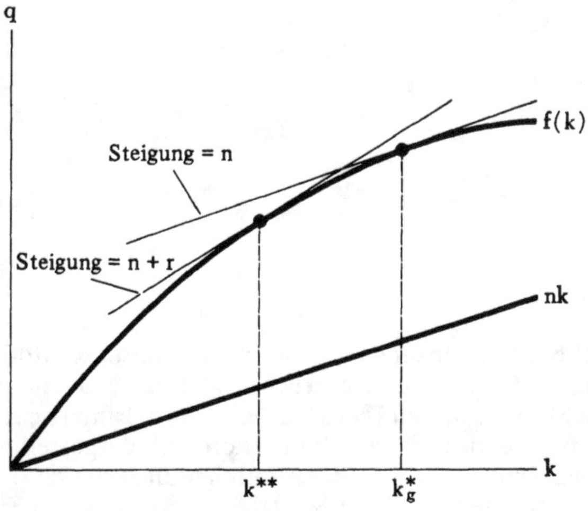

Abbildung 26-11: Nichtdiskontierter und diskontierter Turnpike-Pfad.

Eine intuitive Erklärung dieses Ergebnisses folgt direkt aus der Erklärung, die Solow für die goldene Regel gegeben hat.

Betrachten wir noch einmal eine Volkswirtschaft die ihren Kapitalstock zu Beginn frei wählen kann unter der Bedingung, daß sie das K/E-Verhältnis, das sie damit zu Beginn akzeptiert, für immer aufrechterhalten muß. In diesem Fall ist der Gegenwartswert zukünftigen Outputs, den man aufgrund einer zusätzlichen Einheit Kapitals erhält, durch

$$\Delta Q = f'(k)\Delta K - r\,\Delta K = [f'(k) - r]\,\Delta K \tag{36}$$

gegeben, da zukünftige Erhöhungen des Outputs mit r diskontiert werden. Auf der anderen Seite verlangt eine Erhöhung von K zur Aufrechterhaltung des K/E-

Verhältnisses, bei dem E mit der Rate $n = (g_L + \lambda)$ wächst, eine Erhöhung von I, die wie vorher durch

$$\Delta I = n\,\Delta K = (g_L + \lambda)\,\Delta K \tag{37}$$

gegeben ist.

Die Volkswirtschaft mit dem diskontierten Integral sozialer Wohlfahrt wird nun so lange den Kapitalstock bei abnehmendem $f'(k)$ erhöhen, bis $\Delta Q = \Delta I$ ist, womit wir

$$f'(k) - r = n = g_L + \lambda, \tag{38}$$

erhalten, die die Turnpike-Bedingung bei Diskontierung des zukünftigen Einkommens mit der Rate r darstellt. Eine Volkswirtschaft mit weit in der Zukunft liegendem Planungshorizont sollte ihre Sparquote so festsetzen, daß sie sich möglichst schnell auf einen gleichgewichtigen Wachstumspfad begibt, entlang dem die Grenzproduktivität des Kapitals, die um Negativoutputs wie Umweltverschmutzung korrigiert werden müßte, gleich der natürlichen Rate des Wachstums zuzüglich der sozialen Abzinsungsrate ist, wenn diese korrekt gemessen werden kann.

Schlußfolgerung

Dieses Kapitel beendet unsere Diskussion theoretischer Modelle langfristigen gleichgewichtigen Wachstums. Natürlich sind diese Modelle hoch theoretisch, wie es auch die Modelle in Teil II des Buches waren. Empirische Arbeiten analog den in Teil III für die kurzfristige Makroökonomik dargestellten müssen für die langfristigen Wachstumsmodelle noch durchgeführt werden. Es ist also noch nicht sicher, was der Beitrag dieser Modelle zur Klärung von Fragen praktischer Wirtschaftspolitik sein wird.

Wir können allerdings zwei eindeutige Verbesserungen unseres Verständnisses der langfristigen Zusammenhänge der Volkswirtschaft verbuchen, die wir aus dem Studium der Wachtumsmodelle gewonnen haben. Wir können keine ewig steigende Wachstumsrate als Ergebnis einer Erhöhung der Sparquote erwarten. Stattdessen besteht der Effekt darin, die Volkswirtschaft auf einen höheren Wachstumspfad zu bringen. Ebenso ist es zumindest in einer fortgeschrittenen Volkswirtschaft sinnlos zu versuchen, die Wachstumsrate zu maximieren. Höheres Wachstum verursacht Kosten in Form von entgangenem gegenwärtigen Konsum, so daß wir eine optimale und nicht unbedingt eine maximale Wachstumsrate anstreben sollten, die die Nutzengewinne zukünftiger Generationen gegen die Nutzenverluste gegenwärtiger Generationen abwägt. Wachstum birgt sowohl Gewinne als auch Kosten. Diese beiden Posten müssen so ausgewogen sein, daß ein optimaler Wachstumspfad erreicht wird.

Ausgewählte Literatur

E. S. Phelps, „The Golden Rule of Accumulation: A Fable for Growth Men," *American Economic Review*, September 1961.

E. S. Phelps. „Second Essay on the Golden Rule of Accumulation," *American Economic Review*, September 1965.

R. Radner, „Paths of Economic Growth That Are Optimal with Regard Only to Final States: A Turnpike Theorem," *Review of Economic Studies*, January 1961.

P. A. Samuelson, „A Catenary Turnpike Theorem," *American Economic Review*, June 1965.

P. A. Samuelson, „A Turnpike Refutation of the Golden Rule," in K. Shell, ed., *Essays on the Theory of Optimal Economic Growth* (Cambridge: MIT Press, 1967).

Kapitel 27
Mittelfristiges Wachstum und „das Maß unserer Unwissenheit“

Als wir von der Analyse des statischen Modells der Einkommensbestimmung, die sich mit der Erhaltung der Vollbeschäftigung beschäftigte, zur Analyse langfristiger gleichgewichtiger Wachstumsmodelle übergegangen sind, haben wir bemerkt, daß man zwischen vier Arten des Wachstums unterscheiden muß. Zuerst haben wir in den Teilen I-III das Wachstum untersucht, das die Volkswirtschaft von einer Position zu niedriger Nachfrage und hoher Unterbeschäftigung zu einer Position der Vollbeschäftigung bewegt. Diese Art des Wachstums kann keinen sich dauerhaft fortsetzenden Prozeß darstellen. Nutzt die Volkswirtschaft die ihr zur Verfügung stehenden Ressourcen erst einmal richtig aus, dann kann sie höchstens so schnell wachsen, wie diese Ressourcen zunehmen (Wachstum des Kapitalstocks und der Erwerbsbevölkerung) und es der technische Fortschritt erlaubt.

Die zweite Art des Wachstums, ist das Wachstum bei Vollbeschäftigung auf einen langfristigen gleichgewichtigen Wachstumspfad zu. Während wir in diesem Fall Vollbeschäftigung aufrechterhalten, erhöhen sich in der Volkswirtschaft die Verhältnisse von Kapital und Output zum effektiven Arbeitsinput, wobei wir uns (in der Terminologie der Kapitel 23-26) zu einem langfristigen Gleichgewichtspunkt k^*, q^* bewegen. Diese zweite Art des Wachstums nennen wir mittelfristiges Wachstum. In Teil IV haben wir einige Aspekte des mittelfristigen Wachstums auf der Nachfrageseite untersucht. Das mittelfristige Wachstum auf der Angebotsseite haben wir uns bis zu diesem Kapitel aufgehoben. Die dritte Art des Wachstums ist das Wachstum der Volkswirtschaft auf dem langfristigen gleichgewichtigen Wachstumspfad k^*, q^* des Neoklassischen Modells. Diese Form des Wachstums, die wir in den Kapiteln 23-26 untersucht haben, nennen wir langfristiges Wachstum.

Diese drei Arten des Wachstums können wir durch zwei bekannte Diagramme beschreiben. In Abbildung 27-1 kann das Wachstum zur Vollbeschäftigung mit einer wachsenden Erwerbsbevölkerung als eine Bewegung von einem Punkt 0, bei dem die Volkswirtschaft nicht den potentiellen Output q_A produziert, den sie mit dem Kapital pro effektivem Arbeitnehmer k_A produzieren könnte, zu einem Punkt auf der Produktionsfunktion dargestellt werden. Die Bewegung zur Vollbeschäftigung involviert also Wachstum vom Punkt 0 zu einem Punkt auf der Produktionsfunktion, der irgendwo zwischen Punkt A und B in Abbildung 27-1 liegt. Dieses Wachstum bezeichnen wir als kurzfristiges Wachstum.

Ist Vollbeschäftigung erst einmal erreicht, dann wächst die Volkswirtschaft entlang der Produktionsfunktion $f(k)$ bis sie den langfristigen Gleichgewichtspunkt B erreicht. Bei dieser zweiten Art des Wachstums erfolgt „Kapitalvertiefung“, die Erhöhung der Kapitalausstattung pro effektivem Arbeitnehmer darstellt, und „Kapitalerweiterung“, bei der zusätzliche Arbeitnehmer mit Kapital entsprechend dem geltenden k-Verhältnis ausgestattet werden. Diese Art des Wachstums bezeichnen wir als mittelfristiges Wachstum. Die Volkswirtschaft wird, wie wir in den Kapiteln 24-26 gesehen haben, ein Verhältnis von Kapital zu effektiver Arbeitskraft erreichen, bei dem bei gegebener Sparquote die gesamte Investition zur Aufrechterhaltung des Kapitalstocks (Kapitalerweiterung) verwendet wird,

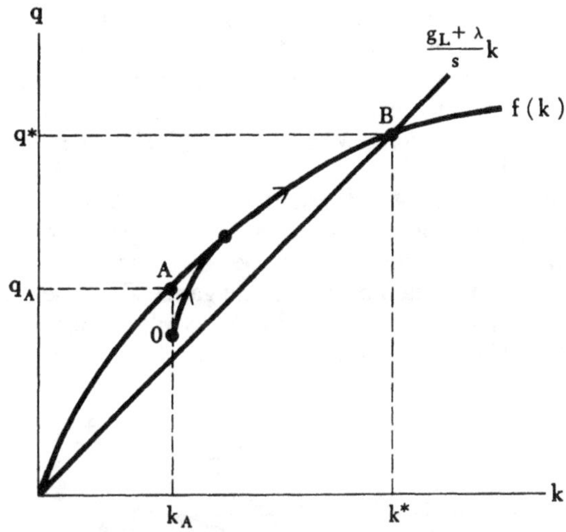

Abbildung 27-1: Expansion zum Vollbeschäftigungsgleichgewicht.

um jeden zusätzlichen effektiven Arbeitnehmer bei geltendem k*-Verhältnis mit Kapital auszustatten. Bei diesem Punkt B in Abbildung 27-1 verändert sich das k-Verhältnis nicht mehr und die Volkswirtschaft befindet sich im langfristigen Gleichgewicht, in dem k* und q* konstant sind.

Diese drei Arten des Wachstums, von 0 zum AB-Pfad und dann zu B, sind auch in Abbildung 27-2 zu erkennen, die Abbildung 23-1 entspricht. Hier ist der natürliche Logarithmus des Outputs pro Arbeitnehmer im Zeitverlauf abgetragen. Die Bewegung vom Punkt 0 zum AB-Pfad wird begleitet von der Elimination der Arbeitslosigkeit, wobei sich die Volkswirtschaft auf ihre Produktionsmöglichkeitenkurve zu bewegt. Die Bewegung entlang der Funktion zu Punkt B in Abbildungen 27-1 und 27-2 stellt Wachstum bei Vollbeschäftigung zum langfristigen gleichgewichtigen Wachstumspfad hin dar.

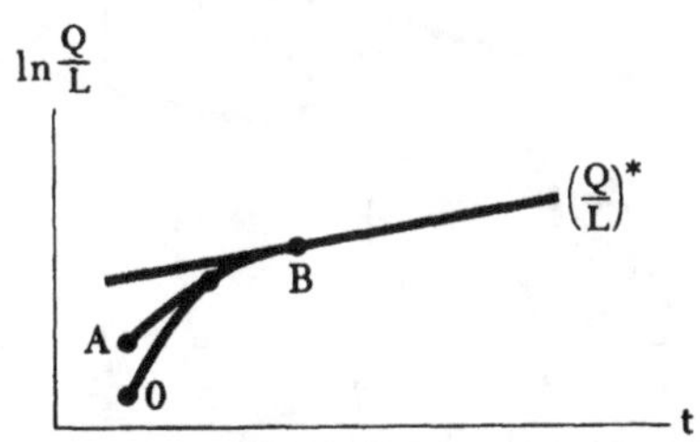

Abbildung 27-2: Expansion zum gleichgewichtigen Wachstumspfad bei Vollbeschäftigung.

Bei Punkt B befindet sich die Volkswirtschaft auf dem gleichgewichtigen Wachstumspfad des Neoklassischen Modells.

In Kapitel 26 haben wir die Frage diskutiert, auf welchem langfristigen Pfad sich die Volkswirtschaft am besten befinden sollte. Die Wahl dieses optimalen Wachstumspfades bedeutet die Festsetzung der Kontrollvariable des Staates (der Sparquote) auf einem Niveau, das den in einem bestimmten Sinne besten Punkt

k^*, q^* implizierte. Die Erhöhung der Sparquote von s_0 auf s_1 in Abbildung 27-3 erhöht den Gleichgewichtswert k von k^* auf k^{**}, wobei wir eine Übergangsphase des Wachstums vom Zeitpunkt t_0 bis zum Zeitpunkt t_1 beobachten, die in Abbildung 27-4 dargestellt ist. In dieser Phase bewegt sich die Volkswirtschaft vom anfänglichen langfristigen Gleichgewichtspfad $(Q/L)^*$ zu dem neuen langfristigen Pfad $(Q/L)^{**}$. Dies ist die vierte Art des Wachstums, die wir in Kapitel 23 erwähnt haben. Abbildung 27-4 entspricht Abbildung 23-1, wobei die Achsenbezeichnungen geringfügig geändert wurden. Diese vierte Art des Wachstums stellt ebenfalls mittelfristiges Wachstum dar, bei dem sich die Volkswirtschaft zwischen zwei langfristigen Pfaden befindet, die ganze Zeit über aber Vollbeschäftigung aufrechterhalten wird. Auf diese Form des Wachstumsprozesses wollen wir uns in diesem Kapitel konzentrieren.

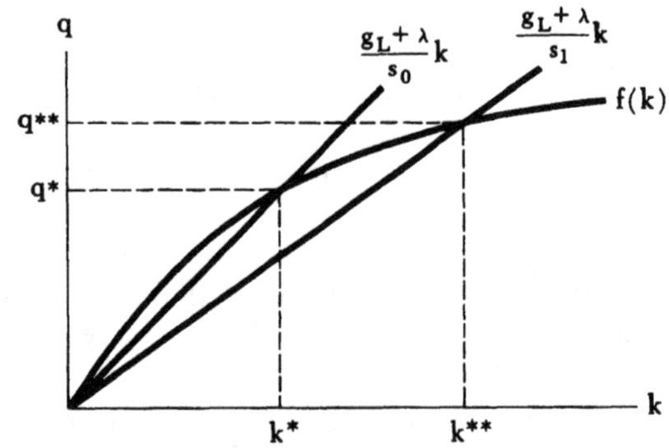

Abbildung 27-3: Veränderung der Sparquote.

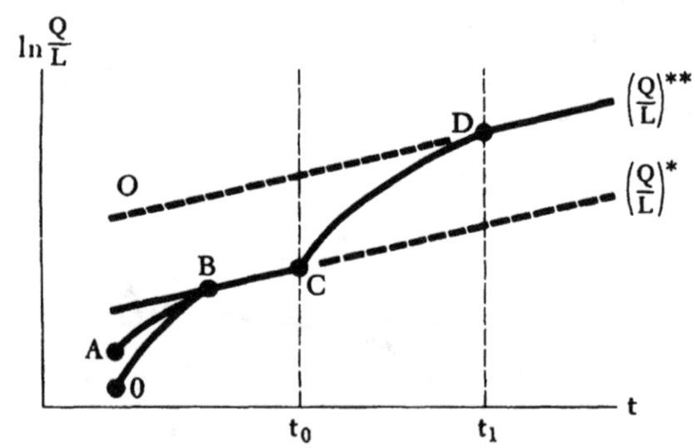

Abbildung 27-4: Verschiebung des gleichgewichtigen Wachstumspfads.

Insbesondere stellen wir in diesem Kapitel die Frage, wie empfindlich die Wachstumsrate des Outputs mittelfristig auf Veränderungen des Verhältnisses von Investition zu Output (der Investitionsquote) reagiert. Wir können diese Frage auf zwei Arten stellen. Nehmen wir an, eine gegebene Veränderung der Sparquote (Ersparnis = Investition) verschiebe den langfristigen Gleichgewichtspfad der Volkswirtschaft in Abbildung 27-4 von $(Q/L)^*$ auf $(Q/L)^{**}$, dann können wir entweder fragen, wie lange die Periode vom Zeitpunkt t_0 bis zum Zeitpunkt t_1 ist, die wir als Übergangsphase bezeichnen, oder aber wir können fragen, wie steil der Wachstumspfad in Abbildung 27-4 vom Punkt C zum Punkt D ansteigt.

Wir wollen also wissen, wie stark die tatsächliche Wachstumsrate des Outputs auf eine bestimmte Veränderung der Sparquote hin reagiert. Je länger die Periode von t_0 bis t_1 ist, desto flacher wird der Wachtumspfad von C nach D sein, wenn die Niveaus von $(Q/L)^*$ und $(Q/L)^{**}$ gegeben sind.

Die Steilheit des Wachstumspfads der Übergangsphase (des mittelfristigen Wachstumspfads) hängt von der Empfindlichkeit der Wachstumsrate des Vollbeschäftigungsoutputs in bezug auf Veränderungen der Wachstumsrate des Kapitalstocks ab. Wenn die Wachstumsrate des Outputs sehr elastisch in bezug auf Veränderungen der Wachstumsrate des Kapitalstocks ist, dann wird eine gegebene Erhöhung der Sparquote, wobei Vollbeschäftigung aufrechterhalten wird, anfänglich die Wachstumsrate des Kapitalstocks erhöhen und eine größere Erhöhung der Wachstumsrate des Outputs mit sich bringen. Dies impliziert, daß die mittelfristige Wachstumsrate um so höher ist, je geringer die Elastizität ist.

Obwohl sich die Volkswirtschaft also nach einer Erhöhung der Sparquote (Investitionsquote) auf einem neuen $(Q/L)^*$-Pfad einfinden wird, wird die Wachstumsrate während einer Übergangsphase höher als die langfristige natürliche Wachstumsrate $n = (g_L + \lambda)$ sein. Um wieviel sich die Wachstumsrate erhöht oder wie lange die Übergangsphase dauert, wird davon abhängen, wie elastisch die Wachstumsrate des Outputs $\dot{Q}$ in bezug auf Veränderungen der Wachstumsrate des Kapitalstocks $\dot{K}$ ist. Wie wir in Kürze sehen werden, hängt diese Elastizität von der Quelle des technischen Fortschritts in der Volkswirtschaft ab. Wenn dieser im Kapitalstock „verkörpert" (gebunden) ist, dann bringt eine Erhöhung der Investitionen nicht nur eine Erhöhung des Kapitalstocks mit sich, sondern auch neueres, besseres und produktiveres Kapital, wodurch die Elastizität von $\dot{Q}$ in bezug auf $\dot{K}$ erhöht wird. Wenn dagegen der gesamte technische Fortschritt in den Arbeitskräften verkörpert ist, wenn zum Beispiel mehr Ausbildung bessere Fähigkeiten mit sich bringt, dann wird eine Erhöhung der Investitionen zu einer geringeren Erhöhung von $\dot{Q}$ führen.

Um eine Einführung in die Diskussion dieser Themen zu geben, entwickeln wir zunächst die in der Produktionsfunktion $Q = F(K, L)$ implizite Wachstumsbeziehung etwas detaillierter. Wir erhalten daraus die Beziehung zwischen den Wachstumsraten des Outputs Q, des Kapitalinputs K und des Arbeitsinputs L, wenn sich die Volkswirtschaft zwischen zwei langfristigen Wachstumspfaden entlang ihrer Produktionsfunktion bewegt. Wir werden sehen, wie die Empfindlichkeit von $\dot{Q}$ in bezug auf Veränderungen der Ersparnis, der Investition und $\dot{K}$ davon abhängt, ob der technische Fortschritt in neuem Kapitalstock verkörpert ist, sich lediglich in Form einer reinen Verschiebung der Produktionsfunktion nach oben äußert oder einfach durch eine Erhöhung der effektiven Arbeitskraft zustande kommt, wie wir es in den Kapiteln 24-26 angenommen haben.

Outputwachstum, Inputwachstum und die Produktionsfunktion mit konstanten Skalenerträgen

Um die Beziehung zwischen den Wachstumsraten des Kapital-, des Arbeitsinputs und des Outputs zu entwickeln, gehen wir von der bekannten allgemeinen Produktionsfunktion aus, die homogen vom Grade 1 ist:

$$Q_t = F(k_t, L_t). \tag{1}$$

Wir werden nun aus Gleichung (1) einen Ausdruck für die Wachstumsrate des Outputs $\dot{Q}$ in Abhängigkeit von den Wachstumsraten des Inputs $\dot{K}$ und $\dot{L}$ herleiten. Wenn wir die Produktionsfunktion nach der Zeit differenzieren, so erhalten wir

$$\frac{dQ}{dt} = \frac{\partial F}{\partial K}\frac{dK}{dt} + \frac{\partial F}{\partial L}\frac{dL}{dt}.$$

Dividieren wir beide Seiten durch Q, so erhalten wir einen Ausdruck für die proportionale Wachstumsrate $\dot{Q}$:

$$\frac{dQ/dt}{Q} \equiv \dot{Q} = \frac{\partial F}{\partial K}\frac{1}{Q}\frac{dK}{dt} + \frac{\partial F}{\partial L}\frac{1}{Q}\frac{dL}{dt}. \tag{2}$$

Als nächstes multiplizieren wir die Terme auf der rechten Seite von (2) mit K/K respektive L/L, um

$$\dot{Q} = \frac{\partial F}{\partial K}\frac{K}{Q}\frac{dK}{dt}\frac{1}{K} + \frac{\partial F}{\partial L}\frac{L}{Q}\frac{dL}{dt}\frac{1}{L}$$

zu erhalten, wobei wir erkennen, daß $[(dK/dt)/k] = \dot{K}$ ist. Entsprechendes gilt für den Ausdruck mit L, so daß wir die Gleichung für $\dot{Q}$ auch wie folgt schreiben können:

$$\dot{Q} = \frac{\partial F}{\partial K}\frac{K}{Q}\dot{K} + \frac{\partial F}{\partial L}\frac{L}{Q}\dot{L} \tag{3}$$

oder

$$\dot{Q} = \eta_K\dot{K} + \eta_L\dot{L}. \tag{4}$$

wobei $\eta_K \equiv (\partial F/\partial K) \cdot (Q/K)$ und $\eta_L \equiv (\partial F/\partial L) \cdot (L/Q)$ ist. Wenn also $\dot{K}$ steigt, dann steigt $\dot{Q}$ um η_K mal der Erhöhung von $\dot{K}$, was entsprechend auch für $\dot{L}$ gilt.

Outputelastizitäten und relative Anteile

Die Koeffizienten η_K und η_L in Gleichung (4) können auf zwei interessante Arten interpretiert werden. Zunächst sind es die Elastizitäten des Outputs in bezug auf Veränderungen der Inputs. Halten wir zum Beispiel, L konstant, dann ist die Elastizität des Outputs in bezug auf Veränderungen des Kapitalinputs E_K durch

$$E_K = \frac{\partial Q}{\partial K} \cdot \frac{K}{Q} = \eta_K$$

gegeben. Genauso erhalten wir, wenn wir K konstant halten, $E_L = \eta_L$. Betrachten wir noch einmal Gleichung (4), so besagt diese, daß die Wachstumsrate des Outputs $\dot{Q}$ gleich der Summe der Wachstumsraten der Inputs jeweils multipliziert mit ihren Elastizitäten ist.

Die zweite interessante Interpretation ergibt sich, wenn wir annehmen, die Faktorinputs würden auf vollständigen Märkten gehandelt. In diesem Fall ist zum Beispiel der Reallohnsatz w gleich der Grenzproduktivität der Arbeit, womit η_L also auch den Anteil des Faktors Arbeit am Output bezeichnet:

$$\eta_L = \frac{\partial F}{\partial L} \cdot \frac{L}{Q} = \frac{W}{Q} = \text{labor share.}$$

Ebenso ist η_K gleich dem Anteil des Kapitals. Liegen also vollständige Märkte vor, so bezeichnen die Koeffizienten η_K und η_L den Anteil des Kapitals beziehungsweise den Anteil der Arbeit am Output.

Wenn nun die Produktionsfunktion homogen vom Grade eins ist, dann bedeutet dies, daß eine proportionale Erhöhung von K und L die gleiche proportionale Erhöhung von Q zur Folge haben wird. Wenn zum Beispiel K und L um jeweils 5% erhöht werden, $\dot{K}$ und $\dot{L}$ also gleich 0,05 sind, dann muß sich auch Q um 5% erhöhen, so daß $\dot{Q}$ gleich 0,05 ist. Aus Gleichung (3) wissen wir aber, daß wenn $\dot{Q}$, $\dot{K}$ und $\dot{L}$ alle gleich 0,05 sind,

$$0{,}05 = \eta_K(0{,}05) + \eta_L(0{,}05)$$

und

$$1 = \eta_K + \eta_L \tag{5}$$

gilt. Wenn die Produktionsfunktion homogen vom Grade 1 ist, dann müssen sich die Elastizitäts-/Anteils-Koeffizienten zu eins aufaddieren. Hierdurch wird sicher gestellt, daß die Faktoranteile am Output aufaddiert 1 ergeben, wenn die Produktionsfunktion homogen vom Grade 1 ist und vollständige Märkte vorliegen, der Output also vollständig auf die Faktoren verteilt wird.

Es wurde gelegentlich behauptet, daß die Identifizierung der Koeffizienten η mit Outputelastizitäten und relativen Faktoranteilen bei vollständigen Märkten nur vorgenommen werden kann, wenn wir es mit einer Cobb-Douglas-Produktionsfunktion zu tun haben. Die vorangegangene Analyse zeigt allerdings, daß diese Beziehungen bei jeder Produktionsfunktion gelten, die homogen vom Grade 1 ist, wenn wir uns in einer Volkswirtschaft mit vollständigen Märkten befinden. Die Cobb-Douglas-Produktionsfunktion stellt allerdings ein brauchbares Beispiel dar, das diese Beziehungen deutlicher herausstellt.

Wir schreiben die Cobb-Douglas-Produktionsfunktion als

$$Q = bK^{\alpha} L^{1-\alpha} \tag{6}$$

oder in logarithmierter Form als

$$\ln Q = \ln b + \alpha \ln K + (1 - \alpha) \ln L.$$

Hieraus erkennen wir, daß sich im Fall der Cobb-Douglas-Produktionsfunktion

$$\dot{Q}\ \alpha\dot{K} + (1-\alpha)\,\dot{L} \tag{7}$$

ergibt, so daß die Elastizitätskoeffizienten η_K und η_L der Gleichung (4) hier gerade durch α und $1-\alpha$ gegeben sind und sich somit eindeutig zu eins aufaddieren.

Differenzieren wir die Produktionsfunktion (6) nach L und nehmen wir an, es lägen vollständige Märkte vor, so erhalten wir

$$w = \frac{\partial F}{\partial L} = (1-\alpha)\frac{Q}{L}\ ,$$

so daß der Anteil der Arbeit durch

$$\frac{W}{Q} = (1-\alpha)\frac{Q}{L}\cdot\frac{L}{Q} = (1-\alpha)$$

gegeben ist. Hier entspricht η_L dem Koeffizienten aus Gleichung (7). Eine entsprechende Beziehung gilt auch für das Kapital. Der Anteil des Kapitals ist durch α gegeben, so daß die Anteile mit den Elastizitäten gleich gesetzt werden können und sich zu eins aufaddieren.

Das Residuum des Wachstums

Wir können nun den Ausdruck der Produktionsfunktion für $\dot{Q}$

$$\dot{Q} = \eta_K\,\dot{K} + \eta_L\,\dot{L} \tag{8}$$

verwenden, um die stylisierten Fakten des Wachstums in den USA zu interpretieren, die wir in Kapitel 23 bereits vorgestellt haben. Dort haben wir gesehen, daß in der Volkswirtschaft der USA der Kapitalstock und der Output entlang dem Trend mit ungefähr 2,5% im Jahr wachsen und die Erwerbsbevölkerung mit ungefähr 1,5%. Entlang dem Trend gilt also $\dot{Q} = \dot{K} = 0{,}025$ und $\dot{L} = 0{,}015$. Wir wissen ebenso aus Kapital 2, daß der Anteil der Arbeit am Volkseinkommen ungefähr 75% beträgt, während der Anteil des Kapitals ungefähr 25% beträgt, abhängig davon, wie das Einkommen aus Unternehmertätigkeit auf Kapital und Arbeit verteilt wird. Folglich gilt $\eta_K = 0{,}75$ und $\eta_L = 0{,}25$.

Setzen wir diese Werte für die Wachstumsraten der Faktorinputs und der relativen Anteile in die Wachstumsgleichung (8) ein, so erhalten wir, auf Basis der Annahme, die Produktionsfunktion der Volkswirtschaft weise konstante Skalenerträge auf, ein erklärtes Outputwachstum von

$$\eta_K\dot{K} + \eta_L\dot{L} = 0{,}25(0{,}025) + 0{,}75(0{,}015) = 0{,}0175.$$

Tatsächlich wächst der Output entlang dem Trend aber mit ungefähr 2,5% im Jahr! Es werden also nur ungefähr 70% des Outputwachstums durch das Wachstum der Inputfaktoren erklärt. Das unerklärte Wachstum des Outputs stellt das Residuum dar:

$$\dot{Q} - \eta_K \dot{K} - \eta_L \dot{L} \approx 0{,}75 \text{ Residuum}.$$

Der Residualfaktor des Wirtschaftswachstums ist der Anteil des Outputwachstums, der unter Annahme einer Produktionsfunktion mit konstanten Skalenerträgen nicht einfach durch das Wachstum der Inputfaktoren erklärt werden kann. Edward Denison nannte diesen Faktor das Maß unserer Unwissenheit.

Eine umfangreiche und teilweise kontroverse Literatur, die sich seit den späten fünfziger Jahren um die Arbeiten Denisons, Kendricks, Solows und Jorgenson und Griliches entwickelt hat, beschäftigt sich mit der Erklärung des Residuums des Wachstums. Im allgemeinen kann man sagen, daß das Residuum den technischen Fortschritt darstellt, wenn alle Inputs korrekt gemessen werden und die Produktionsfunktion auf Dauer homogen vom Grade eins ist. Die Produktionsfunktion wird also im Laufe der Zeit nach oben wandern. Dies kann (a) auf verbesserte Organisation, (b) auf Verbesserungen der Produktionsgüter und (c) auf bessere Arbeitskräfte zurückgeführt werden. Ob dieser Faktor des technischen Fortschritts einzelne Inputs vermehrt oder die Produktionsfunktion lediglich neutral verschiebt und ob er nur in neuen Inputs verkörpert werden muß im Gegensatz zu alten und neuen Inputs, all dies wird die Rate des technischen Fortschritts, die mit einem Residualfaktor einer gegebenen Größe vergleichbar ist, und die Empfindlichkeit des Outputwachstums in bezug auf Veränderungen der Inputwachstumsraten beeinflussen.

Wenn eine gegebene Rate des technischen Fortschritts die Produktionsfunktion einfach nach oben verschiebt, so wird das Residuum größer sein, als in einer Situation, in der sich nur die verfügbare Arbeiskraft vermehrt, wobei $\dot{Q}$ nur durch die Elastizität des Arbeitsinputs η_L beeinflußt wird. Das Residuum wird sogar noch geringer sein, wenn der technische Fortschritt nur durch die Kapitalelastizität η_K wirkt. Um es mit anderen Worten zu sagen, um einen Residualfaktor von 0,75% im Jahr zu erklären, muß die Rate des technischen Fortschritts größer sein, wenn sie durch die Elastizität der Arbeitskraft η_L wirkt, als in dem Fall, wenn sie die ganze Produktionsfunktion nach oben verschiebt. Wirkt sie durch η_K, dann kann die Rate des technischen Fortschritts sogar noch geringer sein. Wenn der technische Fortschritt zusätzlich in dem einen oder dem anderen Faktor verkörpert sein muß, dann ist die Reagibilität des Outputwachstums auf Investitionen in diese Faktoren noch größer. Wenn der technische Fortschritt in neuen Maschinen verkörpert sein muß, dann wird eine Erhöhung der Ersparnis und der Investition das Outputwachstum nicht nur durch die Produktion auf mehr Maschinen sondern auch durch die Produktion neuer und besserer Maschinen erhöhen.

Die nächsten drei Abschnitte konzentrieren sich auf diese Punkte. Wir untersuchen zunächst neutralen unverkörperten technischen Fortschritt in Form von Verschiebungen der Produktionsfunktion. Danach beschäftigen wir uns mit arbeitskraftvermehrendem unverkörperten Fortschritt der Form $E_t = L_t e^{\lambda t}$, den wir bereits in den Kapiteln 23-26 kennengelernt haben und schließlich mit kapitalverkörpertem technischen Fortschritt, der die Elastizität von $\dot{Q}$ in bezug auf die Investition erhöht.

Welche dieser Annahmen korrekt ist oder welche Kombination von ihnen, hat wichtige Konsequenzen für die mittelfristige Wachstumspolitik. Ist die Annahme kapitalverkörperten technischen Fortschritts korrekt, dann hätte der Staat, wollte er das Wachstum erhöhen, mehr davon, zum Beispiel einen Investitionssteuerkredit zu gewähren, als in dem Fall, wenn eine der beiden anderen Annahmen korrekt ist.

Neutraler unverkörperter technischer Fortschritt

Die einfachste Annahme bezüglich des technischen Fortschritts wurde 1957 von Solow eingeführt. Sie besagt, daß sich Fortschritt durch Verbesserungen bei der Organisation ausdrückt, wodurch die Produktionsfunktion im Zeitverlauf nach oben verschoben wird. Man nimmt an, daß diese Art des technischen Fortschritts einfach kostenlos vom Himmel auf die Volkswirtschaft darniederrieselt. In diesem Fall können wir die Produktionsfunktion wie folgt schreiben:

$$Q_t = A_t \cdot F(K_t, L_t), \tag{9}$$

wobei $F(K_t, L_t)$ unserer ursprünglichen Produktionsfunktion mit konstanten Skalenerträgen entspricht. Wenn A_t eine kontinuierliche autonome Verschiebung der Produktionsfunktion nach oben darstellt, so können wir annehmen, daß

$$A_t = A_0 e^{\lambda t}. \tag{10}$$

Wir können nun aus Gleichung (9) einen neuen Ausdruck für $\dot{Q}$ als eine Funktion des Inputwachstums und der Rate des technsichen Fortschritts herleiten. Zunächst ergibt die Differentiation nach der Zeit, daß

$$\frac{dQ}{dt} = F(K, L)\frac{dA}{dt} + A\frac{\partial F}{\partial K}\frac{dK}{dt} + A\frac{\partial F}{\partial L}\frac{dL}{dt}.$$

Als nächstes ergeben die gleichen Substitutionen, die uns Gleichung (3) und Gleichung (4) bescherten, die Wachstumsgleichung

$$\dot{Q} = \dot{A} + \eta_K \dot{K} + \eta_L \dot{L}. \tag{11}$$

Hier haben wir das Residuum als die Wachstumsrate A definiert, die dem Verschiebunsfaktor des autonomen technischen Fortschritts entspricht. Wenn Gleichung (10) erfüllt ist, dann erhalten wir als Maß für das Residuum:

$$\dot{A} = \dot{Q} - \eta_K \dot{K} - \eta_L \dot{L} = \lambda. \tag{12}$$

Das Residuum ist gleich der Wachstumsrate A.

Graphisch betrachtet liegt nun eine Pro-Kopf-Produktionsfunktion vor (nicht unbedingt eine Produktionsfunktion pro effektivem Arbeitnehmer), die sich im Laufe der Zeit nach oben verschiebt. Teilen wir die Produktionsfunktion (9) durch L und berücksichtigen dabei, daß F homogen vom Grade 1 ist, so erhalten wir

$$\frac{Q}{L} = A_t \cdot f\left(\frac{K}{L}\right), \tag{13}$$

so daß sich die Pro-Kopf-Produktionsfunktion in Abbildung 27-5 im Zeitverlauf mit der Rate λ (der Wachstumsrate von A) nach oben verschiebt.

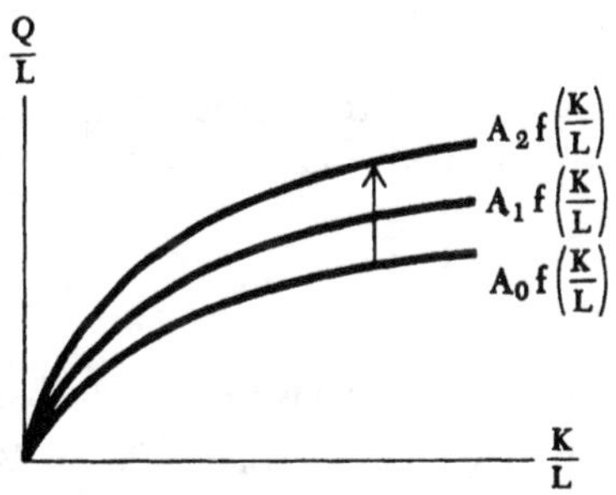

Abbildung 27-5: Die Pro-Kopf-Produktionsfunktion, die sich im Laufe der Zeit nach oben verschiebt.

Setzen wir unsere stylisierten Fakten in Gleichung (12) ein, so erhalten wir im Falle neutralen unverkörperten technischen Fortschritts:

$$\lambda = \dot{A} = 0{,}025 - 0{,}25(0{,}025) - 0{,}75(0{,}015) \approx 0{,}0075.$$

Folglich beträgt die Rate des technischen Fortschritts unter der Annahme, daß sie als das Residuum definiert ist, ungefähr 0,75% im Jahr. Setzen wir diesen Wert für $\dot{A}$ in den Ausdruck für $\dot{Q}$ ein, so erhalten wir in diesem einfachen Fall

$$\dot{Q} = 0{,}0075 + 0{,}25\,\dot{K} + 0{,}75\,\dot{L}. \tag{14}$$

Da der technische Fortschritt nicht im Kapitalstock verkörpert ist, führt eine einprozentige Erhöhung der Wachstumsrate des Kapitals $\dot{K}$ zu einer mittelfristigen Erhöhung von $\dot{Q}$ um nur 0,25%. Es entsteht kein besonderer technologischer Nutzen aus der Erhöhung von $\dot{K}$, da die Errungenschaften des technischen Fortschritts sowohl durch alte als auch durch neue Maschinen wirken.

Auf der anderen Seite wird eine einprozentige Erhöhung von $\dot{L}$ den Wert von $\dot{Q}$ um 0,75% erhöhen, selbst ohne Verkörperung des technischen Fortschritts in Arbeitskraft. Dies ist der Fall, weil die Elastizität des Outputs in bezug auf die Arbeitskraft ungefähr 0,75% beträgt, wenn die Einkommensanteile ein einigermaßen gutes Maß für die Elastizität darstellen. In bezug auf das Kapital beträgt die Elastizität nur 0,25%. Als nächstes untersuchen wir die Resultate der Annahme, daß der technische Fortschritt arbeitskraftvermehrend aber immer noch unverkörpert ist.

Arbeitskraftvermehrender unverkörperter technischer Fortschritt

Es ist leicht, bei der Entwicklung des Neoklassischen Wachstumsmodells den Ausdruck für $\dot{Q}$ unter der Annahme arbeitskraftvermehrenden technischen Fortschritts herzuleiten. Nehmen wir an, der technische Fortschritt rühre von einer Aufwertung der Arbeitskräfte her, die sich zum Beispiel in verbesserten Fähigkeiten aller Arbeitskräfte äußert. In diesem Fall ergibt sich die Produktionsfunktion

$$Q_t = F(K_t, E_t), \tag{15}$$

die in bezug auf Kapital K und effektive Arbeitskraft E homogen vom Grade eins ist. Die effektive Arbeitskraft ist als $E_t = e^{\lambda t}$ definiert. Die Wachstumsrate von E_t ist durch

$$\dot{E} = \dot{L} + \lambda_L = n, \tag{16}$$

gegeben und entspricht der natürlichen Rate des Wachstums.

Aus Gleichung (15) erhalten wir den Ausdruck für die Wachstumsrate von Q, der jetzt wie folgt aussieht:

$$\dot{Q} = \eta_K \dot{K} + \eta_E \dot{E} = \eta_K \dot{K} + \eta_E(\dot{L} + \lambda_L). \tag{17}$$

Wenn der Anteil des Outputs, der auf die effektive Arbeitskraft entfällt, immer noch 0,75% beträgt, dann können wir den Wert von λ_L, der Rate des technischen Fortschritts, unter der Annahme arbeitskraftvermehrenden technischen Fortschritts wie folgt berechnen:

$$0{,}025 = 0{,}25(0{,}025) + 0{,}75(0{,}015 + \lambda_L).$$

Lösen wir diese Gleichung nach λ_L auf, so erhalten wir den Wert 1%, der lediglich der Differenz der Wachstumsrate des Outputs (2,5%) und der Wachstumsrate des Arbeitsinputs (1,5%) entspricht. Im arbeitskraftvermehrenden Fall entspricht λ_L also der exogenen Wachstumsrate der Arbeitsproduktivität.

Da der technische Fortschritt in diesem Fall durch die Outputelastizität in bezug auf die Arbeiskraft (0,75) wirkt, beträgt der Faktor des technischen Fortschritts λ_L 0,01 im Gegensatz zu 0,0075 im unverkörperten Fall. Wenn der Wert des zu erklärenden Residuums mit 0,0075 in beiden Fällen der gleiche ist, dann wird der Parameter λ in dem Fall größer sein, bei dem λ eine geringere Hebelwirkung auf $\dot{Q}$ hat.

Der Ausdruck für die Wachstumsrate des Outputs beträgt allerdings immer noch

$$\dot{Q} = 0{,}0075 + 0{,}25\dot{K} + 0{,}75\dot{L}, \tag{18}$$

da der arbeitskraftvermehrende technische Fortschritt unverkörpert ist. Es erfolgt also keine zusätzliche Erhöhung der Arbeitskraft über das einfache Hinzufügen von mehr Arbeitskraft zum Produktionsprozeß hinaus.

Kapitalverkörperter technischer Fortschritt

Sowohl Solow als auch Nelson haben einfache Modelle entwickelt, bei denen der technische Fortschritt im Kapitalstock durch die Annahme verkörpert wird, daß neue Maschinen effizienter als alte sind. In diesem Fall wird eine Erhöhung der Investition das durchschnittliche Alter des Kapitalstocks verringern, wodurch einer Erhöhung der Rate des technischen Fortschritts bewirkt wird. Diese Erhöhung der Rate des technischen Fortschritts wird zusammen mit der Verringerung des durchschnittlichen Alters des Kapitalstocks die Wachstumsrate des Outputs über das Maß hinaus erhöhen, das mit einer einfachen Erhöhung der zur Verfügung stehenden Maschinen einhergeht. Solange also die Investition ausreicht, um das durchschnittliche Alter des Kapitalstocks zu verringern, so lange wird die Wachstumsrate des Outputs steigen und zwar sowohl weil mehr Kapital zur Verfügung steht als auch weil das Durchschnittsalter der Maschinen sinkt. Erreicht der Kapitalstock sein gleichgewichtiges Durchschnittsalter bei gegebenem Verhältnis der Investition zum Output, so wird diese zusätzliche Unterstützung des Outputwachstums durch das Wachstum des Kapitalstocks verschwinden und die Wachstumsrate des Outputs wird sich bei einem langfristigen Wert einpendeln.

Wir werden hier Nelsons Modell des kapitalverkörperten technischen Fortschritts entwickeln. Wir schreiben die kapitalverkörperte Produktionsfunktion als

$$Q_t = F(J_t, L_t), \tag{19}$$

wobei F homogen vom Grade 1 in bezug auf die Inputfaktoren Arbeit und Kapitalgelee J ist. Die Wachstumsrate des Outputs wird nun bestimmt durch die Wachstumsrate des technologisch verbesserten Kapitalstocks (Kapitalgelees J) und die der Arbeitskraft:

$$\dot{Q} = \eta_J \dot{J} + \eta_L \dot{L}. \tag{20}$$

Kapitalgelee ist als der aggregierte Kapitalstock definiert, wobei jede Maschine mit einem Faktor des technischen Fortschritts gewichtet wird, der angibt, wie neu die Maschine in bezug auf den Entwicklungsstand der Technologie ist. Wir können J also wie folgt schreiben:

$$J_t = \sum_{\upsilon=0}^{t} K_{\upsilon t}(1 + \lambda_K)^{\upsilon}. \tag{21}$$

Hier steht K_{vt} für den Kapitalstock des Jahrgangs v der zum Zeitpunkt t in Betrieb ist. Der Jahrgang ist so definiert, daß für die älteste Maschine, die noch in Betrieb ist, $v = 0$ zum Zeitpuntk t gilt. K_{vt} mit $v > 0$ steht dann für Anlagen, die v Jahre nach der ältesten noch laufenden Maschine gebaut worden sind und zum Zeitpunkt t in Betrieb sind. Der Faktor des technsichen Fortschritts λ_K ist durch eine konstante Wachstumsrate pro Jahr gegeben. Der Faktor $(1 + \lambda_K)^v$ stellt den Anpassungsfaktor des technischen Fortschritts dar, der jedes Jahrgangskapital K_{vt} in gegenwärtige Einheiten Kapitalgelees übersetzt.

Ist der Kapitalstock konstant, so erkennen wir aus Gleichung (21) daß die Wachstumsrate von J gleich λ_K sein wird, wenn die Nettoinvestition gleich null ist und die Bruttoinvestition eines jeden Jahres gerade die kaputten Maschinen durch neue ersetzt. Jedes Jahr wird der technologisch verbesserte Kapitalstock aufgrund von Ersatzinvestitionen um den Faktor λ_K effizienter sein. Wenn der Kapitalstock selbst mit konstanter Rate wächst, wie es im langfristigen Wachstumsgleichgewicht der Fall sein würde, dann ist der Ausdruck für die Wachstumsrate des Kapitalgelees durch

$$\dot{J} = \dot{K} + \lambda_K \tag{22}$$

gegeben. Dieser Ausdruck bezeichnet die Wachstumsrate von J im langfristigen steady-state bei gegebener Investitionsquote.

Nun impliziert eine konstante Wachstumsrate des Kapitalstocks auch ein konstantes Durchschnittsalter des Kapitalstocks. Was würde geschehen, wenn die Investitionsquote erhöht würde, so daß das Durchschnittsalter sinken würde? Wenn plötzlich jede Maschine des Kapitalstocks um ein Jahr verjüngt würde, so daß $\Delta\bar{a}$, die Veränderung des Durchschnittsalters $\bar{a}$, gleich -1 wäre, dann würde sich die Wachstumsrate von J um λ_K erhöhen, da plötzlich jede Maschine um ein Jahr effizienter wäre. Wir erkennen hieraus, daß wir $(-\lambda_K \Delta\bar{a})$ zu Gleichung (22) für $\dot{J}$ hinzufügen müssen, wenn wir den Effekt einer Veränderung von $\bar{a}$ berücksichtigen wollen. Beträgt nun $(-\Delta\bar{a})$ ungefähr ein halbes Jahr, dann wird $\dot{J}$ um die Hälfte der Produktivitätserhöhung eines Jahres steigen. Wir erhalten als Ausdruck für $\dot{J}$, bei dem sich das durchschnittliche Alter verändert, den Ausdruck

$$\dot{J} = \dot{K} + \lambda_K - \lambda_K \Delta\bar{a}. \tag{23}$$

Für die Wachstumsrate des Outputs erhalten wir

$$\dot{Q} = \eta_J(\dot{K} + \lambda_K - \lambda_K \Delta\bar{a}) + \eta_L \dot{L}. \tag{24}$$

Als nächstes sollten wir die Beziehung zwischen der Wachstumsrate des Kapitalstocks, die bei dieser Analyse die Instrumentvariable darstellt, und der Veränderung des durchschnittlichen Alters untersuchen. Diese Beziehung gibt den Effekt einer Erhöhung der Investition auf Q an, der durch eine Erhöhung des technischen Fortschritts ausgelöst wurde.

Nelson zeigt, daß wir $\Delta\bar{a}$ durch

$$\Delta\bar{a} = 1 - (\dot{K} + \delta)\bar{a} \tag{25}$$

approximieren können, wobei δ der prozentualen Wertminderungsrate des Kapitalstocks entspricht. Wenn die Bruttoinvestition I_g gleich der Summe der Nettoinvestition I_n und der Wertminderung δK ist,

$$I_g = I_n + \delta K,$$

dann entspricht der Ausdruck in Klammern in (25)

$$\dot{K} + \delta = \frac{I_n}{K} + \delta = \frac{I_g}{K},$$

dem Verhältnis der Bruttoinvestition zum Kapitalstock. Wenn die Bruttoinvestition gleich null ist, wenn also $\dot{K} + \delta = 0$ ist, dann sagt (25) aus, daß das Durchschnittsalter des Kapitalstocks um ein Jahr zunehmen wird, da kein altes Kapital durch neues ersetzt wird. Wenn die Nettoinvestition gleich null ist, so daß nur verbrauchte Produktionsanlagen ersetzt werden, dann gilt

$$\Delta\bar{a} = 1 - \delta\bar{a} = 0,$$

da das Durchschnittsalter des Kapitalstocks ungefähr der Inversen der Wertminderungsrate entspricht, so daß also $\delta\bar{a}$ gleich 1 ist. Je größer $\bar{a}$ desto mehr wird eine gegebene Erhöhung der Bruttoinvestition das Durchschnittsalter verringern. Wenn der existierende Kapitalstock zum Beispiel aus 100 Maschinen bestünde, die alle zehn Jahre alt sind, so daß also $\bar{a}$ gleich 10 ist, dann würde eine Bruttoinvestition von 100 neuen Maschinen $\bar{a}$ auf 5 verringern, so daß sich Δa gleich 5 ergäbe. Wäre der existierende Kapitalstock 20 Jahre alt, dann hätte der gleiche Betrag der Bruttoinvestition $\bar{a}$ auf 10 reduziert, so daß also $\Delta\bar{a}$ gleich 10 wäre.

Ersetzen wir $\Delta\bar{a}$ in dem Ausdruck für $\dot{Q}$ durch (25) so erhalten wir:

$$\dot{Q} = \eta_J \{\dot{K} + \lambda_K - \lambda_K[1 - (\dot{K} + \delta)\bar{a}]\} + \eta_L\dot{L}$$

Kombinieren wir die Ausdrücke in Klammern, so ergibt sich

$$\dot{Q} = \eta_J[\dot{K} + \lambda_K(\dot{K} + \delta)\bar{a}] + \eta_L\dot{L} \tag{26}$$

als Ausdruck für $\dot{Q}$ für den Fall kapitalverkörperten technischen Fortschritts. Wir können nun repräsentative US-Daten verwenden, um die Rate des technischen Fortschritts im kapitalverkörperten Modell λ_K zu bestimmen, die ein Residuum von 1,5% erklären soll. Wir haben bereits geschätzt, daß $\dot{Q} = \dot{K} = 0{,}025$ ist, $\dot{L} = 0{,}015$, $\eta_K = 0{,}25$ und $\eta_L = 0{,}75$. Wir können δ auf ungefähr 0,10 schätzen, so daß also die Wertminderungsrate ungefähr 10% des Kapitalstocks beträgt und $\bar{a}$ ungefähr 10 Jahre ist. Setzen wir diese Werte in Gleichung (26) ein, so erhalten wir

$$0{,}025 = 0{,}25[0{,}025 + \lambda_K(0{,}125)10] + 0{,}75(0{,}015).$$

Die Auflösung dieser Gleichung nach λ_K ergibt den Wert 0,024 oder 2,4%. Mit kapitalverkörpertem technischen Fortschritt beträgt das zu erklärende Residuum also immer noch 0,0075. Da aber λ_K auf $\dot{Q}$ nur über die kleine Kapitalelastizität η_K Einfluß hat, muß λ_K einen höheren Wert als λ oder λ_L annehmen, um das gleiche Residuum zu erklären.

Wir können den Ausdruck für $\dot{Q}$ mit kapitalverkörpertem technischen Fortschritt der Rate 2,4% im Jahr schreiben, um in diesem Modell die Empfindlichkeit von $\dot{Q}$ in bezug auf $\dot{K}$ zu bestimmen:

$$\dot{Q} = 0{,}25\,[\dot{K} + 0{,}024(\dot{K} + 0{,}10)10] + 0{,}75\dot{L},$$

so daß

$$\dot{Q} = 0{,}006 + 0{,}31\dot{K} + 0{,}75\dot{L}. \tag{27}$$

Die Annahme, der technische Fortschritt sei in neuen Maschinen verkörpert, erhöht die mittelfristige Empfindlichkeit von $\dot{Q}$ in bezug auf $\dot{K}$ von 0,25 im unverkörperten und arbeitskraftvermehrenden Modell auf 0,31 hier. Diese Erhöhung stellt ein Maß für den Effekt der Investition dar, die nicht nur den Kapitalstock erhöht, wie es in den ersten beiden Modellen der Fall war, sondern auch neueres Kapital hinzufügt.

Die Annahme, daß der gesamte technische Fortschritt in neuem Kapital verkörpert ist, erhöht die Schätzung der Empfindlichkeit von $\dot{Q}$ in bezug auf Veränderungen von $\dot{K}$ um ungefähr 0,3, was nur einen relativ geringen Ertrag eines Programms zur Subventionierung von Investitionen darstellt. Ein ähnliches Modell, bei dem die Verbesserung der Qualität der Arbeitskraft verkörpert ist, würde vielleicht zu einer Erhöhung des Koeffizienten η_L auf 0,8 oder 0,85 führen. Wachstumspolitische Programme, die die Bildung von Humankapital unterstützen würden dadurch attraktiver.

Denisons Quellen des Wachstums

Ein anderer Ansatz zur Erklärung des US-Wachstums stammt von Denison. Er analysierte die Ereignisse der Jahre 1929 bis 1957. In diesen beiden Jahren befand sich der Output einigermaßen nahe bei seinem potentiellen Niveau. Später erweiterte Denison seine Studie noch bis zum Jahr 1982. Obwohl viele seiner Annahmen eher konventionell sind, wie zum Beispiel die Verwendung von Einkommensanteilen, um die Faktorproduktivität zu messen, unterscheidet sich seine Analyse von der Solows und Nelsons in einer Reihe wichtiger und interessanter Punkte. Seine Kategoriesierung der Inputfaktoren ist hinreichend weit gefaßt, um einige Quellen des Wachstums mit einzelnen Inputs zu assoziieren und sie nicht einfach als Residuum aufzufassen. Dies trifft insbesondere auf Veränderungen der Qualität der verfügbaren Arbeitskraft zu. Des weiteren disaggregiert er die Inputs Arbeit und Kapital, um getrennte Schätzungen der Auswirkungen von Veränderungen der Alters- und Geschlechterstruktur der Erwerbsbevölkerung und verschiedener Formen des Kapitals vornehmen zu können. Schließlich versucht er sogar, sein reduziertes Residuum zu disaggregieren, so daß nicht einfach alles durch technischen Fortschritt erklärt wird. Besonders wichtig ist hier, daß er die Annahme konstanter Skalenerträge fallen läßt und sie durch die Annahme zunehmender Skalenerträge ersetzt.

Denisons „Buchhaltung des Wachstums" von 1929 bis 1982 ist in Tabelle 27-1 dargestellt. Wir erkennen, daß das Volkseinkommen im Durchschnitt mit einer Rate von 2,92% im Jahr gewachsen ist. Von diesem Wachstum weist Denison 1,9% dem Wachstum der Inputfaktoren zu und 0,26% im Jahr den zunehmenden Skalenerträgen. In Denisons Berechnung ergibt sich ein Residuum von 0,76%. Er vermag also 2,16% zu erklären.

Denisons Zahlen des Wachstums weichen von denen der stylisierten Fakten ab, weil die betrachteten Perioden nicht die gleichen sind und die Analysemethoden unterschiedlich sind.

Es ist allerdings interessant die Unterschiede der relativen Wichtigkeit der einzelnen Quellen des Wachstums zu beobachten, da sie unterschiedliche politische Maßnahmen zur Steigerung des Wachstums implizieren (Tabelle 27-2). Das Wachstum des Kapitalstocks ist am wichtigsten, wenn wir annehmen, der technische Fortschritt wirke durch neuen Kapitalstock. Das Wachstum des Kapitalstocks spielt in Denisons Analyse eine weniger wichtige Rolle, da in seinem Modell die Verbesserung der Qualität der verfügbaren Arbeitskraft im Vordergrund steht. Im Modell neutralen unverkörperten technischen Fortschritts, mit dem wir begonnen haben, ist kein Faktor so wichtig wie der technische Fortschritt und wir können von politischen Maßnahmen, die die Wachstumsrate der Arbeitskraft oder des Kapitals erhöhen nicht viel erwarten. Ob sich Wachstumspolitik auf Kapitalinvestitionen oder Verbesserungen der Qualität der verfügbaren Arbeiskraft durch bildungspolitische Maßnahmen konzentrieren sollte, hängt davon ab, inwieweit der technische Fortschritt in Arbeitskraft oder Kapital verkörpert ist. Außerdem sind die Ergebnisse Solows und Nelsons pessimistisch bezüglich der

Tabelle 27-1: Allokation des Wachstums auf den Gesamtoutput, 1929-1982 (in jährlichen Wachstumsraten)

Reales Volkseinkommen				2,92
Erhöhung der Inputs			1,90	
Arbeitskraft		1,12	1,34	
Beschäftigung		1,12		
Einfluß kürzerer Arbeitszeit		−0,27		
Jährliche Stunden	−0,51			
Qualitätsänderung	0,24			
Ausbildung		0,40		
Veränderung der Alters- und Geschlechter-zusammensetzung		−0,18		
unverteilt		0,17		
Land			0,00	
Kapital			0,56	
Nichtlandwirtschaftliche Wohngebäude		0,20		
andere Gebäude		0,30		
Andere		0,06		
Erhöhung des Outputs pro Einheit Inputs				1,02
Fortschritt des Wissenstands			0,66	
Zunehmende Skalenerträge			0,26	
Andere			0,10	

Quelle: Trends in American Economic Growth, 1929-82, Seite 111.

Tabelle 27-2: Relative Wichtigkeit für das Wachstum

	Arbeitskraft	Kapital	Technischer Fortschritt
Neutrales unverkörpertes Modell	45%	25%	30%
Kapitalverkörpertes Modell	45%	31%	24%
Dension	46%	19%	23%

Möglichkeit, daß politische Maßnahmen den Wachstumspfad beeinflussen können. Denisons Ergebnisse sind dagegen eher optimistisch. Aber weder die eine noch die andere Sichtweise muß richtig sein; diese Fragen stehen zur Zeit ganz oben auf der Liste makroökonomischer Forschungsgebiete.

Diese groben Schätzungen reflektieren den Wissensstand in bezug auf die Wachstumsmodelle und ihre Beziehungen zum wirtschaftlichen Wachstum in der Realität. Anzunehmender Weise wird eine Politik, die Investitionen in den Kapitalstock beispielsweise durch beschleunigte steuerliche Abschreibung oder Investitionssteuerkredite unterstützt, die Wachstumsrate des Outputs erhöhen. Dies wird zunächst mittelfristig so sein, wobei die Erhöhung der Wachstumsrate des Outputs ungefähr 20 bis 30% der Zunahme der Wachstumsrate des Kapitalstocks betragen wird. Langfristig gesehen werden die Auswirkungen natürlich nicht die gleichen sein. Mehr kann beim gegenwärtigen Stand der empirischen Untersuchungen nicht über die wirtschaftlichen Wachstumsbeziehungen ausgesagt werden.

Ausgewählte Literatur

M. Abramowitz, „Review of Denison," *American Economic Review,* September 1962.

E. F. Denison, *The Sources of Economic Growth in the United States and the Alternatives Before US* (New York: Committee for Economic Development, 1962).

E. F. Denison, „The Unimportance of the Embodied Question," *American Economic Review,* March 1964.

E. F. Denison, „Sources of Postwar Growth in Nine Western Countries," *American Economic Review,* May 1967.

E. F. Denison, Trends in American Economic Growth, 1929-82 (Washington: The Brookings Institution, 1985.)

D. W. Jorgenson and F. Griliches, „The Explanation of Productivity Change," *Review of Economic Studies,* July 1967.

R. R. Nelson, „Aggregate Production Functions," *American Economic Review,* September 1964.

R. M. Solow, „Technical Change and the Aggregate Production Function," *Review of Economics and Statistics,* August 1957.

R. M. Solow, „Investment and Technical Progress," in K. J. Arrow, S. Karlin, and P. Suppes, eds., *Mathematical Methods in the Social Sciences* (Stanford, Calif.: Stanford University Press, 1960).

Index

www.ingramcontent.com/pod-product-compliance
Lightning Source LLC
LaVergne TN
LVHW010655300926
849161LV00005B/1133